YINGKE® 盈科

盈科全国业务指导委员会系列丛书·2024

新公司法时代

企业家履职尽责风险防控指南

盈科律师事务所／编

秦文宇／著

法律出版社 LAW PRESS · CHINA

北京

图书在版编目（CIP）数据

新公司法时代：企业家履职尽责风险防控指南／盈科律师事务所编；秦文宇著. -- 北京：法律出版社，2025. -- ISBN 978-7-5197-6113-4

Ⅰ. D922.291.914

中国国家版本馆 CIP 数据核字第 2025KY9056 号

新公司法时代：企业家履职尽责风险防控指南

XIN GONGSIFA SHIDAI：QIYEJIA LÜZHI JINZE FENGXIAN FANGKONG ZHINAN

盈科律师事务所　编

秦文宇　著

策划编辑　朱海波　杨雨晴

责任编辑　朱海波　杨雨晴

装帧设计　汪奇峰　臧晓飞

出版发行　法律出版社

编辑统筹　法律应用出版分社

责任校对　蒋　橙

责任印制　刘晓伟

经　　销　新华书店

开本　710 毫米×1000 毫米　1/16

印张　59.75　　**字数**　800 千

版本　2025 年 2 月第 1 版

印次　2025 年 2 月第 1 次印刷

印刷　天津嘉恒印务有限公司

地址：北京市丰台区莲花池西里 7 号（100073）

网址：www.lawpress.com.cn

投稿邮箱：info@lawpress.com.cn

举报盗版邮箱：jbwq@lawpress.com.cn

销售电话：010-83938349

客服电话：010-83938350

咨询电话：010-63939796

书号：ISBN 978-7-5197-6113-4

定价：228.00 元

凡购买本社图书，如有印装错误，我社负责退换。电话：010-83938349

YINGKE® 盈科

盈科全国业务指导委员会
系列丛书编委会

本书编著者

秦文宇 著

代序

笔者所著《新公司法时代:企业家履职尽责风险防控指南》付梓在即,多年努力、一朝成文,万千感慨,百般思量,一时无着,拟此代序。

一、缘起与愿望

作为商事律师,谙熟于胸的莫过于合同法、公司法和民事诉讼法这三个大法。进入《民法典》时代,合同法的相关法律规则已经相对成熟、法律规则的可预期性得以保障,《民事诉讼法》作为程序法,一直在循序修订、日臻成熟。

笔者一直从事公司相关的法律实践,公司法便是主要的研究与执业领域,但是,对董监高忠实勤勉义务的深入研究,还是从《敌意收购中目标公司董事义务研究》这篇研究生论文开始的。

其时,恰逢国内的"宝万之争"如火如荼,国外的"喜达屋出售案"也刚尘埃落定,两个并购大案,背后都有安邦保险的身影,而且,举牌者都是以"野蛮人"的角色出现,对上市公司控制权的索求方式都是敌意并购。其中,一方是蓄势已久、整装待发的举牌收购者,另一方是突遭奇袭、待价而沽的受邀出让者,此时,多方主体之间存在多重的利益冲突,尤其是目标公司董事受各种因素影响,很可能不忠于公司、不谨慎勤勉行事,甚至发生非善意履职的行为、特别是董事的短期利益与长期利益存在冲突而很可能引发董事的"短期行为",所以,这种多重利益冲突最终也就集中体现或聚焦于目标公司董事会成员身上。万宝之争与喜达屋收购大战,是形成鲜明比照的一对国内外案例,凸显了目标公司董事会在收购中的角色和作用的迥然不同,可归因于不同的法律体系中董事义务与责任的内容、体现形式、完善程度,以及双控人的信义义务及其体现形式等诸多不同。

敌意并购这种特殊应用场景,尤其考验《公司法》,特别是董事义务及其相关履职规则的成熟度。《敌意收购中目标公司董事义务研究》一文成文之时,适用的还是2005年修订的《公司法》,该时,对公司董监高义务的规定还只有"对公司负有忠实义务和勤勉义务"寥寥十数字,双控人也尚无被认定为事实董事与影子董事的法律规范上的可能性。如此高度抽象的表述,还很难对公司董监高的履职行为形成充分可预期的有效指导。

律师实务中,公司客户都是由诸多经营管理精英实际操盘,不管是以董监高抑或是双控人的身份，他们经常向律师提出如何才能合法合规履职尽责的问题！而公司也经常会涉及到如何建立健全这两类人依法合规履职的制度与权义责体系的问题！虽然有诸多法条可供介绍，但多数都过于抽象，实难提供有效的指导。

企业家，是一群赋有冒险、创新精神的群体，刚刚修订的《公司法》第1条特别增加了“弘扬企业家精神”的立法宗旨。这一修订，正是对党的十九大报告提出激发和保护企业家精神、鼓励更多社会主体投身创新创业的要求，以及党的二十大报告提出完善中国特色现代企业制度、弘扬企业家精神、加快建设世界一流企业的要求的具体落实。更是将《中共中央、国务院关于营造企业家健康成长环境弘扬优秀企业家精神更好发挥企业家作用的意见》所提出的发挥企业家作用、着力营造依法保护企业家合法权益的法治环境的要求，上升到了法律的最高层次。从此，弘扬企业家精神，激励企业家干事创业，保护企业家合法权益，就有了国家立法上的坚实保障。

然而，企业家的权益具体要如何保障，在保障其权益的同时，又要如何维护公司及其债权人的合法权益，需要综合权衡，仍是一个难题。

应因近年来出现的诸多公司管理层损害公司及其债权人利益、损害投资人利益等负面事件，为了保护公司及其债权人的利益，保持公司法上股东、公司、债权人这三方权益的稳定性，我国2023年《公司法》修订大大强化了两类人的法律责任，近年来的一般债务纠纷追加双控人担责的现象也日益增多，加之前述法律规则与行为准则的严重缺失，无疑都增加了两类人履职尽责的法律风险。因此，公司中的两类人，实际上都存在以下迫切需求：准确识别自我身份、全面掌握义务精髓、精确把控责任底线、积极防控法律风险、运筹应对法律纠纷。

企业家的这些需求，对于律师业务而言，实际上主要包括两个方面：一是非诉法律咨询，即为两类人提供以义务为基础的事前履职行为指导，以及以责任为底线的事中法律风险防控；二是诉讼代理，即以减免责任和权益救济为目标的争议解决代理。

正是在多年的理论研究与实践经验、本书已出版及后述所提尚未出版内容基础之上，我们研发出了新公司法时代《企业家履职尽责规范指引》这一法律服务产品。该产品重在分析企业家需求，并提供菜单式、模块化法律咨询服务；对于诉讼代理，我们将在案情分析与诉讼策略完善上下功夫。该产品在刚刚结束的盈科上海第二届法律服务产品大赛中荣获“十佳法律服务产品”大奖。

我们希望借此能为企业家的履职与尽责指明法律的底线与风险防控方向；在已涉诉时，能够准确把握案件的关键点，在事实层面发现有利事实、尽量避免不利事实对责任认定的影响，从法理与法律角度找到其不承担责任或减轻责任的依据,从而尽可能地减低甚至免除两类人可能承担的法律责任。

需要补充的是,企业家是一个庞大的群体,其角色分工也纷繁复杂。为更加聚焦、深入阐述,本书聚焦在企业家群体中的以下两类人群,即公司的董监高群体,以及包括公司控股股东与实际控制人在内的双控人群体,因此,本书也时常将其简称为"两类人"。

二、深思与升华

公司法以往更受关注的是其组织法特征,随着市场经济的发展、商事活动日趋频繁复杂,其行为法特征开始受到重视,开始从对公司内部的影响、对外部公司债权人的影响两个方面增加相关的规制内容。前者如股东出资与资本维持、决议无效与撤销等,后者如公司人格否认、抽逃出资等。对行为的规制,势必离不开对违法行为赋予相应的法律责任。因此,公司法早已脱离最初的单纯组织法性质,逐渐发展成集组织法、行为法与责任法于一体的法律,这从英国对原有各类分散的公司立法汇总、重新架构后的2006年《公司法》的修法过程及成文法结构便可窥其一斑,更为典型的代表,则是澳大利亚2001年全新出台且集大成的《公司法》。因此,结合本书主旨,笔者尝试性地将公司法的行为法与责任法特征归纳如图1所示,供大家参考:

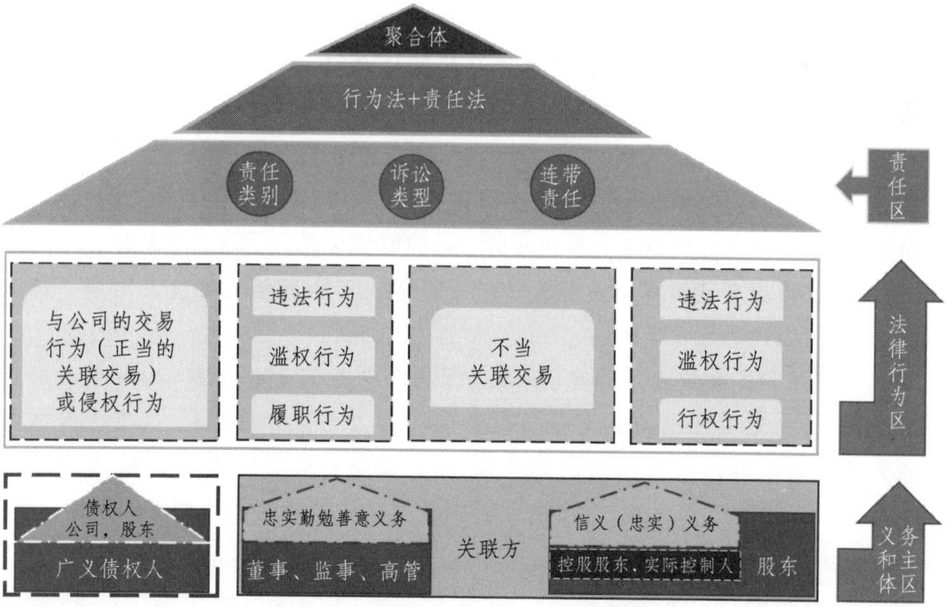

图1 公司法的行为法与责任法特征

此外,笔者认为,在公司法的组织法、行为法、责任法特征之中,能够保障公司

制度稳定性的中流砥柱,笔者认为是如图2所示的稳定三角与三大基石:

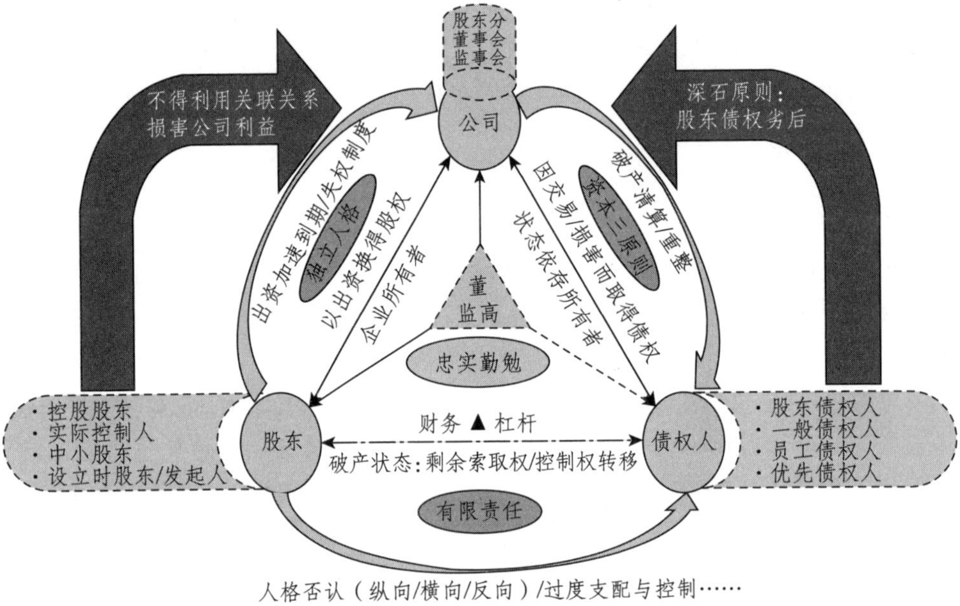

图2 公司法的稳定三角与三大基石

1. 稳定三角

公司股东:基于出资而获得对公司的股权,并基于该股权成为经济利益上的企业所有者,在公司正常经营期间享有公司的控制权,在公司破产时享有公司剩余的索取权。

公司债权人:因与公司的交易或受公司损害而取得了对公司的债权,在公司濒临破产或已经破产的极端情况下,公司债权人基于其实质经济意义上的"状态依存所有者"身份而享有从股东转移而来的公司控制权与优先于股东的剩余索取权。

公司:实为股东通过其财务杠杆作用而与债权人间接地发生交易的中介体或媒介。

这三者之间要维持相对稳定,就要以保持公司稳定发展为核心,既要激励股东的投资行为、对其出资与参与公司经营管理行为进行有效规制,又要充分保护债权人的利益及其对公司制度的合理期待、维护商业活动的总体信用,不至于使公司变成股东过度转移商业风险、沦为股东盘剥甚至欺诈债权人利益的工具。

2. 制度天平

因此,从另外一个角度理解,公司法律制度中,公司实为一个天平,公司的左侧是股权投资人,右侧则是债权投资人:股权投资人以其出资为基础,利用公司制度及其信用可以无限放大财务杠杆、利用债权人的债权投资为公司经营提供资金并因此获得远远高于仅用股权投资的本金经营公司业务所可能获得的利润分红；债权人投资人，则以其借款或延迟兑付的应收账款与提前支付的预付账款为公司提供经营所需资金，并据此获得相对确定的利息或利润，相比股东利用财务杠杆所可能获得的高额利润相比，有时可能相距甚远。

毫无疑问，上述情形，通常是发生在社会经济整体向好、公司前景非常乐观的情况下，而不是相反的经济低迷、公司无法盈利之时。

这其中，有个特殊状态，即：在前一种情形下，公司股东无限放大财务杠杆后，社会经济整体下滑甚至崩溃、公司业绩也随之衰落甚至破产，公司债权投资人的借款或应收账款与预付账款，很难再兑付。此时此刻，因无限放大的财务杠杆受损失最大的，只能是既无法即时了解公司经营信息、更无法随时止损退出的诸多债权人，而公司股东，因其具备既可即时了解公司经营信息、更可能随时止损退出的优势地位，不但手握此前利用高倍杠杆所获分红，也很可能利用其信息优势股转退出公司股东行列，从而，将公司诸多债权投资人的权益与公司经营崩溃的烂摊子甩给社会。

由此可知，公司天平右侧债权投资人的合法权益、其对公司制度及其债权能够实现的信用体系的合理期待，更应受到法律的保障！公司的这一制度天平，应当保持一定的平衡，以均衡保护公司两侧的股权投资人与债权投资人，进而避免公司制度被滥用而信用破产，甚至如过街老鼠一般被人人喊打！

3. 三大基石

公司这个稳定三角得以维系，尚需公司法上的以下三大基石能够有效运作：

独立人格：公司之所以能够独立、稳定地发展，必须具备独立的法人人格，这是公司制度得以存在与持续发展的中流砥柱。若股东的行为或其与公司的共同行为，破坏了公司的独立人格，使其与公司发生了人格混同、过度支配与控制了公司，并损害了公司债权人利益的，就应当否定公司的法人人格，由从事该述行为的股东对公司的债务承担无限连带责任。

有限责任：充分激励了股东的冒险行为，是公司制度的灵魂，是公司制度得以蓬勃发展的原始驱动力，正是对股东责任的这种保护，已使公司发展成人民与国家之外的第三大实体，甚至跨出国界、成为“喧宾夺主”的超然存在物。若股东违反其出资义务，就应当承担补足出资、加速到期甚至失权、除权等责任，若滥用其有限责任或公司独立人格，就应当对公司的债务承担无限连带责任。

资本三原则：资本确定、资本维持、资本不变这三项资本原则。这些是公司法理论的核心内容，笔者不再赘述。需要说明的是，因为公司资本制度与公司会计制度的衔接不力、资本抽逃或取回制度的不足（详见本书第十五章“控股股东与实际控制人的责任之三：出资与资本维持中”第一节的相关内容），不管是公司立法还是相关司法实践，资本维持与资本不变制度的执行，都存在诸多不理想，甚至不尽如人意之处，亟待突破！

此外，新《公司法》第88条第一款确定的认缴但未到期股东股转后仍需承担的补充责任，本就不涉及溯及力问题。究其法理，实际上，是由股东本应履行的唯一法定出资义务、该义务转移依法应当获得债权人（公司）的同意（是否还应当获得公司债权人的同意抑或其可行性，目前尚未见专业的论述），以及基于前述资本维持原则的股东资本充实义务所决定的。公司债权人基于代位权而要求已转股股东承担以法定且未转移的出资义务为基础的补充责任，不应当设置任何条件，例如要考虑股权转让时间、转让对价及支付情况、受让人的资信情况及其实缴能力、债权人的债权形成时间与原股东持股时间是否重合、股权转让时公司资产状况、股转是否为关联交易，以及原股东是否恶意出让股权等情形。如此这般，已经远离公司资本制度的初衷、舍本逐末甚至南辕北辙了。

公司法除了前述组织法、行为法、责任法三大特征，其身份法特征往往被忽视，正如图3所示，在公司内外部，存在诸多身份或角色的不同主体，而且，很多时候，某一主体还会身兼多个身份，如股东可能以控股股东、实际控制人身份控制、影响公司，可能作为公司董监高实际参与公司的经营管理，还可能与公司发生交易而成为公司的债权人或债务人，甚至还因其作为关系纽带而与公司发生关联交易，更可能因其知情而成为证券法上的内幕信息知情人，或者成为公司解散或破产清算阶段的清算人或管理人。

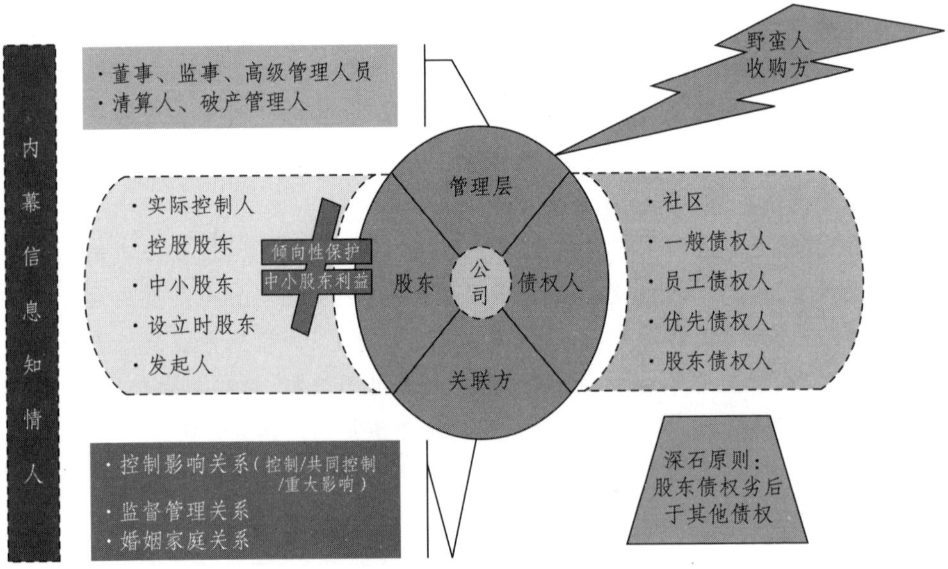

图3 公司法的身份法特征

不管是在《公司法》领域，还是《民法典》的“合同编”或“侵权责任编”之中，不同身份的人，不管是基于法律规定，还是按照合同约定，都对公司负有不同的义务，承担形式各异的法律责任。因此，公司法律制度框架之下，还存在一个身份法的问题，各类形形色色之人，基于不同的身份甚至身兼数个身份，在公司内外以不同的角色履行不同的职责或义务，承担着不同的法律责任。

所以，公司法实乃身份法的集中体现，是身份法的集大成者，这一事实，不容忽视。

然而，不管是理论还是实务中，很多情况下，大家对这些身份不去识别，不求甚解，甚至浑浑噩噩地想当然，不胜枚举，最典型就是董事与高级管理人员不分、股东与事实董事、高级管理人员不分。其结果往往会“张冠李戴”地“李代桃僵”！

例如，按照我国《公司法》的规定，公司董事会是内设集体履职机构，董事会的决议事项应当经过董事会成员按照《公司法》和公司章程的规定通过后，由公司相关管理人员执行。然而，不管是司法判决还是理论研究中，往往不分青红皂白，想当然地将执行董事决议的某个董事的身份认定为“董事”，完全忽视了董事只有在其以董事会成员的身份在董事会上讨论待议事项、行使表决权进行表决之时才能以“董事”自居、才是“董事”的身份；而在会后，按照公司内部规定或惯例，具体执行某项董事会决议、按照内部分工管理某个部门或开展某项业务之时，该“董事”的实际身份已经不是董事，而应当是公司的高级管理人员。如此较真地做出身份识别，意义何在？一方面，为了正名、恢复其公司法内的本来面目；最重要的是，董事与高级管理人员，因其履职内容不同、行事环境或条件各异，其义务的实质要求、特别是勤勉义务的具体内容，应当有所不同。更为重要的是责任类型不同：董事决议是集体负责制，凡是表决同意的董事，均应共同且连带地对所同意的决议事项所带来的损害承担法律责任；而对于高级管理人员，则应根据其对所致公司损害之事项的负责程度及各层级管理人员之间的分工等多重事实因素，来界定过错程度、划分责任范围。

另外，认识到公司法的身份性特征之后，笔者便一直在思考，如何通过身份的维度，对公司进行另外一个维度的解读。笔者以公司发展的不同生命周期为基础，从企业家的职责义务、责任类别、特殊诉讼等几个维度，系统地总结出如下图4这张义务责任体系图，也正是在此基础上，写成了《新公司法时代，企业家履职尽责风险防控指南》这本书。

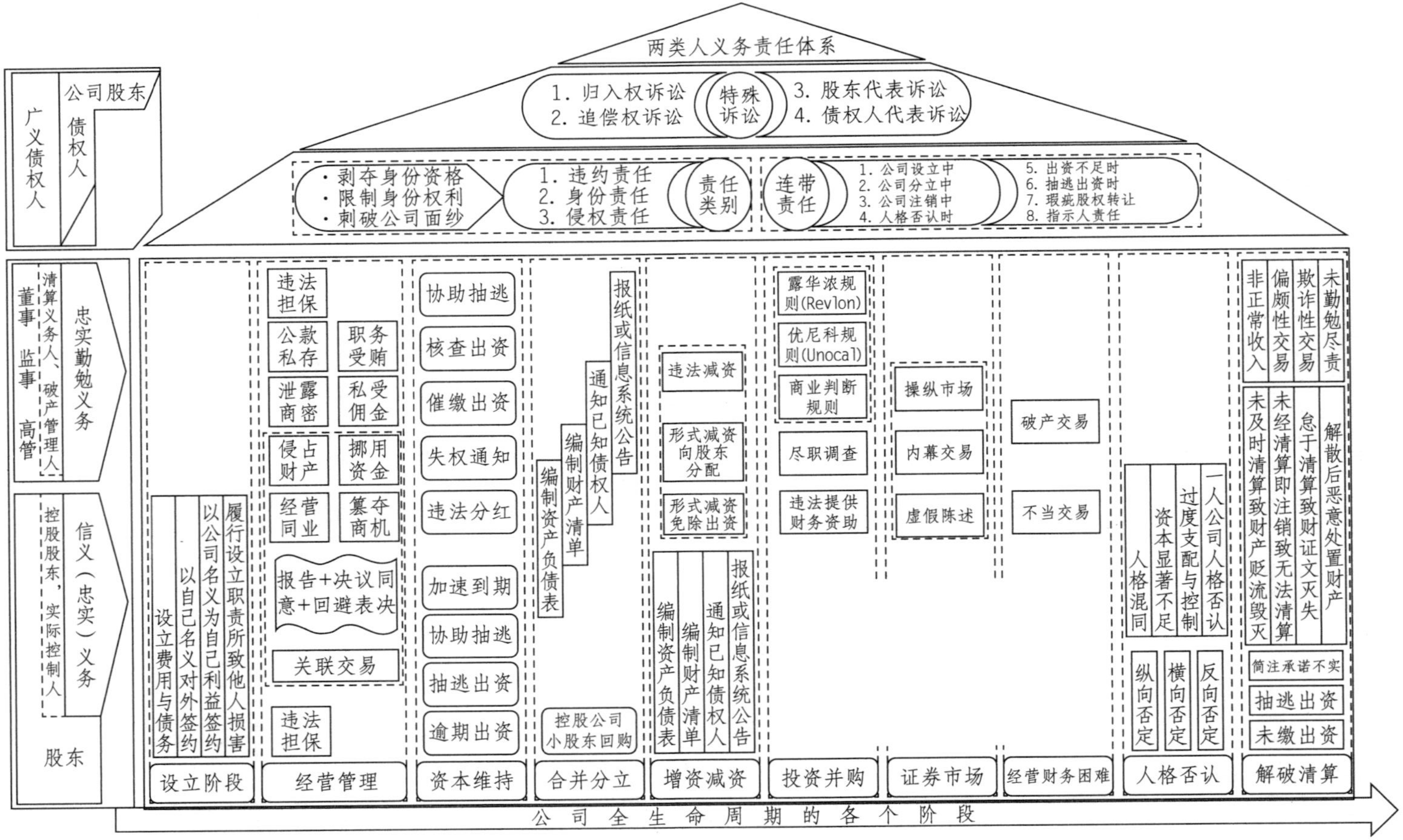

图 4　两类人义务责任体系

除公司本身外,公司法上最重要的三大类人群:股东,包括控股股东与实际控制人;公司的经营管理层,即董监高,以及特殊阶段的清算义务人与破产管理人;债权人,包括身兼债权人身份的股东或董监高。

公司董监高,作为公司内部人员,作为公司法定内设机构的成员,包括董事会与监事会成员,还包括以总经理为核心,副总经理、财务负责人等公司重要核心人员构成的各层级的管理人员,以及特殊时期的清算义务人与破产管理人,这类人员均应依法对公司负有忠实勤勉义务,这是其基本义务。这种基本义务,在公司的不同业务领域或发展时期,又具体体现为经营报告义务、信息披露义务、保密义务、不得篡夺公司商业机会或经营同类业务、核查与催缴出资等具体义务。另外,在某项特别业务或事项中,该述人员还承担着设立阶段如实准备申请文件的义务、减资阶段的通知和公告义务、被并购阶段的调查收购方并出具董事会报告书的义务和公平对待全部收购方并披露信息的义务、经营或财务困难阶段的防止破产交易义务(《澳大利亚公司法》第5.7B部分第3节)、解散或破产阶段的清算义务、通知公告义务等特别义务。

公司股东主要承担着按期足额缴纳出资的义务;而广义股东中的控股股东与实际控制人,对公司负有一定的信义义务,这种信义义务主要表现为不得滥用权利的义务和公平交易义务。

在前述义务体系基础上,两类主体对公司或其债权人的法律责任主要体现为违约责任、侵权责任以及身份责任。违约责任,主要是指股东违反出资协议或公司章程规定的出资义务而应承担的责任,当然,该义务多数情况下已经被法定化而成为法定责任;还有,就是董监高聘用或委任合同中约定的法律责任。侵权责任,主要是指两类主体违反法律尤其是公司法所应承担的法律责任,如公司人格被否定后股东对公司债权人所承担的连带责任,董监高违反公司法规定的不得篡夺公司商业机会或经营同类业务等义务所应当承担的法律责任。而身份责任则鲜有论述。笔者认为,当股东未按期足额出资时,被依法除名或被依法通知除权的,股东此时所承担的实际是身份责任,即丧失了原有的股东资格,或者其原有的股东权中的身份权被依法剥夺,但其基于出资所享有的股东财产权不应受到影响,当然,该股东应当按照法律的相关规定及时处理该财产权,否则,公司有权代为处置。另外,公司人格否认时,被判担责的股东,实际上也是基于其控股股东的身份(且从事了滥用公司独立人格的行为)而承担连带责任。

最后一种,身份责任,鲜有论述。笔者认为,当股东未按期足额出资时,被依法除名或被依法通知除权的,股东此时所承担的实际是身份责任,即丧失了原有的股东资格,即:其原有的股东权中的身份权被依法剥夺,但其基于出资所享有的股东财产权不应受到影响,当然,该股东应当按照法律的相关规定及时处理该财产权,否则,公司有权代为处置。另外,公司人格否认时,被判担责的股东,实际上也是基于其控股股东的身份(且从事了滥用公司独立人格的行为)而承担连带责任。

当然,在两类主体的责任体系中,还有几类特殊的制度,即与董监高相关的归入权诉讼和(公司对外承担雇主责任后的)追偿权诉讼,以及可能与其相关的(破产法上的)债权人代表诉讼,此外,还包括既与董监高相关,又事关股东共益的股东代表诉讼。

三、体系与亮点

本书分为四篇内容:第一篇翔实地讨论了董监高的忠实勤勉义务、善意履职义务,以及商业判断原则等其他相关内容;第二篇主要讨论《公司法》明文规定的董监高不得从事的几项禁止性义务;第三篇在讨论双控人两项主要的信义义务基础上,对公司生命周期几个阶段所涉及的双控人主要法律责任进行了论述;第四篇针对两类人都可能涉及且疑难问题最多的关联交易问题,通过八章的内容就关联交易有关的诸多方面问题进行了详细的讨论。

新《公司法》大幅增加、加重了董监高与双控人的义务与责任。本书从数万个相关案例中精选近350个典型案例、提炼出360个裁判要旨、归纳出327个常见重大问题,从董监高责任的基础——忠实勤勉义务出发,详细介绍了该义务的内涵、类型,以及不当关联交易、篡夺商机、经营同业等违反忠实义务的责任构成、类型、合规审查等相关内容。同时,在总结其信义义务的基础上,系统地介绍了双控人在滥用控制权、指示侵权(影子董事)、资本维持、经营管理、人格否认、关联交易等不同场景中的责任构成、类型等内容。笔者希望本书能尽可能地为两类人了解和把握履职与尽责的法律底线以及风险防控方向提供一些有益的指导。

此外,笔者自认本书尚有如下亮点:对公司法中尚不明确的内容进行了理论上的探索,并试图尽量让读者对此有一些深入的了解,以便能够用于指导其履职尽责行为。

例如,新《公司法》虽然细化了董监高的勤勉义务内涵,但仍非常抽象,对履职行为尚不具备具体的指导意义,因此,笔者参考相关著述研究,总结了董监高勤勉义务的五大核心要素(详见第五章“中国的董监高义务”第三节“董监高的勤勉义务”),相关内容可简单概括如图5所示:

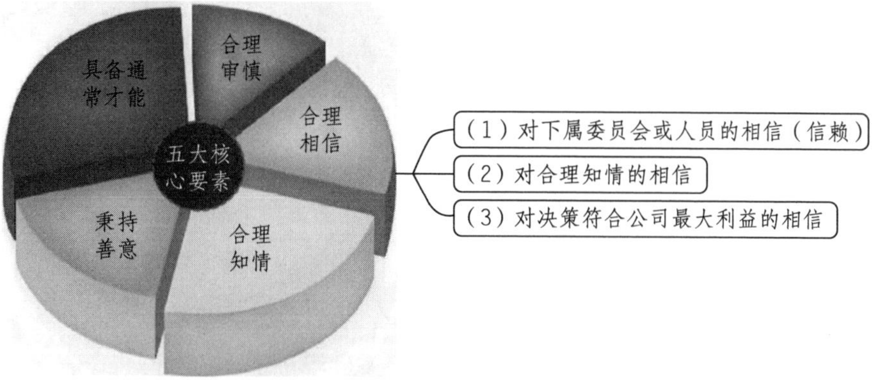

图5 董监高勤勉义务五大核心要素

例如，新《公司法》在借鉴德国《股份公司法》第117节的“迫使人”模式的基础上，增加了指示人（影子董事）制度，其主要特征可归纳如图6所示：

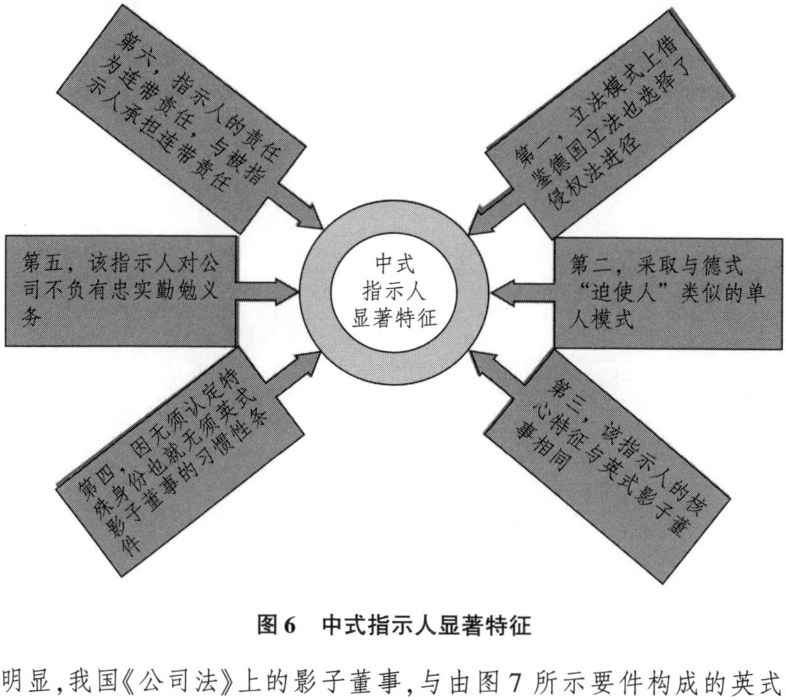

图6 中式指示人显著特征

很明显，我国《公司法》上的影子董事，与由图7所示要件构成的英式影子董事，存在实质性区别，即中式影子董事并非严格的“董事”意义上的董事，实际上类似侵权法上的教唆人（指示人），因此，该“董事”对公司并不负有忠实勤勉义务（具体论述详见本书第十三章“控股股东与实际控制人的责任之一：指示董事和高管侵权时”）。

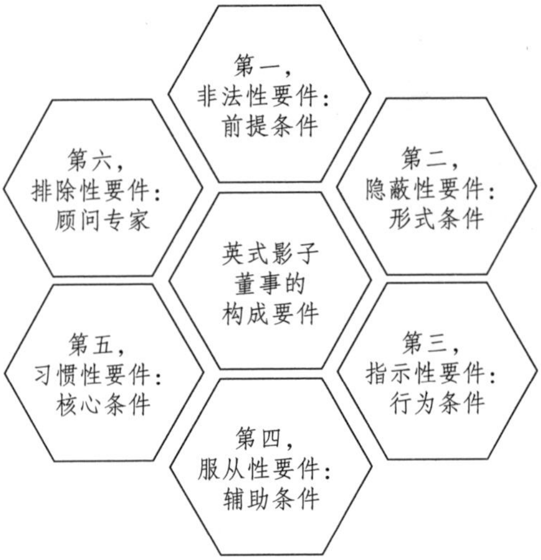

图7　英式影子董事的构成要件

另外,新《公司法》虽然未增加“商业判断原则”,但是,在以往的司法判例中,很多法院均通过引述该理论来论述董监高的责任构成或责任减免问题。因此,笔者在简要介绍基础上,归纳了商业判断的适用条件、方式、效果,以及排除适用等如图8所示几种情形(详细内容可参考本书第六章“商业判断原则及其在中国的司法实践”)。

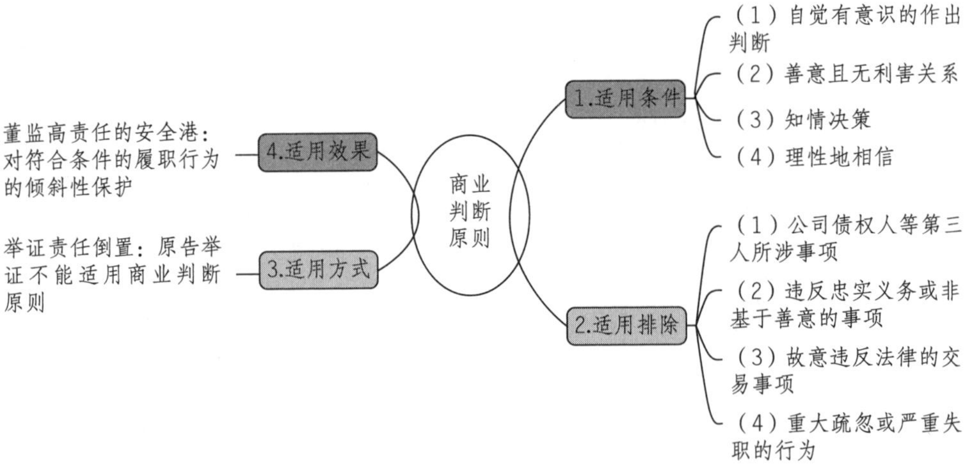

图8　商业判断原则

又如,新《公司法》增加了关联交易决议前董事的报告义务,但该报告制度的具体内容,仍失之阙如。因此,笔者在此前研究关联交易制度时,充分借鉴世界各国,尤其是英美法系的公司法制度,总结了关联交易时,作为关联关系纽带的董事所应承担的利益冲突事先申报义务之具体内容，其主要框架如图9所示：

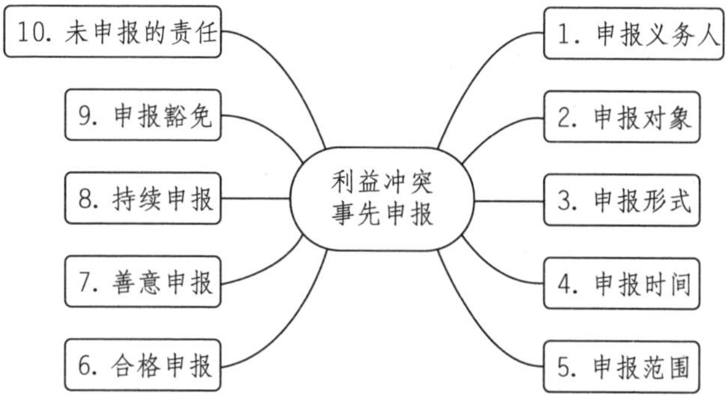

图9　利益冲突事先申报义务的内容

对于双控人的公司治理实践而言，关联交易早已屡见不鲜。但是，双控人经常会忽视其一项重要的公平交易义务，因而可能不利于相关诉讼，如图10所示：

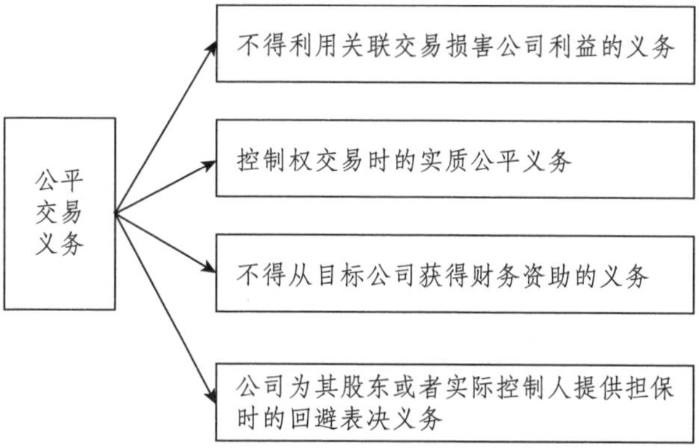

图10　公平交易义务的内容

再如，关联交易虽然具有广泛的应用空间和存在价值，但其负面作用一直以来却广受诟病，但是，对关联交易进行有效规制的制度供给，现有法律和相关政策仍存在不足。不管是上市公司，还是一般的封闭公司，都存在公司被掏空、债权人手持一纸空文却投诉无门的悲惨现象。在司法实践方面，与公司关联交易有关的诉讼十分复杂，笔者尝试性地归纳了司法裁判的基本思路和审查要点（详见本书第二十四章的相关内容）如图11所示，供读者参考：

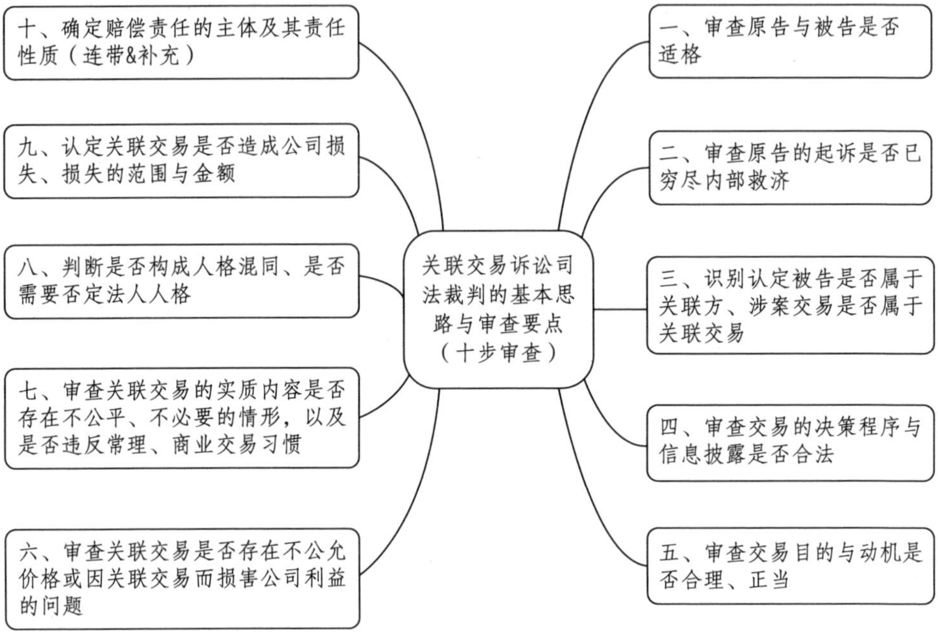

图 11 关联交易诉讼司法裁判的基本思路与审查要点(十步审查)

同时,因原、被告所处境况各异,总结关联交易的相关司法实践,关联交易所涉相关诉讼的案由丰富多样,主要包括如图 12 所示 14 类:

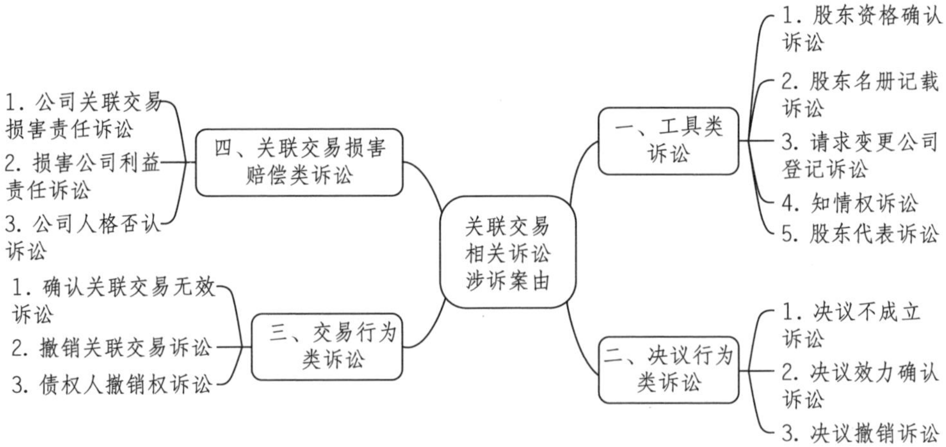

图 12 关联交易相关诉讼涉诉案由

四、感受与实操

涉及两类人的诉讼,两类人多数为被告,而作为律师,我们的角色是由委托人决定的,委托人可能是作为被告的这两类人,也可能是原告,如自认权益受损害的公司、公司的股东或公司的债权人。

如何尽可能最大化地维护客户的合法权益,尽量减少甚至免除客户的法律责任,是律师思考最多、花费时间最多的问题,也是客户最关心的问题。因此,律师除了要具备坚实的法学理论基础,还要具有丰富的诉讼实践经验,最主要的还是要秉持一颗全力解除客户困境的责任心。三者缺一不可!

对于两类人而言,从笔者代理的诸多诉讼中,能够总结的经验或教训,归纳起来就是,两类人首先要意识到,进而从专业人员那里获得专业指导或协助以实现这些迫切的需求:准确识别自我身份、全面掌握义务精髓、精确把控责任底线、积极防控法律风险、运筹应对法律纠纷。

商业经营活动有诸多考量因素,经营模式更是各异。对于风险较大或有特殊目的的公司,其中一种考虑就是设置防火墙,以便隔离风险或规避责任。但是,道高一尺魔高一丈,攻防之间,往往只有一口气之差!笔者曾代理的一个案例,就是其中的典型代表。

甲公司与 A 公司之间长期合作,并向其提供工业原材料,但买卖合同却是通过 A 公司完全控制、表面上与其不存在任何关系的 B 公司签署。多年的合作一直很愉快,结款也非常顺畅,直至 A 公司因为资金周转遇到严重困难。彼时,甲公司与 B 公司之间的多项买卖合同货款无法按期兑付,经多方协调无果,遂成诉。

笔者作为甲公司的代理律师接受代理后了解到,甲公司追讨买卖合同货款的诉讼胜诉不成问题,但 B 公司实为没有一个员工的空壳公司,注册资本已经实缴,公司没有任何资产可供还债,简单的买卖合同诉讼仅能获得一纸胜诉的空文,客户实难接受。

皇天不负有心人!经代理律师多方调查、证据保全和公证,固定下来的近 600 页有力证据,能够证实的案件情况,足以支撑甲公司提起另外一个诉讼,即公司人格否认诉讼,具体而言就是人格否认诉讼之一情形:过度支配与控制。庆幸的是,恰逢最高人民法院《九民纪要》刚刚出台,经过很长一段时间的证据梳理、提炼、分类统计并形成满足诉请所依赖的请求权基础的《A 公司对 B 公司支配与控制情况统计表》(见表 1)等证据分析文件,再经类案检索、法律与法理分析,最终形成一套完整且成熟的有效诉讼方案。

表1　A公司对B公司支配与控制情况统计

序号	A公司从事支配与控制的人员及其业务沟通方式					A公司对B公司的支配与控制事项									支配与控制期间
	A公司工作人员	所属部门与职务	手机号码	QQ号码	微信号	A议价：价格沟通与确定	B签约：合同拟订与变更、合同盖章/审批、网传与寄送	C交货：交货时间、数量等进度的沟通确认	D验收：货物过磅、质检与验收	E结算：货款的扣重与扣款、结算金额确认	F开票：沟通发票的开具与受领	G付款：银行承兑汇票背书等事宜沟通确认	H还债：债务偿还的决定与支配	I其他事项：合作致谢	
1	许某某	供销负责人	×××× ××××	×××× ××××						√					18－01－30至18－04－24
2	桂某	经营处负责人	×××× ××××	×××× ××××						√					18－06－21至18－11－13
3	侯某某	经营处主管	×××× ××××	×××× ××××	×××× ××××		√	√	√	√	√	√	√	√	18－06－07至19－09－29（短信）
4	兰某	经营处采购员	×××× ××××	×××× ××××			√	√							18－01－10至18－01－15
5	丁某某	经营处采购员	×××× ××××	×××× ××××			√		√	√	√	√			18－02－08至18－10－16

续表

序号	A公司从事支配与控制的人员及其业务沟通方式					A公司对B公司的支配与控制事项									支配与控制期间
	A公司工作人员	所属部门与职务	手机号码	QQ号码	微信号	A议价：价格沟通与确定	B签约：合同拟订与变更、合同盖章/审批、网传与寄送	C交货：交货时间、数量等进度的沟通确认	D验收：货物过磅、质检与验收	E结算：货款的扣重与扣款、结算金额确认	F开票：沟通发票的开具与受领	G付款：银行承兑汇票背书等事宜沟通确认	H还债：债务偿还的决定与支配	I其他事项：合作致谢	
6	宋某某	经营处采购员	××××××××	××××××××						√	√				18－01－24至18－06－28
7	万某	经营处主管	××××××××	××××××××		√	√	√	√	√	√	√	√		19－01－25至19－07－30
8	陈某某	经营处采购员	××××××××	××××××××			√		√	√	√				18－07－23至19－06－03
9	陈某某	经营处采购员	××××××××	××××××××				√						√	18－07－23至19－06－03
10	余某某	经营处采购员	××××××××	××××××××			√	√							18－04－02至18－04－16

续表

序号	A公司从事支配与控制的人员及其业务沟通方式					A公司对B公司的支配与控制事项									支配与控制期间
	A公司工作人员	所属部门与职务	手机号码	QQ号码	微信号	A议价：价格沟通与确定	B签约：合同拟订与变更、合同盖章/审批、网传与寄送	C交货：交货时间、数量等进度的沟通确认	D验收：货物过磅、质检与验收	E结算：货款的扣重与扣款、结算金额确认	F开票：沟通发票的开具与受领	G付款：银行承兑汇票背书等事宜沟通确认	H还债：债务偿还的决定与支配	I其他事项：合作致谢	
11	周某	经营处采购员	×××× ××××	×××× ××××			√								18-01-11至18-01-30
12	冯某	经营处采购员	×××× ××××	×××× ××××			√								18-01-11至18-01-30
13	程某	库房主管	×××× ××××	×××× ××××					√	√					18-09-12至18-11-12
14	马某某	司磅员	×××× ××××	×××× ××××					√						多人陆续，自2018年5月至2019年3月
15	蒋某某	司磅员	×××× ××××	×××× ××××					√						

续表

序号	A公司从事支配与控制的人员及其业务沟通方式					A公司对B公司的支配与控制事项									支配与控制期间
	A公司工作人员	所属部门与职务	手机号码	QQ号码	微信号	A议价：价格沟通与确定	B签约：合同拟订与变更、合同盖章/审批、网传与寄送	C交货：交货时间、数量等进度的沟通确认	D验收：货物过磅、质检与验收	E结算：货款的扣重与扣款、结算金额确认	F开票：沟通发票的开具与受领	G付款：银行承兑汇票背书等事宜沟通确认	H还债：债务偿还的决定与支配	I其他事项：合作致谢	
16	胡某某	司磅员	×××× ××××	×××× ××××					√						多人陆续，自2018年5月至2019年3月
17	吴某某	司磅员	×××× ××××	×××× ××××					√						
18	林某某	司磅员	×××× ××××	×××× ××××					√						
19	童某某	司磅员							√						
20	徐某	财务处处长	×××× ××××	×××× ××××	×××× ××××					√					18-09-13至18-11-13

续表

序号	A公司从事支配与控制的人员及其业务沟通方式					A公司对B公司的支配与控制事项									支配与控制期间
	A公司工作人员	所属部门与职务	手机号码	QQ号码	微信号	A议价：价格沟通与确定	B签约：合同拟订与变更、合同盖章/审批、网传与寄送	C交货：交货时间、数量等进度的沟通确认	D验收：货物过磅、质检与验收	E结算：货款的扣重与扣款、结算金额确认	F开票：沟通发票的开具与受领	G付款：银行承兑汇票背书等事宜沟通确认	H还债：债务偿还的决定与支配	I其他事项：合作致谢	
21	李某	财务处会计	×××× ××××							√					18－09－12至18－11－13
22	陈某某	审计主管	×××× ××××							√					18－10－15至18－11－14
23	黄某	总经理兼法定代表人	×××× ××××	×××× ××××	×××× ××××							√	√	√	18－11－12至18－12－31
24	邬某某	财务处处长	×××× ××××	×××× ××××	×××× ××××	√	√	√		√		√	√	√	18－11－12至19－01－15

注：黄某和邬某某，根据（2020）沪张江证经字第501号《公证书》的微信对话及通话和对话录音统计；经营和财务人员及程某，主要是根据“QQ对话记录”的（2020）沪张江证经字第583号《公证书》分类统计。

如表1所示,A公司的数十名工作人员对B公司与甲公司的案涉买卖合同相关的议价、签约、交货、验收、结算、开票、付款、还债甚至表达合作愉快的致谢等事项,进行实际操控,完全符合过度支配与控制这一公司法上的人格否认所需法律要件。

最终,A公司所设B公司的这道防火墙已被击破,我们的努力获得了良好的效果,客户最终远超预期地实现了诉讼目的。

五、遗憾与期待

笔者对企业家履职尽责这一主题所拟内容,包括三个部分,即:民商事法律风险,行政执法所涉行政法律风险,以及《刑法》及其系列修正案所涉刑事法律风险。非常遗憾的是,因篇幅所限,本次出版的内容,并非全部,希望读者们谅解!

民商事法律风险防控方面,本书未能体现的内容主要是两类人的责任构成与证明等诉讼实务相关的内容,与双控人的证券欺诈(含董监高)、并购重组(控制权出售/挤出合并)、解散清算、破产清算相关的内容;董监高的责任基础与法理中合规义务、监督义务、责任减免(约定减免、豁免)、责任保险、集团内兼职董监高、独立董事等相关内容;董监高在公司设立与经营、合规管理与风控、利润分配、合并分立、增资减资、投资并购与重组、诉讼仲裁、经营与财务困难、解散清算、破产清算等特别阶段中的相关责任;董监高在金融机构、国有企业、民办学校与非营利性机构、上市与挂牌公司、外资公司等特别组织中的特别法律风险;董监高在损害公司股东利益纠纷(非关联交易)、损害公司股东利益纠纷(利用关联交易)、损害公司债权人利益纠纷(非人格否认)、执行职务故意或重大过失侵害第三人权益纠纷、债权人代表诉讼、涉外诉讼、强制执行程序等特别纠纷中的法律责任问题;等等不一而足。

或许,缺失常在、遗憾才是常态,缺憾更显完美的弥足珍贵!

正因如此,笔者更希望法律同人们共同努力,弥补缺失,日臻精进,两类人的前述需要必将逐步得以满足!

六、致谢

最后,要特别感谢给予无私支持的家人们!感谢给予悉心指导与传道授业解惑的老师们!感谢能够敞开心扉无私交流的律师同人和同学们!同时,也要感谢盈科律师事务所给予的良好平台,更要感谢出版社审校老师们的辛苦付出!

秦文宇

2024年11月11日书于穹庐

缩略语表

序号	全称	简称
1	《中华人民共和国民法典》	《民法典》
2	《中华人民共和国公司法》	《公司法》
3	《最高人民法院关于适用〈中华人民共和国公司法〉若干问题的规定(二)》	《公司法解释二》
4	《最高人民法院关于适用〈中华人民共和国公司法〉若干问题的规定(三)》	《公司法解释三》
5	《最高人民法院关于适用〈中华人民共和国公司法〉若干问题的规定(四)》	《公司法解释四》
6	《最高人民法院关于适用〈中华人民共和国公司法〉若干问题的规定(五)》	《公司法解释五》
7	《中华人民共和国企业破产法》	《企业破产法》
8	《中华人民共和国证券法》	《证券法》
9	《最高人民法院关于印发修改后的〈民事案件案由规定〉的通知》(法〔2020〕347 号)	《民事案由规定》
10	《最高人民法院关于印发〈全国法院民商事审判工作会议纪要〉的通知》(法〔2019〕254 号)	《九民纪要》

目录

1 PART 董监高法律风险的责任基础与法理（董监高的忠实勤勉义务）

2 PART

特别领域中董监高的履职法律风险防范

(董监高损害公司利益)

3 PART

控股股东与实际控制人的尽责法律风险防范
（双控人损害公司、股东或债权人利益）

4 PART

关联交易中两类人的履职尽责法律风险防范

(双控人、董监高利用关联交易损害公司、股东或债权人利益)

问题索引

1

PART

第一篇

董监高法律风险的责任基础与法理

（董监高的忠实勤勉义务）

第一章

董监高义务的基础理论

第一节　董事与公司法律关系的理论

一、概说

在公司法的一般理论与立法或司法实践中，对于公司的董事、监事、高级管理人员（以下简称高管）（本书通常将三者简称为董监高，或者统称为管理层）的义务，并未做详细的区分，三者的义务内容与标准并无实质性差异。而且，从新一轮公司法修订来看，自 2021 年公布的《公司法（修订草案）》将监事与董事和高管并列作为忠实勤勉义务的主体以来，陆续公布的《公司法（修订草案）（二次审议稿）》和《公司法（修订草案）（三次审议稿）》未再作出调整。因此，中国公司立法上，同样未将董事、监事、高级管理人员的义务做详细的区分，而就草案直至《公司法》（2023 年修订），均把三者以并列的文义解释而言，董事、监事、高级管理人员的义务，不管是权利主体、义务内容、义务标准等，均应做相同的理解。[①]

义务源于法律关系，而责任源自义务的不履行。因此，要落实董事的责任，就必须深究董事义务之源；而董事义务必然来源于董事与公司之间所存在的法律关系之中。

首先，董事义务的来源，从法学理论范畴，至少可以从三个维度来理解：

第一个维度，历史上，自董事这一公司最重要的法定机关成员诞生之时，立法或司法判例最初赋予董事义务之时所依据的法理基础；

第二个维度，股东会作为公司重大事项的意思表示形成机关按照公司章程的规定，选举具体的某个人担任公司董事并赋予其董事职责之时，公司与董事之间发生权利义务关系所依赖的法理基础；

第三个维度，董事在履行职务过程中或司法机关在确定董事责任之时，公司

① 除特别单列或刻意区分的情况下，本书也将监事或高级管理人员与董事一起进行叙述，此时的“董事”，外延上应该包括监事和高级管理人员，特此提示，后文不再赘述。

与董事之间权利义务关系所依赖的法理基础,即董事义务的法律来源是否为公司法律规范及被视为“公司宪法”的公司章程的规定。

目前,各国公司法理论的论述,探讨公司董事义务来源的角度多集中在第二个维度并兼有第一个维度,少有从第三个维度来研究。

其次,按照传统公司法理论从第一和第二两个维度的理解,公司与董事之间是一种合同法律关系,即意定之债。由此深入,董事义务当属合同义务,即使公司法律成文条款对董事义务日渐增加了更多的明文规定,亦不会动摇董事与公司之间合同法律关系的性质。但综观董事相关的司法案例,多是以侵权法律关系来确定董事责任,那么,由此结果向前推理,公司与董事之间应属法律规定的权利义务关系,即法定之债,属于侵权法律或法定之债的范畴。但遗憾的是,包括我国在内的各国侵权法律体系,不管是成文立法、判例法或法学理论研究(包括那些认为属于违约与侵权竞合论者的研究),均少有对董事(侵权)责任的研究。如此尴尬的现状,董事义务与责任岂非成了没娘的孩子,无人认领了吗?

因此,要深入理解董事义务的来源,还是要追溯其历史发展过程,并结合现代立法与司法实务中对董事义务的界定与理解,综合分析判断后,才能真正理解董事义务之源。本节内容主要从前述第一个和第二个维度来解读董事义务之源,而本章第二节将从第三个维度继续探讨。

二、董事的含义

董事是董事义务的承载者,是随着公司制度的产生和发展而产生和发展的。英美法系与大陆法系内在的差异,导致各自对董事的含义均有不同的理解。

英国最新大规模修订后的2006年《公司法》第250条把“董事”定义为“处于董事地位的任何人,不管其如何称谓”。而《美国示范商业公司法》第8.01(1)款“对董事会的要求和董事会的责任”规定,“除7.32节的规定外,每个公司都有一个董事会”。“所有公司的权力应由董事会行使或在其许可下行使,所有的公司的业务和事务应由董事会管理或在董事会的指导下管理,并遵守在公司章程或依据7.32节授权认可的协议中规定的任何限制条款”①。同时,还明确了公众公司的董事会对公司的商业运营及计划的执行状况、公司已经或将面临的重大风险及高管的工作表现和薪酬状况负有监管责任。虽未直接定义董事,却从董事的职责角度对其给予了描述。

《德国股份公司法》第76条规定,“董事会本身负责领导公司”,“董事会可以

① 《美国示范商业公司法》第8.01节的规定。

由一人或若干人组成”,“董事会成员只能是一个具有完全行为能力的自然人”。

2005 年修订的《日本公司法》第 348 条规定:“董事负责股份公司的运营,但公司章程另有规定的除外。”

《元照英美法词典》(English-Chinese Dictionary of Anglo-American Law)将“director”(董事)解释为:“依法任命或选举的指挥公司业务的人员,全体董事构成公司董事会,管理公司业务,是公司的决策机构。”①

《布莱克法律词典》(Black's Law Dictionary)将董事解释为:“A person appointed or elected to sit on a board that manages the affairs of a corporation or other organization by electing and exercising control over its officers.”②即被委派或者选举产生、组成董事会,再由董事会通过选举管理人员并对其以监控的方式对公司或其他组织的事务进行管理的人。

我国梅慎实教授认为,董事是由股东大会选举产生的、管理和督察公司事务的董事会必要成员③。王保树教授认为,“董事是股份有限公司必设的董事会的组成人员”④。

从以上举例可知,尽管各国所属法系不同、公司治理模式不同,并因此导致有关董事的含义或者表述内容有所不同,但董事职位的核心内容均是相同的,即作为一名自然人的董事,是通过任命或委任、选举等方式产生的,是公司董事会的组成人员,其职责是领导和监督公司业务,而其所属董事会则是公司的决策机关,董事应为其决策或监督行为承担相应的法律责任。

三、董事与公司关系的学说:合同法律关系,即意定之债

1. 信托关系说

英国,是公司制度的发源地,董事是伴随公司的产生而产生的。在董事诞生之初,英国传统司法是通过早于公司法诞生的信托法上的信义义务来解释董事义务的,“法院以信托法上的信义义务为基础构建董事义务。董事被视为受托人(trustee),承担与受托人类似的信义义务”⑤。此即“信托关系说”。

最初,英国认为,董事义务是一种非常有限的责任⑥,董事也不需要具备一定

① 薛波主编:《元照英美法词典》,法律出版社 2003 年版,第 417 页。

② Bryan A. Garner Editor in Chief: Black's Law Dictionary, Thomson West, p. 492.

③ 参见梅慎实:《现代公司机关权力构造论》(修订本),中国政法大学出版社 2000 年版,第 309 页。

④ 王保树、崔勤之:《中国公司法原理》,社会科学文献出版社 2000 年版,第 203 页。

⑤ 黄辉:《澳大利亚董事义务制度研究》,载王保树等主编:《商事法论集》第 13 卷,法律出版社 2008 年版,第 145 页。

⑥ Nicholas Bourne, *Directors Duty of Care and Skill*, Business Law Review, 2004(25).

的专业知识或技能[1]。考虑到是董监高基于信任而产生的,因此,该说在界定董事与公司之间法律关系时,对于董事角色的解释——对内代表公司形成公司的意思表示(商业决策)、对外代表公司管理公司资产并与他人发生种种法律关系——还是比较贴切的。但其最根本的不足之处在于,董事的职责完全不同于信托受托人那种消极管理财产——保持财产现值,而是要求其通过各种充满风险与挑战的经营管理活动积极地促使公司资产实现增值、盈利,使公司的经营按照既定的战略快速发展、扩张。因此,在对董事角色和行为方式完全不同的定位或预期之中,董事作为公司经营决策的核心机关,其义务一定会比信托法中受托人的信义义务标准更高,而这正是"信托关系说"所无法完全解释、解决的。

与英国的"信托关系说"所不同的是,美国法的信托概念要比英国法下的信托范围宽泛得多,如夫妻关系、酒店服务员与客户的关系、出租司机与乘客的关系,均存在一定的信义关系。据美国学者总结,构成信义关系的法律关系包括[2]:信托受托人和受益人之间;董事与公司之间;清算人与公司之间;律师与客户之间;合伙人之间;代理人与委托人之间;证券经纪人与客户之间;高级雇员与公司之间;医患之间;父母与子女之间;教师与学生之间;神职人员与求教的教众之间。

由此可见,美国法下的董事作为信义受托人,其信义义务要更加广泛,从内容角度,不但包括守法经营,还包括善意;从权利主体角度,不仅仅限于所在公司,还包括公司现有的股东,甚至包括未来的潜在股东。相比之下,英国董事义务的权利主体要窄得多,除公司外,还包括整体意义上的股东[3],而非每个具体股东。

2. 信托兼代理说

随着公司制度及司法裁判活动的演绎发展,特别是公司人格独立地位的确定,英国的法官们逐渐认识到董事与公司的人格是相互独立的,这样就无法通过信托法律关系将公司界定为受托财产,而董事对外代表公司所从事的法律行为也就并非董事个人行为。因此,早在 1827 年,英国的塞尔伯恩爵士在 Great Eastern Railway Co. v. Turner(1827)一案中,就认为:"董事不过是公司的受托人或代理人而已——在公司钱物管理方面是受托人,而在公司对外进行交易方面则是代理人。"[4]此即"信托兼代理说"。

---

① See Andrew Hicks, *Directors' Liability for Management Errors*, Law Quarterly Review, 1994, p. 390.

② 参见赵廉慧:《论信义义务的法律性质》,载《北大法律评论》2020 年第 1 期。

③ 详见英国 2006 年《公司法》第 172 节的规定。

④ Great Eastern Railway Co. v. Turner[1872] LR 8 Ch App 149 at 152 per Lord Selborne. 转引自黄辉:《澳大利亚董事义务制度研究》,载王保树等主编:《商事法论集》第 13 卷,法律出版社 2008 年版,第 145 页。

该说只是“信托关系说”的变通,仅仅解决了董事对外代表公司所从事的职务行为法律后果的归属问题,却与“代理关系说”一样,无法解释为什么董事权利范围以及行使权利时的独立性都要远远大于普通的代理关系中的代理人代理权限和独立性的问题。

3. 代理关系说

根据公司“法人拟制说”,公司自身没有意思表示能力,更无法独立从事法律行为,因此,公司需要通过代理人的代理方能与其他主体缔结合同,从事交易活动,承担义务、享有权利,进而获益增值,这就是“代理关系说”。该学说最具代表性的国家是德国。《德国股份公司法》第 78 条(代表)规定:“(1)董事会在法院内外代表公司……(3)章程还可以规定,董事会成员可被授权单独或者与一名代理人共同代表公司。如果有章程的授权,监事会也可以作出相同的决定。(4)被授权作为集体代表的董事会成员也可以授权他们中的单个人从事某些业务或某种业务……”①同时,该法第 82 条规定:“(1)董事会的代表权限不受限制……”由此可见,德国完全是按照代理的理论来建构董事对外代表公司之时,董事与公司的法律关系的。

在公司“法人实在说”得到广泛认可之后,公司的独立人格得以确立,公司具有相应的权利能力和行为能力,并且可以通过自己的内设机关达成公司意志、传达公司的意思表示。因此,股东会作为公司的权力机关选举或委派董事组成董事会,并由董事会及其董事作为公司的表意机关对外参与交易活动、建立法律关系。此时,董事已然不是独立于公司并作为公司代理人从事商事活动,而是作为公司的内设表意机关对外履行其董事职责,其行为已属于职务行为,其对外形成的法律关系及后果当然应该由公司承担。至此,董事作为独立代理人依据代理法律关系代表公司从事商事活动的理论假设就无法自圆其说了,即具备独立人格并有自己的意志形成和意思表达机关的公司,为何还需要一个独立于公司的独立代理人才能从事商业活动?

另外,在大陆法系国家,代理是一项独立的法律制度,其目的在于解决代理人以被代理人名义所从事的法律行为及其后果的归属问题,即就代理行为所产生的法律关系在被代理人与交易第三人之间的关系问题。由此可见,“代理关系说”并没能直接解释董事职责或义务的来源问题。当然,在英美法系的法律制度及法律逻辑中,已经将委托关系作为代理关系适用的前提。由此来看,“信托兼代理关系说”与“委任关系说”具有内在逻辑上的一致性。

---

① 《德国股份公司法》第 78 条。

4. 委任关系说

将该说作为立法理论依据的主要代表,是日本。所谓委任,就是一方承诺答应另一方的委托为其处理相关事务的合同。

根据《日本商法》第254条第3项的规定:"公司与董事之间的关系,依照关于委任的规定。"①《日本民法典》第643条对委任定义为委任,因当事人一方委托相对人实施法律行为,相对人予以承诺,而发生效力,并在其第644条对受任人的义务规定为:"受任人负以善良管理人的注意,按委任本意处理委任事务的义务。"②

在大陆法系国家和地区中,存在与"委任"相关的两项制度,一项是民法总则中的"代理"制度,另一项是在债法之下合同制度中的"委托合同"制度。分析学者对"委任"关系的论述,这里的"委任"包括了"代理"与"委托合同"两项制度,即通过委托关系解决公司与董事之间的内部法律关系——董事义务产生的法律依据,并通过代理关系解决董事代表公司所从事的法律行为的效果归属问题,即董事的代理行为所产生法律关系及后果由公司与第三人承担。由此可见,拆解后的"委任关系"仍然属于两个法律关系,虽然信托与委托的内涵并非完全相同,但在委托的实质内涵上还是基本一致的,即受托人/受任人受人之托为人办事。因此,大陆法系的"委任关系说"与英美法系的"信托兼代理说"的思路都是一致的,即通过一种综合后的法律关系学说,试图同时解决董事与公司的内部关系以及董事代表公司与第三人之间从事法律行为而发生的外部关系。

第二节　董事与公司法律关系另一种维度的探讨

一、各种合同关系说的天然缺陷

如上文所述,董事与公司关系的前述各种合同关系学说仅具有部分解释能力,且多数将注意力集中在具体的某个自然人被选举并担任公司既定的董事职位之时,而对其就任董事后的相关职权、义务乃至责任的解释能力就不强了。

第一,在公司理论与实践活动中,作为公司必备机关成员身份的董事,客观上会与多方主体发生多重法律关系,如董事因股东会选举而与股东或股东会之间的关系、作为个体的某个自然人因被选举而正式成为董事而与公司之间产生的关系、作为管理机构成员而与公司内部人员因管理活动而发生的关系、作为公司代

① 卞耀武主编:《日本国商法》,付黎旭、吴民译,法律出版社2000年版,第84页。

② 《日本民法典》,王书江译,中国法制出版社2000年版,第117页。

表机关而与交易第三人发生的关系、作为解散清算或破产清算的清算组成员而与公司债权人发生的关系等,不一而足。毫无疑问,第一节所列的任何一种合同关系说都无法完全覆盖性地解释这些关系。

第二,很明显,鉴于合同法律关系天然的相对性限制,前述各种合同法律关系学说更无法解释董事对公司以外包括某个具体股东①在内的其他人应负义务的法律来源,更无法界定董事义务的内容与范围。

第三,最重要的,虽然这些学说都能从一定角度解释董事与公司之间关系的某个方面,但毫无例外地都存在与该学说所述法律关系实质内涵严重违背的另外一面,例如:

"信托关系说"中,公司本身并非信托关系的"信托财产",而是一个"活生生"的具备独立人格的法人,且该"信托财产"更没有登记在受托人名下,当然,全体股东与全体董事之间对公司这个"信托财产"更不存在双重所有权,而这些正是与信托关系的实质内涵所格格不入的。

"代理关系说"中,董事并非像一般商业或民事代理关系中的代理人那样,属于完全独立于公司的个人,更没有以自己的名义为委托人办事,且董事因公司必备机关成员的身份而导致其独立人格大部分被公司"吸纳",成为非独立之人。

委任关系拆解后的委托关系中,与信托关系类似,作为受托人的董事并非像普通委托关系中一样完全独立于委托人而为委托人处理受托之事,董事的独立人格同样也因其作为公司必备机关成员的身份而大部分被公司"吸纳",从而该董事已成为某某股东的董事却非某某董事本人,且与信托受托人相比,公司董事对公司的经营管理有着相当独立的经营决策权;更为关键且形成强烈反差的是,董事所受托之事竟然是对内作为委托人的决策机关成员而管理委托人自己,对外作为委托人的代表机关表示委托人的意思表示、从事相关法律行为。而"委任关系说"拆解后的代理关系,也存在如同"代理关系说"一样的严重缺陷。

第四,前述合同关系学说更不能合理解释如下疑问:

在特定情况下(如澳大利亚董事的"防止破产交易义务"、我国公司法司法解释中因董事怠于履行清算职责而应向债务人承担的责任),董事为何需要向这些债权人负有义务并承担责任?

董事为何应因其证券欺诈或虚假陈述②而须向投资人承担损害赔偿责任?

---

① 通过选举方式产生董事的是作为公司内设机关的股东会,这是一种团体性行为,其选举行为的结果仅对公司与所选举董事之间产生法律效力。那么,董事为什么还要对公司的股东负有一定程度的忠实勤勉义务呢?

② 详见我国《证券法》第85条的规定。

董事为何需要向公司员工、所在社区及社会公众等非委托人承担一定的社会责任?

若董事与公司是合同关系,为何在追究董事责任时,却又有很多司法判例是基于侵权法理论而追究其侵权责任?①

若认为董事的忠实义务产生于这些合同关系说,为何作为受托人、受任人、代理人的董事要在这些各类普通法律关系原有义务之外,还需要另外承担一些特别义务,如竞业禁止、不当关联交易禁止、监督义务、合规义务,甚至防止破产交易义务和清算义务等?

第五,按照这些合同关系说所述,股东选举董事是基于信任,若按照这种私法自治的逻辑,那股东应该有权选举任何其信得过的人担任董事,但为何很多国家公司法②都存在董事资格的禁止性强制规定呢?

综上所述,传统的各种合同关系理论确实都存在致命缺陷,都不能完好、合理地解释董事与公司的法律关系,更不能按照其预设的各类合同关系演绎董事的义务并最终落实董事责任③。

对此,"1925 年,英国判例认为,将董事义务定性为信义义务是对的,但是,几乎不可能通过类比的方法将董事义务归属为传统的信义义务类型"④。正如公司这种新生法人与传统的团体法人存在重大区别一样,董事与公司的关系及董事义务也是一种新型且独具一格的关系及义务类型。虽然与各种传统学说所阐述的各种类型关系有一定的相似性,但终究还是一种独立的新型的义务类型。"因此,董事义务就是董事义务,而无须勉强地给其贴上信托义务或代理义务的标签。"⑤

而我国学者也认为,公司制度实际上是传统私法制度的扩张,而仍然试图把这种组织体中公司机关、公司机关中的职位以及这种职位的具体担当人之间的关系还原为严格的传统私法上的信托、代理、委任等关系中的任何一种都会令人觉

---

① 请读者参考本书第二篇、第三篇和第四篇的有关内容,不管是董监高的责任还是双控人的责任,法院几乎都是按照侵权责任的构成要件予以论理、裁判的,鲜有按照违约责任的构成要件予以论证。

② 如我国《公司法》第 178 条规定:"有下列情形之一的,不得担任公司的董事、监事、高级管理人员:……"

③ 目前的各类合同关系说,均旨在解释某个人被选举为董事这一时点的法律关系,而有意忽视了被选举为董事后其对公司所附义务的来源,忽视了董事义务已经严重扩展到原合同法律关系所既定范围之外,且无法与其相容甚至相悖,更无法演绎出董事义务的违反结果——董事责任为何多为侵权责任,而且,这些学说也并没有为所谓侵权与违约的"责任竞合"提供更多的解释能力。

④ Re City Equitable Insurance Co. Ltd. [1925] Ch 407 at 426. 转引自黄辉:《澳大利亚董事义务制度研究》,载王保树等主编:《商事法论集》第 13 卷,法律出版社 2008 年版,第 146 页。

⑤ 黄辉:《澳大利亚董事义务制度研究》,载王保树等主编:《商事法论集》第 13 卷,法律出版社 2008 年版,第 147 页。

得不圆满。[①]“正如股权是公司法上的一种独特的法律权利制度，我们不能将之完全地还原为所有权、债权等传统私法上的权利一样，我们也不能将现代公司法上的公司、股东与董事的关系严格地还原为信托、代理或委任等传统私法上的法律关系。”[②]

同样，将一个新生事物硬生生地套用早于其过千年诞生的所谓成熟理论（信托或委托、代理）而牵强附会地强加解释，其结果只能是张冠李戴、生搬硬套而毫无解释力、毫无解决问题的能力，甚至会导致阉割乃至扼杀新生事物。而这肯定不是公司法理论与实践的参与者所喜闻乐见的。

二、已有学者的探讨与突破

1. 特殊法律关系说

美国的公司法学者汉密尔顿（Hamilton）和英国公司法学者高尔（Gower）认为，公司董事与公司和股东的关系是一种特殊的关系。“公司董事由股东选任，而董事（会）则被授予广泛的管理公司事务和财产的权力，这种管理权类似于代理权，但是，由于这种权力是法定的权力，股东会对其权力的控制并非一般代理关系中本人那样能够对其代理人实施持续的控制。董事对公司、股东负有的信义义务是制定法上的义务，其性质也非一般代理人义务所能够包容的。”[③]

该说虽然认识到以往合同关系理论的缺陷并试图弥补，并深刻地指出了董事义务基于法律规定的实质性特征，但并没有对董事义务的这一来源提供充分的解释，更没有指出董事义务进一步演绎乃至发展到责任阶段的合理路径，学说体系尚不够完备，解释能力与实际应用能力都不够强。

2. 新型关系说

我国有学者指出，“上市公司与其董事之间的关系和传统公司理论中的代理、信托、委任等法律关系既有相同点又有根本区别，所以应认定为特殊关系”[④]。另有学者认为，“在我国，公司、股东与董事的法律关系构成一种公司法上的董事权力责任关系和权利义务关系即权责关系和权义关系”，“公司与董事这种公司法上的权责关系和权义关系的基本内容是：董事由股东的经济实力分配，将股东的意志最大程度地上升为公司的意志，并代表股东行使公司经营管理权；董事的权力

① 参见张开平：《英美公司董事法律制度研究》，法律出版社1998年版，第307页。

② 孙光焰：《也论公司、股东与董事之法律关系》，载《法学评论》1999年第6期。

③ 转引自孙光焰：《也论公司、股东与董事之法律关系》，载《法学评论》1999年第6期。

④ 陈丽萍、郭燕峰：《上市公司董事的法律地位》，载赵旭东主编：《上市公司董事责任与处罚》，中国法制出版社2004年版，第36页。

及其行使方式,董事的基本权利以及董事的责任和义务由公司法、公司章程等直接规定”①。

这些观点,已然深刻认识到传统各类合同关系学说的内在不足及其与公司法律制度现实所存在的实质性差距,认识到董事义务的特殊性所在。但是,与“特殊法律关系说”一样,这些观点并没有对董事义务的这一来源提供充分的解释,更没有指出董事义务进一步演绎乃至发展到责任阶段的合理路径。

3. 法定关系说

梅慎实教授认为,“在理论上,现代公司的董事与公司之间是一种十分复杂的关系,任何‘代理’说、‘委任’说以及‘代理与信托兼有’说都不足以十分清楚地阐释董事的法律地位。换言之,把董事的法律地位说成是公司的代理人、受任人或兼有代理人与受托人等都不十分恰当”。而“现代公司董事的权力、义务、利益和责任直接来自法律的规定,其与公司的关系应定位为‘法定’更妥当,即就公司内部关系而言,董事与公司已成为法定的‘有机统一体’,就公司外部关系而言,董事亦为公司的法定机关”②。

“法定关系说”的理论基础过于宽泛,正如保险法中规定了大量的保险合同必备内容但未改变投保人与保险人之间的保险合同关系的原本属性一样,不能简单因为董事职权、义务及责任都已经被公司法规定,就认为二者之间就是所谓的法定关系。

该说意识到以往各类合同关系说的缺陷,并把董事义务的来源聚焦到公司法的规定上,但没能深入挖掘这种“法定”在公司法意义上的法学理论基础。因此,我们还要追溯这种关系被“法定”的渊源,即本书此后所述:基于董事这一公司必备机关成员的身份或职位的法定,进而合理地演绎出董事职权、任职与解职方式、行为准则、义务以及责任的法定。

三、公司本质学说的进化

公司这个在现代几乎处于大国核心位置,甚至一些跨国公司几乎是可以主宰小国前途与命运的非自然人存在。但经过皇家特许而在英国诞生之日起的最初二百多年时间里,公司起初在法律上连最起码的主体资格都没有。随着公司数量的增加、实力的壮大及其在经济社会活动中作用的逐步凸显,法学与司法领域的专家逐渐通过“拟制说”将公司这一新生事物与古老的“法人”制度理论相对接,从而将其作为法律上拟制的人而勉强列入法人队伍。但是,在“拟制说”的理论框架

---

① 孙光焰:《也论公司、股东与董事之法律关系》,载《法学评论》1999 年第 6 期。

② 梅慎实:《现代公司机关权力构造论》,中国政法大学出版社 2000 年版,第 327 ~328 页。

中,因公司不具备意思表示能力,还不能被认为属于一个真正“法律上的人”,因此,只能再利用“信托”或“代理”这样既有且成熟的法律制度赋予公司通过“受托人”或“代理人”的代理而“活”起来的能力。

但随着社会经济活动的发展,拟制论越来越无法解决“公司”这个非“法律上的人”如何才能为其从事的侵权行为乃至犯罪行为承担法律责任的问题。因此,公司“实在说”便应运而生,并在1844年通过英国《合作股份公司法》,公司从立法层面获得了独立人格、具备了法律主体资格,即权利能力,并通过其股东会和董事会这样的内设机关形成独立意思并表达意思表示,从而获得了独立的行为能力,进而也具有了独立承担法律责任的能力。

四、董事与公司关系的发展

简要回顾公司的发展就能更好地理解董事与公司的关系。

从前述公司本质理论发展的过程可知,公司最初的诞生是通过英国皇家法律的特许,而随着《合作股份公司法》将“拟制人”发展为“实在人”,每家公司在其投资人通过必要手续获得公司设立证书之日便独立于其投资人,并自动取得了“法人”的独立资格。也就是说,随着公司制度在全世界的扩张、成长及各国公司成文立法的逐步成熟,在现代社会,公司作为一个独立的客观存在已经具有非常强大的影响力,公司一经设立即独立于其成员而存在,并按照市场交易所涉相关法律的规定享有权利、履行义务并承担责任。因此,公司已经可以独立自主地在公司法律既定的法律制度框架内设立、运营、融资、投资、扩张、收缩甚至解散或破产清算,最后归于无形。

与公司人格制度的发展过程类似,董事与公司法律关系也存在一个发展的过程。而从当下立法的客观结果来看,董事作为公司法定必备机关成员的特定身份以及与此相关的职位设定、产生与解聘方式、职权范围、行为标准、义务乃至责任,都是由公司法律规范或判例所既定的,具体可简述如下:

首先,正如公司最初的诞生是基于国家法律的特别许可方得以设立一样,董事职位的最初诞生也是公司法律强制规定必须设置的。

其次,在公司“拟制人”期间,作为代理人或信托受托人,董事的受任是建立在委托人的信赖基础之上的。所以,某个自然人被委派为董事职位是基于信赖基础上的委托。但是,随着董事制度的发展,董事义务的权利人已不仅限于公司,而是扩展到股东、特定阶段(破产前一定时间)的债权人,甚至扩展至公司员工、社区及社会公众等;同时,董事义务的内容也不仅限于信托或委托关系原本所能够涵盖的范围,如部分勤勉义务或注意义务,更不限于一般的代理理论所原本具备的忠实义务范围,如竞业限制、篡夺商业机会、保守商业秘密。而这些,已经远远超出了诸如“信托法律关系说”“信托兼代理说”“代理关系说”“委任关系说”等合同法律关系所能涵盖的主体范围、内容范围,若再以合同关系来界定董事与公司、股东、债权人、员工乃至社区公众等利益相关主体之间的法律关系,不仅仅是“力不从心”,更有些牵强附会、勉为其难了。

最后,在公司法律制度日渐成熟、特别是成文公司法甚至判例法已经无孔不入的现代,在公司设立之时,董事作为公司的决策机关—董事会—成员的身份、董事这一职位的设立、每个董事个体得以产生或解聘的法定原因——公司法或公司章程规定必须设立相应数量的董事职位[如 2006 年《英国公司法》第 154 条①,我国《公司法》第 67 条、第 68 条、第 120 条②,《德国股份公司法》第 76 条第(2)款③,2005 年《日本公司法》第 326 条第 1 款④]、董事所属集体(董事会)的职权,甚至董事的义务及违反义务所应承担的法律责任等,均已由公司法及公司设立时依法制定的公司章程一一详细地明文确定了。

第三节　基于公司必备机关成员身份的法定关系:法定之债

一、学者在此方向的探讨

我国李建伟教授认为:“董事违反董事义务(其本人称为‘诚信义务’)所产生的责任是侵权责任在公司法上的特殊表现。”⑤

美国公司法学者艾森博格(Eisenberg)认为,公司董事和高管的注意义务是侵权法上过失侵权理论中注意义务在公司法上的特别应用。所有的法律都建立在道德和公共政策及经验分析基础之上。过失侵权法也不例外,也是以道德评价为基础的,即如果一个人承担了某种角色,而这种角色有可能对他人造成伤害的风险,那么他在道德上就负有谨慎地履行该角色的义务。⑥

---

① 154 Companies required to have directors:(1) A private company must have at least one director.(2) A public company must have at least two directors.

② 详见该法第 67 条、第 68 条、第 120 条的规定。

③ 详见该法第 76 条(股份公司的领导)的规定。

④ 第 326 条“①股份公司必须设置一人或两人以上的董事。”

⑤ 李建伟:《公司法学》(第 2 版),人民大学出版社 2011 年版,第 338 页。

⑥ See M. A. Eisenberg, *The Duty of Care of Corporate Directors and officers*, HeinOnline—51 U. Pitt. L. Rev. 945, 1989 - 1990.

美国佛罗里达大学的 Robert J. Rhee 教授认为,“董事的注意义务频繁地被类比为侵权法上的注意义务,而这些也体现在意外事故法律的相关责任表述之中”①。而且“侵权法理论提供的不只是一个仅供查询责任含义的词典,而是提供了公司董事会义务及责任的基本原则”②。同时,该学者还认为,侵权法原理能够、也确实在规制公司内部事务的各个重要方面发挥着良好的作用。侵权法中也存在可以据以追究董事责任的一些理论,如(1)因未能监督或管理公司事务或放弃全部职责而导致董事对其注意义务的漠不关心;(2)因实质性决策程序的瑕疵而导致对公司事务未能尽到充分的注意;(3)因故意的玩忽职守而导致的主观恶意。③

美国著名公司法专家、著名的公司法大法官 William T. Allen 教授也认为,“自 2005 年起,四十个法院系统逐步要求董事按照普通谨慎之人在相似情况下通常应付的注意标准承担董事义务”④。而且,对于主张违反注意义务的诉讼,基本都是按照传统的侵权法思路分析,即义务是否被违反,如果有违反,则这种违反义务的行为是否对公司及其股东造成损害,以及原告应当承担举证责任等。⑤

另外,美国学者 Charles Hansen 还认为,“界定董事注意义务的传统标准公式就是完全像侵权法一样的‘合理谨慎之人’的标准”⑥。

这些论述,毫无疑问都认为界定董监高违反义务而应承担的责任及其标准,就是侵权法上的责任和标准,而且侵权法上的“注意”“疏忽大意”“恶意”等制度均可适用于董监高义务与责任。

二、基于公司必备机关成员身份的法定关系:法定之债

鉴于董事义务的重要性,大家纷纷探讨董事义务的来源,以更好地界定董事义务,完善公司法律制度。这个思路应当说是正确的。义务源于法律关系,但如

---

① Robert J. Rhee, *The Tort Foundation of Duty of Care and Business Judgment*, University of Florida Levin College of Law UF Law Scholarship Repository, Vol. 88:3, 1141.

② Robert J. Rhee, *The Tort Foundation of Duty of Care and Business Judgment*, University of Florida Levin College of Law UF Law Scholarship Repository, Vol. 88:3, 1143.

③ Robert J. Rhee, *The Tort Foundation of Duty of Care and Business Judgment*, University of Florida Levin College of Law UF Law Scholarship Repository, Vol. 88:3, 1144.

④ William T. Allen, *Commentaries and Cases on the Law of Business Organization*, 2nd edition, 2007, p. 243.

⑤ See William T. Allen, *Function Over Form: A Reassessment of Standards of Review in Delaware Corporation Law*, 56 Bus. Law 1301 (2001).

⑥ Charles Hansen, *The Duty of Care, the Business Judgment Rule, and The American Law Institute Corporate Governance Project*, 48 Bus. Law 1355 (1993).

前所述，董事义务的权利人存在多样性，且多数均与董事不存在直接的合同关系，这些董事义务就更难说是源于前述各类学说所述的合同关系。

那么，董事义务之源在哪？只能是董事作为公司必备机关成员的这一特定身份，即董事基于这种法定公司必备机关成员的身份而与各类主体发生了法定的各类法律关系。

总结前述论述，并对比现有学说，本书认为：

法学理论及立法、司法实践中，探讨或界定董事义务、责任时，多是从董事这一抽象的职位及其在公司法制度中的身份、职权、作用等角度展开的，并不是在张龙、赵虎等某个具体的个体通过委派或选举等方式就任公司董事之时或之后，才去探讨或界定其职权、义务、责任；同时，他们就任后也不会因其与王朝、马汉在具体的资历经营或能力等具体个体因素存在差异而影响其董事义务的履行以及责任的承担。

第一，董事作为公司必备机关成员的这一身份或职位，在公司依法设立之时就已产生，至于公司股东会选举或股东委派某个具体的个体担任董事职位，也只是基于公司法或公司章程的规定且也只有在股东会选举或股东委派法定数量的董事之时，公司才得以成立。而股东会选举或股东委派这一行为只是依法按章充实法定的公司内部机关，这只是某个个体能够就任或补充董事这一身份或职位的方式或路径而已。

股东会通过这种方式或路径填充董事职位之时，虽然是基于对该个体各方面能力、经验、人品等综合资历的信任才选择了这个个体，但这种信任实际上并非完全是股东所在公司自主意志的内在需要，很大程度是基于股东掌控公司经营管理、实现其"所有人"身份相关利益的需要。法律和章程对公司必备机关成员产生方式的规定、股东集体作为一个群体基于"所有人"身份相关利益的内在需要、董事个体基于选举而就任董事职位的公司法意义上的形式要求，三个方面的客观需要最终决定了董事产生的这种方式或路径；而一旦被选举为董事，如后文所述，该个体尽管可能会与公司之间存在类似劳动合同、劳务合同或委任合同之类的关系，但这种关系已经基本上不具备公司法上的意义，董事的义务基本与该述合同关系无关，除非该述合同对董事的义务内容或标准有更高的约定，但也仅限于界定其与公司的法律关系之时，而非董事与公司之外的股东、债权人等主体之间的法律关系。

第二，选举或委派董事的事实或关系虽然发生在股东会或股东与董事之间，这一法律关系仅仅产生某个具体个体担任董事职位或身份的法律后果，但这一法律后果是由公司承担的，仅对公司与所选举董事之间产生法律效力。通过选举方式产生董事的是作为公司内设机关的股东会，股东或股东会的行为只是依法按章行使其不得放弃[①]的权力的行为，某个具体的股东与董事之间并不存在直接的、任何形式的合同关系；即使在委派的情况下，股东委派权力的来源也是法律规定或公司宪法——公司章程的直接规定，其行为的性质也只是一种履行法定职权的行为，是一种为公司而非为股东个人设置权利或义务的私行为。

除此之外，选举或委派的股东与其所选举或委派董事的具体个人之间，并不存在委托法律关系的权利义务或责任等内容。而信托说、代理说、二者兼有说抑或委任关系说，所论述的都只是股东会或股东完成这一法定行为所依据的法律意义上的方式，无论将该行为界定为单方或双方的委托、信托甚至是完全单方意义上的代理，都不影响该行为的后果——某个具体的个人担任董事身份或职位，甚至不会影响董事独立履行职权、承担义务乃至责任。

第三，股东会或股东选举或委派董事行为的性质，并不是一般意义上的法律行为，而是法律规定由其将公司从“拟制人”（无意思表示或行为能力）转化为“实在人”而使公司具备了意思表示机关及行为能力或者更换补充董事，从而使其意思表示机关及行为能力得以持续的一种特殊法律行为，股东或股东会的行为只是一种依法按章行使其不得放弃的权力的行为，是一种公司法意义上的法律行为。

第四，在公司法范畴内，以往各类学说中的合同关系，均非一般民事法律中合同法意义上的合同关系。因为，一般民事合同意义上，受信托人、受托人、代理人的身份都是与这些合同关系同时产生的，更不要说与其身份相关的权利义务内容。而公司法意义上，在董事与公司之间，基于公司必备机关成员的董事身份、职位及与此相关的产生或解除方式、职权、行为准则、义务及责任，理论意义上，则是在某个个体就任董事职位之前就已经被公司法和公司章程明文规定、界定清楚的了。

第五，现实中，公司与董事在就任前往往会签署一份劳动合同，但这份合同的内容也只是公司一般员工意义上的劳动者与公司之间就相关劳动时间、薪资报酬、劳动者法定权利及义务、劳动关系解除终止等劳动法意义上的相关事宜所作的约定，而这些内容基本上没有公司法上的意义，即基于公司董事身份而与公司之间产生的权利义务关系。另外，对于未与公司建立劳动关系的董事，往往仅会签署一份委任合同或劳务合同，其基本内容除劳动法意义上的权利义务外，与劳动合同相差无几，如服务时间、薪资报酬、合同解除或终止等。

---

① 该“不得放弃”，是从结果一样上的理解，即若股东放弃该权力，要么公司董事会无法组建从而导致公司无法设立，要么公司董事会因缺少必备的成员而无法正常履行职责从而影响公司正常运营，甚至陷于僵尸状态。下同。

有必要注意的是,即使有前述劳动合同或劳务合同的存在,在公司法意义上,某个人就任公司董事也必须经股东会选举并达成决议,决议生效之日该个体才正式成为公司的董事。由此看来,普通合同法意义上的所谓劳动合同、委任合同等虽然是客观存在的,却对董事与公司和其他权利主体之间基于公司法律或公司章程既定的法律关系及董事的义务几乎没有产生任何实质性影响。

第六,各国公司法在界定董事、监事、高级管理人员对公司的义务之时,很多国家是把三者的义务混合规定的,并未做明确区分,如我国《公司法》第 180 ~ 184 条的规定,《企业破产法》第 125 条的规定,《澳大利亚公司法》第 181 ~ 184 节的规定[①]等,都是将董事、监事、高级管理人员的义务放在一起规定的。这说明,在立法者眼里,董事与监事、高管一样,都是作为公司内具有一定身份和职位之人,在对公司所应负有的义务方面是一样的,都需要法律统一规定,并没有因其是股东会选举(传统的各类合同关系说的重要依据)、股东委派或公司直接任命,就区别对待。这也充分说明了董事义务之源并非传统的各类合同关系说所述的合同关系,而是源于董事作为公司必备机关成员的法定身份及职位。

第七,我国有学者认为,同样是采用判例法模式的英国法,并没有这一规则(经营判断规则——笔者注),仍然沿用侵权来解决。[②] 另外,"董事勤勉义务之所以不是一种合同法上的注意义务,一方面由于董事与公司的关系不是一种简单的合同关系,董事是公司的组成部分而不是公司的相对人;另一方面是如下文所述董事勤勉义务的功能价值与侵权法的一致性也使得将其纳入侵权法中的特殊注意义务更为合理"[③]。因此,董事义务是一种专家义务,是现代社会经济发展对专家人员基于更高标准、更高期待而产生的一种专家义务,这种义务要求包括董事在内的专家们,不能倚仗有一技之长而忘乎所以、为所欲为地损害公司及公司之外的股东、债权人、员工、社区公众等主体的利益。

第八,董事因其公司必备机关成员的身份与职权的法定而导致其义务的法定,因此,董事违反法定义务而应承担的责任亦为法定,即法定之债不履行的责任。并且这种法定内容并不会因董事是通过何种法律关系被聘任或解职而改变。也只有如此,才能更好地为董事责任的定性及确定归责原则提供充分的理论依据。

第九,各国立法,均将事实董事与影子董事作为董事[④],并赋予其法定的忠实

---

① 详见该法第 181 ~ 184 节的相关规定。

② 参见邓峰:《业务判断规则的进化和理性》,载《法学》2008 年第 2 期。

③ 王利明、杨立新:《侵权行为法》,法律出版社 1996 年版,第 72 页。

④ 我国 2023 年修订的《公司法》第 192 条规定的指示人,按其条文表述,笔者认为并非影子董事,因此,该指示人对公司当然不负有忠实勤勉义务。详细介绍,参见本书第三篇的相关章节。

勤勉义务,若违反此等义务则须承担相应的法律责任。该述实践的理论基础,用事实合同说无法完好地予以解释,只能是基于该述人员已经实质上占据了公司董事的地位、行使了公司董事的法定职权,因此,必须承担董事依法应当承担的忠实勤勉义务。

对此,美国公司法学者 Robert J. Rhee 也认为,"现代的公共公司具有所有权与控制权相分离的特性,这就要求董事会为公司利益承担起管理公司的全部职权,这种需要积极履行职权且十分特殊的关系客观上需要有董事的注意义务的存在"①。

此外,2006 年修改后的《英国公司法》第 250 节规定:"本公司法规定的董事,包括占据董事职位的任何人,不管其称谓如何。"而于 2001 年修改的《澳大利亚公司法》总则部分,对公司或机构董事的定义与英国的内容基本一致②。由此可见,在英美法系的立法实践中,对于董事的内涵或外延,也都是从其作为公司必备机关—董事会—成员的身份或职位角度来界定的。

在中国司法实践中,也有如此认定的相关规定。如在《广西壮族自治区高级人民法院民二庭关于审理公司纠纷案件若干问题的裁判指引》(桂高法民二〔2020〕19 号)第 34 条【责任主体的范围及实质判断标准】中就规定,勤勉义务的法定主体限于:董事、监事、经理、副经理、财务负责人以及上市公司董事会秘书和公司章程规定的其他人员。但任何实际上享有或行使董事、高管职权的人员,都可以属于勤勉义务的责任主体。该文对董事义务或董事身份的认定,落脚点就是其是否具备董事身份或实际行使了董事的职权。

三、法定之债理论的改进

当然,我们也必须意识到,与以往的各类合同关系说类似,传统的法定之债及侵权责任理论也不能"严丝合缝"地完美解释董事义务,仍然存在一定的挑战,需要根据公司法理论的内在需求对其进行改造,方能更加适合董事义务的界定与董事责任的落实。

对此,我国公司法学者邓峰教授认为,通过侵权法模式界定董事义务与责任

---

① Robert J. Rhee, *The Tort Foundation of Duty of Care and Business Judgment*, University of Florida Levin College of Law UF Law Scholarship Repository, Vol. 88:3, 1160.

② 详见"Corporations Act 2001 V1" Introductory Chapter 1 Interpretation Part 1.2 General Division 1 Section 9. "director of a company or other body means:(a) a person who:(i) is appointed to the position of a director; or(ii) is appointed to the position of an alternate director and is acting in that capacity; regardless of the name that is given to their position"。

存在以下三个困难[①],即“理性人的假设”“事后的评价如何作出”“没有事前的概念”。而对于所谓的侵权法需要对董事义务的违反进行事后评价的误区,美国学者 Robert J. Rhee 认为,“侵权法类推适用的失败,是因为学者或法官们将注意力集中在了审判结果的不同上面了,并且错误地假定侵权法的应用将需要按照过失标准对董事的经营判断进行实质性审查”[②]。

笔者认为,侵权法上界定行为人注意义务的标准是“理性人”标准,而公司法中董事义务的判断标准目前也趋向于客观标准为主、主观标准为辅。“理性人”标准的最终确定,在侵权法与公司法领域同样都是一个难题。但是,毕竟有成熟的路径可供参照、操作。而在传统的各类合同关系学说中,是不存在一个符合“理性人”标准的董事的。同时,出于对董事经营判断的尊重,法官通常避免对此作出事后评价,但并不能排除通过类似美国经营判断规则那样的机制,把对董事义务是否合格履行的审查重点聚焦于董事是否出于善意、是否违反忠实义务、是否履行了正当的决策程序、是否了解到了必要的信息、是否为公司的最大利益等方面。而事实上,需要积极的经营决策也确实是公司法上的董事义务与传统上侵权法中行为人的注意义务之间所存在的巨大差别。

---

① 邓峰:《业务判断规则的进化和理性》,载《法学》2008 年第 2 期。

② Robert J. Rhee, *The Tort Foundation of Duty of Care and Business Judgment*, University of Florida Levin College of Law UF Law Scholarship Repository, Vol. 88:3, 1158.

第二章

董监高义务的内容

第一节 主　　体

基于以上论述和后述分析，我们可以将董事义务定义为：董事根据公司法和公司章程的规定，基于其公司必备机关成员的身份和职位而应秉持对公司最佳利益的善意，在其履行董事职责过程中应向公司及其他权利人承担的忠实义务、勤勉义务、善意履职义务及其他法定义务。

一、义务主体

董事义务的主体是董事个人。这是因为，在公司法律制度框架内，董事所在的董事会(特殊情况下的执行董事)按照投票制进行集体决策，因此，对于违法或违反董事义务的决策结果而可能给公司造成损害，每一个投票赞成决议的董事当然应为此承担责任。

各国虽通过豁免制度、免责制度、责任保险等方式对董事义务进行适当地减轻，但其目的并不是在减免董事义务，更没有变更董事义务的主体，而是在保持董事义务对董事履职行为的约束之下，适当减轻董事负担，进而对董事进行变相激励以鼓励董事为公司的利益而适当冒险，最终达到增加公司利益的目的。

如前文所述，董事义务的主体，事实上还包括公司的监事和高管。

除此之外，特殊情况下，实际董监高或影子董事，也对公司负有忠实勤勉义务，考虑到该述情况比较复杂，本书将设专门章节予以说明。

二、权利主体

权利主体即法定董事义务所指向的对象，是有权要求董事履行相关义务的主体。董事作为必备机关的成员，对所属公司承担董事义务，所属公司作为董事义务的权利人当无疑问。但是，其他主体，或者说哪些其他主体还可以作为董事义务的权利主体，是存在一个认识和发展的过程，而且世界各国公司法对此的规定也不尽相同。

“董事通常是对于公司负有信义义务，而不是对于股东个人、债权人或其他公司参与人。但是，在非常特殊的情形中，在判例法上董事对于个人股东可能负有义务。”“董事对于股东个人是否负有义务的问题完全取决于具体案件的具体情况。不过，法院还是指出了一些重要的影响因素，比如，在信息方面股东对于董事的依赖程度，股东对于董事的信任，交易对于股东的重大性，以及董事对于交易的具体实施等。”①

不过，2006 年修订的《英国公司法》第 172 条规定了董事有促进公司繁荣的义务，而该义务的相对人就是“作为整体的公司股东”，当然，这种规定应该只是宣示性的，意在规范董事履行义务所要考虑的出发点。

另外，正如本书后文将要介绍的一样，在公司控制权市场中，董事对收购方以及其他有意向进行竞争收购的公司未来潜在股东也负有一定的义务，如平等对待所有收购方，披露必要的信息等，以保障该潜在股东能够公平地获得必要的信息，促使收购方能够站在相同的起跑线开展收购竞争。

特殊时期，如破产或解散清算阶段的债权人，也可能作为董事义务的权利主体。

另外，按照当前的司法实践，董事义务的范围还及于所属公司的全资子公司或控股子公司，亦即董事应该向该全资子公司或控股子公司履行忠实勤勉义务。

【问题 1】公司的董事对于公司全资子公司是否负有包括竞业禁止义务在内的忠实勤勉义务？

【典型案例要旨 1】(2021) 最高法民申 1686 号：②公司法关于董事对公司所负的忠实义务、竞业禁止义务应不限于董事所任职的公司自身，还应包括公司的全资子公司、控股公司等，如此方能保障公司及其他股东的合法权益，真正实现公司法设置忠实义务、竞业禁止义务的立法本意。本案中，美谷佳公司是华佗在线公司的全资股东，双方利益具有显见的一致性，李某对美谷佳公司所负的忠实义务和竞业禁止义务应自然延伸至美谷佳公司的子公司华佗在线公司。

---

① 黄辉：《澳大利亚董事义务制度研究》，载王保树等主编：《商事法论集》第 13 卷，法律出版社 2008 年版，第 149、150 页。

② 提示：我国并不是判例法国家，本书所引述分析的判例若不是指导性案例，对同类案件的审理和裁判中并无约束力。同时，尤其需要注意的是，司法实践中，每个案例的细节千差万别，切不可将本书裁判观点直接援引。我们对不同案件裁判文书的梳理和研究，旨在为更多读者提供不同的研究角度和观察的视角，并不意味着我们对本书案例裁判观点的认同和支持，也不意味着法院在处理类似案件时，对该等裁判规则必然应当援引或参照。

李某、深圳市华佗在线网络有限公司损害公司利益责任纠纷再审审查与审判监督民事裁定书

最高人民法院(2021)最高法民申1686号

最高人民法院经审理认为:

关于李某是否违反了对美谷佳公司、华佗在线公司所负忠实义务和竞业禁止义务的问题。

首先,李某对美谷佳公司负有忠实义务和竞业禁止义务。原审查明,2015年4月28日之前,李某担任美谷佳公司的法定代表人、董事长和总经理。根据《公司法》第147条、第148条、第149条的规定,李某在作为美谷佳公司的董事、总经理期间对美谷佳公司负有法定的忠实义务和竞业禁止义务,不得篡夺美谷佳公司的商业机会。

其次,李某对华佗在线公司亦负有忠实义务和竞业禁止义务。公司法关于董事对公司所负的忠实义务、竞业禁止义务应不限于董事所任职的公司自身,还应包括公司的全资子公司、控股公司等,如此方能保障公司及其他股东的合法权益,真正实现公司法设置忠实义务、竞业禁止义务的立法本意。本案中,美谷佳公司是华佗在线公司的全资股东,双方利益具有显见的一致性,李某对美谷佳公司所负的忠实义务和竞业禁止义务应自然延伸至美谷佳公司的子公司华佗在线公司。

【典型案例要旨2】(2019)粤民终1027号:美谷佳公司是华佗在线公司的全资股东,子公司华佗在线公司的利益和母公司美谷佳公司的利益具有显见的一致性,因此,李某对母公司所负忠实义务和竞业禁止义务应自然延伸至子公司华佗在线公司,方能实现公司法为母公司董监高设置忠实义务的立法目的,才能实现对母公司美谷佳公司及其股东合法权益的保护。

深圳市华佗在线网络有限公司、深圳市美谷佳科技有限公司损害公司利益责任纠纷二审民事判决书

广东省高级人民法院(2019)粤民终1027号

广东省高级人民法院经审理认为:

1.关于李某是否对美谷佳公司和华佗在线公司负有忠实义务和竞业禁止义务的问题。

2015年4月28日之前,李某担任美谷佳公司的董事长和总经理,美谷佳公司

是华佗在线公司事实上的全资股东。另据李某陈述，其属美谷佳公司和华佗在线公司的创始人团队，其带领的团队一直从事医疗机构信息化产品的开发与经营。《公司法》第 147 条第 1 款规定，“董事、监事、高级管理人员应当遵守法律、行政法规和公司章程，对公司负有忠实义务和勤勉义务”，第 148 条第 1 款对董监高的忠实义务进行了列举式规定，其中第 5 项规定，未经股东会或者股东大会同意，董事、高管不得利用职务便利为自己或者他人谋取属于公司的商业机会，自营或者为他人经营与所任职公司同类的业务，第 148 条第 2 款规定了董监高违反忠实义务的赔偿责任，“董事、高级管理人员违反前款规定所得的收入应当归公司所有”。董监高的忠实义务要求其应将公司利益置于个人利益之上，不得为实现个人利益而利用公司资源损害公司利益，董监高对公司负有的竞业禁止义务是忠实义务的内涵之一。李某为美谷佳公司的董事和总经理，依据《公司法》的规定，对美谷佳公司负有法定的忠实义务和竞业禁止义务。

2. 关于李某作为母公司美谷佳公司的董事和高管，是否对子公司华佗在线公司负有忠实义务的问题。

美谷佳公司是华佗在线公司的全资股东，子公司华佗在线公司的利益和母公司美谷佳公司的利益具有显见的一致性，因此，李某对母公司所负忠实义务和竞业禁止义务应自然延伸至子公司华佗在线公司，方能实现公司法为母公司董监高设置忠实义务的立法目的，才能实现对母公司美谷佳公司及其股东合法权益的保护。李某上诉称其并非子公司华佗在线公司的股东和董事、高管，对华佗在线公司不负有忠实义务，本院不予采信。李某另上诉称子公司华佗在线公司的商业机会与母公司美谷佳公司无涉，同样不具现实合理性，本院也不予采信。

第二节　董事义务的内容与分类

目前，在公司法理论中，能够被普遍认可的，是将董事义务分为两大类，即忠实义务与勤勉义务（大陆法系国家）或注意义务（英美法系国家）。但是，“善意”（good faith）是否可以单独作为董事基本义务，是存在争议的。

一、“忠实”与“善意”的内涵

“忠实”是指忠诚老实、真实、不虚假，忠实的英文 loyalty，是指忠实、忠诚、忠心、忠贞、忠心耿耿，其反义词是背叛、悖逆、奸诈、狡诈、虚伪。而公司法意义上的忠实,是指行为人须忠于公司利益,重在强调行为人在公司利益与个人利益发生冲突时应以公司的利益为重,是对行为人所从事行为客观结果的一种道德评价,即是否对公司更有利,而不是对个人更有利。

"善意"本意是指好心、好意,善意的英文 good faith,是指忠心、忠诚、老实、忠实、善意、真挚、诚实、正直、真挚、诚意,其反义词包括恶意、敌意、歹意等。善意,是"对行为人诚实状态的一种心理或道德评价"①。

在《布莱克法律词典》中,善意(good faith)是一种主观状态,包括四项内容:"第一,在信赖和目的上的诚实(Honesty);第二,对所承担的义务和责任的忠实(Faithfulness);第三,在一项特定的交易和商事业务中遵守合理的公平交易的商业准则;第四,不存在欺诈(Defraud)或过分(Unconscionable)利益的故意。"②

善意,重在关注行为人在决定从事某种行为时的内心主观目的或动机是否为了公司最佳利益或行为自身的性质,而不在于其客观行为是否真的达到有利于公司的结果,即所谓"好心办坏事"中的"好心"。当然,评价行为人是否心存"善意"确实存在一定的难度,但并不是不能。"可以以客观标准来衡量,即以行业中或类似状况下的理性人眼中的正派、公平或合理的标准来衡量。"③

依据描述对象的不同,通常把善意划分为主观善意和客观善意。"主观善意"是人的主观状态,与人的认识因素有关,指行为人在主观上根据其所知道或应当知道的行事。"客观善意"是判断行为的客观标准,并标示一种诚实、忠诚、考虑周全的行为准则。应当指出两者有很大的不同,前者指主观心理,是主观的、个体衡量的,而后者则是一种准则,具有客观性,一般以理性第三人为标准来判断。适用"理性人"标准时,通常采纳的是行为利益和风险大小的比较。例如,《美国侵权法第二次重述》第 291 节"风险大小和行为利益"中规定,某一行为如果从一个理性人的角度来看涉及对他人造成损害的风险,且该风险极大,超过了法律所认可的该行为或是该行为的特定方式所带来的利益,则该风险是不合理风险。一般而言,"理性人"标准通过衡量损害风险和预防成本,从而得出是否合理的结论。④

对于主观善意,"还可以区分为认识主义善意与意思主义善意。认识主义

① 施天涛:《公司法论》,法律出版社 2005 年版,第 472 页。

② *Black's Law Dictionary*(7th edition),West Group,1999,p. 701.

③ 秦伟、孙新强:《商业合理性:善意履行之客观标准——以美国法为视角》,载《环球法律评论》2007 年第 5 期。

④ 参见廖焕国:《侵权法上注意义务比较研究》,法律出版社 2008 年版,第 144 页。

或称观念主义的善意,指不知或不应知、无法知道某种情形存在或行为缺乏法律根据,即基于信赖、信任或确信的心理状态。意思主义的善意,指出于善良的动机或愿望而行为,不论是否有疏忽和过失。实质上意思主义的善意是指意图良好”①。

罗马法早期,善意并不论及是否与过失有关系。因为善意是以“善良家父”谨慎之心态行事,而“善良家父”的谨慎正是过失的判断标准,故善意本身就包含着无过失。这与罗马法上的正义观,诚信诉讼是相符合的②。可是从逻辑上看,近现代各国的法律在界定恶意、善意的时候,都是从恶意入手。特别是现代民法中,善意是推定的,法律未对善意作明确的界定③。

二、“勤勉”与“注意”的内涵

“勤勉”,是指努力不懈、勤劳不懈,其反义词包括怠惰、慵懒、懈怠、懒惰、懒散,英文 diligent 是指勤勉的、勤奋的、勤劳的、努力用功的、(细致而)坚持不懈的、坚忍不拔的、辛勤的、刻苦的、煞费苦心的。所以,勤勉重在强调一种道德意义上的要求,是对人们表现于外观的客观行为状态的一种道德性评价,是一种需要长期维持的状态。而且,这种外观行为的评价并不涉及行为人的内心活动或主观善恶程度。

“注意”,是指留意、注意钻研业务、重视、关注,英文 care 是指注意、介意、计较、关心、当心、小心、操心、谨慎,其反义词包括大意、忽略、忽视、疏忽、随便。注意(attention)是“心理活动对一定对象的指向和集中,是伴随着感知觉、记忆、思维、想象等心理过程的一种共同的心理特征”④,属于认知过程的一部分,是伴随心理过程的心理现象,但不属于心理过程。一般来说,注意是“一种心理活动或‘心理动作’,而意识主要是一种心理内容或体验”⑤,因此,注意不等同于意识。注意的程度较之勤勉要低,且注意的心理集中与重视时间并不像勤勉那样需要一个长期的过程。

由此看来,“勤勉”重在强调内在道德追求,其外化行为却很难有明确统一的标准。而“注意”这一心理过程,虽可通过外化行为观察和推测出行为主体的注意程度,但其观察或推测标准却依旧不是十分明确、统一,更不会非常具体。因此,

---

① 张必望:《论民法中的善意》,载《法学杂志》1989 年第 5 期。

② 张必望:《论民法中的善意》,载《法学杂志》1989 年第 5 期。

③ 张必望:《论民法中的善意》,载《法学杂志》1989 年第 5 期。

④ 王广新、刘兴波、李通、陆宏:《学生感知的数字化游戏挑战水平与学习注意力关系研究》,载《中国电化教育》2016 年第 8 期。

⑤ 郭秀艳:《试析内隐学习的意识——无意识兼容性》,载《心理科学》2003 年第 6 期。

我国公司法学者们通常在同一意义上使用这两个词汇,从而默认董事的"勤勉义务"与"注意义务"具有相同的含义。

三、董事义务的分类:基本义务、具体义务、特别义务

传统分类中,将董事义务分为忠实义务和勤勉或注意义务,这种分类是将董事义务中能够相互区分并构成董事义务重要组成部分的几个要素,诸如忠实、勤勉以及可能的善意,进行区分而做的分类。可以说这是一种一般意义上的抽象分类,因为诸如"忠实""注意""勤勉"这样的词汇与民法领域中的"诚实信用""公序良俗""公平""平等"等基本原则一样,根本无法具体界定其全部内涵,从司法裁判角度看,这样的表述只能从其否定方向去界定法律主体的义务或责任,诸如"不忠实""不勤勉""非善意""不公平""不平等"等。但是,这样的分类对于我们深入理解董事义务的内容与范围,具体界定董事在公司日常经营中甚至诸如"控制权变更"、"濒临破产"或"经营管理陷入僵局"等特殊阶段的具体义务,都具有十分重要的指导意义。

公司"出生入死",将经历不同的发展阶段,从筹备、设立、运营,中间会发生增资、减资、合并、分立、对外投资或并购、被并购、遭遇经营或财务困难,甚至解散、破产或重整、清算,最终因注销而消亡。董事将伴随公司或长或短的一生,并须依法按章行使职权、履行义务、承担责任。因此,本书根据董事义务的内容所适用的公司发展阶段或内涵的范围不同,将董事义务分为以下三个类型:

基本义务:董事义务内容适用于公司全部发展阶段的义务,如忠实义务、勤勉或注意义务、善意履职义务。基本义务的内容通常都比较抽象,但却能大致涵盖董事义务的全部内涵。

具体义务:董事义务内容主要适用于公司日常运营(广义的)过程中的义务,如经营报告义务、信息披露义务、保密义务、竞业禁止义务、监督义务、合规义务等义务。具体义务的内容都比较明确,对董事履行职责具有直接的指导意义。

特别义务:董事义务内容仅适用于公司发展的某个或某几个阶段的义务或具体义务中在公司发展特定阶段范围得到扩大、义务标准被提高的义务,如设立阶段如实准备申请文件的义务,减资阶段的通知和公告义务,被并购阶段的调查收购方并出具董事会报告书的义务和公平对待全部收购方并披露信息的义务,经营或财务困难阶段的防止破产交易义务(《澳大利亚公司法》第5.7B部分第3节),解散或破产阶段的清算义务,通知公告义务等。特别义务的内容通常是根据公司发展所处阶段的特殊需要从公司整体利益出发而赋予董事的义务。

需要指出的是,具体义务或特别义务从其实质内涵来看,通常已包含于基本义务之中,也可以说是基本义务的具体化或特殊化;具体义务与特别义务之间往往也会存在交叉,但因其所适用阶段的特殊性,义务的具体内容就会存在很大差别,因此,也就有独立分类的必要。如同样是保密义务,在日常运营阶段作为具体义务的保密义务,秘密的内容与保密的对象和程度,与公司并购阶段中作为特别义务的保密义务存在巨大差别,更因其影响巨大(如涉及上市公司信息披露对股价的影响),也会导致义务违反的结果及责任更加严重。

当然,也可以根据权利人主体的不同,将董事义务分为对公司的义务、对股东的义务、对债权人的义务、对员工的义务、对社区的义务、对社会的义务等。

在基本义务的统领下,再进一步详细划分每项基本义务之下的具体义务,即董事义务的类型化。目前,对董事忠实义务的进一步分类基本能够达成共识,即将其再分为禁止不当关联交易义务、竞业禁止义务、禁止篡夺公司商业机会或信息义务、禁止擅自披露公司秘密义务等具体义务。

对董事义务进行分类,将有利于我们深入对董事义务的认识和研究,更能把握董事义务的精髓,抓住董事义务在公司发展不同阶段的特殊性,从而准确界定其内涵,进而有效指导公司立法与司法实践。

根据本书的研究,可按如下两个维度,将董事义务进行分类:基于义务所能涵盖的公司发展阶段不同,可分为基本义务、具体义务与特别义务;基于董事义务的内容属性的不同,可将董事义务分为资质资格类、知悉了解类、决策请示类、事务执行类以及监督检查类。(见图1-2-1)

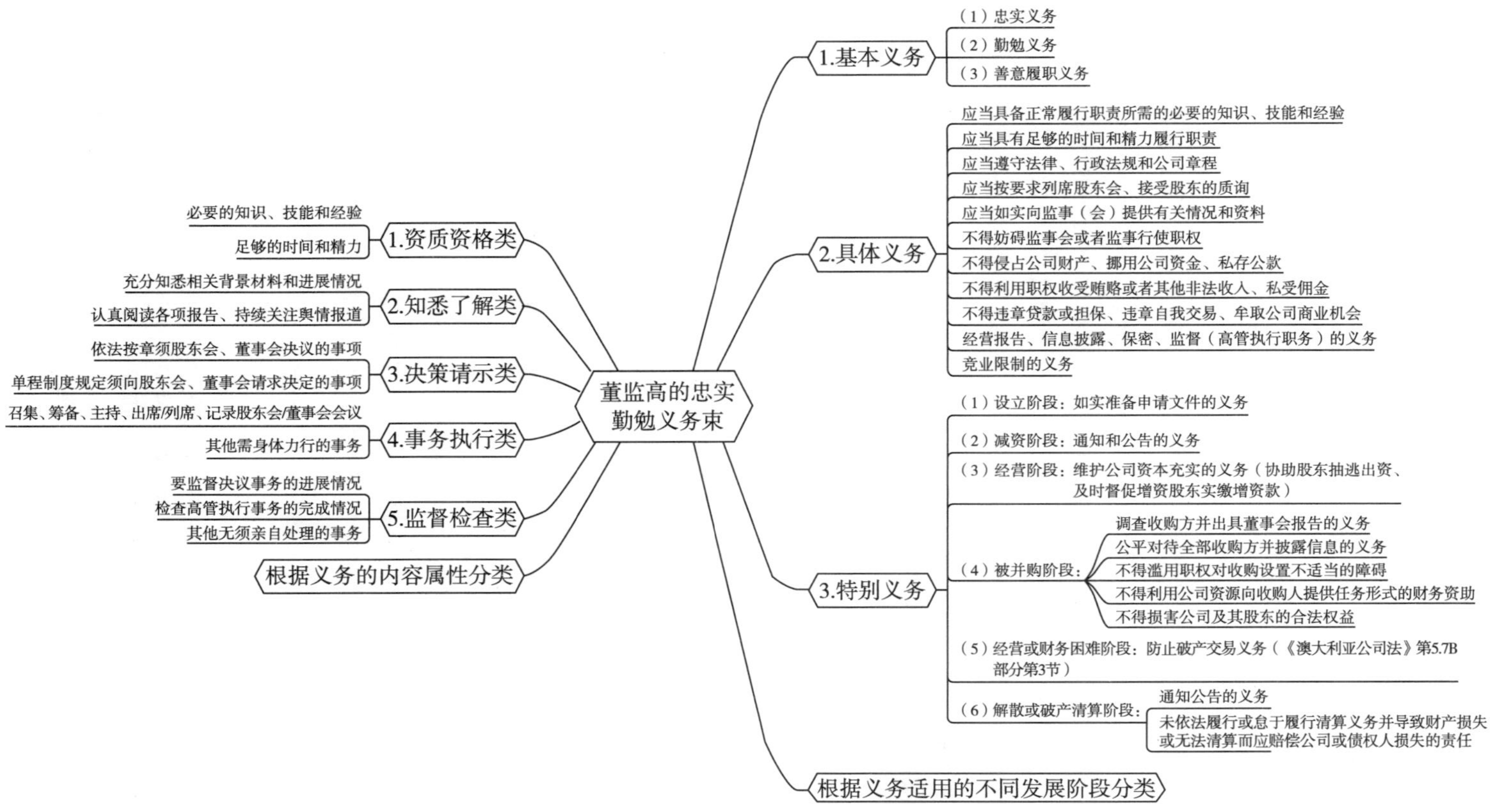

图1-2-1　董监高的忠实勤勉义务束

第三节　善意的归属：善意履职应作为董事独立的基本义务

一、善意归属的争论

董事义务中善意内容的最早提出是在1850年，美国罗得岛州法院在Hodges v. New England Screw Co. 一案中认为，“如果董事善意地为公司利益行事，并且尽了必要的注意，仍然可能犯如此错误，那么他们就不应当为此承担责任”①。

作为独立的善意履职义务，最早提出是在美国特拉华州最高法院判决的两个判例之中，即1993年的Cede Ⅱ案和1995年的Cede Ⅲ案。此后，董事善意履职义务陆续在英美法系的美国、英国和澳大利亚等国家的成文法典中被确立下来。

虽然如此，在公司法学界，董事的善意履职是否可以单独作为董事的基本义务，争论非常大。目前，有以下三种学说。

1. 独立说

主审Cede Ⅱ案的Allen法官认为：“为推翻商业判断规则的推定，原告必须证明争讼对象的董事判断，违反了三位一体的董事信义义务中的任何一个，即诚信义务、忠实义务、注意义务。”②由此，善意义务开始独立。

与Allen同处一个法院的Veasey法官也认为善意义务有独立的必要性，且“‘good faith’的义务是不具有利益冲突关系的董事在实施积极的商业决策时，在内心动机和决策过程等两方面为实现公司‘最佳’利益而‘积极贡献’的义务”③。

此外，Eisenberg教授也认为：“第一，‘诚信’作为一项独立的董事‘行为义务’具有制定法层面的依据；第二，传统的‘二分法’理论已无法应对董事不恰当的经营活动和经营行为；第三，在社会规范和公司经营活动日新月异的背景下，法院在适用公司法董事责任规范时可以斟酌考虑的因素（比如效率）逐渐增多，而传统的董事忠实和注意义务已经很难满足司法实践的上述需求，‘good faith’作为独立的

---

① I. R. I. 346（1850），reh'g granted，3R. I. 9（1853）. 转引自李兆玉：《美国公司法上的董事注意义务研究》，西南政法大学2010年博士学位论文，第6页。

② 梁爽：《董事信义义务结构重组及对中国模式的反思——以美、日商业判断规则的运用为借镜》，载《中外法学》2016年第1期。

③ 梁爽：《董事信义义务结构重组及对中国模式的反思——以美、日商业判断规则的运用为借镜》，载《中外法学》2016年第1期。

义务规范正好可以填补上述空白。”①

2. 扩展说

根据 Johnson 的观点,“董事即使并未怀有积极侵害公司或股东利益的意图,并不影响忠实义务违反的认定。应当适当增加使董事承担损害赔偿责任的情形,并应该从社会哲学等领域考察‘忠实性’的含义”②。

Strine 法官认为,“忠实义务本来是指为了增进公司利益而积极努力的义务。传统理解上的董事忠实义务(一般指禁止利益冲突)只不过是其(不作为的)消极方面,但‘good faith’是其积极方面,两者并不存在本质上的区别”③。

而我国有学者认为,“我国现阶段或有必要参考这些经验对董事信义义务扩充兜底条款和概括规定,该规定应该能为案件的适用和更有效地规制董事的欺诈、故意放弃义务、不忠及利益冲突等行为提供必要的弹性”④。

3. 纵横说

有学者主张,“‘good faith’是横跨忠实义务和注意义务的概念,而且董事违反监督监视义务应该构成违反注意义务,而不是违反忠实义务”。而 Loewenstein 则认为:“如果‘good faith’是受托人为了受益人最佳利益而必须采取的态度或者行动,则‘good faith’应该作为忠实义务和注意义务共同的上位概念。”目前,“美国公司法学界的有力学说均认为,忠实义务就是基于‘为实现公司的最佳利益的动机而采取(作为或不作为的)行动’的义务,因此,积极或者消极地侵害公司利益的行为都有可能被认定为违反董事的忠实义务”⑤。

善意归属的争论,虽说各有各的道理,但有一点是不容忽视的,即不管其是否独立,善意履职确实应属董事义务内容之一,而这一点确实是在 1993 年的 Cede Ⅱ 案和 1995 年的 Cede Ⅲ 案判决之前基本被业界忽视的内容。

二、董事善意履职义务独立的法理依据

首先,董事义务中包括善意履职的内容,是大陆法系民法中“诚实信用”原则

---

① 梁爽:《董事信义义务结构重组及对中国模式的反思——以美、日商业判断规则的运用为借镜》,载《中外法学》2016 年第 1 期。

② 梁爽:《董事信义义务结构重组及对中国模式的反思——以美、日商业判断规则的运用为借镜》,载《中外法学》2016 年第 1 期。

③ 梁爽:《董事信义义务结构重组及对中国模式的反思——以美、日商业判断规则的运用为借镜》,载《中外法学》2016 年第 1 期。

④ 梁爽:《董事信义义务结构重组及对中国模式的反思——以美、日商业判断规则的运用为借镜》,载《中外法学》2016 年第 1 期。

⑤ 梁爽:《董事信义义务结构重组及对中国模式的反思——以美、日商业判断规则的运用为借镜》,载《中外法学》2016 年第 1 期。

的内在要求。因为，诚实信用“要求处于法律上特殊联系的民事主体应忠实、守信，做到谨慎维护对方的利益、满足对方的正当期待、给对方提供必要的信息等。民法上的诚实信用原则是最低限度的道德要求在法律上的体现”①。而这正是董事义务所应当包括的内容。另外，善意也不能够完全包括在诚实信用之中，有其独立的内容，如我国学者徐国栋所述，“只是善意是主观诚信，我们所说之诚信为客观诚信”②。

其次，在公司经营管理中，特别是在当代公司的所有权与控制权分离后的背景下，董事对公司的控制权、经营管理自主权、决策权都异常强大，且公司经营管理异常复杂、经营目标多样，董事发挥自主能动性的空间也非常大。在鼓励董事创新、勇于冒险而为公司牟取最大利益的同时，若对董事的主观善意没有任何要求，无疑是对董事非善意行为的纵容，更是对公司及股东利益可能被恣意损害的漠视。

最后，中国没有独立的商法典，在这种民商合一的体系中，民法上的“诚实信用”原则当然应适用于包括公司法在内的商法之中，并作为董事义务的一部分，而且，鉴于董事作为公司必备机关成员身份的特殊性，落实到公司法中的“诚实信用”原则必将产生新的要求，即董事应善意履职，而不能发生玩忽职守、故意的疏忽、不履行或放弃履行职责等严重违反“诚实信用”原则及善意履职义务的行为。

三、董事善意履职义务独立的立法依据

1. 在美国，特拉华州《普通公司法》第 102 节(b)款(7)项规定③

“第 102 节(注册证明的内容)除了本节(a)小节所列要求公司注册证明中列明的各项事宜之外，公司注册证明中还可以包含任何或所有后述各项：(7)消除或限制公司董事个人因其违反作为董事的受托人责任而需要向公司或公司股东承担的金钱损害赔偿责任的规定，但该规定不得消除或限制董事就下列情况需要承担的责任：(i)违反董事应当向公司及其股东承担的忠诚责任；(ii)非善意的行为或疏忽，或者涉及故意不当行为或故意违反法律的行为或疏忽；(iii)本篇第 174 节所述情况；或(iv)董事从中获取不当个人利益的任何交易。”

《美国标准公司法》第 8.30 节(a)款、第 8.31 节(a)款规定：

“§8.30.(董事的行为准则)(a)董事会的每一个成员在履行董事的义务时应：(1)善意地并且(2)采用董事有合理的理由相信是符合公司最大利益的方式履

① 王利明：《民法》(第 5 版)，中国人民大学出版社 2010 年版，第 32 页。

② 转引自张必望：《论民法中的善意》，载《法学杂志》1989 年第 5 期。

③ 详见该法第 102 节的规定。

行义务。”①

“§8.31.(董事的归责标准)(a)董事就任何采取行为或没有采取行为的决议或没有采取的行为并不应对公司及其股东承担责任,除非主张董事应当承担责任的一方在诉讼程序中证明:……和(2)被质疑的行为被认为是或本来就是:(i)恶意的行为;……”②

因此,在善意义务的发源国,对于善意是否能独立构成一项基本义务,虽然学者们还有争议,但不可争辩的事实是,善意已经是董事义务内容的重要组成部分,且已经列入成文法规范。

2. 在澳大利亚,2001 年《澳大利亚公司法》第 181 节规定③

“181(董事及其他高管的善意)(1)公司董事或其他高管在行使他们的权力、履行他们的义务时,必须(a)为公司最佳利益秉持善意;(b)出于正当目的。”

澳大利亚公司董事的善意履职义务是最为详尽、明确的,作为董事的一项独立的义务,在成文法中作了规定,并把善意履职的两个重要要素“为公司最佳利益”“出于正当目的”明确列出。

3. 在英国,2006 年修订的《英国公司法》第 172 节规定④

“172(促进公司兴旺的义务)(Duty to promote the success of the company),公司董事必须以其善意地认为能够最大可能地为了公司股东整体利益而促使公司兴旺,并在行事时考虑如下因素:……”

英国的这一规定,充分考虑到善意是董事义务的基本义务之一,与董事的其他基本义务在同一章节中进行了规定。

4. 在日本,2005 年修订的《日本公司法》相关条款规定

该法第 425 条规定:“①虽有前条的规定,但第四百二十三条第一款的责任⑤,在该公司负责人等就执行职务是善意且无重大过失时,以从承担赔偿责任额扣除下列合计额(第四百二十七条第一款中称‘最低责任限度额’)所得额为限,可依股东大会的决议免除。”

该法第 426 条规定:“①虽有第四百二十四条的规定,但设置监事公司(限董事为两人以上的情形)或设置委员会公司,在该公司负责人等就执行职务是善意且无重大过失的情形下,综合考虑构成责任原因的事实内容、该公司负责人等的

---

① 详见该法第 8.30 节的规定。
② 详见该法第 8.31 节的规定。
③ 详见该法第 181 节的规定。
④ 详见该法第 172 节的规定。
⑤ 详见该法第 423 条的规定。

职务执行状况及其他情况认为特别必要时，可作出以依前条第一款规定的可免除额为限度以董事（承担该责任的董事除外）过半数的同意（设置董事会公司，为董事会的决议），可免除第四百二十三条第一款责任的章程规定。”①

虽然《日本公司法》并未明确规定善意履职是董事义务之一，但前述规定已经将董事的善意义务考虑进来，再加上日本的董事义务秉持了古罗马“善良家父”的原则，认为董事负有“善管注意义务”，因此，善意履职义务已经内涵于其中。

5. 在中国，也有民法基本原则与部分司法案例的参考

我国《民法典》第 7 条规定的诚信原则，就要求民事主体从事民事活动应当讲诚实、守信用，以善意的方式行使权利、履行义务，言行一致，恪守诺言，如实告知相对方自己的相关真实信息，不弄虚作假，不欺诈。还应以善意、合法方式行使权利。不得以损害他人和社会利益的方式来获取私利。

另外，我国人民法院的判决，在其说理部分，也通过“善良管理人”的概念，表达了善意应当是董事履行其信义义务所不可缺少的组成部分。

【问题 2】善意履职是否为董事的一项具体义务？

【典型案例要旨 3】（2020）最高法民申 640 号：勤勉义务是指公司高管履行职责时，应当为公司的最佳利益，具有一个善良管理人的细心，尽一个普通谨慎之人的合理注意。

山东海之杰纺织有限公司、艾哈迈德·盖博损害公司利益责任纠纷再审审查与审判监督民事裁定书

最高人民法院（2020）最高法民申 640 号

最高人民法院经审理认为：

关于盖博是否违反忠实义务和勤勉义务以及是否应当对海之杰公司在案涉交易中的损失承担赔偿责任的问题。

从《公司法》（2005 年修订）的规定看，第 148 条第 1 款规定：“……董事、监事、高级管理人员应当遵守法律、行政法规和公司章程，对公司负有忠实义务和勤勉义务。”第 149 条列举了董事、高管违反对公司忠实义务的具体情形。从上述法律的规定看，忠实义务是指公司高管应当忠实履行职责，其自身利益与公司利益发生冲突时，应当维护公司利益，不得利用高管的地位牺牲公司利益为自己或者

① 详见《日本公司法》第 426 条的规定。

第三人牟利。勤勉义务是指公司高管履行职责时,应当为公司的最佳利益,具有一个善良管理人的细心,尽一个普通谨慎之人的合理注意。从海之杰公司的具体诉请和依据的事实看,其并未提供证据证明盖博在履行总经理职务期间存在获利情况,故其实际上针对的是盖博违反勤勉义务而非忠实义务。因此,该案审查的重点问题是,盖博在海之杰公司案涉交易中是否违反勤勉义务以及是否应当对海之杰公司在案涉交易中的损失承担赔偿责任。

从法律规定看,《公司法》(2005 年修订)仅原则性规定了公司高管的勤勉义务,并未规定违反勤勉义务的具体情形。综观公司法实践,勤勉义务所要求的尽一个普通谨慎之人在类似情况下应尽到的合理注意,是一个经过实践而被逐渐总结出来的标准。面对市场不断变化的商事交易实践,如果要求每一个经营判断都是正确的,其结果会使公司高管过于小心谨慎,甚至裹足不前,延误交易机会,降低公司经营效率,最终不利于实现公司和股东权益。特别是在不涉及公司高管个人利益与公司利益冲突等可能违反忠实义务的情形中,公司高管依照法律和公司章程履行经营管理职责的行为,应受到法律的认可和保护。盖博作为海之杰公司的总经理,具有依照法律和公司章程主持公司生产经营管理工作的职权。从海之杰公司在原审中提交的《山东海之杰纺织有限公司章程》的具体内容看,海之杰公司赋予了总经理组织领导公司日常生产技术和经营管理工作的广泛职权。案涉交易中,包括海之杰公司与祥辉公司签订衬衫供货合同、与黄冈市金律纺织有限公司签订《产品采购合同》、在广州采购光坯布,均系盖博为开展公司日常经营而履行总经理职权的行为,并未超越海之杰公司章程规定的职责范围。原判决认定盖博未违反公司高管的忠实义务和勤勉义务,并无不当。海之杰公司主张盖博承担因案涉交易给海之杰公司造成的损失,不符合《公司法》(2005 年修订)第 150 条关于"董事、监事、高级管理人员执行公司职务时违反法律、行政法规或者公司章程的规定,给公司造成损失的,应当承担赔偿责任"的规定。

其一,在案涉衬衫生产前,海之杰公司已请示其股东阿齐兰·宾·阿布杜拉兄弟公司。无论阿齐兰·宾·阿布杜拉兄弟公司对请示是形式审查还是实质审查,都可以证明其对海之杰公司生产案涉衬衫是知情的,且根据海之杰公司一方的证人在原审庭审中的证言,案涉衬衫未能出售成功的原因是祥辉公司对包装、吊牌有异议而拒绝收货。原判决认定并非因祥辉公司没有验货或者祥辉公司已经停止经营导致衬衫未能出售成功,具有事实依据。

其二,对于盖博任职期间在广州所采购的光坯布,因海之杰公司所提交《损失价值公估报告》的保险评估机构不具有光坯布质量鉴定的资质,故不能依据该公估报告认定案涉光坯布存在质量问题,也就不能因此证明盖博采购光坯布的行为导致海之杰公司发生的具体损失。海之杰公司虽主张盖博违反公司内部审核、财务等制度以及存在虚假陈述、推卸责任行为,但没有提供相关的财务制度等证据。

故原判决认定盖博不负赔偿责任,并无不当。

四、董事善意履职义务独立的必要性

虽然对于董事的善意履职义务是否可以独立学界存在争议,但不争的事实是很多国家的成文立法已经将善意履职作为董事义务的重要内容之一,如日本,甚至将完全独立作为董事的基本义务,如澳大利亚。本书认为,善意履职义务独立作为董事的一项基本义务是有充分的必要性的。

首先,善意履职义务本就是董事义务的重要内容之一,这已是一个不争的事实。前述关于善意归属争议的焦点无非是善意义务是否独立的问题。民法“诚实信用”这一“帝王条款”的统领能力足以覆盖董事对公司的善意义务。而且,从前述学界争论之中可以看出,善意履职义务本就是董事应向公司承担的义务之一,只是在以往的公司经营管理实践中尚未凸显出来、未被人们重视而已。

其次,传统分类中的忠实、注意或勤勉义务,均无法完全涵盖善意履职义务的内容。如前所述,善意包括主观善意和客观善意两部分,而传统公司法中的忠实义务,大多属于消极的不作为义务,即使对忠实进行扩大解释,客观善意的范围也要比忠实大得多,若试图以忠实涵盖善意,哪怕仅仅是客观善意,也不足以彰显客观善意的全部含义,更无法完全发挥善意的重要作用。

注意或勤勉仅仅强调对董事行为本身基于道德要求的法律评价,而未能更多地关注董事履职过程中的作为或不作为(有意识地对董事义务的漠不关心、玩忽职守等)之时的主观状态,而这正是善意所要重点关注的范围。

正如美国学者 Eisenberg 阐述的那样,“传统的注意和忠实义务并不能涵盖董事不得故意导致公司违法的内容。这样行事的管理层也很少会违反忠实义务,因为很明显他没有从事损公肥私的行为;他们也很少会违反注意义务,因为很明显的是他们理性地相信不法行为可以达到利益最大化的目的”①。而且,“善意义务独立的重要原因就在于其可约束大多数重要的新型案例,而这些案例中管理层虽没有违反忠实或勤勉义务,却存在不当的行为”②。这种“不当”,就是董事行为的动机并非出于善意。

---

① M. A. Eisenberg, *The Duty of Good Faith in Corporate Law*. HeinOnline—31 Del. J. Corp. L. 28. 2006. 39.

② M. A. Eisenberg, *The Duty of Good Faith in Corporate Law*. HeinOnline—31 Del. J. Corp. L. 28. 2006. 30.

再次,目前我国公司法规范中,根本就没有体现对董事善意履职的任何成文法要求。2023 年最新修订的《公司法》第 180 条第 2 款新增的勤勉义务含义规定中,也没有包括善意的内容。至于散布于各处的忠实义务之具体义务也均以消极义务居多,很少有积极的要求,且这些条款都没有明确地包含善意的内容,更无从体现董事应有的积极且善意地履行职责的义务内容。这不能不说是我国公司法制度的一大缺憾。

最后,在一个公司法律尚不够健全,董事义务尚未得到足够重视,董事职业道德水平不高,社会诚信体制不完善、股东权利易受侵犯、股东代表诉讼作用尚未充分彰显特别是集体诉讼尚未被立法支持的特殊法律环境中,董事善意履职义务的独立,毫无疑问,具有十分重要的意义。

这一点,美国法院早已经意识到。如美国特拉华州最高法院 Chandler 大法官在 Disney Ⅳ判决中就认为,“像传统界定的那样,因董事会得到了充分的专家意见,而使管理层或控股股东还无法对公司负有法律责任之时,或者董事会忍耐不住而从事其他如明显的不当关联交易这样的利益冲突之时,注意与忠实这样的信义义务可能还不足以完全保护股东利益。而善意可以起到作用,填补这个空缺,并保证众多股东所托付之人遵守特拉华州公司法秉持善意行事,并且能够理解他们要保护谁的利益”①。

五、善意履职义务对于规制敌意收购中的董事行为具有特别意义

基于前述分析,董事善意履职义务有充分的独立必要性,且我国目前的公司法律规范中,只有 2002 年中国证券监督管理委员会(以下简称证监会)、原国家经济贸易委员会发布的《上市公司治理准则》(证监发〔2002〕1 号,已失效)第 33 条规定了“董事应根据公司和全体股东的最大利益,忠实、诚信、勤勉地履行职责”,其他规范中均无善意履职义务的内容。而该准则的规定,也仅仅是一带而过、过于抽象,缺少相关的配套措施,且“诚信”也仅仅是“客观善意”的一小部分内容。因此,更凸显我国确立董事善意履职义务的必要性和紧迫性。

但是,即使是这样一点点的努力,也被删除:证监会在 2018 年发布的《上市公司治理准则》第 21 条,已将前述条款修改为“董事应当遵守法律法规及公司章程有关规定,忠实、勤勉、谨慎履职,并履行其作出的承诺”,与善意履职有关的“诚信”履职义务,也荡然无存。目前,只有中国上市公司协会 2020 年 7 月发布《上市

---

① Disney Ⅳ, 2005 Del. Ch. LEXIS 113, at ∗191 n. 487, reprintedin 31 DEL. J. CoRP. L. at 431 n. 487. 转引自 M. A. Eisenberg, *The Duty of Good Faith in Corporate Law*. HeinOnline—31 Del. J. Corp. L. 28. 2006. 29。

公司独立董事履职指引》(2020年修订)第二章“独立董事的义务”第3条“公司董事一般义务”的指导性文件中包括善意，即上市公司独立董事负有《公司法》、《证券法》、《上市公司治理准则》及其他法律、行政法规、部门规章、规范性文件、自律规则与公司章程要求董事的一般义务，对上市公司及全体股东负有诚信、勤勉的义务，尤其要关注中小股东的合法权益不受损害。

自此至今，上市公司频繁发生的诸多怪现象，我们都能看到董事、高管没有善意履职的影子，没有善意地滥用职权。

善意履职义务的具体内容，我们可以参考英国、澳大利亚和美国等对董事善意履职义务的规定，再结合我国国情，确定能够“入乡随俗”的一项全新的董事基本义务。可在《公司法(修订草案)(三次审议稿)》第180条第2款基础上增加修改为“董事、监事、高级管理人员对公司负有勤勉义务，执行职务应当秉持善意为公司的最大利益尽到管理者通常应有的合理注意”。或者在第2款之后增加一款作为第3款，即“董事、监事、高级管理人员执行职务时，应当秉持善意”。当然，最终通过的2023年《公司法》并未将善意纳入其中，实在可惜。

在公司处于敌意收购这一特别阶段之时，因为多重利益激烈冲突，董事身份与角色更加复杂，董事作用异常凸显，董事正常合法履行义务对于收购各方利益的保护都十分重要，从而，董事能否出于善意履行职责，为股东提供收购报告、为是否接受收购建言献策，是否采取反收购措施或采取何种措施、措施的激烈程度如何等，都是董事善意履职义务所要解决的问题，所以，确立并凸显董事的善意履职义务对于规范敌意收购阶段的董事行为具有特别的意义。

六、董事善意履职义务的内涵

善意履职义务主要包括以下四个方面的内容。

1. 主观上是善意的，即不得出于非善意而行使权力

主观善意的判断标准，也应该采取客观为主、主观为辅的综合标准，即一个合理之人在类似情况下认为其是出于善意行使权力，并综合考量该董事在实际行权之时的各种因素，如公司的经营状况、公司被收购时多方矛盾集中或激烈程度、该董事对待决事项的参与程度(是否为其主管的领域)、董事与待决事项的利害关系等。

如前所述，善意主要考察董事履职行为过程或作出决策之时的主观心理状态，即董事在履职过程中或决策之时是否出于正当的目的或动机、是否出于有利于公司最大利益的考虑、是否存在消极懈怠或放弃履行职责的情况等。虽然这些情况以董事的主观心理活动居多，但是，在立法中可以通过除外规定的形式，推定

董事主观上是出于善意,从而通过列明非善意的情况,规制董事的善意履职行为。

2. 出于正当目的或动机行使权力

判断董事是否出于正当目的行使权力,可以参考澳大利亚公司法实践中的下列步骤或方法进行分析:

首先,识别董事行使了何种具体权力。如是否在收购阶段突然行使了股份发行的权力,是否在股东代表诉讼发起后突然增资扩股、客观上使得该代表股东所持公司股份不足1%,从而使得针对董事损害公司权益的诉讼因代表股东不具备原告资格而不得不终止。

其次,确定上述董事权力的合法行使目的。如前述发行股份的情况,虽经股东会授权,但在发行之时,事实上公司没有融资的必要性或不存在大额资金的强烈现实需求。

再次,辨别案件中董事权力行使的真实目的或实质目的。如前述发行新股的情况,若董事的实质目的或动机是为了抵御敌意收购方的进攻而保住自己的职位,或者是为了稀释某部分股东的股权比例,在混合目的的情况下,就要关注董事实质的、真实的目的是否非善意;如若不是出于该目的,则董事不会如此行事,则该目的就是其真实的目的。

最后,判定一个合理之人在类似情况下是否会认为上述权力的行使目的属于正当。

3. 为公司整体利益行使权力

整体利益的判断标准应该采取客观标准,即一个合理之人在类似情况下是否会真诚地认为如此行使权力是为了公司的整体利益。这一内容,在公司股东之间产生矛盾或纠纷时,会充分体现出来,特别是发生在控股股东与小股东之间的矛盾纠纷之中。此时,董事不得偏袒任何一方,而是应本着为公司整体利益的目的行使权力,否则,就构成了董事善意履职义务的违反。

另外,董事行使权力之时,还应该综合考量现有股东的当下利益与将来利益,特殊情况下,如收购阶段,还应适当考虑收购方这一可能的将来股东的利益,考虑收购对公司雇员、重要客户或供应商可能产生的重大影响,等等。

4. 积极地履行职责

董事应该积极行使职权,不得发生以任何形式消极地放弃权力、怠于行使权力、实质上的忽视董事义务等情况。

董事的善意或不善意是可以被其所属公司、股东、交易相对人所感知的。若交易第三人对董事从事的履职行为的不善意是明知的,则可参照民法制度中的“可撤销的法律行为”处理。

七、董事善意履职义务所包括的具体义务内容

董事善意履职的基本义务，详细分析，至少包括以下几个方面的具体义务[①]。

1. 不得故意使公司违反法律的义务

善意履职义务中，首要且必备的内容之一就是管理层不能故意使公司违反法律，即使这种违法是出于理性，且他们认为这样可以实现公司和股东利益的最大化，或者管理层认为包括法律上的经济处罚以及因主管部门的调查与强制执行行为而给公司声誉带来的损失可能少于他们预期可以从违法行为中得到的利润，就可以如此行事。"故意从事使公司遭受损失的不法行为构成了恶意行为，让人相信这种决策也将受到指控。"[②]因此，这样违反义务的行为也应承担董事责任。

前述违法的行为，不仅仅指违反刑法、行政法，还包括违反公司法为保护公司、股东、雇员、债权人等而明文规定的禁止性或限制性规定。

2. 坦诚的义务

这是指最广义上的，能够直率、公开、真诚地沟通交流的义务，包括以下三个方面：

第一，不得误导的义务，即要充分地告知相关信息。

董事有义务不故意或疏忽大意地犯错误，也不得误导性地陈述与他们自己管理范围有关的内容。同时，董事也有义务不得故意或重大疏忽地不向其他董事或公司及其股东提供与其决策或履行义务有重大干系的已知信息。董事有义务与股东就公司相关事宜进行诚实的沟通。

故此，充分告知的义务包含于善意义务之中，还因为忠于职守要求董事能够满足股东的合理预期，即董事将向他们提供董事会已知的、对股东待决事项有重大关系的相关信息。

第二，做好董事之间的沟通。

董事必须向董事会报告他所知晓的对董事会决策和履行监督责任有关的全部重大信息。但是，这种义务并非董事忠实义务也非注意义务所能够完全涵盖的，更不能合理解释忠实义务或注意义务，因为董事可能仅仅是出于个人利益考虑而保留了这些信息而不告知其他董事，或者因为董事有充分的理由相信若告知这些信息将会导致其他董事无法作出对公司利益最大化的决策，从而保留了这些

---

① M. A. Eisenberg, *The Duty of Good Faith in Corporate Law*. HeinOnline—31 Del. J. Corp. L. 28. 2006. 31 -73.

② M. A. Eisenberg, *The Duty of Good Faith in Corporate Law*. HeinOnline—31 Del. J. Corp. L. 28. 2006. 31 -73.

信息。而这种情况,都无法合理地归结于董事违反了忠实义务或注意义务。相反,因为出于忠于职守的要求,董事必须履行善意履职的义务。这源于董事会是集体议事机制,董事职务的内在性质决定其必须通过相互之间充分的信息披露而了解与决策或履行监督职责有关的所有重要信息。

第三,做好与公司管理人员的沟通。

与前述道理一样,董事必须与公司管理人员之间进行充分的沟通,了解与其决策或监督有关的全部重要信息,才能作出对公司利益最佳的决策。

公司管理人员因出于私利的考虑,有可能隐瞒乃至编造信息,以获得董事们的决策同意,从而实现其不可告人的损公肥私之目的。因此,做好与管理人员的沟通,也是董事能够忠于职守、合格履行注意或勤勉义务的重要内容之一。

3. 不得通过不正当手段实现其所追求目标的义务

公司董事不得违反公认的公司基本道德规范,采取诡异、欺诈或其他不正当手段实现目的。因为董事履职行为是代表公司,这些手段无疑都将会对公司商誉造成负面影响,从而损害公司利益。在反收购阶段,像美国这样允许董事采取反收购措施的国家,对反收购措施的合理性和适当性会有所要求,其旨在避免董事并非出于善意而如此行事,从而对公司及其股东造成不必要的损害。

4. 不得怀有非物质的不良动机的义务

善意自身的内涵就排除了所有非善意的情况,诸如恶意、敌意、歹意、憎恶、仇恨、报复、贪婪、奢侈、嫉妒等。或者说,出现这些情况时,就可以认为行为人没有秉持善意行事。

在特殊情况下,特别是矛盾、关系、事态错综复杂的情况下,往往会出现董事并非出于私利(忠实义务的内容)或懈怠(勤勉义务的内容),而仅仅是基于前述某个不良动机而参与决策,这势必将造成公司利益的伤害。因此,董事在履行职责之时,不得怀有上述不良动机,尽管这些动机不存在为董事个人牟取物质利益的情况。

5. 不得实质上忽视董事职责的义务

董事有时会发生缺乏对职守的忠诚、故意的或疏忽大意的不当行为、有意疏忽已知的风险、有意地或故意地忽视或抛弃职责、对公司的重大决议采取“我不在意风险”的态度等情况,这些都是善意义务所不容的。而且,这些情况很难完全涵盖于董事的忠实或勤勉义务。

第三章

英美法系的董监高义务

第一节 英国的董事义务

一、董事的基本义务、判断标准及归责原则

1. 概述

在公司制度的发源地，进入现代以后，英国公司法同样奉行“董事会中心主义”，董事会成员的法定权力就是代表公司行事。英国公司章程通常都会正式授权公司董事一个宽泛的权力，即以其认为合适的那样，管理公司的生意和日常事务。按照英国2007年公司章程示范条款的表述，“董事负责管理公司事务，因此他们可以行使公司的全部权力”。

英国公司董事义务的雏形，源于1742年的Charitable Corp. v. Sutton一案。法官认为“由于接受了此等信托（trust），人们就有义务忠实并且合理勤勉地（with fidelity and reasonable diligence）履行这种信托”①。

英国历史上的后续判例认为，英国董事义务是“非常有限的责任，只有当其发生严重判断错误时，才承担责任”②。同时，英国判例法对董事的专业知识并无一般的职业标准的要求③。

英国董事义务属于普通法范围，数百年来形成了诸多判例。因此，英国在1998年开始筹备公司法修订事宜，并历时9年最终完成立法程序，并将普通法中有关董事义务的内容进行梳理后，分类纳入了新的公司法。

同时，在英国还有一部“城市守则”，即《收购与兼并城市守则》（The City Code on Takeovers and Mergers）（本书引用的是2023年12月第4版）。英国董事的基本义务主要体现在2006年的公司法中，而收购阶段的特别义务则部分包括在《伦

---

① 李兆玉：《美国公司法上的董事注意义务研究》，西南政法大学2010年博士学位论文，第5页。

② Nicholas Bourne, *Directors Duty of Care and Skill*, Business Law Review, 25 (2004).

③ Andrew Hicks, *Directors' Liability for Management Errors*, 110 Law Quarterly Review, 390 (1994).

敦城市守则》之中。

2. 董事的基本义务

2006 年《英国公司法》首次将董事义务写入成文法,并在该法第 171 节至第 177 节中把董事的基本义务分列其中,包括五种积极义务和两种消极义务。

五种积极义务包括:

第 171 节的限权义务①,即“在权限范围内行事的义务”(duty to act within powers),董事必须在公司章程范围内并依据权利被授予的目的行事;

第 172 节的兴业义务②,即“促进公司兴旺的义务”(duty to promote the success of the company),董事必须以其善意地认为能够最大可能地为了公司股东整体利益而促使公司兴旺;

第 173 节的独立判断义务③(duty to exercise independent judgment),董事必须进行独立判断,且这种独立判断不受公司章程授予的行为方式或符合公司对其董事将来行使裁量权的限制的干扰;

第 174 节合理的注意、才能和勤勉义务④(duty to exercise reasonable care, skill and diligence),董事必须具备合理的注意、才能和勤勉,且这种注意、才能和勤勉应当由一个合理勤勉的人所行使,同时,这个人已具有与一个公司相关且执行董事职能的人被合理期望的通常知识、才能和经验;

第 177 节的声明义务⑤,即“计划交易或安排中董事个人利益的声明义务”(duty to declare interest in proposed transaction or arrangement),董事必须在交易或安排达成之前主动地向其他董事声明其可能直接或间接地与公司拟从事的交易或安排具有利益关系。

两种消极义务包括:

第 175 节的避免利益冲突的义务⑥(duty to avoid conflicts of interest),董事必须避免已经存在或可能发生与公司利益存在直接或间接冲突的情况发生;

第 176 节的不得接受第三方好处的义务⑦(duty not to accept benefits from third parties)。

当然,按照该法第 170 节第(2)项的规定,在董事离职之后,该董事仍然受到

---

① 详见该法第 171 节的规定。

② 详见该法第 172 节的规定。

③ 详见该法第 173 节的规定。

④ 详见该法第 174 节的规定。

⑤ 详见该法第 177 节的规定。

⑥ 详见该法第 175 节的规定。

⑦ 详见该法第 176 节的规定。

避免利益冲突义务的约束，从而不得利用其在职期间已经知道的公司的任何财产、信息或机会；公司董事不得利用其在职期间已经做好的事情或忽略的事情而接受第三方的好处。

英国公司法将董事的基本义务进行了详细的分类，并将每一项基本义务的详细内涵明列其中，极大地丰富了董事义务的内涵。且这种将董事基本义务分类规定的方式，可以将董事义务类型化，对于深化我们对董事义务的研究，具有非常重要的指导意义。也正是在这一基础上，本书前文将董事义务进行了进一步的分类，并深入研究董事基本义务中的善意履职义务，以及敌意收购中的特别义务。

3. 判断标准

对于董事义务的判断标准，英国法院经过一百多年的发展，通过 Overend, Gurney & Co. v. Gibb 55（1872）、Dorchester Finance Co. Ltd. v. Stebbing(1989)、Norman v. Theodore Goddard(1991)和 Re D. Jan of London Ltd.(1993)等衡平法判例，经历了从普通的谨慎标准，到主观标准、客观标准，再到主观标准进而到主客观相结合的双重标准的演进过程，其发展成果——主客观相结合的标准——最终体现在《2006 年公司法》第 174 节内容之中。

二、敌意收购中董事的特别义务

与同样奉行"董事会中心主义"的美国不同，英国认为"目标公司管理层固有的自我利益与公司利益及股东利益之间存在不可调和且难以避免的冲突"①，因此，将收购及反收购的权力仍然保留给了股东会，所以，英国公司董事会并无权决定同意收购更无权决定是否采取反收购措施。

同时，在英国，对公司收购与兼并的监管工作由"收购与兼并小组"(the Panel on Takeovers and Mergers)负责，该小组专门制定了一部规则，即《收购与兼并城市守则》，对英国公司收购与兼并事宜进行规制。2006 年，新公司法在其第 28 篇中专设一章(Chapter 1 The Takeover Panel)，对小组的职能、权利与义务、守则制定、对欧盟并购指令的执行、处罚权等事项进行了详细规定，进一步通过立法的形式确立了收购小组的授权立法机构地位。因此，《收购与兼并城市守则》作为对公司收购与兼并进行专门监管的规则，在英国公司法的统领下，形成了完整的公司收购与兼并的监管法律体系。

在股东会决定收购与反收购的立法宗旨下，董事会的任务也正是《收购与兼并城市守则》[其介绍部分第 2 条(a)"Nature and purpose of the Code"]的目的之

---

① 潘路佳：《目标公司反收购中的董事义务研究》，西南政法大学 2006 年硕士学位论文，第 11 页。

一，即“确保目标公司股东受到公正的对待，并且确保由其自己决定收购优劣机会的权利不被剥夺”[①]；又因为不需要对收购及反收购进行判断或决策，该阶段董事的义务就偏重于强化忠实义务与善意义务，而对注意义务的规定则是通过负面清单的方式列举的。对于董事忠实义务的标准，主要包括“利益标准”和“正当目的”标准[②]。

第一，“利益标准”（interest test），即董事应当善意地为公司最大利益行事。

首先，英国通过立法强制要求全部董事披露其与并购的全部利害关系以及该利害关系对并购中的妥协与相关安排的影响，迫使董事严格避免利益冲突，充分保护目标公司及其股东在并购中的利益。

2006 年《英国公司法》第 27 篇（Mergers and Divisions of Public Companies）是专门规定公共公司并购与分立事宜的，其中第 908 节[③]规定了并购公司（包括收购与被收购方）董事负有制作并购说明报告[explanatory report (merger)]的义务。

“并购所涉公司董事必须起草并通过并购说明报告，该报告必须包括该法第 897 节规定的说明妥协与安排（compromise or arrangement）影响的说明，且须说明并购条款起草的法律和经济理由以及任何估值困难的特别之处。而该法第 897 节规定，董事的并购说明中必须特别陈述公司全部董事与并购有关的任何重大利益关系，这些利益关系对并购方案中的妥协与安排的影响及其与其他无关人员的类似利益关系所产生影响的不同之处。”

其次，《收购与兼并城市守则》在其一般原则（General Principles）第 3 节[④]进一步限制董事会对收购的决定权，即“目标公司董事会必须秉持公司整体利益行事，不得剥夺股东决定收购报价优劣的机会”。

再次，《收购与兼并城市守则》第 9.6 节[⑤]（Obligations of Directors）特别规定：“未经小组同意，在收购要约的首个交割日以及收购要约变得没有任何限制之日——以二者中最迟的一日为准——之前，全部董事不得从董事会辞职。”从而保证在收购阶段，能够有充分了解公司情况的董事为股东的最佳利益考虑，实现股东的最佳利益。

最后，《收购与兼并城市守则》还“要求目标公司董事会帮助其股东决定是否

---

① 详见该守则介绍部分的 The Code 部分第 2 条的规定。

② 参见胡文敏：《反收购视野下目标公司董事信义义务之研究》，复旦大学 2008 年硕士学位论文，第 25 页。

③ 详见该法第 908 节的规定。

④ 详见该守则总则第 3 节的规定。

⑤ 详见该法第 9.6 节的规定。

接受要约，不得采取任何破坏性防御措施”，同时，“目标公司董事会必须将与要约有关的信息、独立法律意见、自己的立场及理由告知股东”。

第二，“正当目的”标准（proper purpose test），即董事的行为应当善意地秉持为公司整体利益最大化的原则。

英国法院通过1974年的Howard Smith Ltd. v. Ampol Petroleum Ltd. 判例，认为“尽管公司确实需要融资，董事决定派发新股的目的仍然被认为是不适当的”，因为“董事被赋予发行新股的权力并不等于公司章程允许他们剥夺股东对收购要约独占的决定权”①。

为了明确反收购措施，《收购与兼并城市守则》详细列举了董事会不得采取的具有反收购效果的相关措施。该守则2023年的修订版对2013年版的第21.1节（When Shareholders' Consent is Required）作出了修订，并规定如下：

受要约公司董事会行动的限制

（a）除非在股东大会上获得股东批准或专家组同意，否则在有关期间，受要约公司董事会不得采取或同意采取：（i）任何受限制的行动；或（ii）可能导致任何要约或善意的可能要约受挫的任何其他行为。

（b）“有关期间”是指以下事项中较早发生者起计的期间：（i）潜在要约人接触受要约公司的董事会；及（ii）要约期的开始，至要约期结束为止，或如没有要约期开始，则为最新报价被明确拒绝之日后的第7天下午5时。

（c）“限制性行动”系指以下任何行为，只要该行为不属于受要约公司的正常业务范围：

（i）发行或从库务、股份或证券中转让具有转换成或认购股份权利的受要约公司；

（ii）赎回或购买受要约公司的股份或具有股份转换权或认购权的证券；

（iii）就受要约公司的股份给予期权或奖励；

（iv）处置或取得（在一次或多次交易中）数额巨大的资产；

（v）订立、修改或终止重大合同。

（d）如任何拟议的行动可能受到规则21.1（a）的限制，必须事先与专家组协商。

---

① 许迪：《论争夺公司控制权过程中目标公司的董事义务》，对外经济贸易大学2003硕士学位论文，第36页。

第二节 美国的董事义务

一、董事的基本义务、判断标准及归责原则

1. 判例法中的董事义务

美国董事义务是随着经济的变化而逐渐发展的,美国公司董事的注意义务可以溯源于英国早期的普通法。

到19世纪,银行等金融机构的董事需要对公司负有普通法上的注意义务,即银行董事应当具备"在利己本性驱使下管理自己事务通常应尽的注意和谨慎程度(care and prudence)""任何人一旦自愿接受董事职位,就意味着取得了委托人的信任,同时表明其至少拥有通常的知识和技能(ordinary knowledge and skill),并且会将这些知识和技能运用到职责的履行之中"①。

至1966年,宾夕法尼亚州法院通过Selheimer v. Manganese Corp of America(1966)案确定了公司董事注意义务的客观标准,即"普通谨慎之人在类似情形下处理他们自己事务应当达到的勤勉、注意和技能程度"。至19世纪末期,董事的注意义务扩展到了实业公司。通过美国最高法院审理的Briggs v. Spaulding案,董事应当具备"普通谨慎和勤勉之人的标准"。1981年,通过美国新泽西州最高法院判决的Francis v. United Jersey Bank案,进一步明确了董事履行注意义务的客观标准,即"一个处于类似地位的通情达理的人(reasonable person)或常人在相似情况下所表现出的注意"。

如果说前述判例所体现的还只是董事义务的判断标准,那么到了1963年,注意义务出现了重大转折。特拉华州最高法院通过Graham v. Allis-Chalmers一案"首次明确承认了董事有义务'以谨慎的方式行事',即侵权法中所谓的注意义务"②。

2. 经营判断原则

与其他国家不同的是,美国奉行严格的"董事会中心主义",董事几乎拥有至高无上的权力,同时基于"法官不是经营专家"的共识,美国法院在司法裁判中,创造了"经营判断原则",一直坚持并不断完善这一规则,从而实现了对董事"经营判

---

① Hun v. Cary. 82 N. Y. 65, 71, 74(1880). 转引自李兆玉:《美国公司法上的董事注意义务研究》,西南政法大学2010年博士学位论文,第5页。

② 李兆玉:《美国公司法上的董事注意义务研究》,西南政法大学2010年博士学位论文,第5页。

断”的保护。

该原则最早可溯源于路易斯安那州法院的 Percy v. Millaudon 判例，即“只有在其错误如此严重，以致任何具备基本常识和一般注意之人都不会犯下如此错误的情况下，银行的董事才需要对其错误负责”[①]。1850 年，通过 Hodges v. New England Screw Co. 一案，就被诉董事违反公司章程的禁止性规定将公司资产投资于其他公司股票的问题，罗得岛州法院认为“如果董事善意地为公司利益行事，并且尽了必要的注意，仍然可能犯如此错误，那么他们就不应当为此承担责任”[②]。

至 1940 年，纽约州最高法院通过 Litwin v. Allen 一案，Shientag 法官全面论述了董事注意义务、忠实义务以及经营判断的关系，并认为“董事的决定要想得到法官的尊重，不仅需要履行忠实义务，还需要履行注意义务。换言之，履行忠实义务和注意义务是董事援引经营判断原则进行保护的前提”[③]即除非特殊情况，法院倾向于推定董事的经营判断是合理合法的。

在 20 世纪末期的几个判例中[④]，特拉华州最高法院认为，原告若推翻经营判断原则所预定的董事经营判断合法的假设，必须提交有效的证据证明：董事在作出被诉决议之时违反了董事信义义务三位一体中的任何一个，即忠实、善意、应有的注意。[⑤]

按照特拉华州大法官 Allen 的解释[⑥]，“经营判断规则的适用包括如下假设的前提：(i)董事有作出决议，(ii)董事的决议没有掺杂私利且基于其个人的独立判断，(iii)主观上基于善意作出的决议，且(iv)履行了合理的决议达成程序(a reasonable decision making process)”。同时，对于董事决议的审查，“重在决议是否出于理性的判断而非决议内容是否合理”。

从前述内容，我们可以得出如下结论：美国的经营判断原则是存在一个推定

---

① Percy v. Millaudon, 8 Mart. (n. s.) 68, 78 (La. 1829). 转引自李兆玉：《美国公司法上的董事注意义务研究》，西南政法大学 2010 年博士学位论文，第 5 页。

② I. R. I. 364 (1850), reh'g granted, 3 R. I. 9 (1853). 转引自李兆玉：《美国公司法上的董事注意义务研究》，西南政法大学 2010 年博士学位论文，第 5 页。

③ 李兆玉：《美国公司法上的董事注意义务研究》，西南政法大学 2010 年博士学位论文，第 5 页。

④ McMullin v. Beran, 765 A. 2d 910, 917 (Del. 2000) (emphasis in original) [quoting Emerald Partners v. Berlin, 726 A. 2d 1215, 1221 (Del. 1999); Cinerama, Inc. v. Technicolor, Inc., 663 A. 2d 1156, 1162 -63 (Del. 1995); In re Tri-Star Pictures, Inc. Litig., 634 A. 2d 319, 333 (Del. 1993)]. 转引自 Arthur Fleischer, Jr. and Alexander R. Sussman. Directors' Fiduciary Duties in Takeovers & Mergers (31st Annual Securities Regulation Institute January 2004), p. 3。

⑤ See Arthur Fleischer, Jr. and Alexander R. Sussman, *Directors' Fiduciary Duties in Takeovers & Mergers* (31st Annual Securities Regulation Institute January 2004), p. 3.

⑥ William T. Allen, Jack B. Jacobs & Leo E. Strine, Jr., *Function Over Form: A Reassessment of Standards of Review in Delaware Corporation Law*, 56 Bus. Law. 1287, 1298 (2001).

前提,同时又是一种举证责任倒置;该规则是建立在彻底恪守"董事会中心主义"的特殊法律文化背景下的产物,而这与我国依然坚持"股东会中心主义"的公司法理论基础存在的差距太大,以致很难简单照抄照搬美国的经营判断原则为我国所用。

当然,我国也有学者认为"在美国,经营判断原则是否存在推定以及重新分配举证责任的机能本身也存在争议。包括特拉华州最高法院在内的一些法院所使用的'推定'一词,并不意味着经营判断原则本身就是一种推定或者诉讼法上的举证责任转换。而且,美国法学所(ALI)在其提出的《公司治理的原则——分析与劝告》之报告中,也并未将经营判断原则理解为举证责任的转换"①。

对于经营判断的相关问题,可参考本篇后述章节的专门介绍。

3. 成文法中的董事义务及判断标准

第一,《美国示范商业公司法》(Model Business Corporation Act)。

美国公司法上的董事义务判例经过多年的发展,逐步体现在美国法学会的这部《美国示范商业公司法》之中,并将董事义务的判断标准区分为"行为标准"和"责任标准"两部分分别进行规定。

该示范法第8.30"董事的行为准则"节规定:"(a)董事会的每一个成员在履行董事的义务时应:(1)善意地并且(2)采用董事有合理的理由相信是符合公司最大利益的方式履行义务。(b)董事会的成员或董事委员会在了解了与其作出决定的职责相关的信息或致力于其监察职责时应该谨慎履行其义务,其谨慎程度就像一个平常人在类似的情形下合理地认为是适当地履行义务。"②

同时,该示范法第8.31"董事的归责标准"节规定,只有当"被质疑的行为被认为是或本来就是(i)恶意的行为,或者是(ii)董事没有合理的理由相信是符合公司的最大利益的,或董事对有关情况的了解并没有使他有合理的理由相信在这种情况下作出这一决定是适当的决定"③,这时,董事才就其"任何采取行为或没有采取行为的决议或没有采取的行为应对公司及其股东承担责任";但同时,原告"应该承担举证责任证明:(i)公司或其股东事实上受到了损害,且(ii)该损害最有可能是该董事被质疑的行为所导致的"。这样,被诉董事才有可能承担董事责任。

因为该示范法已经被美国大多数州所采纳作为本州的公司法条款,所以,可以说美国多数州均确定了董事注意义务的内容、主客观相结合的判断标准以及责任标准。

---

① 蔡元庆:《经营判断原则在日本的实践及对我国的启示》,载《现代法学》2006年第3期。
② 详见该法第8.30节的规定。
③ 详见该法第8.31节的规定。

第二,《特拉华州普通公司法》(Delaware General Corporation Law)。

因《特拉华州普通公司法》允许公司在其注册证明中声明免除董事违反董事义务而须向公司或公司股东承担的金钱损害赔偿责任,因此,该法在第102节(b)款(7)项基于"公共政策"考虑对董事责任的免责条款规定了除外内容:"(i)违反董事应当向公司及其股东承担的忠实义务;(ii)非善意的行为或疏忽,或者涉及故意不当行为或故意违反法律的行为或疏忽;(iii)董事从中获取不当个人利益的任何交易。"

因此,特拉华州公司董事应承担如下不可豁免的董事义务:忠实义务(包括不得从事获取不当个人利益的交易)、善意地履行职责、不得恶意地疏忽、不得从事涉及故意不当行为或故意违反法律的行为或疏忽。

4. 归责原则

对于违反董事注意义务的归责原则,特拉华州最高法院在 Smith v. Van Gorkom 一案中认为,"董事不会因为其缺乏正当的注意而丧失经营判断规则的保护,除非他的行为构成了重大过失"①,由此确立了董事违反注意义务"重大过失"的归责原则。

二、敌意收购中董事的特别义务

美国的公司法奉行彻底的"两权分离"和最典型的"董事会中心主义"。最早在1864年,纽约州最高法院就在泰勒诉赫顿一案中否定了股东有权罢免公司董事的权力,至1896年新泽西州通过公司法修正案允许董事会无须经过股东的同意即可修改公司细则,到20世纪初期,各州公司法均取消了董事会可以罢免公司董事的授权条款。因此,美国公司的董事会在其任职期间事实上已经成为公司的最高权力机构。这种权力包括是否同意被收购或是否采取措施进行反收购。

与同属英美法系的英国相比,美国对于董事在反收购中的地位依然奉行严格的"董事会中心主义"。权利与义务及责任必须是对等的,再加之美国的董事受到经营判断原则的保护,所以,美国各州通过几个具有里程碑意义的司法判例逐步确立了董事在收购或反收购过程中的特别义务。

第一,当公司处于收购阶段时,美国法院的"经营判断原则"仍然适用,但将董事会对收购要求的态度——是接受还是拒绝该要约——与采取反收购措施两种情况作了区分。

---

① Smith v. Van Gorkom, 488 A. 2d 858, 873 (Del. 1985). 转引自 Arthur Fleischer, Jr. and Alexander R. Sussman, *Directors' Fiduciary Duties in Takeovers & Mergers* (31st Annual Securities Regulation Institute January 2004), p. 4。

当面对收购要约时,若董事会决定不接受这份收购要约,则依然适用“经营判断原则”。特拉华州衡平法院在 1998 年的 Kahn v. MSB Bancorp, Inc. 一案中认为①,既然董事“只是投票决定不再对并购要求进行谈判”,董事的决议就应该受到“经营判断原则”的保护,原告股东必须向法院呈现可供裁决的如下问题,即董事因为其“自私自利或者试图掘壕自保”以及“重大过失行为”涉嫌违反董事信义义务。董事会决定拒绝收购要约后,原告股东若要追究董事责任,则必须举证证明推翻“经营判断原则”的假设前提,并证明董事不是基于善意行事。因为,股东作为公司的信义义务人,在董事依其判断收购要约有害于公司及其股东的最大利益时,有义务予以反对。

第二,当目标公司董事会准备采取反收购措施阻击敌意收购时,必须遵守优尼科规则(Unocal Rule)——一种“经营判断原则”的强化标准,即董事必须特别证明其采取反收购措施的合理性以及收购措施的适当性。这一标准是特拉华州最高法院通过 1985 年的 Unocal Corp. v. Mesa Petroleum Co. 案及其后的 El Paso, Unitrin, Time-Warnerd 等一系列判例建立的。按照该标准,董事会的反收购决策必须具备以下两个条件:

首先,是合理性(reasonable)。董事会认为需要采取反收购措施时,其决定必须是在“经营判断原则”所要求的充分了解相关信息,并对敌意要约及反收购措施各种可能性进行仔细评估的基础上做出的;同时,这一收购必须对公司政策及其有效性构成威胁。这就是反收购决定的合理性。

其次,是适当性(proportionate)。董事必须证明反收购措施的适当性,即拟采用的特定反收购措施必须与敌意收购对股东及公司利益的威胁具有对称性:“总体来说,如果反收购措施既严厉(胁迫或妨碍)又超出了合理反应的范围,则该措施就将被认为是不正当或不适当的。”

优尼科规则大大增加了董事通过“经营判断原则”进行自我保护的条件,引起了该州业内人士的激烈反对,并因此导致特拉华州国会通过公司法修正案,增加了《特拉华州普通公司法》第 102 节(b)款(7)项,并允许公司股东在其注册证明中列入免除董事金钱赔偿责任的豁免条款(但涉及公共政策的除外)。此后,特拉华州公司随即纷纷修改公司章程增加了对董事的这一责任豁免条款。但是,在董事违反忠实义务(包括不得从事获取不当个人利益的交易)、善意地履行职责、不得恶意地疏忽、不得从事涉及故意不当行为或故意违反法律的行为或疏忽等义务时,优尼科规则还可以继续适用。

---

① No. 14712 - NC, 1998 WL 409355 (Del. Ch. July 16, 1998), aff'd without publ'd op., 734 A. 2d. 158 (Del. 1999).

第三,当公司控制权被出卖已成定局之时,将执行露华浓规则(Revlon Rule)。该规则是特拉华州最高法院在 1986 年的 Revlon Inc. v. MacAndrews & Forbes Holdings 和 1994 年的 Paramount Communications Inc. v. QVC Network, Inc. 等判例中确立的。该规则旨在“促使法院进一步仔细审查董事会的议事程序和议事活动,从而确定董事们是否努力实现该阶段中股东利益最大化的唯一目标”①。当然,在该阶段,法院的最大任务,也是最大的难点,在于确定“出售已成定局”,即决定“哪些控制权销售的构成要素是法院案件分析所重点关注的部分”②。

当公司出售已成定局,公司董事所面对的收购攻防形势已经转变,董事的职责随即发生变化,转而成为“拍卖人”,其义务就是为股东寻求最高的出卖价格,并对竞争者保持中立。

同时,董事依然要履行如下义务:“(a)勤勉并警醒地批判性审查收购方的报价要约,(b)善意地行事,(c)以应有的注意行事并获得将几项要约进行对比所必需的全部重大信息,以使股东决定选择哪项交易或者交易活动可选择的程序,并向股东提供最佳且对其更合理的价格,(d)与各个收购方积极并善意地进行协商以达到最终目的。”③

第四,当董事违反信义义务三位一体(善意、忠实、应有注意)中任何之一,或者无法满足“优尼科规则”时,董事就失去了“经营判断原则”的保护,因此,董事的行为事实上就是无效的。董事当然就有责任证明被诉行为是“完全公正”(entirely fair)的,即该行为对于全体股东都是公正的。

第三节 澳大利亚的董事义务

澳大利亚的董事义务,一脉相承于曾经的宗主国英国,同样属于普通法和衡平法范畴。与英国的发展一样,澳大利亚分属于不同判例的董事义务也在新旧世纪之交的公司法法典修订活动中一并成文化,并在 2001 年的公司法中单设一章(Chapter 2D—Officers and employees),将最重要的董事义务(the most significant duties of directors)系统归纳并入该章。

---

① See Arthur Fleischer, Jr. and Alexander R. Sussman, *Directors' Fiduciary Duties in Takeovers & Mergers* (31st Annual Securities Regulation Institute January 2004), p. 10.

② See Arthur Fleischer, Jr. and Alexander R. Sussman, *Directors' Fiduciary Duties in Takeovers & Mergers* (31st Annual Securities Regulation Institute January 2004), p. 10.

③ See Arthur Fleischer, Jr. and Alexander R. Sussman, *Directors' Fiduciary Duties in Takeovers & Mergers* (31st Annual Securities Regulation Institute January 2004), p. 11.

一、董事的基本义务、判断标准及归责原则

1. 基本义务

第一，注意勤勉义务。

按照《澳大利亚公司法》第180节的规定[①]，董事在行使职权、履行职责时应当尽到一个相同条件下的理性人所应当的注意和勤勉。

由此看来，澳大利亚董事注意义务的标准更接近于客观标准，同时"考虑董事当时的行为环境，比如公司的大小、类型和营业性质等"，即"董事须具备必要的专业知识、技能和经验""除特殊情况未能出席董事会议，须保证自己充分了解公司的经营状况""须采取一切必要的措施，使得自己能够有效地履行职责"[②]。

第二，忠实义务。

根据1967年的Phipps v. Boadman和1984年的Hospital Products Ltd. v. United States Surgical Corp. 两个案例，澳大利亚法院认为，忠实义务中的"利益冲突"同样是个客观标准，即"一个合理之人在类似情况下会是否认为存在实际的利益冲突或存在利益冲突的实质可能性"[③]。忠实义务包括不当关联交易的禁止，不得为自己或第三人的利益篡夺公司财产、信息及机会。

按照《澳大利亚公司法》第182节的规定[④]，公司董事"不得不适当地利用公司职位为自己或他人获得好处，更不得使公司利益受损"；同时，按照该法第183节的规定[⑤]，"因职务而获得公司信息"的公司董事也"不得不适当地利用这些信息为自己或他人获得好处，更不得使公司利益受损"。

为防止利益冲突，全面履行忠实义务，《澳大利亚公司法》第2分部(Division 2—Disclosure of, and voting on matters involving, material personal interests)第191节、第192节、第194节、第195节特别而详细地规定了董事对重大个人利益(material personal interest)的披露规则、个人利益的范围、重大的标准、涉及利益冲突时的投票规则、披露豁免等，从而为董事履行忠实义务提供了可操作性的法律依据。

---

① 详见该法第180节的规定。

② 黄辉：《澳大利亚董事义务制度研究》，载王保树等主编：《商事法论集》第13卷，法律出版社2008年版，第156页。

③ 黄辉：《澳大利亚董事义务制度研究》，载王保树等主编：《商事法论集》第13卷，法律出版社2008年版，第172页。

④ 详见该法第182节的规定。

⑤ 详见该法第183节的规定。

第三,善意行权义务。

按照《澳大利亚公司法》第181节的规定[①],公司董事在行使权力、履行职责时应当出于正当目的、为公司最佳利益秉持善意行事。

根据该节内容在公司法中所处章节及董事义务的条款顺序来看,董事的善意行权义务与前述注意勤勉义务、忠实义务并列,均属于董事的基本义务,且与董事的另外两大基本义务相互独立,成为单独的董事基本义务。

2. 判断标准及归责原则

澳大利亚董事注意义务采取了客观标准为主、主观标准为辅的原则,而忠实义务则采取了客观标准。

二、敌意收购中董事的特别义务

如上所述,澳大利亚公司法十分详尽地规定了忠实义务的方方面面,并在收购或反收购阶段依旧适用。而对于董事的善意行使权力义务,可以从以下三个要素分析:

首先,主观善意要素[②]。

澳大利亚法院早在1942年Smith and Fawcett Ltd.上诉案中就认为,“董事在行使权力时真诚地认为自己的行为是符合公司最佳利益的”。

在澳大利亚最高法院1968年的Harlowe's Nominees Pty Ltd. v. Woodside (Lakes Entrance) Oil Company NL案中,在Woodside公司董事发现有神秘买家大量收购公司股票时,向其长期合作伙伴Burmah公司定向发行900万股股票并附带一名董事的指定权利,从而成功地阻止了这一收购。虽然该神秘买家诉称,被告董事未考虑公司整体利益、出于正当目的而善意行使权力,其公司目前并无迫切的资金需求,法院却认为,因为原告未表明身份且Burmah是Woodside公司长期稳定且关系良好的合作伙伴,即使发行新股的目的不是融资而是抵御收购,但是,“被告董事真诚地认为这个防御行为是符合公司最佳利益的”,因此没有违反善意行使权力的义务。

由此可知,该要素重在审查董事行使权力时主观上的心理状态和动机,这正是善意行权义务的重要方面。

---

① 详见该法第181节的规定。

② 参见黄辉:《澳大利亚董事义务制度研究》,载王保树等主编:《商事法论集》第13卷,法律出版社2008年版,第166页。

其次,正当目的要素[①]。

辨别董事行权的真实或实质目的应以“一个合理之人在类似情况下是否会认为上述权力的行使目的属于正当”。在收购或反收购过程中,最常被利用的就是发行股票,而与此相关的不正当目的主要包括:稀释现有股东的股份价值;稀释现有股东的投票权;加强某些股东的投票权;保持现有董事的职位。

该要素是个客观标准,即“一个合理之人在类似情况下会认为权力的行使是为了正当目的。

判断董事是否出于正当目的行使权力,可以按照下列步骤进行分析:

第一,识别董事行使了何种具体权力。

第二,确定上述董事权力的合法行使目的。

第三,辨别案件中董事权力行使的真实目的或实质目的。

第四,判定一个合理之人在类似情况下是否会认为上述权力的行使目的属于正当。

最后,整体利益要素[②]。

公司的整体利益通常是指作为整体的现有股东的共同利益。不偏不倚、公正地对待全体股东,正是在股东间发生利益冲突时,法律赋予董事的善意行权义务的内在要求。

---

① 参见黄辉:《澳大利亚董事义务制度研究》,载王保树等主编:《商事法论集》第13卷,法律出版社2008年版,第167页。

② 参见黄辉:《澳大利亚董事义务制度研究》,载王保树等主编:《商事法论集》第13卷,法律出版社2008年版,第170页。

第四章

大陆法系的董监高义务

第一节　欧盟的董事义务

一、概述

欧盟成员中,除英国这一英美法系国家外,多数属于大陆法系国家。而在公司法领域,大陆法系国家的“董事会中心主义”发展趋势还远远无法撼动“股东会中心主义”的权威地位。因此,在大陆法系国家,公司发生敌意收购时,目标公司董事会对于收购以及反收购的决定、反收购的具体措施等,均不像美国那样,没有决定权。所以,大陆法系国家敌意收购中的董事义务要少很多。

与美国类似,欧盟也有很多独立的司法区域,各自之间的法律可以存在显著的不同。但是,与美国不同的是,欧盟已经发布了一份全面的收购指令来规制敌意收购的部分重要内容。

按照《罗马公约》,作为共同接受的结果,欧盟的指令对于全体欧盟成员国都具有约束力。经过多年努力,欧盟于 2004 年 4 月 21 日发布了第 13 号收购指令《关于收购要约的第 2004/25/EC 号指令》(以下简称收购指令)(Directive 2004/25/EC of the European Parliament and of the Council of 21 April 2004 on takeover bids),旨在协调各成员国的收购规则,促成收购规则的统一,消除资本市场的区域壁垒。该指令存在三个创新性的基本原则,即强制收购原则、董事会中立原则、突破原则。

二、欧盟指令的基本原则

1. 强制收购原则(Mandatory Bid Rule)

该原则要求收购方必须向目标公司全部发行在外的股份发出收购报价。按照收购指令第 5 条①,收购公司股份达到足以控制公司的门槛比例(具体比例由成

① 详见该指令第 5 条的规定。

员国自行制定)的收购方,必须按照相同的价格向目标公司全部发行在外的股份发出收购报价。收购指令虽然在强制敌意收购的基本规则下给各成员国留下了自治空间,但只要达到门槛比例的收购必须遵守强制收购原则。

2. 董事会中立原则(Board Neutrality)

对于董事会在收购中的角色问题,指令采取了严格的中立主义立场。按照收购指令第9条①的规定,目标公司董事会只有在获得公司股东大会就此的批准后,才能"在寻找可选择性的收购要约之外,采取可能导致收购目的落空的任何行动,或者特殊情况下发行可以导致收购方收购目标公司控制权发生持续性障碍的股份"。当然,依该条的规定,目标公司董事会还可以寻找"白衣骑士",以抵御"黑衣骑士"对公司或其股东因"奇袭"而造成的被动局面。因而,董事仍然享有一定程度的反收购的权力,尽管这一权力的目的应该理解为为公司股东寻找更好的收购报价,此时的董事类似于美国的"露华浓规则"中的"拍卖人"角色。

3. 突破原则(Breakthrough Rule)

与董事会中立原则不同,收购指令却给了收购方另外一个强有力的工具,即突破原则。按照收购指令第11条②的规定,在收购过程中,公司的运营严格遵守一票一权制度,从而否定了在公司章程或合同中约定的与此不同的全部安排的效力。该原则使得控股股东或公司董事对公司进行不适当(类似双层股权架构的安排)的控制变得更加困难,他们不能再利用多重投票权或股票转让限制来抵御敌意收购者的收购。

三、董事的其他特别义务

收购指令第3条基本原则(General principles),要求成员国必须确保遵守如下原则:"目标公司董事会必须为作为整体的公司的利益行事,且不得剥夺股东决定敌意收购优劣的机会。"③因此,董事负有为公司整体利益行事且不得剥夺股东收购决定权的义务。

同时,董事会应当起草并公布一份说明书并说明:董事会对收购报价的意见及其所依据的理由,董事会关于收购的执行对公司全部利益特别是雇员利益影响的看法,关于收购方有关目标公司发展战略计划的看法,以及这些影响或计划对于雇员和收购方已公布的收购文件所述对目标公司经营发展的定位可能带来的

---

① 详见该指令第9条的规定。

② 详见该指令第11条的规定。

③ 详见该指令第3条的规定。

后果。

另外,董事会应同时向雇员代表,没有雇员代表的,向全体雇员,传达这些意见。一旦及时收到雇员代表关于收购对雇佣关系影响的独立意见,董事会必须把这些意见增补到前述说明书之中。

第二节 德国的董事义务

一、董事的基本义务、判断标准及归责原则

因"德国公司法理论始终没有借入将'注意义务'和'忠实义务'作为对董事义务进行分类的两个基本范畴的思想,也较少见到德国学界对董事义务进行分类研究"①。所以,体现在成文法领域,整部《德国股份公司法》也没有把董事的义务进行分类规定,而是混杂在一起的。

如《德国股份公司法》第 98 条"董事会成员的尽职、尽责",第 1 款第 1 句规定了董事的"勤勉义务",即"董事会成员在领导业务时,应当具有一个正直的、有责任心的业务领导人的细心"。并在第 2 句规定了董事的"保密义务",即"对于有关公司的机密数据和秘密,特别是那些在董事会工作中了解到的经营或商业秘密,他们必须做到守口如瓶"。

第 98 条规定,不但规定了董事的勤勉义务、忠实义务中的保密义务,而且该条"第 1 款第 1 句之规定作为一项典型化的过程标准,应被客观地解读,即根据董事承担的任务的要求来确定该标准"②。据此,德国学者认为,"如果董事具有过错能力而且其履行义务的行为具有期待可能性,但其仍然出于故意或过失没能尽到一个正直的、有责任心的业务领导人的细心谨慎,则其具有过错"③。另外,从该条的表述可以认为,德国董事义务的判断标准为客观标准。

同时,该条第 3 款第 2 句还规定:"违反其义务的董事会成员应作为连带债务人对由此而造成的损失向公司负责赔偿。如果对他们是否发挥了一个正直的和有责任心的业务领导人的细心存在争议,那么他们负有举证责任。"由此看来,德国董事对其履行了勤勉义务负有举证责任。

---

① 杨继:《公司董事"注意义务"与"忠实义务"辨》,载《比较法研究》2003 年第 3 期。

② 转引自汪廉瀛:《股份公司中董事对公司责任研究——中国问题与德国经验》,中国政法大学 2015 年硕士学位论文,第 33 页。

③ 转引自汪廉瀛:《股份公司中董事对公司责任研究——中国问题与德国经验》,中国政法大学 2015 年硕士学位论文,第 34 页。

另外，该法第 88 条（禁止竞争）中，规定了董事的部分忠实义务，即未经监事会许可“既不允许经商，也不允许在公司业务部门中为本人或他人的利益从事商业活动”，更“不得担任其它商业公司的董事会成员或者业务领导人或者无限责任股东”。

二、敌意收购中董事的特别义务

按照《德国股份公司法》第 76 条（股份公司的领导）的规定，“董事会本身负责领导公司”，另据该法第 119 条（股东大会的权利）的规定，“关于业务经营中的问题，只有在董事会提出要求时，股东大会才能作出决定”。由此可见，德国董事的权利是非常大的，董事会在公司运营过程中占据了最核心的地位。

但是，秉承收购指令的“董事会中立主义”原则，德国联邦议会于 2001 年年底通过的《德国证券取得与收购法》（German Acquisitions of Securities and Takeover Act）第 33 条规定：“从发出要约的决定公布开始至公布要约结果，目标公司董事会不得采取任何可能阻碍要约成功的行动；如果股东大会在其权限内授权董事会，为阻止要约成功的目的可以采取行动，则该等行动的种类应当在授权中详细说明；上述股东大会的决议应以出席会议的股东所代表股本 3/4 以上的同意方为通过，但公司章程可以规定更高的表决要求和其他条件；禁止要约方或与要约方一致行动的任何人向目标公司董事成员支付或承诺支付不正当利益。”

同时，《德国兼并收购条例》对目标公司收到要约后的反应作出了规定，即“在收到要约收购后，目标公司的高管不得做出损害全体股东利益的决策，包括但不限于发行新股、变更公司的重大资产负债、签订重大资产处置合同等等，实际上是限制董事会可以采取的反收购措施种类。但是，条例规定了三种例外情形，包括公司正常经营行为，要约收购发生前的合同行为，以及股东大会明确同意的反收购措施”①。

据此，德国公司董事会可以在通过股东会批准后，采取各种措施抵御收购。但是，对于在敌意收购中的董事义务，德国法律并没有作出特别规定，因此，该期间，董事义务同样适用股份公司法规定的基本义务。

① 王彬：《上市公司收购时目标公司董事义务研究》，华东政法大学 2016 年硕士学位论文，第 26 页。

第三节 日本的董事义务

一、董事的基本义务、判断标准及归责原则

继承德国法传统,日本公司法理论认为董事与公司之间是委任关系,而且对于公司董事义务也没有明确进行分类。

《日本商法》第254条第3款规定:"董事与公司的关系从有关委任的关系。"《日本公司法》第330条规定:"股份公司与高级管理人员(包括董事)之间的关系,遵从有关委任的规定。"《日本民法典》第644条规定:"受任人负有善良管理人的注意,按委任本意处理委任事务的义务。"这里的"善良管理人"作为一种客观标准,是以一个抽象的精明、勤勉的人的行为作为判断标准。

而按照2006年《日本公司法》第423条(公司负责人等对股份公司的损害赔偿责任)第1款,"董事、会计参与、监事、执行官或会计监察人懈怠其任务时,对股份公司承担赔偿由此发生的损害的责任"。因此,日本公司董事注意义务的归责原则为"过错原则"。

对于董事的忠实义务,《日本公司法》第355条规定:"董事必须遵守法令及章程和股东大会的决议,为股份公司忠实地执行其职务。"同时,对于"竞业及利益冲突交易的限制",该法第356条第1款规定,"董事在下列情形下,必须在股东大会上,就该交易披露重要事实,接受其承认:一、董事拟为自己或第三人与属股份公司事业的部类进行交易时;二、董事拟为自己或第三人与股份公司进行交易时;三、股份公司拟保证董事的债务在以外的其他董事之间进行股份公司与该董事的利益相反的交易时"。可见,在日本,董事遵守法律履行职务的义务已经由成文法明文规定于董事的忠实义务之中。

而根据《日本公司法》第423条(公司负责人等对股份公司的损害赔偿责任)第3款,"因第三百五十六条第一款第二项或第三项的交易股份公司发生损害时,下列董事或执行官推定为懈怠其任务者:一、第三百五十六条第一款的董事或执行官;二、作出公司进行该交易决定的董事或执行官;三、赞成董事会关于承认该交易的决议的董事"。由此可见,日本公司违反董事忠实义务的归责原则为"过错推定原则"。

因此,可以看出《日本公司法》对于利益冲突的规定具有显著特征,即股东的意愿应当被尊重,而且法院更加关注涉及利益冲突的交易给公司所带来的损失,而不是交易过程的公平性,比如通过设置相关措施以隔离利益冲突对公司

的影响等。①

另外,《日本公司法》在处理董事责任的豁免和免除时,充分突出了董事善意履职的重要性,并将董事在执行职务时具有善意作为其责任豁免或免除的前提条件。

如该法第 425 条(责任的部分免除)规定:"①虽有前条的规定,但第四百二十三条第一款的责任②,在该公司负责人等就执行职务是善意且无重大过失时,以从承担赔偿责任额扣除下列合计额所得额为限,可依股东大会的决议免除。"

第 426 条(关于董事等作出免除的章程规定)规定:"①虽有第四百二十四条的规定,但设置监事公司(限董事为两人以上的情形)或设置委员会公司,在该公司负责人等就执行职务是善意且无重大过失的情形下,综合考虑构成责任原因的事实内容、该公司负责人等的职务执行状况及其他情况认为特别必要时,可作出以依前条第一款规定的可免除额为限度以董事(承担该责任的董事除外)过半数的同意(设置董事会公司,为董事会的决议),可免除第四百二十三条第一款责任的章程规定。"

二、敌意收购中董事的特别义务

按照最新《日本公司法》第 295 条"股东大会的权限"的规定,"股东大会可就本法律规定的事项及股份公司的组织运营、管理及其他有关股份公司的一切事项作出决议","对依本法律规定以股东大会的决议为必要的事项,以可由董事、执行官、董事会及其他股东大会以外的机关作出决定为内容的章程规定无效"。由此可见,日本同样奉行"股东会中心主义"来界定股东会的权利。

另外,按照该法第 210 条(停止募集股份发行等的请求)的规定,"下列情形下,股东有蒙受不利益之虞时,股东可向股份公司请求停止第一百九十九条第一款的募集的相关股份的发行或自己股份的处分:一、该股份的发行或自己股份的处分违反法令或章程的情形;二、该股份的发行或自己股份的处分以明显不公正的方法进行的情形",即在新股发行存在违反法律与公司章程或存在明显不公正的方法时,股东享有停止募集股份发行的请求权。因此,日本公司董事在收购阶段的权利很小,所以,对应的董事义务也不会太多。

---

① See Hidefusa Iida, *The Fiduciary Duties of Directors of the Companies Facing M&As in Delaware and Japan*, Public Policy Review, Policy Research Institute, Ministry of Finance, Japan, Public Policy Review, Vol. 11, No. 3, p. 500(2015).

② (公司负责人等对股份公司的损害赔偿责任)第 423 条①董事、会计参与、监事、执行官或会计监察人(以下本节中称"公司负责人等")懈怠其任务时,对股份公司承担赔偿由此发生的损害的责任。

对于公司收购阶段，董事是否负有促使股东利益最大化的义务，日本学界是存在争议的。在日本，“股东的长期利益而不是短期利益最大化原则基本上是合法的。日本大多数公司法学者认为，董事的信义义务是实现股东利益最大化的公司经营目标”①。但是，也有学者认为，“股东利益最大化原则作为董事信义义务只适用于董事决定公司日常经营事务之时，而这与公司收购存在很大的不同”。因此，在收购阶段不应适用股东利益最大化的原则。因为“这里的股东利益最大化原则是一种增大股东在公司蛋糕中所持份额的理论，而实现公平销售价格的董事义务则是一种怎样分享这个蛋糕的制度”②。所以，公司收购阶段，董事的义务应该是为股东实现“公平的公司价值”。

这一观点也得到了东京高等法院判决的支持。在2013年的Anonym v. Reins International Inc. 一案中，该法院认为：“作为董事注意义务的一部分，董事有义务为股东实现‘公平的公司价值’。”③很显然，东京高等法院已把实现股东“公平的公司价值”作为董事在公司并购阶段的特别义务。而这里的“公平的公司价值”是指在公司被收购之前的公司价值和通过收购而增加的公司价值溢价之和。

当然，按照股东会的事前授权，董事会决定采取反收购措施时，“应将收购要约内容与董事会要采取的措施进行合理的调查，而后才能作出判断，否则将造成董事义务的违反；如果采用的防御手段与公司面临的威胁没有相关性，也构成董事义务的违反，承担相应的赔偿责任”④。

---

① See Hidefusa Iida, *The Fiduciary Duties of Directors of the Companies Facing M&As in Delaware and Japan*, Public Policy Review, Policy Research Institute, Ministry of Finance, Japan, Public Policy Review, Vol. 11, No. 3, p. 485(2015).

② See Hidefusa Iida, *The Fiduciary Duties of Directors of the Companies Facing M&As in Delaware and Japan*, Public Policy Review, Policy Research Institute, Ministry of Finance, Japan, Public Policy Review, Vol. 11, No. 3, p. 494(2015).

③ Anonym v. Reins International Inc., 2190 Hanrei Jiho 96 (Tokyo High Ct., Apr 17, 2013).7.

④ 许迪：《论争夺公司控制权过程中目标公司的董事义务》，对外经济贸易大学2003硕士学位论文，第36页。

第五章

中国的董监高义务

董监高的义务一般包括忠实义务与勤勉义务。忠实义务是受托人义务中的消极方面,主要是限制受托人不得从事利益冲突的行为;勤勉义务主要涉及受托人义务的积极方面,目的是确定受托人的行事规则。[①] 除此之外,董监高的义务,还包括监督义务与合规义务。董监高的义务具体应该包括哪些、具体内容如何,这正是本章需要探讨、研究的问题。

第一节　忠实勤勉义务的主体范围:身份认定

忠实勤勉义务的主体范围问题,主要是确定哪些主体对公司负有忠实勤勉的义务,如登记备案的是公司的监事却行使公司董事或高管的职权,是否应当作为董事或高管从而对公司负有忠实勤勉义务?在公司发展的特殊阶段,例如解散清算阶段、破产重整阶段、破产清算阶段中,清算组成员、破产管理人及其组成人员,是否负有忠实勤勉义务?此外,还有事实董事与影子董事是否存在及其是否负有忠实勤勉义务等问题。

本书认为,除公司依法选举、委派或任命的董监高外,还存在隐名董事与挂名董事、事实董事与影子董事;此外,公司解散清算阶段的清算组成员,公司破产重整或清算阶段的破产管理人及其组成人员,也属于公司发展特殊阶段的董事人员。

一、董事的分类

按照中国的公司法律规范,董监高的职务应当具备依法授权、公示公信及行使职权这三个核心要素,而这三个要素,也是认定某一行为人是否具备董监高身

① 参见赵廉慧:《论信义义务的法律性质》,载《北大法律评论》2020 年第 1 期。

份、进而是否应当承担董监高的忠实勤勉义务的关键因素。一般而言，具备上述三项核心要素的董事，就是符合法律要求的董事，英美法系称为“De jure director”，即法律上的董事，国内学者通常称为法律董事。鉴于该类董事具备全部核心要素，为与其他类型的董事相区分，且更容易理解其特征，本书暂称为标准董事。

实务中的情况比较复杂，因此，我们根据董监高所具备该述核心要素的不同情况，将其划分为六种类型（见表1－5－1），有利于厘清这种复杂情况，也为董监高身份的认定提供一个清晰的操作路径。

表1－5－1　董事的分类

董事分类	授权要素（依法授权）	形式要素（公示公信）	实质要素（行使职权）	备注
标准董事	经过选举、委派、任命	已备案公示	正常行权	正常、合法且标准的状态（英美法上称为“法律董事”）
挂名董事	经过选举、委派、任命	只备案公示	鲜有行权	一般情况，不违反不作为的忠实义务，但违反应积极作为的勤勉义务
隐名董事	经过选举、委派、任命	未备案公示	正常行权	虽缺乏公示公信的形式要素，但具备授权要素和实质要素
事实董事	未经选举、委派、任命	未备案公示	直接行权	实际上无授权，却直接行使董事职权、签署相关文件、代表公司行事
影子董事	未经选举、委派、任命	未备案公示	不直接行权	实际上，（如影子一般躲在背后）通过指示或指令习惯于听从其命令的其他董事行事而间接地行使职权①
傀儡董事	范围：标准董事、挂名董事、隐名董事、事实董事		直接行权	（未经独立判断或自由裁量）习惯于接受并听从影子董事的指示或指令直接行事，不顾及忠实勤勉义务

二、识别与认定的标准：形式标准与实质标准兼备的原则

按照《公司法》和《公司登记管理条例》（已失效）等法律法规的要求，正常情况下，公司的董事、监事、经理，应当按照《公司法》和公司章程的规定，经过股东会

① 按照2023年《公司法》第180条第3款的表述，我国公司法的条文只规定了事实董事，而尚未将影子董事纳入规制范围，即影子董事依旧可以继续隐身下去，当然，第192条的“指示人”，是否构成影子董事，仍有争议，笔者观点是，该指示人并非真正意义上的影子董事，故不应该对公司负有忠实勤勉义务。

选举或股东委派等方式，获得行使董事、监事或经理职权的正式授权，并依法在公司登记管理机关进行登记备案，才可正式行使《公司法》和公司章程规定的职权。

但是，实务中，不规范的操作经常出现，如虽然被选举或委派为监事且进行了登记备案，但却在公司负责某方面的经营管理工作；虽然未被选举或委派为董事或高管，更未办理登记备案，却实际行使了董事或高管的部分职权；虽然被选举或委派为公司的董事、监事或经理，并进行了登记备案，却并未实际负责公司的经营管理或者仅偶尔参加董事会或监事会会议，甚至从未参加董事会或监事会会议。

因此，在实际发生纠纷时，董监高身份的界定，就成为司法机关需要首先解决的问题。在此基础上，才能确定其是否负有董监高的忠实勤勉义务，并因其从事了违反该义务的行为而应当依法承担相应的法律责任。

一直以来，人民法院在界定董监高身份的时候，一般按照形式标准与实质标准兼备的原则处理该类问题。因此，我们仅举几个相关案例，并提炼出法院依据该原则认定董监高身份的案例要旨，以供读者参考。

【问题3】公司登记机关登记的监事，实际行使高管的职权的，是否应当作为高管对公司承担忠实勤勉义务？

【典型案例要旨4】(2015)鞍审民终再字第6号：被申请人焦某霞虽然在工商登记记载担任鸿锦公司的监事，但其实际负责公司的采购、销售、经营及催收货款等工作，应属高管；其在担任鸿锦公司高管期间未经鸿锦公司同意，作为发起人成立经营同类业务的永利公司，并担任法定代表人执行董事兼经理，违反了竞业禁止的法定义务，应承担相应的法律责任。

再审申请人鞍山市鸿锦耐火化工材料有限公司、蒋某安与被申请人焦某霞、鞍山市永利耐火原料有限公司控股股东、实际控制人、董监高损害公司利益赔偿纠纷民事判决书

辽宁省鞍山市中级人民法院(2015)鞍审民终再字第6号

辽宁省鞍山市中级人民法院经审理认为：

公司及股东的经营活动、合法权益均应受到法律的保护和约束。依据《公司法》第217条第1款第1项“本法下列用语的含义：(一)高级管理人员，是指公司的经理、副经理、财务负责人，上市公司董事会秘书和公司章程规定的其他人员”和第149条“董事、高级管理人员不得有下列行为：……(五)未经股东会或者股东大会同意，利用职务便利为自己或者他人谋取属于公司的商业机会，自营或者为

他人经营与所任职公司同类的业务……董事、高级管理人员违反前款规定所得的收入应当归公司所有”的规定，被申请人焦某霞虽然在工商登记记载担任鸿锦公司的监事，但其实际负责公司的采购、销售、经营及催收货款等工作，应属高管；其在担任鸿锦公司高管期间未经鸿锦公司同意，作为发起人成立经营同类业务的永利公司，并担任法定代表人执行董事兼经理，违反了竞业禁止的法定义务，应承担相应的法律责任。本院二审判决认定事实清楚，适用法律正确，应予维持。

关于再审申请人鸿锦公司和蒋某安所提本案赔偿数额无须进行审计，应依照申请人提出的方法计算，判定被申请人赔偿再审申请人损失100万元；二被申请人的侵权行为是连带产生的，应承担连带赔偿责任的再审主张。经审，依据《公司法》第149条第2款的规定，焦某霞应将其出现竞业禁止行为期间在永利公司的收入返还给鸿锦公司，鉴于双方当事人对于焦某霞在永利公司的收入存在较大争议，又不能提供相应证据予以证明，且在本院二审和再审期间双方均明确表示不申请对永利公司的利润进行审计。故本院二审认为，现无法确定焦某霞在永利公司的实际收入，应待鞍山市国税稽查局对永利公司的实际利润核查出结果或鸿锦公司及蒋某安能够提供确切证据证明焦某霞在永利公司的具体收入情况下，可再行提起诉讼解决，并无不当。《公司法》的上述条款中并未规定公司承担责任，永利公司是经工商部门核准的法人单位，其在经营许可范围内经营，并未违反法律规定，再审申请人要求永利公司承担共同赔偿责任于法无据，故本院不予支持。

关于再审申请人所提二被申请人侵犯鸿锦公司商业秘密，应判令其停止对再审申请人的侵害行为至本案所指商业秘密为公众所知悉时为止，并在本案再审开庭后立即采取措施先予执行的再审主张。经查，再审申请人所述的商业秘密，是指在蒋某安、焦某霞共同经营鸿锦公司期间，曾在鸿锦公司购买货物的客户名称及相关附属的采购价格等信息构成的客户名单。本院再审认为，依据《反不正当竞争法》第10条第3款“本条所称的商业秘密，是指不为公众所知悉、能为权利人带来经济利益、具有实用性并经权利人采取保密措施的技术信息和经营信息”的规定，商业秘密必须同时具备价值性、秘密性和保密性。在市场经济条件下，企业客户名称和产品价格等信息是处于公知状态的，无须通过侵权手段即可合法获取，焦某霞于鸿锦公司成立之前已在耐火材料领域从业多年，对该行业市场的客户信息均有所了解和掌握，且鸿锦公司客户名单上所承载的信息能够被其他不特定的人通过正常交往途径或一般媒介获得，因此该客户名单不具有秘密性，不属于法律意义上的商业秘密。再审申请人未能举证证明鸿锦公司针对其客户信息依据《关于禁止侵犯商业秘密行为的若干规定》第2条第4款“……包括订立保密协议，建立保密制度及采取其他合理的保密措施”的规定，制定了相关保密制度或与公司员工签订了保密协议，明确禁止员工泄露客户信息，以及采取其他保护客户信息的技术手段，该客户信息不具备保密性。故再审申请人的上述主张缺乏事实和法律依据，本院不予支持。

关于再审申请人所提应判令二被申请人不得经营与其相同的经营业务，同时判令焦某霞从鸿锦公司退股、清算的再审主张。经审，被申请人焦某霞在转让永利公司股份并变更工商登记后仍负责该公司的债务清理，在与鸿锦公司未进行退股清算前经营与其所任职鸿锦公司的同类业务，符合《公司法》关于竞业禁止及任职的有关规定，再审申请人此点再审主张，本院予以支持。永利公司作为经过工商管理部门核准登记的法人单位，其对外经营与鸿锦公司相同或相近的业务范围并不违反法律规定，故再审申请人主张永利公司不得经营与其相同业务，于法无据，本院不予支持。因股东清算纠纷与本案控股股东、实际控制人、董事、高管损害公司利益赔偿纠纷并非同一法律关系，故对再审申请人所提对焦某霞从鸿锦公司退股、清算予以合并审理的再审主张，本院不予支持。

【问题 4】公司临时委派监事负责全面工作的，能否视为总经理而承担高管的忠实勤勉义务？

【典型案例要旨 5】(2009)沪一中民三(商)终字第 969 号：被上诉人甲公司在法定代表人生病的特殊时期委派上诉人负责公司的全面工作，其实质履行了总经理的职责，符合《公司法》规定的公司高管身份。虽然该公司《章程》和工商登记对此未作相应变更，也没有临时推选另一名监事，但因该上诉人代行总经理职责的行为具有临时性，一旦公司原法定代表人病愈，上诉人即不必再履其责。故根据公司法的相关规定及被上诉人公司的临时决定，可以认定上诉人在被上诉人甲公司法定代表人生病期间应当履行该公司总经理的职责，全面负责公司的各项工作。

李某某与甲公司高管损害公司利益赔偿纠纷上诉案

上海市第一中级人民法院(2009)沪一中民三(商)
终字第 969 号

上海市第一中级人民法院经审理认为：

根据被上诉人甲公司《章程》的相关规定，上诉人李某某为该公司的监事，并且不得兼任公司董事、经理及财务负责人。但在被上诉人甲公司原法定代表人总经理患病期间，该公司召开了总经理例会，宣布了由上诉人在此期间负责公司全面工作，并由原法定代表人颁发了相应的《任命书》，上诉人对于上述事实已于原审中予以确认。本院认为,被上诉人甲公司在法定代表人生病的特殊时期委派上诉人负责公司的全面工作,其实质履行了总经理的职责,符合公司法规定的公司高管身份。虽然该公司《章程》和工商登记对此未作相应变更,也没有临时推选另一名监事,但因该上诉人代行总经理职责的行为具有临时性,一旦公司原法定代表人病愈,上诉人即不必再履其责。故根据《公司法》的相关规定及被上诉人甲公司的临时决定,可以认定上诉人在被上诉人甲公司法定代表人生病期间应当履行该公司总经理的职责,全面负责公司的各项工作,但其监事一职不能同时兼任,若此期间两职务冲突,可以不追究其作为监事的责任。因此,上诉人在临时担当总经理之责期间,应当按照公司《章程》和法律规定切实履行职责,如因其行为不当而给公司造成损害,应当依法承担相应的赔偿责任。

关于上诉人在履责期间的行为是否给公司造成损失的问题,本案中上诉人李某某亦于原审中确认其于上述期间代表被上诉人甲公司与案外人日华公司合作涉案的手机项目,并认可给被上诉人造成了110万元的经济损失尚未收回。由于该项目未订立书面的协议,亦未有其他的标的物交接凭证,明显违反了公司高管应当履行的职责,违反了谨慎、勤勉义务,造成被上诉人向案外人无法主张债权的困境。因此,可以认定上诉人的行为已造成对公司利益的损害,应当依法向被上诉人承担该110万元的损失赔偿责任。原审法院适用法律并无不当,处理结果并无不妥。上诉人的上诉理由不能成立,其上诉请求,本院难以支持。

【问题5】结合工作内容是出纳会计、工作经历仅一年、工资收入两三千元等事实,以及在其他公司任职材料、在公司财务上实际管理控制方面等事实,能否判断该人为公司高管(财务负责人)?

【典型案例要旨6】(2022)苏02民再50号:本案结合盛某晴的工作内容是出纳会计、工作经历仅一年、工资收入两三千元等事实,结合盛某晴在富柏公司任职材料、盛某晴在公司财务上实际管理控制方面,均无法得出盛某晴为高管(财务负责人)的结论,且铜材厂也未就此进一步举证。综上,检察机关抗诉、申诉人盛某晴主张原一审判决认定盛某晴于2011年股东抽逃出资时是富柏公司财务负责人的证据不足的意见,予以采纳。铜材厂要求盛某晴基于公司财务负责人身份对股东抽逃出资承担公司法规定的连带责任,不予支持。

盛某晴、无锡太湖铜材厂等买卖合同纠纷再审民事判决书

江苏省无锡市中级人民法院(2022)苏02民再50号

江苏省无锡市中级人民法院经审理认为:

1. 2011年股东抽逃出资时,盛某晴不是富柏公司高管(财务负责人),不能以《公司法解释三》的规定判决其承担连带责任。

根据《公司法》及《公司法解释三》之规定,股东抽逃出资,公司债权人请求协助抽逃出资的其他股东、董事、高管或者实际控制人对此承担连带责任的,人民法院应予支持。高管是指公司的经理、副经理、财务负责人。

判断盛某晴是否承担公司法规定的连带责任,首先要认定盛某晴是不是公司的财务负责人。原一审判决认定盛某晴是富柏公司财务负责人的证据:(1)富柏公司的工商登记中显示盛某晴的身份系富柏公司的财务负责人;(2)富柏公司在华夏银行无锡五爱支行开立资金账户等手续由该公司授权盛某晴办理;(3)富柏公司陈述盛某晴系该公司财务人员,除盛某晴外,该公司无其他财务人员。

经再审查明,(1)工商材料中,富柏公司仅在2013年5月年检报告书载明"财务负责人:盛某晴",系盛某晴自行书写,该事实发生在2011年抽逃出资之后,即便事实属实,结合盛某晴2010年从学校毕业到工作单位及月薪收入,也不足以证明盛某晴于2011年起担任财务负责人职务;(2)原一审庭审中,富柏公司委托诉讼代理人陈述"盛某晴是公司会计,该公司是否还有其他会计,代理人不清楚,需要核实",原一审判决表述事实不完整,不能以上述表示等同于当事人自认;(3)盛某晴原二审中提供的公司部分账册显示,富柏公司进出账均由陈某宇审批,部分账单由王某复核,工资表、记账凭证等由徐某制作,盛某晴仅在部分费用报销单中作为经手人签字。

本案结合盛某晴的工作内容是出纳会计、工作经历仅一年、工资收入两三千元等事实,结合盛某晴在富柏公司任职材料、盛某晴在公司财务上实际管理控制方面,均无法得出盛某晴为高管(财务负责人)的结论,且铜材厂也未就此进一步举证。综上,检察机关抗诉、申诉人盛某晴主张原一审判决认定盛某晴于2011年股东抽逃出资时是富柏公司财务负责人的证据不足的意见,予以采纳。铜材厂要求盛某晴基于公司财务负责人身份对股东抽逃出资承担公司法规定的连带责任,不予支持。

2. 盛某晴与陈某宇没有抽逃出资的意思联络,且铜材厂也没有诉请盛某晴承担民事侵权责任,故盛某晴不承担股东抽逃出资的侵权连带责任。

《侵权责任法》第8条规定:"二人以上共同实施侵权行为,造成他人损害的,

应当承担连带责任。”共同侵权构成连带责任需要盛某晴与陈某宇对抽逃出资有合谋的意思联络且实施了与陈某宇抽逃出资直接结合的侵权行为。

本案中,盛某晴作为刚入职的普通员工,与法定代表人陈某宇不具备平等的公司管理地位,目前无证据证明盛某晴与股东有抽逃出资的共同意思表示,且其仅是被陈某宇利用,服从陈某宇指示出借银行账户,如果仅以其为财务人员,出借账户有过错要求其与抽逃出资股东承担同样责任,有失公平。

铜材厂向盛某晴主张权利的请求权基础是公司高管对公司负有勤勉、谨慎的履职义务,损害公司及债权人利益的,需要承担公司法规定的责任;而不是盛某晴实施侵权行为需要承担侵权责任,故盛某晴不承担股东抽逃出资的侵权连带责任。

【问题6】虽未与公司签署劳动合同却在公司的财务凭证上的财务总监处签名的,是否可以认定为公司高管(财务负责人)?

【典型案例要旨7】(2017)沪0115民初52401号:被告与案外人华信公司存在劳动合同关系,而非原告。但涉案期间被告在原告的账务凭证中的财务总监处签名,可见被告实际掌握了财务负责人的高管职权,应当认定其为原告的高管。

原告上海见勤贸易有限公司诉被告蔡某萍损害公司利益责任纠纷一审民事判决书

上海市浦东新区人民法院(2017)沪0115民初52401号

上海市浦东新区人民法院经审理认为:

当事人对自己提出的诉讼请求所依据的事实或者反驳对方诉讼请求所依据的事实有责任提供证据加以证明。

原告以被告系其高管,利用职务之便将控制的原告账户中的钱款流转进而用于归还私人借款为由向被告主张权利。因此本案的争议焦点在于被告是否为原告的高管以及被告是否侵占了公司的财产。

事实上,被告与案外人华信公司存在劳动合同关系,而非原告。但涉案期间被告在原告的账务凭证中的财务总监处签名,可见被告实际掌握了财务负责人的高管职权,应当认定其为原告的高管。

原告主张被告侵占其财产,而从查明的事实来看,原告系将钱款转入游某的账户,而游某与原告股东系姐弟关系,在原告提供的证据不足以证明游某的账户系被被告控制的情况下,即使游某同日将相同金额的钱款支付给被告,也因金钱这一种类物的性质而无法认定原告的钱款系由被告侵占。事实上钱款已进入游某账户，原告若认为自己的权利受到侵犯，可另行向游某或其继承人主张。

综上，原告的主张缺乏事实与法律依据，本院不予支持。

【问题7】公司驻外代表处的总代表、经理，是否为公司高管？

【典型案例要旨8】(2017)沪01民终12579号：作为公司任命的驻外代表处的总代表、经理，而非新月公司的经理，参与外国项目的联络、洽谈、签约等活动，均未超出代表处总代表、经理的职责范围。既非公司章程确定的股东、董事、监事，同时也不具有公司法或公司章程规定的高管职位或职权，依法不能界定其为公司的高管。

北京新月长城投资管理有限公司诉马某辉损害公司利益责任纠纷二审民事判决书

上海市第一中级人民法院(2017)沪01民终12579号

上海市第一中级人民法院经审理认为：

新月公司作为原审原告，在一、二审期间均明确其请求权基础是《公司法》第148条规定的公司归入权。理论上，归入权是法律赋予公司的特别救济权，不以公司对公司内部人违反法定义务所获得的利益拥有所有权为前提条件；法律上，《公司法》第148条将“公司内部的义务人”或者说对公司负有忠实义务的责任主体明确界定为公司的董事、高管。结合案件的诉辩事实，本案的首要争议就是确定马某辉是否为新月公司的高管。

首先，《公司法》第216条规定，“高级管理人员”的含义是指公司的经理、副经理、财务负责人，上市公司董事会秘书和公司章程规定的其他人员。新月公司二审确认，马某辉是新月公司聘任的驻伊朗代表处的总代表、经理，而非新月公司的经理，新月公司的章程及客观上的经理、执行董事为一人，即公司的法定代表人，但马某辉在口头上及对外称呼上是新月公司的副总经理，享受副总经理的待遇。

其次，案件事实反映并经新月公司确认，马某辉与新月公司之间没有正式的劳动合同关系，新月公司出具的《终止、解除劳动合同书》《解除劳动合同证明》均没有基础事实，仅用于解除马某辉驻伊朗代表处总代表、经理的职务。

再次，马某辉个人与新月公司之间签订有《合作协议》，协议约定马某辉应履行本职工作，尽职尽责认真完成新月公司交办的工作，协调与伊朗各部门的友谊和业务事宜，促使合作项目顺利进行，并在开展业务过程中及时向北京总部汇报工作。从上述协议来看，马某辉的职权范围明确限定于负责、执行伊朗代表处的工作事务，同时依约收取项目的效益佣金和业务提成，对新月公司的整体经营管理不享有任何职权，据此可以确定马某辉只是作为新月公司雇用的一个驻外机构及特定项目的执行负责人。

最后，关于马某辉是否实际行使了新月公司高管的职权，对此新月公司应当承担必要的举证责任。就新月公司举证的马某辉任职期间的所作所为，包括参与伊朗项目的联络、洽谈、签约等活动，均未超出马某辉作为新月公司驻伊朗代表处总代表、经理的职责范围。伊朗项目是否为公司的核心业务，属于新月公司内部的、某个经营期间的评估结果，不能以此作为衡量参与项目的负责人即为公司高管的定性标准。

另外，因新月公司的商业秘密被非法侵害，其合法权益已经生效判决获得赔偿，马某辉亦非该案件新月公司起诉并经依法认定的侵害主体之一。

综合本案查明的事实，本院认为，马某辉既非新月公司章程确定的股东、董事、监事，同时也不具有公司法或新月公司章程规定的高管职位或职权，依法不能界定其为新月公司的高管。因此，依据《公司法》第148条之规定，马某辉不是公司归入权的义务人，新月公司以归入权向马某辉提起的诉讼请求，本院不予支持。

【问题8】公司未设立副总经理期间，营销部经理全面主持公司销售和采购供应工作，该经理是否为公司高管？

【典型案例要旨9】(2019)最高法民申2728号：甘肃中集华骏公司聘任周某担任该公司营销部经理，全面主持公司销售和采购供应工作。在此期间，甘肃中集华骏公司并没有设立副总经理，周某实际上行使的是公司高管的职权。

周某、甘肃中集华骏车辆有限公司再审审查与审判监督民事裁定书

最高人民法院(2019)最高法民申2728号

最高人民法院经审理认为：

本院认为，根据一审、二审判决和周某申请再审的理由，本案的主要争议焦点问题为：(1)周某在甘肃中集华骏公司任职期间，甘肃中集华骏公司与青海同海达公司2008年2月29日至2009年7月31日签订的加工承揽合同是否属于关联交易，周某是否应当承担赔偿责任；(2)甘肃中集华骏公司的起诉是否超过诉讼时效。

关于周某在甘肃中集华骏公司任职期间，甘肃中集华骏公司与青海同海达公

司2008年2月29日至2009年7月31日签订的加工承揽合同是否属于关联交易,周某是否应当承担赔偿责任的问题。根据《公司法》第216条第1项和第4项的规定,高管,是指公司的经理、副经理、财务负责人,上市公司董事会秘书和公司章程规定的其他人员。关联关系,是指公司控股股东、实际控制人、董事、监事、高级管理人员与其直接或者间接控制的企业之间的关系,以及可能导致公司利益转移的其他关系。本案中,《甘肃中集华骏车辆有限公司章程》第28条规定:"公司设总经理一人,副总经理若干人,正、副总经理由董事会聘请。"第29条规定:"总经理直接对董事会负责,执行董事会的各项决定,组织领导公司的日常生产、技术和经营管理工作。副总经理协助总经理工作,当总经理缺席或不能工作时,代理行使总经理的职责。"

2007年7月30日,甘肃中集华骏公司聘任周某担任该公司营销部经理,全面主持公司销售和采购供应工作。在此期间,甘肃中集华骏公司并没有设立副总经理,周某实际上行使的是公司高管的职权。

其妻高某迎和亲戚成立青海同海达公司及转让公司股权的行为,与周某任营销部经理及离任具有同步性,周某未如实向公司报告该事项,在和青海同海达公司交易之后,周某利用其职权,不及时回收资金,与青海同海达公司的交易给甘肃中集华骏公司造成损失。周某在青海同海达公司未向甘肃中集华骏公司支付货款的情况下,利用职权继续与青海同海达公司签订合同和供货,周某的行为客观上给甘肃中集华骏公司造成了经济损失,应当承担赔偿责任。

根据以上法律规定和事实,二审法院认定周某在甘肃中集华骏公司任职期间,甘肃中集华骏公司与青海同海达公司2008年2月29日至2009年7月31日签订的承揽合同属于关联交易,周某应当对给甘肃中集华骏公司造成的损失承担赔偿责任,该认定并无不当,本院予以维持。

司法实践中,坚持实质重于形式的基本原则确定董监高的实际身份,进一步说明了我们对董监高进行分类的必要性。因此,接下来,我们将按照前述分类逐项解读。

三、隐名董事与挂名董事

隐名董事,是指经依法按章选举、委派或任命但未办理备案公示却正常履职的董事。因疏忽或基于某种考虑而未备案对外公示,缺乏公示的形式要素,不具备公示公信的效力,但具备授权要素和实质的行权要素。但是,在对外代表公司从事相关业务过程中,若隐名董事明确地向交易相对人披露其在公司的董事身份，就弥补了公示公信的不足，成为标准的董事样态。此时，对于其履行职责、遵守忠实勤勉义务，乃至追究其违反忠实勤勉义务的法律责任，不会存在司法实践中无法认定身份等尴尬情形，因此，实务中争议不大，按照前述形式标准与实质标准兼备的原则处理，由其承担忠实勤勉义务即可。

挂名董事，是指虽经依法按章选举、委派或任命并办理备案公示却未正常履职或从未履职的董监高。

实践中，因为一些法律法规对公司的任职资质有特别的要求，若不满足该述要求将不得作为公司董事，如《民办教育促进法》（2016 年修正）（已被修改）第 21 条第 1 款规定："学校理事会或者董事会由举办者或者其代表、校长、教职工代表等人员组成。其中三分之一以上的理事或者董事应当具有五年以上教育教学经验。"《民办教育促进法实施条例》（2021 年修订）第 25 条第 1 款规定："民办学校理事会、董事会或者其他形式决策机构的负责人应当具有中华人民共和国国籍，具有政治权利和完全民事行为能力，在中国境内定居，品行良好，无故意犯罪记录或者教育领域不良从业记录"。《商业银行法》（2015 年修正）第 12 条第 1 款第 3 项规定，"设立商业银行，应当具备下列条件：……（三）有具备任职专业知识和业务工作经验的董事、高级管理人员"。因此，一些公司便通过挂名董事的方式，迎合法律的硬性规定，以便于取得相应的行政许可。所以，一些虽然表面上是依法按章的选举或委派且办理备案公示却不是真正履职的董事，就出现了，姑且称为"挂名董事"。这些挂名董事，有些从未真正履行相关职权，有些只是在需要按法律法规要求提交相关的董事会决议或述职报告的情况下，才形式上应付性地行使了所谓的职权，实质上，完全没有依法按章履行其应该承担的法定职权。

因此，毫无疑问，挂名董事对公司应当负有忠实勤勉义务。其法律风险，主要在于因怠于行使职权、未能依法按章履行董事义务，虽不违反不作为的忠实义务，却违反了应积极作为的勤勉义务。所以，在特殊情况下，若其仅基于应付性目的而签署了相关的决议或文件，若该述决议或文件损害了公司或其股东的合法权益，挂名董事可能因此而承担相应的法律责任；另外，若因其未履行积极的勤勉注意义务，导致公司的利益受到损害，公司要求其承担相应的损害赔偿责任也是正常之举。

【问题 9】董事以其仅为挂名董事，不参与公司的经营管理，也未参加过资金平衡会议为由抗辩，不构成协助抽逃出资的，应否承担连带责任？

【典型案例要旨 10】（2018）最高法民终 913 号：厉某平、孙某海、傅某由石嘴山青年曼公司委派担任国马公司董事,王某丹、庞某萍由石嘴山乘用车公司委派担任国马公司董事,庞某年由莲花控股公司委派担任国马公司董事。庞某年任国马公司董事长、法定代表人,孙某海任国马公司执行董事,傅某任国马公司副总裁、财务总监。庞某年、孙某海、傅某系抽逃国马公司资金的具体决策和直接实施者。王某丹、庞某萍、厉某平身为国马公司董事,应当遵守法律、行政法规和公司章程,履行对国马公司负有的忠实义务和勤勉义务。上述 6 人违反《公司法》第 147 条规定,分别以积极实施和不履行法定义务的方式协助股东抽逃出资,依照《公司法解释三》第 14 条第 1 款规定,应当承担返还抽逃资金本息的连带责任;其各自以只担任挂名董事、未参加决策或履行职务行为等理由所作抗辩均不成立。

石嘴山青年曼莲花汽车有限公司、石嘴山青年乘用车有限公司股东出资纠纷二审民事判决书

最高人民法院(2018)最高法民终 913 号

上诉人石嘴山青年曼公司、石嘴山乘用车公司、莲花控股公司、浙江乘用车集团、金华汽车制造公司、青年汽车集团、庞某年、王某丹、庞某萍、孙某海、傅某、厉某平上诉请求:

(1)依法撤销宁夏回族自治区高级人民法院(2016)宁民初字 66 号民事判决;(2)依法将本案发回重审,或改判驳回石嘴山矿业集团的诉讼请求;(3)一、二审的诉讼费用由石嘴山矿业集团承担。主要理由如下:

原审法院以国马公司庞某年等 6 位董事“协助抽逃资金”为由判令他们个人承担连带责任,认定事实和适用法律均有错误。

庞某年等 6 名董事无协助抽逃的主观故意。

庞某年不存在协助的主观故意和客观行为。

孙某海虽然在资金调拨单上有签字,但签字是其服从管理、履行职务的行为。即使该调拨违规,相应的法律后果亦应由决策者、指令者承担。

傅某未参加过青年汽车集团总部任何会议,其并非青年汽车集团总部高层,仅是国马公司财务制度的执行者。

王某丹、庞某萍只是挂名董事,不参与国马公司的经营管理,参加的 2013 年 1 月 8 日国马公司董事会会议是正常履职行为,也从未参加过资金平衡会议。

厉某平出任国马公司董事是受股东公司委派的被动行为,其虽然也参加了在青年汽车集团召开的一部分总裁办公会议,但只是对各自所分管的工作进行汇报和落实执行,而石嘴山项目不在他们分管的工作范围之内。

最高人民法院经审理认为：

庞某年、王某丹、庞某萍、孙某海、傅某、厉某平6名董事存在协助抽逃出资的事实。

国马公司董事共9人，分别为庞某年、王某丹、庞某萍、厉某平、孙某海、傅某、刘某学、魏某贵、杨某朝。其中，厉某平、孙某海、傅某由石嘴山青年曼公司委派担任国马公司董事，王某丹、庞某萍由石嘴山乘用车公司委派担任国马公司董事，庞某年由莲花控股公司委派担任国马公司董事。庞某年任国马公司董事长、法定代表人，刘某学任国马公司副董事长、总经理，孙某海任国马公司执行董事，傅某任国马公司副总裁、财务总监。庞某年、孙某海、傅某系抽逃国马公司资金的具体决策和直接实施者。王某丹、庞某萍、厉某平身为国马公司董事，应当遵守法律、行政法规和公司章程，履行对国马公司负有的忠实义务和勤勉义务。上述6人违反《公司法》第147条规定，分别以积极实施和不履行法定义务的方式协助股东抽逃出资，依照《公司法解释三》第14条第1款规定，应当承担返还抽逃资金本息的连带责任；其各自以只担任挂名董事、未参加决策或履行职务行为等理由所作抗辩均不成立。

四、事实董事与影子董事

事实董事，英文为de facto director，是指虽未被依法按章选举、委派或任命且未登记备案为董事，却实际上直接行使董事职权的人。

影子董事，是指既未被依法按章选举、委派或任命且未登记备案也未实际上直接行使董事职权，却如影子一般躲在背后，通过指示或指令习惯于听从其命令的其他董事行事而间接地行使职权的人。

事实董事与影子董事，除了均未依法按章获得正式授权任命、未进行登记而公示公信这一相同点之外，二者最大的差异在于，实际上，事实董事在公司内部管理或对外经营中，是以董事名义直接行使职权、签署文件、代表公司行事的，而影子董事却假手于其他董事服从其指示或指令而间接地行使公司董事的职权，其行事更加隐蔽，就像公司这个法人的影子一样，如影随形却始终不现身。当其行为给公司或公司的股东与债权人造成损害之时，想追究影子董事的责任，难度是非常大的。也正因如此，影子董事就有可能滥用其实质占据董事职权且毫无“后顾之忧”的优势，更加肆无忌惮地损害公司或其股东与债权人的合法权益。

因此，法律上认可事实董事和影子董事这一特殊身份之后，才能获得董事身份而对公司负有忠实勤勉义务。

事实上，英美法系上，还有一个更上位的概念，即实质董事，顾名思义，也就是实质上行使董事职权的人。从范围上看，主要包括直接行权的事实董事和间接行权的影子董事，因其不顾是直接现身行使董事职权，还是如影隐形指示其他董事而间接行权，实质上还是在行使董事的职权，因此得名。

2023 年修订的《公司法》第 180 条第 3 款新增了“公司的控股股东、实际控制人不担任公司董事但实际执行公司事务的，适用前两款规定”的内容，从而将事实董事纳入我国公司法董事之列，并与其他董监高一样对公司负有忠实勤勉义务。在我国公司实际运行过程中，控股股东与实际控制人[为行文方便，若无特别交代，二者在本书中可合称(双控人)]通常会走到前台、对内对外代表公司行事，其行为特征大多数符合事实董事的要件，应当作为事实董事对待。

然而，十分可惜的是，依据 2023 年修订的《公司法》第 192 条“公司的控股股东、实际控制人指示董事、高级管理人员从事损害公司或者股东利益的行为的，与该董事、高级管理人员承担连带责任”的规定，无论如何也得不出我国已经在公司法层面确立了影子董事制度。该指示人仅因其从事了类似“教唆、帮助他人实施侵权行为”的“指示”行为，而“应当与行为人承担连带责任”，这只是《民法典》第 1169 条有关“教唆帮助侵权”行为在公司法上的特殊体现，或者说是公司法上的一种特殊侵权类型而已。其制度内涵，与前述论及的影子董事几乎不可同日而语。对与影子董事及该条指示人的相关问题，可详见本书第三篇有关章节的介绍。

五、清算组成员与破产管理人

清算组，是在公司清算期间产生的，在公司清算范围内依法从事清算事务的组织(该组织并不排除一人的可能性)①。《公司法》第 232 条规定，董事为公司清算义务人，应当在解散事由出现之日起 15 日内组成清算组进行清算。清算组由董事组成，但是公司章程另有规定或者股东会决议另选他人的除外。

清算组的组成人员即清算组成员。按照《公司法》第 236 条第 3 款的规定，“清算期间，公司存续，但不得开展与清算无关的经营活动……”因此，公司进入清算阶段后，公司的主要业务就是清算，而清算组就是负责清算的。清算期间，清算组成员的职责和义务，与公司正常经营期间董事会及其成员——董事的职责和义务本质上具有一致性，清算组成员当然也应当履行忠实、勤勉义务。

因此，新《公司法》第 238 条第 1 款已将原《公司法》第 189 条第 1 款“清算组成员应当忠于职守，依法履行清算义务”修改为“清算组成员履行清算职责，负有忠实义务和勤勉义务”，从立法上新增并明确了清算组成员的勤勉义务，与公司正

① 参见最高人民法院民事审判第二庭编著:《最高人民法院关于公司法司法解释(一)、(二)理解与适用》，人民法院出版社 2008 年版，第 214 页。

常经营期间董事会及董事的义务保持了一致。而且,清算组成员的忠实勤勉义务的内涵与外延,与董事的忠实勤勉义务也基本一致。

需要特别说明的是,清算组成员的忠实勤勉义务的权利主体,要比董事在公司正常经营期间的多一些,即清算组成员的义务对象,还包括公司的债权人。《公司法》第238条第2款规定,清算组成员"因故意或者重大过失给债权人造成损失的,应当承担赔偿责任"。

【问题10】清算组成员罔顾调解书确定的债务的存在,以虚假清算报告的方式注销公司的,是否违反忠实勤勉义务而应对该债权人的损失承担赔偿责任?

【典型案例要旨11】(2019)鲁民终2484号:鹿某剑、邹某广、李某红参与了(2007)烟民二初字第67号案的诉讼调解,对于涉案债务是明知的,在涉案债务没有依法清偿的情形下,即以三公司零负债为由出具清算报告并将三公司进行注销,主观上存在故意或重大过失,损害了本案债权人的利益,造成债权人损失,应当承担赔偿责任。

烟台农村商业银行股份有限公司清洋园区支行、烟台华洲企业有限公司清算责任纠纷二审民事判决书

山东省高级人民法院(2019)鲁民终2484号

山东省高级人民法院经审理认为:

本案为涉外商事纠纷,因各方对于一审法院法律适用未提出异议,故本案的审理应适用中华人民共和国法律。根据当事人的诉辩主张,本案争议焦点为:(1)清洋支行是不是本案的适格主体;(2)一审法院认定的赔偿责任主体及赔偿范围是否适当;(3)本案是否超过诉讼时效。

1.关于清洋支行是不是本案适格主体的问题。

华洲公司、鹿某剑、邹某广、李某红主张,福山信用社主体并未终止,其债权债务并没有转移给烟台农商行,本案债权人仍为福山信用社。《民法典》第67条第1款规定,法人合并的,其权利和义务由合并后的法人享有和承担。根据一审查明的事实,中国银行业监督管理委员会山东监督局于2012年12月26日作出的银监鲁准〔2012〕915号批复载明:同意烟台农商行开业及烟台农商行莱山区支行等112家分权机构开业;烟台农商行开业的同时,福山信用社自行终止,其债权债务由烟台农商行承担。该批复同时列明清洋支行是烟台农商行分支机构。

因此,根据上述有权机关的批复,福山信用社于2012年12月已经被烟台农商行合并,其债权债务由烟台农商行承担。而福山信用社依据已经发生法律效力的(2007)烟民二初字第67号民事调解书所取得的相关债权的清收和追偿权利应当由烟台农商行承担,烟台农商行依法授权其下属的分支机构清洋支行行使债权人的权利并不违反法律规定。

因此,清洋支行的诉讼主体适格,其有权主张相关债权。华洲公司、鹿某剑、邹某广、李某红关于清洋支行主体不适格的上诉主张法律依据不足,本院不予支持,一审法院对此认定并无不当。

2.关于一审法院认定的赔偿责任主体及赔偿范围是否适当的问题。

清洋支行主张,除一审判决认定的责任主体外,三公司董事会成员鹿某贤、鹿某杰及望月通男等也应承担连带清偿责任,且华仲公司应承担迟延履行涉案债务期间的利息。华洲公司、鹿某剑、邹某广、李某红主张,即使涉案债权发生了转移,但债权人并未通知三公司,三公司也就无法书面通知新的债权人有关公司清算及注销情况,只能进行公告;三公司实际上没有财产,债权人损失与三公司未书面通知没有因果关系;且邹某广、李某红不是三公司股东,不具备承担清算责任的法定条件。本院认为:

(1)关于三公司是否违法清算的问题。

《公司法》第185条第1款规定,清算组应当自成立之日起10日内通知债权人,并于60日内在报纸上公告。《公司法解释二》第11条第1款规定,公司清算时,清算组应当按照《公司法》第185条的规定,将公司解散清算事宜书面通知全体已知债权人,并根据公司规模和营业地域范围在全国或者公司注册登记地省级有影响的报纸上进行公告。本案中,三公司在进行清算时,其明知存在与福山信用社的未清偿银行借款债务,但并未书面通知债权人,故三公司虽进行了公告,但并不能免除其应履行的法定通知义务,由此导致债权人未及时申报债权而未获清偿的,应当由三公司的清算组承担相关损失的赔偿责任。且本案福山信用社的债权已经进入法院执行程序,三公司清算组也完全可以通过人民法院通知债权人申报债权并进行清偿,但三公司清算组并未通知债权人却以零负债进行注销,明显具有逃避债务的企图。因此华洲公司、鹿某剑、邹某广、李某红关于其无法通知债权人,没有进行虚假清算的主张没有事实根据,本院不予支持。

(2)关于清算责任赔偿主体的认定问题。

《公司法》第189条第1款规定,清算组成员应当忠于职守,依法履行清算义务;第3款规定,清算组成员因故意或者重大过失给公司或者债权人造成损失的,应当承担赔偿责任。

本案中,在涉案债权未清偿的情形下,三公司董事会经过决议成立清算组,由鹿某剑、邹某广、李某红担任清算组成员,鹿某剑担任清算组负责人。故清算组系经三公司董事会授权成立,负责公司清算事项,具有法定资格,清算组成员因故意或者重大过失给公司债权人造成损失的,应当承担赔偿责任。

经查,鹿某剑、邹某广、李某红参与了(2007)烟民二初字第67号案的诉讼调解,对于涉案债务是明知的,在涉案债务没有依法清偿的情形下,即以三公司零负债为由出具清算报告并将三公司进行注销,主观上存在故意或重大过失,损害了本案债权人的利益,造成债权人损失,应当承担赔偿责任。因此,一审法院认定鹿某剑、邹某广、李某红应当承担赔偿责任具有事实和法律依据,并无不当。

《公司法解释二》第19条规定,有限责任公司的股东、股份有限公司的董事和控股股东,以及公司的实际控制人在公司解散后,恶意处置公司财产给债权人造成损失,或者未经依法清算,以虚假的清算报告骗取公司登记机关办理法人注销登记,债权人主张其对公司债务承担相应赔偿责任的,人民法院应依法予以支持。据此,有限责任公司股东以虚假的清算报告骗取公司登记机关办理法人注销登记,应当对公司债务承担相应的赔偿责任。

本案中,根据本院上述认定,三公司相关股东应当对涉案债务承担赔偿责任,清洋支行仅要求三公司股东华洲公司、丸仲会社、鹿某剑承担连带赔偿责任并不违反法律规定。但因法律或司法解释并未规定有限责任公司的董事应对上述情形承担赔偿责任,且没有证据证明涉案三公司其他董事会成员鹿某贤、鹿某杰及望月通男等对本案违法清算损害债权人利益的行为与公司清算组成员具有共同侵权的故意或重大过失,因此一审法院认定相关董事会成员不承担赔偿责任亦无不妥。

(3)关于迟延履行涉案债务的利息问题。

本院认为,(2007)烟民二初第67号民事调解书载明,华仲公司、枫裕公司在提供抵押物的范围内对华得公司的涉案债务包括本金及利息等承担连带清偿责任。一审法院也明确认定,清洋支行请求给付自调解书确定的债务履行期满之日起迟延履行期间的债务利息符合法律规定。因此,华仲公司应当在提供抵押物的范围内对迟延履行期间的涉案债务利息承担连带清偿责任。在华仲公司已经注销的情况下,应由其股东丸仲会社在华仲公司提供抵押物的范围内对上述债务承担连带清偿责任,一审法院对此认定亦无不当。

综上,清洋支行及华洲公司、鹿某剑、邹某广、李某红的该项上诉主张事实及法律依据均不充分,本院不予支持。

破产管理人,是指在破产申请受理时由人民法院依法指定于破产程序中代表

债务人处理与债务人相关的财产、债权债务、营业等事务，依法履行其法定职责的专门机构①。

按照我国《企业破产法》第 24 条的规定，管理人可以由人民法院指定由有关部门、机构的人员组成的清算组，或者依法设立的律师事务所、会计师事务所、破产清算事务所等社会中介机构担任，也可以根据债务人的实际情况，在征询有关社会中介机构的意见后，指定该机构具备相关专业知识并取得执业资格的人员担任。由此可见，破产管理人可能是机构，也可能是自然人。

按照《企业破产法》第 27 条的规定，“管理人应当勤勉尽责，忠实执行职务”。破产管理人的忠实勤勉义务与清算组成员的忠实勤勉义务类似，都是公司处于特殊阶段时，当时负责公司特殊任务的管理人员应对公司及其利害关系人所承担的义务，而且，与公司正常经营阶段不同，均特别强调对公司债权人利益的保护。因此，该阶段忠实勤勉义务的权利主体，均包括公司的债权人。

【问题 11】通过拍卖的方式积极处理公司房产的，是否违反破产管理人的忠实勤勉义务？

【典型案例要旨 12】(2019) 最高法民申 1929 号：管理、处分一家公司的财产本就是温州普润会计师事务所作为破产管理人的职责，根据债权人会议的决议对案涉房产进行拍卖即为履行其相应的法定职责。本案中温州普润会计师事务所与民丰超市积极协商、签订调解协议，促成了标的物的拍卖，履行了债权人会议的决议，正是其履行破产管理人勤勉义务的体现，符合法律规定。

中国华融资产管理股份有限公司浙江省分公司、温州市一家体育商城有限公司第三人撤销之诉再审审查与审判监督民事裁定书

最高人民法院(2019)最高法民申 1929 号

最高人民法院经审理认为：

本案争议的主要问题是已经发生法律效力的(2016)浙 03 民终 5775 号民事调解书依法是否应予撤销。分析如下：

1. 该调解书是温州市鹿城区人民法院根据民丰超市与一家公司之间自愿达成的调解协议依法作出，协议双方意思表示真实有效，符合法律规定。

《企业破产法》第 64 条第 3 款规定：“债权人会议的决议，对于全体债权人均

---

① 参见贺小电：《破产法原理与适用》(第 2 版)(下册)，人民法院出版社 2020 年版，第 779 页。

有约束力。”一家公司的债权人会议决议案涉房屋以拍卖的方式处置，该决议对华融公司在内的所有债权人都有拘束力。温州普润会计师事务所依据该决议，代表一家公司与民丰超市签订调解协议并以拍卖方式出售案涉房屋，是一家公司全体债权人意志的体现。在法院调解过程中，温州普润会计师事务所作为破产管理人有权代表公司进行诉讼活动，其依据债权人会议决议进行调解，是其依法履行自身职责的体现，因此该调解书系双方依法自愿达成，双方均有参加诉讼的权利，合法有效，并不违反法律规定。

2. 温州普润会计师事务所已尽到了破产管理人的勤勉义务，其所从事的诉讼行为不存在违法或者其他可撤销的情形。

《企业破产法》第25条第1款规定：“管理人履行下列职责：……（六）管理和处分债务人的财产；……”第27条规定：“管理人应当勤勉尽责，忠实执行职务。”管理、处分一家公司的财产本就是温州普润会计师事务所作为破产管理人的职责，根据债权人会议的决议对案涉房产进行拍卖即为履行其相应的法定职责。本案中温州普润会计师事务所与民丰超市积极协商、签订调解协议，促成了标的物的拍卖，履行了债权人会议的决议，正是其履行破产管理人勤勉义务的体现，符合法律规定。

3. 该民事调解书并未损害华融公司的民事权益，依法不得撤销。

《企业破产法》第69条第1款规定：“管理人实施下列行为，应当及时报告债权人委员会：……（八）放弃权利；……（十）对债权人利益有重大影响的其他财产处分行为。”本案中，温州普润会计师事务所没有实施放弃权利或是对债权人利益有重大影响的其他财产处分行为。

首先，温州普润会计师事务所代表一家公司与民丰超市签订调解协议的目的是尽快履行债权人会议作出的拍卖案涉房屋的决议，而该调解协议的签订也确实使民丰超市同意立即解除租赁合同，避免了因案涉房屋权利状态悬而未决导致房屋无法及时拍卖变价，从而维护了债权人的利益。

其次，华融公司在再审申请中主张延期腾房会影响房屋的竞买价格，但没有提出充分证据证明其主张。本案中，在管理人与民丰超市达成调解后，已成功拍卖案涉房屋，华融公司主张调解后的拍卖价会低于不调解的拍卖价，应当提交证据予以证明。现华融公司并未提交证据证明，且其亦未考虑调解后减少诉讼和执行时间所产生的收益，因此，华融公司应当承担举证不能的不利后果，该主张本院不予支持。

最后，华融公司主张民丰超市应付租金属于华融公司应得的合法财产，认为调解协议约定腾退期间不收房屋占有使用费是放弃权利的行为，损害了其作为债权人的合法权益。但是(2016)浙0302民初10154号民事判决书本就判决“腾空期间不计占有使用费”,因此调解书此项约定与原判决一致,并没有损害华融公司的合法权益。

【问题12】破产管理人不让某个债权人加入微信群的行为,是否构成损害该债权人利益的违反忠实勤勉义务的行为?

【典型案例要旨13】(2022)京民终159号:建立涉案微信群,仅是作为管理人、债权人、法院相互之间沟通、交流的一种渠道,并不是所有债权人均加入微信群,且王某杰承认相关材料通过QQ群均能收到并参加了债权人会议。微信群管理员对微信群负有管理责任,应当规范群成员的群聊行为,天正律所以王某杰发表不当言论为由将王某杰移出涉案微信群,系其职责范畴,没有证据证明此举损害了王某杰作为泰丰破产案债权人的法定权利。

王某杰与北京市天正律师事务所管理人责任纠纷二审民事判决书

北京市高级人民法院(2022)京民终159号

北京市高级人民法院经审理认为:

根据查明的事实,泰丰公司破产案已由一审法院受理,并正在审理中,天正律所在泰丰破产案中担任破产清算的管理人,王某杰是泰丰公司的债权人,天正律所、王某杰均应依照破产法的规定行使各自的权利、履行各自的义务。破产清算管理人在履职过程中,需要与法院、债权人进行沟通、交流,但是并无法律、司法解释规定必须依托现代通讯方式的社交软件与法院、债权人沟通、交流。就本案而言,天正律所建立涉案微信群,仅是作为管理人、债权人、法院相互之间沟通、交流的一种渠道,并不是所有债权人均加入微信群,且王某杰承认相关材料通过QQ群均能收到并参加了债权人会议。微信群管理员对微信群负有管理责任,应当规范群成员的群聊行为,天正律所以王某杰发表不当言论为由将王某杰移出涉案微信群,系其职责范畴,没有证据证明此举损害了王某杰作为泰丰破产案债权人的法定权利,一审法院不予支持王某杰要求恢复其在涉案微信群的群成员身份的判决正确,本院二审予以维持。

六、发起人

在公司设立阶段,选举或委派的公司董监高因公司尚未成立而不能正式履职,更无法代表公司从事任何经营管理活动。因此,代表设立中公司从事设立相关活动的人，只能是公司的发起人。所以，《公司法解释三》第 1 条规定，为设立公司而签署公司章程、向公司认购出资或者股份并履行公司设立职责的人，应当认定为公司的发起人，包括有限责任公司设立时的股东。

对于公司发起人，在公司设立过程中是否对拟设公司负有忠实勤勉义务，目前，我国《公司法》并无明文规定。但是，《公司法解释三》第 4 条规定，在公司未设立时，因部分发起人的过错导致公司未成立时，公司设立行为产生的费用和债务由有过错的发起人根据过错程度承担；该解释第 5 条规定，因履行公司设立职责造成他人损害，公司或者无过错的发起人承担赔偿责任后，可以向有过错的发起人追偿。发起人承担过错责任的基础，仍然是义务的不履行或履行不当。而发起人在公司设立阶段的主要职责，就是勤勉审慎地促使公司设立成功，并妥善保管全体发起人的出资及其在设立阶段所转化的其他财物，更不能侵占该述出资或财物。因此，从这些规定的实质内容来看，发起人承担的仍然是忠实勤勉义务。

七、集团公司的董监高

现代商业实践中，公司集团化的现象普遍存在，其内部的划分机制也各不相同，有集团公司内部各子公司能够相互独立运作的，有的则按事业部制进行划分，将与某一事业部相关的多家子公司统一划归该事业部进行管理等情况不一而足。在类似后者的操作中，事实上，已经使得该述多家子公司的法人治理结构发生了变异，此时，其股东会、董事会、监事会以及包括高管在内的管理层，很难像一家完全独立的公司那样，让公司治理结构发挥相应的作用。

在前一情形中，有时，各子公司的董监高能够与事业部内的职位划分一致、彼此协调，问题倒是不大；但是，多数情况下，各子公司本应具备的董监高要么被虚化无法实际履行职责，要么只是个挂名的董监高，要么干脆就用最简单的机构配置，如一个执行董事兼经理并且登记为法定代表人，而这个多项职位一肩挑的个人也未必就是所属事业部的核心管理人员。

在这种情况下，当发生忠实勤勉义务未得到履行、发生侵权损失赔偿纠纷之时，对于各行为人的身份及职责的认定，就只能按照形式标准与实质标准兼备的原则处理，并可参考前述六种类型董监高的划分作出裁判。

【问题 13】集团公司的董监高，对其子公司是否负有忠实勤勉义务？

【典型案例要旨 14】（2021）最高法民申 1686 号：公司法关于董事对公司所负的忠实义务、竞业禁止义务应不限于董事所任职的公司自身，还应包括公司的全资子公司、控股公司等，如此方能保障公司及其他股东的合法权益，真正实现公司法设置忠实义务、竞业禁止义务的立法本意。

李某、深圳市华佗在线网络有限公司损害公司利益责任纠纷再审审查与审判监督民事裁定书

最高人民法院(2021)最高法民申1686号

最高人民法院经审理认为：

关于李某是否违反了对美谷佳公司、华佗在线公司所负忠实义务和竞业禁止义务的问题。

首先，李某对美谷佳公司负有忠实义务和竞业禁止义务。

原审查明，2015年4月28日之前，李某担任美谷佳公司的法定代表人、董事长和总经理。根据《公司法》第147条、第148条、第149条的规定，李某在作为美谷佳公司的董事、总经理期间对美谷佳公司负有法定的忠实义务和竞业禁止义务，不得篡夺美谷佳公司的商业机会。

其次，李某对华佗在线公司亦负有忠实义务和竞业禁止义务。

公司法关于董事对公司所负的忠实义务、竞业禁止义务应不限于董事所任职的公司自身，还应包括公司的全资子公司、控股公司等，如此方能保障公司及其他股东的合法权益，真正实现公司法设置忠实义务、竞业禁止义务的立法本意。本案中，美谷佳公司是华佗在线公司的全资股东，双方利益具有显见的一致性，李某对美谷佳公司所负的忠实义务和竞业禁止义务应自然延伸至美谷佳公司的子公司华佗在线公司。

最后，李某实施了损害华佗在线公司利益的行为。

本案中，华佗在线公司于2014年1月已经获得和省二医合作网络医院项目的商业机会，省二医在与深圳友德医科技有限公司(以下简称友德医公司)于2014年11月20日签订《友德医网络医院合作协议》后，转而与友德医公司合作网络医院项目并终止与华佗在线公司就网络医院项目的合作。根据李某出具的《情况说明》中关于其代表的美谷佳公司技术方、创始人团队和牧新民等资本方在经营美谷佳公司、华佗在线公司过程中出现矛盾等陈述，可以证明李某在担任美谷佳公司董事长、总经理及技术团队主要负责人期间，未经美谷佳公司股东会同意，另行操控友德医公司将华佗在线公司与省二医合作的网络医院项目交由友德医公司经营，非法获取了本属华佗在线公司的商业机会，损害了华佗在线公司及其母公司美谷佳公司的利益。

据此，原判决认定李某违反了对美谷佳公司和华佗在线公司所负忠实义务和

竞业禁止义务,并无不当。

八、监事的范围与义务:是否负有特定的忠实义务

2018 年修正的《公司法》仅在其第 147 条第 1 款规定了“董事、监事、高级管理人员应当遵守法律、行政法规和公司章程,对公司负有忠实义务和勤勉义务”,而在其第 148 条“……不得有下列行为:(一)挪用公司资金;……”的行为主体中,只规定了董事和高管,并不包括监事。因此,监事的忠实义务具体范围,实践中争议就非常大,多数被告的监事,均引用该条作为不担责的抗辩依据。不得不批评的是,仅仅因为立法技术与水平的欠缺,造成实务中出现种种乱象,实在可惜!好在,大多数法院,并未仅仅因为该不足而僵化司法,而认为监事作为与董事和高管并列的重要必备机关成员,应当与其一样承担忠实勤勉义务。

2023 年修订的《公司法》,已经对此进行了修改,将监事与董事和高管并列作为不得挪用资金等忠实义务的行为主体。因此,司法实践中也不会在出现监事不承担忠实勤勉义务的争论。

【问题 14】监事是否对公司负有禁止经营同类业务等特定忠实义务?

【典型案例要旨 15】(2017)粤 03 民终 2664 号:按照监事的职责、立法和公司治理制度的本意,监事从事损害公司利益的行为同样违反《公司法》第 147 条第 1 款关于监事对公司负有的忠实和勤勉义务的规定,须承担相应的法律责任。

深圳市正能量科技有限公司与吴某煌、鲍某秀、深圳市能量电工有限公司损害公司利益责任纠纷二审民事判决书

广东省深圳市中级人民法院(2017)粤 03 民终 2664 号

广东省深圳市中级人民法院经审理认为:

高某明和吴某煌为正能量公司仅有的两名股东,分别持有正能量公司 90% 和 10% 的股份,高某明还担任正能量公司的法定代表人。高某明和吴某煌签订的《补充股东协议》明确约定“正能量公司不得干涉吴某煌在公司以外的事(包括任意形式的‘贸易公司’或找工作等)”,正能量公司亦在该份协议上签章确认,应当视为即使吴某煌自营或者为他人经营与所任职公司同类的业务也是经过正能量公司全体股东及正能量公司同意的,故正能量公司以吴某煌违反《公司法》第 148 条第 1 款第 5 项的规定要求吴某煌、鲍某秀、能量电工公司承担损害赔偿责任缺乏事实和法律依据,本院不予支持。

公司监事受股东委托对公司的经营管理行使监督职权，以维护公司和股东利益为己任，相对于董事和高管，应当对作为监督者的监事苛以更高的行为合规性和道德廉洁性，才符合立法和公司治理制度的本意。《公司法》第 148 条罗列了损害公司利益的具体行为，虽然仅要求公司董事、高管不得从事上述行为，但并不意味着监事从事上述损害公司利益的行为无须承担相应的法律责任，否则，即与监事的职责、立法和公司治理制度的本意相悖，而且，监事从事上述行为同样违反《公司法》第 147 条第 1 款关于监事对公司负有的忠实和勤勉义务的规定，须承担相应的法律责任。

因此，一审法院关于《公司法》第 148 条的适用对象仅为公司董事和高管、公司监事即使违反该条规定也无法律依据要求其承担法律责任的认定属理解法律有误，本院予以纠正。但鉴于一审法院处理结果正确，本院对一审判决予以维持。

九、董事与高管的区别与联系

董事会是议会制机构，董事仅为董事会成员之一，通过讨论、商议、表决并以多数人的共同意见作为董事会的最终决议。而且，公司法所列董事会的职权是赋予董事会这一内设机构的，单独的董事无法行使董事会的职权，尤其是 2023 年修订的《公司法》废除了不设董事会的执行董事制度之后，就不再有一个董事作为公司董事会机构的特殊情况。因此，董事会的决议或决定若违反公司法或公司章程进而造成公司损失，投票赞成该决议的董事就应当共同承担连带赔偿责任。而投票反对或弃权的董事，就不应当对此承担连带赔偿责任。

相比之下，高管是以其个人进行履职的，就不存在集体决策、赞成者担责的问题。

另外需要提醒的是，这也是大多数人无意识中会混淆的一个问题：一家公司的董事在经营管理活动中，是什么身份？或者说，在董事会进行相关表决或者为了表决而进行相关的调研等准备工作之外，对内管理公司事务、对代表公司开展业务等活动时，该董事的身份是董事吗？

对此，笔者认为，此时该董事虽名为董事，但实际上是以公司高管的身份在履职，也就是说，其实质身份并非董事。原因在于，公司董事会是议事机构、是集体决策机构，只有依法按章通过董事会行使表决权等相关权利时，全体董事才是在行使董事会的职权，而执行董事的决议、经营管理公司，已经不是董事会的职权范围，董事所从事的该类活动，其身份已经很难再用董事合理解释了。

因此，在谈及某位董事是否因其违反忠实勤勉义务而向公司承担相应责任的时候，应当是同意该决议或决定的全部董事，且应当承担连带责任。否则，就应当以公司高管未履行其作为高管身份所应当负有的忠实勤勉义务而向公司承担相应的法律责任。这其中的差别还是很大的。

第二节　董监高的忠实义务

一、忠实义务的内容

忠实，公司法意义上，是指行为人须忠于公司利益，重在强调行为人在公司利益与个人利益发生冲突时应以公司的利益为重，是其行为的底线、红线，是对行为客观结果的一种道德评价，即是否对公司更有利，而不是对个人更有利。

董监高的忠实义务，就是在履行职责过程中，董监高应当以公司的利益为重并不得利用职权牟取私利。因此，对于忠实义务，2023 年修订的《公司法》第 180 条第 1 款规定，“董事、监事、高级管理人员对公司负有忠实义务，应当采取措施避免自身利益与公司利益冲突，不得利用职权牟取不正当利益”。对于忠实义务，需要重点把握以下两项规则：

第一，避免利益冲突规则（No-conflict Rule）：公司的董监高应当避免其个人利益与公司利益产生冲突。

也就是说，在处理公司事务时，应当避免不当关联交易的发生，以免将个人利益与公司利益置于二选一的对立局面，进而产生“瓜田李下”之嫌。除非某项交易或事项，将会降低交易成本、提高交易效率或者分散经营风险，整体上对公司更加有利，才可以进行该述关联交易，但是，该述关联交易应当按照公司法律关于关联交易的申报与表决的规定，通过公平、公开的程序进行，保证不当关联交易的正当性。

第二，不牟私利规则（No-profit Rule）：在个人利益与公司利益的冲突不可避免之时，董监高不得利用其董监高的地位牟取不正当的个人利益。如前例，若拟从事的关联交易从整体上更有利于公司，如提高交易效率、保障交易安全、降低交易成本、提升公司利润等，则作为关联交易纽带的董监高应当首先向公司股东会或董事会申报其与关联方之间的关系以及利益冲突的情况，经股东会或董事会决议同意该交易的，方可从事该述关联交易。

由此，我们可以发现，忠实义务，更多的是不作为，属于消极义务，前述所列违反忠实义务的具体类型，都是要求董事不得从事某些有违忠实义务、损害公司利益的行为。这也是忠实义务与勤勉义务的重大区别所在，后者属于积极的作为义务。

此外,是否履行忠实义务,也是认定董监高的履职行为是否适用商业判断原则,进而对其免责或令其不承担责任的重要前提,即只有在董监高没有违反忠实义务的情况下,才能适用商业判断原则。有关商业判断原则的内容,请在后续的章节中详细了解。

【问题15】董监高忠实义务的对象是否包括公司股东?

【典型案例要旨16】(2020)京民终696号:忠实义务要求董事、高管在管理公司、经营业务、履行职责时,必须代表全体股东为公司最大利益而努力工作,当自身利益与公司利益发生冲突时,必须以公司利益为重,不得将自身利益置于公司利益之上。

北京煜森股权投资有限公司与刘某梅等损害公司利益责任纠纷二审民事判决书

北京市高级人民法院(2020)京民终696号

北京市高级人民法院经审理认为:

本案中,煜森公司以李某纯、刘某梅作为董事、高管阻碍监事履行职权导致煜森公司产生聘请会计师、律师的费用等损失为由主张李某纯、刘某梅就上述损失对公司承担赔偿责任。李某纯、刘某梅辩称,李某纯、刘某梅并未违反忠实及勤勉义务,未给煜森公司造成损失。

结合双方的诉辩意见,本案二审期间的争议焦点为:(1)董事、高管是否违反忠实及勤勉义务;(2)煜森公司是否存在损失;(3)公司损失与煜森公司所主张的董事、高管违反忠实义务及勤勉义务之间是否存在因果关系。

董事、高管是否违反忠实及勤勉义务。

1. 董事、高管勤勉义务和忠实义务的范围。

根据《公司法》第147条、第149条的规定,为了防止发生董监高的道德风险,《公司法》规定了董监高对公司的忠实义务和勤勉义务,并规定董监高执行公司职务时违反法律、行政法规或者公司章程的规定,给公司造成损失的,应当承担赔偿责任。

董事、高管的忠实义务要求董事、高管在管理公司、经营业务、履行职责时,必须代表全体股东为公司最大利益而努力工作,当自身利益与公司利益发生冲突时,必须以公司利益为重,不得将自身利益置于公司利益之上。

董事、高管的勤勉义务要求行为人履行其职责时必须表现出一般审慎者处于相似位置时在类似情况下所表现出来的勤勉、注意和技能，同时，在从事公司经营管理活动时应当恪尽职守，尽到其所应具有的经营管理水平。因此，认定董事、高管是否违反勤勉义务应当以其职责范围来判断。

本案中，判断李某纯、刘某梅是否违反忠实、勤勉义务，应当审视其在职责范围内是否存在违反上述义务的行为，即其是否履行了职责。《公司法》第150条第2款规定："董事、高级管理人员应当如实向监事会或者不设监事会的有限责任公司的监事提供有关情况和资料，不得妨碍监事会或者监事行使职权。"故李某纯、刘某梅有义务如实向监事提供有关情况和资料，不得妨碍监事会或者监事行使职权。

2. 董事、高管违反忠实、勤勉义务的主观要件审查。

忠实、勤勉义务的判断包括主观和客观两个方面，在主观上应当要求高管存在重大过失。只要董事、公司高管尽到了适当的注意义务，按照公司的日常运作模式发挥了管理作用，根据公司决策认真执行，法院不宜对公司的内部行为过多干涉。只有结合案件的具体情况，根据主客观相结合的标准进行衡量，在属于重大过失、过错的情形下，法院才能直接认定董事、高管的行为构成违反忠实、勤勉义务。

本案中，第一，根据已查明的事实，煜森公司在王某生2019年8月5日发出《关于监事开展监督检查的通知》要求对公司开展财务专项及相关检查时，于2019年8月6日向王某生发出《关于监事检查事项的确认》，要求讨论审计费用及相关事项。而王某生在对公司确认事项的回复中就公司提出的审计费用过高、与审计公司人员进行讨论等事宜未作回应。第二，王某生针对公司的确认函及回复信息，仅向公司及李某纯、刘某梅提出了备查材料等要求，仍未就审计费用等煜森公司提出的问题进行回应，且给公司预留的资料准备时间仅两周左右。因此，根据现有证据，不足以证明李某纯、刘某梅在案涉监事履行职责事项上存在重大过失或故意。

【典型案例要旨17】（2020）最高法民申640号：忠实义务是指公司高管应当忠实履行职责，其自身利益与公司利益发生冲突时，应当维护公司利益，不得利用高管的地位牺牲公司利益为自己或者第三人牟利。

山东海之杰纺织有限公司、艾哈迈德・盖博损害公司利益责任纠纷再审审查与审判监督民事裁定书

最高人民法院(2020)最高法民申640号

最高人民法院经审理认为：

关于盖博是否违反忠实义务和勤勉义务以及是否应当对海之杰公司在案涉交易中的损失承担赔偿责任的问题。

从《公司法》(2005年修订)的规定来看,第148条第1款规定:“董事、监事、高级管理人员应当遵守法律、行政法规和公司章程,对公司负有忠实义务和勤勉义务。”第149条列举了董事、高管违反对公司忠实义务的具体情形。从上述法律的规定看,忠实义务是指公司高管应当忠实履行职责,其自身利益与公司利益发生冲突时,应当维护公司利益,不得利用高管的地位牺牲公司利益为自己或者第三人牟利。勤勉义务是指公司高管履行职责时,应当为公司的最佳利益,具有一个善良管理人的细心,尽一个普通谨慎之人的合理注意。从海之杰公司的具体诉请和依据的事实看,其并未提供证据证明盖博在履行总经理职务期间存在获利情况,故其实际上针对的是盖博违反了勤勉义务而非忠实义务。因此,本案审查的重点问题是,盖博在海之杰公司案涉交易中是否违反勤勉义务以及是否应当对海之杰公司在案涉交易中的损失承担赔偿责任。

从法律规定看,《公司法》(2005年修订)仅原则性规定了公司高管的勤勉义务,并未规定违反勤勉义务的具体情形。综观公司法实践,勤勉义务所要求的尽一个普通谨慎之人在类似情况下应尽到的合理注意,是一个经过实践而被逐渐总结出来的标准。面对市场不断变化的商事交易实践,如果要求每一个经营判断都是正确的,其结果会使公司高管过于小心谨慎,甚至裹足不前,延误交易机会,降低公司经营效率,最终不利于实现公司和股东权益。特别是在不涉及公司高管个人利益与公司利益冲突等可能违反忠实义务的情形下,公司高管依照法律和公司章程履行经营管理职责的行为,应受到法律的认可和保护。盖博作为海之杰公司的总经理,具有依照法律和公司章程主持公司生产经营管理工作的职权。从海之杰公司在原审中提交的《山东海之杰纺织有限公司章程》的具体内容看,海之杰公司赋予了总经理组织领导公司日常生产技术和经营管理工作的广泛职权。案涉交易中,包括海之杰公司与祥辉公司签订衬衫供货合同、与黄冈市金律纺织有限公司签订《产品采购合同》、在广州采购光坯布,均系盖博为开展公司日常经营而履行总经理职权的行为,并未超越海之杰公司章程规定的职责范围。原判决认定盖博未违反公司高管的忠实义务和勤勉义务,并无不当。海之杰公司主张盖博承

担因案涉交易给海之杰公司造成的损失,不符合《公司法》(2005 年修订)第 150 条关于“董事、监事、高级管理人员执行公司职务时违反法律、行政法规或者公司章程的规定,给公司造成损失的,应当承担赔偿责任”的规定。

二、违反忠实义务的常见类型

违反忠实义务的行为类型,常见的有篡夺公司商业机会、经营同类营业、擅自披露商业秘密、侵占公司财产、挪用公司资金、将公司的公款私存、利用职务收受贿赂、私自接受公司客户支付给其个人的佣金等,这些都是明显损害公司利益的违法行为。

对于违反忠实义务的每项具体行为及其构成要件与责任类型,将在本书第二篇“特别领域中董监高的履职法律风险防范(董监高损害公司利益)”中详细介绍。

三、忠实义务相关的常见争议焦点与裁判规则

【问题 16】董事、高管离任后,其在公司任职期间而产生的权利及其影响并不会因其与公司之间法律关系的解除而自动终止,一旦被不当使用,则可能损害公司的利益。董事、高管与公司之间的法律关系终止后,离任董事、高管是否仍需承担合同法上的后契约义务?是否仍对公司负有一定的忠实义务?

【典型案例要旨 18】(2018)京 01 民终 8475 号:董事的忠实义务要求董事不得损害公司的利益,其核心在于董事不得利用其董事身份获得个人利益,董事不得以牺牲公司利益作为代价而获得个人利益,不得为个人利益而将公司机会据为己有。

郭某轩与北京联达动力信息科技股份有限公司
损害公司利益责任纠纷二审民事判决书

北京市第一中级人民法院(2018)京 01 民终 8475 号

北京市第一中级人民法院经审理认为:

董监高的忠实义务,是指董监高管理公司、经营业务、履行职责时,必须代表全体股东为公司最大利益努力工作,以最大限度地保护公司的利益作为衡量自己执行职务的标准,当自身利益与公司利益发生冲突时,必须以公司利益为重,不得将自身利益或者与自己有利害关系的第三人的利益置于公司利益之上。董事的

忠实义务要求董事不得损害公司的利益,其核心在于董事不得利用其董事身份获得个人利益,董事不得以牺牲公司利益作为代价而获得个人利益,不得为个人利益而将公司机会据为己有。董监高的忠实义务的本质要求,应当在法律法规与公序良俗的范围内,忠诚于公司利益,以最大限度地实现和保护公司利益作为衡量自己执行职务的标准,全心全意为公司利益服务。

董事、高管在任职期间,无疑应当遵守忠实义务。董事、高管离任以后,由于其在公司任职期间产生的权利及其影响并不会因其与公司之间法律关系的解除而自动终止,一旦被离任董事、高管不当使用,则可能损害公司的利益。根据《合同法》第 92 条“合同权利义务终止后,当事人应当遵循诚实信用原则,根据交易习惯履行通知、协助、保密等义务”之规定,董事、高管与公司之间的法律关系终止后,离任董事、高管仍需承担合同法上的后契约义务,这种义务不是基于契约的约定而是基于合同法的强制性规定产生,因此并非合同义务,而是法定义务。因此,董事、高管离任后仍然对公司负有一定的忠实义务。

本案中,郭某轩于 2015 年 5 月 31 日辞去联达动力公司董事职务,与联达动力公司的法律关系终止,但其离任后仍然应当对联达动力公司负有一定的忠实义务,故郭某轩上诉主张的其在离任后,不应再受到董事竞业禁止的法律限制,与法相悖,本院不予支持。对于郭某轩作为联达动力公司董事应否受到公司章程约束一节,本院认为公司章程是公司的“宪法”,规定了公司的权力(利)架构与基本制度,是公司存在和活动的基本依据,是公司行为的根本准则。公司章程是公司的契约,以此约定股东、董事和公司的权利义务。公司章程是规范公司组织和活动的基本规则,公司内部包括股东、公司、管理机关和职工等多重利益主体,为了平衡各方利益,协商各方的行动,规范对内和对外的各种关系,必须制定一个规则,使公司正常运转,因此章程是公司的根本准则。因此,根据章程的法律性质,郭某轩作为公司董事,应当受到公司章程的约束。

【典型案例要旨 19】(2020)最高法民申 4682 号:忠实义务的核心在于董事不得利用其董事身份获得个人利益,其应当在法律法规与公序良俗的范围内,忠诚于公司利益,以最大限度地实现和保护公司利益作为衡量自己执行职务的标准,否则应承担赔偿责任。董事长受贿后,未经股东会讨论决定或授权,提前支付应付土地补偿款,导致公司不仅失去相应利息,而且由于资金短缺致使新厂区建设无法开工,给公司造成了重大损失,应当承担赔偿责任。

陈某雄、胜利油田胜利泵业有限责任公司损害公司利益责任纠纷再审审查与审判监督民事裁定书

最高人民法院(2020)最高法民申4682号

最高人民法院经审理认为:

本案再审审查的主要问题是,陈某雄应否向泵业公司承担民事赔偿责任。

第一,关于陈某雄的行为是否给泵业公司造成损失。根据原审查明的事实,陈某雄作为泵业公司原董事长,对公司负有忠实义务和勤勉义务,应以最大限度地保护公司的利益作为衡量职务的标准,而不得将自身利益置于公司利益之上。泵业公司搬离原厂区后从东营市政府获得了土地补偿款301054729元,该土地补偿款关系到泵业公司新厂区的建设能否顺利完成,泵业公司的生产经营能否继续进行。但陈某雄在接受刘某毅以鹏豪公司5%的股份向其行贿后,在未经股东会讨论决定或授权的情况下,分两次擅自将该笔土地补偿款提前支付给鹏豪公司,导致泵业公司不仅失去相应利息,而且由于资金短缺致使新厂区建设无法开工,给泵业公司造成了重大损失。《公司法》第147条第1款规定,董监高应当遵守法律、行政法规和公司章程,对公司负有忠实义务和勤勉义务。第149条规定,董监高执行公司职务时违反法律、行政法规或者公司章程的规定,给公司造成损失的,应当承担赔偿责任。根据以上规定,董监高的忠实义务的核心在于董事不得利用其董事身份获得个人利益,其应当在法律法规与公序良俗的范围内,忠诚于公司利益,以最大限度地实现和保护公司利益作为衡量自己执行职务的标准,否则应承担赔偿责任。由于陈某雄违反了以上《公司法》相关规定,未尽到对公司的忠实、勤勉义务,给泵业公司造成了损失,原审法院判决其承担赔偿责任,符合法律规定。

第二,关于鹏豪公司与泵业公司签订协议与本案的关系问题。2018年10月6日,鹏豪公司与泵业公司签订《协议书》,约定鹏豪公司向泵业公司支付2014年5月至2018年9月的土地补偿款利息损失共计5000万元,但未说明该笔5000万元是代陈某雄赔偿泵业公司的损失,也无其他证据证明鹏豪公司与泵业公司签订该协议是为了免除陈某雄的债务,亦无证据证明鹏豪公司已经实际履行了该笔5000万元的债务。因此,鹏豪公司与泵业公司之间因占有使用资金而存在损失赔偿的债权债务关系,与陈某雄因未尽忠实勤勉义务致泵业公司损失的赔偿责任关系,并非同一法律关系。陈某雄主张因此而免除其赔偿责任的再审申请理由不能成立。

第三,关于陈某雄作为大股东能否免除对泵业公司的赔偿责任问题。根据原

审法院查明的事实，泵业公司为有限责任公司，公司章程记载陈某雄作为股东的持股比例为41.061%。泵业公司主张上述持股比例包括个人持股和代职工持股两部分，陈某雄个人持股比例为4.740%，但原审法院对陈某雄的实际持股比例并未进一步查明。《公司法》第3条第1款规定，公司是企业法人，有独立的法人财产，享有法人财产权。公司以其全部财产对公司的债务承担责任。第20条第1款、第2款规定，公司股东应当遵守法律、行政法规和公司章程，依法行使股东权利，不得滥用股东权利损害公司或者其他股东的利益；不得滥用公司法人独立地位和股东有限责任损害公司债权人的利益。公司股东滥用股东权利给公司或者其他股东造成损失的，应当依法承担赔偿责任。根据以上规定，泵业公司作为企业法人享有独立的法人财产权。即使陈某雄按照公司章程的记载确属大股东，也不得滥用股东权利损害公司利益，如果造成公司损失，同样应依法承担赔偿责任。因此，原审法院未因陈某雄的股东身份而免除其赔偿责任，并无不当。

第四，关于陈某雄所称其已经承担刑事责任，不应继续承担民事责任问题。根据原审查明的事实，陈某雄因犯非国家工作人员受贿罪被判处有期徒刑5年，并处没收个人财产50万元。由于陈某雄分别违反了民事、刑事法律的规定，引起了民事、刑事法律责任的聚合。但是，民事、刑事责任在立法目的、价值取向、保护法益等各个方面均存在不同，是两个不同的法律关系，不能互相取代。刑事案件是否追究刑事责任，不影响民事赔偿的结果。陈某雄以承担刑事责任而不承担民事责任的再审申请理由没有法律依据，原审法院不予支持并无不当。

【问题17】与公司签署劳动合同的董监高，因其与公司之间的劳动合同被解除的，其董监高身份是否自然地同时解除？

【典型案例要旨20】(2014)韶中法民二终字第81号：董事辞去或公司解除董事的身份，需要经过股东大会决定，公司与董事解除劳动关系但未办理登记备案手续的，并不影响董事的身份，仍须履行董事义务。

恩平市汉邦陶瓷有限公司与刘某来损害公司利益责任纠纷二审民事判决书

广东省韶关市中级人民法院(2014)韶中法民二终字第81号

广东省韶关市中级人民法院经审理认为：

本案系损害公司利益纠纷，汉邦公司提供的恩平市工商行政管理局关于汉邦公司的登记资料显示，刘某来为汉邦公司的董事兼总经理，虽然汉邦公司于2011

年7月21日与刘某来解除(终止)劳动关系,但依据《公司法》第37条第1款“股东会行使下列职权:……(二)选举和更换非由职工代表担任的董事、监事,决定有关董事、监事的报酬事项;……”的规定,刘某来辞去或汉邦公司解除刘某来董事的身份,需要经过股东大会决定,汉邦公司与刘某来解除劳动关系,并不影响刘某来董事的身份。原审法院对此认定不当,本院予以纠正。

关于刘某来成立特伦特公司是否损害汉邦公司利益的问题。

《公司法》第148条规定:“董事、高级管理人员不得有下列行为:……(五)未经股东会或者股东大会同意,利用职务便利为自己或者他人谋取属于公司的商业机会,自营或者为他人经营与所任职公司同类的业务;……董事、高级管理人员违反前款规定所得的收入应当归公司所有。”刘某来作为汉邦公司董事,违反竞业禁止规定,经营与汉邦公司业务相同的特伦特公司,侵害了汉邦公司的合法权益,也损害了汉邦公司的利益。依据上述法律规定,刘某来经营特伦特公司的所得收入应当归汉邦公司所有,故刘某来2012年1月至2014年3月在特伦特公司的工资收入144075元(5225元×24个月+6225元×3个月)归汉邦公司所有。另外,依据《侵权责任法》第15条“承担侵权责任的方式主要有:(一)停止侵害;(二)排除妨碍;(三)消除危险;(四)返还财产;(五)恢复原状;(六)赔偿损失;(七)赔礼道歉;(八)消除影响、恢复名誉。以上承担侵权责任的方式,可以单独适用,也可以合并适用”的规定,对于汉邦公司主张刘某来停止利用职务便利为自己或者他人谋取属于公司的商业机会,自营与汉邦公司同类业务行为的诉请,符合法律规定,本院予以支持。

对于汉邦公司要求刘某来赔偿100万元的主张,由于汉邦公司未提交其因刘某来经营特伦特公司而遭受损失的证据,故本院对此不予支持。

对于汉邦公司要求刘某来停止披露汉邦公司的商业机密,停止利用报纸损害汉邦公司的产品声誉和商业信誉以及在全国范围内发行的报刊上公开刊登声明、澄清事实、向汉邦公司公开赔礼道歉的诉请,虽然特伦特公司在《陶城报》上刊登专题报道,但内容未涉及汉邦公司,仅为一般的宣传报道,而且汉邦公司提供的其他材料亦不足以证明刘某来披露汉邦公司的商业机密,利用报纸损害了汉邦公司的产品声誉和商业信誉,因此对于汉邦公司的该项请求,本院不予支持。

第三节 董监高的勤勉义务

一、勤勉义务的内容

在普通语义上,勤勉,重在强调一种道德意义上的要求,是对人们表现于外观的客观行为状态的一种道德性评价,是一种需要长期维持的状态。在大陆法系语言环境下,公司法意义上的勤勉,是基于董事与公司之间存在的法定关系,董事对公司负有民法上善良管理人的注意义务,即勤勉义务。

勤勉义务①,或称注意义务(英美法系)(duty of care)、善管义务(大陆法系),即董事遵守诚信原则,以一个合理的谨慎的人在相似情形下所应表现的谨慎、勤勉和技能,为实现公司利益最大化而努力工作。注意义务,最初是英美法系的侵权法中的概念②,是判断行为人主观是否存在过错的判断标准,是主观过错客观化的重要路径,因英美法系法律语境中并没有勤勉义务或"善良家父"的理论,因此,用侵权法上的注意义务界定董事的义务标准。而在大陆法系语境中,又不存在注意义务。在我国公司法领域,特别是司法实践中,一般情况下都是将董监高的勤勉义务与注意义务同等视之,未做区分地使用。对于注意义务,涉及过错认定的内容,本书将在责任构成要件的主观过错章节予以详细解析。

相比之下,董监高只要消极不作为、不从事前述损害公司利益的诸多行为,一般就不会违反忠实义务。而勤勉义务更多情况则是作为义务,要求董监高积极地履行职责、为公司盈利与发展积极作为。综合之下,在履行职责过程中,董监高既要"有所为(勤勉义务)",也要"有所不为(忠实义务)"。

立法上,2005 年修订的《公司法》,仅规定了董事和高管负有勤勉义务,但对于勤勉义务的具体内涵没有详细规定。2023 年修订后的《公司法》第 180 条第 2 款规定,"董事、监事、高级管理人员对公司负有勤勉义务,执行职务应当为公司的最大利益尽到管理者通常应有的合理注意",该规定基本明确了勤勉义务的内涵。

司法实践中,人民法院在很多案例中,通过说理的方式,试图对董监高的勤勉

---

① 参见李建伟:《公司法学》(第 5 版),中国人民大学出版社 2022 年版,第 378 页。

② Fleming 认为,"最早能证明存在现代被称之为过失的情形,是在那些公开宣称有所谓'普通职业'(Common Calling)的人所负担的责任中,如工匠、旅馆主人、运输者、外科医生和律师,他们被要求具备合理的技术和熟练程度"。参见 John G. Fleming, The Laui of Torts, seventh edition, The Law Book Company Limited,1987, p. 930。转引自廖焕国:《侵权法上注意义务比较研究》,法律出版社 2008 年版,第 14 页。

义务进行解读,例如,山东海之杰纺织有限公司、艾哈迈德·盖博损害公司利益责任纠纷再审审查与审判监督民事裁定书[(2020)最高法民申640号]中最高人民法院对勤勉义务的界定。

对于董事的勤勉义务,大陆法系一般用“善良家父”的理论解释,但一直无法形成一个完整的理论体系;而英美法系则借用侵权法上的注意义务标准提出了对董监高履职行为的要求,对董监高的信义义务要素进行了整理,并结合商业判断原则,比较完整地形成了公司法范畴内注意义务的理论体系。然而,在中国,不管是立法还是司法实践,董监高的勤勉义务的具体内涵,尚未形成在某法及司法领域通行的标准体系,不便对董监高的勤勉义务的履行情况进行合理的认定。不过,我国司法实践中也有部分法院做出了有益的尝试。

【问题18】董监高勤勉义务的判断维度有哪些?

【典型案例要旨21】(2009)闵民二(商)初字第1724号:判断董监高是否履行了勤勉义务,应当从三个方面加以辨别:(1)须以善意为之;(2)在处理公司事务时负有在类似的情形、处于类似地位的具有一般性谨慎的人在处理自己事务时的注意;(3)有理由相信是以为了公司的最大利益的方式履行其职责。

上海A有限公司与李a高管损害公司利益赔偿纠纷一审民事判决书

上海市闵行区人民法院(2009)闵民二(商)初字第1724号

上海市闵行区人民法院经审理认为:

基于原告请求权的基础,是否支持原告的诉讼请求,需要在三个方面加以判断:一是被告是不是公司法意义上的公司高管;二是被告是否违反了勤勉义务;三是公司是否由于被告的行为造成了损失。

关于被告在公司身份的认定,根据现有的证据以及被告在第一次庭审中的陈述,可以确认在罗a患病离开后,被告依据公司的决定全面负责原告工作,即使任命书没有“担任总经理”等字样,但被告担任公司总经理职务是不争的事实。被告作为原告高管的身份毋庸置疑,且其又全面负责与D(天津)有限公司的UV手机外壳涂装线项目。至于被告称其为公司监事,根据章程的约定不得担任高管,故其不是公司高管的抗辩理由。法律对董事、高管不得兼任监事也有相同的规定,主要原因为:有限责任公司的监事会成员或者监事,其主要职责是监督公司董事、经理等经营决策机构和业务执行机构的人员的活动,纠正他们的违法行为和损害公司利益的行为。因此,这两类职责不得交叉,担任这两类职责的人员不得兼职,否则无法形成监督制约的机制。但如果出现相互兼职的情况，其后果仅为：该高管作为监事的任职应当无效，所作出的监督结果的报告也为无效。本案中，被告担任公司高管的情况只是影响其监事职权的效力，与本案争议焦点无涉。

关于被告在本案中是否有违反勤勉义务的行为。

董监高的勤勉义务，是指董监高行使职权、作出决策时，必须以公司利益为标准，不得疏忽大意或者有重大过失，以适当的方式并尽合理的谨慎、技能和注意，履行自己的职责。判断董监高是否履行了勤勉义务，应当从三个方面加以辨别：(1)须以善意为之；(2)在处理公司事务时负有在类似的情形、处于类似地位的具有一般性谨慎的人在处理自己事务时的注意；(3)有理由相信是以为了公司的最大利益的方式履行其职责。

被告在全面负责原告经营期间，作为UV手机外壳涂装线项目原告一方的具体经办人，仅以口头协议的方式与D(天津)有限公司发生交易行为，在离职时亦无法向原告提供经交易对象确认的文件资料。按照经营的一般常识，采用口头协议交易的方式，一旦与交易对象产生纷争，无法明确各自的权利义务关系。故对于不能即时完成交易的民事行为，交易双方一般均采取签订书面协议或由交易相对方对相关内容作出确认。因而被告应有理由相信采用口头协议方式的经营判断与公司的最佳利益不相符合，然而被告无视该经营风险的存在，没有以善意(诚实)的方式，按照其合理地相信是符合公司最佳利益的方式履行职务；并且，没有以一种可以合理地期待一个普通谨慎的人，在同样的地位上，类似的状况下能够尽到的注意，履行一个高级职员的职责。因此，被告明显违反了勤勉义务。

关于原告是否由于被告的行为遭受了损失，须从两个方面予以判定：(1)公司有无损失；(2)被告违反勤勉义务的行为与公司受到损失之间是否存在因果关系。被告在离任时已确认关于D(天津)有限公司的UV手机外壳涂装线项目的应收款项数额还有110万元。因该项目自始至终均由被告负责，在被告离职后，由于缺乏与D(天津)有限公司发生交易的相应凭证，原告无法对110万元应收之款项向D(天津)有限公司予以主张。对于这一节事实，原告已经提供了相应的证据予以佐证，被告没有相反的证据予以反驳，因此可以认定该损失已经造成。被告违反勤勉义务的行为与原告受到损失之间存在因果关系。尽管被告抗辩交易双方曾产生质量纷争，应收款有可能没有110万元的数额，原告相应的损失亦没有110万元，但这只是被告为在本案中减少自己应承担责任的托词。被告在办理离职交接时已经对该数额予以了确认，并且在第一次庭审中自认不付款的原因是对方的偿债能力问题。故被告的相关抗辩意见，本院不予采信。

二、勤勉(注意)义务在比较法中的立法范例

在成文法上,大陆法系国家多是基于"善良家父"的理论而将董事的勤勉义务交由民法解决,因此,勤勉义务在公司法中的规定,也相对简单很多;相比之下,英美法系中,在判例法上,董事的注意义务已经达成共识,成文法或示范法的规范中,对此多有详细的规定。

在英国,2006 年修订的《英国公司法》通过第 171 节、第 172 节、第 173 节和第 174 节,将董事的勤勉义务形成了成文化的规范:

第 171 节的限权义务,即"在权限范围内行事的义务"(duty to act within powers),董事必须在公司章程范围内并依据权利被授予的目的行事;

第 172 节的兴业义务,即"促进公司兴旺的义务"(duty to promote the success of the company),董事必须以其善意地认为能够最大可能地为了公司股东整体利益而促使公司兴旺;

第 173 节的独立判断义务(duty to exercise independent judgment),董事必须进行独立判断,且这种独立判断不受公司章程授予的行为方式或符合公司对其董事将来行使裁量权的限制的干扰;

第 174 节合理的注意、才能和勤勉义务(duty to exercise reasonable care, skill and diligence),董事必须具备合理的注意、才能和勤勉,且这种注意、才能和勤勉应当由一个合理勤勉的人所行使,同时,这个人已具有与一个公司相关且执行董事职能的人被合理期望的通常知识、才能和经验。

在美国,《示范公司法》第 8.30 节"董事的行为准则"条款规定:

(a)董事会的每一个成员在履行董事的义务时应:

(1)善意地,并且(2)采用董事有合理的理由相信是符合公司最大利益的方式履行义务。

(b)董事会的成员或董事委员会在了解与其作出决定的职责相关的信息或致力于其监察职责时应该谨慎履行其义务,其谨慎程度如同一个平常人在类似的情形下合理地认为是适当地履行义务。

另外,美国法学会的《公司治理原则:分析与建议》(Principles of Corporate Governance:Analysis and Recommendations)第 4.01 节(a)款对董事和高级主管的注意义务规定如下:

一名高级主管或董事在履行其高级主管或董事的职能时对公司负有诚信义务。履行职能的方式是高级主管或董事合理地相信是为了公司的最佳利益,并且是以一个普通的审慎的人在相同的地位、相似的情况下,合理相信所应当给予的。

此外,《美国非盈利公司示范法》第830节(a)款将董事的注意义务表述为:

董事履行其职责时,应当秉持善意,以其合理地相信符合非营利公司最佳利益的方式,以在类似情况下、处于相同地位的人一样合理地谨慎行事。

在加拿大,其《非营利法人法》在第43节的"董事、高管的义务"部分,对董事、高管的注意义务的标准规定:

每名董事和高级职员在行使其权力和履行其对公司的职责时,应当:

(a)以公司的最大利益为目标,诚实且善意地行事;

(b)行使一个合理谨慎的人在类似情况下所行使的谨慎、勤勉和技巧。

在澳大利亚,2001年修订的《公司法》,在第180节、第181节、第182节、第183节、第184节、第187节、第188节、第189节、第190节等条款中,对董事的注意义务作出了与美国相类似的规定。

在德国,其《股份公司法》第93节"管理委员会成员有责任运用技巧和谨慎行事;责任和义务"中,对股份公司的董事义务规定如下:

(1)管理委员会成员在管理公司事务时,应尽谨慎的经理应有的谨慎,忠实履行有关职责。在这些情况下,管理委员会成员在作出创业决策时,有权利合理地假设他们是根据充分的信息和公司的最佳利益采取行动的,不构成失职。管理委员会成员应尊重其在管理委员会活动中了解到的任何公司机密信息和秘密的保密性,特别是商业秘密。

(2)管理委员会成员玩忽职守,其作为连带债务人对其行为所造成的损害承担赔偿责任。如果对管理委员会成员是否履行了一个谨慎的管理者忠实履行相关职责的应有注意存在争议,则由他们承担举证责任。如果公司为保护管理委员会成员免受因其为公司从事专业活动而产生的风险而投保,则保险单应提供至少10%的损失免赔额,最高可达管理委员会成员年度固定报酬的150%。

(3)管理委员会成员有义务提供补偿,特别是在违反本法的下列情况下:

①出资返还给股东;

②股东获得利息或分享利润;

③本公司或其他公司的库存股份已被认购、购买、接受质押或赎回;

④股票是在发行价未全部支付之前发行的;

⑤公司的资产被分配;

⑥(废除);

⑦监事会成员获得报酬;

⑧发放贷款;

⑨新发行的股票是在有条件增资的情况下发行的,并且是在增资规定的目的

之外或在等额支付之前发行的。

（4）根据股东大会通过的合法决议采取行动的公司，其董事不承担赔偿责任。尽管监事会已经批准了这一行动，但这并不排除董事提供补偿的责任。公司可以放弃其索赔要求，或就这些索赔与董事达成妥协，但只有在索赔提出3年之后，并且只有在股东大会批准这样做的情况下，没有少数人提出异议，其股份总数至少相当于股本的1/10，并将其记录在会议记录中。如果有义务提供赔偿的一方在债务到期时无法支付债务，并为避免破产程序而与债权人达成妥协，或者破产计划中规定了赔偿义务，则不适用时间限制。

（5）公司的债权人不能从公司得到清偿的，也可以主张公司的赔偿要求。然而，在第（3）款所规管的情况以外的情况下，这只适用于管理委员会成员严重违反其履行审慎经理忠实履行有关职责所应尽的谨慎义务的情况；此时，适用第（2）款第2句。对债权人提供赔偿的义务不会因公司的放弃或其达成妥协而取消，也不会因诉讼是基于股东大会通过的决议而取消。

公司资产已进入破产程序的，破产管理人或者破产监督人在破产程序进行期间，对管理委员会成员行使公司债权人的权利。

（6）对于在渎职行为发生时已在证券交易所上市的公司，本规定管辖的索赔在10年后将不再受法律约束；对于其他公司来说，5年后不再受法律约束。

此外，《德国有限责任公司法》第43节的"董事的责任"，关于董事义务规定的就相对比较简化：

（1）董事应以谨慎的商人应有的谨慎态度处理公司事务。

（2）董事违反其职责，对公司造成的损害承担连带责任。

（3）特别是，在违反第30条从维持股本所需的公司资产中支付款项，或违反第33条的规定购买公司本身的股份的情况下，他们有责任作出赔偿。此时赔偿申索适用第9b（1）条。公司应当向债权人支付赔偿的，董事的义务不因其履行股东的决议而解除。

（4）根据上述规定提出的请求，5年后失效。

三、勤勉（注意）义务的核心要素

虽然各国立法均不同程度地界定了勤勉义务的内涵，但是，迄今为止，在千变万化的事实面前，司法上如何根据该内涵准确地判断董监高是否违反了勤勉义务、违反勤勉义务的程度、因违反勤勉义务所造成的公司损失金额（原因力），还都是十分棘手的问题，多数情况下，还是需要法官根据全案事实，并综合考量公司治理的目的、公司的商业目的以及公司法上勤勉义务的目的等裁量确定。

尽管存在困难,我们还是可以尝试归纳一些基本的核心要素,以助司法上勤勉义务的判断。

结合勤勉义务的法律渊源及相关司法案例,本书将董监高履行注意义务需要具备的核心要素归纳为五项,即才能、善意、相信、知情以及审慎,现简要阐述如下:

1. 具备通常才能

商业经营是一项复杂且专业的社会活动,需要具备各种知识、技能、才能与经验以及基于此的判断与决断能力(统称“才能”,下同)。因此,公司的董监高也需要具备一定才能,而且,这种才能要满足公司经营发展的需要,这样的董监高才可以算是适格的董监高。

当然,每家公司所处的发展阶段、所在的行业、所处的国情或商业背景等,都是复杂、多变的。因此,每家公司具体需要其董监高具备什么范围、成熟度、熟练度的知识、技能与经验,也是各有千秋、因司而异的。但是,一般来说,一家上市公司所需董监高的才能要比一家初创或规模较小的公司高得多;一家银行或保险公司等金融机构所需董监高的才能也要比一般性的贸易公司高得多;同样,一家生物医药或航天航空之类的高科技公司所需董监高的才能也一定比一般性的生产型企业高得多。

综上,除公司章程或公司任职条件另有规定外,这里的“通常才能”,指符合类似职业或行业中一个合格且具有合理审慎的从业人员在相同或相似条件下所应具备的才能。

【问题19】董监高勤勉义务的评价标准是什么?

【典型案例要旨22】(2020)京民终696号:董事、高管的勤勉义务要求行为人履行其职责时必须表现出一般审慎者处于相似位置时在类似情况下所表现出来的勤勉、注意和技能,同时,在从事公司经营管理活动时应当恪尽职守,尽到其所应具有的经营管理水平。

北京煜森股权投资有限公司与刘某梅等损害公司利益责任纠纷二审民事判决书

北京市高级人民法院(2020)京民终696号

北京市高级人民法院经审理认为:

董事、高管勤勉义务和忠实义务的范围。

根据《公司法》第 147 条、第 149 条的规定，为了防止发生董监高的道德风险，《公司法》规定了董监高对公司的忠实义务和勤勉义务，并规定董监高执行公司职务时违反法律、行政法规或者公司章程的规定，给公司造成损失的，应当承担赔偿责任。

……董事、高管的勤勉义务要求行为人履行其职责时必须表现出一般审慎者处于相似位置时在类似情况下所表现出来的勤勉、注意和技能，同时，在从事公司经营管理活动时应当恪尽职守，尽到其所应具有的经营管理水平。因此，认定董事、高管是否违反勤勉义务应当以其职责范围来判断。

本案中，判断李某纯、刘某梅是否违反忠实、勤勉义务，应当审视其在职责范围内是否存在违反上述义务的行为，即其是否履行了职责。《公司法》第 150 条第 2 款规定："董事、高级管理人员应当如实向监事会或者不设监事会的有限责任公司的监事提供有关情况和资料，不得妨碍监事会或者监事行使职权。"故李某纯、刘某梅有义务如实向监事提供有关情况和资料，不得妨碍监事会或者监事行使职权。

2. 秉持善意

秉持善意，实质上就是本书前述所论述的善意履职的内容。基于此，董事作出决策或履行职务，应当基于善意、出于正当目的或动机行使职权，积极地履行职责，不得实质上忽视董事职责的义务，不得通过不正当手段实现其所追求的个人目标，不得怀有非物质的不良动机，如恶意、敌意、歹意、憎恶、仇恨、报复、贪婪、奢侈、嫉妒等。

同时，还应当在董事之间、与高管之间，以及向公司股东，进行坦诚的沟通，不能将其主管范围内所了解到的重要信息进行隐瞒或提供虚假信息，误导其他参与决议、决策的董事、高管或公司股东。

【问题 20】公司及其董事面临股东代表诉讼之时，专门就一方股东的代表权及对公司的代理权问题进行决议，最终排除了公司法定代表人参与诉讼的权利的，公司的该述董事是否未秉持善意？

【典型案例要旨 23】(2019) 最高法民终 991 号：人民大润发公司董事会系公司最高权力机构，其可通过决议等方式决定公司的一切重大事项。但是在人民商场公司以康成公司及其委派到合作公司的黄某端等 4 名董事为被告提起股东代表诉讼的情况下，该 4 名董事特就该诉讼中合作公司的代表权及代理权问题作出决议，明显属于利益冲突的情形，并在实质上排除了合作公司法定代表人郭某海代表该公司参与诉讼的权利，该决议行为显非善意，故本案诉讼不应依据该决议确定人民大润发公司的代表权及代理权。

济南人民商场股份有限公司、康成投资(中国)有限公司损害公司利益责任纠纷二审民事判决书

最高人民法院(2019)最高法民终991号

最高人民法院经审理认为：

本案二审争议焦点为：(1)人民大润发公司的代表权问题；(2)关于康成公司对共同采购和配送业务的转移是否构成侵权，以及应否承担责任的问题。

1. 关于人民大润发公司的代表权问题。

根据案涉合营合同等约定，人民大润发公司董事会系公司最高权力机构，其可通过决议等方式决定公司的一切重大事项。但是在人民商场公司以康成公司及其委派到合作公司的黄某端等4名董事为被告提起股东代表诉讼的情况下，该4名董事特就该诉讼中合作公司的代表权及代理权问题作出决议，明显属于利益冲突的情形，并在实质上排除了合作公司法定代表人郭某海代表该公司参与诉讼的权利，该决议行为显非善意，故本案诉讼不应依据该决议确定人民大润发公司的代表权及代理权。公司法定代表人系依照法律或者法人章程的规定，代表其从事民事活动的负责人。《民事诉讼法》第48条第2款规定，法人由其法定代表人进行诉讼……郭某海作为人民大润发公司的法定代表人，代表该公司进行诉讼符合法律规定。康成公司上诉主张原判决剥夺人民大润发公司委托诉讼代理人的权利属程序错误，本院不予支持。

2. 关于康成公司对共同采购和配送业务的转移是否构成侵权，以及应否承担责任的问题。

根据原判决查明的事实，2014年10月之前，人民大润发公司除经营其自有的历下店、历城店外，还为康成公司参股或控股的大润发华北区域40家门店实施共同采购和配送业务，该共同采购和配送业务构成人民大润发公司的主要利润来源。人民商场公司以康成公司将该共同采购和配送业务转移至历下大润发公司构成侵权为由，主张康成公司等六方损害了合作公司即人民大润发公司的利益。就此本院分析如下：

(1)人民大润发公司从事共同采购和配送业务的依据。首先，根据合营合同及人民大润发公司章程的规定，当事人设立合作公司的目的是要选择合适地段，分期开设3家分店，此后再视业务及市场发展情况，经双方同意并履行报批手续

后增设商店数。其经营范围主要包括商业零售,组织国内产品出口,自营产品的进出口,少量与商场配套的餐饮服务,部分商场设施出租业务等;后经审批又增加了商业批发和以特许经营方式从事商业活动。由此可见,双方签订合营合同并设立合作公司的目的并不包含共同采购和配送业务,康成公司亦未在合同中承诺,将其参股或控股的大润发华北区域40家门店的共同采购和配送业务,授权给人民大润发公司经营。其次,合营合同履行过程中,人民大润发公司董事会决议中有关营运成果及营业计划的内容虽涉及共同采购门店,但其实质系董事会从合作企业的角度就其企业自身的发展作出的规划,并不代表作为股东一方的康成公司承诺将其旗下各门店的共同采购和配送业务授权给人民大润发公司。该董事会决议并不能成为人民大润发公司取得共同采购和配送业务的依据。最后,原判决查明大润发华北区域40家门店原均为人民大润发公司共同采购店,现上述门店均不再委托其共同采购。人民商场公司二审答辩亦提出,各共同采购门店不再委托人民大润发公司进行采购和配送业务,是康成公司设立历下大润发公司侵夺其主营业务的结果。据此,可认定人民大润发公司与各共同采购店之间存在委托合同关系,也正是基于该委托合同关系人民大润发公司开展了共同采购和配送业务。故该委托合同关系,是人民大润发公司开展共同采购和配送业务的依据和前提。鉴于康成公司是各共同采购店的参股或控股股东,该采购和配送业务实质上亦可认定为康成公司在无法定或约定义务的情况下,利用关联关系为合作公司提供的商业机会。

(2)康成公司就各共同采购店解除与人民大润发公司之间的委托关系是否构成侵权并应当承担责任。各共同采购店作为独立的法人,具有民事权利能力和民事行为能力,依法独立享有权利并承担义务;作为市场主体,其亦享有独立的经营自主权,即有权根据市场情况作出符合其利益的商业判断和决策。就本案而言,各共同采购店可自行决定是否与人民大润发公司建立委托合同关系,也可依据该合同决定是否解除双方之间的委托关系。康成公司作为各共同采购店的参股或控股股东,虽能够对各门店选择共同采购和配送商这一交易对象的商业决策产生影响,但此仅系康成公司作为各门店的股东行使重大决策权的体现。在康成公司并无法定或约定的义务将该共同采购和配送业务授权给人民大润发公司的情况下,即使各门店系根据其股东康成公司的意志,解除与人民大润发公司的委托合同,也难认定康成公司侵害了人民大润发公司的利益并应就此承担责任。如认为康成公司在同时具备委托合同双方股东身份的情况下,任何一方解除合同,对方即可追究股东的责任,则无异于限制了合同主体的交易自由。作为委托合同当事人,人民大润发公司可在该合同项下向各共同采购店主张自己的权利。综上,康成公司就各共同采购店解除与人民大润发公司之间的委托关系，不构成侵权，无须承担法律责任。

综上所述，康成公司并无法定或约定的义务将共同采购和配送业务授权给人民大润发公司，案涉共同采购和配送业务的转移亦不构成康成公司的侵权行为，康成公司上诉请求成立。人民商场公司上诉请求和理由不能成立，应予驳回。原判决认定事实基本正确，适用法律不当，应予纠正。

3. 合理相信

合理相信的内容，包括对下属委员会或高管的相信（信赖）、对合理知情的相信以及对决策符合公司最大利益的相信三个方面。

首先，董事、高管应当合理相信其他董事或下属高管所汇报或提供与决策内容相关的重要信息的真实、准确和完整性。当然，这种相信也需要具备一定的主客观条件。若信息提供人以往经常发生隐瞒重大信息或提供重大虚假信息，以及其他不诚信的行为，则说明该人提供提供的信息在真实、完整、准确性方面存在问题，董事、高管应当提出合理的质疑，并从其他渠道予以核实。否则，在此情况下，若董事、高管盲目相信了该人提供的信息，并据此提出了建议或作出了决定，很难说明其相信的合理性。

其次，董事、高管应当合理地相信其对于决策的背景信息是合理知情的。合理地相信，意在允许高级主管或董事在一特定事实状态情况下，考虑事情本身的性质（如交易的规模和复杂性）、业务的规模、公司地区的分散性或分权化以及其他类似事物，以此决定是否需要合理地进行何种询问或核实（如需）。

再次，董事、高管应该合理地相信自己的建议或决策符合公司的最大利益。对于公司来说，目前可选择的几种方案中，该建议或待决方案对于增加公司收益、降低公司成本、提高市场竞争力或占有率等方面具有相对优势，能够满足公司的商业目的。

最后，综合起来，对于董事、高管是否构成合理相信，可参考以下因素①予以评判：

（1）所做出的商业判断的重要性；

（2）收集信息所允许的时间；

（3）获得信息所需的相关费用；

（4）董事对研究某一事项的人员及作介绍的人员的信任程度；

---

① 参见美国法律研究院：《公司治理原则：分析与建议》（上卷），楼建波等译，法律出版社 2006 年版，第 207 页。

(5)公司当时的业务状况及董事会需要注意的其他事宜的性质。

此外，各董事的不同的个人背景、每一个董事在公司中扮演的不同的角色以及保持董事会的一致性的一般价值观念等因素，在判断一个董事相信其所了解到的信息在当时情形下是恰当的、是不是一个合理的行为时，都可能产生一定的影响。

4. 合理知情

合理知情，即在提出建议或作出决定的时候，董事对建议或待决方案所依据的公司情况、商业现状、市场竞争情况等相关背景信息，都有着合理的了解；若信息暂时不够充分或存在疑惑，也已通过向其他董事或高管咨询、市场调查或向专家征询意见等恰当方式，得到了充分的了解。

合理知情义务“包括当且仅当情势提醒一个合理的高级主管或董事存在这样的需要时查询或促使被查询的义务，这种查询应以该名高级主管或董事合理相信必要的程度为限”①。

根据美国法学会对既往判例的归纳，在如下情形下，作出决策的董事、高管就应当负有合理查询以便使自己对决策的背景充分知情的义务②：

(1)“若没有令人生疑的事实，对于机构事务的一般性注意即已足够。另一方面，若董事知道或运用一般的注意应当知道任何令人生疑的事实且将使一个审慎之人警惕，缺乏注意将使他们承担责任。”

(2)“当疑惑产生或应当产生时，进行必要的调查即为董事的义务。”

(3)“并不需要董事‘探究’这些报表和报告，除非出现某种警告或警醒信号。警醒的情势可能是多种多样的。这种情势的性质必须在于它们能引起一名合理的高级主管或董事的注意。若此种情势存在，但高级主管或董事未能查询，即违反了注意义务。”

(4)“董事负有知道公司事务的持续性义务……董事不能对公司的不正当行为视而不见，然后声称因为他们没有看见该不正当行为，所以他们没有注意的义务。在其职位上睡着了的哨兵不会对其负有保护义务的企业有任何贡献……董事的管理无须详细地监督每日的行为，但须对公司事务和政策有总体的监控。”

相反，若在未能合理了解相关信息的情况下，或者人云亦云、没有自己的独立判断，董事、高管就提出建议、作出决策，足以说明其未能尽到勤勉义务。

---

① 美国法律研究院：《公司治理原则：分析与建议》（上卷），楼建波等译，法律出版社 2006 年版，第 187 页。

② 参见美国法律研究院：《公司治理原则：分析与建议》（上卷），楼建波等译，法律出版社 2006 年版，第 188 ~189 页。

5. 合理审慎

合理审慎,包括两个方面:“合理”的具体标准是什么? 如何履职才是审慎?

合理的标准,即一般管理者标准,将在后述的“勤勉(注意)义务的标准”部分专门详述。

审慎,也称谨慎,对应的英文是 prudent,是考虑周详、小心谨慎的含义。这一要素的审慎,是合理的审慎,不是过分的审慎,也不是十分宽松的审慎。因为,若要求董监高过分地审慎履职,容易打击他们为公司做事、盈利的积极性、主动性,若过分宽松,则容易促使其人浮于事、尸位素餐,两种过度都无法满足公司对该职位的期望,更不符合公司的最大利益。虽然如此,审慎的具体标准,还是立法乃至司法中的一大难题,需要综合各种因素予以综合判断。

司法实践中,判断合理审慎标准的应用,应当从公司董事和高级主管的角度出发,在一特定情况下基于平衡、公平以及可以合理预期的现实作出判断。[①] 例如,判断某一董事就董事会的监管义务是否尽到必要的注意,[②]应当考虑如下所有相关情况:

(1)对声称由于未监督而产生的问题的预测可能性;

(2)对问题大小的预测可能性;

(3)在问题期内公司的业务状况(如是否处于稳定的收益期或处于财务危机和公司变革中);

(4)公司的复杂程度和规模;

(5)公司其他董事、高级主管、雇员、专家、其他人员以及董事会各委员会的可靠性和可信赖程度;

(6)问题期内董事在公司所担任的明确的角色。例如,董事在董事会的服务年限和董事是否承担了特殊的职责(如作为审计委员会的成员),或是在一特定阶段对公司事务在总体上是否关注和勤勉,所有这些都可能与评价董事是否尽到合理注意有关。

我国法院的相关案例,也从如下不同的角度对审慎作出了司法解读。

① 参见美国法律研究院:《公司治理原则:分析与建议》(上卷),楼建波等译,法律出版社 2006 年版,第 177 页。

② 我国《公司法》尚无董事监督义务的明文规定,但依其负责公司某一方面的经营与管理职能来看,对其分管范围内的人的管理与监督,当属其职责范围应有的一部分,可以归纳到勤勉这一基本义务内涵之下。

【问题 21】董监高履行勤勉义务时,如何尽量做到合理审慎?

【典型案例要旨 24】(2019)最高法行申 12736 号:审慎周全,意指在穷尽其应当采取的合理措施主动调查、获取决策所需信息的基础上,运用专业判断,慎重作出商业决策。再审申请人作为会计专业人员,应当知晓公司舞弊风险的存在,但并无证据证明其采取了必要的调查措施,尤其未能依职责采取内部审计等手段恰当应对管理层舞弊风险。在未获取充分、适当的决策依据的前提下,其仅主要基于同外部审计机构的沟通即形成内心确信,并最终在虚假披露的年度报告上签字,确属不够审慎。

杨某胜、中国证券监督管理委员会金融行政管理(金融)再审审查与审判监督行政裁定书

最高人民法院(2019)最高法行申 12736 号

最高人民法院经审理认为:

《公司法》第 147 条第 1 款规定,董监高应当遵守法律、行政法规和公司章程,对公司负有忠实义务和勤勉义务。第 112 条第 2 款、第 3 款规定,董事会应当对会议所议事项的决定作成会议记录,出席会议的董事应当在会议记录上签名。董事应当对董事会的决议承担责任……2014 年修正的《证券法》第 68 条第 1 款、第 3 款规定,上市公司董事、高管应当对公司定期报告签署书面确认意见。上市公司董监高应当保证上市公司所披露的信息真实、准确、完整。第 193 条第 1 款规定,发行人、上市公司或者其他信息披露义务人未按照规定披露信息,或者所披露的信息有虚假记载、误导性陈述或者重大遗漏的,责令改正,给予警告,并处以 30 万元以上 60 万元以下的罚款。对直接负责的主管人员和其他直接责任人员给予警告,并处以 3 万元以上 30 万元以下的罚款。《上市公司信息披露管理办法》第 58 条第 1 款规定,上市公司董监高应当对公司信息披露的真实性、准确性、完整性、及时性、公平性负责,但有充分证据表明其已经履行勤勉尽责义务的除外。《信息披露违法行为行政责任认定规则》第 15 条规定,发生信息披露违法行为的,依照法律、行政法规、规章规定,对负有保证信息披露真实、准确、完整、及时和公平义务的董监高,应当视情形认定其为直接负责的主管人员或者其他直接责任人员承担行政责任,但其能够证明已尽忠实、勤勉义务,没有过错的除外。本案中,证监会提交了多份证据证明昆明机床 2013 年至 2015 年年度报告中存在存货数据虚假记载、虚增收入、虚增利润等问题,原审法

院经审查,对证监会认定的昆明机床存在信息披露违法行为的事实予以确认,并无不当。再审申请人在再审申请中主张“证监会提供的证据不能证明被诉处罚决定所认定的昆明机床信息披露虚假属实”,亦未能提供有效证据予以反证。故对该项再审理由,本院不予支持。

在昆明机床存在信息披露违法行为的前提下,根据前述规定,再审申请人能否证明其对该信息披露行为已尽勤勉义务,是其是否应当作为“其他直接责任人员”承担行政责任、受到行政处罚的关键,也是本案再审审查的重点。对此,本院认为,再审申请人自担任昆明机床独立董事、审计委员会主任委员以来,围绕昆明机床的财务信息及其披露事宜与外部审计机构开展了一定的工作,也多次在董事会审计委员会会议及董事会会议中对公司财务方面存在的问题提出过异议、建议,存在积极履职的行为。但是,综合在案证据来看,尚不足以证明再审申请人对案涉信息披露行为已尽勤勉义务。

1. 再审申请人未穷尽其应当采取的合理措施主动调查、获取履行相关职责所需要的信息。

《中国注册会计师审计准则第 1101 号——注册会计师的总体目标和审计工作的基本要求》第 20 条规定,注册会计师应当按照审计准则的规定,对财务报表整体是否不存在由于舞弊或错误导致的重大错报获取合理保证……由于外部审计固有的局限,这里的合理保证仅是一种较高水平的保证。再审申请人作为上市公司董事,根据 2014 年修正的《证券法》第 68 条第 3 款的规定,对上市公司披露的年度报告数据真实性所承担的保证责任显然应高于外部审计机构。两种保证责任高低的差异,要求再审申请人在审核年度报告时,不应止步于同外部审计机构围绕审计工作和审计结论进行沟通,而应更进一步,在审慎、充分调查的基础上,结合专业判断,对相关事项进行确认。具体来说,根据 2002 年施行的《上市公司治理准则》第 54 条的规定,再审申请人除履行董事的一般义务外,还应通过领导董事会审计委员会工作,监督公司的内部审计制度及其实施,负责内部审计与外部审计之间的沟通,并审查公司的内控制度等。根据《上海证券交易所上市公司董事会审计委员会运作指引》第 15 条第 1 款的规定,再审申请人还应当领导董事会审计委员会督促公司内部审计计划的实施,审阅内部审计工作报告,评估内部审计工作的结果,督促重大问题的整改等。诚如再审申请人在再审申请中所言,“独立董事并不是取代审计机构从事具体审计工作”,但另一方面,审计机构也不能替代独立董事的工作,质言之,独立董事不应仅停留于监督审核外部审计机构的工作过程,并仅主要依据外部审计机构的工作结论作出判断,而应当采取合理措施主动开展必要的调查工作并获取决策所需要的信息。然而,本案中,在案证据不足以证明再审申请人依职权领导审计委员会综合运用内部审计等手段,针对企业财务管理方面存在的“危险信号”进行检查、预防和应对,不足以证明其为内、外部审计机构就可能造成的重大错报风险进行充分沟通创造便利,也不足以证明其在与外部审计机构沟通审计计划和重要事项时,就外部审计机构重点关注相关错报风险提出要求、创造条件。作为案涉企业的独立董事、审计委员会主任委员,再审申请人难言无责。

2. 再审申请人仅根据已获取的有限信息即作出决策,有失审慎。

《上市公司定期报告工作备忘录第五号——独立董事年度报告期间工作指引》第9条第1款规定,独立董事应当关注年度报告董事会审议事项的决策程序,并对需要提交董事会审议的事项作出审慎周全的判断和决策。所谓审慎周全,意指在穷尽其应当采取的合理措施主动调查、获取决策所需信息的基础上,运用专业判断,慎重作出商业决策。再审申请人作为会计专业人员,应当知晓昆明机床舞弊风险的存在,但并无证据证明其采取了必要的调查措施,尤其未能依职责采取内部审计等手段恰当应对管理层舞弊风险。在未获取充分、适当的决策依据的前提下,其仅主要基于同外部审计机构的沟通即形成内心确信,并最终在虚假披露的年度报告上签字,确属不够审慎。

3. 再审申请人未采取实质性措施应对已发现的重大事项。

根据《上海证券交易所上市公司董事会审计委员会运作指引》第17条第4项的规定,审计委员会应当评估内部控制评价和审计的结果,督促内控缺陷的整改。综合在案证据可知,昆明机床作为生产型企业,其与存货有关的内部控制缺陷长期存在,突出表现为盘存制度落后、财务部门与业务部门缺乏沟通等。这些内部控制缺陷交互作用,可能会对昆明机床财务数据的真实、准确、完整产生重大影响。有效的内部控制能够为财务报告及相关信息的真实、准确、完整提供合理保证,而长期存在的内部控制缺陷是滋生财务舞弊的“温床”。但再审申请人仅在有关会议上就建立永续盘存制以规范成本核算方法等方面提出口头要求,尽管措辞日渐激烈,但非实质措施。根据2014年施行的《上市公司独立董事履职指引》第15条第1款第6项、第19条、第37条,以及《上海证券交易所上市公司董事会审计委员会运作指引》第20条等规定,再审申请人作为独立董事、审计委员会主任委员,有权单独或联合其他独立董事、审计委员会委员聘请外部中介机构对公司具体事项进行咨询、对公司的相关情况进行核查、提供专业意见,也有权要求公司相关人员定期通报情况、配合进行与履职相关的调查。但在案证据不足以证明再审申请人面对昆明机床成本核算等内控缺陷长期存在的局面,采取或试图采取上述任一措施。仅停留在口头层面的“督促”,难以称得上采取了实质性举措。

综上，根据现有证据，再审申请人未穷尽其应当采取的合理措施主动调查、获取决策所需要的信息，并在此基础上作出审慎决策，且未能就已发现的重大事项予以实质性应对，原审法院据此认定再审申请人未尽到勤勉尽责义务，并无不当。同时，被申请人考虑到再审申请人任职期间亦有积极履职行为，且存在信息披露违法行为被发现前主动向证券监管机构报告等从轻情节，对再审申请人处以3万元的罚款处罚，亦无不当。

【典型案例要旨25】（2009）门民初字第4号：对于王某春"因为人员紧张，有的客户拉走水桶后未送回，流失100只空桶"的陈述，法院认为，王某春可以通过预收押金等方式避免此情况发生，因其未尽到谨慎的注意义务，应当予以赔偿。

北京妙鼎矿泉水有限公司与王某春高管损害公司利益赔偿纠纷一审民事判决书

北京市门头沟区人民法院（2009）门民初字第4号

北京市门头沟区人民法院经审理认为：

根据《公司法》第148条、第150条的规定，公司高管应当遵守法律、行政法规和公司章程，对公司负有忠实义务和勤勉义务，诚信地履行对公司的职责，尽到普通人在类似的情况和地位下谨慎的合理注意义务，为实现公司最大利益努力工作，不得侵占公司的财产；高管执行公司职务时违反法律、行政法规和公司章程，给公司造成损失的，应当承担赔偿责任。同时，损失不是由于高管的故意或过失造成，而是商业风险或其他外界因素所致，则不能认为高管违反勤勉义务。王某春担任妙鼎公司总经理，负有以上法定义务，同时亦应当遵守《经营目标责任考核》关于履行职责的特别约定。对于双方当事人争议的焦点，本院进行如下评述：

第一，根据《经营目标责任考核》的约定，王某春对企业经营的产品质量事故负责。虽然王某春具有经营自主权，但其只领取劳动报酬，营业活动的损益都归于公司，故其只对疏于管理造成产品质量事故给公司造成的损失承担赔偿责任。根据本院查明的事实，在王某春任职前，自动灌装机不能正常生产，其间发生过水碱过多、有异物的情况。王某春任职后已发现设备故障、电力不足等问题，对设备进行过维修，向董事会进行了汇报，并请相关单位制定了设备改造方案，尽到了一定管理责任。在决定产品质量的诸多因素中，生产条件较管理更为重要，而生产条件的根本改善应由公司负责。在设备、电力等生产条件未得到明显改善的情况下，不能把产品出现质量问题的原因归结于王某春没有对设备进行日常维护。由于产品质量问题系生产设备故障等客观原因所致，故对妙鼎公司要求王某春承担罚款和客户赔款的诉讼请求，本院不予支持。

第二，业务登记卡系客户收货的原始凭证，一旦缺失将无法与客户核对送水数量、金额并主张债权，应当妥善保管。截至2008年2月，博安物业公司尚欠妙鼎公司水款1720元（其中包括妙鼎公司退回博安物业而王某春不能做出合理解释的水款1200元）。因妙鼎公司缺乏债权凭证，该笔应收账款难以收回。王某春因负有保管不善的责任，应当承担赔偿责任。2008年3月之后的业务登记卡尚在妙鼎公司处，对在此期间形成的欠款，妙鼎公司可以与博安物业公司核对，在其未能证明欠款已无法追讨的情况下，不能由王某春承担赔偿责任。对妙鼎公司相应诉讼请求，本院予以支持。因王某春曾向妙鼎公司股东许某超明确表示找不到博安物业业务登记卡，对其该卡在公司处的抗辩意见，本院不予采纳。

第三，妙鼎公司知悉王某春开展赠送饮水机的促销活动，虽然王某春在赠送饮水机过程中未经客户签字确认，但妙鼎公司在审查入账时从未要求王某春提交客户确认的相应凭证。在25台饮水机中有16台的下落已经核实且妙鼎公司不能证明王某春在赠送饮水机的过程中给自己谋取私利的情况下，另外9台饮水机的下落未得到客户确认属于正常商业风险。对妙鼎公司要求王某春赔偿饮水机流失损失的诉讼请求，本院不予支持。

第四，妙鼎公司并未建立资产类账户，没有水桶的准确统计数字，王某春任职时，双方亦未进行过清点。并且在水桶使用过程中存在破损报废的情况，根据妙鼎公司"原有4700多只桶，王某春任职时还有3700多只"的陈述，生产经营中报废水桶的数量较多。此外，妙鼎公司承认在王某春经营中存在以旧桶换新桶或重新抛光的情况，水桶的数量必然减少。故妙鼎公司关于水桶流失2866只的主张，没有充分证据予以证实。根据王某春陈述，其经营期间陆续报废400只桶，卖废品收入并未入账。而水桶的残值应归公司所有，其主张收入分批花在伙食等费用上没有依据，应当予以赔偿。对于王某春"因为人员紧张，有的客户拉走水桶后未送回，流失100只空桶"的陈述，本院认为，王某春可以通过预收押金等方式避免此情况发生，因其未尽到谨慎的注意义务，应当予以赔偿。因王某春对水桶进行抛光时，旧桶的作价约7元，本院以此作为赔偿标准，即王某春赔偿妙鼎公司水桶流失损失3500元。对妙鼎公司诉讼请求中的超额部分，本院不予支持。

四、勤勉（注意）义务的标准：一般管理者的客观标准

"如何界定勤勉义务是一个难题：若界定得过宽，会致该义务虚化而失去意义，于公司、股东不利；如过于苛刻，则会挫伤董事开展经营的积极性，甚至导致没

有人担任董事,也不符合市场经济的风险性特征。”①

勤勉义务,在大陆法系就是善管义务,也就是民法中的“善良管理人的注意义务”,滥觞于罗马法的“善良家父”义务。而英美法系中董事的注意义务,需要满足如前所述的五项核心要素,但“合理相信”“合理知情”“合理审慎”中的“合理”,都不是一个内涵明确、外延清晰的概念,因此,需要对其进行界定。这就是勤勉义务的判断标准问题。

在英国,衡平法上的“合理的注意义务”采用三类判断标准②:(1)对于不具有某种专业资格、经验的非执行董事,采主观标准,看其是否尽了最大努力。(2)对于具有所涉事务专业资格、经验的非执行董事,采客观标准,即只有履行了具有同类专业水平、经验的专业人员应履行的注意程度的,才被视为尽到了合理的注意。(3)对于具有专业才能并受聘的执行董事,适用更严格的推定知悉原则,即推定聘用合同中存在某种默示条款:不论执行董事是否具有所受聘职务所应有的技能、知识,只有其履行了专业人员应履行的技能和知识,才被视为合理履行了注意义务。

为具体衡量董监高的注意义务履行情况,应当有一个相对客观的标准。

按照杨立新教授的归纳,对于注意义务,传统民法通常确立三种不同的标准③:

第一,普通人的注意。是指在正常情况下,只用轻微的注意即可预见的情形。这种注意义务是以一般人在通常情况下能够注意到作为标准。如果在通常情况下一般人也难以注意到,那么,行为人尽管没有避免损害,但也尽到了注意义务。这种注意标准,为客观标准。

第二,应与处理自己事务为同一注意。所谓自己事务,包括法律上、经济上、身份上一切属于自己利益范围内的事务。与处理自己事务为同一注意,应以行为人平日处理自己事务所用的注意为标准。判断这种注意义务,应以行为人在主观上是否尽到了注意的义务为标准,即主观标准。

第三,善良管理人的注意。这种注意义务,与罗马法上的“善良家父之注意”和德国法上的“交易上必要之注意”相当,都是要以交易上的一般观念,认为具有相当知识经验的人,对于一定事务所用的注意作为标准,客观地加以认定。行为人有无尽此注意的知识和经验,以及他向来对事务所用的注意程度,均不过问,只有依其职业斟酌,所用的注意程度,应比普通人的注意和处理自己事务为同一注

① 李建伟:《公司法学》(第5版),中国人民大学出版社2022年版,第378页。

② 参见李建伟:《公司法学》(第5版),中国人民大学出版社2022年版,第379页。

③ 参见杨立新:《侵权责任法》(第4版),法律出版社2021年版,第77页。

意的要求更高。这种注意的标准，实为客观标准，只是其并非普通人的注意，而是其所从事工作或岗位中的一般人员的注意。

上述三种注意义务，从程度上分为三个层次，以普通人的注意为最低，以与处理自己事务为同一注意为中，以善良管理人的注意为最高。

在侵权法理论中，注意义务是义务主体谨慎地进行自己一切行为（包括作为和不作为）的法律义务，其核心内容包括行为损害后果预见义务和行为损害后果避免义务。根据注意义务的程度不同，又可以分为普通注意义务与职业注意义务。普通注意义务，是指普通人在日常生活或者社会交往中所应承担的一般注意义务，而职业注意义务，则是指具有特殊业务技能的人，在从事某项特定业务中，按照业务上的特别规范要求所应承担的特殊注意义务。公司的董监高，并非从事日常生活与交往的普通人，而是需要具备如前所述的五项核心要素进而代表公司从事商事活动、作出商业决策的管理者，因此，董监高的勤勉义务标准应该是职业注意义务。

与公司董监高的注意义务标准相近的，是信托公司或资管公司在处理其与委托人所委托的信托或资产管理事务时应尽的义务。从我国《信托法》第25条"受托人应当遵守信托文件的规定，为受益人的最大利益处理信托事务。受托人管理信托财产，必须恪尽职守，履行诚实、信用、谨慎、有效管理的义务"的规定可以看出，法律对信托人的受托义务也没有规定明确具体的评判标准。按照学者的观点①，"判断信托公司处理信托事务是否尽到了善管注意义务，要参照同业的管理能力和业绩，看其是否符合相同职业或行业中一个合格的且具有普通谨慎的从业人员在相同或相似条件下所应采取的行为标准"。

我国2005年修订的《公司法》对董监高的勤勉义务标准并无具体规定。而2023年修订的《公司法》第180条第2款规定，"董事、监事、高级管理人员对公司负有勤勉义务，执行职务应当为公司的最大利益尽到管理者通常应有的合理注意"。由此可知，我国对于董监高的勤勉义务的标准，采取的是一般管理者标准，即具有该行业中平均水平的一般管理者的注意标准。

前述法条中，与作为管理者的董监高的勤勉义务标准相关的，实质上只有"通常应有"这一个关键词。尽管我们可以初步得出该标准属于前述的客观标准的结论，但是不无遗憾的是，该"通常应有"的具体内涵，尚且只能通过司法解释或学理解释予以补充。

笔者认为，该"通常"需要考虑董监高所在公司的行业、业态、规模、产品或服

---

① 参见赵廉慧：《信托法解释论》，中国法制出版社2015年版，第338页。

务特性及其社会影响程度、发展阶段，还需要考虑董监高在公司所处的职业、岗位、其自身的才能与专业、职业经历等因素，更需要考虑董监高在其决议投票或决策时待议方案或待决事项的具体背景信息、商业目的、可选择方案等相关条件。若做个简单归纳，可以为：符合相同或类似行业或职业中一个合格的且合理谨慎的从业人员在相同或相似条件下所应尽到的注意。

以往案例中，人民法院对董事勤勉义务的判断标准，多数也是采纳了一般管理者的标准。

【问题22】如何确定勤勉义务的判断标准，既能有利于董监高积极履职，又能保证其合格履行勤勉义务？

【典型案例要旨26】(2021)粤01民终15248号：勤勉义务是一种注意义务，执行职务时应当为公司的最大利益尽到管理者通常应有的合理注意。勤勉义务所要求的尽一个普通谨慎之人在类似情况下应尽到的合理注意，是经过实践而被逐渐总结出来的标准。而对市场不断变化的商事交易实践，如果要求每一个经营判断都是正确的，其结果会使公司董事、监事过于小心谨慎，延误交易机会，降低公司经营效率，最终不利于实现公司和股东权益。特别是在不涉及公司董事个人利益与公司利益冲突等可能违反忠实义务的情形中，公司董事依照法律和公司章程履行经营管理职责的行为，应受到法律的认可和保护。

广东猪兼强互联网科技有限公司、李某峰等损害公司利益责任纠纷二审民事判决书

广东省广州市中级人民法院(2021)粤01民终15248号

广东省广州市中级人民法院经审理认为：

综合各方的诉辩意见，本案二审争议焦点问题为：(1)本案纠纷的性质；(2)猪兼强公司是否存在损害卡尔迅公司利益的行为？如果存在，损害的数额如何认定；(3)李某峰、厉某是否应承担责任。就本案争议的焦点问题，本院分析认定如下：

关于第一个争议焦点问题。损害公司利益责任纠纷，是指公司股东滥用股东权利或者董监高违反法定义务，损害公司利益而引发的纠纷。卡尔迅公司主张猪兼强公司作为卡尔迅公司原股东占用其公司资金未予归还而提起本案诉讼，请求猪兼强公司返还占用资金并支付利息，李某峰作为卡尔迅公司原执行董事和法定代表人，厉某作为卡尔迅公司原监事，违反忠实、勤勉义务，均应承担共同责任，故

本案属于损害公司利益责任纠纷。猪兼强公司、李某峰、厉某上诉主张本案应为合同纠纷，但卡尔迅公司与猪兼强公司之间是否存在事实上的合作关系，并不影响损害公司利益行为是否存在的认定，故本院对该主张不予采纳。

关于第二个争议焦点问题。《公司法》第 20 条第 1 款、第 2 款规定，“公司股东应当遵守法律、行政法规和公司章程，依法行使股东权利，不得滥用股东权利损害公司或者其他股东的利益；不得滥用公司法人独立地位和股东有限责任损害公司债权人的利益。公司股东滥用股东权利给公司或者其他股东造成损失的，应当依法承担赔偿责任”。从猪兼强公司二审陈述来看，其对应返还卡尔迅公司款项并不否认，只是对返还的数额和返还时间有争议。即使存在猪兼强公司、李某峰、厉某上诉主张的卡尔迅公司与原股东猪兼强公司之间的合作关系，猪兼强公司占用卡尔迅公司资金不予返还，也属于滥用股东权利，损害公司利益的情形，应予返还并支付利息。现双方已发生矛盾，猪兼强公司二审中称案涉款项应在结算之后再返还，显然不能成立。关于返还的数额，卡尔迅公司提供了具有会计审计资质的机构深圳鹏盛会计师事务所(特殊普通合伙)出具的专项审计报告，明确并核查猪兼强公司在其经营期间未向卡尔迅公司回款的额度为 41006651.78 元。一审过程中猪兼强公司申请审计但逾期仍未缴纳审计费用，一审法院终止审计程序。之后，一审法院组织卡尔迅公司、猪兼强公司对于上述未回款项予以重新核查，猪兼强公司出具争议事项书明确未考虑招生平台的应收款项及各项费用的扣减，猪兼强公司所收会员费用应付卡尔迅公司款项为 40578864.65 元，与上述审计结算相差仅 427787.13 元，表明专项审计报告基本属实，相对公正。而卡尔迅公司也予以明确在本案不再将该部分争议款项列入主张范围，即同意猪兼强公司认可的应付未付款项 40578864.65 元，并以此金额作为本案诉讼请求数额。一审法院据此认定猪兼强公司应退卡尔迅公司款项 40578864.65 元，符合民事诉讼证据认定规则，并无不当。至于猪兼强公司认为应从上述未付款项中扣减广告费及推广费约 1200 万元，一审法院不予扣减并对此已作分析论述，本院不再赘述。猪兼强公司认为卡尔迅公司确需承担部分款项支出的，属于另一法律关系，可另循法律途径解决。

《企业破产法》第 16 条规定，人民法院受理破产申请后，债务人对个别债权人的债务清偿无效。卡尔迅公司在本案中对猪兼强公司提起的是给付之诉，鉴于猪兼强公司已被裁定宣告破产，故双方债权债务应在破产程序中予以处理，卡尔迅公司只能在破产程序中依法申报债权，不得据此获得个别清偿，本院据此对一审判项予以相应变更。

关于第三个争议焦点问题。卡尔迅公司明确其要求李某峰、厉某承担责任的法律依据是《公司法》第 21 条、第 147 条、第 149 条的规定。对于关联关系,《公司法》第 21 条规定,公司的控股股东、实际控制人、董监高不得利用其关联关系损害公司利益。违反前款规定,给公司造成损失的,应当承担赔偿责任。《公司法》第 216 条第 4 项规定,关联关系,是指公司控股股东、实际控制人、董监高与其直接或者间接控制的企业之间的关系,以及可能导致公司利益转移的其他关系……本案中,卡尔迅公司并未举证证明李某峰、厉某利用了何种关联关系损害了公司何种利益,以及从卡尔迅公司获取利益。一审判决以《公司法》第 21 条规定为依据,认定李某峰、厉某共同承担赔偿责任,缺乏事实依据。

对于忠实、勤勉义务,《公司法》第 147 条规定,董监高应当遵守法律、行政法规和公司章程,对公司负有忠实义务和勤勉义务。董监高不得利用职权收受贿赂或者其他非法收入,不得侵占公司的财产。第 148 条规定,董事、高管不得有下列行为:(1)挪用公司资金;(2)将公司资金以其个人名义或者以其他个人名义开立账户存储;(3)违反公司章程的规定,未经股东会、股东大会或者董事会同意,将公司资金借贷给他人或者以公司财产为他人提供担保;(4)违反公司章程的规定或者未经股东会、股东大会同意,与本公司订立合同或者进行交易;(5)未经股东会或者股东大会同意,利用职务便利为自己或者他人谋取属于公司的商业机会,自营或者为他人经营与所任职公司同类的业务;(6)接受他人与公司交易的佣金归为己有;(7)擅自披露公司秘密;(8)违反对公司忠实义务的其他行为。董事、高管违反前款规定所得的收入应当归公司所有。忠实义务所针对的行为通常是对公司利益侵害较为严重的情形,通常都是以作为的方式实施,体现出明显的主观故意。而勤勉义务是一种注意义务,执行职务时应当为公司的最大利益尽到管理者通常应有的合理注意。《证券法》第 85 条对于证券虚假陈述中董事、监事等承担连带赔偿责任进行了规定,但卡尔迅公司并非上市公司,与证券法等专门法律及司法解释对上市公司董事、监事等人员在特定情形下应当与上市公司承担连带赔偿责任的明确规定不同,《公司法》第 147 条仅原则性规定了董监高负有忠实、勤勉义务,并未规定董监高违反勤勉义务的具体情形,而第 148 条仅规定董事、高管违反忠实义务的具体情形,该等情形并不适用于监事。综观公司法实践,勤勉义务所要求的尽一个普通谨慎之人在类似情况下应尽到的合理注意,是经过实践而被逐渐总结出来的标准。而对市场不断变化的商事交易实践,如果要求每一个经营判断都是正确的,其结果会使公司董事、监事过于小心谨慎,延误交易机会,降低公司经营效率,最终不利于实现公司和股东权益。特别是在不涉及公司董事个人利益与公司利益冲突等可能违反忠实义务的情形中,公司董事依照法律和公司章程履行经营管理职责的行为,应受到法律的认可和保护。

关于李某峰是否应承担责任问题。本案中,李某峰作为卡尔迅公司的执行董事,卡尔迅公司对其出具了任职书,李某峰具有依照法律规定和公司章程主持公司生产经营管理工作的职权。按照卡尔迅公司章程,李某峰作为执行董事,经股东会选举产生,对股东会负责,行使执行股东会的决议、决定公司的经营计划和投资方案等职权。《公司法》第148条罗列了董事违反忠实义务的具体情形,并规定违反上述规定所得的收入应当归公司所有。案涉《股权转让合同》虽约定卡尔迅公司经营资金实行收支两条线,收到的业务款项全部存入独立的卡尔迅公司专用收款账户,但各方确认并未设立卡尔迅公司专用收款账户,实际仍通过个人账户收转款项。陈某薇个人账户也有用于收转款项,表明卡尔迅公司另一股东陈某薇对此应当知悉。从卡尔迅公司一审陈述来看,陈某薇担任卡尔迅公司总经理,公司的营收转入猪兼强公司账户,卡尔迅公司与猪兼强公司有对账,根据公司运营的资金支出情况向猪兼强公司申请支付,后期猪兼强公司没有按时支付或未再支付,对卡尔迅公司的上述日常经营和经营模式,股东陈某薇应是知情且认可的。案涉款项收转从2016年9月开始,虽然2018年10月22日卡尔迅公司委托律师向猪兼强公司及董事会董事发送律师函,建议猪兼强公司返还学员培训费用,并有针对深圳猪兼强公司经营事项提示李某峰可能存在违反卡尔迅公司章程的可能,需对卡尔迅公司承担侵权赔偿责任。但此时已是2018年10月,从发函时间上看,已接近猪兼强公司退出卡尔迅公司股东的时间;从发函对象上看,是猪兼强公司及董事会,而猪兼强公司此时有9名董事,李某峰只是董事之一;从发函目的上看,是建议猪兼强公司返还学员培训费用。因此并非卡尔迅公司起诉所称的对于公司营业收入转入猪兼强公司账户,股东陈某薇曾提出异议而李某峰仍坚持其做法,造成卡尔迅公司损失。卡尔迅公司并无证据证明李宇峰违反《公司法》第148条的规定以及从卡尔迅公司获得财产利益。《公司法》第149条规定,董监高执行公司职务时违反法律、行政法规或者公司章程的规定,给公司造成损失的,应当承担赔偿责任。卡尔迅公司并无证据证明李某峰违反前述规定,其依据该条款要求李某峰承担返还款项本息的责任,也缺乏事实依据。故一审认定李某峰应对猪兼强公司应付卡尔迅公司款项承担共同支付责任,依据不足,本院予以纠正。

关于厉某是否应承担责任问题。厉某是卡尔迅公司监事,卡尔迅公司对其出具了任职书,厉某可依照公司章程行使监事职责,如厉某应对公司承担内部赔偿责任,卡尔迅公司应当就厉某执行公司职务时违反法律、行政法规或者公司章程的具体哪一条规定,给公司造成了何种损失以及损失的具体数额,行为与损害后果是否具有因果关系承担举证责任。卡尔迅公司无证据证明厉某执行公司职务时存在违反法律、行政法规或者公司章程规定的行为导致公司损失,故不能依据

《公司法》第 149 条规定要求厉某承担相关赔偿责任。如前所述,《公司法》第 147 条虽规定监事对公司负有忠实义务和勤勉义务,但此处仅是原则性规定,公司监事应承担责任的行为须是积极行为,而卡尔迅公司无直接证据证明厉某参与卡尔迅公司经营管理,公司并不能简单地以监事违反忠实义务和勤勉义务为由,要求监事承担责任。一审判决厉某承担与股东猪兼强公司同等责任,基于其监事身份也与股东责任相冲突、相混淆,本院不予认同。故一审认定厉某应对猪兼强公司应付卡尔迅公司款项承担共同支付责任,依据不足,本院予以纠正。

五、勤勉(注意)义务的渊源

注意义务,按照其来源不同,可以分为法定注意义务和准法定注意义务。

法定注意义务是指由制定法或各类强制性国家标准明文规定的注意义务。法定注意义务的渊源,包括全国人大及其常委会颁布的法律,国务院发布的行政法规,国家各部委局及国务院组成部门发布的各类部门规章,地方各级人大颁布的地方法规,地方各级人民政府发布的地方政府规章,以及国家授予准立法权的组织,如北京、上海、深圳三地的证券交易所,依法制定的各类规范性文件,还有国家有关机关制定并发布的各类强制性国家标准;当然,法定注意义务的渊源当然应该包括被视为公司"宪法"的公司章程。

法定注意义务的渊源,都有明确的规范文本、系统的规范体系,在各个领域对各类市场主体或行为主体的职责或义务进行了详细的规定,争议不大。但是,各类强制性国家标准,往往是对市场主体进行的规范,对其内部的董监高等管理人员是否适用,会产生异议。对此,不管是 2018 年修正的《公司法》第 147 条,还是新修订的《公司法》第 179 条,均有"董事、监事、高级管理人员应当遵守法律、行政法规和公司章程"的规定,说明董监高负有守法经营管理的义务。而强制性国家标准,作为与法律具有同等效力的强制性规范,也应当是董监高在公司经营管理过程中必须遵守的行为准则,因此,这些标准也是法定的注意义务渊源之一。

准法定注意义务是指基于各类国家非强制性的地方标准或行业标准、团体标准、技术规则、安全准则,各类行业协会公布的执业准则等规范性文件,以及行业中的惯例、习惯、常理,还有公司内部制定发布的各类规章制度产生的注意义务。公司内部制定发布的各类规章制度,作为自治性规范,是董监高注意义务的重要渊源,这个自不必过多解释。非强制性的地方标准或行业标准、团体标准、技术规则、安全准则,应当作为相关领域内行诸于规范的最低注意标准,公司的董监高在经营管理公司的过程中,也应当予以必要的注意和遵守。行业协会的规范性文件,例如,中国上市公司协会 2019 年 3 月 8 日公布的《上市公司监事会工作指引》、2020年8月12日发布的《上市公司独立董事履职指引》(2020年修订版),作为对上市公司监事会与独立董事运作的指导性文件,上市公司的独立董事或监事,应当予以遵守。

对此,我们可以先参考如下案例中法院在说理论证中对此的认定。

【问题23】上市公司协会所制定的上市公司独立董事履职指引,能否作为确定独立董事履行勤勉义务的标准?

【典型案例要旨27】(2020)鲁民终3132号:对于独立董事的勤勉义务范围,案涉公司为新三板挂牌公司,实施虚假陈述当时并未有新三板挂牌公司独立董事的相关履职指引规定,参考当时上市公司协会所制定的上市公司独立董事履职指引以及目前关于新三板挂牌公司独立董事的相关治理指引,本案中独立董事未积极采取必要、合理的方法对公司进行调查、监督,未就中介机构的财务审计报告等提出进一步沟通核实要求,以尽独立履行职责之勤勉义务,存在一定过错。

北京同德普惠投资管理中心、江某河等证券虚假陈述责任纠纷二审民事判决书

山东省高级人民法院(2020)鲁民终3132号

山东省高级人民法院经审理认为:

亨达公司董事、监事江某河、刘某龙、王某明、杨某远、戴某明是否已尽到勤勉义务,是否应对亨达公司债务承担责任以及承担责任的范围。

《证券法》(2014年修正)第68条规定,“上市公司董事、高级管理人员应当对公司定期报告签署书面确认意见。上市公司监事会应当对董事会编制的公司定期报告进行审核并提出书面审核意见。上市公司董事、监事、高级管理人员应当保证上市公司所披露的信息真实、准确、完整”。上市公司信息披露的真实、准确、完整、及时、有效,有赖于全体董事、监事以及相关高级管理人员勤勉尽责,实施必要的、有效的监督。这种监督既包括监督上市公司依照法律法规规定和监管部门要求,建立并完善信息披露制度,也包括通过日常履职和检查督促公司切实执行有关规则,还包括要能够及时发现公司信息披露上存在的问题、及时督促改正,对拒不改正的,要及时向监管部门举报。新三板挂牌公司亦应如此。关于董事、监事违反勤勉义务的民事责任承担问题,《证券法》(2014年修正)第69条规定,……发行人、上市公司的董事、监事、高级管理人员和其他直接责任人员应当与发行人、上市公司就虚假陈述造成的损失承担连带赔偿责任,但是能够证明自己没有过错的除外……《最高人民法院关于审理证券市场因虚假陈述引发的民事赔偿案件的若干规定》第21条规定,“发起人、发行人或者上市公司对其虚假陈述给投资人造成的损失承担民事赔偿责任。发行人、上市公司负有责任的董事、监事和经理等高级管理人员对前款的损失承担连带赔偿责任。但有证据证明无过错的,应予免责”。从上述规定可以看出,上市公司的董事、监事承担民事赔偿责任的归责原则为过错推定原则。但这并不意味着,董事、监事承担责任的方式只能是全部连带责任,而应根据相关人员在公司中所处的实际地位、在信息披露文件的制作中所起的作用、取得和了解相关信息的渠道及其为检验相关信息所做的努力等实际情况,审查、认定其是否存在过错以及具体应承担责任的大小。如此理解既符合民法的过错与责任相一致原则,又符合民法的公平原则。否则让不参与、不知悉虚假陈述行为的董事、监事与组织、策划、主导虚假陈述行为的董事、监事承担相同的连带赔偿责任,将严重有失公允。

1. 关于监事江某河的赔偿责任。

江某河作为亨达公司监事,其本应按照《公司法》(2013年修正)第53条、第54条等相关监事职责的规定,检查公司财务,对董事、高管执行公司职务的行为进行监督,且法律为保障其正常履职,同时赋予其如发现公司经营情况异常可以聘请会计师事务所等协助进行调查的权利。但本案江某河并未提交充分证据证明其曾对亨达公司涉案信息披露事项实施过必要的有效的检查和监督,无法证明其对亨达公司所实施的虚假陈述没有过错。但本案同时存在以下情形:

首先,江某河并未参与本案所涉虚假陈述信息的制作,且本案亨达公司所实施虚假陈述行为具有隐蔽性,现有证据亦无法证明江某河在相关年报、半年报上签字前,亨达公司已将所实施虚假陈述行为的事实进行过告知,或其已知悉亨达公司存在虚假陈述行为。

其次,相关会计机构已对亨达公司的财务报告出具无保留意见的审计结论,江某河在相关年度报告或半年度报告的审议表决中投赞成票,某种程度系基于对专业会计机构已出具无保留意见的信赖。

故综合考量上述因素,本院酌定江某河对同德普惠中心的投资损失承担50%的连带赔偿责任,一审法院认定其与单某礼、王某万等承担相同的连带赔偿责任不当,本院予以纠正。

2. 关于独立董事刘某龙、王某明的赔偿责任。

为防止控股股东及管理层的内部控制,损害公司利益,我国在公司治理体系中引入独立董事制度。独立董事是独立于公司股东且不在公司内部任职,并与公司或公司经营管理者没有重要的业务联系或专业联系,并对公司事务做出独立判断的董事。独立董事独立履行职责，不受公司主要股东、实际控制人或其他与公司存在利害关系的人的影响。对于本案中独立董事的勤勉义务范围，亨达公司为新三板挂牌公司，实施虚假陈述当时并未有新三板挂牌公司独立董事的相关履职指引规定，参考当时上市公司协会所制定的上市公司独立董事履职指引以及目前关于新三板挂牌公司独立董事的相关治理指引，本案中独立董事刘某龙、王某明未积极采取必要、合理的方法对公司进行调查、监督，未就中介机构的财务审计报告等提出进一步沟通核实要求，以尽独立履行职责之勤勉义务，刘某龙、王某明存在一定过错。但本案同时存在以下情形：

首先，独立董事不参与公司日常经营管理，不执行具体业务，其获取信息的主要渠道是公司管理层提供或者公司委托中介机构所做的审计报告，其不可能第一手获取公司的生产经营以及收入状况的信息，无法对公司财务数额的真实性作出直观判断。

其次，独立董事刘某龙、王某明并未参与本案所涉虚假陈述信息的制作，且本案亨达公司所实施虚假陈述行为具有隐蔽性，现有证据亦无法证明刘某龙、王某明在相关年报、半年报上签字时即知悉存在虚假陈述。

最后，相关会计机构已对亨达公司的财务报告出具无保留意见的审计结论，刘某龙、王某明在相关年度报告或半年度报告的审议表决中投赞成票，某种程度上系基于对专业会计机构已出具无保留意见的信赖。故综合考量上述因素，本院酌定独立董事刘某龙、王某明在5%范围内承担连带赔偿责任。如此处理，既有利于引导独立董事依法正确履行职责，又有利于独立董事制度的可持续发展。

3. 关于杨某远、戴某明的赔偿责任。

首先，证券虚假陈述中行政责任和民事侵权责任的法律依据不同，判定标准亦存在差异。因此，上市公司的董监高和其他直接责任人员因证券虚假陈述受到行政处罚，并不必然推定其存在过错并承担相应的民事赔偿责任。本案同德普惠中心以杨某远、戴某明已被行政处罚认定为其他直接责任人员为由，要求其承担连带责任没有依据。并且证券监督管理委员会青岛监管局对杨某远、戴某明作出行政处罚的原因系其在亨达公司2015年年报及2016年半年报上签字。

其次，杨某远在2015年4月30日被亨达公司任命为董事，戴某明2015年12月31日被选举为监事，且上述两人均未在2015年4月27日审议通过的2014年年报上签字。而同德普惠中心是在2015年4月23日之前即与亨达公司签订《定增协议》，并于杨某远、戴某明在2015年年报上签字之前入账股票，故同德普惠中心买入股票的行为与上述两人在2015年年报及2016年半年报上签字行为之间不具有因果关系，一审法院判决驳回同德普惠中心要求杨某远、戴某明承担连带责任的诉讼请求正确,本院予以维持。

关于同德普惠中心主张的基于对杨某远、戴某明签字确认的2015年年报、2016年半年报的信赖,而未能及时抛售股票止损,杨某远、戴某明应承担连带赔偿责任的问题。本院认为,即使杨某远、戴某明尽到勤勉义务,同德普惠中心能否抛售股票止损也处于不确定状态,并且同德普惠中心也没有证据证明由于杨某远、戴某明未尽勤勉义务所导致的扩大损失部分数额,故同德普惠中心要求杨某远、戴某明对其投资损失承担连带赔偿责任没有依据,二审法院不予支持。

另外,关于江某河、刘某龙、王某明等以信赖会计机构出具的无保留意见审计结论为由主张免责没有依据。新三板挂牌公司董事、监事对公司事务的内部控制、内部审计监督,与外部监督、外部审计一样,均是合法运作、公开透明的基本保障,二者相辅相成,互相促进,但是不能相互取代。虽然新三板挂牌公司的董事、监事可以依据审计机构的结论进行判断,但是新三板挂牌公司的会计责任与外部审计机构的审计责任是两种不同的责任,在信息披露违法情形发生时,不能以审计机构未发现、未指出为由,免除董事、监事的责任。况且,中国证券监督管理委员会青岛监管局已认定涉及本案的审计机构未能谨慎执业,依法对其出具警示函。

【典型案例要旨28】(2016)苏01民初2071号:被告虽抗辩其已勤勉尽责地履行了独立董事职责,但参照中国上市公司协会《上市公司独立董事履职指引》这一行业准则的规定:独立董事应当通过《独立董事工作笔录》对其履行职责的情况进行书面记载。……对于会计政策变更、会计估计变更、重大会计差错更正等事项,独立董事需要关注上市公司是否存在利用上述事项调节各期利润误导投资者的情形。被告并未提供工作底稿等证据证明其勤勉尽责地履行了上述义务,法院对被告的该项抗辩不予采纳。

原告张某与被告协鑫集成科技股份有限公司、谢某杰证券虚假陈述责任纠纷民事判决书

江苏省南京市中级人民法院(2016)苏01民初2071号

江苏省南京市中级人民法院经审理认为:

关于谢某杰在超日公司虚假陈述行为中是否存在过错,是否应当承担赔偿责任以及赔偿责任的方式、数额应如何认定的问题。本院认为,《侵权责任法》第6条第1款规定,行为人因过错侵害他人民事权益,应当承担侵权责任。上市公司独立董事对公司及全体股东负有忠实与勤勉义务,应当按照法律法规与公司章程

的要求,认真履行职责,维护公司整体利益,尤其要关注中小股东的合法权益不受侵害。本案中,谢某杰担任超日公司独立董事的时间自2012年4月18日开始,因此,本案应当考量2012年4月18日之后发生的案涉虚假陈述事件中,谢某杰是否履行了忠实与勤勉义务。经查,中国证券监督管理委员会已经对超日公司案涉6个虚假陈述行为进行了立案调查,并在《行政处罚决定书》中对每个事件中的责任人员进行了认定,在双方当事人均未提交证据反驳中国证券监督管理委员会《行政处罚决定书》对超日公司虚假陈述事实和责任认定的情况下,本院尊重行政监管机关的专业判断,采信中国证券监督管理委员会《行政处罚决定书》的证明效力,认定谢某杰在超日公司虚假确定对上海佳途公司的销售收入、提前确认对天华新能源公司销售的收入导致2012年半年报、第三季度报告营业收入和利润总额虚假记载两个事件中存在过错。谢某杰虽抗辩其已勤勉尽责地履行了独立董事职责,但参照中国上市公司协会《上市公司独立董事履职指引》这一行业准则的规定:独立董事应当通过《独立董事工作笔录》对其履行职责的情况进行书面记载。在公司年度报告的编制和披露过程中,独立董事应尽量亲自参与有关重大项目的实地考察。在年审会计师事务所进场审计前和出具初步审计意见后,独立董事应当参加与年审注册会计师的见面会,就审计计划、风险判断、风险及舞弊的测试和评价方法等进行沟通。独立董事应当就公司因会计准则变更以外的原因作出会计政策、会计估算变更或重大会计差错更正发表独立意见。对于会计政策变更、会计估计变更、重大会计差错更正等事项,独立董事需要关注上市公司是否存在利用上述事项调节各期利润误导投资者的情形。谢某杰并未提供工作底稿等证据证明其勤勉尽责地履行了上述义务,一审法院对谢某杰的该项抗辩不予采纳。因此,谢某杰对超日公司2012年半年报、第三季度报告虚假陈述给投资者造成的损失,应当承担赔偿责任。关于张某因上述虚假陈述行为遭受的损失数额确定,一审法院依照《最高人民法院关于审理证券市场因虚假陈述引发的民事赔偿案件的若干规定》,确认上述虚假陈述行为的实施日为2012年8月27日(2012年半年报公告之日),揭露日为2013年1月23日,基准日为2013年2月28日,基准价为4.34元。并计算上述虚假陈述行为给张某造成的经济损失分别为:投资差额损失22920元[(买入平均价5.54元-基准价4.34元)×可索赔股数19100股],佣金、印花税损失45.84元(22920元×2‰),合计22965.84元。

第六章

商业判断原则及其在中国的司法实践

第一节　商业判断原则的基础理论：适用条件、范围、方式及效果

一、商业判断原则的缘起与渊源

商业判断原则，也称经营判断法则或业务判断规则，是指董事本着善意（没有损害公司的意图），基于合理的信息和一定的理性作出的经营决策，可以认定其并未违反注意义务，从而有效地免受法律责难，即便从公司角度看这些决定是糟糕的或者是灾难性的[①]。

"商业判断规则最早可在英国1742年的Charitable Corp. v. Sutton案找到源头，其背后的基本思想是，法官应避免让董事对那些结果糟糕或理性人看起来不太合理的商业决策承担责任。"[②]

在美国，商业判断规则起源于19世纪美国社会中的自由放任主义，要求政府给予最大经济自由，减少不当干预，让经营者竭尽所能追求经济利益。[③] 商业判断原则是在美国判例法中逐渐发展、形成的一套规则体系，该原则的适用是以对公司"高级主管或董事已经恰当履行了其义务"这样一种假定为前提的[④]，这里的"义务"是指董事与高管的勤勉义务。从其制度效果来看，在股东或公司诉其违反注意义务、损害公司利益的诉讼中，商业判断原则可以作为一种有效的抗辩理由，实质上为董事、高管履行职务提供了一个"安全港"，是对董事、高管的一种倾向性保护。

早在1829年，美国路易斯安那州法院在Percy v. Millaudon案中就认为，采取一项错误决策导致公司受损，如果此项错误系谨慎之人也可能犯下的错误，则不

---

① 参见傅穹、陈洪磊：《商业判断规则司法实证观察》，载《国家检察官学院学报》2021年第2期。

② 郭远：《我国国情下商业判断规则的导入问题省思》，载《兰州学刊》2023年第4期。

③ 参见傅穹、陈洪磊：《商业判断规则司法实证观察》，载《国家检察官学院学报》2021年第2期。

④ Grobow v. Perot, 539 A. 2d 180, 187 (Del. Sup. Ct. 1988).

能要求董事为此负责。此后，美国各州的判例不断探索，最终形成了现在的商业判断原则。在深度总结美国各州判例的基础上，美国法学会通过《公司治理原则：分析与建议》(Principles of Corporate Governance：Analysis and Recommendations)，对商业判断原则形成了成文式的规范。如前所述，商业判断原则是对公司董事、高管已经恰当履行了注意义务的假设，因此，美国法学会就将商业判断原则的规则表述与董事、高管的注意义务并列成文，最终呈现在《公司治理原则：分析与建议》的第四部分"注意义务和商业判断规则"之中。

《公司治理原则：分析与建议》在第四部分的第4.01节(董事和高级主管的注意义务；商业判断规则)中，首先在第4.01节(a)款中规定了董事、高管对公司负有信义义务；其后又规定，在公司有"一定情况的出现，迫使一个理性的高级主管或董事产生警觉，认为有必要对该情况进行调查或使之受到调查"时，应该进行必要的调查，而且董事高管有权信赖可以合理信赖的公司董事会下设的各种委员会或者公司的董事、高管、雇员、专家及其他人员提供的信息、观点、报告、陈述、决策以及判断，并作出商业决策。接下来，在第4.01节(c)款中详细描述了商业判断原则的内容：

"(c)高级主管或董事在做出一项商业判断时符合下述条件的，即履行了本节中规定的诚信义务：

(1)与该商业判断的有关事项没有利益关系(§1.23)；

(2)所知悉的有关商业判断的事项的范围是高级主管或董事在当时情况下合理相信是恰当的；

"(3)理性地相信该商业判断是为公司最佳利益做出的。"

美国法学会在其评注中认为[①]："§4.01(c)中的商业判断规则的表述形式被认为是与现行法相一致的；因为当今大多数司法管辖区大都会做出此种理解，且该条准则的每一个要素都在实质上得到了权威判例的佐证。"因此，可以说，该准则是对美国目前判例法中商业判断原则的权威归纳、总结与表述。

商业判断规则为知情的商业决策提供特殊的保护，使其与诸如对董事职责的持续疏忽而作出的决策相区别。商业判断规则的基本政策是：公司法应当鼓励知情的商业判断，并为之提供特殊的保护(不论以后的事件证明这些判断是正确的还是错误的)，以便激励风险承担、革新和其他的创造性企业行为。[②] 由此，商业判

---

① 美国法律研究院：《公司治理原则：分析与建议》(上卷)，楼建波等译，法律出版社2006年版，第201页。

② 美国法律研究院：《公司治理原则：分析与建议》(上卷)，楼建波等译，法律出版社2006年版，第155页。

断原则,减少了董事、高管不必要的后顾之忧,能够鼓励他们积极创新,为公司的盈利和长远发展贡献自己的才能。这也正是商业判断原则得以在美国长足发展,而且已经被其他国家逐步借鉴的主要原因。

在立法层面上,借鉴美国商业判断原则最典型代表就是澳大利亚。澳大利亚在其2001年修订的《公司法》第180节"注意与勤勉——仅限于民事责任"中,采用了与《公司治理原则:分析与建议》第4.01节类似的范式,在第180节(1)规定了董事的注意义务之后,才在第180节(2)中规定了商业判断原则,其译文参考如下:

"(2)作出商业决定的公司董事或高管,如果他们的决定基于如下几方面而作出,即被视为符合了前款以及普通法和衡平法上有关董事或高管相同义务的要求:

(a)为恰当目的基于善意作出了决策;而且(b)与决策所涉议题没有重大的个人利益;而且(c)在其合理相信是恰当的范围内知悉了决策有关的重大事项;而且(d)理性地相信该决策是为了公司的最佳利益。

"董事或高管认为该判断符合公司的最大利益是一种理性的相信,除非这种相信是处于他们地位的任何理性的人都不会持有的。"

同时,该法还明确了商业判断的含义,即"商业判断是指就与公司业务运作有关的事项采取或不采取行动的任何决定"。从其表述来看,澳大利亚公司法上的商业判断原则,除了明文增加了"善意"与"恰当目的"要件(如后文所述,在美国司法实践中该要件也是必备要件之一),与美国法学会的总结表述基本一致。

德国2005年通过《企业完整与撤销权现代法案》,在《德国股份法》第93条第1项将商业判断原则成文化,并规定:"如果董事在作出一个企业决定时可以理性地认为,其是基于适当的信息为了公司的利益而行为,则不构成义务的违反。"但是,从其司法实践来看,德国并未引入美国法中对董事更加有力的举证方式,而是由董事就其符合义务的决策行为进行举证。虽然引入经营判断规则符合德国原有的公司治理制度,为德国企业适应全球化趋势提供了制度契合,但其安全港的效力与意义却十分有限,立法者的谨慎态度可见一斑。①

需要提醒的是,商业判断原则不是对一项义务的描述,也不是确定是否发生了违反义务的标准。这是一种审查标准,法官据此分析董事的行为,以确定董事会的决定是否会受到质疑,或者董事是否会承担个人责任。② 因此,该条规范并不

---

① 参见傅穹、陈洪磊:《商业判断规则司法实证观察》,载《国家检察官学院学报》2021年第2期。

② 详见美国律师协会的"Corporate Director's Guidebook, Seventh Edition",The Business Lawyer Vol. 75, Fall 2020。

是像《美国示范商业公司法》第 8.30 节(a)款或第 8.31 节(a)款那样,是对"董事的行为标准"或"董事的责任标准"的规定,只是基于董事、高管恰当履行义务的假设并根据原告在诉讼中所提主张,对是否需要追究董事、高管法律责任的一种司法审查标准。

二、商业判断原则的适用条件

根据美国的司法实践,以及美国法学会对《公司治理原则:分析与建议》第 4.01 节(c)款的分析,商业判断原则的适用应当满足以下先决条件(见图 1-6-1):

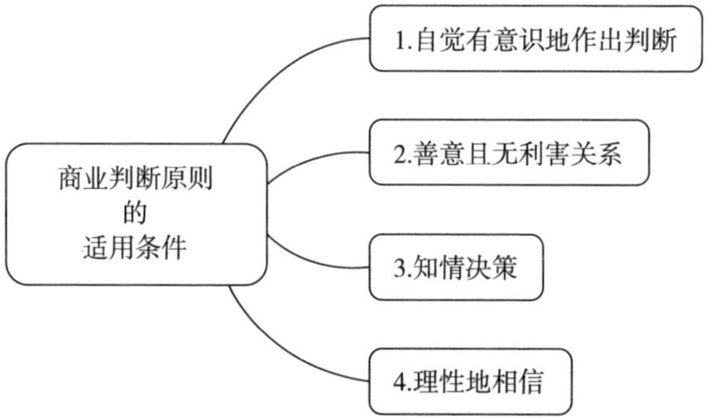

图 1-6-1 商业判断原则的适用条件

1. 自觉有意识地作出判断

这一条件旨在确保董事、高管基于独立自主的判断作出商业决策,即使一项议题最终没有被决议通过而付诸实施(不作为),若已为该项议题做了调查、提出建议、评议等行为,并且是有意识地作出的,并非一般的消极不作为,也符合本条件。因为,董事、高管的勤勉义务要求其应当积极作为,即使其在发现了公司制度中有某种容易导致公司损失的漏洞而没有采取相应的合理措施予以整改,只要其是经过调查研究,或与其他董事、高管沟通协商后,认为该漏洞的弥补尚不具备充分的条件、整改的成本比较高、现有可采取的措施可能会严重影响公司的运作效率以及盈利能力等,只要该述判定本身符合商业判断原则,也是进行了相应的考虑(作为),仍属于有意识地作出商业判断。

对此,美国法院,早在 1971 年的 Kaplan v. Centex Corp. ,284 A. 2d 119,124 (Del. Ch. 1971)判例中,就认为:(商业判断)准则的适用必然取决于能表明在事实上知情的董事确对其审查并授权的交易进行了商业判断……(必须表明)董事的判断是在了解了交易的细枝末节的基础上做出的。

在 1984 年的 Aronson v. Lewis,473 A. 2d 805,813 (Del. 1984)判例中,法院也

认为,商业判断规则仅在董事做出行为的条件下运行……在董事放弃其职能,或因未参与一项自觉决策而不能行为时,该准则不起作用。因为,如果某位董事在公司的制度流程设计中,没有考虑到有效审计程序的必要性,并且造成某个主管携公司资金潜逃,在此种情况下,给予商业判断规则的倾斜性保护显然是不可取的。

2. 善意且无利害关系

商业判断原则保护的是妥善履行了注意义务的董事或高管。但是,若其违反了忠实义务、与决议的交易或行为存在利益关联,就突破了董事、高管忠实义务这一底线、踩了利益冲突的红线,此时,商业判断原则就不再提供保护。

与此类似,若公司的商业决策不是基于董事、高管的善意作出的,如在敌意并购交易中,完全忽视公司的长远发展与股东的利益,擅自决定采取反收购措施来抵抗敌意并购,此时,其主要目的是保护自己在公司中的职位、薪酬待遇等个人私利,也就是说,该决策并非出于董事的善意作出的,因此,该决策也不应该受到商业判断原则的倾斜性保护。

对于董事、高管的善意履职义务,或者说董事、高管履职过程中的善意问题,可参阅本篇前述相关章节的介绍,在此不再赘述。需要特别说明的是,若董事、高管故意作出致使公司违反法律的决策,也属于本条件所涵摄的范围。因为守法经营管理,是董事、高管的基本义务,也是国家法律对公司这一商业主体的强制性要求。我国《公司法》第 179 条也明文规定“董事、监事、高级管理人员应当遵守法律、行政法规和公司章程”,突破法律的强制性要求、违反董监高的合规义务的董监高,即使是为公司牟利且没有为个人牟取利益,也不应当受到商业判断原则的保护。

如前所述,避免利益冲突、在存在利益冲突的交易中利用职权为个人谋取私利,这两项就是忠实义务的核心内容,因此,无利害关系,实质上就是对董事、高管忠实义务的另外一种表达方式。对于“无利害关系”的具体衡量标准,《公司治理原则:分析与建议》第 1.23 节“有利害关系的”规范内容,可以作为有力的参考:

“(a)有下列情况之一的公司董事或管理人员将被认定为与某交易或行为‘有利害关系的’董事或管理人员:

(1)该董事或管理人员或者其关联方,是该交易或行为的一方当事人;

(2)该董事或管理人员与交易或行为的一方当事人存在业务、资金或家庭方面的关系,而且(人们)有合理的理由相信这种关系会影响该董事或管理人员,导致他们就该交易或行为做出不利于公司的判断;

(3)该董事或管理人员、其关联方或与该董事或管理人员存在业务、资金或家庭方面的关系的人,在该交易或行为中存在大额的金钱利益(不包括正常的符合惯例的董事费和利益),而且(人们)有合理的理由相信这种利益(如果有的话)和这种关系会影响该董事或管理人员,导致他们做出不利于公司的判断;

“(4)该交易或行为的一方当事人,或在该交易或行为中存在大额的金钱利益的人对该董事或管理人员有着控制性的影响,而且(人们)有合理的理由相信这种控制性的影响导致该董事或管理人员就该交易或行为做出不利于公司的判断。”

3. 知情决策

知情决策与前文所述董监高注意义务的核心要素之一“合理知情”具有相同的内涵。知情决策的先决条件,侧重高级主管或董事在做出一项商业判断时是否做准备,而非该决策的质量。在理解美国《公司治理原则:分析与建议》第4.01节(c)款所述的标准时,至关重要的是承认,其所要求的信息的范围是高级主管或董事“在当时情形下合理地相信是恰当的范围”[①]。

一般的决策有充分的时间调查、研究、沟通、制定详细方案等。但是,特殊情况下,董事、高管作出商业决策的时间比较紧张,甚至个别情况下还需要当机立断。因此,知情决策的先决条件也允许将决策实际可利用的时间考虑在内。“实际可利用的时间可能会迫使其冒险,包括未能获取有关计划进行的交易的全部事实情况的风险,以及有关该交易本身的经济后果的风险。只要董事合理地相信承担这种信息上的风险在当时情形下是恰当的,董事会接受不完全信息所带来的风险的决策与在主要交易的决策中商业判断规则的运用是完全一致的。”[②]

为了向董事、高管提供比较充分的保护,在商业判断原则的知情决策条件适用时,法院也通过其他方法对此硬性条件予以适当的软化。如美国特拉华州法院,在其著名的Smith v. Van Gorkom,488 A. 2d858 (Del. 1985)判例中就认为:要求董事在作出一项商业决定前,获得所有他们可以合理地可以获得的重要的信息,但在确定一项商业判断是不是“知情的”,则采用“重大疏忽”的检验标准。提高过错的检验标准,也就适当提高了知情决策这一先决条件的适用门槛。

4. 理性地相信

《公司治理原则:分析与建议》“§4.01(c)(3)所述的‘理性地相信’标准意在为董事和高级主管在做出符合了(c)款规定的其他先决条件的商业决策提供广泛

---

① 美国法律研究院:《公司治理原则:分析与建议》(上卷),楼建波等译,法律出版社2006年版,第207页。

② 美国法律研究院:《公司治理原则:分析与建议》(上卷),楼建波等译,法律出版社2006年版,第207页。

的自由”[①]。

此处的“理性”应当“以一个普通的审慎的人在相同的地位、相似的情况下”所作出的理解作为衡量标准。例如，在 In re RJR Nabisco, Inc. Shareholders Litigation, 556 A. 2d 1070 n. 13(Del. Ch. 1989)判例中，美国特拉华州法院就认为：这种有限的实质问题的审查(某项审查中的判断是“异乎寻常的”或“非理性的”或“如此的不合常理”等)概念来说其实是一种推断恶意的方法。而在 Rabkin v. Philip A. Hunt Chemical Corp. ,547 A. 2d 963,970 (Del. Ch. 1986)判例中，该州法院也认为：在决定……董事会是否会为其错误决策负责时，应当适用重大疏忽的判断标准……在公司领域，重大疏忽意味着，“对股东利益粗枝大叶地毫不关心或故意漠视股东利益”……或者说“毫无理由”的行为。

因此，在诉讼过程中，原告一般是通过证明董事、高管在决策之时存在“异乎寻常的”“非理性的”“如此的不合常理”的行为，或者“对股东利益粗枝大叶地毫不关心或故意漠视股东利益”等非理性地相信的情况，来否定“理性地相信”这一先决条件的适用。

三、商业判断原则的适用范围

适用范围，包括两个方面：可以适用的范围，以及排除适用的范围。

商业判断规则涵盖了董事和高管所作出的各种各样的决策，从挑选、辞退人员，到确立战略性、政策目标，再到决定董事会和高管之间的职责分工，都能涵盖，并未限定在风险性或经济性的商业决策之上。

而且，为作出一项商业决定而作出的各种“预备决定”，也同样会受到商业判断原则的保护。例如[②]，在评估一个新产品或项目中，作出不从外界寻求工程技术的或科学性的建议(或反之寻求该种建议)的决定，若该决定的作出符合商业判断原则的适用条件，则其将会受到该原则的保护。

此外，对于一项商业决策是否需要采纳专家的意见的决定，也同样适用商业判断原则。如前例中，若董事或高管决定寻求外部专家的建议，则在其取得专家初步或正式建议之后，仍可“以一个普通的审慎的人在相同的地位、相似的情况下”的判断，理性地考虑对该专家的有限信任等综合因素，认为即使采纳该专家的建议也并非能服务于公司的最佳利益，进而可以决定不采纳该专家的建议。

---

① 美国法律研究院：《公司治理原则：分析与建议》(上卷)，楼建波等译，法律出版社 2006 年版，第 210 页。

② 参见美国法律研究院：《公司治理原则：分析与建议》(上卷)，楼建波等译，法律出版社 2006 年版，第 202 页。

司法实践中，基于董监高的忠实义务与勤勉义务的要求，以及前述先决条件的约束，商业判断原则的适用应排除如下事项：

第一类，公司债权人等第三人所涉事项。

董监高的忠实勤勉义务是对于公司或其股东所负有的，并不包括公司的债权人。因此，商业判断原则仅适用于董监高未履行忠实勤勉义务而致使公司或其股东遭受损失的情形，而公司债权人针对董监高的诉讼则不适用该原则。

第二类，违反忠实义务或非基于善意的事项。

在商业决策的交易或行为涉及董监高与公司之间存在利益冲突之时，或交易或行为并非董监高基于善意作出时，商业判断原则就不再为其提供倾斜性保护。否则，就是在放纵董监高从事此类交易、损害公司或其股东的利益。

第三类，故意违反法律的交易事项。

与第二类相似，当决策的交易事项违反法律的强制性规定时，若仍适用商业判断原则对决策的董监高提供保护，无异于纵容董监高为了公司的利益而不择手段地突破法律的规定、损害他人或社会的利益，而该述事项的决策人员却不需要承担任何责任，这本就不是商业判断原则的初衷，更有悖于法律设立该述规定的宗旨。

第四类，重大疏忽或严重失职的行为。

在没有作出商业决策的情况下，没有理由要为之提供特殊的保护。另外，若董监高负有一定的职责却没有任何作为，即存在重大疏忽或严重失职的情况时，也没有适用商业判断原则予以保护的必要。如前举案例，若公司董事在发现漏洞而未作出任何反应以调查研究整改的必要性并制定整改措施，实质上是一种失职行为，自没有提供保护的空间。这里的“重大疏忽”或“严重失职”，实质上就是董监高没有履行法律或公司章程规定的义务以及公司所特别赋予职责的行为，即严重的不作为行为。

四、商业判断原则的适用方式

商业判断原则作为对董事和高管履行勤勉义务的一种倾斜性保护，是基于特殊目的的考量，是对其能够妥当履行该义务的一种假设，只要不具备前述需要排除适用的情形，就当然地适用商业判断原则。因此，基于这种假设，从诉讼程序来讲，若股东或公司诉诸法律程序要求董事或高管基于违反勤勉义务而承担损害赔偿责任，就只能由原告方承担举证证明责任，否则，这种假设便失去意义，也便无法实现这种倾斜性保护目的。这种举证责任倒置的安排，在美国各州的司法实践中基本是通行的做法。美国法学会也认为“(d)中黑体字的表述与当今几乎所有的司法管辖区对法律的理解大体一致”①。

因此，《公司治理原则：分析与建议》第4.01节(d)款就对此作出如下规定：

“(d)本节中，对高级主管或董事的行为提出质疑的人应当承担证明其违反注意义务的举证责任。此类举证包括：在履行(b)或(c)款所规定的义务时，上述条款的不适用性；在损害赔偿诉讼中，则需举证该违反义务的行为是公司所受损害的法律原因。”

首先，原告方需要证明董事或高管的履职行为不符合前述商业判断原则适用的先决条件，即(c)款的规范内容；而(b)款的内容主旨，则是董事会可以将其职能委派给下属部门或人员，但该种委派必须是根据第4.02节和第4.03节的规定而对其下属部门或人员产生的合理信赖，其规范内容为：

(b)除非法律或公司的标准(第1.36节)另有规定，并且在其监管义务的最大限度内，董事会在履行职能(包括监督职能)时可以通过正当的手续正式或非正式地将任何一项职能(包括确认某些问题是否应当提交董事会的注意)委派给董事会下属的专门委员会或者董事、高级主管、职员、专家及其他人员。董事在履行本节所述的委派职能时，也可以信赖这些委员会和个人，只要该种信赖是基于第4.02节和第4.03节发生的。

其次，原告方还需要证明董事或高管对其职能的委派并不是基于前述“合理信赖”产生的，因此，不能获得商业判断原则的保护。

最后，原告方需要证明董事或高管的损害赔偿责任符合侵权责任的构成要件，尤其是其违反义务的行为是公司所受损害的法律上的原因，即满足法律因果关系的要求。

五、商业判断原则的适用效果：安全港

商业判断原则是基于对董事或高管能够妥善履行勤勉义务的假定，这种假定为了鼓励其积极履职、增加公司收益。

因此，从法律角度看，若董事或高管的商业决策符合前述适用的先决条件，则董事或高管的商业决策即受到该原则的保护，这就是商业判断原则的法律效果之一，此时，董事或高管自然没有承担什么责任的问题。

相反，若因董事或高管的商业决策不符合前述适用的先决条件，董事或高管自然不受商业判断原则的保护，此为商业判断原则的法律效果之二。此时，仍有两种可能的效果存在：

---

① 美国法律研究院：《公司治理原则：分析与建议》(上卷)，楼建波等译，法律出版社2006年版，第219页。

第一，因为董事或高管的商业决策不符合适用条件，公司可以基于此申请禁止该商业决策。例如[①]，在敌意并购中，董事会对于要约方的收购要约所作出的反应（如各种反收购措施），因未能考虑与公司和股东的最大利益相关的所有因素（包括合法性以及收购要约一旦成功，是否会威胁到公司的基本经济前景），而可能被认定为是对敌意收购的不合理反应，因此，该项决策可能被法院禁止或被搁置。但是，此时，董事或高管是否需要承担损害赔偿责任，仍是一个问题。

第二，从侵权法的角度看，董事或高管要承担损害赔偿责任，需要满足其存在违反勤勉义务的侵权行为、该侵权行为造成了公司或股东的经济损失、该行为与损害之间存在因果关系，以及其主观上存在过错等责任构成要件。若该述要件中的任意一个要件不满足，则董事或高管仍不必承担损害赔偿责任。

商业判断原则的适用，最初目的及最终落脚点，都是给董事和高管履行勤勉义务的行为提供一种倾斜性保护、一个“安全港”。但是，商业判断原则提供的这种倾斜性保护，需要具备包容创新和鼓励冒险的社会文化条件，具备股东与董事、高管经历长久的磨合甚至诉讼而彼此均能感受到一个恰当的分寸感与责任感的历史背景，更需要具备违法即担责且没有太多恶意逃避法律责任或逃避责任将面临更严重的惩罚这样的一个良性循环的社会信用制度体系。

因此，相比之下，我们要引进借鉴或适用商业判断原则处理相关纠纷，就必须要考虑该制度的社会文化及历史背景和现状，既要发挥该制度的优势，更要避免该制度的弊端可能带来的诸多负面影响。

第二节　商业判断原则在中国的司法实践

一、商业判断原则在中国的适用现状

首先，我国公司法现有的法律规范中，并没有引进商业判断规则，2023 年最新修订的《公司法》也未见商业判断原则的身影，因此，可以预测短期内该原则获得立法上的支持可能性非常小。

其次，商业判断原则在司法实践中，在部分相关案例中有所体现，但总体数量很少；涉及商业判断原则的案例，因该原则并未获得公司立法及其司法解释的制度支持，多数案例仅是根据商业判断原则的部分原理对所涉争议进行说理性解释，从而进行相应裁判。从区域分配上来看，在长三角等经济发达省份中，该原则

① 参见美国法学会的《公司治理原则：分析与建议》第 6.02 节（b）款“对要约之合理反应”的要求。

的核心内涵被引用或根据该思路进行裁判的案例，相比内陆省份较多。

最后，在既有的涉及商业判断原则的案例中，部分案例直接以"不违背商业判断规则""商业判断规则应当被遵循""应引入商业判断规则予以规制"等简单表述解释，未经详细说理。另有部分案例还存在超范围适用的情形，将其适用于公司股东会的决议事项。例如，有法院认为"公司盈余是否应该分配，是否应该留下发展基金，分配的比例如何等都属于公司商业上的判断范畴，应该遵循商事判断规则"，从而将该原则用于解决"公司盈余分配纠纷"。①

【问题24】公司盈利分配事项属于公司并非公司董事会的决议事项，是股东会的决议事项，对于是否应当分配公司利润的判断，能否适用商业判断原则？

【典型案例要旨29】(2015)鼓商初字第2252号：公司盈余是否应该分配，是否应该留下发展基金，分配的比例如何等都属于公司商业上的判断范畴，应该遵循商事判断规则。

原告戴某来与被告南京朗科化工有限公司
公司盈余分配纠纷民事判决书

江苏省南京市鼓楼区人民法院(2015)鼓商初字第2252号

江苏省南京市鼓楼区人民法院经审理认为：

公司盈余是否应该分配，是否应该留下发展基金，分配的比例如何等都属于公司商业上的判断范畴，应该遵循商事判断规则。

《公司法》第37条规定：股东会行使下列职权：……(5)审议批准公司的年度财务预算方案、决算方案；(6)审议批准公司的利润分配方案和弥补亏损方案；……(11)公司章程规定的其他职权。对前款所列事项股东以书面形式一致表示同意的，可以不召开股东会会议，直接作出决定，并由全体股东在决定文件上签名、盖章。《公司法》第46条规定：董事会对股东会负责，行使下列职权：(1)召集股东会会议，并向股东会报告；(2)执行股东会的决议；(3)决定公司的经营计划和投资方案；(4)制订公司的年度财务预算方案、决算方案；(5)制订公司的利润分配方案和弥补亏损方案；……(11)公司章程规定的其他职权。

根据上述规定，有限责任公司是否分配利润、如何分配利润，应由董事会制定

① 参见江苏省南京市鼓楼区人民法院民事判决书，(2015)鼓商初字第2252号。

具体的利润分配方案，并经股东会审议通过。有限公司利润分配的决定权属于股东会，系公司自治范围，法院不应干预。故对原告要求法院判令被告召开股东会，并按规定向原告分配2012年度公司盈余148895.1288元、2013年度公司盈余284608.8元，以及2014年度至今原告应分得公司盈余的诉讼请求，本院不予支持。

关于是否应回购原告持有的股权。

《公司法》第74条规定：有下列情形之一的，对股东会该项决议投反对票的股东可以请求公司按照合理的价格收购其股权：(1)公司连续5年不向股东分配利润，而公司该5年连续盈利，并且符合本法规定的分配利润条件的；(2)公司合并、分立、转让主要财产的；(3)公司章程规定的营业期限届满或者章程规定的其他解散事由出现，股东会会议通过决议修改章程使公司存续的。自股东会会议决议通过之日起60日内，股东与公司不能达成股权收购协议的，股东可以自股东会会议决议通过之日起90日内向人民法院提起诉讼。

原告基于朗科公司的法定代表人严某玉设立炎和公司、三昌公司的行为，认为严某玉转移朗科公司经营资源，其行为已严重侵害原告权益，主张要求朗科公司按出资额12万元回购原告全部股权。经查，朗科公司法定代表人严某玉（同时作为朗科公司的经理、执行董事），其设立炎和公司、三昌公司，并将三昌公司法定代表人变更为戴某来与严某玉所生之女戴某丽等行为并未违反法律、行政法规的强制性规定，根据原告提交的上述证据，亦未能证实严某玉有转让朗科公司财产或其他违反公司章程、违反董事对公司的勤勉义务和忠实义务的行为，且回购权的行使，需以股东会决议及投票对象为先决条件。故原告主张朗科公司按出资额回购原告股权的诉讼请求，无事实和法律依据，本院不予支持。

最后，虽有上述问题，但从目前的案例来看，我国法院对商业判断原则的适用基本达成了以下几点共识①：其一，我国法官将商业判断规则的适用限定在商业决策，如对外签订购销合同、处置公司闲置设备、决定返点优惠、将公司资金借贷他人、借贷对外投资等；并未扩张至董事的运营义务。其二，商业判断规则不适用于忠实义务。其三，董事实施不法行为不受商业判断规则的保护，即便为了公司利益。其四，法院强调对决策程序和充分资讯的审查，而不审查决策内容。

此外，法院在举证责任分配和过失程度上均持有一致观点。一则将举证责任统一配置给原告。二则法院审查注意义务的标准为重大过失。这一点与美国法上的过失程度具有一致性。

---

① 参见傅穹、陈洪磊：《商业判断规则司法实证观察》，载《国家检察官学院学报》2021年第2期。

二、商业判断原则在中国的常见争议焦点与裁判规则

【问题 25】董事、高管将公司重大资产以不合理的交易条件出让给其关联公司，且在款项支付不足 20% 的情况下将产权过户出去的行为，是否符合正常的商业判断原则?

【典型案例要旨 30】(2021) 最高法民申 4869 号： 桑某文在金创酒店公司负债不足其购入房屋价值 20% 的情况下转让全部案涉 5 套房屋，且在安顺科技公司支付不足房款 20% 的前提下完成过户手续，剩余超过 80% 的房款仅约定"可在二年内付清"，桑某文上述行为显然不符合一般经营判断，难谓为公司利益所需。

桑某文、赖某超等损害公司利益责任纠纷民事申请再审审查民事裁定书

最高人民法院(2021) 最高法民申 4869 号

最高人民法院经审理认为：

围绕桑某文的再审申请事由，本案审查重点为二审判决认定桑某文与安顺科技公司存在恶意串通是否有误。

首先，金创酒店公司购入案涉 5 套房屋时间与案涉地块启动拆迁及桑某文、甄某某设立成都市锦熙世嘉房地产开发有限公司(以下简称锦熙世嘉公司)参与拆迁项目招标的时间较为吻合，同时结合甄某某曾经代表金创酒店公司向原业主购买案涉 5 套房屋等事实，二审判决认定金创酒店公司购买案涉 5 套房屋系以获得拆迁安置补偿利益为目的，并无不当。

其次，桑某文、刘某某和甄某某发起设立安顺科技公司，安顺科技公司在锦熙世嘉公司中标案涉地块土地整理项目后曾持有该公司 80% 股份，危旧房改造中心于 2015 年 1 月 20 日发布的《关于启动安居巷模拟搬迁改造项目签约工作的公告》显示，经该中心于 2014 年 11 月 5 日征询民意，搬迁范围内 100% 户数同意实施模拟搬迁改造，而案涉 5 套房屋均被纳入模拟搬迁范围。桑某文担任金创酒店公司法定代表人期间，就案涉 5 套房屋转让事宜于 2015 年 1 月 13 日与安顺科技公司签订《项目转让合同》，该合同中明确李某某为安顺科技公司的实际控制人，结合桑某文在二审中陈述其与黄某良、刘某某以及李某某之间的原亲属关系，安顺科技公司对案涉 5 套房屋即将被拆迁以及金创酒店公司购买该 5 套房屋的真实目的知情具有高度可能性，二审认定该事实存在并无不当。

最后，金创酒店公司在 2014 年 6 月至 7 月购入案涉 5 套房屋的价格为 2355.93

万元。从案涉《项目转让合同》及《〈项目转让合同〉补充协议》的内容看，金创酒店公司为清偿到期债务464.74万元向安顺科技公司转让案涉5套房屋，转让价款为3064.74万元，其中2600万元安顺科技公司可在2年内付清，而金创酒店公司应配合安顺科技公司在合同生效后30日内完成过户手续。也就是说，桑某文在金创酒店公司负债不足其购入房屋价值20%的情况下转让全部案涉5套房屋，且在安顺科技公司支付不足房款20%的前提下完成过户手续，剩余超过80%的房款仅约定"可在二年内付清"，桑某文上述行为显然不符合一般经营判断，难谓为公司利益所需。同时案涉5套房屋作为金创酒店公司重要资产，依照金创酒店公司章程，处置上述资产应召开股东会，桑某文主张赖某超对处置案涉5套房屋知情且同意，但未提供充足证据证明该事实，应承担举证不利后果。故二审判决认定桑某文违反公司章程，擅自处置金创酒店公司资产，并无不当。

综上，桑某文在违反金创酒店公司章程且违背一般经营判断情况下，将金创酒店公司所有的案涉5套房屋转让给安顺科技公司，而此时安顺科技公司的实际控制人李某某与桑某文原存在亲属关系，安顺科技公司在明知金创酒店公司购买案涉5套房屋的真实目的及上述房屋即将被拆迁的情况下受让案涉5套房屋，二审判决据此认定桑某文与安顺科技公司构成恶意串通，不缺乏证据证明，亦无不当。《民法总则》第154条规定："行为人与相对人恶意串通，损害他人合法权益的民事法律行为无效"。桑某文担任金创酒店公司法定代表人期间与安顺科技公司恶意串通转让金创酒店公司所有的案涉5套房屋，损害了金创酒店公司对案涉5套房屋的所有权以及基于所有权应享有的拆迁安置利益，故二审判决认定桑某文担任金创酒店公司法定代表人期间与安顺科技公司就案涉5套房屋转让签订的《房屋买卖协议书》《项目转让合同》《〈项目转让合同〉补充协议》无效，适用法律正确。

此外，桑某文在再审审查期间提交了广东财安司法鉴定所出具的《司法鉴定意见书》，拟证明安顺科技公司《公司登记（备案）申请书》声明栏中法定代表人签字处"桑某文"并非桑某文所写，桑某文身份证被冒用于安顺科技公司设立登记，其并未实际担任过安顺科技公司法定代表人及股东。因桑某文在原审期间未提出该主张，且该主张与在二审期间其陈述从2014年10月24日起不再担任安顺科技公司的股东及法定代表人的内容不符，同时《司法鉴定意见书》系桑某文单方委托鉴定形成，故该证据不足以推翻原判决。

【问题 26】商业判断原则鼓励公司管理层积极履职为公司创造更多价值,但是,是否应该坚持忠实义务的底线?

【典型案例要旨 31】(2020)最高法民申 640 号:面对市场不断变化的商事交易实践,如果要求每一个经营判断都是正确的,其结果会使公司高管过于小心谨慎,甚至裹足不前,延误交易机会,降低公司经营效率,最终不利于实现公司和股东权益。特别是在不涉及公司高管个人利益与公司利益冲突等可能违反忠实义务的情形中,公司高管依照法律和公司章程履行经营管理职责的行为,应受到法律的认可和保护。

山东海之杰纺织有限公司、艾哈迈德·盖博损害公司利益责任纠纷再审审查与审判监督民事裁定书

最高人民法院(2020)最高法民申 640 号

最高人民法院经审理认为:

关于盖博是否违反忠实义务和勤勉义务以及是否应当对海之杰公司在案涉交易中的损失承担赔偿责任的问题。

从《公司法》(2005 年修订)的规定看,第 148 条第 1 款规定:“董事、监事、高级管理人员应当遵守法律、行政法规和公司章程,对公司负有忠实义务和勤勉义务。”第 149 条列举了董事、高管违反对公司忠实义务的具体情形。从上述法律的规定看,忠实义务是指公司高管应当忠实履行职责,当其自身利益与公司利益发生冲突时,应当维护公司利益,不得利用高管的地位牺牲公司利益为自己或者第三人牟利。勤勉义务是指公司高管履行职责时,应当为公司的最佳利益,具有一个善良管理人的细心,尽一个普通谨慎之人的合理注意。从海之杰公司的具体诉请和依据的事实看,其并未提供证据证明盖博在履行总经理职务期间存在获利情况,故其实际上针对的是盖博违反了勤勉义务而非忠实义务。因此,该案审查的重点问题是:盖博在海之杰公司案涉交易中是否违反勤勉义务以及是否应当对海之杰公司在案涉交易中的损失承担赔偿责任。

从法律规定看,《公司法》(2005 年修订)仅原则性规定了公司高管的勤勉义务,并未规定违反勤勉义务的具体情形。

综观公司法实践,勤勉义务所要求的尽一个普通谨慎之人在类似情况下应尽到的合理注意,是一个经过实践而被逐渐总结出来的标准。面对市场不断变化的

商事交易实践，如果要求每一个经营判断都是正确的，其结果会使公司高管过于小心谨慎，甚至裹足不前，延误交易机会，降低公司经营效率，最终不利于实现公司和股东权益。特别是在不涉及公司高管个人利益与公司利益冲突等可能违反忠实义务的情形中，公司高管依照法律和公司章程履行经营管理职责的行为，应受到法律的认可和保护。

盖博作为海之杰公司的总经理，具有依照法律和公司章程主持公司生产经营管理工作的职权。从海之杰公司在原审中提交的《山东海之杰纺织有限公司章程》的具体内容看，海之杰公司赋予了总经理组织领导公司日常生产技术和经营管理工作的广泛职权。案涉交易中，包括海之杰公司与祥辉公司签订衬衫供货合同、与黄冈市金律纺织有限公司签订《产品采购合同》、在广州采购光坯布，均系盖博为开展公司日常经营而履行总经理职权的行为，并未超越海之杰公司章程规定的职责范围。原判决认定盖博未违反公司高管的忠实义务和勤勉义务，并无不当。

海之杰公司主张盖博承担因案涉交易给海之杰公司造成的损失，不符合《公司法》(2005 年修订)第 150 条关于"董事、监事、高级管理人员执行公司职务时违反法律、行政法规或者公司章程的规定，给公司造成损失的，应当承担赔偿责任"的规定。

【问题 27】商业判断原则与董事、高管的勤勉义务履行之间，是否存在实质相同的内涵？

【典型案例要旨 32】(2019)鲁民再 81 号：张某基作为鑫龙公司的总经理及案涉合同的签订者，同时也是公司高管，在纪某、刘某、姚某提出产品水分过高的意见时，应当为公司利益尽到谨慎注意义务，但张某基并未采取任何行动或措施以确认产品是否符合进口商的合同要求，未尽到谨慎注意义务，致使出口俄罗斯 POSEYDONPROCO，LTD 的产品出现水分超标的质量问题而被索赔，因此，原审认定其未尽到勤勉义务并无不当。

张某基、山东龙口鑫龙食品有限公司损害公司利益责任纠纷再审民事判决书

山东省高级人民法院(2019)鲁民再 81 号

山东省高级人民法院经审理认为：

本案再审争议的焦点问题是：(1)张某基是否为公司法规定的负有勤勉义务的

主体。(2)张某基是否未尽到勤勉义务,鑫龙公司与俄罗斯 POSEYDONPROCO,LTD 之间的业务损失与张某基未尽到勤勉义务之间是否具有因果关系。(3)鑫龙公司主张张某基承担责任是否具有合同依据和法律依据。

关于焦点一,鑫龙公司主张于 2013 年 1 月 7 日经董事会研究决定聘任张某基为鑫龙公司总经理,任期 5 年。双方虽然并未签订合同,鑫龙公司也未提供证据证明其向张某基出具了聘任书,张某基亦否认其被聘任为公司总经理的事实。但在鑫龙公司提供的《生产管理机构设置、职责及相关规定》中,张某基以签发人的身份签名确认;在鑫龙公司提供的支付佣金明细表、山东龙口鑫龙食品有限公司付款通知单中,张某基亦在总经理一栏签名确认;在与加工单位签订《委托加工协议》及出具的《付款通知》中,张某基亦以鑫龙公司代表人身份签字;在涉案的出口俄罗斯的加工产品出现质量问题协商赔偿过程中,张某基亦代表鑫龙公司与 SINTEZRESURSCO,LTD 和 FISHTRADECO,LTD 签订了赔付方案。上述证据可以证明,张某基实际接受任命并履行了总经理的职责事实清楚,证据充分,依法应予确认。因此根据《公司法》的规定,原审认定其作为公司高管,符合对公司负有勤勉义务的主体资格并无不当。

关于焦点二,本院认为,原审庭审中,鑫龙公司提供了三位证人纪某、刘某、姚某,证实张某基在担任鑫龙公司总经理主持工作期间,出现过因为公司加工的发往俄罗斯的产品水分太高,超过国家标准,证人向张某基提出水分太高,张某基答复称他已跟客户谈好了,不关证人的事,让证人照办就行,出现问题由他负责的情况。根据上述证人证言的内容和张某基在庭审中的陈述,可以认定张某基作为鑫龙公司总经理在主持生产和经营过程中,因出口到俄罗斯 POSEYDONPROCO,LTD 的产品水分超标,致使生产的产品存在质量问题而向对方赔偿。虽然张某基主张生产计划发运单中载明于某玮为生产负责人、纪某为产品质量及各项技术指标具体负责人,但张某基作为鑫龙公司的总经理及案涉合同的签订者,同时也是公司高管,在纪某、刘某、姚某提出产品水分过高的意见时,应当为公司利益尽到谨慎注意义务。但张某基并未采取任何行动或措施以确认产品是否符合进口商的合同要求,未尽到谨慎注意义务,致使出口俄罗斯 POSEYDONPROCO,LTD 的产品出现水分超标的质量问题而被索赔。因此,原审认定其未尽到勤勉义务并无不当。但鑫龙公司作为企业法人,其生产、质量检验等各环节均应各司其职,对出口产品出现质量问题并被索赔虽系多种原因造成,但张某基作为高管在履职过程中未尽到勤勉义务对造成鑫龙公司与俄罗斯 POSEYDONPROCO,LTD 之间的业务损失之间具有一定的因果关系。

关于焦点三,张某基虽然系鑫龙公司的高管,但其与鑫龙公司之间系劳动者与用人单位的关系，劳动者在履职过程中造成用人单位损失的，应当依据双方合同约定和法律规定承担相应的责任。本案中，鑫龙公司与张某基之间并没有签订劳动合同或聘任合同，因此，不存在因违反合同约定承担责任的问题。《劳动法》第102条规定，“劳动者违反本法规定的条件解除劳动合同或者违反劳动合同中约定的保密事项，对用人单位造成经济损失的，应当依法承担赔偿责任”。《劳动合同法》第90条规定，“劳动者违反本法规定解除劳动合同，或者违反劳动合同中约定的保密义务或者竞业限制，给用人单位造成损失的，应当承担赔偿责任”。《公司法》第147条规定，“董事、监事、高级管理人员应当遵守法律、行政法规和公司章程，对公司负有忠实义务和勤勉义务。董事、监事、高级管理人员不得利用职权收受贿赂或者其他非法收入，不得侵占公司的财产”；第149条规定，“董事、监事、高级管理人员执行公司职务时违反法律、行政法规或者公司章程的规定，给公司造成损失的，应当承担赔偿责任”。张某基作为劳动者并未有违反《劳动法》和《劳动合同法》相关规定而应当承担赔偿责任的情形。张某基在本案中系执行公司职务过程中未尽到勤勉义务，虽然《公司法》第147条规定了高管对公司负有忠实义务和勤勉义务，但并未规定未尽到勤勉义务的法律后果，而依据《公司法》第149条的规定，高管在执行公司职务时只有违反法律、行政法规或者公司章程的规定，给公司造成损失的，应当承担赔偿责任。本案中鑫龙公司并未提供证据证明张某基在执行公司职务时存在违反法律、行政法规或者公司章程规定的情形，因此，张某基的行为并不符合作为公司高管承担赔偿责任的法定条件。

张某基作为鑫龙公司的高管虽然在执行公司职务过程中未尽到勤勉义务，但并未违反法律、行政法规或者公司章程规定，原审判决其承担鑫龙公司与俄罗斯POSEYDONPROCO，LTD之间的业务损失既无事实依据，也于法无据，判处不当，本院再审予以纠正。张某基的再审申请理由部分成立，本院予以支持。依照《民事诉讼法》第170条第1款第2项、第207条的规定，判决：

（1）撤销山东省烟台市中级人民法院（2017）鲁06民终1677号民事判决和山东省龙口市人民法院（2015）龙商初字第872民事判决；

（2）驳回鑫龙公司的诉讼请求。

【问题28】商业判断原则，除了应该符合忠实勤勉义务的要求，是否还要求不能违反正常的商业道德和职业伦理？

【典型案例要旨33】（2019）沪02民终11661号：从行为的合理性来看，根据前述分析，迈克向兴业银行发函、提起诉讼要求恢复预留印鉴和保全账户属于特定情形下采取的救济措施，从该措施的目的和实际效果来看，该措施并未超过合理的限度和范围，也没有违反正常的商业道德和职业伦理，既不属于故意实施侵权行为以侵害公司利益的行为，也未违反我国法律规定的董事应尽的忠实义务和勤勉义务。

上海泰琪房地产有限公司与迈克·默里·皮尔斯损害公司利益责任纠纷二审民事判决书

上海市第二中级人民法院(2019)沪02民终11661号

上海市第二中级人民法院经审理认为：

本案的争议在于迈克作为泰琪公司董事有无违反高管忠实勤勉义务、有无损害泰琪公司利益。对此，本院分析如下：

首先，董事损害公司利益责任纠纷，实质系一种侵权责任，当事人首先应证明行为人存在主观过错。根据本案查明的事实，迈克向兴业银行发函要求暂停账户对外支付功能的行为，是在泰琪公司中外方股东就账户控制权发生争议、账户预留印鉴发生变更的背景下实施的；迈克向法院提起诉讼的原因亦是基于泰琪公司目前的股东争议，希望通过诉讼恢复账户的联合控制。因此，无论是向兴业银行发函还是提起诉讼，迈克的两项行为，主要的目的均是防止账户发生单方变动，保持账户和资金现状并等待进一步协商处理。况且，诚如迈克所述，其所代表的外方股东在泰琪公司持股95%，除非为获取个人利益，否则其作为外方股东委派的董事，缺乏侵害泰琪公司利益的主观动机。故从本案目前情况来看，迈克并不具备侵权过错。

其次，就行为本身来讲，《公司法》第149条规定，董事执行公司职务时违反法律、行政法规或公司章程规定，给公司造成损失的，应当承担赔偿责任。该案中，迈克被诉两项行为，并没有违反法律、行政法规规定，且鉴于泰琪公司章程并未对办理存款及账户控制问题进行规定，故亦不能认定为违反公司章程，行为违法性不能成立。从行为的合理性来看，根据前述分析，迈克向兴业银行发函、提起诉讼要求恢复预留印鉴和保全账户属于特定情形下采取的救济措施，从该措施的目的和实际效果来看，该措施并未超过合理的限度和范围，也没有违反正常的商业道德和职业伦理，既不属于故意实施侵权行为以侵害公司利益的行为，也未违反我国法律规定的董事应尽的忠实义务和勤勉义务。

最后，关于泰琪公司上诉提出的有关迈克拒不召开董事会等意见，一则其未提供证据加以证实，二则该事项与本案所争议的办理结构性存款及发生利息损失等事实并无直接关联，不能佐证其诉请成立。泰琪公司在二审中提交的2019年

12月18日董事会决议，因迈克及其代表的外方股东对该董事会决议的效力持有异议，且该董事会决议形成于本案所诉两项行为之后，故不影响本案处理结果。泰琪公司该项上诉意见，亦不能成立。

本院进一步认为，泰琪公司作为中外合资经营企业，其中方、外方股东应按照公司章程，本着真诚合作、互惠互利的原则共同经营合资公司。即便在经营过程中发生矛盾和争议，也应在相互尊重和信任的前提下进行友好协商，或者采取合法、正当手段主张权利，防止因单方不当行为破坏合营双方之间的信赖基础，最终对合资公司及股东利益造成损害。

【问题29】商业判断原则，是在董事、高管遵守忠实勤勉义务的基础上，鼓励其冒险精神为公司创造利润吗？

【典型案例要旨34】(2018)黑民申2845号：由于公司的高管在从事商业活动时经常会面临极大商业风险，不能要求每一个决策活动均产生最佳效益，否则对实际经营管理者的要求将过于苛刻。王某玉的案涉行为在当时情形下具有一定的合理性，并不违反商业判断规则。

黑龙江鸿基米兰热力有限责任公司、王某玉损害公司利益责任纠纷再审审查与审判监督民事裁定书

黑龙江省高级人民法院(2018)黑民申2845号

黑龙江省高级人民法院经审理认为：

本院经审查认为，双方诉争焦点是王某玉是否实施了损害鸿基米兰公司利益的行为。

王某玉原系鸿基米兰公司负责销售的副经理，其为鸿基米兰公司采购煤炭，代表公司对外签订煤炭购销合同，属于职务行为，得到了鸿基米兰公司的授权。虽然，王某玉与金源煤炭公司、百润经贸公司签订的《补充协议》致使鸿基米兰公司采购成本增加，但王某玉这两份补充协议是在鸿基米兰公司不能按期给付货款，且已征得公司财务负责人路某华同意的情况下签订的，故应当认定王某玉的行为事先取得了鸿基米兰公司的认可。由于公司的高管在从事商业活动时经常会面临极大商业风险，不能要求每一个决策活动均产生最佳效益，否则对实际经营管理者的要求将过于苛刻。王某玉的案涉行为在当时情形下具有一定的合理性，并不违反商业判断规则。

鸿基米兰公司所举示的证据不足以证明王某玉存在损害公司利益的故意或

重大过失，一、二审判决未予支持并无不当。

【问题30】商业判断原则可否作为董事、高管履职失误导致公司损失的减轻责任或免责事由？

【典型案例要旨35】(2017)皖01民终7901号：如果作出商业判断的高管与作出判断的内容没有利害关系，其有正当理由相信其在当时情形下掌握的有关商业判断信息充分、妥当、可靠，其商业判断符合公司的利益，就应当认定为忠实、勤勉地履行了义务，对由此发生的合理经营判断失误造成的损失，可以减轻或者免除责任。

范某、蒋某保损害公司利益责任纠纷二审民事判决书

安徽省合肥市中级人民法院(2017)皖01民终7901号

安徽省合肥市中级人民法院经审理认为：

本案二审争议焦点在于：范某、蒋某保与博士来公司签订的协议及补充协议，是否隐瞒了公司，导致公司利益受损。

《公司法》第149条规定："董事、监事、高级管理人员执行公司职务时违反法律、行政法规或者公司章程的规定，给公司造成损失的，应当承担赔偿责任。"根据上述法律规定，该赔偿责任成立，须同时满足行为的不当性(违反法律、行政法规或者公司章程的规定)、有损害结果、不当行为与损害结果之间存在因果关系三个构成要件。以下从此三个方面分析被上诉人的诉讼请求是否能够成立。

1. 关于行为的不当性。

被上诉人认为两上诉人的行为违反《公司法》及公司章程的规定主要体现在：两上诉人并未经过董事会同意签订了《补充协议》，该补充协议最终被武汉法院认定为借款协议而非经销协议，两上诉人向博士来公司承诺保底付息和固定回报，并向公司故意隐瞒，损害了公司利益。上述行为违反了公司章程规定的总经理向董事会报告公司重大事项义务，以及公司重大资金借贷等事项须由1/2以上董事表决通过的制度，也违反了《公司法》及公司章程规定的高管对公司的勤勉、忠实义务。

基于公司经营业务的复杂性和商业决策自身的特点，考量公司高管的责任，应当参照商业判断规则。如果作出商业判断的高管与作出判断的内容没有利害关系，其有正当理由相信其在当时情形下掌握的有关商业判断信息充分、妥当、可靠，其商业判断符合公司的利益，就应当认定为忠实、勤勉地履行了义务，对由此

发生的合理经营判断失误造成的损失,可以减轻或者免除责任。

2011年11月18日,范某、蒋某保代表武汉美菱公司与博士来公司签订《2012年度美菱冰箱、冰柜、洗衣机区域经销商协议》及《补充协议》,经武汉市中级人民法院审理后,以(2014)鄂武汉中民商终字第01345号民事判决认定上述合同名为委托经营,实为借款合同关系。而根据武汉美菱公司章程的规定,范某作为总经理,应当向董事会报告实为资金借贷的案涉合同。范某称由于其主观上认为合同不属于借款合同,是其职权范围内的经销商协议,未正式形成董事会决议,但实际上告知了公司,并未对公司隐瞒。时任武汉美菱公司董事的余某兵、王某林均出庭作证,证明范某将协议及补充协议的内容告知公司,并取得与会人员的同意。由于余某兵、王某林占有董事会2/3的表决权,因此应当认定范某已将相关协议及补充协议内容向董事会作了非正式报告,并取得1/2以上董事同意。上述证据证明范某并未违反总经理向董事会报告重大事项的制度,不能认为武汉美菱公司与博士来公司签订《2012年度美菱冰箱、冰柜、洗衣机区域经销商协议》及《补充协议》系范某、蒋某保未经公司同意签订。根据上述协议内容,即使两公司名为委托经营、实为借款合同关系,由于武汉美菱公司实际占有、使用了博士来公司交付的300万元,范某、蒋某保个人也未从中获利,且公司对此也知情,亦无证据证明该协议的签订不符合当时的商业判断,不应认定上述签约行为违反了高管对公司的勤勉、忠实义务。

范某、蒋某保已提供证据证明合同签订时,已将合同内容报告公司;两人因公离职时已与公司办理了全面交接手续,证人许某亦证明交接的材料包括案涉协议及补充协议。因此被上诉人主张范某、蒋某保向公司故意隐瞒补充协议的事实不成立。

综上所述,不能认定范某、蒋某保具有违反法律、法规或公司章程的行为。

2. 关于损害结果。

武汉美菱公司与博士来公司签订《2012年度美菱冰箱、冰柜、洗衣机区域经销商协议》及《补充协议》虽被法院认定为名为委托经营、实为借款合同关系,但仍是有效的合同。因被上诉人未完全履行上述协议约定的义务,被博士来公司诉至法院,相关案件已审理、执行终结。由于案涉协议实为借款合同关系,公司亦占有、使用了博士来公司提供的300万元资金,应承担相应利息。故法院判决的合法利息不应纳入被上诉人损失范围。被上诉人遭受的损失主要体现为货物丢失、贬值的损失。

3. 关于行为与损害结果的因果关系。

如前所述,被上诉人遭受的损失主要体现为货物丢失、贬值的损失。而货物丢失、贬值的损失是合同履行过程中产生的,与合同签订无关。由于范某任武汉美菱公司总经理至2012年2月29日,蒋某保任武汉美菱公司财务负责人至2012年5月16日。范某、蒋某保已提供证据证明两人因公离职时已与公司办理了全面交接手续,证人许某亦证明交接的材料包括案涉协议及补充协议。被上诉人未提供证据证明货物丢失、贬值是范某、蒋某保执行公司职务时违反法律、行政法规或者公司章程的规定所致。因此,被上诉人遭受的损失与范某、蒋某保的行为不具有因果关系。

综上,被上诉人提供的证据不足以证明范某、蒋某保损害公司利益,本院对被上诉人要求范某、蒋某保承担赔偿责任的诉讼请求不予以支持。原审判决认定事实不清,适用法律错误,应予纠正。依照《民事诉讼法》(2012年修正)第170条第1款第2项、《最高人民法院关于适用〈中华人民共和国民事诉讼法〉的解释》第90条之规定,判决如下:

(1)撤销安徽省合肥市包河区人民法院(2015)包民二初字第03790号民事判决;

(2)驳回武汉美菱公司的诉讼请求。

【问题31】董事、高管的有关经营判断信息充分、妥当、可靠,其经营判断符合公司的最佳利益的,是否可以适用商业判断原则?

【典型案例要旨36】(2017)皖01民终6587号:如果高管与其作出经营判断的内容没有利害关系,其有正当理由相信在当时情形下掌握的有关经营判断信息充分、妥当、可靠,其经营判断符合公司的最佳利益,就应当认为其诚实地履行了义务,对由此发生的合理经营判断造成的失误,可以减轻或者免除责任。

安徽拜博口腔医疗投资管理有限公司、付某江损害公司利益责任纠纷二审民事判决书

安徽省合肥市中级人民法院(2017)皖01民终6587号

安徽省合肥市中级人民法院经审理认为:

本案二审争议焦点为:付某江办理个人名下医疗机构证照手续的行为是否违反了对安徽拜博公司的忠实义务,该行为是否给安徽拜博公司造成商铺租金、装修费用、人员工资等各项损失。

付某江曾任安徽拜博公司的高管,依法对安徽拜博公司负有忠实义务。公司高管的忠实义务,是指其在管理公司经营业务履行职责时,必须为公司最大利益努力工作,当自身利益与公司利益发生冲突时,必须以公司利益为重,不得将自身利益置于公司利益之上。如果高管与其作出经营判断的内容没有利害关系,其有

正当理由相信在当时情形下掌握的有关经营判断信息充分、妥当、可靠,其经营判断符合公司的最佳利益,就应当认为其诚实地履行了义务,对由此发生的合理经营判断造成的失误,可以减轻或者免除责任。

根据安徽拜博公司主要股东拜博集团公司与付某江的约定,应以安徽拜博公司名义新设口腔医疗机构,但在付某江具体负责办理设置相关审批事宜的时候,由于安徽拜博公司无拟开办地址合肥市政务区银泰城2层230-3号商铺的所有权,不符合当时《合肥市2011—2015年医疗机构设置规划》的要求而未获批准,付某江已将该情形告知拜博集团公司。付某江虽以其个人名义申请在该商铺上设立口腔门诊部,但该口腔门诊部实际由安徽拜博公司经营管理,收益亦由安徽拜博公司收取,付某江并未从中获利。付某江的上述行为虽与原合同约定不一致,但根据当时情况,在安徽拜博公司已租赁了商铺的情况下,为减少公司损失而采取的该行为并未违反对安徽拜博公司的忠实义务。

安徽拜博公司亦未举证证明在其要求付某江注销合肥蜀山银泰口腔门诊部时,付某江不予配合。

综上所述,安徽拜博公司要求付某江赔偿安徽拜博公司为口腔门诊部支出的租金、装修费、人员工资、医疗设备购置费以及其他费用,于法无据,本院不予支持。一审判决认定事实清楚,适用法律正确,应予维持。

【问题32】董事会关于设立分公司的决议应当属于商业判断范畴,若不能证明其违反了董事的忠实勤勉义务,能否认定为故意损害公司利益?

【典型案例要旨37】(2016)川民终950号:董事会作出前述设立分公司的决议,应属于公司董事会的商业判断范畴……董事会作出设立分公司的决议经过了考察论证,本案现有证据不能证明时任董事作出前述决议时存在主观恶意或重大过失,也不能证明其违反了董事的忠实义务和勤勉义务。且时任5名董事中,黄某人为股东珠峰房产公司委派的董事,同时还是该公司的法定代表人,黄某本人即是股东之一,其通过设立分公司故意损害公司利益亦有悖常理。

袁某、潘某、彭某、姜某霞与黄某人、黄某、舒某、仲某中、徐某明、雅安珠峰商贸有限责任公司损害公司利益责任纠纷二审民事判决书

四川省高级人民法院(2016)川民终950号

四川省高级人民法院经审理认为:

根据各方当事人的诉辩主张及理由,本案二审争议的主要问题是:一审法院

追加珠峰商贸公司作为第三人参加诉讼,是否属于程序违法;关于黄某人、黄某、舒某、仲某中、徐某明5名董事决议设立珠峰石棉磷化分公司是否损害珠峰商贸公司利益及是否应承担损失赔偿责任。

1. 关于一审法院追加珠峰商贸公司作为第三人参加诉讼,是否属于程序违法的问题。

本案为股东代表诉讼,股东代表诉讼指的是当公司利益受到损害而公司不能或怠于起诉时,股东为了公司的利益以自己的名义代表公司提起的诉讼。股东代表诉讼虽是股东以自己的名义提起,但公司是股东代表诉讼的真正权利人和利益所有者,案件的处理结果与其具有法律上的利害关系,故股东代表诉讼不应当排除公司的参与,一审法院追加原告股东所代表的珠峰商贸公司作为第三人参加诉讼,在法律上并无不当。珠峰商贸公司在诉讼中,就被告董事是否存在损害公司利益的事实,提供相关的证据,表达相应的诉讼主张,应是其作为诉讼当事人依法享有的诉讼权利,与股东代表诉讼中公司利益保护的基本宗旨并不相违背。袁某、潘某、彭某、姜某霞关于一审法院追加珠峰商贸公司参加诉讼属程序违法的上诉理由不能成立,二审法院不予支持。

2. 关于黄某人、黄某、舒某、仲某中、徐某明5名董事决议设立珠峰石棉磷化分公司是否损害珠峰商贸公司利益及是否应向珠峰商贸公司承担损失赔偿责任的问题。

根据珠峰商贸公司《章程》第27条的规定,公司自主对公司资产开发,由董事会决定并向股东大会报告,不受300万元金额的限制。袁某、潘某、彭某、姜某霞上诉主张珠峰商贸公司《章程》第27条的前述规定,违反了我国《公司法》关于股东会和董事会职权的强制性规定,应属无效,"决定公司的经营方针和投资计划"应属股东会的职权范围,该项规定剥夺了股东会的职权。对此,本院认为,我国《公司法》第37条规定,"股东会行使下列职权:(一)决定公司的经营方针和投资计划;……(十一)公司章程规定的其他职权"。本案中,珠峰商贸公司《章程》第26条规定,"股东大会行使下列职权:1. 决定公司经营方针和投资计划;……12. 对其他重大事项作出决议";该章程第27条对第26条第12项关于"对其他重大事项作出决议"的规定予以具体化,规定应由公司股东大会作出决议的重大事项为:(1)对公司资产的全部或者部分(300万元以上)的出让、折价投资、合资开发、抵押贷款等(公司自主对公司资产开发,由董事会决定并向股东大会报告,不受上述金额限制);(2)……公司章程是调整公司内部组织关系和公司经营行为的自治规范,体现的是公司全体股东的共同意思。从珠峰商贸公司《章程》关于股东会职权范围的上述规定来看,其并未剥夺我国公司法赋予股东会行使的"决定公司的经营方针和投资计划"等相关重要职权;且我国公司法亦允许公司章程对股东会职权进行其他规定,袁某、潘某、彭某、姜某霞并未举证证明珠峰商贸公司《章程》第27条规定的制定违背了股东的自由意志,其关于该规定无效的主张,事实和法律依据不足,不能成立,二审法院不予支持。珠峰商贸公司的《章程》对公司及其内部成员均具有约束力。

本案中,黄某人、黄某、舒某、仲某中、徐某明5名董事分别于2004年10月18日、10月20日召开董事会,一致表决同意公司自主投资建立珠峰石棉磷化分公司,应属于对公司《章程》第27条规定的"公司自主对公司资产开发"事项的表决,系在公司《章程》规定的董事会权限范围内行使权利,该决议内容及会议召集程序与表决程序均不违反法律、行政法规及公司章程的规定。根据珠峰商贸公司《章程》第27条的规定,前述董事会决议作出后应向股东大会报告,而本案中,黄某人、黄某等5名董事未举证证明其在作出设立珠峰石棉磷化分公司的董事会决议后,已依照决议关于"工作开展后,由董事会在明年1月召开的股东大会上通报"的内容向股东大会作了报告,而是以其在2006年12月19日召开的临时股东大会上,就处置东大街相关资产事项的决议中,提及了"石棉磷化工厂"的事实,主张向股东大会进行了通报。对此,二审法院认为,黄某人等董事所主张的该通报方式,并非专门针对分公司的设立事宜,且时间为董事会决议作出2年之后,显然不符合公司章程设立向股东大会通报制度的要求与目的,在程序上确有不当;但是,珠峰商贸公司《章程》规定董事会作出前述决定后应向股东大会报告,并未规定向股东大会报告是董事会决议生效的条件。黄某人等董事在履行向股东大会的报告义务上虽然存在瑕疵,但不应因此影响董事会决议本身的效力,对珠峰商贸公司而言,其董事会作出的设立珠峰石棉磷化分公司的决议应为有效决议。

同时,董事会作出前述设立分公司的决议,应属于公司董事会的商业判断范畴。根据珠峰商贸公司2004年10月18日、10月20日的董事会决议关于"经过近一个月调查论证,对于公司在石棉投资建厂诸方面条件及黄磷厂建成后原材料及产品的购销业务、利润等均有一定把握"等内容及黄某人等董事提交的相关技术研究机构出具的可行性研究报告可以看出,董事会作出设立分公司的决议经过了考察论证,本案现有证据不能证明时任董事作出前述决议时存在主观恶意或重大过失,也不能证明其违反了董事的忠实义务和勤勉义务。且时任5名董事中,黄某人为股东珠峰房产公司委派的董事,同时还是该公司的法定代表人,黄某本人即是股东之一,其通过设立分公司故意损害公司利益亦有悖常理。本案也无证据显示黄某人等董事在珠峰石棉磷化分公司的经营管理中存在违反法律、行政法规及公司章程规定,损害公司利益的情形,并由此导致珠峰石棉磷化分公司亏损的后果，根据《最高人民法院关于适用〈中华人民共和国民事诉讼法〉的解释》第90条关于"当事人对自己提出的诉讼请求所依据的事实或者反驳对方诉讼请求所依据的事实，应当提供证据加以证明，但法律另有规定的除外。在作出判决前，当事人未能提供证据或者证据不足以证明其事实主张的，由负有举证证明责任的当事人承担不利的后果"的规定，应当由袁某、潘某、彭某、姜某霞承担举证不力的法律后果。

综上，黄某人、黄某、舒某、仲某中、徐某明作为珠峰商贸公司的董事，其作出设立分公司的决议后，未依照公司《章程》的规定及时向股东大会履行报告义务，确有不当，但现有证据不足以证明该行为与珠峰石棉磷化公司的亏损之间存在直接的因果关系，袁某、潘某、彭某、姜某霞等股东主张珠峰商贸公司的亏损应由黄某人等董事承担，事实和法律依据不足，难以成立，二审法院不予支持。

综上所述，袁某、潘某、彭某、姜某霞的上诉请求及理由，均不能成立，二审法院不予支持。

【问题33】适用商业判断原则，是否应当以董监高已善意履职为前提？

【典型案例要旨38】(2015)鄂恩施中民终字第00457号：立法设定勤勉义务的宗旨在于督促公司实际经营管理者尽职地为公司利益工作，因此，在一般的经营管理失误与法律上的经营过失之间需划以界限，即公司董事在作出一项商事经营判断和决策时，基于董事们合理的商业决策须得到法院尊重的基本理念，二审法院重点审查铁连贸易公司执行董事张某的行为是否出于善意，为了公司的根本利益而非个人利益，且尽到了一般普通人应具有的审慎注意义务；二审法院认为，张某的经营判断在当时情形下不存在明显不合理，不能认定张某的行为违反了勤勉义务。

湖北恩施铁连物资贸易有限公司与张某、杜某忠等损害公司利益责任纠纷二审民事判决书

湖北省恩施土家族苗族自治州中级人民法院(2015)
鄂恩施中民终字第00457号

湖北省恩施土家族苗族自治州中级人民法院经审理认为：

铁连贸易公司的原法定代表人张某在经销煤炭的过程中负责签订合同，铁连贸易公司在陕西安康采购煤炭后销售给腾龙公司的交易亏损，铁连贸易公司认为交易亏损的原因是张某在明知与腾龙公司约定的煤炭标准要远高于其拟采购的

煤炭标准,却仍然实施采购行为而导致,张某应向铁连贸易公司赔偿损失。因此,本案二审的争议焦点问题为张某在此次交易过程中是否未尽到忠实勤勉义务而应担责。

1. 忠实义务。

《公司法》第 148 条明确列举了董事、高管违反公司忠实义务的各种行为。在自身利益与公司利益发生冲突时,不以公司利益为重的行为都可能属于该条款的适用范围。本案中,铁连贸易公司没有举证证明存在张某的自身利益与铁连贸易公司利益发生冲突的事实,亦未举证证明张某有自我交易、利用或者篡夺公司机会、竞业禁止等违法行为,故铁连贸易公司关于张某违反忠实义务的主张无事实依据,二审法院不予支持。

2. 勤勉义务。

《公司法》第 147 条第 1 款规定了董监高对公司负有勤勉义务,但尚未对上述人员的违反勤勉义务的行为作具体规定。立法设定勤勉义务的宗旨在于督促公司实际经营管理者尽职地为公司利益工作,因此,在一般的经营管理失误与法律上的经营过失之间需划以界限,即公司董事在作出一项商事经营判断和决策时,基于董事们合理的商业决策须得到法院尊重的基本理念,二审法院重点审查铁连贸易公司执行董事张某的行为是否出于善意,为了公司的根本利益而非个人利益,且尽到了一般普通人应具有的审慎注意义务,基于此,即使张某所作出的在陕西安康采购煤炭后销售给腾龙公司的交易决策是错误的,亦可免于承担法律上的责任。

本案中,铁连贸易公司股东会议定了各股东的分工,张某负责签订合同和结账,其代表公司在安康与陈某云签订《供货协议》的行为并未超越权限。从此次交易的资金到位情况来看,张某除拿出与其他股东均等的第一笔货款 25 万元外,在公司资金紧张的情况下,以其妻的名义向铁连贸易公司借支 20 万元用于周转。张某在履职的过程中对采购的煤样进行了多次化验,在其内心确认所采购的煤炭销售给腾龙水泥厂仍然有赚账的前提下,才决定与陈某云、刘某签订合同。铁连贸易公司在本案中提交的证据不能证明张某的行为并非出于善意,在煤炭购销过程中没有合理地进行信息收集和调查分析就进行决策。本院认为,张某的经营判断在当时情形下不存在明显不合理,不能认定张某的行为违反了勤勉义务。

【问题34】商业判断原则的基本假设是公司董事、高管才是经营管理专家，法院应当尊重其合理的商业判断，若其违反忠实勤勉义务或存在主观恶意或重大过失，还能否适用商业判断原则？

【典型案例要旨39】(2014)川民终字第667号：至于案涉浮选设备是否属于慧能公司闲置设备，属于公司董事会的商业判断范畴，需要慧能公司董事会根据公司运营情况、负债情况等事项，进行综合考量并作出判断。处理案涉被拆除的浮选设备系基于解决慧能公司资金困难，清结公司债权债务，维持慧能公司正常经营的目的，本案既无证据显示作出案涉浮选设备系公司闲置设备这一商业判断的时任董事与拆除案涉浮选设备之间存在利害关系，也无证据显示时任董事作出上述判断存在主观恶意或重大过失。综合本案现有证据，慧能公司时任董事根据所掌握的公司的实际运营情况、公司未来运营计划及负债情况等信息，作出案涉浮选设备系公司闲置设备这一判断并未背离一般经营者的通常决策水平，不存在明显的不合理，未违反董事的忠实义务和勤勉义务。

四川慧能有色金属股份有限公司与李某全等损害公司利益责任纠纷二审民事判决书

四川省高级人民法院(2014)川民终字第667号

四川省高级人民法院经审理认为：

结合本案查明的事实，本案二审争议的主要焦点是：李某全等6人是否擅自拆除案涉浮设备损害慧能公司利益。

本院认为，首先，虽然慧能公司补召开第三次临时董事会的召集程序存在瑕疵，但《临时董事会决议》系6名董事共同表决作出，符合慧能公司《公司章程》第22条关于"董事会会议应由过半数的董事出席方可举行。董事会作出决议必须经全体董事过半数通过。董事会决议的表决，实行一人一票"的表决方式，且其内容并未违反法律、行政法规的规定，也无证据显示慧能公司股东在董事会作出《临时董事会决议》之日起60日内向法院起诉请求撤销该决议，根据《公司法》第22条第2款"股东会或者股东大会、董事会的会议召集程序、表决方式违反法律、行政法规或者公司章程，或者决议内容违反公司章程的，股东可以自决议作出之日起六十日内，请求人民法院撤销"和《公司法解释一》第3条"原告以公司法第二十二条第二款、第七十四条第二款规定事由，向人民法院提起诉讼时，超过公司法规定期限的，人民法院不予受理"的规定，对慧能公司而言，上述《临时董事会决议》在作出之日即为有效决议。

其次,《临时董事会决议》的主要内容之一是“为了盘活公司资产,解决公司资金存在的困难,处置公司闲置的设备、设施及交通工具”,其针对的是公司闲置的设备、设施及交通工具的处置,而非重大资产的处置,该决议的内容和权限并未违反《公司章程》第24条关于“公司受让、转让重大资产或者对外提供担保等事项,必须经股东大会作出决议,董事会应当及时召集股东大会会议,由股东大会就上述事实进行表决,必须经出席会议的股东所持表决权的四分之三以上通过”的规定,属于在《公司章程》规定的董事会权限范围内行使权利。

综上,慧能公司所持李某全等6人在董事沙某军反对的情况下,执意处置设备,造成设备价值被毁,属于滥用职权损害公司利益的上诉理由缺乏事实与法律依据,不予支持。

至于案涉浮选设备是否属于慧能公司闲置设备,属于公司董事会的商业判断范畴,需要慧能公司董事会根据公司运营情况、负债情况等事项,进行综合考量并作出判断。

就本案而言,根据《临时董事会决议》关于“为了盘活公司资产,解决公司资金存在的困难,处置公司闲置的设备、设施及交通工具”的内容,《总经办报告》关于“一年一度的新春佳节即将来临,许多债权债务都要在年底之前清结,公司目前面临来自甘洛宾馆、城北加油站、汽修厂、办公用品店等等方面的催款。按照公司2012年9月28日在成都市新都区蜀龙路香城港湾茶府补召开的第三次临时董事会会议决议内容第三条:为了盘活公司资产,解决公司资金存在的困难,处置公司闲置的设备、设施及交通工具的要求,出让公司洗选建材厂洗选车间的废旧闲置设备”的内容,以及公司原董事长邱某关于“严格按照董事会决议执行。争取在年前解决所欠款项”的意见可以看出,处理案涉被拆除的浮选设备是为了解决慧能公司资金困难,清结公司债权债务,维持慧能公司正常经营,本案既无证据显示作出案涉浮选设备系公司闲置设备这一商业判断的时任董事与拆除案涉浮选设备之间存在利害关系,也无证据显示时任董事作出上述判断存在主观恶意或重大过失。综合本案现有证据,慧能公司时任董事根据所掌握的公司的实际运营情况、公司未来运营计划及负债情况等信息,作出案涉浮选设备系公司闲置设备这一判断并未背离一般经营者的通常决策水平,不存在明显的不合理,未违反董事的忠实义务和勤勉义务。

慧能公司认为李某全等6人决定拆除的是慧能公司的核心重大资产,但其所提交的四川金达会计师事务所《验资报告》(验字2010第210号)及其后所附本期注册资本实收情况明细表、《股东实物投资申报确认书》、《股东投资责任承诺书》、

《价值确认书》、实物移交清册以及四川金达资产评估有限公司《关于甘洛县慧能科技洗选建材厂投资入股的评估报告书》[评字(2010)第444号]均形成于2010年7月至10月，其内容仅能证明慧能洗选厂2010年将案涉设备作为实物出资投入慧能公司时的评估价值，但不能证明2013年1月案涉浮选设备被拆除时系公司重大资产，除此之外，慧能公司并未提交其他证据证明案涉浮选设备系公司重大资产。根据《最高人民法院关于民事诉讼证据的若干规定》第2条第2款"没有证据或者证据不足以证明当事人的事实主张的，由负有举证责任的当事人承担不利后果"的规定，应当由慧能公司承担举证不力的后果，其所持该项上诉理由不能成立。

另外，李某全等6人作为慧能公司时任董事，作出了"为了盘活公司资产，解决公司资金存在的困难，处置公司闲置的设备、设施及交通工具"的决策，《总经办报告》则系对董事会决议的进一步执行。

本案中慧能公司所提交的甘洛县公安局接(报)处警登记表仅能证明2013年1月3日，沙某霞向甘洛县公安局报案称有人私自拆卸职中后面的洗选厂设备卖这一事实，除此之外，本案中慧能公司并未提交证据证明李某全等6人具体实施了拆除行为或在拆除过程中采取了不当措施，并由此损害了慧能公司利益。根据《最高人民法院关于民事诉讼证据的若干规定》第2条第2款"没有证据或者证据不足以证明当事人的事实主张的，由负有举证责任的当事人承担不利后果"的规定，应当由慧能公司承担举证不力的后果。

综上，根据本案现有证据，李某全等6人作出处置慧能公司闲置设备的决议，将案涉浮选设备作为闲置设备处置的决定并未违反法律、行政法规的强制性规定，也未违反慧能公司《公司章程》的规定，更未违反董事对公司的勤勉义务和忠实义务，是其行使董事职权的合法行为，慧能公司主张上述6人滥用职权，越权处置公司重大资产损害公司利益的上诉理由缺乏事实与法律依据，不能成立。

【问题35】公司高管从事经营管理活动，应当合理审慎且应以善意诚实的方式进行，若其主导的重大合作仅以口头协议方式进行，且因未签署合作协议导致公司遭受重大损失，能否适用商业判断原则减轻或免除其损害赔偿责任？

【典型案例要旨40】(2009)沪一中民三(商)终字第969号：李某某应有理由相信采用口头协议方式的经营判断与公司的最佳利益不相符，然而其无视该经营风险的存在，没有以善意(诚实)的方式，按照其合理地相信是符合公司最佳利益的方式履行职务;并且,没有以一种可以合理地期待一个普通谨慎的人,在同样的地位上、类似的状况下能够尽到的注意,履行一个高级职员的职责。

李某某与甲公司高管损害公司利益赔偿纠纷二审民事判决书

上海市第一中级人民法院(2009)沪一中民三(商)终字第969号

上海市第一中级人民法院经审理认为:

根据被上诉人甲公司《章程》的相关规定,上诉人李某某为该公司的监事,并且不得兼任公司董事、经理及财务负责人。但在被上诉人公司原法定代表人总经理患病期间,该公司召开了总经理例会,宣布了由上诉人在此期间负责公司全面工作,并由原法定代表人颁发了相应的《任命书》,上诉人对于上述事实已于原审中予以确认。

本院认为,被上诉人甲公司在法定代表人生病的特殊时期委派上诉人负责公司的全面工作,其实质履行了总经理的职责,符合《公司法》规定的公司高管身份。虽然该公司《章程》和工商登记对此未作相应变更,也没有临时推选另一名监事,但因该上诉人代行总经理职责的行为具有临时性,一旦公司原法定代表人病愈,上诉人就不必再履其责。故根据《公司法》的相关规定及被上诉人公司的临时决定,可以认定上诉人在被上诉人公司法定代表人生病期间应当履行该公司总经理的职责,全面负责公司的各项工作,但其监事一职不能同时兼任,若此期间两职务冲突,可以不追究其作为监事的责任。因此,上诉人在临时担当总经理期间,应当按照公司《章程》和法律规定切实履行职责,如因其行为不当而给公司造成损害,应当依法承担相应的赔偿责任。

关于上诉人在履责期间的行为是否给公司造成损失的问题,本案中上诉人李某某亦于原审中确认其于上述期间代表被上诉人公司与案外人日华公司合作涉案的手机项目,并认可给被上诉人造成了110万元的经济损失尚未收回。由于该项目未订立书面协议,亦未有其他的标的物交接凭证,明显违反了公司高管应当履行的职责,违反了谨慎、勤勉义务,造成被上诉人向案外人无法主张债权的困境。因此,可以认定上诉人的行为已造成对公司利益的损害,应当依法向被上诉人承担该110万元的损失赔偿责任。原审法院适用法律并无不当,处理结果并无不妥。

上诉人的上诉理由不能成立。其上诉请求,本院难以支持。

第七章

董监高责任纠纷的归责原则与证明责任

第一节　董监高责任纠纷的归责原则

一、归责原则概述

归责是指行为人因其行为和物件致他人损害的事实发生以后，应依何种根据使其负责，此种根据体现了法律的价值判断，即法律应以行为人的过错还是应以已发生的损害结果为价值判断标准，抑或以公平原则等作为价值判断标准，而使行为人承担侵权责任。因此，归责是一个复杂的责任判断过程，责任是归责的结果。归责只是为责任是否成立寻求根据，并不以责任的成立为最终目的。①

归责原则是确定侵权人承担侵权损害赔偿责任的一般准则，它是在损害事实已经发生的情况下，为确定行为人对自己的行为所造成的损害，以及对自己所管领下的人或者物所造成的损害，是否应当承担侵权赔偿责任的准则。侵权法的归责原则是确定行为人的侵权民事责任的根据和标准，也是贯彻整个侵权法之中，并对各个侵权法规范起着统率作用的立法指导方针。②

具体到董监高的责任纠纷领域，若董监高违反忠实勤勉义务，并因此导致公司遭受损失，是否要追究其侵权责任以赔偿公司的损失？若要追究，基于什么根据追究其责任？要求其承担责任的事由是什么？归责事由一般情况下是过错，即故意或过失，而过失又分为重大过失、一般过失、轻微过失；此外，归责事由还包括行为所具有的危险性，以及责任人对行为人或致害物的控制力。

1. 危险性的归责事由

随着科技的进步和社会的发展，各种新发明的出现以及新技术的应用在给人们的生产、生活带来各种便利与舒适的同时，也对人身财产安全造成了巨大危险。一方面，由于科技发展对于人类社会整体是有益的、必要的，因此即便新技术和新

---

① 参见王利明：《侵权行为法归责原则研究》，中国政法大学出版社 1992 年版，第 17～18 页。

② 参见杨立新：《侵权责任法》（第 4 版），法律出版社 2021 年版，第 43 页。

发明的应用属于高度危险的活动，法律也不能不允许其存在；另一方面，在法律允许此种对他人人身财产安全存在高度危险的活动可以实施的同时，也要求从事高度危险活动之人要就危险之现实化而造成的损害负无过错赔偿责任，无论其有无过错，都要承担赔偿责任。此时，令行为人负赔偿义务的理由就不再是过错（即便很多情形中行为人确实也有过错），而是活动的高度危险性。[①] 这种以危险事由进行归责的情况，其归责原则就属于无过错责任，即在其责任构成要件中，不需要行为人具有过错的主观要件，就可以构成侵权责任。例如，污染环境破坏生态的行为人，需要对其污染环境、破坏生态行为所造成的生态环境损害或人身财产损害承担赔偿责任，所依据的事由就是行为人的生产活动具有危险性，只要行为人污染破坏行为造成损害，就应当承担赔偿责任，而不管主观方面是否存在过错，这其中的归责原则就是无过错责任原则。

2. 控制力的归责事由

控制力，即责任人对行为人享有的支配和控制的力量。申言之，基于责任人与行为人之间的特定关系，责任人能够支配行为人的行为，或者可以对行为人的行为产生重大的、实质性的影响，因此，责任人要为行为人造成他人损害的行为负赔偿义务。[②] 例如，《民法典》第 1191 条第 1 款规定，“用人单位的工作人员因执行工作任务造成他人损害的，由用人单位承担侵权责任。用人单位承担侵权责任后，可以向有故意或者重大过失的工作人员追偿”。该规定的前一句，即雇主责任，因其能够通过单位的规章制度和奖惩措施对工作人员进行管理、指挥，事实上具有了控制力，而且，其工作人员所从事的执行职务行为的后果也应当由单位承担，不需要单位对此具备主观上的过错要件。所以，雇主责任的归责原则也是无过错责任。当然，雇主责任多数情况下也属于替代责任，即在其对外向被侵权人承担赔偿责任后，可以向有故意或重大过失的工作人员追偿。

侵权责任归责原则，在我国《民法典》中，是由其第七编“侵权责任”第 1165 条和第 1166 条予以规制的。《民法典》第 1165 条第 1 款规定的是过错责任原则，第 2 款规定的是过错推定原则，第 1166 条规定的则是无过错责任原则。因此，我国侵权责任法的归责原则体系是由过错责任原则、过错推定原则、无过错责任原则这三个归责原则构成的。当然，过错推定责任和无过错责任属于法定责任，只有法律明确规定的情况下才能适用。但是，在公司法领域，董监高的责任类型中，并没有无过错责任原则适用的规定。

---

① 参见程啸：《侵权责任法》（第 3 版），法律出版社 2021 年版，第 110 页。

② 参见尹飞：《为他人行为侵权责任之归责基础》，载《法学研究》2009 年第 5 期。

二、过错责任原则

过错是指侵权人在实施侵权行为时对于损害后果的主观心理状态，包括故意和过失。

过错责任原则，是以过错作为价值判断标准，判断行为人对其造成的损害应否承担侵权责任的归责原则。[①] 虽然损害本身在某种抽象意义上可能会被视为一种对遭受此损害之人的“不正当”，但是在大多数情况下，只有在行为人有过错导致损害时，只有在他的选择导致确实可被指责的损害时，行为人才被公平地认为可能对赔偿该损害负责。基于此种类型的哲学基础，侵权行为法很好地建立在是与非的基本概念之上，建立在过错的原则之上。[②] 以过错作为认定行为人承担侵权责任的依据，可以降低经济发展中的风险、减轻责任负担，可以保护行为人的行为自由，使其得以自由地积极作为、充分发挥其聪明才智，为技术创兴、经济发展和社会进步作出贡献。这两个方面，正是侵权责任法以过错责任作为归责原则的哲学基础和社会现实原因。

对于过错责任原则，在我国《公司法》中是没有明确规定的。因此，按照我国民商合一的法律传统，对于商事领域的法律规范没有规定的内容，当然适用民事法律的相关规定。在《民法典》正式实施之前，自 2010 年 7 月 1 日开始，依据的是《侵权责任法》第 6 条第 1 款“行为人因过错侵害他人民事权益，应当承担侵权责任”的规定。在《民法典》正式实施之后，依据的是《民法典》第 1165 条第 1 款“行为人因过错侵害他人民事权益造成损害的，应当承担侵权责任”的规定。

三、过错推定原则

过错推定原则是指在法律有特别规定的场合，从损害事实的本身推定侵权人有过错，并据此确定造成他人损害的行为人赔偿责任的归责原则。适用过错推定原则，从损害事实中推定行为人有过错，就使被侵权人免除了举证责任而处于有利的地位，行为人则因担负举证责任而加重了责任，因而更有利于保护被侵权人的合法权益。[③] 因此，该原则除了需要有法律的特别规定，也只适用于特殊的情景或场合。如我国《证券法》第 85 条规定的虚假陈述责任。

过错推定属于可以推翻的法律上的事实推定，即按照一般的生活经验或科学

---

① 参见杨立新：《侵权责任法》(第 4 版)，法律出版社 2021 年版，第 48 页。

② 参见[美]戴维・G. 欧文主编：《侵权法的哲学基础》，张金海、谢九华等译，北京大学出版社 2016 年版，第 230 页。

③ 参见杨立新：《侵权责任法》(第 4 版)，法律出版社 2021 年版，第 51 ~52 页。

技术原理，根据已知的事实推断出未知的事实，因此，这种推定是可以通过提供证据予以推翻的。推翻的方法一般有三种，即证明推定的前提事实不存在、证明存在可以适用法律上的反对规定的事实，以及证明存在与被推定的权利状态不相容的权利状态。

我国《证券法》第85条规定，“信息披露义务人未按照规定披露信息，或者公告的证券发行文件、定期报告、临时报告及其他信息披露资料存在虚假记载、误导性陈述或者重大遗漏，致使投资者在证券交易中遭受损失的，信息披露义务人应当承担赔偿责任；发行人的控股股东、实际控制人、董事、监事、高级管理人员和其他直接责任人员以及保荐人、承销的证券公司及其直接责任人员，应当与发行人承担连带赔偿责任，但是能够证明自己没有过错的除外”。由此可知，证券发行人的控股股东、实际控制人、董监高和其他直接责任人员，对于发行人的虚假陈述侵权责任，就是依据过错推定原则承担连带赔偿责任的。

例如在五洋债券一案中，五洋建设集团股份有限公司的法定代表人陈某樟就是据此承担侵权损害赔偿责任。

【典型案例要旨41】(2020)浙01民初1691号：作为发行人的法定代表人、实际控制人，对公司的经营情况、利润水平以及利润产生方式应当知晓。陈某樟在公司报表利润与实际情况存在重大差异的情况下，在相关募集文件上签字确认，积极推进公司债券的发行，且未能证明自己没有过错，依法应当与发行人承担连带赔偿责任。

王某与五洋建设集团股份有限公司、陈某樟证券虚假陈述责任纠纷一审民事判决书

浙江省杭州市中级人民法院(2020)浙01民初1691号

浙江省杭州市中级人民法院经审理认为：

关于陈某樟的民事责任问题。

陈某樟系五洋建设集团股份有限公司的法定代表人、实际控制人，对公司的经营情况、利润水平以及利润产生方式应当知晓。陈某樟在公司报表利润与实际情况存在重大差异的情况下，在相关募集文件上签字确认，积极推进公司债券的发行，且未能证明自己没有过错，根据《证券法》(2014年修正)第69条及《会计法》第4条“单位负责人对本单位的会计工作和会计资料的真实性、完整性负责”之规定，应当与五洋建设集团股份有限公司承担连带赔偿责任。

第二节　董监高责任纠纷的举证责任

一、举证责任概述

举证责任又称证明责任，是指当事人对自己提出的主张有提供证据进行证明的责任。具体包含行为意义上的举证责任和结果意义上的举证责任两层含义：其一，行为意义上的举证责任是指当事人对自己提出的主张有提供证据的责任；其二，结果意义上的举证责任是指当待证事实真伪不明时由依法负有证明责任的人承担不利后果的责任。[①] 这也就是通常所说的民事诉讼法上的“谁主张，谁举证”。当然，“谁主张，谁举证”只是一般情况，特殊情形下，需要举证责任倒置，即由原本负举证责任的对方承担举证责任。

根据法律要件分类说中的规范说，凡主张权利存在的当事人应当对权利发生的法律要件存在的事实提供证明，如果主张未能达到法定的证明标准，则要承担不利的法律后果。而当主张者达到了法定的初步的证明标准，抗辩者如果提出否认观点，那么会发生举证责任转移，由抗辩者对其抗辩主张进行举证。凡否认权利存在的当事人应当就权利妨碍法律要件、权利消灭法律要件或者权利限制法律要件存在的事实负举证责任，如果不能举证证明自己的主张，则产生不利的法律后果，而如果能够提供证据证明自己的观点，则发生举证责任转移的效果。[②] 这里的举证责任转移，实质上是指原告所举证据达到法定的证明标准，可以证明其所主张的待证事实成立，按照行为意义上的举证责任的效果，原告已经完成举证，胜诉近在咫尺。此时，待证事实真伪是否明确的天平将向原告倾斜，因此，被告需要进行反证，即被告需要对此进行反驳，若没有反驳，或者不能对其反驳所依据的事实提供证据予以证明，如不能证明存在前述的权利妨碍、消灭或限制的事实，则按照举证责任的规则，被告将败诉，原告胜诉。

如前所述，侵权责任的归责原则包括过错责任原则、过错推定原则以及无过错责任原则。法律规范中，对举证责任的分配，也需要考虑归责原则。最常见的是适用过错责任原则的情形，需要原告举证证明被告存在侵权行为、损害后果及二者的因果关系，以及表主观上存在过错这四个要件。但是，在过错推定原则适

---

① 参见江必新主编：《新民事诉讼法条文理解与适用》（上），人民法院出版社 2022 年版，第 275 页。

② 参见李明：《最高人民法院〈关于民事诉讼证据的若干规定〉适用与案解》（上册），法律出版社 2021 年版，第 116 页。

用的情形中,因为法律已经对侵权人的主观过错进行了法律推定,所以,对于侵权人的主观过错要件,就要进行举证责任倒置,即被告对其不存在主观过错承担举证责任,原告不需要对此主观要件进行举证。当然,在无过错责任原则适用的场合,因为此类侵权责任的构成不需要考虑侵权人主观过错这一要件,自然不需要原告对此进行举证。

二、董监高责任纠纷的举证责任

"谁主张,谁举证",是举证责任分配的常态。董监高责任纠纷产生于董监高违反忠实勤勉义务而损害公司或股东权益,原告是公司或其股东,因此,需要作为原告的公司或其股东承担举证责任;若所举证据无法证明责任构成要件的成立,公司或其股东需要承担败诉的法律后果。

当然,在不当关联交易中,董监高的个人利益与公司利益客观上存在矛盾。因此,法律将举证责任分配给被告——实施交易的董监高,由其证明交易对公司公平,法院则以警惕的目光审视交易全过程,以确保公司利益不受损害。[①]

按照《最高人民法院关于适用〈中华人民共和国民事诉讼法〉的解释》第 90 条的规定,当事人对自己提出的诉讼请求所依据的事实或者反驳对方诉讼请求所依据的事实,应当提供证据加以证明,但法律另有规定的除外。在作出判决前,当事人未能提供证据或者证据不足以证明其事实主张的,由负有举证证明责任的当事人承担不利的后果。这里的"法律另有规定的除外",就是指举证责任倒置。"倒置"是相对于过错责任原则下由原告对被告的侵权责任要件承担责任的"正置"而言。在适用举证责任倒置的场合,倒置之后的举证责任人承担前述行为意义上的举证责任,在应证明的待证事实真伪不明的情况下承担举证不能的不利后果。

如前文所举事例,对于发行人的控股股东、实际控制人、董监高和其他直接责任人员,我国《证券法》第 85 条规定的就是过错推定责任,因此,作为原告的投资人,只需证明发行人存在虚假陈述的侵权行为,因虚假陈述进行了证券交易且存在经济损失就可以,不需要证明发行人的董监高存在主观过错。若发行人的董监高认为自己对此没有过错,应当举证证明,否则就须承担不利的法律后果。

需要说明的是,推定是指由法律规定或由法院按照经验法则,从已知的前提事实推断未知的结果事实存在,并允许当事人提出反证推翻的一种证据法则。[②]由此,推定包括法律推定和事实推定,前者如《证券法》第 85 条就发行人董监高的

---

① 参见朱锦清:《公司法学》(修订本),清华大学出版社 2019 年版,第 637 页。

② 参见最高人民法院民事审判第一庭:《最高人民法院新民事诉讼证据规定理解与适用》(上),人民法院出版社 2020 年版,第 150 页。

过错推定,后者则是法院依据经验法则作出的推定。因此,考虑到证据的证明力,推定的事实视为当然存在,但其效力不是绝对性的、终局性的,应当允许通过反证事实予以推翻。按照《最高人民法院关于民事诉讼证据的若干规定》(法释〔2019〕19号)第10条的规定,"根据法律规定推定的事实"和"根据已知的事实和日常生活经验法则推定出的另一事实",当事人若有相反证据足以反驳,则该推定就视为不存在。

【问题36】关联交易是否满足公平标准的证明责任,应当由哪一方承担?

【典型案例要旨42】(2020)京03民终7060号:关联交易需满足"公平标准",而"公平标准"具体又包含:(1)程序公平标准;(2)实质公平标准。对上述要求,主要应由董事、高管承担举证责任,否则其要承担举证不能的法律后果,关联交易便不具有正当性。

韩某江与孙某照损害公司利益责任纠纷二审民事判决书

北京市第三中级人民法院(2020)京03民终7060号

北京市第三中级人民法院经审理认为:

董事、高管实施的关联交易需满足"公平标准",而"公平标准"具体又包含:(1)程序公平标准;(2)实质公平标准。程序公平标准主要指根据法律和公司章程的规定,关联交易需经股东会、股东大会同意,并且履行了信息披露义务。在此前提下,关联交易还需满足实质公平标准,是指公司所得与公司所失相等,公司是否愿意以同等条件与第三人进行交易。对上述要求,主要应由董事、高管承担举证责任,否则其要承担举证不能的法律后果,关联交易便不具有正当性。

本案中,韩某江与大风行公司之间的股权转让以及韩某江个人独资企业卓伟工作室与大风行公司签订的协议,均系韩某江与大风行公司之间的关联交易。韩某江需举证证明该关联交易的公平性。韩某江承认上述两项交易均未经过股东会决议,也未举证证明曾就该交易履行信息披露义务。其主张曾与公司股东进行了沟通,但并未提交相关证据予以证明,不符合《公司法》以及司法解释规定的程序性公平标准,本院不予采信。

具体在韩某江与大风行公司之间的股权转让关系中,韩某江提交了视频合作协议、超能大星探独家投资协议、爱奇艺公司出具的付款证明、江风科行公司账务明细清单以及2014年和2015年的资产负债表、利润表等,拟证明江风科行公司在股权变更时处于经营状态并有实际收入。但国家税务总局天津市税务局稽查局曾对江风科行公司因“2014年、2015年,在没有真实业务且没有支付款项”等涉税问题作出处罚,该处罚与韩某江主张的江风科行公司良好的经营状况相矛盾。韩某江亦未进一步提交对江风科行公司的资产状况、发展前景和预期利润等的尽职调查和评估报告,无法证明该交易的具体作价。由此导致的举证不能后果应当由韩某江自行承担。

而在卓伟工作室与大风行公司的交易中,韩某江未提交证据证明与韩某江领取的制作费对价相当的合同履行结果。因此,该关联交易不符合实质性公平标准,损害了大风行公司的合法利益。根据《公司法》第148条第2款“董事、高级管理人员违反前款规定所得的收入应当归公司所有”的规定,韩某江基于上述不公平的关联交易所得的收入应该归大风行公司所有。一审判决韩某江归还大风行公司制作费和股权转让款并无不当。

【典型案例要旨43】(2019)粤04民终2495号:王某宁等三上诉人主张案涉款项流转未损害和盛公司的利益,应当举证证明鑫锋公司就该笔款项向和盛公司支付了合理对价或者存在其他合理理由。

珠海市鑫锋发展有限公司、王某宁公司关联交易损害责任纠纷二审民事判决书

广东省珠海市中级人民法院(2019)粤04民终2495号

广东省珠海市中级人民法院经审理认为:

和盛公司依据其与凯东公司之间的4份合同,向凯东公司支付货款合计484万元,凯东公司随后又根据和盛公司的委托将上述款项转付鑫锋公司。根据凯东公司向广东连越律师事务所出具的回复函,凯东公司只是根据和盛公司的要求进行代收代付,凯东公司已经按和盛公司的要求将款项全部支付给鑫锋公司。至于鑫锋公司的打款目的,凯东公司并不清楚。由于凯东公司未收到和盛公司的货款,凯东公司未按合同投入制造。据此,凯东公司未直接从案涉款项流转中获取直接经济利益,只是起到协助资金流转的作用。案涉款项流转发生时,王某宁为和盛公司的实际控制人,王某是和盛公司的监事且在和盛公司任职,王某宁和王某皆为鑫锋公司的股东。该笔由和盛公司经由凯东公司最终流向鑫锋公司的款项实际构成了关联交易。根据和盛公司一审庭审中明确的法条依据,本案的案由应当为公司关联交易损害责任纠纷。一审法院确定的案由有误,本院予以纠正。

王某宁等三上诉人主张案涉款项流转未损害和盛公司的利益,应当举证证明鑫锋公司就该笔款项向和盛公司支付了合理对价或者存在其他合理理由。

【问题 37】对于公司双控人的过度支配与控制损害赔偿责任，对于过度支配与控制所致财产混同的事实，应当由哪一方承担举证责任？

【典型案例要旨 44】(2022)最高法民终 69 号：冲电气公司已经初步举证证明怡化金融设备公司在成立时间、经营范围、工作人员等方面与怡化电脑公司具有高度关联性，在原审要求举证时，怡化金融公司没有就这些事实作出合理解释，也没有提出能有效证明其与怡化电脑公司之间财产独立的证据。原审结合双方诉讼地位和举证难度，综合运用证据规则，认定怡化股份公司对怡化电脑公司和怡化金融设备公司构成过度支配与控制，并无不当。

深圳怡化电脑股份有限公司、深圳怡化金融设备制造有限公司与冲电气金融设备(深圳)有限公司股东损害公司债权人利益责任纠纷二审民事判决书

最高人民法院(2022)最高法民终 69 号

最高人民法院经审理认为：

关于怡化金融设备公司应否对怡化电脑公司案涉债务承担连带责任的问题。

根据已查明的事实，怡化金融设备公司与怡化电脑公司均受怡化股份公司控制，怡化金融设备公司成立于 2015 年 10 月，经营范围与怡化电脑公司基本一致。根据怡化电脑公司代理人的一审庭审陈述，怡化电脑公司从 2016 年开始就没有再进行主营业务的经营。2015 年 10 月怡化电脑公司有 682 名工作人员购买社保，2015 年 12 月怡化金融设备公司有 650 名工作人员，其中有 630 名是于 2015 年 10 月在怡化电脑公司购买社保的工作人员，而 2015 年 12 月怡化电脑公司购买社保的工作人员人数为 0。根据以上事实，可以认定在冲电气公司就其与怡化电脑公司之间的合同纠纷申请仲裁后不久，怡化电脑公司停止营业，怡化金融设备公司成立并从事与怡化电脑公司相同的经营业务且招录了怡化电脑公司几乎全部的员工。冲电气公司已经初步举证证明怡化金融设备公司在成立时间、经营范围、工作人员等方面与怡化电脑公司具有高度关联性，在原审要求举证时，怡化金融公司没有就这些事实作出合理解释，也没有提出能有效证明其与怡化电脑公司之间财产独立的证据。原审结合双方诉讼地位和举证难度，综合运用证据规则，认定怡化股份公司对怡化电脑公司和怡化金融设备公司构成过度支配与控制，并判令怡化金融设备公司对怡化电脑公司在深圳国际仲裁院华南国仲深裁〔2020〕D83 号仲裁裁决第 1 项与第 2 项相互抵扣后的应向冲电气公司支付的款项承担连

带清偿责任,并无不当。

【问题 38】对于董监高篡夺公司商业机会的事实,法院能否通过推定的形式予以认定?

【典型案例要旨 45】(2019)粤民终 1027 号:时任美谷佳公司法定代表人、董事长、总经理的李某,未能积极履行职责,违反对公司的忠实和勤勉义务,导致美谷佳公司的全资子公司华佗在线公司轻易丧失与省二医的商业机会,再结合由李某实际控制的友德医公司随后即与省二医就网络医院等项目继续合作的事实,可以认定李某为其实际控制的友德医公司谋取本属华佗在线公司商业机会的事实存在具有高度可能性。

深圳市华佗在线网络有限公司、深圳市美谷佳科技有限公司损害公司利益责任纠纷二审民事判决书

广东省高级人民法院(2019)粤民终 1027 号

一审法院深圳市中级人民法院经审理认为:

以上事实再结合李某出具的《情况说明》中关于"美谷佳公司及华佗在线公司的创始人团队即本人及其他团队成员一直从事医疗机构信息化产品的开发及经营"以及李某作为技术方代表与资本方在经营美谷佳公司、华佗在线公司过程中出现的矛盾等内容,足以证明李某作为美谷佳公司股东,在担任美谷佳公司法定代表人、董事长、总经理及技术团队主要负责人期间,另行实际控制与华佗在线公司具有同类业务的友德医公司,将华佗在线公司与省二医合作创建的网络医院等项目据为友德医公司所有,谋取本属于华佗在线公司的商业机会,取得宜华地产巨额投资,其行为损害了华佗在线公司的利益进而损害了美谷佳公司的利益,须向华佗在线公司赔偿。

李某辩称,省二医曾于 2014 年 9 月 23 日向华佗在线公司出具《通知函》,载明"我院曾向华佗在线公司项目主管协商提出中止框架协议意见,华佗在线公司表示理解……我院决定中止与华佗在线公司所有合作项目……"美谷佳公司于 2014 年 9 月 25 日回函,代表华佗在线公司同意终止双方合作,因此,友德医公司在华佗在线公司与省二医已终止合作后的 2014 年 11 月 20 日,方与省二医签订《友德医网络医院合作协议》,并未谋取属于华佗在线公司的商业机会。一审法院对李某的该答辩意见不予采纳并评述如下:

……

第三，华佗在线公司与省二医签订的《合作框架协议》约定“合同有效期十年……华佗在线公司在项目实施中投资巨大，如果合作期限内省二医终止协议，应赔偿华佗在线公司的项目建设损失……”等内容，且如上文所述，华佗在线公司与省二医的合作在当时已经取得了阶段性成果，但在省二医出具上述《通知函》终止合作后，美谷佳公司、华佗在线公司既未提出异议或协商方案，也未依照上述合同约定向省二医主张权利，反而在短短两天后回函同意终止合作，明显不合常理。

第四，如果省二医、美谷佳公司出具上述函件属实，也能够证明时任美谷佳公司法定代表人、董事长、总经理的李某，未能积极履行职责，违反对公司的忠实和勤勉义务，导致美谷佳公司的全资子公司华佗在线公司轻易丧失与省二医的商业机会，再结合由李某实际控制的友德医公司随后即与省二医就网络医院等项目继续合作的事实，可以认定李某为其实际控制的友德医公司谋取本属华佗在线公司商业机会的事实存在具有高度可能性，依照《最高人民法院关于适用〈中华人民共和国民事诉讼法〉的解释》第108条第1款的规定，应当认定该事实存在。

第五，宜华地产以增资和购买股权的方式获得友德医公司20%股权，并发布公告称“2014年10月，友德医公司与省二医合作的广东省网络医院正式上线启用……本次交易的定价依据：网络医院是未来医疗服务行业发展的大趋势……”但是，由于友德医公司与省二医直至2014年11月才签署合作协议，友德医公司直至2015年5月才开发完成“友德医网络医院平台V1.0”软件系统，且如省二医和李严所述，华佗在线公司与省二医直至2014年9月25日才终止合作，故上述影响宜华地产作出巨额投资决定的“2014年10月正式上线启用的网络医院”，必然是华佗在线公司与省二医合作开展的“网络医院”项目。从友德医公司因此获利的情况看，也能够认定李某为自己控制的友德医公司谋取本属华佗在线公司商业机会和利益的事实。

【典型案例要旨46】(2019)粤04民终2495号：一审法院有理由相信上述代收款证明极有可能出于王某宁本人的意思，也即王某宁操控和盛公司作出。而且从代收款证明可以推断出，凯东公司收到的484万元并非和盛公司支付其的货款。

珠海市鑫锋发展有限公司、王某宁公司关联交易损害责任纠纷二审民事判决书

广东省珠海市中级人民法院(2019)粤04民终2495号

一审法院广东省珠海市香洲区人民法院经审理认为：

关于鑫锋公司、王某宁、王某是否侵占和盛公司资产。经审查，一审法院认

为，鑫锋公司、王某宁、王某的行为构成侵占理由如下：

关于代收款证明。虽然鑫锋公司、王某宁、王某对该证明的真实性不予认可，但该证明的收件人凯东公司在该份证据加盖其公章予以证明，而且鑫锋公司也在2013年10月18日收到了凯东公司转账的484万元。因此，一审法院对该份证据的真实性、关联性予以确认。该份证明的内容为，和盛公司委托鑫锋公司代收凯东公司的款项484万元。也就是说，该484万元原本属于和盛公司，只是和盛公司委托鑫锋公司代收而已。上述代收款证明虽然是和盛公司出具，但王某宁自认，其在2014年5月2日前直接和间接持有和盛公司股份97%以上。因此，一审法院有理由相信上述代收款证明极有可能出于王某宁本人的意思，也即王某宁操控和盛公司作出。而且从代收款证明可以推断出，凯东公司收到的484万元并非和盛公司支付其的货款，否则凯东公司收到合同约定的货款后不可能将收到的货款再转回和盛公司指定的公司。

2

PART

第二篇

特别领域中董监高的履职法律风险防范

（董监高损害公司利益）

第八章

篡夺公司机会纠纷中的董监高责任

第一节　公司机会的基本法理

禁止篡夺公司机会,也叫“公司机会规则”(corporate-opportunity doctrine)。依据《布莱克法律词典》的解释,其是指禁止公司董事、高管和雇员将公司拥有的期待利益、财产利益或财产权利的交易机会,或从公平角度而言将属于公司的交易机会篡夺自用。

一、公司机会的域外理论与司法实践

公司机会规则主要起源于美国。在美国,一般认为关于公司机会规则的最早判例是1900年的Lagarde v. Anniston Lime & Stone Co.案,该案确立了不得篡夺公司拥有利益或期待利益之机会的规则。1939年的Guth v. Loft Inc.案,确立了判断公司机会的经营范围标准。1948年的Durfee v. Durfee & Canning Inc.案,确立了判断公司机会的公正性标准。在英联邦国家,公司机会规则源自衡平法上的受托人的信义义务规则。该规则产生于1726年的Keech v. Sandford案,其确立了“除非委托人明示同意,受托人不得利用其地位谋利”的规则。此后,从1916年的Cook v. Deeks案到1967年的Regal (Hastings) Ltd. v. Gulliver案,法院采取的都是严格执行公司机会规则的立场。其中,1974年美国明尼苏达州最高法院在一个案例中将经营范围标准与公平性标准结合起来认定公司机会,首创了“两步分析法”,也称为“明尼苏达标准”。其运作机理是:首先根据经营范围标准确定某一商业机会是不是公司机会,如果回答是肯定的,那么再进行第二步,判定被告是否违反了善意、忠诚及公平交易的义务。原告对第一步负举证责任,被告就第二步负举证责任。[①]

在实践不断发展过程中,对公司机会的认定,英美判例法、制定法以及学界基

---

① 参见李安安:《公司机会规则研究》,武汉大学2006年硕士学位论文。

于信托法的思维确立了多项标准。例如,在美国司法判例中就有“利益与期待标准”(Interest or Expectancy Test)、“经营范围标准”(Line of Business Test)、“公平标准”(Fairness Test)和权力滥用标准(Misuse of Powers)、两步分析法(two-step analysis)等。其中的“公平标准”为追求公平含有七个考量因素,包括:“(1)该机会是否具有特殊的或独特的价值,或者说它是否为公司的业务发展所必需;(2)该机会是不是基于公司高级职员这一职位所知悉的;(3)公司是否积极地追求这一机会,如果是,那么公司是否已经放弃了这一努力;(4)该高级职员是否有明确的职责为公司获得这一机会;(5)为取得或开发这一机会,他是否使用了公司的资金或设施;(6)他利用这一机会是否使得公司处于不利的地位,他是否有将此机会转售给公司的意图;(7)公司是否有足够的能力、财力及其他条件来利用这一机会。”①

然而,英美司法中对公司机会的前述认定标准也确实存在明显的逻辑矛盾。例如,前述“公平标准”中的第3项属于“公司意愿”的因素,第7项属于“公司财力”的因素,体现的是公司利用、处分商业机会的意愿或能力,显然不应当成为公司机会认定的因素,最多也只是可以作为董事对其侵犯公司机会指控的抗辩理由。② 由于英美法系的信托原理思维弱化了商业机会财产属性的重要意义,忽略了商业机会与侵犯商业机会行为两者之间的差异,实践中难免将认定董事侵犯公司机会的因素,误作认定公司机会的因素。

尽管争议不断,但美国法学会也对公司机会给出如下定义,并提供给美国各州的立法作参考:③

(1)为公司高级主管或董事所知晓的从事一项商业活动的任何机会,而该高级主管或董事得知该种机会:

(A)因为履行高级主管或董事的职责,或在当时的情形下,该高级主管或董事有理由相信提供机会的人意图将这个机会提供给公司;或者

(B)通过使用公司的信息或财产,如果有理由相信该高级主管或董事能预见到所得机会符合公司的利益。

(2)为公司高级主管或董事所知晓的从事一项商业活动的任何机会,而该高级主管或董事与该项公司正在从事或将要从事的商业活动具有密切关联。

相比之下,在大陆法系国家,公司法上对公司机会及其被篡夺的责任,均鲜有

---

① 张开平:《英美公司董事法律制度研究》,法律出版社1998年版,第266、272页。

② 参见沈贵明:《公司商业机会的司法认定》,载《法学》2019年第6期。

③ 美国法学会的《公司治理原则:分析与建议》第5.05节董事或高级主管获取公司机会(Corporate Opportunities)(b)。

专门的法律规定,相关的司法案例也比较少见。传统上以竞业禁止规则作为规制公司机会问题的主要路径,也不具有类似英美法上的利润返还、拟制信托等有效救济措施。因此,在大陆法系各国公司法中,虽然公司机会理论的独立地位和价值逐渐得到肯定,但竞业禁止规则仍被视为更为有效的替代规则,而对移植英美法上的公司机会规则持谨慎态度:或仅规定有竞业禁止规则,或将公司机会规则与竞业禁止规则合并规定,使得二者之间的界限相当模糊。①

二、公司机会在中国的理论发展与立法实践

公司机会理论,在我国的发展比较晚,也不够成熟,司法实践仍然较为混乱。例如,刘俊海教授认为,公司机会的认定需要考虑三个因素:(1)公司人员在执行职务中获得的该公司机会;(2)该公司机会必须向公司披露;(3)该公司机会与公司经营活动密切相关。② 而经过对已有案例的研究,沈贵明教授认为,我国司法审判中对公司商业机会认定存在如下问题:其一,对公司机会的司法认定考量的因素尚未达成共识。在经营活动、所任职务、公司意愿、对方意愿、公司财力等因素中,应当考量哪些因素,尚未达成共识。由此导致对公司机会的司法认定比较混乱,甚至还出现了同一案件在不同级别的法院,采用不同的考量因素,并得出了相反裁判结果的情况。其二,公司机会司法认定所涉因素多寡不一,掌握标准宽严不一。其三,同一考量因素被用于认定不同的对象,缺乏严谨的逻辑思维。③ 此外,公司机会与侵犯公司机会的行为两者常常被混为一谈,反映出司法审判实践对公司机会的认定乃至对此类案件的审理缺乏合理、清晰的认识。

与美国判例法主要围绕公司类型、公司资源、优势可能性、来源具有合理性、经营活动相关性以及公司财力六个因素来认定不同,我国司法实践中,在认定公司机会以及是否构成篡夺公司机会时,各个法院侧重点各有不同,总结起来,包括公司意愿、实质努力、竞争优势、利用能力、客户意愿、机会来源、披露批准、业务关联、盗用资源、职务便利、敏感节点、冒用名义、造成损失等考虑因素。④

对于公司机会,2005 年修订的《公司法》第 149 条第 5 项规定,董事、高管不得有下列行为:未经股东会或者股东大会同意,利用职务便利为自己或者他人谋取属于公司的商业机会,自营或者为他人经营与所任职公司同类的业务。这是中国

① 参见刘凯湘、莫若云:《公司机会认定规则的反思与重构》,载王利明主编:《判解研究》2022 年第 3 辑(总第 101 辑),人民法院出版社 2023 年版。

② 参见刘俊海:《股份有限公司股东权的保护》(修订本),法律出版社 2004 年版,第 172 ~173 页。

③ 参见沈贵明:《公司商业机会的司法认定》,载《法学》2019 年第 6 期。

④ 参见刘凯湘、莫若云:《公司机会认定规则的反思与重构》,载王利明主编:《判解研究》2022 年第 3 辑(总第 101 辑),人民法院出版社 2023 年版。

立法第一次规定禁止篡夺公司机会。但是,该法不但未明确公司机会的内涵与外延,更是基于大陆法系的路径依赖,将篡夺公司机会与经营同类业务混为一谈,甚至相互替代。

经过我国学者的多年研究以及司法实践的不断探索,《公司法》将董监高篡夺公司机会与经营同类业务分割开来,并进一步修订完善,增加了“报告 + 决议同意”规则以及表决回避规则,该法第 183 条规定,董监高,不得利用职务便利为自己或者他人谋取属于公司的商业机会。但是,有下列情形之一的除外:(1)向董事会或者股东会报告,并按照公司章程的规定经董事会或者股东会决议通过;(2)根据法律、行政法规或者公司章程的规定,公司不能利用该商业机会。

三、公司机会的法律属性

法律属性,即在法律上如何界定公司机会,英美法系通过财产法上的财产予以解读,而大陆法系则用民法典、物权法或其他相关法律来解释。

英美法系财产法中所指的财产是一个范畴宽泛的概念,几乎与财富同义。凡可依法转让的权利,法律都将其作为一种财产对待,在英国法中被称作物。以能否被感官所感知为标准,物可划分为具体物与抽象物。不能被感官感知到,只能通过思维想象的物为抽象物,包括债务、股份、知识产权等。既然一切能产生经济价值且可用于交换的利益都可视为财产,那么,可产生经济价值且能够满足人们需要的抽象物,自然应被纳入财产之中。[①] 因此,在英美法系中,公司机会被视为公司的一种财产,若符合财产界定的条件,则该机会就属于公司的财产而不得被随意篡夺。

学界关于公司机会的法律性质众说纷纭,有观点将公司机会视作公司对收益结果的一种预期;有观点则认为公司机会是公司相较于内部管理人的一种优先权;还有观点主张应当把公司机会纳入无形财产的规制范畴,对其利用具有期待权的属性。[②]

英美法系意义上的财产在大陆法系中的相关概念至少涉及三个:第一个是财产权利中的“财产”,第二个是“利益”,第三个是物权法中的“物”。具体到我国的民法中,包括:

我国《民法典》第 113 条规定“民事主体的财产权利受法律平等保护”。这里的“财产”是法律保障的主体生存和发展需要的物质资料总和或经济利益,“财产

---

① 参见李安安:《公司机会规则研究》,武汉大学 2006 年硕士学位论文。

② 参见郑乾:《〈公司法〉修订背景下公司机会规则的逆向排除建构——从有效抗辩事由的“司法路径”切入》,载《河南财经政法大学学报》2024 年第 1 期。

权利”应当从广义上理解，是指权利标的具有财产上的价值的权利，包括物权、债权、知识产权、继承权、股权及其他投资性权利等，以上述权利为内容的民事法律关系为财产权关系。与人身权相比，财产权利主要有两个方面的特征：(1)财产权利所体现的利益具有经济价值，可以进行经济评价；(2)财产权利可以脱离权利人本人进行移转。随着社会经济与科技的发展，诸多新型财产权不断涌现，如商业信誉、商业秘密、经营利益、特许权、信托权、信息网络传播控制权、域名专用权、数据库专用权、个人资料控制权等。[①] 同时，随着非物质性财产类型的扩张，财产被定义为“对价值的权利而非对物质的权利”。[②] 这里的财产的内涵与外延，与英美法系中的财产概念极为接近，可以作为我国公司法上公司机会归属及予以法律保护的法律基础。

我国《民法典》第 126 条规定，“民事主体享有法律规定的其他民事权利和利益”。这其中的“民事利益”则是指由民法保护的，因缺乏必需的构成要件而尚未上升为权利的利益，即受到民法保护的不包括权利的那部分利益，理论上也称为“法益”，或称为合法利益。[③] 公司机会所指向的就是一种可能获得的商业利益，因此，该条法律规定亦可作为我国公司法上公司机会归属及予以法律保护的法律基础。

物，是物权的标的或指向的对象，即客体，包括有体物和无形财产，是指存在于人身之外，能够为人力所支配，具有独立性，能够满足人类社会生活需要(具有一定的价值)的有体物和自然力。[④] 物的概念本身，就包括了物的界定的三个要件，物是否应当受到法律保护，还要看其是否符合物权法(有体物)的规定条件。因此，物权法上的物的认定条件，也可以作为公司机会认定的参考。

按照我国民商合一的理论与立法路径，公司机会的归属与属性，应当首先根据作为一般法的民法典、其次再根据公司法这一特别法的规定来界定。公司机会具有某种抽象的财产属性，是公司实现利益的重要纽带和平台，具有独特的经济价值，因此可以将公司机会看作“对价值的权利”；公司机会是保持公司持续经营的重要条件之一，具有强烈的“经营利益”色彩，因而公司机会属于新型财产类型；公司机会是实现公司利益的重要保障，是公司实现利益的载体和中介，因而有公司机会财产化之必要。综上，公司机会是一种可转化为利益的抽象存在，具备鲜

---

① 参见最高人民法院民法典贯彻实施工作领导小组主编：《中华人民共和国民法典总则编理解与适用》，人民法院出版社 2020 年版，第 569 页。

② 参见吴汉东：《财产的非物质化革命与革命的非物质财产法》，载《中国社会科学》2003 年第 4 期。

③ 参见最高人民法院民法典贯彻实施工作领导小组主编：《中华人民共和国民法典总则编理解与适用》，人民法院出版社 2020 年版，第 648 ~649 页。

④ 参见王泽鉴：《民法物权》，北京大学出版社 2009 年版，第 40 页。

明的财产属性,应当被纳入无形财产的规制范围。[①]

四、公司机会的含义与认定要件

按照两步分析法,其第一步实际要解决的是公司机会的归属问题。在前述经营活动、所任职务、公司意愿、对方意愿、公司财力考虑因素中,只有经营活动、所任职务才是确定公司机会归属的关键要素,而公司意愿、公司财力与对方意愿等要素,则是判断公司董监高利用公司机会是否正当或其可否据此抗辩的考量维度。

综合分析,笔者认为,公司机会,是指由代表公司行事的董监高或其他公司职员以及公司的股东与实际控制人,在经营管理活动中利用公司的人力、财物、资源等条件所开发或营造出来的,公司可以与他人商谈商业合作并可能据此获益的商业机会。

具体分析,笔者认为,公司机会的认定应当包括以下几项要件:

第一,从职务属性来看,虽然公司是具备独立人格的法人,但其行为仍需通过其管理层或受托员工具体代表进行,因此,公司机会是由代表公司行事的人所开发或营造出来的。不管代表公司行事的是公司董监高,还是一般员工,甚至是公司的股东、实际控制人,只要其是代表公司从事商事活动,所获得的机会就属于公司的商业机会。

很多情况下,董监高受聘的主要职责之一就是为公司创造更多的商机,且公司之所以愿意高薪聘任他们担任董监高,也正是看中了他们自身所拥有的各种资源、经验与人脉,可以说,除非另有明确约定,自他们受聘赴职之时开始,他们的这些资源、经验与人脉,就应当为公司所利用。因此,董监高利用其自身的资源、条件或优势所开发的商业机会,自然应当归公司所有。当然,董监高使用其所属公司的身份,本身就是在利用公司的商誉、信用、影响力等背书,合作对方往往也正是看中了这一点,才愿意与其深入接触、创造商机。职务行为的法律后果与经济结果,均应由其所代表的公司承受、承接,符合法理。但对于以下几类人,则须特别说明。

首先,公司的非执行董事、外部董事、独立董事。对于非执行董事、外部董事、独立董事而言,其并不参与公司日常经营管理活动,且不代表公司对外从事商业活动,其本身也很少开发或营造商业机会。另外,即使其为公司着想而向公司介绍一些资源、商业合作机会,也是其对公司的馈赠,而不属于其本职工作范围,因

---

① 参见李安安:《公司机会规则研究》,武汉大学2006年硕士学位论文。

而,他们基于自身优势所开发的机会不应当属于公司的商业机会。当然,他们根据董事会或公司的特别委任或重托而主动开发的商业机会,则因其特殊的职务属性而应当属于公司的机会。

其次,公司的股东或实际控制人。其以自身优势或条件拓展开发的商业机会,自然属于其自己所有,应无异议。但是,正如本书其他章节所论及的那样,公司股东或实际控制人并不是有权直接代表公司从事经营管理活动的管理层,若不符合实质授权要素或公示公信要素而实际上代表公司对内对外从事经营管理活动,不管其是否以公司董事等身份行事,因其事实上行使了本该由公司管理层行使的职权,按照《公司法》第 180 条第 3 款的规定,其身份已经属于事实董事,因此,公司股东或实际控制人以事实董事身份所开发或营造的机会,自然应当属于公司所有。

【问题 39】公司董事在入职之前就已经设立经营同类业务的公司并经营的,其在职期间所开发的商业机会是否属于公司机会?

【典型案例要旨 47】(2017) 苏民申 3462 号:钱某宝早在银锋公司设立之前即已从事服装生产加工业,其出资成立的银锋服饰厂原已被认定为 2011 年度中国门球协会指定竞赛用品的运动服装生产单位,即钱某宝原已掌握服装生产及与中国门球协会合作的商业机会,故亦难认定其系利用担任银锋公司执行董事兼总经理的职务便利发现该类商机,从而成立银球服饰厂从事服装生产,且谋求与中国门球协会的合作。

常熟市银锋服饰有限公司与钱某宝、常熟市银球服饰厂损害公司利益责任纠纷申诉、申请民事裁定书

江苏省高级人民法院(2017) 苏民申 3462 号

江苏省高级人民法院经审查认为:

首先,《公司法》第 148 条第 1 款第 5 项规定,董事、高管不得有下列行为:未经股东会或者股东大会同意,利用职务便利为自己或者他人谋取属于公司的商业机会,自营或者为他人经营与所任职公司同类的业务。据此,利用职务便利及侵夺公司机会或经营同类业务均是认定董事、高管违反该项规定的必要条件。

本案中,银锋公司虽曾于 2011 年 4 月 12 日被中国门球协会认定为 2011 年度中国门球协会"指定竞赛用品"的生产单位,但中国门球协会在 2012 年 3 月 13 日向银锋公司出具的《关于退还中国门球协会年度指定竞赛用品认证费的函》中,已

明确因该协会对“指定竞赛用品”的认证有一定的范围、期限和要求,在银锋公司尚未达到认定要求的情况下,特退还银锋公司申报中国门球协会2012~2013年度“指定产品”的认定费,银锋公司因而未能继续获得中国门球协会的认证,从中无法看出银球服饰厂生产的银锋牌服装产品于2012年1月9日获得的中国门球协会2012~2015年的授权系由银锋公司原所获中国门球协会的认证变更而来。再审申请审查期间,银锋公司亦认可其并无证据证明银球服饰厂生产的银锋牌服装产品的授权系由银锋公司的认证变更而来。

而且,钱某宝早在银锋公司设立之前即已从事服装生产加工业,其出资成立的银锋服饰厂原已被认定为2011年度中国门球协会指定竞赛用品的运动服装生产单位,即钱某宝原已掌握服装生产及与中国门球协会合作的商业机会,故亦难认定其系利用担任银锋公司执行董事兼总经理的职务便利发现该类商机,从而成立银球服饰厂从事服装生产,且谋求与中国门球协会的合作。

因此,钱某宝的行为不符合利用职务便利侵夺公司机会和经营同类业务的要件,一、二审判决认为银锋公司根据《公司法》第148条第1款第5项规定向钱某宝与银球服饰厂主张权利依据不足,并无不当。

第二,从开发条件而言,公司的商业机会是公司人员在经营管理活动中利用公司的信息、资料、必要环境、人力、财物、资源等条件所开发或营造的,也就是说,商业机会的产生是公司各种条件综合作用或贡献力量的结果,该商业机会就应当归属公司享有,除非根据公司有权机关的同意或授权,基于各种商业考量而将这种开发活动所获得的商业机会明确让渡给其他合作伙伴或有关人士。而且,若接受让渡的合作伙伴或人士属于与公司存在利益冲突的关联方,这种同意或授权,还应当符合关联交易的特别要求,以充分保护公司的利益。

【问题40】篡夺公司机会的损失,在被告拒不配合提交经营账册进行司法审计的情况下,可否根据经过司法审计的公司机会预计收益扣除必要成本后的金额予以认定?

【典型案例要旨48】(2023)桂02民终1994号:被告具备举证能力而不配合审计,法院无法通过审计力升公司财务资料的方式确定力升公司相应期间经营案涉市场所获得的经营利润,故一审法院参照相关估价报告的结论,根据新琦正公司的计算方法,确定力升公司2017年10月1日至2022年11月9日经营利润为10275892.67元以及月平均利润为165295.86元并无不当,法院依法予以维持。

陈某生、柳州市力升市场开发管理服务有限公司等损害公司利益责任纠纷二审民事判决书

广西壮族自治区柳州市中级人民法院(2023)桂02民终1994号

广西壮族自治区柳州市中级人民法院经审理认为:

关于如本案存在损害公司利益的行为,如何认定新琦正公司案涉损失金额的问题。

本院前述已认定本案存在损害公司利益的行为,陈某生与力升公司应对新琦正公司的损失承担连带赔偿责任。

关于如何认定损失的问题,本院认为,经法院委托,广西华正房地产土地资产评估有限公司作出了案涉房地产估价报告,该估价报告按照案涉市场不同用途摊位、商铺区分得出2017年10月1日至2022年11月9日的摊位、商铺月租金标准,该估价报告的结论有相关的依据,可以作为认定案件事实的依据。

新琦正公司通过现场清点各种摊位数量及测量摊位面积以及参考龙建公司认可的摊位面积等手段,并依据上述估价报告确定的租金标准计算上述期间案涉市场租金收益为18614731.61元;同时,一审法院结合新琦正公司管理期间的经营支出,确定2017年10月1日至2022年11月9日经营市场的总支出为8338838.94元。

经一审法院多次释明,陈某生与力升公司均拒绝提供力升公司经营案涉市场期间的实际租金收取、管理改造支出情况及相应的账册资料等。法院因无法通过审计力升公司财务资料的方式确定力升公司上述期间经营案涉市场所获得的经营利润,故一审法院参照上述估价报告的结论,根据新琦正公司的计算方法,确定力升公司2017年10月1日至2022年11月9日经营利润为10275892.67元(18614731.61元-8338838.94元)以及月平均利润为165295.86元并无不当,本院依法予以维持。本院对力升公司抗辩称涉及商业秘密不应提交相关财务资料的意见不予采纳,陈某生、力升公司亦应承担相应的评估费用。

因本案纠纷系陈某生与力升公司故意实施侵权行为所致,故本院认定,通过评估确定从2017年10月1日至2022年11月9日力升公司经营案涉市场期间获得的利润10275892.67元,均原本应该由新琦正公司获得,亦即为新琦正公司上述期间的经营利润损失,本案无须再考虑新琦正公司是否实际参与经营管理等其他因素加以酌减;力升公司主张其对案涉市场有改造支出以及疫情期间免租应当扣减相关费用等情形,但其未提交证据予以证明,且在一审期间拒绝提交账册材料予以审计,应承担举证不能的不利后果。

综上,陈某生应向新琦正公司支付损失10275892.67元(上述损失暂计至

2022年11月9日，之后经营损失以月利润165295.86元为标准计至力升公司实际丧失案涉市场经营权之日止，且最长不超过2023年12月31日），力升公司对上述损失承担连带赔偿责任。一审法院对此认定正确，本院依法予以维持。

第三，从获益可能而言，该商业机会可能促使公司获得一定的经济利益，或者虽不能直接盈利却具备其他的商业价值，如获得良好的商誉、提高公司知名度或品牌度等，则该商业机会所蕴含的获益可能，就应当由公司继续落实以便最终实现获益。当然，这种机会获益的可能性与可行性，还是要通过商业判断规则由公司管理层按其内部规章制度与运作惯例予以判断、落实。

【问题41】公司董监高在获得商业机会之后并未向公司汇报披露，是否影响将该商业机会认定为公司机会？

【典型案例要旨49】（2021）京01民终6267号：判断董事、高管获得的商业机会是否构成公司的商业机会，应当同时考虑以下因素：一是商业机会是不是董事、高管在执行公司职务过程中获得。二是商业机会是不是与公司经营活动密切相关的商业机会。三是商业机会是不是董事、高管有义务向公司披露的。

徐某培等与北京一亚高科能源科技有限公司损害公司利益责任纠纷二审民事判决书

北京市第一中级人民法院（2021）京01民终6267号

北京市第一中级人民法院经审理认为：

判断董事、高管获得的商业机会是否构成公司的商业机会，应当同时考虑以下因素：一是商业机会是不是董事、高管在执行公司职务过程中获得。二是商业机会是不是与公司经营活动密切相关的商业机会。三是商业机会是不是董事、高管有义务向公司披露的。

本案中，首先，上海公卫废液处理项目的一方是上海公卫中心，上海公卫中心是一亚公司客户，现徐某培未能提交有效证据证明其获知上海公卫废液处理项目系基于其个人身份，故应认定其系在执行一亚公司职务过程中获得，应属一亚公司的商业机会。

其次，虽然一亚公司未实际开展过类似上海公卫废液处理项目业务，但该业务的开展在一亚公司经营范围内，不需要特殊资质，徐某培未能提举有效证据证明一亚公司在明知存在上海公卫废液处理项目商业机会的情况下，明确表示拒绝,故应认定该商业机会对一亚公司具有可利用性且与公司经营活动密切相关。

最后,如上所述,徐某培系在执行一亚公司职务过程中获得的商业信息和机会,即负有向一亚公司披露的义务。

综上,应认定案涉上海公卫废液处理项目属于一亚公司的商业机会,徐某培通过即崇公司、水合公司利用该商业机会开展经营活动,谋取了一亚公司的商业机会,侵害了一亚公司的合法权益,一审法院酌情判定徐某培、即崇公司、水合公司连带赔偿一亚公司30万元并无不当,应予维持。

第四,从公司业务而言,商业机会只要没有违反法律法规的禁止性或限制性规定或与公司章程相抵触,不管其是否与公司当下业务相似或相容,均应当首先认定其为公司机会,而由公司管理层根据商业判断原则做出实质性努力去判断或落实公司能否利用该机会。之所以如此,是因为任何一家公司的商业活动都是复杂多变、存在多种可能的,不能说一种生产加工业务机会与一家贸易公司没有任何关系而不属于该公司的机会,也不能说一项贸易交易机会与一家科技公司无关而剥夺其利用该机会的权利,更不能因为一个科研合作机会与一家服务类公司不匹配就认定不属于公司的机会,一种商业机会,应该被汇报到公司管理层,并由管理层根据公司的规划及运作管理进行了研究、判断后,根据公司实际情况作出是否利用公司机会的决策。不应当由置身公司经营管理之外且不是商业领域专家的司法人员仅根据该机会是否属于公司经营范围、公司是否具备利用该机会的条件或能力等考量。

【问题42】业主方基于对设计师的信任将项目的前几期设计工作委托给公司设计,作为高管的该设计师离职后,该项目后期设计委托的商业机会是否仍属于该公司所有?

【典型案例要旨50】(2017)沪0115民初20934号:根据设计行业一般惯例,设计公司聘请设计师为委托方提供设计方案和设计效果,同时委托方亦基于对设计师的设计资历、设计能力等方面的信任将项目委托该设计师所在公司承接项目,故设计公司的商业机会往往和设计师的能力密切相关。

万某某志损害公司利益责任纠纷一审民事判决书

上海市浦东新区人民法院(2017)沪0115民初20934号

上海市浦东新区人民法院经审理认为:

原告诉称被告在离职的时候,攫取了公司的客户资源,输出至万谷公司,篡夺了原告的商业机会。

本院认为，公司的商业机会是指有可能增加公司现有利益或实现其预期目标，而公司必然会利用的机会。根据与“8号桥”项目相关的三家关联业主出具的情况说明内容，“8号桥”设计项目共分四期，该项目的业主方，基于对被告设计能力的认可，在被告的指示下，将该项目的一期、二期和三期设计业务交由被告时任公司即原告进行承办。由此可见，被告在原告处担任董事期间，为原告经营发展需要，将该设计项目一期、二期和三期的商业机会交由原告来进行处理，履行了其对原告忠实的法定义务。然而公司机会从本质上属于一种机会利益，公司利用这样的机会取得财产利益存在较大的不确定性。其可能随着公司经营、市场（客户）需求、国家政策等因素而转变。根据设计行业一般惯例，设计公司聘请设计师为委托方提供设计方案和设计效果，同时委托方亦基于对设计师的设计资历、设计能力等方面的信任将项目委托该设计师所在公司承接项目，故设计公司的商业机会往往和设计师的能力密切相关。“8号桥”项目的业主方基于对被告设计能力的信任，才将该项目的一期、二期和三期设计工作交由原告处理，现由于被告已不在原告处任职，业主方基于对被告设计能力的认可而将项目设计工作委托原告的基础已经不复存在，其自行将“8号桥”项目四期的设计工作委托被告及其所在公司处理，符合行业惯例，原告实际上已丧失继续接受该业主方委托设计项目的商业机会。

而且被告离职后，不再担任原告的董事一职，已不再负有公司法上所规定的对原告的忠诚、勤勉义务。原告亦未提供相关证据证明被告在离职后仍负有竞业禁止的义务，故原告有关被告攫取客户资源、篡夺其商业机会的主张，不予采信。

【问题43】商业机会所对应的业务需要具备特别许可，但公司并未取得该许可的，该商业机会是否属于公司机会？

【问题44】经由公司所属主线铁路的其公司支线铁路线上的相关业务机会，是否属于公司的商业机会？

【典型案例要旨51】（2021）最高法民终1052号：中铁外服公司经博钢铁路专用线的运输服务业务为国际运输业务。杨某军未能举证证明天博公司有代理国际货物运输的经营范围及资质，故经由该专用线的国际货运代理服务业务不属于天博公司当然拥有的经营权范围。

【典型案例要旨 52】（2021）最高法民终 1052 号：瑞晨铁路专用线是在博钢铁路专用线上开岔建设的；依据生效裁定及案件事实，瑞晨公司拥有瑞晨铁路专用线的所有权和经营权，其将货运代理业务交由中铁外服公司等公司系合法自主经营行为。杨某军主张瑞晨铁路专用线上中铁物流公司、中铁外服公司的代理运输服务也系大陆桥公司滥用股东权利侵权的结果，依据不足，依法不能成立。

杨某军、新疆亚欧大陆桥国际物流有限责任公司等损害公司利益责任纠纷二审民事判决书

最高人民法院（2021）最高法民终 1052 号

最高人民法院经审理认为：

关于大陆桥公司是否滥用股东权利篡夺本应属于天博公司的商业机会以及应否赔偿损失问题。

1. 关于博钢铁路专用线问题。

根据一审查明事实，中铁物流公司经博钢铁路专用线的运输服务业务为国内运输业务，中铁外服公司经博钢铁路专用线的运输服务业务为国际运输业务。杨某军未能举证证明天博公司有代理国际货物运输的经营范围及资质，故经由该专用线的国际货运代理服务业务不属于天博公司当然拥有的经营权范围，且客观上经由博钢铁路专用线运输会给天博公司带来仓储和装卸的业务收入机会，因此，虽然中铁外服公司未与天博公司签订共用该专用线经营的合同，但该部分国际业务交由天博公司以外的公司经营并未减少天博公司当然可能获得的业务机会，故中铁外服公司经由该专用线的国际运输业务具有合理依据，不构成对天博公司经营权的侵犯，不属于本案代理服务费损失的侵权范畴。中铁物流公司在博钢铁路专用线上的国内运输业务与天博公司的业务范围重合，属于天博公司依据股东会决议所独立享有的经营范畴，中铁物流公司经由该专用线的国内运输代理服务业务为本案的侵权范围。

2. 关于瑞晨铁路专用线问题。

天博公司认为瑞晨公司在博钢铁路专用线上开岔未经其同意已构成侵权，已授权杨某军作为诉讼代理人向法院提起诉讼。（2014）博中民二终字第 34 号裁定认为，瑞晨公司在天博公司博钢铁路专用线上出岔接轨经过铁路行政机关审批许可实施，并有原铁道部向瑞晨公司作出的铁许准字（2006）第 29 号行政许可决定书及铁路专用线与国铁接轨许可证，属于行政许可范畴，不属于民事调整范畴，故驳回天博公司的起诉。

依据该生效裁定及本案事实，瑞晨公司目前拥有瑞晨铁路专用线的所有权和

经营权,其将货运代理业务交由中铁外服公司等公司系合法自主经营行为,瑞晨公司和大陆桥公司、中铁物流公司、中铁外服公司不具有关联关系。杨某军主张瑞晨铁路专用线上中铁物流公司、中铁外服公司的代理运输服务也系大陆桥公司滥用股东权利侵权的结果,依据不足,依法不能成立。对杨某军关于大陆桥公司、中铁物流公司、中铁外服公司应赔偿瑞晨铁路专用线上运输代理服务费损失的上诉主张,本院不予支持。

第二节 篡夺公司机会的构成要件与免责事由

一、禁止篡夺公司机会的法理基础

公司董监高不得篡夺公司机会,这是董监高忠实义务的内含之意,是其忠实义务的底线,即不与公司发生利益冲突。公司机会对于公司发展的作用不言而喻,而作为实际负责公司经营管理的管理层,不管公司机会的产生是否出自某位董监高自己,抑或其他董监高,公司董监高均具有事先了解公司机会的先天优势,若其未能遵守忠实义务的这一底线,甚至肆意篡夺公司机会,从公司法律制度而言,势必严重侵蚀公司法上董监高忠实勤勉义务这一基石,对某一家公司而言,势必阻碍或破坏公司的经营发展。长此以往,公司制度就会失去其存在的意义与价值。

二、篡夺公司机会损害赔偿的构成要件

按照前述两步分析法的思路,在认定公司机会的归属之后,就要判断董监高的行为是否构成篡夺公司机会。篡夺公司机会,是董监高违反忠实义务的侵权行为,因此,需要具备侵权责任法上的构成要件。

1. 行为人为公司的董监高

篡夺公司机会侵权行为的主体,是特殊主体,即公司的董监高,这源于其法定的忠实义务。无法界定为董监高的公司一般职员,除公司章程或劳动合同另有约定外,不负有公司法上的忠实勤勉义务,因此,也无法成为篡夺公司机会的侵权主体。当然,若其作为共同侵权人与公司董监高共同篡夺公司机会,应当按照《民法典》第 1168 条有关共同侵权的法律依据承担共同侵权的法律责任,而不是依据公司法直接承担侵权责任。

董事的各种类别中,挂名董事与隐名董事,因其具备实质授权要素或同时兼具实质授权要素和公示要素,自然应当属于本类侵权行为的主体范围。

公司董事可成为篡夺公司机会的侵权主体,是因其负有忠实勤勉义务。而2023年修订后的《公司法》第180条第3款新增的事实董事,因其符合公司董事的身份、依法对公司负有忠实勤勉义务,当然可以构成篡夺公司机会的侵权主体。

对于《公司法》第192条新增的指示人,若其因不符合《公司法》第180条第3款的构成要件而无法被认定为事实董事的,则不具备董事身份,依据该条特别法和《民法典》第1169条的规定,指示人只能作为教唆人而承担基于教唆侵权的共同侵权责任。在此情况下,该指示人并不是篡夺公司机会的当然行为主体,而只是具备教唆身份的共同侵权行为人。所以,其是否构成篡夺公司机会侵权主体,完全依赖其所指示的董事、高管是否符合本构成要件的主体身份。

在公司解散清算阶段,作为公司实际管理层的清算组成员,按照《公司法》第238条的新增内容,应对公司负有忠实义务和勤勉义务。因此,在公司清算阶段,若清算组成员违反忠实勤勉义务篡夺公司机会的,也可以构成该侵权行为的行为主体。当然,此时的商业机会主要是公司处置资产的消极机会,而非购买资产或投资拓展等积极的机会。

2. 存在利用职务便利篡夺公司机会的违法行为

违法行为,就是有责任能力的自然人或者具有法人资格的社会组织,违反法律规定,给被侵权人以及社会造成民事权益损害的行为。符合认定要件的公司机会,就属于公司所有,包括公司董监高在内的任何人都不应当随意篡夺、利用。董监高为自己或他人利用公司机会,必须按照公司章程的规定取得董事会或者股东会决议同意,或者存在其他的合法事由,否则,利用公司机会的行为,就是违法的,若符合其他构成要件,则构成篡夺公司机会的侵权行为。

本要件,实际上包括了前述两步分析法的第一步,即要先判断案涉机会是否构成公司的商业机会。经过判断,若该机会不属于原告公司,则因其不满足篡夺公司机会的前提条件,自然不需要进一步审理是否构成侵权,而应直接驳回原告公司的诉讼请求。

违法行为要件中,还有一个特别要求,即利用职务便利。利用职务便利,是指董监高利用其担任公司董监高、参与公司经营管理并行使董监高职权的便利条件。利用这种便利的方式,既包括知悉了公司的商业机会,也包括利用其董监高身份以各种借口让交易对方认为公司没有继续合作的意愿、公司不具备合作的条件、与公司合作无法实现对方的合作目的等。当然,就篡夺方式而言,林林总总不续赘述,只需强调董监高使公司丧失了本属于公司的机会、为自己或他人谋得了该机会即可。

不管该公司机会是否为行为人本人代表开发,也不管行为人是否通过正常的公司内部经营管理活动而获知公司存在这样一个商业机会,甚至是私下通过其他非正常渠道获知的,如从知悉该公司机会的其他董监高处打探得知,只要行为人在获知该公司机会之后,为自己或他人谋得了该机会,均不影响其行为违法性的构成,均属于利用职务便利。

【问题45】公司董监高与第三方存在密切联系,且公司合作对象与该第三方确定合作的时间发生在其任职期间的,能否认定为篡夺公司机会?

【典型案例要旨53】(2020)苏01民终3258号:钱某知晓中改一云公司和中国改革报社合作中的重要信息并谋取合作商业机会、维持合作关系。北京中债公司工商登记信息显示的企业联系电话为钱某的手机号码,债券信息披露业务部分发票领取者先后备注代钱某和北京中债公司开票,作为高管的钱某均未能作出合理解释,应认定其与北京中债公司存在密切联系。而且,北京中债公司与中国改革报社签订《债券信息披露代理合同》并获取债券信息披露业务在钱某任职中改一云公司期间。其行为构成篡夺公司机会的侵权行为。

北京中改一云文化传媒有限公司、钱某与张某红、庞某坤等损害公司利益责任纠纷二审民事判决书

江苏省南京市中级人民法院(2020)苏01民终3258号

江苏省南京市中级人民法院经审理认为:

《公司法》第148条规定,"董事、高级管理人员不得有下列行为:……(五)未经股东会或者股东大会同意,利用职务便利为自己或者他人谋取属于公司的商业机会,自营或者为他人经营与所任职公司同类的业务……董事、高级管理人员违反前款规定所得收入应当归公司所有。"中改一云公司依据《公司法》第148条第1款第5项,以作为公司高管的钱某利用职务便利为他人谋取属于公司的商业机会而给中改一云公司造成损失为由,主张钱某赔偿损失。综合分析在案证据,认定中改一云公司上述主张成立,具体理由如下:

其一,关于钱某是否非法谋取属于中改一云公司的商业机会问题。

中改一云公司的经营范围包括代理、发布广告、会议服务等,于2014年即与中国改革报社签订《上市公司信息披露独家代理合同》《中国改革报社形象宣传/广告代理合同》,约定2015年1月1日至2020年12月31日,中国改革报社授权中改一云公司独家代理中国改革报社上市公司信息披露权、在"每周证券"版性规定范围内代理形象宣传或者广告业务。虽然中国改革报社向本院出具的说明载

明债券信息披露业务一直存在并有多家代理公司代理，债券信息披露代理业务对各公司机会公开均等，任何有资质的公司都可以公开途径获取该代理权，但公开途径、机会均等获取债券信息披露业务并不意味着对中改一云公司获取该商业机会的否定，债券信息披露业务属于中改一云公司的经营范围，中改一云公司基于长期的相关广告代理、信息披露业务合作，已经举证证明其具有相应的资信实力和履约能力，对该业务具有合理预期，并为获取该商业机会做出了实质性的努力，该业务应属于中改一云公司的商业机会。

其二，关于钱某是否采取了非法谋取行为。

钱某在中改一云公司任职期间负责该公司独家代理的中国改革报上市公司信息披露业务，且《中国改革报》的"每周证券"版面上印有"执行主编钱某"。据此，钱某作为中改一云公司高管，负责中改一云公司与中国改革报社数年上市公司信息披露、形象宣传/广告代理项目的经营管理，知晓双方合作中的重要信息并谋取合作商业机会、维持合作关系。

钱某以其和亲属未在北京中债公司任职或者无控制权为由上诉称其与北京中债公司无关，但北京中债公司工商登记信息显示的企业联系电话为钱某的手机号码，债券信息披露业务部分发票领取者先后备注代钱某和北京中债公司开票，对此，钱某均未能作出合理解释，在钱某未提交充分反证的情况下，应认定钱某与北京中债公司存在密切联系。北京中债公司与中国改革报社签订《债券信息披露代理合同》并获取债券信息披露业务在钱某任职中改一云公司期间。

综上所述，钱某作为中改一云公司高级管理人员，利用其在中改一云公司掌握的业务信息、职务便利为北京中债公司谋取属于中改一云公司的商业机会，违反了忠实义务，所得收入应当归中改一云公司所有。

3. 存在公司损害的事实

损害事实，是指一定的行为（作为或不作为）致使民事主体的人身权利、财产权利及利益的减少或灭失的客观事实。在篡夺公司机会的侵权责任中，损害事实，是指公司丧失了该机会、失去了与对方深入协商合作并进而获益的可能，这种可能的最终体现，就是行为人利用其篡夺的机会与对方合作后实际获得的利益，这种利益若不被篡夺，本该由公司所享有。因此，公司的损害实际上体现为一种可得利益的丧失。至于这种可得利益的具体金额，因无法由公司重新利用该机会获利，实际上，只能根据行为人在该合作中的实际获利情况而定。

司法实践中，若参照行为人的实际获利确定公司损害的范围，一般应当在其收入中扣除合理成本，即按照交易所得的毛利金额予以确定。

商业活动往往伴随着风险,有可能无法盈利甚至发生亏损。而公司机会对应的可能,既有盈利,也有亏损。在参照行为人的获利情况确定公司损失的情况下,经过合理举证,若能证明行为人在该合作中虽有收入却并无利润甚至亏损,如因为市场变化,提供商品或服务的成本大幅提高并导致合同履行完毕之后没有获得利润甚至亏损的,此时,如何认定公司的损害?也就是说,既无法直接证明公司利用该机会可能获得的盈利是多少,也无法参照行为人的实际不盈利或亏损情况确定公司失去机会的损害是多少,该如何确定公司损害?这是个值得深入研究的疑难问题。

【问题46】商业机会产生之时并非公司所能控制的,是否构成属于公司的商业机会?

【典型案例要旨54】(2021)最高法民终1052号:本案国内运输业务涉及发货以及到货。到货的代理服务在发货时已经确定,不属于天博公司可以控制的范围,依法不属于天博公司当然的商业机会,杨某军也未举证证明对于到货中铁物流公司或中铁外服公司收取了相关费用,故一审法院对到货部分不计入本案侵权范围,依法有据。

杨某军、新疆亚欧大陆桥国际物流有限责任公司等损害公司利益责任纠纷二审民事判决书

最高人民法院(2021)最高法民终1052号

最高人民法院经审理认为:

关于大陆桥公司是否滥用股东权利篡夺本应属于天博公司的商业机会以及应否赔偿损失问题:

该问题涉及博钢铁路专用线、瑞晨铁路专用线以及杨某军主张的占用资金和利息三部分。就该三部分分析如下:

1. 关于博钢铁路专用线问题。

1.1 关于博钢铁路专用线的侵权范围。(略)

1.2 关于国内运输业务的侵权数额。

本案国内运输业务涉及发货以及到货。到货的代理服务在发货时已经确定,不属于天博公司可以控制的范围,依法不属于天博公司当然的商业机会,杨某军也未举证证明对于到货中铁物流公司或中铁外服公司收取了相关费用,故一审法院对到货部分不计入本案侵权范围,依法有据,予以维持。本案的侵权范围以发

货业务为限。在发货业务中天博公司可能收取的费用为代理服务费、仓储费和装卸费用。关于仓储费和装卸费用，杨某军明确该部分不作为本案侵权范围主张。故本案涉及的侵权损失仅为丧失上述业务中的代理服务费所造成的损失。而上述代理服务费的计算涉及运输的车辆数、吨位数、单价、成本。

【问题47】篡夺公司机会所造成的损失，法院可否根据原告所能证明的第三方收益的部分事实、行为人的过错程度及其在职期间的收入等因素，综合酌情确定？

【典型案例要旨55】(2020)苏01民终3258号：中改一云公司提交的证据属于北京中债公司可能获得的收益，法院综合钱某的过错程度、北京中债公司可能获得的收益、给中改一云公司造成的损失、钱某在中改一云公司任职期间的收入等因素，酌情认定钱某赔偿中改一云公司100万元，系合理行使自由裁量权的行为。

北京中改一云文化传媒有限公司、钱某与张某红、庞某坤等损害公司利益责任纠纷二审民事判决书

江苏省南京市中级人民法院(2020)苏01民终3258号

南京市中级人民法院经审理认为：

当事人对自己提出的诉讼请求所依据的事实或者反驳对方诉讼请求所依据的事实，应当提供证据加以证明。

本案中，中改一云公司向钱某主张损失，其应就钱某存在谋取属于中改一云公司的商业机会行为、损失的客观存在等承担举证证明责任。中改一云公司提交了会计记账本、部分发票查验明细、中国改革报社刊登债券公告统计等证据材料，进行了相应举证。

钱某虽然对中国改革报社的会计记账本提出异议，但未提供充分证据证明系采取不正当手段获得，故此，中改一云公司提交的上述证据属于北京中债公司可能获得的收益，故一审法院综合钱某的过错程度、北京中债公司可能获得的收益、给中改一云公司造成的损失、钱某在中改一云公司任职期间的收入等因素，酌情认定钱某赔偿中改一云公司100万元系合理行使自由裁量权行为，无充分相反证据，不足以使得本院改变上述认定。

4. 篡夺公司机会与公司损害之间具有因果关系

侵权法中的因果关系，指的是违法行为作为原因，损害事实作为结果，在它们

之间存在的前者引起后者,后者被前者所引起的客观联系。篡夺公司机会与公司损害之间的因果关系,是比较容易判断的,公司机会被篡夺,势必使公司丧失了与对方深入协商合作并进而获益的可能,这一点是确定的,前后者之间具备充分的因果关系。

【问题48】公司损失确系未能获得该商业机会所造成,但该损失的产生并非董事篡夺该商业机会所致,二者之间是否存在因果关系?

【典型案例要旨56】(2017)苏民申3462号:擅自离职的违反勤勉义务的行为与银锋公司的现有损失之间并无因果关联,银锋公司据此向钱某宝主张损失赔偿缺乏事实与法律依据。

常熟市银锋服饰有限公司与钱某宝、常熟市银球服饰厂
损害公司利益责任纠纷申诉、申请民事裁定书

江苏省高级人民法院(2017)苏民申3462号

江苏省高级人民法院经审查认为:

钱某宝在担任银锋公司执行董事兼总经理期间,自2012年起擅自离职,确未尽到高级职员的勤勉义务,其行为存在一定过错。

但银锋公司在再审申请审查期间明确,银锋公司现有的库存积压与亏损均是未获中国门球协会授权造成,而银锋公司自2012年起即未再获得中国门球协会的认证,钱某宝于此后才离职,则其违反勤勉义务的行为与银锋公司的现有损失之间并无因果关联,银锋公司据此向钱某宝主张损失赔偿缺乏事实与法律依据。

5. 董监高主观上存在过错

过错,包括故意和过失两种。故意,是行为人预见自己行为的结果,仍然希望它发生或者听任它发生的主观心理状态,前者为直接故意,后者为间接故意。而过失,是指行为人对被侵权人应负义务的疏忽或懈怠。

在篡夺公司机会的场合,不管是泄露公司机会给他人,还是配合他人甚至直接与对方联系、商谈合作事宜,均表现为积极的行为,这种行为反映出来的主观心理状态应该是一种故意,至少是放任公司损害发生的间接故意。当然,从另外一个角度而言,行为人违反其对公司的忠实义务而篡夺了公司机会,也是一种违反法定义务的过失。司法实践中,若无法证明行为人存在故意,则仍可主张其因违反忠实义务而构成过失。

开发出公司机会的董监高，应当及时向公司汇报该商业机会，即履行披露义务。若其未履行披露义务，就直接将该机会的相关信息提供给他人，进而他人获得该商业机会并获利的，该行为是否构成篡夺公司机会的过错，是需要深入探讨的。笔者认为，若其仅是将公司机会披露给他人，但并未独立或与他人共同与第三方进一步沟通、篡夺公司机会的，其主观上的过错应当是擅自泄露公司秘密，并不属于篡夺公司机会的故意，公司只能追究其擅自披露公司秘密的法律责任。

当然，此种情形下，其不汇报商业机会的行为，构成违反董监高的忠实勤勉义务，除追究其擅自披露公司秘密的法律责任外，公司仍有权依法按约追究其违反忠实勤勉义务的相关法律责任。

三、篡夺公司机会纠纷的免责事由

按照《公司法》第 183 条的规定，下列两种情形构成免责事由：(1)向董事会或者股东会报告，并按照公司章程的规定经董事会或者股东会决议通过；(2)根据法律、行政法规或者公司章程的规定，公司不能利用该商业机会。

免责事由，是指被告针对原告的诉讼请求而提出的证明原告的诉讼请求不成立或不完全成立的事实。在侵权责任法中，免责事由是针对承担民事责任的请求而提出来的，所以又称为免责或减轻责任的事由，也叫抗辩事由。[①]

对于篡夺公司机会的免责事由，除《公司法》的前述规定外，还有学者认为，公司财务不能、第三方不愿意与公司交易、公司放弃利用该机会等。现一并讨论如下：

1. 向公司报告后获得其有权机关的同意而利用

对于有权机关的范围，《公司法》在 2023 年修订时将之前规定的股东会或股东大会扩大到股东会或董事会。

有权机关同意的前提，是涉事董监高先向公司报告，说明其计划利用公司机会的意愿；公司收到该报告之后，根据公司章程规定的权限由股东会或董事会讨论后表决通过，若决议内容为同意该董监高利用报告的公司机会，则其取得了合法授权，自然不存在违法篡夺公司机会的问题，不会构成侵权；若决议内容为不同意的，若该董监高不顾决议内容仍为自己或他人谋得了该公司机会，因其利用不具备合法授权、利用行为违法，而构成侵权并应依法承担侵权的损害赔偿责任。

鉴于前述所涉报告与董监高向公司汇报其他经营管理事务不同，而是为了自己利用这个机会，这其中势必存在利益冲突问题，很可能存在董监高为了自己获

---

① 参见王利明、杨立新编著：《侵权行为法》，法律出版社 1996 年版，第 76 页。

得该机会而反向操作、更多地汇报该交易对公司不利或不具备价值的信息，从而促使公司放弃公司机会进而同意其利用该机会。因此，前述报告的申报义务人、申报的对象、方式、时间、范围以及有关合格、善意、持续申报、申报豁免等相关规则，可参考本书第四篇关联交易有效规制路径中的“利益冲突事先申报制度”的有关内容，以充分保护公司的利益，督促董监高合格履行其忠实勤勉义务。

至于是由公司的股东会决议，还是由公司的董事会决议，首先要看公司章程的规定。若无明确规定的，提请股东会决议自然是最安全的。此时，若提交董事会决议，或者公司章程规定由公司董事会决议的，应当遵守回避规则，即与该机会的利用有利益冲突的关联董事不得参与表决，其表决权不计入表决权总数。若出席董事会会议的无关联关系董事人数不足三人的，应当将该事项提交股东会审议。

2. 法律上公司不能利用商业机会

根据国家法律、行政法规的规定，如有关市场准入等限制性或禁止性规定，以及公司章程的规定，如有关不得从事的经营范围，若公司机会所涉事项属于章程规定的范围，则公司就不能利用该商业机会。若公司可以通过设立子公司、引入国有资本、雇用所需人员、增加注册资本等多种方式，使自己突破前述限制的，应该按照商业判断原则，合理判断公司能否利用该商业机会。若判断的结论是可以争取，则该机会仍属于公司，篡夺公司机会的人不能据此进行免责抗辩。

这里的不能利用公司机会，实际上属于法律上的不能利用，是公司在市场准入或经营范围等方面受到法律、法规或公司章程的限制，而不得经营公司机会所涉业务，而不是事实上的不能利用，例如后述的财务状况不佳、其他条件不具备等事实原因所导致的目前尚不能利用该机会。

3. 因财务状况等，事实上公司不能利用商业机会

公司的商业机会若落实到具体的业务，需要具备一定的条件，包括公司的财力具备、业务能力或供应链支持等。但是，商业经营本身就是复杂的，更是瞬息万变的，机会所涉条件的暂时不具备，并不意味经过各方努力，尤其是公司大股东的支持，一定时间之后仍不可以满足该机会所需要的条件。因此，不能因为公司暂时的条件不具备就得出董监高当然地有权利利用该机会的结论。该机会只要属于公司，其处分权就应当由公司享有，不管是授权他人利用还是放弃进一步努力促成条件具备以争取利用，这样的重大决定，都应该由公司有权机关依法按章来作出。

当然，若公司内部研究讨论之后，认为公司确实不具备利用公司机会的条件，相关各方也不愿意给予支持以促进条件的实现，此时，应当视为公司放弃了该商

业机会,应当根据放弃机会的事由作进一步判断,即能否作为董监高利用公司机会的合理抗辩事由。

所以,笔者认为,因财务状况等原因公司事实上不能利用商业机会并不能构成董监高篡夺公司机会的合法免责事由。

4. 第三方不愿与公司进行交易

公司机会,只是与他人进一步洽谈以便进一步合作的一种可能。若经过初步接洽他人不愿意进一步沟通的,或者经过与他人沟通洽谈,其明确表示不愿意与公司合作的,则说明,这已经不属于公司的商业机会,自然不受篡夺公司机会规则的约束。不管是其他人,还是公司董监高,若通过洽谈并达成合作的,不构成篡夺公司机会的侵权行为。此时,这种情况也已经不是免责事由,而是该机会是否属于公司所有的事实的判断,是对构成篡夺公司机会的大前提的认定。

因此,笔者认为,第三方不愿与公司进行交易并不能构成董监高篡夺公司机会的合法免责事由。

5. 公司放弃利用商业机会

美国的裁判态度是只要公司已完全知悉机会内容,经决议抛弃后受信人即可利用机会;英联邦国家以"不争利原则"设置了更为严苛的条件,当机会遭抛弃后受信人仍须征得公司同意方可利用。①

若公司经过合法程序由有权机关作出决议,决定放弃某一公司机会的,公司董监高若想利用,仍须经过有权机关的合法表决并同意其利用公司机会,即按照第一种免责事由的相关规则处理。否则,仍应构成篡夺公司机会。究其道理,一方面,是因为董监高对公司负有忠实义务,基于该义务,董监高不得从事与公司利益存在冲突的行为。另一方面,若仅仅通过放弃利用的方式,董监高就被视为有权利用公司机会,鉴于董监高实际掌控公司经营的优势地位,长此以往,势必造成更多公司机会就这样未经公司明确同意就不明不白地流失,公司利益很难得到切实的保障。

当然,《公司法》第 183 条有关决议同意董监高利用公司机会的规定,从文义解释角度,也并不能得出公司放弃利用就是同意董监高利用的结论。

综上,笔者认为,公司放弃的公司机会并不能构成董监高篡夺公司机会的合法免责事由。

---

① 参见郑乾:《〈公司法〉修订背景下公司机会规则的逆向排除建构——从有效抗辩事由的"司法路径"切入》,载《河南财经政法大学学报》2024 年第 1 期。

第三节 篡夺公司机会纠纷的常见争议焦点与裁判规则

【问题 49】公司机会所涉业务,不管是由公司自己经营,还是侵权人实际经营,必然会付出相应的成本。计算公司的损失时,在经营公司机会所涉业务取得的营业收入基础上,是否应当扣除相应成本?

【典型案例要旨 57】(2021)最高法民终 1052 号:对于公司的损失,一审法院没有直接采信审计报告,而是依据双方认可的该审计报告的基础资料即发运货物清单,扣除应合理剔除的车辆数,计算案涉代理服务费,依法有据。

【典型案例要旨 58】(2021)最高法民终 1052 号:中铁物流公司既不提供证据也不能提供成本核算的合理依据,也不申请司法审计,怠于履行举证义务,依法应当承担举证不能的法律后果。同时考虑天博公司对案涉专用线有投入,以及大陆桥公司、中铁物流公司侵权行为时间较长等,对一审判决在损失计算中不予扣除成本的处理意见,依法予以维持。

杨某军、新疆亚欧大陆桥国际物流有限责任公司等损害公司利益责任纠纷二审民事判决书

最高人民法院(2021)最高法民终 1052 号

最高人民法院经审理认为:

关于大陆桥公司是否滥用股东权利篡夺本应属于天博公司的商业机会以及应否赔偿损失的问题。

该问题涉及博钢铁路专用线、瑞晨铁路专用线以及杨某军主张的占用资金和利息三部分。就该三部分分析如下:

1. 关于博钢铁路专用线问题。

1.1 关于博钢铁路专用线的侵权范围。(略)

1.2 关于国内运输业务的侵权数额。

1.2.1 关于国内发运车辆数。

经一审法院依据双方无争议的 2008 年到 2012 年七张发货信息表(七张横表)核算,总发货量为 1837 车,扣除天博公司自己发货 108 车,案外人亚欧大陆桥铁运公司发货128车以及中铁二十一局集团乌阿铁路电气化S2标段发货3车(以上合计239车),为1837车-239车=1598车。

1.2.2　关于每车的吨位数。

因装车中吨位不同,杨某军提交的信德鉴定报告中的天博货物到发量统计表说明记载60吨的为国内发送(到达)货物,63吨、65吨的为国外发送(到达)货物,大陆桥公司、中铁物流公司对此未提供相反证据,也未对该吨位数提出足以推翻的合理意见,故一审判决参照国内发送(到达)货物每车60吨计算,并无不当,予以维持。

1.2.3　关于每吨的单价。

杨某军提供的天博公司(乙方)与案外人胜利金属公司(甲方)签订的GJ(2013)DL字第489号《货物运输服务协议》的内容显示,一般代理服务的内容包括"甲方委托乙方办理以下事项……为甲方办理货物的铁路发运手续;代为办理货物的到达接取(费用按国家标准计收);提供货物仓储,提供货物分拨、托运、转运等服务;代为办理发运站监装、监卸业务……代为办理结算铁路运费、装卸费及其他杂费等项目;提供各类运输方案,货物装载加固方案并组织实施;代为办理收货凭证的特快专递,缮制有关运输单证;提供各类运输咨询、运价咨询、运输方案咨询等技术服务;负责协助甲方办理报价、货运事项处理、索赔等业务……费用支付金额:服务费50元/吨;按车辆标记载重结算。货物运输装卸过程中产生的费用按实际票据结算,甲方需在每次装车前将全部费用打入乙方指定账户……"从上述天博公司与案外人的合同可以看出,案涉业务代理服务的主要内容为货物发运中的代办以及联系等服务,主要为人力费用。中铁物流公司提出每一笔运输业务代理服务的内容可能不同,代理服务费也有所区别,同时也会受市场因素影响等,主张不能依据某一份合同作为计算所有运输业务的依据,该理由也有合理性。因此,案涉代理服务费的计算本应依据国内运输代理服务的每一笔合同计算为宜。但本案自诉讼至今,大陆桥公司、中铁物流公司未能提供相关合同,法院在审理中依职权也未能调取到相关证据,中铁物流公司也不能提供合理计算的依据。考虑在天博公司为起诉瑞晨公司而委托作出的《侵权损失报告》中,杨某军及大陆桥公司均认可发货服务费单价统一按50元/吨计算,说明该单价具有市场公允性,能反映一般的市场服务价格。故一审法院参照天博公司与案外人的正常经营中的合同单价作为计算参考依据,即作为计算运输服务费的单价依据,并无不当。

在本案诉讼前,杨某军就案涉代理服务费损失单方申请审计并形成了《信德鉴定报告》,但大陆桥公司、中铁物流公司不认可其构成侵权,也不认可杨某军委托作出的审计报告,且中铁物流公司称该审计报告所依据的材料均为杨某军、乔某垒提交，大陆桥公司以及中铁物流公司未参与审计资料的审查和质证等，故一审法院没有直接采信审计报告，而是依据双方认可的该审计报告的基础资料即发运货物清单，扣除应合理剔除的车辆数，计算案涉代理服务费，依法有据。杨某军主张应当直接参照审计报告结论认定损失，依据不足，依法不能成立。

1.2.4 关于国内运输代理服务的成本。

即便博钢铁路专用线由天博公司专营，天博公司必然也会付出相应的成本。大陆桥公司、中铁物流公司因侵权所造成的代理服务费损失也应扣除其相应成本。一审法院已释明由中铁物流公司对该部分成本进行举证并征询中铁物流公司是否进行审计，中铁物流公司既不提供证据也不提供成本核算的合理依据，更不申请司法审计，怠于履行举证义务，依法应当承担举证不能的法律后果。同时考虑天博公司对案涉专用线有投入，以及大陆桥公司、中铁物流公司侵权行为时间较长等，对一审判决在损失计算中不予扣除成本的处理意见，依法予以维持。大陆桥公司、中铁物流公司主张在损失计算中应当扣除成本的主张，不予支持。

综上，原判决按照博钢铁路专用线国内发运业务，参照第三方合同约定的单价，依据双方认可的发货统计表计算代理服务费损失，并无不当，予以维持。即大陆桥公司、中铁物流公司因侵权给天博公司造成的国内运输业务代理服务费损失应为：479.4万元[(1837车－239车)×60吨/车×50元/吨]。

【问题50】公司未按期申报年检而被吊销营业执照并依法注销；清算期间，公司原股东注册成立了一个股东和股权结构与旧公司均类似的新公司。旧公司原有市场租赁经营合同因承租人注销而需重新签约的机会，是否属于新公司的商业机会？

【典型案例要旨59】(2023)桂02民终1994号：作为新琦正公司的总经理，陈某生未如实向龙建公司披露新琦正公司的存在，而成立与新、旧琦正公司经营范围基本一致的力升公司另行与龙建公司签订租赁合同，谋取了对案涉市场经营的商业机会，导致新琦正公司本可以继续履行与龙建公司之间租赁合同、获取相应租金权益的丧失，陈某生的行为有违正常的商业道德，系故意实施侵权行为以侵害他人权利。据此应认定陈某生利用董事或高管职务及承办经手项目便利谋取了属于新琦正公司的商业机会。

陈某生、柳州市力升市场开发管理服务有限公司等损害公司利益责任纠纷二审民事判决书

广西壮族自治区柳州市中级人民法院(2023)桂02民终1994号

一审法院查明:

2010年10月25日注册成立旧琦正公司,工商登记股东为林某伟、陈某生,各出资5万元,各占50%的股份,林某伟为公司的总经理和法定代表人,陈某生为执行董事,陈某贤为监事。2013年1月31日,柳州市工商行政管理局作出柳工商鱼峰处字[2012]第0523号行政处罚决定书,对旧琦正公司作出吊销营业执照的行政处罚。2016年7月20日召开的股东会决议解散,并成立清算组。2017年3月6日旧琦正公司注销。

2016年7月20日,股东马某侠、陈某生、杨某城召开股东会,决议成立新琦正公司,大会选举马某侠为公司执行董事兼法定代表人,陈某生为公司总经理,杨某城为公司监事。2016年7月22日,新琦正公司登记成立,工商登记中马某侠为法定代表人及执行董事(认缴出资9.9万元,持股比例33.3%),陈某生为总经理(认缴出资10.2万元,持股比例33.4%),杨某城为监事(认缴出资9.9万元,持股比例33.3%)。2019年5月15日,马某侠作出情况说明:马某侠是林某伟母亲,现为新琦正公司的显名股东,仅是代表儿子林某伟持有该公司的股份,林某伟是新琦正公司的隐名股东,是该公司实际的股东。

2017年6月23日,陈某生、陈某贤作为股东成立力升公司,陈某生为法定代表人,任公司执行董事兼总经理,陈某贤任公司监事。

二审法院广西壮族自治区柳州市中级人民法院经审理认为:

关于陈某生在本案中是否存在侵害新琦正公司利益的情形,新琦正公司诉请陈某生承担赔偿责任有无事实和法律依据的问题。

新琦正公司主张陈某生成立与其相同业务范围的力升公司,利用职务便利使力升公司侵占其经营的案涉市场等,严重损害新琦正公司利益,应予以赔偿。

本院认为,根据《公司法》第147条第1款规定,陈某生作为新琦正公司的总经理,系该公司的高管,应当遵守法律、行政法规和公司章程,最大限度维护公司利益,对公司负有忠实义务。如高管在自身利益与公司利益发生冲突时,将自身或第三人利益置于公司利益之上,就有可能违反忠实义务。本案中,陈某生存在违反忠实义务的行为,构成损害公司利益责任的情形,本院分析认定如下:

首先,根据一审查明的事实,旧琦正公司与龙建公司就案涉市场租赁用于开办农贸综合市场事宜,于2012年12月28日签订租赁合同,其中约定承租期限为

2012年11月8日至2023年12月31日。旧琦正公司对上述市场进行了装修及内部设施改造，并实际对案涉市场承租后对外向商户出租并收取租金收益等。如非因旧琦正公司未按期申报年检被吊销营业执照继而进行清算并注销，旧琦正公司作为上述合同的相对方，合同应可履行至2023年12月31日止，旧琦正公司对案涉市场的经营管理收益权亦可至上述期限。

其次，陈某生抗辩案涉市场租赁经营的商业机会并非属于新琦正公司，力升公司另行与龙建公司签订租赁合同对案涉市场进行经营管理，未侵害新琦正公司的利益。

本院认为，新、旧琦正公司的经营范围基本一致，如非因旧琦正公司被吊销营业执照后并清算注销，旧琦正公司亦将继续履行与龙建公司之间的案涉租赁合同。旧琦正公司于2016年7月20日召开股东会决议解散并成立清算组，而新琦正公司的股东亦于当日召开股东会，决议成立新琦正公司。且根据一审查明的事实，新琦正公司成立后继续沿用旧琦正公司的名义和共管账户向龙建公司支付案涉市场的租金、收取租户租金，可以认定新琦正公司成立后利用旧琦正公司的名义已经对案涉市场进行了一定时间的实际经营和管理；新琦正公司也曾于2016年9月8日作为案涉市场的经营管理方接受消防部门的行政处罚。

旧琦正公司注销后，虽然龙建公司于2017年9月29日就案涉市场租赁用于开办农贸综合市场另行与力升公司签订租赁合同，但该承租期限系延续旧琦正公司与龙建公司租赁合同的期间至2023年12月31日止。结合龙建公司于2021年4月12日出具的回复函内容，龙建公司另行与力升公司签订租赁合同，系龙建公司为维持原有市场正常经营，在陈某生作为旧琦正公司执行董事的身份告知旧琦正公司已注销，并称已另行成立力升公司继续履行之前与旧琦正公司签订的租赁合同权利义务的原因。若陈某生未另行成立与新琦正公司相竞争的力升公司而以新琦正公司总经理的身份尽其忠实义务，向龙建公司披露新琦正公司已存在的事实，代表新琦正公司与龙建公司磋商，新琦正公司应能代替旧琦正公司继续获得案涉市场的租赁经营权，龙建公司亦应有给予新琦正公司该商业机会的意愿。

综上，案涉市场经营权的商业机会应属于新琦正公司，对陈某生及力升公司的抗辩意见不予采纳。

最后，忠实义务要求董监高基于诚实、善良的信念，不得从事不公平的利益冲突行为，而使公司利益受损。根据《公司法》第148条第1款第5项规定，董事、高管不得有下列行为：未经股东会或者股东大会同意，利用职务便利为自己或者他人谋取属于公司的商业机会，自营或者为他人经营与所任职公司同类的业务。本案中，陈某生作为新琦正公司的总经理，未如实向龙建公司披露新琦正公司的存在，在明知新琦正公司继续沿用旧琦正公司的名义和共管账户向龙建公司支付案涉市场的租金、收取租户租金的事实，新琦正公司继续履行着旧琦正公司与龙建公司租赁合同义务的情形下，而成立与新、旧琦正公司经营范围基本一致的力升公司另行与龙建公司签订租赁合同，谋取了对案涉市场经营的商业机会，导致新琦正公司本可以继续履行与龙建公司之间租赁合同、获取相应租金权益的丧失，陈某生的行为有违正常的商业道德，系故意实施侵权行为以侵害他人权利。据此应认定陈某生利用董事或高管职务及承办经手项目便利谋取了属于新琦正公司的商业机会。

综上，陈某生违反了对新琦正公司的忠实义务，实施了损害公司利益的行为，导致新琦正公司失去本应属于其继续经营案涉市场并收取相关经营利益的商业机会，使新琦正公司的利益遭受损失且主观上存在过错，陈某生应对新琦正公司的损失承担相应的赔偿责任。

【问题51】董监高篡夺公司机会并利用的行为给公司造成的损失无法计算的，法院能否综合公司已支出的成本、投入的资金、项目前景等因素酌情确定？

【典型案例要旨60】（2021）最高法民申1686号：李某在担任美谷佳公司董事长、总经理及技术团队主要负责人期间，未经美谷佳公司股东会同意，另行操控友德医公司将华佗在线公司与省二医合作的网络医院项目交由友德医公司经营，非法获取了本属华佗在线公司的商业机会，损害了华佗在线公司及其母公司美谷佳公司的利益。

【典型案例要旨61】（2021）最高法民申1686号：在华佗在线公司损失标的系商业机会难以准确认定数额且李某的个人获益和美谷佳公司及其股东的实际损失亦无法认定的情况下，原判决综合考虑友德医等公司的运营成本、网络医院项目的发展前景和技术团队、资本团队对网络医院项目的投入、贡献情况，酌定李某向华佗在线公司赔偿2916万元以弥补华佗在线公司和美谷佳公司及其背后投资人的实际损失及合理期待利益，亦无不当。

李某、深圳市华佗在线网络有限公司损害公司利益责任纠纷再审审查与审判监督民事裁定书

最高人民法院(2021)最高法民申1686号

最高人民法院经审理认为:

1. 关于李某是否违反了对美谷佳公司、华佗在线公司所负忠实义务和竞业禁止义务的问题。

首先,李某对美谷佳公司负有忠实义务和竞业禁止义务。

其次,李某对华佗在线公司亦负有忠实义务和竞业禁止义务。

最后,李某实施了损害华佗在线公司利益的行为。

本案中,华佗在线公司于2014年1月已经获得和省二医合作网络医院项目的商业机会,省二医系在与友德医公司于2014年11月20日签订《友德医网络医院合作协议》后,转而与友德医公司合作网络医院项目并终止与华佗在线公司就网络医院项目的合作。根据李某出具的情况说明中关于其代表的美谷佳公司技术方、创始人团队和牧新民等资本方在经营美谷佳公司、华佗在线公司过程中出现矛盾等陈述,可以证明李某在担任美谷佳公司董事长、总经理及技术团队主要负责人期间,未经美谷佳公司股东会同意,另行操控友德医公司,将华佗在线公司与省二医合作的网络医院项目交由友德医公司经营,非法获取了本属华佗在线公司的商业机会,损害了华佗在线公司及其母公司美谷佳公司的利益。据此,原判决认定李某违反了对美谷佳公司和华佗在线公司所负忠实义务和竞业禁止义务,并无不当。

2. 关于李某对华佗在线公司损失承担的赔偿责任问题。

本案中,李某将其任职高管的美谷佳公司全资子公司华佗在线公司的业务交由其实际控制的友德医公司经营,谋取了属于华佗在线公司的商业机会,损害了华佗在线公司的利益,违反了对华佗在线公司所负忠实义务和竞业禁止义务。根据《公司法》第148条第2款、第149条的规定,李某由此获得的收入归华佗在线公司所有,以弥补华佗在线公司的实际损失。但在华佗在线公司损失标的系商业机会难以准确认定数额且李某的个人获益和美谷佳公司及其股东的实际损失亦无法认定的情况下,原判决综合考虑友德医等公司的运营成本、网络医院项目的发展前景和技术团队、资本团队对网络医院项目的投入、贡献情况,酌定李某向华佗在线公司赔偿2916万元以弥补华佗在线公司和美谷佳公司及其背后投资人的实际损失及合理期待利益,亦无不当。

【问题52】公司财力不足以经营案涉商业机会，经向股东争取资金支持未果后，公司董监高（兼股东）便将该商业机会交给其与他人合资成立的公司获取并运营的，该公司董监高是否有权利用该商业机会？

【典型案例要旨62】（2012）民四终字第15号：李某山、涂某雅、华通公司在本案中的行为，不但不应被认定为侵权行为，反而应当定性为为避免香港新纶公司违约而采取的合法补救行为，更是各方为维护其自身权益而采取的正当经营或者交易行为。林某恩无权在自己拒绝继续投资、放弃投资项目且拒绝承担任何经济和法律责任的情况下，要求李某山停止继续经营内地投资项目。

林某恩、李某山、涂某雅损害公司利益纠纷二审民事判决书

最高人民法院（2012）民四终字第15号

一审法院江西省高级人民法院经审理认为：

从本案来看，首先，2004年3月11日南昌县小蓝工业园管理委员会即与香港新纶公司签订了《合同书》，双方约定由香港新纶公司在该管理委员会的辖区设立相应规模的企业，作为回报出让给香港新纶公司投资的项目或设立的公司700亩商住用地的土地使用权。700亩商住用地的土地使用权具有较大的商业价值，南昌县小蓝工业园管理委员会有给予香港新纶公司700亩土地使用权这一商业机会的意愿，且香港新纶公司签订了《合同书》，愿意接受受让土地的机会，因此，该700亩商住用地的使用权构成公司法上的商业机会。其次，香港新纶公司于2004年5月9日在南昌县小蓝工业园设立了江西新纶公司，江西新纶公司的出资也达到了700亩土地使用权受让的条件。由此可见，香港新纶公司在积极履行《合同书》约定的设立企业的义务，并最终符合受让700亩土地使用权的条件，应该认定受让700亩土地使用权的商业机会属于香港新纶公司。

但在实际运作中，李某山以设立的江西新纶公司为获得受让700亩土地使用权的引资企业，同时以华通公司为股东在南昌县另外设立万和公司，作为受让700亩土地使用权的主体。未经香港新纶公司董事会或股东会的同意，李某山于2005年12月7日，以香港新纶公司名义与南昌县国土资源局、万和公司签订《补充协议书》，将受让700亩土地使用权的商业机会直接给了万和公司。在处置700亩土地使用权商业机会的过程中，李某山既是江西新纶公司的法定代表人，又是万和公司的法定代表人，同时作为香港新纶公司的股东，还代表香港新纶公司。因此，应认定李某山谋取了属于香港新纶公司的商业机会，给香港新纶公司造成了

损失。

李某山、华通公司均提出700亩土地使用权是通过挂牌方式出让的,符合条件的主体都可以竞争,不是商业机会,该辩称不能成立。尽管土地使用权的取得应通过挂牌方式出让,但是香港新纶公司与南昌县小蓝工业园管理委员会于2004年3月即签订了设立企业获得700亩土地使用权的《合同书》,后香港新纶公司一直在运作设立符合引进企业条件的江西新纶公司,至2006年3月3日江西新纶公司验资到账的前期注册资本金达到1511.4392万美元,符合挂牌前进资1450万美元的竞拍条件。而700亩土地使用权出让公告的时间是2006年3月7日,挂牌交易时间是2006年3月27日,在短短的20天内不可能新设立符合竞拍条件的企业。即使原来在该辖区内已经有企业达到设定的进资规模,但要在这20天内缴纳人民币6000万元履约保证金,很难实现,一个正常经营的企业不会将人民币6000万元的资金闲置在账户上。所以,名义上是向社会公开挂牌竞拍700亩土地使用权,实际上只有引进了江西新纶公司的主体才能报名竞拍。在700亩土地使用权竞拍过程中,只有万和公司一家企业以引进江西新纶公司报名,系唯一的报名竞拍者,不存在价高者受让的竞争问题。另外,早在2005年9月22日万和公司就已经提前向南昌县国土资源局缴纳了将于2006年3月7日开始竞拍报名的人民币6000万元履约保证金,这也可以印证只要江西新纶公司按照约定进资,不存在700亩土地使用权的公开竞争。

根据《公司法》第149条的规定,董事、高管不得有该条款记载的8种行为,如董事、高管违反规定所得的收入应当归公司所有。第150条规定,董监高执行公司职务时违反法律、行政法规或者公司章程的规定,给公司造成损失的,应当承担赔偿责任。

本案中,原告林某恩认为被告李某山在担任香港新纶公司董事、股东期间,未经香港新纶公司股东会同意,将本属于该公司所有的700亩土地使用权的商业机会,利用职务便利为万和公司谋取。故林某恩既可以依据《公司法》第149条的规定,要求李某山将其因该商业机会的所得归入香港新纶公司;也可以根据该法第150条的规定要求李某山向香港新纶公司承担赔偿损失的民事责任。当行使归入权后仍不能弥补损失时,对超出归入权的损失部分,仍可以主张赔偿。原告林某恩在诉状中写明的第一个诉讼请求是要求承担人民币5800万元的赔偿责任,第二个诉讼请求是要求行使归入权,要求李某山将违反忠实义务的收入、报酬归入香港新纶公司。但诉讼中,林某恩对赔偿的诉请未举证,更未举证证明其损失大于行使归入权的收入,且其诉状依据的法律亦是《公司法》第149条第1款第5项的规定。因此,对林某恩要求李某山赔偿的诉请不予支持。

关于李某山在谋取该商业机会中的经济收入。

在万和公司未开展任何经营行为,也未购置资产的情形下,力高公司之所以购买该公司股权,正是基于万和公司将获得700亩土地使用权。因此,李某山在该商业机会中的获利主要体现在万和公司的股权转让所得。力高公司、万和公司均出具证据,证明万和公司的股权转让金额为5040万元人民币,虽李某山、华通公司予以否认,但因李某山、华通公司未提交股权转让获利的证据,也未将实际交易的股权转让合同提交法庭,在法庭提问华通公司股权转让的金额时,该公司以与本案无关为由不予回答。根据《最高人民法院关于民事诉讼证据的若干规定》第75条的规定,有证据证明一方当事人持有证据无正当理由拒不提供,如果对方当事人主张该证据的内容不利于证据持有人,可以推定该主张成立。依据上述规定,推定万和公司股权转让的金额为人民币5040万元。

至于承担责任的主体,因万和公司的股东系李某山、涂某雅夫妇设立的华通公司,该公司是万和公司股权转让款的获利主体,故对李某山向香港新纶公司返还人民币5040万元股权转让款应承担连带责任。

综上,原告林某恩要求李某山将因谋取公司商业机会的所得返还香港新纶公司,华通公司对该还款承担连带责任的诉请,应予支持;对原告林某恩要求被告涂某雅承担连带责任以及要求李某山向香港新纶公司赔偿人民币5800万元损失的诉请,不予支持。依据《民法通则》第146条,《公司法》第149条、第150条、第152条之规定,经一审法院审判委员会讨论决定,一审法院判决:

(1)由被告李某山向第三人新纶高科技集团股份有限公司返还款项5040万元人民币;

(2)被告华通公司对上述还款承担连带责任;

(3)驳回原告林某恩的其他诉讼请求。

二审法院最高人民法院经审理认为:

本院经审理认为,本案二审的争议焦点是:李某山、涂某雅、华通公司在本案中的行为是否构成单独或者共同侵权,从而剥夺了香港新纶公司的商业机会,进而损害了香港新纶公司的合法权益以及在李某山、涂某雅或者华通公司构成侵权的情况下如何认定香港新纶公司的损失。

关于李某山、涂某雅、华通公司的行为是否构成单独或者共同侵权,从而剥夺了香港新纶公司的商业机会,进而损害了香港新纶公司的合法权益。

这一问题,首先取决于案涉700亩土地使用权是否应当认定专属于香港新纶公司的商业机会。

根据香港新纶公司与南昌县小蓝工业园管理委员会于2003年3月11日签订

的《合同书》,该700亩土地使用权当初确实是要给予香港新纶公司的。但是,香港新纶公司要获得这一商业机会并不是无条件的。相反,上述合同书明确约定了香港新纶公司必须满足的相关条件,这些条件包括:投资江西新纶公司注册资金3亿港元,投资总额达8亿港元;在县城南路隔堤象湖新区投资"香港华通花园"房地产项目,开发建设投资为人民币3亿元;注册一家注册资本为1亿港元的外资房地产企业等。双方在合同书中还约定了香港新纶公司或其投资的房地产企业需在合同签订一个月内向小蓝工业园管理委员会支付定金200万元人民币;土地出让挂牌时,支付4800万元人民币挂牌保证金等。因此,该700亩土地使用权并非当然属于香港新纶公司的商业机会,香港新纶公司要获得该商业机会必须满足其与南昌县小蓝工业园管理委员会所订合同中的相关条件。本案中,没有证据证明香港新纶公司(或者通过林某恩的行为)满足了上述约定条件。

此外,香港新纶公司与南昌县小蓝工业园管理委员会在上述合同书中还明确约定该700亩土地使用权通过挂牌出让方式获得,而本案南昌县国土资源局、南昌县土地储备交易中心发布的(2006)第5号国有土地使用权出让公告明确要求竞买人必须具备房地产开发资质且要缴纳人民币6000万元保证金等多项条件,因此,香港新纶公司要获得该商业机会尚需要满足挂牌交易条件。但本案中,香港新纶公司显然不具备在内地从事房地产开发的资质,其也没有按照约定在内地设立房地产开发企业并按公告要求缴纳人民币6000万元保证金。实际上,根据上述公告的要求,任何满足公告要求条件的房地产企业,均可作为竞买人购买该700亩土地使用权,故竞买人并非仅限于香港新纶公司。

综上,无论是从香港新纶公司与南昌县小蓝工业园管理委员会约定的合同条件看,还是从南昌县原国土资源局作为国有土地管理部门确定的挂牌出让方式、资质及交易条件看,案涉700亩土地使用权并非当然地专属于香港新纶公司的商业机会。

其次,要审查香港新纶公司或者林某恩为获取该商业机会是否做出了实质性的努力。

根据本案一、二审查明的事实,林某恩、李某山分别占有香港新纶公司50%的股份,该公司成立之目的是在江西成立江西新纶公司及设立房地产企业运营房地产项目。但林某恩、李某山设立江西新纶公司之后,双方的合作并不融洽,甚至为香港新纶公司投入江西新纶公司的投资款去向问题产生了严重分歧和矛盾。由于无法达成一致,林某恩于2005年1月15日向李某山发传真明确表示放弃在江西的项目并要求李某山退还其投入香港新纶公司的335万港元投资款。正常情形下,香港新纶公司、江西新纶公司均在经营之中,林某恩作为香港新纶公司的股东之一，理应积极配合上述两家公司进行投资和经营，而非在未经清算的情况下要求保本撤资。

但既然林某恩坚持撤资，作为另一股东的李某山对于内地投资项目只能面临两种选择，即要么放弃内地投资项目；要么设法自己单独或者与其他投资者共同合作继续经营内地投资项目。显然，李某山在本案中选择了后者。二审期间，李某山称自从林某恩于2005年1月15日以书面通知方式要求退出香港新纶公司、不再履行对香港新纶公司的出资义务以及不再对江西的投资项目承担任何经济和法律责任之后，林某恩在长达五年的时间里对香港新纶公司及江西新纶公司不闻不问、不管不顾，也从未承担过任何法律义务和责任。对于李某山的上述主张，林某恩没有举证予以否定。林某恩也未能举证证明其通过自身的努力为香港新纶公司获取700亩土地使用权做出过任何实质性的工作。事实上，在林某恩明确要求保本撤资的情况下，香港新纶公司已不可能如约履行投资及在江西设立房地产企业等义务，更无可能为获得本属于其的700亩土地使用权这一商业机会而做出任何实质性的努力。因此，应当认定林某恩在本案中没有积极履行股东、董事义务，香港新纶公司也未能积极履行投资、设立房地产企业等义务。

本案最终满足700亩土地使用权的合同约定条件及挂牌交易条件，是李某山、涂某雅、华通公司及一审第三人共同合作和努力的结果，不仅与林某恩没有关联，而且与香港新纶公司无关。尽管李某山等在报送相关材料过程中借用了香港新纶公司的名义，但显然不能将李某山、涂某雅、华通公司以及一审第三人为满足700亩土地使用权的约定交易条件和挂牌交易条件所进行的一系列行为，简单地等同于香港新纶公司的行为，更不应认定林某恩有权享有这些行为所带来的任何利益。

最后，要审查李某山、涂某雅、华通公司在本案中是否采取了剥夺或者谋取行为。

本案中，要构成剥夺或者谋取香港新纶公司的商业机会，李某山、涂某雅或者华通公司应当单独或者共同采取欺骗、隐瞒或者威胁等不正当手段，使林某恩或者香港新纶公司在不知情的情况下放弃该商业机会，或者在知情的情况下不得不放弃该商业机会。但综观本案事实，林某恩对香港新纶公司可能获得700亩土地使用权的商业机会是明知的，李某山、涂某雅、华通公司没有隐瞒这一商业机会，也没有采取欺骗手段骗取林某恩放弃该商业机会。

林某恩在获知该商业机会之后不仅没有采取积极行为为香港新纶公司获取该商业机会创造条件，反而要求李某山退还其已投入香港新纶公司并通过香港新纶公司转投江西新纶公司注册资金的投资款，林某恩的保本撤资行为必然使香港新纶公司面临对合同另一方违约的境地,李某山为避免违约并继续经营内地投资项目,也必然要寻找其他投资者或者合作者。因此,李某山、涂某雅、华通公司在本案中的行为,不但不应被认定为侵权行为,反而应当定性为为避免香港新纶公司违约而采取的合法补救行为,更是各方为维护其自身权益而采取的正当经营或者交易行为。林某恩无权在自己拒绝继续投资、放弃投资项目且拒绝承担任何经济和法律责任的情况下,要求李某山停止继续经营内地投资项目。

林某恩没有提供充分证据证明李某山、涂某雅、华通公司单独或者共同采取了欺骗、隐瞒或者威胁等不正当手段剥夺或者谋取了本属于香港新纶公司的商业机会,故其有关李某山、涂某雅、华通公司构成共同侵权、损害香港新纶公司合法权益的诉讼请求依法不能成立,不予支持。

关于香港新纶公司的损失。

既然李某山、涂某雅或者华通公司在本案中的行为不构成对香港新纶公司的单独或者共同侵权,则香港新纶公司即便存在任何损失,也无须李某山、涂某雅或者华通公司承担。但一审判决根据力高公司出具的"付款确认函"等推定万和公司的股权转让金额为人民币5040万元依据明显不足;在未查明李某山声称的万和公司在股权转让后补偿江西新纶公司人民币3053.24万元是否属实以及李某山实际获得股权转让款额的情况下,一审判决判令李某山返还香港新纶公司人民币5040万元有失公允。林某恩虽主张实际股权转让数额远高于一审判决认定的人民币5040万元,但并无相应证据予以证明。

由于李某山、涂某雅以及华通公司在本案中不构成侵权,因此,万和公司的实际股权转让金额已与林某恩的诉请无关,林某恩要求李某山、涂某雅、华通公司承担至少8500万港元损失的上诉请求无理,不予支持。

综上,一审判决遗漏部分事实,认定李某山、华通公司侵权不当,适用法律错误,本院依法予以纠正。上诉人林某恩的上诉请求缺乏事实和法律依据,不予支持。上诉人李某山的上诉请求有充分的事实和法律依据,予以支持。依照《民事诉讼法》第153条第1款第2项、第3项之规定,判决如下:

(1)撤销江西省高级人民法院(2010)赣民四初字第4号民事判决;

(2)驳回林某恩的全部诉讼请求。

【问题53】具体司法实践中,公司机会如何认定?

【典型案例要旨63】(2019)沪0118民初17485号:对第三人而言,其为邀请ARFLU阀门中国代理商进行报价,向被告的工作邮箱发出邮件,并与原告员工刘某松具体对接、磋商，及至诉讼中也明确表示其与被告及刘某松所在的公司即原告进行合作，并以为炜翔公司是原告的关联公司，基于刘某松的安排而与炜翔公司签约。对被告而言，其作为原告的总经理，接到第三人的邀请报价函件后，安排销售部员工刘某松回复、出差拜访，系履行其总经理职责的具体体现，表明其认可该业务机会属于原告的商业机会。对原告而言，其作为 ARFLU 公司在华合资公司及代理商，实际进行了与第三人之间的报价、磋商，具备与第三人签约的资格，该业务机会属于原告的业务范围。因此，综合原、被告及第三人对系争商业机会的目的、认知、履行，认定该业务机会属于原告的商业机会。

【典型案例要旨 64】(2019) 沪 0118 民初 17485 号：董事、高管未经股东会或者股东大会同意，不得利用职务便利为自己或者他人谋取属于公司的商业机会，自营或者为他人经营与所任职公司同类的业务。在本案中，被告作为原告的总经理、董事，对原告负有忠实义务，不得谋取属于原告的商业机会是其履行该义务的具体体现。被告明知涉案业务属于原告的商业机会，未经股东会同意，私自将该商业机会安排给炜翔公司，造成原告利益损失，被告的行为构成侵权，应当予以赔偿。

上海福路流体设备技术有限公司与施某斐损害公司利益责任纠纷一审民事判决书

上海市青浦区人民法院(2019) 沪 0118 民初 17485 号

上海市青浦区人民法院经审理认为：

本案主要争议在于被告的行为是否损害原告利益。被告利用其作为原告总经理的职务便利，私自将本应由原告与第三人签约的商业机会安排给炜翔公司，损害了原告利益，构成侵权。具体分析如下：

1. 来自第三人的业务机会属于原告的商业机会。

对第三人而言，其为邀请 ARFLU 阀门中国代理商进行报价，向被告的工作邮箱发出邮件，并与原告员工刘某松具体对接、磋商，及至诉讼中也明确表示其与被告及刘某松所在的公司即原告进行合作，并以为炜翔公司是原告的关联公司，基于刘某松的安排而与炜翔公司签约。对被告而言，其作为原告的总经理，接到第三人的邀请报价函件后，安排销售部员工刘某松回复、出差拜访，系履行其总经理职责的具体体现，表明其认可该业务机会属于原告的商业机会。对原告而言，其作为 ARFLU 公司在华合资公司及代理商，实际进行了与第三人之间的报价、磋商，具备与第三人签约的资格，该业务机会属于原告的业务范围。因此，综合原、被告及第三人对系争商业机会的目的、认知、履行,认定该业务机会属于原告的商业机会。被告辩称涉案业务系第三人给其个人的商业机会,与事实不符,不予采纳。

2. 被告利用职务便利,未将交易机会向原告进行披露,私自将涉案商业机会安排给炜翔公司。

按照正常交易流程,刘某松代表原告与第三人报价、磋商取得进展后,应以原告的名义向第三人投标、签约,这也符合被告作为原告总经理的职责要求以及第三人的商业目的。然而,被告安排刘某松以炜翔公司名义进行投标、签约。对此,

第一,被告未提供证据证明原告放弃该商业机会,也未提供证据证明原告同意由炜翔公司投标、签约。

第二,炜翔公司系被告实际控制的公司,并非 ARFLU 阀门的中国代理商,本不具备与第三人签约资格。被告向第三人提供的授权书并非真实,而是为该次交易而“安排”的。

第三,被告及刘某松向第三人解释更换签约主体的理由是沟通和交货方便。因此,被告利用职务便利,未经股东会同意,私自将签约主体更换为原本不具备签约资格的炜翔公司。

3. 炜翔公司获得 122.2764 万美元合同差价,损害原告利益。

如被告正常履行总经理职务,不私自更换签约主体,炜翔公司通过前后两手合同获取的差价 122.2764 万美元,应属于原告所有。

董事、高管未经股东会或者股东大会同意,不得利用职务便利为自己或者他人谋取属于公司的商业机会,自营或者为他人经营与所任职公司同类的业务。在本案中,被告作为原告的总经理、董事,对原告负有忠实义务,不得谋取属于原告的商业机会是其履行该义务的具体体现。被告明知涉案业务属于原告的商业机会,未经股东会同意,私自将该商业机会安排给炜翔公司,造成原告利益损失,被告的行为构成侵权,应当予以赔偿。

查明事实反映,涉案业务带来的收益为炜翔公司两份合同差价 122.2764 万美元,原、被告对此的争议在于是否应扣除违约扣款 58 万美元。被告认为,因交期延误和质量问题被第三人扣除 58 万美元,系原告的关联公司在制造和采购环节迟延交货,以及疏于对产品质量的把控,ARFLU 公司也未对产品进行认真检验等原因造成,原告对此应承担责任。对此,本院认为,如被告所述,涉案业务后期履行涉及多个主体,相关损失不能简单归责于原告,被告可依照合同约定向适格违约主体主张权利,故对被告的相应意见不予采纳。

【问题54】公司董事将本属于公司的商业机会交由其夫妻共同投资设立的公司经营的，其新设的公司是否应当对公司的损失承担连带赔偿责任？

【典型案例要旨65】(2012)苏商外终字第0050号：认定公司商业机会应当考虑以下几个方面的因素：一是商业机会与公司经营活动有关联；二是第三人有给予公司该商业机会的意愿；三是公司对该商业机会有期待利益，没有拒绝或放弃。本案中，邹某利用其职务便利，未经三立公司股东会的同意，为士通公司和世界之窗公司谋取属于三立公司的商业机会，导致本应属于三立公司的业务收益被士通公司和世界之窗公司占有，给三立公司的利益造成损害，应当予以赔偿。

【典型案例要旨66】(2012)苏商外终字第0050号：士通公司、世界之窗公司是邹某与戴某苹全资控股的公司，世界之窗公司的法定代表人是邹某，士通公司的法定代表人是戴某苹，而戴某苹与邹某系夫妻关系。法院据此认定，士通公司、世界之窗公司对涉案业务属于三立公司的商业机会应当是明知的。士通公司、世界之窗公司在此情况下，仍然将三立公司的商业机会据为己有，应认定其与邹某共同实施了涉案侵权行为。故邹某、士通公司、世界之窗公司应当对涉案侵权行为承担连带责任。

常州三立环保设备工程有限公司与邹某、戴某苹等损害公司利益责任纠纷二审民事判决书

江苏省高级人民法院(2012)苏商外终字第0050号

江苏省高级人民法院经审理认为：

1. 涉案来自日本企业的业务系三立公司的商业机会。

在本案中，各方当事人争议的核心问题是涉案来自日本企业的业务是否属于三立公司的商业机会。我国《公司法》仅规定未经公司股东会同意，公司董事、高管不得谋取属于公司的商业机会，并未对认定公司商业机会的标准作出明确规定。

认定公司商业机会应当考虑以下几个方面的因素：一是商业机会与公司经营活动有关联；二是第三人有给予公司该商业机会的意愿；三是公司对该商业机会有期待利益，没有拒绝或放弃。三立公司提供的证据足以证明涉案来自日本企业的业务属于三立公司的商业机会。

(1)涉案来自日本企业的业务与三立公司的经营活动存在关联。

第一,涉案来自日本企业的业务属于三立公司的经营范围。涉案来自日本企业的业务主要是环保配套设备加工制造业务。三立公司系环保设备工程公司,其经营范围为工程设备、机电设备的设计、开发、制造和技术咨询服务及工程设备、机电设备的安装施工,销售自产产品。因此,涉案来自日本企业的业务属于三立公司的经营范围。

第二,为三立公司承接涉案来自日本企业的业务系三立公司董事邹某的职责。邹某作为三立公司的董事,其职责是为三立公司开拓日本市场,为三立公司承接涉案来自日本企业的业务是其履行职责的具体体现。

第三,提供涉案业务的日本企业系三立公司的股东和三立公司股东介绍给三立公司的客户。

本院据此认定,涉案来自日本企业的业务与三立公司经营活动存在关联。

(2)日本企业有给予三立公司该商业机会的意愿。

涉案业务主要来自TNJ公司和住友公司,这两家日本企业均有将其业务给予三立公司的意愿。

首先,TNJ公司是三立公司的股东,其在入股三立公司的出资经营合同中明确承诺,积极向三立公司提供委托设计、委托制造加工业务,对三立公司有能力做到的业务,杜绝出现中国其他公司与三立公司经营同类业务。

其次,TNJ公司原委派到三立公司的董事高某某光,在2009年4月15日就TNJ公司股权转让事宜与三立公司法定代表人陈某淮的谈话中确认,TNJ公司入股三立公司以来,一直按照出资经营合同上的义务条款在履行。

最后,包括TNJ公司在内的三立公司的股东在2011年6月15日的三立公司股东会决议中一致确认,在开拓日本市场出口环保设备的项目上,TNJ公司向三立公司提供了大量的环保设备配套产品委托设计和委托制造业务,并介绍和引荐住友公司等其他日本企业向三立公司提供了相关环保设备的委托设计、委托制造业务。

上述事实表明,日本企业有给予三立公司该商业机会的明确意愿。

虽然TNJ公司及高某某光在本案一、二审中均称,TNJ公司的业务是提供给世界之窗公司的,但本院认为,TNJ公司及高某某光的这一陈述系TNJ公司与三立公司发生矛盾即将退出三立公司之时以及退出三立公司之后所作,且与TNJ公司之前在涉案出资经营合同中的承诺、高某某光关于TNJ公司一直按照出资经营合同约定履行的陈述,以及2011年6月15日三立公司股东会决议中关于TNJ公司向三立公司提供了大量委托制造业务的记载不符,不足以采信。

(3)三立公司从未放弃该商业机会。

如果邹某、戴某苹、士通公司、世界之窗公司认为涉案业务不属于三立公司的商业机会,其应当提供证据证明三立公司放弃了该商业机会,但其并未提供证据予以证明。尽管邹某、戴某苹、士通公司、世界之窗公司认为,三立公司与士通公司之间存在技术服务合同关系,并提供了部分技术服务费发票和技术服务合同为证,但上述证据不足以证明三立公司与士通公司之间存在技术服务合同关系,也不足以证明三立公司放弃了该商业机会。

首先,第一份技术服务合同只有简短的一句话,仅约定了士通公司向三立公司支付服务费的数额,并未约定具体的技术服务项目以及期限,且无签订时间。

其次,其余五份技术服务合同签订时间是2006年8月至2007年2月,虽然内容较为完整,但有三份合同出现以下情况:首部的项目名称与其后出现的项目名称(均显示为ONC项目)不一致、付费义务主体系三立公司而不是士通公司。

最后,三立公司对上述技术服务费发票和技术服务合同作出了合理解释。三立公司解释称,技术服务合同是根据发票制作的,当时由于日本客户的业务属于三立公司,但具体资金由士通公司掌握,所以相关款项支付给三立公司需要开具发票做账,之所以开具地税发票,对士通公司来说,增值税发票已经由第三方直接向士通公司开具,不需要三立公司再开具,开具增值税发票的税率高于地税发票,但三立公司是外商投资企业,不具备开具地税发票的资格,所以到地税部门进行代开,上述协议系为代开发票制作。因此,上述证据不能证明三立公司与士通公司之间是技术服务合同关系。

本院据此认定,三立公司从未放弃该商业机会。

本案是一起损害公司利益责任纠纷,而不是委托加工合同纠纷,因此,审理本案应适用我国《公司法》而不是《合同法》。一审法院未能准确把握认定公司商业机会的标准,综合分析认定三立公司提供的证据是否足以证明涉案来自日本企业的业务系三立公司的商业机会,而是从《合同法》的角度出发,孤立地对待三立公司的各类证据,以三立公司提供的每一类证据都不足以证明其与日本企业之间存在委托加工合同关系为由,认定涉案业务不属于三立公司的商业机会,有失妥当。本院对此予以纠正。

综上,本院认定,涉案来自日本企业的业务属于三立公司的商业机会。

2. 邹某、士通公司、世界之窗公司的行为构成对三立公司合法利益的侵害。

我国《公司法》第149条第1款第5项规定,董事、高管未经股东会或者股东大会同意,不得利用职务便利为自己或者他人谋取属于公司的商业机会,自营或者为他人经营与所任职公司同类的业务。

在本案中,邹某作为三立公司的董事,对三立公司负有忠实义务,不得谋取属于三立公司的商业机会是其履行该义务的具体体现。涉案业务属于三立公司的商业机会,邹某是明知的。三立公司2005年6月8日、2006年7月26日董事会通过的三立公司2004年、2005年年度公司运营总结报告均对涉案业务的运营情况进行了总结,邹某对该总结报告予以签字确认。在此期间,邹某从未对涉案业务属于三立公司提出异议,且从未主张涉案业务属于士通公司和世界之窗公司。邹某在明知涉案业务属于三立公司商业机会的情况下,仍然将该业务交给其关联公司士通公司和世界之窗公司经营,拒不将涉案业务带来的收益交给三立公司。据此认定,邹某的行为构成侵权。

我国《公司法》第150条规定,董事、高管执行公司职务时,违反法律、行政法规或者公司章程的规定,给公司造成损失的,应当承担赔偿责任。邹某利用其职务便利,未经三立公司股东会的同意,为士通公司和世界之窗公司谋取属于三立公司的商业机会,导致本应属于三立公司的业务收益被士通公司和世界之窗公司占有,给三立公司的利益造成损害,应当予以赔偿。

我国《侵权责任法》第8条规定,二人以上共同实施侵权行为,造成他人损害的,应当承担连带责任。士通公司、世界之窗公司是邹某与戴某苹全资控股的公司,世界之窗公司的法定代表人是邹某,士通公司的法定代表人是戴某苹,而戴某苹与邹某系夫妻关系。据此认定,士通公司、世界之窗公司对涉案业务属于三立公司的商业机会应当是明知的。士通公司、世界之窗公司在此情况下,仍然将三立公司的商业机会据为已有,应认定其与邹某共同实施了涉案侵权行为。故邹某、士通公司、世界之窗公司应当对涉案侵权行为承担连带责任。戴某苹是士通公司的法定代表人,其行为应当视为士通公司的行为,因此戴某苹个人对三立公司不构成侵权。三立公司关于戴某苹应当承担连带责任的主张缺乏法律依据,不予支持。

3. 邹某、士通公司、世界之窗公司应当承担的赔偿额。

三立公司、邹某、戴某苹、士通公司、世界之窗公司一致确认,涉案来自日本企业的业务带来的收益包括两部分:一是出口销售差价;二是出口退税。涉案业务分为两个阶段:第一阶段是2004年10月至2007年,第二阶段是2008年至2009年。2004年至2007年的加工额是129172657.80元,出口销售差价总额为12917265.78元,退税金额为10891361.18元。2008年至2009年的加工额是65066714.05元,出口销售差价总额为6506671.40元,退税收入为6354047.67元。上述出口销售差价额和出口退税额之和即为涉案来自日本企业的业务带来的收益。邹某、士通公司、世界之窗公司为涉案出口加工业务支出的海关罚款和维修费用合计人民币3500000元，应作为经营涉案业务的成本予以扣除。三立公司确认按照行业惯例，其应向邹某、士通公司、世界之窗公司支付代理费2910000元。由于邹某、士通公司、世界之窗公司并未对该2910000元是否符合行业惯例提出异议，因此将该2910000元作为经营涉案业务的成本予以扣除。再扣除邹某、士通公司、世界之窗公司实际向三立公司支付的8842384元，剩余的21416962.03元（12917265.78元+10891361.18元+6506671.40元+6354047.67元-8842384元-3500000元-2910000元）即为邹某、士通公司、世界之窗公司应向三立公司支付的款项。

综上，三立公司的上诉理由有事实和法律依据，其要求邹某、士通公司、世界之窗公司共同赔偿损失的诉讼请求，应予支持；但其要求戴某苹承担连带责任的诉讼请求缺乏法律依据，不予支持。

一审法院认定涉案业务系士通公司、世界之窗公司的商业机会，邹某不存在损害三立公司利益的侵权行为，缺乏事实和法律依据，应予纠正。

第九章

经营同类业务纠纷中的董监高责任

第一节　经营同类业务的基本法理

一、竞业禁止义务

2023 年修订的《公司法》对原公司董监高的竞业禁止义务进行了修订，增加了报告义务，并在第 184 条规定："董事、监事、高级管理人员未向董事会或者股东会报告，并按照公司章程的规定经董事会或者股东会决议通过，不得自营或者为他人经营与其任职公司同类的业务。"由此，我国公司法上董监高的竞业禁止义务形成了"报告 + 同意"原则，即在董监高就其将经营与公司同类业务向公司报告之后，只有获得公司董事会或股东会决议同意，董监高方可经营，否则，将构成违法的侵权行为，并应赔偿公司损失。

所谓竞业禁止义务，是指为了平衡公司内部董监高与公司之间的利益关系，防止董监高的贪婪和自私行为损害公司利益，法律规定的董监高未经向公司报告并获得公司同意而不得为自己或他人经营与其所任职公司同类的业务的义务。竞业禁止义务，与前一章介绍的不得篡夺公司商业机会义务一样，都是董监高忠实义务的延伸，是忠实义务的具体化或称谓具体义务。

二、竞业的业务范围

对于竞争业务的范围，我国《公司法》规定得比较原则，"与其任职公司同类的业务"。对此"同类的业务"作何理解，实践中的个别案例有很大争议。

公司现有经营的业务属于此同类业务，并无争议。但是，如下业务是否属于此"同类的业务"，往往争议很大：公司此前在经营但目前已经暂停的业务、公司计划要开展的业务、公司营业执照的经营范围所包括但并未实际开展的业务、与公司所经营业务并不相同的上游或下游产品或服务业务，以及其他与公司业务相类似的业务。

对此，日本的司法实践认为，"公司营业部类的交易"中除包括公司实际经营的事业外,还包括公司已经决定投资并着手准备的事业和暂时休止的事业。另外,营业目的为销售时,销售行为和购买原材料的行为也包括在内。成为同行业公司的代表者也属于公司营业部类的交易(但可以成为同行业公司的董事)。①

笔者的观点是,考虑到竞业禁止义务的实质内涵、公司董监高对公司的忠实义务,以及若不列入禁止范围,董监高从事前述业务势必与公司的营业行为产生利益冲突,很可能损害公司利益,前述业务均应当为竞业禁止的范围。

三、竞业的空间范围

竞争关系除了存在业务范围需要界定之外,通常还会涉及空间范围,这取决于公司所经营产品或服务的辐射面积。

确定竞业的空间范围,应当以董监高为自己或他人所经营的同类业务在空间上能否实质性产生竞争关系、是否会引起利益冲突为标准,若其无法对现任职公司的业务产生实质性竞争关系、不会争抢现任职公司的客户资源,则就不应视为同类业务,董监高对此也不应当负有竞业禁止义务。

当然,随着信息时代网购形式的兴起,业务所能覆盖的范围大大扩大,因此,对于通过网购经营业务的公司而言,董监高还是要在公司现有及将来可能覆盖的空间范围内负有竞业禁止义务。

四、竞业的行为方式

竞业的具体方式,包括自己设立公司并从事同类业务,也包括在他人公司任职并为其经营同类业务。

当董监高的近亲属设立经营与其任职公司同类业务的公司,或董监高通过隐名投资等方式与他人投资成立经营与其任职公司同类业务的公司,若因行为隐蔽性非常高而没有充分的证据证明该董监高为该公司经营同类业务,但该公司确实在经营与其任职公司同类的业务的,能否依据亲属关系或隐名投资关系等而直接认定该董监高违反了竞业禁止义务?如后述所引的(2016)沪02民再26号案例中,若蔡某当初在其妻女设立公司时未在公司登记机关登记为执行董事之类的职务,却在暗中帮助或操纵其妻女从事同类业务的,能否以二者之间存在亲属关系就直接推定蔡某违反竞业禁止业务?此种情况,具体到某个案件中,双方的争议肯定非常大。

对此,笔者认为,若无直接证据证明董监高在为前述公司经营同类业务的,仍

---

① 参见[日]末永敏和:《日本现代公司法》,金洪玉译,人民法院出版社2000年版,第147页。

可通过可以形成证据链的间接证据予以证明，如前述案例中，蔡某妻女所设公司经营的业务大多数客户都是蔡某所任职公司的客户，若蔡某妻女所设公司给相关客户的报价与蔡某所任职公司所给报价十分接近却往往略低一点点，足以证明蔡某在为其妻女所设立的公司经营同类业务，应当依法承担赔偿责任。

五、竞业的禁止期间

董监高竞业禁止义务的约束期间，应当限制在其任职期间。在其离职之后，就不应当受到竞业禁止义务的限制。可参考后引(2018)京01民终8010号案例。

但是，若公司章程有特别规定或者董监高与公司之间另有特别约定的，董监高应当按照规定或约定的期限履行竞业禁止义务。

第二节　经营同类业务的构成要件与免责事由

一、经营同类业务损害赔偿的构成要件

作为公司法上的一种特殊侵权责任，经营同类业务损害赔偿责任还是应当符合侵权责任的构成要件，只是个别要件略有不同，例如：

1. 主体要件：董监高

正如前文所述，2023年修订的《公司法》中禁止挪用资金、经营同业等特定忠实义务主体范围有了很大的变化，即增加了监事，监事将对此负有忠实义务。因此，经营同类业务的责任构成要件中，主体范围已经增加了监事。

《公司法》第180条第3款新增了事实董事，对于符合事实董事要件的双控人，是否应当对公司负有竞业禁止义务，也即《公司法》第184条中的“董事”是否包括事实董事的问题，笔者认为，新增的该事实董事就是公司董事，应当对公司负有忠实勤勉义务，因此也应当对公司负有竞业禁止义务，也就是说，公司事实董事应当作为经营同类业务责任的行为主体和责任主体。

然而，需要注意的是，该事实董事并非当然地属于公司董事，需要诉讼的原告提供充分的证据予以证明。且根据事实董事的实质内涵，双控人也应当自被证明为公司事实董事之时对公司负有忠实勤勉义务。据此，若原告无法证明该双控人在从事竞争业务之时属于事实董事的，则因其对公司不负有忠实勤勉义务，就无法认定该双控人对其从事的竞争业务给公司造成的损失承担赔偿责任。

对于《公司法》第192条新增的指示人，多数学者将其称为影子董事，关于其是否对公司负有忠实勤勉义务的问题，笔者认为，该条款仅仅将其指示人作为共

同侵权人而规定了其应当为其类似帮助或教唆的指示行为与被指示的董事、高管承担共同侵权责任而已，中国公司法上并无影子董事的存在，因此，该指示人对公司更不负有忠实勤勉义务，自然，也就没有竞业禁止义务了。就此问题的详细论述，可参考本书第三篇中第十三章的介绍。

对于挂名董事是否负有竞业禁止业务的问题，笔者认为，其虽然不参与公司的经营管理事务，但因是在公司登记管理部门登记备案的董事，仍应对公司负有忠实勤勉义务，自然也应当包括竞业禁止义务。但是，即使经营同类业务，因其确实不参与公司经营管理，不会与公司产生竞争、发生利益冲突，也就不会因此而损害公司利益，就不应当承担经营同类业务的损害赔偿责任。当然，若该挂名董事虽不经常参与公司经营管理，但仍然会了解公司的商业信息、公司机会及客户、经销渠道等经营情况，若其从事同类业务，难免会与公司产生竞争、发生利益冲突，也可能损害公司利益，此时，该挂名董事还是应当承担经营同类业务的损害赔偿责任。

还需注意的是，虽然公司在我国已经非常常见，但并非所有公司都是本书所提意义上的公司，例如未改制的全民所有制企业、股份合作制企业、乡镇企业等，其名称中虽然可能包括“公司”，但若其并非按照我国《公司法》注册，就不是本书所述的公司，除非其章程另有特别规定，否则，其董监高就不负有竞业禁止义务。对此，可参考后述所引相关案例。

2. 行为要件：经营同类业务

这是核心要件，其具体含义正如第一节所述，不再赘述。

3. 损害要件：并无特别要求

经营同类业务侵权责任的构成要件中，损害要件与其他责任存在重大区别，即不需要董监高违反竞业禁止义务的行为一定给公司造成损失，即使其行为对公司未造成实际损失的，也应当承担相关的法律责任，如停止侵权行为，若其竞业行为对公司造成负面的不良影响的，公司还可以诉请其承担消除影响的法律责任。同时，公司也有权行使归入权，将其为自己或他人所经营的同类业务的收入归入公司。对于归入权诉讼，详见本书后述章节的介绍。在其侵权行为给公司造成损失的情况下，公司有权要求其赔偿公司损失。

【问题55】在董监高经营同类业务属实但拒不提供其因此所得收入的情况下，法院是否可以根据查明的事实和相关证据，酌情确定其应赔偿的损失？

【典型案例要旨67】(2015)沪二中民四(商)终字第793号：经分析，法院结合查明的事实及现有证据,并参考香肠类制品的一般盈利情况以及宋某涛在申根公司30%的持股比例,酌情判令宋某涛赔偿鑫波公司80000元。

鑫波食品(上海)有限公司与宋某涛损害公司利益责任纠纷二审民事判决书

上海市第二中级人民法院(2015)沪二中民四(商)终字第793号

上海市第二中级人民法院经审理认为:

本案主要的争议焦点为:

1.宋某涛作为鑫波公司原高管是否因违反我国《公司法》及公司章程中有关高管忠实、勤勉义务的规定而获利或给公司造成损失,从而应当承担相应的赔偿责任。

2.鑫波公司主张的赔偿金额是否具有相应依据。

就焦点1,本院认为,我国《公司法》(2013年修正)明文规定:董监高应当遵守法律、行政法规和公司章程,对公司负有忠实义务和勤勉义务。如若利用职务便利为自己或者他人谋取属于公司的商业机会,自营或者为他人经营与所任职公司同类业务的,违规所得的收入归公司所有。给公司造成损失的,应当承担赔偿责任。

本案中,宋某涛受聘担任鑫波公司总经理,全权负责加工、销售香肠肉制品等公司业务。然而其在任职期间,另行与其父亲宋某根及案外人樊某波共同设立了申根公司。申根公司的经营范围包括销售香肠、火腿等肉制品,且实际在1号店网店中大量销售了鑫波公司生产的香肠类制品,存在获利。

另需说明的是,宋某涛与其父亲宋某根合计持有申根公司80%的股权,故宋某涛称其并不参与申根公司的经营决策,亦从未获利,有悖常理。

申根公司另一股东樊某波同时是漫趣公司的法定代表人,漫趣公司曾经在宋某涛担任鑫波公司总经理期间受托为鑫波公司进行香肠品牌的商标注册申请,但漫趣公司最终将该品牌据为己有,宋某涛亦未对此提出异议或采取相应措施。基于此,结合一般商事规律、普通大众认知及公序良俗,推定宋某涛利用职务便利为自己及申根公司谋取了本属于鑫波公司的商业机会,并为申根公司经营了与鑫波公司同类的业务,违反了我国《公司法》中高管的忠实、勤勉义务,损害了鑫波公司的利益,并使自身获利,故而应当承担相应法律责任。

就焦点2,虽然鑫波公司对其主张的宋某涛在申根公司取得20万元收入一节缺乏明确的证据印证,但并不意味着宋某涛即可免除赔偿责任。

首先,在宋某涛本人拒绝提供其在申根公司的收入证明的情况下,鑫波公司确无法通过合理途径进行取证。

其次,二审中,经要求,宋某涛仍拒绝提供申根公司的资产负债表及其销售香肠类制品的统计数据,导致无从核实申根公司的具体经营项目、销售盈亏状况以及职员工资收入等情况。

再次,宋某涛亦未提供证据证实申根公司于网店中销售的香肠类制品系通过正常的商业途径从鑫波公司处取得,并有权进行转售。

最后,宋某涛对于鑫波公司提供的有关申根公司20余万元的网店销售记录,仅以截图未经公证、真实性无法确认、时间不明等为由粗略质证,而未提供其自行统计的销售记录、销售成本、盈利数据等加以反证,应承担不利后果。

基于上述分析,结合查明的事实及现有证据,并参考香肠类制品的一般盈利情况以及宋某涛在申根公司30%的持股比例,酌情判令宋某涛赔偿鑫波公司80000元。

原审法院作出驳回鑫波公司全部诉请的判决有所不当,本院予以改判。

4. 主观要件:违法即视为过失

经营同类业务侵权责任的主观要件,通常都是故意,这是由经营同类业务的行为特点决定的。但是诉讼实务中,故意要件的证明难度很大。因此,可以按照"违法即视为过失"的原则,通过证明董监高实际上从事了同类业务的侵权行为,即可推定其因违反了董监高的忠实义务而主观上存在过失,就符合了主观要件的要求。

二、经营同类业务纠纷的免责事由

按照《公司法》(2023年修订)第184条的规定,董监高未向董事会或者股东会报告,并按照公司章程的规定经董事会或者股东会决议通过,不得自营或者为他人经营与其任职公司同类的业务。也即经过"报告+决议同意"程序之后,董监高就不再对公司负有竞业禁止义务,不再因经营同业而承担法律责任,这是董监高的法定免责事由。

董监高实际上经营与其所任职公司同类的业务,如(2021)最高法民申6043号和(2016)鲁民终1454号案例所示,若公司对此知情且未提出异议的,能否作为董监高不承担竞业禁止责任的抗辩理由?

对此,笔者认为,在《公司法》(2023年修订)对董监高竞业禁止义务的解除作出重大修订,设置了"报告+决议同意"规则之后,若未经公司章程或其有权机关同意免除该义务的,应当默认董监高对公司一直负有该义务。若公司只是知情且未提出异议,并不能构成董监高合法合理的抗辩理由。原因在于,按照《民法典》第140条的规定,行为人可以明示或者默示作出意思表示。沉默只有在有法律规定、当事人约定或者符合当事人之间的交易习惯时,才可以视为意思表示。因此,此种情况仅能视为一种沉默。而基于私法自治,一方意志不能拘束他方,不能形成合意,也就不能为他方设定义务。至于公司对其经营同业知情且未提出异议的,则是公司对该侵权行为是否追究的问题,不能视为被侵权人同意侵权人的侵权行为、接受侵权的结果,只能认为是公司没有提起诉讼,即使超过诉讼时效的,也只能认定公司放弃胜诉的权利,而不能当然地推定此种情况下公司已免除了董监高的竞业禁止义务、董监高有权经营同类业务。

然而,若公司董监高多次向公司报告其将经营同类业务,公司并没有通过书面、口头等积极行为的方式予以反馈,而是通过行为的方式作出意思表示,可以通过公司的行为来推定、认定其意思表示的内容是否构成默示。虽然公司董事会或股东会并未对其请求召集会议讨论,或尽管有开会讨论但未明确作出是否同意的决议或决定,若公司的行为构成默示的,则应当认定公司已经同意,此时,董监高即不再对公司负有竞业禁止义务。当然,此种未召集会议或未形成决议或决定,若是在该董监高控制或授意之下实现的,则可因为该董监高人为地恶意阻碍公司意思表示的形成,该种"默示"不应该视为对其经营同类业务的同意。

三、接受董监高经营同业的公司的责任

竞业禁止义务,是公司法根据董监高的忠实义务而自然延伸设置的,这是董监高承担竞业禁止责任的法律依据。而接受其他公司的董监高为其经营同类业务的公司,则是依据竞争法对原公司承担损害赔偿责任的。

按照我国《反不正当竞争法》的规定,经营者在生产经营活动中,应当遵循自愿、平等、公平、诚信的原则,遵守法律和商业道德。经营者在生产经营活动中,违反本法规定,扰乱市场竞争秩序,损害其他经营者或者消费者的合法权益的行为,属于不正当竞争行为。若该经营者明知董监高在其他公司任职,却依旧聘用或吸收其作为投资人参与公司经营、从事同类业务的,则构成不正当竞争行为,按照该法第17条的规定,应当按照共同侵权的相关法律依据,依法承担民事责任。因不正当竞争行为受到损害的经营者的赔偿数额,按照其因被侵权所受到的实际损失确定;实际损失难以计算的,按照侵权人因侵权所获得的利益确定。经营者恶意实施侵犯商业秘密行为,情节严重的,可以在按照上述方法确定数额的1倍以上5倍以下确定赔偿数额。赔偿数额还应当包括经营者为制止侵权行为所支付的合理开支。经营者违反本法第6条、第9条规定,权利人因被侵权所受到的实际损

失、侵权人因侵权所获得的利益难以确定的，由人民法院根据侵权行为的情节判决给予权利人500万元以下的赔偿。

因此，公司接受其他公司董监高为其经营同业的，根据侵权责任的构成要求，原告需证明该公司主观上明知该董监高所在公司与其属于同行或经营同类业务，即主观上存在侵权的故意，以及侵权责任的其他构成要件。

【问题56】接受其他公司董监高经营竞业的公司，对其他公司所遭受的损失承担赔偿责任的请求权基础是什么？

【典型案例要旨68】(2020)京73民终48号：北京索为公司、成都索为公司与中广上洋公司存在业务上的竞争关系，其在应知吴某强对中广上洋公司负有竞业禁止义务的情况下，聘任吴某强担任公司的副总裁，从事与中广上洋公司具有竞争关系的业务，违反了公认的商业道德及诚实信用原则，损害了中广上洋公司的合法权益，构成不正当竞争。

北京中广上洋科技股份有限公司与成都索贝数码科技股份有限公司等不正当竞争纠纷二审民事判决书

北京知识产权法院(2020)京73民终48号

北京知识产权法院经审理认为：

1.本案是否应当适用劳动合同法，一审法院不正当竞争案由的确定是否正确。

上诉人吴某强、北京索为公司、成都索为公司主张，竞业禁止应当适用劳动合同法，驳回中广上洋公司的起诉。本院认为，依据我国《劳动合同法》的有关规定，竞业禁止关系的形成依据是劳动者与用人单位之间设立了竞业禁止合同，一方违反合同约定，另一方可以提起合同之诉。但竞业禁止的目的是保护公司的知识产权等财产权利，竞业禁止违约行为不仅违反了合同约定，而且由于侵害了用人单位的财产权益，所以又同时产生侵权责任，故当事人选择侵权之诉并未违反法律规定。本案中中广上洋公司以竞业禁止为由起诉吴某强、成都索为公司、索贝公司不正当竞争，明确主张吴某强违反竞业禁止约定成为侵犯中广上洋公司权利的手段，成都索为公司、索贝公司由于共同侵权而成为不正当竞争者，一审法院确定不正当竞争之诉的案由符合法律规定，故本院不支持上诉人吴某强、北京索为公司、成都索为公司的该上诉理由，一审法院确定反不正当竞争案由并无不当。

2. 关于上诉人吴某强、北京索为公司、成都索为公司是否构成不正当竞争行为的问题。

《公司法》第 147 条第 1 款规定:董监高应当遵守法律、行政法规和公司章程,对公司负有忠实义务和勤勉义务;第 148 条第 1 款第 5 项规定:董事、高管不得未经股东会或者股东大会同意,利用职务便利为自己或者他人谋取属于公司的商业机会,自营或者为他人经营与所任职公司同类的业务。上述内容系我国法律对董事、高管竞业禁止义务的规定。

所谓竞业禁止,是指对与权利人有特定关系之人的特定竞争行为的禁止。我国公司法要求公司董监高应当对公司负有忠实和勤勉义务,要求董监高在执行公司业务时或担任公司职位期间需全心全意为公司服务,以公司最佳利益为出发点行事,不得追求公司利益以外的利益,不得追求个人利益。因此,董事、高管对公司负有竞业禁止义务,既包含禁止自己或为他人从事与公司业务有竞争性的活动,也包含禁止利用职务便利谋取属于公司的商业机会。

根据本案证据,上诉人吴某强系中广上洋公司的董事、总经理,属于中广上洋公司的高管,其在中广上洋公司担任高管期间,就受聘于北京索为公司而签订《入职知识产权声明》,离职后担任北京索为公司副总裁。而北京索为公司与中广上洋公司的经营范围部分相同,具有一定竞争关系。吴某强的行为已构成对中广上洋公司竞业禁止义务的违反。北京索为公司、成都索为公司与中广上洋公司存在业务上的竞争关系,其在应知吴某强对中广上洋公司负有竞业禁止义务的情况下,聘任吴某强担任公司的副总裁,从事与中广上洋公司具有竞争关系的业务,违反了公认的商业道德及诚实信用原则,损害了中广上洋公司的合法权益,构成不正当竞争。上诉人吴某强、北京索为公司、成都索为公司上诉理由不能成立,一审法院认为吴某强、北京索为公司、成都索为公司构成不正当竞争,并判令其承担相应民事责任并无不当。

3. 关于索贝公司是否应当承担共同侵权责任的问题。

上诉人中广上洋公司主张索贝公司应当与吴某强、北京索为公司、成都索为公司构成共同侵权,应当共同承担责任。

对此,本院认为,虽然中广上洋公司在一审中提交的(2019)京长安内经证字第 15739 号公证书中载明,“索为视界”微信公众号称“索贝副总裁、索为视界董事长吴某强在致辞中表示”,下方标注“索贝副总裁、索为视界董事长吴某强”等情况,中广上洋公司从而据此主张北京索为公司聘用吴某强担任其董事长,索贝公司明知的,并对此应当承担责任。但是该公众号账号主体系成都索为公司,而并非索贝公司,该行为系成都索为公司的自行宣传行为,并未得到索贝公司的认可和确认,不能成为认定索贝公司对本案承担侵权责任的依据。

另外,中广上洋公司在上诉期间主张成都索为公司与索贝公司的法定代表人系同一人姚某,索贝公司协同成都索为公司成立北京索为公司,中广上洋公司骨干成员集体离职,并给中广上洋公司造成损失的理由,根据二审期间查明的事实,虽然索贝公司法定代表人确系成都索为公司的法定代表人,但现有证据并不能证明索贝公司与被控侵权行为存在关联性,上诉人中广上洋公司要求索贝公司承担连带赔偿责任的上诉请求没有事实和法律依据,不予支持。一审法院对此认定并无不当,应予维持。

4. 关于一审法院认定的侵权赔偿数额是否正确的问题。

依照《反不正当竞争法》第17条第1款之规定,"因不正当竞争行为受到损害的经营者的赔偿数额,按照其因被侵权所受到的实际损失确定;实际损失难以计算的,按照侵权人因侵权所获得的利益确定。经营者恶意实施侵犯商业秘密行为,情节严重的,可以在按照上述方法确定数额的一倍以上五倍以下确定赔偿数额。赔偿数额还应当包括经营者为制止侵权行为所支付的合理开支"。

由于中广上洋公司上诉期间仅主张其产品市场单价达数万元,一审法院判决的50万元赔偿不能弥补其损失,但对其因吴某强、北京索为公司、成都索为公司的行为所造成的实际损失及侵权人在侵权期间因侵权所获得的利润并未提交充分的证据加以证实,所以一审法院基于吴某强、北京索为公司、成都索为公司侵权行为的情节、范围及合理支出等因素,酌情确定吴某强、北京索为公司、成都索为公司连带赔偿的数额并无不当。

关于中广上洋公司上诉期间要求吴某强继续履行竞业禁止义务,因吴某强现已离职超过两年,故对其该项上诉请求不予支持。上诉人中广上洋公司的上诉理由不能成立。一审法院对此认定并无不当,应予维持。

第三节　经营同类业务纠纷的常见争议焦点与裁判规则

【问题57】股份合作制企业的董事离职后开设与该企业经营范围相同的公司并经营同类业务的,是否负有不得经营同类业务的义务?

【典型案例要旨69】(2013)民提字第129号:铸钢厂系股份合作制企业,目前我国未颁行实施股份合作制企业法律法规。股份合作制企业兼具有公司制企业或者合伙制企业的部分特征，但其既不是公司企业，也不是合伙企业，因此，有关股份合作制企业纠纷的处理，应首先尊重企业内部的规定、决定或者约定等，在企业内部没有约定的情况下，可以参照公司法或者合伙企业法的相关规定处理。

李某江与荣成市铸钢厂董事损害公司权益纠纷再审民事判决书

最高人民法院(2013)民提字第129号

最高人民法院经审理认为：

本案争议涉及的铸钢厂系股份合作制企业，目前我国未颁行实施股份合作制企业法律法规。股份合作制企业兼具有公司制企业或者合伙制企业的部分特征，但其既不是公司企业，也不是合伙企业，因此，有关股份合作制企业纠纷的处理，应首先尊重企业内部的规定、决定或者约定等，在企业内部没有约定的情况下，可以参照公司法或者合伙企业法的相关规定处理。

铸钢厂起诉时称李某江是在2002年年底离开铸钢厂后投资设立的四维铸钢厂，根据本案查明的事实，李某江在投资设立四维铸钢厂后未在铸钢厂行使董事职权，未领取过工资报酬，应认定李某江在成立四维铸钢厂时已经不再参与铸钢厂的管理事务，不存在同时担任董事职务和开办其他企业的行为。在该案的审理中铸钢厂始终未能提交其有关于董事离任后应不得经营与本企业同类业务等涉及竞业禁止义务内容的相关规定、决议或者约定等，其主张李某江离开企业设立其他同类企业违反董事忠实义务等没有合同依据。

《公司法》第149条对在任董事忠实义务有明确规定，对董事离任后是否应当承担相关义务等没有明确规定，因铸钢厂诉讼主张李某江是在离开铸钢厂后发生的设立其他公司行为，公司法中没有类似的规定可以参照适用。《合伙企业法》第32条规定，合伙人不得自营或者同他人合作经营本合伙企业相竞争的业务，因铸钢厂是以李某江为董事和副厂长身份起诉的，并非以李某江的股东身份起诉，且在山东省文登市人民法院(2011)文商初字第472号民事案件中，铸钢厂主张李某江离开该企业后即丧失股东身份，该院一审判决和山东省威海市中级人民法院(2011)威商终字第310号终审民事判决支持了铸钢厂的主张，自李某江离开铸钢厂之日起对其股东身份予以除名，故对李某江离厂后的行为也不宜参照适用《合伙企业法》。原二审、再审法院参照适用《公司法》和《合伙企业法》，属于适用法律错误，应予以纠正。

因铸钢厂未能提交关于李某江利用其在铸钢厂的职务身份侵占其利益，四维铸钢厂的经营收入与李某江在铸钢厂的职务有直接关系等方面的证据，其主张四维铸钢厂的经营收入应归其所有，不符合承担侵权民事责任的法律规定。

综上分析，铸钢厂请求李某江承担赔偿责任的依据不足，其诉讼请求应当予以驳回。

李某江在一审审理中以超过诉讼时效为由提出抗辩，一审法院及二审、再审法院对李某江在答辩中提出的超过诉讼时效的抗辩请求不予审理，存在明显错误。李某江在本案再审申请中又明确提出铸钢厂的诉讼请求超过诉讼时效，因认为李某江离开铸钢厂后对铸钢厂没有承担义务或责任的依据，应驳回铸钢厂的诉讼请求，该结果与其主张诉讼时效超过的结果相同，为节约司法资源，对其再审中提出的诉讼时效超过问题不再审理。

综上，本院依照《民事诉讼法》第 170 条第 1 款第 1 项、第 207 条第 1 款之规定，判决如下：

(1)撤销山东省威海市中级人民法院(2008)威商终字第 80 号民事判决、山东省高级人民法院(2009)鲁民提字第 47 号民事判决；

(2)维持山东省荣成市人民法院(2007)荣民一初字第 461 号民事判决。

本案一审、二审受理费各 13800 元，由铸钢厂负担。

本判决为终审判决。

【问题 58】公司董监高违反竞业禁止义务的，其所投资设立或任职的公司是否应当对其赔偿责任承担连带责任？

【典型案例要旨 70】(2015)鲁商终字第 532 号：本案李某滨在担任东方公司的董事、副总经理期间，属于东方公司的高管，其发起成立了泰威公司并担任泰威公司的执行董事、法定代表人和经理职务，此后其虽然不担任泰威公司法定代表人，但仍担任泰威公司执行董事。而泰威公司与东方公司的经营范围部分相同，属同类经营。李某滨的以上行为违反了《公司法》规定的相应忠实义务。东方公司请求判决李某滨停止担任泰威公司的执行董事符合法律规定，原审法院对此予以支持并无不当。

济南东方管道设备有限公司与李某滨、济南东方泰威机械设备有限公司损害公司利益责任纠纷二审民事判决书

山东省高级人民法院(2015)鲁商终字第 532 号

山东省高级人民法院经审理认为：

本案各方当事人的争议焦点为：(1)李某滨是否构成竞业禁止。(2)泰威公司是否应与李某滨共同承担责任。(3)原审判决认定的侵权赔偿数额是否正确。

(1)关于李某滨是否构成竞业禁止的问题。

上诉人李某滨主张其不是东方公司的董事或高管，不具备竞业禁止的义务主体资格，其行为不构成竞业禁止，不应承担相应的责任。《公司法》第147条第1款规定："董事、监事、高级管理人员应当遵守法律、行政法规和公司章程，对公司负有忠实义务和勤勉义务。"第148条第1款第5项规定：董事、高管不得未经股东会或者股东大会同意，利用职务便利为自己或者他人谋取属于公司的商业机会，自营或者为他人经营与所任职公司同类的业务。

本案李某滨在担任东方公司的董事、副总经理期间，属于东方公司的高管，其发起成立了泰威公司并担任泰威公司的执行董事、法定代表人和经理职务，此后其虽然不担任泰威公司法定代表人，但仍担任泰威公司执行董事。而泰威公司与东方公司的经营范围部分相同，属同类经营。李某滨的以上行为违反了《公司法》第147条第1款和第148条第1款第5项规定的相应的忠实义务。东方公司请求判决李某滨停止担任泰威公司的执行董事符合法律规定，原审法院对此予以支持并无不当。上诉人李某滨主张其行为不构成侵权的理由不能成立，本院不予支持。

(2)关于泰威公司是否应与李某滨共同承担责任的问题。

上诉人东方公司上诉主张，泰威公司与李某滨构成共同侵权，应当共同承担责任。《公司法》第148条第2款规定："董事、高级管理人员违反前款规定所得的收入应当归公司所有。"根据《公司法》的以上规定，违反忠实义务的赔偿责任主体仅为侵权的董事、高管，并不包括其所就任的公司。另外，上诉人东方公司未提交相应的证据，证明泰威公司的主营业务收入系泰威公司开展同业竞争业务所得，故东方公司主张泰威公司的主营业务收入应为东方公司的损失，东方公司主营业务的减少也应为其公司的损失，从而要求李某滨、泰威公司连带赔偿的上诉请求没有事实和法律依据，本院不予支持。原审法院对此认定并无不当，应予维持。

(3)关于原审判决认定的侵权赔偿数额是否正确的问题。

原审法院基于李某滨在担任泰威公司执行董事期间，自2013年8月31日至2015年5月31日的工资薪金所得为71300元，判决将该部分薪金归东方公司所有。上诉人李某滨主张，其以上工资所得不应作为侵权赔偿数额。本院认为，《公司法》第148条第2款规定："董事、高级管理人员违反前款规定所得的收入应当归公司所有。"本案中，已经认定李某滨违反公司法相关规定担任同业企业的法定代表人或执行董事，因此认定其工资所得为其所得收入，归东方公司所有并无不当，上诉人李某滨主张其以上工资收入不得作为侵权赔偿数额的上诉理由不能成立。

关于上诉人东方公司所称原审判决的赔偿数额过低，应判令赔偿其至少350万元的上诉主张，因其未能提交相应的证据证明其损失实际数额，以及其损失与李某滨相应的违反董事及高管忠实义务的行为存在因果关系，因此，上诉人东方公司主张的其他损失因没有法律和事实依据，不能成立，本院不予支持。原审法院对此认定并无不当，本院予以维持。

【问题59】董事在本公司之外的其他公司任职且经营同类业务的，若两家公司所经营的产品实际销售区域并未发生交叉的，能否认定为该董事不违反竞业禁止义务？

【典型案例要旨71】(2009)辽民三终字第17号：并非董事在从事同类业务的企业中任职均构成对竞业禁止义务的违反。在取得任职公司认可并同意的情形下或两公司不具有竞争关系，不会引起利益冲突时，则不在法律禁止范围之内，不构成对竞业义务的违反。原审将存在竞争关系与否作为判断董事是否违反竞业禁止义务的前提，并无不当。

新加坡乐维有限责任公司与宗某后侵害企业出资人权益纠纷二审民事判决书

辽宁省高级人民法院(2009)辽民三终字第17号

辽宁省高级人民法院经审理认为：

本案为侵权之诉，根据《民法通则》第146条规定，侵权行为的损害赔偿适用侵权行为地法律。因此应以中华人民共和国法律作为准据法。

本案的争议焦点是：被上诉人宗某后设立沈阳乳品公司并担任该公司董事长的行为是否违反了竞业禁止义务，是否侵害了厦门娃哈哈公司的权益。

首先，关于上诉人对被上诉人宗某后在沈阳乳品公司任职行为是否知晓并同意的问题。

厦门娃哈哈公司和保健食品公司及杭州娃哈哈食品有限公司都是上诉人的母公司达能集团通过不同的全资子公司与娃哈哈集团有限公司等成立的合资公司。在合资企业中，外方股权比例均为51%，外方董事任职人员和在董事会表决比例一致，企业生产经营范围一致，企业具体经营决策机制一致，采用董事会联席会议、协调生产、共同销售的模式进行日常生产经营。在5位董事中，外方占3席，中方占2席，双方董事自公司成立至上诉人起诉时均一致。2005年9月和12月外方更换董事为范某谋、秦某和嘉某霖，但更换后的董事仍是合资企业的固定董事。故合资企业的实际控制人、管理层组成、经营决策机制、经营业务及利益均一致。

依据被上诉人提供的2005年度和2006年度保健食品公司会计报表和审计报告能够确认沈阳乳品公司的存在,并注明为关联交易方,受同一关键管理人员控制。而审计报告均应送交给各股东,通过这一途径,作为股东的乐维公司应当知晓对宗某后在沈阳乳品公司的任职。2005年3月,保健食品公司等合资公司召开董事会会议,决定对原许可合同中有关被许可公司的定义作修正,并更新再被许可公司的名单。2005年10月,娃哈哈集团公司与保健食品公司签订了商标许可合同的修订协议,该协议许可包括沈阳乳品公司等非合资企业使用娃哈哈商标,范某谋在该协议上签字。上述事实证明,对于沈阳乳品公司的存在,上诉人是明知的,外方股东及其委派的董事在本案争议发生前从未提出过异议,表明上诉人对于被上诉人宗某后在沈阳乳品公司的任职是认可的。

其次,关于沈阳乳品公司与厦门娃哈哈公司之间是否存在竞争关系的问题。

竞争关系主要表现在原材料供应、产品生产、销售市场等方面。本案中依据保健食品公司的审计报告可以看出,保健食品公司作为专门负责整个娃哈哈产品原材料供应和市场销售的企业,采用统购统销的管理模式,厦门娃哈哈公司和沈阳乳品公司生产的产品均由保健食品公司统一收购和销售,虽然两者工商登记的经营范围有重叠,但沈阳乳品公司生产乳制品,销售范围限于沈阳及周边地区,厦门娃哈哈公司生产水和果蔬饮料,销售地域位于厦门及周边地区。因此在原材料采购和产品销售等方面,沈阳乳品公司与厦门娃哈哈公司不存在竞争关系,沈阳乳品公司在合资企业协调安排的经营体系中获取正常经营收益,并未对厦门娃哈哈公司造成损害。

再次,关于适用法律问题。

《公司法》第149条第1款第5项规定,董事、高管不得未经股东会或者股东大会同意,利用职务便利为自己或他人谋取属于公司的商业机会,自营或者为他人经营与所任职公司同类的业务。但并非董事在从事同类业务的企业中任职均构成对竞业禁止义务的违反。在取得任职公司认可并同意的情形下或两公司不具有竞争关系,不会引起利益冲突时,则不在法律禁止范围之内,不构成对竞业义务的违反。原审将存在竞争关系与否作为判断董事是否违反竞业禁止义务的前提,并无不当。

最后,关于被上诉人宗某后在其他非合资企业的任职行为应否审理的问题。

上诉人在原审起诉状及增加诉讼请求申请书中提出的主张为被上诉人宗某后经营沈阳乳品公司的行为违反了董事竞业禁止义务,侵害了厦门娃哈哈公司的权益。上诉人主张宗某后在其他非合资企业亦存在侵权行为,与本案不是同一法律关系,不应在本案中一并审理。原审法院依据起诉状确定审理范围,并无不当。

【问题60】公司法规定的董监高竞业禁止义务的期限是否包括离职之后?若包括离职之后,期限多久比较合理?

【典型案例要旨72】(2018)京01民终8010号:综观公司法,并未禁止离职后的王某伟从事同类业务领域的工作。从股东的忠实义务出发,公司法确定了损害赔偿的解决路径,亦无禁止开展同类业务的法律规定。而从一般侵权行为条款出发,侵权人应当立即停止侵权行为,而非在相同业务领域终身禁业。一审法院判决离职的高管立即停止同类业务经营,实则判令其永远不得与其任职在先的公司竞争,如此,势必导致社会管理资源的严重浪费,阻碍人才发挥所长。一审法院判决王某伟、智存融远公司立即停止经营数据磁带、磁带机、条形码的销售,磁带检测,磁带销毁消磁业务有误,予以纠正。

王某伟等与北京志远数存科技有限公司损害公司利益责任纠纷二审民事判决书

北京市第一中级人民法院(2018)京01民终8010号

北京市第一中级人民法院经审理认为:

本案的争议焦点为:(1)王某伟、智存融远公司是否应当承担立即停止经营同类业务的责任;(2)王某伟、智存融远公司应予返还款项的具体数额。

1. 关于第一个争议焦点。

王某伟、智存融远公司上诉主张,王某伟已不再担任志远数存公司的经理职务,一审判决其立即停止经营同类业务,实际上等同于令王某伟终身禁止在该领域执业,有悖于《宪法》赋予公民的劳动的权利和选择职业的权利。志远数存公司辩称,王某伟仍然是志远数存公司的股东,其与智存融远公司实施了侵权行为,且该行为处于持续状态,就应当立即停止。结合各方当事人的诉辩主张,本院认为,本案该项焦点应当围绕竞业禁止的合同依据与法律适用展开。

(1)竞业禁止的合同依据。据已查明的事实可知,志远数存公司并未在公司章程、股东会决议等文件中,对竞业禁止义务进行约定,王某伟个人亦未与该公司签订任何竞业禁止协议。也就是说,王某伟与志远数存公司之间并无合同约定的竞业禁止义务。

(2)竞业禁止的法律适用。

《公司法》第148条第1款规定："董事、高级管理人员不得有下列行为：……(五)未经股东会或者股东大会同意，利用职务便利为自己或者他人谋取属于公司的商业机会，自营或者为他人经营与所任职公司同类的业务……"第2款规定："董事、高级管理人员违反前款规定所得的收入应当归公司所有。"由此可知，我国公司法将竞业禁止义务的行为主体明确界定为董事、高管；行为表现为利用职务便利、篡夺本应属于公司的商业机会；行为后果是将违反竞业禁止义务所得的收入归公司所有。

本案中，王某伟在担任志远数存公司经理一职期间，作为公司的高管，理应遵守竞业禁止义务。2015年7月王某伟离职以后，亦无权利用原公司无形资产滞后控制力的特点为自己谋取利益。但是，综观公司法，并未禁止离职后的王某伟从事同类业务领域的工作。从股东的忠实义务出发，公司法确定了损害赔偿的解决路径，亦无禁止开展同类业务的法律规定。而从一般侵权行为条款出发，侵权人应当立即停止侵权行为，而非在相同业务领域终身禁业。一审法院判决离职的高管立即停止同类业务经营，实则判令其永远不得与其任职在先的公司竞争，如此，势必导致社会管理资源的严重浪费，阻碍人才发挥所长。因此，在没有合同与法律依据的前提下，志远数存公司关于判令王某伟、智存融远公司立即停止经营同类业务的诉讼请求，本院应当予以驳回；一审法院判决王某伟、智存融远公司立即停止经营数据磁带、磁带机、条形码的销售，磁带检测，磁带销毁消磁业务有误，本院予以纠正。

2. 关于第二个争议焦点。

王某伟、智存融远公司上诉主张，在计算其利用职务便利所得的收入时，错将67.25万元支出计入收入，且审计出来的主营业务利润并不等同于实际收入，所以，一审判决确定的返还数额有误。鉴于王某伟、智存融远公司在一审程序中已经提出上述答辩意见，一审判决亦已予以回应，故简述如下。第一，本案《专项审计报告书》显示，67.25万元为银行已付企业未做账部分，原因不明。审计人员未将其计入审计结论确认的主营业务收入中，亦未在主营业务利润中予以扣除。根据民事诉讼法"谁主张，谁举证"原则，王某伟、智存融远公司应就该笔款项的来源、性质等方面予以说明，在无法合理解释时承担举证不能的不利后果。第二，按照公司法相关规定，归入权是指，利用职务便利所得的收入应当归公司所有，而非王某伟的共同侵权人智存融远公司在扣除公司管理费等之后的公司净利润。因此，一审判决依据主营业务利润、原因不明未做账部分两项确定王某伟、智存融远公司应当共同返还的资金数额，并无不当。王某伟、智存融远公司的该项上诉理由不能成立,对其上诉请求本院不予支持。

【问题61】公司执行董事兼法定代表人同时在其妻子与女儿共同设立的公司中担任执行董事,并以本公司客户资源为该公司经营同类业务的,是否违反竞业禁止义务?

【典型案例要旨73】(2016)沪02民再26号:蔡某中、俞某华作为胶尔公司的管理人员,不能提供胶尔公司股东曾经召开股东会并同意其自营或者为他人经营与胶尔公司同类的业务的证据。原审也查明,亦无证据证明蔡某中和俞某华曾与梁某达成解散公司双方各自设立公司经营的口头协议。蔡某中、俞某华在胶力尔公司经营与胶尔公司同类业务,属于利用职务便利为自己或者他人谋取属于胶尔公司的商业机会,构成对胶尔公司的侵害,应当将收入归于胶尔公司。

梁某与上海胶尔贸易有限公司、蔡某中等损害公司利益责任纠纷再审民事判决书

上海市第二中级人民法院(2016)沪02民再26号

原告诉称:

经调查,作为胶尔公司法定代表人、执行董事的蔡某中以胶力尔公司对外开展业务,该公司名称与胶尔公司相似,经营范围与胶尔公司高度重合,且该公司是由蔡某中妻子俞某华与女儿蔡某晔共同设立。

蔡某中凭借多年在胶尔公司担任高管的便利条件,掌握了胶尔公司的所有客户资源、进货渠道等一系列商业秘密,蔡某中妻子俞某华是胶尔公司的财务主管,蔡某中利用上述资源欺骗客户称胶尔公司已经变更为胶力尔公司,将大量本属于胶尔公司的业务转入直系亲属开设的胶力尔公司进行经营,其中包括将上海祺久化工科技有限公司(以下简称祺久公司)的业务转入胶力尔公司,胶尔公司损失巨大,其行为违反了公司章程以及法律法规规定的公司高管的忠诚义务和竞业禁止义务。

上海市第二中级人民法院经审理认为:

依据《公司法》第148条第1款第5项、第2款之规定,未经股东会或者股东大会同意,公司董事、高管利用职务便利为自己或者他人谋取属于公司的商业机会,自营或者为他人经营与所任职公司同类的业务,所得的收入应当归公司所有。

蔡某中、俞某华作为胶尔公司的管理人员,不能提供胶尔公司股东曾经召开股东会并同意其自营或者为他人经营与胶尔公司同类的业务的证据。原审也查明,亦无证据证明蔡某中和俞某华曾与梁某达成解散公司双方各自设立公司经营

的口头协议。蔡某中、俞某华在胶力尔公司经营与胶尔公司同类业务,属于利用职务便利为自己或者他人谋取属于胶尔公司的商业机会,构成对胶尔公司的侵害,应当将收入归于胶尔公司。梁某身为胶尔公司的股东及监事,站在胶尔公司立场,保护胶尔公司利益,对其诉讼请求本院予以支持。原审对此认为蔡某中、俞某华没有侵害胶尔公司利益,该认定有误,本院再审予以纠正。

梁某再审中提供相关单据证明蔡某中、俞某华为胶力尔公司的进货均价为22.75元,比照胶尔公司当时的经营,认为售出价格为31.8元,经营收入为59051元。蔡某中、俞某华对进货价格予以认可,但不认可出货价格,且认为梁某提供的不是新的证据。对此,本院认为梁某在原审已提供类似证据,再审中提供的不同形式的单据及部分重复提供的凭证,均不为新的证据。蔡某中、俞某华对进货价格予以认可,梁某根据胶尔公司的出货价格推算胶力尔公司的出货价有其合理性,本院予以采纳。

鉴于梁某一审起诉时请求蔡某中、俞某华归入胶尔公司的经营同类产品的收益为54000元,再审中变更为59051元,本院认定蔡某中、俞某华在胶力尔公司经营同类产品的收益为54000元。蔡某中、俞某华提供短信、餐费报销单以及蒋某身与薛某伟之间股权转让协议等,该证据能证明股东之间存在不和,但不能证明胶尔公司股东曾经召开股东会并同意其自营或者为他人经营与胶尔公司同类的业务。对此,本院认为蔡某中、俞某华在胶力尔公司的经营收益54000元应归入胶尔公司。

【问题62】董监高实际上经营与其所任职公司同类的业务,公司对此知情且未提出异议的,能否作为董监高不承担竞业禁止责任的抗辩事由?

【典型案例要旨74】(2016)鲁民终1454号:孙某才和山东圣鲁制药有限公司对于侯某滨先后设立经营同类业务的其他公司是知情并认可的,且接受侯某滨的委托代为加工药品。因此,孙某才虽然主张,侯某滨的行为违反《公司法》第148条第1款第5项的规定,应当承担董事损害公司利益的相应责任,但其所提供的证据不足以证实该主张,应当承担举证不能的不利后果。

孙某才与侯某滨、山西联邦制药有限公司等损害公司利益责任纠纷二审民事判决书

山东省高级人民法院(2016)鲁民终1454号

山东省高级人民法院经审理认为:

关于侯某滨的行为是否违反了《公司法》第148条第1款第5项规定的忠实

义务问题。

《公司法》第 148 条第 1 款第 5 项规定，董事、高管不得“未经股东会或者股东大会同意，利用职务便利为自己或者他人谋取属于公司的商业机会，自营或者为他人经营与所任职公司同类的业务”。根据上述规定，认定董事违反忠实义务，利用职务便利谋取属于所任职公司的商业机会，或者经营与所任职公司同类的业务，存在两个前提条件，一是担任公司董事并实际从事公司的经营决策等管理行为，二是没有经过股东会的同意而实施上述行为。

本案中，首先，侯某滨虽系山东圣鲁制药有限公司董事，但未参与公司经营决策。

根据一审法院(2011)济商初字第 57 号民事判决的记载，孙某才和山东圣鲁制药有限公司自认侯某滨在山东圣鲁制药有限公司设立以后从未参与公司经营管理，侯某滨与山东圣鲁制药有限公司之间仅仅是药品委托加工关系，且侯某滨由于无暇过问山东圣鲁制药有限公司事务而委托孙某才等人负责于 2003 年、2008 年两次办理了股权变更事宜。根据一审法院(2011)济商初字第 57 号民事判决的记载，孙某才和山东圣鲁制药有限公司提交了对该案中第三人张某成的调查笔录，张某成称山东圣鲁制药有限公司系其和孙某才、侯某滨三人合伙设立，张某成认可侯某滨不参与山东圣鲁制药有限公司的任何经营管理，侯某滨设立山东圣鲁制药有限公司的目的是在山东圣鲁制药有限公司开设加工厂，侯某滨另行设立的公司一直与山东圣鲁制药有限公司进行业务往来。本案中，孙某才和山东圣鲁制药有限公司虽然主张侯某滨作为董事参与了山东圣鲁制药有限公司的经营决策，但未能提供有效证据予以证实。

其次，对于侯某滨经营与山东圣鲁制药有限公司同类的业务，孙某才及山东圣鲁制药有限公司知情且认可。

侯某滨自 2002 年 1 月至 2005 年 5 月以山东希尔康泰有限公司的名义委托山东圣鲁制药有限公司加工药品，自 2005 年 6 月至 2014 年 11 月又以江西希尔康泰制药有限公司的名义委托山东圣鲁制药有限公司加工药品，上述事实与孙某才在一审法院(2011)济商初字第 57 号纠纷案件中所陈述的“在侯某滨与孙某才成立山东圣鲁制药有限公司后，侯某滨分别在山西晋中、江西萍乡注册了公司，且由侯某滨担任法定代表人，对山东圣鲁制药有限公司的业务无暇过问，便同意由山东圣鲁制药有限公司为其加工产品，山东圣鲁制药有限公司的股权变更等事宜由孙某才等被告负责办理”“侯某滨与山东圣鲁制药有限公司的代加工业务从来没有停止”相互对应，与该案中第三人张某成在调查笔录中陈述的“山东圣鲁制药有限公司一直与侯某滨有业务联系，为侯某滨加工了价值四五千万元的业务，而且侯某滨的业务代表一直住在公司”相互对应。以上情况充分表明,孙某才和山东圣鲁制药有限公司对于侯某滨先后设立经营同类业务的其他公司是知情并认可的,且接受侯某滨的委托代为加工药品。

综合以上情况判断,侯某滨虽然被选举为山东圣鲁制药有限公司董事,但并未实际参与公司的经营管理等具体事务,且自2008年7月被取消了董事资格,而孙某才等其他股东对于侯某滨经营同类业务也是同意的,直到2014年11月仍然代为侯某滨加工药品。因此,孙某才虽然主张,侯某滨的行为违反《公司法》第148条第1款第5项的规定,应当承担董事损害公司利益的相应责任,但其所提供的证据不足以证实该主张,应当承担举证不能的不利后果。

【问题63】公司执行董事兼股东对公司总经理投资设立公司经营同类业务知情且未表示反对,能否作为该总经理不承担竞业禁止责任的合理抗辩事由?

【典型案例要旨75】(2021)最高法民申6043号:2012年1月至2015年7月汪某在担任麻雀公司总经理或实际行使总经理职权期间,对麻雀公司依法负有忠实义务和法定竞业禁止义务。根据原审法院查明的事实,对汪某(2015年1月30日)投资成立一秒装饰公司,麻雀公司及其执行董事和股东赵某鸣均知情且未表示反对。因当时麻雀公司的另两名股东为汪某和赵某鸣的配偶冯某冬,故麻雀公司关于麻雀公司知情不能视为股东会同意的申请再审主张,缺乏依据。

哈尔滨麻雀装饰工程设计有限公司、汪某损害公司利益责任纠纷再审审查民事裁定书

最高人民法院(2021)最高法民申6043号

一审法院查明:

2015年1月30日,一秒装饰公司成立,注册资金100万元,法定代表人刘某,持股情况为汪某45%、刘某55%。2019年1月2日,持股情况变更为何某某45%、刘某55%,该公司经营范围为室内外装饰工程、园林绿化、环境艺术设计、装饰设计培训等。

最高人民法院经审理认为:

本案再审审查的主要问题为:是否能够认定汪某存在麻雀公司主张的违反忠实义务和竞业禁止义务的行为。

《公司法》第148条第1款规定:“董事、高级管理人员不得有下列行为:……

(五)未经股东会或者股东大会同意,利用职务便利为自己或者他人谋取属于公司的商业机会,自营或者为他人经营与所任职公司同类的业务……”本案认定汪某是否违反忠实义务和竞业禁止义务,应先确认汪某担任麻雀公司高管的时间。

根据麻雀公司与汪某签订的《麻雀聘用合同》,汪某的聘用期限为自2012年1月1日起至2014年12月31日止。合同约定的聘用期满后,双方未再续签聘用合同。二审法院根据2015年1月至7月汪某曾签批多份不同工作文件的证据情况,认定汪某在2015年1月至7月实际行使总经理职权,符合客观实际,应予支持。但是,根据麻雀公司在原审和申请再审中提供的现有证据,尚不足以认定汪某在2015年8月以后仍实际行使总经理职权。麻雀公司提交的绩效文件、汪某与案外人的微信聊天记录等所称的新证据,在原审庭审结束前已客观存在,亦不属于因客观原因无法取得或在规定期限内不能提供的证据。2012年1月至2015年7月汪某在担任麻雀公司总经理或实际行使总经理职权期间,对麻雀公司依法负有忠实义务和法定竞业禁止义务。

麻雀公司依据《公司法》第148条第1款第5项的规定主张汪某违反忠实义务和竞业禁止义务,依法负有举证证明其诉讼主张的证明责任。麻雀公司诉称汪某成立一秒装饰公司违反了忠实义务和竞业禁止义务。根据原审法院查明的事实,对汪某投资成立一秒装饰公司,麻雀公司及其执行董事和股东赵某鸣均知情且未表示反对。因当时麻雀公司的另两名股东为汪某和赵某鸣的配偶冯某冬,故麻雀公司关于麻雀公司知情不能视为股东会同意的申请再审主张,缺乏依据。

二审法院以麻雀公司及赵某鸣知晓一秒装饰公司成立为由认定汪某担任一秒装饰公司股东的行为未违反忠实义务和竞业禁止义务,有证据支持,并无不当。

【问题64】董监高为他人经营同类业务,虽未获得公司董事会或股东会的决议同意,但其新任职是在政府相关部门领导沟通协调下,经由公司董事长及股东同意的,能否将此作为其不承担竞业禁止责任的合理抗辩事由?

【典型案例要旨76】2018川01民终6921号:虽然吴某刚到蒙顶山茶业公司担任副总经理没有通过茗山茶业公司股东会、董事会形成书面决议或会议记录,但有时任茗山茶业公司董事长的游某校及茗山茶业公司股东张某出庭作证,结合茗山茶业公司多名股东出具的关于吴某刚同志去蒙顶山茶业公司上班的情况说明,以及蒙顶山茶业公司出具的证明,可以认定吴某刚去蒙顶山茶业公司任职,是在雅安市及茗山区相关部门领导沟通协调下,经由茗山茶业公司董事长游某校及股东同意的。吴某刚到蒙顶山茶业公司工作后,茗山茶业公司不仅没有提出异议,而且在吴某刚促成下与蒙顶山茶业公司开展了茶叶加工的合作业务。以上事实表明,吴某刚到蒙顶山茶业公司任职,虽然没有严格履行经股东会或董事会决议同意的程序,但事实上得到了茗山茶业公司的认可。

四川省茗山茶叶有限公司、吴某刚与公司有关的纠纷二审民事判决书

四川省成都市中级人民法院(2018)川01民终6921号

四川省成都市中级人民法院经审理认为:

本案二审的争议焦点为,吴某刚是否应将其2015年1月1日至7月6日在蒙顶山茶业公司的收入支付给茗山茶业公司。

茗山茶叶公司章程规定,董事、高管不得未经股东会或者董事会同意,利用职务便利为自己或者他人谋取属于公司的商业机会,自营或者为他人经营与所任职公司同类的业务,违反该规定所得收入应当归公司所有。吴某刚在担任茗山茶叶公司董事、总经理期间,于2015年1月1日到蒙顶山茶业公司担任常务副总经理。从审理情况看,虽然吴某刚到蒙顶山茶业公司担任副总经理没有通过茗山茶业公司股东会、董事会形成书面决议或会议记录,但有时任茗山茶业公司董事长的游某校及茗山茶业公司股东张某出庭作证,结合茗山茶业公司多名股东出具的关于吴某刚同志去蒙顶山茶业公司上班的情况说明,以及蒙顶山茶业公司出具的证明,可以认定吴某刚去蒙顶山茶业公司任职,是在雅安市及茗山区相关部门领导沟通协调下,经由茗山茶业公司董事长游某校及股东同意的。吴某刚到蒙顶山茶业公司工作后,茗山茶业公司不仅没有提出异议,而且在吴某刚促成下与蒙顶山茶业公司开展了茶叶加工的合作业务。

以上事实表明,吴某刚到蒙顶山茶业公司任职,虽然没有严格履行经股东会或董事会决议同意的程序,但事实上得到了茗山茶业公司的认可。现茗山茶业公司以吴某刚违反公司章程为他人经营同类业务为由,主张吴某刚将所得收入交归公司所有,有违诚实信用原则,其诉讼请求不应得到支持。

就茗山茶业公司上诉中提到的吴某刚曾起诉主张在茗山茶叶公司任职期间劳动报酬一事,鉴于该劳动报酬争议与本案并无直接关系,且吴某刚已撤诉放弃主张,故该节事实不影响本案处理。

【问题65】两家公司的经营范围存在相同或类似的项目，但营业执照分类不同的，能否认定为不属于同类业务？

【典型案例要旨77】(2019)粤01民终18964号：同类业务可以是完全相同的服务，也可以是同种或者类似的服务。黄某洋、周某成立的平行公司与湘力公司的经营范围存在相同或类似的项目，至于平行公司、湘力公司的营业执照分类不同，不足以证明其不能经营同类业务。

黄某洋、周某损害公司利益责任纠纷二审民事判决书

广东省广州市中级人民法院(2019)粤01民终18964号

广东省广州市中级人民法院经审理认为：

根据《最高人民法院关于适用〈中华人民共和国民事诉讼法〉的解释》第323条"第二审人民法院应当围绕当事人的上诉请求进行审理。当事人没有提出请求的，不予审理，但一审判决违反法律禁止性规定，或者损害国家利益、社会公共利益、他人合法权益的除外"的规定，本院针对黄某洋、周某的上诉请求进行审理。

关于黄某洋、周某是否构成竞业禁止。

竞业禁止是指董事实施与其所在公司营业有竞争性质的行为。同类业务可以是完全相同的服务，也可以是同种或者类似的服务。黄某洋、周某成立的平行公司与湘力公司的经营范围存在相同或类似的项目，至于平行公司、湘力公司的营业执照分类不同，不足以证明其不能经营同类业务。

斯凯孚公司分别授权平行公司、湘力公司进行相关业务，其中湘力公司与斯凯孚公司签订的《项目和许可协议》记载了状态监测的内容，故湘力公司主张斯凯孚公司授权的"电机修复中心"服务包括了斯凯孚公司授权平行公司的"状态监测产品"服务项目具有依据，本院予以采信。据此可认定平行公司经营了与湘力公司的同类业务。

黄某洋、周某主张平行公司实际经营的业务与湘力公司实际经营的业务不同，但未能提交充足的证据证实，且黄某洋、周某作为湘力公司的董事，负有忠实义务，即便如黄某洋、周某所述，平行公司与湘力公司实际经营的范围不同，也应向湘力公司报告该情况，但黄某洋、周某无证据证实其有将平行公司的经营情况告知湘力公司。2016年6月16日关于平行公司股权的购买事宜涉及的是湘力公司收购平行公司股权的事宜，未涉及黄某洋、周某为平行公司股东及平行公司经营范围的事宜，黄某洋、周某主张已将其是平行公司的股东及该公司的经营范围

告知湘力公司,对其不予采信。

原审法院认定黄某洋、周某未履行董事的忠实义务依据充分。根据《公司法》第148条第1款第5项的规定,黄某洋、周某的行为构成竞业禁止。

关于黄某洋、周某赔偿金额的认定。

本案中,黄某洋、周某均否认在平行公司有收入,该主张明显与其成立平行公司的目的不符,而平行公司一直持续经营,故本院对于黄某洋、周某的主张不予采信。

对于黄某洋、周某在平行公司的收入,湘力公司客观上无法举证,其原审中提出参照广州市城镇私营单位就业人员年平均工资情况计算无明显不合理之处,黄某洋、周某也未提交可以反驳的证据。

周某二审提交的证据不属于新证据,且不足以证明其主张,不予采信。原审法院根据双方举证情况,采纳湘力公司的意见,认定黄某洋、周某在平行公司2015年2月4日至2019年4月15日的收入各为243344元可行,本院予以认可。

湘力公司在二审诉讼中明确其原审第三项诉讼请求是要求黄某洋、周某分别对其收入承担赔偿责任,故本院对于原审判决第一项予以调整,黄某洋、周某应各向湘力公司赔偿经济损失243344元。对于黄某洋、周某上诉要求免除其责任的请求,本院予以驳回。

【问题66】按照承包经营合同的约定另外成立与原公司经营同类业务的公司经营同类业务的,该履行该承包合同的行为能否作为竞业禁止义务的免责事由?

【典型案例要旨78】(2020)云民终1219号:虽然在案事实显示亿沁公司确实为本案被上诉人六位自然人相关亲属开办,且经营范围与绿宝公司存在部分重合,有违反同业竞争禁止性行为的怀疑,但因绿宝公司在此期间系承包经营,只要其按约定上交了应该交纳的费用,其发生自主经营活动并不会当然导致损害绿宝公司的利益,故亿沁公司的成立及其开展的经营活动并未直接损害到绿宝公司的公司利益。

云南绿宝香精香料股份有限公司、敖某损害公司利益责任纠纷二审民事判决书

云南省高级人民法院(2020)云民终1219号

云南省高级人民法院经审理认为:

本案各方当事人争议的焦点在于:(1)被上诉人六位自然人是不是绿宝公司

的董监高；(2)被上诉人六位自然人是否实施了违反我国《公司法》第147条第1款和第148条第1款第5项规定情形的行为，构成对绿宝公司的损害，被上诉人六位自然人是否应当赔偿上诉人所主张的款项；(3)亿沁公司、水峻公司是否应当对本案债务承担连带责任。

1. 关于被上诉人六位自然人是不是绿宝公司的董监高的问题。

上诉人绿宝公司主张本案的被上诉人六位自然人均为绿宝公司的高管，根据《公司法》第216条第1款第1项的规定，“高级管理人员，是指公司的经理、副经理、财务负责人，上市公司董事会秘书和公司章程规定的其他人员”。根据本案的事实，只有被上诉人敖某认可其是公司的董事长、总经理和法定代表人，但其认为其是基于承包合同关系的任职，对此，根据敖某担任的职务对敖某是公司高管予以确认。上诉人绿宝公司主张另外的被上诉人五人均属于公司高管，但其未能提供公司与五人签订的劳动合同和任职文件等相应证据，其证据为在刑事案件调查中，五个被上诉人自认属于公司的副总经理，故属于公司高管，但上诉人不能提供由公司任命的相关证据。而五个被上诉人个人均不认可担任公司高管，并且认为在公安机关的陈述是被逼的，且刑事案件检察机关已经撤诉，并没有提起公诉，不能作为认定本案事实的依据，还认为他们与绿宝公司不存在劳动合同关系，也不可能担任高管，其系敖某承包期间被敖某聘用的管理人员。敖某称系为了在外方便开展工作挂职副总经理。

上诉人绿宝公司未能提供公司任命其余五人为公司高管的相应任命文件，也没有提供按照公司章程的规定，由董事会聘用任命的相关证书，也不能提供与公司签订的劳动合同，上诉人主张本案的时间节点为2013年至2015年，而在此期间，敖某与绿宝公司的控股股东云南物产进出口集团股份有限公司签订了完成任务确认书、《承包合同》等，通过绿宝公司的投资人即控股股东将标的公司绿宝公司进行承包，约定绿宝公司在此三年期间，由敖某承包经营。王某、倪某、孙某壹、毛某勇在刑事案件的调查当中，均自认担任公司副总经理，敖某也认可他们为副总经理，只称是为了对外联络方便，故上述四人在敖某承包期内，不排除由法定代表人敖某在其承包自主经营期间聘请担任相应职务，应当属于承包期间公司口头实际认可的高管。无其他证据证明李某里为高管，敖某认可其仅是会计，故无证据认定其属于高管，其不属于公司归入权责任的主体，绿宝公司向其主张高管的相应责任无法律依据。

2. 关于被上诉人六位自然人是否实施了违反我国《公司法》第147条第1款和第148条第1款第5项规定情形的行为，构成对绿宝公司的损害，是否应当赔偿上诉人所主张款项的问题。

绿宝公司主要观点认为，被上诉人六位自然人通过亲属私下设立亿沁公司，未报告绿宝公司董事会同意并和绿宝公司发生交易关系,违背了高管的忠实勤勉义务和同业竞争禁止义务,故亿沁公司的所得收入及利润应当归绿宝公司所有,并应当由六位自然人支付给绿宝公司。

本院认为,根据本案事实,在上诉人绿宝公司主张的2013年至2015年,享有75%股份控股股东云南物产进出口集团股份有限公司与享有15%股份的敖某签订相关的完成任务确认书、《承包合同》等,即绿宝公司的投资人以协议的方式将绿宝公司作为标的公司交由敖某承包经营,当时各股东对敖某承包经营并无异议,按照合同约定敖某每年上交固定承包费用,承包期间由敖某自主经营、自负盈亏,该承包经营方式并无法律规定禁止,敖某按约定完成承包经营所确定的任务和交纳相关的费用后,可以开展自主经营活动,存在三年承包关系的事实在绿宝公司2018年11月6日出具的“证明”中进行了确认,绿宝公司认为不存在承包关系的主张与事实不符,不予采信。

虽然在案事实显示亿沁公司确实为本案被上诉人六位自然人相关亲属开办,且经营范围与绿宝公司存在部分重合,有违反同业竞争禁止性行为的怀疑,但因绿宝公司在此期间系承包经营,只要其按约定上交了应该交纳的费用,其发生自主经营活动并不会当然导致损害绿宝公司的利益,故亿沁公司的成立及其开展的经营活动并未直接损害到绿宝公司的利益,而亿沁公司系独立法人,依法独立开展经营活动,获得收益、分配利润,上诉人主张应当将亿沁公司的所得收入及未分配利润归绿宝公司所有,由六位自然人赔偿无事实及法律依据,且上诉人主张的数额所依据的是相关公安机关鉴定意见,之后同一公安机关又委托鉴定同一事项,并又作出另一份鉴定意见,两份鉴定意见均为同一公安机关委托所作,但两份鉴定意见结论并不一致,且大相径庭,两份鉴定意见因为检察机关最终撤回起诉,均没有得到法院生效裁判文书认可,即相关鉴定意见没有得到最终确认,故两份鉴定意见均不能作为本案认定事实的依据,不能仅凭上诉人主张的其中一份鉴定结论作为本案定案依据,一审采信证据并无不当,上诉人所举证据也不能充分证明存在其主张的亿沁公司收入及未分配利润数额。因此,根据上诉人所提供的证据,不能证明本案六位自然人在客观上实施了违反忠实和勤勉义务、违反同业竞争禁止义务的行为并从中获利的事实存在,更不能证明亿沁公司的收入和未分配利润与六位自然人违法行为存在因果关系,一审认定上诉人该主张不能成立符合本案事实,一审说理充分,认定并无不当,本院予以维持。

上诉人绿宝公司还主张被上诉人六位自然人侵占包装桶的损失69490元、高价向励勤香料厂收购55588.70公斤香叶原油的损失3813854.99元,低价向水峻公司销售产品的损失3771556元中的2303034.26元,其依据仍然为上述公安机关鉴定意见书，按照上述分析，该鉴定意见不能作为本案证据予以采信，且对损失金额绿宝公司也不能举证说明如何计算得出，故上诉人绿宝公司不能提供充分有效的证据证明存在上述由被上诉人六位自然人侵占事实和损害事实存在，其应当承担举证不能的后果，该诉讼请求因无依据证明本院不予支持。一审说理及认定并无不当，应予维持。

3. 关于亿沁公司、水峻公司是否应当对本案债务承担连带责任的问题。

本案绿宝公司起诉系依据《公司法》第147条第1款和第148条第1款第5项规定而提起的损害公司利益责任纠纷，亿沁公司、水峻公司并非绿宝公司的董监高，不符合其提起诉讼依据的法律规定的诉讼主体，不能成为其起诉主张的法律关系的责任人。上诉人绿宝公司主张亿沁公司是被上诉人六位自然人亲属设立，就应当承担本案的连带责任没有法律依据。上诉人主张水峻公司存在串通，也无依据证明，且也不属于本案审理的法律关系，故上诉人绿宝公司请求亿沁公司、水峻公司承担本案连带责任的诉讼请求无事实和法律依据，一审认定不成立符合事实，本院予以驳回。

第十章
其他违反忠实义务纠纷中的董监高责任

第一节　侵占财产纠纷中的董监高责任

一、侵占财产的相关法理

1. 侵占财产的含义

侵占财产以对他人所有的财产的非法占有为特点，使该财产的所有人对该财产丧失占有乃至丧失所有权，最典型的是偷窃、抢夺，还包括其他侵占财产的行为，诸如非法扣押他人财产等。侵占财产的最典型的表现形态是“位移”，即由所有权人或者合法占有人占有、支配的特定的财物，转而由行为人占有，物的所在位置发生了变化，用民法的术语来说，就是因侵权行为而使被侵害的物转移占有。[①] 董监高侵占公司财产，则是指以非法占有为目的，将其经营、管理的公司财产非法占为己有。

作为财产保护基本法的《民法典》第 267 条已经规定，私人的合法财产受法律保护，禁止任何组织或者个人侵占、哄抢、破坏。这里的“私人”是相对于国家和集体而言的，是指非公有制的组织或个人，也即“私有财产神圣不可侵犯”法理的应有之义。

因此，2023 年修订的《公司法》第 181 条延续以往立法路径，依旧规定了董监高不得侵占公司财产、挪用公司资金。所以，本节所述侵占公司财产与挪用公司资金一样，实质上是公司法上的一种特殊的侵权行为，侵权人因为公司董监高的特殊身份，具有经营管理公司的优势和便利，更容易监守自盗地侵占公司财产。将其作为特殊的商法上的侵权行为加以特别规定，也是基于董监高对公司负有忠实义务的特别法基础，而不仅仅如前述《民法典》第 267 条中一般人所负有的不得侵占、哄抢、破坏他人财产的一般性义务。

---

① 参见杨立新:《侵权责任法》(第 4 版)，法律出版社 2020 年版，第 207 页。

2. 财产的法律属性

财产是法律保障的主体生存和发展需要的物质资料总和或经济利益，是民法财产权的客体，广义上的财产包括物权、债权、知识产权、继承权、股权、其他投资性权利，以及其他财产权益，如虚拟财产权益、数据财产权益等。

对于公司而言，其财产的存在形式更加复杂多变，就与物权相关的财产而言，在公司内部就有可能体现为机械设备、办公设施、生产场地、货币资金或银行存款、证券、提单、仓单、票据等诸多形式。

因此，只要是公司的财产，就不得随意侵占，否则，就应当承担返还财产或赔偿损失的法律责任。

二、侵占财产责任的构成要件与免责事由

1. 构成要件

侵占公司财产责任的构成要件与一般的侵权责任构成要件相同，稍有区别的是主体要件与侵权行为要件。

对于主体要件而言，应当是公司的董监高，包括事实董事、高管。而公司一般员工则不能作为本责任的主体。若一般员工侵占了公司财产的，不应按照《公司法》而应当按照《民法典》的相关规定追究其侵权责任。

对于公司的股东，若其确实未实际参与公司经营管理，只是依法按章行使股东权利、参与股东会议行使表决权，则因其并非实际董事或高管，若其侵占了公司财产的，则应当按照《民法典》的规定追究其侵权责任。很明显，这其中，主要看其行为时的身份以及行为是否利用了经营管理公司事务的便利，从而界定其是否符合本责任的行为主体。

对于行为要件而言，董监高的行为应当符合前述侵占公司财产的定义，若无法被认定为侵占，如其他的挪用、损坏等，特别是利用关联交易损害公司利益的，均不应当视为侵占公司财产，而应根据挪用公司财产，或者损坏公司财产的一般侵权责任，以及不当关联交易损害公司利益等请求权基础追究其相应的责任。

2. 免责事由

侵占公司财产的行为，属于严重违反董监高忠实义务的行为，且均为故意为之，因此不存在公司法上的免责事由。

若如后文所引的(2020)沪02民终2326号案例等，董监高声称其所转移的财产用于公司用途等的，则应当视为事实上的抗辩，这是一个需要查明事实的问题，查明之后，若确实用于公司经营的，就不属于侵占公司财产，而非法律上的免责事由。

三、侵占财产的责任升级变性

以上所述均为民商法意义上的民事责任。需要注意的是，侵占公司财产也可能构成刑事犯罪，构成职务侵占罪。这就属于刑事责任，相较于民事赔偿责任的性质发生了实质性的改变。鉴于刑事责任将面临人身自由刑罚，董监高的刑事风险尤其值得注意、审慎防范。

按照我国《刑法》第271条的规定，公司、企业或者其他单位的工作人员，利用职务上的便利，将本单位财物非法占为己有，数额较大的，处3年以下有期徒刑或者拘役，并处罚金；数额巨大的，处3年以上10年以下有期徒刑，并处罚金；数额特别巨大的，处10年以上有期徒刑或者无期徒刑，并处罚金。国有公司、企业或者其他国有单位中从事公务的人员和国有公司、企业或者其他国有单位委派到非国有公司、企业以及其他单位从事公务的人员有前款行为的，依照本法第382条、第383条的规定定罪处罚。

对于职务侵占罪的具体追诉标准，按照《最高人民法院、最高人民检察院关于办理贪污贿赂刑事案件适用法律若干问题的解释》（法释〔2016〕9号）第11条第1款的规定，《刑法》第163条规定的非国家工作人员受贿罪、第271条规定的职务侵占罪中的"数额较大""数额巨大"的数额起点，按照本解释关于受贿罪、贪污罪相对应的数额标准规定的2倍、5倍执行。而该司法解释第1条第1款规定：贪污或者受贿数额在3万元以上不满20万元的，应当认定为《刑法》第383条第1款规定的"数额较大"，依法判处3年以下有期徒刑或者拘役，并处罚金。第2条第1款规定：贪污或者受贿数额在20万元以上不满300万元的，应当认定为《刑法》第383条第1款规定的"数额巨大"，依法判处3年以上10年以下有期徒刑，并处罚金或者没收财产。第3条第1款规定：贪污或者受贿数额在300万元以上的，应当认定为《刑法》第383条第1款规定的"数额特别巨大"，依法判处10年以上有期徒刑、无期徒刑或者死刑，并处罚金或者没收财产。

因此，对于职务侵占罪而言，"数额较大"的起点应为6万元，"数额巨大"的起点应为100万元。

四、侵占财产纠纷的常见争议焦点与裁判规则

【问题67】公司通过董事个人银行卡收取公司资金并用于支付公司运营费用，且公司已经入账、账实相符的，能否认定该董事侵占公司财产？

【典型案例要旨79】（2018）最高法民申1181号：滨州中金公司对崔某昊银行

卡中的涉案款项已记入公司会计账簿不持异议。同时，根据审计报告，涉案争议期间滨州中金公司账面的水电、物业费收入金额大于崔某昊银行卡中的费用金额，且滨州中金公司账面记载的金额、日期与崔某昊银行卡小票载明的金额、日期相吻合。上述证据表明崔某昊银行卡中的款项进入了滨州中金公司，款项系滨州中金公司所使用或得到其许可。上诉人认为崔某昊私自使用相关款项的主张证据不足，不能成立。

滨州市中金豪运置业有限责任公司、崔某昊损害公司利益责任纠纷再审审查与审判监督民事裁定书

最高人民法院(2018)最高法民申1181号

最高人民法院经审理认为：

1. 本案是否有新证据推翻原审判决。本案中，滨州中金公司的诉讼请求是判令崔某昊赔偿因其侵占公司财产所造成的损失，并要求青岛中金公司基于管理责任承担连带赔偿责任。而其再审申请中提交的两份“新证据”，证明目的是青岛中金公司在控股滨州中金公司期间存在“虚增成本”“为自己支出”等行为，与本案诉讼请求并无关联性。滨州中金公司关于有新证据能够推翻原审判决的主张不能成立。

2. 原审判决认定的基本事实是否缺乏证据证明。滨州中金公司对崔某昊银行卡中的涉案款项已记入公司会计账簿不持异议。同时，根据滨州四环五海资产评估事务所的审计报告，涉案争议期间滨州中金公司账面的水电、物业费收入金额大于崔某昊银行卡中的费用金额，且滨州中金公司账面记载的金额、日期与崔某昊银行卡小票载明的金额、日期相吻合。上述证据表明崔某昊银行卡中的款项进入了滨州中金公司，款项系滨州中金公司所使用或得到其许可。原审法院据此认定“崔某昊私自使用相关款项的主张证据不足”并不缺乏证据证明，滨州中金公司的此项主张不能成立。

3. 原审判决适用法律是否确有错误。如上所述，滨州中金公司请求判令崔某昊因其私自使用公司款项的行为进行赔偿，在其自己承认相关款项已经记入公司账簿的情况下，再想证明崔某昊“私自使用”必须提供更多证据，原审法院认定由其负担举证责任并无不当。滨州中金公司的此项理由亦不能成立。

【问题68】损害公司权益属侵权行为,应适用侵权责任的一般理论,是否仍需同时具备违法行为、损害后果、因果关系及主观过错四个要件?

【典型案例要旨80】(2019)最高法民申6116号:损害公司权益属侵权行为,应适用侵权责任的一般理论,即需同时具备违法行为、损害后果、因果关系及主观过错四个要件。被申请人在此期间无论是主观上还是客观上均难以对公司实行全面、理性、勤勉的经营管理,宏达公司不能仅凭鉴定报告得出被申请人对公司资产流失具有故意或重大过失的结论,且鉴定报告亦不能如实反映2006年6月6日前宏达公司的资产状况及其价值。

蓬安县宏达砂石有限责任公司、郑某洪等损害公司利益责任纠纷再审审查与审判监督民事裁定书

最高人民法院(2019)最高法民申6116号

最高人民法院经审理认为:

1. 鉴定报告所采纳的主要依据是公司会计资料原件,其形式真实性属实,但内容不能反映宏达公司在2006年6月6日前真实的资产状况以及该资产所对应的价值。

(1)2006年6月6日前的人头石存货数量统计不准。2006年6月前宏达公司并未对人头石数量进行过清理,鉴定报告中的库存人头石数量是鉴定机构根据会计账本中“其他应收款”账户进行清理和调整后得到的理论数据,其是否与真实数量相符,鉴定机构未发表意见。即使是理论数据,由于宏达公司的会计资料不规范,其中亦有小部分的存货存疑,鉴定机构是通过推测认定的可能结论,并在报告中注明需双方当事人共同核对,但双方在案件审理过程中并未核对。

(2)2006年6月6日前的人头石存货价值统计不准。石料销售价格既要随行情变动,也要随配送方式变动。且不论人头石存货数量多少,该批人头石加工后能否卖出、扣除成本后能产生多少收益难以通过鉴定方式确定。鉴定报告中所给出的价值是以2006年5月至2007年11月“河边销售价格”均价作为计价基础的,而该期间鉴定报告中记载销售量很小,仅有2万余方,该样本基数所计算出的总价值与该批人头石所能产生的实际总价值可能相差很大。

(3)2006年6月6日前的人头石转化成可供销售砂石所需的生产成本统计不准。生产人头石还会产生电费、装运费、修路运泥巴等费用,该系列费用在鉴定报告中仅根据胡某贵提供的资料进行统计,其费用的完整性需要由公司股东共同确

认,但双方并未对此进行确认。

2.在2006年6月7日以后的账目中,有很大一部分属于没有严格按照会计准则制度建账,但并不等于该系列费用未产生。被申请人作为公司股东和高管,在胡某贵被羁押期间,有权利继续对公司进行经营管理,经营管理既包括收入也包括支出,2006年6月6日前未存在的支出费用不等于2006年6月7日后不会产生,被申请人有权在合理范围内自主决定是否支出某项费用、按何等标准支付。

3.即使宏达公司在2006年6月7日至2007年11月存在损失,亦无证据证明被申请人应承担赔偿责任。

损害公司权益属侵权行为,应适用侵权责任的一般理论,即需同时具备违法行为、损害后果、因果关系及主观过错四个要件。

首先,在因果关系上,不能以宏观的宏达公司在2006年6月6日的资产存量与2007年12月底的资产存量间存在差额就推定为系被申请人的侵权行为所致。公司经营不善、未能实现资产的保值增值并不等同于公司高管损害了公司利益,宏达公司作为提出损害赔偿主张的一方应该就具体的损害后果所对应的因果关系承担证明责任。

其次,在主观过错上,宏达公司法定代表人胡某贵于2006年6月6日因涉嫌多项罪名被羁押并被刑事侦查,其中多与宏达公司有关,被申请人郑某洪、康某平此后亦被列为刑事侦查对象,被申请人龙某胜则受伤休养,在该期间不能按照一般的勤勉标准要求被申请人履职;另外,蓬安县公安局、国税局、地税局、工商局、水利局等多部门均对宏达公司进行过调查、处罚,对其偷税漏税进行了由经侦大队坐地征收的税收保全,到2007年6月方才退场,其间处置多少砂石、按何种方法和标准处置,并非全由被申请人决定,而紧接着2007年7月20日蓬安县水利局、蓬安国税局又向蓬安县人民政府作出紧急请示,希望县政府批准责令宏达公司立即停工、退场,并认为现有存货应属国家所有,被申请人也在原审庭审中陈述政府对其存货进行了拍卖。

因此,被申请人在此期间无论是主观上还是客观上均难以对公司实行全面、理性、勤勉的经营管理,宏达公司不能仅凭鉴定报告得出被申请人对公司资产流失具有故意或重大过失的结论,且如前所述,该鉴定报告亦不能如实反映2006年6月6日前宏达公司的资产状况及其价值。

【问题 69】负责公司经营的法定代表人以“拨款”或“采购款”等名目向其个人账户汇款,若其声称是公司应支付的工资且公司对其所称的工资金额不持异议的,其行为是否属于侵占公司财产?

【典型案例要旨 81】(2019)苏 01 民终 8978 号:史某鹏辩称 8 笔款项系用于支付其个人工资,因陆壹公司该款项流转时的其他两名股东相应时期的工资均已发放,且陆壹公司对史某鹏辩称的每月工资金额不持异议,而该公司未能举证证明史某鹏已通过其他方式领取工资,故对史某鹏的该抗辩意见予以采信;史某鹏作为陆壹公司法定代表人,负责公司的日常经营管理,从公司获取劳动报酬并不损害该公司的合法权益。因此,史某鹏上诉主张其将该 54000 元转至其个人账户不构成侵权,具有事实和法律依据,法院予以采纳。

【典型案例要旨 82】(2019)苏 01 民终 8978 号:公司具有独立的法人人格,故即使陆壹公司与两公里公司、史凯迪公司是关联公司,也不能随意处分陆壹公司财产,史某鹏擅自决定以陆壹公司财产为两公里公司、史凯迪公司支付经营成本,损害了陆壹公司的合法权益,给陆壹公司造成了损失,陆壹公司主张其赔偿该 43530 元,具有事实和法律依据。

上诉人史某鹏与被上诉人南京陆壹体育文化有限公司损害公司利益责任纠纷民事判决书

江苏省南京市中级人民法院(2019)苏 01 民终 8978 号

江苏省南京市中级人民法院经审理认为:

经双方当事人确认,本案二审争议焦点为:史某鹏自陆壹公司账户分别汇入其本人账户 54000 元以及两公里公司、史凯迪公司账户 43530 元,是否侵害陆壹公司的合法权益。

《公司法》第 149 条规定:“董事、监事、高级管理人员执行公司职务时违反法律、行政法规或者公司章程的规定,给公司造成损失的,应当承担赔偿责任。”据此,董事、高管损害赔偿责任的构成要件包括其执行职务的行为违反法律、行政法规或者公司章程的规定,以及给公司造成损失。

关于史某鹏 2018 年 6 月 12 日至 2019 年 2 月 18 日自陆壹公司转入其个人账户的 8 笔款项共 54000 元。

首先,虽然该 8 笔款项的汇款名目为“拨款”或“采购款”,但双方认可的部分股东分红及员工工资等的汇款备注用途亦为“采购款”或“拨款”，故仅凭备注用途不足以认定款项性质；其次，史某鹏辩称该 8 笔款项系用于支付其个人工资，因陆壹公司该款项流转时的其他两名股东相应时期的工资均已发放，且陆壹公司对史某鹏辩称的每月工资金额不持异议，而该公司未能举证证明史某鹏已通过其他方式领取工资，故对史某鹏的该抗辩意见予以采信；最后，史某鹏作为陆壹公司法定代表人，负责公司的日常经营管理，从公司获取劳动报酬并不损害该公司的合法权益。因此，史某鹏上诉主张其将该 54000 元转至其个人账户不构成侵权，具有事实和法律依据，予以采纳。

关于从陆壹公司账户转入两公里公司、史凯迪公司的 43530 元（15000 元 + 10220 元 + 10645 元 + 7665 元）。《公司法》第 3 条第 1 款规定：“公司是企业法人，有独立的法人财产，享有法人财产权。公司以其全部财产对公司的债务承担责任。”据此，公司具有独立的法人人格，故即使陆壹公司与两公里公司、史凯迪公司是关联公司，也不能随意处分陆壹公司财产，史某鹏擅自决定以陆壹公司财产为两公里公司、史凯迪公司支付经营成本，损害了陆壹公司的合法权益，给陆壹公司造成了损失，陆壹公司主张其赔偿该 43530 元，具有事实和法律依据，一审法院予以支持并无不当。

【问题 70】公司接收征收补偿款时没有银行账户，担任公司董事长兼法定代表人的股东指示财务人员以其个人账户接收补偿款的，是否构成侵占公司财产？

【典型案例要旨 83】（2019）最高法民终 1039 号：威港公司作为企业法人，具有独立的人格，于某波直接分配、占有公司资产，侵害了威港公司及其债权人的利益，违反了《公司法》的相关规定，因此，于某波关于自己有权直接分配征收补偿款的主张不能成立。于某波指令付款人将征用补偿款汇入张某宁个人银行账户，也应当承担相应的责任。

于永波、张某宁损害公司利益责任纠纷二审民事判决书

最高人民法院（2019）最高法民终 1039 号

本案一审法院山东省高级人民法院经审理认为（最高人民法院维持了以下认定）：

本案的争议焦点是于某波、张某宁是否应当将征收补偿款退回威港公司并支付利息。

在威港公司实际取得补偿款之前,于某波、陈某香、周某良于 2010 年 1 月 12 日就如何分配威港公司的征收补偿款问题签订了一份协议书。但是,上述三方协议约定的分配方案,应当在全部清偿公司债务后通过公司解散程序依法予以履行。《公司法》第 148 条规定,董事、高管不得有下列行为:(1)挪用公司资金;(2)将公司资金以其个人名义或者以其他个人名义开立账户存储……董事、高管违反前款规定所得的收入应当归公司所有。

威港公司作为企业法人,具有独立的人格,于某波直接分配、占有公司资产,侵害了威港公司及其债权人的利益,违反了《公司法》的相关规定,因此,于某波关于自己有权直接分配征收补偿款的主张不能成立。

于某波主张威港公司没有账户,不能接受征收补偿款,只能将补偿款存入威港公司财务人员张某宁名下。于某波主张的张某宁是威港公司的财务工作人员,没有相关证据支持。张某宁即使是威港公司的财务工作人员,亦无权将公司资金存入自己名下。任何公司或其他民事主体都有权在银行依法开立账户,威港公司并不存在不能开立银行账户的情形,于某波关于威港公司没有银行账户、不能办理银行账户的主张不能成立,张某宁占有公司资金缺乏事实和法律依据,应当承担返还责任。于某波指令付款人将征用补偿款汇入张某宁个人银行账户,也应当承担相应的责任。

陈某香作为公司股东,要求于某波、张某宁返还征收补偿款及占有期间的利息,符合法律规定,应当予以支持。

陈某香关于应当按同期贷款利率计算利息的主张,因没有证据证明于某波、张某宁用该资金对外贷款,故根据于某波、张某宁占有资金已经超过 5 年的事实,确认按照中国人民银行规定的同期 5 年期存款利率计算利息。由于陈某香提交的证据不能证明荣成市宁津街道办事处支付征收补偿金中的 72.7 万元的付款日期,本院酌情确认该款项与付款较晚的 2011 年 11 月 1 日的 83.1 万元一并起算利息。

由于威港公司多年没有经营,故应当给予合理的时间办理银行账户。

【问题 71】公司执行董事将公司资金转到第三方公司但没有任何合法的付款依据的,应当承担返还资金并赔偿利息损失的责任,接受资金的公司是否也应当承担还款责任?

【典型案例要旨 84】(2019)最高法民申 1407 号:林某俤未能提供证据证明其从天威公司账户中转出的款项具有合理用途,一、二审法院认定其从天威公司账户向其个人、明鹏公司、徐某燕账户转款的行为,损害了天威公司利益,并据此判决林某俤、明鹏公司、徐某燕返还天威公司账户转出的款项并赔偿利息损失，林某俤与明鹏公司、徐某燕连带承担还款责任，并无不当。

林某俤、上海明鹏实业有限公司损害公司利益责任纠纷再审审查与审判监督民事裁定书

最高人民法院(2019)最高法民申1407号

最高人民法院经审理认为：

本案为损害公司利益责任纠纷。根据林某俤、明鹏公司、徐某燕的再审申请，本案再审申请审查的重点为：(1)林某瑞提起股东代表诉讼是否符合法定条件；(2)林某俤从天威公司账户向其本人、明鹏公司、徐某燕账户转款是否损害天威公司利益；(3)明鹏公司、徐某燕是否应作为第三人参加本案诉讼并承担连带还款责任；(4)林某瑞起诉是否超过诉讼时效期间。

(1)关于林某瑞提起股东代表诉讼是否符合法定条件。

根据《公司法》第151条第1款、第2款的规定，公司高管执行公司职务时违反法律、行政法规或者公司章程的规定，给公司造成损失的，有限责任公司的股东可以书面请求不设监事会的有限责任公司的监事向人民法院提起诉讼。监事收到前款规定的股东书面请求后拒绝提起诉讼，或者自收到请求之日起30日内未提起诉讼，或者情况紧急、不立即提起诉讼将会使公司利益受到难以弥补的损害的，前款规定的股东有权为了公司的利益以自己的名义直接向人民法院提起诉讼。

林某瑞作为天威公司股东，主张林某俤在担任天威公司执行董事期间，从天威公司账户向其个人、明鹏公司、徐某燕、比昂公司账户转移款项，损害公司利益。根据天威公司监事方某根出具的情况说明，方某根于2017年10月收到林某瑞递交的关于公司监事依法履行监事职责之请求书，因方某根未予签收，林某瑞才在2017年11月通过邮政特快专递形式再次向方某根邮寄。自林某瑞于2017年10月向方某根递交关于公司监事依法履行监事职责之请求书，至林某瑞于2017年12月6日向一审法院提起股东代表诉讼，已达30日，林某瑞起诉符合《公司法》第151条第2款规定的监事自收到请求之日起30日内未提起诉讼的条件。且《公司法》第151条第2款同时规定了情况紧急、不立即提起诉讼将会使公司利益受到难以弥补的损害的，该条第1款规定的股东有权为了公司的利益以自己的名义直接向人民法院提起诉讼。由此，林某瑞提起股东代表诉讼符合法定条件。

(2)关于林某俤从天威公司账户向其本人、明鹏公司、徐某燕账户转款是否损害天威公司利益。

林某俤主张其从天威公司账户向其本人、明鹏公司、徐某燕账户转款均用于

合理用途，分为两部分：第一部分是自天威公司账户向林某俤个人账户中转款均用于代天威公司对外支付各种经营费用；第二部分是自天威公司账户向明鹏公司、徐某燕账户转款，系代天威公司完成该公司2013年4月3日《股东会议决议》所确定由该公司补贴股东黄某明1200万元的事项。

关于第一部分天威公司转入林某俤账户中的款项，林某俤未能提供由其个人账户代天威公司对外支付款项的银行流水凭证等直接证据。

从证据的真实性方面看，林某俤所提供的支付凭证均系由其自行记录、保存，并非来自天威公司会计账簿，且无其他证据佐证，林某瑞对该部分证据的真实性不予认可，二审法院不予认可该组证据真实性并无不当。

从证据的关联性方面看，林某俤所提供的支付凭证并未显示其所支付的款项是林某俤个人账户中所支出，而非来源于天威公司自有资金，二审法院不予认可该组证据的关联性，亦无不当。

关于第二部分天威公司账户转入明鹏公司、徐某燕账户中的款项，《股东会议决议》第4条、第5条分别确定：天威公司补贴股东黄某明1200万元；黄某明应在各股东签字后30日内到公安机关办理撤诉、销案手续，逾期不办理，该股东会议决议自动失效。林某俤、明鹏公司、徐某燕未能提供黄某明已在股东签字后30日内到公安机关办理销案手续的证据，该股东会议决议的效力状态尚无法认定。

林某俤未能提供证据证明其从天威公司账户中转出的款项具有合理用途，一、二审法院认定其从天威公司账户向其个人、明鹏公司、徐某燕账户转款的行为，损害了天威公司利益，并据此判决林某俤、明鹏公司、徐某燕返还天威公司账户转出的款项并赔偿利息损失，林某俤与明鹏公司、徐某燕连带承担还款责任，并无不当。

(3)关于明鹏公司、徐某燕是否应作为第三人参加本案诉讼并承担连带还款责任。

林某俤自天威公司账户转出的款项，部分转入明鹏公司、徐某燕账户，明鹏公司、徐某燕与案件的处理结果具有法律上的利害关系，可以作为无独立请求权第三人参加本案诉讼。根据上文所述，林某俤将天威公司资金转入明鹏公司、徐某燕账户，没有合理事由，一、二审法院判决明鹏公司、徐某燕承担还款责任，并无不当。

(4)关于林某瑞起诉是否超过诉讼时效期间。

林某俤自2014年3月27日被推选为天威公司执行董事、总经理后，开始经营管理天威公司。在此期间，林某瑞并不负责公司经营。林某瑞主张其自2017年6月打印天威公司银行流水凭证时，才得知林某俤将天威公司资金向明鹏公司、徐某燕账户转移的具体事实和确切数额。林某俤、明鹏公司、徐某燕并未提交证据证明林某瑞在此日期之前就已经得知林某俤将天威公司资金转入他人账户的具体事实及确切数额。一、二审法院以林某瑞于2017年6月打印天威公司银行流水的时间,作为林某瑞提起股东代表诉讼的诉讼时效期间的起算点,并无不当。

【问题72】公司董监高侵占公司资金的,除应当予以返还外,是否还应当赔偿资金的利息损失?若应当赔偿利息损失的,是按照银行存款利率计算,还是应当按照银行贷款利率计算?

【典型案例要旨85】(2019)沪0114民初22993号:从申昊公司账面来看,两被告以"备用金""差旅费""还款"等名义将公司银行账户内款项转入两被告个人银行账户内。两被告辩称转入其个人账户的公司资金均系为了公司经营支出。但两被告仅提供了部分公司记账凭证、原始凭证等资料,无法达到转入两被告银行账户的资金实际用于公司支出的证明目的。根据相关法律规定,董事、监事对公司负有忠实义务和勤勉义务,不得利用职权侵占公司的财产。两被告违反上述规定,应承担相应的法律责任。

上海申昊医疗器械有限公司、姜某安等损害公司利益责任纠纷一审民事判决书

上海市嘉定区人民法院(2019)沪0114民初22993号

上海市嘉定区人民法院经审理认为:

本案争议焦点:两被告在分别担任申昊公司执行董事及监事期间是否存在损害公司利益的行为?

首先,关于两被告的主体问题,根据查明事实,被告姜某安自申昊公司设立之日至2018年12月26日担任公司法定代表人,并负责申昊公司的经营管理。被告宋某春自2018年1月26日至2018年12月26日担任公司监事。

被告宋某春辩称并不参与申昊公司的经营管理,不具有损害公司利益的主体资格。本院认为,两被告系夫妻关系,从两被告提交的财务凭证来看,被告宋某春有多笔报销且为申昊公司开具相应发票等,本院有理由相信被告宋某春一并参与了申昊公司的经营管理。故对被告宋某春的上述意见,无法采信。两被告均系相关法律规定的损害公司利益的适格主体,对公司负有忠实勤勉义务。

其次,关于原告主张两被告侵占公司资金609800元的事实,本院认为,被告姜某安作为公司的法定代表人、执行董事对申昊公司实际享有控制权。

从申昊公司账面来看,两被告以“备用金”“差旅费”“还款”等名义将公司银行账户内款项转入两被告个人银行账户内。两被告辩称转入其个人账户的公司资金均系为了公司经营支出。但两被告仅提供了部分公司记账凭证、原始凭证等资料,无法达到转入两被告银行账户的资金实际用于公司支出的证明目的。两被告虽向本院提交了司法审计申请,但两被告未能按期交纳审计费,故审计机构已撤回本案审计工作。

另外,第三人宋某强与被告姜某安签订的《股权转让协议》已被生效法律文书判决确认为无效,且被告姜某安所持有的申昊公司股权已全部判归龚某莉所有,但被告姜某安未自觉履行生效法律文书确定的义务,也未及时将申昊公司的财务账册、资产等移交给龚某莉,相反在2018年7月21日494号民事判决书生效之后两被告仍然掌控申昊公司。此外,两被告称在管理申昊公司期间,同时为公司创造了经营收益,但两被告亦未就此提供相应证据,且从原告提供的公司账户银行流水来看,至2019年12月31日申昊公司账户内仅有不到1万元的资金。

综上,本院认为,两被告应向原告申昊公司返还侵占的公司资金并应承担占用公司资金期间相应的利息损失。鉴于原告主张按照每日0.5‰计算相应利息损失并无事实及法律依据,酌情予以调整。

再次,原告主张两被告在经营管理公司期间,通过向其他单位支付货款、安装费等方式转移资金。

本院认为,申昊公司的股东及法定代表人龚某莉系通过法院诉讼及强制执行的方式于2018年年底才变更登记为申昊公司的股东及法定代表人,但作为前任法定代表人及前手股东的被告姜某安至今仍未向龚某莉移交相应的财务账册等资料。故两被告应就其实际经营管理期间所发生的对外支付提供相应证据。

就申昊公司向杨某丹运输队、盛军公司、和宁公司支付的相应价款,两被告已提供合同、发票等初步证据证明业务的真实性,本院予以确认。故对于原告该部分诉请,本院不予支持。

至于申昊公司向英利公司支付的货款,两被告并未提供相应的合同、发票等,本院无法采信两被告所述申昊公司与英利公司存在真实业务之观点,故应由两被告向原告赔偿该笔货款损失,并承担相应的利息损失。鉴于原告主张按照每日0.5‰计算相应利息损失并无事实及法律依据,本院酌情予以调整。

最后,关于原告要求两被告赔偿固定资产折价款7800元的诉讼请求,本院认为,以申昊公司名义所购买的两台笔记本电脑属于公司资产。两被告称无法确认该两台电脑的去向,但两被告作为申昊公司的实际管理人员,负有保管公司财务的义务。现两被告无法向申昊公司返还上述财物,理应赔偿申昊公司的相应损失。考虑到上述资产的折旧情况，本院酌情判决两被告赔偿原告损失6240元。

综上，本院认为，根据相关法律规定，董事、监事对公司负有忠实义务和勤勉义务，不得利用职权侵占公司的财产。两被告违反上述规定，应承担相应的法律责任。

审理中，第三人宋某强经本院合法传唤未到庭应诉，系其自愿放弃答辩、质证等诉讼权利，相应法律后果由其自负。据此，依照《公司法》第147条，《民事诉讼法》第64条第1款、第144条，《最高人民法院关于适用〈中华人民共和国民事诉讼法〉的解释》第90条之规定，判决如下：

(1)被告姜某安、被告宋某春应于本判决生效之日起10日内支付原告申昊公司价款696400元；

(2)被告姜某安、被告宋某春应于本判决生效之日起10日内支付原告申昊公司利息损失，以实际划转资金金额为基数、自资金划转之日起至实际清偿之日止(详见附件一，2019年8月19日前按照中国人民银行同期贷款利率计算，2019年8月20日起按照全国银行间同业拆借中心公布的贷款市场报价利率计算)；

(3)被告姜某安、被告宋某春应于本判决生效之日起10日内赔偿原告申昊公司损失6240元；

(4)驳回原告申昊公司的其余诉讼请求。

【问题73】董监高利用公司资金用于公司经营，同时侵占了公司资金的，对于确有证据证明其实际用于公司经营的部分，是否应该在其侵占财产的总额中扣除？

【典型案例要旨86】(2020)沪02民终2326号：利亚德公司主张本案权利是因为认为李某在担任利亚德公司法定代表人、总经理期间，从公司支取款项，违反了法律及公司章程规定的勤勉义务，损害了公司利益，故要李某返还；而李某的抗辩是其对公司的负债与利亚德公司主张的金额不同，且该负债已由公司对外应付款冲抵完毕，故李某对公司已无应付款。对此本案二审中首先要审查的是李某对公司的负债金额为多少，其次是该负债是否已经得到冲抵。

李某与上海利亚德环保科技有限公司损害公司利益责任纠纷二审民事判决书

上海市第二中级人民法院(2020)沪02民终2326号

上海市第二中级人民法院经审理认为：

利亚德公司主张本案权利是因为认为李某在担任利亚德公司法定代表人、总经理期间，从公司支取款项，违反了法律及公司章程规定的勤勉义务，损害了公司利益，故要李某返还；而李某的抗辩是其对公司的负债与利亚德公司主张的金额不同，且该负债已由公司对外应付款冲抵完毕，故李某对公司已无应付款。对此本院认为，本案二审中首先要审查的是李某对公司的负债金额为多少，其次是该负债是否已经得到冲抵。

关于李某对公司的负债，根据半年度审计报告，公司对李某的应收款为4632902.69元，但该金额在年度审计时被调整为4178038.44元，相应的调整项目有具体的构成，因此，4178038.44元的金额具有相应依据。李某对半年度审计报告中应付利亚德公司4632902.69元的金额予以确认，调整后的金额小于其原先确认的金额，显然更有利于李某。利亚德公司在4178038.44元基础上，扣除了李某已经退还的多收工资304468.45元以及付给李某晴的生活费18463.63元，以及其他利亚德公司认为查证较为复杂的款项，得出利亚德公司目前的诉请金额3256174.36元，该请求金额并非随意构成，也未重复主张，故李某对此所提上诉理由不能成立。

关于李某对公司的上述负债是否已经得到冲抵，一审法院已经逐条进行了阐述分析，且在具体核实李某的抗辩意见后，得出李某最后的欠款金额为3016374.36元，本院对此予以确认，不再赘述。李某应向利亚德公司归还上述欠款。

【问题74】高管声称已将公司的资产出让收入直接抵偿公司对其个人的借款，若无法证明该借款确实存在的，是否构成侵占公司财产？

【典型案例要旨87】(2014)粤高法民二破终字第7号：因张某红作为具体经办人负有收取案涉资产转让对价并交给皇后大道公司的义务，其自认资产转让款抵偿了其个人借款，后虽否定自认但对案涉资产转让款的去处无法进行合理解释，其行为符合利用职权损害公司利益的情形，判由张某红将案涉款项返还皇后大道公司并无不当。

张某红与深圳市皇后大道饮食娱乐发展有限公司侵权责任纠纷二审民事判决书

广东省高级人民法院(2014)粤高法民二破终字第7号

广东省高级人民法院经审理认为：

根据皇后大道公司起诉认为张某红用公司财产偿还个人债务的行为属侵占公司财产，请求张某红将侵占的财产返还公司的诉请，本案是侵权责任纠纷。本案的争议焦点为：张某红是否侵占了案涉275万元公司资产转让款。

2010年5月15日《协议书》的合同主体虽为皇后大道公司与胡某辉，但张某红作为皇后大道公司的股东和监事，是皇后大道公司资产转让事项的具体经办人，负有监督、负责合同完整履行的义务，即张某红应当收取胡某辉支付的对价及将该对价交给皇后大道公司。根据《最高人民法院关于民事诉讼证据的若干规定》第7条“在法律没有具体规定，依本规定及其他司法解释无法确定举证责任承担时，人民法院可以根据公平原则和诚实信用原则，综合当事人举证能力等因素确定举证责任的承担”的规定，一审法院确认由张某红对案涉款项的去处承担举证责任符合本案实际情况及相关法律规定。

张某红对案涉款项的去处作过两种解释：

一是称案涉资产转让款抵偿了张某红的个人借款，而该借款用于支付皇后大道公司的职工工资及相关税费。案涉资产转让款抵偿张某红个人借款的事实是张某红在与管理人谈话中所作的自认，当事人承认的对自己不利的事实，除非其反悔并有相反证据足以推翻，否则应予认定。张某红虽称借款用于支付皇后大道公司的职工工资及相关税费，但提交的工资发放表及完税凭证不能反映工资和税款的款项来源，不能证实该款源于胡某辉的借款，故张某红关于个人借款用于支付公司职工工资及相关税费的上述辩解不能成立。

二是称案涉资产转让款抵偿了皇后大道公司此前向胡某辉的借款。因皇后大道公司是依法设立的有限责任公司，公司应有健全的财会制度，公司的经营事务及处置财产等事务应有完整的会计凭证予以反映。但皇后大道公司被人民法院受理破产清算后，经依法审计，未发现该司曾向胡某辉借款的证据；张某红本人亦未能举证皇后大道公司曾向胡某辉借款，故因张某红未能提供足够的证据推翻此前其关于个人借款的自认，对张某红称案涉资产转让款用于抵偿皇后大道公司此前向胡某辉的借款的辩解本院不予采纳。

因张某红作为具体经办人负有收取案涉资产转让对价并交给皇后大道公司的义务，其自认资产转让款抵偿了其个人借款，后虽否定自认但对案涉资产转让款的去处无法进行合理解释，其行为符合利用职权损害公司利益的情形，根据《民法通则》第117条第1款“侵占国家的、集体的财产或者他人财产的，应当返还财产，不能返还财产的，应当折价赔偿”及《公司法》第147条第2款“董事、监事、高级管理人员不得利用职权收受贿赂或者其他非法收入，不得侵占公司的财产”的规定，判由张某红将案涉款项返还皇后大道公司并无不当。

【问题75】侵占公司财产的责任纠纷,是否由原告按照"谁主张,谁举证"的原则承担举证责任?

【典型案例要旨88】(2015)穗中法民二终字第311号:由于各方已经确认3个银行账户属于焊博公司的专用账户,所以法院确认3个银行账户余款总额103851.96元(8927.55元+46549.80元+48374.61元)为公司资金。但是,谢某阳原审提交的支付证明单显示,其用于支付公司的费用金额达436203.40元,该数额已远超前述3个账户余款总额103851.96元。更重要的是,焊博公司及谢某阳均不同意对焊博公司的财务收支情况进行审计,在现有证据下,焊博公司并不能证明前述103851.96元已被谢某阳私自支取,且非用于支付公司费用,为此焊博公司应承担举证不能的责任。据此,原审法院驳回焊博公司关于谢某阳侵占公司财产的诉请正确,二审法院予以维持。

广州市焊博焊接设备有限公司与劳某玲、谢某阳损害公司利益责任纠纷二审民事裁定书

广东省广州市中级人民法院(2015)穗中法民二终字第311号

广东省广州市中级人民法院经审理认为:

关于谢某阳、劳某玲是否侵占公司款项241822.87元的问题。

二审期间,焊博公司主张谢某阳、劳某玲侵占公司财产241822.87元,对此,本院认为:

第一,2012年1月1日,焊博公司确认的4个用于收取公司货款、代为支付公司费用的私人账户并不包括中国银行股份有限公司广州番禺大石支行账号为62××××86的账户,焊博公司也没有其他证据证明公司和公司股东对前述银行账户用于公司业务形成一致的意思表示。原审法院认定焊博公司主张的涉案银行账户并不包括前述中国银行股份有限公司广州番禺大石支行开设的账户正确,本院予以维持。

第二,焊博公司为证明谢某阳私自从客户收取货款现金,向原审法院提交了客户出具的证明文件。在既没有相应的货物出售凭证,也没有谢某阳亲自签字确认收取货款的有关证据的情况下,本院对焊博公司关于谢某阳私自从客户处收取货款44090元的主张不予确认。

第三,焊博公司为证明谢某阳取走办公室流动资金,提供了焊博公司2012年

8月1日至8月31日的现金明细表，本院认为，该证据形成于焊博公司的财务系统，由其单方制作，在谢某阳不予确认的情况下，并不足以证明焊博公司在前述期间的流动资金额为42668.91元，且不足以证明谢某阳取走了办公室流动资金。

第四，原审法院向银行调取的银行流水显示，中国邮政储蓄银行股份有限公司广州大石朝阳营业厅账户在2012年9月3日的余额为8927.55元，交通银行广州大石支行账户2012年9月3日的余额为46549.8元，中国建设银行股份有限公司广州番禺大石支行账户2012年8月25日的余额为48374.61元。由于各方已经确认该3个银行账户属于焊博公司的专用账户，所以确认上述3个银行账户余款总额103851.96元（8927.55元+46549.80元+48374.61元）为公司资金。但是，根据谢某阳原审提交的支付证明单，其用于支付公司的费用金额达436203.40元，该数额已远超前述3个账户余款总额103851.96元。更重要的是，焊博公司及谢某阳均不同意对焊博公司的财务收支情况进行审计，在现有证据下，焊博公司并不能证明前述103851.96元已被谢某阳私自支取，且非用于支付公司费用，为此焊博公司应承担举证不能的责任。据此，原审法院驳回焊博公司关于谢某阳侵占公司财产的诉请正确，本院予以维持。

至于劳某玲是否侵占公司30000元的问题。根据二审查明的事实可知，虽然该30000元是劳某玲经手取走，但谢某阳已经确认是出于其授权，且已经用于支付焊博公司的费用，该行为的法律后果应由谢某阳负担。结合前述分析可知，该30000元也远未达到谢某阳已经用于支付公司费用的数额，故焊博公司关于劳某玲侵占公司财产30000元的主张没有依据，本院予以驳回。

第二节　挪用资金纠纷中的董监高责任

一、挪用公司资金的法律含义

挪用公司资金，是指公司的董监高利用分管、负责或者办理某项业务的权利或职权所形成的便利条件，擅自将公司所有或公司有支配权的资金挪为个人使用或者借贷给他人，为自己或者关系人谋取私利，进而影响公司资金的正常运用、对公司的正常生产经营活动产生不利影响的违法行为，是董监高违反忠实义务的表现行为之一，其性质与侵占公司财产相同，均为公司法上的特别侵权行为，同样违反《民法典》第267条"私人的合法财产受法律保护，禁止任何组织或者个人侵占、哄抢、破坏"的法律规定。

具体到特别法层面，我国《公司法》第181条规定，董监高不得侵占公司财产、挪用公司资金。这正是挪用资金行为的违法性在特别法上的直接体现。

二、挪用资金责任的构成要件

挪用公司资金与侵占公司财产的侵权行为类似,均属于公司法上的特别侵权行为,其责任构成要件仍然是董监高存在违法之行为、公司利益受损、侵权行为与损害结果之间存在因果关系以及董监高存在主观过错。

当然,侵权行为的具体表现当为挪用公司资金归自己使用或借给他人使用的违法行为。

三、挪用资金的责任升级变性

以上所述均为民商法意义上的民事责任。需要注意的是,挪用公司资金也可能构成刑事犯罪,构成挪用资金罪。这就属于刑事责任,与民事赔偿责任的性质相比发生了实质性的改变。鉴于刑事责任将面临人身自由刑罚,董监高的刑事风险尤其值得注意、审慎防范。

按照我国《刑法》第 272 条的规定,公司、企业或者其他单位的工作人员,利用职务上的便利,挪用本单位资金归个人使用或者借贷给他人,数额较大、超过 3 个月未还的,或者虽未超过 3 个月,但数额较大、进行营利活动的,或者进行非法活动的,处 3 年以下有期徒刑或者拘役;挪用本单位资金数额巨大的,处 3 年以上 7 年以下有期徒刑;数额特别巨大的,处 7 年以上有期徒刑。国有公司、企业或者其他国有单位中从事公务的人员和国有公司、企业或者其他国有单位委派到非国有公司、企业以及其他单位从事公务的人员有前款行为的,依照本法第 384 条的规定定罪处罚。有第一款行为,在提起公诉前将挪用的资金退还的,可以从轻或者减轻处罚。其中,犯罪较轻的,可以减轻或者免除处罚。

对于挪用资金罪的具体追诉标准,按照《最高人民法院、最高人民检察院关于办理贪污贿赂刑事案件适用法律若干问题的解释》(法释〔2016〕9 号)第 11 条第 2 款规定:《刑法》第 272 条规定的挪用资金罪中的"数额较大"、"数额巨大"以及"进行非法活动"情形的数额起点,按照本解释关于挪用公款罪"数额较大"、"情节严重"以及"进行非法活动"的数额标准规定的 2 倍执行。而该解释第 5 条第 1 款规定:挪用公款归个人使用,进行非法活动,数额在 3 万元以上的,应当依照《刑法》第 384 条的规定以挪用公款罪追究刑事责任;数额在 300 万元以上的,应当认定为《刑法》第 384 条第 1 款规定的"数额巨大"。

因此,对于挪用资金罪而言,"数额较大"的起点应为 6 万元,"数额巨大"的起点应为 600 万元。

四、挪用资金纠纷的常见争议焦点与裁判规则

【问题76】公司提出公司不同意高管受领案涉款项，内部一直在讨论，一直没有解决方案，此事实能否表明，公司在明确知晓公司向该高管的付款事实后，并未自始即将该高管的受领行为作为其利用职务之便挪用公司资金的依据，以印证公司向该高管支付款项存在一定合理原因？

【典型案例要旨89】（2019）最高法民申6464号：昆山名高公司在再审申请中作为新证据提交的2008年4月18日和28日由台湾名高公司财务董某芳向台湾名高公司总经理黄某旗发送并抄送罗某张等人的邮件等材料，均形成于二审判决生效之前，且内容上也仅能反映台湾名高公司与罗某己之间的债权债务关系，并不能够以此当然否认台湾名高公司与罗某张之间不存在债权债务关系，亦不足以推翻不构成挪用公司资金的原审判决。

名高医疗器械（昆山）有限公司、罗某张损害公司利益责任纠纷再审审查与审判监督民事裁定书

最高人民法院（2019）最高法民申6464号

最高人民法院经审理认为：

本案再审审查主要涉及昆山名高公司以损害公司利益为由向罗某张主张返还5311826.97元的诉讼请求能否成立的问题。昆山名高公司认为罗某张利用在昆山名高公司任职的职务便利挪用公司资金，应当承担返还挪用款项的责任。本院认为，据原审审理查明，昆山名高公司所提交的证据尚不足以证明罗某张利用职务之便挪用公司资金，理由如下：

首先，原审法院查明的事实显示：

其一，案涉多数付款凭证记载的付款事由为归还罗某张借款，昆山名高公司认为没有记载或者记载为支付给第三人的购房款，与事实不符；

其二，企业往来询证函明确载明的案涉款项仅为复核账目之用而非催款结算，出具人张某亦明确该询证函仅系为审计需要；

其三，黄某旗、萧某萍均出庭作证认可罗某张的主张，表示相关付款凭证经昆山名高公司董事授意，履行了公司内部审批程序。故原审法院认为昆山名高公司向罗某张支付案涉款项具有一定的合法依据具有相应的事实基础。

其次，昆山名高公司虽提出公司不同意罗某张受领案涉款项，内部一直在讨

论，一直没有解决方案，但由此亦可表明，其在明确知晓公司向罗某张的付款事实后，并未自始即将罗某张的受领行为作为其利用职务之便挪用公司资金的依据，可印证昆山名高公司向罗某张支付款项存在一定合理原因。

最后，昆山名高公司在再审申请中作为新证据提交的2008年4月18日和28日由台湾名高公司财务董某芳向台湾名高公司总经理黄某旗发送并抄送罗某张等人的邮件等材料，均形成于二审判决生效之前，且内容上也仅能反映台湾名高公司与罗某己之间的债权债务关系，并不能以此当然否认台湾名高公司与罗某张之间不存在债权债务关系，亦不足以推翻原判决。鉴于此，昆山名高公司所提交的证据不足以证明其事实主张，依法应承担不利后果，原审法院判决驳回其诉讼请求具有事实基础和法律依据。

【问题77】挪用公司资金的侵权责任之构成要件，是否仍为董监高存在违法之行为、公司利益受损、侵权行为与损害结果之间存在因果关系以及董监高存在主观过错之事实四个要件？

【问题78】关联公司之间资金往来甚多，且很多资金往来具备真实合法的交易背景，当这些款项往来并未被确认为违法的前提下，完全可以通过协商、对账、催收等行为来主张自己的权利，甚至可以向收款方提起返还财产诉讼。在上述措施不足以保护公司法权益之前，能否直接提起董事损害公司利益赔偿诉讼？

【典型案例要旨90】(2008)沪一中民五(商)初字第209号：原告的款项进入了两公司被告处，而两公司被告的款项也进入了原告处，并不能将两者简单相减就得出原告的资金失去了控制，乃至利益受损，同时原告也没有提供证据证明这一切的款项往来都是出自两个自然人被告的擅自授意。从现有证据可以判断，上述公司在人员乃至资金运作上存有一定的关联性。鉴于原告并未进一步证明4被告之间存在违反我国法律及相关公司章程的行为，对于原告主张其与两公司被告之间的款项往来存在挪用公司资金等违法行为之观点不予采纳。

大泰仓储设备(上海)有限公司与洪某、上海大盛物流设备有限公司、上海佑正物流设备科技有限公司损害公司利益责任纠纷案

上海市第一中级人民法院(2008)沪一中民五(商)初字第209号

上海市第一中级人民法院经审理认为：

本案的争议焦点在于4被告是否构成对原告公司利益之共同侵权以及4被告是否应共同承担赔偿原告损失之侵权责任。

本院认为,当事人对自己提出的诉讼请求所依据的事实或者反驳对方诉讼请求所依据的事实有责任提供证据加以证明。原告的诉讼请求之提出系基于其认为被告郑某宾、被告洪某利用在原告公司担任董事及高管的机会,通过被告大盛公司、被告佑正公司侵吞原告公司大量资金,而4被告均认为与原告之间存在正常经营往来,没有共同侵犯原告公司利益。鉴于此,原告的诉讼请求如欲得到支持,其应提供初步证据证明本案中侵犯公司权益之构成要件,即4被告是否存在违法之行为、原告公司利益是否受损、侵权行为与损害结果之间是否存在因果关系以及4被告是否存在主观过错之事实。

关于4被告是否存在违法行为,原告认为被告郑某宾及被告洪某之所以能挪用公司资金给被告大盛公司、被告佑正公司使用,是充分利用了他们作为大泰公司董事和高管的身份,而被告郑某宾在担任原告公司法定代表人期间还兼任与原告公司有业务竞争关系的大盛公司法定代表人,明显违反了我国公司法对于公司董事、高管从业的规定。被告郑某宾认为其曾经担任原告公司法定代表人,但其没有同时兼任大盛公司的法定代表人,而被告洪某则认为其不是原告公司高管。

本院认为,原告提供了证据证明郑某宾曾经担任原告公司法定代表人,而郑某宾对此也予以了确认,故对于郑某宾曾担任原告公司法定代表人之事实予以确认,但是从被告大盛公司的工商营业执照反映,大盛公司的法定代表人为洪某,而不是郑某宾,原告也未提供证据证明大盛公司的法定代表人曾经是郑某宾。因此,对于原告主张被告郑某宾在担任原告公司法定代表人期间兼任被告大盛公司法定代表人之观点不予采信。

对于洪某之高管身份,原告仅提供了相关的内部报销粘贴凭证用纸及税收通用缴款书,本院也注意到洪某主要是作为经办人签字,尽管有两张报销用纸上洪某在部门主管上盖章,但是仅凭这些尚不足以证明洪某就是原告公司财务主管之高管身份,同时原告公司章程也规定了聘任高级职员也是董事会的职权之一,故原告如认为洪某系高管、财务主管,应提供相应证据加以证明,但本案中原告既未提供相应的聘书或劳动合同,也未就洪某是否经董事会聘用加以阐述,仅仅是通

过报销用纸上出现过洪某之签字盖章加以推定，而且原告提供的税收通用缴款书只有一张，只能证明洪某曾经通过原告公司缴纳过个人所得税，再退一步讲至多证明其曾是原告公司员工，而不能简单得出洪某就是高管之判断，况且被告洪某对此也给出过合理解释，即在被告郑某宾接受大和公司委派设立原告公司后，大盛公司人员及洪某与原告公司一起办公，帮忙打理公司业务。在被告洪某否认且原告未进一步提供充分有效证据之前提下，对于原告主张被告洪某为原告公司高管的观点不予采信。

至于原告主张4被告挪用原告公司资金，其主要依据是郑某宾与洪某系夫妻，当郑某宾挪用公司资金时，洪某必然知晓，因此他们之间存在共同侵权故意，且实际上他们也是通过利用洪某掌控的大盛公司、佑正公司实施了侵权，对此，原告提供的主要证据是财务账册及审计报告。从上述资料中可以看出，被告郑某宾担任原告法定代表人期间，原告大泰公司与被告大盛公司、被告佑正公司大量的款项往来都得到了如实的反映，2006年度、2007年度的审计报告均认为财务报表公允地反映了公司财务状况及经营成果。

公司法对于董事、高管的行为规定有不得挪用公司资金之要求，而挪用公司资金是指董事、高管利用分管、负责或者办理某项业务的权利或职权所形成的便利条件，擅自将公司所有或公司有支配权的资金挪作他用，主要是为其个人使用或者为其有利害关系的他人使用。

从本案的证据来看，原告大泰公司与被告大盛公司、被告佑正公司存在之款项往来是相互的，因此并不能简单地将原告对于两公司被告之其他应收款，扣除两公司被告划入原告公司款项后，就得出这些资金是被挪用之结论，况且在此期间尽管郑某宾系担任原告法定代表人，但原告现在亦未提供证据证明所有划入两公司被告的款项均系出自郑某宾之擅自授意，因此，也就不能将企业之间正常的经济往来一概视为挪用公司资金，更何况当原告向被告大盛公司发出账目询证函时，被告大盛公司对于原告享有的对大盛公司的其他应收款也是签字盖章的，并没有加以否认。因此，本院认为原告目前既未能证明所有划入两公司被告之款项系出于郑某宾之擅自授意，也未能证明这些款项超出正常经济业务往来之范畴，故本院对于原告认为郑某宾挪用原告公司资金之观点不予采纳。

尽管洪某与郑某宾是夫妻关系，但是如前所述，原告并未能举证证明洪某是原告公司的高管，甚至不能证明洪某在发生本案所涉主要款项往来的2006年及2007年是原告之员工，而原告提供的款项往来财务账册上也看不出其所谓的洪某是财务主管负责做账之体现。因此，原告仅凭夫妻关系就推定洪某必然知晓其丈夫郑某宾挪用公司资金、进而共同谋划将款项划入两公司被告之观点没有依据，况且根据现有证据本院也没有认定郑某宾存在挪用公司资金之行为。

至于原告认为被告郑某宾未经董事会同意，利用职务便利为自己或者他人谋取属于公司的商业机会，自营或者为他人经营与所任职公司同类的业务。本院注意到，被告大盛公司、被告佑正公司的法定代表人是洪某，但洪某并不是该两公司的唯一股东，在原告提供的财务凭证中有以大盛公司划入款项记账但实际支出系从连运公司账号划入的记录，同时连运公司章程修改时之签字方为大盛公司的洪某和大荣集团的陈某雄，而陈某雄系原告公司董事、原告公司唯一股东大和公司之法定代表人，而原告现任法定代表人吴某明也是大荣集团高管。从被告方提供的大泰公司董事会记录来看，当时原告公司的陈某雄、郑某宾、李某斌董事一致同意被告大盛公司作为原告在华东地区之特约经销商，理由是原告在当时受限制无法安装设备或机组直接销售。同时从大盛公司提供的增值税发票内容看，原、被告两家公司之间存在买卖设备关系，而在原告免去郑某宾职务之前夕，也进行了存放在大盛公司之大泰公司设备交接等事宜。尽管4被告未能就其所谓本案所涉诸多公司是一个利益共同体而充分举证，但本院认为从现有证据可以判断，上述公司在人员乃至资金运作上存有一定的关联性。鉴于原告并未进一步证明4被告之间存在违反我国法律及相关公司章程的行为，故本院对于原告主张其与两公司被告之间的款项往来系存在挪用公司资金等违法行为之观点不予采纳。

关于原告公司是否存在利益受损之事实，原告认为公司的资金一经进入被告处，其就丧失了支配权，利益就遭到了必然损害，原告持有此种观点本也无可厚非，但其观点必须建立在4被告的行为违法之前提下。本案的证据反映，原告的款项进入了两公司被告处，而两公司被告的款项也进入了原告处，并不能将两者简单相减就得出原告的资金失去了控制，乃至利益受损，同时原告也没有提供证据证明这一切的款项往来都是出自两个自然人被告的擅自授意。原告公司的财务账册及审计报告对于原告公司享有的对两公司被告的其他应收款权益作了如实记载，原告也曾向被告大盛公司发出过账目询证函，并得到了回函，因此，当这些款项往来并未被确认为违法的前提下，原告完全可以通过向两公司被告协商、对账、催收等行为来主张自己的权利，甚至提起返还财产诉讼。在上述措施不足以保护自己合法权益之基础上，或可根据两个自然人被告存在主观过错以及存在因果关系等侵权构成要件之满足，提起董事损害公司利益赔偿诉讼。

综上所述，原告并未就其所谓损失提供充分有效之证据向本院予以证明，故本院对其主张原告公司存在损失之观点不予采纳。

鉴于原告提供主张4被告共同侵权的证据尚未能向本院证明其所谓4被告共同侵权行为构成要件中违法行为和利益损失之存在,更毋庸谈起违法行为与损害结果之间因果关系以及4被告主观过错之存在,而实际上原告也未就后两个侵权行为构成要件提供能被本院采纳之证据,故本院对于原告的全部诉讼请求难以支持。

【典型案例要旨91】(2013)锦江民初字第873号:借支单仅表明借支人为林某洲,并未表明系林某洲向鼎立新公司借支,也不能表明系付某宇以林某洲名义向鼎立新公司借支。因孙某并未举证证明付某宇损害公司利益、擅自挪用公司资金,故孙某主张付某宇停止损害公司利益的行为,归还挪用的278000元公司资金,向公司支付自挪用公司资金之日起至归还之日止的资金占用利息的诉讼请求,法院不予支持。

孙某与付某宇、成都鼎立新体育运动有限公司
损害公司利益责任纠纷一审民事判决书

四川省成都市锦江区人民法院(2013)锦江民初字第873号

四川省成都市锦江区人民法院经审理认为:

《鼎立新公司章程》规定,执行董事、经理不得挪用公司资金或者将公司资金借给任何与公司业务无关的单位和个人。根据《公司法》第153条之规定,董事、高管违反法律、行政法规或者公司章程的规定,损害股东利益的,股东可以向人民法院提起诉讼。故孙某作为鼎立新公司的股东及监事,认为执行董事、经理付某宇违反公司章程规定擅自挪用公司资金,有权向法院提起诉讼。

根据《民事诉讼法》第64条第1款之规定,当事人对自己提出的主张,有责任提供证据。本案中,孙某向本院提交借支单拟证明付某宇以丈夫林某洲的名义挪用公司资金的情况。

本院认为,该借支单仅表明借支人为林某洲,并未表明系林某洲向鼎立新公司借支,也不能表明系付某宇以林某洲名义向鼎立新公司借支。因孙某并未举证证明付某宇损害公司利益、擅自挪用公司资金,故孙某主张付某宇停止损害公司利益的行为,归还挪用的278000元公司资金,向公司支付自挪用公司资金之日起至归还之日止的资金占用利息的诉讼请求,本院不予支持。

【问题79】公司为确定董监高是否挪用公司资金而进行了专项审计，若法院最终认定其构成挪用公司资金的，是否还应当承担公司的该笔审计费用损失？

【典型案例要旨92】(2020)湘06民终121号：吴某牛作为损害金寿制药公司利益的侵权方，金寿制药公司起诉要求其偿还挪用资金以外的利息及审计费等费用，符合法定起诉条件。金寿制药公司于2017年6月22日委托审计针对的是公司2008年改制以来至2017年的财务和资产状况，未明确系针对吴某牛挪用资金进行的专项审计，因此一审判决未将本次审计费用15万元确认为侵权损失并无不妥。

湖南金寿制药有限公司、吴某牛损害公司利益责任纠纷二审民事判决书

湖南省岳阳市中级人民法院(2020)湘06民终121号

湖南省岳阳市中级人民法院经审理认为：

本案焦点在于：(1)金寿制药公司是否有权对吴某牛提起本案诉讼；(2)一审判决认定涉案经济损失是否有误；(3)吴某是否因违反对公司的忠实义务而应对涉案经济损失承担连带赔偿责任。

关于焦点一，吴某牛挪用公司资金的行为同时违反民法上的义务和刑法的规定，虽然平江县人民法院(2018)湘0626刑初429号刑事判决认定吴某牛构成挪用资金罪并判决其承担相应的刑事责任，吴某牛亦主动退赔挪用资金，但该刑事判决并未确定金寿制药公司与吴某牛之间的民事关系和民事责任。吴某牛作为损害金寿制药公司利益的侵权方，金寿制药公司起诉要求其偿还挪用资金以外的利息及审计费等费用，符合法定起诉条件。《最高人民法院关于适用〈中华人民共和国刑事诉讼法〉的解释》第139条并未禁止受害人就非法占有处置的财产以外的其他财产损失另行提起民事诉讼，且吴某牛作为金寿制药公司的董监高和股东，违反董监高的忠实、勤勉义务，损害公司利益，在公司因此遭受的损失尚未能完全弥补的情况下，仍然享有包括盈余分配权在内的股东权利，并每年从公司分得利润，从而导致双方之间权利义务失衡，明显有违公平原则。故一审判决适用《民法总则》第187条规定认定吴某牛承担相关经济赔偿责任并无不当，吴某牛以其已承担刑事责任为由主张金寿制药公司无权对其提起本案诉讼的上诉理由不能成立。

关于焦点二,吴某牛分别于2010年5月31日、2015年6月30日挪用金寿制药公司资金60万元、30万元,金寿制药公司虽然在此期间存在向公司员工借款的行为,但并未提供证据证明其向公司员工借款系吴某牛挪用资金所致,且金寿制药公司自2008年以来便向公司员工借款持续至今,故不能确认金寿制药公司的借款行为与吴某牛涉案侵权行为之间具有因果关系,金寿制药公司称涉案利息损失应按其向员工借款的利息即月息一分计算的上诉理由缺乏事实依据,不予支持。吴某牛于2010年5月31日挪用的资金60万元系吴某牛截留的金寿制药公司用以偿还长寿镇财政所借款的款项,事后吴某牛于2011年1月19日挪用公司其他资金偿还长寿镇财政所,即2010年5月31日至2011年1月19日该60万元资金理应偿还给长寿镇财政所而非由金寿制药公司继续占有,其间金寿制药公司亦未实际遭受利息损失,故金寿制药公司称该60万元款项应自2010年5月31日起而非2011年1月19日起计付利息损失的上诉理由不能成立。金寿制药公司于2017年6月22日委托审计针对的是公司2008年改制以来至2017年的财务和资产状况,未明确系针对吴某牛挪用资金进行的专项审计,因此一审判决未将本次审计费用15万元确认为侵权损失并无不妥,金寿制药公司称该15万元审计费用属于侵权损失的上诉理由不能成立。

关于焦点三,平江县人民法院(2018)湘0626民初1536号民事判决因该民事案件经上诉后最终调解结案,并未发生法律效力,其中关于吴某严重失职的认定依法不能作为认定本案事实的依据,金寿制药公司据此主张吴某存在严重失职行为的上诉理由不能成立。吴某牛挪用案涉两笔款项均系公司资金进入吴某牛私人账户时被吴某牛中途截留挪作已用,金寿制药公司未举证证明当时作为公司财务部长的吴某对此知情或其存在违反法定或章程规定的严重失职行为,吴某亦不具有对吴某牛私人账户进行监管的义务,故金寿制药公司以吴某违反对公司的忠实勤勉义务为由主张吴某对涉案经济损失承担连带赔偿责任的上诉理由不能成立。

【问题80】董监高以借款的形式挪用公司资金,但无法证实该笔款项是否归其个人使用或借给他人使用的,该董监高是否应当承担挪用公司资金的法律责任?

【典型案例要旨93】(2015)渝高法民终字第00166号:从现有的证据看,该笔款项在钧华公司的财务账上反映为"其他应收款－顾某(个人借款)",即从证据看该笔款项的性质为借款,钧华公司对该笔款项在法律上享有债权请求权,因而所谓的损失并未实际发生。且重庆市渝中区人民检察院作出的不予批准逮捕案件理由说明书中载明,顾某挪用公司资金470余万元,现有证据不能证实上述款项是否系归个人使用或借给他人使用。因此,陆某华、鲍某敏的上诉理由不能成立。

陆某华、鲍某敏与顾某、艾某损害公司利益责任纠纷二审民事判决书

重庆市高级人民法院(2015)渝高法民终字第00166号

重庆市高级人民法院经审理认为:

关于顾某因侵害钧华公司的利益应当承担的赔偿责任范围的问题。

根据顾某、艾某,陆某华、鲍某敏的上诉请求,分述如下:

顾某个人向公司的借款4781638.37元。陆某华、鲍某敏上诉认为,该笔款项系顾某担任钧华公司董事长、总经理期间,无任何依据的支出,顾某不能提供证据证明款项支出系为公司利益,应当向公司承担赔偿责任。对此,《公司法》第149条规定,董监高执行公司职务时违反法律、行政法规或者公司章程的规定,给公司造成损失的,应当承担赔偿责任。本案中,从现有的证据看,该笔款项在钧华公司的财务账上反映为“其他应收款－顾某(个人借款)”,即从证据看该笔款项的性质为借款,钧华公司对该笔款项在法律上享有债权请求权,因而所谓的损失并未实际发生。且重庆市渝中区人民检察院作出的不予批准逮捕案件理由说明书中载明,顾某挪用公司资金470余万元,现有证据不能证实上述款项是否系归个人使用或借给他人使用。因此,陆某华、鲍某敏的上诉理由不能成立。

【问题81】公司股东发生争执导致治理不畅的情况下,董事滥用职权控制公司名下市场的收费权并将所收费用存入其他公司账户的,是否构成侵占或挪用公司资金的行为?

【典型案例要旨94】(2020)桂民申4734号:黄某乐擅自控制海润市场收费权的行为是在公司治理出现股东不和的情况下发生的,其目的是促使公司规范收费行为,黄某乐的行为虽有偏差,但最终未损害合越公司利益。虽然黄某乐作为合越公司的股东、董事兼副董事长,存在未依照法律和公司章程的规定,滥用职权,对海润市场的收费权予以控制,并将收费收入存入奥润凭祥分公司账户的行为,但是基于相关情况,黄某乐的该行为并不存在侵占或挪用公司资金等损害公司利益的情形。

广西凭祥合越投资有限公司、黄某乐损害公司利益责任纠纷再审审查与审判监督民事裁定书

广西壮族自治区高级人民法院(2020)桂民申4734号

广西壮族自治区高级人民法院经审理认为:

根据合越公司申请再审的理由,本案的关键是黄某乐是否滥用其股东或者董事、高管的权利,损害了合越公司利益的问题。

依据原审查明的"广西壮族自治区崇左市中级人民法院于2018年12月7日作出(2018)桂14民终598号民事判决,确认合越公司应支付给奥润公司工程款及相应利息;奥润公司随后向广西壮族自治区凭祥市人民法院申请强制执行,该院作出(2019)桂1481执23号执行裁定书,冻结海润市场每日收入存于奥润凭祥分公司工商银行账户上1500万元,并作出(2019)桂1481执23号之三执行裁定书,划拨合越公司海润市场的每日收入存于奥润凭祥分公司在工商银行的存款80万元至一审法院账户"的事实,在上述案件执行完毕前,合越公司、黄某乐、奥润公司、奥润凭祥分公司均对海润市场除每月经营管理支出外收入以及被冻结的收入无支配权。

虽然黄某乐作为合越公司的股东、董事兼副董事长,存在未依照法律和公司章程的规定,滥用职权,对海润市场的收费权予以控制,并将收费收入存入奥润凭祥分公司账户的行为,但是基于上述情况,黄某乐的该行为并不存在侵占或挪用公司资金等损害公司利益的情形。结合黄某乐和合越公司以及合越公司另一股东广西五洲交通股份有限公司"关于由我方收取海润货场入场费的函"等函件的往来,可以看出黄某乐擅自控制海润市场收费权的行为是在公司治理出现股东不和的情况下发生的,其目的是促使公司规范收费行为,黄某乐的行为虽有偏差,但最终未损害合越公司利益。

综上,原审认定黄某乐控制海润市场收费权的行为不构成《公司法》第148条"董事、高级管理人员不得有下列行为:(一)挪用公司资金;(二)将公司资金以其个人名义或者以其他个人名义开立账户存储……"和《广西凭祥合约投资公司章程》第60条"公司董事、监事、高级管理人员不得挪用公司资金或将公司资金借贷给他人,不得将公司资产以其个人名义或者以其他人名义开设账户存储"规定的侵权行为,并无不当。

【问题82】董监高存在挪用公司资金的行为,公司是否应当负有证明该挪用行为对公司所造成的损失的举证责任?

【典型案例要旨95】(2020)赣民终24号:根据生效刑事判决书,可以认定文

某1存在挪用公司资金24万元归个人使用的行为。根据专项审计报告,文某1、文某2存在将公司资金以其个人名义或者其他个人名义开立账户存储的行为。对于该行为给公司造成的具体损失,金锋公司作为本公司会计资料保管人在没有证据证明相关资料被其他人非法控制的情况下,应当由金锋公司承担举证责任。一审司法鉴定无法进行的后果应由金锋公司承担。

江西金锋商品混凝土有限公司、文某1等损害公司利益责任纠纷二审民事判决书

江西省高级人民法院(2020)赣民终24号

江西省高级人民法院经审理认为:

根据双方诉辩意见,本案二审争议焦点为:(1)未能进行司法鉴定的情况下,现有证据能否证明文某1、文某2、黄某辉存在损害金锋公司利益行为;(2)文某1、文某2、黄某辉如果存在损害公司利益的行为,该行为给公司利益造成了多少损失;(3)一审司法鉴定所需鉴定材料的举证责任由谁承担。

1. 关于在未能进行司法鉴定的情况下,现有证据能否证明文某1、文某2、黄某辉存在损害金锋公司利益的行为的问题。

《公司法》第148条规定,董事、高管的禁止行为包括:挪用公司资金;将公司资金以其个人名义或者以其他个人名义开立账户存储;违反公司章程的规定,未经股东会、股东大会或者董事会同意,将公司资金借贷给他人或者以公司财产为他人提供担保;违反公司章程的规定或者未经股东会、股东大会同意,与本公司订立合同或者进行交易;未经股东会或者股东大会同意,利用职务便利为自己或者他人谋取属于公司的商业机会,自营或者为他人经营与所任职公司同类的业务;接受他人与公司交易的佣金归为己有;擅自披露公司秘密;违反对公司忠实义务的其他行为。根据江西省高安市人民法院(2017)赣0983刑初397号刑事判决书,可以认定文某1存在挪用公司资金24万元归个人使用的行为。根据金锋公司全体股东委托江西永健联合会计师事务所作出的赣永健专审字〔2015〕第15号专项审计报告,文某1、文某2存在将公司资金以其个人名义或者其他个人名义开立账户存储的行为。

2. 关于文某1、文某2、黄某辉如果存在损害公司利益的行为,该行为给公司利益造成了多少损失的问题。

(1)关于金锋公司提出其归还的借款本金及利息损失1102.1万元是否属于给公司造成损失的问题。

首先,公司向股东借款的行为并不构成损害公司利益的行为。

根据《公司法》第20条第1款“公司股东应当遵守法律、行政法规和公司章程,依法行使股东权利,不得滥用股东权利损害公司或者其他股东的利益”的规定,股东的禁止行为应当以法律、行政法规和公司章程为限。而根据《公司法》第148条,董事、高管的禁止行为并不包括公司向股东借款的行为,金锋公司的章程中亦未禁止公司向股东借款。金锋公司向包括三被上诉人在内的股东借款并支付相应利息的行为并不构成损害公司利益的行为。

其次,赣永健专审字〔2015〕第15号专项审计报告并未认定金锋公司在上诉状中所指的借款为虚假借款。审计报告认定金锋公司2013年至2015年3月借款本金合计为2061万元,审计报告对该部分借款的表述为“有664.5万元借款都是以现金入账,看不到钱打入公司账户的相关记录,个人借款证据不充分”。故该审计报告认定内容应为金锋公司账目显示金锋公司借款本金2061万元,但其中的664.5万元证据不充分。依据审计报告无法证明金锋公司提出的“上诉人涉案债务系被上诉人利用公司股东、高管身份,与亲属进行违法操作虚构形成”的主张。审计报告认定金锋公司2015年3月、4月分别收到文某1转来的两笔各1000万元收购股权款为虚假经济活动,但该两笔转账均系文某1转入金锋公司账户,未给金锋公司利益造成损害。

综上,金锋公司提供的证据不足以证明案涉借款为虚假借款,金锋公司归还借款及支付利息的行为不属于损害公司利益的行为。

(2)关于金锋公司提出三被上诉人伪造他人签字造成公司6.222万元损失的问题。

该笔款项系金锋公司应支付给他人的款项,如被上诉人冒领款项导致金锋公司重复支付,冒领人的行为才给金锋公司造成了损失,但截至一审庭审结束,金锋公司未提交证据证明其重复支付了上述款项,故金锋公司主张的该项损失不能成立。

(3)关于金锋公司提出三被上诉人通过收款不入账的行为侵吞金锋公司42.2602万元的问题。

金锋公司为证明该主张提供了高安市公安局制作的刑事侦查卷宗中聂某军、袁某琪、文某1、文某2的询问/讯问笔录及江西正一司法鉴定中心作出的赣正司会鉴字〔2017〕第001号司法会计鉴定报告书。聂某军在笔录中称其共向金锋公司支付了624000元混凝土款;袁某琪在笔录中称其一共支付了70余万元,具体数字记不清。可以查看公司的账本或者银行流水;文某1在笔录中称其收到了聂某军20000元,未入账,用于支付磅车司机工资。上述笔录均未涉及未入账的具体金额,故无法印证金锋公司提出被上诉人收到聂某军15.7973万元、袁某琪

20.4629万元未入账的主张。在赣正司会鉴字〔2017〕第001号司法会计鉴定报告书中确有反映文某1、文某2涉嫌侵占聂某军157973元,涉嫌侵占袁某琪204629元,涉嫌侵占高安协会60000元的表述。但江西省高安市人民法院(2017)赣0983刑初397号刑事判决书未对该事实予以认定,金锋公司提交的证据不足以证明其主张。

3.关于一审司法鉴定所需鉴定材料的举证责任由谁承担的问题。

一审期间司法鉴定无法进行的原因在于缺少了金锋公司2012年2月至10月的会计凭证以及鉴定期间的会计账簿和会计报表。在没有证据证明相关材料被其他人非法控制的情况下,应由保管责任人对无法进行司法鉴定的后果承担责任。《会计法》第23条第1款规定:"各单位对会计凭证、会计账簿、财务会计报告和其他会计资料应当建立档案,妥善保管。"《会计档案管理办法》第5条第1款规定:"单位应当加强会计档案管理工作,建立和完善会计档案的收集、整理、保管、利用和鉴定销毁等管理制度,采取可靠的安全防护技术和措施,保证会计档案的真实、完整、可用、安全。"根据上述规定,各单位是保管本单位会计资料的责任人。

具体到本案而言,金锋公司是本单位会计资料保管责任人。金锋公司提出2012年2月8日至2015年3月31日,金锋公司由文某1实际控制,财物总监由黄某辉担任,公司出纳由文某2担任,公司在此期间的财务账本等财务资料由三被上诉人实际保管控制的意见。金锋公司作为独立法人,应确保本公司财务资料的连续、完整。即使如金锋公司所称,2012年2月8日至2015年3月31日的财务资料被三被上诉人实际控制,金锋公司在更换法定代表人之后,新任的法定代表人应履行责任,检查公司财务资料是否连续、完整。

在发现财务资料欠缺时,法定代表人应向相关人员提出主张,但截至本案审理时,金锋公司并未就2012年2月8日至2015年3月31日的财务资料提出主张。在无其他证据印证的情形下,金锋公司仅以三被上诉人是金锋公司在2012年2月8日至2015年3月31日的实际控制人为由主张司法鉴定时所需的财务资料仍被三被上诉人实际控制缺乏事实依据。且从司法鉴定所需的其他材料包括2012年2月8日至2015年3月31日的部分其他财务资料仍由金锋公司提供这一情况来看,亦与金锋公司主张的2012年2月8日至2015年3月31日的财务资料至今仍被三被上诉人实际保管控制的主张不符。

金锋公司作为本公司会计资料保管人在没有证据证明相关资料被其他人非法控制的情况下,应当由金锋公司承担举证责任。一审司法鉴定无法进行的后果应由金锋公司承担。

【问题83】公司董监高收到第三人交由其代转给公司的款项后,未转交给公司的,是否构成侵占或挪用公司资金?

【典型案例要旨96】(2024)京民再38号:曹某作为北京某置业有限公司员工收取案涉款项6万元后,将上述款项交给赵某。赵某作为北京某置业有限公司的高管,在收到案涉6万元后未将款项交付北京某置业有限公司,损害了北京某置业有限公司的利益,对于北京某置业有限公司要求赵某赔偿北京某置业有限公司6万元损失的要求,应予支持。

北京某置业有限公司与赵某损害公司利益责任纠纷再审民事判决书

北京市高级人民法院(2024)京民再38号

北京市高级人民法院经审理认为:

《最高人民法院关于适用〈中华人民共和国民法典〉时间效力的若干规定》第1条第2款规定,《民法典》施行前的法律事实引起的民事纠纷案件,适用当时的法律、司法解释的规定,但是法律、司法解释另有规定的除外。由于本案系《民法典》施行前的法律事实所引起的民事纠纷,故应适用《民法典》施行前、民事行为发生时的法律、司法解释。

依据(2023)京0109民初1673号案件中曹某和赵某的陈述可知,本案所涉款项6万元已由曹某交付赵某。赵某则表示案涉款项为北京某置业有限公司偿还赵某的垫款。对此,本院认为,赵某在本案中主张案涉款项为北京某新能源科技有限公司和上海某投资管理咨询有限公司多支付购房款后,北京某置业有限公司安排赵某从个人账户代为退款,再以北京某置业有限公司其他费用偿还赵某的垫款。

首先,赵某所述北京某置业有限公司安排从赵某个人账户垫款事宜仅有其个人陈述,并无其他证据佐证。依据另案生效判决认定的事实,北京某置业有限公司财务人员既未收到包含案涉6万元在内的11万元,亦不知晓该11万元的抵扣情况。

其次,赵某向本院提交了相关证据用以支持其答辩意见,但其提交的证据并不能相互印证支持其答辩意见。赵某提交的购房合同并非完整的合同文本,且该两份购房合同的购房人分别为北京某新能源科技有限公司和上海某投资管理咨询有限公司,而赵某提交的相关付款凭证中,付款人并非北京某新能源科技有限公司或上海某投资管理咨询有限公司。

赵某提交的相关付款凭证中,收据的开具时间为2018年3月21日,金额共计

800 万元。赵某提交的律师函中则载明,北京某新能源科技有限公司支付购房款的时间为 2014 年 5 月 8 日和 12 月 19 日,金额共计 800 万元。赵某提交的购房合同、收据和律师函中载明的付款人和付款时间均不能一一对应。赵某提交的律师函也仅能证明相关律师曾经代表北京某新能源科技有限公司向北京某置业有限公司发出过律师函主张相关权利,并没有协商将退款降低至 40 万元的内容。

赵某主张其与上海某投资管理咨询有限公司的委托人多次沟通、协商,对方同意退还 40 万元即可。但赵某并未就此提供证据予以佐证。

赵某还主张,北京某新能源科技有限公司和上海某投资管理咨询有限公司均由一人实际控制,但赵某对此亦未提交证据予以证明,本院通过公开途径亦无法查明北京某新能源科技有限公司和上海某投资管理咨询有限公司之间存在关联关系。

赵某提交的 40 万元的支付凭证中,其中 10 万元的收款人并非赵某提交的上海某投资管理咨询有限公司委托书中所载明的受委托人。赵某称该收款人与上海某投资管理咨询有限公司委托书中所载明的受委托人为母女关系,但未提交证据予以证明。

综上,赵某提交的相关证据不能相互印证证明其主张,本院对赵某的相关答辩意见无法采信。

《合同法》第 99 条第 1 款规定:"当事人互负到期债务,该债务的标的物种类、品质相同的,任何一方可以将自己的债务与对方的债务抵销,但依照法律规定或者按照合同性质不得抵销的除外。"第 100 条规定:"当事人互负债务,标的物种类、品质不相同的,经双方协商一致,也可以抵销。"依据上述规定,当事人双方互负债务是法定抵销和约定抵销的前提条件。依据本案查明的事实,赵某提交的证据尚不足以证明其与北京某置业有限公司之间互负债务,故赵某关于债务抵销的答辩意见不成立,本院不予采信。如赵某认为北京某置业有限公司与其存在其他款项争议,可以另行解决。

《公司法》第 147 条规定,董监高应当遵守法律、行政法规和公司章程,对公司负有忠实义务和勤勉义务。董监高不得利用职权收受贿赂或者其他非法收入,不得侵占公司的财产。《公司法》第 149 条规定,董监高执行公司职务时违反法律、行政法规或者公司章程的规定,给公司造成损失的,应当承担赔偿责任。

根据已查明的事实,曹某作为北京某置业有限公司员工收取案涉款项 6 万元后,将上述款项交给赵某。赵某作为北京某置业有限公司的高管,在收到案涉 6 万元后未将款项交付北京某置业有限公司,损害了北京某置业有限公司的利益,对于北京某置业有限公司要求赵某赔偿北京某置业有限公司 6 万元损失的要求,本院应予支持。

【问题 84】未经股东会同意,公司执行董事兼总经理虚构三个名字并以这三个人的名义把钱借给本公司,其获得的利息收入是否应当归公司所有?

【典型案例要旨 97】(2020)渝民终 543 号:冷某峰作为云创公司的执行董事兼总经理,属于高管,理应履行对公司的忠实义务。云创公司章程中没有允许董事、高管同本公司订立合同或者进行交易的明确规定,且冷某峰假借他人的名义与云创公司订立借款合同,出借资金给云创公司,并未经股东会同意或得到另一股东谢某的同意。冷某峰的前述行为已经违反了《公司法》第 148 条第 1 款第 4 项。冷某峰出借资金给云创公司并收取了高额利息,根据前述规定,冷某峰从云创公司所获得的利息收入应当归公司所有。

冷某峰与谢某与公司有关的纠纷二审民事判决书

重庆市高级人民法院(2020)渝民终 543 号

重庆市高级人民法院经审理认为:

本案的争议焦点为:冷某峰应当向云创公司返还的利息金额是多少。

《公司法》第 148 条规定:“董事、高级管理人员不得有下列行为:(一)挪用公司资金;(二)将公司资金以其个人名义或者以其他个人名义开立账户存储;(三)违反公司章程的规定,未经股东会、股东大会或者董事会同意,将公司资金借贷给他人或者以公司财产为他人提供担保;(四)违反公司章程的规定或者未经股东会、股东大会同意,与本公司订立合同或者进行交易;(五)未经股东会或者股东大会同意,利用职务便利为自己或者他人谋取属于公司的商业机会,自营或者为他人经营与所任职公司同类的业务;(六)接受他人与公司交易的佣金归为己有;(七)擅自披露公司秘密;(八)违反对公司忠实义务的其他行为。董事、高级管理人员违反前款规定所得的收入应当归公司所有。”根据该规定,董事、高管除公司章程规定或者股东会同意外,不得与本公司订立合同或者进行交易。该规定是为了保障董事、高管对公司的忠实义务的有效履行,必须严格遵守。

本案中,冷某峰作为云创公司的执行董事兼总经理,属于该条规定的高管,理应履行对公司的忠实义务。由于云创公司章程中没有允许董事、高管同本公司订立合同或者进行交易的明确规定,且冷某峰假借他人的名义与云创公司订立借款合同,出借资金给云创公司,并未经股东会同意或得到另一股东谢某的同意。冷某峰的前述行为已经违反了《公司法》第 148 条第 1 款第 4 项。冷某峰出借资金给云创公司并收取了高额利息，根据前述规定，冷某峰从云创公司所获得的利息收入应当归公司所有。

故冷某峰关于其应当收取《最高人民法院关于审理民间借贷案件适用法律若干问题的规定》允许范围内的利息的上诉意见，于法无据，不予支持。

第十一章

股东代表诉讼

第一节　股东代表诉讼的概述

一、股东代表诉讼

1. 制度缘起与内涵

股东代表诉讼为大陆法系国家的称谓，在英美法系称为派生诉讼。该制度，肇始于 19 世纪英国衡平法的股东派生诉讼。股东派生诉讼是随着对 1843 年"福斯诉哈博特尔"案所确立规则的一系列"例外"而逐渐建立和完善的，随后在美国得到极大发展，并逐步为大陆法系所借鉴。与英美法系派生诉讼相对应，大陆法系将对公司管理层的不当管理责任追究的诉讼，称为股东代表诉讼。股东代表诉讼与派生诉讼在相关机制上颇为类似，但原理并不相同。代表诉讼是和代表或委任理论联系在一起的。由于公司的独立主体地位，董事和高管等代表公司作出意思表示和行为。公司和董事、高管等之间的关系是一种代表和委任关系，其意思表示或行为更多地来自法定，而不是受托地位。当意思表示或行为不当时，董事或高管，尤其是法定代表人，就在本质上丧失了代表能力或者资格，公司的所有者——股东以实质标准来暂时在争议事项上接管了代表能力或者资格，故此时由股东代表公司向董事或高管等起诉。①

股东代表诉讼的本质，是为被滥用控制权的控股股东、实际控制人、管理层所控制的公司主持公道而设计的司法救济措施，是法院为被"堕落的管理者或者股东"(the fallen directors and shareholders)所控制的公司主持公道的一种程序上的设置，救济对象是公司及其少数股东。②

股东代表诉讼系"立法者基于解纷效率、实质正义、程序安定等方面的考量而

① 参见最高人民法院民事审判第二庭编著:《最高人民法院关于公司法解释(四)理解与适用》，人民法院出版社 2017 年版，第 526 ~528 页。

② 参见李建伟:《公司法学》，中国人民大学出版社 2011 年版，第 383、449 页。

赋予第三人以诉讼实施权”，实体请求权的归属主体与诉讼实施权的归属主体发生了分离。从诉讼法理看，诉权是实体权利的延伸，旨在通过司法诉讼的形式保障特定主体的实体权益。从权利表达的角度看，管理者损害公司利益时，公司应以财产权益受到侵害为由对其提起诉讼。但是公司作为法人，其意思表示与行为能力受制于管理者，无法直接提起诉讼，只有将诉讼实施权配置给特定主体方可保障公司的利益。①

因此，笔者认为，股东代表诉讼，是指当公司的正当利益受到控股股东、董事、高管或者其他人的损害，而公司却怠于通过诉讼追究损害人的责任或实现其他民事权利时，具备法定资格的股东为了公司的利益，依据法定程序以自己的名义提起的诉讼。

2. 股东代表诉讼与股东直接诉讼

股东代表诉讼是与直接诉讼相对而言的。若公司董监高或其双控人及他人损害公司利益进而损害了股东的个人利益的，股东可对其损害行为提起诉讼，以赔偿其所遭受的损失，就是直接诉讼。因此，相对于直接诉讼而言，股东代表诉讼是直接诉讼的一种“衍生”的诉讼，因此，也称衍生诉讼或派生诉讼。

对于股东代表诉讼与直接诉讼的区别，美国法学会《公司治理原则：分析与建议》在其第 7.01 节中给出了较为准确的介绍：

(1) 派生诉讼是指符合第 7.02 节（提起和进行派生诉讼的资格）规定的条件的公司的股东（第 1.22 节）以公司名义或依公司之权利提起的，旨在弥补公司所受损失或强制履行对公司之义务的诉讼。在一起诉讼中，如果股东只有证明公司受到损害或存在对公司义务的违反才能胜诉，则该诉讼就应当视为派生诉讼。

(2) 直接诉讼是股东以本人的名义或依本人的权利提起的，旨在弥补本人所受损失或强制他人履行对自己的义务的诉讼。在一起诉讼中，如果股东无须证明公司受到损害或存在对公司义务的违反就能胜诉，该诉讼就应当被视为直接诉讼。股东可以以个人身份提起直接诉讼。

因此，总结而言，股东直接诉讼与派生诉讼的区别，主要包括以下几点：

第一，就诉权所属而言，股东直接诉讼的诉求本就是该股东所享有的，而代表诉讼的诉求本来属于公司所有，只是其董监高怠于履行忠实勤勉义务致使公司未能行使该诉权，通过派生诉讼而“让渡”给股东代为行使。

第二，就诉的利益而言，股东直接诉讼的利益归属其自己，而代表诉讼的利益应当由公司承受。

---

① 参见贺茜：《实体与程序双重视角下股东权益的司法保护——以“股东代表诉讼”为切入点》，载《法学论坛》2024 年第 1 期。

第三，就受损害的利益而言，股东直接诉讼中受损害的是股东的个人利益，是其股东权利的某项权能受到了损害，而代表诉讼中直接受损害的是公司的利益，但也间接地损害了公司股东的利益，也因此有了股东代表诉讼的必要性与合理性。

第四，就胜诉利益而言，股东直接诉讼的胜诉利益与败诉结果均应当由其个人承担；而代表诉讼中，若胜诉，胜诉利益由公司承接，若败诉，败诉结果由提起诉讼的股东个人承担。

第五，就制度的设立目的而言，股东直接诉讼与一般的诉讼并无不同，是其股东权利受损之后，法律赋予其的程序权利；而代表诉讼的主要目的是激励股东维护公司的利益，并为其维护公司利益、参照代表诉讼制度而特别设置的一项诉讼制度，而这种诉讼制度与以往的一般诉讼差别巨大，如公司虽不是被告却仍要参加诉讼，在我国，是作为无独立请求权的第三人而参加诉讼，若胜诉，则公司应当承担代表股东所支持的合理诉讼费用和律师费用，诉讼的和解也应当受到一定的限制且和解内容应当经过法院的合法性审查。

3. 公司直接诉讼

若公司的董事会或监事会，按照《公司法》(2023 年修订)第 189 条的规定，经股东的书面请求向人民法院对董监高提起诉讼，或者未经股东请求即直接对损害公司权益的董监高提起诉讼的，则该诉讼为一般的诉讼；为与前述股东直接诉讼相区隔，亦可称为公司直接诉讼。

讨论公司直接诉讼的意义在于，当股东兼公司监事或执行董事、公司法定代表人的情况下，能否不提起公司直接诉讼，而以股东身份提起股东代表诉讼。对此，后引案例中，广州市中级人民法院给出了否定的回答，认为此时只能提起公司直接诉讼。

【问题 85】公司股东任执行董事，若其执意坚持以股东身份提起股东代表诉讼而非以公司名义提起直接诉讼的，法院能否直接驳回该股东所提起的代表诉讼？

【典型案例要旨 98】(2020)粤 01 民终 14267 号：蔡某华既是启华公司的执行董事，又是股东。如蔡某华以股东名义起诉，虽然可以列蔡某华个人为原告，但蔡某华既是执行董事，又是股东，存在身份竞合，且蔡某华以执行董事身份代表公司诉讼不存在任何障碍，首先应由公司直接诉讼，而不应由股东代表诉讼。蔡某华在诉讼中已经明确其是以执行董事身份提起诉讼，根据司法解释的规定，应当列启华公司为诉讼的原告,蔡某华无权以自己的名义向法院起诉。

蔡某华、谢某群损害公司利益责任纠纷二审民事裁定书

广东省广州市中级人民法院(2020)粤01民终14267号

广东省广州市中级人民法院经审理认为:

本案案由为损害公司利益责任纠纷,属于侵权之诉。蔡某华主张,担任和具有启华公司监事职位和股东身份的谢某群侵犯了启华公司的合法权益,故以启华公司执行董事的身份提起本案诉讼。谢某群则认为蔡某华不具备原告资格。因此,本案争议焦点之一为蔡某华是否具备原告资格。

《公司法》第151条第1款规定,对于董监高侵犯公司合法权益的,有限责任公司的股东应履行前置程序,先书面请求监事会(不设监事会的监事)或者董事会(执行董事)提起诉讼。第2款规定,只有监事会(不设监事会的监事)、董事会(执行董事)在书面请求后拒绝提起诉讼,或者自收到请求之日起30日内未提起诉讼,或者情况紧急、不立即提起诉讼将会使公司利益受到难以弥补的损害的,股东才可以为了公司的利益以自己的名义直接向人民法院提起诉讼。另外,《公司法解释四》第23条第2款规定,董事会或者不设董事会的有限责任公司的执行董事依据《公司法》第151条第1款规定对监事提起诉讼的,或者依据《公司法》第151条第3款规定对他人提起诉讼的,应当列公司为原告,依法由董事长或者执行董事代表公司进行诉讼。之所以应当列公司为原告,是因为《公司法》第151条第1款规定的意旨并非由有关公司机关替代公司作为原告参加诉讼,而在于明确可接受股东请求代表公司起诉的公司机关,解决公司怠于行使诉权的问题。在股东代表诉讼中公司是实质原告,股东是名义原告,而《公司法》第151条第1款涉及的诉讼均为直接诉讼,公司既是名义原告也是实质原告,既享有原告依法享有的诉讼权利义务,亦承担原告应当依法承担的诉讼结果。故董事会或者执行董事以自己名义向人民法院提起诉讼的,人民法院应当不予受理或者驳回起诉。

本案中,蔡某华既是启华公司的执行董事,又是股东。如蔡某华以股东名义起诉,虽然可以列蔡某华个人为原告,但蔡某华既是执行董事,又是股东,存在身份竞合,且蔡某华以执行董事身份代表公司诉讼不存在任何障碍,首先应由公司直接诉讼,而不应由股东代表诉讼。蔡某华在诉讼中已经明确其是以执行董事身份提起诉讼,根据上述司法解释的规定,应当列启华公司为诉讼的原告,蔡某华无权以自己的名义向法院起诉。

二、股东代表诉讼的目的与作用

正如本书第一篇所介绍的那样,公司董监高对公司负有忠实勤勉义务,因此,

在公司权益受到董监高、双控人乃至他人侵害而受损之时，就负有追究其责任以弥补公司损失的义务。

但是，若损害公司权益的行为人之外的其他董监高，不管基于何种考虑，对该损害行为人的行为迟迟不予追究、更未诉诸法律要求其承担赔偿公司损失等法律责任，势必使公司资产减少或债务增加，若超过诉讼时效，即使诉讼也将丧失胜诉的权利。

而股东作为公司的最终受益人，公司的资产或负债情况将影响股东的分红权乃至剩余资产取回权等权利的标的金额。因此，赋予符合一定资格的股东代表公司对前述行为进行诉讼以维护公司权益就变得十分重要。

在维护公司权益之外，股东代表诉讼制度事实上还能起到监督、鞭策管理层，避免其慵懒甚至堕落的重大作用，督促其积极履行忠实勤勉义务。

三、股东代表诉讼的事由

传统的股东代表诉讼，主要针对的是管理层损害公司权益的行为，即公司董监高或双控人违反法律或公司章程的规定，损害公司利益以自肥的损害行为，而这正是本书第二篇、第三篇和第四篇的主要内容。

除此之外，若公司董监高或双控人之外的一般员工或公司以外的他人，损害公司权益，不管是侵权还是违约，而公司管理层却不积极维护公司权益、更不起诉维权的，公司股东就有权代表公司通过诉讼的方式维护公司权益。

因此，股东代表诉讼的事由，不仅包括公司董监高或其双控人，也包括公司一般员工甚至公司之外的第三人损害公司的行为，而且这种损害行为不仅限于侵权行为，还包括违约行为。

另外，《证券法》第44条规定了上市公司董监高及其特定股东从事短线交易的所得应归为公司所有，若公司董事会未行使归入权的，股东有权提起股东代表诉讼，即上市公司、股票在国务院批准的其他全国性证券交易场所交易的公司持有5%以上股份的股东、董监高，将其持有的该公司的股票或者其他具有股权性质的证券在买入后6个月内卖出，或者在卖出后6个月内又买入，由此所得收益归该公司所有，公司董事会应当收回其所得收益。前款所称董监高、自然人股东持有的股票或者其他具有股权性质的证券，包括其配偶、父母、子女持有的及利用他人账户持有的股票或者其他具有股权性质的证券。公司董事会不按照第1款规定执行的，股东有权要求董事会在30日内执行。公司董事会未在上述期限内执行的，股东有权为了公司的利益以自己的名义直接向人民法院提起诉讼。公司董事会不按照第1款的规定执行的，负有责任的董事依法承担连带责任。

实务中,上市公司股东或董监高从事短线交易的事件是比较常见的,理论上应该有很多类似的股东代表诉讼发生。然而,令人意外的是,笔者通过中国裁判文书网搜索“股东有权要求董事会在30日内执行”关键词,只查到三个案例。这三个案例中,有两个提起的是股东代表诉讼,即上海市第一中级人民法院的(2013)沪一中民六(商)重字第S1号海航置业控股(集团)有限公司诉浙江九龙山国际旅游开发有限公司损害公司利益责任纠纷一案,以及河南省郑州市中级人民法院的(2019)豫01民终14909号李某强、尚某锋损害公司利益责任纠纷案,而后者中,两级法院均以“李某强于2017年5月1日至2018年1月26日持有汉威公司股份2000股,李某强所称的违法短线交易行为与李某强无利害关系”“李某强并非本案适格原告”而驳回其起诉。第三个案例,广东省深圳市福田区人民法院的(2015)深福法民二初字第13157号康某尔诉林某等短线交易案,却是公司直接发动的诉讼,不属于股东代表诉讼。

两项对比,笔者发现,《证券法》就短线交易归入权所设置的股东代表诉讼利用率极低,无法发挥股东对上市公司董监高及其特定股东的监督作用,该制度几近形同虚设,值得认真研究、改造。

【问题86】就股东代表诉讼的胜诉判决,股东代表是否有权作为强制执行申请人?

【典型案例要旨99】(2016)最高法执复28号:本案属于股东代表诉讼在执行阶段的自然延伸。本案执行依据49号判决正是参照公司法中关于股东代表诉讼的规定,认定东风公司、汽修厂具备提起诉讼的主体资格,并依其主张判令涉案《土地使用权转让协议书》和《房屋买卖合同书》无效。同样,当股东代表诉讼进入执行程序后,股东代表出于继续维护公司利益的目的,向人民法院申请执行生效法律文书,符合股东代表诉讼这一制度设计的内在逻辑。因此,东风公司、汽修厂在联合公司怠于主张自身权利时,有权向法院申请执行。

内蒙古环成汽车技术有限公司侵权责任纠纷执行裁定书

最高人民法院(2016)最高法执复28号

最高人民法院经审理认为:

关于东风公司与汽修厂是否具备合法的申请执行主体资格的问题。

第一,本案属于股东代表诉讼在执行阶段的自然延伸。

2006年1月1日施行的《公司法》第150条规定:“董事、监事、高级管理人员执行公司职务时违反法律、行政法规或者公司章程的规定,给公司造成损失的,应当承担赔偿责任。”第152条规定:“董事、高级管理人员有本法第一百五十条规定的情形的,有限责任公司的股东、股份有限公司连续一百八十日以上单独或者合计持有公司百分之一以上股份的股东,可以书面请求监事会或者不设监事会的有限责任公司的监事向人民法院提起诉讼;监事有本法第一百五十条规定的情形的,前述股东可以书面请求董事会或者不设董事会的有限责任公司的执行董事向人民法院提起诉讼。监事会、不设监事会的有限责任公司的监事,或者董事会、执行董事收到前款规定的股东书面请求后拒绝提起诉讼,或者自收到请求之日起三十日内未提起诉讼,或者情况紧急、不立即提起诉讼将会使公司利益受到难以弥补的损害的,前款规定的股东有权为了公司的利益以自己的名义直接向人民法院提起诉讼。他人侵犯公司合法权益,给公司造成损失的,本条第一款规定的股东可以依照前两款的规定向人民法院提起诉讼。”

根据上述规定,公司的董监高侵害了公司权益,而公司怠于追究其责任时,符合法定条件的股东可以自己的名义代表公司提起诉讼。在股东代表诉讼中,股东个人的利益并没有直接受到损害,只是由于公司的利益受到损害而间接受损,因此,股东代表诉讼是股东为了公司的利益而以股东的名义直接提起的诉讼,相应地,胜诉后的利益归于公司。

本案执行依据49号判决正是参照公司法中关于股东代表诉讼的规定,认定东风公司、汽修厂具备提起诉讼的主体资格,并依其主张判令涉案《土地使用权转让协议书》和《房屋买卖合同书》无效。同样,当股东代表诉讼进入执行程序后,股东代表出于继续维护公司利益的目的,向人民法院申请执行生效法律文书,符合股东代表诉讼这一制度设计的内在逻辑。因此,东风公司、汽修厂在联合公司怠于主张自身权利时,有权向法院申请执行。

第二,环成公司与联合公司自行达成的和解协议不能对抗人民法院的生效判决。

49号判决生效后,环成公司与联合公司在东风公司、汽修厂并不认可的情况下,自行达成了和解协议,而该自行和解协议的内容又与被49号判决所撤销的买卖合同内容大体一致,核心内容是联合公司放弃申请执行的权利,并不向环成公司返还720万元的款项。本案执行依据49号判决正是对联合公司的高管梁某玲在企业改制过程中代表联合公司与环成公司签订涉案房地产买卖合同贱卖联合公司房地产的违法性、环成公司不当得利的纠正。49号判决生效后,联合公司与环成公司又自行签订和解协议,其目的就是想抵销49号判决确定的执行内容。本案的特殊性就在于,属于股东代表诉讼进入执行程序的执行案件,提起诉讼及申请执行的股东仍在申请执行以继续维护公司的利益，此时联合公司与环成公司达成的和解协议未经申请执行的股东认可，且与人民法院的生效判决直接抵触，其目的从本质而言，是使49号判决认定合同无效的法律后果被架空，使得各方当事人的权利义务再次回到49号判决作出前的状态。因此，该和解协议不能产生对抗人民法院生效判决的效力。环成公司主张的对待给付720万元以及其他损失可通过其他程序另行主张。

第三，联合公司的法人资格仍然存续。针对联合公司的强制清算程序因被清算人下落不明，财务财产状况无法查清为由而终结，但联合公司的法人资格并未因此终结，东风公司、汽修厂作为联合公司股东仍然可以向人民法院申请执行以维护联合公司的合法权益，环成公司主张联合公司应当注销、执行程序应当终结的理由于法无据。

综上，(2014)内执异字第3号执行裁定认定东风公司、汽修厂具备申请执行人的主体资格符合法律规定。

【问题87】股东代表诉讼胜诉判决生效后，公司怠于行使该判决赋予其的权利时，该股东是否有权提起强制执行该判决的股东代表诉讼？

【典型案例要旨100】(2023)最高法执复26号：本案执行依据75号判决正是参照公司法中关于股东代表诉讼的规定，认定陈某香具备提起诉讼的主体资格，并支持了陈某香部分诉讼请求。同样，当股东代表诉讼进入执行程序后，股东代表出于继续维护公司利益的目的，向人民法院申请执行生效法律文书，符合股东代表诉讼这一制度设计的内在逻辑。因此，陈某香在某养殖公司怠于主张自身权利时，有权向法院申请执行。

于某波、陈某香等与公司有关的纠纷执行复议执行裁定书

最高人民法院(2023)最高法执复26号

最高人民法院经审理认为：

本案的争议焦点是陈某香是否具备申请执行主体资格。

本案属于股东代表诉讼在执行阶段的延伸，《公司法》第149条规定："董事、监事、高级管理人员执行公司职务时违反法律、行政法规或者公司章程的规定，给公司造成损失的，应当承担赔偿责任。"第151条规定："董事、高级管理人员有本法第一百四十九条规定的情形的，有限责任公司的股东、股份有限公司连续一百八十日以上单独或者合计持有公司百分之一以上股份的股东，可以书面请求监事

会或者不设监事会的有限责任公司的监事向人民法院提起诉讼;监事有本法第一百四十九条规定的情形的,前述股东可以书面请求董事会或者不设董事会的有限责任公司的执行董事向人民法院提起诉讼。监事会、不设监事会的有限责任公司的监事,或者董事会、执行董事收到前款规定的股东书面请求后拒绝提起诉讼,或者自收到请求之日起三十日内未提起诉讼,或者情况紧急、不立即提起诉讼将会使公司利益受到难以弥补的损害的,前款规定的股东有权为了公司的利益以自己的名义直接向人民法院提起诉讼。他人侵犯公司合法权益,给公司造成损失的,本条第一款规定的股东可以依照前两款的规定向人民法院提起诉讼。”

根据上述规定,公司的董监高侵害了公司权益,而公司怠于追究其责任时,符合法定条件的股东可以自己的名义代表公司提起诉讼。在股东代表诉讼中,股东个人的利益并没有直接受到损害,只是由于公司的利益受到损害而间接受损,因此,股东代表诉讼是股东为了公司的利益而以股东的名义直接提起的诉讼,胜诉后的利益归于公司。本案执行依据75号判决正是参照公司法中关于股东代表诉讼的规定,认定陈某香具备提起诉讼的主体资格,并支持了陈某香部分诉讼请求。同样,当股东代表诉讼进入执行程序后,股东代表出于继续维护公司利益的目的,向人民法院申请执行生效法律文书,符合股东代表诉讼这一制度设计的内在逻辑。因此,陈某香在某养殖公司怠于主张自身权利时,有权向法院申请执行。

综上,山东省高级人民法院(2023)鲁执异6号执行裁定有事实和法律依据,应予维持。本院依照《民事诉讼法》第232条、《最高人民法院关于人民法院办理执行异议和复议案件若干问题的规定》第23条第1款第1项的规定,裁定:

驳回于某波的复议申请,维持山东省高级人民法院(2023)鲁执异6号执行裁定。

【问题88】上市公司的特定股东从事短线交易所得收益应当归入上市公司,若公司董事会未依法行使该归入权的,公司股东是否有权代表公司提起股东代表诉讼?

【典型案例要旨101】(2013)沪一中民六(商)重字第S1号:三被告存在短线交易的不当行为,依照《证券法》第47条第1款之规定,其所得收益应归第三人所有,第三人董事会应当收回其所得收益。鉴于第三人董事会未向前述三被告主张相关权利,在原告书面要求后亦未在法定期限内执行,现原告作为第三人的股东依照《证券法》第47条第2款之规定提起本案诉讼并无不当,其诉讼请求具有法律依据。

海航置业控股(集团)有限公司诉浙江九龙山国际旅游开发有限公司损害公司利益责任纠纷一审民事判决书

上海市第一中级人民法院(2013)沪一中民六(商)重字第S1号

上海市第一中级人民法院经审理认为:

《证券法》(2013年修正)第179条第1款第7项规定:国务院证券监督管理机构在对证券市场实施监督管理中依法对违反证券市场监督管理法律、行政法规的行为进行查处。依照上述法律规定,证监会作为国务院证券监督管理机构,对违反证券市场监督管理法律法规的行为进行查处,系行使其法定职权的行为,其进行查处后作出的行政处罚决定,具有相应行政法律效力。当然,国务院证券监督管理机构在具体行政处罚决定中认定的违法事实对民事案件的审理并不必然产生预决效力,但如果此种行政行为已经人民法院在行政诉讼中判决维持,这一事实即具备司法认定的属性,对相关民事诉讼产生预决效力。

《最高人民法院关于民事诉讼证据的若干规定》第9条第1款第4项即已规定:已为人民法院发生法律效力的裁判所确认的事实,当事人无须举证证明。本案系争行政处罚决定书,已经人民法院生效判决予以维持,依照上述规定,系争行政处罚决定书认定的有关短线交易事实属于无须举证证明的事实,且对本案已产生预决效力。虽然相关生效判决书认定系争行政处罚决定书责成第三人董事会向被告九龙山旅游公司、Resort Property公司、Ocean Garden公司追讨短线交易所获收益,并不具备行政处罚的法律特征,将该内容列于行政处罚决定主文应属不当,并对此予以指正,但此种瑕疵并不影响该行政处罚决定书认定事实的正确与否,该行政处罚决定书认定的相关事实对于本案依然具有预决效力。故对被告九龙山旅游公司、Resort Property公司、Ocean Garden公司在受让第三人系争股份后又予以减持的行为,是否构成短线交易行为及其相关盈利金额,本院无须再予以实体审查。

前述三被告既存在短线交易的不当行为,依照《证券法》第47条第1款之规定,其所得收益应归第三人所有,第三人董事会应当收回其所得收益。鉴于第三人董事会未向前述三被告主张相关权利,在原告书面要求后亦未在法定期限内执行,现原告作为第三人的股东依照《证券法》第47条第2款之规定提起本案诉讼并无不当,其诉讼请求具有法律依据。

原告另主张第三人的相关董事对前述三被告的归入义务承担连带责任,对此本院认为,《证券法》第47条第3款规定:公司董事会不按照第1款的规定执行的,负有责任的董事依法承担连带责任。本案中第三人董事会未主动向被告九龙山旅游公司、Resort Property 公司、Ocean Garden 公司主张归入权,在原告要求后亦未能在法定期限内执行;据此可认定其余七被告作为第三人的董事,未及时召开董事会作出相关决议,在原告提出相应要求后亦未能及时履行其董事职责,违反其作为董事应承担的勤勉义务,对于第三人未能及时行使其归入权负有相应责任。依照上述法律规定,该七名被告作为负有责任的董事应承担相应连带责任,鉴于该七名被告并未举证证明其未能履行上述职责存在合理理由,故原告的上述主张,具有事实与法律依据,本院亦予以采信。

综上,依照《证券法》(2013 年修正)第 47 条、第 179 条,《公司法》第 148 条,《民事诉讼法》第 144 条及《最高人民法院关于民事诉讼证据的若干规定》第 9 条第 1 款第 4 项之规定,判决如下:

(1)被告九龙山旅游公司应于本判决生效之日起 10 日内归还第三人上海九龙山股份有限公司短线交易收益人民币 84436801.34 元;

(2)被告 Resort Property 公司应于本判决生效之日起 10 日内归还第三人上海九龙山股份有限公司短线交易收益 19157936.40 美元;

(3)被告 Ocean Garden 公司应于本判决生效之日起 10 日内归还第三人上海九龙山股份有限公司短线交易收益 2717559.75 美元;

(4)被告李某夫、杨某凌、顾某亭、沈某、李某强、王某渝、郭某对被告九龙山旅游公司、Resort Property 公司、Ocean Garden 公司上述归还义务承担连带责任。

四、股东代表诉讼的胜诉利益归属

按照《公司法解释四》第 25 条的规定,股东依据《公司法》第 189 条第 2 款、第 3 款规定直接提起诉讼的案件,胜诉利益归属于公司。股东请求被告直接向其承担民事责任的,人民法院不予支持。

所谓胜诉利益,就是股东代表诉讼的胜诉判决为公司带来的好处,即实质上的利益。由于法律责任的形式多样,若股东代表诉讼胜诉,被告要承担的不仅包括金钱赔偿、财产返还等,还可能包括撤销第三人与公司签署的重大合同,非法控制人返还公司印章、证照或财务账册等非金钱利益。

因为股东发动这一诉讼的目的是维护公司的权益,若诉讼结果是被告应当赔偿损失或返还财产的,则承受该结果的自然应当是公司,而不应当是发起该诉讼的股东。

究其原因,一方面,权益受损的本就是公司,若有赔偿当然应当由公司承受;另一方面,股东对公司除享有资产受益、选择管理者及参与重大决策等权利之外,对公司的资产或他人向公司支付的赔偿或返还的财产,并没有直接获得的任何法律依据。因此,股东代表诉讼的胜诉利益自然应当归公司所享有。

【问题89】公司法定代表人违法对外担保并将要承担责任的情况下,股东可否提起股东代表诉讼要求该法定代表人向该股东自己承担连带赔偿责任?

【典型案例要旨102】(2019)豫0191民初21114号:股东基于公司法定代表人违法对外担保的情况提起的诉讼,为股东代表诉讼,该诉讼的最终受益人应为公司。故原告以李某擅自对外提供担保,导致公司财产被执行为由提起本案诉讼,但又将其作为股东所在的郑州无纺公司列为被告,并要求相关利益归属于自己,其该请求并不符合法律规定,故对原告请求三被告按其持股比例向其承担连带赔偿责任的诉讼请求,不予支持。

梅某祥与郑州无纺生活用品有限公司、李某昌等损害股东利益责任纠纷一审民事判决书

河南省郑州高新技术产业开发区人民法院(2019)
豫0191民初21114号

河南省郑州高新技术产业开发区人民法院经审理认为:

《公司法》第151条第1款、第2款规定,董事、高管有本法第149条规定的情形的,有限责任公司的股东、股份有限公司连续180日以上单独或者合计持有公司1%以上股份的股东,可以书面请求监事会或者不设监事会的有限责任公司的监事向人民法院提起诉讼;监事有本法第149条规定的情形的,前述股东可以书面请求董事会或者不设董事会的有限责任公司的执行董事向人民法院提起诉讼。监事会、不设监事会的有限责任公司的监事,或者董事会、执行董事收到前款规定的股东书面请求后拒绝提起诉讼,或者自收到请求之日起30日内未提起诉讼,或者情况紧急、不立即提起诉讼将会使公司利益受到难以弥补的损害的,前款规定的股东有权为了公司的利益以自己的名义直接向人民法院提起诉讼。本案中,原告称李某在其他股东不知情的情况下,以公司资产为他人提供担保,导致公司财产被执行,从而致使公司无法经营。

本院认为,《公司法》第16条对于法定代表人的代表权进行了限制,法定代表人越权担保给公司造成损失的,公司有权请求法定代表人承担赔偿责任,公司没有提起诉讼,股东依据《公司法》第151条的规定也有权请求法定代表人承担赔偿责任。股东基于此种情况提起的诉讼,为股东代表诉讼,该诉讼的最终受益人应

为公司。故原告以李某擅自对外提供担保,导致公司财产被执行为由提起本案诉讼,但又将其作为股东所在的郑州无纺公司列为被告,并要求相关利益归属于自己,其该请求并不符合法律规定,故对原告请求三被告按其持股比例向其承担连带赔偿责任的诉讼请求,本院不予支持。

依照《民事诉讼法》第64条之规定,判决如下:

驳回原告梅某祥的诉讼请求。

【问题90】股东代表诉讼,是否仍应遵循民事诉讼"谁主张,谁举证"原则?

【典型案例要旨103】(2017)宁民初81号:宁某代表石嘴山国马科技股份有限公司起诉公司关联交易损害责任纠纷,主张自2011年起,在石嘴山国马科技股份有限公司未召开股东会、董事会的情况下,各被告作为公司的控股股东、实际控制人、董事及关联方,利用关联关系将石嘴山国马科技股份有限公司资金以各种名义转给石嘴山青年曼莲花汽车有限公司、金华青年莲花控股集团有限公司等金额达3.502亿元,应就转出款项承担相应赔偿责任。依据相关法律、司法解释的规定,宁某应遵循民事诉讼"谁主张,谁举证"原则,对其主张的各被告利用关联关系交易和造成公司损失提交证据加以证明,但从其起诉的事实理由和所举证据看,其并未详述各转出款项的具体交易往来事实,也未提交各笔款项转出凭证、流水或财务资料,不能有效证明转出资金具体金额、流向以及是否构成关联交易损害。

宁夏石嘴山市矿业(集团)有限责任公司与石嘴山青年曼莲花汽车有限公司、石嘴山青年乘用车有限公司等公司关联交易损害责任纠纷一审民事判决书

宁夏回族自治区高级人民法院(2017)宁民初81号

宁夏回族自治区高级人民法院经审理认为:

《公司法》第21条规定:"公司的控股股东、实际控制人、董事、监事、高级管理人员不得利用其关联关系损害公司利益。违反前款规定,给公司造成损失的,应当承担赔偿责任。"《最高人民法院关于适用〈中华人民共和国民事诉讼法〉的解释》第90条规定:"当事人对自己提出的诉讼请求所依据的事实或者反驳对方诉讼请求所依据的事实,应当提供证据加以证明,但法律另有规定的除外。在作出判决前,当事人未能提供证据或者证据不足以证明其事实主张的,由负有举证证明责任的当事人承担不利的后果。"

本案中，宁某代表石嘴山国马科技股份有限公司起诉公司关联交易损害责任纠纷，主张自2011年起，在石嘴山国马科技股份有限公司未召开股东会、董事会的情况下，各被告作为公司的控股股东、实际控制人、董事及关联方，利用关联关系将石嘴山国马科技股份有限公司资金以各种名义转给石嘴山青年曼莲花汽车有限公司、金华青年莲花控股集团有限公司等金额达3.502亿元（至2015年7月23日），应就转出款项承担相应赔偿责任。依据上述法律、司法解释的规定，宁某应遵循民事诉讼“谁主张，谁举证”原则，对其主张的各被告利用关联关系交易和造成公司损失提交证据加以证明，但从其起诉的事实理由和所举证据看，其并未详述各转出款项的具体交易往来事实，也未提交各笔款项转出凭证、流水或财务资料，不能有效证明转出资金具体金额、流向以及是否构成关联交易损害。

审理中，宁某申请法院到石嘴山国马科技股份有限公司、石嘴山市公安局调取石嘴山国马科技股份有限公司财务资料（包括但不限于各类银行凭证、银行流水、收据、记账凭证、账簿、网上银行电子回单等）和股东会、董事会决议等证据，其申请不符合《民事诉讼法》有关规定，其申请调取的相应证据并不属于《民事诉讼法》第64条规定的当事人及其诉讼代理人因客观原因不能自行收集的证据，故对其调取证据申请本院不予准许。

对于宁某提出石嘴山青年曼莲花汽车有限公司、石嘴山青年乘用车有限公司、金华青年莲花控股集团有限公司、浙江某某年乘用车集团有限公司、金华青年汽车制造有限公司、青年汽车集团有限公司共同赔偿相应关联交易损失及可得利益损失，并由金华星航线汽车有限公司、庞某1、孙某、王某2、庞某3、傅某、厉某承担连带责任的诉请，因宁某未能提供充分有效证据予以证明，由其承担不利后果，对其诉讼请求不予支持。

综上，宁某的诉讼请求不能成立，本院不予支持。依照《公司法》第21条，《民事诉讼法》第64条、第144条，《最高人民法院关于适用〈中华人民共和国民事诉讼法〉的解释》第90条的规定，判决如下：

驳回原告宁某的诉讼请求。

案件受理费1843300元，由原告宁某负担。

第二节 股东代表诉讼的当事人

一、股东代表诉讼的原告

股东代表诉讼的原告，只能是股东，且该股东必须符合一定的资格条件。

按照2023年修订的《公司法》第189条第1款的规定，董事、高管有第188条规定的情形的，有限责任公司的股东、股份有限公司连续180日以上单独或者合计持有公司1%以上股份的股东，可以书面请求监事会向人民法院提起诉讼；监事有第188条规定的情形的，前述股东可以书面请求董事会向人民法院提起诉讼。

因此，能作为原告的股东，应当是有限责任公司的股东，或者是股份有限公司连续180日以上单独或者合计持有公司1%以上股份的股东。

《公司法》的前述规定过于简单，无法对特殊情况下代表诉讼的股东资格准确适用，因此，尚需进一步研究确定。

1. 有限公司变更为股份公司后持股不足1%的原股东

"有限责任公司的股东、股份有限公司连续180日以上单独或者合计持有公司1%以上股份的股东"之中，持股的时间节点如何认定，是股东启动前置程序或符合豁免条件而直接提起代表诉讼之时，还是在股东代表诉讼的过程中都应当符合该持股条件？《公司法》的规定并不明确。

实务中，基于利益驱动与逃避责任的考虑，很有可能发生这样的特例：在股东对公司董监高特别是针对大股东损害公司利益的行为启动前置程序之后，或股东代表诉讼程序进行过程中，公司按照资本多数决规则，在大股东的操纵之下将有限公司变更为股份公司，而所持股权比例不足1%的股东，在此之前本来具备代表诉讼的资格，却因为公司形式的改变，不满足持有股份公司1%以上股份的条件，若严格按照前述"持有公司1%以上股份"规定，则该股东已经无法满足代表诉讼的原告资格。

对此，笔者认为，此时不应僵化地解释和适用法律，而应灵活变通，认定该股东符合原告资格，理由在于：

第一，大股东在此关键时刻改变公司形式，除非具备早已列入公司发展计划等充分合理的理由，例如上市或挂牌所需的改制，不管大股东的主观目的是否就是使股东失去代表诉讼的资格，从而使其可能损害公司权益的违法行为不被追究责任，客观上，都产生了这样的结果。因此，认定该股东具备原告资格、促使其将已发动的代表诉讼进行下去,完全符合股东代表诉讼维护公司利益、督促公司董监高或双控人合法履职行权的制度宗旨。

第二,在该股东发动代表诉讼之时,其已经具备原告资格,说明其发动的代表诉讼符合代表诉讼制度的宗旨;而且,《公司法》的上述规定,逻辑上本就存在漏洞缺陷,司法实践活动中,应当避免人为地钻法律漏洞,从而破坏代表诉讼制度的存在价值。

2. 股份公司增资后才持股不足1%的股东

与前述特例类似,在原本持有1%以上股份的股东启动前置程序或提起代表诉讼之后,若股份公司的大股东利用资本多数决规则,增加注册资本,从而使该股东在不认购增资的情况下将不符合持股1%的股东资格,进而主张该股东提起的代表诉讼应予驳回,如此操作,笔者认为应当按照前述思路,依旧认定该股东具备原告资格,以充分发挥股东代表诉讼的监督作用,维护公司的合法权益不受侵害,尤其是更容易发生的大股东的侵害。

当然,如果股份有限公司的股东将其股份全部或者部分转让,导致其全部剩余股份达不到合计持股1%的要求,则原告股东丧失其代表性。① 此类情况下,应当认定为该股东丧失原告资格,进而应驳回其股东代表诉讼的诉讼请求。

与此同理,若股东代表诉讼进行过程中,由于其所持股份被强制执行等个人原因而不具有持股1%以上的法定要求的,则也应当视为其已经丧失原告资格,应当终止股东代表诉讼。

3. 被诉行为发生后才成为公司股东

理论上,需要遵守“同期所有权规则”(contemporary/contemporaneous ownership rule),即原告必须是在发生错误行为以及诉讼期间的股东,即在所诉称的错误行为发生于公司之时直至诉讼终结期间,原告股东必须在公司持有股份。② 据此规则,若被诉行为发生时,拟起诉的股东当时还不是公司的股东的,则其不具备提起股东代表诉讼的股东资格,无权提起该诉讼。

科学合理的是,尽管是在错误行为发生后才成为股东的,但是如果该种错误行为并不为一般公众所知晓,且继受股东对此也无从知晓,则该股东仍应当具备提起代表诉讼的资格。

我国《公司法》及其相关司法解释虽无规定,但《九民纪要》第24条规定,股东提起股东代表诉讼,被告以行为发生时原告尚未成为公司股东为由抗辩该股东不

---

① 参见最高人民法院民事审判第二庭编著:《〈全国法院民商事审判工作会议纪要〉理解与适用》,人民法院出版社2019年版,第208页。

② 参见施天涛:《公司法论》(第4版),法律出版社2018年版,第459页。

是适格原告的,人民法院不予支持。该规定的理由为,尽管公司权益受损时该原告尚不是公司股东,但其受让所得的股权所对应的公司权益,已经间接受到该行为的损害,若其诉讼过程中仍保持股东身份,则其仍符合股东代表诉讼监督公司管理层维护公司权益的制度宗旨。因此,作为一般情况而言,笔者认可《九民纪要》的前述规定。

4. 受让损害公司利益的股东的股权的继受股东

在公司股权转让活动中,受让股权的继受股东在收购公司股权之后才发现,出让股权的股东(通常是大股东或控制股东)存在损害公司利益的行为,如利用不当关联交易损害公司利益、侵占公司财产或篡夺公司商业机会等,此时,受让方股东是否具有代表公司提起诉讼要求该出让方对公司进行赔偿的权利?

对此,鉴于公司并购的特殊实践,若出让方在出让股权时(通常伴随着控制权转让)已按收购方要求进行了全面披露并配合其尽职调查要求提供了补充资料或者解答了收购方所提出的相关问题,若事后证明,受让方股东拟起诉所依据的损害事实已经由出让方真实、完整、准确且全面地披露过,笔者认为,此时的股权交易价格已经包括了出让方股东对公司所可能造成的损失,因此,该情况下的受让方股东(包括公司)无权再提起相关的诉讼。

若股权交易仅涉及部分股权(此时很少进行公司并购交易的尽职调查),或即使交易的股权过半,即多数股权,但双方并未对公司的经营情况进行披露和尽职调查,笔者认为,此时继受股东仍有对出让方股东的损害行为提起股东代表诉讼的权利。这主要基于如下考虑:出让方处于信息优势一方,虽收购方未尽职调查失于审慎,但出让方居于该种优势地位却对其以往损害公司利益的行为有意隐瞒、不予披露,本就存在欺诈的故意,至少也属于不诚信的行为,不应受到逆向的激励。当然,此时,若出让方明确提出要向收购方披露公司经营信息(虽然少见,但仍有可能存在),但被收购方拒绝的,则可以免除其不诚信的责任,因此,此种情况下,受让方对股东权益过于疏忽甚至毫不关心,也不应当受到逆向的激励,此时的受让方应当丧失了提起股东代表诉讼的权利。所以,在此种意义上,《九民纪要》第24条的前述规定,不够准确,不能适应这种特殊情况,因此,在具体适用时,还要灵活变通为上。

5. 代表诉讼进行过程中失去股东资格

基于前述“同期所有权规则”,若在股东代表诉讼过程中,不管是因为出让股权,还是因为被除名抑或失权,原告失去了股东资格的,便不再具备提起代表诉讼的主体资格,代表诉讼也便失去了继续进行的合理基础。

根据后引(2013)民申字第1173号案例的裁判要旨,提起代表诉讼的股东,在该诉讼的程序推进过程中应当保持这种股东资质，否则，法院可以以其不再具备股东资格为由驳回其诉讼请求，而且，这种情况包括股东在二审过程中失去股东资质。

【问题91】对于代表诉讼的股东拟提起的诉讼请求所依据的争议事实，公司已经提起相应的诉讼并得到法院的终审判决的，股东是否还能就此提起股东代表诉讼？

【典型案例要旨104】(2013)民申字第1173号：虽然东驰公司提起诉讼时持有徐工汽车公司40%的股份，具备徐工汽车公司股东的身份，符合法律关于股东代表诉讼原告资格的要求，但是，在二审法院审理过程中，东驰公司将其所持股份全部转让给徐工机械公司，并办理了工商变更登记，由此，东驰公司已丧失了徐工汽车公司股东的身份，不符合股东代表诉讼的主体资格要求，丧失了在本案中继续以徐工汽车公司股东身份进行股东代表诉讼的资格。因此，二审法院认定东驰公司在丧失徐工汽车公司股东身份时，相应地丧失了股东代表诉讼的诉讼主体资格，有事实和法律依据。

南京东驰汽车工业(集团)有限公司与江苏春兰自动车有限公司、春兰(集团)公司及一审第三人南京徐工汽车制造有限公司公司控股股东、实际控制人损害公司利益赔偿纠纷申请再审民事裁定书

最高人民法院(2013)民申字第1173号

最高人民法院经审理认为：

本案系公司控股股东、实际控制人损害公司利益赔偿纠纷，主要涉及东驰公司在二审诉讼过程中丧失股东资格后，二审法院裁定驳回其起诉，适用法律是否错误的问题。

(1)关于东驰公司在二审诉讼过程丧失了股东资格，是否也相应地丧失股东代表诉讼的主体资格问题。

股东代表诉讼是指当公司的正当利益受到控股股东、董监高或者其他人的侵害，而公司怠于通过诉讼追究侵害人的责任以及实现其他民事权利时，具备法定资格的股东为了公司的利益，依据法定程序以自己的名义提起的诉讼。《公司法》第152条规定，公司董监高或公司控股股东侵犯公司合法权益，给公司造成损失的，有限责任公司的股东可以书面请求监事会或者不设监事会的有限责任公司的监事向人民法院提起诉讼，监事会、不设监事会的有限责任公司的监事，或者董事

会、执行董事收到股东书面请求后拒绝提起诉讼,或者自收到请求之日起30日内未提起诉讼,或者情况紧急、不立即提起诉讼将会使公司利益受到难以弥补的损害的,股东有权为了公司的利益以自己的名义直接向人民法院提起诉讼。根据上述规定,具备公司股东身份是有限责任公司股东提起股东代表诉讼的身份要件。

本案中,虽然东驰公司提起诉讼时持有徐工汽车公司40%的股份,具备徐工汽车公司股东的身份,符合法律关于股东代表诉讼原告资格的要求,但是,在二审法院审理过程中,东驰公司将其所持股份全部转让给徐工机械公司,并办理了工商变更登记,由此,东驰公司已丧失了徐工汽车公司股东的身份,不符合股东代表诉讼的主体资格要求,丧失了在本案中继续以徐工汽车公司股东身份进行股东代表诉讼的资格。因此,二审法院认定东驰公司在丧失徐工汽车公司股东身份时,相应地丧失了股东代表诉讼的诉讼主体资格,有事实和法律依据。

(2)关于东驰公司丧失股东代表诉讼的主体资格后应否裁定驳回其起诉的问题。

根据《公司法》第152条的规定,公司董监高或者控股股东等以不当行为侵害公司利益,公司在不当行为控制之下不能或怠于以自己名义主张权利,公司股东为了公司利益,以自己的名义对不当行为人提起诉讼的,人民法院应予受理。提起诉讼的原告应是公司现任股东,被告应为有不当行为的董监高、控股股东以及相关交易相对人,公司应作为第三人参加诉讼。

本案中,东驰公司在二审诉讼过程中已丧失了徐工汽车公司股东的身份,不符合股东代表诉讼原告的要求,相应地丧失了股东代表诉讼的诉讼主体资格。因此,二审判决认为"东驰公司在丧失徐工汽车公司股东身份之后,再以自己的名义要求春兰自动车公司、春兰(集团)公司向徐工汽车公司进行赔偿,无相应的法律依据",并无不当。二审法院在东驰公司已不再具备诉讼主体资格的情形下,依据《公司法》第152条及2007年《民事诉讼法》第108条、第153条第1款第3项的规定,裁定驳回东驰公司的起诉,适用法律并无不当。

而且,在本案二审裁定发生法律效力后,徐工汽车公司以春兰自动车公司、春兰(集团)公司为被告,向江苏省南京市中级人民法院提起诉讼,以春兰自动车公司利用其当时为徐工汽车公司控股股东及实际经营管理者的地位,操作徐工汽车公司向春兰(集团)公司转移财产的行为,严重损害徐工汽车公司的利益为由,请求春兰自动车公司、春兰(集团)公司对利用关联关系给徐工汽车公司造成的经济损失2418.884501万元承担赔偿责任。2012年12月17日,江苏省南京市中级人民法院(2012)宁商初字第38号民事判决驳回徐工汽车公司的诉讼请求。徐工汽车公司不服该判决,提起上诉。2013年4月16日,江苏省高级人民法院(2013)苏商终字第73号民事判决驳回了徐工汽车公司的上诉,维持一审判决,现该判决已发生法律效力。

该事实说明,东驰公司为维护公司利益而提起的股东代表诉讼所涉争议事实,已经过江苏省高级人民法院(2013)苏商终字第73号案件实体审理,该判决结果对徐工汽车公司原股东东驰公司亦具有相应法律效力,东驰公司不得就同一事由再次提起诉讼。因此,对于东驰公司以二审法院裁定驳回起诉适用法律错误为由请求再审本案,不予支持。

综上,东驰公司的再审申请不符合《民事诉讼法》第200条第6项规定的情形。

6. 公司注销后的原股东

公司虽经依法清算后注销,但并非没有权利义务的继受人,公司原股东对公司注销前的权益受损情况仍有经济上的利害关系,且只要是符合公司法规定的提起股东代表诉讼条件的股东,均有权通过股东代表诉讼维护原公司的合法权益,进而间接地维护其自身的股东权益。因此,公司注销后,原股东仍有权依法提起股东代表诉讼。

【问题92】公司经过依法清算后注销,原股东认为公司其他股东存在损害公司利益的行为的,该股东能否提起股东代表诉讼并要求该股东承担赔偿责任?

【典型案例要旨105】(2019)最高法民终594号:股东代表诉讼是在公司董监高违反对公司的忠实和勤勉义务,以及包括大股东等在内的他人侵犯公司合法权益,给公司利益造成损害,而公司又不追究其责任时,赋予股东代表公司提起诉讼的权利,以维护公司合法权益。公司经解散清算并注销后,并非没有权利义务的继受人,在公司已经注销的情况下,符合法定条件的股东对提起股东代表诉讼仍具有诉的利益。故虽然武广公司已注销,但国际公司提起的本案股东代表诉讼应继续审理。

国际管理有限公司、武汉武商集团股份有限公司
损害公司利益责任纠纷二审民事判决书

最高人民法院(2019)最高法民终594号

最高人民法院经审理认为:

根据我国《公司法》的规定,股东代表诉讼是在公司董监高违反对公司的忠实和勤勉义务,以及包括大股东等在内的他人侵犯公司合法权益,给公司利益造成损害，而公司又不追究其责任时，赋予股东代表公司提起诉讼的权利，以维护公司合法权益。公司经解散清算并注销后，并非没有权利义务的继受人，在公司已经注销的情况下，符合法定条件的股东对提起股东代表诉讼仍具有诉的利益。故虽然武广公司已注销，但国际公司提起的本案股东代表诉讼应继续审理。

本案股东代表诉讼是在武广公司经审批的营业期限短于武广公司与武商集团签订的《租赁合同》期限，而武广公司的两方股东武商集团和国际公司又未能就延长合资公司的经营期限达成一致意见的情况下，由国际公司主张武商集团单方解除《租赁合同》的行为侵害了武广公司的利益。故武商集团是否有权解除《租赁合同》即为本案之关键所在。

虽然公司系民商事权利义务关系的主体，但其设立本身亦系当事人即股东意思自治的体现，公司之存续亦然。《中外合资经营企业法》第 13 条即规定，合资公司延长经营期限，需要各方一致同意；《武广公司章程》亦有类似约定。据此，武广公司经营期限届满时，在合资双方未能就延长期限达成一致的情况下，其应当进入解散清算程序，而不受武广公司与包括武商集团在内的其他主体所签订合同的履行期限的限制。公司解散并不意味着公司法人资格立即消灭，公司于清算期间仍然维持法人地位，但公司从事经营活动的行为能力受到限制，其职能只限定在清算目的范围内。《公司法》第 186 条第 3 款就此明确规定，清算期间公司不得开展与清算无关的经营活动。故在武广公司因经营期限届满而进入解散清算程序的情况下，其不得再从事商业经营。

因武广公司不具有承租案涉房产从事商业经营之行为能力，《租赁合同》目的无法实现，武商集团自有权依据《合同法》第 94 条之规定解除《租赁合同》。在武商集团具有合同解除权的情况下，国际公司主张武商集团解除《租赁合同》给武广公司造成营业损失，并要求其按照武广公司的月度平均收入等因素折算的数额进行赔偿，没有事实依据，原判决未予支持并无不当，予以维持。

至于国际公司主张的合营期限届满后武商集团侵占武广公司有形和无形资产所造成的损失问题，其实质涉及合资公司清算过程中对公司财产的清理、处置。事实上，根据《框架性意向协议书》，武商集团与国际公司已同意由清算组根据公司财务报表及债务人状况制定清算方案。2017 年 5 月 22 日武汉市中级人民法院裁定确认清算组提交的《清算报告》，《清算报告》亦载明了武广公司的财务状况，并对货币资金、存货及固定资产、无形资产、利息收入等进行了处置，对此国际公司和武商集团并无异议。据此，原判决未支持国际公司有形和无形资产损失的主张并无不当。同时，原判决有关该部分损失“在清算程序中予以解决更为经济和妥当”的认定，亦未否定国际公司另行救济的权利。

综上所述，国际公司的上诉请求不能成立，应予驳回；一审判决认定事实清楚，适用法律正确，应予维持。

二、股东代表诉讼的被告

1. 公司的董监高

股东代表诉讼的事由，主要依据《公司法》第 188 条“董事、监事、高级管理人员执行职务违反法律、行政法规或者公司章程的规定，给公司造成损失的，应当承担赔偿责任”的规定。如前所述，维护公司权益本就是公司董监高忠实勤勉义务的应有范围，在公司权益受损之时，损害人之外的其他董事和监事均有义务促使公司启动维权的协商或诉讼程序。若公司董事或监事怠于履行义务的，股东当然有权对其提起代表诉讼，并要求损害公司利益的董监高承担损害赔偿等法律责任。

鉴于 2023 年修订的《公司法》第 180 条第 3 款新增了事实董事，且该事实董事对公司也负有忠实勤勉义务。因此，在公司的双控人符合事实董事要件的情况下，若其行为损害了公司权益的，该事实董事就符合股东代表诉讼的被告资格，应当构成该诉讼的适格被告。

2. 公司的股东（含双控人）

2023 年修订的《公司法》在其第 192 条新增的指示人，理论上并非影子董事，更非事实董事，因此，作为指示人的公司双控人无法依据《公司法》第 188 条的规定而成为股东代表诉讼直接的适格被告，其只能作为与其指示的董事、高管承担共同侵权责任的被告，从而在股东代表诉讼中一并被诉，因此，只能构成间接的适格被告。

按照《公司法》第 189 条第 3 款的规定，他人侵犯公司合法权益，给公司造成损失的，符合要求的股东可以依照法律规定向人民法院提起诉讼。鉴于该款位于要求公司对董监高的损害行为提起诉讼的规定之后，该“他人”应当是公司董监高之外的他人，因此，应当包括公司的股东，本书第三篇和第四篇涉及双控人的相关损害公司利益的行为，均应作为股东代表诉讼的事由。故我国股东代表诉讼的适格被告就不仅包括公司的内部人，也包括公司之外的任意第三人，即凡是对公司实施了不当行为而致公司利益受损的人都可能成为股东代表诉讼的被告。[①] 所以，此时，公司的股东应当作为股东代表诉讼的适格被告。

3. 公司的清算组

2023 年修订的《公司法》第 232 条第 3 款新增规定，清算义务人未及时履行清

---

① 参见最高人民法院民事审判第二庭编著：《最高人民法院关于公司法解释（一）、（二）理解与适用》，人民法院出版社 2015 年版，第 90 页。

算义务,给公司或者债权人造成损失的,应当承担赔偿责任。其第238条除新增清算组成员负有忠实义务和勤勉义务外,在第2款规定:清算组成员怠于履行清算职责,给公司造成损失的,应当承担赔偿责任;因故意或者重大过失给债权人造成损失的,应当承担赔偿责任。

此外,按照《公司法解释二》第23条的规定,清算组成员从事清算事务时,违反法律、行政法规或者公司章程给公司或者债权人造成损失,公司或者债权人主张其承担赔偿责任的,人民法院应依法予以支持。有限责任公司的股东、股份有限公司连续180日以上单独或者合计持有公司1%以上股份的股东,依据《公司法》第189条第3款的规定,以清算组成员有前款所述行为为由向人民法院提起诉讼的,人民法院应予受理。公司已经清算注销完毕,上述股东参照《公司法》第189条第3款的规定,直接以清算组成员为被告、其他股东为第三人向人民法院提起诉讼的,人民法院应予受理。

因此,清算组成员也应当是股东代表诉讼的适格被告。

4. 公司外的“他人”

严格地说,公司内部人只包括董监高,而股东、职工等均属于外部人,但他们侵犯公司合法权益并给公司造成损失的行为,显然可以纳入股东代表诉讼的诉因。因此,用公司内部人或者外部人的概念来界定“他人”本身可能造成边界不清晰,不具有可操作性。从前述域外国家(地区)立法例看,对股东代表诉讼指向的被告并无严格限制。① 如前所述,该“他人”理应包括公司董监高和双控人之外的任何其他人,如公司的股东、职工,以及公司外部的其他组织或个人。

【问题93】根据《公司法解释三》第13条第1款的规定,对于公司股东甲未按期缴纳出资的行为,公司股东乙本身即享有诉权,而通过股东代表诉讼起诉则剥夺了股东甲反诉股东乙履行出资义务的诉讼权利,因为其无法针对合资公司提起反诉,由此造成股东之间诉讼权利的不平等。此时,股东乙是否无权提起要求股东甲履行出资义务的股东代表诉讼?

【典型案例要旨106】(2014)民提字第170号:本案股东代表诉讼属于他人侵犯公司合法权益、给公司造成损失的情形,但对于“他人”应当作狭义解释,即只有

① 参见最高人民法院民事审判第二庭编著:《最高人民法院关于公司法解释(四)理解与适用》,人民法院出版社2017年版,第557页。

在不能通过其他途径获得救济的情况下,才能适用股东代表诉讼获得救济。股东代表诉讼制度的设置基础在于股东本没有诉权而公司又怠于行使诉权或者因情况紧急可能损害公司利益时,赋予股东代表公司提起诉讼的权利。当股东能够通过自身起诉的途径获得救济时,则不应提起代表诉讼,否则将有悖于股东代表诉讼制度的设置意图。

(株)圃木园控股与上海福生豆制食品有限公司、上海市张小宝绿色食品发展有限公司股东出资纠纷审判监督民事裁定书

最高人民法院(2014)民提字第170号

一审法院上海市第二中级人民法院经审理后,依照《公司法》第28条、第152条、第218条,《公司法解释二》第22条,《公司法解释三》第13条第1款之规定,判决:

(1)(株)圃木园控股应于判决生效之日起10日内支付圃园福生公司220万美元;

(2)(株)圃木园控股应于判决生效之日起10日内支付圃园福生公司上述220万美元自2010年11月18日至判决生效之日止的利息损失(按中国人民银行同期美元存款利率计息);

(3)驳回福生公司、张小宝公司的其余诉讼请求。一审案件受理费人民币142200元,由福生公司、张小宝公司负担人民币40520元,由(株)圃木园控股负担人民币101680元。

被告上诉后,二审法院上海市高级人民法院维持了前述一审判决。

最高人民法院经审理认为:

本案系出资纠纷。对于股东未按期缴纳出资的问题,我国公司法规定了股东有义务向公司足额缴纳,公司解散的,欠缴出资作为公司清算财产,并不免除股东的出资义务。《公司法解释三》第13条第1款规定:"股东未履行或者未全面履行出资义务,公司或者其他股东请求其向公司依法全面履行出资义务的,人民法院应予支持。"因此,(株)圃木园控股主张合资合同已被香港仲裁裁决解除,其履行最后一期出资义务已无实质意义的申请再审理由不能成立。

福生公司、张小宝公司是以自己名义提起本案股东代表诉讼的。本案纠纷应适用我国《公司法》(2005年修订)第152条规定的股东代表诉讼的情形和条件,即有限责任公司的股东,可以书面请求监事会或者不设监事会的有限责任公司的监事向人民法院提起诉讼;还可以书面请求董事会或者不设董事会的有限责任公司的执行董事向人民法院提起诉讼。监事会、不设监事会的有限责任公司的监

事，或者董事会、执行董事收到前款规定的股东书面请求后拒绝提起诉讼，或者自收到请求之日起30日内未提起诉讼，或者情况紧急、不立即提起诉讼将会使公司利益受到难以弥补的损害的，股东有权为了公司的利益以自己的名义直接向人民法院提起诉讼。他人侵犯公司合法权益，给公司造成损失的，本条第1款规定的股东可以依照前两款的规定向人民法院提起诉讼。

本案股东代表诉讼属于该条第3款规定的情形，但对于"他人"应当作狭义解释，即只有在不能通过其他途径获得救济的情况下，才能适用股东代表诉讼获得救济。股东代表诉讼制度的设置基础在于股东本没有诉权而公司又怠于行使诉权或者因情况紧急可能损害公司利益时，赋予股东代表公司提起诉讼的权利。当股东能够通过自身起诉的途径获得救济时，则不应提起代表诉讼，否则将有悖股东代表诉讼制度的设置意图。根据《公司法解释三》第13条第1款的规定，福生公司、张小宝公司作为股东本身即享有诉权，而通过股东代表诉讼起诉则剥夺了另一方股东（株）圃木园控股反诉福生公司、张小宝公司履行出资义务的诉讼权利，因为其无法针对合资公司提起反诉，由此造成股东之间诉讼权利的不平等。因此，福生公司、张小宝公司无权提起本案股东代表诉讼，其起诉应予驳回。

综上，本案一、二审判决适用法律不当，应予撤销。福生公司、张小宝公司无本案股东代表诉讼权利。

三、公司在股东代表诉讼中的地位

公司诉讼地位的确定，需回归到对公司在此类诉讼中的行为和权利的考察。首先，公司利益是股东代表诉讼的核心，公司作为真正的利益归属主体，是法院的给付判决所确定的实体权利、义务的最终承担者，法院判决将对其产生既判力。其次，公司应辅助原告股东一方进行诉讼，提供证据，进行质证和辩论。如前所述，提起股东代表诉讼的原告股东，属于法定诉讼担当人，是形式上的原告，而被担当人公司是实质意义上的原告。最后，公司由于拒绝起诉而丧失对被告的独立请求权，但案件处理结果又与其具有法律上的利害关系，其具有独立诉讼地位，所以，法院须将其追加到诉讼程序当中。①

按照《公司法解释四》第24条第1款的规定，符合《公司法》第189条第1款规定条件的股东，依据《公司法》第189条第2款、第3款规定，直接对董监高或者他人提起诉讼的，应当列公司为第三人参加诉讼。

---

① 参见最高人民法院民事审判第二庭编著：《最高人民法院关于公司法解释（四）理解与适用》，人民法院出版社2017年版，第567页。

本款规定应当列公司为第三人参加股东代表诉讼，是指公司应当参加诉讼且其诉讼地位为无独立请求权第三人。如前所述，与《民事诉讼法》第 59 条规定不同的是，公司并非对当事人双方的诉讼标的没有独立请求权，而是怠于行使诉权。公司虽然是股东代表诉讼的实质原告，对诉讼标的享有请求权，但根据《民事诉讼法》的规定，作为无独立请求权的第三人，除参加诉讼并享有被动的、消极的程序权利外，还可以提供相应的证据、发表对诉争问题的意见等，但并不享有积极的诉讼程序权利，如变更、放弃诉讼请求等。①

【典型案例要旨 107】(2005)民二终字第 149 号：作为保护中小股东利益的一项重要司法制度，股东代表诉讼已成为公司法中保护中小股东权利的一种特殊救济方式。只要是对公司实施了不当行为侵害公司利益的当事人，都属于被告之列。公司是利益实际受到损害的主体，是实质上的原告，案件的处理结果与其有着直接的关系。因此，在股东代表诉讼中，公司必须作为第三人参加诉讼。

大连天河百盛购物中心有限公司与大连天河大厦有限公司财产损害赔偿纠纷上诉案

最高人民法院(2005)民二终字第 149 号

最高人民法院经审理认为：

天河大厦以股东的身份起诉合资公司天河百盛，其向原审法院提起的诉讼请求包含了三个方面的内容：……其二，公司董监高以及控制股东利用优势地位，损害或与第三人共同损害公司利益，中小股东提起股东代表诉讼的问题；其三，中小股东要求解散公司的直接诉讼问题。

关于天河大厦请求解散合资公司的问题。公司人格的独立性应体现在公司确实依照股东的意愿从事经营活动，为股东谋取利益。若不能如此，则股东有权使公司归于消灭。尤其是在有限责任公司中，当中小股东利益受到大股东损害而无法在公司内部得到救济时，公司即异化为股东的对立面，股东应当在特定情形下享有对公司的强制解散请求权。但是，中外合资企业的一方股东请求解散公司的，应依照《中外合资经营企业法实施条例》和《最高人民法院关于审理中外合资经营合同纠纷案件如何清算合资企业问题的批复》的有关规定进行处理。上述条例和批复都赋予合营一方在一定条件下解散公司的请求权，但是该项请求的对方只能是合资公司的另一方股东而不是公司。天河大厦的该诉求，因不属于司法管

---

① 参见最高人民法院民事审判第二庭编著：《最高人民法院关于公司法解释(四)理解与适用》，人民法院出版社 2017 年版，第 556、559 页。

辖的范围,应予以驳回。

关于股东代表诉讼问题。在有限责任公司和股份有限责任公司中建立股东代表诉讼制度,是保护中小股东利益的有效办法。在公司的董监高以及控制股东利用优势地位,损害或与第三人共同损害公司利益,而公司怠于或拒绝通过诉讼追究相关人员责任及实现其他权利时,中小股东为了公司的权益可以自己的名义代替公司提起诉讼。

作为保护中小股东利益的一项重要司法制度,股东代表诉讼已成为公司法中保护中小股东权利的一种特殊救济方式。只要是对公司实施了不当行为侵害公司利益的当事人,都属于被告之列。公司是利益实际受到损害的主体,是实质上的原告,案件的处理结果与其有着直接的关系。因此,在股东代表诉讼中,公司必须作为第三人参加诉讼。

如果由于天河百盛的董监高等不作为,天河百盛的利益受到损害,按照现代公司法关于股东代表诉讼的理论,天河百盛的股东天河大厦可以向人民法院提起代表诉讼,但是在股东代表诉讼中,被告人应当是天河百盛的董监高和控股股东、狮贸控股公司以及损害天河百盛利益的狮贸控股公司的关联公司,天河百盛应当以第三人的身份参加诉讼,但不应成为本案的被告。天河大厦以合资公司天河百盛作为被告提起诉讼,属被告选择上存在错误,应当在实体审理中由天河大厦予以变更和调整;如该公司坚持起诉天河百盛,则其诉求应当予以驳回。

第三节　股东代表诉讼的程序

一、股东代表诉讼的前置程序

在股东提起代表诉讼的情况下,法律仍然对公司管理者管理公司的权力给予了充分的尊重,如先诉请求制度的设置实际上就是给董事会提供了一个重新审查所诉称的错误行为的机会。董事会永远不会失去其法定管理权限,事实上,先诉请求这一要求本身就证明管理权力属于公司董事会。[①] 此外,公司独立人格需要维护、公司自治需要尊重。因此,对公司内部的纠纷,司法上需保持谦抑原则,即对公司的自治保持充分的尊重,尽量由公司通过内部自治解决相关问题,若仍无法解决的才诉诸法律,法院才予以受理。这正是股东代表诉讼需要设置一个前置程序的主要原因。

① 参见施天涛:《公司法论》(第4版),法律出版社2018年版,第458页。

(一)前置程序的内容

股东在向法院提起诉讼之前必须“穷尽内部救济”,只有公司没有或者怠于提起诉讼,股东才能够代替公司,以自己的名义提起诉讼。一方面,前置程序的设置反映了代表诉讼的基本定位与前提规则——公司具有独立于股东的主体地位,有权自主选择是否通过诉讼救济,该诉权原本就属于公司;另一方面,前置程序能一定程度上防止股东滥诉,提早过滤掉不必要的诉讼,从而节省司法资源和成本。[①]

这种前置程序,在《公司法》中体现为第 189 条第 1 款和第 2 款的如下内容:董事、高管有第 188 条规定的情形的,有限责任公司的股东、股份有限公司连续 180 日以上单独或者合计持有公司 1% 以上股份的股东,可以书面请求监事会向人民法院提起诉讼;监事有第 188 条规定的情形的,前述股东可以书面请求董事会向人民法院提起诉讼。监事会或者董事会收到前款规定的股东书面请求后拒绝提起诉讼,或者自收到请求之日起 30 日内未提起诉讼,或者情况紧急、不立即提起诉讼将会使公司利益受到难以弥补的损害的,前款规定的股东有权为公司利益以自己的名义直接向人民法院提起诉讼。

也就是说,股东提起诉讼之前,应当先争取公司董事会或监事会的意见,若其拒绝起诉或逾期 30 日仍未起诉的,该前置程序即完成,股东就可以向法院提起股东代表诉讼。否则,若其未启动该前置程序,或虽然启动但该前置程序尚未结束的,即使该股东向法院提交诉状,法院仍不会受理。当然,存在豁免的情况除外。

(二)前置程序的价值

前置程序作为抑制与鼓励诉讼的调节器,而避免不当限制的豁免程序应尽可能还原引入股东派生诉讼之本意,即强化对公司董监高的约束机制和责任机制,以应对其不履行职责甚至损害公司利益的问题。[②] 如前所述,对股东代表诉讼设置一个前置程序,要求股东先诉诸内部救济、穷尽内部救济,也是对公司内部治理机制的尊重,更有可能通过这种前置程序督促公司解决公司权益受损的问题,从而将股东代表诉讼的监督作用发挥于无形。这正是设置前置程序的价值所在。

---

① 参见李建伟:《公司诉讼类型化专题 24 讲(二)》,法律出版社 2022 年版,第 189 页。

② 参见曹康泰:《关于〈中华人民共和国公司法(修订草案)〉的说明——2005 年 2 月 25 日在第十届全国人民代表大会常务委员会第十四次会议上》,载《中华人民共和国全国人民代表大会常务委员会公报》2005 年第 7 期。

【问题94】股东提起代表诉讼的前置程序针对的是公司治理的一般情况，即在股东向公司有关机关提出书面申请之时，存在公司有关机关提出诉讼的可能性。若公司监事事实上无法履职的，股东提起针对公司董事的代表诉讼，能否豁免该前置程序？

【典型案例要旨108】(2020)京02民终2890号：王某系瑞盛建宁公司执行董事兼股东，刘某鹏需首先书面请求瑞盛建宁公司监事袁某向人民法院提起诉讼，但刘某鹏、王某均认可袁某长期居住在国外，刘某鹏无法直接向袁某本人的有效地址送达书面请求，故不应当以刘某鹏未履行前置程序为由驳回起诉。且刘某鹏在一审审理中已经提交邮件详情单等证据，证明其向瑞盛建宁公司所在地邮寄函件要求监事袁某履行职务，王某虽不认可但未提供相反证据予以反驳，故一审法院认定刘某鹏有权提出本案诉讼，处理正确，予以确认。

王某等与刘某鹏损害公司利益责任纠纷二审民事判决书

北京市第二中级人民法院(2020)京02民终2890号

北京市第二中级人民法院经审理认为：

本案在二审审理期间的争议焦点为：刘某鹏是否已经履行股东代表诉讼的前置程序，有权直接代表瑞盛建宁公司提起本案诉讼。

《公司法》第151条规定："董事、高级管理人员有本法第一百四十九条规定的情形的，有限责任公司的股东、股份有限公司连续一百八十日以上单独或者合计持有公司百分之一以上股份的股东，可以书面请求监事会或者不设监事会的有限责任公司的监事向人民法院提起诉讼；监事有本法第一百四十九条规定的情形的，前述股东可以书面请求董事会或者不设董事会的有限责任公司的执行董事向人民法院提起诉讼。监事会、不设监事会的有限责任公司的监事，或者董事会、执行董事收到前款规定的股东书面请求后拒绝提起诉讼，或者自收到请求之日起三十日内未提起诉讼，或者情况紧急、不立即提起诉讼将会使公司利益受到难以弥补的损害的，前款规定的股东有权为了公司的利益以自己的名义直接向人民法院提起诉讼。他人侵犯公司合法权益，给公司造成损失的，本条第一款规定的股东可以依照前两款的规定向人民法院提起诉讼。"

股东提起代表诉讼的前置程序之一是，股东必须先书面请求公司有关机关向人民法院提起诉讼。但是，该项前置程序针对的是公司治理的一般情况，即在股东向公司有关机关提出书面申请之时，存在公司有关机关提出诉讼的可能性。本案中，王某系瑞盛建宁公司执行董事兼股东，刘某鹏需首先书面请求瑞盛建宁公司监事袁某向人民法院提起诉讼，但刘某鹏、王某均认可袁某长期居住在国外，刘某鹏无法直接向袁某本人的有效地址送达书面请求，故不应当以刘某鹏未履行前置程序为由驳回起诉。且刘某鹏在一审审理中已经提交邮件详情单等证据，证明其向瑞盛建宁公司所在地邮寄函件要求监事袁某履行职务，王某虽不认可但未提供相反证据予以反驳，故一审法院认定刘某鹏有权提出本案诉讼，处理正确，本院予以确认。

（三）前置程序的豁免

所谓的豁免，就是在满足一定条件的情形下，免除提起股东代表诉讼的前置程序，股东在证明具备这些条件后，即可直接提起股东代表诉讼。对于可予豁免的情形，理论上争议很大，而立法与司法层面也是各不相同。

我国《公司法》第 189 条第 2 款规定，监事会或者董事会收到符合法律规定的股东书面请求后拒绝提起诉讼，或者自收到请求之日起 30 日内未提起诉讼，或者情况紧急、不立即提起诉讼将会使公司利益受到难以弥补的损害的，符合法律规定的股东有权为公司利益以自己的名义直接向人民法院提起诉讼。

最高人民法院曾发布的《关于审理公司纠纷案件若干问题的规定（一）（征求意见稿）》规定了 3 种紧急情形：（1）公司丧失或即将丧失对大额资产的控制，且具有挽回的可能性。（2）公司相关权利行使的期间或者诉讼时效即将经过。（3）正在进行的、持续的，具有扩张性的侵害公司利益的其他行为。

根据学者的研究，“情况紧急”应当包括以下几种情形[①]：

（1）公司利益已经受到损害，并有继续扩大之势，如被诉行为人正在转移公司重要财产，涉案交易正在履行且交易本身使公司利益不断受损、公司无法正常经营等；

（2）如认为不立即受理该代表诉讼案件，将会使公司利益受到难以弥补之损害，不仅仅包括已经遭受巨大损失，这种损失如果尚未发生但却是已经可以预见的，应当允许股东直接提起代表诉讼，如被告很有可能即将泄露属于公司的商业秘密，虽然秘密在起诉时尚未泄露，但是一旦泄露公司的损失将是无法挽回的；

（3）即将超过诉讼时效，如果股东不起诉马上面临着经过诉讼时效的危险。

---

① 参见李建伟：《公司诉讼类型化专题 24 讲（二）》，法律出版社 2022 年版，第 225 页。

【问题95】公司股东包括持股平台的投资人,人数众多且对公司的交易事项表达强烈不满、容易引起群体事件的,股东代表诉讼是否可以前置程序豁免?

【典型案例要旨109】(2019)最高法民申612号:作为管理委员会指定并经工商行政登记确认的代持股份股东,陆某生、包某明作为众杰公司股东的身份未经苏润信托资金管理委员会重新指定不受影响。2013年7月25日、26日,苏润信托资金的众多出资人即通过联名信、召开出资人代表大会等的方式表达了对包括涉案股权转让合同在内的股权变动的强烈不满意见。在此情况下,一、二审法院认定陆某生、包某明以众杰公司股东身份提起本案诉讼符合《公司法》第151条规定的紧急情况之要件并无不当。

上海众杰投资有限公司、瞿某林股权转让纠纷再审审查与审判监督民事裁定书

最高人民法院(2019)最高法民申612号

最高人民法院经审理认为:

本案争议的焦点为:(1)陆某生、包某明提起本案诉讼主体是否适格;(2)涉案股权转让合同效力如何。

(1)陆某生、包某明提起本案诉讼主体适格。

根据一、二审法院查明的事实,众杰公司的资本来源于苏润信托资金,其工商登记中的股东并非实际出资人,系受苏润信托资金管理委员会指定代持公司股份。因此,作为管理委员会指定并经工商行政登记确认的代持股份股东,陆某生、包某明作为众杰公司股东的身份未经苏润信托资金管理委员会重新指定不受影响。

2013年7月25日、26日,苏润信托资金的众多出资人即通过联名信、召开出资人代表大会等的方式表达了对包括涉案股权转让合同在内的股权变动的强烈不满意见。在此情况下,一、二审法院认定陆某生、包某明以众杰公司股东身份提起本案诉讼符合《公司法》第151条规定的紧急情况之要件并无不当。

至于瞿某林、众杰公司主张的其并非本案适格被告,缺乏事实与法律依据。并无法律明文禁止股东代表诉讼中将涉案公司列为被告。同时瞿某林、众杰公司作为涉案股权转让合同的主体,也必然成为本案当事人。瞿某林、众杰公司关于自身并非本案适格被告的再审申请主张不能成立。

(2)涉案股权转让合同应被认定为无效。

《苏润信托资金出资人代表大会工作规则》第3条明确规定出资人代表大会的职责包括批准投资公司的经营方针和投资计划。《苏润信托资金管理委员会工作规则》亦明确管理委员会负责审议投资公司的经营方针和投资计划,但应报出资人代表大会批准。不论涉案股权转让合同是不是股权激励机制的具体措施,众杰公司作为苏润信托资金出资设立的独立法人,其投资资产的变动直接对苏润信托资金出资人产生重大影响,属于公司重大经营、投资项目变动,应由出资人代表大会审议通过。众杰公司、瞿某林申请再审主张涉案股权转让合同的签订无须经过出资人代表大会"一事一议"缺乏依据。

根据已经查明的事实,涉案股权转让合同签订之时,瞿某林是苏润信托资金管理委员会委员,则瞿某林应对众杰公司登记股东仅是代持众杰公司股份而非实际出资人的身份及《苏润信托资金出资人代表大会工作规则》《苏润信托资金管理委员会工作规则》内容清楚并明确,瞿某林及众杰公司均无权未经出资人代表大会同意或授权即自行签订涉案股权转让合同,瞿某林及众杰公司主观上均不能认定为善意。众杰公司将其原本自行持有的部分苏润实业集团公司的股权转让给瞿某林个人后,苏润信托资金的出资人通过众杰公司取得相应苏润实业集团公司股份利益的可能性实际丧失,已经对苏润信托资金的出资人造成了客观侵害。一、二审法院认定涉案股权转让合同无效并无不当。

瞿某林和众杰公司再审申请中提供若干份落款时间在二审判决之后的案外人书面证言及2018年9月15日的2018年信托资金出资人认缴出资及委托情况的说明、2018年9月18日的苏润投资资金出资人身份情况说明、于某明出具的来源说明作为新证据。经审查,上述材料均不属于符合《最高人民法院关于适用〈中华人民共和国民事诉讼法〉的解释》第387条规定的新的证据,不能证明瞿某林和众杰公司的再审主张。

综上,众杰公司、瞿某林的再审申请不符合《民事诉讼法》第200条第1项、第2项、第6项规定之情形。

【问题96】公司的原董事长和监事会主席均由大股东推荐产生,二人在一审中明确表示大股东的行为不违反法律规定,不予起诉。在客观上存在侵犯公司利益的行为,而公司管理机关又明显不会以公司名义提起诉讼的情况下,为减少当事人的诉累,公司股东是否有权直接提起股东代表诉讼?

【典型案例要旨110】(2016)最高法民终646号:本案中,一方面,涉及6200万元巨额款项的占有和使用，对公司经营行为有重大影响，存在不立即提起诉讼将会使公司利益受到难以弥补的损害的可能；另一方面，设置股东代表诉讼前置程序的立法目的在于给公司提供一个自我纠正的机会以及免受无端诉讼的困扰，影响公司正常经营活动。

江西省能源集团公司、福建双林农业开发有限责任公司损害公司利益责任纠纷二审民事判决书

最高人民法院(2016)最高法民终646号

最高人民法院经审理认为：

关于能源集团是否应向云南矿业公司返还6200万元的问题。

《公司法》第3条第1款规定："公司是企业法人，有独立的法人财产，享有法人财产权。公司以其全部财产对公司的债务承担责任。"本案中，能源集团要求云南矿业公司将其所有的6200万元存至能源集团开立的结算账户，该行为已导致云南矿业公司不能直接控制和处分自有资产，能源集团未举示相应的证据证明该上存行为系经有权决策机关的授权和认可，故该行为已侵犯了云南矿业公司的法人财产权。

《公司法》第151条规定："董事、高级管理人员有本法第一百四十九条规定的情形的，有限责任公司的股东、股份有限公司连续一百八十日以上单独或者合计持有公司百分之一以上股份的股东，可以书面请求监事会或者不设监事会的有限责任公司的监事向人民法院提起诉讼；监事有本法第一百四十九条规定的情形的，前述股东可以书面请求董事会或者不设董事会的有限责任公司的执行董事向人民法院提起诉讼。监事会、不设监事会的有限责任公司的监事，或者董事会、执行董事收到前款规定的股东书面请求后拒绝提起诉讼，或者自收到请求之日起三十日内未提起诉讼，或者情况紧急、不立即提起诉讼将会使公司利益受到难以弥补的损害的，前款规定的股东有权为了公司的利益以自己的名义直接向人民法院提起诉讼。他人侵犯公司合法权益，给公司造成损失的，本条第一款规定的股东可以依照前两款的规定向人民法院提起诉讼。"

本案中，一方面，涉及6200万元巨额款项的占有和使用，对公司经营行为有重大影响，存在不立即提起诉讼将会使公司利益受到难以弥补的损害的可能；另一方面，设置股东代表诉讼前置程序的立法目的在于给公司提供一个自我纠正的机会以及免受无端诉讼的困扰，影响公司正常经营活动。

本案中，云南矿业公司的原董事长游某征和监事会主席邬某均由能源集团推荐产生，二人在一审中明确表示能源集团该行为不违反法律规定，不予起诉。在

客观上存在侵犯公司利益的行为，而公司管理机关又明显不会以公司名义提起诉讼的情况下，为减少当事人的诉累，一审法院认定双林公司有权提起本案诉讼并无不当。游某征等人主张双林公司不享有诉权的理由不能成立，不予支持。

能源集团上诉认为该行为符合云南矿业公司的公司章程以及财政部《企业国有资本与财务管理暂行办法》规定。对此，云南矿业公司的公司章程第60条规定，“公司应依照法律、行政法规和国务院财政主管部门的有关规定建立公司的财务、会计制度和内部审计制度”；财政部《企业国有资本与财务管理暂行办法》第7条规定了母公司的职责，“实行企业内部资金集中统一管理，依法管理子公司投资、融资事项”，而云南矿业公司系依法设立的法人，并非能源集团的分支机构；本案6200万元资金存至能源集团账户的行为亦不属于公司投资、融资事项范畴，故能源集团该主张与查明的事实不符。能源集团该上诉理由不能成立，不予支持。

能源集团上诉认为本案资金上存行为系总经理的权限范围，决策程序合法。对此，云南矿业公司的公司章程第19条规定：“股东会行使下列职权：（一）决定公司的经营方针和投资计划；……（四）审议批准公司的年度财务预算方案、决算方案……”第47条规定：“公司总经理行使下列职权：（一）主持公司日常生产经营管理工作，组织实施董事会决议；（二）组织实施公司年度经营计划和投资方案……”故能源集团认为本案将案涉6200万元资金存至结算中心的行为系云南矿业公司总经理的权限范围与上述公司章程的规定不符，其亦未举示其他证据证明履行其他决策程序。能源集团该上诉理由不能成立，本院不予支持。

能源集团上诉认为双林公司提起本案诉讼属于以合法形式掩盖非法目的。对此，因双林公司作为出资的探矿权是否存在瑕疵与本案争议问题并无关联，能源集团未举示相应的证据证明双林公司存在其他非法目的，故能源集团该上诉理由不能成立，本院不予支持。

【问题97】一人公司的股东因原法定代表人拒不办理离职交接而对公司丧失了控制权，该股东可否豁免前置程序而直接提起股东代表诉讼？

【典型案例要旨111】（2012）咸民初字第00004－3号：本案中原告忠旺公司作为陕西海泽的唯一股东，已经实际丧失对陕西海泽的控制权，陕西海泽的公司利益随时会受到侵害，情况已十分紧急，因此忠旺公司有权以自己的名义直接向法院提起诉讼。

忠旺有限公司诉被告李某、第三人陕西海泽纳米材料有限公司损害公司利益责任纠纷一审民事判决书

陕西省咸阳市中级人民法院(2012)咸民初字第00004－3号

陕西省咸阳市中级人民法院经审理认为:

本案中第三人陕西海泽为原告忠旺公司依据《外资企业法》在我国境内登记设立的外国法人独资有限责任公司,根据我国《涉外民事关系法律适用法》第14条之规定,涉及损害陕西海泽利益责任纠纷案件应适用法人登记地法律,即中华人民共和国法律。我国《公司法》规定,董监高执行公司职务时违反法律、行政法规或者公司章程的规定,给公司造成损失的,应当承担赔偿责任。董事、高管有以上情形的,有限责任公司的股东有权在情况紧急、不立即提起诉讼将会使公司利益受到难以弥补的损害的情形下,以自己的名义直接向法院提起诉讼。

本案中原告忠旺公司作为陕西海泽的唯一股东,已经实际丧失对陕西海泽的控制权,陕西海泽的公司利益随时会受到侵害,情况已十分紧急,因此忠旺公司有权以自己的名义直接向法院提起诉讼。

原告忠旺公司作为陕西海泽的唯一股东所作出的股东决议,其内容未违反我国法律和行政法规的规定,故对其合法性予以认可。根据该股东决议任命的新任法定代表人,自该股东决议生效时即具有相应职权,忠旺公司及其新任法定代表人均委托北京君合律师事务所通过EMS特快专递方式向被告李某送达关于移交陕西海泽控制权的律师函及附件一、附件二;被告李某亦在本案中提出管辖权异议,故应当认定免职决定已经通知到被告李某并生效。陕西海泽工商登记中记载的法定代表人虽未变更,但并不影响合法产生的新任法定代表人享有的相关职权。《公司法》第7条第3款规定,公司营业执照记载的事项发生变更的,公司应当依法办理变更登记。而法定代表人姓名是公司营业执照应当载明的事项。被告李某作为陕西海泽前任法定代表人,在被免职后应当依法配合新任法定代表人办理工商登记变更手续。故对原告忠旺公司要求被告李某协助办理法定代表人工商登记变更的诉请予以支持。

公司印章是公司处理内外事务的印鉴,是对外活动中代表公司进行意思表示的法律凭证;公司证照对外亦代表公司,是证明其主体资格等事项的法律凭证。两者均体现的是公司经营管理权和相应的合法资质。对公司印章及证照引发的纷争,其实质通常涉及公司内部治理中对公司控制权的争夺,而该控制权可以进一步涵盖资产控制权,故公司印章、证照从本质上不同于一般的公司财物。法定代表人作为依照法律或公司章程规定代表公司法人行使职权的负责人,对内处于

公司管理核心的地位,掌控公司的印章和证照既是其代表公司行使职权的必要条件,也是其保障公司正常运转的职责所在,基于此法定代表人应当是公司印章、证照的实际掌控人。因此,对于陕西海泽经过行政、金融等相关部门或机构登记备案的印章、证照,被告李某作为原法定代表人,在被免职后应当承担返还义务。原告忠旺公司作为陕西海泽唯一股东要求李某返还陕西海泽印章、证照的主张,结合案件实际情况应予以支持。

公司的财务资料、资产清单、财产权属证明文件、人事资料、档案资料则是在经营和管理过程中逐步形成,体现了公司内部事务管理的诸多事项,一般不具有对外代表公司意志的表象。与公司控制权的联系明显弱于公司印章和证照,且通常由公司相应内设机构保管,加之现有证据不能充分证明上述文件、资料是否客观存在并由李某实际掌控,故对原告忠旺公司此部分诉请不予支持。

综上,李某在被免去陕西海泽法定代表人、总经理之后,未按照股东决议的要求移交陕西海泽的公司印章、证照,未协助办理工商变更登记手续,违反了对公司应当负有的忠实义务和勤勉义务,损害了公司利益,应当承担相应的法律责任。依照《民法通则》第 134 条第 1 款、《公司法》第 148 条、《民事诉讼法》第 144 条之规定,判决如下:

(1)被告李某于本判决生效之日起立即停止损害第三人陕西海泽利益的行为。

(2)被告李某于本判决生效之日起 10 日内向第三人陕西海泽交还经过行政、金融等相关部门或机构登记备案的陕西海泽印章、证照。

(3)被告李某于本判决生效之日起 30 日内协助第三人陕西海泽办理法定代表人的工商变更登记。

(4)驳回原告忠旺有限公司的其他诉讼请求。

《九民纪要》第 25 条规定,根据《公司法》第 189 条的规定,股东提起代表诉讼的前置程序之一是,股东必须先书面请求公司有关机关向人民法院提起诉讼。一般情况下,股东没有履行该前置程序的,应当驳回起诉。但是,该项前置程序针对的是公司治理的一般情况,即在股东向公司有关机关提出书面申请之时,存在公司有关机关提起诉讼的可能性。如果查明的相关事实表明,根本不存在该种可能性的,人民法院不应当以原告未履行前置程序为由驳回起诉,即若提起代表诉讼的股东能够证明,即使其启动该前置程序,公司的董事会或监事会提起诉讼的可能性也很小的,则可以豁免前置程序。

很明显,该规定是从公司治理的角度而言,而不是从前述是否存在“情况紧急"来考虑的。例如,损害公司权益的董监高与其他董事会或监事会成员存在密切的利害关系(例如,监事应按《公司法》第192条规定起诉被双控人指示的董事,但该公司的监事仍是该双控人委派的),甚至公司仅有的董事或监事本身就是损害公司权益的行为人的,很明显,该种情况下,该董事或监事启动诉讼让公司告自己承担损害赔偿等法律责任的可能性微乎其微。因此,该种情况下,便可豁免股东的前置程序,直接提起代表诉讼。

【问题98】三名股东中未在公司担任董事或监事的人,可否直接发起股东代表诉讼起诉另外两位股东追究其责任?

【典型案例要旨112】(2015)民提字第230号:"前置程序"所针对的是公司治理形态的一般情况,即在股东向公司的有关机构或人员提出书面申请之时,后者是否会依股东的请求而提起诉讼尚处于不定状态,抑或存在监事会、监事或者董事会、执行董事依股东申请而提起诉讼的可能性。换言之,法律不应要求当事人徒为毫无意义之行为,对于股东申请无益即客观事实足以表明不存在前述可能性的情况,不应理解为《公司法》第151条所规制的情况。

陈某与何某强、罗某兴等损害公司利益责任纠纷申请再审民事裁定书

最高人民法院(2015)民提字第230号

最高人民法院经审理认为:

《公司法》第151条在赋予股东为了公司的利益以自己的名义直接向人民法院提起诉讼即股东代表诉讼之权利的同时,规定提起股东代表诉讼须以股东经书面请求监事会或监事、董事会或执行董事提起诉讼而监事、执行董事等拒绝或者怠于提起诉讼为条件,亦即"竭尽公司内部救济"的前置程序。设定该前置程序的主要目的和意义,在于促使公司内部治理结构充分发挥作用,以维护公司的独立人格、尊重公司的自主意志以及防止股东滥用诉权、节约诉讼成本。根据该条款的文字内容和生活常理,应当认为《公司法》规定的该项"前置程序"所针对的是公司治理形态的一般情况,即在股东向公司的有关机构或人员提出书面申请之时,后者是否会依股东的请求而提起诉讼尚处于不定状态,抑或存在监事会、监事或者董事会、执行董事依股东申请而提起诉讼的可能性。换言之,法律不应要求当事人徒为毫无意义之行为,对于股东申请无益即客观事实足以表明不存在前述可能性的情况,不应理解为《公司法》第151条所规制的情况。

本案中，原审已经查明嘉莉诗公司仅有陈某和何某强、罗某兴三名股东，公司不设董事会和监事会，何某强、罗某兴分别担任该公司的执行董事和监事，而陈某代表公司提起诉讼所指向的被告恰是何某强、罗某兴等人，且在陈某提出诉讼前，双方已就诉争的事实产生争议。由此表明，即使陈某就相关事实请求分别作为公司执行董事和监事的何某强、罗某兴提起诉讼，何某强、罗某兴也必然拒绝。故本案中不存在公司的执行董事或监事接受股东申请对股东所主张的被告提起诉讼的可能性，亦可谓公司内部的救济途径已经穷尽，据此应当认为陈某提起本案诉讼并不违反《公司法》第151条的规定。因而，无论广州奥林匹克大厦将被拍卖的情况是否属于《公司法》第151条规定的“情况紧急、不立即提起诉讼将会使公司利益受到难以弥补的损害”的情形，如果陈某的起诉符合《民事诉讼法》规定的起诉条件，则人民法院应当予以受理并进行审理。

综上，原审以陈某尚未进行公司内部救济的前置程序、提起本案诉讼不符合起诉条件为由驳回陈某的起诉，适用法律不当，应当予以纠正；陈某的申请再审的理由成立，对其再审诉讼请求应当予以支持。

【问题99】公司的董事会或监事会均与被告存在利害关系的情况下，能否豁免提起代表诉讼的股东启动前置程序？

【典型案例要旨113】(2023)京02民终5985号：股东代表诉讼的前置程序，意在通过公司内部机关的相互制衡，实现利害关系人的回避，避免利益冲突。但在本案只有小股东李某与大股东首创资产公司，大股东首创资产公司作为本案被告，与本案有直接利害关系，且银华同邦公司董事长杨某斌、董事徐某、监事陈某刚均系首创资产公司委派，董事长杨某斌、董事徐某已退休，首创资产公司新委派的董事未到任，银华同邦公司有关机关有可能受到利害关系人的控制而失去独立性。

李某损害公司利益责任纠纷二审民事判决书

北京市第二中级人民法院(2023)京02民终5985号

北京市第二中级人民法院经审理认为：

首创资产公司上诉称本案并不存在豁免股东代表诉讼前置程序的情形。

首先，公司监事作为公司有关机关，在公司治理一般情况下，应当依法履行监事职责。而本案中，公司监事陈某刚系首创资产公司委派，与首创资产公司存在利害关系，难以正常履行职责。

其次，银华同邦公司仅有两个股东，分别为持股比例75%的首创资产公司及持股比例25%的李某。《公司法》第151条规定了股东代表诉讼的前置程序，意在通过公司内部机关的相互制衡，实现利害关系人的回避，避免利益冲突。但在本案只有小股东李某与大股东首创资产公司，大股东首创资产公司作为本案被告，与本案有直接利害关系，且银华同邦公司董事长杨某斌、董事徐某、监事陈某刚均系首创资产公司委派，董事长杨某斌、董事徐某已退休，首创资产公司新委派的董事未到任，银华同邦公司有关机关有可能受到利害关系人的控制而失去独立性。

最后，李某通过各种途径多次书面与首创资产公司沟通保险代理业务许可证延续事宜。一审法院系综合上述情形认定李某已穷尽内部救济途径，存在股东代表诉讼的前置程序豁免的情形，可以直接代表公司提起诉讼，该认定并无明显不当，本院予以维持。

【问题100】公司及其证照公章均由一方股东控制、公司治理处于非正常状态的，若另一方股东拟起诉该股东损害公司权益，能否豁免该股东代表诉讼的前置程序？

【典型案例要旨114】(2020)津民申1028号：根据本案证据和当事人陈述，能够认定睿智公司并非处于公司内部治理结构的一般形态，在睿智公司内部治理失灵的状况下，应豁免股东代表诉讼的前置程序。王某以其股东身份直接起诉赵某宇，并将睿智公司列为第三人，并无不当。此外，赵某宇和睿智公司于一审中的委托诉讼代理人系同一人，且王某基于维护睿智公司利益向赵某宇主张权利而提出诉讼请求，一审法院支持王某的诉讼请求，有利于公司的实际利益。

赵某宇、王某损害公司利益责任纠纷再审审查与审判监督民事裁定书

天津市高级人民法院(2020)津民申1028号

天津市高级人民法院经审理认为：

赵某宇申请再审称：

(1)本案股东代表诉讼应履行前置程序。根据《公司法》第151条第1款之规定，王某应首先请求睿智公司监事提起诉讼。

(2)因王某本身就是该公司监事，根据《公司法解释四》第23条第1款的规定，睿智公司应当为原告，并由王某代表睿智公司进行诉讼。根据《九民纪要》的精神，本案根本无法到达股东代表诉讼的阶段，王某以其个人名义提起诉讼没有

任何法律依据。

(3)关于本案诉讼程序的问题。虽然一审中赵某宇和睿智公司的委托诉讼代理人为同一人,但一审法院在法庭辩论和最后陈述阶段没有给予睿智公司单独的辩论机会,且开庭笔录签字时没有单独列明睿智公司的诉讼地位,侵害了睿智公司的诉讼权利。故依据《民事诉讼法》第200条第6、9项申请再审。

王某提交意见称:

(1)因睿智公司处于强制清算时期,公司的法定代表人赵某宇实际控制公司,掌握着公司的证照,也正因其不提供相关的证照和账册,公司无法清算,故王某因实际无法通过向睿智公司请求进行股东代表诉讼前置程序才主张权利。

(2)基于睿智公司及其证照均被赵某宇掌控的实际情况,公司治理已经失灵,睿智公司根本不可能提起诉讼,法院基于此认定本案存在股东代表诉讼前置程序豁免的情形,适用法律正确。

(3)原审法院不存在程序问题。目前睿智公司属于司法判定解散的状态,未能进行强制清算。在这种状况下,赵某宇是睿智公司的法定代表人,赵某宇与睿智公司的诉讼代理人为同一律师,无论发表辩论意见还是在法律文书上签字均代表两方的意见,完全合法有效。一、二审法院认定事实清楚,适用法律正确,审判程序合法。

睿智公司提交意见称:

(1)睿智公司目前没有丧失主体资格,以第三人身份参加诉讼不当,睿智公司应作为原告诉讼。一审法院对同类案件裁定驳回原告起诉。

(2)赵某宇已将清算账簿等移交给王某,并不存在妨碍清算的行为。王某作为监事可从工商局调取公司材料,其可以监事的身份、以公司的名义提起诉讼。

(3)一审法院庭审辩论时忽略了睿智公司的存在,笔录签名处没有列睿智公司。

本院经审查认为,根据本案证据和当事人陈述,能够认定睿智公司并非处于公司内部治理结构的一般形态,在睿智公司内部治理失灵的状况下,应豁免股东代表诉讼的前置程序。王某以其股东身份直接起诉赵某宇,并将睿智公司列为第三人,并无不当。此外,赵某宇和睿智公司于一审中的委托诉讼代理人系同一人,且王某基于维护睿智公司利益向赵某宇主张权利而提出诉讼请求,一审法院支持王某的诉讼请求,有利于公司的实际利益,故对赵某宇相关申请再审理由不予支持。

综上,赵某宇的再审申请不符合《民事诉讼法》第200条第6、9项的规定。

【问题 101】公司股东兼董事违反公司董事会会议纪要的要求,将公司的公章、土地证、营业执照、会计账簿凭证、销售合同、客户认购书、客户房产证与土地证、空白认购书、收款收据、客户收房交接单、销控账目、财务记账、电脑等公司经营管理所需的重要证件及必需物品取走自己保管的,其他股东是否可以豁免前置程序直接提起股东代表诉讼要求其返还所述物品?

【典型案例要旨 115】(2008)鲁民四终字第 103 号:青岛化学公司为瀛海公司的股东,且本案符合情况紧急、不立即提起诉讼将会使公司利益受到难以弥补的损害的情况,青岛化学公司有权就于某春损害公司利益的行为提起诉讼,其关于判令于某春将公章等物品归还瀛海公司的诉讼请求应予支持。

青岛市化学石油供销有限责任公司与于某春股东代表诉讼纠纷二审民事判决书

山东省高级人民法院(2008)鲁民四终字第 103 号

山东省高级人民法院经审理认为:

本案为股东代表诉讼纠纷,即股东代表公司追究公司董事侵害公司利益的行为的纠纷,属于侵权纠纷,应适用侵权行为地的法律,故中华人民共和国法律应作为解决本案争议的准据法。

依照 2004 年 11 月 3 日董事会会议纪要的规定,瀛海公司的公章、土地证、营业执照等重要证件由青岛化学公司和于某春双方共同管理,经营过程中其他股东对该双方共同管理事项未提出异议,因此瀛海公司的公章等应由青岛化学公司和于某春双方共同管理。于某春将公章等取走,违反了董事会会议纪要关于公章等由双方共同管理的规定。会计账簿凭证、销售合同、客户认购书、客户房产证与土地证、空白认购书、收款收据、客户收房交接单、销控账目、财务记账、电脑,属瀛海公司经营管理的重要证件及必需物品,应置于瀛海公司。于某春主张上述物品在瀛海公司,但没有提交证据证明,于某春应将包括公章等在内的上述物品归还瀛海公司。

于某春在原有财务章和合同章未丢失的情况下虚构事实,重新刻制财务章和合同章的行为,违反了印章管理的有关规定。对印章进行管理,是行政机关的职权范围,对于于某春刻制的财务章和合同章,乳山市公安局已经决定及时追究并暂扣印章。青岛化学公司要求法院判决销毁上述印章,于法无据,不予支持。

青岛化学公司在本案中未举证证明于某春已经单独处置瀛海公司的财产,瀛海公司在建设银行乳山支行开立的370017××××××××××0323账户的存款仍在该账户内,并未被于某春处置,也即对瀛海公司的损害尚未发生,青岛化学公司请求法院判令于某春不得为尚未发生的行为,于法无据,本院不予支持。

青岛化学公司为瀛海公司的股东,且本案符合情况紧急、不立即提起诉讼将会使公司利益受到难以弥补的损害的情况,青岛化学公司有权就于某春损害公司利益的行为提起诉讼,其关于判令于某春将公章等物品归还瀛海公司的诉讼请求应予支持。青岛化学公司上诉理由部分成立,对原审判决应相应改判。经本院审判委员会研究决定,依照《公司法》第152条,《民法通则》第106条第2款、第117条第1款、第134条第1款第1项,《民事诉讼法》第153条第1款第1项和第2项的规定,判决如下:

(1)撤销威海市中级人民法院(2007)威民二外初字第27号民事判决;

(2)于某春于本判决生效之日起20日内将瀛海公司的公章、会计账簿凭证、销售合同、客户认购书、客户房产证与土地证、空白认购书、收款收据、客户收房交接单、销控账目、财务记账、电脑归还瀛海公司;

(3)驳回青岛化学公司的其他诉讼请求。

此外,最高人民法院认为,清算组成员从事清算事务时因故意或重大过失给公司造成损失的,股东有权不经过请求程序(此时公司的清算状态符合"紧急""难以弥补"的情形,同时,本可代表公司起诉的董事会或监事会已不再执行职务)而对作为"外部人"的清算组成员提起股东代表诉讼。这在本质上被视为代表公司诉讼(准确说是代表全体股东诉讼)——尽管此时公司已经消灭,形式上不再满足代表诉讼的特点。[①] 前引《公司法解释二》第23条直接起诉清算组成员的规定,本身就已经包含了对前置程序的豁免。

最后,需要说明的是,对于是否满足豁免的条件,作为代表诉讼原告的股东负有举证证明的责任。

【问题102】公司清算不但周期较短,而且只消耗、不增加公司财产,所以公司的清算状态能否符合《公司法》第189条规定的"情况紧急、不立即提起诉讼将会使公司利益受到难以弥补的损害的"情形?

【典型案例要旨116】(2014)苏商终字第00491号:天一公司正处于清算程序

① 参见最高人民法院民事审判第二庭编著:《最高人民法院关于公司法解释(一)、(二)理解与适用》,人民法院出版社2015年版,第492~493页。

中,本案原审原告作为公司股东,如认为同基公司可能损害天一公司的利益,可以直接向法院提起代表诉讼,无须履行书面请求公司清算组起诉的前置程序。而且原审裁定作出后,天一公司清算组会议已讨论过本案诉讼,但天一公司(清算组)并未起诉。清算组组长致李某群(东江房地产公司诉讼代理人)、蒋某东(东江建安公司诉讼代理人)的函件中亦称本案诉讼由东江房地产公司、东江建安公司具体实施,清算组及其本人不做任何实质操作。故本案原告的起诉符合股东代表诉讼制度的立法目的。

南通东江房地产开发有限公司、南通开发区东江建筑安装工程有限公司与南通同泰企业发展集团有限公司、扬州同基房地产开发有限公司等损害公司利益责任纠纷二审民事裁定书

江苏省高级人民法院(2014)苏商终字第00491号

江苏省高级人民法院经审理认为:

本案二审争议焦点:天一公司清算期间股东是否有权提起股东代表诉讼,以及是否必须经过前置程序。

(1)公司股东为了维护公司利益,在特定条件下可以以自己名义直接向法院提起股东代表诉讼。《公司法》第151条第1、2款针对董监高损害公司利益的情况,规定了股东代表诉讼的相应程序,第3款规定,他人侵犯公司合法权益,给公司造成损失的,本条第1款规定的股东可以依照前两款的规定向人民法院提起诉讼。因此,同基公司作为天一公司股东,如果其行为有可能侵犯公司合法权益、给公司造成损失,而公司怠于行使权利,则东江房地产公司、东江建安公司作为天一公司的股东有权提起代表诉讼。

(2)公司清算不但周期较短,而且其只消耗、不增加公司财产,所以公司的清算状态符合《公司法》第151条规定的“情况紧急、不立即提起诉讼将会使公司利益受到难以弥补的损害的”情形。

天一公司正处于清算程序中,本案原审原告作为公司股东,如其认为同基公司可能损害天一公司的利益,可以直接向法院提起代表诉讼,无须履行书面请求公司清算组起诉的前置程序。而且原审裁定作出后,天一公司清算组会议已讨论过本案诉讼,但天一公司(清算组)并未起诉。清算组组长致李某群(东江房地产公司诉讼代理人)、蒋某东(东江建安公司诉讼代理人)的函件中亦称本案诉讼由东江房地产公司、东江建安公司具体实施,清算组及其本人不做任何实质操作。故本案原告的起诉符合股东代表诉讼制度的立法目的。至于其诉讼请求能否成立,则属于实体审理范畴,本案二审阶段不予理涉。

综上，对东江房地产公司、东江建安公司的上诉请求成立，本院予以支持。同泰公司的上诉请求缺乏事实与法律依据，依法不能成立。

【问题103】公司董事兼法定代表人虚构对第三人的债务并已经仲裁裁决确认，该裁决进入强制执行程序且即将对公司资产进行评估以便强制执行的，公司股东可否直接起诉该董事对该裁决书裁决的虚假债务承担损害赔偿责任？

【典型案例要旨117】(2014)宿中商初字第00289号：根据审理查明的事实，(2013)宿仲裁字第101号仲裁裁决书已经生效，戴某平依据该裁决书向法院申请强制执行，法院作出准予强制执行的裁定，并对蔷薇公司资产进行委托评估，属于"情况紧急、不立即提起诉讼将会使公司利益受到难以弥补的损害"的情形，因此，原告张某娟作为蔷薇公司的股东，认为戴某平与公司董事董某康恶意串通损害蔷薇公司的利益，违反《公司法》第149条规定，其有权为了公司的利益以自己的名义直接向人民法院提起诉讼。

张某娟与董某康、戴某平损害公司利益责任纠纷一审民事判决书

江苏省宿迁市中级人民法院(2014)宿中商初字第00289号

江苏省宿迁市中级人民法院经审理认为：

本案的争议焦点1，原告张某娟是否有权依照《公司法》第151条股东代表诉讼的规定提起本案诉讼。

原告张某娟有权依照《公司法》第151条关于股东代表诉讼的规定提起本案诉讼。理由如下：

根据《公司法》第151条第1款、第2款规定，"董事、高级管理人员有第一百四十九条规定的情形的，有限责任公司的股东、股份有限公司连续一百八十日以上单独或者合计持有公司百分之一以上股份的股东，可以书面请求监事会或者不设监事会的有限责任公司的监事向人民法院提起诉讼；监事有本法第一百四十九条规定的情形的，前述股东可以书面请求董事会或者不设董事会的有限责任公司的执行董事向人民法院提起诉讼。监事会、不设监事会的有限责任公司的监事，或者董事会、执行董事收到前款规定的股东书面请求后拒绝提起诉讼，或者自收到请求之日起三十日内未提起诉讼，或者情况紧急、不立即提起诉讼将会使公司利益受到难以弥补的损害的，前款规定的股东有权为了公司的利益以自己的名义直接向人民法院提起诉讼"。

根据审理查明的事实,(2013)宿仲裁字第101号仲裁裁决书已经生效,戴某平依据该裁决书申请强制执行,本院作出准予强制执行的裁定,并对蔷薇公司资产进行委托评估,属于"情况紧急、不立即提起诉讼将会使公司利益受到难以弥补的损害"的情形,因此,原告张某娟作为蔷薇公司的股东,认为戴某平与公司董事董某康恶意串通损害蔷薇公司的利益,违反《公司法》第149条规定,其有权为了公司的利益以自己的名义直接向人民法院提起诉讼。另外,根据《公司法》第151条第3款的规定,他人侵犯公司合法权益,给公司造成损失的,第1款规定的股东可以依照前两款的规定向人民法院提起诉讼。

综上,原告张某娟以蔷薇公司股东身份向公司董事董某康、他人戴某平提起诉讼,符合法定程序。

本案的争议焦点2,被告董某康、戴某平是否存在虚构债务损害第三人蔷薇公司利益的情形并承担相应的赔偿责任。

被告董某康、戴某平存在虚构债务损害第三人蔷薇公司利益的行为,但该行为尚未产生损害后果,因此被告不应承担相应的赔偿责任。理由如下:

根据原、被告提供的证据及审理查明的事实,第一,结算单上载明的第一笔借款,即2011年5月24日借款50万元,对应的借条上未载明出借人是戴某平,也无相应的交付凭证证明该笔借款已实际出借,仅凭借条无法认定戴某平实际向蔷薇公司出借50万元借款。关于结算单上载明的因该笔借款产生的以酒抵偿债务问题,被告主张是董某康将酒以36万元出售给戴某平,戴某平通过自己的关系再将酒以696960元出售给苏州太谷公司,董某康作为戴某平的受托人从苏州太谷公司领取酒款,对此,根据苏州太谷公司开具的费用报销单,其上载明的经办人是董某康,与戴某平无关联,苏州太谷公司法定代表人也陈述其公司与戴某平无任何经济往来,并且根据董某康陈述,其作为该批酒的经办人,不直接将酒出售给苏州太谷公司,反而通过与苏州太谷公司没有任何经济往来的戴某平将酒以高价出售给苏州太谷公司,董某康自己再作为戴某平的受托人与苏州太谷公司从事交易事务,与常理不符。故董某康陈述的用酒偿还戴某平借款36万元不真实,结算单上载明的第一笔蔷薇公司欠戴某平50万元债务不真实。

第二,关于结算单上载明的第二笔借款,即2011年12月9日借款60万元,根据原、被告双方提供的证据,可以认定是曹某于2011年12月9日汇入蔷薇公司60万元,不论该笔借款是董某康个人借款抑或蔷薇公司借款,出借人均是曹某,不是戴某平,该笔借款与戴某平无关联。因此,结算单上载明的第二笔蔷薇公司欠戴某平60万元债务不真实。

第三,关于结算单上载明的第三、四笔借款,即2012年3月20日和5月23日的90万元、66万元,根据原、被告双方提供的证据,可以认定是蔷薇公司通过张某敏向中国银行偿还贷款90万元、660680.3元,但仅凭还款凭证无法认定蔷薇公司偿还贷款的90万元、660680.3元是向戴某平所借。蔷薇公司与戴某平就该两笔款项如果存在借款关系,应该有借条、款项交付证明等证据证明借款合意存在以及借款实际交付。虽然被告提供一份数额为60万元的借条,但借条并未载明出借人是戴某平,且就该借款无相应的交付凭证证明该笔60万元实际出借。因此,结算单上载明的第三、四笔蔷薇公司欠戴某平90万元、60万元债务不真实。

综上,案涉结算单上载明的蔷薇公司欠戴某平四笔债务均不真实,蔷薇公司实际不欠戴某平借款,而董某康以蔷薇公司法定代表人的身份向戴某平出具该结算单,虚列债务,构成对蔷薇公司利益的损害。但由于戴某平依据(2013)宿仲裁字第101号仲裁裁决书提起的强制执行案件处于资产评估状态,尚未执行完毕,对蔷薇公司的损害后果尚未实际发生,因此被告无须承担赔偿责任。

(四)前置程序的请求对象

按照我国《公司法》(2023年修订)第189条第1款的规定,董事、高管有第188条规定的情形的,有限责任公司的股东、股份有限公司连续180日以上单独或者合计持有公司1%以上股份的股东,可以书面请求监事会向人民法院提起诉讼;监事有第188条规定的情形的,前述股东可以书面请求董事会向人民法院提起诉讼。也就是说,按照利益冲突回避的原则,股东应当首先要求监事会提起诉讼,若诉讼的被告是监事的,则应当请求董事会提起诉讼。

《公司法》第69条增设了审计委员会制度,规定:有限责任公司可以按照公司章程的规定在董事会中设置由董事组成的审计委员会,行使本法规定的监事会的职权,不设监事会或者监事。在此情况下,前述第189条第1款的规定如何适用,是个难题:审计委员会成员本就是董事会成员,即同为一个内设机构的成员,本就存在利益冲突,若按照前述利益冲突回避的原则,不设监事会或监事而设立审计委员会的公司中,股东应当向谁请求并要求其促使公司发动对公司董事的诉讼?这一点,恐怕是本次公司法修订增设审计委员会制度之时所遗漏的制度衔接问题。

对此,可能需要公司法司法解释予以明确。笔者认为,《公司法》第189条所暗含的利益冲突回避原则含义是,不设监事会或监事而设立审计委员会的公司中,股东代表诉讼的前置程序应当得到豁免,股东可以直接提起股东代表诉讼。

【问题 104】公司虽未设立监事会但股东各方均有委派监事履行监督职责，一方股东认为另一方股东篡夺公司机会损害公司利益时，要求其委派的监事提起诉讼但公司并未提起公司直接诉讼，而且在该股东提起诉讼后，公司另一监事及公司股东用实际行动表明公司不会提起直接诉讼，此时，该股东提起的代表诉讼的前置程序是否已经履行完毕？

【典型案例要旨 118】（2021）最高法民终 1052 号：杨某军作为持股 49%的股东，虽然在 2011 年股东会决议中明确表示不同意设立监事会，但该次会议后杨某军已经派出乔某垒担任公司监事，大陆桥公司也派出人员担任监事，事实上双方已经通过指派监事的方式履行了监事会的职责，只是双方对履行监事职责的人员以及职责有分歧，故一审法院认定天博公司事实上已经成立监事会并已经履行相应监事职责，于法有据。且杨某军虽然只是向监事乔某垒主张过要求起诉的意思表示，但双方诉讼至今，公司另一监事以及公司股东大陆桥公司已经知晓并已经以实际行动表明其不可能同意由公司起诉，故该事实的认定不影响本案认定结果，杨某军主张一审法院认定该节事实错误的理由，证据不足，依法不能成立。

杨某军、新疆亚欧大陆桥国际物流有限责任公司等损害公司利益责任纠纷二审民事判决书

最高人民法院（2021）最高法民终 1052 号

最高人民法院经审理认为：

关于杨某军是否履行了股东代表诉讼的前置程序问题。

根据《公司法》第 151 条第 2 款、第 3 款的规定，他人侵犯公司合法权益，给公司造成损失的，股东可以向法院提起诉讼。股东提起代表诉讼应先书面请求公司有关机构向人民法院提起诉讼，其目的是防止少数股东滥用诉权，维护公司正常运营。杨某军作为股东已向杨某军和大陆桥公司均认可的监事乔某垒提交了要求公司起诉的书面请求，监事乔某垒明确表示无法起诉，且杨某军主张的侵权人之一即为大股东大陆桥公司，两股东明显存在冲突，天博公司事实上不可能达成由公司起诉的决议，故股东杨某军以自己名义代表公司提起本案诉讼，不违反《公司法》第 151 条规定的股东代表诉讼的前置程序。大陆桥公司、中铁物流公司主张杨某军未履行股东代表诉讼前置程序的理由，依据不足，不予支持。一审法院受理并审理杨某军的起诉，并无不当。本院依法予以维持。

杨某军作为持股49%的股东，虽然在2011年股东会决议中明确表示不同意设立监事会，但该次会议后杨某军已经派出乔某垒担任公司监事，大陆桥公司也派出人员担任监事，事实上双方已经通过指派监事的方式履行了监事会的职责，只是双方对履行监事职责的人员以及职责有分歧，故一审法院认定天博公司事实上已经成立监事会并已经履行相应监事职责，于法有据。且如前所述，杨某军虽然只是向监事乔某垒主张过要求起诉的意思表示，但双方诉讼至今，公司另一监事以及公司股东大陆桥公司已经知晓并已经以实际行动表明其不可能同意由公司起诉，故该事实的认定不影响本案前述认定结果，杨某军主张一审法院认定该节事实错误的理由，证据不足，依法不能成立。

【问题105】清算阶段，公司的特别清算委员会是否为前置程序的请求对象？

【典型案例要旨119】(2013)民四终字第46号：公司权力机关拒绝或者怠于通过诉讼手段追究有关侵权人责任时，具有法定资格的股东有权以自己的名义代表公司对侵权人提起诉讼，追究其法律责任。公司权力机关包括特别清算委员会。

香港帕拉沃工业有限公司与北京昆泰房地产开发集团有限公司与公司有关的纠纷二审民事裁定书

最高人民法院(2013)民四终字第46号

最高人民法院经审理认为：

关于帕拉沃公司是否依法享有诉权的问题。

根据《民事诉讼法》第119条规定，原告是与本案有直接利害关系的公民、法人和其他组织。本案中，帕拉沃公司系富裕达公司的股东。帕拉沃公司认为富裕达公司的另一股东昆泰集团对合作公司富裕达公司实施了未足额投资及挪用公司资金等侵权行为，从而侵害了合作公司的权益，源于此，帕拉沃公司提起本案股东代表诉讼。

根据《公司法》第152条的规定，他人侵犯公司合法权益，给公司造成损失的，有限责任公司的股东可以请求公司权力机关向人民法院提起诉讼，而公司权力机关拒绝或者怠于通过诉讼手段追究有关侵权人责任时，具有法定资格的股东有权以自己的名义代表公司对侵权人提起诉讼，追究其法律责任。这个法律规定的“他人”应该包括公司股东和公司之外的任意第三人，即凡是对公司实施了不当行为而导致公司利益受损的人都可能成为股东代表诉讼的被告。因此，昆泰集团为本案的适格被告。

股东代表诉讼的诉权源于公司的权利,股东提起代表诉讼是代表公司主张公司的实体权益,帕拉沃公司于2007年9月26日致函特别清算委员会请求清算委员会以合作公司的名义向人民法院提起民事诉讼,要求昆泰集团向合作公司赔偿损失。特别清算委员会于2007年10月15日回复帕拉沃公司称:因该清算委员会就帕拉沃公司的请求无法形成一致意见,因此不能按其要求提起民事诉讼,并建议帕拉沃公司按照公司法的规定自行处理相关事宜。因此,本案已经满足提起股东代表诉讼的前置条件。

本案中,在清算委员会明示不对昆泰集团提起诉讼后,帕拉沃公司有权对昆泰集团提起股东代表诉讼。

二、股东代表诉讼的反诉

代表诉讼中,可能存在两种反诉:一是被告反诉原告股东通过该代表诉讼侵犯其合法权益;二是被告反诉公司应当为案涉争议承担责任。

很明显,在我国的股东代表诉讼中,公司仅作为无独立请求权的第三人存在,不属于原告,因此,第二种反诉中,反诉被告不是本诉的原告,因此不符合反诉的要件,无法构成合法的反诉,所以,该反诉无法被该法院接受而立案。至于被告与公司之间的纠纷,则应当另案起诉处理。

对于第一种反诉,若被告已提起的反诉符合反诉的要件,则人民法院应当受理。

据此原理,《九民纪要》第26条特别规定,股东依据《公司法》第189条第3款的规定提起股东代表诉讼后,被告以原告股东恶意起诉侵犯其合法权益为由提起反诉的,人民法院应予受理。被告以公司在案涉纠纷中应当承担侵权或者违约等责任为由对公司提出的反诉,因不符合反诉的要件,人民法院应当裁定不予受理;已经受理的,裁定驳回起诉。

三、股东代表诉讼的调解

《九民纪要》第27条规定,公司是股东代表诉讼的最终受益人,为避免原告股东与被告通过调解损害公司利益,人民法院应当审查调解协议是否为公司的意思。只有在调解协议经公司股东会、董事会决议通过后,人民法院才能出具调解书予以确认。至于具体决议机关,取决于公司章程的规定。公司章程没有规定的,人民法院应当认定公司股东会为决议机关。因为股东代表诉讼中,多数涉及股东之间的纠纷,因此,公司的意志形成及意思表示均有可能处于不正常状态;而且,调解方案也可能存在损害公司利益的情形。因此,该规定的主旨是审核调解是否符合公司的意志，而且这种意志要按照公司法和公司章程的规定由股东会或董事会按照法定程序形成。

但是，前述规定仍不够完善。因为不同利益主体共存，且可能存在股东之间或股东与公司之间的宿怨积累的矛盾，这样就存在一种危险：原告律师与被告可能以牺牲公司利益为代价各自从和解中获得自己的不当利益却将公司的损失弃之不顾。譬如，律师获得一笔律师费满意而归，被告免去承担可能的责任，二者"皆大欢喜"。而对公司的错误行为依旧存在，没有得到纠正，或者公司没有得到适当补偿，而且公司还可能向原告律师支付律师费用，或者向被告给予补偿。①

在代表诉讼的和解过程中，人民法院除了要审核公司意思的形成与代表的合法性，还应当审查和解方案本身的合法性。若双方所拟定的方案本身存在违反法律强制性规定的情形，或者存在明显的可能损害公司利益的情形，则法院应当指出其违法性并要求各方重新协商、修订，以消除该违法情形，此后，法院方能根据该和解协议制作调解书，形成有效的裁判文件。

【问题106】股东代表诉讼的调解，除了要经过公司股东的全体同意，法院是否还要审查调解协议是否损害公司及其股东的利益？

【典型案例要旨120】（2008）民二终字第123号：经审查，调解协议是各方当事人在自愿基础上的真实意思表示，不违反法律、行政法规的禁止性规定。调解协议的内容不仅经过了提起代表诉讼的股东即和信公司、大兴公司以及作为诉讼第三人的公司即通和控股的同意，而且已经经过了通和控股中的其他所有股东的书面同意，所以调解协议没有损害通和控股及其股东的利益。对以上调解协议予以确认。

浙江和信电力开发有限公司、金华市大兴物资有限公司与通和置业投资有限公司、广厦控股创业投资有限公司、上海富沃企业发展有限公司、第三人通和投资控股有限公司损害公司权益纠纷民事调解书

最高人民法院（2008）民二终字第123号

最高人民法院经审理认为：

二审审理期间，经调解，本案各方当事人基于自愿、合法原则，经友好协商，于

① 参见施天涛：《公司法论》（第4版），法律出版社2018年版，第479页。

2009 年 3 月 17 日达成如下调解协议：

一、关于和信公司、大兴公司、通和控股与通和置业、广厦创业间权利义务的协议。

第 1 条　通和置业应支付利润补偿款的数额及支付方式。

1.1　和信公司、大兴公司、通和控股与通和置业经过友好协商，一致确认：通和置业实际产生的净利润已经超过了 2.5 亿元，通和置业应当支付通和控股总利润补偿款贰亿叁仟柒佰伍拾万圆(23750 万元)。各方一致同意通和置业以追加利润分配的形式向通和控股支付该利润补偿款，即通和置业在 23750 万元的基础上扣除所交 25% 企业所得税后向通和控股支付壹亿柒仟捌佰壹拾贰万伍仟圆(17812.5 万元)。

1.2　通和置业应于 2009 年 6 月 30 日前向通和控股提供证明通和置业向原股东通和控股追加分配的利润壹亿柒仟捌佰壹拾贰万伍仟圆(17812.5 万元)已经完税的以下材料：

1.2.1　通和置业股东会向原股东通和控股追加分配利润壹亿柒仟捌佰壹拾贰万伍仟圆(17812.5 万元)的决议原件贰(2)份。

1.2.2　证明通和置业股东会在作出向原股东通和控股分配利润壹亿柒仟捌佰壹拾贰万伍仟圆(17812.5 万元)的决议时，通和置业可向股东分配的利润大于壹亿柒仟捌佰壹拾贰万伍仟圆(17812.5 万元)的、经具有证券从业资格审计机构出具的通和置业的审计报告复印件贰(2)份(需经通和置业盖章确认与原件一致)。

1.2.3　证明通和置业向原股东通和控股追加分配的利润壹亿柒仟捌佰壹拾贰万伍仟圆(17812.5 万元)已经完税的完税证明文件复印件贰(2)份(需经通和置业盖章确认与原件一致)。

1.3　如通和置业未提供本协议第 1.2 款规定的材料且通和控股为通和置业支付的利润补偿款承担了纳税义务，则通和置业应当在壹亿柒仟捌佰壹拾贰万伍仟圆(17812.5 万元)之外另行补偿通和控股因获得的利润补偿款缴纳的税款。通和置业应在接到通和控股通知后 10 日内向通和控股支付前述税款。若逾期支付，则应自逾期之日起支付违约金，违约金的数额按通和控股需缴纳税款乘以 4 倍的中国人民银行同期贷款基准利率计算。

第 2 条　通和置业支付利润补偿款的时间。

2.1　通和置业应于 2009 年 3 月 31 日前向通和控股支付柒仟壹佰贰拾伍万圆(7125 万元)，其余壹亿零陆佰捌拾柒万伍仟圆(10687.5 万元)应于 2009 年 6 月 30 日前向通和控股支付。协议各方一致确认通和置业已经向通和控股支付了叁仟万元(3000万元),该叁仟万元(3000万元)从前述价款中相应扣减。

2.2 若通和置业在2009年3月31日前向通和控股支付的税后利润补偿款不足柒仟壹佰贰拾伍万元(7125万元),则和信公司、大兴公司、通和控股有权要求通和置业及其保证人立即向通和控股支付壹亿柒仟捌佰壹拾贰万伍仟圆(17812.5万元)全款,并有权申请人民法院强制执行通和置业及其保证人的财产,不受上述分期支付约定的限制。

第3条 通和置业付款义务的担保。

3.1 广厦创业自愿为通和置业履行本协议约定的付款义务提供不可撤销的连带责任保证担保,并放弃就本协议项下的全部事项提出异议、抗辩和诉讼的权利。

3.2 广厦建设集团有限责任公司(以下简称广厦建设)自愿为通和置业履行本协议约定的付款义务提供不可撤销的连带责任保证担保,并放弃就本协议项下的全部事项提出异议、抗辩和诉讼的权利。

3.3 楼某福自愿为通和置业履行本协议约定的付款义务提供不可撤销的连带责任保证担保,并放弃就本协议项下的全部事项提出异议、抗辩和诉讼的权利。

3.4 本协议第3.1~3.3款所约定担保的担保范围包括以下各项:

3.4.1 通和置业应向通和控股支付的税后利润补偿款壹亿柒仟捌佰壹拾贰万伍仟圆(17812.5万元);

3.4.2 通和置业按照本协议第1.3款应向通和控股补偿的税款及违约金;

3.4.3 通和置业按照本协议第5条的规定应向和信公司、大兴公司支付的诉讼费;

3.4.4 通和置业按照本协议应承担的违约责任;

3.4.5 和信公司、大兴公司、通和控股为催收通和置业利润补偿款、违约金支出的费用等。

第4条 广厦创业收款代理权的撤销。

协议各方一致确认:2006年2月28日通和控股临时股东会决议内容是通和控股委托广厦创业代为向通和置业和富沃公司收取到期债权,而不是通和控股将该等应收股权转让收益款的债权转让或无偿赠与广厦创业。同时,协议各方一致确认:自一审判决之日(2008年5月13日)起广厦创业收取债权的代理权终止。

第5条 诉讼费用承担。

5.1 本案一审判决和信公司、大兴公司承担的901380元,通和置业承担的630966元,共计1532346元(该诉讼费已全部由和信公司、大兴公司垫付),由通和置业承担佰分之柒拾(70%),和信公司、大兴公司共同承担佰分之叁拾(30%),即通和置业承担1072642.2元,和信公司、大兴公司共同承担459703.8元。

5.2 和信公司、大兴公司的二审诉讼费由通和置业承担佰分之柒拾(70%),和信公司、大兴公司共同承担佰分之叁拾(30%)。和信公司、大兴公司共已缴纳二审诉讼费2570870元,根据调解案件诉讼费减半收取的原则,和信公司、大兴公司的二审诉讼费暂按1285435元计算,故通和置业应承担899804.5元,和信公司、大兴公司共同承担385630.5元。

5.3 按本协议第5.1、5.2款确定的原则综合计算,通和置业应承担和信公司、大兴公司已支付的一审、二审诉讼费中的壹佰玖拾柒万贰仟肆佰肆拾陆圆柒角(1972446.7元)。通和置业应于本协议签订之日起5日内向和信公司、大兴公司偿付诉讼费壹佰玖拾柒万贰仟肆佰肆拾陆圆柒角(1972446.7元)。

5.4 如最高人民法院最终裁定和信公司、大兴公司的二审诉讼费数额与本协议第5.2款估算的数额(1285435元)不一致,对于和信公司、大兴公司的二审诉讼费以最高人民法院裁定的数额为准,由通和置业承担佰分之柒拾(70%),和信公司、大兴公司共同承担佰分之叁拾(30%)。

5.5 通和置业、广厦创业的二审诉讼费由通和置业、广厦创业分别自行承担。

第6条　违约责任。

6.1 若通和置业未能按照本协议约定的时间、期限支付利润补偿款,则通和置业应向通和控股支付违约金,违约金按通和置业未支付数额乘以4倍的中国人民银行同期贷款基准利率计算。

6.2 若通和置业未能按照本协议约定的时间、期限向和信公司、大兴公司支付诉讼费,则通和置业应向和信公司、大兴公司支付违约金,违约金按通和置业未支付数额乘以4倍的中国人民银行同期贷款基准利率计算。

第7条　协议生效及其他。各方承诺本协议是各方真实、自由的意思表示。各方一致同意本协议经各方签字或盖章,并经通和控股股东会通过或通和控股其他股东同意后生效,并一致同意将调解协议交最高人民法院审查并制作调解书。

二、关于和信公司、大兴公司、通和控股与富沃公司间权利义务的协议。

第1条　对一审判决的服从。

各方一致表示服从一审判决第二项“富沃公司于本判决生效之日起10日内支付通和控股股权转让款3888万元及利息(从2005年7月1日至2006年11月10日,款项为9000万元,按还款协议约定的年利率8.5%计付;从2006年11月11日至付清之日,款项为3888万元,按还款协议约定的年利率8.5%计付)”。

各方一致表示服从一审判决中关于富沃公司负担270414元案件受理费的判决。

第2条 富沃公司欠通和控股债务数额的确定。

各方一致确认:按照一审判决第二项确定的方法计算,截至2009年2月28日,富沃公司应向通和控股支付的利息共计1827.245万元,本息合计5715.245万元(伍仟柒佰壹拾伍万贰仟肆佰伍拾圆整)。

第3条 富沃公司欠通和控股债务的偿还。

各方一致同意,富沃公司以其转让深圳市恒信德威实业发展有限公司37.64%股权的转让款偿还其欠通和控股的债务,并同意由股权受让方直接将5715.245万元(伍仟柒佰壹拾伍万贰仟肆佰伍拾圆整)支付至通和控股,付款时间不迟于2009年2月28日。

协议各方一致确认,富沃公司已经将前述全部价款5715.245万元(伍仟柒佰壹拾伍万贰仟肆佰伍拾圆整)支付给了通和控股。

第4条 诉讼费用的支付。

鉴于本案一审判决富沃公司负担的诉讼费270414元(贰拾柒万零肆佰壹拾肆圆整)已由和信公司、大兴公司预缴,富沃公司应于本协议签订之日起5日内向和信公司、大兴公司偿付诉讼费270414元(贰拾柒万零肆佰壹拾肆圆整)。

第5条 各方承诺本调解协议是各方真实、自由的意思表示。各方一致同意,本协议经各方签字或盖章,并经通和控股股东会通过或通和控股其他股东同意后生效,并一致同意将本协议交最高人民法院审查并制作调解书。

本院经审查认为,以上调解协议是各方当事人在自愿基础上的真实意思表示,不违反法律、行政法规的禁止性规定。调解协议的内容不仅经过了提起代表诉讼的股东即和信公司、大兴公司以及作为诉讼第三人的公司即通和控股的同意,而且已经经过了通和控股中的其他所有股东的书面同意,所以调解协议没有损害通和控股及其股东的利益。本院对以上调解协议予以确认。

本调解书与判决书具有同等法律效力。

本案一审案件受理费1802760元,和信公司、大兴公司共同负担459703.8元,通和置业公司负担1072642.2元,富沃公司负担270414元。本案二审为调解方式结案,案件受理费减半收取为640917.75元,和信公司、大兴公司共同负担192275.33元,通和置业公司负担448642.42元。

第四节　双重代表诉讼

一、双重代表诉讼的法理基础与引入必要性

双重代表诉讼，也称二重派生诉讼，该制度的产生，是现代市场经济发展的必然结果。随着现代化市场经济激烈竞争的展开，公司重组、并购、集团化运作已呈常态现象，是公司制度和资本运作的多层次发展态势。与此紧密相连的公司法律制度不仅需要为公司如此立体化、规模化、灵活性的运作提供法律平台，更需要为少数股东利益的保护化解传统规则的屏障，提供有效的法律支持。在美国 20 世纪初就出现了关于二重派生诉讼的判例，如 1917 年纽约 Holmes v. Camp 案就是典型体现二重派生诉讼原理的判例。审理此案的法官认为，子公司的利益被损害，最终会影响到母公司股东的利益，依据股东派生诉讼的一般规则，将无法使母公司股东得到应有的救济，所以，应当认可母公司的股东代替子公司提起诉讼，以维护子公司的利益，进而维护母公司的利益，最终是维护母公司股东的利益。①

一旦子公司遭受损害，母公司利益难逃波及，而母公司股东作为母公司利益的最终享有者，其权益也会因此遭受间接损害。一般而言，若子公司权益遭受外部侵害或单纯受子公司董事的侵害，子公司作为被侵权人理所应当要诉诸法庭以求法律救济，即使子公司因受侵权人控制而怠于起诉，母公司也可以为了保障自身利益和子公司利益提起股东代表诉讼。然而在母子公司架构下，子公司董事通常由母公司通过控制股东会决议的手段选任，而母公司则被母公司大股东基于相同的逻辑以选任母公司董事的方式间接管理控制。基于选任权上的特殊关联，子公司董事与母公司大股东往往具有行为的协同性。如果母公司具有控制权的大股东或董事、高管与子公司董事为谋求个人私益联合侵害公司利益，此时母公司的其他股东并无防御和反击的有效措施。建立在股东权说基础上的控制权理论，则是将公司股东诉的利益通过“控制关系”的通道转移到母公司股东身上，作为子公司的控制方，母公司的股东权与子公司资产息息相关，而母公司股东的股东权的保障又与母公司资产密不可分。在子公司和母公司都怠于起诉的情况下，为了避免将母公司中小股东的权益置于真空，保障其诉的利益而使其派生诉权正当化

① 参见沈贵明：《二重派生诉讼适格原告要件的构建》，载《法制与社会发展》2015 年第 2 期。

是合理且必要的。[①]

股东双重代表诉讼背后是多数股东、少数股东和公司三方主体之间的利益博弈,理论研究的深化展开需要在这三者的语境下讨论制度引入的必要性。首先,是股权结构集中语境下的多数股东滥权问题:我国公司长期存在股权结构集中的现象。我国公司或为国家控股,或为私人控股,包括上市公司在内亦存在很多绝对和相对控股的现象。公司集团化发展下的股权结构集中现象较为普遍。随着公司集团化的快速发展,子公司在集团内部往往占据了母公司的主要资产,同时母公司也倾向于将绝大部分业务置于子公司中进行操作;而子公司的重大事项决策和日常经营管理,主要由母公司的控股股东(实际控制人)以及由其实际选任的董事、高管实施,母公司的其他股东往往被排斥在子公司治理之外,少数股东的权益实质上受到了极大限制。因此,在股权结构集中的集团公司中,母公司多数股东具有滥权的空间。其次,优化营商环境语境下的少数股东保护问题,给予母公司股东多一条救济途径,必将有利于营商环境的良性发展。最后,公司集团化背景下的企业资产保护问题,已经披露的案例则显示由于集团内控机制缺失,子公司频繁滥用转投资职权,实施各种名为投资、实为谋私的行为,蚕食大量国有资产。母子公司之间的控制层级越多,相应的代理链条就会越长,这不仅会带来效率的低下,弱化母公司对下层的约束,甚至还会产生子公司管理层的道德风险。另外,所有者缺位以及内部人员缺乏流动性问题,也进一步加剧了机会主义风险,屡屡诱发内部人控制的问题。[②]

综上分析,引入双重代表诉讼制度既有坚实的法理基础,也符合公司法制健全发展的客观需求,更是我国公司法制度不甚健全的大背景所急需的配套措施,以便进一步充分发挥股东代表诉讼制度的作用。因此,包括如上所引文章在内的诸多公司法学者、实务专家纷纷撰文呼吁在公司法上引入双重代表诉讼制度,并提出了相应的法理基础、实现路径等诸多见解。而且,司法实践中,也有很多法院突破立法缺失与舆论困扰,更有部分案例通过论理等方式,在判决中实际支持了双重代表诉讼,如后引(2016)陕民终228号、(2018)苏11民终35号案例。

在各方努力之下,本次《公司法》修订,双重代表诉讼制度终于落地,这体现在2023年修订的《公司法》第189条新增的第4款,即公司全资子公司的董监高有第188条规定情形,或者他人侵犯公司全资子公司合法权益造成损失的,有限责任公

---

① 参见张姝、马金仪:《母子公司架构下双重代表诉讼制度的证成与构建》,载《西南政法大学学报》2021年第6期。

② 参见李建伟:《股东双重派生诉讼制度为何重要——由10份典型裁判说开去》,载《上海政法学院学报(法治论丛)》2022年第3期。

司的股东、股份有限公司连续180日以上单独或者合计持有公司1%以上股份的股东,可以依照前三款规定书面请求全资子公司的监事会、董事会向人民法院提起诉讼或者以自己的名义直接向人民法院提起诉讼。

【问题107】通过对母公司利益及母公司股东利益的论述,并对股东代表诉讼制度的法律条文进行扩大解释的方式,能否在司法实践的个案中引用股东双重代表诉讼制度?

【典型案例要旨121】(2016)陕民终228号:在母公司对子公司形成绝对资本控制的情形下,母公司的股东为了子公司的利益以自己的名义直接向人民法院提起诉讼,亦不违反《公司法》规定。海航投资公司系皇城酒店公司的唯一股东,海航投资公司是母公司、皇城酒店公司是子公司,海航投资公司与皇城酒店公司之间形成了绝对的资本控制关系。赵某海致函海航投资公司监事会并主席,请求海航投资公司监事会诉请侵害公司利益的股东即海航控股公司承担损失赔偿责任未果,此时否定赵某海作为海航投资公司股东提起本案诉讼的原告主体资格,则无法保护皇城酒店公司的利益,进而导致海航投资公司利益受损,亦与《公司法》第151条的立法本意相悖。

海航酒店控股集团有限公司与赵某海、陕西海航海盛投资有限公司、陕西皇城海航酒店有限公司损害公司利益责任纠纷二审民事判决书

陕西省高级人民法院(2016)陕民终228号

原审法院认为:

关于赵某海作为原告提起本案诉讼主体是否适格的问题。

损害公司利益责任纠纷是指公司股东滥用股东权利或者董监高违反法定义务,损害公司利益而引发的纠纷。股东滥用股东权利损害公司利益责任纠纷是指股东滥用股东权利给公司造成损害的,应当承担损害责任的民事纠纷。《公司法》第20条第1款、第2款规定:“公司股东应当遵守法律、行政法规和公司章程,依法行使股东权利,不得滥用股东权利损害公司或者其他股东的利益;不得滥用公司法人独立地位和股东有限责任损害公司债权人的利益。公司股东滥用股东权利给公司或者其他股东造成损失的,应当依法承担赔偿责任。”第21条规定:“公司的控股股东、实际控制人、董事、监事、高级管理人员不得利用其关联关系损害公司利益。违反前款规定,给公司造成损失的,应当承担赔偿责任。”第151条规定:“董事、高级管理人员有本法第一百四十九条规定的情形的,有限责任公司的股

东、股份有限公司连续一百八十日以上单独或者合计持有公司百分之一以上股份的股东,可以书面请求监事会或者不设监事会的有限责任公司的监事向人民法院提起诉讼;监事有本法第一百四十九条规定的情形的,前述股东可以书面请求董事会或者不设董事会的有限责任公司的执行董事向人民法院提起诉讼。监事会、不设监事会的有限责任公司的监事,或者董事会、执行董事收到前款规定的股东书面请求后拒绝提起诉讼,或者自收到请求之日起三十日内未提起诉讼,或者情况紧急、不立即提起诉讼将会使公司利益受到难以弥补的损害的,前款规定的股东有权为了公司的利益以自己的名义直接向人民法院提起诉讼。他人侵犯公司合法权益,给公司造成损失的,本条第一款规定的股东可以依照前两款的规定向人民法院提起诉讼。”本案中,海航投资公司的股东于2007年5月25日变更为海航控股公司、赵某海,持股比例分别为60%、40%。皇城酒店公司出资人系海航投资公司(法人独资)。2014年1月24日,赵某海致函海航投资公司监事会并主席(召集人)王某华,请求海航投资公司监事会通过诉讼方式向侵害公司利益的行为人行使索赔权利,但海航投资公司监事会未予回复,海航投资公司至今亦未提起诉讼,据此,赵某海作为原告提起本案股东滥用股东权利损害公司利益责任纠纷诉讼,主体适格。海航控股公司辩称赵某海以皇城酒店公司的事宜,主张其损害海航投资公司利益,主体不适格,由于本案中赵某海起诉的是海航控股公司损害海航投资公司利益,而皇城酒店公司系海航投资公司设立的全资子公司,对皇城酒店公司权益的损害亦构成对海航投资公司权益的损害,故海航控股公司该项辩称理由不能成立,依法不予采信。

陕西省高级人民法院认为,本案的焦点问题是:(1)本案赵某海作为原告提起诉讼主体资格是否适格;(2)原审判决是否超出诉讼请求;(3)原审判决关于皇城酒店公司的损失及损失计算方式是否正确;(4)原审判决认定海航控股公司向海航投资公司履行损失赔偿义务是否正确。(下文仅对焦点问题1作出分析)

依照《公司法》第151条规定,公司董事、高管执行公司职务时违反法律、行政法规或者公司章程的规定,给公司造成损失的,或者他人侵犯公司合法权益,给公司造成损失的,有限责任公司的股东,在履行了相关前置程序后,有权为了公司的利益以自己的名义直接向人民法院提起诉讼。在母公司对子公司形成绝对资本控制的情形下,母公司的股东为了子公司的利益以自己的名义直接向人民法院提起诉讼,亦不违反《公司法》规定。在本案中,海航投资公司系皇城酒店公司的唯一股东,海航投资公司是母公司、皇城酒店公司是子公司,海航投资公司与皇城酒店公司之间形成了绝对的资本控制关系。在海航投资公司内部,海航控股公司持有其60%股权,赵某海系持有其40%股权的股东。赵某海于2014年1月24日致函海航投资公司监事会并主席(召集人)王某华,请求海航投资公司监事会诉请侵害公司利益的股东即海航控股公司承担损失赔偿责任,但海航投资公司监事会在收到该请求后30日内并未作为皇城酒店公司股东向海航控股公司提起该诉讼,此时否定赵某海作为海航投资公司股东提起本案诉讼的原告主体资格,则无法保护皇城酒店公司的利益,进而导致海航投资公司利益受损,亦与《公司法》第151条的立法本意相悖。故赵某海作为原告提起本案损害公司利益责任纠纷诉讼主体适格。

【问题108】子公司权益受损,而其管理层以及母公司均不诉诸法律寻求救济的情况下,人民法院通过论理的方式适用双重代表诉讼制度是否合理?

【典型案例要旨122】(2018)苏11民终35号:天骄公司系天爱公司的全资子公司,天骄公司利益受损则必然导致天爱公司利益受损,而众鑫公司系天爱公司的大股东,故天骄公司与天爱公司无法向众鑫公司提起诉讼。在此情况下,杨某平作为天爱公司占股40%的股东,在履行了《公司法》第151条规定的前置程序的情况下,有权以天爱公司股东的身份向众鑫公司提起诉讼。由于利益直接受损的主体是天骄公司,为便于案件事实的查明,一审法院列天骄公司为第三人并无不当。

江苏开元众鑫玩具有限公司与杨某平损害公司利益责任纠纷二审民事判决书

江苏省镇江市中级人民法院(2018)苏11民终35号

江苏省镇江市中级人民法院经审理认为:

本案争议焦点为:(1)杨某平提起本案诉讼是否符合法律规定;(2)众鑫公司是否应当向天骄公司返还款项。

1. 杨某平提起本案诉讼是否符合法律规定。

根据法律规定,董事会(执行董事)、监事会(监事)是法定的公司机关,依法代表公司行使权力,有权代表公司提起诉讼。当公司合法权益受到侵害时,股东应当依法先向上述有关公司机关提出请求,请有关公司机关向人民法院提起诉讼。如果有关公司机关拒绝履行职责或者怠于履行职责,则股东为维护公司利益可以向人民法院提起代表诉讼。本案中,天骄公司系天爱公司的全资子公司,天骄公司利益受损则必然导致天爱公司利益受损,而众鑫公司系天爱公司的大股东,故天骄公司与天爱公司无法向众鑫公司提起诉讼。在此情况下,杨某平作为天爱公司占股40%的股东,在履行了《公司法》第151条规定的前置程序的情况下,有权以天爱公司股东的身份向众鑫公司提起诉讼。由于利益直接受损的主体是天骄公司,为便于案件事实的查明,一审法院列天骄公司为第三人并无不当。

2. 众鑫公司是否应当向天骄公司返还款项。

(1)关于代收款项。

鉴定报告审计确认在手订单实际收款5662584.86元,加上南京乐多玩具公司、宁波和帆进出口有限公司、上海爱麒实业有限公司支付的货款7951070.21元(众鑫公司一审认可),众鑫公司承包后合计代收款13613655.07元。

(2)关于代付款项。

a. 鉴定报告确认2012年11月1日至2014年1月31日天骄公司支付承包前款项7423597.82元,包括应付账款3326474.02元、其他应付款512383.48元、应交税金367833.57元、应付工资1199832.07元、承包后支付除第1~6项在手订单外承包前的款项(承包前尚未挂账部分)2017074.68元。其中,应付账款是按照账面余额实施鉴定,没有依据订单进行划分。杨某平对其中宁波大发化纤有限公司材料款212763.20元有异议,认为该款项是众鑫公司为自身订单支付的费用,不应作为代付金额,为此杨某平提交了天骄公司2012年10月原辅材料出库统计表,证明其中"12ZXTOY211/东至"一栏的内容与天骄公司财务账册中的入库单、增值税专用发票一致。但是由于鉴定机构鉴定的支付款项是按照入库单的订单特征来进行划分,若仅该笔用出库单划分,会与鉴定金额产生冲突,故对杨某平的该项意见不予采信。此外,应付工资1199832.07元也是根据月份审计,没有与订单关联。杨某平认为其中有409910元系众鑫公司为自身订单支付的费用,不应作为代付金额。本院认为,杨某平提交的天骄公司2012年10月产品成本未经众鑫公司确认,不能证明应付工资中有409910元系众鑫公司为自身订单支付的费用,不予采信。

b. 鉴定报告确认《承包经营合同》附件五第三项在手订单管理中第1~6项订单在承包后实际支出的成本为1315623.26元,该款项应计入代付金额。

c. 众鑫公司主张将向天爱公司付款的350万元计入代付金额,杨某平亦认可,予以确认。

d. 审计报告"五、其他事项"中"(二)截至2014年1月31日,承包前天骄公司的债务",其中列示的未鉴定相关金额480307.97元,2012年11月至2014年1月支付天爱公司房租30万元,2012年11月至2014年1月支付上海房租40万元,2013年6月至2014年1月支付南京乐多公司管理费、工资奖金合计252000元,由于没有证据证明上述费用为承包前款项,不予计入代付金额。

认定代付金额为 12239221.08 元（7423597.82 元 + 1315623.26 元 + 3500000 元）。

（3）关于补贴金额。

《承包经营合同》附件五在手订单管理第 3 条约定，南京乐多公司 2012 年 10 月 31 日前已经下达生产但未订立合同的订单（15 份），由众鑫公司履行，收入为众鑫公司所有，天骄公司 2012 年 10 月 31 日前为履行以上订单已经支付的原材料、加工费、管理费等所有成本由众鑫公司补贴天爱公司。根据审计报告披露的数字，2012 年 9 月至 2012 年 10 月天骄公司支付承包后（众鑫公司订单）款项 719348.97 元。事实上，上述款项部分于 2012 年 9 月至 2012 年 10 月实际支付，按照《承包经营合同》约定应当由众鑫公司补贴天爱公司；其余款项于承包后支付，属于承包后天骄公司支付的承包前款项（第 2 个审计事项的范围），由于该款项是众鑫公司为自身订单支付的费用，故本应当从第 2 个审计事项确认的金额 7423597.82 元中扣除，但为便于计算，统一视为补贴金额。

根据上述分析，认定众鑫公司应向天骄公司支付的结余货款为 2093782.96 元（13613655.07 元 - 12239221.08 元 + 719348.97 元）。

二、我国双重代表诉讼的特别适用条件

根据《公司法》的规定，我国的双重代表诉讼制度，在诉讼的事由、诉讼的原告资格、被告、被代表的公司的诉讼地位、前置程序、反诉与调解等方面，与股东代表诉讼制度基本一致，可参考前述章节的介绍。也就是说，我国的双重代表诉讼制度，只是将其适用范围在由单重代表诉讼的股东代表其所投资的公司对损害公司利益的董监高或双控人以及其他人行使诉权之外，将有权发起代表诉讼的代表人股东向上延伸至公司的股东的股东。

由此看来，与单重代表诉讼相比，我国的双重代表诉讼制度的适用，必须符合以下特殊条件：

第一，被代表的子公司必须是一人公司，即该子公司只能有一个股东，且该股东必须是《公司法》意义上的有限公司或股份公司。若该股东是非《公司法》意义上的公司，例如全民所有制企业或集体所有制企业形式的公司、股份合作制形式的公司、有限合伙形式的企业以及民办非企业法人等，都不能适用双重代表诉讼制度。

第二，提起诉讼的股东必须是母公司的股东，并具备代表母公司发起单重代表诉讼的条件，即该股东是有限公司形式的母公司的股东，或者是股份公司形式的母公司连续 180 日以上单独或者合计持有公司 1% 以上股份的股东。也就是

说,一家一人公司的母公司的母公司的股东,就不是该代表诉讼的适格原告。因此,《公司法》最新引入的只是双重代表诉讼,并非《日本公司法》2014 年改革后引入的多重代表诉讼制度。

鉴于此,在公司投资与架构设置实务中,经常被使用的多层单一股东投资架构之上,控股股东或实际控制人之外的其他投资人,其虽为某一全资孙公司的母公司股东(中间还有一层全资子公司),仍将无法受到这一双重代表诉讼制度的庇护,若与其合作投资的控股股东或实际控制人滥用双控人的地位甚至唆使或放任孙公司的管理层损害公司权益之时,该投资人对此将没有任何正当的司法救济渠道。这一点,投资人群体尤其要引以为戒。

三、双重代表诉讼中的特殊情形

1. 损害子公司的行为发生后,该子公司才变更为一人公司的

若损害子公司的行为发生之后,其股东之一将其他股东的股权全部收购,进而该子公司就成为一人公司,这种情况,能否适用双重代表诉讼制度?

对此,笔者认为可以参考本章第二节中有关"受让损害公司利益的股东的股权的继受股东"的内容,分别不同情况予以认定,而不宜"一刀切"地认为能适用或不能适用。

2. 损害子公司的行为发生后,母公司才通过股权受让的方式成为该子公司全资股东的

对此,笔者认为可以参考本章第二节中有关"受让损害公司利益的股东的股权的继受股东"的内容,分别不同情况予以认定,而不宜"一刀切"地认为能适用或不能适用。

3. 母公司持有子公司股权之外的剩余股权,均由该母公司控制或与控制该母公司的股东控制的

该种情形之下,虽然该子公司并非一人公司,但是,从公司股权或实际控制的角度而言,子公司的剩余股权也均由该母公司控制或控制该母公司的股东所控制。因此,从其受控制的实质效果而言,与一人公司所受母公司的控制是相同的。很显然,这种情况,在《公司法》增加的双重代表诉讼制度的文字表述中,无法得出可以适用的结论。但是,投融资实务中,这种情况早已司空见惯。那么,需要考虑的是,这种复杂股权架构中,间接股东的代表诉权、子公司的权益受损而迟迟未能恢复的状态,是否值得予以救济。

对此,笔者个人观点是,应当予以救济,即只要能够证明该子公司的股权实际上是由母公司的某一股东全部实际控制的,就应当赋予该母公司的其他股东以双

重代表诉讼的权利。因为该子公司的全部股权实际上均由某一股东全部实际控制,已满足了双重代表诉讼所需的特殊实质要件。

第五节 股东代表诉讼相关的费用承担与补偿问题

一、股东代表诉讼中原告支付的诉讼费用的承担

如前所述,股东代表诉讼的胜诉利益归属于公司,而非股东个人。因此,在股东代表诉讼胜诉的情况下,公司受损的合法权益得以恢复,在得利的同时,公司自然应当承担因诉讼而发生的相关费用。按照《公司法解释四》第 26 条的规定,股东依据《公司法》第 151 条(对应 2023 年修订的《公司法》第 189 条)第 2 款、第 3 款规定直接提起诉讼的案件,其诉讼请求部分或者全部得到人民法院支持的,公司应当承担股东因参加诉讼支付的合理费用。

对此,《美国示范商业公司法》第 7.46 节第 1 款也规定,在衍生诉讼终止时,若法院发现诉讼的结果最终实质上有利于公司的,则原告可以要求公司承担其因该诉讼所发生的各项费用。

为避免滥诉,本条仅规定在股东代表诉讼请求全部或部分得到支持时,给予股东以合理的费用补偿。这与英美法上实质获益的判断标准、德国法上股东如果在“诉讼许可申请”阶段败诉需自行负担费用等域外法规则是相一致的。反之,股东败诉时则应当自行支付诉讼费用,有利于敦促股东积极、谨慎地行使诉讼实施权。本条规定了对原告出于共益目的而支出的合理费用予以补偿的原则,同时坚持保障股东诉权与防止滥诉并重,仅在原告股东胜诉的情况下,由公司承担合理费用。原告股东对公司主张的律师费、调查费、评估费、公证费等与诉讼请求相关的支出,人民法院应审查其合理性。合理费用的分担比例应当根据胜诉比例也就是诉讼请求得到支持的比例确定,属于被告负担的除外。原告在提起股东代表诉讼的同时,请求由公司承担合理诉讼支出的,可以合并审理,也可分开审理,由人民法院根据实际情况决定。①

所以,原告股东为该诉讼所支付的前述费用,最终由公司承担非常合理,更符合责权利一致性原则。

---

① 参见最高人民法院民事审判第二庭编著:《最高人民法院关于公司法解释(四)理解与适用》,人民法院出版社 2017 年版,第 609、611 页。

此外,需要注意的是,若原告在代表诉讼的诉讼请求中就提出要求被告承担案件的诉讼费用,最终法院判决被告败诉,并由被告承担案件诉讼费以及合理的调查评估费用和公证费,有其合理的诉讼法基础。而且,按照我国目前的诉讼费胜诉退费制度,若原告胜诉的,则其向法院缴纳的诉讼费及相应的财产保全费用,可以退还原告,再由被告支付给法院。也就是说,在诉讼费、财产保全费用、合理的调查评估费用和公证费的承担方面,在我国的诉讼制度与操作实践中,是能够走得通的。此时,即可避免法院判决被告向公司支付前述诉讼费用、再由公司转付给原告的复杂操作。当然,如此操作路径,也有让原告股东承担前述诉讼费用履行不能的风险的弊端。此时,若要求公司对原告股东的该述费用予以补偿,仍符合前述司法解释的规定,也具有履行的现实可能性。对股东而言,也不会失之公允。

但是,律师费的问题就相对比较复杂。

二、股东代表诉讼中原告支付的律师费用的承担

因为律师费是原告股东先行支付给律师事务所的,若其胜诉,法院判决由被告承担全部或部分合理的律师费,则不能像前述诉讼费用那样,由律师事务所先将律师费退还原告,再由被告支付给律师事务所,如此操作,不但不符合律师法的规定,而且若被告在判决之后不履行判决或不具备履行判决的能力时,将律师费的收取风险转移给律师事务所,很明显是不合理的,更是不恰当的。

所以,比较合适的操作路径还是由被告直接向原告单独支付判决的合理律师费。而且,根据司法解释的前述规定,此后,若被告失去履行能力、原告的律师费无法收回的,仍可按照该述规定,由公司对此予以补偿。

对于合理的律师费,司法实践中一般参照各个地方发展和改革委员会、司法局联合发布的有关律师服务的收费标准及案件疑难复杂程度、律师工作量等因素综合确定。

对此,美国法学会的《公司治理原则:分析与建议》第 7.17 节也规定,派生诉讼中胜诉的原告有权根据对派生诉讼有管辖权的法院的判决,要求公司补偿合理的律师费及诉讼过程中的其他合理费用,但在任何情况下,律师费都不能超过原告为公司赢得的救济(包括非金钱救济)价值的一个合理的比例。这样,可以尽量降低股东及其委托的律师过度投机、滥用股东代表诉讼可能给公司造成的经济影响。

三、股东代表诉讼中董监高作为被告时的诉讼与律师费用承担和补偿

按照诉讼法的一般原理,若原告的诉讼请求没有被支持或仅有部分被支持

的，则诉讼费用应当由原告承担或承担一部分。如《美国示范商业公司法》第 7.46 节第(2)款就规定，在衍生诉讼终止时，若发现诉讼的发动与维持没有合理的理由或存在不正当目的的，法院可以要求原告承担被告由此所承担的全部费用。

此外，股东代表诉讼是对公司管理层很好的监督机制，能够督促其积极履行职责，尽量减少懈怠滥权的情况发生。但是，凡事有利有弊，若遇到刻意刁难的股东、滥用代表诉讼的股东，时不时地发动代表诉讼，则管理层的积极性与履职热情势必受到影响。而且，诉讼发生后，管理层势必要分散一些精力应付诉讼，甚至要耗费财力准备应诉、聘请专业律师。所以，为尽量稳定管理层的履职状态、尽量减少诉讼对其管理活动的影响，有的国家就推行了诉讼费甚至律师费由公司承担或补偿的制度。

在美国，就有董事和高管补偿制度，这是指公司对现任或者离任的公司董事或者高管在诉讼中作为被告所应承担的费用所给予补偿的制度。[①] 就此，《美国示范商业公司法》Subchapter E. Indemnification 的第 8.5 节规定，公司董事履行职务所遭受的诉讼及其所承担的损失或费用，均由公司承担。但是，也要符合诸如善意履职、合理相信、为公司的最大利益等条件。

对于董事遭遇的诉讼所需的费用，在其向公司提交一份书面保证(a written affirmation)，即董事善意地相信他的行为符合获取补偿的标准，并书面承诺：如果他最终被确定为不符合其行为标准时他应当将其所获得的先付费用予以返还，在此之后，再由公司董事会根据商业判断规则作出是否先行支付的决定。[②]

当然，此项补偿制度，我国现行《公司法》尚未有任何规定。但是，2023 年修订的《公司法》第 193 条新增了董事责任保险制度，规定：公司可以在董事任职期间为董事因执行公司职务承担的赔偿责任投保责任保险。公司为董事投保责任保险或者续保后，董事会应当向股东会报告责任保险的投保金额、承保范围及保险费率等内容。若公司在投保时，相关诉讼的费用也在承保范围之内的，则仍可部分实现对董事在股东代表诉讼中可能遭受的诉讼费用损失的补偿。

---

① 参见施天涛：《公司法论》(第 4 版)，法律出版社 2018 年版，第 488 页。

② 参见最高人民法院民事审判第二庭编著：《最高人民法院关于公司法解释(四)理解与适用》，人民法院出版社 2017 年版，第 609、611 页。

3

PART

第三篇

控股股东与实际控制人的尽责法律风险防范

（双控人损害公司、股东或债权人利益）

第十二章

控股股东与实际控制人的信义义务

第一节　控股股东与实际控制人的规制必要性

商法中普遍存在的权利合成现象与洛克所描述的集中权利形成国家权力的过程具有高度相似性，因而可能具备国家权力所具有的强制性、支配性和扩张性，进而质变为权力化权利，控制股东运用“资本多数决”压制、损害少数股东，以谋私利即是典型表现。[①] 而且，“一切有权力的人都容易滥用权力”“法律的重要作用之一乃是调整和调和种种相互冲突的利益”。[②]

根据学者的实证研究，控股股东、实际控制人滥用控制权的常见情形包括：控制股东可能作出对公司不利，而对本身有利的经营策略；为扩大、充实支配权之内涵，控制股东可能不分配或限制盈余分派额度，不当扩充企业规模；纵令经营权移转有利公司价值提升，控制股东仍会抵抗此种经营权的移转；[③]利用不当关联交易转移利益；虚假出资；操纵发行价格；内幕交易；压榨小股东；不分红或很少分红；篡夺公司商业机会；恶意转让控制权；等等。这些情形的实质，是在相关事务或交易中，发生了双控人与公司及其他股东的利益冲突，且存在双控人利用其拥有控制权的优势地位损害公司及其他股东利益的情况。

因此，在公司法上，控股股东与实际控制人（为行文方便，若无特别交代，二者在本书中可合称“双控人”）对公司及其他股东是否负有特定的义务，尤其是在以双控人为关联纽带的关联交易中、双控人主导的控制权交易中以及双控人很可能滥用控制权的其他场景中，都是值得探讨的。

根据本书的特殊安排，双控人从事的关联交易，将在第四篇“关联交易中两类人的履职尽责法律风险防范”中专门讨论，有关关联交易的内容，请参考该篇的

---

① 参见靳羽：《美国控制股东信义义务：本原厘定与移植回应》，载《比较法研究》2021 年第 1 期。

② 参见［法］孟德斯鸠：《论法的精神》（上卷），许明龙译，商务印书馆 2012 年版，第 154、383 页。

③ 参见黄铭杰：《“股东平等”原则 vs.“股份平等”原则——初探股东平等原则复权之必要性及可行性》，载《月旦民商法杂志》2011 年第 1 期。

内容。

对于控股股东与实际控制人的内涵与范围，各国法律或司法实践的掌握不尽一致，但多数是从其对公司的控制（包括基于所持股权享有的表决权优势）与重大影响两个角度予以规范。

例如，美国法学会的《公司治理原则：分析与建议》将控股股东定义为①：

第 1.10 节控股股东

（a）“控股股东”是指一个人（第 1.28 节），该人单独或通过与其他一人或多人达成的协议或共识：

（1）持有一家公司发行在外且有表决权的股权证券（第 1.40 节）的 50% 以上并有权行使这些股权证券的表决权；

（2）基于其股东的身份通过其他方式对公司的管理或政策或者公司的某项交易或行为实施控制性影响。

（b）一个人单独或通过与其他一人或多人达成的协议或共识持有公司中 25% 以上的发行在外的有表决权的股权证券，或有权决定 25% 以上的公开发行在外的股权证券的表决的人将被推定为对该公司的管理或政策实施了控制性影响，除非存在另一个人单独或通过与其他一人或多人达成的协议或共识持有或有权决定更高比例的公司有表决权的股权证券的表决的人。一个人不能仅仅因为持有或有权决定一家公司中的有表决权的股权证券的表决，而被推定为对该公司拥有控制权；除非该人单独或通过与其他一人或多人达成协议或共识，持有该公司中 25% 以上的发行在外的有表决权的股权证券或有权决定 25% 以上的公司发行在外的股权证券的表决。

我国《公司法》（2005 年修订）第 217 条第 2 项、第 3 项规定，“控股股东，是指其出资额占有限责任公司资本总额百分之五十以上或者其持有的股份占股份有限公司股本总额百分之五十以上的股东；出资额或者持有股份的比例虽然不足百分之五十，但依其出资额或者持有的股份所享有的表决权已足以对股东会、股东大会的决议产生重大影响的股东”“实际控制人，是指虽不是公司的股东，但通过投资关系、协议或者其他安排，能够实际支配公司行为的人”。（2023 年修订的《公司法》已删除“虽不是公司的股东”的门槛条件，因此实际控制人在范围上已实际包括了部分控股股东）

当然，双控人的内涵与外延，在理论上也不是如此简单就能够概括的，限于篇幅，本篇不做过多讨论，本书第四篇对此进行了详细讨论，可供参考。需要指出的

---

① See American Law Institute, Principles of Corporate Governance：Analysis and Recommendations, §1.10.

是，对于实际控制人，“能够实际支配公司行为”是指其能够对公司的经营管理、决策、人事甚至财产拥有支配性的影响力。这种“支配性”在现实中具体表现为实际控制人对公司所有重大事项，诸如公司机关的组成、议事程序和决策步骤等具有单方面的决定权或重大影响能力。[①] 这与美国法学会对控制权的理解十分接近。

【问题109】原告主张其拥有多家公司的实际控制人身份，需要证明到何种程度？

【典型案例要旨123】（2019）苏民终1528号：郭某成持有国发后勤公司97.83%的股权，为国发后勤公司控股股东、法定代表人；国发后勤公司持有国发节能公司99.69%的股权，为国发节能公司控股股东；国发节能公司持有国发华企公司93.75%的股权，为国发华企公司控股股东。因郭某成是国发后勤公司控股股东及法定代表人，通过国发后勤公司投资、控股国发节能公司，国发节能公司投资、控股国发华企公司的方式能够实际控制、支配国发节能公司、国发华企公司，且同时为两公司个人股东并任公司高管，故郭某成系三公司的实际控制人存在高度可能性。

国发节能环保发展集团有限公司、北京国发机关后勤服务有限公司等与国电光伏有限公司股东损害公司债权人利益责任纠纷二审民事判决书

江苏省高级人民法院（2019）苏民终1528号

江苏省高级人民法院经审理认为：

郭某成为三公司的实际控制人，对公司过度支配与控制，使公司丧失独立性，严重损害公司债权人利益，应对国发华企公司对国电光伏公司的案涉债务承担连带清偿责任。

《最高人民法院关于适用〈中华人民共和国民事诉讼法〉的解释》第108条第1款规定，对负有举证责任的当事人提供的证据，人民法院经审查并结合相关事实，确信待证事实的存在具有高度可能性的，应当认定该事实存在。

根据一审查明的事实，郭某成持有国发后勤公司97.83%的股权，为国发后勤公司控股股东、法定代表人；国发后勤公司持有国发节能公司99.69%的股权，为国发节能公司控股股东；国发节能公司持有国发华企公司93.75%的股权，为国发华企公司控股股东。因郭某成是国发后勤公司控股股东及法定代表人，通过国发

① 参见陈洁：《实际控制人公司法规制的体系性思考》，载《北京理工大学学报（社会科学版）》2022年第5期。

后勤公司投资、控股国发节能公司，国发节能公司投资、控股国发华企公司的方式能够实际控制、支配国发节能公司、国发华企公司，且同时为两公司个人股东并任公司高管，故郭某成系三公司的实际控制人存在高度可能性。国发节能公司、国发后勤公司、郭某成上诉否认郭某成的实际控制人身份，但未提供相应的反驳证据，应承担不利后果。

郭某成作为三公司的实际控制人，对公司过度支配与控制，其滥用控制权使三公司财产边界不清、财务混同、丧失人格独立性，导致国发华企公司欠付国电光伏公司大额债务无法清偿，严重损害公司债权人利益，应对公司债务承担连带责任。

第二节　控股股东与实际控制人的信义义务概述

一、控股股东与实际控制人的信义义务的缘起与原因

一般来说，股东在投票时没有信托义务，因为追求经济利益是投资股票的通常原因。但控股股东不像其他股东，因为他们可能会为了自己的利益不公平地利用他们在公司的控制权和地位，损害小股东的利益；控股股东的信义义务可能会出现在各种情况下。这些股东可能与公司进行自我交易，利用他们的控制权来主导董事会的行动，以维护他们的利益，不公平地对待小股东；有时，他们利用自己的控制权在冻结交易中排除少数股东，这对少数股东不公平。还有一些时候，控股集团将其股份出售给另一家公司，获得比市场价格高得多的溢价，这种行为损害了公司或小股东的利益。

信义义务衍生于信义关系，但信义关系却被称作“英美法中最难以捉摸的概念之一”，梅特兰（F. W. Maitland）所作界定被公认最为直观：“包括信托关系（trust relationship）在内的类似于信托的关系。”因此，尽管当代信义关系种类繁多，但它们有一个共同的历史源头，也就是信托。当信任关系经由社会需求的“筛选”而被提炼为法律关系时，自然需要与之相应的法律机制惩治违信、保障信任不被辜负，普通法系的信义义务、大陆法系的信赖保护乃至于被誉为“帝王条款”的诚实信用原则，都具有内在功能上的一致性。①

英美公司法率先通过判例确立了控制股东的诚信义务，其法理依据在于：（1）凡公司控制权人皆对公司负有诚信义务，管理层如此，控制股东亦然。（2）控制股东

① 参见靳羽：《美国控制股东信义义务：本原厘定与移植回应》，载《比较法研究》2021 年第 1 期。

通过行使支配权获得了优越的地位,保持优越地位的人依照衡平法原理应负诚信义务。英美判例法的理念后为大陆法系许多国家所接受。[①] 除此之外,在大陆法系国家,也有学者认为,赋予双控人信义义务,是矫正控制股东滥权行为、权责相一致原理、对弱势股东强制性救济、弥补标准合同文本缝隙之需,[②]而且诚实信用原则是民法的基本原则,权利人行使权利也要遵守禁止权利滥用原则。这些都是支持赋予双控人信义义务的法理依据。

当然,也有学者反对,认为双控人不负有信义义务,综合其理由,主要包括[③]:控制股东[④]信义义务与传统公司法理论相冲突;"股权平等原则"乃是公司法的基础性原则;公司具有独立人格;从比较法观察,对控制股东信义义务的判断规则存在分歧,事实上相关规则并未达成共识;域内制度供给不足等。美国各州主要以判例法方式确立控制股东信义义务规则,而中国法律遵循大陆法系的成文法传统。美国判例法中的控制股东信义义务并非独立存在的规则,还需有配套规则作为补充,如用以判断股东行为的合理期待原则、商业判断规则或实质公平原则。

此外,还有学者认为,不能将股东与合伙说的合伙人简单类比;代理学说无法合理解释既有公司法规则;信托学说的控制并非信义义务的充分理由;市场学说的缺乏股份市场也并非充足的理据。[⑤]

尽管理论上争议不断,但是,各国的司法实践均陆续做出了反应,不断地有判例支持双控人负有信义义务。

二、控股股东与实际控制人的信义义务在各国的发展与现状

1. 信义义务在英美判例法中的发展

英国法律否认控股股东对中小股东负有信托责任。承认公司控股股东的一般信义义务不可避免地有两个来源:首先,法律原则规定控制他人资产的任何人都负有信义义务;其次,从法定条款来看,公司的每一个成员都有权对控股股东损害少数股东利益的行为申请救济。这种承认并不等于对控股股东施加信义义务,对公司董事施加的信义义务与对股东施加的信义义务不同。鉴于股东在公司中

---

① 参见李建伟:《公司法学》(第5版),中国人民大学出版社2022年版,第359页。

② 参见傅穹、虞雅曌:《我国控制股东信义义务的司法续造》,载《上海政法学院学报(法治论丛)》2021年第3期。

③ 参见傅穹、虞雅曌:《我国控制股东信义义务的司法续造》,载《上海政法学院学报(法治论丛)》2021年第3期。

④ 本书所提及的"控制股东",是个广义的概念,其身份并不限于公司的直接股东,实际范围上包括本书所述的控股股东与实际控制人。

⑤ 参见邹学庚:《控股股东信义义务的理论反思与类型化》,载《比较法研究》2023年第4期。

的特殊地位，他必须被允许考虑自己的个人利益，尽管是在有限的程度上。①

控制股东的信义义务，司法实践中最早发源于美国，起源于美国联邦最高法院1919年的Southern Pacific Co. v. Bogert一案。该案中，主审法官认为："控制股东享有控制权。但是，其一旦行使控制权，即与少数股东形成信义关系，和经理人与董事所负信义义务类似……控制股东持有或行使其所控制的共同财产的事实，而非据以行使控制权的特定方式或途径，建立起信义义务。"②

1939年的Pepper v. Litton案中，美国联邦最高法院认为："董事是受托人，具有支配地位、控制地位的股东或股东群体亦然。他们的权利来源于其他股东权利的信托（their powers are powers intrust）……信义义务的设立旨在保护包括债权人和股东在内的所有公司利益群体。"③

1969年的Jones v. H. F. Ahmanson & Co.案中，加利福尼亚州最高法院认为：控制股东不仅对公司承担诚信义务，而且直接对中小股东承担诚信义务。

确定控制股东诚信义务的里程碑判例是1975年的Donahue v. Rodd Electrotype Co.案。④ 该案中，马萨诸塞州最高法院认为，如果一个封闭公司的大股东操纵公司购买他的一些股份，他或她必须确保向其他股东提出平等的要约，否则就违反了信托义务。紧密型公司的不同之处在于，它们与合伙企业一样，需要成员之间的信任、信心和忠诚才能成功。这创造了一种合伙式的受托责任。考虑到这一点，多纳休（Donahue）必须获得与罗德（Rodd）相同的机会，以相同的价格出售这里的股票。

1980年的Chiarella v. United States案中，主审法官认为："买卖证券时，单纯的沉默固然可能构成法律禁止的欺诈行为，但其前提必须是交易的一方（如董事）对他方（如股东）具有信义关系或其他类似于信托和信任的关系……本案被告不是公司内部人，对股东不负信义义务……不能仅仅因为其获悉机密的市场消息，就认定有公开的义务。"⑤这一判决奠定了内幕交易责任人范围的认定标准。

在美国特拉华州，对控制股东的信义义务则是另外一种司法进径⑥：

1971年的Sinclair Oil Corp. v. Levine案，确定了控制股东信义义务程序审查

---

① See Zipora Cohen, *Fiduciary Duties of Controlling Shareholders: A Comparative View*, University of Pennsylvania Journal of International Law 379(1991).

② Southern Pac. Co. v. Bogert, 250 U. S. 483, 489, 493 (1919).

③ Pepper v. Litton, 308 U. S. 295, 312 (1939).

④ See Donahue v. Rodd Electrotype Co., 328 N. E. 2d 505 (1975).

⑤ Chiarella v. United States, 445 U. S. 222, 235 (1980).

⑥ 参见傅穹、虞雅曌：《我国控制股东信义义务的司法续造》，载《上海政法学院学报（法治论丛）》2021年第3期。

的“门槛规则”，即法院需先行审查被诉控制股东是否实施了自我交易，是否存在以排斥方式损害中小股东利益以谋取私利。若控制股东未实施自我交易，则以商业判断规则审查其行为，反之，则以实质公平规则作最终审查。

1976 年的 Weinberger v. UOP, Inc. 案，限定了“门槛规则”的适用范围，即当原告诉请控制股东为其“逐出式合并行为”承担责任时，法院将直接以实质公平规则对控制股东行为进行实质性审查。

1994 年的 Kahn v. Lync 案，开启了“控制股东逐出式合并”中的“单一程序”同意规则，即若控制股东能够证明，交易经由独立董事委员会或其他股东多数、自由且未受压迫的“单一程序”同意，则可将举证责任倒置，由原告承担证明交易不公平之责任，但审查标准仍采用实质公平规则。

2014 年的 Kahn v. M&F Worldwide Corp. 案，开启了“控制股东逐出式合并”中的“双重程序”审查标准，即若控制股东能够证明，交易经由独立董事委员会与其他股东多数、自由且未受压迫的“双重程序”同意，则以商业判断规则取代实质公平规则对其进行审查，实际确立了控制股东的“避风港规则”。

综观美国的公司法司法实践，其公司法中的信义义务，不能以传统信义义务中的“利他性”标准进行解释，法官在审判中并不会要求控制股东必须依照公司或其他股东利益行事，因为控制股东自身利益也需获得保障，法院审查案件时所追求的利益平衡，才是现代公司中控制股东信义义务的内涵。法官的裁判理念实际发生了较大转变，即由对控制股东“信义义务”作概念解释，转变为要求控制股东交易公平，解决股东之间的利益冲突；由早期信托法框架下，不认可控制股东私利行为，推崇控制股东“利他性”行为，转变为公司法解释框架中，在承认控制股东控制权的基础上平衡股东之间的利益关系。①

尽管司法判例已有如此多的相关规则，但仍有很多学者对此不予认可，认为控制股东不应当负有信义义务。

如保罗·米勒(Paul B. Miller)就认为②：特拉华州错误地将信托义务扩大到控股股东。首先，产生股东滥用权力的法律和事实情况并不遵循固定的模式，更具体地说，其并不总是涉及控股股东对权力或利润的私利挪用。其次，股东关系不是受托关系。控股股东通过股份财产的积累，享有其所能控制的权力；他没有

---

① 参见傅穹、虞雅曌：《我国控制股东信义义务的司法续造》，载《上海政法学院学报(法治论丛)》2021 年第 3 期。

② See Paul B. Miller, *Why Controlling Shareholders Are Not Fiduciaries*, Columbia Law School (March 9, 2020), https://clsbluesky.law.columbia.edu/2020/03/09/why-controlling-shareholders-are-not-fiduciaries/.

被授权代表少数股东行事,也没有承诺代表少数股东。将机构投资者(其中大多数是基金投资者的受托人)放在一边,每个股东处理自己的股份,应被理解为在私人所有权的基础上行使相同的权利和权力。最后,毫不奇怪,鉴于上述情况,特拉华州公司法实际上并没有将控股股东定性为受托人。其不要求控股股东放弃其信托地位的任何或所有利润,也不要求他们在违反信托义务时接受通常的补救措施。

2. 信义义务在大陆法系国家的现状

世界各国、各地区的公司法无不对控股股东进行法律规制,只不过采取的法律对策有所不同。包括德国、法国在内的大陆法系国家,并不承认信义义务这一起源于衡平法和信托法的法律概念,其解决信义关系问题的法律方式通常是合同与准合同规则。信义义务只不过是作为债法一般原则的诚信义务(bona fide obligation)在具体案件中的体现。譬如,法国法通过解释"多数者不得滥用权利原则"(abus de majorité)对控股股东施加忠实义务(duties of loyalty),以此来限制多数股东在股东会上行使表决权的自由。而德国联邦最高法院很早就通过解释诚信义务将董事对中小股东的忠实义务扩大适用于控股股东。①

三、控股股东与实际控制人的信义义务在中国的立法现状与司法实践

1. 信义义务在我国的立法现状

如前所述,尽管理论上争议不断,且短期内很难达成一致结论,但是,我国公司法立法早已做出反应。

我国早在2005年修订《公司法》时,就在第20条第1款、第2款新增了股东不得滥用股东权利的规定:"公司股东应当遵守法律、行政法规和公司章程,依法行使股东权利,不得滥用股东权利损害公司或者其他股东的利益;不得滥用公司法人独立地位和股东有限责任损害公司债权人的利益。公司股东滥用股东权利给公司或者其他股东造成损失的,应当依法承担赔偿责任。"同时,该法在第21条新增了禁止双控人利用关联交易损害公司利益的内容:"公司的控股股东、实际控制人、董事、监事、高级管理人员不得利用其关联关系损害公司利益。违反前款规定,给公司造成损失的,应当承担赔偿责任。"2023年修订的《公司法》将上述条款调整之后,分别在第21条和第22条继续保留。

另外,在上市公司层面,《上市公司治理准则》第63条与《上市公司章程指引》第40条第2款分别规定了"控股股东、实际控制人对上市公司及其他股东负有诚

---

① 参见邹学庚:《控股股东信义义务的理论反思与类型化》,载《比较法研究》2023年第4期。

信义务”“公司控股股东及实际控制人对公司和公司社会公众股股东负有诚信义务”，但这两个规范性文件毕竟不属于法律法规，尚无法成为双控人负有信义义务的一般法依据。

尽管有如上的相关规定，但是，综观《公司法》（2005 年修订）的实践现状，无论基于直观印象抑或实证研究，我国现有规范资源遏制控制股东滥权的效果并不乐观，特别是上市公司普遍性的利益输送早就为各界熟知。[①] 而且，在我国相关司法裁判中，仅仅采纳《公司法》（2005 年修订）第 20 条［《公司法》（2023 年修订）第 21 条与第 22 条］的一般性条款，导致法官往往倾向于求助一般侵权行为的认定标准，不仅造成非控制股东侵权赔偿的举证责任难题，而且难以实现控制股东信义义务规制的初衷。[②]

总而言之，不管是在理论研究层面，还是在立法层面，双控人对公司及其他股东是否负有信义义务，双控人在从事关联交易、转移控制权等事宜过程中因滥用控制权而损害公司及其他股东的利益，均未达成一致、形成相对成熟有效的法律规范，权益受损的公司及其他股东更无法有效地维护其自身的合法权益。如此现状，实为双控人滥用控制权损害公司及其他股东利益、谋取私利等不当行为预留了很大的法律真空。由此看来，对于如何有效控制双控人滥用控制权损害公司及其他股东的理论研究、立法与司法实践，我国仍有很长的路要走。在未来较长时间中，这也是公司法律职业共同体需要努力探索的重点领域，更是其重大的历史使命。

2. 信义义务在我国的司法实践

我国现有的司法案例中，在增资扩股、重大决议事项的表决、公司清算中拒不提供清算资料导致清算不能等情形中，部分法院会认为双控人对公司或其他股东负有信义义务，进而认定其行为构成滥用股东权利而损害公司或其他股东利益的侵权行为，并认定其应承担相应的损害赔偿责任，或者认定其所主导的股东会决议违反法律或公司章程而确认该决议无效或予以撤销。

在后述所举案例中，涉及增资阶段双控人违反信义义务的情形，均为其利用控股股东的绝对优势地位，要么恶意增资而进一步压缩小股东持股比例，要么不通知其他股东进而使其无法认购增资，或者未对公司价值进行评估且不采取溢价增资的方式引入新股东，这些行为确实损害了公司或其他股东的利益。

因此，在我国的司法实践中，法院不断试图通过引入双控人的信义义务，为其

---

① 参见靳羽：《美国控制股东信义义务：本原厘定与移植回应》，载《比较法研究》2021 年第 1 期。

② 参见傅穹、虞雅曌：《我国控制股东信义义务的司法续造》，载《上海政法学院学报（法治论丛）》2021 年第 3 期。

认定双控人滥用权利而损害公司或其他股东利益的侵权行为提供理论支撑，为其裁判的合理性提供理论基石。

在司法实践中，我国往往以《公司法》(2005年修订)第20条作为控制股东滥权行为的审查依据，但该条将股东责任限缩于原则层面，缺乏具体可操作的实体标准，无论是股东义务范围界定还是审查标准选用，均无法满足司法审判的实际需求。应设定合理的实体裁判尺度，正确对待控制股东控制权，厘清控制股东信义义务的范围，在此基础上，借鉴美国法对控制股东信义义务审查的商业判断规则与实质公平规则，在尊重程序公正的基础上，审查控制股东的行为是否达到实质公平，以实现控制股东信义义务规制的根本目的，完成公司治理中控制股东行为认定的司法续造。①

【问题110】增资不久后控股股东又决议增资，且两次增资的资金缺乏合理用途，控股股东的决议行为是否违反其对小股东的信义义务？

【典型案例要旨124】(2023)粤0705民初7467号：增资2800万元的4个月后，持股75%的大股东再次决议增资2500万元，公司虽提交需偿还对外借款的证据，但该证据并未证明涉及借款用于公司，且第一次增资的2800万元用于何用途尚未明确，对再次增资2500万元亦未提交相应客观、公正的审计报告用以证明需再次增资，在此情况下，海裕公司短时间内再次增资2500万元的决议行为损害小股东杜某合法权益，也违反了大股东对小股东的信义义务。

杜某、江门市海裕建材实业有限公司等公司决议撤销纠纷一审民事判决书

广东省江门市新会区人民法院(2023)粤0705民初7467号

广东省江门市新会区人民法院经审理认为：

本案为公司决议撤销纠纷。

1. 关于本案原告诉讼主体资格问题

《公司法》第22条第2款规定："股东会或者股东大会、董事会的会议召集程序、表决方式违反法律、行政法规或者公司章程，或者决议内容违反公司章程的，股东可以自决议作出之日起六十日内，请求人民法院撤销。"原告作为海裕公司的合法登记股东，在其认为公司的股东会决议损害其利益时，有权以股东个人身份

---

① 参见傅穹、虞雅曌：《我国控制股东信义义务的司法续造》，载《上海政法学院学报(法治论丛)》2021年第3期。

主张权利,因此原告杜某在本案中具有诉讼主体资格。

2. 关于 2023 年 7 月 6 日海裕公司作出的股东会议决议的效力问题

《公司法》第 20 条第 1 款规定:“公司股东应当遵守法律、行政法规和公司章程,依法行使股东权利,不得滥用股东权利损害公司或者其他股东的利益;不得滥用公司法人独立地位和股东有限责任损害公司债权人的利益。”

海裕公司在 2023 年 7 月 6 日作出的股东会决议召集的程序合法,其内容也是根据“资本多数决”的表决原则作出的,但是被告海裕公司在实施公司增资的股东会决议时,应公平维护小股东的权利,经审查,海裕公司在 2023 年 3 月 6 日曾作出过公司增资 2800 万元的决议,两股东已履行决议内容。现过了 4 个月又再次决议增资 2500 万元,海裕公司虽提交有公司偿还对外借款的证据,但该证据并不能证明涉及借款用于公司,而且第一次增资的 2800 万元用于何用途尚未明确,海裕公司对再次增资 2500 万元亦未提交相应客观、公正的审计报告用以证明需再次增资,在此情况下被告海裕公司短时间内再次增资 2500 万元的决议行为损害小股东杜某合法权益,也违反了大股东对小股东的信义义务,因此本院认为海裕公司在 2023 年 7 月 6 日作出的股东会决议无效,应予撤销。

综上所述,依照《公司法》第 20 条第 1 款、第 22 条第 2 款,《民事诉讼法》第 67 条第 1 款以及《最高人民法院关于适用〈中华人民共和国民事诉讼法〉的解释》第 90 条的规定,判决如下:

撤销被告海裕公司于 2023 年 7 月 6 日作出的《江门市海裕建材实业有限公司股东会议决议》。

【问题 111】控股股东召集股东会讨论公司增资事宜时,故意不通知其他股东参会,股东会决定增资但其他股东无法认购新增注册资本的,是否违反其对其他股东的信义义务?

【典型案例要旨 125】(2018)皖 18 民终 1158 号:边某、王某女二人共占有国华公司 70%股权,享有国华公司 2/3 的表决权,足以在股东会上控制股东会,形成资本多数决,在李某村明确告知应通知胡某飞参加股东会后,边某及王某女仍一再召开股东会,再次增加公司资本,使其二人自身的股权比例进一步增加,致李某村(胡某飞)无法认购新股,损害了其股东权益,有违控股股东的信义义务。

王某、胡某飞公司决议纠纷二审民事判决书

安徽省宣城市中级人民法院(2018)皖18民终1158号

安徽省宣城市中级人民法院经审理认为:

关于2010年1月31日,国华公司形成的股东会决议内容是否有效的问题。

2010年1月31日国华公司形成的股东会决议内容应为无效,理由如下:

其一,自2009年6月始,国华公司各股东之间因股权转让纠纷一直处于诉讼期间,在胡某飞股东身份未确定之前,国华公司不宜召开股东会。国华公司在诉讼期间且明知胡某飞已购买李某村在国华公司的30%股权的情形下,于2010年1月31日再次召开股东会时,仍不通知胡某飞参加股东会,并就涉及股东权利义务的事项进行处置,该股东会决议的内容直接影响了其他股东权益的实现,有违公司的善良管理义务。

其二,公司决议是公司股东通过股东会、董事通过董事会形成的公司内部意思,其来源于股东、董事的会议表决。一旦形成决议,其结果归属于公司,成为公司的意思。公司决议背后的实质利益争诉,仍源于股东、董事之间的利益冲突。本案中,国华公司原股东为边某、王某女、李某村,基于边某与王某女系母女关系,案争根本利益冲突集中于边某、王某女与李某村之间。2009年5月,边某、王某女二人共占有国华公司70%的股权,享有国华公司2/3的表决权,足以在股东会上控制股东会,形成资本多数决,在李某村明确告知应通知胡某飞参加股东会后,边某及王某女仍一再召开股东会,再次增加公司资本,使其二人自身的股权比例进一步增加,致李某村(胡某飞)无法认购新股,损害了其股东权益,有违控股股东的信义义务。

其三,因2010年1月31日股东会决议增资300万元是以2009年6月18日股东会决议增资200万元为基础,而(2013)泾民二初字第00425号生效民事判决已撤销2009年6月18日的股东会决议,故第二次增资失去了合法存在的前提。

【问题112】增资时,公司大股东是否负有公平维护小股东的权益,保障小股东的优先增资的权利并客观、公正地对公司净资产进行评估的信义义务?

【典型案例要旨126】(2018)粤03民终17289号:大股东尤其是控股股东在实施公司增资的股东会决议时,确实应当公平维护小股东的权益,保障小股东的优先增资权利的同时,客观、公正地对公司净资产进行评估,否则将涉嫌滥用股东权

利，违反大股东对小股东的信义义务。

林某、深圳市特发保税实业有限公司公司增资纠纷二审民事判决书

广东省深圳市中级人民法院(2018)粤03民终17289号

广东省深圳市中级人民法院经审理认为：

本案争议的焦点为涉案《2017年第一次临时股东会决议》是否有效。

《公司法》第22条第1款规定：公司股东会或者股东大会、董事会的决议内容违反法律、行政法规的无效。股东会、董事会的决议程序、内容应当符合法律规定及公司章程的约定，否则将影响其效力。对于公司增加注册资本，《公司法》第43条第2款规定，须经股东会决议方式作出，且属于特别决议事项，须经代表2/3以上表决权的股东通过。

本案中，特发保税公司于2017年8月3日召开2017年第一次临时股东会，林某于2017年7月24日收到公司召开股东会会议的通知，并委托其妻翁某萍出席该临时股东会。该次股东会会议审议了包括将特发保税公司增资至1600万元、公司股东特发工会委员会和林某对是否按各自占公司股权比例进行增资或放弃增资进行明示、拟新增公司股东中露公司在公司现有股东放弃增资的额度内对公司进行增资、修改公司章程四项议案，并经过出席会议的股东2/3表决权通过。

林某上诉称该股东会决议侵犯了林某作为小股东的优先增资的权利以及该次增资价值显著过低。本院认为，特发保税公司在召开2017年第一次股东会决议前已向林某送达《关于召开2017年第一次临时股东会会议通知》，告知林某享有按其占公司股权比例进行增资或者放弃增资的权利，并在临时股东会会议上对相关议案进行决议时制作了《股东增资确认书》，设置了"同意认缴""放弃认缴""反对认缴"三个选择项，由股东在选项下方"股东确认"栏中表达意见，并提示"股东对确认事项的内容表示反对的，视为放弃认缴""股东对确认事项拒绝作出意思表示的，视为放弃认缴"，充分保障了林某优先增资的权利。而林某在股东会召开前提交《关于增资扩股并修订公司章程议案的异议书》，委托其妻翁某萍出席临时股东会时拒绝在《股东会会议记录》签名，因此其对《临时股东会决议》内容是明知的；在临时股东会上仅以"本人要求公司按照异议书的内容，公司给出合理合法的解释，在未给出解释前不同意本次增资"为由拒绝对《股东增资确认书》中是否认缴作出确认，一审认定特发保税公司将林某的意见视为放弃认缴并无不妥，本院予以认同。

至于涉案增资价值是否合理，一审法院认为取决于公司股东及拟增资方的商业判断，属公司自治范畴。本院认为，公司法虽未对股东会决议对目标公司进行

增资时是否需要资产审计、评估等事项作强制性规定,但大股东尤其是控股股东在实施公司增资的股东会决议时,确实应当公平维护小股东的权益,保障小股东的优先增资权利的同时,客观、公正地对公司净资产进行评估,否则将涉嫌滥用股东权利,违反大股东对小股东的信义义务。涉案增资是将特发保税公司注册资本从1500万元增资至1600万元,具体是增资方在股东会决议通过之日起两个工作日内向目标公司支付投资款1500万元,其中100万元计入注册资本,1400万元计入资本公积。鉴于林某作为特发保税公司的股东且长期担任公司法定代表人,对公司的资产状况应当知情;特发保税公司每个会计年度都会对财务状况进行审计,也即公司资产状况的审计具有连续性。虽然特发保税公司未就此次增资进行专项审计,但是在此次增资前不久的2017年5月15日,深圳永信瑞和会计师事务所对公司2016年度作出了《关于深圳市特发保税实业有限公司的审计报告》,显示特发保税公司2016年度所有者权益(或股东权益合计)为39575661.90元。对照上述报告,本案争议的特发保税公司临时股东会决议增资方案对价并没有显著过低。因此,林某主张特发保税公司本次增资扩股价值显著过低,侵犯了其权利,理由不充分,本院不予采信。

【问题113】公司应当依法清算却因其控股股东拒不移交清算材料而公司无法清算的,该控股股东是否违反对公司及其他股东的信义义务?

【典型案例要旨127】(2017)浙02民终1621号:兴泰公司清算不能的直接原因是依据浙江省象山县人民法院(2015)甬象商清字第1号之三民事裁定书认定系周某光作为兴泰公司的实际控制人拒不移交清算材料导致该案无法全面清算,应视为控股股东违反了对少数股东的信义义务而导致少数股东的剩余财产分配权无法实现,当公司无法清算时,控股股东应当对受损失的小股东承担赔偿责任,处于受害人地位的少数股东有权向控股股东主张损害赔偿。

周某光与被上诉人卢某云、原审被告宁波兴泰管业制造有限公司损害股东利益责任纠纷二审民事判决书

浙江省宁波市中级人民法院(2017)浙02民终1621号

一审法院浙江省象山县人民法院经审理认为:

剩余财产分配请求权系股东的基本权利,对于公司在清算后尚存的剩余财产,股东可要求公司及公司清算组按照出资比例进行分配。

卢某云作为兴泰公司的股东,依法享有收益权,而收益权的一个重要组成即

股东在公司清算后的剩余财产分配请求权,根据周某光在浙江省象山县人民法院(2015)甬象商清字第1号案件的谈话笔录中表示的兴泰公司当时从账面上看还有盈利,现因兴泰公司清算不能,致使卢某云的剩余财产分配权无法实现,造成了卢某云财产利益上的损失,存在卢某云权利被损害的客观后果,而兴泰公司作为有限责任公司,公司股东即卢某云与周某光皆为清算义务人,都应当对清算不能承担责任,但兴泰公司清算不能的直接原因是依据浙江省象山县人民法院(2015)甬象商清字第1号之三民事裁定书认定系周某光作为兴泰公司的实际控制人拒不移交清算材料导致该案无法全面清算,应视为控股股东违反了对少数股东的信义义务而导致少数股东的剩余财产分配权无法实现,当公司无法清算时,控股股东应当对受损失的小股东承担赔偿责任,处于受害人地位的少数股东有权向控股股东主张损害赔偿,故周某光应以公司会计账册不全导致清算不能对卢某云承担赔偿责任。

至于应当赔偿的数额,《侵权责任法》第2条明确将股权纳入其调整对象范围,故其赔偿也应遵循损害填补原则。

卢某云的损失应当是剩余财产分配权的损失,即在正常清算的情况下其应当分得的剩余财产数额,因此其赔偿责任的范围应以其应当分得的剩余财产的数额为限。公司在存续期间应该保持注册资本的稳定,其实际财产至少应当维持公司实收资本的水平,但鉴于兴泰公司因会计账册不全而无法进行清算,对剩余财产数额进行评估和认定已经不可能,故在此情况下可参照采用举证责任倒置的规则,确定赔偿责任的范围应当适用"损失推定原则",即首先推定卢某云的出资额为其损失。

如上所述,周某光在浙江省象山县人民法院(2015)甬象商清字第1号案件的谈话笔录中亦自认兴泰公司当时从账面上看还有盈利,现其虽在一审庭审中对此予以了反驳并同时主张应以公司会计或财务账册表明盈利为准,但鉴于其未能提供完整的会计账册进行清算并予以证明兴泰公司的资产和盈亏状况,无法证明兴泰公司已经资不抵债且没有剩余财产进行分配或者不能返还出资,或者虽然公司有剩余财产可供分配但数额低于卢某云主张的数额,故对其抗辩意见,法院难以采纳。

据此,卢某云以双方投入兴泰公司的出资额及迟延出资的利息(周某光出资额100.80万元、卢某云出资额67.20万元及迟延出资利息8.80万元,合计176.80万元),按其出资比例即40%要求周某光偿付其损失70.72万元之诉请,依法有据,予以支持。

至于兴泰公司的连带偿付责任,一审法院认为,兴泰公司作为法律拟制主体,其行为受控于其股东等组织机构的自然人意志,而本案系兴泰公司内部股东对于清算不能所产生的纠纷,就兴泰公司来说并不存在独立的侵权行为,对于该种情由兴泰公司之连带偿付责任亦无公司法上的法律依据,故对卢某云要求兴泰公司承担连带偿付责任之诉求,难以支持。

综上所述,卢某云的剩余财产分配请求权依法应予保护,现兴泰公司清算不能,系因周某光拒不移交清算材料,周某光应向卢某云承担损害赔偿责任。一审法院依照《侵权责任法》第 2 条,《公司法》第 20 条、第 152 条的规定,判决:(1)周某光于判决生效后 30 日内赔偿卢某云损失 70.72 万元;(2)驳回卢某云的其他诉讼请求。

【问题 114】对公司的财产、资源、重大利益作出决定时,控股股东对其他股东是否负有信义义务?

【典型案例要旨 128】(2017)豫 03 民终 952 号:伊鑫公司和钼都公司在没有按照公司章程召开股东会,取得另一股东郝某科同意的情况下,对公司的财产、资源、重大利益作出决定,钼都公司的行为属于滥用股东权利,违反了大股东对小股东的信义义务,是对郝某科作为股东的权利的侵害。

洛阳钼都矿冶有限公司、郝某科损害股东利益责任纠纷二审民事判决书

河南省洛阳市中级人民法院(2017)豫 03 民终 952 号

一审法院河南省栾川县人民法院经审理认为:

公民和法人的合法权益受法律的保护,公司股东不得滥用股东权利损害公司或者其他股东的利益。

2015 年 2 月,郝某科注册成立了伊鑫公司,取得了栾川陶湾镇中鱼库锌矿的探矿权和采矿权。2007 年,郝某科与钼都公司在《合作协议》的基础上签订《补充协议》对伊鑫公司进行注册变更,成立新的股份制公司,郝某科占 30% 的股份,钼都公司占 70% 的股份。郝某科依法享有伊鑫公司的资产收益,参与重大决策和选择管理者等权利。

2009 年,钼都公司、栾川龙宇钼业有限公司、永城煤电控股集团有限公司签订的《关于矿产资源压覆及补偿协议书》是对栾川龙宇矿业有限公司压覆伊鑫公司中鱼库锌矿区资源的补偿问题的约定。

后钼都公司又与永城煤电控股集团有限公司签订合资经营合同书,成立永达

公司,钼都公司占47%的股份。伊鑫公司和钼都公司在没有按照公司章程召开股东会,取得另一股东郝某科同意的情况下,对公司的财产、资源、重大利益作出决定,钼都公司的行为属于滥用股东权利,违反了大股东对小股东的信义义务,是对郝某科作为股东的权利的侵害。钼都公司在永达公司占有的49%股份,应为伊鑫公司的整体利益。

现钼都公司将其在永达公司新占有的49%股份,以5500万元的价格转让给栾川天业投资有限公司,是对伊鑫公司的整体利益处置,郝某科作为伊鑫公司的合法股东(占30%股份),要求钼都公司以其出让在永达公司49%股权所得的5500万元按照30%比例给付郝某科1650万元的诉求,一审法院予以支持。

【问题115】共同行动的多人所持公司过半股权并兼任公司董事,对公司的经营管理具有决定权和控制权的,作为控股股东是否对公司或其他股东负有信义义务?

【典型案例要旨129】(2016)京民终210号:王某阳等4人为中地公司持股比例占多数的股东,对公司经营管理具有决定权、控制权,同时兼任公司董事会成员,并实际经营管理和控制中地公司,无论是作为控股股东抑或作为董事会成员,该4人对中地公司及其他股东均负有信义义务,在作出相应决议、实施具体的经营管理职责时,应最大限度地维护公司利益,并保障其他股东的合法利益得以实现。

王某阳与中地不动产评估有限公司等损害公司利益责任纠纷二审民事判决书

北京市高级人民法院(2016)京民终210号

一审法院北京市第一中级人民法院经审理认为:

王某阳等4人为中地公司持股比例占多数的股东,对公司经营管理具有决定权、控制权,同时兼任公司董事会成员,并实际经营管理和控制中地公司,无论是作为控股股东抑或作为董事会成员,该4人对中地公司及其他股东均负有信义义务,在作出相应决议、实施具体的经营管理职责时,应最大限度地维护公司利益,并保障其他股东的合法利益得以实现,但本案经审理查明,王某阳等4人在控制、经营管理中地公司期间,中地公司房产被出售,车辆被过户至关联公司名下,停车位被其他公司占有、使用,王某阳等4人却无法对售房价格,中地公司是否已经实际收取到售房款,车辆、停车位被转移的原因、价格,中地公司是否已经实际收到售车款和停车位款等事实予以说明,并提供证据予以佐证,在此情况下,中地公司认为王某阳等4人的行为损害公司利益,并据此提起本案诉讼,要求王某阳等4人赔偿公司停车位损失,有事实及法律依据,一审法院予以支持。

【问题116】公司的第一大股东对另外二位大股东的利益作出保证承诺后,小股东被隐瞒该述利益让步的背景下,公司的全体股东签订了《股权锁定协议》。此时,大股东所持股权体现的利益与小股东所持股权体现的利益出现了失衡,出现了同股不同利的矛盾。此时,是否以其侵害了公司小股东的利益主张该保证承诺书无效?

【典型案例要旨130】(2009)一中民终字第6907号:海科公司的大股东没有尽到对海科公司及其小股东忠实诚信的义务,在明知无权处分海科公司资产的情况下,签订协议越权处分海科公司的资产,侵害了海科公司及其小股东利益,依照《合同法》第52条第2项之规定,海科公司大股东签订的《保证承诺书》应当依法确认无效。

车某华、杨某耕等与宋某城、曹某等高管损害股东利益赔偿纠纷二审民事判决书

北京市第一中级人民法院(2009)一中民终字第6907号

北京市第一中级人民法院经审理认为:

本案的争议焦点是宋某城等六人作为公司的大股东于2004年11月25日签订的《保证承诺书》的性质及其效力,车某华等小股东是否有权提起本案之诉请求确认《保证承诺书》无效。

关于《保证承诺书》的性质及效力。从《保证承诺书》签订的主体看,签订《保证承诺书》的四位承诺人和二位被承诺人共持有海科公司92%股权,系海科公司的大股东。而《保证承诺书》的主要内容是宋某城等四位大股东对徐某文、于某喜二位股东在海科公司的工作和生活待遇等事项进行的承诺。《保证承诺书》第1条是保证徐某文、于某喜二人在海科公司的董事和监事席位;第2条是保证徐某文、于某喜在海科公司的工作和生活待遇,包括其收入、配车、从业及借款等优厚待遇。上述协议的签订并未经过股东大会及董事会的表决,并非建立在全体股东意思表示的基础之上,亦非全体董事的意思表示,其性质既不是股东会决议亦非董事会决议,而仅为海科公司的大股东代表其本人进行的民事行为进而达成的协议,但该协议是公司的大股东以海科公司的权益为标的对其他个别股东所作的承

诺，是对海科公司的经济利益和其他权益的处分。按照《公司法》和海科公司章程的规定，对公司有关股东在公司享有的待遇以及公司其他重大利益的处置，只能召开股东大会作出决议，因此，海科公司的大股东在未召开股东大会作出决议的情况下擅自签订《保证承诺书》，对海科公司权益的处分仅能代表签订协议的股东的意思表示，而不能代表海科公司的全体股东，更不能代替海科公司的股东大会决议或董事会决议对海科公司的实体权益作出处分。海科公司大股东的上述行为是一种无权处分行为。而且在本院法庭审理终结前，本案争议的《保证承诺书》仍未得到其他股东的追认，也未取得海科公司股东大会的确认，徐某文、于某喜对四名股东无权处分公司利益的事实是明知的，亦未要求召开全体股东大会对保证承诺的效力予以确认。因此，《保证承诺书》因未得到有权处分人的追认而未发生法律效力。

关于《保证承诺书》的有效性。

从《保证承诺书》的内容看，该承诺涉及海科公司董事、监事席位的确定，高管薪酬的确定，海科公司对外借贷等问题，是关于徐某文、于某喜二位股东在海科公司享有特殊待遇的承诺。

从保证徐某文、于某喜二位股东经济利益的角度讲，不论两位股东在公司担任何种职务，甚至即使两位股东不在公司担任职务，其仍然可以从公司获得高额的年收入、无偿使用公司车辆、无条件从公司拆借巨额资金。按照《保证承诺书》的约定，徐某文、于某喜上述待遇均由海科公司承担，而非由四位承诺人个人承担。特别是未经股东大会或董事会的同意，大股东就同意两位股东从公司拆借资金的行为实际是一种抽逃出资的行为，不仅会侵害其他股东的利益，同时也会侵害公司债权人的权益。

从确认徐某文、于某喜的公司身份待遇角度讲，大股东承诺徐某文、于某喜在长达十年的时间里担任海科公司的董事和监事，违反了《公司法》。

关于公司董事、监事的选举及任期的约定，也违反了海科公司章程中确认的“海科公司的股东平等享有被推选担任董事长、副董事长、董事、监事及高级管理人员的权利”的规定。大股东之间的上述私下承诺剥夺了小股东的选举权与被选举权，侵害了小股东的利益。依照《公司法》及海科公司章程的规定，上述事项的确定应当经过股东大会及董事会的讨论形成决议确定，但公司的大股东没有采取召开股东大会及董事会的形式确认上述事项，而是采取隐瞒公司的小股东，大股东私下达成协议的方式来确定了一部分大股东的利益。海科公司的章程中明确规定“公司董事、监事、经理或者其他高级职员必须按公司赋予的权利行使职权，不得利用在公司的地位和职权为自己谋取私利、不得侵占公司的财产。董事、经理不得挪用公司资金或将公司资金借贷给他人”。显而易见，海科公司的大股东违反了《公司法》及海科公司章程的上述规定，利用其大股东（包括董事、高管）的身份和权力，通过个人之间签订的协议来规避《公司法》和公司章程对股东会、董事长会职能的限制，最终通过公司层面、以公司的资产实现大股东的利益均衡，保障个别大股东在公司的额外利益，上述行为是对公司利益和小股东利益的侵害。

需要特别指出的是，海科公司的大股东对徐某文、于某喜二位大股东的利益作出保证承诺的第二天，在大股东向小股东隐瞒了上述利益让步的背景下，海科公司的全体股东签订了《股权锁定协议》。作为股权锁定的对价，徐某文、于某喜通过与大股东签订协议的方式满足了对其利益的保障，但对其他小股东来讲，在不知情的情况下签订了《股权锁定协议》。此时，大股东所持股权体现的利益与小股东所持股权体现的利益出现了失衡，出现了同股不同利的矛盾，由此侵害了公司小股东的利益。因此，本院认为海科公司的大股东没有尽到对海科公司及其小股东忠实诚信的义务，在明知无权处分海科公司资产的情况下，签订协议越权处分海科公司的资产，侵害了海科公司及其小股东利益，依照《合同法》第 52 条第 2 项之规定，海科公司大股东签订的《保证承诺书》应当依法确认无效。

关于车某华等 8 人作为海科公司的小股东，是否有权请求确认《保证承诺书》无效的问题，本院认为，虽然《保证承诺书》系海科公司的大股东个人承诺的行为，但由于其承诺的内容主要是针对海科公司的经营管理权及资产的处置，而大股东对海科公司的经营管理权及资产的直接处置损害了海科公司及其小股东的利益，车某华等 8 人作为公司的小股东，有权提起本案诉讼，徐某文等人辩称，大股东签订《保证承诺函》的行为系股东个人的承诺，与海科公司及其小股东无关，大股东没有义务向其披露之理由不能成立，不予采信。

综上，本院认为，一审法院认定《保证承诺书》系股东个人签订的协议，仅应约束协议当事人，不能按照公司章程或《公司法》对股东会、董事会职能及权限的规定予以评价，是正确的。但一审法院认为《保证承诺书》是否会在公司管理、利益分配的落实层面构成对其他小股东利益的侵害尚无法确知，宋某城等大股东的行为属于商业价值的判断，不构成对《公司法》强制性规定的违反，因此驳回车某华等小股东的诉讼请求之判决不当，本院在查明事实的基础上依法应予纠正。上诉人车某华等 8 人的上诉请求成立，本院予以支持。

四、控股股东与实际控制人的信义义务的基本内容

有学者认为，双控人的信义义务，包括以下三种情况①：一是行使股东会职权

① 参见邹学庚：《控股股东信义义务的理论反思与类型化》，载《比较法研究》2023 年第 4 期。

时的专属信义义务,包括有权自由行使法律、公司章程赋予的股东权利,不得损害中小股东既有利益与合法期待,没有义务牺牲自己的利益。二是行使董事会职权时的董事信义义务,包括董事忠实义务,董事注意义务。三是出售控制权时的特殊信义义务,包括不得向掠夺者出售,可疑交易调查义务;不得出售公司职位。

前述分类中,第一种情况实为双控人不得滥用股东权利的义务,第三种情况为双控人在出售公司控制权时应负的义务。而第二种情况,实乃双控人已经作为公司的董事或高管时应当承担的忠实勤勉义务,此时,应当按照董事或高管的身份,要求其履行公司法上已经相对比较成熟的忠实勤勉义务,若违反该义务,再据此追究其法律责任,而不应该"眉毛胡子一把抓"地把这两类人混为一谈。

尽管理论上尚无一致意见,但是,根据公司法的立法与司法实践,笔者认为,双控人应当负有一定的信义义务,且其具体内涵,应当根据公司的相关法律法规及司法实践予以总结。因此,笔者认为,双控人至少应当负有以下具体的信义义务,不得滥用股东权利的义务和公平交易的义务。

不得滥用股东权利的义务,主要包括增资扩股时对公司价值进行评估并溢价增资扩股的义务、增资扩股时不得恶意排挤小股东认购增资或稀释其股权比例的义务、公司解散清算时提供清算材料以保障小股东实现剩余分配权的义务,以及不得随意侵占公司资产、挪用公司资金等义务。

公平交易的义务,包括不得利用关联交易损害公司利益的义务、出售公司控制权时的实质公平义务,以及不得篡夺公司机会的义务、不得从目标公司获得财务资助并依此收购股东股份的义务、在公司为其提供担保的股东会上的回避表决义务。

根据本书篇章结构的特殊安排,对双控人的以上具体信义义务,本书将分别在后述不同章节逐一阐述。

第三节　控股股东与实际控制人不得滥用股东权利的义务

一、股东权利与公司控制权

1. 股东权利

股东权利(股权)一般包括以下内容[①]:(1)股东身份权,主要包括出席股东会

---

① 最高人民法院民法典贯彻实施工作领导小组主编:《中华人民共和国民法典总则编理解与适用》,人民法院出版社2020年版,第641~643页。

并行使表决权、选举权和被选举权等;(2)参与管理决策权;(3)选择、监督管理者权;(4)资本收益权;(5)知情权,主要包括对于公司章程、股东会会议记录及公司财务会计报告资料等的查阅权等;(6)提议召集主持股东会临时会议权;(7)优先受让权和认购新股权;(8)建议和质询权;(9)股份转让权;(10)股东诉讼权及其他权利。总结而言,股权有两大类,即自益权与共益权。股东以自己的利益为目的行使的权利为自益权,其在性质上主要是财产权,主要包括发给出资证明或股票的请求权、股份转让过户的请求权、分配股息红利的请求权、分配公司剩余财产的请求权及新股发行认购权等。股东不仅以自身的利益还以公司的利益为目的行使的权利是共益权,共益权是为全体股东或者公司团体利益行使的权利,在性质上属于管理权,主要包括出席股东会的表决权、任免董监高等公司管理人员的请求权、查阅公司章程的请求权、请求法院宣告股东会决议无效的请求权以及对公司董事、监事提起诉讼的权利等。作为独立民事权利类型的股权具有目的权利与手段权利有机结合、团体权利和个体权利辩证统一的特征,兼有请求权和支配权的属性,具有资本性和流转性。股权与公司财产权相伴而生,只有股权独立化才可能产生公司所有权,而公司所有权的产生必然要求股权同时独立化。

从不得滥用股东权利的角度而言,其关注的主要是股东权利的行使可能损害公司或其他股东的利益的权利,主要是股权中的几项共益权,例如双控人的股东会议召集权、表决权及其以股权为基础通过召集权、表决权、选择管理者权等权利而对公司经营管理及重大决策实现控制或重大影响的控制权。控制权人若不慎独自律,就会滥用控制权,侵害公司的财产权、生存权和发展权,破坏公司可持续发展能力,窒息公司活力,欺压和排挤弱势股东,蚕食利益相关者权益,摧残中小股东投资信心,制约经济高质量发展。控制权人滥用控制权损害公司和弱势股东利益的行为,践踏诚实信用原则和禁止权利滥用原则,违反信托义务和公司治理规则,构成侵权和背信。① 因此,接下来我们讨论控制权的相关内容。

2. 控制权

首先,公司控制权是一个经济学概念,而且截至目前,其也不是一个完全法律意义上的概念。

公司控制权(Corporate Control Rights)是指以公司所有权为基础,拥有公司决策、经营、管理、剩余分配等方面的权利,是指对公司的所有可供支配和利用的资

---

① 参见刘俊海:《论控制股东和实控人滥用公司控制权时对弱势股东的赔偿责任》,载《法学论坛》2022 年第 2 期。

源的控制权力(Control Power)。[1] 公司控制权包括了公司决策控制权、公司执行控制权、公司经营控制权、公司监督控制权和公司剩余控制权。公司决策控制权反映了股东对公司控制权的享有权力,表现为谁拥有股东会的选择控制权,谁就能控制股东会,从而控制董事会。公司执行控制权反映了公司董事会对公司业务执行管理的权力。公司经营控制权反映了公司经理层作为公司常设辅助业务的执行机构,行使对内管理公司的内部事务和对外代表公司与第三人进行业务往来的权力。公司监督控制权反映了公司监事会对公司董事会和经理层的活动及业务执行情况进行监督,以保证公司的各项政策和计划能得到正确的贯彻执行,防止董事会和经理层滥用公司经营控制权,损害公司和股东以及其他利益相关者的利益。公司剩余控制权反映了在不完全企业契约条件下,对公司剩余收益处置的权力。

按照美国法学会的观点[2],"控制权",是指直接或间接地对一个商业组织的管理或(经营)政策施加控制性影响的权力。这种权力可以一个人行使,也可以根据与他人达成的协议或共识几个人一起行使。控制权可以通过对股权利益的所有权或表决权实现。控制权人一般根据合同或其他安排通过一个或几个中间人实施对公司的控制。由此观之,公司控制权在内容上至少应包括以下几个方面:一是掌握公司所拥有的全部财产的处置权,这也是公司控制权的核心内容;二是决定董事会的构成和董事、高管的任免,即具有委任公司管理者的权力;三是对公司的重大事务和经营发展享有最终决策权。各国立法或司法之所以要规制双控人的控制权,主要是其滥用这种控制权,且存在资本多数决滥用,这是指控股股东利用资本多数决原则所享有的对公司的控制权,为自己或者第三人追求额外利益,进而侵害公司和少数股东等的利益或阻碍其预期利益实现的行为。由此可见,资本多数决滥用,必须以控股股东为自己或第三人追求额外利益为前提,必须借助对公司的控制权而发生,其滥用的后果是造成公司或其他股东的利益受损或预期利益无法实现。[3] 遏制资本多数决滥用的法学理论,主要包括权利滥用理论、公序良俗理论以及诚实信用理论。对此,本篇前文对双控人的信义义务内容已有讨论,不再赘述。

实际上,控制权是游离于公司权力法律配置之外客观存在的特殊经济现象。由于实际控制权涉及多维的法律关系以及复杂的运行机制,现行公司法的相关文

---

① 参见林军:《公司控制权的经济学与社会学分析》,暨南大学 2004 年博士学位论文,第 11、20 ~ 22 页。

② 参见美国法学会:《公司治理原则:分析与建议》第 1.08 节控制权。

③ 参见李萌:《公司控制权滥用的法律规制》,吉林大学 2009 年博士学位论文,第 41 ~ 42 页。

本未能基于实际控制人控制权配置的动因、对公司法定权力控制形态的影响以及实际控制人滥用控制权的法律后果做清晰明确的厘清与规范。[①] 在国家的规章政策层面，证监会认为，公司控制权是指能够对股东会的决议产生重大影响或能够实际支配公司行为的权力。其指出具有下列情形之一的，为拥有上市公司控制权[②]："（一）投资者为上市公司持股50%以上的控股股东；（二）投资者可以实际支配上市公司股份表决权超过30%；（三）投资者通过实际支配上市公司股份表决权能够决定公司董事会半数以上成员选任；（四）投资者依其可实际支配的上市公司股份表决权足以对公司股东大会的决议产生重大影响；（五）中国证监会认定的其他情形。"此外，证监会在其发布的《上市公司收购管理办法》第7条第1款中规定，被收购公司的控股股东或者实际控制人不得滥用股东权利损害被收购公司或者其他股东的合法权益。

很明显，虽然控制权的法律属性并未上升到国家的法律法规层面，尚不属于一项法定的权利，但是，毕竟控制权被国家规章所承认，因此也应当受到法律的保护。根据我国《民法典》第113条规定的"民事主体的财产权利受法律平等保护"以及第126条规定的"民事主体享有法律规定的其他民事权利和利益"，受到民事法律保护的不仅包括民事权利这部分利益，还包括不属于民事权利但应受到保护的其他利益，一般称为民事权益。此处的民事权益应作狭义理解，即受到民法保护但不包括权利的那部分利益，理论上也称为"法益"，或称为合法利益。合法利益与权利虽然存在区别，但同样受到民法的保护，只是未有权利之名。因此，双控人的控制权，应当被视为合法的利益而依法受到保护。

享有控制权的主体，既包括控股股东，也包括实际控制人。从本节不得滥用权利的角度而言，控股股东不得滥用股东权利及其享有的控制权，实际控制人也不得滥用其实际享有的公司控制权。

【问题117】控股股东与实际控制人滥用控制权，利用关联交易损害公司、股东或债权人利益纠纷的构成要件有哪些？

【典型案例要旨131】（2020）青25民终132号：在控股股东与实际控制人利用关联交易损害公司、股东或债权人利益纠纷中，"利用其关联关系"和"损害公司利益"是判定赔偿责任的两个根本标准。该根本标准具体体现为交易主体、交易动

① 参见陈洁：《实际控制人公司法规制的体系性思考》，载《北京理工大学学报（社会科学版）》2022年第5期。

② 参见《上市公司收购管理办法》（2020年修正）第84条的规定。

机、交易行为和交易结果四个条件。

北控城市环境服务集团有限公司与滨南生态环境集团股份有限公司、青海森凯环保设备有限公司公司关联交易损害责任纠纷二审民事判决书

青海省海南藏族自治州中级人民法院(2020)

青25民终132号

青海省海南藏族自治州中级人民法院经审理认为:

根据各方当事人的诉辩意见,本案二审的争议焦点为:(1)北控环境服务公司与滨南生态环境公司签订《青海贵德项目运营管理目标责任书》的行为是否存在利用公司关联交易损害第三人利益。(2)滨南生态环境公司应否承担返还责任。(3)北控环境服务公司、滨南生态环境公司应否承担律师费。

关于争议焦点一,损害公司关联交易纠纷,是指公司股东滥用股东权利或者董监高违反法定义务,损害公司利益而引发的纠纷。根据《公司法》第21条:"公司的控股股东、实际控制人、董事、监事、高级管理人员不得利用其关联关系损害公司利益。违反前款规定,给公司造成损失的,应当承担赔偿责任。"这当中,"利用其关联关系"和"损害公司利益"是判定赔偿责任的两个根本标准。该根本标准具体体现为交易主体、交易动机、交易行为和交易结果四个条件。

关于交易主体。

根据查明的事实,北控环境服务公司持有北控贵德公司66.33%的股权,是北控贵德公司的控股股东。滨南生态环境公司是北控环境服务公司子公司,北控环境服务公司与滨南生态环境公司签订《青海贵德项目运营管理目标责任书》,属于公司控股股东与子公司就项目公司的运营进行的交易,交易具有明显的关联性,属于关联交易。

关于交易动机。

关联交易涉及关联人的利益。关联人进行关联交易之时可能为谋取私利而损害公司利益,也可能利用其掌握公司信息的便利、便捷促成公司的交易,达到关联人与公司利益的双赢。关联交易的目的并非当然不正当。该要素是评判关联交易的重要指标。在本案中,从北控贵德公司的企业名称以及经营范围可以得知,该公司从事公共厕所维护管理;环卫清洁服务;城市生活垃圾(含粪便)清扫、收集、运输服务;绿化养护;河道清理;物业管理;家政服务;垃圾分类;餐厨垃圾收集处置;生态环境治理方案策划及咨询服务;市政工程开发建设;养老服务等业务。滨南生态环境公司作为北控环境服务公司的控股子公司,其营业范围与北控

贵德公司相似，成立时间较早，且自2017年北控城市服务投资（中国）有限公司成为贵德县环卫服务市场化项目最终成交供应商后，滨南生态环境公司即受北控城市服务投资（中国）有限公司（北控环境服务公司）委派，在北控贵德公司成立前介入贵德县环卫服务市场化项目的具体运作。在此情形下，北控环境服务公司出于对项目实际运营的考虑，与滨南生态环境公司于2018年4月3日达成《青海贵德项目运营管理目标责任书》，约定由滨南生态环境公司委派项目管理团队负责北控环境服务公司青海贵德项目公司的日常经营管理，并负责青海贵德项目的整体运营，并约定了合作期限、双方的权利义务、项目绩效管理责任经济指标等内容。但是该行为在北控环境服务公司与森凯环保公司分别于2018年3月21日年达成案涉项目《合资经营协议》、2018年3月21日签署《中外合资经营北某章程》之后，也即北控环境服务公司与森凯环保公司此前已就案涉项目的运营达成一致意见，并就共同出资设立合资的北控贵德公司相关事宜达成一致意见，《合资经营协议》约定了经营宗旨和目标、范围、投资总额、注册资金、股权比例、各方权利义务、董事会和监事、经营管理机构等内容，在章程中对公司成立后合资当事人、合资公司的名称及组织形式、经营目的和范围、投资总额及注册资本、董事会、经营管理机构、监事、税务、财务及审计、利润分配等事项进行明确。北控环境服务公司作为北控贵德公司股东，在签订《合资经营协议》和章程后，应充分履行约定的内容，故应对合资有关具体运营中的重大事项与其他股东进行协商，进而提交合资公司董事会会议形成董事会决议后方应进行。但实际上，北控环境服务公司并未经过董事会表决同意，进而与其控股的子公司滨南生态环境公司达成《青海贵德项目运营管理目标责任书》，且该责任书对北控贵德公司应得利润直接与滨南生态环境公司进行了约定，此举在程序上违背了《合资经营协议》和章程，显属程序违法。滨南生态环境公司主张的《青海贵德项目运营管理目标责任书》签订于公司成立之前，其成立时制定的章程不能约束成立之前所签署的协议，不能作为认定双方恶意串通、损害公司利益的依据，无事实和法律依据，本院不予采信。

关于交易行为。

《公司法》所规制的关联行为主要是指关联交易中的非常规交易行为，即关联交易主体滥用集中管理、股权分散或者事实上对公司的控制权，从事损害公司利益的关联交易行为。该行为通常表现为关联公司之间就收益、成本、费用与损益的摊计不合理或不公正。在本案中，北控环境服务公司、滨南生态环境公司通过《青海贵德项目运营管理目标责任书》与北控贵德公司发生关联交易。《青海贵德项目运营管理目标责任书》由北控环境服务公司与滨南生态环境公司签订，约定由滨南生态环境公司委派项目管理团队负责北控环境服务公司青海贵德项目公司的日常经营管理,并就双方的权利义务、项目绩效管理责任经济指标、增量业务提成比例等事项进行了约定。上述内容中,对于双方争议的实质性条款,即项目绩效管理责任经济指标的约定中,明确是由北控环境服务公司青海贵德项目公司收取政府服务费15972000元/年后应扣除填埋场运营费1405400元/年,剩余14566600元/年的4.5%总计655497元/作为甲方(北控环境服务公司)保底利润。森凯环保公司基于此,要求北控环境服务公司返还绩效所得和保底利润,且滨南生态环境公司承担连带责任。就损害公司利益责任纠纷而言,属于赔偿之债,重点不在于约定支付费用的合理性,而在于实际支付费用的合理性。对此,北控环境服务公司与滨南生态环境公司之间就属于北控贵德公司的收益部分直接进行确定,明显不合理。至于该笔费用是否实际支付,北控环境服务公司对此认可,认为其向滨南环保公司支付的绩效所得966869.67元,应由其与滨南生态环境公司连带给付。森凯环保公司对此主张的数额为970000元,但未提交证据证实,故对北控环境服务公司认可实际支付的数额为966869.67元,予以确认。关于保底利润部分,森凯环保公司亦未举证证明该笔费用是否实际发生。中审计报告在或有事项以及关联方关系及其交易中对此节均无反映。故本院对此无法予以采信和支持。

关于交易结果。

只有关联交易人的交易行为给公司带来现实或明显可能发生的损失,公司或相关权利人才能要求相关关联交易人承担赔偿责任。根据查明的事实,北控贵德公司基于《青海贵德项目运营管理目标责任书》,向滨南生态环境公司支付966869.67元绩效所得,该部分属于北控环境服务公司与滨南生态环境公司交易行为给北控贵德公司带来的损失,故北控环境服务公司应承担赔偿责任。

关于争议焦点二,绩效所得部分,系北控环境服务公司通过北控贵德公司将绩效给付滨南生态环境公司,滨南生态环境公司认可收到该笔款项,但其认为这是公司运营收入,是既得部分,不应返还。对此,因北控环境服务公司与滨南生态环境公司签订的《青海贵德项目运营管理目标责任书》程序违法,属无效行为,故其依据该责任书取得的绩效所得应予返还。

关于争议焦点三,北控环境服务公司、滨南生态环境公司利用关联交易损害第三人利益,这同时侵害了森凯环保公司作为公司股东的自身利益,森凯环保公司提出股东代表诉讼并支出律师费用100000元,这是为维护公司权益而支出的必要费用,该费用应当由损害公司利益的一方即北控环境服务公司、滨南生态环境公司承担。故本院结合森凯环保公司诉讼请求的支持情况,酌情支持律师费60000元。

综上所述，北控环境服务公司的上诉请求部分成立，本院予以支持，滨南生态环境公司的上诉请求不能成立，本院不予支持。

二、股东权利滥用的内涵

所谓股权滥用，是指在存在控制性大股东的公司中，由于其余股东拥有的股权较为分散，控制性大股东通过在公司股东会中的投票权优势控制了股东会，进而在董事会中占据了绝大部分席位，使公司的经营决策服从大股东的意志，在法律监管不严格的情况下，控制性股东利用自己的表决权优势在筹资、投资、生产经营、收益分配、股权转让等环节将公司的利益转移至自己手中，从而损害了小股东、债权人以及公司的其他利益主体利益的现象。① 其集中体现就是资本多数决滥用。对此，可以结合后述有关双控人滥用权利的相关责任章节中我们整理的相关案例来理解。

三、不得滥用股东权利的法律渊源

首先，需要说明的是，不得滥用股东权利，是全体股东的义务，只是具备公司控制权的控股股东更容易滥用其基于股权的控制权进而损害公司或其他股东的利益，"一切有权力的人都容易滥用权力，这是万古不易的一条经验。有权力的人们使用权力一直到遇有界限的地方才休止……从事物的性质来说，要防止滥用权力，就必须以权力约束权力"②。滥用控制权在公司法运行中频现的现实也充分证明了这一点，其从而被公司法律所禁止。

此外，实际控制人，在具备公司股东身份时自然应当负有不得滥用股权的义务；但在其不具备公司的直接股东身份时，实际控制人是否应当负有该义务，争议仍然不断。但是，正如本书其他章节所讨论的那样，在出资与资本维持、证券欺诈、控制权交易、结算清算与破产清算，甚至是人格否认等不同阶段中，我国相关立法均将实际控制人与控股股东并列，并要求其对相关法律行为承担相应的法律责任。因此，我们倾向于将实际控制人与控股股东并列，来讨论其不得滥用股东权利（尤其是控制权）的义务（若本书无特别说明，该义务的主体均指双控人，特此提示）。

其次，我国《民法典》第132条规定，"民事主体不得滥用民事权利损害国家利益、社会公共利益或者他人合法权益"。该条属于禁止权利滥用原则，其本质是法

---

① 参见段亚林：《论大股东滥用股权》，中国社会科学院研究生院2000年博士学位论文，第5页。

② ［法］孟德斯鸠：《论法的精神》（上卷），许明龙译，商务印书馆2012年版，第154页。

律对私权行使的限制，也正是《公司法》规定双控人不得滥用股东权利的一般法法源，且体现了法律追求“矫正正义”和“分配正义”的目标。常见的权利滥用情形包括①：

1. 恶意行使权利。如我国台湾地区所谓的“民法”第148条规定：“权利之行使，不得以损害他人为主要的目的。”《德国民法典》第226条规定：“专以加害他人为目的之权利行使，不得为之。”

2. 欠缺正当利益的权利行使。权利的行使，对权利人自己并无实际利益，构成滥用。

3. 以有害的方式行使权利。如《德国民法典》第242条规定：“债务人有义务依据诚实信用的要求，同时照顾交易习惯，履行给付。”

4. 损害大于所获得的利益。如我国台湾地区有判决认为：“倘权利之行使，自己所得利益极少，而他人及国家社会所受损失甚大者，非不得视为以损害他人为主要目的，此乃权利社会化之基本内涵所必然之解释。”

5. 违背权利目的而行使权利。如要式合同中给付已经履行，仍以要式方式之欠缺而主张无效者，即为滥用。立法上，《苏俄民法典》《日本民法典》等都以违背权利的社会经济目的为判断权利滥用的标准。

四、双控人违反不得滥用权利的义务之法律要件与法律后果

司法实践中，权利滥用的一般构成要件包括②：

1. 须有权利的存在。无权利则无滥用。滥用权利的本质是对权利的不当行使，必须以存在权利为前提。

2. 须权利人有与权利行使相关的行为。此种行为可为积极行为，亦可为消极行为。

3. 须权利人的行为有滥用的违法性，造成损害国家利益、社会公共利益或者他人合法权益的后果。

4. 须权利人具有主观过错。通常情况下，这种主观过错表现为权利人的故意，但在一些特定情况下，权利人的过失也可能构成权利滥用。

权利滥用的法律后果，主要包括：

一方面，该行为不能产生相应法律效果。权利的行使如果为法律行为，构成

---

① 参见最高人民法院民法典贯彻实施工作领导小组主编：《中华人民共和国民法典总则编理解与适用》，人民法院出版社2020年版，第681~682页。

② 参见最高人民法院民法典贯彻实施工作领导小组主编：《中华人民共和国民法典总则编理解与适用》，人民法院出版社2020年版，第683页。

权利滥用时,该法律行为无效。如该行为损害国家利益、社会公共利益或者他人合法权益,则该行为无效,且行为人因此承担相应的民事赔偿责任。法律责任的具体种类,在不同的场景也不尽相同,可详见后述的出资与资本维持、证券欺诈、控制权交易、解散清算与破产清算、人格否认等章节的内容。

另一方面,行为人的权利要受到一定的限制。对于可行使权利而不行使,或者即使自己不具备行使权利的条件,也不允许他人行使该权利的,应限制其权利。如《公司法》(2023 年修订)第 52 条就规定了失权制度,股东未依法实缴出资,经公司依法催缴仍未实缴出资的,公司经董事会决议可以向该股东发出失权通知,自通知发出之日起,该股东丧失其未缴纳出资的股权。

【问题 118】根据已与公司其他股东协商一致且公司必须执行控股股东的财务会计制度、服从财务管理的约定,以及《企业国有资本与财务管理暂行办法》(财企〔2001〕325 号)第 7 条第 8 项“实行企业内部资金集中统一管理,依法管理子公司投资、融资事项”之规定,控股股东要求公司将其资金存入控股股东设立的结算中心,并按照银行存款利息标准支付了利息,该行为是否构成滥用股东权利而应承担相应的法律责任?

【典型案例要旨 132】(2016)最高法民终 646 号:能源集团要求云南矿业公司将其所有的 6200 万元存至能源集团开立的结算账户,该行为已导致云南矿业公司不能直接控制和处分自有资产,能源集团未举示相应的证据证明该上存行为系经有权决策机关的授权和认可,故该行为已侵犯了云南矿业公司的法人财产权。

江西省能源集团公司、福建双林农业开发有限责任公司损害公司利益责任纠纷二审民事判决书

最高人民法院(2016)最高法民终 646 号

一审云南省高级人民法院经审理认为:

关于能源集团应否返还款项并支付利息损失的问题。

双林公司认为,能源集团未经其他股东同意,擅自抽走云南矿业公司 6200 万元,该 6200 万元应予以返还,并按贷款利息扣除能源集团已付利息的差额后,向云南矿业公司支付利息损失 13721008.3 元。

能源集团、游某征、张某根、邬某、云南矿业公司认为,云南矿业公司将 6200 万元上存到能源集团结算中心账户是双方自主的行为,是能源集团按照国家有关

规定对资金进行的监管,6200万元的所有权一直归属于云南矿业公司,能源集团亦按照银行的同期存款利息向云南矿业公司及时支付了利息,未给云南矿业公司造成损失,能源集团不应承担款项返还和损失赔偿责任。

一审法院认为:本案中,各方当事人对2011年7月19日,能源集团将其认缴的增资6200万元转入云南矿业公司账户,并于同年8月1日,将6200万元转入了能源集团结算中心账户均予以认可,仅对能源集团是否有权对该笔款项进行转存存有争议。虽能源集团为证实该转存行为未侵害云南矿业公司的公司财产独立性,向一审法院提交了第2组和第3组证据,但因第2组证据中的《关于印发〈江西省煤炭集团公司资金结算中心管理暂行办法〉的通知》《企业国有资本与财务管理暂行办法》仅载明能源集团作为国有企业,为保证国有资产监管职责,有权对其直接投资或直接管理并取得控制权的公司进行资金监管,并未规定监管方式为将其投资的资金转存至能源集团以自己名义开立的账户,第3组证据——《江西省煤炭集团云南矿业公司有限责任公司章程》中,亦无公司资金应存储至能源集团结算中心账户或公司资金转存等资金处置行为无须经过公司股东会或董事会同意的内容,故在能源集团、游某征、张某根、邬某、云南矿业公司未举出充分证据证实6200万元款项转入能源集团结算中心账户经过了云南矿业公司股东会或董事会决议通过的情况下,依照《最高人民法院关于民事诉讼证据的若干规定》第2条关于"当事人对自己提出的诉讼请求所依据的事实或者反驳对方诉讼请求所依据的事实有责任提供证据加以证明。没有证据或者证据不足以证明当事人的事实主张的,由负有举证责任的当事人承担不利后果"之规定,应由能源集团、游某征、张某根、邬某、云南矿业公司承担举证不能的责任。

因能源集团擅自将云南矿业公司的6200万元资金转存至能源集团结算中心账户,加之该结算中心账户的开户人为能源集团,能源集团事实占有了本案属于云南矿业公司的资金6200万元,该行为违反了《公司法》第3条第1款关于"公司是企业法人,有独立的法人财产,享有法人财产权。公司以其全部财产对公司的债务承担责任"及第20条第1款关于"公司股东应当遵守法律、行政法规和公司章程,依法行使股东权利,不得滥用股东权利损害公司或者其他股东的利益;不得滥用公司法人独立地位和股东有限责任损害公司债权人的利益"之规定,侵害了云南矿业公司作为公司法人应享有的财产独立性,故能源集团应向云南矿业公司承担6200万元款项的返还责任。一审法院对能源集团提交的第2组、第3组证据的证明目的不予确认。双林公司该项诉请成立,一审法院予以支持。

因能源集团就云南矿业公司存储至能源集团结算中心账户的6200万元存款已向云南矿业公司支付了利息,双林公司提交的第10组证据——《利息计算表》

系由双林公司单方制作,其他各方当事人不予认可,第11组证据——《探矿权出资作价协议》载明的内容是云南矿业公司按银行同期贷款利息向能源集团支付利息,而并非能源集团就6200万元款项应向云南矿业公司按银行同期贷款利率支付利息,故双林公司认为能源集团按存款利率而非贷款利率向云南矿业公司支付6200万元款项的利息给云南矿业公司造成了利息损失,能源集团应按贷款利息扣除能源集团已付利息的差额后,向云南矿业公司支付利息损失13721008.3元的诉请无事实及法律依据,一审法院不予支持。对双林公司提交的第10组和第11组证据的证明目的一审法院不予确认。

依照《公司法》第3条、第20条第1款、第151条,《最高人民法院关于民事诉讼证据的若干规定》第2条,《民事诉讼法》第152条之规定,判决:

(1)能源集团于该判决生效后10日内向云南矿业公司返还6200万元;

(2)驳回双林公司的其他诉讼请求。

案件受理费420405元,由能源集团负担344732.1元,由双林公司负担75672.9元。

二审中,最高人民法院经审理,以下述理由驳回了能源集团的上诉请求,维持一审判决:

关于能源集团是否应向云南矿业公司返还6200万元的问题。

《公司法》第3条第1款规定:"公司是企业法人,有独立的法人财产,享有法人财产权。公司以其全部财产对公司的债务承担责任。"本案中,能源集团要求云南矿业公司将其所有的6200万元存至能源集团开立的结算账户,该行为已导致云南矿业公司不能直接控制和处分自有资产,能源集团未举示相应的证据证明该上存行为系经有权决策机关的授权和认可,故该行为已侵犯了云南矿业公司的法人财产权。

能源集团上诉认为本案资金上存行为系总经理的权限范围,决策程序合法。对此,因《江西省煤炭集团云南矿业公司有限责任公司章程》第19条规定:"股东会行使下列职权:(一)决定公司的经营方针和投资计划……(四)审议批准公司的年度财务预算方案、决算方案……"该章程第47条规定:"公司总经理行使下列职权:(一)主持公司日常生产经营管理工作,组织实施董事会决议;(二)组织实施公司年度经营计划和投资方案……"故能源集团认为本案将案涉6200万元资金存至能源集团结算中心账户的行为系云南矿业公司总经理的权限范围与上述公司章程的规定不符,其亦未举示其他证据证明履行其他决策程序。能源集团该上诉理由不能成立,本院不予支持。

能源集团上诉认为双林公司提起本案诉讼属于以合法形式掩盖非法目的。

对此，因双林公司作为出资的探矿权是否存在瑕疵与本案争议问题并无关联，能源集团未举示相应的证据证明双林公司存在其他非法目的，故能源集团该上诉理由不能成立，本院不予支持。

【问题119】在一方股东反对转让股权的情况下，为规避该股东的优先购买权，其他股东设立新的公司，将两家公司的资产低价转让给其他股东共同新设的公司，之后又转让给其他公司，后者的转让价格远高于前者，其他股东的该述行为是否构成滥用股东权利？

【典型案例要旨133】（2013）民申字第519、546号：公司10位股东的行为有共同的意思联络；为香港公司收购股权的目的实现，10位股东紧密配合、规避法律，共同完成相关公司之间资产的反复移转和股权的转让；10位股东不通知石某强参加股东会以及违反公司章程设立关联公司、低价转让资产至关联公司等行为，使石某强的股权权益受损。故10位股东构成滥用股东权利对石某强合法权益的共同侵权，应当共同承担赔偿责任。

王某跃、杜某斌、冯某根、茅某晖、余某标、李某亮与石某强、王某、唐某民、刘某、程某文、山东凯雷圣奥化工有限公司、江苏圣奥化学科技有限公司股东滥用股东权利赔偿纠纷民事裁定书

最高人民法院（2013）民申字第519、546号

一审上海市第一中级人民法院经审理后判决：

依照《公司法》第20条第2款和《侵权责任法》第8条，判决如下：

1. 刘某、王某、王某跃、杜某斌、冯某根、程某文、茅某晖、余某标、李某亮、唐某民于本判决生效之日起10日内，对石某强股权损害赔偿金人民币252876650.60元及利息承担连带赔偿责任（利息以人民币252876650.60元为本金，自2008年5月28日起至实际偿付之日止，按中国人民银行公布的同期银行贷款利率计算）；

2. 驳回石某强的其他诉讼请求。

一审案件受理费人民币2289036元，由刘某、王某、王某跃、杜某斌、冯某根、程某文、茅某晖、余某标、李某亮、唐某民共同负担人民币1288033元，由石某强负担人民币1001003元。

二审上海市高级人民法院经审理认为：

关于王某、刘某、程某文、唐某民、王某跃、杜某斌、冯某根、茅某晖、余某标、李某亮10位股东是否存在滥用股东权利造成石某强损失的问题。

在香港凯雷圣奥公司收购上海圣奥公司、山东圣奥公司股权无果的情况下,上诉人王某、刘某、程某文、唐某民、王某跃、杜某斌、冯某根、茅某晖、余某标、李某亮为规避石某强的股东优先购买权,滥用股东权利实施了侵权行为。

1. 除石某强之外的10名股东新设与上海圣奥公司、山东圣奥公司股权结构相同的山东凯雷圣奥公司,因山东凯雷圣奥公司无法实现香港凯雷圣奥公司的收购目的,再设江苏圣奥公司。

2. 将上海圣奥公司、山东圣奥公司的资产以明显低于香港凯雷圣奥公司的拟收购价格转让江苏圣奥公司。

3. 将明显低价受让上海圣奥公司、山东圣奥公司资产的江苏圣奥公司的40%股权,以较高价格与香港凯雷圣奥公司完成股权转让。

在上述侵权行为过程中,王某、刘某、王某跃等10位股东构成共同侵权。

首先,王某、刘某、王某跃等10位股东的行为,有共同的意思联络,主观上有共同故意性。

其次,为使香港凯雷圣奥公司收购股权的目的实现,10位股东紧密配合,规避法律,共同完成相关公司之间资产的反复移转和股权的转让,其目的具有违法性。

再次,10位股东的上述行为直接导致石某强在上海圣奥公司、山东圣奥公司所占股权利益受损的结果发生。

最后,正因为王某、刘某、王某跃等10位股东不通知石某强参加股东会以及违反公司章程设立关联公司、低价转让资产至关联公司等行为,才使石某强的股权权益受损,二者之间有直接的因果关系。根据《公司法》第20条第2款的规定,公司股东滥用股东权利给公司或者其他股东造成损失的,应当依法承担赔偿责任。

故王某、刘某、王某跃等10位股东构成滥用股东权利而对石某强合法权益的共同侵权,应当共同承担赔偿责任。

关于王某、刘某、王某跃等10位股东赔偿石某强损失计算的问题。

从香港凯雷圣奥公司与王某、刘某、王某跃等10位股东最初签署的《股权转让意向书》约定的目标是收购上海圣奥公司的40%股权,到最终完成江苏圣奥公司40%股权的收购,香港凯雷圣奥公司根据《股权转让及增资协议》《特别协议》《特别补偿协议》等约定,为收购江苏圣奥公司40%股权共计支付了对价9.472亿元。考量9.472亿元对价40%江苏圣奥公司股权,就香港凯雷圣奥公司作为受让人而言,这应当是当时江苏圣奥公司40%股权的市场价格,属公平合理价格。也与最初约定收购上海圣奥公司40%股权的原则是一致的,且对于上述交易价格王某、刘某、王某跃等10位股东均在相关的文件上予以确认签字。

故一审法院以香港凯雷圣奥公司收购江苏圣奥公司40%股权的对价9.472亿元所折算的江苏圣奥公司资产价值，与上海圣奥公司、山东圣奥公司向江苏圣奥公司转让资产的价值393943398.93元之间的差额计算石某强的损失并无不当，对此予以确认。

再审法院最高人民法院经再审，以如下理由驳回再审申请人的再审申请：

关于再审申请人等股东是否侵权。

作为股东，石某强反对公司重组和股权转让，属于正常行使股东权利，并没有过错。在石某强反对转让股权的情况下，其他股东设立新的公司，将上海圣奥公司和山东圣奥公司的资产以低价转让给江苏圣奥公司，之后又转让给其他公司，后者的转让价格远高于前者，石某强作为股东的利益严重受损。再审申请人等股东的行为构成侵权，应承担民事责任。王某跃等10人虽然没有代表有关公司在转让协议上签字，但有关协议的签订得到了他们参加的股东会的认可，王某跃等10人与其他股东是共同侵权人。

另外，一、二审法院均未判决山东凯雷圣奥公司和江苏圣奥公司承担连带责任，故刘某、程某文称判决该两家公司承担连带责任，是没有依据的。

关于损失赔偿额。

由于客观上已无法评估上海圣奥公司和山东圣奥公司转让时的资产价值，一、二审判决以两次转让的差价作为石某强损失的计算依据并无不当。香港凯雷圣奥公司为购买江苏圣奥公司40%的股权支付的款项包括了海外支付的特别款和增资款。上述款项虽然没有以股权转让款的名义支付，但属于香港凯雷圣奥公司取得股权的总对价的一部分，增资款也用于收购被转让公司的资产。高管奖励3200万元是按股权比例支付给各股东的，系因股权转让而发生。

一、二审判决在认定石某强损失金额时将上述款项考虑在内是合理的。上述损失在侵权行为实施时即发生，故判决再审申请人从侵权行为发生时起支付赔偿金利息亦无不当。

【问题120】控股股东利用其为董事长同时为子公司董事长的条件和掌管子公司公章的权力，自行制作《股东会决议》，能否据此认定该控股股东滥用股东权利、侵犯子公司另一股东的合法权益？

【典型案例要旨134】(2013)民二终字第43号：这些行为及经营活动均是以“渡假村公司董事会、董事长”名义而实施，其对内为董事会行使职权，对外则为“渡假村公司”的法人行为，没有证据证明是中冶公司作为股东而实施了越权行为。尽管大股东中冶公司的法定代表人邹某同时担任渡假村公司董事会的董事长，但此“双重职务身份”并不为我国公司法及相关法律法规所禁止，且该董事长系由渡假村公司股东会依公司章程规定选举产生，符合我国《公司法》(2005年修订)第45条第3款的规定。在此情形下，渡假村公司及其股东中冶公司均为人格独立的公司法人，不应仅以两公司的董事长为同一自然人，便认定两公司的人格合一，进而将渡假村公司董事会的行为认定为中冶公司的行为，这势必造成公司法人内部决策机制及与其法人单位股东在人格关系上的混乱。此外，两公司人格独立还表现为其财产状况的独立和明晰，在没有证据证明公司与其股东之间存在利益输送的情况下，此类“董事长同一”并不自然导致“法人人格否认原理”中的“人格混同”之情形，不能据此得出中冶公司的表决行为损害了渡假村公司及其股东海钢集团利益的结论。

海南海钢集团有限公司与中国冶金矿业总公司及三亚渡假村有限公司损害股东利益责任纠纷二审民事判决书

最高人民法院(2013)民二终字第43号

最高人民法院经审理认为：

关于中冶公司是否滥用了股东权利并由此给海钢集团造成损失的问题。

2006年10月22日，渡假村公司召开股东会，讨论了该公司与海韵公司的合作开发事宜，并决定于同年11月7日之前全体股东就该事项进行书面表决。此后，公司的股东按照董事会要求进行了书面表决，其结果为：包括中冶公司在内的三位股东赞成，海钢集团等两位股东反对，另有一位股东(单位)弃权。同年11月17日，渡假村公司董事会作出《三亚渡假村有限公司股东会决议》，公布了表决结果，其称股东会以61.24%的赞成票通过了渡假村公司与海韵公司的合作开发方案。该文落款为“三亚渡假村有限公司董事会，董事长邹某”，并加盖了渡假村公司的公章。其后，渡假村公司与海韵公司相继签订了《三亚渡假村合作开发协议》《补充协议》等协议，并实施了合作开发事项。

本院认为，在渡假村公司股东会进行上述表决的过程中，中冶公司作为该公司的股东投了赞成票，系正当行使其依法享有表决权的行为，该表决行为并不构成对其他股东权利及利益的侵害。基于全体股东的表决结果，渡假村公司董事会制定了《三亚渡假村有限公司股东会决议》，其载明：“根据公司法规定：渡假村公司股东会通过渡假村公司与海韵公司合作开发方案。”此后，双方签订了《三亚渡假村合作开发协议》，并将之付诸实施。这些行为及经营活动均是以“渡假村公司董事会、董事长”名义实施，其对内为董事会行使职权，对外则为“渡假村公司”的法人行为,没有证据证明其是中冶公司作为股东而实施的越权行为。尽管大股东中冶公司的法定代表人邹某同时担任渡假村公司董事会的董事长,但此“双重职务身份”并不为我国公司法及相关法律法规所禁止,且该董事长系由渡假村公司股东会依公司章程规定选举产生,符合我国《公司法》第45条第3款的规定。在此情形下,渡假村公司及其股东中冶公司均为人格独立的公司法人,不应仅以两公司的董事长为同一自然人,便认定两公司的人格合一,进而将渡假村公司董事会的行为认定为中冶公司的行为,这势必造成公司法人内部决策机制及与其法人单位股东在人格关系上的混乱。此外,两公司人格独立还表现为其财产状况的独立和明晰,在没有证据证明公司与其股东之间存在利益输送的情况下,此类“董事长同一”并不自然导致“法人人格否认原理”中的“人格混同”之情形,不能据此得出中冶公司的表决行为损害了渡假村公司及其股东海钢集团利益的结论。

因此,原审判决依“中冶公司利用其董事长邹某同时为渡假村公司董事长的条件和掌管渡假村公司公章的权力自行制作《三亚渡假村有限公司股东会决议》”,认定中冶公司“系滥用股东权利,并由此侵犯了海钢集团的合法权益”,没有事实和法律依据。

关于本案中渡假村公司股东会的表决程序及结果的合法性与中冶公司是否滥用股东权利两者之间的关系问题。

渡假村公司的《有限责任公司章程》第8条第6项“议事规则”规定,“股东会一般一年召开一次,股东会的决议,修改章程必须经三分之二以上的股东表决通过”。二审期间,海钢集团、中冶公司对该条款规定的“三分之二以上的股东表决通过”是否适用本案的表决存有不同理解,即“股东会的决议”是指股东会的所有决议,还是仅指关于“修改章程”的决议。本院认为,该争议问题涉及股东会表决程序及结果是否符合公司法及公司章程的规定,无论其合法性如何认定,都是渡假村公司董事会行使职权的行为,其责任归于董事会,而不应作为判定中冶公司在表决中是否滥用了股东权利的依据。此外,本案“土地开发合作事宜”属于该公司一般性的经营活动,我国《公司法》第44条并未规定该决议必须经代表2/3以上表决权的股东通过,故原审认定股东会就土地开发合作事宜进行的表决未达到该条规定的表决权不当。

关于海钢集团所主张损失的性质问题。

海钢集团诉称,渡假村公司在与海韵公司的合作开发项目中,对土地价格的评估远低于当时的市场价,给渡假村公司造成了巨大的损失,按海钢集团持有的股权比例,请求中冶公司赔偿海钢集团同类地段、同类价格、同等数量(23.4亩)的土地使用权。本院认为,海钢集团诉称的“损失”产生于渡假村公司与海韵公司的合作开发项目建设过程中，依双方约定，渡假村公司拿出部分土地给海韵公司开发建设，海韵公司则为渡假村公司建设一幢四星级酒店及职工宿舍等。海钢集团据此主张由中冶公司赔偿其相应的损失，没有事实和法律依据，理由是：(1)渡假村公司在该合作开发项目中的“损失”不属于本案审理的范围，本院在此不能作出判定；(2)即使该“损失”存在，请求该项“损失”救济的权利人应是渡假村公司，而非海钢集团；(3)如海钢集团代渡假村公司主张权利，则诉讼权利受益人仍是渡假村公司，这与本案不属于同一法律关系，亦不属于本案审理范围。

综上，上诉人海钢集团关于中冶公司滥用股东权利、侵害了其股东权益，应予赔偿的诉讼请求，缺乏事实和法律依据。原审判决认定事实及适用法律均有不当，应予以纠正。本院依据《民事诉讼法》第119条、第170条第1款第2项之规定，判决如下：

(1)撤销海南省高级人民法院(2012)琼民二初字第1号民事判决书；

(2)驳回海钢集团的诉讼请求。

第四节 控股股东与实际控制人的公平交易义务

一、公平交易义务

1. 公平交易的分类

为准确理解双控人的公平交易义务，并根据不同场景下的特殊性进一步分析双控人的角色、应负的具体义务、所涉交易可能对公司或其他股东造成的影响程度、可能提供的事先预防措施、事后救济手段(包括司法上的审查标准、举证责任)，有必要对其中的交易进行适当的分类。因此，我们尝试性地对所涉交易进行如下初步分类：

第一种分类，根据交易对手的不同，分为与公司交易、与第三人交易。前者是指双控人作为交易一方当事人与其所控制的公司作为另一方当事人而发生的交易或合同事项；后者是指双控人作为交易一方当事人与其所控制的公司之外的其他组织作为另一方当事人而发生的交易或合同事项。前者属于关联交易，在本书第四篇中详述；而对于后者，本书关注的是双控人使用了原本属于公司的商业机会而与第三人发生的交易，而非双控人与一般第三人之间发生的与公司商业机会无关的交易。

第二种分类，根据交易标的的不同，分为公司机会交易、公司控制权交易。前者是指双控人使用了原本属于公司的商业机会而与第三人发生的交易；后者则指双控人通过出让所持公司的股权或股份给公司现有其他股东之外的第三人而出让公司控制权的交易。

通过以上两种分类,与双控人有关的关联交易、篡夺交易机会、公司控制权交易应是我们研究的重点,也将在后续的专门篇章中讨论。

第三种分类,根据交易对公司及其股东重要性程度的不同,分为经营性交易、权益性交易。前者是指双控人与公司发生的与日常经营管理有关的交易或事项;而后者则是指[1]公司合并、公司股份的发行及回购、公司组织变更、出售公司的全部或重要资产、更换公司股票及修改公司章程等涉及公司根本性变更或影响重大的交易或事项。

对此种分类,前者更多的还是在关联交易中讨论,而后者比较分散,且目前我国公司法在该述情景中并未对双控人规定特殊的义务,只是在上市公司的相关规范性文件中有所涉及,例如公司上市与增发股票、上市公司收购、上市公司的重大资产重组等。对于双控人的义务性规定,主要包括配合公司履行信息披露义务,真实、准确、完整地如实陈述义务,以及对收购人的主体资格、诚信情况及收购意图进行调查等具体义务。

第四种分类,根据交易利益享受主体的股东范围不同,分为排他性交易、共享性交易。前者是指双控人主导的交易事项中排除了其他股东的受益机会而由其独享收益的交易或事项;后者则是指双控人主导的交易事项中其他股东都有参与机会且参与方也因此而受益的交易或事项。

对于双控人在第三、四种分类的交易中是否履行了公平交易义务,其审查标准是不同的。对于前者,通常根据商业判断原则予以审查,如本书前文介绍的美国特拉华州的"门槛规则",而对于后者,则使用实质公平标准审查。

2. 公平交易义务的内涵

公平交易义务,是普通法上的概念,是指合同一方当事人在其商业关系中负有诚实信用、公平对待对方的法律义务。控制股东对公司及其少数股东、债权人负有诚信义务,在私益交易中,具体表现为公平交易义务(duty of fair dealing),即控制股东在与附属公司进行交易时,应当在公开信息的前提下,履行公平的授权程序,遵守公平的交易条件,否则应承担相应的损害赔偿责任。[2]

公平交易义务,既有程序性要求,保持信息公开与程序公平,又有实质性要求,保证交易的实质公平。程序性要求中的信息公开,一般要求控制股东对利益冲突及交易本身的信息进行公开;程序公平,要求事先取得无利益冲突的股东或

---

① 参见习龙生:《论控制股东的私益交易及其公平交易义务》,载《中外法学》2005 年第 4 期。

② 参见习龙生:《论控制股东的私益交易及其公平交易义务》,载《中外法学》2005 年第 4 期。

董事的事先授权或批准,在特别情况下,如获得公司的商业机会,获得事后批准亦可。

3. 公平交易义务的法律渊源

美国法学会在其出版的《公司治理原则:分析与建议》(Principles of Corporate Governance:Analysis and Recommendations)一书中,将双控人有关的公平交易义务分为控股股东与公司之间的交易,控股股东使用公司财产、公司的重大非公开信息或者在公司的地位,控股股东获取公司机会,代表控股股东之关联方的行为,以及控股股东向第三方转让具有表决权的资本性证券等几种类型。

对于控股股东与公司之间的交易以及控股股东获取公司机会,二者不但都需要满足对公司的公平性条件,而且需完成事先的信息披露(利益冲突和交易本身)、获得无利益冲突的股东的事先授权或批准(若获得的交易机会不具备这两项条件,控股股东负有证明交易公平性的举证责任),且该交易不构成对公司财产的浪费。当然,若该机会由控股股东或公司在征得控股股东同意后提供给公司的股东,则该商业机会的使用就属于合法使用,不需要符合前述要求。①

对于控股股东使用公司财产、公司的重大非公开信息或者在公司的地位,仍需满足公平性条件,且使用这种控制性地位对公司的其他股东并无不公,这种使用本身并不违法。

对于控股股东向第三方转让具有表决权的资本性证券,该控股股东应当向其他在交易中被涉及的股东们进行有关交易的信息披露,且依据当时情势判断,很明显买家没有可能违反公平交易义务以至于为买家或其关联方获得重大的利益,若此,控股股东就视为合格地履行了公平交易义务。

对于双控人的公平交易,我国《公司法》除2005年修订的时候增加了第21条禁止利用关联交易损害公司利益否则应当承担赔偿责任之外,并无其他规定要求双控人承担包括单纯以双控人身份(未担任公司董监高的情形)篡夺公司商业机会等在内的公平交易义务。而《公司法解释五》也只是进一步明确了关联交易除需具备合格的信息披露与合法程序之外,还需对其进行实质性审查而已。

二、不得利用关联交易损害公司利益的义务

正如本书第四篇所述,关联交易或英美公司法上的自我交易,并未被法律所

① 这与《德国股份公司法》有关关联交易的规定相近:Section 111a Related party transactions

(3) Furthermore, the following are not considered related party transactions within the meaning of sections 107 and sections 111a to 111c:

6. transactions offered to all stockholders at the same terms。

禁止。公司法禁止的是双控人或董监高利用关联交易损害公司或股东利益的行为。

不管是我国公司法，还是其他国家的公司法，对于关联交易而言，不管是双控人还是董监高，实质上都负有公平交易义务。因此，本书第四篇的内容，同样适用于双控人，除本篇另有讨论外，不再赘述。

三、公司为其股东或者实际控制人提供担保时的回避表决义务

《公司法》(2005 年修订)第 16 条新增了公司对外担保的内容，其中第 2 款和第 3 款为双控人提供担保的特别规定：公司为公司股东或者实际控制人提供担保的，必须经股东会或者股东大会决议。前款规定的股东或者受前款规定的实际控制人支配的股东，不得参加前款规定事项的表决。该项表决由出席会议的其他股东所持表决权的过半数通过。2023 年修订的《公司法》仅对其做文字性修订后，继续保留。

据此规定，公司对双控人提供担保的，需要满足以下程序性的规定：第一，必须经过公司股东会决议；第二，表决回避，即被担保的控股股东或被担保的实际控制人支配的股东，不得参与该担保事项的表决；第三，无利益冲突股东的半数决，即须被担保的控股股东或被担保的实际控制人支配的股东之外的股东所持表决权的过半数表决通过。

前述第三项，实质上贯彻了少数中的多数决原则，即与表决事项没有利益冲突的股东(相对于控股股东而言是少数)，由其所持过半数(少数中的多数)表决权通过，该交易对公司而言就可以视为公平的，既符合程序正义，又符合实质公平。

在此情况下，被担保的控股股东或被担保的实际控制人支配的股东，实质上承担了回避表决的义务。

四、控制权交易时的实质公平义务

控制权交易，也即控制权转让(transfer of control)，又称控制权出售(sale of control)，是指控制股东转让其控制股份的行为。控制权转让是伴随公司股权收购与资产收购的一种自然结果。与其他股份转让行为相比，控制权转让具有特殊性：(1)转让主体是控制股东。(2)转让客体是控制股份。能够控制公司的股份被称为控制股份(control shares)，该种股份代表了控制公司如任命管理者、决定公司重大决策的权力。(3)控制权转让的价格。控制股东所拥有的股份具有一种溢价权益，被称为“控制权溢价”，它表现为存在于股份价格上的差价或者向控制股东

支付的额外数额。①

在控制权交易的特殊情况下,控股股东是否对公司或其他股东负有信义义务,在理论上仍有争议,但是,更多的研究表明,在控制权交易过程中,控股股东应当负有信义义务。控股股东违反注意义务之所以只能发生于"掠夺案件",是因为控制权交易常伴随有异乎寻常的控制权溢价(controlling rights premium)现象,收购方之所以愿意支付高额对价,是因为其往往怀有取得控制权后掠夺公司和其他股东利益以弥补收购成本的强烈动机。对于股东间这种显而易见的利益失衡问题,美国司法实践的基本态度并非直接否定交易本身,而是将溢价部分依据直接受害者的不同分配给公司或由其他股东依照持股比例分享,从而将利益关系恢复到正常状态。②

在上市公司领域,我国现有法律、规章和规范性文件均明文规定了控制权交易中双控人的信义义务。

首先,我国《证券法》第80条规定了公司的信息披露义务,这种披露义务的最终责任人为双控人,即发生可能对上市公司、股票在国务院批准的其他全国性证券交易场所交易的公司的股票交易价格产生较大影响的重大事件,投资者尚未得知时,公司应当立即将有关该重大事件的情况向国务院证券监督管理机构和证券交易场所报送临时报告,并予公告,说明事件的起因、目前的状态和可能产生的法律后果。前述所称重大事件包括:持有公司5%以上股份的股东或者实际控制人持有股份或者控制公司的情况发生较大变化,公司的实际控制人及其控制的其他企业从事与公司相同或者相似业务的情况发生较大变化;公司的控股股东或者实际控制人对重大事件的发生、进展产生较大影响的,应当及时将其知悉的有关情况书面告知公司,并配合公司履行信息披露义务;等等。

其次,《上市公司收购管理办法》第7条第2款规定了双控人应当就所出让股权消除损害,即被收购公司的控股股东、实际控制人及其关联方有损害被收购公司及其他股东合法权益的,上述控股股东、实际控制人在转让被收购公司控制权之前,应当主动消除损害;未能消除损害的,应当就其出让相关股份所得收入用于消除全部损害做出安排,对不足以消除损害的部分应当提供充分有效的履约担保或安排,并依照公司章程取得被收购公司股东大会的批准。

另外,该办法第21条和第53条规定了控股股东的信息披露义务和调查义务,即上市公司的收购及相关股份权益变动活动中的信息披露义务人应当在证券交易所的网站和符合中国证监会规定条件的媒体上依法披露信息;在其他媒体上进

---

① 参见李建伟:《公司法学》,中国人民大学出版社2011年版,第338页。

② 参见靳羽:《美国控制股东信义义务:本原厘定与移植回应》,载《比较法研究》2021年第1期。

行披露的,披露内容应当一致,披露时间不得早于前述披露的时间。上市公司控股股东向收购人协议转让其所持有的上市公司股份的,应当对收购人的主体资格、诚信情况及收购意图进行调查,并在其权益变动报告书中披露有关调查情况。控股股东及其关联方未清偿其对公司的负债,未解除公司为其负债提供的担保,或者存在损害公司利益的其他情形的,被收购公司董事会应当对前述情形及时予以披露,并采取有效措施维护公司利益。

此外,该办法第6条还规定了,包括双控人在内的任何人不得利用上市公司的收购损害被收购公司及其股东的合法权益。

综合以上分析,笔者认为,控制权交易时的实质公平义务,是在双控人对公司具有控制权且其容易滥用这种控制权进而损害公司或其他股东的利益的特殊情形下,要求双控人在控制权交易开始之前或交易完成之后对公司及其他股东进行信息披露,交易过程中对可疑的"掠夺者"进行必要的调查,且不得向已经证实的"掠夺者"出售控制权,以从实质上保障公司及其他股东的权益不受损害的义务。因此,实质公平义务包括信息披露、消除损害、调查掠夺者、不得向掠夺者出售控制权等具体义务。

五、不得从目标公司获得财务资助的义务

2023年修订的《公司法》第163条,对股份公司的并购业务,新增了禁止财务资助条款,该条规定:"公司不得为他人取得本公司或者其母公司的股份提供赠与、借款、担保以及其他财务资助,公司实施员工持股计划的除外。为公司利益,经股东会决议,或者董事会按照公司章程或者股东会的授权作出决议,公司可以为他人取得本公司或者其母公司的股份提供财务资助,但财务资助的累计总额不得超过已发行股本总额的百分之十。董事会作出决议应当经全体董事的三分之二以上通过。违反前两款规定,给公司造成损失的,负有责任的董事、监事、高级管理人员应当承担赔偿责任。"

这其中的"他人",包括收购股份或认购增资后成为股份公司控股股东的人,也包括收购股份公司母公司股权或股份而成为股份公司实际控制人的人,即股份公司潜在的双控人。也就是说,该条新增的禁止财务资助的内容,实质上赋予了股份公司的收购方(包括收购后成为双控人的收购方)不得从目标公司获得财务资助的法定义务。虽然,此时收购方尚不是股份公司的股东,但既然已经提供了财务资助、股份转让或增发新股且由收购方受让或认购的相关交易文件已经达成,其成为公司股东的可能性是非常大的;即使交易因故没有最终达成、收购方未成为公司股东,公司因为财务资助而受损的可能性也非常小。因此,作为双控人

的收购方在该述交易中就承担不得从目标公司获得财务资助的法定义务，也符合本条规定的意旨，更与双控人在公司控制权交易中的实质公平义务相契合。或者说，该义务亦属于公司控制权交易时双控人实质公平义务的应有范围。

就资助的行为效力而言，该条应属效力性强制性规定，若资助行为违反该条规定，该行为应当属于无效法律行为。除对提供资助负有责任的董监高承担赔偿责任外，如其实际赔偿能力不足，接受资助的收购方是否也应当承担一定的赔偿责任，若承担，应当承担什么样的赔偿责任，是补充性赔偿还是连带性赔偿？这是一个值得深入研究的问题。

笔者认为，该条规定是明确的，若能证明收购方与董监高相互勾结，则两类人承担连带赔偿责任应无异议；即使不能证明存在相互勾结，从收购的实践来看，公司董监高与收购方若无利益勾兑，其自然没有动机主动促使公司向收购方提供财务资助，即该种情况下，亦可以推定两类人之间存在故意违反该条规定而提供财务资助的主观共同故意，进而构成共同侵权，从而两类人对公司承担连带性赔偿责任。当然，司法实践具体如何发展，我们翘首以待。

此外，对于违法提供资助的情形，我国公司法并未规定相应的行政责任，更没有规定直接的刑事责任，相较于英国公司法的规定，我国公司法禁止资助的这种规定，很难起到令行禁止的效果，或者说尽管公司法新增了该述规定，也很难对真正计划提供资助的公司或促成该事的董事、高管产生实际的警示、威慑作用。没有责任的义务，只是一张空白支票，也是法律的漏洞，更是立法者无能的表现。非常遗憾的是，类似现象在我们的立法中频频发生，可谓是一种悲哀。

第十三章

控股股东与实际控制人的责任之一：指示董事和高管侵权时

本章中，除非相关语境可以理解为狭义的影子董事，否则均视为广义的影子董事予以叙述。

广义上的影子董事，是指如下的公司法现象，即一些人或组织，虽未获得股东会或董事会合法授权，更未经政府主管机关登记公示，却利用其对公司或董监高（选举、委派或任命等方面）的影响力（不管是基于控股还是基于实际控制，抑或基于其他诸如股权代持、一致行动人协议、代行投票权等方式），如影子一般躲在背后，指示或指令听命于其的董监高行事，从而间接地行使董监高的法定或实际职权。

在公司法进化的过程中，对于这种需要法律规制的特殊现象，英美法系与大陆法系采取了不同的规制路径，前者采取了公司法的规制路径，而后者选择了侵权法的规制路径。

因此，广义的影子董事范围，既包括英美法系狭义的影子董事，也包括《德国股份公司法》第 117 节规定的两类人：利用影响力故意迫使董事会或监事会成员、经理、授权代理人（暂将其称为董监高）从事损害公司或其股东利益的行为的人（暂将其称为迫使人），以及故意唆使前一类人（迫使人）施加影响并因该损害行为而获利的人（暂将其称为唆使人），还包括我国 2023 年修订的《公司法》第 192 条规定的指示人。

第一节　影子董事的发展与现状

一、影子董事在英国的起源与发展

在立法层面上，具备现代影子董事实质内涵的立法例，起源于英国，更发展、成熟于英国。

早在1908年，《英国公司法》第26节第(2)(1)项，就要求对公司需要报告的"年度会员名单及摘要"中，必须包括"在申报时是公司董事或担任董事职务的人的姓名和地址，无论其称谓如何"①，同时，"对在英国境外设立的公司的要求"中，该法第274节第(6)项还对董事的范围作了规定，即"'董事'一词包括任何担任董事职务的人，不论其称谓如何"②。

从其文义表述来看，按照本书前述分类，此时的董事，除"法律上的董事"外，还包括本书所述的事实董事，但还很难理解为包含影子董事。

1917年，英国的《公司(关于董事的细节)法》第3节，将董事的内涵扩大为包括"公司董事习惯于按照其指示或指令行事的任何人"③。

1948年，英国的《公司法》对董事的解释，与英国1908年《公司法》的表述基本一致，即"董事"包括任何以任何名义担任董事职务的人④。

1980年，英国的《公司法》对影子董事的立法趋于完善。该法在其第63节影

---

① Companies (Consolidation) Act 1908, 26 Annual list of members and summary.

(2) The list must state the names, addresses, and occupations of all the past and present members therein mentioned, and the number of shares held by each of the existing members at the date of the return, specifying shares transferred since the date of the last return or (in the case of the first return) of the incorporation of the company by persons who are still members and have ceased to be members respectively and the dates of registration of the transfers, and must contain a summary distinguishing between shares issued for cash and shares issued as fully or partly paid up otherwise than in cash, and specifying the following particulars:—

(I) The names and addresses of the persons who at the date of the return are the directors of the company, or occupy the position of directors, by whatever name called.

② Companies (Consolidation) Act 1908, Part IX Companies Established Outside the United Kingdom. 274 Requirements as to companies established outside the United Kingdom.

"(6) For the purposes of this section—

The expression 'director' includes any person occupying the position of director, by whatever name called."

③ Companies (Particulars as to Directors) Act 1917, Section 3 董事内涵的表述为"In relation to a company, 'shadow director' means a person in accordance with whose directions or instructions the directors of the company are accustomed to act"；笔者尚未收集到该法案的原文，该表述转引自乌克兰基辅塔拉斯舍甫琴科国立大学法学博士、商法学系副教授 Oleksandra Viacheslavivna Kolohoida "The Concept of Shadow Directors' Liability under the United Kingdom and Ukrainian Legislation"一文，并参考 The Law Commission and the Scottish Law Commission 于 1998 年发布的"Company Directors Regulating Conflicts of Interests and Formulating a Statement of Duties: A Joint Consultation Paper"第279页的内容。

④ See Companies Act 1948, Supplemental. 455 Interpretation.

"(1) In this Act, unless the context otherwise requires, the following expressions have the meanings hereby assigned to them (that is to say):—

'director' includes any person occupying the position of director by whatever name called."

子董事的释义中规定[①]：

“(1)—除以下第(2)和(5)款另有规定外，就本部分法案的本部分而言，公司董事习惯于按照其指示或指令行事的人(‘影子董事’)应被视为公司董事，除非董事习惯于仅根据该董事以专业身份提供的建议行事。

(2)影子董事不得仅凭第(1)款而犯上文第57(6)条所订罪行(有关未依法向股东披露公司账目及交易合同等相关信息的董事构成犯罪的规定——笔者注)。

……

(4)根据1967年法案第26条(董事服务合同等，供公司成员查阅)，公司的影子董事应被视为公司的董事。”

至此，影子董事的实质内涵明确下来，即影子董事是公司董事习惯于按照其指示或指令行事的人。但是，以专业身份提供建议者除外。

英国2006年修订的《公司法》及其后的修改内容中[②]，影子董事的内涵与1980年《英国公司法》一致，只是例外情况有所变化。

修订后的《英国公司法》规定：“……(2)任何人不得仅因董事的如下行为而被视为影子董事：(a)根据该人以专业身份提出的意见；(b)按照该人在行使法例所赋予或根据法例所赋予的职能时所发出的指令、指示、指引或意见；(c)按照该人以王室大臣(根据1975年《王室大臣法》的含义)的身份给出的指导或建议。”即履行法定职能或以法定身份提供指示或意见者，不属于影子董事。

另外，1986年《英国破产法》经2015年《小企业、企业和就业法》(Small

---

① See Companies Act 1980, Supplemental 63. Shadow directors.

“(1)—Subject to subsections (2) and (5) below, a person in accordance with whose directions or instructions the directors of a company are accustomed to act (a shadow director) shall be treated for the purposes of this Part of this Part of Act as a director of the company unless the directors are accustomed so to act by reason only that they do so on advice given by him in a professional capacity. (2) A shadow director shall not be guilty of an offence under section 57(6) above by virtue only of subsection (1) above. (4) A shadow director of a company shall be treated for the purposes of section 26 of the 1967 Act (directors' service contracts, etc., to be open to inspection by a company's members) as a director of the company.”

② See Companies Act 2006, Meaning of “director” and “shadow director” 251 “Shadow director” “(1) In the Companies Acts ‘shadow director’, in relation to a company, means a person in accordance with whose directions or instructions the directors of the company are accustomed to act. (2) A person is not to be regarded as a shadow director by reason only that the directors act

(a) on advice given by that person in a professional capacity; (b) in accordance with instructions, a direction, guidance or advice given by that person in the exercise of a function conferred by or under an enactment; (c) in accordance with guidance or advice given by that person in that person's capacity as a Minister of the Crown (within the meaning of the Ministers of the Crown Act 1975).”

Business, Enterprise and Employment Act 2015)法案修订后,该法第251节对于影子董事的规定与英国公司法的内容一致①。

需要说明的是,英国2006年《公司法》经"Small Business, Enterprise and Employment Act 2015"法案修订后,该法第170节第(5)项规定②:"一般义务适用于公司的影子董事,只要能够适用。"

也就是说,《英国公司法》第171~176节规定的兴业、独立判断、合理注意和勤勉等勤勉义务以及避免利益冲突等忠实义务,这些董事基本义务自2015年起,均将适用于影子董事。

此外,英国2000年发布的《金融服务和市场法》,在第29部分"解释"第4章第417节"定义"中③,对董事的内涵予以界定,且与2006年《英国公司法》的规定基本一致。

二、影子董事在其他英美法系国家或地区的立法现状

受到相同的法律传统或因殖民地遗留法律传统的影响,澳大利亚、马来西亚、新加坡、维京群岛等国家,以及我国香港特区,其现有立法中的影子董事制度,多受到了英国公司法的影响,而且基本与英国的影子董事制度一致。

1. 澳大利亚

在澳大利亚2001年修订的《公司法》第一章"总则"第一部分"释义"分

---

① See Insolvency Act 1986 (2022 amend), the First Group of Parts Company Insolvency; Companies Winding up Part Vii Interpretation For First Group of Parts 251 Expressions used generally.

In this Group of Parts, except in so far as the context otherwise requires—"shadow director", in relation to a company, means a person in accordance with whose directions or instructions the directors of the company are accustomed to act...

② See Companies Act 2006 (2022 amend), Chapter 2 General Duties of Directors Introductory 170 Scope and nature of general duties

"(5) The general duties apply to a shadow director of a company where and to the extent that they are capable of so applying."

③ See Financial Services and Markets Act 2000, Part XXIX – Interpretation Chapter IV 417 Definitions

"'director', in relation to a body corporate, includes—

(a) a person occupying in relation to it the position of a director (by whatever name called); and

(b) a person in accordance with whose directions or instructions (not being advice given in a professional capacity) the directors of that body are accustomed to act."

部①第9节规定：

"公司或其他团体的董事是指：

(a)下列人士：

(i)被任命为董事；或(ii)被任命为候补董事，并以该身份行事；不论给他们的职位起什么名字；和(b)除非有相反的意思出现，否则在下列情况下未被有效委任为董事的人：

(i)以董事的身份行事；或(ii)该公司或团体的董事习惯于按照该人的指示或意愿行事。

前述(b)(ii)项不适用于仅因为董事根据该人在适当履行其专业能力相关职能时提出的建议行事，或该人与董事或公司或团体的业务关系。"

另外，根据该法第六D章"融资"第6部分D.3"禁令、责任和补救措施(CSF报价除外)"第一分部"禁止和责任"第729节的规定②，证券虚假陈述的发行人董

---

① See Corporations Act 2001 (V1 C2022C00124VOL01) Introductory Chapter 1, Interpretation Part 1.2, General Division 1

"director of a company or other body means: (a) a person who: (i) is appointed to the position of a director; or (ii) is appointed to the position of an alternate director and is acting in that capacity; regardless of the name that is given to their position; and (b) unless the contrary intention appears, a person who is not validly appointed as a director if: (i) they act in the position of a director; or (ii) the directors of the company or body are accustomed to act in accordance with the person's instructions or wishes. Subparagraph (b)(ii) does not apply merely because the directors act on advice given by the person in the proper performance of functions attaching to the person's professional capacity, or the person's business relationship with the directors or the company or body."

② See Corporations Act 2001 (V3 C2022C00124VOL03) Chapter 6D Fundraising Part 6D.3 Prohibitions, liabilities and remedies (other than for CSF offers) Division 1 Prohibitions and liabilities:

"729 Right to recover for loss or damage resulting from contravention

Right to compensation

(1) A person who suffers loss or damage because an offer of securities under a disclosure document contravenes subsection 728(1) may recover the amount of the loss or damage from a person referred to in the following table if the loss or damage is one that the table makes the person liable for. This is so even if the person did not commit, and was not involved in, the contravention.

People liable on disclosure document [operative]		
These people...		are liable for loss or damage caused by...
2	each director of the body making the offer if the offer is made by a body	any contravention of subsection 728(1) in relation to the disclosure document
...	...	...

Note: Item 2—director includes a shadow director (see section 9).

...

(3) An action under subsection (1) may begin at any time within 6 years after the day on which the cause of action arose."

事,包括影子董事:

"对因违约而造成的损失或损害要求赔偿的权利

获得赔偿的权利

(1)因根据披露文件发出的证券要约违反第728(1)款而蒙受损失或损害的人,可向下表所提述的人追讨该损失或损害的金额,如该损失或损害是下表使该人对该损失或损害负责。即使这个人没有犯,也没有参与违法行为,情况也是如此。

须就披露文件负法律责任的人士[执行部分]		
这些人		对因……造成的损失或损坏负责
……		……
2	如果要约是由一个团体提出的,则该团体的每个董事作出要约	就披露文件违反第728(1)款的任何规定
……	……	……

注:项目2 – director包括影子董事(见第9节)。

……

(3)根据第(1)款提起的诉讼可在诉因产生之日起6年内的任何时间开始。"

2. 新加坡

在新加坡,其1967年《公司法》(2021年修订)在第一部分"释义"部分[①]规定:

"本法中,除非有相反意思,'董事'包括以任何名称担任公司董事职务的任何人,并包括公司董事或多数董事习惯于按照其指示或指令行事的人,以及替代或候补董事……"

3. 马来西亚

在马来西亚,其2016年《公司法》第2节将董事定义[②]为"担任公司董事职务的任何人,不论其名称如何,包括公司大多数董事习惯于按照其指示或指令行事

① See Companies Act 1967 (2021), Part 1 Preliminary Interpretation:

"4.—(1) In this Act, unless the contrary intention appears—

'director' includes any person occupying the position of director of a corporation by whatever name called and includes a person in accordance with whose directions or instructions the directors or the majority of the directors of a corporation are accustomed to act and an alternate or substitute director."

② See Companies Act 2016, Section 2 "Any person occupying the position of director of a corporation by whatever name called and includes a person in accordance with whose directions or instructions the majority of directors of a corporation are accustomed to act and an alternate or substitute director."

的人，以及替代或候补董事”。

4. 爱尔兰

在爱尔兰，其 2014 年修订的《公司法》第 5 部分第 1 章“董事高管的义务”第 251 节①将影子董事定义为，“除第(2)款另有规定外，就本部分而言，公司董事习惯于按照其指示或指令行事的人(在本法中称为‘影子董事’)应被视为公司董事，除非董事习惯于仅根据该董事以专业身份提供的建议行事”；该节第 2 款规定“法人团体不应被视为任何附属公司的影子董事”，即排除了母公司的影子董事地位。

5. 维京群岛

在维京群岛，其 2020 年《商事公司法》第 1 部分“释义”第 2 节②将董事定义为：“就公司、外国公司及任何其他法人团体而言，‘董事’包括以任何名称占据董事职位或以董事名义行事之人……”这应该是事实董事的定义。

但其 2020 年的《破产法》第 1 部分“释义”第 6 节③将董事定义为：

“(1)除第(3)款另有规定外，就法人团体而言，‘董事’：包括，

(a)以任何名称占据董事职位或以董事名义行事之人；(b)法人团体的董事或董事会可能被要求或习惯于按照其指示或指令行事的人；和(c)行使或有权行使，或控制或有权控制除会议记录或章程规定之外将由董事会行使的权力的人。”

6. 我国香港特区

我国香港特区 2022 年的《公司条例》第 1 部分“导言”第 1 分部“简称及生效

① See Ireland Companies Act 2014, Part 5 Duties of Directors and Other Officers Chapter 1 Preliminary and definitions Shadow directors

“221. (1) Subject to subsection (2), a person in accordance with whose directions or instructions the directors of a company are accustomed to act (in this Act referred to as a ‘shadow director’) shall be treated for the purposes of this Part as a director of the company unless the directors are accustomed so to act by reason only that they do so on advice given by him or her in a professional capacity.”

(2) A body corporate is not to be regarded as a shadow director of any of its subsidiaries.

② See BVI Business Companies Act 2020, Part I Preliminary Provisions Interpretation 2. In this Act, unless the context otherwise requires—

“director”, in relation to a company, a foreign company and any other body corporate, includes a person occupying or acting in the position of director by whatever name called.

③ See BVI Insolvency Act 2020, Part I Preliminary Provisions Meaning of “director”

6. (1) Subject to subsection (3), “director”, in relation to a body corporate, includes—

(a) a person occupying or acting in the position of director by whatever name called; (b) a person in accordance with whose directions or instructions a director or the board of a body corporate may be required or is accustomed to act; and (c) a person who exercises, or is entitled to exercise, or who controls, or is entitled to control, the exercise of powers which, apart from the memorandum or articles, would fall to be exercised by the board.

日期”部分规定,“董事(director)包括担任董事职位的人(不论该人是以何职称担任该职位)”“幕后董事(shadow director)就法人团体而言,指该法人团体的一众董事或过半数董事惯于按照其指示或指令(不包括以专业身份提供的意见)行事的人”。

同时,我国香港特区2022年《公司条例》第473条还规定:

“涉及疏忽等的董事行为的追认

(1)本条适用于公司追认涉及关乎该公司的疏忽、失责、失职或违反信托的董事行为……

(5)就本条而言——(a)行为(conduct)包括作为及不作为;(b)董事(director)包括前董事;(c)幕后董事须视为董事;及(d)提述与董事有关联的实体,具有第486条给予的含义。”

从前述规定可知,澳大利亚、新加坡、马来西亚、维京群岛等国家以及我国香港特区的公司法上的董事,均对影子董事的地位和身份予以认可,且影子董事的实质构成要件,与英国公司法上的影子董事基本一致。

当然,前述公司法除规定董事的范围外,还用很多条款规定了董事的信义义务(忠实勤勉义务),而同属董事范围的影子董事,也应当对公司负有相同的信义义务。

三、英式影子董事的内涵与外延、身份认定要件、义务与责任

1. 英式影子董事的内涵与外延

根据影子董事在英美法系国家的发展与相关立法,本书已在第一篇将其概念界定为:既未被依法按章选举、委派或任命且未登记备案也未实际上直接行使董事职权,却如影子一般躲在背后,通过指示或指令习惯于听从其命令的其他董事行事而间接地行使职权的人。

对于影子董事的范围,不管是英系国家的“a person”,还是《德国股份公司法》第117节的规定“Anyone”,都没有刻意限制影子董事的主体范围,即不管该人是否为公司股东或控股股东、实际控制人,甚至与公司不存在这种投资或控制关系的任何人,只要符合影子董事的认定要件,就可以成为影子董事。这也正是我国《公司法》第192条的“指示人”与传统影子董事在主体范围准入门槛上的最大区别。

2. 影子董事的认定要件

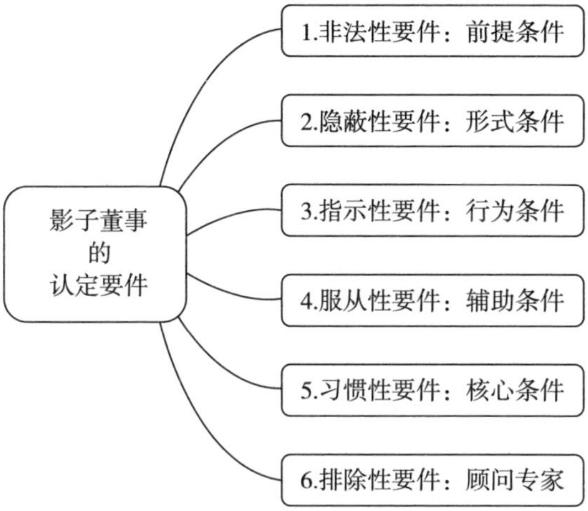

图 3 -13 -1　影子董事的认定要件

对于影子董事的认定要件如图 3 -13 -1 所示，概括起来，至少包括以下几个方面。

(1)非法性要件：前提条件

非法性要件，是认定影子董事的前提条件，具有"一票否决"的性质，若不具备该要件，则没必要且不应该考虑行为人是否为影子董事。

非法性要件，主要是指影子董事的权利来源与公示公信不符合公司法的相关规定，既未依法经股东或股东会的选举、委派或任命，从而合法地取得董事的权利授权，也未依法向公司登记机关进行备案与公示，从而获得公示公信的效力，却通过指示傀儡董事和高管行事而间接地行使了合法董事和高管所应行使的部分职权。

可以说，影子董事间接行使董事和高管职权的行为，脱离了公司法"三会一层"的组织体内部机构的既有设置，僭越了董事会或董事职权由公司法或公司章程规定的机构或任职人员依法按章程行使的既有规则，属于一种不合法的状态。

所以，若某人合法地获得了董事的授权，或进行了备案公示，该人就可以合法地行使董事的职权，就属于合法董事，即使符合如下所述其他认定要件，也不应当、更没有必要先认定其影子董事的身份进而讨论其是否履行了董事义务、是否应当因其违反义务而承担相应的法律责任。

(2)隐蔽性要件：形式条件

影子董事这一称呼，直接体现了其最大特征，也是其最明显的形式要件，即隐蔽性。影子董事，如影子一般躲在傀儡董事和高管的背后，存在多重动机，但无论如何，其就是违反了董事行使职权的法定性要件，属于非法行权。

隐蔽性要件的核心点在于，影子董事并不参加董事会的决策，不直接签署或核准公司的决策或执行报告、报表等文件，也不以董事或高管名义代表公司从事商务活动，而是指示傀儡董事和高管代其行事。这也是影子董事与事实董事的实质性区别之一（二者的区别，请参考本书第一篇的相关内容）。

需要说明的是，这种隐蔽性，主要是从董事行使职权应当获得授权并公示公信，特别是直接以董事名义行使职权的角度而言。并不是说，影子董事以外的其他股东、傀儡董事和高管以外的其他董事或高管一定不知道影子董事的存在，不知道其是否获得有效授权。其是否知道，并不影响影子董事隐蔽性要件的认定。

（3）指示性要件：行为条件

"指示"，根据《汉典》的解释，有"上对下指导、命令"的意思，即在上下级关系或一方对另一方任免职务及利益取舍具有决定性作用的关系中，处于决定性地位的一方对另一方所作出的指导或命令。

因此，影子董事认定的指示性要件至少包括两层内涵：

其一，影子董事对傀儡董事和高管，事实上具有决定其能否聘任或解除其任职、是否给予或剥夺某种利益的优势地位。这也是傀儡董事和高管能够服从于影子董事指示甚至任其摆布的关键因素。"权力，只对权力的来源负责"，不失为此的最佳注解。

至于"权力"的来源，可能是公司法框架内规定的董事和高管委派、选举、任命等直接方式，也可能是影子董事对其委派、选举、任命具有重要影响力等间接形式。后者，虽然可能存在一定的争议，但毫无疑问，若不认可这种形式，则影子董事制度的作用势必将大打折扣。毕竟，影子董事本身就存在投机、避险、免责的原始动机，"网开一小面"就会"溃堤数千里"，值得重视。

其二，影子董事通过各种方式向傀儡董事和高管作出指示或指令，要求按其指示或指令作出与公司相关的决定、处理公司事务。这种指示或指令，不管是何种形式的明示，还是隐晦但双方都能领会的暗示，甚至"符合当事人之间""互动习惯"的默示，只要能够在其双方之间形成确定的意思传递，即完成了指示或指令的动作，符合了影子董事认定的指示性要件。

（4）服从性要件：辅助条件

"服从"，根据《汉典》的解释，是指"遵从；顺从""屈服于别人的意志或权力"。与"指示"相同，"服从"也存在一个关键的前提，即被服从的一方与服从的一方之间，存在上下级关系或一方对另一方任免职务及利益取舍具有决定性作用的关系。

首先，服从性要件，要讨论"服从人"的范围问题。

傀儡董事，是最典型的服从人，自不必讨论。

公司的高管（不包括实际履行高管职责的董事，本部分下同），是否属于服从人的范围，则值得讨论。事实上，股东会或董事会决策的执行及公司日常事务的办理，多是通过公司高管落实的。对这些事务，若影子董事指示高管在既有集体决议（如股东会或董事会或公司内部某种会议的形式）之外按其意志办理，或执行与该决议存在冲突的方案，该高管事实上也处于"傀儡"的地位。毕竟，相较于董事，高管的任命或利益更加在影子董事的权力或影响范围之内。因此，受影子董事指示而行事的高管，应当包括在服从人的范围之内。

其次，服从性要件，与指示性要件一样，影子董事实际上可以决定傀儡董事和高管能否任职且有权解除其任职。基于这种被决定职业生涯的被动局面，尽管傀儡董事和高管依法应当负有忠实于公司事务、勤勉履行董事职务的义务，但是，多数人还是会作出服从影子董事指示的"理性"选择，这是一种"不得不"的变相"被迫"式选择，实质上是一种"屈服"。因为，只要有影子董事的存在，傀儡董事和高管势必存在，只是这个傀儡董事和高管，今天可能是张三，但若其不服从指示或"阳奉阴违"，明天或后天，就很可能换成了李四。

再次，有关"必须服从""多数服从"的问题。

有观点认为"影子董事通过的指示或命令必须得到董事会的适当遵循或遵守"①，也有观点认为"影子董事下达的命令必须得到严格执行"②。

如前所述，新加坡和马来西亚的公司法，均规定影子董事"包括公司董事或多数董事习惯于按照其指示或指令行事的人"；在马来西亚的 Ravichanthiran a/l Ganesan v. Percetakan Wawasan Maju Sdn Bhd & Ors 案例中，法官认为"除非整个董事会，或者至少是董事会的多数成员习惯于按照外部董事的指示行事，否则这样的外部董事不能成为影子董事"；在澳大利亚的 Buzzle Operations Pty Ltd. v. Apple Computer Australia Pty Ltd［2010］NSW 233 案例中，法官也认为"影子董事不需要控制公司的所有董事，只需控制多数董事即可"。

对此，我们认为，在认定影子董事时，不应拘泥于影子董事的指示是否每次都得到执行、是否被多数董事或高管执行，而应当结合后述的"经常性"要件进行分析，若影子董事的大部分指示或指令都得以执行、多数目的或愿望均已实现，就应当认定其符合本节的服从性要件；反之，则不应当认定其影子董事身份。

---

① Sudhi Ranjan Bagri, *Role of Shadow Directors*, Ipleaders (Mar. 19, 2016), https://blog.ipleaders.in/role-shadow-directors/.

② Vartika Kulshrestha, *Shadow Director under the Companies Act*, Corporate Ninja (Mar. 19, 2016), https://thecorporate.ninja/shadow-director-under-the-companies-act-2013/.

最后,关于服从的比例与程度、服从人执行过程中是否存在“自由裁量”的问题。

服从人对于影子董事的指示或指令,是否百分之百的服从,需要按照实质重于形式的原则予以判断。若指示或指令的内容大部分得以执行,或者影子董事的指示或指令所含目的或愿望均已实现,则应当认定为傀儡董事和高管已经执行完影子董事的指示或指令。后一观点,可以从澳大利亚公司法对影子董事的界定用词中得到提示,其认为影子董事是“董事习惯于按照该人的指示或愿望(wishes)行事”的人,即不管指示或指令如何落实,只要影子董事的目的或愿望得以实现,就视为其指示或指令已经被服从,就符合服从性要件的要求。

关于服从人是否需要进行独立的“自由裁量”的问题,在前引的英国 Secretary of State for Trade andIndustry v. Deverell [2001] Ch 340 案例中,法官已经给出了恰当的答案,即“没有必要证明有效任命的董事‘将自己置于从属角色(subservient role)或放弃各自的自由裁量权’(respective discretions)”。

综上,在服从性要件的这一指示与服从的对立统一关系中,毫无疑问,影子董事的指示是矛盾的主要方面,起着决定性作用;相反,傀儡董事和高管是否服从,甚至是哪些傀儡董事和高管在服从,以及服从的比例与程度、执行中是否有个人的“自由裁量”,都是矛盾的次要方面,对于认定服从性要件只起到辅助性作用。因此,只要影子董事下达的大部分指示或指令都得以执行、表达的多数目的或愿望均已实现,就可以不再考量傀儡董事和高管是否服从,甚至是哪些傀儡董事和高管在服从,以及服从的比例与程度、执行中其是否有个人的“自由裁量”等诸多不重要的细节问题。

(5)习惯性要件:核心条件

习惯性要件,是影子董事认定的核心要件,若不具备该要件,则指示人不应该被认定为影子董事。影子董事,正是因为其经常指示或指令公司董事和高管按其意志行使职权,其实质上行使了公司董事和高管的职权,违反公司法或公司章程有关“三会一层”的设置、损害了公司治理结构,才有了规制的必要性,进而纳入公司法的规制范围。所以,若行为人偶尔唆使公司董事和高管从事损害公司或股东利益的活动,则没有必要将其纳入公司法的规制范围,按照侵权法的规定追究其损害赔偿责任即可。

习惯性要件,是指傀儡董事和高管习惯于听从影子董事的指示或指令行事,如影随形、任其摆布,是二者之间经常发生前者服从后者的一种习惯性关系状态。

习惯性要件,要从经常性以及屈从性角度理解。

首先,经常性解决的是影子董事指示或指令的频率问题,拟通过概括性的定量标准,进而解决定性的问题。

影子董事对傀儡董事和高管的指示或指令是经常发生的,具有一定的多发性和连续性,而不是偶然出现、间隔很久后再发生。原则上,在一定时间范围内具备一定的多发性与连续性,就符合习惯性要件的要求。若一定要有个定量的话,则一个年度发出三次指示或指令或者更多,或者连续三个年度内每年都发出一次或两次指示或指令或者更多,抑或多个年度内不规则地多次发出指示或指令,都应该符合这一要求。

其次,在影子董事与傀儡董事的关系状态中,还有一种情形,如维京群岛破产法"董事或董事会可能被要求或习惯于按照其指示或指令行事的人"的规定,就是后者听命行事往往是"被要求"的,是在基于二者的特殊关系而处于被动地位的情况下,"屈服"于前者或"不得不"任其摆布、如影随形。当然,这种"屈服",是其罔顾对公司所负有的法定忠实勤勉义务、任由该指示或指令可能对公司或其他股东的利益造成损害发生的一种放任的心理状态,是其个人为了得以继续任职或获利,在没有勇气"用脚投票"而愤然离职的情况下,作出的个人利益最大化的"理性"选择。

当然,屈从性,并非习惯性要件的必备情形之一。理论上也有一种可能,就是傀儡董事和高管非常乐于听命行事、罔顾忠实勤勉义务以及可能对公司或其他股东所造成的损失,没有一点点"屈从性",是一种主动的配合或迎合的心态。总之,屈从性,对于理解影子董事及其习惯性要件或服从性要件,都是十分有益的。

(6)排除性要件:顾问专家

排除性要件,是指并非所有向公司及其董事会或董事提出建议或意见的人,都要被认定为影子董事。若执业律师、会计师、审计师等具备中介服务机构从业人员属性的专业人士,或者公司外聘的市场营销、战略策划、投融资或上市顾问等提供专业服务的机构或其从业人员,是以某一领域专家的身份提出咨询建议或意见,其建议或意见是否被采纳还需要公司内部的董事会等机构凭借其自身的专业判断去决定,这样的专业人员就不属于影子董事。

但是,若该述专家所提供的建议或意见,公司的董事会等机构未经研究讨论、分析利弊或可信度等自主判断,就直接照其执行的,且该述专家还符合前述五项认定要件,则应当认定其影子董事的身份。

3. 影子董事的义务与责任:信义义务

影子董事的身份若被认定,即其拥有董事的身份,按照公司法的要求,依法负有忠实勤勉义务也是顺理成章的事。

若其违反忠实勤勉义务致使公司或其股东遭受损失,影子董事也应当承担相应的法律责任。

因此，影子董事的忠实勤勉义务及法律责任，自然适用于本书的相关内容。

四、德式影子董事的立法范例与特点

1. 德国的立法范例

大陆法系对影子董事的规定较为鲜见，比较有代表性的就是《德国股份公司法》的相关规定，但德国关于影子董事的相关规定①，又与英美法系有所不同，详见后述"影子董事的规制范式、特点及其利弊"部分的介绍。

对于《德国股份公司法》有关影子董事的规定，本书简述如下：

---

① See Stock Corporation Act 2023, Division 3 Exploitation of influence over the company Section 117 Duty to provide compensation for damages

"(1) Anyone who intentionally compels, by exploiting their influence on the company, a member of the management board or of the supervisory board, an officer of the company vested with full commercial power of attorney (Prokurist) or an authorised agent to act to the detriment of the company or its stockholders will be under obligation to provide compensation to the company for the damage it has suffered as a result. Such party also will be under obligation to compensate the stockholders for the damage they have suffered as a result, insofar as they have suffered damage above and beyond the loss resulting for them by the damage caused to the company.

(2) In addition to that person, the members of the management board and of the supervisory board are liable as joint and several debtors if they have acted in dereliction of their duties. Where it is in dispute whether they have exercised the due care of a prudent manager faithfully complying with the relevant duties, the onus of proof is upon them. The duty of the members of the management board and of the supervisory board to provide compensation will not arise in relation to the company and also not in relation to the stockholders if the action taken is based on a lawful resolution adopted by the general meeting. The fact that the supervisory board has endorsed the action does not preclude the duty to provide compensation.

(3) In addition to that person, furthermore, those parties are liable as joint and several debtors who have obtained an advantage by the action causing damage, should such parties have intentionally instigated the influence being exerted.

(5) The company's claim to compensation may also be asserted by its creditors in as much as they are unable to obtain satisfaction from the company. Any waiver by the company of its claims to compensation, or any conclusion by the company of a compromise regarding these claims, will not serve to release it from the duty to provide compensation to the creditors, nor will it be so released from this obligation by the fact that the action is based on a resolution adopted by the general meeting. Where insolvency proceedings have been opened for the company's assets, the insolvency administrator or the insolvency monitor exercises the right of the company's creditors for the duration of said proceedings.

(7) The above provisions do not apply if the member of the management board or of the supervisory board, the officer of the company vested with full commercial power of attorney (Prokurist) or the authorised agent has been compelled to take the action causing damage by either of the following being exercised: 1. the power of direction based on a control agreement, or 2. the power of direction of a principal company (section 319) into which the company is integrated."

首先，德国将与影子董事类似的人员分为两类，即利用影响力故意迫使董事会或监事会成员、经理、授权代理人（为行文方便，暂将其称为“董监高”）从事损害公司或其股东利益的行为的人（暂将其称为“迫使人”），以及故意唆使前一类人（迫使人）施加影响并因该损害行为而获利的人（暂将其称为“唆使人”）。

其次，德国并未像英美法系立法那样，先将该两类人认定为具有与法定董事相同的法律地位和身份的人，更未赋予其与法定董事相同的基本义务。

再次，德国将类似行为的主体，分为两类人：

就迫使人而言，德国规定其“利用影响力故意迫使”董监高从事损害公司或其股东利益的行为的，“就公司因此遭受的损害向公司承担赔偿责任”。

就唆使人而言，德国规定其就“故意唆使迫使人向董监高施加影响、损害公司或其股东利益并因该损害行为而获利”的行为，作为连带债务人承担赔偿责任。

最后，董监高在从事迫使人利用影响力故意迫使其所从事的损害公司及股东利益的行为时，若存在玩忽职守，应当作为迫使人的连带责任人承担赔偿责任。而且，对其是否合格地履行忠实勤勉义务存在争议时，应当由董监高自己承担举证责任。

当然，若董监高因为控制协议的指导性权力或者属于公司整体的上级公司（《德国股份公司法》第319条规定的“principal company”）的指导性权力而被迫采取对公司及股东利益造成损害的行为，则不适用前述针对三类人相关责任的规定。

此外，为保护公司债权人的利益，前述三类人存在应当承担赔偿责任的情况的，若公司无法清偿债权人的债务，则该债权人有权向其主张赔偿。而且，即使公司对该三类人的赔偿请求已经放弃或达成任何妥协，以及股东会通过决议已经免除，也不能免除该三类人对债权人的前述赔偿义务。若公司已经进入破产程序，则破产管理人也有权行使前述债权人的权利。

2. 德式影子董事的显著特征

（1）立法模式上选择了一般法上的侵权法路径而非公司法上的一项特殊制度

对于广义影子董事这一公司法上的特殊法律现象（具体解释详见本章前言），英国按照公司法的逻辑，赋予了影子董事的身份，并赋予其董事的信义义务，若违反该义务则承担相应的法律责任。其将影子董事作为一类特殊的董事纳入公司法的规制，建立了这种公司法上的特殊法律制度，从而完美地将影子董事融入公司的“三会一层”的治理结构中，且完全没有突兀之感。

相反，德国公司法并未采取直接认可该人影子董事的身份进而赋予其信义义务的方式，而是按照大陆法系的惯性思维，选择了大陆法系民商合一体系中的侵权责任法路径,将广义影子董事指示董监高侵权的行为,视为一种特殊的侵权责任类型,规定在公司法中。因此,该侵权责任制度,不属于公司法上的制度,最多属于公司法上的一种特殊侵权类型,是民商法诸多侵权责任类型之一种,只是“离岸”地悬浮于公司法之中。因此,迫使人责任的界定,更多地还是要依赖民法侵权责任编的相关规定才能准确地作出。

(2)立法宗旨上注重事后救济而非事先预防

英式影子董事制度,先认可影子实际上的董事身份进而赋予其董事的信义义务,再通过董事的一系列义务与责任督促影子董事依法行使职权、禁止其滥用该身份损害公司或其股东利益,从而实现事先预防的制度宗旨。

相反,德式影子董事制度并未直接认可影子实际上的董事身份,更没有赋予其公司法上的特殊信义义务,因此,也就无法通过该法定义务约束影子董事僭越法定职权、违法行使职权的行为。只有当其行为对公司或其股东的利益造成损害时,才能通过侵权法上的损害赔偿制度追究其赔偿责任,从而实现事后救济。

毫无疑问,对于公司法上的影子董事这一特殊现象,逃离特殊法而引用一般法的思路,且仅通过一般法上的侵权损害赔偿制度予以事后救济,无法实现对影子董事制度进行有效规制、督促其按照董事信义义务行使董事职权进而警示预防其滥用这种隐身优势损害公司及其股东利益的目的。

(3)采取“迫使人+唆使人”的双人模式

《德国股份公司法》一方面规定了迫使人的责任,另一方面又增加了一类人,即唆使迫使人利用影响力迫使董监高损害公司或股东利益的人。该唆使人,无须具备公司法上的特殊身份,任何人只要从事了唆使行为就应当承担连带责任。

这种模式将影子董事以及公司法定机构及其成员以外的其他任何人,都纳入广义影子董事制度范畴,只要其唆使影子董事指示董监高损害公司或股东利益,均应依据《德国股份公司法》承担法律责任,实际上大大增加了对公司及其股东权益的保护力度。同时,这种模式也进一步强化了“三会一层”的公司治理结构,使其不至于被轻易突破或僭越、破坏规范健康的公司治理秩序。

(4)迫使人的核心特征与英式影子董事相同

《德国股份公司法》第117节,虽然没有对迫使人的主体范围进行限制,但明确了该人必须具有对公司的影响力,并利用这种影响力故意迫使董监高从事损害公司或其股东利益的行为。

英式影子董事之所以能够指示或指令公司董事和高管并让其习惯于听命行事,是因为其对听命行事的董事和高管具有决定性的特殊地位或作用并凭此指示或指令董事和高管按其意愿行事。而这种特殊地位或作用,与德式迫使人能够凭此迫使公司董监高听命行事的“对公司的影响力”，具有实质上的相同属性，在内涵上具有很大的一致性。或者说，德式迫使人完全符合英式影子董事的前述两大核心特征。因此，至少在承担责任的时候，德式迫使人可以解读为英式影子董事。

（5）因其无须认定特殊身份也就无须具备英式影子董事的习惯性条件

按照德式影子董事的立法模式，其只要单次指示行为构成侵权，就应承担侵权责任，因而无须认定其影子董事身份，所以，也就不需要具备英式影子董事身份认定所必须具备的习惯性要件。

（6）迫使人的责任为单独责任，而被迫使人与其承担连带责任

相比于中式指示人，德式迫使人的责任属于单独责任，其责任并不依赖于被迫使的董监高责任是否成立。而被迫使人也只是与迫使人向受损的公司或其股东承担连带责任。

（7）唆使人为民法上的共同侵权人且须具备特殊的获利要件

与《德国民法典》第 830 条（共同行为人和关系人）第 2 款[①]“教唆人和帮助人等同于共同行为人”的规定相比，对于唆使人教唆迫使人从事前述侵权行为的构成要件，《德国股份公司法》第 117 节第 3 款特别增加了“因造成损害的行为而获得利益”这一获利性条件。也就是说，若唆使人虽从事了教唆行为，迫使人也受其唆使而迫使董监高侵害了公司或其股东的利益，但唆使人并未因此而获利，则唆使人仍然不需要承担《德国股份公司法》意义上的连带赔偿责任。

第二节　影子董事的域外司法判例

一、英国的司法判例

（一）Re Hydrodan（Corby）Ltd. ［1994］BCC 161

原告诉称：

Hydrodan 的清算人声称，Hydrodan 的最终母公司 Eagle Trust 和 Eagle Trust 的董事犯有不法交易罪，因为他们是 Hydrodan 的影子董事或事实董事。此外，如果 Eagle Trust 被发现是影子董事，那么其所有董事也将是影子董事。

---

① 详见《德国股份公司法》Section 830 Joint tortfeasors and persons involved：（1）If more than one person has caused damage by a jointly committed tort, then each of them is responsible for the damage. The same applies if it cannot be established which of several persons involved caused the damage by their act.（2）Instigators and accessories are equivalent to joint tortfeasors。

法官认为：

Millett 法官不同意如果 Eagle Trust 是影子董事，那么其所有董事都是"ipso facto"影子董事。

Millett 法官澄清说，影子董事并不声称自己是董事，"他潜伏在阴影中，躲在其他人后面，他声称，这些人是公司唯一的董事，而他自己除外"。相比之下，事实董事声称自己是董事，只是其不是被有效任命为董事。

为了确定被告是影子董事，Millett 法官认为有必要指控和证明如下几个方面事实：(1)谁是公司的董事，无论是事实上的还是"法律上的"[(有效的)任命]；(2)被告指示该等董事如何就该等公司行事，或被告是指示该等董事如何行事的人之一；(3)该等董事按照该等指示行事；(4)他们习惯于这样做。

Millett 法官表示：首先需要的是一个声称要这样做的董事会；其次是一种行为模式，即董事会不行使自己的自由裁量权或判断力，而是按照他人的指示行事。

案例归纳：

从本案法官的裁判思路来看，认定影子董事，至少需要以下三个步骤：

首先，需要识别该影子董事指示的法定董事或事实董事是谁及如何指示董事行事；其次，需要证明被指示的董事是否按照该指示行事且是否习惯于如此行事；最后，被指示的董事是否未经独立判断或行使自由裁量权，即按照影子董事的指示行事。

(二)Re Kaytech International plc [1999] BCC 390

本案是关于一名"事实上的"董事被取消 15 年资格的上诉。针对他是否实际上是一名"事实上的"董事，上诉法院认为没有一种检验事实董事身份的标准，并引用了 Jacob J. 在 Secretary of State for Trade and Industry v. Tjolle & Ors[1998] BCC 282 中的意见。在这种情况下，Jacob J.（同样考虑到事实上的董事指控）拒绝制定一个单一的测试，并表示这所涉及的是程度问题，"考虑到所有相关因素"。

上诉法院评论说，影子董事和事实董事的概念"有一个共同点，那就是一个人据称对一家公司的公司治理施加了实际影响(而不是作为专业顾问)。这种影响有时是隐蔽的，有时是公开的，有时它可能是混合的"。

(三)Secretary of State for Trade andIndustry v. Deverell [2001] Ch 340

基本案情：

贸易大臣试图取消某些人担任董事的资格，并需要证明这些人在以前失败的公司活动中是"作为董事"存在的。

上诉法院(Morritt 法官给出了主要判决，Potter 法官和 Morrison 法官同意)考虑了影子董事的法定定义，并{在 ultrafframe (UK) Ltd. v. Fielding & Ors [2005]

EWHC 1638（Ch 中引用并获得批准）}提出了以下关键主张：(1)对“影子董事”一词的解释必须符合议会的意图。(2)该立法的目的是确定除专业顾问外对公司事务有实际影响的人。但是，这种影响没有必要是对其公司活动的整个领域施加的影响。(3)指称的影子董事的任何特定沟通(communication)，无论是通过言语还是行为，是否应被归类为指示或指令(direction or instruction)，必须由法院根据所有证据客观确定。(4)非专业的建议可能是一种指令(instruction)。(5)没有必要证明有效任命的董事“将自己置于从属角色(subservient role)或放弃各自的自由裁量权”(respective discretions)。

在这里，某些人被认为是影子董事，因为他们在公司治理中发挥了重要作用，而且有效任命的董事始终按照他们的指示或指令行事。

Morritt 法官认为 Deverell 先生在公司中的地位“赋予他的建议以指示或指令的效力”(the potency of directions or instructions)，即使他没有告诉董事们该做什么。他指出，“指示”和“指令”(“direction”and “instruction”)的概念并不排除“建议”(“advice”)的概念，因为这三者都具有“指导”(“guidance”)的共同特征；“这两个人看起来都是重要人物，他们的话都被听取，董事们习惯于按照他们的建议行事”(accustomed to acting on their advice)。因此，他们被认为是影子董事。

案例启示：

根据 Morritt 法官的意见，认定影子董事，并不需要审查被指示的董事们是否“自降身份”于“从属地位”，或者是否进行了独立判断或进行了自由裁量。

(四)Ultraframe (UK) Ltd. v. Fielding & Ors [2005] EWHC 1638 (Ch)

基本案情：

菲尔丁先生，即所谓的影子董事，实质性地参与了一家名为“北极星”的公司的事务，包括项目规划、建立会计系统和提供预算建议。随着时间的推移，他成为北极星公司治理团队的一部分。

Lewison 法官澄清说，董事会多数成员习惯于按照其指示行事的人可以成为影子董事，即使并非所有董事都习惯于这样行事；这是因为“有效控制公司活动的人将受到与法定董事相同的法定责任和负面资格”(liabilities and disabilities)，并且“如果不活跃董事不按照所谓影子董事的指示行事的事实可以阻止该人成为影子董事，则会破坏此政策”(undermine this policy)。

然而，在这里，董事会或多数人并不“习惯于”按照菲尔丁的指示行事。因此，菲尔丁不是影子董事。

案例归纳：

按照本案意旨，认定影子董事，除需要案例所述要件外，还需要具备如下条件:多数董事习惯于按照影子董事的指示行事。

(五)Holland v. The Commissioners for Her Majesty's Revenue and Customs (Appellant) v. Holland and another [2010] UKSC 51 (Re Paycheck)

基本案情:

英国最高法院考虑了对事实董事资格的检验,并触及了影子董事资格的概念。

在谈到如何确定"事实上的"董事时,Hope 勋爵表示:"这该怎么做?从权威人士那里可以清楚地看出,情况因个案而异。总的来说,我们只能说必须考虑到所有相关因素"。

Collins 勋爵重新审视了事实董事的法律发展,并观察到 Millett 法官在 Hydrodan 案中使用了诸如"声称是董事"或"坚持担任董事"之类的表达来描述事实董事。

因此,法官阁下指出,"一旦事实上的董事的概念与非法担任职务分开,就会产生两个后果。首先,事实董事和影子董事之间的区别被削弱了……随着事实董事概念的扩展,这种区别不可能维持下去"。

因此,对于事实董事和影子董事,法院都有必要考虑"个人作出重大决定等事项,这可能是通过对法定董事的指示,以及评估他在公司事务中的实际影响力"。

因此,根据英国法律,事实董事和影子董事的概念之间可能不再有区别。此外,英国最高法院似乎正在从确定事实董事和影子董事的说明性做法转向侧重于谁在所有情况下对公司事务具有"真正影响"的问题。

(六)Vivendi SA and anor v. Richards and anor [2013] EWHC 3006 (Ch)

基本案情:

Newey 法官(当时是)表示,影子董事确实(至少)对他们向公司董事会发出的指示或指令负有受托责任,且影子董事在给出这样的指示或指令时,至少应该从公司的利益出发,而不是从他们自己的利益出发。

考虑到英国 Small Business, Enterprise and Employment Act 2015 法案对《英国公司法》中影子董事也同法定董事一样负有忠实勤勉义务的修订,应当说,本案对这次立法修订起到了很大的促进作用。

二、澳大利亚的司法判例

(一) Standard Chartered Bank of Australia Limited v. Antico & Ors (1995) 13 ACLC 1381

核心要点:

本案中,新南威尔士州最高法院的 Hodgson J. 法官认为,Pioneer International Ltd.(以下称为先锋)是 Giant Resources Ltd.(以下简为巨人)的影子董事,因此其对巨人无力偿还的交易债务负有责任。

先锋向巨人提供贷款,作为回报,先锋为巨人的资产提供担保,并对巨人行使控制权。该认定表明,在贷款人对借款人的活动行使积极控制权的情况下,贷款人和破产从业人员受到了相当严重的影响。

基本案情:

巨人在澳大利亚、加拿大和南非从事矿产勘探和开采。1987 年 11 月至 1988 年 2 月,先锋通过一系列子公司收购了巨人 42% 的股权。因此,先锋成为巨人最大的股东,其次是持股 10% 的股东。随后,先锋(Antico)董事长、先锋(Quirk)董事总经理、先锋(Gardiner)副董事总经理和财务总监分别被任命为巨人的非执行董事。

1988 年 10 月,渣打银行向巨人提供了 3000 万美元的汇票承兑和贴现便利。截至 1989 年 3 月 31 日(终止之日),该设施项下的欠款为 3000 万美元。1989 年 7 月 25 日,渣打银行向巨人提供了 3000 万美元的透支便利,用于支付汇票承兑和贴现便利。当巨人获得透支安排时,其没有向渣打银行披露,根据另一项融资协议,巨人已经违约,而先锋为巨人的部分资产提供了担保,以确保先锋向巨人提供预付款。

先锋在 1988 年 10 月至 1989 年 11 月向巨人预付了资金,以支付巨人的运营费用。到 1989 年 3 月 13 日,先锋已向巨人预付了 2400 万美元。1989 年 6 月 30 日,先锋获得了巨人所持股份的担保。1989 年 11 月 28 日,先锋董事会决定不再向巨人提供资金支持。当时,先锋向巨人预付了总计 9140 万美元。

1989 年 12 月 1 日,巨人告知其债权人,该公司无法再偿还到期债务。1990 年 4 月,法院向巨人发出清盘传票,巨人随后清盘。渣打银行在清盘中一无所获。

渣打银行开始对安蒂科(Antico)、夸克(Quirk)、加德纳(Gardiner)和先锋提起诉讼,以收回其根据透支协议欠下的本金、利息和损害赔偿。渣打银行根据破产交易条款(《澳大利亚公司法典》第 556 条),或根据巨人就财务状况向渣打银行作出的误导性陈述(《澳大利亚贸易行为法》第 52 条和 75B 条),寻求收回这些金额。

法院认为：

先锋属于巨人的影子董事。

法院的结论是根据《澳大利亚公司法典》第556条的规定，巨人的董事个人有责任支付1989年7月25日签订的透支协议所约定的利息。接着又出现了一个问题，即先锋是否对这笔债务负有连带责任。

就《澳大利亚公司守则》有关破产经营的条文而言，委任董事以外的人士可就破产经营承担法律责任。《澳大利亚公司守则》第5条规定①：

"就公司而言，'董事'包括：

(a)担任或担任法团董事职务的任何人，不论其名称为何，亦不论是否获有效委任担任该职务或获正式授权担任该职务；及(b)法团董事习惯于按照其指示或指令行事的任何人。"

《澳大利亚公司法典》第556条亦可将无偿债能力的交易责任加予可能不受《澳大利亚公司守则》第5条"董事"定义约束的人士。它规定"任何人……'谁参与了公司的管理'属于本节的范围"。

法院认定，先锋间接拥有巨人42%的股份，并在巨人董事会中拥有三名提名董事，这一事实不足以使先锋成为巨人的董事或参与管理的人。在没有相反证据的情况下，可以假设被提名董事的行为代表巨人，而不是作为先锋的高级职员或代理人。

霍奇森(Hodgson)法官列出了本身并不构成担任借款人公司董事或参与其管理的情况：

(1)控制子公司构成的控股公司；

(2)贷款人对贷款资金如何使用施加条件，并要求借款人披露公司事务；

(3)贷款人要求为贷款提供担保，然后要求出售获得担保的财产。

然而，法院的结论是在相关时间存在的情况下，就《澳大利亚公司法典》第556条而言，先锋是参与管理巨人的人，先锋也是巨人的董事。关于巨人的战略事项，三位董事安蒂科、夸克和加德纳以先锋董事的身份作出决定，并没有以其作为巨人董事的身份单独作出这些决定。巨人的董事们只是接受了先锋实际上已经作

---

① See " 'director' in relation to a corporation, includes:

(a) any person occupying or acting in the position of director of the corporation, by whatever name called and whether or not validly appointed to occupy or duly authorised to act in the position; and (b) any person in accordance with whose directions or instructions the directors of the corporation are accustomed to act."

出的决定。

下列情况支持这一结论：

(1)先锋已经有效地控制了巨人。虽然其只持有巨人42%的股份，但其是巨人迄今为止最大的股东，其次是持有10%、6%、6%和3%股份的股东。巨人1988年的年报承认了先锋控股的事实。

(2)先锋对巨人施加了披露财务报告的要求。先锋提供了供巨人使用的现金流表，先锋董事会指示管理层确保巨人提供适当的财务报告，并要求其赋予先锋充分访问所有财务记录的权利。

(3)先锋的观点推迟了巨人的收购和资产出售。

(4)当巨人考虑收购先锋的矿产资产时，与第三方就向巨人提供收购融资的谈判是由先锋而不是由巨人进行的。当先锋董事会确定继续进行交易不符合两家公司的最佳利益时，交易被放弃了。

(5)先锋对巨人行使管理权和财务控制权。作为同意为巨人提供运营费用的交换条件，先锋要求巨人指定一家特定的会计师事务所；巨人只有在获得先锋批准后才会作出新的财务承诺；而且巨人的所有付款都必须经过先锋财务总经理的批准。

(6)为巨人提供资金和为巨人的资产提供担保的决定实际上是由先锋作出的，只是被巨人接受了。

因此，先锋与指定的董事一起对巨人的破产交易负有责任。

法院认为，巨人唯一无偿付能力的贸易债务是透支额度从授予之日起至清盘开始时止所应付的利息。因此，渣打银行被判赔偿3053324.32美元，这是1989年7月25日至1990年4月27日透支贷款的利息，加上开始清盘以来第一笔款项的利息2176603.00美元。

案例影响：

贷款人应该意识到，如果他们试图控制借款人的主要经营决策，他们可能最终要对借款人的破产交易活动负责。然而，如果对借款人董事保留负面控制，贷款人及其聘用的破产从业员通常都不会面临破产交易和违反信义义务的责任风险。

在任何贷款的管理中：(1)决策的最终责任应始终由借款人的董事承担。(2)借款人的所有顾问，即使是向贷款人报告，也应被视为是由借款人聘用的。(3)如果建议实行严格的内部控制，则不应由贷款人或其管理人员亲自实施。(4)财务调整的谈判应受到监督。(5)顾问应在董事会会议上担任观察员和顾问，而不是在董事会会议或股东会上行使投票权。

案例启示:

从本案中获得的最大的启示,是若债权人(含借贷关系)对债务人公司的经营管理决策介入过深,且其具备影子董事的认定条件,则其有可能被认定为影子董事而承担相应的法律责任;而且,尽管是法人组织,也有可能被认定为影子董事。

(二)Buzzle Operations Pty Ltd. v. Apple Computer Australia Pty Ltd. [2010] NSW 233

核心要点:

本案澄清并完善了之前关于影子董事的原则。在本案中,法院考虑了可能导致一个人或一个公司是事实董事或影子董事的推论的具体行为。

基本案情:

Buzzle 收购了 6 家苹果电脑产品零售商(Apple Resellers)的股票和业务。Apple 同意合并是必要的,因为 Apple 持有苹果经销商的资产,这些资产被转移给了 Buzzle。Apple 同意了合并。双方签订了合并契约,Apple 和 Buzzle 签订了经销商协议。Buzzle 向 Apple 收取费用,苹果经销商向 Apple 保证 Buzzle 的责任。双方签订了一份付款契约,据此,Buzzle 同意限制其承担财务承诺的能力,并被指示向 Apple 付款,而不是向其他供应商付款。

Apple 指定了接管人,随后下达了清算命令。根据清算人对 Apple(及其财务总监)提起的诉讼,清算人声称(除指控不具有有效性外)(the non-validity of the charge),Apple 是 Buzzle 的影子董事,并且在该身份下未能阻止 Buzzle 在资不抵债时招致债务。清算人还声称,Apple 收到了以不公平优惠支付为特征的付款。

法院考虑了 Apple 的行为,认为 Apple 不是影子董事。在作出判决时,法院考虑了以下 Apple 给予 Buzzle 行动和指示的具体例子:

(1)Apple 对 Buzzle 可以销售的非苹果产品施加了条件。法院认为,这并不构成给予指令(关于 Buzzle 董事应如何以董事身份行事),这一行动只不过是第三方试图就合同条款进行谈判。

(2)作为合并讨论的一部分,Apple 规定了一些要求和条件(例如,哪些可能被纳入合并,以及某些苹果支付安排)。法院认为,这些要求并非就管理 Buzzle 事务向董事发出的指示,而是商业谈判的一部分。当时,Buzzle 的董事们可以选择同意或拒绝这些条款。

(3)Apple 就 Buzzle 欠 Apple 的债务向其进行了指示。法院认定,债权人不能仅仅因为向债务人要求偿还债务就被认定为债务人的影子董事(该要求得到满足)。

(4)Apple 要求 Buzzle 向其提供财务报告和债务催收信息。法院判定 Apple

有权获得这些信息。此外，如果 Apple 在经销商协议下没有权利，那么 Apple 只是在维护 Apple 的商业立场，而不是指示 Buzzle 的董事。法院发现，无论如何，Buzzle 一直在试图生成这些信息并收取其债务，而不顾 Apple 的要求。

(5) Apple 的财务总监在 Buzzle 的办公场所有一间办公室。法院裁定认为，尽管财务总监花时间亲自推动"某些事情"，但 Buzzle 的董事们并没有习惯按照 Apple 的意愿行事。Apple 财务总监的互动主要是与某些 Buzzle 高管进行的，而不是董事。

(6) Apple 参与了 Buzzle 财务总监的面试和任命审批。法院认为，会计人员的任命不是 Buzzle 董事会或大多数董事考虑的问题。尽管这并不足以证明 Apple 给出的指示是公司的董事们习以为常的，但 Buzzle 的员工还是执行了 Apple 的建议。

White 法官确认，所谓的影子董事的指示或愿望与董事采取的行动之间必须存在因果关系。董事们必须集体习惯于按照所谓的影子董事的指示或愿望行事，尽管占统治地位的多数董事这样做就足够了。而这些要求在本案没有得到满足。

法院裁定，Apple 的指示是商业谈判的一部分。White 法官在其判决中指出，供应商或卖方（如 Apple）通常会对买方施加条件，由于供应商的议价地位优越，买方的董事可能会"感到"他们别无选择，只能遵守其所施加的条件。

案例归纳：

法官提供了一些有用的准则，说明在将此类行动视为影子董事之前可以提供哪些建议以及施加的影响程度或类型：

(1) 如果一个公司的董事"习惯于按照该人的指示或意愿行事"，则"该人"可被视为影子董事。

(2) 影子董事不需要控制公司的所有董事，只需控制多数董事即可，因为这无论如何都足以使他或她有效控制整个公司。

(3) 影子董事的指示或愿望不一定要涵盖其负责的整个公司活动领域。尽管个人或公司的影响仅限于公司活动的特定领域，其仍可能被认定为影子董事。

(4) 与公司有商业往来的第三方不会被认定为影子董事，因为他们坚持某些条款以继续支持公司，且这些条款被该公司接受；即使在很长一段时间内该公司习惯性地遵守。

(5) 在这种情况下，"依照"（in accordance with）被理解为影子董事的指示或意愿的表达。

(6) 根据《澳大利亚公司法典》，事实董事和影子董事是被区别对待的。前者是作为董事（没有头衔和任命）行事的人，而后者是指挥其他董事如何行事的人。

无论是事实董事还是影子董事,其法定责任(statutory liabilities)都与董事相同。

案例影响:

对于那些对另一家公司施加条件或交易条款或者要求一定管理标准的个人和公司来说,这起案件的判决提供了安慰和指导。虽然它并没有最终概述个人或公司将被认定为影子董事的所有情况,但该判决提供了一个指导方针,说明个人或公司与另一家公司存在具体和特殊类型的关系可能导致其被认定为影子董事。

参与公司决策的人士应确保任何条件、要求或建议都是董事会所考虑的事项。White 法官认为,明确声明相关第三方不参与公司的决策,只是以观察员或顾问的身份参加会议,与实际行为不相矛盾,可能有助于确定该第三方实际上不是影子董事。

三、新加坡的司法判例

Sakae Holdings Pte Ltd. v. Gryphon Real Estate Investment Corp Pte Ltd.

案例要旨:

2017 年新加坡高等法院对 Sakae Holdings Pte Ltd. v. Gryphon Real Estate Investment Corp Pte Ltd. 的判决是一个有用的案例研究,该案件说明了可能导致一个人被视为影子董事的是事实,因此对公司负有董事的责任。

基本案情:

在本案中,Douglas Foo 先生(以下称为 DF)和 Andy Ong 先生(以下称为 AO)通过一家名为 Gryphon Real Estate Investment Holdings Pte Ltd.(以下称为 GREIH)的公司成立了一家合资企业。GREIH 由 AO 和 DF 分别拥有的两家公司拥有,AO 的公司持有多数股权。

DF 随后指控 AO 为自己的利益而不当地给 GREIH 造成了损失。据其称,AO 使 GREIH 为任命他为项目经理向他支付了 800 万美元,尽管这笔付款不符合合资协议的条款。在付款时,AO 并不是 GREIH 的董事。相反,他的同事何某光(以下称为 HYK)是当时正式任命 GREIH 董事的人。

然而,法院认为 AO 仍然是 GREIH 的影子董事。这是因为无论何时,只要有关于 GREIH 的询问,SH 都会继续与 AO 打交道。当 SH 要求查看董事会会议纪要时,AO 也是指示 GREIH 向 SH 传递会议纪要的人。此外,AO 导致 SH 的代表被添加为 GREIH 银行账户上支票的联合签署人。这种权力本应由公司董事行使。同时,在 HYK 被任命为 GREIH 董事时,SH 一直无法获得 HYK 的联系方式。

HYK 亦在法庭上作证称,AO 曾聘请他担任 GREIH 的董事,而 AO 告诉他,这是一个“小角色”，因为 GREIH 的管理工作主要委托给由 AO 及其助理王某文（以下称为 OHB）控制的一家管理公司。即使在 HYK 被任命为董事之后，他对 GREIH 的事务也知之甚少。相反，AO 是为 GREIH 制定战略和投资管理决策的“人”，HYK 只会考虑直接引起他注意的事项。

法院认为：

由于 HYK 作为 GREIH 的法定董事，习惯于按照 AO 的指示行事，法院认为 AO 是 GREIH 的影子董事。

法院还认为 OHB 不是 GREIH 的影子董事。这是因为他只是对 AO 起辅助作用，接受 AO 的指示，而不是亲自为 GREIH 做管理决策。

四、马来西亚的司法判例

（一）Peninsular Fibre Industries Sdn Bhd v. Tan Yoke Chin①

案例要旨：

本案中，法院指出，要确定一个人是否为公司的影子董事，每个案件事实都必须单独审查。然而，以下是一些迹象（一个人是否是影子董事）：(1) 有证据表明影子董事对法定董事具有控制或指挥作用；(2) 负责以公司董事身份向公司董事会发出指示和指令的人；(3) 该等指示及指令已被该公司的法定董事遵守；(4) 法律上的董事并未行使任何自由裁量权或独立判断，只是遵从该特定人士的指示及/或指令。

（二）Ravichanthiran a/l Ganesan v. Percetakan Wawasan Maju Sdn Bhd & Ors②

案例要旨：

本案中，马来西亚高等法院指出：

除非公司的董事会只有一个人，而且这个人是外部人士的“猫爪”（cat's paw），否则不能仅仅因为他以专业身份提出建议而将其视为影子董事。

除非整个董事会，或者至少是董事会的多数成员习惯于按照外部董事的指示行事，否则这样的外部董事不能成为影子董事。

在一个人被认为是影子董事之前，这个人必须多次向公司的董事发出指示/命令。

---

① See adminmathews, *What is a Shadow Director?*, Aaron Mathews (Jan. 13, 2024), https://mathews.my/what-is-a-shadow-director/.

② See adminmathews, *What is a Shadow Director?*, Aaron Mathews (Jan. 13, 2024), https://mathews.my/what-is-a-shadow-director/.

(三)Re Hydrodam (Corby) Ltd.[①]

案例要旨:

本案中,法院对影子董事的描述如下:

“影子董事……并不声称或声称自己是董事。相反,他声称自己不是董事。他躲在阴影里,躲在其他人后面,他声称,这些人是公司唯一的董事,他自己除外。他没有被公司任命为董事。”

在确定一个人是否为影子董事时,必须有以下证据:(1)对公司事务具有支配或控制作用;(2)法律上的董事不行使任何自由裁量权或独立判断,而只是服从影子董事的指示或指令。

此外,2020 年,马来西亚高等法院发现某家公司的一名前董事是“影子董事”,他在一家公司“拥有巨大的影响力,掌握着至高无上的权力……”一个不可或缺的参考是这样描述一个影子董事的:“……这个相当阴险的人实际上是一个木偶操纵者。他拉着绳子,他的木偶在木板上跳舞。”

第三节　中国 2023 年修订的《公司法》第 192 条指示人范式的特征与责任构成

2023 年修订的《公司法》第 192 条规定:公司的控股股东、实际控制人指示董事、高管从事损害公司或者股东利益的行为的,与该董事、高管承担连带责任。

这是中国公司法对广义影子董事所作出的中国特色规定。

一、中式影子董事的显著特征

1. 立法模式上借鉴德国立法并选择了侵权法进径

中国《公司法》修订时,没有选择英国影子董事的立法方式,而是借鉴了德国的思路,采取了侵权法的规制路径。因此,中式指示人责任同样是“离岸”悬浮于公司法上的《民法典》侵权责任编的一种特殊侵权责任类型,其责任认定,势必同样更多地依赖于后者。

2. 采取与德式“迫使人”类似的单人模式

作为舶来品的中国公司法,虽然在立法时借鉴了很多外国公司法的相关制

---

① See Lee Hishammuddin Allen & Gledhill, *Shadow Director-The Puppet Master*, LEXOLOGY (Jan. 13, 2024), https://www.lexology.com/library/detail.aspx?g=ba080671-1123-4326-aeca-a42cdd323b9c.

度，但本次《公司法》在修订过程中，对于影子董事制度，并未借鉴英式影子董事的立法模式，而是选择了参考《德国股份公司法》的“迫使人 + 唆使人”范式，但抛弃了唆使人制度，实为单人模式。

3. 指示人的核心特征与英式影子董事的核心特征相似

如前所述，英式影子董事最核心的特征就是利用其具有决定性的特殊地位或对公司的影响力，指示或指令其他董事和高管按其意愿行事。

我国公司法上的控股股东，具有投资比例过半，或虽不过半但依其所享有的表决权已足以对股东会的决议产生重大影响，而实际控制人则处于实际支配公司行为的地位。因此，2023 年修订的《公司法》第 192 条“公司的控股股东、实际控制人指示……”的表述，正好符合英式影子董事的前述两个核心特征，即控股股东或实际控制人具有决定性的特殊地位或对公司的影响力，并凭此指示董事和高管按其意愿行事。所以，中式指示人的核心特征与英式影子董事的核心特征相似，与德国法的相关规定类似，属于一种特殊的、广义上的影子董事制度。

4. 因无须认定特殊身份也就无须具备英式影子董事的习惯性要件

参照德式影子董事的立法模式，只要其单次指示行为构成侵权，就应承担侵权责任，因而无须认定其影子董事身份，所以，2023 年修订的《公司法》第 192 条的指示人责任构成要件，也就不需要英式影子董事身份认定所必须具备的习惯性要件。

5. 指示人对公司不负有忠实勤勉义务

对比前文有关英式影子董事的介绍，特别是影子董事的认定要件，很容易看出，2023 年修订的《公司法》第 192 条规定的指示人，除具备指示性这一核心要件之外，完全不需要具备其他的认定要件。因此，理论上，该指示人无法被认定为影子董事、不具有董事的身份，该指示人对公司也就不负有忠实勤勉义务。

若该指示人的某些行为损害了公司的利益，也只能在该条规定的基础上，再援引《民法典》的侵权责任条款以共同侵权的形式予以救济。

6. 指示人的责任为连带责任，且与被指示人承担连带责任

相较于德式迫使人的单独责任，中式指示人的责任属于连带责任，并与被指示人连带向公司或股东承担损害赔偿责任，因此，其责任依赖于被指示的董监高责任是否成立。

二、2023 年修订的《公司法》第 192 条指示人责任的构成要件

鉴于中式影子董事的立法模式是基于一般法上的侵权法路径，因此，对于 2023 年修订的《公司法》第 192 条指示人的责任构成要件，要结合《民法典》第

1169 条的规定,才能完整地归纳。

1. 指示人实施了指示行为

首先,需要明确指示人的范围。

中式影子董事的门槛,与英式影子董事的“任何人”相比,是比较高的,指示人必须是公司的“控股股东”和“实际控制人”。若行为人最终无法被认定为公司的“控股股东”和“实际控制人”,就无须讨论后续的其他构成要件。

对于“控股股东”和“实际控制人”的认定规则,2023 年修订的《公司法》第 265 条第 2、3 项只作出了原则性的定义;证监会的规章及各证券交易所的规范性文件,虽有部分规则涉及二者的认定,但只能适用于上市公司或证券发行人的发行行为,不属于公司法上的一般规则。

其次,按照中国公司法的相关规定,“控股股东”和“实际控制人”,并不限于自然人,也可能包括法人、非法人组织。所以,中式指示人的范围,自然也包括自然人、法人及非法人组织。这与英式影子董事的外延基本一致。

再次,如前所述,中式指示人的核心特征与英式影子董事的核心特征是相似的。因此,指示人的指示行为,可以界定为公司的“控股股东”和“实际控制人”利用其对公司的影响力指示公司的董事和高管从事损害公司或者股东利益并造成损害的行为。

这种“指示”可能是指示、指令,也可能是表达了相关的意愿;“指示”的方式,可以是明示,也可以是暗示,以及“符合当事人之间”“互动习惯”的默示。当然,默示的认定标准,需要适当把握,否则,把握过宽容易放纵指示人的侵权行为,而把握过严则可能对公司治理造成不利的影响,进而造成对指示人责任的滥用。

最后,需要说明的是,2023 年修订的《公司法》第 192 条的指示行为与《民法典》第 1169 条的教唆行为,还是存在很大区别的。

二者最核心的区别在于,指示行为中,指示人对被指示人存在特殊的影响力,指示人处于一定的决定性优势地位;因此,在一定程度上,被指示人是“被迫”遵照指示行事,缺乏自主选择空间。

“教唆行为有多种多样的表现形式,如收买、指使、劝说、请求、怂恿、欺骗、强迫等。其方法亦不尽相同,有明示、暗示、直接、间接、书面、口头等方法。”[①]教唆行为中,教唆人与被教唆人之间,并不需要存在指示关系中的特殊地位;而被教唆人是否按照教唆行事,则完全具备自主选择空间,很少存在“被迫”行事的情形。

---

① 房绍坤:《略论教唆侵权的民事责任》,载《山东法学》1991 年第 3 期。

2. 被指示人实施了被指示的侵权行为并造成了损害结果

首先,按照2023年修订的《公司法》第192条的规定,中式指示人的被指示对象,与德式立法不同,并不包括公司的监事。

尽管立法如此,我们认为,监事对公司依法负有忠实勤勉义务。其若按照指示人的指示对其应当履行监事职责进行监督的事项不履行职责,或者滥用其职权,进而损害公司或股东的利益,也应当属于被指示人的范围,应当依法承担损害赔偿责任,而对于指示人,也应当按照本部分所述责任构成要件认定其是否应当承担损害赔偿责任。若将监事排除在外,很明显,影子董事的作用将被弱化,其立法宗旨也必将难以实现。

按照2023年修订的《公司法》第69条,"有限责任公司可以按照公司章程的规定在董事会中设置由董事组成的审计委员会,行使本法规定的监事会的职权,不设监事会或者监事"。因此,该种公司内,是不存在监事的。在这种情况下,行使监事会职权的董事会下设的审计委员会的成员,虽名义上是董事,但实质上履行监事会职权。所以,指示人若指示这些董事从事损害公司或股东利益的行为,是否应承担2023年修订的《公司法》第192条规定的责任,必将争议不断。

对此,我们认为,可以参照前述监事应当属于被指示人的内容确定。而且,审计委员会,虽然代行监事会的职权,但是,在此之外,审计委员会的职权肯定不限于此,即审计委员会仍会行使董事会的其他职权,其成员仍然属于实际上的董事。有必要将其纳入指示人责任的规制范围。

其次,在指示人做出指示、指令之后,被指示的董事和高管还必须按照指示、指令实施了损害公司或股东利益的侵权行为,并且对其造成了实际损害。否则,不满足本要件,指示人的责任就无法认定。

再次,对于被指示人遵照指示行事的比例与程度、服从人执行过程中是否存在"自由裁量"的问题。

参考英式影子董事认定要件中的服从性标准,我们认为,虽然中式指示人的责任是基于侵权法路径构建,但是,为了保证影子董事制度维护公司治理、保护公司或其股东利益的宗旨尽量得以实现,有必要参考该服从性标准,对被指示的董事和高管遵照指示行事的比例与程度从宽把握,更不需要考虑其照令行事过程中是否存在自由裁量的自主判断问题。

另外,按照后述的共同故意要件,若指示人与其被指示的董事和高管之间已经具备了实施侵权行为的共同故意,则只要董事和高管所具体实施的侵权行为在这种故意的涵盖范围之内、其损害后果符合指示人的意愿,就应当认定董事和高管已经照令行事,实施了侵权行为。

最后，公司的董事和高管对公司负有忠实勤勉义务，不得从事本书所述之相关损害公司或股东利益的行为。若其遵照指示人的指示从事了该述行为，自然应当承担相应的法律责任。在满足其他要件的情况下，指示人自然也应当根据2023年修订的《公司法》第192条的规定对其指示侵权行为承担相应的法律责任。在前述行为之外，虽然公司法并未规定董事和高管对特定行为承担法律责任，但其行为若违反《民法典》等法律法规规定的一般义务并造成公司损害的，也应当依法承担损害赔偿责任。若董事和高管的行为是遵照指示人的指示而为，则指示人亦应就其指示承担连带责任。

3. 指示行为与被指示人的侵权行为存在因果关系

二者之间存在因果关系意味着[①]：一方面，指示行为通常只能发生在侵权行为实施之前，如果在指示行为发生之前侵权行为已经实施完毕，则指示行为与侵权行为并无因果关系。另一方面，被指示人所实施的侵权行为正是指示的内容，即指示行为影响了被指示人，从而产生了侵权行为，前者是后者的原因。

4. 指示人与被指示人存在共同故意

中式指示人责任，是一种特殊的共同侵权行为。

按照教唆侵权的法理，双方之间必须存在共同故意[②]。这意味着：

一方面，指示人必须是故意指示公司董事和高管从事损害公司利益的行为，即指示人存有明知或者应知其指示董事和高管所从事的行为是损害公司或其股东利益的行为仍然指示的主观心理状态，但并不要求指示人对被指示人实施的行为属于哪一类侵权行为或者承担何种侵权责任有所认识。

据此构成要件，若指示人的主观心理状态是一种过失状态，包括重大过失，则不能构成指示人责任。

另一方面，被指示人既然是受到指示而实施了侵权行为，其行为是指示行为的结果，被指示人主观上也是故意的。倘若董事和高管只是过失地侵害了公司利益，这就说明其并未受到指示行为的影响，甚至不知道指示行为的存在，则不构成指示行为，董事和高管应单独承担过失的侵权责任，而与指示人无关。

综上要件，即使控股股东或实际控制人已经指示董事和高管从事侵权行为，若无法证明被指示的董事和高管实际从事其指示的侵权行为、董事和高管的侵权行为与指示人的指示存在因果关系、该侵权行为并未对公司或股东造成实际损害后果、指示人与被指示的董事和高管不存在共同故意，则指示人的侵权责任均不能成立。

---

① 参见程啸：《侵权责任法》（第3版），法律出版社2021年版，第395页。

② 参见程啸：《侵权责任法》（第3版），法律出版社2021年版，第395页。

第四节　影子董事的存在原因、利弊与规制必要性

一、影子董事的存在原因

对于影子董事产生的原因，某学者的考察足以说明①。按照该学者的观点，总体上看，影子董事存在的主要原因通常表现为以下形式：

(1)大股东为避免承担个人责任而拒绝成为董事，并躲在幕后持续操纵着公司董事们的行为；

(2)某人因某种原因而不具备成为董事的资格，但他在事实上操纵着公司董事会按其意志行事；

(3)控股股东持续地操纵其子公司业务活动。

当然，现实中的商业活动是十分复杂的，除不愿承担个人责任、不具备法定的董事责任这两项重要原因外，股东或实际控制人也完全可能是基于其他多方面的考虑，而不愿意现身台前、走到明处而以董事的名义名正言顺地行事董事职权，例如：

(4)股东或实际控制人因名下公司数量太多而分身乏术，确实无法在每家公司都兼任董事，但仍然要持续保持对其实际经营层面的有效控制力，不得已而如此选择。

(5)股东或实际控制人通过其控制的标准董事表达自己的意见，自己则可置身事外、保留充分的回旋余地；若意见得以执行则坐享其成，若遇到其他股东委派或控制的董事就此提出强烈不满，也有利于其协调股东之间的分歧、实现对公司的有力控制；尽管在其名为董事之时也可以如此行事，但这仍不失为一种可选择的方式。

以上林林总总，归结为一点，就是公司的股东或实际控制人，既不愿意现身以董事名义行事，又不甘心远离公司经营而仅以股东身份通过股东会的形式行使权利、获取分红，更不愿意因其以董事名义行使职权而承担任何法律责任。

二、影子董事的利弊

从其存在原因及发展情况来看，对于公司的股东或实际控制人而言，影子董事这种形式，确实方便其控制公司，尤其是有着多层股权结构、横跨多行业和司法

---

① 参见赵金龙：《英国法上影子董事制度评述》，载《北方法学》2010 年第 1 期。

区域的集团公司,方便其提高控制力度和控制效率,促进公司做大做强。

但是,也是基于如上因素,影子董事的存在,对于公司的规范治理、公司及其他股东的权利保护、公司债权人的债权实现,都造成了诸多障碍与困难,有很多弊端。

首先,公司作为拟制的法律实体、一种组织形式,并非像自然人实体那样有着自己的神经系统和大脑,能够作出独立判断、形成自己的意识、作出决策,并对外表达自己的意志和意思,而是必须通过法律规定的"三会一层"等内部组成机构或治理架构来完成意志和意思的形成与表达。而董事会,就是公司最重要的对外意思表达的代表机构,对于公司的人格独立与财产独立而言,这无疑是非常重要的。若某家公司的董事长或大多数董事受到影子董事的影响,按其意志行事,这样的公司董事会或董事,毫无疑问,几近形同虚设,必将严重破坏公司"三会一层"的治理结构。

其次,如前所述,公司其他股东所委派或选举出的董事,对于公司的商业决策无法与影子董事操控的傀儡董事按照正常的商业逻辑以及为公司的最大利益进行沟通,其也几近摆设,无疑已经损害了其他股东通过该董事参与公司管理的权利。而且,影子董事指示傀儡董事所为之事,更多涉及的是公司的重大事务,若仅按照符合影子董事的利益去决策、实施,很有可能不利于公司及其他股东的利益。

最后,如前所述,影子董事隐形于后的主要动机之一,就是为了逃避显名行使董事职权可能带来的法律责任,这种责任,包括对其未履行忠实勤勉义务所致公司损害赔偿的责任,也包括对可能给公司其他股东或公司债权人所造成的损失赔偿的责任。

另外,正因其自认可以逃避法定董事的义务与责任,无形中又放大了影子董事滥用这种身份为自己牟利,损害公司、股东或债权人的利益驱动和道德风险。

综上分析,与其将影子董事排除到公司法规制范围之外,倒不如认可这种特殊身份的存在,将其纳入公司治理的范畴之中,按照公司法的逻辑赋予其董事身份且要求其履行董事的忠实勤勉义务,并按照公司法直接承担法律责任。

三、影子董事的规制必要性

从前述利弊分析可得结论,对影子董事进行有效法律规制十分必要。然而,除前述利弊分析外,尚有其他方面的考量。

英国在制定2006年《公司法》之前,英国的法律委员会和苏格兰法律委员会,就公司董事对利益冲突的监管问题,专门进行了调查研究并以报告形式给出了相应的建议。其中将公司的经济目的总结为:"(1)促进公司行为者之间的有效讨价还价；(2)保护可能受到负外部性影响的第三方(如债权人)的利益，即他人之间的交易强加给他们的不可讨价还价的成本；(3)提供合作激励，从而促进创新和竞争力。”①其中的外部利益相关方的保护问题，前述利弊分析中已经论及。而另外两个经济目的，从公司内部角度来看，主要是公司治理及“三会一层”制度的有效性问题。

如前所述，董事义务是指董事根据公司法和公司章程的规定，基于其公司必备机关成员的身份和职位而应秉持对公司最佳利益的善意，在其履行董事职责过程中应向公司及其他权利人承担的忠实义务、勤勉义务、善意履职义务及其他法定义务。由此，可以认为，董事义务产生的主要前提是具备公司必备机关成员的身份、履行了该成员的职责。因此，只要具备了这两个条件的人，就应当被认定为具备了董事的身份，不管是事实董事还是影子董事，均应如此。

按照现代公司法理论，公司具有独立的法人人格，其与股东或实际控制人的财产和人格是相互独立的，公司不是股东的公司(在所有权意义上，股东仅对其投资所形成的股权享有包含所有权性质的权益)，而股东除依法享有资产收益、参与重大决策和选择管理者等权利之外，未经法定程序和授权而获得公司董监高的身份，无权直接介入公司的经营管理；公司有其法定的“三会一层”的内设机构，正是通过这些机构的依法按章有机运行(公司治理)才形成了公司的意志与意思表示(独立人格)、并使公司从事各种法律行为，并以其自有财产独立承担法律责任。

因此，在公司内部，只有符合公司法形式与实质要求的董监高，才有权按照公司法律和公司章程的规定履行相应的职权，包括公司的控股股东和实际控制人在内的任何人，在未经选举、委派或任命等合法方式授权的情况下，不管是以董监高的身份实际上直接行使董监高的法定职权(实际董监高)，还是通过指示或指令董监高而间接行使董监高的法定职权(影子董事)，从公司法理论角度，该述行为都违反公司法律和公司章程规定，属于一种违法违章的越权行为，本应受到法律的否定性评价，行为人也应当因此承担相应的法律责任。此即影子董事身份认定要件中的前提条件：非法性要件。

---

① The Law Commission and the Scottish Law Commission 于 1998 年发布的“Company Directors Regulating Conflicts of Interests and Formulating a Statement of Duties：A Joint Consultation Paper”第 52 页。原文如下：

“Company law can be seen as having a number of economic purposes, in particular：(1) promoting efficient bargaining between corporate actors；(2) protecting the interests of third parties (such as creditors) who may be affected by negative externalities, that is to say, unbargained for costs which are imposed upon them by transactions between others；and (3) providing incentives for cooperation, thereby promoting innovation and competitiveness.”

当然,既然该述人员已经实际上直接或间接行使了只有公司董监高才能依法行使的职权,在公司股东未提出异议或诉诸司法救济,甚至默认该述人员以事实董事或影子董事身份行使职权的情况下,从尊重公司该种自治现实、保证公司持续有效运营的角度,按照权责对等的原则,以及我国司法实践中长期坚持的实质重于形式的原则,为了有效规制事实董事或影子董事的行使职权的行为、保护公司及其股东的合法权益,通过立法认可事实董事或影子董事的这一特殊身份并赋予其忠实勤勉义务,才是明智之举。也只有如此,在其违反该义务损害公司或股东利益之时,才能为公司或股东追究其赔偿责任提供法理与法律基础。

对于事实上行使董事、高管职权的人,包括名为监事实为董事的人,我国司法实践中,一直按照实质重于形式原则,认可其事实董事的身份,并赋予其忠实勤勉义务,具体案例可参考本书第一篇的几个典型案例。

因此,对于影子董事,虽然我国 2023 年修订的《公司法》选择了德式影子董事的立法范式,但笔者仍认为,有必要更多地参考英式影子董事的判例和法理,并付诸中国的司法实践。

第五节 广义影子董事的三种规制范式、特点及其利弊

前文详细介绍了英式影子董事、德式"迫使人 + 唆使人"和中式"指示人"三种广义影子董事的立法范式的各自特征与构成要件等主要内容。

为方便对比阅读,现将英国、德国和中国的影子董事相关法律规范汇总如表 3 - 13 - 1 所示:

表 3 - 13 - 1 广式影子董事三种立法范式的成文法条文汇总(英国、德国、中国)

英式影子董事	《英国公司法》(2022 年修订) **第 251 节** "影子董事" (1)在《公司法》中,就公司而言,"影子董事"是指公司董事习惯于按照其指示或指令行事的人。 (2)一个人不能仅仅因为其从事如下行为就被认定为影子董事: (a)依其专业资质提出建议; (b)依法履行其法定职责而提出指示、指导、指引或建议; (c)按照《英王大臣法》规定的职责而提出指引或建议。

续表

德式『迫使人＋唆使人』	《德国股份公司法》(2023) **第117条** ［损失赔偿义务］ (1)任何人利用其对公司的影响力，故意迫使董事会或监事会成员、被授予完全商业代理权的公司管理人员或授权代理人采取损害公司或其股东利益的行动，将有责任就公司因此遭受的损害向公司提供赔偿。该方也有义务赔偿股东因此而遭受的损害，只要他们所遭受的损害超出了公司损害给他们造成的损失。 (2)除此人外，董事会成员和监事会成员如玩忽职守，应作为连带债务人承担责任。对其是否履行了审慎管理人忠实履行有关职责的应有义务存在争议的，由其承担举证责任。管理委员会成员和监事会成员提供补偿的义务不会对公司产生影响，如果采取的行动是基于股东大会通过的合法决议，也不会对股东产生影响。尽管监事会已经批准了这一行动，但这并不排除提供补偿的责任。 (3)此外，除该人外，那些因造成损害的行为而获得利益的当事人，如果故意唆使施加影响，则作为连带债务人承担责任。 (4)第93(4)条第3句和第4句相应地适用于免除与公司提供赔偿有关的责任。 (5)公司的债权人不能向公司取得赔偿的，也可以主张公司的赔偿要求。公司对其索赔的任何放弃，或公司就这些索赔达成的任何妥协，都不会免除其向债权人提供赔偿的义务，也不会因该诉讼是基于股东大会通过的决议而免除该义务。对公司资产已经启动破产程序的，破产管理人或者破产监督员在破产程序进行期间行使公司债权人的权利。 (6)本条款管辖的索赔将在五(5)年内不再受法律限制。 (7)如果管理委员会成员或监事会成员、被授予完全商业代理权的公司管理人员或授权代理人因以下任何一种行为而被迫采取造成损害的行为，则上述规定不适用： 1. 基于控制协议的指导性权力，或者 2. 属于公司整体的上级公司(第319条)的指导性权力。
中式『指示人』	我国《公司法》(2023年修订) **第八章** 公司董事、监事、高级管理人员的资格和义务 **第192条** 公司的**控股股东、实际控制人指示**董事、高级管理人员从事损害公司或者股东利益的行为的，与该董事、高级管理人员承担连带责任。

除此之外，三者还有以下值得归纳、探讨的联系与区别，简单列表展示如表3－13－2所示：

表3－13－2 三者的联系与区别

汇总对比	英式影子董事	德式“迫使人＋唆使人”	中式“指示人”
1 立法基础	公司法	侵权法为主、公司法为辅	侵权法为主、公司法为辅
2 立法模式	公司法进径	侵权法进径	侵权法路径
3 立法宗旨	事先预防	事后救济	事后救济

续表

汇总对比	英式影子董事	德式“迫使人＋唆使人”	中式“指示人”
4 身份认定	认可实际上的董事身份	否认董事身份	否认董事身份
5 法定义务	董事的忠实勤勉义务	侵权法上的一般义务	侵权法上的一般义务
6 行为人	任何人	迫使人：对公司具有影响力的人	指示人：公司的控股股东、实际控制人
		唆使人：任何人	
7 行为	指示	迫使	指示
		唆使	
8 行为人的主观	过错（违反忠实勤勉义务）	故意	故意
9 被指示的对象	法定董事、事实董事	董监高（董事会或监事会成员、被授予完全商业代理权的公司管理人员或授权代理人）	董事、高管
10 被指示行为的结果	行为对公司可能有利，也可能不利	损害公司或其股东的利益	损害公司或其股东的利益
11 对象主观	不强调	玩忽职守	故意
12 责任性质	—	唆使人：（与迫使人）连带责任	—
	影子董事：单独责任	迫使人：单独责任	指示人：（与董高）连带责任
	傀儡董高：单独责任	董监高：（与迫使人）连带责任	董高：单独责任
13 责任特点	基于影子董事特殊身份的责任	基于教唆侵权行为的侵权责任	基于教唆侵权行为的责任
14 举证责任		唆使人责任：公司/股东/债权人	—
		迫使人责任：公司/股东/债权人	指示人责任：被侵权的公司/股东/债权人
		董监高责任：举证责任倒置	董高责任：被侵权的公司/股东/债权人

续表

汇总对比	英式影子董事	德式"迫使人+唆使人"	中式"指示人"
15 索赔豁免对债权人的效力	—	公司对其索赔的任何放弃,或公司就这些索赔达成的任何妥协,都不会免除其向债权人提供赔偿的义务,也不会因该诉讼是基于股东大会通过的决议而免除该义务	—
16 董监高责任的豁免	—	基于控制协议或属于公司整体的上级公司(A319)的指导性权力而被迫采取造成损害的行为	—

2023年修订的《公司法》第192条的指示人制度,是中国公司法立法领域的一大突破,势必对公司法的发展产生重大影响。

当然,经过本书的对比分析,还应该认识到,该"指示人"制度与英美法系的影子董事制度还有所差距,能否最终实现制度的立法目的、解决大股东滥权掏空公司却很难追责的问题,还要看接下来司法部门对该条法律规定的具体适用情况以及是否在司法实践中通过司法解释或指导案例等方式进一步完善指示人制度,甚至将该指示人制度推进、演化为相当接近影子董事的制度,从而,促使该指示人不仅对其指示行为承担连带赔偿责任,而且是作为影子董事的身份,对公司承担忠实勤勉义务,从而促进公司法的进一步完善。

第十四章

控股股东与实际控制人的责任之二：公司设立与经营管理中

第一节　概　　述

一、绪论

在讨论了双控人的信义义务以及其作为指示人时的侵权责任之后，笔者根据公司全生命周期中的各个阶段，分别讨论双控人在不同阶段的特殊义务及相关的法律责任问题。

按照其义务与法律责任的特点，笔者将其分为公司设立与经营管理阶段、出资与资本维持阶段、资本市场中的证券欺诈阶段、控制权交易阶段、解散或破产的清算阶段以及公司人格否认阶段六个不同阶段。需要说明的是，这些阶段的划分，从时间角度而言并不是截然分开、没有交叉的，只是为了方便讨论按照公司发展的特征而划定的。

二、公司设立阶段

按照同一体说，设立中公司是拟成立公司的前身，与成立后的公司可以超越人格的有无而在实质上归属于同一体；既然设立中公司与成立后公司属于同一体，那么设立中公司的法律关系即成立后公司的法律关系。详言之，随着公司的成立，认股人即成为股东，设立中公司选任的董事与监事即成为公司机关，发起人代表设立中公司实施的行为的后果归属于公司。[①]

据此理论，《公司法》(2023 年修订)吸收了司法解释的内容，在其第 44 条增加了股东与公司之间有关公司设立所生债务的承担规则，即有限责任公司设立时的股东为设立公司从事的民事活动，其法律后果由公司承受。公司未成立的，其

---

① 参见柯芳枝:《公司法论》，台北，三民书局 1984 年版，第 21 ~23 页。

法律后果由公司设立时的股东承受；设立时的股东为二人以上的，享有连带债权，承担连带债务。设立时的股东因履行公司设立职责造成他人损害的，公司或者无过错的股东承担赔偿责任后，可以向有过错的股东追偿。该述规定，完全符合同一体说，公司成立后，由公司承担设立阶段的债务，公司未成立的，则由设立时的股东承担。

另外，基于特殊情况，该法第44条第3款还规定：设立时的股东为设立公司以自己的名义从事民事活动产生的民事责任，第三人有权选择请求公司或者公司设立时的股东承担。这一规定是为了充分保护公司设立阶段的债权人的利益。法理上，该债务由公司承担完全符合同一体说；若由设立时的股东承担，也符合意思自治原则。

三、公司经营管理阶段

公司设立之后，原则上应当由公司的管理层，即董监高负责公司的具体经营管理事宜。在此期间，股东原则上只享有股权，并依股权享有选择管理者的权利、按照公司章程规定参与股东会表决而间接行使股东会职权的权利、公司存有未分配利润时根据股东会决议享受分红的权利。除此之外，根据《公司法》(2023年修订)第180条第3款关于事实董事的规定，公司的控股股东与实际控制人虽不担任公司董事但实际执行公司事务、参与经营管理的，构成了事实董事，依法承担董事的忠实勤勉义务。从公司“三会一层”的治理结构及分工行使权利的角度而言，事实董事已经是该双控人的另外一个身份，若其违反忠实勤勉义务，应当适用董事违反法律或公司章程而对公司承担相应法律责任的规定，而不应当不加区分地根据其双控人的身份基于其所谓的信义义务而承担法律责任。除了基于身份负有义务、承担责任这一原因，最重要的原因是公司董监高的忠实勤勉义务，不管是在理论层面还是在立法层面抑或在司法层面，都远比双控人的信义义务成熟得多。

然而，理论上，公司运作实践中，还是存在一些双控人并未僭越雷池而直接或间接行使了公司董监高职权的情形。在此情形下，若双控人滥用公司股东权利、篡夺公司商业机会、侵占公司财产、挪用公司资金、从事关联交易而损害公司或其股东利益，因无法依据其董监高身份所负有的忠实勤勉义务而追究其相应的法律责任，尽管现行公司法对双控人的信义义务与法律责任的规定不尽完善，但也只能根据双控人的信义义务及相关法律规定而要求其承担相应的损害赔偿责任。

第二节 篡夺公司机会的相关责任

本节主要讨论双控人篡夺公司机会是否属于侵权行为及其责任构成问题。而某个机会是否属于公司机会，尤其是双控人开发的商业机会是否属于公司机会，属于公司机会的认定问题，请参阅第三篇有关公司机会认定的相关内容。

一、双控人具备特殊身份时不得篡夺公司商业机会的法理基础

双控人篡夺公司机会，需要根据其行事时具体身份的不同而具体讨论。鉴于我国公司法上董监高忠实勤勉义务比较完备，而双控人的信义义务尚未达成一致，若双控人具备公司董监高身份，应当首先根据其对公司负有的忠实勤勉义务，来认定其不得篡夺公司机会的责任；若双控人不具备公司董监高身份，则根据公司法与民法典的相关规定，具体问题具体分析。

1. 双控人以公司董监高的身份行事时

双控人篡夺公司机会时具备公司董监高身份的，应当按照本书第三篇有关篡夺公司机会的相关内容判断其行为的性质与相关的法律责任。其双控人身份，若对其行为性质及责任程度有影响，则可以适当考虑其双控人身份所起作用。特别是在适用“报告＋决议同意”规则以及表决回避规则时，公司董事会过半数成员（含其自身）均由其委派或控制的，决议机构应当改为公司股东会。而且，虽然公司法没有明确规定，但笔者仍然认为，股东会表决的规则，也应当以其他无利害关系股东的多数表决权通过为宜。

2. 双控人以公司事实董事的身份行事时

双控人篡夺公司机会时实际是 2023 年修订的《公司法》第 180 条第 3 款规定的事实董事身份的，应当按照前述双控人以公司董监高的身份行事时的原则处理。只是，双控人行事时是否属于事实董事，应当作为前提性问题先行确定。

3. 双控人以指示人的身份行事时

双控人篡夺公司机会时不具备公司董监高身份，也无法被认定为事实董事的，若依行为特征其可以被认定为 2023 年修订的《公司法》第 192 条规定的指示人，按照本书第二篇有关篡夺公司机会的主体要件中所述，此时，双控人类似共同侵权行为的教唆人身份，并依其教唆人身份而承担共同侵权的法律责任。此时，无须认定该双控人对公司是否负有不得篡夺公司机会的信义义务。

值得说明的是，在我国公司法律实务中，大多数人尤其是公司的股东，并未真

正将其所投资的公司视为人格完全独立的人,一个独立于其个人财产体系之外的存在,多数情况下均将其视为自己的左右口袋、随意支配。至于公司的经营管理,不具备任何董监高的身份的人实际上执行董监高职权的现象非常普遍。这种现象,在作为特殊股东的双控人身上就体现得更加明显、典型。因此,在司法实务中,前述三种身份基本可以覆盖双控人的实际情况,进而可以根据具体类别追究双控人篡夺公司机会的相关法律责任。

二、仅以双控人身份不得篡夺公司商业机会的法理基础

虽然如前所述,以上三种身份基本可以解决双控人篡夺公司机会的多数情形。但是,除前述三种情况之外,理论上仍然存在如下一种特殊情况:双控人行事之时,既不具备公司的董监高身份,也无法被认定为事实董事,更不具备前述指示人身份,即其仅以双控人身份为自己或他人谋得了本属于公司的商业机会。此时,其是否应当承担篡夺公司机会的法律责任,在我国的公司法中尚无明确的法律依据,因理论上其是否对公司负有信义义务进而负有不得篡夺公司机会的义务仍处于不断的争议之中而无法获得充分的理论支持。

对此,笔者认为,负有公平交易义务的双控人应当负有不得篡夺公司机会的义务,具体理由如下。

首先,正如本篇第十二章所述,笔者认可双控人对公司负有一定的信义义务,而这种信义义务具体而言包括不得滥用股东权利的义务以及公平交易义务。公司机会的最终实现,就是一项可能获利的交易,而该种交易与双控人公平交易义务所涵盖的各类交易,在本质上并无差别,都是交易一方可以从中获利的机会。因此,在公司与双控人之间、双控人与其他股东之间,公平利用属于公司的商业机会,也是双控人公平交易义务的当然内容。

其次,按照我国《民法典》第 7 条的规定,民事主体从事民事活动,应当遵循诚信原则,秉持诚实,恪守承诺,即诚实信用原则。诚实信用原则要求所有民事主体在从事任何民事活动时,包括行使民事权利、履行民事义务、承担民事责任,都应该秉持诚实、善意,信守自己的承诺。双控人不管是通过不正当手段,还是通过形式上合法的各种形式,将本属于公司的机会据为己有或为他人谋得,都违反了民法的该基本原则。

最后,按照我国《民法典》第 8 条的规定,民事主体从事民事活动,不得违反法律,不得违背公序良俗。这里的公序良俗包含两层意思:一是指公共秩序,包括社会公共秩序和生活秩序;二是指善良风俗,即由全体社会成员所普遍认可、遵循的道德准则。双控人本就占据控制公司的优势地位,若再任由其随意篡夺公司机

会，势必会违反公序良俗，破坏健康的公司治理秩序，进而损害公司及其他股东的合理期待与合法权益。

三、仅以双控人身份篡夺公司机会的法律适用

双控人篡夺公司机会侵权责任的构成要件，与董监高篡夺公司机会侵权责任的构成要件基本一致，所不同的只是侵权行为主体。对此不再赘述，请参考第二篇有关篡夺公司机会构成要件的相关内容。

但是，很明显，《公司法》第183条有关禁止董监高篡夺公司机会的法律规定，无法直接作为双控人篡夺公司机会应承担法律责任的请求权基础。

实际上，这正是我国公司法立法不够完善的重要体现。对于双控人不具备前述三种特殊身份却依旧篡夺了公司机会的情形，适用哪些具体的法律规定追究其法律责任，是个难题。

既然《公司法》第183条已经将公司机会视为公司所享有的利益，在《公司法》对于其仅以双控人身份篡夺公司机会的法律责任无明文规定的情况下，应当根据我国《民法典》第113条“民事主体的财产权利受法律平等保护”以及第126条“民事主体享有法律规定的其他民事权利和利益”的规定，对属于公司的商业机会予以保护，对双控人的侵权行为追究损害赔偿责任。

当然，若像如下的(2021)最高法民终1052号案一样，双控人篡夺公司机会给其关联方牟利，还可以适用《公司法》第22条有关关联交易的规定追究其法律责任。对于关联交易的问题，可参考本书第四篇的内容。

【问题121】控股股东滥用控股股东地位，将该公司的业务交由与其有关联关系的公司经营，是否构成篡夺公司机会？

【典型案例要旨135】(2021)最高法民终1052号：天博公司作为博钢铁路专用线的产权人，有权决定是否允许他人在该专用线上从事货运代理，并且其也有资格和能力在该专用线上从事国内货物运输代理业务，但控股股东大陆桥公司滥用控股股东地位，将该业务交由与其有关联关系的公司经营，并且对此不能作出合理解释，篡夺了属于天博公司的商业机会，损害了天博公司利益。

杨某军、新疆亚欧大陆桥国际物流有限责任公司等损害公司利益责任纠纷二审民事判决书

最高人民法院(2021)最高法民终1052号

一审法院新疆维吾尔自治区高级人民法院经审理认为:

关于杨某军要求大陆桥公司向天博公司赔偿博钢铁路专用线2008年至2012年的运输代理服务费损失929.29万元,中铁物流公司、中铁外服公司承担连带责任的诉讼请求能否成立的问题,分析如下。

关于大陆桥公司与中铁物流公司、中铁外服公司之间是否存在关联关系。《公司法》第216条第2项规定:"控股股东,是指其出资额占有限责任公司资本总额百分之五十以上或者其持有的股份占股份有限公司股本总额百分之五十以上的股东;出资额或者持有股份的比例虽然不足百分之五十,但依其出资额或者持有的股份所享有的表决权已足以对股东会、股东大会的决议产生重大影响的股东。"该条第4项规定:"关联关系是指公司控股股东、实际控制人、董事、监事、高级管理人员与其直接或者间接控制的企业之间的关系,以及可能导致公司利益转移的其他关系。但是,国家控股的企业之间不仅因为同受国家控股而具有关联关系。"在通过股权转让方式取得有限责任公司股权的情形下,有限责任公司股东身份的取得时间为股权交付的时间,公司登记机关记载的有限责任公司股权变更时间并不一定就是有限责任公司股东取得该股权的时间。

大陆桥公司于2006年12月24日在公司登记机关登记为北疆进出口公司的唯一股东,而北疆进出口公司和大陆桥公司当时分别持有中铁物流公司60%和25%的股权,这也就意味着大陆桥公司最迟于2006年12月24日成为了中铁物流公司的控股股东、最迟于2012年12月12日成为中铁物流公司的唯一股东,大陆桥公司与中铁物流公司最迟于2006年12月24日开始存在关联关系。

大陆桥公司是中铁外服公司的唯一股东,自中铁外服公司成立时即1998年11月23日起与其存在关联关系。北疆进出口公司于2006年12月1日将其持有的天博公司51%的股权转让给大陆桥公司并于同日进行了交付,大陆桥公司自2006年12月1日成为天博公司的控股股东,故大陆桥公司与天博公司最迟自2006年12月1日起存在关联关系。

综上,在2008年至2013年,大陆桥公司为天博公司的控股股东,中铁外服公司、中铁物流公司与大陆桥公司之间存在关联关系。天博公司作为博钢铁路专用线的产权人,有权决定是否允许他人在该专用线上从事货运代理,并且其也有资格和能力在该专用线上从事国内货物运输代理业务,但控股股东大陆桥公司滥用

控股股东地位,将该业务交由与其有关联关系的公司经营,并且对此不能作出合理解释,篡夺了属于天博公司的商业机会,损害了天博公司利益。根据《公司法》第21条的规定,大陆桥公司应当对天博公司在博钢铁路专用线损失的代理服务费承担赔偿责任。此外《侵权责任法》第8条规定:“二人以上共同实施侵权行为,造成他人损害的,应当承担连带责任。”大陆桥公司的相关关联公司与其构成共同侵权,应当对天博公司的损失承担连带赔偿责任。但关联公司仅应对由其发货造成的损失承担连带赔偿责任。

综上,依据《公司法》第21条、第151条、第216条第2项、第4项,《侵权责任法》第8条,《民事诉讼法》第144条,《最高人民法院关于适用〈中华人民共和国民事诉讼法〉的解释》第90条、第144条的规定,判决:

(1)大陆桥公司于判决生效后10日内向天博公司赔偿损失4794000元;

(2)中铁物流公司对大陆桥公司4794000元的赔偿责任承担连带责任;

(3)驳回杨某军的其他诉讼请求。

【问题122】控股股东违反公司股东会和董事会决议,将决议本来决定不对外承包经营的货运代理服务交由其关联方经营的,是否构成篡夺公司机会?

【典型案例要旨136】(2021)最高法民终1052号:在天博公司的公司决议已明确约定公司不采取对外承包经营的情况下,大陆桥公司作为天博公司的控股股东,将本应属于天博公司经营的运输代理服务交由其关联公司中铁物流公司和中铁外服公司经营,违反了公司决议,减少了天博公司可能获得的业务机会并造成了天博公司损失。

杨某军、新疆亚欧大陆桥国际物流有限责任公司等损害公司利益责任纠纷二审民事判决书

最高人民法院(2021)最高法民终1052号

最高人民法院经审理认为:

关于大陆桥公司是否滥用股东权利篡夺本应属于天博公司的商业机会以及应否赔偿损失的问题。

该问题涉及博钢铁路专用线、瑞晨铁路专用线以及杨某军主张的占用资金和利息三部分。就该三部分中的第一部分分析如下:

关于博钢铁路专用线问题。

《铁路法》第2条第4款规定,“铁路专用线是指由企业或者其他单位管理的与国家铁路或者其他铁路线路接轨的岔线”。《铁路专用线专用铁路管理办法(试行)》第2条规定,“全国铁路(包括正式营业线、临管线)车站及专用线运输(军事专用线另有规定者除外),均应执行本办法”。第34条规定,“开展专用线共用应坚持自愿互利、有偿共用和就地、就近、方便货主的原则。在保证专用线产权单位运输的条件下,由共用单位、产权单位、车站三方签订共用协议……专用线产权单位或其他单位未与车站签订共用协议,不得借出借用或租出租用专用线办理铁路货物发到业务”。依据上述规定,博钢铁路专用线可由天博公司自己经营,也可由其与他人共用经营。根据一审查明以及双方确认的事实,博钢铁路专用线的产权单位天博公司有权决定是否允许他人使用以及由谁使用案涉铁路专用线,而实际的情况是天博公司自己也经由案涉铁路专用线经营国内运输代理服务业务,同时还有中铁物流公司、中铁外服公司和其他公司经由案涉铁路专用线经营国内以及国际运输代理服务业务。

于2006年12月1日形成的《阿拉山口天博储运有限责任公司股东会及董事会决议》的第6条载明“公司在2006年11月2日所作的股东会及董事会决议中第一条、第二条撤销,不采取对外承包经营方式,仍由公司行使经营权”。在天博公司的公司决议已明确约定公司不采取对外承包经营的情况下,大陆桥公司作为天博公司的控股股东,将本应属于天博公司经营的运输代理服务交由其关联公司中铁物流公司和中铁外服公司经营,违反了公司决议,减少了天博公司可能获得的业务机会并造成了天博公司损失。依据《公司法》第21条“公司的控股股东、实际控制人、董事、监事、高级管理人员不得利用其关联关系损害公司利益。违反前款规定,给公司造成损失的,应当承担赔偿责任”的规定,一审法院认定大陆桥公司滥用股东权利,将公司业务交由关联公司经营损害公司利益,依法有据,本院予以维持。大陆桥公司、中铁物流公司上诉称经由博钢铁路专用线的运输业务系货主决定、其经营上述业务不构成侵权的理由,依据不足,依法不能成立。

【问题123】房地产开发公司的股东兼合作开发方,利用主导开发便利独自开发建设案涉房地产,是否属于谋取了本公司的商业机会?

【典型案例要旨137】(2020)陕民终921号:水泥厂置业公司作为海上苑公司的股东及案涉合作开发协议的当事人之一,利用其主导办理项目立项审批等项目手续的便利,违背案涉合作协议约定,单独在案涉合作开发协议书及补充协议约定的耀县水泥厂家属区的159亩土地上开发建设了二期、三期工程,且已经对外销售完毕并实际入住，足以认定水泥厂置业公司利用其股东地位谋取了本属于海上苑公司的商业机会。水泥厂置业公司主观上明显具有过错，客观上也实施了损害海上苑公司利益的行为，直接导致了海上苑公司商业机会的丧失，水泥厂置业公司滥用股东权利，应当赔偿给海上苑公司造成的利益损失。

陕西省耀县水泥厂、陕西耀县水泥厂置业有限公司与陕西海上苑置业有限公司损害公司利益责任纠纷二审民事判决书

陕西省高级人民法院(2020)陕民终921号

陕西省高级人民法院经审理认为：

关于争议一：一审法院认定水泥厂置业公司开发海上苑住宅小区二期、三期工程侵害了海上苑公司的权利并应向海上苑公司赔偿损失1000万元是否适当，首先是水泥厂置业公司侵害海上苑公司的合法权益问题。

第一，案涉海上苑住宅小区建设项目系耀县水泥厂为了改造其老旧家属区(土地面积为159亩)，经铜川市相关政府部门审批批准的经济适用住房建设项目，享受政策优惠，该项目具体由水泥厂置业公司负责实施。耀县水泥厂随后招商引资，使由其控股的水泥厂置业公司与中国航空港建设总公司西安分公司签订了《海上苑住宅小区合作开发协议书》及补充协议，明确约定双方共同出资设立海上苑公司作为该项目的开发主体，该项目开发建设分为三个阶段；还约定水泥厂置业公司提供由铜川市规划局批准的本项目用地159亩和政府对该项目的优惠政策作为资源资本入股，在海上苑公司成立时出具其资源的有效证件，交海上苑公司保存。

第二，该项目第一阶段即一期四栋经济适用房完全是按照该合作开发协议书及补充协议的约定，以海上苑公司为开发主体进行建设及对外销售。虽然，在海上苑住宅小区二期、三期开发过程中，2011年7月19日，铜川市人民政府发布了《铜川市人民政府令》，要求在药王山大景区规划编制期间，已经批准的建设项目待药王山大景区规划批准后由市级规划部门统筹考虑。2011年12月20日，铜川市耀州区发展和改革局向区住房制度改革领导小组办公室作出铜耀发改发[2011]392号《铜川市耀州区发展和改革局关于陕西耀县水泥厂工人新村住宅小区廉租房配建项目实施方案的批复》，批复新建廉租房1号、2号住宅楼。但是，2012年4月18日铜川市耀州区人民政府办公室第4次专题会议《关于保障性住房项目建设有关问题的会议纪要》和铜川市耀州区发展和改革局《关于耀县水泥厂海上苑住宅小区廉租住房建设情况的说明》，确定将前述廉租房项目变更为经济适用房项目，2012年7月26日铜川市耀州区住房和城乡建设局也同意变更前

述廉租房住宅楼工程为海上苑住宅小区项目二期5号、6号经济适用房住宅楼工程;2013年5月和2014年5月,铜川市耀州区住房和城乡建设局先后向水泥厂置业公司颁发了海上苑住宅小区三期8号楼和7号、9号、10号楼的《建设工程施工许可证》,双方当事人也一直确认建成的该四栋楼为经济适用住宅房,结合案涉合作协议及其补充协议内容分析可知,前述海上苑住宅小区项目二期、三期工程规划因政府的原因进行了适当调整,但并不足以否定海上苑公司对该159亩土地享有的开发建设权益。

综上所述,耀县水泥厂和水泥厂置业公司并无证据证明在海上苑住宅小区项目一期已经顺利开发销售的情况下,海上苑公司对该项目二期、三期的开发建设表示放弃,而事实上,水泥厂置业公司作为海上苑公司的股东及案涉合作开发协议的当事人之一,利用其主导办理项目立项审批等项目手续的便利,违背案涉合作协议约定,单独在案涉合作开发协议书及补充协议约定的耀县水泥厂家属区的159亩土地上开发建设了二期、三期工程,且无视建设期间海上苑公司曾多次向其发出的要求停止单独开发行为的函件。目前海上苑住宅小区二期、三期已经以水泥厂置业公司的名义对外销售完毕并实际入住,足以认定水泥厂置业公司利用其股东地位谋取了本属于海上苑公司的商业机会。水泥厂置业公司主观上明显具有过错,客观上也实施了损害海上苑公司利益的行为,直接导致了海上苑公司商业机会的丧失,水泥厂置业公司滥用股东权利,应当赔偿给海上苑公司造成的利益损失。

其次是赔偿金额问题。

水泥厂置业公司作为实际负责海上苑住宅小区项目二期、三期工程的开发建设者,却拒绝提供其拥有的建筑施工资料,导致无法对其独自开发建设的二期、三期工程的利润直接计算,一审法院综合考虑案涉海上苑小区5、6、7、8、9、10号楼早已建成并销售完毕,及近年房地产市场的整体盈利水平,参考陕西同人会计师事务所有限责任公司出具的《海上苑小区5、6、7号楼评估报告》《耀县水泥厂"海上苑居"住房改造项目投资评估报告》所载的案涉项目利润等因素,酌情认定水泥厂置业公司应赔偿海上苑公司预期可得利益损失1000万元并无不当。

关于争议二:耀县水泥厂是否因共同侵权而应向海上苑公司承担连带清偿责任,案涉项目所占用土地系耀县水泥厂的划拨建设用地,案涉项目系耀县水泥厂为解决本厂职工安居问题请示申报的项目,经铜川市国有资产监督管理委员会审批同意由水泥厂置业公司实施该海上苑住宅小区改造项目;项目实施过程中,政府部门的批复文件部分针对耀县水泥厂作出、部分针对水泥厂置业公司作出;诉争的7、8、9、10号楼的《工程竣工验收报告》和《竣工验收备案表》中对于建设单位名称的记载，有的是耀县水泥厂，有的是水泥厂置业公司；耀县水泥厂系水泥厂置业公司的控股股东，曾发文对水泥厂置业公司的部分高管进行任免。

由此可见，耀县水泥厂实质上全程参与了水泥厂置业公司对案涉耀县水泥厂海上苑住宅小区项目的开发建设事宜，如争议一所述，在案涉项目二期、三期开发建设中，耀县水泥厂基于案涉项目是为解决本厂职工的安居问题，利用其对水泥厂置业公司的绝对控股优势，与水泥厂置业公司共同实施了损害海上苑公司利益的行为，构成共同侵权，一审法院据此认定耀县水泥厂应对海上苑公司的预期利益损失，与水泥厂置业公司承担连带责任并无不当。

第三节　滥用权利的相关责任

一、滥用权利损害公司或其他股东利益责任的构成要件

双控人滥用股东权利甚至对公司的控制权进而损害公司或其他股东利益，属于特别法上的侵权责任，应当具备一定的法律要件。其构成要件包括：

第一，主体要件：要先对双控人的身份进行认定，即行为人应当为公司的控股股东或实际控制人。对于双控人的认定及其标准等内容，可参考本书第四篇有关关联方识别认定的章节。需要注意的是，实际控制人不仅仅包括自然人，还可能包括法人或其他组织。

第二，行为要件：双控人滥用其股东权利或控制权。具体的滥用方式包括恶意行使权利、欠缺正当利益的权利行使、以有害的方式行使权利、损害大于所获得的利益、违背权利目的而行使权利，以及本节后述相关案例中所列举的种种行为。

侵占公司资产或者挪用公司资金比较特殊，这既可能是双控人滥用权利的方式，即未经其他装饰性的形式遮掩就直接侵占或挪用，也可能是采取了不合法或根本就是虚构不真实的各种协议或决议等形式，对其实质侵占或挪用的行为进行掩饰，按照实质重于形式的原则，其行为的实质就是侵占了公司资产、挪用了公司资金，所以此时，这种侵占或挪用就表现为行为结果，是对公司财产权利的侵害。当然，若是双控人以关联交易的方式行事，还是以关联交易的有关规定予以规制为宜。

控股股东对待决事项行使投票权或不行使投票权的行为，是否构成滥用股东权利，也要具体问题具体分析。若仅仅是其行使投票权的行为，因权利归属于权利主体，其有权行使、也有权不行使，则并无滥用的问题，也不能仅仅因为其不行使投票权就认定其构成滥用股东权利。更为特殊的情况下，如后引案例，股东各

方已达成的合作协议约定某一方当事人应当在公司对相关事项表决时投票赞成,若其事后并未投票赞成,甚至投票反对,也不能因其不履行合同约定义务而追究其滥用股东权利的责任(当然,此时协议相关当事人可以据此要求其承担违约责任)。

控股股东若在行使表决权的同时,还伴随着其他行为,如后述案例中以公司资产抵押向银行贷款并将贷款挪作己用,则该述行为构成滥用股东权利,仍然可以作为本部分的侵权行为要件予以认定。

【问题124】对于引进其他公司作为公司大股东以实施重组的股东会议题,公司控股股东未按照其与该公司已签署的合作协议约定投票赞成的,是否构成滥用股东权利?法院能否强制其投票赞成?

【典型案例要旨138】(2014)鲁民提字第262号:日照发达根据重组的现有状况,不发表股东意见,所行使的是股东权利,属公司内部事务,亦属公司自治范围。其作为山汽制造控股股东,有权利行使股东表决权,其未滥用股东权利且未实施大股东侵害小股东权益的行为。

【典型案例要旨139】(2014)鲁民提字第262号:原审判决以日照发达立即停止不按照2008年11月17日形成的《合作协议》第7条约定在股东会上予以表决的侵权行为,实际为司法权干涉公司股东之间的重大决策权。该认定明显违反法律规定。山东重工要求日照发达停止侵权的诉讼主张,不应予支持。

日照发达实业有限公司与山东重工集团有限公司、山东汽车制造有限公司损害股东利益责任纠纷、与公司有关的纠纷再审民事判决书

山东省高级人民法院(2014)鲁民提字第262号

山东省高级人民法院经审理认为:

本案争议焦点为日照发达未按照2008年11月17日形成的《合作协议》第7条约定行使表决权是否构成对山东重工的侵权行为。

根据《公司法》第4条规定:"公司股东依法享有资产收益、参与重大决策和选择管理者等权利。"本案中,山汽制造于2011年1月6日通知日照发达和山东重工召开临时股东会议,实质上是对潍柴集团重组山汽制造并由潍柴集团持股51%以上进行股东表决。对于企业重组行为,各股东之间应当根据法律法规以及公司章

程依法行使股东权利和履行股东义务。各股东是否同意重组控股企业亦应根据被重组企业产权关系、债务、资产、管理结构、市场风险、资产重构等方面预期进行判断,属公司重大事项,各股东根据其享有的股东权利依法享有重大决策权利。

日照发达“因潍柴控股集团未提出具体进入方案,无法表决,待潍柴提供具体加入方案后,再行表决”的意见,属股东依法行使其股东权利的体现,且目前潍柴集团对是否重组及如何重组,并没有提出具体意见和建议,无实质性内容,日照发达根据其现有状况,不发表股东意见,所行使的是股东权利,属公司内部事务,亦属公司自治范围。日照发达作为山汽制造控股股东,有权利行使股东表决权,其未滥用股东权利且未实施大股东侵害小股东权益的行为。原审判决以日照发达立即停止不按照2008年11月17日形成的《合作协议》第7条约定在股东会上予以表决的侵权行为,实际为司法权干涉公司股东之间的重大决策权。该认定明显违反法律规定。山东重工要求日照发达停止侵权的诉讼主张,不应予支持。原审判决对此认定事实错误,适用法律不当,应予以纠正。

至于山东重工是否承继了山汽集团、烟汽制造合同权利和义务的问题,因在本案日照发达无侵权事实的情况下,山东重工是否承继合同权利和义务,不属本案审查范围,因此对其不予审理。

第三,结果要件:双控人滥用权利的行为导致公司遭受了实际损害。公司是具有独立人格的独立法人,享有独立且完整的财产权利,未经公司决策机关依法按章决议或决定,包括双控人在内的任何人,都无权侵占或挪用公司财产。《民法典》及其物权编的立法目的是保护物权人的合法权益,《民法典》第3条规定,“民事主体的人身权利、财产权利以及其他合法权益受法律保护,任何组织或者个人不得侵犯”。这种损害,不仅可能体现在现有财产的丧失,也可能体现为可得利益的丧失,如资金的利息损失、财产被侵占期间以替代性方式所支付的经济性支出、租赁新财产以供公司使用所产生的租金损失等。

第四,因果关系要件:公司或其他股东的损害结果是双控人滥用权利所导致的。若损害结果并非双控人滥用权利所致,则双控人无须承担损害赔偿责任。

第五,主观过错要件:双控人对其行为所导致的损害存在故意或过失。鉴于双控人依法负有不得滥用权利的法定义务,根据违法即视为过失的理论,若能证明其确实存在滥用权利的事实,则据此可以推定双控人存在过错,而无须另外特别举证证明。

二、滥用权利损害公司或其他股东利益的常见争议焦点与裁判规则

【问题 125】中铁土地整理公司董事会 5 名成员中的 3 名系中铁二局委派,董事长由中铁二局委派的董事担任;总经理由中铁二局推荐,总经理担任法定代表人,中铁二局作为大股东对中铁土地整理公司的运营、管理及决策具有重要影响力。杨某既是中铁二局推荐的董事,也担任公司总经理、法定代表人,负责管理中铁土地整理公司印章。杨某作为中铁二局推荐的董事,在代表中铁土地整理公司利益的同时,也代表中铁二局在中铁土地整理公司行使相应股东权利,那么,其行为是否代表控股股东的意志?

【典型案例要旨 140】(2021)川民终 1062 号:2017 年 9 月 5 日的董事会决议内容清楚、明确,在未实现董事会确定的基础代理目标前,未经董事会一致同意,不得撤诉。杨某代表中铁土地整理公司批准实施的撤回对郫都土储中心、港通公司的起诉并与之达成《清算协议书》的行为系代表中铁二局利益的行为,是对该决议的违反,其实质是对股东权利的滥用。

四川统和集团有限公司、中铁二局集团有限公司等损害公司利益责任纠纷二审民事判决书

四川省高级人民法院(2021)川民终 1062 号

四川省高级人民法院经审理认为:

1. 关于中铁二局是否存在滥用股东权利侵害中铁土地整理公司利益的行为,应否承担损害赔偿责任。

统和公司上诉主张,中铁土地整理公司总经理、法定代表人杨某接受大股东中铁二局指示,在(2017)川民初 122 号案件中撤回对郫都土储中心、港通公司的起诉,并与之达成《清算协议书》,直接放弃逾 2 亿元的对逾期利息及违约金的追偿,中铁二局恶意指示杨某实施的行为损害了中铁土地整理公司的利益,应当承担损害赔偿责任;中铁二局、中铁土地整理公司认为,中铁土地整理公司在(2017)川民初 122 号案件的撤诉行为并非接受大股东中铁二局的指示,而是基于实际情况作出的独立商业判断,并促成郫都土储中心、港通公司在《清算协议书》签订后半年内全额支付了款项,实现了中铁土地整理公司的核心利益,中铁土地整理公司利益并未受到任何损害。

综合全案证据,能够认定杨某在(2017)川民初122号案件撤回对郫都土储中心和港通公司起诉并与之达成《清算协议书》的行为系代表大股东中铁二局利益的行为,中铁二局存在滥用股东权利侵害中铁土地整理公司利益的行为,给中铁土地整理公司造成了损失。依照《公司法》第20条第2款关于“公司股东滥用股东权利给公司或者其他股东造成损失的,应当依法承担赔偿责任”的规定,中铁二局应当向中铁土地整理公司赔偿相应损失。具体理由如下。

第一,从中铁土地整理公司的股权和治理结构看,中铁土地整理公司系由中铁二局与统和公司按照60%和40%的持股比例设立的公司。

作为经营决策和业务执行机构的董事会,其5名成员中的3名系中铁二局委派,董事长由中铁二局委派的董事担任。中铁土地整理公司总经理由中铁二局推荐,总经理担任法定代表人,中铁二局作为大股东对中铁土地整理公司的运营、管理及决策具有重要影响力。杨某既是中铁二局推荐的董事,也担任公司总经理、法定代表人,负责管理中铁土地整理公司印章。杨某作为中铁二局推荐的董事,在代表中铁土地整理公司的利益的同时,也代表中铁二局在中铁土地整理公司行使相应股东权利。

第二,中铁土地整理公司于2017年9月5日作出的董事会决议内容清楚、明确,在未实现董事会确定的基础代理目标前,未经董事会一致同意,不得撤诉,杨某作为董事在该决议上签字确认。

在(2017)川民初122号案件审理过程中,统和公司于2018年6月14日向中铁二局、中铁土地整理公司及杨某发送的律师函内容表明统和公司要求中铁土地整理公司以2017年9月5日董事会决议确定的方案进行诉讼,中铁二局、中铁土地整理公司并未作出任何回应。此后,中铁土地整理公司在未另行召开董事会或通知公司股东的情况下,多次经杨某批准申请延期审理该案,并于2018年11月22日提交《撤诉申请书》,于2018年12月19日签订《清算协议书》。撤诉行为若系中铁土地整理公司根据诉讼进展情况作出的商业判断,则应该是董事会或股东会按照《公司法》和公司章程相应程序形成新的决议的共同行为,但现有证据证明,撤诉行为系代表大股东利益的杨某在未经董事会或股东会决议的情况下的单方行为,中铁二局对此没有表示反对和作出处理,这是对杨某提出撤诉申请行为的认可,且至今杨某仍系中铁土地整理公司董事、法定代表人兼总经理。

2020年10月23日,中铁土地整理公司召开董事会研究是否对中铁二局提起损害赔偿诉讼,包括杨某在内的中铁二局委派的3名董事均对此持反对意见,且没有关于中铁土地整理公司撤诉行为系杨某个人行为的陈述和主张。

据此,应当认定杨某代表中铁土地整理公司批准实施的撤回对郫都土储中心、港通公司的起诉并与之达成《清算协议书》的行为系代表中铁二局的行为,实质是对股东权利的滥用。

第三,杨某代表大股东中铁二局实施撤诉、签订《清算协议书》的行为与中铁土地整理公司于2017年9月15日形成的董事会决议的内容相悖。

根据中铁土地整理公司与郫都土储中心、港通公司于2013年1月24日签订的《补充协议》,双方合作于2014年3月31日到期,且该协议确定了款项履行期限及违约责任。根据查明的事实,能够固定在2014年3月31日合作到期前中铁土地整理公司投入的本金、资金成本和投资回报总额不少于《清算协议书》确定的233905468.53元。然而,从2014年3月起经中铁土地整理公司多次催收,郫都土储中心和港通公司在合作项目完成后长达数年的时间内不进行清算并支付相应款项,中铁土地整理公司在(2017)川民初122号案件中要求对方承担逾期付款违约责任的主张有现实基础。

第四,中铁土地整理公司实施的撤诉行为,直接导致中铁土地整理公司放弃了如果诉讼程序继续进行其可能获得的损害赔偿金,股东统和公司因此受到的损害符合预期利益受到损害的基本原理。《清算协议书》仅确认了中铁土地整理公司的投资本金、资金成本和投资回报,该协议履行完毕后,双方的债权债务即了结,中铁土地整理公司无权再行主张。

2. 关于中铁二局应当承担损害赔偿责任,损害赔偿具体金额应如何确定的问题。

首先,因中铁土地整理公司的损失系(2017)川民初122号案件中郫都土储中心、港通公司应当承担的违约责任的金额,也就是说,(2017)川民初122号案件中铁土地整理公司主张的逾期利息和违约金能够得到支持的部分即为本案中铁土地整理公司主张的损失。

根据2013年1月24日中铁土地整理公司与郫都土储中心、港通公司签订的《补充协议》的内容,郫都土储中心、港通公司若逾期支付投资本金、资金成本和投资回报,应当承担以应付未付款为基数,按照中国人民银行同期贷款基准利率计算的逾期资金利息和按每日万分之三点五的标准计算的违约金,自郫都土储中心和港通公司的履行期限届满之日,即2014年7月11日起,连续计算至本判决确定的截止时点。在能够认定郫都土储中心和港通公司存在违约行为的情形下,逾期付款资金占用利息损失是中铁土地整理公司必然产生的实际损失,计算标准亦不明显过高,应予支持。一审法院从《补充协议》确定的合作期限到期之日即2014年4月1日起算,而非从履行期限届满之日,即2014年7月11日起算逾期利息不当,予以纠正。

其次,预期利益存在的依据是诉讼行为正在进行的事实以及中铁二局、统和公司关于未实现基础代理目标不能撤诉的决议或约定,故该“基础代理目标”是计算预期利益损失的基础。

以中铁土地整理公司于2017年9月15日形成的董事会决议确定的基础代理目标内容为中铁二局应当赔偿的损失计算方式是合理的。一审结合董事会决议确定的基础代理目标,在确定2017年9月30日之前的损失金额前完全以中铁土地整理公司递交的诉状载明金额为基数,并从双方合作期限到期之日,即2014年4月1日起计算违约金不当,予以纠正。

最后,中铁土地整理公司递交《撤诉申请书》之日虽系侵权行为发生之日,但该行为并不必然导致中铁土地整理公司诉权的丧失,中铁土地整理公司在撤诉后仍然可以另行主张。在《清算协议书》履行完毕之日,即2019年6月30日才能固定中铁土地整理公司无法再取得逾期利息和违约金的损害后果。因此,逾期资金占用利息及违约金的计算时间区间确定为2014年7月11日至2019年6月30日更为合理。因此对统和公司要求将利息违约金计算的截止时点调整为2019年6月30日的上诉理由、中铁二局认为一审以中铁土地整理公司在(2017)川民初122号案件诉状载明金额确定最终金额不当的上诉理由予以支持。

经计算,自2014年7月11日起至2019年6月30日止,以《清算协议书》确定的233905468.53元为基数,按约计算的逾期资金利息和违约金总额的35%之和,即损失金额,为105277392.2元。根据统和公司主张的40%的比例,其应获赔偿金额共计42196829.02元。该部分金额即中铁二局应当承担的损失赔偿金额。

【问题126】公司股东依据其与公司的租赁合同约定解除租赁合同并留置租赁物内的财产的行为,是否属于行使股东权利的行为?

【典型案例要旨141】(2022)新民申2357号:洁昊公司主张铁诚公司未按照股东会决议执行资产处理,滥用股东权利留置洁昊公司资产冲抵租金,侵害洁昊公司权益。但是,铁诚公司留置洁昊公司财产是基于租赁合同关系中的出租人身份,而非股东身份,更非行使股东权利。故洁昊公司主张铁诚公司存在滥用股东权利缺乏事实依据。

新疆洁昊能源发展有限公司、库尔勒铁诚工贸有限公司损害公司利益责任纠纷审判监督民事裁定书

新疆维吾尔自治区高级人民法院(2022)新民申2357号

新疆维吾尔自治区高级人民法院经审理认为:

洁昊公司的再审申请不能成立,理由如下:《公司法》第20条第1款规定:"公

司股东应当遵守法律、行政法规和公司章程，依法行使股东权利，不得滥用股东权利损害公司或者其他股东的利益；不得滥用公司法人独立地位和股东有限责任损害公司债权人的利益。"该条第2款规定："公司股东滥用股东权利给公司或者其他股东造成损失的，应当依法承担赔偿责任。"

洁昊公司主张铁诚公司滥用股东权利损害其利益，其应当明确铁诚公司存在何种滥用股东权利的行为、给公司造成哪些财产损失以及该行为与其主张的损失之间是否存在因果关系。洁昊公司主张铁诚公司未按照股东会决议执行资产处理，滥用股东权利留置洁昊公司资产冲抵租金，侵害洁昊公司权益。

根据(2015)新民二终字第110号民事判决的认定，确认洁昊公司未履行合同主要义务致使合同目的无法实现，双方之间的租赁合同于2013年4月22日解除，铁诚公司在解除合同的通知书中告知洁昊公司对其留置的资产设备予以处置。据此可以看出，铁诚公司留置洁昊公司财产是基于租赁合同关系中的出租人身份，而非股东身份，更非行使股东权利。同时，洁昊公司提交的证据不能证明铁诚公司负有对洁昊公司终止涉案项目的资产处置管理的义务。故洁昊公司主张铁诚公司存在滥用股东权利缺乏事实依据。

综上，洁昊公司的再审申请不符合《民事诉讼法》第207条规定的情形。

【问题127】公司收购方未全面接管公司之前，尚无法介入公司的日常经营管理活动，在此期间，若公司出现经营生产重大事故，收购方作为公司股东是否应承担相应的法律责任？

【典型案例要旨142】(2017)最高法民终531号：公司股东没有为公司支付电费等经营费用的法定义务。股权转让协议尚未履行完毕，瑞泰公司未全面实际控制丈八公司，瑞泰公司没有义务为丈八公司支付电费，瑞泰公司在停电前已经尽到了相应义务，张某红认为瑞泰公司滥用股东权利，缺乏法律和事实依据。

张某红、山西汾西瑞泰能源集团有限责任公司损害公司利益责任纠纷二审民事判决书

最高人民法院(2017)最高法民终531号

最高人民法院经审理认为：

1. 关于未交电费致丈八公司矿井被淹是否瑞泰公司违反法律规定或约定所致的问题。

(1)《公司法》第3条规定，"公司是企业法人，有独立的法人财产，享有法人财

产权。公司以其全部财产对公司的债务承担责任。有限责任公司的股东以其认缴的出资额为限对公司承担责任；股份有限公司的股东以其认购的股份为限对公司承担责任”。公司和股东之间财产相互独立，公司作为独立法人，应对自己的债务承担责任，公司股东没有为公司支付电费等经营费用的法定义务。

(2)根据《合作框架协议》第4条的约定，可以认定瑞泰公司有为新公司融资的义务，但得不出瑞泰公司有义务为丈八公司支付电费的结论。故无论是根据法律规定，还是根据张某红所主张的双方协议约定，均不能认定瑞泰公司有义务为丈八公司支付电费。即使瑞泰公司已经实际控制丈八公司，在丈八公司被停电前，瑞泰公司已经于2014年8月14日，以汾瑞正太办发(2014)13号文件，向左权县政府及股东报告因未交纳电费丈八公司将于8月28日停电，防止损害后果的发生。因丈八公司经营管理出现问题，股东意见不合未能交纳电费，供电部门停电使矿井被淹。2014年8月29日、9月2日，瑞泰公司正太公司筹备处向左权县政府及股东瑞泰公司、张某红、左权县国资公司书面报告停电造成的情况及丈八公司井下出水与排水情况。瑞泰公司已经履行了其相应义务。是否向丈八公司供电由供电部门而非瑞泰公司决定，张某红主张瑞泰公司能决定是否向丈八公司供电以及能交纳电费而不交纳，缺乏证据支持。

2.关于瑞泰公司应否赔偿案涉矿井因停电造成的损失的问题。

案件系各方在履行《合作框架协议》和《股权转让协议》中发生的纠纷所致，《股权转让协议》尚未履行完毕，瑞泰公司未全面实际控制丈八公司，瑞泰公司没有义务为丈八公司支付电费，瑞泰公司在停电前已经尽到了相应义务，张某红认为瑞泰公司滥用股东权利，依据《公司法》第20条的规定，要求瑞泰公司承担案涉矿井因停电造成的损失，缺乏法律和事实依据。

【问题128】公司供应商为公司控股股东的关联企业，在其不履行对公司的合同义务时，公司召开股东会并形成要求其继续履行否则就对其提起诉讼的议案，若该控股股东未投票表决予以支持，该行使表决权的行为，是否构成对其股东权利的滥用？

【典型案例要旨143】(2018)最高法民申3884号：公司利益既包括实体性利益，也包括程序性利益。如果因为公司股东，公司程序性权利无法启动，进而公司的实体利益无法律途径可进行救济，那么可以认定公司股东的行为是滥用股东权利损害公司利益的行为。

佛山市顺德区南华投资有限公司、佛山市燃气集团股份有限公司损害公司利益责任纠纷再审审查与审判监督民事裁定书

最高人民法院(2018)最高法民申3884号

最高人民法院经审理认为：

关于佛燃公司在《会议纪要》中的表决意见是否属于滥用控股股东权利损害港华公司利益。

《公司法》第20条第1款和第2款规定："公司股东应当遵守法律、行政法规和公司章程，依法行使股东权利，不得滥用股东权利损害公司或者其他股东的利益；不得滥用公司法人独立地位和股东有限责任损害公司债权人的利益。公司股东滥用股东权利给公司或者其他股东造成损失的，应当依法承担赔偿责任。"

通常来说，公司利益既包括实体性利益，也包括程序性利益。如果因为公司股东，公司程序性权利无法启动，进而公司的实体利益无法律途径可进行救济，可以认定公司股东的行为是滥用股东权利损害公司利益的行为。佛燃公司在《会议纪要》中表示不同意以港华公司的名义对高网公司提起诉讼，故南华公司认为佛燃公司的表决意见损害了港华公司的利益。

首先，严格地说，佛燃公司在《会议纪要》中投出反对票所针对的是"关于要求高网公司即时恢复供应一万吨一期大鹏气并补足之前停供量的议案"，并非针对南华公司是否应当对高网公司提起诉讼的议案。而且，佛燃公司仅表示不同意以港华公司的名义提起诉讼，并未明确反对以港华公司的名义提起仲裁。

其次，即使采用类推的方式认定佛燃公司必然也不会同意关于以港华公司的名义对高网公司提起仲裁的议案，也不能就此直接认定佛燃公司滥用股东权利损害港华公司的利益。股东代表诉讼制度是公司自治机制失灵时允许司法适当介入和干预，以保障公司和中小股东的合法权益的制度。

本案中，佛燃公司既是港华公司的股东，也是高网公司的关联企业，佛燃公司可能出于多种因素考虑不同意由港华公司对高网公司提起诉讼或仲裁，由此导致港华公司对高网公司的诉讼或仲裁无法启动。

根据《公司法》第151条的规定，此时可以引入股东代表诉讼制度来保障港华公司的程序性利益得以实现。根据原审查明的事实，虽然南华公司曾通过股东代表诉讼的方式对高网公司提起诉讼，但佛山市中级人民法院以港华公司和高网公司订立的仲裁条款对南华公司同样具有约束力为由，裁定驳回南华公司的起诉。在南华公司提起的股东代表诉讼被裁定驳回后，本案没有证据证明南华公司曾代表港华公司对高网公司提起过仲裁，也没有证据证明仲裁机构对南华公司的仲裁

请求不予受理。

因此,南华公司不能证明佛燃公司的表决意见导致港华公司完全丧失了法律救济的途径,由此就不能认定佛燃公司滥用控股股东权利损害港华公司的利益。既然本案不能认定佛燃公司损害了港华公司的利益,原审据此驳回南华公司要求判令佛燃公司立即停止损害港华公司的利益并赔偿损失137429361元的诉讼请求,并无不妥。

【问题129】为公司经营需要,股东主导公司以抵押公司资产的方式对外融资,后公司无法偿还资金致使抵押资产被查封,且为解除查封而低价处置了其他资产还债的,是否构成滥用股东权利?

【典型案例要旨144】(2018)最高法民终514号:元泽公司、赵某主导鑫湖公司所签订的《合作框架协议》,不仅已征得另一股东地质二队事实和法律上的同意,而且该协议本身乃是引入资金,增扩鑫湖公司资产,并非出于转移公司资产或增加公司债务而损害公司利益的目的。鑫湖公司基于自身的合作利益以全部资产提供担保,导致财产被查封,这并非元泽公司对其股东权利的滥用。

西藏鑫湖矿业有限公司、西藏元泽矿业有限公司
损害公司利益责任纠纷二审民事判决书

最高人民法院(2018)最高法民终514号

最高人民法院经审理认为:

关于元泽公司与赵某是否有损害鑫湖公司的公司利益的行为问题。

鑫湖公司上诉主张其因《合作框架协议》被查封财产而利益受损,要求其股东元泽公司及其高管赵某赔偿损失。

元泽公司、赵某辩称鑫湖公司利益受损的责任并不在己方。《公司法》第20条第2款规定,"公司股东滥用股东权利给公司或者其他股东造成损失的,应当依法承担赔偿责任";第21条规定,"公司的控股股东、实际控制人、董事、监事、高级管理人员不得利用其关联关系损害公司利益。违反前款规定,给公司造成损失的,应当承担赔偿责任";第147条规定,"董事、监事、高级管理人员应当遵守法律、行政法规和公司章程,对公司负有忠实义务和勤勉义务。董事、监事、高级管理人员不得利用职权收受贿赂或者其他非法收入,不得侵占公司的财产"。股东或高管损害公司利益的行为主要表现为股东滥用股东权利或高管违反法定义务。

首先,元泽公司并没有滥用股东权利导致鑫湖公司的公司利益受损。元泽公

司、赵某主导鑫湖公司所签订的《合作框架协议》，不仅已征得另一股东地质二队事实和法律上的同意，而且该协议本身乃是引入资金，增扩鑫湖公司资产，并非出于转移公司资产或增加公司债务而损害公司利益的目的。鑫湖公司基于自身的合作利益以全部资产提供担保，导致财产被查封，并非元泽公司对其股东权利的滥用。

其次，赵某亦未违反其作为鑫湖公司高管的忠实、勤勉义务而造成公司损失。如前所述，赵某在已取得鑫湖公司两股东同意的情况下代表鑫湖公司与天瑞集团签订《合作框架协议》，是作为法定代表人的正常履职行为。鑫湖公司利益受损的表现是其财产遭受查封，但无论是在查封的一开始，还是在查封期间，赵某作为法定代表人积极应诉，多次与其他相关当事人磋商，并最终为解封承担了不少损失（将选矿厂低价变卖）。鑫湖公司提供的证据并不足以证明赵某违反法定义务而导致公司利益受损。

再次，天瑞集团在另案诉讼中保全查封鑫湖公司的探矿权、采矿权，只是限制其对被保全财产转让、变卖、质押、抵押等对外处分行为，对鑫湖公司自身利用探矿权、采矿权开展生产经营活动并无影响。

最后，鑫湖公司主张元泽公司、赵某对天瑞集团的债务有能力履行而不履行，缺乏证据支持；鑫湖公司以此主张元泽公司、赵某对其财产被查封构成不作为的侵权，亦缺乏法律依据。因此，元泽公司、赵某并无违反《公司法》规定的损害鑫湖公司利益的行为，鑫湖公司财产被查封而产生的损失与元泽公司、赵某的行为之间没有因果关系，鑫湖公司的上诉主张，本院不予支持。

【问题130】对于以公司资产抵押向银行借入巨额借款的事项，公司控股股东与实际控制人所委派的董事在同意该借款事项的董事会决议中伪造公司另外一位股东委派的董事的签名，并据此借款的，是否构成权利滥用？

【典型案例要旨145】（2013）闽民终字第1025号：福建邦辉公司及香港邦辉公司擅自以邦辉大酒店的土地使用权作抵押向银行借款的行为构成滥用股东权利，损害了东门公司的股东权利，应对东门公司的损失依法承担赔偿责任。

【问题131】公司控股股东与实际控制人将公司借款占为己有的，对该笔资金的具体用途和去向是否负有说明和举证的义务？

【典型案例要旨146】（2013）闽民终字第1025号：福建邦辉公司、香港邦辉公司作为邦辉大酒店的承包经营者和实际控制人在取得案涉银行贷款后,实际占有和使用该笔资金,对于该笔资金的具体用途和去向负有说明和举证的义务,在其未能对此举证的情况下,应由其承担邦辉大酒店无力还款导致抵押的土地使用权、房屋所有权及其他财产被拍卖所造成的损失。

福建省东门实业公司与福建邦辉集团有限公司、邦辉(集团)有限公司损害股东利益责任纠纷二审民事判决书

福建省高级人民法院(2013)闽民终字第1025号

福建省高级人民法院经审理认为:

关于福建邦辉公司是否存在滥用股东权利损害东门公司利益的问题。

上诉人福建邦辉公司主张其与香港邦辉公司曾召开邦辉大酒店董事会会议,就邦辉大酒店向中国建设银行福州市城北支行两次申请贷款共12760万元形成了董事会决议,东门公司委派的董事郑某汉参加了董事会,故东门公司对该贷款和抵押担保事宜知情且同意,但根据原审法院委托福建鼎力司法鉴定中心所作的《文书司法鉴定意见书》,上述相关文件上郑某汉的签名并非其本人所签。虽然福建邦辉公司对于福建鼎力司法鉴定中心所作的鉴定意见存有异议,但其未能提供相反证据予以反驳,故该鉴定意见可以作为本案的定案依据。

以邦辉大酒店的土地使用权为抵押向银行申请12760万元贷款属于重大事项,按照《中外合资邦辉大酒店章程》的规定,应由董事会决定。福建邦辉公司、香港邦辉公司作为实际控制邦辉大酒店的股东,以邦辉大酒店的名义向银行借款12760万元,并以东门公司作为股东出资的土地使用权为抵押,该抵押贷款直接关系到东门公司的股东权益,因此福建邦辉公司、香港邦辉公司有义务通知东门公司委派的董事参加董事会或就上述贷款和抵押事宜征得东门公司同意。但有关《授权书》和《董事会决议》上只有福建邦辉公司、香港邦辉公司委派的董事的签名,表明东门公司委派的董事并未参加董事会会议,福建邦辉公司也未能举证证明东门公司曾同意案涉抵押贷款事宜。

因此,原审认定福建邦辉公司及香港邦辉公司擅自以邦辉大酒店的土地使用权作抵押向银行借款的行为构成滥用股东权利,损害了东门公司的股东权利,应对东门公司的损失依法承担赔偿责任,并无不当。但是,福建邦辉公司、香港邦辉公司作为邦辉大酒店的承包经营者和实际控制人在取得案涉银行贷款后,实际占有和使用该笔资金,对于该笔资金的具体用途和去向负有说明和举证的义务,在其未能对此举证的情况下,应由其承担邦辉大酒店无力还款导致抵押的土地使用权、房屋所有权及其他财产被拍卖所造成的损失。

原审以无证据证明福建邦辉公司、香港邦辉公司对案涉12760万元借款有挪作他用的行为为由，认定邦辉大酒店设定抵押的土地使用权、房屋所有权等财产被拍卖属于酒店的经营风险，显属举证责任分配不当，认定事实错误，应予纠正。

【问题132】两公司的注册资本合计6906万元，名下土地使用权价值合计12亿多元且均已被两公司大股东为融资而抵押给银行；为筹措房地产项目开发所需资金，公司股东会决议同意以增资扩股的形式引入合作开发该房地产的投资人，并由其按照注册资本等值入资7187万元后持有两公司51%的股权。对于小股东注册资本原本对应的净资产在增资后大额减少的损失，是否两公司大股东滥用股东权利所致并因此承担损害赔偿责任？

【典型案例要旨147】（2020）最高法民申2611号：南星公司等大股东在对世纪公司、翠倚公司的负债情况及经营前景进行充分考量后决定引进海碧公司增资并让海碧公司成为两公司的大股东，这是企业根据自身经营发展状况作出的商业决定，属公司股东及管理层的商业规划范畴。

广东盛乐房地产投资有限公司、广州市番禺南星有限公司损害股东利益责任纠纷再审审查与审判监督民事裁定书

最高人民法院（2020）最高法民申2611号

再审申请：

盛乐公司依据《民事诉讼法》第200条第1项、第2项、第5项、第6项提出再审请求：

1. 撤销广东省广州市中级人民法院（以下简称广州中院）（2017）粤01民初456号民事判决、广东省高级人民法院（2019）粤民终285号民事判决；

2. 改判支持盛乐公司的诉讼请求，确认被申请人南星公司、大来公司、灏晴公司等在对翠倚公司、世纪公司进行平价增资扩股引入海碧公司过程中，造成盛乐公司的股权价值受损，其应赔偿因此造成的盛乐公司的损失。

事实和理由：

世纪公司、翠倚公司是持有广东省广州市番禺区市桥镇云星村东环路约3.5万平方米国有土地使用权的项目公司。2016年4月前，两公司股东均为南星公司（占股47.5%）、大来公司（占股33%）、盛乐公司（占股14%）、灏晴公司（占股

5.5%),股权比例均一致。世纪公司注册资本3906万元、翠倚公司注册资本3000万元均已由各股东按股权比例实缴出资。根据南星公司委托鉴定机构出具的土地评估报告,至2014年11月15日,世纪公司、翠倚公司所持有地块的评估价值为1221185972元。2016年4月15日,世纪公司、翠倚公司召开股东会并提出,两公司以全部公司资产为南星公司的银行贷款提供抵押,导致需要通过增资扩股的方式引入海碧公司为项目注资,且增资入股的价格不是根据公司净资产,而是根据注册资本原值平价进行扩股。海碧公司分别按两项目公司的注册资本原值共出资7187余万元,即取得两项目公司各51%的股权。但两项目公司名下的资产是土地,其性质是商业及居住建设用地,该土地作为"熟地",其价值是在不断溢价中的。2014年11月15日的地块评估价值为1221185972元,即可以确定在2014年11月的股权价值已至少溢价至12.2亿元,所以被申请人未经评估、未经合理商业安排,以注册资本原值平价进行增资扩股使盛乐公司的股权比例从14%下降到6.86%,下降的7.14%股权所对应的股东财产权益已被无对价地"蒸发"。该种不符合交易习惯的商业安排,直接造成盛乐公司对应股权收益减少的严重损失。

最高人民法院经审理认为:

本案的争议焦点是原审法院没有支持盛乐公司关于被申请人滥用股东权利、恶意增资损害其股东利益的请求是否妥当的问题。

根据原审法院查明的事实,世纪公司和翠倚公司的案涉增资行为及相关股东会决议,均符合《公司法》规定的法定程序。再根据世纪公司、翠倚公司的临时股东会会议纪要,广州市臻纳投资有限公司、海碧公司、南星公司、广州番禺粤星石油有限公司签订的《番禺星海汇项目合作协议》,以及南星公司、大来公司、灏晴公司、海碧公司签订的《番禺星海汇项目合作备忘录》的内容,案涉增资主要是为了对世纪公司和翠倚公司名下案涉地块进行房地产项目开发。世纪公司、翠倚公司拥有案涉地块土地使用权,海碧公司负责投入资金进行开发,各方约定目标公司权益分配不按照各自所持股权比例进行,而是由海碧公司分配目标项目的住宅及车库的收益,包括盛乐公司、南星公司、大来公司、灏晴公司在内的原股东分配商业物业及剩余车位的收益。因此,原审法院认为南星公司等大股东在对世纪公司、翠倚公司的负债情况及经营前景进行充分考量后决定引进海碧公司增资并让海碧公司成为两公司的大股东,这是企业根据自身经营发展状况作出的商业决定,属公司股东及管理层的商业规划范畴,理据充分,本院予以认可。

此外,并无法律规定公司增资必须经过审计或者以何种估价进行。就本案所涉大股东主导的增资决议而言,原审法院从是否具有"合理商业目的"以及小股东

“合理预期”两个方面予以审查，认为目标项目所涉各方已在案涉合作协议中对目标公司的经营负债及利益分配等情况进行了充分考量，由此作出的增资方案于法不悖，且事实和法律依据充分，本院予以认可。

而盛乐公司申请再审，称原审法院未调查收集案涉主要证据以至于没有查明本案基本事实，仅以程序标准判断案涉增资行为是否属滥用股东权利行为不当、举证责任分配不当等，均无事实和法律依据，本院不予支持。

【问题133】大股东的法定代表人同时担任公司的董事长、法定代表人并掌管公司印章，其以董事会名义根据股东会表决结果制作股东会决议并实施的行为，是否构成该大股东滥用股东权利？

【典型案例要旨148】（2014）民申字第1116号：渡假村公司董事会根据全体股东的表决结果制作了《三亚渡假村有限公司股东会决议》并付诸实施，这均为正常经营行为。中冶公司的法定代表人邹某同时担任渡假村公司董事长，根据股东表决结果和董事会授权，代表渡假村公司掌管和使用该公司公章，符合我国法律规定。海钢集团据此主张中冶公司擅自制作《三亚渡假村有限公司股东会决议》，滥用股东权利，证据不足。

海南海钢集团有限公司与中国冶金矿业总公司损害股东利益责任纠纷申请再审民事裁定书

最高人民法院（2014）民申字第1116号

最高人民法院经审理认为：

关于中冶公司是否擅自制作了《三亚渡假村有限公司股东会决议》，滥用股东权利的问题。

经审查，《三亚渡假村有限公司股东会决议》并非如海钢集团所述由中冶公司擅自制作。2006年10月22日，渡假村公司召开了股东会，就该公司与海韵公司的合作开发事宜进行了讨论，并决定由全体股东就该事项进行书面表决。2006年11月9日，渡假村公司董事会向公司全部的六家股东致函，要求其对渡假村公司与海韵公司的合作开发项目进行书面表决。除中国人福新技术有限公司弃权未表决外，其余五家股东均进行了书面表决。表决结果为：中冶公司、中海石油化学有限公司、三亚湾园林花木有限公司投赞成票，该三家股东持有61.24%的股份；海钢集团、三亚市人口与计划生育局投反对票，该两家股东持有34.83%的股份。同年11月17日，渡假村公司董事会根据这一表决结果，制作了《三亚渡假村有限公司股东会决议》,通过了渡假村公司与海韵公司的合作开发方案。该决议落款为"三亚渡假村有限公司董事会,董事长邹某",并加盖了渡假村公司的公章。

此后,渡假村公司与海韵公司相继签订了《三亚渡假村合作开发协议》《补充协议》,并实施了合作开发事项。在渡假村公司股东会对与海韵公司的合作开发事宜进行讨论和之后的表决过程中,中冶公司发表意见和投赞成票的行为,都是在正当行使股东依法享有的表决权。渡假村公司董事会根据全体股东的表决结果制作了《三亚渡假村有限公司股东会决议》,通过了与海韵公司进行合作开发的方案,然后双方进行了一系列的合作开发活动,这均为正常经营行为,没有证据证明上述行为是中冶公司实施的越权行为。尽管中冶公司的法定代表人邹某同时担任渡假村公司董事长,但这种情况是我国法律所允许的。并且渡假村公司董事长系由渡假村公司股东会依公司章程规定选举产生,其作为法定代表人根据股东表决结果和董事会授权,代表渡假村公司掌管和使用该公司公章,同样符合我国法律规定。虽然中冶公司的法定代表人与渡假村公司的董事长为同一人,但两公司财产状况清晰、彼此独立,没有证据证明双方在案涉经济往来中存在不正当利益输送关系。海钢集团主张的中冶公司利用其法定代表人邹某同时担任渡假村公司董事长、掌管渡假村公司公章的便利条件,擅自制作《三亚渡假村有限公司股东会决议》,滥用股东权利,证据不足,不予支持。

关于《三亚渡假村有限公司股东会决议》的产生是否符合渡假村公司章程规定以及是否属于中冶公司违法滥用股东权利的问题。

渡假村公司的《有限责任公司章程》第 8 条第 6 项"议事规则"规定:"股东会一般一年召开一次,股东会的决议,修改章程必须经三分之二以上的股东表决通过。"对于该规定如何理解,海钢集团认为该规定的准确意思是所有股东会决议包括修改章程,都需要经过 2/3 以上的股东表决通过;中冶公司则认为该规定的准确意思是股东会决议中,只有修改公司章程才必须经 2/3 以上的股东表决通过。

海钢集团和中冶公司对于渡假村公司章程相关规定的不同解释,不影响渡假村公司董事会执行该公司的股东会决议,行使董事会职权,无论股东会的决议是否被正确履行,均由渡假村公司董事会承担责任,而不宜据以判断中冶公司在表决中是否滥用了股东权利。在双方对公司章程存在不同解释的情况下,(2013)民二终字第 43 号民事判决依据《公司法》第 44 条的规定,认定本案中渡假村公司与海韵公司的合作开发项目属于该公司一般性经营活动,无须经过代表 2/3 表决权的股东通过,并无不妥。所以,海钢集团主张的《三亚渡假村有限公司股东会决议》并没有达到公司章程所规定的 2/3 以上股东表决通过,因此中冶公司滥用股东权利的再审申请理由不能成立。

关于海钢集团所主张的损失赔偿问题。

(2013)民二终字第43号民事判决认定海钢集团具有诉讼主体资格,是从程序法角度作出的认定,海钢集团确系渡假村公司股东,其以明确的事实理由和诉讼请求,向渡假村公司另一股东中冶公司主张侵权之诉,符合我国《民事诉讼法》第119条关于原告和被告诉讼主体资格的规定,人民法院应当受理。诉讼利益归于海钢集团,是指无论其胜诉还是败诉,结果都由海钢集团承担。这与审理并认定海钢集团的诉讼请求是否应当得到支持是不同的,无论实体审理结果如何,其与程序上认定海钢集团具有原告资格均不矛盾。

渡假村公司在与海韵公司合作开发过程中是否存在损失、存在多少损失、是否提出损害赔偿,都不是在海钢集团诉中冶公司侵权损害赔偿的本案中应当审理的。因此,(2013)民二终字第43号民事判决认定海钢集团主张由中冶公司赔偿其相应损失没有事实和法律依据,是正确的。

【问题134】控股股东基于控制地位,要求合资公司通过使用其所在集团的项目审批系统备案或报批相关事项的,是否构成股东权利滥用?

【典型案例要旨149】(2019)最高法民申4691号:公司股东滥用股东权利损害公司利益之诉本质上属于侵权之诉,国升公司应当就绿洲公司存在侵权行为、侵权损害后果以及二者之间存在法律上的因果关系承担举证责任。

海南国升投资有限公司、海口世纪海港城置业有限公司损害公司利益责任纠纷再审审查与审判监督民事裁定书

最高人民法院(2019)最高法民申4691号

最高人民法院经审理认为:

根据《公司法》第20条第2款的规定,公司股东滥用股东权利损害公司利益之诉本质上属于侵权之诉,国升公司应当就绿洲公司存在侵权行为、侵权损害后果以及二者之间存在法律上的因果关系承担举证责任。

第一,关于绿洲公司是否存在侵害海港城公司利益的侵权行为的问题。

首先,根据海港城公司章程,海港城公司董事会由9名董事组成,绿洲公司委派7名,国升公司委派2名,海港城公司董事长系公司法定代表人且由绿洲公司委派的董事担任,公司经理及副经理、财务负责人均由董事会聘任或解聘,公司的生产经营管理工作由经理主持,并由经理组织实施董事会决议、公司年度经营计划和投资方案;股东会会议由股东按照出资比例行使表决权,公司增资、减资、股权

转让、合并、分立、解散或变更公司形式、审议批准公司利润分配方案等决议须经代表2/3，即67%以上表决权的股东表决通过。至于其他股东会决议事项以及董事会决议事项有效通过的表决权比例，公司章程未作出特别规定。而从海港城公司的股权结构来看，绿洲公司持有海港城公司80%的股权，国升公司持有海港城公司20%的股权，并且，绿洲公司委派的董事占据海港城公司董事会多数席位，因此，根据海港城公司章程有关公司权力机构、决策机构、执行机构的职权划分以及表决规则，海港城公司在开发建设外滩中心项目过程中发生的合同签订行为以及工程款结算行为属于公司日常经营管理行为。故在海港城公司内部就前述行为履行合法的决策程序的情形下，结合资本多数决原则的内涵分析，即使该行为结果体现了控股股东绿洲公司的意志，该行为本身亦不能直接认定为构成损害海港城公司利益之情形。

其次，就公司日常经营管理的决策机制而言，若公司股东或公司董事无法就决策内容形成一致意见，则需按照一定的决策规则确定最终的决策内容，避免公司经营管理陷入停滞状态。

海港城公司章程并未规定与外滩中心项目开发建设相关的合同签订以及工程款结算必须取得特定主体的同意或者经公司董事会全体董事一致同意。因此，尽管国升公司提交的涉及"一期消防栈桥施工合同协议、海口威斯汀酒店建设工程造价咨询补充合同"等事宜的《合同签报表》中，国升公司委派的、担任海港城公司副总经理的董事刘某的意见为"保留意见"或"不同意意见"，但是，如前所述，海港城公司章程并未规定刘某就董事会决议事项或者特定事项享有一票否决权，故即使刘某持有异议的相关报批事项最终仍获得批准，该事实也并不足以证明海港城公司董事会形同虚设，亦与绿洲公司是否滥用股东权利代替海港城公司进行决策之间没有关联关系。

最后，根据《公司法》第4条的规定，公司股东依法享有资产收益、参与重大决策和选择管理者等权利。

国升公司已通过委派2名董事组建海港城公司董事会的方式行使其参与海港城公司经营管理的股东权利，且其没有提供证据证明海港城公司股东会或董事会的召集程序或决议内容违反公司章程或《公司法》的规定，故绿洲公司基于其实际拥有海港城公司80%股权及表决权的控股地位，要求海港城公司通过使用上置集团项目审批系统备案或报批相关事项的行为系绿洲公司行使法律赋予其参与公司经营管理的权利的表现形式，该行为本身并不构成股东权利滥用。

至于通过上置集团项目审批系统报批的具体合同约定价款是否具有合理性，主要涉及判断海港城公司高管在履职过程中是否履行勤勉尽职义务，与控股股东是否滥用股东权利没有必然联系。因此,国升公司以绿洲公司通过上置集团项目审批系统行使海港城公司决策权且海港城公司在开发建设外滩中心项目过程中签订的部分合同价款不合理为由,主张绿洲公司滥用股东权利侵害海港城公司利益的申请再审理由,依据不足。

第二,关于《财务尽职调查报告》与鉴定意见的差额能否视为绿洲公司滥用股东权利侵害海港城公司利益所造成的损失的问题。

首先,海港城公司系独立法人,设立了完整的公司治理机构。在国升公司提供的现有证据尚不足以证明绿洲公司利用海港城公司控股股东地位通过关联交易进行利益输送的情形下,海港城公司对外签订相关开发建设合同约定价款与鉴定价格之间存在差距,不应直接作为认定海港城公司存在损失的依据。

其次,外滩中心项目建设期较长,部分工程至今仍未完工,故案涉项目尚未完成整体结算,海港城公司的实际支出金额未最终确定。在此情形下,不宜将鉴定价格直接等同于海港城公司在日常经营管理过程中应当准确预见的最低成本,从而认定《财务尽职调查报告》与鉴定意见的差额为海港城公司的实际损失。退而言之,承前所述,本案中,国升公司提供的现有证据尚不足以证明绿洲公司在控股海港城公司、开发建设外滩中心项目期间存在滥用股东权利侵害海港城公司利益的具体侵权行为,故尽管《财务尽职调查报告》载明的外滩中心项目总计造价与鉴定价格之间存在差距,亦无法将其认定为绿洲公司滥用股东权利造成海港城公司损失的依据。

综上,国升公司在本案中提供的现有证据尚不足以证明绿洲公司滥用股东权利损害海港城公司利益,原判决适用《民事诉讼法》第 64 条以及《最高人民法院关于适用〈中华人民共和国民事诉讼法〉的解释》第 90 条规定,认定国升公司没有完成举证责任且应承担举证不能的不利后果,并无不当。故国升公司关于原判决认定主要事实以及适用法律错误的申请再审理由,缺乏事实根据和法律依据,不能成立。

三、滥用权利损害债权人利益的相关责任

对于双控人滥用权利损害公司债权人利益的问题,截至目前,我国的公司法是没有直接规定的。股东直接向债权人承担法律责任的法律依据,只有《公司法》第 23 条[《公司法》(2005 年修订)第 20 条第 3 款]的规定,该条款是有关人格否认的内容,即公司股东滥用公司法人独立地位和股东有限责任,并非针对滥用股东权利或控制权的。

然而,在司法实践中,经常出现尚不足以刺破公司面纱、否认其法人人格而直

接要求股东对公司的债务承担赔偿责任。但是，确实存在公司股东滥用股东权利或控制权损害公司利益进而损害公司债权人利益的问题。如后文所举案例，控股股东将公司的主要资产无偿据为己有，导致公司没有能力偿还债务，公司债权人的权益无法实现。

【问题 135】控股股东将公司的房地产无偿转让至自己名下，导致公司无法偿还到期债务的，是否属于滥用股东权利损害债权人利益的行为？

【典型案例要旨 150】(2012) 民申字第 1603 号：通达公司将港通公司的房产无偿转移到其名下，导致港通公司无法偿还对中水电公司的债务的行为，系滥用股东权利损害债权人利益的行为。二审判决根据《公司法解释二》第 18 条、第 19 条的规定，判令通达公司在其造成的损失范围内向中水电公司承担赔偿责任，并无不当。

北京通达实业总公司与中国水利电力对外公司股东滥用股东权利赔偿纠纷申请再审民事裁定书

最高人民法院(2012)民申字第 1603 号

最高人民法院经审理认为：

1. 关于通达公司是否应承担全部赔偿责任的问题。

2002 年 9 月 11 日，中水电公司与通达公司及港源公司签订《北京港通电气有限公司股权、债权转让协议书》，约定将港源公司持有的港通公司全部 70% 的股份转让给通达公司，港通公司所欠中水电公司 768 万元的债务亦由通达公司承担。此后，港通公司由通达公司实际控制。2003 年 7 月 8 日，通达公司将港通公司名下的房屋产权无偿变更到其名下。2003 年 7 月 17 日，通达公司将该房产抵押，当时该项房产评估价值为 2641.21 万元，抵押担保价值为 1700 万元。

上述事实说明，通达公司将港通公司的房产无偿转移到其名下，导致港通公司无法偿还对中水电公司的债务的行为，系滥用股东权利损害债权人利益的行为。二审判决根据《公司法解释二》第 18 条、第 19 条的规定，判令通达公司在其造成的损失范围内向中水电公司承担赔偿责任，并无不当。通达公司关于为了安置港通公司的职工才将房产过户的主张，缺乏事实和法律依据，不予支持。

2. 关于二审判决适用法律是否错误的问题。

通达公司在实际控制港通公司期间，将港通公司的房产无偿转让到其名下，导致中水电公司的部分债权无法得到清偿，损害了中水电公司的利益，除应向中水电公司偿付欠款本金外，还应赔偿港通公司逾期还款导致资金被占用期间的利息损失。一审判决基于通达公司已向中水电公司偿付290万元欠款的事实，判令通达公司在478万元范围内承担赔偿责任，并承担相应利息，利息自通达公司向中水电公司支付290万元欠款之次日起算。二审判决予以维持，适用法律并无不当。

【问题136】低价转让公司股权是否属于滥用法人人格逃避债务，损害该公司债权人利益的情形？

【典型案例要旨151】(2017)最高法民终87号：股权与公司财产相分离，股东转让股权是股东对自有权利的处分，影响的是股东自身权益，对公司财产并不产生直接影响。本案并无证据证明红嘴集团、××飞通过低价转让股权的方式处分了现代钢铁公司的财产，导致该公司偿债能力降低，损害了亿达信公司的利益。

亿达信煤焦化能源有限公司、四平现代钢铁有限公司买卖合同纠纷二审民事判决书

最高人民法院(2017)最高法民终87号

最高人民法院经审理认为：

关于红嘴集团、××飞低价转让现代钢铁公司股权是否属于滥用法人人格逃避债务，损害债权人利益的情形。

《公司法》第20条第3款规定："公司股东滥用公司法人独立地位和股东有限责任，逃避债务，严重损害公司债权人利益的，应当对公司债务承担连带责任。"该款是关于公司人格否认制度的规定。人格独立与股东有限责任作为公司制度得以确立的基石，表现为公司具有独立财产、独立承担民事责任以及股东仅以出资额为限对公司债务承担责任两个方面，但股东与公司债务的分离常导致股东利用其优势地位从事滥用法人人格并损害债权人利益的行为，为实现公平正义的法律价值，《公司法》第20条第3款规定特定情形下公司债权人可直接请求股东偿还公司债务，股东不再受有限责任的保护。

红嘴集团分别以0元及1元的价格将其持有的现代钢铁公司共计99.852%的股权转让给××飞，××飞又将其持有的该公司29.916%的股权和19%的股权分别以1元价格转让给刘某和高某华，上述股权转让行为是否属于滥用公司人格、损害债权人利益的行为，应从公司人格与股东人格是否混同、股权转让行为是否造成公司责任财产的不当减少从而降低公司对外偿债能力等方面进行分析

判断。

首先,公司法人人格独立建立在财产独立的基础之上,是否贯彻财产、利益、业务、组织机构等方面的分离,是判断是否构成公司人格与股东人格混同的标准。

本案中,亿达信公司在一审中提交、各方当事人对真实性均无异议的现代钢铁公司的工商登记资料载明,现代钢铁公司增资后实收资本为80743万元,其中红嘴集团以货币和实物出资方式实缴出资80594万元。工商登记资料具有推定效力,在无相反证据推翻的情况下,依据该证据能够认定红嘴集团履行了出资义务。股东出资后其出资即与股东相分离并成为公司财产,故现代钢铁公司具有独立于控股股东红嘴集团的独立财产。再结合两公司的企业法人营业执照、现代钢铁公司章程等证据来看,两公司的住所地、法定代表人及组织机构等并不相同,亦无证据证明二者存在业务和利益分配上的混同,故不能认定现代钢铁公司与其控股股东红嘴集团之间存在人格混同的情形。

其次,股权与公司财产相分离,股东转让股权是股东对自有权利的处分,影响的是股东自身权益,对公司财产并不产生直接影响。股权转让价格的高低在一定程度上反映公司的经营状况,对此红嘴集团在本案二审庭审中也陈述低价转让股权的原因是现代钢铁公司存在巨额负债,经营状况严重恶化。从之后不久现代钢铁公司即被债权人申请破产的事实来看,红嘴集团所陈述的低价转让股权的原因具有一定的可信度。本案并无证据证明红嘴集团、××飞通过低价转让股权的方式处分了现代钢铁公司的财产,导致该公司偿债能力降低,损害了亿达信公司的利益。因此,红嘴集团、××飞低价转让股权的行为不属于《公司法》第20条第3款规定的情形,亿达信公司依据该规定上诉主张红嘴集团、××飞应对现代钢铁公司的欠债承担连带责任,理据不足,不予支持。

【问题137】关联交易损害公司利益的,公司债权人是否有权要求关联责任人赔偿其债权损失?

【典型案例要旨152】(2017)最高法民终87号:《公司法》第21条所规定的赔偿责任,应以关联交易损害公司利益为前提。而且,关联交易所产生的责任,是从事关联交易的公司控股股东及高管对公司的损害赔偿责任,责任的受偿主体是公司而不是公司的债权人。

亿达信煤焦化能源有限公司、四平现代钢铁有限公司买卖合同纠纷二审民事判决书

最高人民法院(2017)最高法民终87号

最高人民法院经审理认为：

关于红嘴集团与现代钢铁公司之间是否存在关联交易的问题。

《公司法》第21条规定："公司的控股股东、实际控制人、董事、监事、高级管理人员不得利用其关联关系损害公司利益。违反前款规定，给公司造成损失的，应当承担赔偿责任。"第216条第4项规定："关联关系，是指公司控股股东、实际控制人、董事、监事、高级管理人员与其直接或者间接控制的企业之间的关系，以及可能导致公司利益转移的其他关系。但是，国家控股的企业之间不仅因为同受国家控股而具有关联关系。"依据上述规定，公司法限制大股东及公司高管与公司进行关联交易，损害公司利益，但并非对关联交易一律禁止，对于不损害公司利益的关联交易在一定程度上是允许的，故《公司法》第21条所规定的赔偿责任，应以关联交易损害公司利益为前提。而且，关联交易所产生的责任，是从事关联交易的公司控股股东及高管对公司的损害赔偿责任，责任的受偿主体是公司而不是公司的债权人。

本案二审庭审中，亿达信公司主张红嘴集团对现代钢铁公司享有债权属于关联交易，红嘴集团对其享有现代钢铁公司债权的事实亦不否认，且主张其已在现代钢铁公司破产清算程序中申报了债权，但亿达信公司并未举证证明红嘴集团与现代钢铁公司之间的交易行为损害了现代钢铁公司的利益。退一步讲，即便红嘴集团对现代钢铁公司享有债权是基于关联交易且损害了现代钢铁公司的利益，其产生的责任也是股东红嘴集团对现代钢铁公司负有的损害赔偿责任，亿达信公司作为债权人无权要求红嘴集团承担现代钢铁公司的债务清偿责任。据此，亿达信公司以关联交易为由要求红嘴集团对现代钢铁公司的欠款债务承担连带清偿责任，理据不足，本院不予支持。

第十五章

控股股东与实际控制人的责任之三：出资与资本维持中

第一节　出资义务与资本维持义务

一、出资义务

股权是作为股东转让出资财产所有权的对价的民事权利。股权既可以原始地创设，又可以受让取得。作为股权原始取得根据的出资行为，是指投资者以成为公司股东为目的，向公司投资并由此换取股权的法律行为。通过出资行为的对待给付，投资者成为股权的权利主体即股东，公司则据此成为出资财产所有权的主体。[①] 在出资关系中，股东取得股权的对价就是出资，因此，按时足额缴纳出资，是股东的基本义务。出资义务是指股东根据协议的约定以及法律和章程的规定向公司交付财产或者履行其他给付的义务。[②]

股东出资义务具有法定性与约定性的双重属性，但法定性是股东出资义务的根本属性，是公司得以享有法人独立人格的基础，是公司对外偿债能力的保障，是股东利益和债权人利益的最佳平衡点。[③] 出资义务的法定性主要体现在出资是公司法人人格独立的基础，是公司对外承担责任的保障且不得通过约定而豁免，股东的出资义务不得与其对公司的债权进行抵销。出资义务的法定性决定了股东不得违反法律逃避其出资义务。出资义务的约定性主要是在注册资本认缴制中，对于出资的实缴时间可以通过约定适当延长，如 2023 年修订的《公司法》第 47 条第 1 款规定的最长 5 年认缴期限。即使如此，该法第 54 条也规定了出资加速到期制度，以弥补认缴制下股东延期出资可能对公司债权人权益实现带来的不利影响，保护债权人利益。

① 参见江平、孔祥俊：《论股权》，载《中国法学》1994 年第 1 期。

② 参见郑云瑞：《公司法学》（第 2 版），北京大学出版社 2019 年版，第 304 页。

③ 参见朱慈蕴：《股东出资义务的性质与公司资本制度完善》，载《清华法学》2022 年第 2 期。

很明显,出资义务的主体是股东,其当然包括控股股东。也正是因为控股股东容易滥用控制权,包括通过不合法或不适当的出资、抽逃出资、协助或帮助其他股东抽逃出资,损害公司或其他股东的利益,所以本书单设一章专门讨论控股股东与实际控制人在出资或资本维持中的相关法律责任。

二、资本维持义务

作为公司法上的资本三原则之一,资本维持原则,又称资本充实原则,是指公司在存续过程中应当保持与资本数额相当的资产,以保证公司的偿债能力,使债权人利益得到保护。资本维持原则是大陆法系国家普遍适用的资本原则,主要包括以下四个方面的内容:一是防止公司资本的实质性减少。为防止公司资本的实质性减少,限制股份发行与交易行为,禁止公司成立后抽回出资、回购股份、折价发行股票、超额对外投资等。二是防止公司过度分配盈利。为防止公司滥分盈利,禁止公司弥补亏损前分配股利、无利润时分配股利、不按照法定顺序和标准分配净利润。三是补充公司经营中亏损的资本。为弥补公司经营过程中因亏损造成的资本损耗,维持公司经营实力,公司应依法提取公积金用于公司发展或者弥补亏损,公司提取法定公积金后方能分配股利。此外,公司对外负债不得超过公司净资产的一定比例。四是公司固定资产的折旧。公司折旧费不得列入利润,仅可用于固定资产的更新改造,且不得挪作他用。①

具体到法律规定层面,资本维持原则在我国《公司法》(2005 年修订)中,主要体现在:对非货币出资的限定性规定(第 27 条、第 82 条),初始股东对非货币形式的出资承担差额填补连带责任(第 31 条、第 94 条),禁止折价发行股份(第 128 条),禁止退股(第 35 条、第 91 条),不得抽逃出资(第 36 条),严格限制公司回购股份(第 75 条、第 143 条),禁止接受本公司股份质押(第 143 条第 4 款),公司在弥补亏损、提取法定公积金之前,不得向公司股东分配利润(第 167 条),公司的公积金用途限制(第 169 条),对"虚报注册资本""虚假出资""抽逃出资"等违法行为予以严惩(第 199 条、第 200 条、第 201 条)。此外,按照《公司法解释三》第 14 条的规定,若公司的其他股东、董事、高管或者实际控制人协助股东抽逃出资,应当对此向公司或公司的债权人承担连带责任。

所以,资本维持原则作为一项强制性规定,公司的双控人与董监高等运营人员基于对公司分别负有的信义义务与忠实勤勉义务均应当遵守,不得为自己抽逃出资,更不得协助其他股东抽逃出资,此为资本维持义务。

① 参见郑云瑞:《公司法学》(第 2 版),北京大学出版社 2019 年版,第 198、199 页。

第二节 控股股东抽逃出资的相关法律责任

一、抽逃出资

1. 一点管见

抽逃出资规则的含义和适用标准一直是模糊的。司法解释确立的损害公司权益标准并未解决其适用难题。抽逃出资规则的困境根源于并反映了我国公司分配制度的结构性缺陷。我国的抽逃出资规则同样是公司发展初级阶段朴素的资本观念的形象表达。作为法律规则,它过于抽象、粗放,含义不明,甚至不合逻辑。其对简单抽逃行为的认定尚能勉强应付,但对于复杂、迂回的利益输送,则无法提供明确、可操作的判断准则,①因而广受诟病。

抽逃出资是公司法上最具中国特色的一项制度,笔者认为,这也是中国公司法不够成熟的最典型体现,是引入公司这一舶来品过程中食洋不化的典型代表。究其根源,在于我国公司法的资本制度不完善,没有诸如德国、法国公司法上的禁止违法分配利润制度,而现有的关联交易制度也存在天然缺陷,对股东通过各种方式随意侵占公司资产、转移公司利益进而损害公司其他股东或债权人利益的不公正现象无法进行有效救济,从而不得不随机性地创造一个不伦不类且不具有准确法理含义的概念,进而形成一项制度,我国公司法试图通过这项制度对该不公正现象进行救济。

正如前节所引学者所述,股权是作为股东转让出资财产所有权的对价的民事权利。在股东将其出资转移给公司完成出资义务并取得股权之时,作为其出资形式的货币、实物、知识产权等均已归属公司所有,股东已不再是这些货币、实物、知识产权等的所有人,其所有者已经是公司。

股东若将其作为取得股权对价的前述货币、实物、知识产权等以各种形式或名义再取回并占为己有,与那些并非公司股东的第三人将其所有的货币、实物、知识产权等以出租或买卖的方式转移给公司并以此取得相应的租金(利息)或价款等交易对价之后,又通过偷窃或侵占等任何形式再将其取回并占为己有的,两相对比,除了股东是利用其对公司管理控制的方便而后者并没有利用也无法利用该方便,并无实质上的不同。

就法律层面而言,股东未经公司有权机关决议或决定就如此操作的,只是一

① 参见王军:《抽逃出资规则及公司分配制度的系统性改造》,载《法学研究》2021 年第 5 期。

个简单的侵占公司资产的侵权行为而已;若其经过有权机关决议或决定,则可视为关联交易,按照关联交易的有关规定处理即可。前一种情况下股东对公司所应承担的责任,与前述非股东的第三人对公司所应承担的侵权责任,不应该有任何实质性差别。若仅因为其身份的关系,就要生造一个所谓全新的概念,并以此描述一种与民法上的侵权责任并无实质差别的侵权现象,却无充分的法理基础和国际共识,更容易导致以下啼笑皆非的窘境:抽逃出资的数额以股东出资的数额为限。若股东不仅抽回相当于出资的财产还超出了出资数额,超出部分应当按侵害公司财产权处理,其实是股东对公司财产的"偷盗"。对于抽逃出资的部分可以采取补缴等违约责任方式或者采取赔偿损害的侵权责任方式处理,但对于超出的部分只能按照侵权责任采取损害赔偿等责任方式处理。①

一个完整且不可分割的违法行为,仅仅因为要符合这种特殊制度就被硬生生地一分为二而成为两个违法行为,一个是所谓的抽逃出资,另一个是"偷盗",不知有何深刻的法理依据,一个稍有法律常识的人都无法理解。况且,若股东以货币出资却侵占或偷盗了公司的非货币财产,或者股东以非货币财产出资却侵占或偷盗了公司的货币资金,怎么能解释成是其将出资抽逃回去呢?司法实践中,法官对抽逃出资的不同理解难免造成"同案不同判"的现象,而产生问题的根本原因在于我国《公司法》(2005 年修订)第 36 条有关"公司成立后,股东不得抽逃出资"的规定不科学地导致法官在裁判时无法按资本维持的逻辑来适用该条款。

仅以收回的财产数额是否超过股东出资额来区分抽逃出资与侵占公司财产,并以此将抽逃出资作为一项独立的规范,这很难令人信服。实践方面,用抽逃出资指称简单、直接的抽逃行为基本上说得通,但对于复杂、迂回的利益输送,很难判断。从表面上看,股东没有直接转走刚刚缴纳的出资款,而只是从公司借款,让公司为自己清偿债务或提供担保,或者与公司发生其他关联交易,甚至只是分配公司利润。这类行为常常伴随或被包装为真假难辨的合同或者交易,但哪些属于抽逃出资,哪些是正常交易或公司行为,通过抽逃出资的定义难以辨认。②

"出资"概念只在股东将财产投入公司之前或未完成出资义务之时才有意义,而一旦"出资"完成,该财产就是公司财产,"出资"已因变成"股权"而不复存在,股东也就不可能再抽逃其"出资",其"抽逃"的只能是公司的财产。"抽逃出资"概念的使用源于立法者没有正确认识到公司股东与公司财产之间的关系,这一概念的使用不仅带来公司法理论上的困惑,也给司法实践中对"抽逃出资"行为的认

---

① 参见最高人民法院民事审判第二庭编著:《最高人民法院关于公司法解释(三)、清算纪要理解与适用》,人民法院出版社 2011 年版,第 203 页。

② 参见王军:《抽逃出资规则及公司分配制度的系统性改造》,载《法学研究》2021 年第 5 期。

定带来很多困难。[①]

笔者认为,所谓抽逃出资,就是股东利用其管理或控制公司的优势地位侵害公司合法权益的一种特殊的侵权行为,是股东在其与公司的正当合理交易(正当的关联交易)之外,违反“权利以及其他合法权益受法律保护,任何组织或者个人不得侵犯”原则、公司资本维持原则、公司不得违法向股东分配利润等法律规定,侵占公司财产或让公司为其承担债务以增加其个人财产或减少债务的侵权行为。即使其在公司法上有着特殊的意义或价值,仍不能掩盖其特殊侵权行为的这种法律本质,而通过一般民法上有关侵占或(监守)盗窃等的法律规定再辅以完善的资本制度与关联交易制度,就足以保护公司的合法权益,而没有必要再通过诸多法条(如后)对这种侵权的特殊方式予以规定,这些规定还总令人不能理解其实质,甚至相关概念本身就没有准确含义而使得司法实践中存在一些左右均可的不公正结果,从而引起司法裁判上的混乱。

2. 概念内涵

根据学者的研究,抽逃出资,是指在公司成立后,股东非经法定程序——有时是在秘密的状态下,从公司抽回相当于已缴纳出资数额的财产,并继续持有公司股份。准确地说,抽逃出资是一种变相违反出资义务的行为,抽逃出资的股东原本已经履行了出资义务,为了回避投资风险,该股东又违法取回原来的出资,这样,一旦公司亏损,抽逃者可能以破产为借口逃避债务。[②] 究其实质,还是股东滥用其对公司的管理或控制优势或地位,恣意攫取公司财产却不支付对价或仅支付一部分对价的侵权行为。

关于抽逃出资的具体方式,根据《公司法解释三》第 12 条的规定,包括以下几种:(1)制作虚假财务会计报表虚增利润进行分配;(2)通过虚构债权债务关系将其出资转出;(3)利用关联交易将出资转出;(4)其他未经法定程序将出资抽回的行为。

该司法解释由于忽略了公司成立后持续经营期间的“出资”已经演化为公司的“所有者权益”,未能明确界定“股本被侵蚀”与其他分配形式之间的界限,导致其第 12 条存在漏洞,适用不便。与此同时,《公司法》本身在分配规则方面的重大疏漏也使得公司向个别股东输送利益但尚未侵蚀“股本”的行为无法作为“违法分配”被追究责任,结果,债权人或其他股东都转而求助于抽逃出资规则来获得法律

---

① 参见樊云慧:《从“抽逃出资”到“侵占公司财产”:一个概念的厘清——以公司注册资本登记制度改革为切入点》,载《法商研究》2014 年第 1 期。

② 参见赵旭东、傅穹等:《公司资本制度改革研究》,法律出版社 2004 年版,第 301 页。

救济，客观上倒逼了“抽逃出资”认定的扩大化。① 因此，抽逃出资成了一个“筐”，什么都可以“往里装”，也正因为这种不确定性，可能使得本属于侵害公司及其债权人利益的行为没能“往里装”，致使司法实践中出现很多混乱，甚至出现以常理理解都属于损害公司及其债权人利益的行为却被认定为合理、合法[如后文(2017)最高法民终309号案例]，其罪魁祸首，就是所谓的抽逃出资这个不伦不类的制度创新。

二、抽逃出资的法律责任

按照《公司法解释三》第14条的规定，股东应当对公司或其债权人承担相应的补充赔偿责任，即股东抽逃出资，公司或者其他股东请求其向公司返还出资本息，协助抽逃出资的其他股东、董事、高管或者实际控制人对此承担连带责任的，人民法院应予支持。公司债权人请求抽逃出资的股东在抽逃出资本息范围内对公司债务不能清偿的部分承担补充赔偿责任，协助抽逃出资的其他股东、董事、高管或者实际控制人对此承担连带责任的，人民法院应予支持；抽逃出资的股东已经承担上述责任，其他债权人提出相同请求的，人民法院不予支持。

针对抽逃出资的股东可能在违法后依旧享受股东的利益，最高人民法院通过《公司法解释三》第17条设立了股东除名制度，即有限责任公司的股东未履行出资义务或者抽逃全部出资，经公司催告缴纳或者返还，其在合理期间内仍未缴纳或者返还出资，公司以股东会决议解除该股东的股东资格，该股东请求确认该解除行为无效的，人民法院不予支持。除名之后，公司应当及时办理法定减资程序或者由其他股东或者第三人缴纳相应的出资。在办理法定减资程序或者其他股东或者第三人缴纳相应的出资之前，公司债权人依照该司法解释第13条或者第14条请求相关当事人承担相应责任的，人民法院应予支持。

鉴于滥用股东权利抽逃出资的行为性质比较严重，对公司或其债权人的利益损害甚大，且其抽逃出资的行为及方式通常都十分隐蔽，所以，最高人民法院在《公司法解释三》第19条规定了抽逃出资的股东不享有诉讼时效的抗辩权，不得以公司或其债权人的诉讼请求超过诉讼时效为由进行抗辩。

另外，在实践中，某股东是否履行出资义务，除公司董事或高管可能知道外，其他股东、公司债权人等可能均不知道。此时如果要求其他股东、公司债权人提出充分、确定的证据来证明该股东未履行出资义务，则可能对其他股东及公司债

---

① 参见刘燕：《重构“禁止抽逃出资”规则的公司法理基础》，载《中国法学》2015年第4期。

权人提出了过高的要求，不利于调动这类主体的积极性以尽快实现资本充实。①因此，《公司法解释三》第20条专门规定了有条件的举证责任倒置原则：当事人之间对是否已履行出资义务发生争议，原告提供对股东履行出资义务产生合理怀疑证据的，被告股东应当就其已履行出资义务承担举证责任。

三、抽逃出资相关司法案例的裁判要旨

【问题138】对于抽逃出资的证明，能否实施有条件的举证责任倒置？

【典型案例要旨153】（2016）最高法民再2号：根据《公司法解释三》规定的精神，就股东是否抽逃出资的举证责任分配，由于美达多公司无法查询新大地公司及其股东周某、张某妮的银行账户或财务账簿，在美达多公司提供了对周某、张某妮抽逃出资合理怀疑的证明后，只能通过法院调查或者由新大地公司及周某、张某妮提供反驳证据，才能查清事实，因此，此时应将举证责任转移至周某、张某妮，由其提供相应的证据反驳美达多公司关于周某、张某妮抽逃出资的主张。然而，周某、张某妮未予举证。在这种情况下，应当作出对周某、张某妮不利的判断，即支持美达多公司的主张，认定周某、张某妮构成抽逃出资。

美达多有限公司与深圳市新大地数字网络技术有限公司、周某等借款合同纠纷申诉、申请民事判决书

最高人民法院（2016）最高法民再2号

最高人民法院经审理认为：

本案再审争议焦点为周某、张某妮是否存在抽逃出资行为，是否应就新大地公司对美达多公司负有的债务承担相应法律责任。

1. 关于周某、张某妮是否存在抽逃出资行为的问题。

《公司法解释三》第12条规定："公司成立后，公司、股东或者公司债权人以相关股东的行为符合下列情形之一且损害公司权益为由，请求认定该股东抽逃出资的，人民法院应予支持：（一）制作虚假财务会计报表虚增利润进行分配；（二）通过虚构债权债务关系将其出资转出；（三）利用关联交易将出资转出；（四）其他未经法定程序将出资抽回的行为。"

---

① 参见最高人民法院民事审判第二庭编著：《最高人民法院关于公司法解释（三）、清算纪要理解与适用》，人民法院出版社2011年版，第318页。

本案中，美达多公司虽然未提供直接证据证明新大地公司股东周某、张某妮存在该规定所列举的抽逃出资行为，但二审期间美达多公司就新大地公司于2011年5月6日将注册资本从100万元增加至6100万元的当日即从公司账户转走6000万元的事实及资金流向提供了线索，指出张某妮、周某的增资款6000万元于2011年5月6日又分成了两笔汇出，其中一笔3200万元汇入南昌市东湖区细妹贸易商行农行31×××92账户，另一笔2800万元汇入南昌市东湖区百昌建材销售部农行31×××01账户，该两笔资金汇出后又转汇至其他账户，至今没有回到新大地公司的银行账户。对此，新大地公司、张某妮、周某并未否认6000万元于2011年5月6日增资当日即被转出的事实，张某妮仅辩称"增资后的款项用于购买设备了，但如何购买、去哪里买，是否有合同、发票等应在新大地公司的账目中有显示"，但并未提供相应的证据予以证明。

《公司法解释三》第20条规定："当事人之间对是否已履行出资义务发生争议，原告提供对股东履行出资义务产生合理怀疑证据的，被告股东应当就其已履行出资义务承担举证责任。"根据该司法解释规定的精神，就股东是否抽逃出资的举证责任分配，由于美达多公司无法查询新大地公司及其股东周某、张某妮的银行账户或财务账簿，在美达多公司提供了对周某、张某妮抽逃出资合理怀疑的证明后，只能通过法院调查或者由新大地公司及周某、张某妮提供反驳证据，才能查清事实，因此，此时应将举证责任转移至周某、张某妮，由其提供相应的证据反驳美达多公司关于周某、张某妮抽逃出资的主张。然而，周某、张某妮未予举证。在这种情况下，应当作出对周某、张某妮不利的判断，即支持美达多公司的主张，认定周某、张某妮构成抽逃出资。一、二审判决没有支持美达多公司关于周某、张某妮构成抽逃出资的主张错误，应予纠正。

2. 关于周某、张某妮是否应就新大地公司对美达多公司负有的债务承担相应法律责任的问题。

《公司法》第35条规定："公司成立后，股东不得抽逃出资。"《公司法解释三》第14条第2款规定："公司债权人请求抽逃出资的股东在抽逃出资本息范围内对公司债务不能清偿的部分承担补充赔偿责任、协助抽逃出资的其他股东、董事、高级管理人员或者实际控制人对此承担连带责任的，人民法院应予支持；抽逃出资的股东已经承担上述责任，其他债权人提出相同请求的，人民法院不予支持。"如上所述，周某、张某妮构成抽逃出资，具体而言，周某抽逃出资3233万元，张某妮抽逃出资2867万元。根据上述规定，周某、张某妮作为新大地公司当时的股东，应当在其各自抽逃出资本息范围内对新大地公司的债务不能清偿的部分向美达多公司承担补充赔偿责任。美达多公司主张周某、张某妮承担连带清偿责任，缺乏法律依据，不应予以支持。

【问题139】是否构成抽逃出资，不能仅以抽逃所涉交易或事实的形式判断，还应当穿透交易形式而审查其交易实质是否真实、合法？

【典型案例要旨154】(2016)最高法民终324号：无论何种形式，抽逃出资大多表现为股东之间通谋的行为或者股东与公司之间通谋的行为，表面是其他股东或者公司同意转出出资并安排了所谓的合法程序或交易，实质却是相关当事人虚构了有关事实将股东的出资非法转出。因此，就本案而言，股东之间通过签订《合作协议书》确认仲圣控股"前期工作费用"真实发生并确定由鲁能仲盛支付，并不能直接证明仲圣控股的"前期工作费用"真实发生了，从而也不能证明2500万元人民币的转出未构成抽逃出资。

仲圣控股有限公司与鲁能仲盛置业(青岛)有限公司、山东慧谷商贸有限公司与公司有关的纠纷二审民事判决书

最高人民法院(2016)最高法民终324号

最高人民法院经审理认为：

根据仲圣控股的上诉请求和鲁能仲盛的答辩理由以及各方当事人确认，本案的争议焦点是仲圣控股从鲁能仲盛处收取2500万元人民币是否构成抽逃出资，如构成，是否应予补足。

《公司法解释三》第12条第2项规定，公司股东"通过虚构债权债务关系将其出资转出"且损害公司权益的，应认定该股东抽逃出资，损害公司利益。

根据本案查明的事实，鲁能仲盛以"前期工作费用"的名义向仲圣控股支付了2500万元人民币。仲圣控股承认，其至今仍无法提供"前期工作费用"的支付凭证，但其仍认为合资中方已在《合作协议书》以及《情况说明》中确认了该费用，故应认定"前期工作费用"真实发生。仲圣控股该上诉理由不能成立。

首先，《公司法解释三》第12条将抽逃出资的表现形式界定为"制作虚假财务会计报表虚增利润进行分配"、"通过虚构债权债务关系将其出资转出"、"利用关联交易将出资转出"和"其他未经法定程序将出资抽回的行为"等情形。无论何种形式，抽逃出资大多表现为股东之间通谋的行为或者股东与公司之间通谋的行为，表面是其他股东或者公司同意转出出资并安排了所谓的合法程序或交易，实质却是相关当事人虚构了有关事实将股东的出资非法转出。因此，就本案而言，股东之间通过签订《合作协议书》确认仲圣控股"前期工作费用"真实发生并确定

由鲁能仲盛支付，并不能直接证明仲圣控股的“前期工作费用”真实发生了，从而也不能证明2500万元人民币的转出未构成抽逃出资。

其次，本案一审时，仲圣控股提交6份《声明书》和其所附的6份月结单，以及“填海造地报告×6”的特快专递凭证（邮寄袋），以证明“前期工作费用”已实际发生了3500多万元人民币，而仲圣控股已将相应的调研报告邮寄给了鲁能仲盛。各方当事人对此进行了质证，原审法院进行了认证，原审法院认为无论是《声明书》还是月结单均无法直接证明“前期工作费用”的真实发生。而邮寄袋更是存在许多疑点，普通的邮寄袋不太可能装得下6份研究报告，仲圣控股亦无法合理解释寄件人为何能够保存收件人签收的邮寄袋。二审时，仲圣控股仍未能举证反驳原审法院作出的上述认定。因此，仲圣控股有义务举证证明其收取2500万元人民币确系因为其真实地支付了“前期工作费用”，若其无法证明则应承担举证不能的法律后果。

最后，《公司法解释三》第14条第1款规定，股东抽逃出资，公司或者其他股东请求其向公司返还出资本息的，人民法院应予支持，原审判决认定仲圣控股构成抽逃出资，其应补足2450万元人民币出资并赔偿抽逃出资期间的利息损失，有事实和法律依据。

仲圣控股的上诉理由不能成立，本院不予支持。

【问题140】公司实际控制股东受让大股东54.55%股权所需的股权转让金均由公司支付，对于代付事宜无公司与该股东或股权出让方的相关协议予以证明，能否以公司事后提出公司尚欠该实际控制股东大额借款、股权转让时公司经审计的实收资本并未减少、家族企业中公司代付股东款项符合常理、对家族企业财务管理不规范不宜过于严苛且该笔股转资金如何记账与出让方股东无关、出让方取得该笔款项符合相关协议（明股实债）约定等理由，说明该出让方股东并不构成抽逃出资？

【典型案例要旨155】（2017）最高法民终309号： 中航公司进行股权投资的实质是以增资扩股方式取得固定投资回报，而非参与或控制目标公司的经营管理。中航公司虽然通过工商变更登记取得了菊隆公司的股东身份，但其股东权利义务与普通股东的权利义务有所不同。尽管中航公司占有菊隆公司54.55%的股份，但中航公司实际上并不是该公司的控股股东，亦没有证据表明中航公司滥用大股东身份获取了投资回购款和红利。

方正东亚信托有限责任公司、赣州菊隆高科技实业有限公司金融借款合同纠纷二审民事判决书

最高人民法院(2017)最高法民终309号

最高人民法院经审理认为：

根据各方当事人的诉辩主张，本案争议的焦点是中航公司收取1.2亿元股权转让款的行为是否属于抽逃资金行为，其应否对菊隆公司欠付方正公司的债务承担补充赔偿责任。

首先，案涉《委托信托合同》《增资扩股协议》《股权收购协议》均系各方当事人的真实意思表示，且不违反法律、行政法规的强制性规定，应为有效。按照上述协议的约定，中航公司作为受托人，以自己的名义将委托人中国建行的信托资金1.2亿元以增资扩股方式向被投资公司菊隆公司进行股权投资，约定增资持股期限为2年，自2010年6月30日起至2012年6月30日止，并约定了股权质押、人员派驻、资金监控、股权回购等风险控制及退出安排。其中特别约定，当发生被投资公司合并、分立、解散、破产等可能导致标的股权变更或灭失的事宜时，谢某鸿、孙某文或菊隆公司仍应对中航公司所持有的全部股权进行回购。如谢某鸿、孙某文到期不履行义务，由赣县世瑞新材料有限公司履行全部收购义务，不提出任何抗辩。

从上述协议内容及履行方式看，中航公司不参与菊隆公司的日常经营管理，其派驻一名董事的目的主要是对公司对外借款、担保等重大事项监督、把关，中航公司不承担菊隆公司经营风险，只是按固定利率收取约定的红利，持股期满收回资金后未再收取菊隆公司的红利等，可见，中航公司进行股权投资的实质是以增资扩股方式取得固定投资回报，而非参与或控制目标公司的经营管理。中航公司虽然通过工商变更登记取得了菊隆公司的股东身份，但其股东权利义务与普通股东的权利义务有所不同。尽管中航公司占有菊隆公司54.55%的股份，但中航公司实际上并不是该公司的控股股东，亦没有证据表明中航公司滥用大股东身份获取了投资回购款和红利。虽然中航公司在两年增资持股期间获取固定红利的约定不符合《公司法》有关利润分配的相关管理性规定，但不影响案涉《增资扩股协议》《股权收购协议》的效力。

其次，中航公司于2012年6月29日收讫菊隆公司账户支付的1.2亿元股权价款后，将所持有的菊隆公司股权过户至谢某鸿、孙某文名下的行为，均是履行上述合同约定的行为。中航公司按照《增资扩股协议》的约定，投资期满收回股权价款后即退出菊隆公司，并于2012年9月14日向赣县工商管理局出具《还款说明

函》,同意解压谢某鸿、孙某文质押在中航公司的菊隆公司的股权。之后未再收取菊隆公司任何红利。菊隆公司于2012年11月12日与方正公司签订《信托贷款合同》时,中航公司并未参与董事会决议。可见,尽管此时中航公司尚未变更工商登记,但事实上其已不再是菊隆公司股东。股东工商登记虽是股东外观公示的方式,具有证权性,但并不是确认股东身份的唯一依据,还应当根据当事人协议的约定以及事实情况据实认定。方正公司认为案涉借款发生时中航公司仍系菊隆公司股东,与查明的事实情况不符。

《公司法》第32条第3款规定,"公司应当将股东的姓名或者名称向公司登记机关登记;登记事项发生变更的,应当办理变更登记。未经登记或者变更登记的,不得对抗第三人"。本案中,中航公司收讫股权价款后,其和菊隆公司应及时办理股权变更登记,直至2013年8月4日两家公司才办理股权转让手续,存在瑕疵。但中航公司应否对方正公司与菊隆公司签订案涉《信托贷款合同》承担相应责任,要从中航公司是否有过错、方正公司是否尽了注意义务等方面综合评判。

其一,从庭审查明的事实看,中航公司未及时办理股权变更登记的原因在于菊隆公司因资产重组需求不予配合。因工商变更登记确需双方配合完成,中航公司未及时办理股东变更登记,主观上并无过错。

其二,方正公司作为从事信托业务的专业机构,在与菊隆公司签订《信托贷款合同》之时,亦负有对菊隆公司进行尽职调查的注意义务,对于中航公司是以增资扩股方式向菊隆公司进行股权投资的信托信息应当有所知晓,对股权投资信托的性质亦应是明知的。

故中航公司未及时办理工商变更登记手续虽有不妥,但仅以此为由让其就案涉借款承担赔偿责任,法律依据尚不充分。

最后,中航公司收讫1.2亿元股权价款的行为并非无偿获取资金,不符合《公司法》及有关司法解释规制的股东抽逃出资的情形。《公司法解释三》第12条规定,公司股东抽逃出资的情形主要有:(1)制作虚假财务会计报表虚增利润进行分配;(2)通过虚构债权债务关系将其出资转出;(3)利用关联交易将出资转出;(4)其他未经法定程序将出资抽回的行为。

其一,案涉赣华综审[2014]第52号专项审计报告载明,截至2013年2月28日,菊隆公司实收资本审计确认数为220000000.00元,其中,谢某鸿59000000.00元,孙某文41000000.00元,江西江南信托股份有限公司120000000.00元。而中航公司收讫1.2亿元股权价款的时间为2012年6月29日,说明中航公司退出时菊隆公司并不存在出资不足的情况。

其二,中航公司收取的1.2亿元股权价款没有按照《股权收购协议》由谢某红、孙某文直接支付，而由菊隆公司账户支付。对此，菊隆公司主张其代为支付股权价款。赣华综审[2014]第52号专项审计报告显示，已确认的谢某鸿对外融资借款高达6.54亿余元，截至2013年2月28日，菊隆公司尚欠谢某鸿个人借款2.37168亿元，谢某鸿与菊隆公司之间的确存在债权债务关系。同时，因菊隆公司系谢某鸿实际控制的家族企业，菊隆公司代为支付股权价款，符合常理。况且股权价款来源于股权收购方或菊隆公司，对中航公司而言均符合上述《增资扩股协议》的约定。至于方正公司提出的菊隆公司的财务账目未对该笔转款作相应的事项记载的问题，菊隆公司财务管理确实存在不规范的地方，但对于家族式企业账簿及财务管理的要求，与对规范的有限责任公司或股份有限公司账簿及财务管理的要求相比不宜过于严苛。菊隆公司内部账簿记载与否，亦与中航公司无关。

其三，中航公司转让股权后，菊隆公司的注册资本金并未减少。2013年8月4日，菊隆公司的工商登记信息中的投资人信息变更为谢某鸿、孙某文，该信息后又于2012年8月12日变更增加股东36人，注册资本金仍为现金出资2.2亿元。至2016年3月方正公司提起本案诉讼，没有证据显示菊隆公司注册资本金存在出资不实，可能侵害第三人利益的情况。因此，中航公司依约取回股权价款，并未导致菊隆公司注册资本金的减少，方正公司的权益亦未受到实际损害。方正公司主张中航公司通过虚设债务或不付对价的方式抽回出资，缺乏事实依据。

综上所述，上诉人方正公司关于中航公司抽逃出资，应对菊隆公司借款债务承担补充赔偿责任的上诉理由不能成立，本院不予支持。

【问题141】实缴出资后不久，公司就将全部出资转到股东个人账户，股东虽声称该款项用于公司的项目开发但未提供任何证据证明的，是否构成抽逃出资？

【典型案例要旨156】(2018)最高法民终865号：赵某臣主张其将该1000万元中的950万元分两笔即450万元和500万元代盛德公司支付了项目开发资金。但赵某臣提交的证据显示，该450万元和500万元涉及的两个共管账户均系由赵某臣个人与第三人共同设立，与盛德公司的项目并无直接关联，而赵某臣又未能提供证据证明该950万元进入两个共管账户后，被进一步用于盛德公司的项目开发，形成了项目资产。因此，现有证据并不足以证明赵某臣转出的950万元注册资金系用于盛德公司的经营业务。

赵某臣、沈某执行异议之诉二审民事判决书

最高人民法院(2018)最高法民终865号

最高人民法院经审理认为:

结合上诉人赵某臣的上诉事由和被上诉人沈某的答辩意见、原审第三人盛德公司的陈述意见,本案的争议焦点之一为赵某臣对盛德公司是否构成抽逃出资。

关于赵某臣对盛德公司是否构成抽逃出资的问题。

赵某臣上诉主张其以代盛德公司支付项目开发资金的形式履行了出资义务,不存在抽逃出资。赵某臣的该项上诉主张依据不足,不应支持。《公司法》第28条第1款规定,股东应当按期足额缴纳公司章程中规定的各自所认缴的出资额。第35条规定,公司成立后,股东不得抽逃出资。所谓抽逃出资,是指在公司成立后,股东未经法定程序而将其已缴纳出资抽回的行为。

第一,根据原审查明的事实,盛德公司于2012年10月31日成立,注册资本为1000万元,股东为赵某臣、汪某,2012年12月10日,赵某臣、汪某分别向盛德公司的基本账户转入780万元和220万元资金作为股东投资款即公司的注册资本,但次日该1000万元注册资金便分两笔转至赵某臣的账户。可见,赵某臣确有抽回注册资本的行为。

第二,赵某臣主张其将该1000万元中的950万元分两笔即450万元和500万元代盛德公司支付了项目开发资金。但赵某臣提交的证据显示,该450万元和500万元涉及的两个共管账户均系由赵某臣个人与第三人共同设立,与盛德公司的项目并无直接关联,而赵某臣又未能提供证据证明该950万元进入两个共管账户后,被进一步用于盛德公司的项目开发,形成了项目资产。因此,现有证据并不足以证明赵某臣转出的950万元注册资金系用于盛德公司的经营业务。

第三,赵某臣也自认盛德公司在注册登记时因股东资金紧张,经全体股东协商决定以借款的方式筹措资金以满足验资要求,待完成验资后再还给出借人。可见,赵某臣缴纳出资仅为了在完成验资后将该出资归还出借人,其并没有将该出资用于盛德公司经营活动的意思。

第四,盛德公司的股东会决议是在一审判决作出之后才形成的,其有关赵某臣的垫款冲抵投资款的内容,仅具有内部效力,不能对抗盛德公司股东以外的第三人,不能作为赵某臣已补足出资的证据。

综上,依据《公司法解释三》第12条之规定,赵某臣未经法定程序抽回其在盛德公司的780万元注册资本,构成抽逃出资。

【问题142】股东对公司进行增资的溢价部分，应当作为公司的资本公积（资本溢价），属于公司资产范畴、归公司所有，股东与公司之间通过合同约定该溢价部分归股东所有并据此转出的，是否构成抽逃出资？

【典型案例要旨157】（2018）最高法民终393号：《资金往来框架协议》约定丽港公司转出1.5亿元不是为丽港公司商贸合作而为之，也不是为实现《增资合同》中丽港公司生产线技术改造或增加丽港公司流动资金等的需要而为之，而是按照银基公司的要求，为银基公司的利益而特别设定，且1.5亿元款项转出后仍处于银基公司实际控制之下；《债权转让协议》亦不能证明转出的资本公积金已经实际归还丽港公司；1.5亿元资本公积金实际亦未用于丽港公司的生产发展。因此，银基公司关于丽港公司根据《资金往来框架协议》自行转出款项的行为与己无关，自己未擅自取回出资的主张不能成立；原审判决认定银基公司无合法且正当的理由转出其支付给丽港公司的1.5亿元资本公积金，并无不当。

银基烯碳新材料集团股份有限公司、连云港市丽港稀土实业有限公司公司增资纠纷二审民事判决书

最高人民法院（2018）最高法民终393号

最高人民法院经审理认为：

本案二审争议焦点为：（1）银基公司根据《增资合同》并作为资本公积金投入的款项，是否存在无合法且正当的理由被转出的情形；（2）该款项应否向丽港公司返还，返还主体如何确定。

1. 关于银基公司根据《增资合同》并作为资本公积金投入的款项，是否存在无合法且正当的理由被转出的情形。

针对2亿元增资款是否足额支付、如何支付的问题，各方在一审诉讼中的陈述均有反复。根据各方最终陈述的意见，可以确定各方对2012年12月11日银基公司支付了2000万元注册资本金并无异议；各方对银基公司还支付了3000万元资本公积金的事实亦无异议，但对于该3000万元对应的是哪笔转账存在争议；各方对银基公司支付的1.5亿元资本公积金对应的是哪笔转账亦存在争议。事实上，本案审理的关键是判断作为资本公积金投入的款项，是否存在无合法且正当的理由被转出的情形，因此，关于增资款如何支付的争议并不必然影响对增资款转出正当与否的判断。银基公司上诉称1.5亿元资本公积金是丽港公司根据其与宁波新材料公司、银基新材料公司之间签订的《资金往来框架协议》的约定自行

转出至银基新材料公司，银基新材料公司又将该款项转至宁波新材料公司，该款项已经转为丽港公司对宁波新材料公司的债权，且该债权已经《债权转让协议》获偿了部分。丽港公司和李某沛、李某、狄某廷则认为《资金往来框架协议》《债权转让协议》均是应银基公司要求配合其签署的，不是丽港公司的真实意思表示，均是虚假的。因此，《资金往来框架协议》和《债权转让协议》成为判断本案1.5亿元资金转出正当与否的关键。

(1)《资金往来框架协议》不是1.5亿元资本公积金转出的正当理由，原因如下。

第一，2017年12月21日一审庭审时，丽港公司陈述，该《资金往来框架协议》是在2013年11月至12月银基公司因为年度报告披露需要，聘请第三方对丽港公司进行审计，审计结论是上市公司占用丽港公司巨额资金需要整改，银基公司拿出整改措施，希望丽港公司配合签署《资金往来框架协议》，协议签订后三方从未进行任何合作交易事项，根本没有履行。银基公司陈述，当时签订《资金往来框架协议》的原因是丽港公司并没有按照《增资合同》的约定取得相关稀土改造项目的审批文件，为了保证资金的安全，才签订《资金往来框架协议》并约定由银基新材料公司进行资金监管。据此，虽然双方对《资金往来框架协议》真实目的的陈述存在差异，但至少可以确定《资金往来框架协议》并非如协议记载是为了进一步增强丽港公司盈利能力等达成的战略合作意向，而是应银基公司的要求进行设定的。

第二，《资金往来框架协议》的丙方银基新材料公司系银基公司全资子公司，乙方宁波新材料公司又系银基新材料公司的全资子公司，且银基公司知晓并认可该1.5亿元资金的流转。《资金往来框架协议》约定，以2014年3月31日为截止时限，如若丽港公司和宁波新材料公司尚未就具体合作事项达成一致，宁波新材料公司将无条件退还丽港公司此笔往来资金。事实上，协议各方自始至终并没有形成任何合作事项，且从协议履行状态上看，巨额款项在没有任何具体投资意向的情况下先行转出，亦不合常理。

第三，2016年6月30日作出的《银基烯碳新材料股份有限公司关于深圳证券交易所对2015年年报问询函回复的公告》中载明，“2013年11月，为了控制可能发生的与丽港公司投资合作风险，防止丽港公司挪用增资款，上市公司采取加强资金监管的方式。根据……《资金往来框架协议》……银基新材料公司收到丽港公司转款1.5亿元。银基公司履行担保义务是有保障的……后来丽港公司没有归还银行借款导致银基公司作为担保发生代偿时，该监管资金即用于代偿资金”。

综上，该1.5亿元虽以《资金往来框架协议》为由转出，但转出后并非真正为了履行该协议的合作事项。

(2)《债权转让协议》不足以证明5100万元资本公积金已经实际归还,理由如下。

第一,银基公司提交了三份2013年12月30日作出的《债权转让协议》拟证明丽港公司根据《资金往来框架协议》转给宁波新材料公司的1.5亿元,已经通过该三份《债权转让协议》抵销偿还了5100余万元。然而,该抵销行为既与银基公司称通过《资金往来框架协议》实现监管资金的目的不符,亦与《资金往来框架协议》中以2014年3月31日为节点退还1.5亿元资金的约定不符。《债权转让协议》与《资金往来框架协议》之间难以互洽,无法得出合理解释。

第二,一审中银基公司提交奥宇公司法定代表人韩某凤与范某明的电话录音文稿,拟证明李某沛、李某、狄某廷提交的李某与韩某凤的电话录音摘要的内容不真实,不能证明《债权转让协议》是虚假的,韩某凤面对李某时的陈述是用来应付李某的。然而,仅根据银基公司提交的电话录音文稿不能得出韩某凤否认其与李某通话时的陈述真实的结论,亦不能得出韩某凤已明确认可《债权转让协议》真实的结论。

第三,《债权转让协议》中所谓的债权冲抵债务,与《增资合同》中增资资金的用途存在明显差异。《增资合同》中增资资金主要用于丽港公司生产线技术改造和增加丽港公司流动资金,而《债权转让协议》中的债权当然不等同于增资资金,即便债权真实,其能否最终实现亦不能确定。因此,所谓的债权转让并不能发挥《增资合同》中增资资金的预设功能,不能据此认定转出的资本公积金已经实际得到了归还。

(3)1.5亿元资本公积金未能用于丽港公司的生产发展。前文已述,各方当事人对1.5亿元资本公积金对应的是哪笔转账存在争议。如果按照丽港公司的陈述,银基公司两次支付的1.5亿元款项,均于当日或3日之内转回了银基公司。即便按照银基公司的陈述,其于2013年2月1日至11月18日向丽港公司支付的1.5亿元资本公积金中,亦有高达1.2亿元的款项是在当日或3日之内转回了银基公司。该1.5亿元资本公积金显然无法实现《增资合同》中进行生产线技术改造或增加丽港公司流动资金的用途。

综上表明,《资金往来框架协议》约定丽港公司转出1.5亿元不是为丽港公司商贸合作而为之,也不是为实现《增资合同》中丽港公司生产线技术改造或增加丽港公司流动资金等的需要而为之,而是按照银基公司的要求,为银基公司的利益而特别设定,且1.5亿元款项转出后仍处于银基公司实际控制之下;《债权转让协议》亦不能证明转出的资本公积金已经实际归还丽港公司;1.5亿元资本公积金实际亦未用于丽港公司的生产发展。因此,银基公司关于丽港公司根据《资金往来框架协议》自行转出款项的行为与己无关,自己未擅自取回出资的主张不能成立;原审判决认定银基公司无合法且正当的理由转出其支付给丽港公司的1.5亿元资本公积金,并无不当。

2. 关于本案转出的资本公积金应否向丽港公司返还、返还主体如何确定的问题。

(1)从公司法角度来讲,本案转出的资本公积金应予以返还。

《公司法》第3条第1款规定:“公司是企业法人,有独立的法人财产,享有法人财产权。公司以其全部财产对公司的债务承担责任。”第168条第1款规定:“公司的公积金用于弥补公司的亏损、扩大公司生产经营或者转为增加公司资本。但是,资本公积金不得用于弥补公司的亏损。”资本公积金不仅是企业所有者权益的组成部分,亦是公司资产的重要构成,而公司资产在很大程度上代表着公司的资信能力、偿债能力、发展能力,在保障债权人利益、保证公司正常发展、维护交易安全方面起着重要作用。公司作为企业法人,具有独立人格和独立财产,而独立财产又是独立人格的物质基础。出资股东可以按照章程规定或协议约定主张所有者权益,但其无正当理由不得随意取回出资而侵害公司财产权益。

本案中,《增资合同》明确约定,银基公司向丽港公司增资2亿元,持有丽港公司40%股权,其中2000万元进入丽港公司注册资本,1.8亿元进入资本公积金。因此,涉案1.5亿元资本公积金本应属于丽港公司资产,无正当理由被转出后,理应予以返还,一审认定该行为属于抽逃出资行为并无不当。

(2)从合同法角度来讲,本案转出的资本公积金亦应予以返还。

《合同法》第60条规定:“当事人应当按照约定全面履行自己的义务。当事人应当遵循诚实信用原则,根据合同的性质、目的和交易习惯履行通知、协助、保密等义务。”第107条规定:“当事人一方不履行合同义务或者履行合同义务不符合约定的,应当承担继续履行、采取补救措施或者赔偿损失等违约责任。”

《增资合同》系银基公司与丽港公司原股东李某沛、李某、狄某廷签订,丽港公司是增资的目标公司。对银基公司而言,其负有依约足额缴纳出资的合同义务。本案中,银基公司虽有出资行为,但随后该1.5亿元的出资在无正当理由的情况下被转出,该转出行为违反诚实信用原则、不符合合同约定、不利于合同目的的实现。因此,涉案1.5亿元资本公积金根据合同约定亦应予以返还。

综上所述,无论是从公司法还是合同法角度分析,涉案被转出的1.5亿元资本公积金均应返还丽港公司。作为目标公司的丽港公司可以依据公司法相关规定提起诉讼,主张权利,而作为《增资合同》当事人的李某沛、李某、狄某廷亦可依据合同法相关规定提起诉讼,主张权利,究竟适用公司法还是合同法并不实质影响本案纠纷的处理。银基公司基于《资金往来框架协议》主张本案应适用合同法而不应适用公司法的主张,没有事实和法律依据,本院不予支持。另外,如前所述,银基公司本身是《增资合同》中的出资义务人,本案所谓的《资金往来框架协议》实际是按照银基公司的要求,为银基公司的利益而设定,该1.5亿元资本公积金转出后仍处于银基公司的实际控制之下。因此,原审判决认定银基公司作为返还主体,亦无不当。

【问题143】股东出资后,资金被转到该股东控股的公司账户但不能提交证据证明该转账行为是公司之间的经营往来,也不能作出合理解释的,是否构成抽逃出资?

【典型案例要旨158】(2023)最高法民申2250号:股东实缴出资当日,广盛源公司将该账户中包括林某宝等股东实缴增资部分在内的20000万元资金,分别转至成都蓝云天公司、深圳华江美公司。炽兴公司对此提出质疑。广盛源公司主张转账行为系公司之间的经营往来,但未提交证据证明。林某宝作为广盛源公司持股逾99%的控股股东,亦应对此承担举证责任,但林某宝未能提交证据证明,且不能对转款行为作出合理解释。

贵州广盛源集团矿业有限公司、林某宝等民事申请再审审查民事裁定书

最高人民法院(2023)最高法民申2250号

最高人民法院经审理认为:

关于林某宝是否应在抽逃出资范围内承担责任的问题。

《公司法》第35条规定:"公司成立后,股东不得抽逃出资。"《公司法解释三》第14条第2款规定:"公司债权人请求抽逃出资的股东在抽逃出资本息范围内对公司债务不能清偿的部分承担补充赔偿责任、协助抽逃出资的其他股东、董事、高级管理人员或者实际控制人对此承担连带责任的,人民法院应予支持……"《最高人民法院关于民事执行中变更、追加当事人若干问题的规定》第18条规定:"作为被执行人的营利法人,财产不足以清偿生效法律文书确定的债务,申请执行人申请变更、追加抽逃出资的股东、出资人为被执行人,在抽逃出资的范围内承担责任的,人民法院应予支持。"

根据一、二审查明的事实,2012年3月20日,广盛源公司作出股东会决议并修改公司章程,广盛源公司将增加注册资本人民币17000万元;增资后,广盛源公

司注册资本为人民币20000万元。2013年2月22日，贵阳天虹会计师事务所有限公司出具验资报告确认，截至2013年3月22日，广盛源公司已收到新增注册资本（实收资本）合计人民币17000万元，各股东均以货币出资，其中林某宝实际缴纳新增出资额16989.80万元，该款项已于2013年3月22日缴存至广盛源公司在中国工商银行平坝中山南路支行开立的账户。同日，广盛源公司将该账户中包括林某宝等股东实缴增资部分在内的20000万元资金，分别转至成都蓝云天公司、深圳华江美公司。炽兴公司对此提出质疑。广盛源公司主张转账行为系公司之间的经营往来，但未提交证据证明。林某宝作为广盛源公司持股逾99%的控股股东，亦应对此承担举证责任，但林某宝未能提交证据证明，且不能对转款行为作出合理解释。

一、二审法院认定林某宝构成抽逃出资，并追加林某宝为（2015）筑执字第318号案件的被执行人，判令林某宝在抽逃出资16989.80万元的范围内对广盛源公司不能清偿的债务承担责任，并无不当。

林某宝主张一、二审法院举证责任分配错误，与《公司法解释三》第20条关于"当事人之间对是否已履行出资义务发生争议，原告提供对股东履行出资义务产生合理怀疑证据的，被告股东应当就其已履行出资义务承担举证责任"的规定不符。

【问题144】股东将其开发的涉案快手账号转移给公司使用后，未经法定程序，变更账号绑定的手机号为自己的手机号，使得快手账号为其个人控制和使用。公司由此丧失了对快手账号的有效使用，公司权益亦遭受损失，故股东擅自取回快手账号的行为，依法应否认定为抽逃出资？

【典型案例要旨159】（2022）粤01民终6665号：快手账号在形式上具有非物质性，存在表征身份的账号和密码，其内容和归属对外具有公示性，且任何第三人不得擅自使用他人账号，因此其亦具有排他性，故快手账号可以作为网络虚拟财产的客体。涉案快手账号由王某在快手平台上注册，王某为运营该账号投入了时间、精力和劳动，该账号亦获得大量"粉丝"关注，能带来网络流量，产生经济价值。因此，涉案快手账号具有财产权属性，属于受法律保护的网络虚拟财产。王某和王某晶均是晶鹏公司发起人，双方在《股东补充协议》中协商确定涉案快手账号作价133.3333万元，由王某将快手账号与公司法定代表人王某晶的手机号进行绑定，从而实现快手账号由公司控制和使用。为此，涉案快手账号具备"可估价""可转让”的特点,可以作为王某的出资标的。

王某、广州晶鹏文化传媒有限公司损害公司利益责任纠纷二审民事判决书

广东省广州市中级人民法院(2022)粤01民终6665号

广东省广州市中级人民法院经审理认为:

本案案由是损害公司利益责任纠纷,二审争议焦点包括三个方面:一是快手账号可否作为公司股东的出资标的;二是王某取回快手账号的行为是否损害了公司利益;三是如果该行为构成损害公司利益,王某应承担何种责任。综合全案事实,根据相关法律规定,本院分析评判如下:

首先,快手账号在形式上具有非物质性,存在表征身份的账号和密码,其内容和归属对外具有公示性,且任何第三人不得擅自使用他人账号,因此其亦具有排他性,故快手账号可以作为网络虚拟财产的客体。涉案快手账号由王某在快手平台上注册,王某为运营该账号投入了时间、精力和劳动,该账号亦获得大量“粉丝”关注,能带来网络流量,产生经济价值。因此,涉案快手账号具有财产权属性,属于受法律保护的网络虚拟财产。

《公司法》第27条第1款规定,股东可以用货币出资,也可以用实物、知识产权等可以用货币估价并可以依法转让的非货币财产作价出资。根据该规定,网络虚拟财产如果具备“可估价”“可转让”的特点,就可作为股东的出资标的。股东出资的本质是股东将其有经济价值的财产交由公司占有、使用和收益,所以该规定中的“可估价”“可转让”应扩大解释为“可作价”“可转移”。王某和王某晶均是晶鹏公司发起人,双方在《股东补充协议》中协商确定涉案快手账号作价133.3333万元,由王某将快手账号与公司法定代表人王某晶的手机号进行绑定,从而实现快手账号由公司控制和使用。为此,涉案快手账号具备“可估价”“可转让”的特点,可以作为王某的出资标的。事实上,王某将快手账号绑定于王某晶手机号,就履行了对公司的出资义务。

其次,《公司法解释三》第12条规定,公司成立后,股东未经法定程序将出资抽回,且损害公司权益的,属于抽逃出资。王某将涉案快手账号转移给晶鹏公司使用后,未经法定程序,变更账号绑定的手机号为自己的手机号,使得快手账号为其个人控制和使用。晶鹏公司由此丧失了对快手账号的有效使用,公司权益亦遭受损失,故王某擅自取回快手账号的行为,依法应认定为抽逃出资。

最后,《公司法解释三》第14条第1款规定,股东抽逃出资,公司有权请求其向公司返还出资本息。为此,王某应将取回的快手账号返还给晶鹏公司,使该快

手账号由晶鹏公司控制和使用。

涉案快手账号既是网络虚拟财产，又是晶鹏公司开展网络直播带货的重要渠道。王某取回快手账号，致使晶鹏公司不能正常开展相关业务，从而遭受损失。晶鹏公司主张王某赔偿损失，于法有据，应予以支持。

关于赔偿金额的计算，根据损害“填平”原则，应当以实际损失作为赔偿数额，即损失多少赔偿多少。在实际损失不能确定的情况下，参照王某取回快手账号期间的获利计算赔偿数额，如果王某的获利亦不能确定，则由法院酌情确定赔偿数额。晶鹏公司未提交其遭受损失的证据，其二审期间举证的情况说明和银行流水难以认定与本案存在关联，故不能作为计算损失的依据。王某二审提交的证据及快手公司提交的涉案快手账号2021年1月22日至3月23日的直播打赏收入，可以证明王某取回快手账号后，获得的经营收入较少，平均每月收入不足200元。由于王某未举证证明此期间其运营该账号涉及的业务范围与公司经营业务范围是否一致，故不能参照该收入计算损失，但可作为酌情确定赔偿数额的重要情节。因此，适用酌定赔偿方式，考虑王某取回快手账号的时间、快手账号归还的时间、王某运营快手账号的获利以及王某抽逃出资的主观过错等因素，酌情确定王某向晶鹏公司赔偿5万元。

【问题145】股东出资后，次日就将作为出资的资金转到他人账户且无法说明属于公司业务需要的，公司债权人是否还要证明该转账行为对其造成损害，才能将其认定为抽逃出资并要求该股东对公司债务承担补充赔偿责任？

【典型案例要旨160】(2021)最高法民申2488号：判断案涉股东刘某、黄某霞的行为是否构成抽逃出资，需要从形式要件和实质要件两个方面进行认定。形式要件包括《公司法解释三》第12条规定的三种具体情形和一种兜底情形，实质要件则是“损害公司权益”。具体到本案而言，青投公司提交的证据虽然证明了刘某、黄某霞有转账的行为，但青投公司并未举证证明上述款项转出后损害青投公司权益，原审判决结合本案具体情况及公平原则以及公司法的相关规定，未支持青投公司关于刘某、黄某霞转出1675.8万元的行为系抽逃出资的请求，有事实和法律依据，并无不当。

宁夏青年创业投资发展有限公司、刘某等股东出资纠纷民事裁定书

最高人民法院(2021)最高法民申2488号

最高人民法院经审理认为:

本案系再审审查案件,应当依据再审申请人的申请再审事由以及《民事诉讼法》第200条的规定进行审查。经审查,青投公司的再审事由均不成立,理由如下:

关于刘某、黄某霞转出1675.8万元的行为是否属于抽逃出资的问题。

公司作为具有独立法律人格的主体,独立地享有财产权利并独立承担责任。公司财产与股东财产分属不同主体所有,股东在履行出资义务后,对应资产已属公司所有,股东享有与出资相对应的股权。抽逃出资指股东未经合法程序而取回其出资财产,但依然保留其股东资格并按原有数额持有股权或股份。法律之所以禁止抽逃出资行为,是因为该行为减少了公司的责任财产,降低了公司的偿债能力,不仅损害了公司与其他股东的权益,更损害了公司债权人等相关权利人的权益。

《公司法解释三》第12条规定:"公司成立后,公司、股东或者公司债权人以相关股东的行为符合下列情形之一且损害公司权益为由,请求认定该股东抽逃出资的,人民法院应予支持:(一)制作虚假财务会计报表虚增利润进行分配;(二)通过虚构债权债务关系将其出资转出;(三)利用关联交易将出资转出;(四)其他未经法定程序将出资抽回的行为。"

根据上述规定,判断案涉股东刘某、黄某霞的行为是否构成抽逃出资,需要从形式要件和实质要件两个方面进行认定。形式要件包括上述规定的三种具体情形和一种兜底情形,实质要件则是"损害公司权益"。具体到本案,青投公司提交的证据虽然证明了刘某、黄某霞有转账的行为,但青投公司并未举证证明上述款项转出后损害青投公司权益,原审判决结合本案具体情况及公平原则以及公司法的相关规定,未支持青投公司关于刘某、黄某霞转出1675.8万元的行为系抽逃出资的请求,有事实和法律依据,并无不当。

第三节　双控人在公司经营管理过程中违反出资与资本维持义务的相关法律责任

前一节所述的抽逃出资行为及其责任,均是针对股东为自己抽逃出资,应当对自己的违法行为向公司或其债权人承担赔偿责任。

本节双控人违反资本维持义务协助配合公司抽逃出资的，则不是为其自己抽逃出资承担其应当承担的责任。

一、双控人向公司及其债权人承担协助抽逃出资的连带责任

公司的行为均是由其法定机关依法按章做出的，其中双控人对公司的治理发挥着至关重要，甚至是一言九鼎的作用。因此，一般的股东抽逃出资离不开公司双控人的配合与协助，否则一般股东很难实施抽逃出资这种既损害公司利益又间接损害其股东甚至双控人利益的行为。在此种情形下，双控人与抽逃出资的股东实施的实际上是共同侵权行为，应当按照共同侵权的法理与法律规定承担法律责任。

共同侵权行为，是指数人基于主观的或者客观的关联共同实施侵权行为，造成他人人身、财产受到损害，应当承担连带责任的多数人侵权行为。[①] 按照《民法典》第 1168 条以及第 1169 条第 1 款的规定，二人以上共同实施侵权行为，造成他人损害的，应当承担连带责任；教唆、帮助他人实施侵权行为的，应当与行为人承担连带责任。因此，不管双控人是与股东基于共谋还是教唆或帮助该股东抽逃出资，均应承担连带责任。

此外，其他股东的直接诉权源于其合法权益受到了侵害，是为侵权之诉。责任的性质应当取决于产生责任的原因本身，在抽逃出资上，其是股东对公司法法定义务的违反。抽逃出资是对《公司法》禁止性规定的违反，因此自然作为一种侵权行为，但在公司成立之后，原属于股东的个人财产已成为公司的独立财产而与股东隔离，因此抽逃资金的行为所直接侵犯的是公司的财产权。而对于公司债权人而言，无论是基于代位权原理，还是基于债权侵权原理，公司股东抽逃出资，侵犯了公司财产权，使得公司资本处于不确定和不充实状态，进而会危害公司债权人的利益。当股东抽逃出资损害公司债权人利益时，公司债权人应当有权请求抽逃出资股东承担相应的赔偿责任。[②]

基于前述法理与法律规定，最高人民法院在其发布的《公司法解释三》第 14 条规定：股东抽逃出资，公司或者其他股东请求其向公司返还出资本息、协助抽逃出资的其他股东、董事、高管或者实际控制人对此承担连带责任的，人民法院应予支持。公司债权人请求抽逃出资的股东在抽逃出资本息范围内对公司债务不能清偿的部分承担补充赔偿责任、协助抽逃出资的其他股东、董事、高管或者实际控

---

① 参见杨立新：《侵权责任法》（第 4 版），法律出版社 2021 年版，第 100 页。

② 参见最高人民法院民事审判第二庭编著：《最高人民法院关于公司法解释（三）、清算纪要理解与适用》，人民法院出版社 2011 年版，第 225 ~226、230 页。

制人对此承担连带责任的,人民法院应予支持;抽逃出资的股东已经承担上述责任,其他债权人提出相同请求的,人民法院不予支持。

正如前节所述,抽逃出资的股东应当在其抽逃出资本息金额范围内对公司承担赔偿责任、对公司债权人承担补充赔偿责任。因此,协助股东抽逃出资的双控人与该股东所要承担的连带责任,也是在其抽逃出资本息金额范围之内的连带责任,而不是无限连带责任,若公司债权人的债权金额高于该本息金额,对超出的金额,双控人也不再承担任何赔偿责任。

二、双控人承担协助抽逃出资的连带补充赔偿责任相关案例的裁判要旨

【问题146】三发起人股东的出资义务均已履行完毕,并非未履行或者未全面履行,且债权人并未提供证据证明三发起人股东相互之间对他人抽逃出资部分存在协助的行为或事实,故债权人据此请求三发起人股东对各自抽逃出资的返还负连带责任,能否得到支持?

【典型案例要旨161】(2016)浙民再8号:二审法院以张某斐不能提供相关证据证明其所主张的交易事实,柏莱公司管理人在接管公司财务账册后没有发现与张某斐主张相关的交易合同、发票、入库单、账面存货记录等,认定张某斐虚构债权债务关系并将其出资转出3920506.50元的事实具有高度可能性,有相应依据。

温州柏莱实业有限公司、张某斐、张某伟等追收抽逃出资纠纷、股东出资纠纷再审民事判决书

浙江省高级人民法院(2016)浙民再8号

浙江省高级人民法院经审理认为:

本案的争议焦点为:(1)张某斐是否构成抽逃出资3920506.50元;(2)张某斐是否另构成抽逃出资2995900元及姜某东是否应与张某斐对该2995900元共同承担返还责任,张某伟是否构成抽逃出资150万元及郑某是否应与张某伟对该150万元共同承担返还责任,张某平是否构成抽逃出资1899481.80元及阿尔凡公司是否应与张某平对该1899481.80元共同承担返还责任;(3)对上述款项,如张某斐、张某伟、张某平构成抽逃出资,该三人是否应负连带还款责任。

关于争议焦点一。张某斐在柏莱公司成立后至股权转让前共向柏莱公司出资7981400元,超出公司章程规定的应缴纳出资数额470293.50元。张某斐分别于2006年12月11日、2007年2月13日和2007年5月22日以购买针织内衣、货款(服装、皮件)等名义从柏莱公司账户支取1390800元、250万元、50万元,共计

439.08 万元,上述事实根据柏莱公司提供的相关财务凭证等证据可以证实。

对张某斐于2006年12月11日汇入柏莱公司的1390800元款项,因该款项已计算在其出资数额内,故该款项不能作为其同日支取的1390800元购货款的还款。对张某斐于2007年5月22日从柏莱公司中信银行账户支取的50万元款项,因该50万元款项实际系温州市骑士佳音汽车用品制造有限公司于2007年5月21日汇入柏莱公司中信银行账户,故张某斐主张该50万元款项系其同日汇入,无事实和法律依据。

对张某斐于2007年2月13日从柏莱公司广发银行账户支取的250万元款项,该广发银行账户于2007年2月13日汇入的412万元实际由柏莱公司中信银行账户转入,且该中信银行当时账户中的存款余额主要来源于2007年2月2日张某伟作为资本金现金存入的335万元和2007年2月9日从朱某东个人账户以还款名义转入的400万元,故张某斐主张该250万元款项系其筹集,同样无事实和法律依据。

上述事实有款项转入前后的账户余额及转账明细等证据予以证实。再审中,张某斐提供的证据并不能推翻二审认定的上述事实。据此,二审法院以张某斐不能提供相关证据证明其所主张的交易事实,柏莱公司管理人在接管公司财务账册后没有发现与张某斐主张相关的交易合同、发票、入库单、账面存货记录等,认定张某斐虚构债权债务关系并将其出资转出3920506.50元的事实具有高度可能性,有相应依据。同时,对于张某斐提出的重新审计申请、证据调查申请,因上述申请事项均与本案无关,故对其上述申请事项均不予准许。

关于争议焦点二。张某伟、张某平辩称其未抽逃出资,并称柏莱公司为履行其与外方客户签订的外贸销售合同,汇给郑某150万元向其购买服装,汇给阿尔凡公司1899481.80元向其购买原材料。外方货款收回后,张某伟、张某平、阿尔凡公司、郑某于2010年8月3日通过阿尔凡公司的账户汇款400万元给柏莱公司(包括盈利)。

对此,首先,张某伟、张某平对其主张的柏莱公司与郑某、柏莱公司与阿尔凡公司、柏莱公司与外方客户分别存在的货物买卖关系,并未提供交易合同文本、货物交付凭证、结算凭证等证据予以佐证。

其次,柏莱公司对收到的上述400万元款项,在其原始记账凭证中记载的款项性质为“周转款”,而非货款。

最后,在正常情况下,作为买方的外方客户向作为卖方的柏莱公司付款,一般会直接汇入柏莱公司账户,而不会汇给与其不存在合同关系的其他人,在张某伟、张某平、阿尔凡公司、郑某未提供证据证明柏莱公司委托其作为受托人代收货款及柏莱公司指示外方客户将款项支付给其受托人的情况下,张某伟、张某平的上述抗辩,不能成立。

据此,张某斐、张某伟、张某平以购货等名义分别将柏莱公司账户的2995900元、150万元、1899481.80元转至关系人或配偶或者关系人投资设立的公司名下,且均不能提供证据证明该转账行为系正常交易,二审结合柏莱公司管理人在接管公司财务账册后没有发现任何相关交易的合同、发票、入库单、账面存货记录等事实,认定上述三人的行为系虚构债权债务关系并将其出资转出或利用关联交易将其出资转出的事实具有高度可能性,构成抽逃出资,有相应依据。对张某伟、张某平抽逃出资部分,在张某伟、张某平的上述抗辩不能成立的情况下,二审以张某伟、郑某、张某平于2010年8月3日已通过阿尔凡公司账户汇款给柏莱公司400万元,柏莱公司无证据证明其对阿尔凡公司存在其他400万元应收债权为由,认定张某伟、张某平抽逃的3399481.80元出资已经在事后返还给柏莱公司,有所不当,应予纠正。故对张某斐、张某伟、张某平抽逃的上述出资及利息,张某斐、张某伟、张某平应当返还给柏莱公司。

根据《最高人民法院关于适用〈中华人民共和国企业破产法〉若干问题的规定(二)》第17条"管理人依据企业破产法第三十三条的规定提起诉讼,主张被隐匿、转移财产的实际占有人返还债务人财产,或者主张债务人虚构债务或者承认不真实债务的行为无效并返还债务人财产的,人民法院应予支持"的规定,虚构债务的主体为债务人即被宣告破产公司,而姜某东、郑某、阿尔凡公司并非债务人,故柏莱公司据此要求姜某东、郑某、阿尔凡公司返还基于虚构债务而占有的柏莱公司财产并共同承担抽逃出资责任的主张,不能成立。

关于争议焦点三。根据《公司法解释三》第13条第3款"股东在公司设立时未履行或者未全面履行出资义务,依照本条第一款或者第二款提起诉讼的原告,请求公司的发起人与被告股东承担连带责任的,人民法院应予支持"的规定,因本案柏莱公司设立时原三发起人股东张某斐、张某伟、张某平的出资义务均已履行完毕,并非未履行或者未全面履行,故柏莱公司据此请求张某斐、张某伟、张某平对各自抽逃出资的返还负连带责任,不能成立。同时,根据《公司法解释三》第14条第1款"股东抽逃出资,公司或者其他股东请求其向公司返还出资本息、协助抽逃出资的其他股东、董事、高级管理人员或者实际控制人对此承担连带责任的,人民法院应予支持"的规定,因柏莱公司并未提供证据证明张某斐、张某伟、张某平相互之间对他人抽逃出资部分存在协助的行为或事实,故二审对柏莱公司的相关主张未予支持,有相应依据。

【问题147】公司的实际控制人，是否限于自然人？

【典型案例要旨162】（2018）最高法民终913号：国马公司第二期出资6800万元分别转入石嘴山青年曼公司、金华汽车制造公司。石嘴山青年曼公司提交的6份购车发票，交易主体系石嘴山国马工贸有限公司和石嘴山青年曼公司，与国马公司无关，且发票开具时间、载明车辆价格、车辆交付时间、车辆型号均与曼卡销售合同内容不符，不能证明国马公司与石嘴山青年曼公司之间存在真实的曼卡销售合同关系且已部分履行。该等发票不足以推翻原审判决关于虚构交易的事实认定。

【典型案例要旨163】（2018）最高法民终913号：浙江乘用车公司系石嘴山乘用车公司的控股股东。青年汽车集团是石嘴山青年曼公司全额控股股东，通过统一管理和控制石嘴山青年曼公司、石嘴山乘用车公司、莲花控股公司，实施抽逃资金的行为，被抽逃资金又用于青年汽车集团另一控股实体金华汽车制造公司。原审判决认定浙江乘用车集团、金华汽车制造公司、青年汽车集团通过股权和组织机构架构完成对国马公司的实际控制，并无不当。浙江乘用车集团、金华汽车制造公司、青年汽车集团应当承担返还抽逃资金本息的连带责任。

石嘴山青年曼莲花汽车有限公司、石嘴山青年乘用车有限公司股东出资纠纷二审民事判决书

最高人民法院（2018）最高法民终913号

最高人民法院经审理认为：

案涉国马公司两笔资本金，无论是用于资金调配，还是用于购买车辆均没有经过合法程序转出，分别属于《公司法解释三》第12条第2项、第4项规定的情形，构成抽逃出资。理由如下：

1. 莲花控股公司所称的其将案涉4900万元转回国马公司，不足以构成对其抽逃出资事实的有效抗辩。

经质证，莲花控股公司提交的三张凭证均载明"转款"，客户借记通知单将该三笔款项定性为"往来款"，未注明为归还出资，未经过法定验资程序，且上述三笔款项在转入国马公司后又于当日转给了石嘴山青年曼公司或先后分散用于其他公司。因此，该证据不足以推翻原审判决认定的案涉第一期出资4900万元未归还国马公司的事实。

2. 案涉6份购车发票不足以证明曼卡交易关系真实存在。

经质证，国马公司第二期出资6800万元分别转入石嘴山青年曼公司、金华汽车制造公司。石嘴山青年曼公司提交的6份购车发票，交易主体系石嘴山国马工贸有限公司和石嘴山青年曼公司，与国马公司无关，且发票开具时间、载明车辆价格、车辆交付时间、车辆型号均与曼卡销售合同内容不符，不能证明国马公司与石嘴山青年曼公司之间存在真实的曼卡销售合同关系且已部分履行。该等发票不足以推翻原审判决关于虚构交易的事实认定。

《关于中国青年汽车集团在石嘴山市建设汽车生产和销售基地有关问题的函》[石政函(2010)56号]系石嘴山市人民政府向青年汽车集团出具，当时国马公司尚未成立。2011年12月8日石嘴山市人民政府常务会议纪要与本案不具有关联性。石嘴山矿业集团对上述证据的证明目的均不予认可。上述证据不足以证明交易行为的真实性和正当性。石嘴山市人民政府与青年汽车集团之间的权利义务应当依2010年11月12日补充合同(三)、补充合同(四)确定，其基本运营模式是以石嘴山矿业集团为载体的参股经营，应当按照法律规定的资本金制度进行公司管理。各上诉人主张石嘴山市人民政府同意资金统一调配平衡的使用方式、石嘴山矿业集团对资金统一调配平衡知情且无异议，缺乏证据支持。

3. 浙江乘用车集团、金华汽车制造公司、青年汽车集团是国马公司的实际控制人。

浙江乘用车公司系石嘴山乘用车公司的控股股东。青年汽车集团是石嘴山青年曼公司的全额控股股东，通过统一管理和控制石嘴山青年曼公司、石嘴山乘用车公司、莲花控股公司，实施抽逃资金的行为，被抽逃资金又用于青年汽车集团另一控股实体金华汽车制造公司。原审判决认定浙江乘用车集团、金华汽车制造公司、青年汽车集团通过股权和组织机构架构完成对国马公司的实际控制，并无不当。浙江乘用车集团、金华汽车制造公司、青年汽车集团应当承担返还抽逃资金本息的连带责任。

【问题148】要求协助抽逃出资的其他股东、董事、高管或者实际控制人承担连带责任，是否要具备抽逃出资的事实前提？

【典型案例要旨164】(2019)最高法民申776号：原审依据金达成公司与金建公司之间的多次款项往来记录和另案已生效的(2016)青民终140号民事判决确认的事实，认定金建公司已将400万元以不同形式转回金达成公司，不缺乏证据证明。

青海金达成矿业有限责任公司损害公司利益责任纠纷再审审查与审判监督民事裁定书

最高人民法院(2019)最高法民申776号

最高人民法院经审理认为:

金达成公司的再审申请理由均不能成立。

经查二审庭审笔录,金达成公司对法庭归纳的争议焦点表示:“没有意见、没有补充。”金达成公司起诉、上诉和申请再审的请求均为金建公司、李某支付给金达成公司1500万元并承担相应利息,原审法院依据金达成公司的诉讼请求,就具体事项进行法庭调查,适用法律并无不当。

根据《公司法解释三》第12条“公司成立后,公司、股东或者公司债权人以相关股东的行为符合下列情形之一且损害公司权益为由,请求认定该股东抽逃出资的,人民法院应予支持:(一)制作虚假财务会计报表虚增利润进行分配;(二)通过虚构债权债务关系将其出资转出;(三)利用关联交易将出资转出;(四)其他未经法定程序将出资抽回的行为”和第14条“股东抽逃出资,公司或者其他股东请求其向公司返还出资本息、协助抽逃出资的其他股东、董事、高级管理人员或者实际控制人对此承担连带责任的,人民法院应予支持。公司债权人请求抽逃出资的股东在抽逃出资本息范围内对公司债务不能清偿的部分承担补充赔偿责任、协助抽逃出资的其他股东、董事、高级管理人员或者实际控制人对此承担连带责任的,人民法院应予支持;抽逃出资的股东已经承担上述责任,其他债权人提出相同请求的,人民法院不予支持”的规定,要求协助抽逃出资的其他股东、董事、高管或者实际控制人承担连带责任的前提是存在抽逃出资的事实。

在本案中,金达成公司要求李某、金建公司直接承担责任,前提需确认金建公司、李某章构成抽逃出资。原审依据金达成公司与金建公司之间的多次款项往来记录和另案已生效的(2016)青民终140号民事判决确认的事实,认定金建公司已将400万元以不同形式转回金达成公司,不缺乏证据证明;二审因金达成公司在李某章目前仍为其股东的情况下却不向李某章主张权利,亦无法举证证明金建公司、李某将1100万元转入李某章账户的行为构成侵权,驳回了金达成公司相应的诉讼请求,适用法律并无不当。

【问题149】提供资金代为出资后又收回该资金的，应否视为协助股东抽逃出资而对公司债务承担连带补充赔偿责任？

【典型案例要旨165】(2016)苏民终1130号：太光科技公司代垫验资资金并抽回的行为侵害了生物港公司的财产权利，在生物港公司不能清偿北大未名公司的债务时，亦构成对北大未名公司债权的侵害，故根据《侵权责任法》第8条规定，申昌公司(原太光科技公司)应在代垫资金3500万元及以此为本金自2001年8月8日起至实际支付之日止按中国人民银行颁布的同期同档银行贷款基准利率计算的利息范围内，对于生物港公司在北京市第一中级人民法院(2011)一中民初字第7985号判决中对北大未名公司的债务经强制执行不能清偿的部分承担补充赔偿责任。

北京北大未名生物工程集团有限公司与北京新富投资有限公司、神州数码信息服务股份有限公司等与公司有关的纠纷二审民事判决书

江苏省高级人民法院(2016)苏民终1130号

江苏省高级人民法院经审理认为：

1. 新富公司存在抽逃出资的行为，抽逃出资金额为3660万元，理由如下：

第一，新富公司与太光科技公司、太光电信公司存在关联关系。生物港公司成立时，新富公司系太光科技公司的控股股东，并通过太光科技公司和北京德惠俱乐部有限公司间接持有太光电信公司的股份，其中太光科技公司是太光电信公司的第一大股东，故新富公司能够实际控制和支配太光科技公司、太光电信公司。

第二，在生物港公司设立过程中，新富公司授权时任该公司副董事长的王某平处理股东出资事项，而王某平同时系生物港公司和太光科技公司的法定代表人，故应认定新富公司对于生物港公司设立时出资资金的流转情况知道或应当知道。

第三，2001年7月6日，新富公司向太光科技公司的出资账户汇入3000万元作为出资款，2001年7月19日，太光科技公司出资账户收到太光电信公司转入的2500万元，随后太光科技公司向新富公司出资账户转入4000万元，向金冠公司出资账户转入1500万元。同日，新富公司将该4000万元转入生物港公司验资账户作为股东出资。验资完成后，生物港公司于2001年8月8日将验资款中的9660万元分两笔转入太光电信公司账户，其中一笔4500万元转入太光科技公司账户用于归还原深发行贷款，另一笔5160万元于2001年8月13日通过太光电信公司

账户转入金冠公司账户。从上述注册资金的流转情况看，相关款项转入与转出的时间节点、金额均具有对应性。

本案一、二审中，神州数码公司、新富公司亦无证据证明太光电信公司从生物港公司取得的5160万元资金系基于其他法律关系。故基于前述三点分析，新富公司的行为符合《公司法解释三》第12条第3项、第4项规定的情形，应认定新富公司抽逃其在生物港公司的出资。

第四，2001年8月8日、8月13日，生物港公司将验资款中的9660万元分两笔转入太光电信公司账户，其中第一笔4500万元于2001年8月8日转入太光科技公司账户用于归还原深发行贷款。第二笔5160万元于2001年8月13日通过太光电信公司账户后转入金冠公司账户，从款项的对应关系看，该5160万元应为新富公司与金冠公司的出资，因此，扣除金冠公司1500万元出资后，应认定太光电信公司抽逃出资3660万元。一审判决认定新富公司抽逃出资的数额为1160万元不当，予以纠正。

2. 北大未名公司无证据证明德恒公司存在抽逃出资的行为。

本案中，北大未名公司、德恒公司对于登记在德恒公司名下的出资被转出的事实并无异议，双方争议在于该资金的转出行为，是否系德恒公司所为或为德恒公司所明知。一审中，王某平虽陈述德恒公司清楚出资过程，但同时确认德恒公司出资账户由其控制，且留存在原深发行的印鉴卡加盖的是“北京德恒有限公司结算财务专用章”及王某平的人名章。因此，在王某平控制德恒公司出资账户的情况下，现尚无证据证明德恒公司实施了抽回出资的行为或者明知存在抽逃出资的行为。北大未名公司的该上诉理由缺乏事实依据，不予支持。

3. 申昌公司为德恒公司提供验资资金，应承担连带赔偿责任。

第一，《公司法解释三》(2011年施行)第15条规定：第三人代垫资金协助发起人设立公司，双方明确约定在公司验资后或者在公司成立后将该发起人的出资抽回以偿还该第三人，发起人依照前述约定抽回出资偿还第三人后又不能补足出资，相关权利人请求第三人连带承担发起人因抽回出资而产生的相应责任的，人民法院应予支持。虽然自2014年3月1日起施行的《最高人民法院关于修改关于适用〈中华人民共和国公司法〉若干问题的规定的决定》中明确将上述司法解释第15条的规定予以删除，但该条规定被删除是因为从2014年3月1日起新设公司登记时已无须验资，这并不意味着在此之前存在上述司法解释第15条规定情形的第三人无须承担相应的法律责任。《侵权责任法》第8条规定，二人以上共同实施侵权行为，造成他人损害的，应当承担连带责任。公司是依法成立的具有独立民事主体地位的企业法人，股东出资后，出资财产即脱离了原出资股东而归入公司财产范围。如果第三人代垫、提供资金，并在登记后就抽回出资，该第三人的行为在一定程度上就是协助股东侵害公司财产权，在公司不能对外清偿债务的情形下，构成对债权人债权的损害，故该第三人应承担相应的民事责任。

第二，太光科技公司在生物港公司设立过程中，其出资账户中，除本案查明的其他资金来源外，其自有资金仅为100万元左右。而从本案查明的太光科技公司出资账户的资金流转情况看，新富公司和太光电信公司转入太光科技公司的5500万元随即由太光科技公司转出给新富公司和金冠公司作为出资款，故该两笔资金不是太光科技公司出资的资金来源。深发行香蜜支行向太光科技公司发放4500万元贷款后，太光科技公司转给德恒公司3500万元，随后太光科技公司向生物港公司验资账户转入1000万元，故太光科技公司的出资款来源为深发行香蜜支行的贷款。验资结束后，生物港公司将4500万元转入太光电信公司，太光电信公司当天将该资金转入太光科技公司，太光科技公司随即将该资金归还深发行香蜜支行，除此以外无其他归还贷款的资金来源。根据上述事实，德恒公司的验资资金系太光科技公司向深发行香蜜支行借款后转入，验资结束后，该资金亦通过太光科技公司归还深发行香蜜支行。虽然对于登记在德恒公司名下的注册资本系德恒公司抽逃，还是其他第三人抽逃尚存争议，但根据前述资金流转情况，应认定太光科技公司存在代垫验资资金并抽回的行为。

第三，太光科技公司代垫验资资金并抽回的行为侵害了生物港公司的财产权利，在生物港公司不能清偿北大未名公司的债务时，亦构成对北大未名公司债权的侵害，故根据《侵权责任法》第8条的规定，申昌公司（原太光科技公司）应在代垫资金3500万元及以此为本金自2001年8月8日起至实际支付之日止按中国人民银行颁布的同期同档银行贷款基准利率计算的利息范围内，对于生物港公司在北京市第一中级人民法院（2011）一中民初字第7985号判决中对北大未名公司的债务经强制执行不能清偿的部分承担补充赔偿责任。

4. 北大未名公司关于平安银行存在协助抽逃出资行为的主张，依据不足。

北大未名公司主张原深发行在本案中违规发放注册资金贷款，帮助新富公司、德恒公司以及申昌公司设立虚假的公司，应对其主张承担举证责任。现北大未名公司并无证据证明太光科技公司系为向生物港公司出资而申请贷款，也无证据证明原深发行与太光科技公司存在《公司法解释三》（2011年施行）第15条规定的达成书面协议约定，验资完成后抽回出资归还贷款的情形。因此，北大未名公司主张平安银行存在协助抽逃出资行为，依据不足，其请求平安银行承担责任的理由，不予支持。

5. 神州数码公司代垫验资资金2500万元并抽回，应承担连带赔偿责任。

本案中，北大未名公司主张神州数码公司承担责任的理由主要有二，一是太光电信公司协助生物港公司各股东抽逃出资9660万元，二是太光电信公司为新富公司提供验资资金2500万元。

第一，《公司法解释三》第14条规定，股东抽逃出资，公司或者其他股东请求其向公司返还出资本息、协助抽逃出资的其他股东、董事、高管或者实际控制人对此承担连带责任的，人民法院应予支持。公司债权人请求抽逃出资的股东在抽逃出资本息范围内对公司债务不能清偿的部分承担补充赔偿责任、协助抽逃出资的其他股东、董事、高管或者实际控制人对此承担连带责任的，人民法院应予支持；抽逃出资的股东已经承担上述责任，其他债权人提出相同请求的，人民法院不予支持。虽案涉生物港公司出资款9660万元通过太光电信公司账户转出，但太光电信公司并非生物港公司的其他股东、董事、高管或实际控制人，北大未名公司亦无证据证明太光电信公司通过出借账户帮助生物港公司抽逃出资并获取利益，故其所称神州数码公司协助抽逃出资9660万元的主张，缺乏法律依据，不予支持。

第二，根据前述对第三个争议焦点的分析，代垫出资并协助抽逃出资的第三人，应与发起人承担连带赔偿责任。本案中，太光电信公司于2001年7月19日汇入太光科技公司2500万元，该款项被用作生物港公司的注册资金，2001年8月13日，生物港公司将5160万元转入太光生物公司。

一、二审期间，神州数码公司并无证据证明相关款项的转入、转出系基于出资之外的其他法律关系，故应认定2500万元款项已被抽回。且鉴于新富公司与太光科技公司、太光电信公司之间的关联关系，以及新富公司授权时任该公司副董事长的王某平处理股东出资事项，而王某平同时系生物港公司和太光科技公司的法定代表人，故应推定太光电信公司对于相关款项系用于验资且最终被抽回的事实是明知的。神州数码公司应在代垫资金2500万元及以此为本金自2001年8月13日起至实际支付之日止按中国人民银行颁布的同期同档银行贷款基准利率计算的利息范围内，对于生物港公司在北京市第一中级人民法院（2011）一中民初字第7985号判决中对北大未名公司的债务经强制执行不能清偿的部分承担补充赔偿责任。

【问题150】个人股东擅自转移公司资金至自己账户,但公司及其另外一名公司股东(个人股东为其董事)均未提出异议,在该股东转让股权退出后,公司再主张两名股东滥用股东权利、未尽勤勉义务和协助转款的,应否予以支持?

【典型案例要旨166】(2018)最高法民终664号:金达成公司使用名称变更前的公司印章将1100万元从金达成公司注册资金账户转出,转入公司股东、前法定代表人李某章的私人账户,当时金达成公司的股东只有金建公司和李某章,两股东对款项转出均未提出异议,金达成公司当时亦未提出异议,其在公司股东发生变更、原股东金建公司退出公司之后对上述转款行为的合法性不予认可,有悖常理。

青海金达成矿业有限责任公司、河南金建建设有限公司
损害公司利益责任纠纷二审民事判决书

最高人民法院(2018)最高法民终664号

最高人民法院经审理认为:

关于对金达成公司主张金建公司、李某对转入李某章账户的1100万元承担赔偿责任应否支持的问题。

《公司法》第20条第1款规定,"公司股东应当遵守法律、行政法规和公司章程,依法行使股东权利,不得滥用股东权利损害公司或者其他股东的利益;不得滥用公司法人独立地位和股东有限责任损害公司债权人的利益"。该条第2款规定,"公司股东滥用股东权利给公司或者其他股东造成损失的,应当依法承担赔偿责任"。第21条规定,"公司的控股股东、实际控制人、董事、监事、高级管理人员不得利用其关联关系损害公司利益。违反前款规定,给公司造成损失的,应当承担赔偿责任"。

本案中,金达成公司主张金建公司、李某对转入李某章账户的1100万元承担侵权赔偿责任,应当对其主张的侵权行为、损失及行为与损失之间的因果关系提供证据予以证明。

关于金达成公司主张的侵权行为。

2011年11月23日,金达成公司股东会决议变更公司名称和法定代表人,变更后的法定代表人为李某。2011年11月28日,金达成公司使用名称变更前的公司印章将1100万元从金达成公司注册资金账户转出,转入公司股东、前法定代表人李某章的私人账户，当时金达成公司的股东只有金建公司和李某章，两股东对款项转出均未提出异议，金达成公司当时亦未提出异议，其在公司股东发生变更、原股东金建公司退出公司之后对上述转款行为的合法性不予认可，有悖常理。转款发生在李某担任金达成公司法定代表人期间，转款时李某还具有金建公司董事、总经理的身份，据此不能证明金建公司、李某滥用股东权利、未尽勤勉义务和协助转款。金达成公司主张金建公司、李某的行为构成侵权，证据不足，本院不予采纳。

关于金达成公司的损失。

金建公司作为金达成公司当时的股东，不认可1100万元转给另一股东李某章的行为给公司造成了损失，金达成公司与李某章之间存在公司与股东的关系，亦不排除金达成公司与李某章之间存在其他的资金往来，金达成公司主张该1100万元属于李某章抽逃出资给其造成的损失，证据不足，本院不予采纳。

李某章目前仍为金达成公司股东，金达成公司未向李某章主张权利，直接以金建公司、李某滥用股东权利、未尽勤勉义务、协助转款为由要求金建公司、李某对该1100万元承担侵权赔偿责任，证据和理由均不充分，一审法院对金达成公司该部分诉讼请求予以支持有误，本院予以纠正。

第十六章

控股股东与实际控制人的责任之四：法人人格否认时

第一节　人格否认制度概述

一、人格否认制度的适用概况

公司法人人格否认，也称揭开公司面纱（lifting the corporate veil）或者刺破公司面纱（piercing the corporate veil），最早起源于美国的司法判例。

根据学者早期的研究，我国的公司面纱刺破率明显高于国外，而且呈现逐年上升的态势。很多案件发生在经济欠发达地区，而且这些地区的刺破率整体上高于经济发达地区。目前所有公司法人人格否认案件都针对股东数量很少的有限责任公司提起，而且股东人数越少，刺破率越高，涉及一人公司的面纱刺破率高达100%，公司面纱刺破率为63.04%，高于美国、英国和澳大利亚等国家。与理论预测不同，我国涉及合同之债和侵权之债的案件在刺破率上并没有明显不同，而且在公司集团场合的刺破率不高反低。混同是最为常见的刺破理由，但刺破率最低，其中财产混同又适用最多，导致的刺破率也最高。资本显著不足的适用最少，但刺破率最高。各种刺破理由经常同时适用，通过 logit 回归分析发现，业务混同的影响强于财产混同和人员混同；对于业务混同进行控制后，财产混同、欺诈或不当行为和过度控制的重要性凸显。①

在美国，有学者的实证分析也发现：总而言之，案件的刺破率为40%；全部成功案件都涉及封闭公司；一人公司的刺破率为50%；在股东为两人和三人的公司中，这一比例分别为46%和35%；契约案件的刺破率为42%，高于侵权案件的31%。②

---

① 参见黄辉：《中国公司法人格否认制度实证研究》，载《法学研究》2012 年第 1 期。

② See R. B. Thompson, *Piercing the Corporate Veil: An Empirical Study*, Cornell Law Review 76 (1991).

在澳大利亚,学者的实证研究表明:刺破公司面纱的案件,刺破率为38.5%;封闭公司的刺破率为42%,而公众公司的仅为22%,一人公司的高达50%,股东人数为两人至三人的公司为37%;控制人为自然人的公司的刺破率为43%,而控制人为公司的为33%。①

由此看来,不管是封闭公司还是公众公司,也不管是一人公司还是股东为二人或三人的公司,公司人格否认诉讼的胜诉率还是非常高的,公司的股东尤其是双控人应当引起足够的重视:在对公司进行控制的过程,需要特别注意掌握好尺度、分寸,避免触发人格否认的条件,免得自己陷入承担连带责任的被动局面;相反,作为原告,经调查研判,若公司与控股股东或实际控制人存在人格混同、过度支配与控制、资本显著不足等情形,就要考虑通过否定其法人人格,进而要求双控人对公司债务承担连带责任。

二、人格否认制度在中国司法案例中的适用大数据

在威科平台的裁判文书网,用人格否认的核心法律依据"滥用公司法人独立地位和股东有限责任,逃避债务,严重损害公司债权人利益的"搜索,截至2024年7月末的数据显示,共有判决书23900份、裁定书1929份、决定书2份、调解书5份。

从案由方面看,以合同、准合同纠纷立案的数量为20641件(其中,合同纠纷数量为20505件),与公司、证券、保险、票据等有关的民事纠纷3017件(其中,与公司有关的纠纷2767件),侵权责任纠纷276件。

区域分布方面,案件数量排名前五的省份及数量与所占比例分别为:广东5060件、19.62%,山东1875件、7.27%,北京1652件、6.39%,河南1457件、5.65%,四川1296件、5.02%。(见图3-16-1)

① See Ramsay and Noakes, *Piercing the Corporate Veil in Australia*, Company and Securities Law Journal 19(2001).

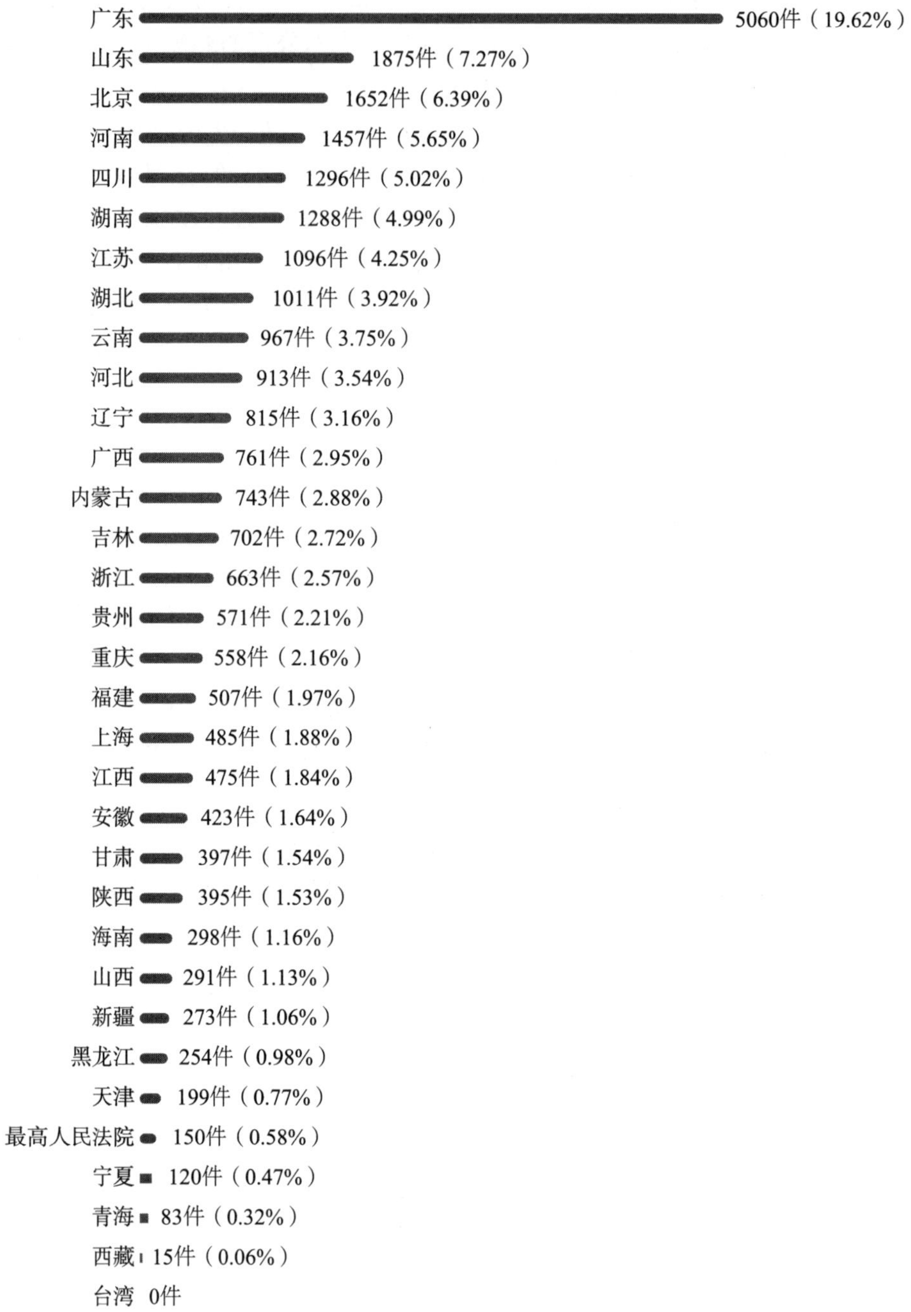

图3－16－1 人格否认案件地域分布

数量分布方面,基本数据为:最近 5 年 14164 件、最近 3 年 5983 件、最近 1 年 810 件;2001 年至 2019 年 13765 件,2001 年之前 48 件;2020 年 4441 件,2021 年 3469 件,2022 年 2622 件,2023 年 1302 件,2024 年 324 件。(见图 3 –16 –2)

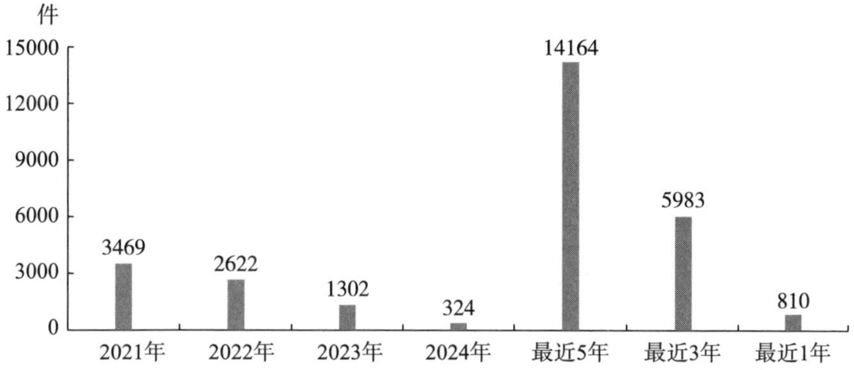

图 3 –16 –2　人格否认案件数量分布

裁判结果方面,基本数据为:全部/部分支持 14422 件(占比 55.72%)、维持原判 5794 件、改判 2310 件、驳回全部诉讼请求 799 件、其他 762 件、驳回申请 542 件、维持原判 314 件、改判 280 件、追加/变更执行人 243 件、驳回起诉 194 件、发回重审 73 件、其他执行裁判结果 70 件、提审/指令审理 61 件、调解 5 件、撤诉 4 件、移送管辖 3 件、终结本次执行程序 2 件、财产执行 2 件、中止执行 2 件、终结执行 1 件。(见图 3 –16 –3、图 3 –16 –4、图 3 –16 –5)

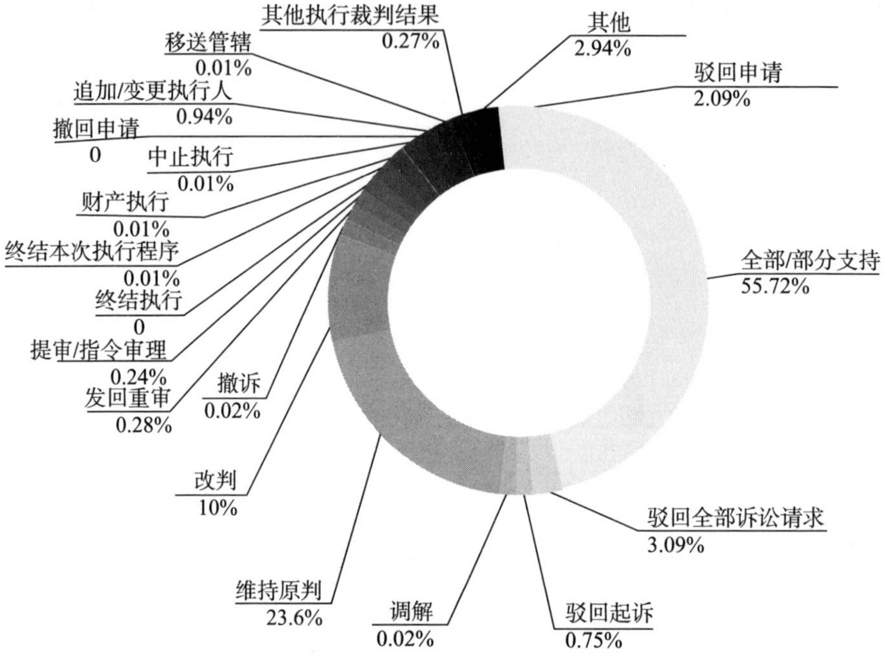

图 3-16-3　人格否认案件裁判结果分布(1)

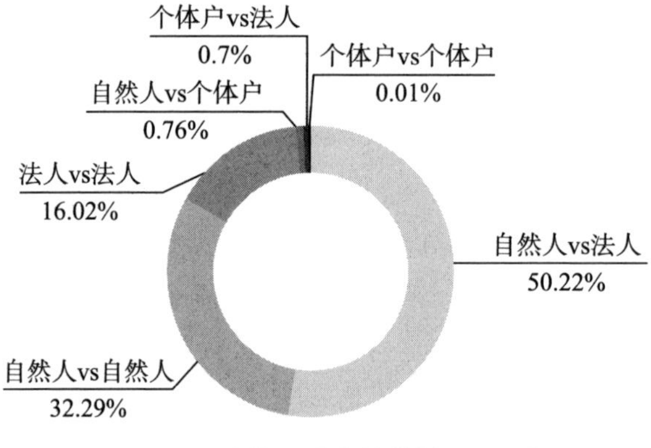

图 3-16-4　人格否认案件裁判结果分布(2)

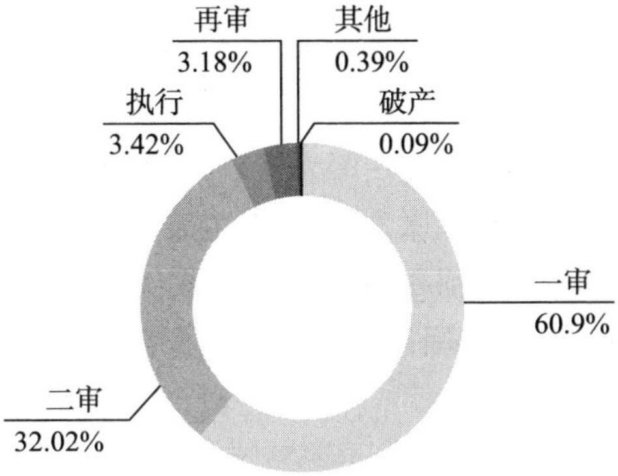

图 3 -16 -5　人格否认案件裁判结果分布(3)

第二节　公司法人人格否认制度

一、制度产生与发展背景

公司人格独立和股东有限责任是公司法的基本原则。否认公司独立人格,由滥用公司法人独立地位和股东有限责任的股东对公司债务承担连带责任,是股东有限责任的例外情形,旨在矫正有限责任制度在特定法律事实发生时对债权人保护的失衡现象。

公司法的三大基石,包括股东的有限责任和公司的人格独立、资本三原则,为公司法律制度的健康稳定发展奠定了坚实的基础。然而,凡事有利必有弊。有限责任制度虽然能够分散风险、促进投资,但也有其内在缺陷:(1)公司股东和债权人的利益失衡。经营风险作为一种客观存在,不会因有限责任的创立而出现量的增减,有限责任本身并不能消除、化解经营风险,其仅仅是一种转移风险的机制,公司经营失败时,有限责任实际上是将一部分风险转嫁给了公司债权人。(2)为股东滥用公司人格提供了机会。控股股东可以利用控制权为一己之私牺牲公司自身利益,进而危害债权人利益。公司独立人格和股东有限责任的存在,阻碍了债权人直接追究股东责任。①

当公司的独立法人人格仅是掩饰股东企图的一种障眼法,甚至是股东利用该公司的法人人格而回避法律规范的一种工具时,法律赋予公司法人人格之目的系

---

① 参见李建伟:《公司法学》(第5版),中国人民大学出版社2022年版,第394页。

完全被扭曲,严重损及法律之于社会的公平正义,导致法律赋予该公司之独立法人人格是社会秩序的反动现象。[①] "当法律实体的概念被用来损害公共利益、美化错误、保护欺诈、为犯罪辩护的时候,法律将把公司看作个人的聚集。"[②]虽然公司制度作为一项伟大发明,与蒸汽机一样为工业革命和社会发展提供了两项动力充沛的发展引擎。但是,如前所述,随着社会的发展,公司的这种制度优势也带来了很多负面作用。此时,如何更好地保护债权人的利益,避免这种利益天平过度失衡,最终损害社会利益、阻碍社会经济的发展,已是摆在人类面前的重要课题。

首先做出回应的,是英美法系的司法系统。依据衡平法的公平公正理念,判例法逐步发展出了刺破公司面纱、揭开公司面纱的判例。之后,随着理论与司法的共同探讨与发展,公司法人人格否认制度便应运而生。

二、制度内涵与考量因素

公司法人人格否认,是指为阻止公司独立人格的滥用和保护公司债权人利益及社会公共利益,就具体法律关系中的特定事实,否认公司与其背后的股东各自独立的人格及股东的有限责任,责令公司的股东(包括自然人股东和法人股东)对公司债权人或公共利益直接负责,以实现公平、正义目标之要求而设置的一种法律措施。[③] 这一制度,是对公司独立人格和股东有限责任的一种修正,其主要功能是对滥用股东有限责任和公司独立法人地位情形予以矫正和补救。

随着司法判例的发展,在该制度的发源地,各地法院逐渐总结出了相应的规则,特别是对于应当否认公司法人人格的情形进行了概括。例如,1986 年,美国西弗吉尼亚州最高上诉法院仔细搜罗了以往所有的判例,总结归纳,列出了各家法

---

① 参见廖大颖:《公司法原论》(修订 8 版),台北,三民书局股份有限公司 2019 年版,第 61 页。

② See United Stales v. Milwaukee Refrigerator Transit Co., 142 F 247, 255 (C. C. E. D, Wis. 1905).

③ 参见朱慈蕴:《公司法人格否认法理研究》,法律出版社 1998 年版,第 4 页。

院在刺破公司面纱时考虑过的 19 种情形①：

(1)公司资产和股东个人资产混合；

(2)将公司的资金或资产挪作公司外之用(股东个人之用)；

(3)在公司股票的发行或认购上不遵循诸如董事会批准等规范的手续；

(4)股东个人向公司外的人声明他或她将对公司的债务或其他义务承担个人

---

① See Laya v. Erin Homes, Inc., 352 S. E. 2d 93, at 98 –99 (W. Va. 1986). 转引自朱锦清：《公司法学》(修订本)，清华大学出版社 2019 年版，第 163 页。该判例原文如下，供大家参考：

Some of the factors to be considered in deciding whether to pierce the corporate veil are:

(1) commingling of funds and other assets of the corporation with those of the individual shareholders;

(2) diversion of the corporation's funds or assets to noncorporate uses (to the personal uses of the corporation's shareholders);

(3) failure to maintain the corporate formalities necessary for the issuance of or subscription to the corporation's stock, such as formal approval of the stock issue by the board of directors;

(4) an individual shareholder representing to persons outside the corporation that he or she is personally liable for the debts or other obligations of the corporation;

(5) failure to maintain corporate minutes or adequate corporate records;

(6) identical equitable ownership in two entities;

(7) identity of the directors and officers of two entities who are responsible for supervision and management (a partnership or sole proprietorship and a corporation owned and managed by the same parties);

(8) failure to adequately capitalize a corporation for the reasonable risks of the corporate undertaking;

(9) absence of separately held corporate assets;

(10) use of a corporation as a mere shell or conduit to operate a single venture or some particular aspect of the business of an individual or another corporation;

(11) sole ownership of all the stock by one individual or members of a single family;

(12) use of the same office or business location by the corporation and its individual shareholder(s);

(13) employment of the same employees or attorney by the corporation and its shareholder(s);

(14) concealment or misrepresentation of the identity of the ownership, management or financial interests in the corporation, and concealment of personal business activities of the shareholders (sole shareholders do not reveal the association with a corporation, which makes loans to them without adequate security);

(15) disregard of legal formalities and failure to maintain proper arm's length relationships among related entities;

(16) use of a corporate entity as a conduit to procure labor, services or merchandise for another person or entity;

(17) diversion of corporate assets from the corporation by or to a stockholder or other person or entity to the detriment of 99 creditors, or the manipulation of assets and liabilities between entities to concentrate the assets in one and the liabilities in another;

(18) contracting by the corporation with another person with the intent to avoid the risk of nonperformance by use of the corporate entity; or the use of a corporation as a subterfuge for illegal transactions;

(19) the formation and use of the corporation to assume the existing liabilities of another person or entity.

责任；

(5)没有保存公司会议记录或其他重大事件的记录；

(6)两个实体的所有者相同；

(7)经营管理两个实体的董事和官员相同(一个合伙或个体企业与一个公司的管理人相同)；

(8)相对于公司生意所包含的合理风险,所投资本不足；

(9)公司没有独立的资产；

(10)将公司用作一个壳或通道去经营个人或者另一个公司的某个项目或者某一方面的生意；

(11)一个人或一家人拥有全部股份；

(12)股东个人和公司共用一个办公室或者经营场所；

(13)股东个人和公司雇用相同的雇员或律师；

(14)对公司所有者、管理层和利益相关方的身份进行隐瞒或者虚假陈述,隐瞒股东个人的商事活动(股东不公开自己与公司的联系,在没有充分担保的情况下向公司借债)；

(15)在关联实体之间不能保持对等关系,缺乏正规的法律手续；

(16)将公司实体用作一个通道,为另一个人或实体取得劳力、服务和货物；

(17)股东或其他人或实体以牺牲公司债权人的利益为代价将公司资产挪作他用或己用,在不同实体之间调拨资产与负债,使得资产集中于这个公司而负债集中于另一个公司；

(18)公司与另一人签订合同,目的是利用公司实体规避不履行合同的风险；或者利用公司实体来遮盖非法交易；

(19)成立并利用公司来承担另一个人或实体的债务。

在澳大利亚的判例法中,公司法人人格否认规则的适用情形大致分为以下几类：(1)欺诈(fraud)或不正当行为(improper conduct)；(2)代理(agency)；(3)不公平或不正义(unfairness/injustice)；(4)公司集团。①

随着学者们不断系统性地研究,对公司人格否认制度适用需要考虑的具体要素进行了理论上的系统性归纳,主要包括：②

---

① 参见黄辉：《现代公司法比较研究：国际经验及对中国的启示》(第2版),清华大学出版社2020年版,第193页。

② 参见马齐林：《美国法院"刺破公司面纱"考量因素之实证研究及其对我国的启示》,载《法治研究》2013年第6期。

(1)欺诈/失实陈述(fraud/misrepresentation);

(2)股东控制/支配(shareholder control/domination);

(3)内部交易和资产混同(insider trading and commingling of funds);

(4)资本不足(undercapitalization);

(5)不遵守公司形式(failure to follow corporate formalities);

(6)业务经营或人员交叉重叠(overlap of functions or personnel);

(7)不公平/不公正行为(unfairn ess/injustice);

(8)公司领导权或/和公司记录不存在(nonexistence of corporate leadership or/and records);

(9)原告的风险承担(assumption ofrisk);

(10)其他因素。

前述因素中,各因素所占案件的比例为:欺诈/失实陈述49.19%;股东控制/支配48.55%;内部交易和资产混同38.11%;资金不足(资金总和不足)32.62%,资金不足(资金抽逃)24.76%,资金不足(不足以开展一项业务)23.36%;不遵守公司形式30.25%;业务经营或人员交叉重叠28.74%,不公平/不公正行为28.53%;公司领导权或/和公司记录不存在22.07%;原告的风险承担3.88%。

三、理论依据

刺破公司面纱或者公司人格否认的法理基础,主要是滥用权利的概念。这是从市民法中发展出的规则,允许在滥用、欺诈、不当行为或者逃避法律义务时刺破公司面纱。① 本篇有关不得滥用股东权利的部分,已有讨论,不再赘述。

基于权利不得滥用的基本原则,对于否定公司人格的理论依据,已经形成了多种学说。其中②,在英美法系中,代理学说(agency theory)是指当公司的设立、存续和经营完全是按照股东的指示和命令进行从而使公司成为股东的代理人时,则说明公司已经不再具有独立的法律地位,只是股东玩弄的一种“外壳游戏”(shell game),股东实际上是“未经披露的本人”(an undisclosed principal)。工具学说(instrumentality theory)是指当公司本身已经沦落成为股东的工具时,公司实际上已经丧失了其独立存在基础。或者说,公司与股东之间的所有权或者其他权益达到如此高度的统一以至于二者不再独立地存在或者当股东对公司实施了过度的控制并因此导致了错误的或者不公平的行为发生,从而使原告遭受损

① 参见葛伟军:《刺破公司面纱规则的变迁与展望》,载《法治研究》2022年第5期。

② 参见施天涛:《公司法论》(第4版),法律出版社2018年版,第31页。

失的，该公司就成为该股东的工具。企业主体学说（enterprise entity theory）则认为，如果股东成立若干公司经营同一业务，公司事实上是同一企业的不同法律部门，虽然在法律上是数个主体，但从企业事实着眼，该公司应视为同一法律主体。

此外，耶鲁大学法学院 Jonathan Macey 教授等专家于 2014 年认为，揭开公司面纱的真正依据来源于三个公共政策目标：(1)满足现行法律或规制的目的；(2)阻止股东通过欺诈获取信用；(3)实现有序、效率的破产财产清算，提升破产价值。他们用实证的方法验证后发现，以上三个目标是法院真正认可的揭开公司面纱的法理依据。①

在大陆法系中，德国主要是"直索责任"，其源于 1920 年德国最高法院审理的一个案件，即法院将一个一人公司与其股东视为一体，越过公司作为独立法人之事实，直接追索公司背后的股东个人的责任；而日本更多认可"形骸理论"，即公司完全形骸化、空壳化，是指公司实际上是完全由一个股东控制的公司，公司已变成一个空壳。

在我国，公司法人人格否认制度的研究起步比较晚，最初研究的学者也不多。其中，有代表性的著作当属朱慈蕴教授在其博士论文基础上出版的《公司法人格否认法理研究》一书，该书是最早系统介绍公司法人人格否认制度的论著。

鉴于《民法典》第 58 条"法人应当依法成立。法人应当有自己的名称、组织机构、住所、财产或者经费"的规定，已将原《民法通则》第 37 条第 4 项"能够独立承担民事责任"的法人成立条件删除。由此，学者认为②，此前学者据以主张的"人格本身否认说"再难成立，取而代之的应当是对于"有限责任否认说"的认可。

在我国公司法正式设立法人人格否认制度之前，已有法院参照其法理，根据诚信原则与公平原则，判决全资股东对所涉公司的债务承担连带责任。

---

① See Jonathan Macey & Joshua Mitts, *Finding Orderinthe Morass：The Three Real Justifications for Piercing the Corporate Veil*, 100CornellL. Rev. 99, 102(2014). 转引自朱慈蕴、梁泽宇：《"资本显著不足"的适用与研判：理论、实证与规则》，载《法学评论》2021 年第 3 期。

② 参见吴飞飞、刘嘉霖：《公司法人格否认规则中"严重损害债权人利益"标准的认定——基于 339 份裁判文书的实证研究》，载《金融法苑》2023 年第 1 期。

【问题151】我国台湾地区自然人与其在大陆设立的两家外商独资企业,未严格遵循股东与公司之间财产分离、关联公司之间财产独立原则,以致其与两公司之间、两公司相互之间人格及财产均发生混同,债权人无法区分其三者之间人格及财产,在《公司法》(2005年修订)增加人格否认制度之前,能否以其违背了法人制度设置的宗旨、不符合诚信原则及公平正义之理念而判决该一人股东及其另外一家关联公司对债务人公司的债务承担连带责任?

【典型案例要旨167】(2004)闽民终字第615号:上诉人永昌荣公司与被上诉人喜洋洋公司均系由被上诉人谢某财个人投资设立的独资企业,谢某财作为两公司的唯一股东在公司经营运作过程中,未严格遵循股东与公司之间财产分离、关联公司之间财产独立原则,以致谢某财与两公司之间、两公司相互之间人格及财产均发生混同。喜洋洋公司现对电力公司负有到期债务无法偿还,作为善意相对人的电力公司亦已举证证实因存在混同的情形,以致喜洋洋公司徒具空壳,无法偿还其到期债务,损害了其合法权益,谢某财作为两公司的控制股东,利用人格及财产混同来逃避其债务,违背了法人制度设置的宗旨,也不符合诚信原则及公平正义之理念,作为相对人电力公司也无法区分其三者之间人格及财产,因此谢某财及其独资设立的喜洋洋公司和永昌荣公司应共同对喜洋洋公司的债务承担连带清偿责任。

厦门永昌荣食品有限公司与厦门市电力投资发展总公司、厦门喜洋洋食品有限公司、谢某财买卖合同纠纷上诉案

福建省高级人民法院(2004)闽民终字第615号

福建省高级人民法院经审理认为:

本院认为,个人独资企业能否赋予其法人资格,承担有限责任,各国和地区立法例出于其各自的目的而不尽相同。从鼓励投资的角度,应采赋予其法人资格的立法例;从限制股东滥用权利以逃避法定或约定义务考量,则不应赋予其法人资格,投资者对债务承担无限责任。两种立法例各有侧重和优劣。我国立法基于国情及政策上的考虑,允许外国投资者和我国港、澳、台地区的个人投资者在内地(大陆)设立具有法人资格的独资企业(一人公司),独资企业依法享有独立人格,股东承担有限责任。我国的这种立法例对鼓励吸收外资、促进经济发展无疑有其积极的一面,但同时存在一人公司极易产生的公司资产与股东财产不分,股东滥

用权利损害公司债权人和社会公共利益的行为。

本案中，被上诉人喜洋洋公司，即系谢某财个人投资设立的独资企业，谢某财是该公司的唯一股东和法定代表人。作为公司的唯一股东，谢某财对公司拥有绝对的控制权，谢某财对此本应依照诚实信用和禁止权利滥用原则，严格遵守财产分离原则，善尽维护法人制度和公司利益的职责，但从本案查明的事实表明，谢某财却无视喜洋洋公司的独立人格和意思自治，滥用其控制权，未遵循公司财产与股东财产彻底分离的原则，挪用公司财产归个人使用，以致喜洋洋公司与其个人之间人格及财产均发生混同。上诉人永昌荣公司与喜洋洋公司一样，亦为谢某财个人投资设立的独资企业，查明的事实表明，谢某财同样存在将永昌荣公司的财产用于清偿个人债务的情形，永昌荣公司的人格及财产亦与其个人混同。同时，上诉人永昌荣公司，其自设立至今，本身从未开展业务活动，其与喜洋洋公司之间，在投资者、经营地址、电话号码及管理从业人员上均完全相同，实为“一套人马，两块牌子”，两公司人格及财产与财务亦持续混同。

综上，上诉人永昌荣公司与被上诉人喜洋洋公司均系由被上诉人谢某财个人投资设立的独资企业，谢某财作为两公司的唯一股东在公司经营运作过程中，未严格遵循股东与公司之间财产分离、关联公司之间财产独立原则，以致谢某财与两公司之间、两公司相互之间人格及财产均发生混同。喜洋洋公司现对电力公司负有到期债务无法偿还，作为善意相对人的电力公司亦已举证证实因存在混同的情形，以致喜洋洋公司徒具空壳，无法偿还其到期债务，损害了其合法权益，谢某财作为两公司的控制股东，利用人格及财产混同来逃避其债务，违背了法人制度设置的宗旨，也不符合诚信原则及公平正义之理念，作为相对人电力公司也无法区分其三者之间人格及财产，因此谢某财及其独资设立的喜洋洋公司和永昌荣公司应共同对喜洋洋公司的债务承担连带清偿责任。

原审对谢某财及其设立的两独资公司之间存在人格及财产混同的事实认定正确，但原审对此以法人人格否认法理进行论述并据此作出判定并不恰当。首先，法人人格否认法理的含义、特征、认定标准及适用条件等目前尚未有定论，其理论也还处于学界探讨之列，未被立法和司法实践赋予其相应地位；其次，作为以制定法为主要法律渊源的国家，司法活动必须以国家立法机关制定的法律为依据，而法人人格否认却至今未在我国法律文件中有所表述；再次，虽然我国公司立法更为强调保护法人的独立人格和股东的有限责任，但对现实中存在的股东违背诚实信用原则，滥用公司形态逃避债务侵害债权人的行为也并非无法追究、无法可依，对此《民法通则》在第一章基本原则部分已作出原则性规定，以适应不断发展的社会现实生活的要求，因此在此情况下此类为避免成文法的制定滞后而确立的相关原则性规定可资援用；最后，尤为关键的是本案的法律事实及特征，并不十分符合适用法人人格否认的场合。法人人格否认法理，更妥切应表述为无视或漠视法人人格存在的法理，其适用的结果，不是对公司人格彻底、全面、永久的否认，而是要排除对股东有限责任的保护，直接追究公司股东的责任，原审对此先判令被无视（否定）人格的公司承担义务，再判令股东承担连带责任，似与该法理不合，同时，原审对该法理能否适用于两关联公司之间，从而判令该关联公司也对被无视（否定）人格的公司债务承担连带责任，亦无依据及先例可循。因此，本案应以股东滥用控制权，利用人格及财产混同来逃避债务，以致相对人无法分清其相互之间的人格和财产，违反诚实信用和公平原则，判令控制股东及相关联的两家公司三者共同对债务承担连带清偿责任为宜。上诉人认为原审判决适用法人人格否认原理无现行法依据，且该法理不应适用于企业法人间的主张有理，但其因此请求对喜洋洋公司的债务不承担连带责任无事实和法律依据，本院不予支持。原审认定事实清楚，适用法律亦并无不当，但原审对责任承担的判定不当，应予纠正。依照《民事诉讼法》第153条第1款第2项之规定，判决如下：

（1）撤销厦门市中级人民法院（2004）厦民初字第44号民事判决第一项；

（2）变更厦门市中级人民法院（2004）厦民初字第44号民事判决第二项为：厦门喜洋洋食品有限公司、厦门永昌荣食品有限公司、谢某财应于本判决生效后10日内一次性连带偿还厦门市电力投资发展总公司25万元及利息（从2003年9月26日起计至实际还款之日止，利率按银行同期贷款利率计算）。

四、我国立法与构成要件

在我国，公司法人人格否认制度，从法律层面，是由2005年修订、2006年实施的《公司法》正式确立的。

该法第20条规定："公司股东……不得滥用公司法人独立地位和股东有限责任损害公司债权人的利益。……公司股东滥用公司法人独立地位和股东有限责任，逃避债务，严重损害公司债权人利益的，应当对公司债务承担连带责任。"

此后，2019年发布的《九民纪要》第10条、第11条、第12条分别规定了人格混同、过度支配与控制、资本显著不足三种人格否认的情形。至此，在法律规范层面，公司法人人格否认制度已经建立。

2023年最新修订的《公司法》，在2005年修订的基础上，增加了法人人格横向否认的内容，即在新法第23条第2款增加了"股东利用其控制的两个以上公司实施前款规定行为的，各公司应当对任一公司的债务承担连带责任"。同时，将原法有关一人公司人格否认的内容调整后作为该条的第3款，"只有一个股东的公司，股东不能证明公司财产独立于股东自己的财产的，应当对公司债务承担连带责任”。

根据我国《公司法》及其相关司法解释的规定，公司人格否认后的责任构成要件主要包括主体要件、行为要件、结果要件以及因果关系要件。

（一）主体要件

行为人的范围主要是股东尤其是控股股东。此外，在公司股东为多人且有一部分不参与公司经营或对公司没有一定控制力的情况下，不具有控制力或不积极参与公司管理的这部分股东，因其缺乏实施滥用行为的条件而无法构成该责任的行为人。

根据公司人格否认的机理，需要穿透追责的主要是实际上控制公司的股东或有重大影响力的股东，多数情况下属于控股股东，当然，在某种特殊情况下，实际控制公司的小股东也可能实施滥用股东有限责任和公司独立人格的行为，进而被认定为该责任的行为人范围。

另外，实际控制人在具备一定的条件下，也可能被认定为该责任的行为人范围，详见后文介绍。

【问题152】母公司与其控制的孙公司之间存在业务、人员及财产混同，是否可以认定母公司与孙公司之间构成人格混同从而否认其人格？

【典型案例要旨168】（2018）最高法民终267号：富航公司作为楚贺公司的项目公司，在股权结构上楚贺公司通过控股山东建设投资发展有限责任公司能够对富航公司形成掌控，存在关联关系；富航公司成立后，楚贺公司仍然直接介入开发工作，案涉项目由两公司交替开发经营，业务存在交叉；楚贺公司在项目开发过程中所借资金由富航公司偿还，两公司在多笔借款中存在代收代付，财产界限不清；两公司法定代表人、财务人员、管理人员等大量人员在一定时期内同时代表两公司开展职务行为，人员交叉重叠。上述情形足以使交易对手对两公司难以区分，应当认定为公司人格混同。

青岛中豪汽车销售有限公司、青岛楚贺集团有限公司
金融借款合同纠纷二审民事判决书

最高人民法院（2018）最高法民终267号

一审法院查明：

楚贺公司和富航公司工商登记情况：

楚贺公司成立于1995年8月8日，2013年时注册资本为2708万元，其中蓝某燕出资2008万元,持股74.15%,蓝某成出资700万元,持股25.85%,法定代表人为蓝某燕。

富航公司成立于2009年1月19日,成立时注册资本为1000万元,由蓝某欣出资900万元,蓝某燕出资100万元,法定代表人为蓝某欣;2011年9月14日,增资至2.3亿元,由蓝某欣出资1.8亿元,蓝某燕出资2000万元,山东建设投资发展有限责任公司出资3000万元;2012年4月5日,变更法定代表人为蓝某燕;2013年7月28日,股东由蓝某欣、蓝某燕、山东建设投资发展有限责任公司变更为蓝某燕、山东建设投资发展有限责任公司,蓝某欣将其所持股份转让给蓝某燕,这样蓝某燕出资2亿元,持股48.78%,山东建设投资发展有限责任公司出资2.1亿元,持股51.22%。

山东建设投资发展有限责任公司成立于1997年5月7日,注册资本3000万元,其中山东省住房与城乡建设厅出资354万元,持股11.8%,楚贺公司出资2646万元,持股88.2%,法定代表人为蓝某欣。

蓝某燕、蓝某成、蓝某欣系兄妹关系。

最高人民法院经审理认为:

关于本案争议委托贷款是否已清偿的问题。

2013年8月19日总、分对账单分别由楚贺公司及富航公司加盖公章和财务专用章,由两公司法定代表人签字、捺印,载明截至2013年6月30日富航公司欠中豪公司民间款本息312063190.93元,其中楚贺公司欠付8375万元。本案诉讼过程中,楚贺公司、富航公司认可欠付中豪公司债务,虽不认可对账单所载数额,但并无相应证据能够证明。对于中豪公司二审提交的2007年5月30日至2013年6月30日的872笔借款的借据及汇划凭证,楚贺公司和富航公司主张部分借款往来双方并非富航公司与中豪公司、部分借款收据有修改,中豪公司对此做出了合理解释。

本院认为,在案证据可以证明富航公司和楚贺公司欠付中豪公司312063190.93元,其中楚贺公司欠付8375万元。

中豪公司主张楚贺公司、富航公司存在公司人格混同,并在一审中提供大量证据证明两公司在人员、业务、财产方面存在混同:人员方面,两公司法定代表人相同,财务人员、管理人员的社会保险由富航公司承担,在两公司均有任职;业务方面,部分材料中两公司所留电话、地址相同,人和路项目由楚贺公司竞拍取得并与地方政府签订协议,最终项目《建设用地规划许可证》《房地产权证书》登记在富航公司名下,项目在不同建设阶段由两公司分别招标;财产方面,多份借据和汇款凭证证实两公司存在代收代付,总对账单中写明包括楚贺公司欠款在内的借款均由富航公司承担。

楚贺公司、富航公司不予认可,亦提供证据进行了抗辩。根据双方举证情况,本院认为,富航公司作为楚贺公司的项目公司,在股权结构上楚贺公司通过控股山东建设投资发展有限责任公司能够对富航公司形成掌控,存在关联关系;富航公司成立后,楚贺公司仍然直接介入开发工作,案涉项目由两公司交替开发经营,业务存在交叉;楚贺公司在项目开发过程中所借资金由富航公司偿还,两公司在多笔借款中存在代收代付,财产界限不清;两公司法定代表人、财务人员、管理人员等大量人员在一定时期内同时代表两公司开展职务行为,人员交叉重叠。上述情形足以使交易对手对两公司难以区分,应当认定为公司人格混同。

【问题153】《公司法》(2005年修订)第20条规定的公司人格否认是否适用于存在人格混同并严重损害债权人利益的关联公司之间?

【典型案例要旨169】(2017)沪02民终9132号:《公司法》(2005年修订)第20条、第21条规定,公司股东不得滥用股东权利损害公司利益,公司控股股东、实际控制人等不得利用其关联关系损害公司利益,违反前述规定,给公司造成损害的,应相应承担连带责任或赔偿责任。根据前述法律规定之精神,在一定条件下,如关联公司人格混同,严重损害债权人利益的,关联公司相互之间亦应对外部债务承担连带责任。

睟斯控股管理有限公司与上海睟世贸易有限公司、也买(上海)商贸有限公司服务合同纠纷民事裁定书

上海市第二中级人民法院(2017)沪02民终9132号

上海市第二中级人民法院经审理认为:

本院认为,《公司法》第20条、第21条规定,公司股东不得滥用股东权利损害公司利益,公司控股股东、实际控制人等不得利用其关联关系损害公司利益,违反前述规定,给公司造成损害的,应相应承担连带责任或赔偿责任。

根据前述法律规定之精神,在一定条件下,如关联公司人格混同,严重损害债权人利益,关联公司相互之间亦应对外部债务承担连带责任。

一审法院关于《公司法》第20条、第21条规定仅适用于公司股东、控股股东、实际控制人的观点不当。

本案中,睟斯控股以也买商贸为被告诉至一审法院时,对其有明确的诉讼请求以及事实理由,亦提供了初步的证据用以证明其关于也买商贸与睟世公司之间

存在法人人格混同情形,符合起诉条件,人民法院理应依法进行审理。

一审法院在未经开庭审理的情况下,径行作出也买商贸作为本案被告不适格的裁定,显然有违上述法律规定。据此,一审裁定应予撤销。

(二)行为要件

行为要件,即行为人滥用股东有限责任和公司独立人格的具体行为方式或行为类型(为行文方便,本书简称滥用行为)。行为要件是公司人格否认的最核心要件,前述介绍的英美法系国家司法判例中总结的各种因素,实质上就是行为要件的核心部分。具体到我国现有法律规范明文规定的行为要件,主要是人格混同、过度支配与控制、资本显著不足三种基本类型。

鉴于该部分内容的重要性及其篇幅较大,本章根据前述行为类型以及否定的具体类型不同,分多个小节逐一详细介绍。

除前述几项典型的滥用行为外,也有其他的行为类型值得深入研究。而且,应当注意的是,这三种典型类型并非公司法人人格否认的全部,如后文所述,很多情况下,法院会直接认定行为人存在滥用行为而直接否定公司的人格,不是一定要归类到这三种类型才能适用人格否认制度。

例如,在后述的(2019)最高法民申 6733 号案例中,在公司缺乏足额清偿债务能力的情况下,股东直接扣划款项用于偿还公司对其的到期债权的行为,是否属于滥用股东权利行为,就值得探讨。虽然法院并未将其认定为滥用行为,但是,鉴于我国公司法上尚未有深石原则的相关规定,股东债权劣后于外部债权人的债权的法理,在我国的公司法律实践中尚无应用依据。在此种情况下,若公司确实没有偿债能力,而股东利用其控制权优势先行抵销的行为,可以认定其具有逃避公司债务的主观恶意,进而可以参考过度支配与控制的规定要求其在抵销金额范围内,对公司债务承担连带责任。

再如,在后述的(2015)民申字第 541 号案例中,公司存在大量公款私存、公款他存、国内大量货款通过第三人的个人账户收付、境外大量货款通过第三人公司收付、第三人公司的运作费用由公司负担等情形,并非前述典型的人格否认的行为类型,但确实符合滥用公司法人独立地位和股东有限责任的特征,确有必要将其认定为滥用行为而对公司债务承担连带责任。

【问题154】基于公司财务账簿缺失、财务管理混乱,公司资产流向不明,陈某交代收公司工程款,致使公司债权至今无法清偿等事实,能否足以认定控股股东因滥用公司法人独立地位和股东有限责任而对公司债务承担连带责任?

【典型案例要旨170】(2020)最高法民申463号:基于陈某交为易达公司法定代表人、绝对控股股东,易达公司财务账簿缺失、财务管理混乱,公司资产流向不明,陈某交代收公司工程款,致使佳亿公司对易达公司债权至今无法清偿等案件事实,认定佳亿公司主张陈某交滥用公司法人独立地位和股东有限责任,损害公司债权人利益的理由成立,判决陈某交对易达公司欠付佳亿公司的债务承担连带责任,有基本的事实和法律依据。

陈某交、佳亿(漳州)纸业有限公司股东损害公司债权人利益责任纠纷再审审查与审判监督民事裁定书

最高人民法院(2020)最高法民申463号

最高人民法院经审理认为:

本案再审审查的主要问题是一、二审判决认定陈某交与易达公司连带承担案涉债务是否有误。

《公司法》第20条第3款规定:"公司股东滥用公司法人独立地位和股东有限责任,逃避债务,严重损害公司债权人利益的,应当对公司债务承担连带责任。"公司法人人格是公司有限责任制度的基石,只有在符合前述规定的情况下才能予以适用,就此而言,陈某交申请再审主张的"若要否定其独立人格,需要严格审查并适用,不得任意扩大适用范围"有相应的理论依据。

就本案而言,佳亿公司主张陈某交滥用公司法人独立地位和股东有限责任,应与易达公司连带承担案涉债务,为此提供了易达公司的相关工商注册信息,2012年度易达公司年检报告表、资产负债表,漳州市中级人民法院协助执行通知书、执行庭证明,转账电子回单及陈某交个人出具的《收条》等证据材料,可以证明陈某交为易达公司控股股东、易达公司2012年年末资产总额565.05万元、易达公司没有财产可供执行、陈某交个人账户直接收取易达公司的工程款等基本事实。基于佳亿公司提供的前述证据材料以及所证明的事实,二审判决认为"足以让人对易达公司与陈某交财产是否相互独立产生合理怀疑",有相应的依据。

而且,基于陈某交提交的反驳证据,易达公司在2013年、2014年1~3月的审

计报告和2013年、2014年的记账凭证,进一步证明易达公司的财务账册资料不仅缺失严重(易达公司目前仅存2013年和2014年1~3月的记账凭证,2013年以前和2014年4月之后公司的财务账簿资料,陈某交均以公司搬迁遗失为由未予提供),而且易达公司的资产从2012年的565.0538万元到2013年的650.0215万元再到2014年3月底的14.4125万元,变化巨大。而对于2014年易达公司资产锐减的事实,陈某交目前所能提供的记账凭证均为收款收据,未附相关款项支出凭证,无法证明易达公司的资产是如何合理损耗的。由此,一、二审判决基于陈某交为易达公司法定代表人、绝对控股股东,易达公司财务账簿缺失、财务管理混乱,公司资产流向不明,陈某交代收公司工程款,致使佳亿公司对易达公司债权至今无法清偿等案件事实,认定佳亿公司主张陈某交滥用公司法人独立地位和股东有限责任,损害公司债权人利益的理由成立,判决陈某交对易达公司欠付佳亿公司的债务承担连带责任,有基本的事实和法律依据,并无明显不当。

【问题155】股东收取其所投资公司的转让款、以其对公司的到期债权抵销前述转让款、要求公司加入其银行结算系统等事实,能否构成股东滥用法人独立地位而损害债权人利益?

【典型案例要旨171】(2019)最高法民申6733号:江西能源公司将丰龙公司应得的指标转让款支付至丰矿公司账户本身不能得出丰矿公司存在违反法律、行政法规或章程的行为。中煤公司提出在丰龙公司缺乏足额清偿债务能力的情况下,丰矿公司直接扣划转让款5458.5万元属于滥用股东权利行为的主张缺乏法律依据,丰矿公司案涉债务抵销行为并不属于滥用股东权利的行为。丰矿公司利用自身人力、技术等优势控制丰龙公司的经营管理以及丰龙公司加入丰矿公司银行结算系统本身并不会直接导致丰龙公司责任财产的不当减少,该行为亦不违反法律、行政法规及章程的规定。

河北中煤四处矿山工程有限公司、江西丰龙矿业有限责任公司股东损害公司债权人利益责任纠纷再审审查与审判监督民事裁定书

最高人民法院(2019)最高法民申6733号

最高人民法院经审理认为:

根据本案事实及相关法律规定,河北中煤四处矿山工程有限公司(以下简称中煤公司)再审申请事由不能成立,具体理由如下:

中煤公司以江西丰龙矿业有限责任公司(以下简称丰矿公司)构成股东滥用

法人独立地位损害债权人利益为由主张丰矿公司应对丰龙公司债务承担连带清偿责任。《公司法》第20条第1款规定,“公司股东应当遵守法律、行政法规和公司章程,依法行使股东权利,不得滥用股东权利损害公司或者其他股东的利益;不得滥用公司法人独立地位和股东有限责任损害公司债权人的利益”,该条第3款规定,“公司股东滥用公司法人独立地位和股东有限责任,逃避债务,严重损害公司债权人利益的,应当对公司债务承担连带责任”。据此,否定公司法人独立人格,由股东对公司债务承担连带责任的前提是公司股东违反法律、行政法规和章程的规定,存在滥用股东权利的行为。

第一,丰龙公司于2017年9月5日委托江西省能源集团有限公司(以下简称江西能源公司)参加江西省统一开展的产能置换指标交易。2017年12月13日,江西能源公司向丰矿公司转账汇款6004.35万元,其中包括丰龙公司应得的指标转让款5458.5万元。江西能源公司将丰龙公司应得的指标转让款支付至丰矿公司账户本身不能得出丰矿公司存在违反法律、行政法规或章程的行为。

第二,《合同法》第99条第1款规定:“当事人互负到期债务,该债务的标的物种类、品质相同的,任何一方可以将自己的债务与对方的债务抵销,但依照法律规定或者按照合同性质不得抵销的除外。”

本案中,丰矿公司于2017年12月13日收到江西能源公司汇入的款项后,负有向丰龙公司返还案涉5458.5万元指标转让款的义务。同时,丰龙公司从2016年5月11日至2016年12月5日多次向丰矿公司借款,借款本金累计达10047万元。上述借款期限均为1年,也即该借款均在2017年12月13日之前到期。故丰矿公司与丰龙公司互负金钱到期债务,丰矿公司作为债权人主张抵销权符合《合同法》第99条的规定,且现行法律、行政法规并未限制债权人作为债务人股东时抵销权的行使。中煤公司提出在丰龙公司缺乏足额清偿债务能力的情况下,丰矿公司直接扣划转让款5458.5万元属于滥用股东权利行为的主张缺乏法律依据,丰矿公司案涉债务抵销行为并不属于滥用股东权利的行为。

第三,中煤公司主张丰矿公司控制丰龙公司的经营管理且丰龙公司加入丰矿公司的内部银行结算系统。一方面,中煤公司对上述主张没有举证证明;另一方面,丰矿公司利用自身人力、技术等优势控制丰龙公司的经营管理以及丰龙公司加入丰矿公司银行结算系统本身并不会直接导致丰龙公司责任财产的不当减少,该行为亦不违反法律、行政法规及章程的规定。因此,中煤公司主张的事实及所举证据均不足以证明丰矿公司违反法律、行政法规和章程的规定,存在滥用股东权利的行为。

【问题156】在公司资不抵债的情况下，既未通知已知债权人，也未申请破产清算，而是以虚假的清算报告骗取公司登记机关办理了注销登记，该违法清算行为是否构成股东滥用公司法人独立地位和股东有限责任？

【典型案例要旨172】(2015)民申字第916号：申请人林某洋、林某自行实施的违法清算行为，系对法人独立地位和股东有限责任的滥用，既不能产生债务人康宇公司和永恩公司免于清偿部分债务的法律后果，同时，作为股东的林某洋、林某也不再受到股东有限责任原则的保护。《公司法》第20条第3款规定："公司股东滥用公司法人独立地位和股东有限责任，逃避债务，严重损害公司债权人利益的，应当对公司债务承担连带责任。"据此，申请人林某洋、林某亦应当对康宇公司和永恩公司的全部债务承担责任。

林某洋、林某再审审查与审判监督民事裁定书

最高人民法院(2015)民申字第916号

最高人民法院经审理认为：

《公司法》所规定的公司解散清算程序，是指在公司非因破产原因解散后，按照《公司法》规定的程序所进行的清算活动。适用该解散清算程序的前提是公司的财产能够清偿全部债务，当公司财产不能足额清偿债务或者明显缺乏清偿能力时，依法应当进行破产清算。《公司法》第187条第1款规定："清算组在清理公司财产、编制资产负债表和财产清单后，发现公司财产不足清偿债务的，应当依法向人民法院申请宣告破产。"《企业破产法》第7条第3款规定："企业法人已解散但未清算或者未清算完毕，资产不足以清偿债务的，依法负有清算责任的人应当向人民法院申请破产清算。"

据此，本案中，申请人林某洋和林某夫妻作为康宇公司、永恩公司的仅有两名股东，分别担任两公司的法定代表人，在自行清算的过程中，在明知该两公司的资产不足以清偿案涉烟台银行债权的情况下，既未通知烟台银行申报债权，亦未依法向人民法院申请进行破产清算，反而以虚假的清算报告骗取公司登记机关办理了注销登记，其行为损害了债权人烟台银行的利益，依法应当认定为故意侵权行为。

关于申请人林某洋、林某应当承担的责任范围问题，一方面，《公司法》第189条第3款规定："清算组成员因故意或者重大过失给公司或者债权人造成损失的，

应当承担赔偿责任。”申请人的违法清算行为的直接后果,就是导致债权人烟台银行因债务清偿主体消灭而无法主张债权。故原审判决将申请人的违法清算行为给烟台银行所造成的损失认定为债权本息的全部,并无不当,本院予以维持。

另一方面,在债务人企业资不抵债的情况下,通过依法进行破产清算的制度设计,在保证债权人就公司全部财产公平受偿的同时,也为债务人企业提供了破产免责的救济。该破产免责的法律后果在合法免除债务人企业不能清偿的部分债务的同时,也阻隔了股东对公司债务的责任,使得股东受到有限责任原则的保护。

本案中,申请人林某洋、林某自行实施的违法清算行为,系对法人独立地位和股东有限责任的滥用,既不能产生债务人康宇公司和永恩公司免于清偿部分债务的法律后果,同时,作为股东的林某洋、林某也不再受到股东有限责任原则的保护。《公司法》第20条第3款规定:“公司股东滥用公司法人独立地位和股东有限责任,逃避债务,严重损害公司债权人利益的,应当对公司债务承担连带责任。”据此,申请人林某洋、林某亦应当对康宇公司和永恩公司的全部债务承担责任。

【问题157】公司存在大量公款私存、公款他存、国内大量货款通过第三人的个人账户收付、境外大量货款通过第三人公司收付、第三人公司的运作费用由公司负担等事实,能否认定实际参与公司管理的实际控制人兼股东滥用公司法人独立地位和股东有限责任?

【典型案例要旨173】(2015)民申字第541号:东莞雷豹公司存在大量公款私存、公款他存、国内大量货款通过戴某阳个人账户收付、境外大量货款通过迪美公司收付、迪美公司的运作费用由东莞雷豹公司负担等内容,以及曾某明作为东莞雷豹公司的股东、副总经理,实际参与了该公司的经营管理,其亦是迪美公司的股东等事实,认定曾某明存在滥用公司法人独立地位和股东有限责任,严重损害公司债权人利益的行为,证据充分。

曾某明、合昌国际贸易(深圳)有限公司与曾某明、合昌国际贸易(深圳)有限公司等股东损害公司债权人利益责任纠纷申请再审民事裁定书

最高人民法院(2015)民申字第541号

最高人民法院经审理认为:

本案原判决认定的基本事实是否缺乏证据证明,是否符合《民事诉讼法》第

200 条第 2 项规定的再审事由。

原判决根据东莞市德正会计师事务所有限公司审核东莞雷豹公司财务状况出具的《清产核资报告》所记载的，东莞雷豹公司存在大量公款私存、公款他存、国内大量货款通过戴某阳个人账户收付、境外大量货款通过迪美公司收付、迪美公司的运作费用由东莞雷豹公司负担等内容，以及曾某明作为东莞雷豹公司的股东、副总经理，实际参与了该公司的经营管理，其亦是迪美公司的股东等事实，认定曾某明存在滥用公司法人独立地位和股东有限责任，严重损害公司债权人利益的行为，证据充分。曾某明提出的原判决未查明的管理人未追收变现东莞雷豹公司的资产，未向东方雷豹公司追索债权，也没有以法人人格混同为由向东方雷豹公司行使权利等事实，均属于破产程序中对公司资产管理处置事宜。而本案系自然人股东滥用公司法人独立地位和股东有限责任损害债权人利益引发的诉讼。曾某明主张原判决应查明未查明的上述事实不属于本案审理范畴。因此，曾某明以原判决认定的基本事实缺乏证据证明为由申请再审，本院亦不予支持。

【问题 158】明知公司对外债务在诉讼与执行过程中，在通过股权转让方式成为公司全资股东后，全资股东以公司的资产为其对第三人所享有的债权提供担保，并在执行程序中通过以物抵债的方式将该述资产转移至公司临时设立的项目公司名下的，该全资股东的行为是否构成过度支配与控制而应当对公司的债务承担连带责任？

【典型案例要旨 174】(2021) 新民终 41 号：博润公司作为浦煜公司的唯一股东，为保障自己利益，对浦煜公司实施了过度支配与控制，致城建股份公司的债权无法实现，属于《公司法》第 20 条规定的滥用股东权利损害公司债权人利益的情形，应当对浦煜公司所欠城建股份公司的工程款 86541423.83 元及利息 7305381 元承担连带责任。

新疆博润供应链管理有限公司与新疆城建（集团）股份有限公司股东损害公司债权人利益责任纠纷二审民事判决书

新疆维吾尔自治区高级人民法院(2021)新民终 41 号

新疆维吾尔自治区高级人民法院经审理认为：

关于新疆博润供应链管理有限公司（以下简称博润公司）是否应当对浦煜公司所欠城建股份公司的工程款 86541423.83 元及利息 7305381 元承担连带清偿责任问题。

《公司法》第20条规定:公司股东应当遵守法律、行政法规和公司章程,依法行使股东权利,不得滥用股东权利损害公司或者其他股东的利益;不得滥用公司法人独立地位和股东有限责任损害公司债权人的利益。公司股东滥用股东权利给公司或者其他股东造成损失的,应当依法承担赔偿责任。公司股东滥用公司法人独立地位和股东有限责任,逃避债务,严重损害公司债权人利益的,应当对公司债务承担连带责任。

《九民纪要》中关于公司人格否认规定:《公司法》第20条第3款规定的滥用行为,实践中常见的情形有人格混同、过度支配与控制、资本显著不足等。该纪要第11条规定:公司控制股东对公司过度支配与控制,操纵公司的决策过程,使公司完全丧失独立性,沦为控制股东的工具或躯壳,严重损害公司债权人利益,应当否认公司人格,由滥用控制权的股东对公司债务承担连带责任。实践中常见的情形包括:(1)母子公司之间或者子公司之间进行利益输送的;(2)母子公司或者子公司之间进行交易,收益归一方,损失却由另一方承担的;(3)先从原公司抽走资金,然后再成立经营目的相同或者类似的公司,逃避原公司债务的;(4)先解散公司,再以原公司场所、设备、人员及相同或者相似的经营目的另设公司,逃避原公司债务的;(5)过度支配与控制的其他情形。

本案中,从博润公司与方新小贷公司、浦墨公司、浦煜公司签订的《框架合作协议》以及浦墨公司、浦煜公司、齐某与博润公司订立的《欠据》能够反映,博润公司对浦煜公司的原股东浦墨公司享有债权,在博润公司成为浦煜公司股东之前,浦煜公司并未以自己的资产为该债权提供担保,博润公司受让成为浦煜公司的股东后,利用浦煜公司的资产为自己对浦墨公司的债权提供抵押担保,并在浦煜公司的同一营业地址成立了与浦煜公司经营范围相同的昌吉德润物流公司,将通过执行程序以物抵债获得的浦煜公司案涉十一项房产转移至该公司名下。而在博润公司实施上述行为的同时,城建股份公司与浦煜公司之间的建设工程施工合同纠纷也在诉讼及执行过程中,博润公司对于案涉十一项房产系由城建股份公司垫资施工完成、浦煜公司欠付城建股份公司工程款的事实是清楚的。

综上所述,本院认为博润公司作为浦煜公司的唯一股东,为保障自己的利益,对浦煜公司实施了过度支配与控制,致城建股份公司的债权无法实现,属于《公司法》第20条规定的滥用股东权利损害公司债权人利益的情形,应当对浦煜公司所欠城建股份公司的工程款86541423.83元及利息7305381元承担连带责任。

博润公司二审提供的证据与本案待证事实无关,本院不予采信。无论博润公司是否对其股东身份提出异议均不能否认其仍为浦煜公司股东的事实,博润公司利用股东地位为自己谋取利益,在被债权人追究责任后又称股东身份不合法,博润公司的上述行为有违商事主体应当恪守的诚信及商业道德。

【问题159】公司大股东将公司购买并付款的房产，通过与开发商另行签订买卖合同的方式登记在自己名下，致使公司为第三方租赁人所欠债权人装修该房产的债务提供的担保债务无法履行，能否据此认定：其滥用了公司大股东的地位，利用实际控制地位，对该公司的财产进行不正当的支配和控制，使得公司失去独立人格，并因此对公司的担保债务承担连带责任？

【典型案例要旨175】(2017)新民终538号：辰光旅行社公司为涉案房产的购买、付款的主体。张某强提供的反驳证据不能推翻上述认定的事实，反而证明了张某强以辰光旅行社公司的名义购买房产的行为构成股东与公司的人格混同。以上，张某强在辰光旅行社公司已认购涉案房产并支付房款之后，通过格瑞德公司与和欣装饰公司签订《工程承包合同》对所购房屋进行装修。之后，张某强又以个人名义重新与百花村房地产公司签订了商品房买卖合同，并将涉案房产均登记在张某强名下，张某强利用其作为辰光旅行社公司的大股东地位，实现对装修添附财产的实际占用，规避了对和欣装饰公司装修债务的承担。原判认定张某强的上述行为已构成滥用公司股东权利的情形，客观上已构成辰光旅行社公司的财产与股东张某强的个人财产存在混同正确，本院予以维持。

张某强与辽宁和欣装饰工程有限公司、乌鲁木齐辰光旅行社有限公司股东损害公司债权人利益责任纠纷二审民事判决书

新疆维吾尔自治区高级人民法院(2017)新民终538号

新疆维吾尔自治区高级人民法院经审理认为：

首先，关于登记在张某强名下的涉案房屋产权与乌鲁木齐辰光旅行社有限公司(以下简称辰光旅行社公司)所购房产之间是否存在公司财产与股东财产混同事实的认定。

依据本案已查明的事实，2007年12月30日，百花村房地产公司与辰光旅行社公司签订的《商品房认购书》中载明了辰光旅行社公司为涉案房产的购买方，辰光旅行社公司分三次共计支付400万元的认购款。2009年3月27日，百花村房地产公司与辰光旅行社公司签订的协议书仅对合同双方认购的楼层作出调整，但对于辰光旅行社公司作为购买方的主体身份未予变更。结合张某强在(2011)乌中民四初字第17号案件审理中作为辰光旅行社公司的法定代表人的陈述，表明

了涉案房产出租收益归辰光旅行社公司，承担支付房产添附财产转让金义务的主体仍为辰光旅行社公司，以上事实足以认定辰光旅行社公司为涉案房产的购买、付款的主体。张某强提供的反驳证据不能推翻上述认定的事实，反而证明了张某强以辰光旅行社公司的名义购买房产的行为构成股东与公司的人格混同。以上，张某强在辰光旅行社公司已认购涉案房产并支付房款之后，通过格瑞德公司与和欣装饰公司签订《工程承包合同》对所购房屋进行装修。之后，张某强又以个人名义重新与百花村房地产公司签订了商品房买卖合同，并将涉案房产均登记在张某强名下，张某强利用其作为辰光旅行社公司的大股东地位，实现对装修添附财产的实际占用，规避了对和欣装饰公司装修债务的承担。原判认定张某强的上述行为已构成滥用公司股东权利的情形，客观上已构成辰光旅行社公司的财产与股东张某强的个人财产存在混同正确，本院予以维持。张某强上诉主张由其个人支付涉案购房款，产权归其个人所有，与辰光旅行社公司无关的理由不能成立，本院不予支持。

其次，关于张某强对于辰光旅行社公司所负和欣装饰公司的债务应否承担连带清偿责任的认定。

股东不得滥用公司法人独立地位和股东有限责任损害公司债权人的利益。本案中，张某强滥用了其作为辰光旅行社公司大股东的地位，通过实际控制对该公司的财产进行不正当的支配和控制，使得辰光旅行社公司失去独立人格。张某强的行为违背了公司法人制度设立的宗旨，违反了诚实信用和公平原则，严重损害了作为辰光旅行社公司债权人和欣装饰公司的合法权益，属于逃避公司债务的行为。原判认定张某强对于辰光旅行社公司所负和欣装饰公司的债务承担连带清偿责任正确，本院予以维持。张某强上诉主张其行为不属于恶意逃避债务的理由不能成立，本院不予支持。

【问题160】经全体股东决议，同意公司为他人提供连带责任保证、将公司房产抵债给被担保的债权人、免除第三人对公司的债务、以公司房产偿还公司股东对外所欠债务、免除公司股东对公司的债务。综合前述事实，能否认定股东滥用公司法人独立地位和股东有限责任，逃避债务？

【典型案例要旨176】（2020）鄂民终119号：新城公司为杭州禾辰公司、潘某满提供担保并免除其共计5260万元的债务，导致新城公司责任财产减少，对外清偿债务的能力降低，且是在新城公司应当向金鑫公司支付土地转让款之后，已经严重损害债权人金鑫公司的利益。

徐某、潘某谓合同、无因管理、不当得利纠纷二审民事判决书

湖北省高级人民法院(2020)鄂民终119号

湖北省高级人民法院经审理认为：

1. 对于徐某、潘某谓是否有滥用公司法人独立地位和股东有限责任，逃避债务，严重损害公司债权人利益的行为。

新城公司为他人提供担保、免除债务的事实主要有：

2012年11月1日，新城公司经全体股东(潘某谓、徐某)决议，为杭州禾辰公司(法人代表潘某满)向范某兰融资1200万元提供连带责任保证。

2013年12月18日，新城公司经全体股东决议，以价值1440万元房产备案登记于范某兰名下，担保偿还上述债务。

2013年12月20日，新城公司经全体股东决议，免除杭州禾辰公司1440万元的债务。

2013年11月13日，新城公司经股东会决议，将价值3820.002782万元房产备案登记在上海正禾实业有限公司名下，以抵偿潘某满欠上海正禾实业有限公司3820.002782万元债务。

2013年12月20日，新城公司股东会决议免除潘某满3820.002782万元的债务。

根据上述事实，新城公司为杭州禾辰公司、潘某满提供担保并免除其共计5260万元的债务，导致新城公司责任财产减少，对外清偿债务的能力降低，且是在新城公司应当向金鑫公司支付土地转让款之后，已经严重损害债权人金鑫公司的利益。

根据《公司法》第20条规定：公司股东应当遵守法律、行政法规和公司章程，依法行使股东权利，不得滥用股东权利损害公司或者其他股东的利益；不得滥用公司法人独立地位和股东有限责任损害公司债权人的利益。公司股东滥用股东权利给公司或者其他股东造成损失的，应当依法承担赔偿责任。公司股东滥用公司法人独立地位和股东有限责任，逃避债务，严重损害公司债权人利益的，应当对公司债务承担连带责任。新城公司的股东徐某、潘某谓，应当对滥用股东权利造成债权人的损失承担责任。

2. 对于新城公司是否还有财产可供执行的问题。

首先，在金鑫公司与新城公司建设用地使用权转让合同案件执行过程中，由于新城公司没有履行生效法律文书确定的财产给付义务，金鑫公司才申请追加新城公司的股东为被执行人。

其次,新城公司在本案一审及二审期间,仍没有履行生效法律文书确定的义务,新城公司也没有提供有效的财产或担保证明新城公司有履行能力。

再次,随州市中级人民法院在执行金鑫公司诉新城公司建设用地使用权合同纠纷案时,虽然查封了五块土地,但仅剩最后一块9942.9平方米土地尚未拍卖,拍卖保留价格为689万元,已不足以清偿(2015)鄂随州中民初字第00013号生效民事判决书确定的债务。

最后,根据二审期间当事人提供的2019年11月21日的执行裁定书,上述9942.9平方米土地已抵偿给另案当事人周某华。

根据2019年12月7日的执行裁定书,在朱某申请执行新城公司借款合同纠纷案中,由于新城公司无财产可供执行,法院裁定终结本次执行程序。

另根据金鑫公司的答辩意见,新城公司开发的38套房产均未办理权证,部分房产备案登记在他人名下,且全部被案外人申请查封。

综合上述事实分析,可以认定新城公司已无财产履行(2015)鄂随州中民初字第00013号民事判决确定的义务。

【问题161】公司不经营具体业务,人员开支及日常经费来源于控股股东拨款,不享有对自身资产及收益的处置权;控股股东利用出资人地位,控制公司全部资产,同时将公司全部收益直接划转至控股股东账户,导致公司丧失了独立的偿债能力,使公司债权人的债权无法获得实现。该控股股东的行为是否构成滥用法人独立地位和出资人有限责任?

【典型案例要旨177】(2019)辽民终1503号:中农沈阳公司由改制前的独立核算制变更为报账制,中农沈阳公司不经营具体业务,人员开支及日常经费来源于中农集团公司拨款,中农沈阳公司不享有对自身资产及收益的处置权。因中农沈阳公司不具有独立的组织及独立的财产,自然也就不能独立承担民事责任。中农集团公司利用作为中农沈阳公司出资人的地位,控制中农沈阳公司全部资产,同时将中农沈阳公司全部收益直接划转至中农集团公司账户,导致中农沈阳公司丧失了独立的偿债能力,使本案嘉丰农资公司的债权无法获得实现,损害了嘉丰农资公司的合法利益。一审法院认定中农集团公司的行为构成滥用法人独立地位和出资人有限责任,符合《民法总则》第83条第2款的规定,中农集团公司应对中农沈阳公司对嘉丰农资公司的债务承担连带责任,并无不当。

中国农业生产资料沈阳公司、中国农业生产资料集团公司借款合同纠纷二审民事判决书

辽宁省高级人民法院(2019)辽民终1503号

辽宁省高级人民法院经审理认为:

关于中国农业生产资料集团公司(以下简称中农集团公司)应否承担连带责任的问题。

中农集团公司是中国农业生产资料沈阳公司(以下简称中农沈阳公司)的出资人,中农集团公司与中农沈阳公司均属于集体所有制企业,是各自独立的企业法人。中农沈阳公司法定代表人郭某一审出庭证明,从2004年中农沈阳公司改制后中农沈阳公司已经取消独立核算制改为报账制,由中农沈阳公司提出支出需求向中农集团公司报送,中农集团公司根据需求进行拨款。改制后,中农沈阳公司不经营业务,不享有资产处置权,财务来源于中农集团公司拨款,中农沈阳公司的员工工资及一切福利待遇由中农集团公司发放。

本院于2019年10月28日调取的证据表明,中农集团公司为行使追偿权向沈阳市中级人民法院提交查封申请,从2012年开始便查封了中农沈阳公司名下近6000万元的资产,但至今中农集团公司并没有执行这些查封财产。嘉丰农资公司提供的证据表明,从2014年10月起中农集团公司向中农沈阳公司拨付日常经费。

一审法院已经查明,从2014年开始中农集团公司每年按月或按季度向中农沈阳公司拨付日常经费的详细信息。2013年12月17日,中国信达资产管理股份有限公司辽宁省分公司与中农沈阳公司达成和解协议,中农集团公司并不是该案当事人,但是其向中农沈阳公司拨付500万元,代替中农沈阳公司偿还了该笔债务。自2014年起,在中农沈阳公司的楼房销售款、房屋动迁款、房屋出租租金等款项汇入中农沈阳公司账户后,随即上述款项被汇入中农集团公司账户。

中农集团公司抗辩,中农集团公司在中农沈阳公司资金困难时借给其周转资金,中农沈阳公司对中农集团公司负有债务。对此,中农集团公司提供的证据是(2002)沈民(3)初字第292号民事判决、中农集团公司与中农沈阳公司于2018年9月签署的关于债权债务的确认书。对(2002)沈民(3)初字第292号民事判决,前文已论述,中农集团公司虽然代替中农沈阳公司偿还了5157万元的对外债务,为行使追偿权中农集团公司申请查封了中农沈阳公司名下近6000万元的资产,但中农集团公司尚未申请拍卖这些查封财产,同时又将中农沈阳公司的楼房销售款、房屋动迁款、房屋出租租金等全部资产收益转移至中农集团公司账户。因此,

该判决书不能证明中农集团公司转移中农沈阳公司资产行为的合法性。对债权债务确认书,因该确认书形成于本案诉讼过程中,而且没有原始债权凭证、转款凭证等证据佐证,对该债权债务确认书本院不予采信。

本院认为,中农沈阳公司作为独立法人,应当体现为具有独立的组织、独立的财产和独立的责任。但通过中农沈阳公司原法定代表人郭某的证言及中农沈阳公司、中农集团公司的实际经济往来情况,可以看出中农沈阳公司由改制前的独立核算制变更为报账制,中农沈阳公司不经营具体业务,人员开支及日常经费来源于中农集团公司拨款,中农沈阳公司不享有对自身资产及收益的处置权。因中农沈阳公司不具有独立的组织及独立的财产,自然也就不能独立承担民事责任。

中农沈阳公司名下的资产应当作为对全体不特定债权人的一般担保。现中农集团公司利用作为中农沈阳公司出资人的地位,控制中农沈阳公司全部资产,同时将中农沈阳公司全部收益直接划转至中农集团公司账户,导致中农沈阳公司丧失了独立的偿债能力,使本案嘉丰农资公司的债权无法获得实现,损害了嘉丰农资公司的合法利益。

一审法院认定中农集团公司的行为构成滥用法人独立地位和出资人有限责任,符合《民法总则》第83条第2款的规定,中农集团公司应对中农沈阳公司对嘉丰农资公司的债务承担连带责任,并无不当。

【问题162】在无证据证明相关公司均符合破产条件且破产清偿率相同的情况下,控股股东特意安排先合并、然后直接申请合并后公司破产的公司终止途径,实质打破了参与合并的公司之间的独立财产界限,严重损害公司债权人利益的,是否属于《公司法》第20条规制的公司股东滥用公司法人独立地位和股东有限责任?

【典型案例要旨178】(2016)苏民终187号:致达科技公司作为五洲纸业公司、新大纸业公司的股东,在明确要终止五洲纸业公司、新大纸业公司的情况下,不按照《公司法》的规定对各公司分别解散、清算或者申请破产,在无证据证明相关公司均符合破产条件且破产清偿率相同的情况下,特意安排先合并、然后直接申请合并后公司破产的终止途径,实质打破了参与合并的公司之间的独立财产界限,构成对五洲纸业公司债权人十三冶公司的侵权,属于《公司法》第20条规制的公司股东滥用公司法人独立地位和股东有限责任,逃避债务,严重损害公司债权人利益的行为,应当对公司的债务承担连带责任。

中国第十三冶金建设有限公司与上海致达科技集团有限公司股东损害公司债权人利益责任纠纷二审民事判决书

江苏省高级人民法院(2016)苏民终187号

江苏省高级人民法院经审理认为:

本案二审争议焦点:上海致达科技集团有限公司(以下简称致达科技公司)在五洲纸业公司与新大纸业公司合并过程中是否存在损害五洲纸业公司债权人中国第十三冶金建设有限公司(以下简称十三冶公司)权益的行为,并因此应承担损害赔偿责任。

本院认为:公司合并涉及公司组织结构的变更,影响债权人等相关利害关系人的利益,应当严格遵守《公司法》的规定。合并过程中相关行为构成侵权的,侵权人应当承担相应的赔偿责任。本案中,致达科技公司将五洲纸业公司无偿并入新大纸业公司的行为,违反公司合并制度立法目的,侵害了五洲纸业公司债权人十三冶公司的合法权利,造成了十三冶公司的损失,构成侵权,应当承担相应的损失赔偿责任。

一、五洲纸业公司与新大纸业公司之间的合并构成对五洲纸业公司债权人十三冶公司的侵权

(一)五洲纸业公司和新大纸业公司之间的所谓"合并",系以终止所有参与合并的公司为目的,违背公司合并制度的立法目的

公司合并是指两个以上的公司签订合并协议并依照法定程序归并为一个公司的法律行为。《公司法》第172条规定:"公司合并可以采取吸收合并或者新设合并。一个公司吸收其他公司为吸收合并,被吸收的公司解散。两个以上公司合并设立一个新的公司为新设合并,合并各方解散。"对于所有参与合并的公司整体而言,公司合并制度的立法目的在于促进这个整体得到更好的发展,终止所有参与合并的公司不是建立合并制度的立法目的。对于依法合并后的公司,无论是吸收合并中存续的公司,还是新设合并中新设的公司,合并各方主观上均希望其继续存在、正常经营、发展壮大。也正因如此,合并前公司债权人的权益虽在实现时间或者方式上可能受到一定影响,但同时也会相应增强对合并后公司发展的预期,例如预期合并后的公司可能更有活力,具备更强的偿债能力等。而本案中,合并后的新大纸业公司并无实际经营的意愿,这个通过合并而产生的新公司,其产生的直接目的是通过破产程序终止其法人资格。换言之,五洲纸业公司和新大纸业公司之间的所谓"合并",虽然具备了公司法上合并的形式,但其目的是通过先合并、然后直接破产的途径,终止所有参与合并的公司,属于特意安排的终止公司

系列行为中的一个步骤，与合并制度的立法目的相违背。具体体现如下：

1. 虽然五洲纸业公司、新大纸业公司在签订的《合并协议》中共同声明，合并目的是扩大公司规模，提高竞争力。但是，致达科技公司在本案一审答辩时明确表示，合并的原因是该公司拟申请五洲纸业公司、新大纸业公司、欣欣用纸公司三家公司破产，为节约资源，采取先合并、然后直接破产的方式，即将五洲纸业公司、欣欣用纸公司并入新大纸业公司，然后以新大纸业公司为平台进行破产。

2. 案涉《合并协议》签订于2013年7月25日，五洲纸业公司注销、并入新大纸业公司的时间为2013年9月16日。2013年10月11日，即合并后的第24天，合并后的新大纸业公司就向新沂法院申请破产。新沂法院受理破产申请的民事裁定亦查明，新大纸业公司从2007年即开始经营困难，于2011年已全面停产。

综上，无论是合并前的五洲纸业公司、新大纸业公司，还是合并后的新大纸业公司，合并的目的是一致的，即终止所有参与合并的公司。

（二）五洲纸业公司和新大纸业公司之间的所谓“合并”直接导致五洲纸业公司违法越过清算环节而终止

公司终止制度对债权人的保护意义重大，公司法、破产法均对此进行了规制，核心内容就是资产清点、债权债务清理、剩余财产分配等。缺乏这一程序，公司原则上不能终止。但是，公司法对合并情形下的公司终止进行了特殊规定，即基于合并而消灭的公司无须经过清算程序。该规定的法理依据在于，合并后存续或者新设的公司对原公司的人格进行了承继。如果合并的目的是终止所有参与合并的公司，则违背上述法理，此种情形属于违法越过清算环节，不应当适用基于合并而消灭的公司无须经过清算程序的规定。

本案中，五洲纸业公司、新大纸业公司共同的唯一股东致达科技公司在合并目的明确为终止所有参与合并的公司的情形下，不按照《公司法》的规定对各公司分别解散、清算或者申请破产，而是将五洲纸业公司在不编制资产负债表、财产清单的情况下，无偿并入新大纸业公司，然后直接申请合并后的新大纸业公司破产，该行为的直接后果是五洲纸业公司的终止违法越过清算环节。

（三）五洲纸业公司和新大纸业公司先合并、然后直接破产的公司终止方式侵害了五洲纸业公司债权人十三冶公司的利益

在以终止所有参与合并的公司为直接目的，合并后的公司不再经营而是直接破产的情况下，合并前公司的债权人对合并后的公司不存在任何积极预期。这种先合并、然后直接破产的公司终止方式，打破了原本各自独立的公司法人财产的界限，将本应分别清算的公司法人财产融合，一并作为合并后公司的破产财产，将

所有参与合并的公司各自的债权人一律作为合并后公司的债权人参与分配。这种方式是否会损害合并前公司债权人的利益，取决于合并前公司各自的资产状况，比如，是否均已符合破产条件，如果均已符合破产条件，各自的破产清偿率是否一致等。若将不符合破产条件的公司并入已资不抵债、符合破产条件的公司，然后直接进行破产，必将损害前者债权人的利益。

本案中，致达科技公司认为先合并、然后直接破产的方式不损害十三冶公司的利益，应承担证明参与合并的公司均已符合破产条件且破产清偿率相同的举证责任。目前，尚无证据证明五洲纸业公司在合并时符合破产条件。相反，工商资料中五洲纸业公司合并前一年度即2012年度的年检报告所附的资产负债表显示，该公司2012年12月31日的所有者权益数额为93880876.30元。合并后的新大纸业公司在进入破产程序后，破产管理人根据现有资料进行资产梳理后所形成的所属时期为2013年11月的五洲纸业公司资产负债表载明的所有者权益数额为76388918.36元。据此，致达科技公司未完成前述举证责任，应承担举证不能的不利后果。在无证据证明参与合并的公司均已符合破产条件且破产清偿率相同的情况下，本案应认定五洲纸业公司和新大纸业公司先合并、然后直接破产的公司终止方式损害五洲纸业公司债权人十三冶公司的利益。

二、侵权人应认定为致达科技公司而非五洲纸业公司

公司合并的程序包括内部程序与外部程序。就内部程序而言，根据《公司法》第37条、第46条的规定，制定公司合并方案是董事会的法定职权，对公司合并作出决议是股东会的法定职权。就外部程序而言，公司需以自己的名义签订合并协议、进行公告等。两者之间的逻辑关系在于，内部程序是启动外部程序的前置条件，而在内部程序中合并与否的决定权属于股东会，至于外部程序中公司以自己名义签订协议等行为，只是对股东会决议的执行。

本案中，虽然签订《合并协议》等外部程序的系列行为由五洲纸业公司以自己名义作出，但是就内部程序而言，该合并的决定系由五洲纸业公司当时的唯一股东致达科技公司作出，且根据已查明事实，致达科技公司在作出该决定时清楚案涉合并的模式、最终目的，且主动追求该结果。因此，侵权行为的核心行为是该合并决定的作出，相应的侵权人应当认定为作出合并决定的公司唯一股东致达科技公司。致达科技公司关于即使合并行为存在侵权，侵权人是五洲纸业公司的主张，割裂了合并的内外两种程序，回避了合并决定由股东作出的核心事实，本院不予支持。而且，五洲纸业公司和新大纸业公司之间的所谓“合并”直接导致五洲纸业公司违法越过清算环节而终止，对由此造成的五洲纸业公司的债权人的损失，亦应当由侵权人即五洲纸业公司的清算义务人致达科技公司承担。

三、对于十三冶公司要求致达科技公司赔偿损失14274625.29元的主张,应予支持

十三冶公司在本案中主张致达科技公司承担侵权赔偿责任,对主张的损失金额应承担相应的举证责任。十三冶公司因致达科技公司侵权行为所产生的损失赔偿额,应当为合并前可以受偿的金额与合并后破产程序中可以受偿金额的差额部分,故十三冶公司应针对前述两项金额分别进行举证。关于合并前可以受偿的金额,十三冶公司提交了工商登记备案的五洲纸业公司2012年年检报告,用以证明该公司2012年12月31日的资产负债表载明的所有者权益为93880876.30元,进而证明案涉债权在2013年7月合并前本应得到全部清偿。致达科技公司则认为五洲纸业公司在合并时实际已无资产,工商登记资料不能证明五洲纸业公司有实际偿债能力,且案涉债权通过强制执行程序尚未执行到位可以佐证该事实。

本院认为,关于合并前可以受偿的金额,应当参考五洲纸业公司2013年7月合并时的资产状况来判断。十三冶公司作为外部债权人,对于五洲纸业公司的资产状况通常只能通过公示信息进行了解,十三冶公司将公示的工商登记资料作为主要证据,具备合理性。而且,虽然五洲纸业公司2012年年检报告所附的资产负债表对应的基准日为2012年12月31日,但相应的审计报告出具时间为2013年4月22日,五洲纸业公司向工商部门提交该年检报告的时间为2013年7月8日,早于签订《合并协议》17天。五洲纸业公司已于2013年9月16日办理注销,且在合并、注销过程中,没有其他可以反映该公司资产状况的资料在工商部门备案。在公示信息中,五洲纸业公司2012年年检报告系与合并时间最接近的资料。此外,合并后的新大纸业公司破产管理人向法院提交的注明所属时期为2013年11月的五洲纸业公司资产负债表以及破产管理人在接受调查时的陈述表明,破产管理人根据现有资料进行的资产梳理结果是,五洲纸业公司在合并时的账面所有者权益为76388918.36元,该金额虽与2012年12月31日资产负债表所载金额93880876.30元不一致,但对比两方当事人不同的观点,十三冶公司的主张更具合理性。因此,关于五洲纸业公司合并时的资产状况、偿债能力问题,应认定十三冶公司已完成了初步举证责任。致达科技公司反驳五洲纸业公司在合并时实际已无资产,应提交相应的证据,且其作为五洲纸业公司当时的唯一股东,理应了解五洲纸业公司的资产状况,具备更强的举证能力。但是,致达科技公司未提供反驳证据,不能推翻前述工商登记资料等所载事实,应承担举证不能的后果。且本案中目前已无法对合并之时五洲纸业公司的资产再行清点或者核对的原因,在于案涉合并未按照《公司法》的规定编制资产负债表和财产清单,故相应的不利后果应由侵权责任人致达科技公司承担。此外,在致达科技公司无证据推翻前

述事实的情况下，仅凭强制执行过程中案涉债权尚未全部执行到位，即认为五洲纸业公司无清偿能力的主张，缺乏依据。因此，本案根据各方当事人的举证责任及举证情况，应当推定如五洲纸业公司不进行合并，十三冶公司的债权可以得到全部清偿。

关于合并后破产程序中实际受偿金额，破产管理人已明确表示根据合并后的新大纸业公司的资产负债情况，普通债权人的清偿率为0，故十三冶公司能够从合并后破产程序中实际受偿的金额应认定为0元。据此，十三冶公司因致达科技公司侵权行为所产生的损失赔偿额应当为案涉债权总额。由于十三冶公司在本案中明确表示只主张14274625.29元，对其他损失不再主张，故本案中应由致达科技公司赔偿十三冶公司的损失金额为14274625.29元。

四、五洲纸业公司在合并过程中未履行法定通知义务，亦属于侵权行为，但致达科技公司对此应否承担法律责任的问题，不影响本案的处理

（一）五洲纸业公司在合并过程中未履行法定通知义务，属于侵权行为

1.《公司法》第173条规定："公司合并，应当由合并各方签订合并协议，并编制资产负债表及财产清单。公司应当自作出合并决议之日起十日内通知债权人，并于三十日内在报纸上公告。"根据该规定，公司在合并中履行通知义务时必须同时采用两种方式，一是通知已知债权人，二是公告，二者缺一不可。致达科技公司关于公告才是真正意义上的法定程序的上诉理由，缺乏依据。本案中，十三冶公司于2009年年底与五洲纸业公司、新大纸业公司签订和解协议，于2012年4月向徐州市中级人民法院申请追加五洲纸业公司为被执行人。徐州市中级人民法院于2012年7月2日裁定追加五洲纸业公司为被执行人。因此，十三冶公司是五洲纸业公司的已知债权人。而五洲纸业公司于2013年7月25日签订《合并协议》后，未通知已知债权人十三冶公司。此外，在十三冶公司的住所地为山西省太原市的情况下，住所地位于江苏省新沂市的五洲纸业公司选择发布《合并公告》的载体为《江苏经济报》。

2.合并中法定通知义务的履行关系到债权人的重大权益。《公司法》第173条规定："债权人自接到通知书之日起三十日内，未接到通知书的自公告之日起四十五日内，可以要求公司清偿债务或者提供相应的担保。"据此，公司法在合并制度设计中赋予了债权人要求公司清偿债务或者提供相应担保的权利。虽然公司法并未规定公司不按照债权人的要求清偿债务或者提供相应担保的，债权人可以阻止或者否定合并，但是债权人提出上述要求后，若公司既不清偿债务，又不提供相应担保，而公司股东仍坚持进行合并的，则应承担相应的风险，一旦合并行为被证明损害了要求清偿债务或者提供相应担保的债权人的利益，公司股东应承担相

应的损害赔偿责任。五洲纸业公司在合并过程中未履行法定通知义务,造成债权人十三冶公司丧失要求清偿债务或者提供相应担保的机会,构成对债权人十三冶公司的侵权。

(二)公司合并过程中未履行通知义务的侵权人是仅限于公司,还是亦包括其他主体,应根据具体情况分析判断

虽然,从《公司法》第173条的文义表达上看,通知债权人是以公司的名义进行。但是,根据前述关于公司合并内外程序关系的分析可知,公司未履行法定通知义务,既有可能是外部程序中公司行为存在瑕疵,如具体经办人员的疏漏等,也有可能是内部程序中控制和决定公司合并的主体有意为之。致达科技公司关于即使未通知十三冶公司构成侵权,侵权人也只能是五洲纸业公司的上诉理由,不能成立。但是,一审判决仅依据致达科技公司是唯一股东、合并决定的作出者,即认定合并程序如何进行完全取决于致达科技公司的意志,要求致达科技公司承担未履行通知义务的侵权赔偿责任,事实与法律依据尚不充分。

(三)致达科技公司是否因五洲纸业公司在合并过程中未履行法定通知义务而成为侵权责任主体的问题,不影响本案的处理

如前文分析,案涉五洲纸业公司和新大纸业公司之间的合并行为整体构成侵权,且侵权人系致达科技公司,而五洲纸业公司未履行法定通知义务这一侵权行为发生于合并过程中的一个环节。即使该环节侵权行为的发生系因受到公司唯一股东致达科技公司的控制所致,致达科技公司亦为侵权人,该环节的侵权行为也已被合并本身这一整体侵权行为所吸收。故双方当事人争议的关于合并过程中未履行法定通知义务的责任主体、法律责任等问题,不影响本案的处理。

综上,致达科技公司作为五洲纸业公司、新大纸业公司的股东,在明确要终止五洲纸业公司、新大纸业公司的情况下,不按照公司法的规定对各公司分别解散、清算或者申请破产,在无证据证明相关公司均符合破产条件且破产清偿率相同的情况下,特意安排先合并、然后直接申请合并后公司破产的终止途径,实质打破了参与合并的公司之间的独立财产界限,构成对五洲纸业公司债权人十三冶公司的侵权,属于《公司法》第20条规制的公司股东滥用公司法人独立地位和股东有限责任,逃避债务,严重损害公司债权人利益的行为,应当对公司债务承担连带责任。现五洲纸业公司已注销,十三冶公司要求致达科技公司承担相应责任,应予支持。致达科技公司的上诉请求缺乏事实与法律依据,本院不予支持。一审判决处理结果正确,应予维持。但是,在案涉合并整体构成侵权的情况下,一审判决仅认定合并过程中通知债权人这一环节的违法行为构成侵权,对本案存在的侵权行为的认定不全面;且认定致达科技公司为未履行通知义务的侵权责任主体,相应

事实与法律依据尚不充分,应予调整。据此,依照《公司法》第 20 条第 1 款、第 3 款,第 173 条,《民事诉讼法》第 170 条第 1 款第 1 项之规定,判决如下:

驳回上诉,维持原判。

【问题 163】在公司尚存在大额负债未清偿的情况下,公司未经清算,股东就将公司房产变更登记至其个人名下致使该债务无法清偿的,是否构成滥用公司独立人格和股东有限责任以逃避债务进而应当否认该公司的人格?

【典型案例要旨 179】(2012)粤高法审监民再字第 52 号:鸿达公司的三名股东在鸿达公司尚欠梁某大额工程款的情况下,于 2003 年至 2006 年未经清算而把鸿达公司的房产变更登记至其个人名下,使鸿达公司丧失可供执行的财产,从而导致梁某因其对鸿达公司的债权无法受偿而遭受重大经济损失。鸿达公司三股东的上述行为实际上是滥用公司独立人格和股东有限责任以逃避债务,使公司的责任财产无法独立于股东,严重损害公司债权人利益的行为。在这种情况下,依法应由鸿达公司三股东对公司债务承担连带清偿责任。

梁某与阳山县鸿达房地产有限公司、罗某森、傅某芳、李某建设工程施工合同纠纷案

广东省高级人民法院(2012)粤高法审监民再字第 52 号

广东省高级人民法院经审理认为:

关于罗某森、傅某芳、李某是否应承担连带清偿责任的问题。

《公司法》第 3 条规定:“公司是企业法人,有独立的法人财产,享有法人财产权。”第 20 条第 3 款规定:“公司股东滥用公司法人独立地位和股东有限责任,逃避债务,严重损害公司债权人利益的,应当对公司债务承担连带责任。”有限责任是公司制度的基石。公司以其全部财产对公司的债务承担责任,公司股东以其认缴的出资额为限对公司承担责任。同时,公司的独立财产是公司独立承担责任的物质保证,公司的独立人格突出表现在财产的独立上。若公司因股东的行为无法保证财产独立,使公司无从贯彻资本维持和资本不变原则,进而影响到公司对外承担清偿债务的物质基础,使该公司无法清偿到期债务,该公司的独立人格就形同虚设。在这种情况下,公司股东应根据公司法的上述规定,对公司的债务承担连带清偿责任。

本案中,鸿达公司与梁某于 2002 年进行工程结算,鸿达公司尚欠鸿达公司工

程款130余万元。鸿达公司的三名股东在鸿达公司尚欠梁某大额工程款的情况下，于2003年至2006年未经清算而把鸿达公司的房产变更登记至其个人名下，使鸿达公司丧失可供执行的财产，从而导致梁某因其对鸿达公司的债权无法受偿而遭受重大经济损失。鸿达公司三股东的上述行为实际上是滥用公司独立人格和股东有限责任以逃避债务，使公司的责任财产无法独立于股东，严重损害公司债权人利益的行为。在这种情况下，依法应由鸿达公司三股东对公司债务承担连带清偿责任。

（三）结果要件

结果要件，就是严重损害公司债权人利益，这种损害必须达到严重程度，主要是指滥用行为使公司财产不足以清偿公司债权人的债权。这也是需要对公司人格进行否认的关键所在。即使行为人存在相关的滥用行为，但对债权人并未造成损害或者该损害比较轻微，尚不足以破坏公司两端的股东与债权人之间的利益平衡，则没有必要否认公司人格。此时，债权人的利益即使受损，尚可通过其他途径解决，如撤销权、代位权等法律救济手段。究其实质，关注的还是公平，这也是该制度最先诞生在判例法国家的主要原因，这些国家的衡平法所注重的就是公平、平等等基本法律原则。

对此处的“严重”的程度，如何把握，有法院认为，需注意对股东“滥用”行为以及损害债权人利益“严重”程度的要件，慎重把握。①

综合而言，要提出对“严重损害债权人利益”切实可行的判断标准首先应当明确“严重损害”之“严重”并不在于损害程度，而在于债权人难以获得救济。既有司法案例中，绝大多数（72.2%）论证结果要件者会兼论行为要件、因果要件、主观要件等多方面因素，而未论证结果要件的案例则多（83%）仅以单个行为要件完成论证。② 所以，多数案例中，法院并未单独论证损害结果要件，而是通过行为要件的分析，直接推定了对债权人利益造成严重损害的结果要件。当然，如此结果，还与债权人对该结果要件的举证能力、距证据的远近以及信息不对称等综合因素有关。对举证责任，可在接下来的“举证责任”部分深入了解。

---

① 参见上海市高级人民法院民二庭2013年发布的《关于商事案件实体规范涉自由裁量权要件指引（一）》第1条。

② 参见吴飞飞、刘嘉霖：《公司法人格否认规则中“严重损害债权人利益”标准的认定——基于339份裁判文书的实证研究》，载《金融法苑》2023年第1期。

【问题 164】已生效的判决或裁决确定的债权经强制执行程序仍未获偿，能否认定为严重损害债权人的利益？

【典型案例要旨 180】（2022）最高法民终 69 号：债权人申请对仲裁裁决强制执行后，没有执行到任何财产，冲电气公司的利益已经严重受损。怡化股份公司、怡化金融设备公司提出的怡化电脑公司具有偿债能力、冲电气公司未穷尽救济途径、债权未受损失等主张，与事实不符，法院不予支持。

深圳怡化电脑股份有限公司、深圳怡化金融设备制造有限公司与冲电气金融设备（深圳）有限公司股东损害公司债权人利益责任纠纷二审民事判决书

最高人民法院（2022）最高法民终 69 号

最高人民法院经审理认为：

关于冲电气金融设备（深圳）有限公司（以下简称冲电气公司）的利益是否已经受到严重损害的问题。

深圳国际仲裁院作出的 D83 号仲裁裁决确认冲电气公司对深圳怡化电脑股份有限公司（以下简称怡化电脑公司）10 亿余元的债权，怡化电脑公司未履行合同约定的付款义务且在仲裁裁决生效后仍不履行义务，冲电气公司向深圳市中级人民法院申请对 D83 号仲裁裁决强制执行后，没有执行到任何财产，冲电气公司的利益已经严重受损。怡化股份公司、深圳怡化金融设备制造有限公司提出的怡化电脑公司具有偿债能力、冲电气公司未穷尽救济途径、债权未受损失等主张，与事实不符，本院不予支持。

【问题 165】公司董事会决议将公司资金存入股东个人账户用于公司对外付款，但没有证据证明该股东将账户资金用于个人事务的，能否据此认定股东与公司之间构成财产混同？

【典型案例要旨 181】（2017）川民申 1001 号：现有证据证明金纬建司通过公司董事会决议将公司财产存入以王某个人名义开设的账户，且以该账户对外支付金纬建司的工程款或其他债务，但没有充分的证据证明王某的个人财产也存入该账户或者王某动用该账户中的资金为其私人事务支出。因此，不能认定王某个人资产与金纬建司资产混同。此外，王某与永鑫达公司均认可金纬建司有其他财产

可供执行，永鑫达公司也无法证明金纬建司与王某的行为满足了“严重损害公司债权人利益”的结果要件。

申请人宜宾永鑫达贸易有限公司与被申请人王某股东损害公司债权人利益责任纠纷再审审查与审判监督民事裁定书

四川省高级人民法院(2017)川民申1001号

四川省高级人民法院经审理认为：

关于二审判决是否认定事实清楚，适用法律错误的问题。

永鑫达公司根据《公司法》第20条“公司股东应当遵守法律、行政法规和公司章程，依法行使股东权利，不得滥用股东权利损害公司或者其他股东的利益；不得滥用公司法人独立地位和股东有限责任损害公司债权人的利益。公司股东滥用股东权利给公司或者其他股东造成损失的，应当依法承担赔偿责任。公司股东滥用公司法人独立地位和股东有限责任，逃避债务，严重损害公司债权人利益的，应当对公司债务承担连带责任”的规定，以王某滥用公司法人独立地位和股东有限责任，逃避债务，严重损害公司债权人利益为由要求王某对金纬建司的债务承担连带责任，须举证证明王某滥用公司法人独立地位和股东有限责任并严重损害永鑫达公司的利益。

现有证据证明金纬建司通过公司董事会决议将公司财产存入以王某个人名义开设的账户，且以该账户对外支付金纬建司的工程款或其他债务，但没有充分的证据证明王某的个人财产也存入该账户或者王某动用该账户中的资金为其私人事务支出。因此，不能认定王某个人资产与金纬建司资产混同。

此外，王某与永鑫达公司均认可金纬建司有其他财产可供执行，永鑫达公司也无法证明金纬建司与王某的行为满足了“严重损害公司债权人利益”的结果要件。

故，一、二审法院认定事实清楚，适用法律正确，永鑫达公司认为王某的个人财产与金纬建司资产混同的理由不能成立。

(四)因果关系要件

因果关系，就是公司债权人的利益所受严重损害是行为人滥用行为所导致的，前者是“果”，后者是“因”。若债权人的损害并非行为人的滥用行为所致，也就不应该否认公司人格进而要求其承担连带赔偿责任。

司法实践中，法院多实施因果关系推定制度，只要债权人能够证明被告确实存在滥用的行为且存在债权无法实现的结果，只要被告无法证明二者之间的因果关系不存在，即可推定二者之间存在因果关系，从而减轻身处信息不对等地位的原告的举证负担。

【问题166】在证明存在滥用行为与损害事实之后，是否可以适用因果关系推定而不需要原告就此承担举证责任？

【典型案例要旨182】（2016）沪01民终11107号：从因果关系来说，只要债权人证明了损害事实以及滥用行为，即可推定两者之间存在因果关系。因为推定因果关系更利于法人人格否认的实践应用，也符合人们对于公平正义的终极追求。本案中，××公司与郭某霞存在人格混同的情形，除非郭某霞能够证明宏埔公司的损失非由其实施滥用行为造成。否则，即应认定郭某霞滥用××公司人格与造成宏埔公司损害之间具有因果关系。

郭某霞诉上海宏埔贸易有限公司股东损害公司债权人利益责任纠纷二审民事判决书

上海市第一中级人民法院（2016）沪01民终11107号

一审法院上海市闵行区人民法院经审理认为：

关于本案中上海宏埔贸易有限公司（以下简称宏埔公司）主张××公司与股东郭某霞人格混同，一审法院认为，《公司法》第20条第3款规定，公司股东滥用公司法人独立地位和股东有限责任，逃避债务，严重损害公司债权人利益的，应当对公司债务承担连带责任。根据该项内容，适用公司人格否认责任需符合四要件，即主观要件、行为要件、结果要件和因果关系要件。

从主观要件来说，××公司与宏埔公司结欠的300万元系2010年1月至2013年3月21日形成借款关系所结欠（生效法律文书确认事实）。而在此期间，××公司向郭某霞个人账户转入大量款项，客观上存在“逃避债务”的状态。

从行为要件来说，××公司亦系一小型封闭性公司，股东也仅有郭某霞、王某青二人，由郭某霞担任公司法定代表人、执行董事。其间，郭某霞在不到5年时间，个人与××公司之间发生款项往来144笔，涉及款项数额合计91451500元。郭某霞抗辩全部款项往来系公司借其个人发生，至今××公司尚欠郭某霞1055069.32元，该节陈述没有证据佐证。一审法院需要指出的是，流水账单款项往来情况也与借款事实不符（既然是个人借给公司，应该是个人款项先转入公司，但流水账单反映公司款项先陆续转入个人账户）。况且，仅在2009年8月19日至2011年9月13日两年期间，郭某霞与××公司之间的款项往来差额已经达到

2343100 元,个人借款给公司无从谈起。故一审法院对借款关系的抗辩意见不予采纳。从××公司的建设银行闵行区莘中路支行银行账户经常性余额来看,其经常保持较小数额(有恶意逃避公司对外债务的意图)。公司一有款项进账,立即划出至郭某霞个人账户;公司一有需要支出,立即将郭某霞个人账户款项划入公司。该节事实反映××公司与股东的财产混合,资金随意流转,公司与股东人格严重混同,公司形骸化表现明显。

从结果要件来说,《公司法》规定了结果要件为严重损害债权人利益。××公司所负债务金额较大,且未能及时足额清偿宏埔公司的全部或大部分债务。在不到 5 年的时间,郭某霞转入××公司只有 37844500 元,××公司却转回 53607000 元,差额为 15762500 元,确实存在严重侵害债权人利益的行为。

从因果关系要件来说,只要债权人证明了损害事实以及滥用行为,即可推定两者之间存在因果关系。因为推定因果关系更利于法人人格否认的实践应用,也符合人们对于公平正义的终极追求。本案中,××公司与郭某霞存在人格混同的情形,除非郭某霞能够证明宏埔公司的损失非由其实施滥用行为造成。否则,即应认定郭某霞滥用××公司人格与造成宏埔公司损害之间具有因果关系。

根据上述四个方面,××公司与公司股东郭某霞之间财产混同,是人格混同的主要表现特征之一,一审法院采纳宏埔公司的××公司与公司股东郭某霞人格混同的观点,郭某霞应按照法律规定对公司的债务承担连带责任。

【问题 167】通过制作虚假工作表的方式证明公司的注册资金系用于发放员工工资的合法用途,且对公司的基本账户进行了销户,造成公司无法清偿债务的,是否属于滥用公司法人独立地位和股东有限责任逃避债务的行为?

【典型案例要旨 183】(2016)陕民申 733 号:通过制作虚假工作表的方式证明金钻公司的注册资金系用于发放员工工资的合法用途,且对公司的基本账户进行了销户,造成金钻公司无法清偿债务,赵某华、杨某华的行为符合《公司法》第 20 条规定的公司股东滥用公司法人独立地位和股东有限责任,逃避债务,严重损害公司债权人利益的情形,一、二审法院判决赵某华、杨某华向解某鹏连带偿还金钻公司的债务 223000 元结果适当。

咸阳金钻理财资讯有限公司、赵某华、杨某华与解某鹏股东损害公司债权人利益责任纠纷申请再审民事裁定书

陕西省高级人民法院(2016)陕民申733号

陕西省高级人民法院经审理认为:

关于赵某华、杨某华是否应向解某鹏连带清偿咸阳金钻理财资讯有限公司(以下简称金钻公司)的债务223000元一节,赵某华、杨某华夫妻二人于2009年6月1日注册成立金钻公司,该公司注册资本50万元。该公司成立后,股东赵某华、杨某华不能证明该公司注册资金的去向系用于公司的合法生产经营活动。金钻公司购买电脑的收据涉及32台电脑合计112000元,其代理人称32台电脑并非一次性购买,而是分批购买,先购买的损坏了,再购买下一批,该收据是购买32台电脑的总账。

根据金钻公司提交的工资表,其公司员工最多时仅为7人,购买32台电脑有悖常理,且该收据的开具时间为2009年5月11日,金钻公司成立于2009年6月1日,在公司未成立时,即购买远超其员工人数的电脑,电脑反复损坏,又在同一家公司继续购买,亦与常理不符。

赵某华、杨某华通过制作虚假工资表的方式证明金钻公司的注册资金系用于发放员工工资的合法用途,且对公司的基本账户进行了销户,造成金钻公司无法清偿债务,赵某华、杨某华的行为符合《公司法》第20条规定的公司股东滥用公司法人独立地位和股东有限责任逃避债务,严重损害公司债权人利益的情形,一、二审法院判决赵某华、杨某华向解某鹏连带偿还金钻公司的债务223000元结果适当。

(五)主观要件

最高人民法院民二庭认为,从被告的主观过错来看,滥用公司法人独立地位和股东有限责任的股东,其目的是逃避债务,主观上有明显过错,是故意为之。如果股东主观上没有过错,或者过错不明显,属于过失,也没有必要否定公司人格。换言之,公司股东的行为必须达到“滥用”公司法人独立地位和股东有限责任的程度,才有必要否定公司人格。如果没有达到“滥用”的程度,就没有必要否定公司人格,否则有违公司人格独立和股东有限责任的基本原则,[①]即原告需要证明行为人具有“逃避债务”的主观故意,法院才能否定公司人格、认定行为人的连带责任。

---

① 参见最高人民法院民事审判第二庭编著:《〈全国法院民商事审判工作会议纪要〉理解与适用》,人民法院出版社2019年版,第146页。

通过对股东客观滥用行为的判断，也能探究行为人的主观意图。由于举证上的困难，如果由原告举证证明股东滥用公司法人人格的行为具有主观恶意，将难以实际适用公司法人人格否认规则。因此，只要股东实施了滥用公司法人独立地位和股东有限责任的行为，便能推定股东有滥用公司法人人格的主观恶意，①此即客观标准，是从行为人的行为本身推知其主观上是否存在故意的一种过错认定方式。

【问题168】债权人为便于处置债务人资产受让取得对债务人公司的大部分股权，在其债权实现之后又将该股权转让给原股权出让方指定的第三人的，能否据此认定其存在滥用股东权利以逃避公司债务的故意？

【典型案例要旨184】(2020)津民终1137号：2012年9月18日亚得集团、刘某勋、夏某生、虹联公司四方签订的协议书约定亚得集团将自有的亚得公司全部85%的股权及股权所对应的总作价为人民币93000000元的资产转移给虹联公司。从签订该协议的动机来看，虹联公司获得亚得公司股权的目的是便于处置亚得公司资产，以收回应得款项。此一动机从2014年1月13日虹联公司再将全部85%的股权转让给亚得置业指定的案外人刘某清、洪某的事实中亦可得到佐证。因此，虹联公司并不存在故意滥用股东权利以逃避公司债务的故意。

天津市华港鼎盛投资集团有限公司、天津虹联医疗科技发展有限公司股东损害公司债权人利益责任纠纷二审民事判决书

天津市高级人民法院(2020)津民终1137号

天津市高级人民法院经审理认为：

本案二审争议焦点是，天津虹联医疗科技发展有限公司(以下简称虹联公司)在作为亚得公司股东期间是否滥用公司法人独立地位和股东有限责任以逃避债务，严重损害公司债权人的利益，应否对亚得公司的债务承担连带责任。

《公司法》第20条第3款规定："公司股东滥用公司法人独立地位和股东有限责任，逃避债务，严重损害公司债权人利益的，应当对公司债务承担连带责任。"在适用该条规定时，应满足主体要件、主观要件、结果要件和因果关系要件。

关于主体要件，天津市华港鼎盛投资集团有限公司(以下简称华港公司)为亚

---

① 参见杨琳、禹海波：《公司法人人格否认规则的适用》，载《人民司法》2021年第10期。

得公司的债权人，虹联公司作为曾持有亚得公司85%股份的股东，符合主体要件。

关于主观要件，《公司法》第20条第3款要求股东主观上必须具有明显过错，即故意滥用公司法人独立地位和股东有限责任以逃避公司债务。但在本案中，虹联公司并不存在故意滥用股东权利以逃避公司债务的故意。理由在于，2012年9月18日亚得集团、刘某勋、夏某生、虹联公司四方签订的协议书约定亚得集团将自有的亚得公司全部85%的股权及股权所对应的总作价为人民币93000000元的资产转移给虹联公司。从签订该协议的动机来看，虹联公司获得亚得公司股权的目的是便于处置亚得公司资产，以收回应得款项。此一动机从2014年1月13日虹联公司再将全部85%的股权转让给亚得置业指定的案外人刘某清、洪某的事实中亦可得到佐证。

关于结果要件与因果关系要件，虽然天津市滨海新区人民法院（2016）津0116民初23179号、（2016）津0116民初23180号、（2016）津0116民初23235号民事调解书均确认亚得公司对华港公司负有还款责任，且因亚得公司无财产可供执行，不具备执行条件，执行程序被终结，但华港公司的债权无法实现与虹联公司并无直接因果关系。虹联公司持股亚得公司股权的期间为2012年9月至2014年1月，而上述三份调解书的成讼时间均在2016年。从时间上看，难以得出虹联公司持股与亚得公司丧失清偿能力之间存在因果关系。华港公司主张，由于虹联公司持有亚得公司85%的股份，故亚得公司的经营决策系在虹联公司的控制下作出。仅从持股比例来看，虹联公司具备控股股东的形式，但仅凭持股比例并不能必然得出亚得公司就是虹联公司实际控制人的结论，因为从虹联公司受让85%股权的起因及经过来看，虹联公司并不是为了追求控股地位。

公司法人独立与股东有限责任是公司法的基本原则。综合本案的证据来看，并不存在公司人格混同、股东过度支配与控制等滥用股东权利的情形。华港公司主张虹联公司滥用股东支配地位造成其损害的理据不足，其要求虹联公司承担连带清偿责任的理由不能成立。

【问题169】公司股东未实际出资且知晓公司没有盈利，在公司仍有负债尚未清偿的情况下，利用公司资金为自己购买别墅，所用资金金额远超公司注册资本，能否构成公司人格否认所需的“逃避债务”的主观故意要件？

【典型案例要旨185】（2012）浙绍商终字第293号：陈某仪系爵晟公司的股东，自爵晟公司注册成立时未投入分文，知晓爵晟公司未盈利，陈某仪与黄某利用公司资金为自己购买别墅,远超公司注册资本,显属于利用自己的股东地位为自己谋取不当利益的行为,在公司未产生盈利的情况下侵占公司资产,致使此后公司债务未能及时偿付,严重损害了公司债权人的利益。结合陈某仪与黄某之间的关系,应当认为陈某仪存在损害公司及公司债权人利益、逃避债务的恶意。

陈某仪与被上诉人嵊州市日新贸易有限公司、嵊州市日新贸易有限公司与陈某仪、黄某等股东损害公司债权人利益责任纠纷二审民事判决书

浙江省绍兴市中级人民法院(2012)浙绍商终字第293号

浙江省绍兴市中级人民法院经审理认为:

……

第二,上诉人陈某仪是否滥用股东权利需要对日新公司的损失承担连带赔偿责任的问题。

陈某仪系爵晟公司的股东,自认爵晟公司注册成立时未投入分文,至今也未补缴出资。上诉人于2008年11月18日在公安机关所作的笔录中自认与黄某系恋人关系,知晓爵晟公司未盈利,黄某也没有钱。但陈某仪与黄某利用公司资金为自己购买上海市青浦区徐泾镇东徐联路588号87号别墅一套,后变更至陈某仪名下,由爵晟公司支付3888270元款项,远超公司注册资本,也远超陈某仪的出资额,显属于利用自己的股东地位为自己谋取不当利益的行为,在公司未产生盈利的情况下侵占公司资产,致使此后公司债务未能及时偿付,严重损害了公司债权人的利益。现陈某仪提出支付上海市青浦区徐泾镇东徐联路588号87号别墅的款项系公司分红,与其自认的事实不符,也缺乏依据。结合陈某仪与黄某之间的关系,应当认为陈某仪存在损害公司及公司债权人利益、逃避债务的恶意,依据《公司法》第20条的规定,应当对爵晟公司的债务承担连带责任。

故对于上诉人陈某仪提出的其未参与公司经营,不存在滥用股东的权利、仅在认缴的出资额范围内对公司债务承担责任、应由爵晟公司向其主张权利的抗辩均不应予以采纳,上诉人陈某仪应在侵占公司资金3888270元以及抽逃出资300000元合计4188270元以及相应利息范围内对爵晟公司的债务承担连带责任。侵占的资金3888270元自2008年6月19日起按人民银行同期贷款利率计算利息,抽逃的出资300000元自2006年3月14日起按人民银行同期贷款利率计算利息。

【问题170】多个股东实际控制多家公司，其中一家负债之后，其他关联公司与债权人积极协商、安排付款计划、提供担保的，是否构成逃避债务的主观故意？

【典型案例要旨186】(2012)宁民商初字第1号：经济公司与华西金属公司于2011年3月22日至5月16日先后签订五份《补充协议》，对华西金属公司各个阶段的逾期付款金额及违约金数额进行确认，于2011年9月20日签订《备忘录》，对所欠钢材款及违约金计算标准进行确认，并约定由华圣房地产公司承担连带保证责任，以其开发建设的"龙河金帝"小区8号楼作为抵押，且华西金属公司已支付违约金至2011年11月30日，由此可见，华西金属公司并没有逃避债务的主观恶意，经济公司请求东方公司、杨某学、杨某梅、华圣安装公司、杨某芳承担连带责任的诉讼请求，均没有事实和法律依据。

宁夏经济技术协作开发公司与吴忠市华西有色金属物资贸易有限公司、宁夏华圣房地产开发有限公司、吴忠市东方有色金属贸易有限公司、宁夏华圣建筑安装工程有限公司、杨某学、杨某梅、杨某芳买卖合同纠纷一审民事判决书

宁夏回族自治区高级人民法院(2012)宁民商初字第1号

宁夏回族自治区高级人民法院经审理认为：

……

2011年9月20日，经济公司与华西金属公司、华圣房地产公司签订《备忘录》，华圣房地产公司承诺作为担保人对华西金属公司所购经济公司全部钢材款形成的债务承担连带责任，是其真实意思表示，符合法律规定，经济公司请求华圣房地产公司对本案所涉债务承担连带保证责任的诉讼请求，本院予以支持。

按照《公司法》第20条的规定，公司股东滥用公司法人独立地位和股东有限责任，逃避债务，严重损害公司债务人利益的，应当对公司债务承担连带责任。

本案中，经济公司与华西金属公司于2011年3月22日至5月16日先后签订五份《补充协议》，对华西金属公司各个阶段的逾期付款金额及违约金数额进行确认，于2011年9月20日签订《备忘录》，对所欠钢材款及违约金计算标准进行确认，并约定由华圣房地产公司承担连带保证责任，以其开发建设的"龙河金帝"小区8号楼作为抵押，且华西金属公司已支付违约金至2011年11月30日，由此可见，华西金属公司并没有逃避债务的主观恶意，经济公司请求东方公司、杨某学、

杨某梅、华圣安装公司、杨某芳承担连带责任的诉讼请求，均没有事实和法律依据，本院不予支持。

五、举证责任

公司人格否认属于侵权责任，一般的侵权责任诉讼均由原告承担举证责任。但是，基于控股股东特别是实际控制人滥用有限责任与独立人格的行为通常都比较隐蔽，且债权人位于公司外部，对公司内部情况本就知之甚少，双方之间存在严重的信息不对称。因此，为公平起见，此时，作为一般原则的“谁主张，谁举证”就有必要作出适当的修正，要求被告也承担一定的举证责任，以弥补双方之间的这种不对称，实现实质公平。因此，法院在具体案件中，就要在原告的举证达到一定程度、具备一定条件之后，实施举证责任转移，再由被告对其未实施滥用行为或未损害债权人利益承担举证责任。

前述讨论的是对滥用行为的举证责任。此外，对于因果关系的举证责任而言，有学者认为，与一般侵权要件中需要由原告一方举证证明因果关系不同，鉴于股东滥用权利的行为当然损害公司偿债能力，在公司法人人格否认之诉案件中，应适用因果关系推定，在债权人举证证明股东实施了滥用公司法人独立地位和股东有限责任的行为后，应由股东举证二者之间不存在因果关系，否则应承担举证不能的后果。[①] 笔者非常赞同这种观点，这样可以减少双方之间在举证责任方面的严重失衡，从诉讼法上实现实质公平。

当然，在司法实践中，有的法院要求原告承担初步举证责任，以此证明作为被告的双控人很有可能实施了滥用的行为。在此基础上，法院再根据原告的申请主动调查被告是否存在滥用行为。若原告提交的证据和法院调查的证据能够证明被告有滥用行为的证据的，法院有权要求被告提交相关证据，若被告无正当理由不提交的，则可以《民事诉讼法》的相关规定推定原告的主张成立，即被告的滥用行为存在。

司法实践中，确有省级地方法院按照这种思路制定了相关的规范性文件，例如，上海法院就规定[②]：公司债权人主张股东滥用公司法人独立地位和股东有限责任的，对股东滥用公司法人独立地位和股东有限责任的事实承担举证责任。公司债权人能够提供初步证据证明股东滥用公司独立法人地位和股东有限责任，但确因客观原因不能自行收集公司账簿、会计凭证、会议记录等相关证据，申请人民法

---

① 参见杨琳、禹海波：《公司法人人格否认规则的适用》，载《人民司法》2021年第10期。

② 参见上海市高级人民法院民事审判第二庭2009年发布的《关于审理公司法人人格否认案件的若干意见》第10条和第11条。

院调查取证的，法院应当依据《最高人民法院关于民事诉讼证据的若干规定》的规定，进行必要的审查。一人公司的债权人主张股东财产与公司财产混同的，由股东就公司财产独立于股东的财产承担举证责任。公司债权人有证据证明公司及股东持有证据但无正当理由拒不提供，如果公司债权人主张该证据的内容不利于证据持有人，可根据《最高人民法院关于民事诉讼证据的若干规定》第75条之规定，推定债权人的主张成立。

【问题171】全资控股股东，理应了解子公司的资产状况，若认为先合并、然后直接破产的方式不损害子公司债权人的利益，且参与合并的公司均已符合破产条件且破产清偿率相同的，该控股股东是否应当承担举证责任？

【典型案例要旨187】(2018)最高法民申282号：致达科技公司提出的五洲纸业公司净资产中存货与固定资产已设抵押或者质押、其他应收账款主要为对新大纸业公司的应收账款以及十三冶公司通过一审法院对五洲纸业公司的强制执行仍未能清偿其到期债权等的抗辩，不能推翻前述工商登记资料、资产负债表等所载事实，亦不足以证明五洲纸业公司无清偿能力。致达科技公司未能提交充分有效证据证明参与合并的公司符合破产条件且破产清偿率相同，自应承担举证不能的法律后果。因此，原审判决认定致达科技公司将五洲纸业公司和新大纸业公司先合并、然后直接破产的公司终止方式损害五洲纸业公司债权人十三冶公司的利益，对其构成侵权，并不缺乏证据证明，适用法律并无不当。

上海致达科技集团有限公司、中国第十三冶金建设有限公司股东损害公司债权人利益责任纠纷再审审查与审判监督民事裁定书

最高人民法院(2018)最高法民申282号

最高人民法院经审理认为：

关于原审判决认定致达科技公司对十三冶公司构成侵权是否缺乏证据证明及适用法律错误的问题。

本案中，致达科技公司在一审答辩时明确表示，合并的原因是该公司拟申请五洲纸业公司、新大纸业公司、欣欣用纸公司三家公司破产，为节约资源，采取先合并、然后直接破产的方式，即将五洲纸业公司、欣欣用纸公司并入新大纸业公司，然后以新大纸业公司为平台进行破产。这将导致合并前公司的债权人作为合并后公司的债权人参与分配。此种方式是否损害合并前公司债权人的利益，取决

于合并前公司是否符合破产条件、破产清偿率是否一致等因素。在本案中,致达科技公司系五洲纸业公司当时的唯一股东,理应了解五洲纸业公司的资产状况,如认为先合并、然后直接破产的方式不损害十三冶公司的利益,其应承担参与合并的公司均已符合破产条件且破产清偿率相同的举证责任。

依据原审查明的事实,工商资料中五洲纸业公司合并前2012年度的年检报告所附的资产负债表显示,该公司2012年12月31日的所有者权益数额为93880876.30元。合并后的新大纸业公司在进入破产程序后,破产管理人根据相关资料进行资产梳理后所形成的所属时期为2013年11月的五洲纸业公司资产负债表载明的所有者权益数额为76388918.36元。本案一审中,致达科技公司认可五洲纸业公司并入新大纸业公司时未编制资产负债表及财产清单,同时称在合并时五洲纸业公司实际已没有资产,但未提交相应证据。

在本案二审时,新大纸业公司破产管理人在法院调查时陈述,根据新大纸业公司目前的资产负债情况,普通债权人的清偿率为0,由此表明十三冶公司能够从合并后破产程序中实际受偿的金额为0元。致达科技公司提出的五洲纸业公司净资产中存货与固定资产已设抵押或者质押,其他应收账款主要为对新大纸业公司的应收账款以及十三冶公司通过一审法院对五洲纸业公司的强制执行仍未能清偿其到期债权等的抗辩,不能推翻前述工商登记资料、资产负债表等所载事实,亦不足以证明五洲纸业公司无清偿能力。致达科技公司未能提交充分有效证据证明参与合并的公司符合破产条件且破产清偿率相同,自应承担举证不能的法律后果。因此,原审判决认定致达科技公司将五洲纸业公司和新大纸业公司先合并、然后直接破产的公司终止方式损害五洲纸业公司债权人十三冶公司的利益,对其构成侵权,并不缺乏证据证明,适用法律并无不当。

【问题172】公司债权人主张股东滥用公司法人独立地位和股东有限责任的,对股东滥用公司法人独立地位和股东有限责任的事实,应当由谁承担举证责任、举证到何种程度?

【典型案例要旨188】(2019)沪02民初37号:公司法人独立地位和股东有限责任是公司法制度的基石,公司股东的行为必须达到“滥用”公司独立法人地位和股东有限责任的程度,才有必要否定公司人格。认定是否构成“滥用”行为应严格把握,股东的行为应达到持续性、严重性等标准,才有必要认定为法律规定的“滥用”行为。

尼德克株式会社与上海马夫网络科技有限公司股东损害公司债权人利益责任纠纷一审民事判决书

上海市第二中级人民法院(2019)沪02民初37号

上海市第二中级人民法院经审理认为：

关于本案各方争议的举证责任问题。

本院认为，公司债权人主张股东滥用公司法人独立地位和股东有限责任的，应对股东滥用公司法人独立地位和股东有限责任的事实承担举证责任。

根据本院前述认定，从原告目前举证情况来看，其一，原告举证的被告与第三人之间的资金往来流水显示，双方转账账目记载清晰，不存在资金混同使用或财产边界不清的情形。其二，原告主张其提供的第三人银行账户流水中第三人向案外人支付的多笔款项系代被告支付，但原告仅为推测，既无相应证据佐证，且亦被第三人举证反驳，不能证明被告与第三人之间存在利益输送。其三，原告亦未能提供证据证明被告具有并滥用对第三人的控制权，使第三人丧失自身意思表达和财产的独立性。亦即在原告未能提供证明被告滥用公司独立法人地位和股东有限责任的初步证据的情况下，本院对其关于调取或当事人提供被告及第三人自2017年1月1日至2019年12月31日的财务账册和所有银行账户自2017年1月1日至2019年12月31日的流水记录的申请，不予准许。

本院进一步认为，公司法人独立地位和股东有限责任是公司法制度的基石，公司股东的行为必须达到“滥用”公司独立法人地位和股东有限责任的程度，才有必要否定公司人格。认定是否构成“滥用”行为应严格把握，股东的行为应达到持续性、严重性等标准，才有必要认定为法律规定的“滥用”行为。

本案中，即便第三人存在替被告支付部分租金、低价转让股权等行为，其金额也远低于原告对第三人的债权金额，原告因被告的行为受到的损害尚达不到“严重”程度，不能因此而否定第三人公司人格。原告可通过其他法律规定的途径主张自身权利。

【问题173】在初步证明实际控制人对三家公司具有实际控制的较高盖然性的情况下，原告请求法院调查三公司之间一定期间内的全部账册与银行流水是否合理合法？

【典型案例要旨189】(2019)苏民终1528号：三公司股权结构反映郭某成系三公司股东及高管，故郭某成为三公司控制股东具有较高盖然性。在此情况下，国电光伏公司申请一审法院调取三公司自2010年12月至2019年1月共同存续期间的全部财务账册及银行流水以进一步证明三公司存在财务混同具有一定的合理性,故一审法院依职权调取了国发华企公司五个银行账户往来明细,该取证行为并不违反法律规定。

【问题174】法院调取的银行账户往来明细反映三公司之间资金往来非常频繁,且存在多笔大额款项,而且债权人公司表示不清楚多笔资金转账原因,故对三公司的财务账册(尤其是独立性)进行司法审计是否合理合法?作为财务账册的持有人的三家公司,拒不配合提供财务账册以供审计的,法院是否可以认定由其承担举证不能的不利后果?

【典型案例要旨190】(2019)苏民终1528号:三公司之间资金往来非常频繁,其中国发华企公司有多笔大额款项流向国发节能公司、国发后勤公司,鉴于国发华企公司一审庭审中表示不清楚多笔资金转账原因,故对三公司的财务账册(尤其是独立性)进行审计有利于查明三公司资金往来性质,进而判断国发华企公司与其三股东是否存在财产混同且无法区分。在此情形下,一审法院根据国电光伏公司的申请,拟启动司法审计具有合理性及必要性。

国发节能环保发展集团有限公司、北京国发机关后勤服务有限公司等与国电光伏有限公司股东损害公司债权人利益责任纠纷二审民事判决书

江苏省高级人民法院(2019)苏民终1528号

江苏省高级人民法院经审理认为:

国发节能公司、国发后勤公司与国发华企公司存在人格混同,应对国发华企公司对国电光伏公司的案涉债务承担连带清偿责任。

首先……

其次,一审法院对本案举证责任的分配符合法律规定。

1. 一审法院调取国发华企公司五个账户的银行流水不违反法律规定。

根据《最高人民法院关于民事诉讼证据的若干规定》第2条、第17条第2款的规定,当事人对自己的诉讼主张或反驳对方主张所依据的事实均应举证证明。当事人确因客观原因不能自行收集的证据可以申请法院收集。

本案国电光伏公司主张国发华企公司三股东国发节能公司、国发后勤公司、郭某成对公司债务承担连带责任,应对公司股东存在滥用公司法人独立地位和股东有限责任、逃避债务,严重损害公司债权人利益的情形承担举证责任,包括证明三公司存在人格混同、公司控制股东对公司过度支配与控制等滥用情形。

国电光伏公司一审中提供的三公司企业公示信息及招聘信息等证据,已证明三公司住所地、联系方式、高管人员、业务范围等存在混同或交叉的情形。三公司股权结构反映郭某成系三公司股东及高管,故郭某成为三公司控制股东具有较高盖然性。在此情况下,国电光伏公司申请一审法院调取三公司自2010年12月至2019年1月共同存续期间的全部财务账册及银行流水以进一步证明三公司存在财务混同具有一定的合理性,故一审法院依职权调取了国发华企公司五个银行账户往来明细,该取证行为并不违反法律规定。

2. 一审法院要求国发华企公司及其三股东配合提供财务账册,否则承担不利后果亦不违反法律规定。

认定公司人格与股东人格是否存在混同,最根本的判断标准是公司是否具有独立意志和独立财产,最主要的表现是公司的财产与股东的财产是否混同且无法区分。

从一审法院调取的国发华企公司五个银行账户往来明细,可以反映三公司之间资金往来非常频繁,其中国发华企公司有多笔大额款项流向国发节能公司、国发后勤公司,鉴于国发华企公司一审庭审中表示不清楚多笔资金转账原因,故对三公司的财务账册(尤其是独立性)进行审计有利于查明三公司资金往来性质,进而判断国发华企公司与其三股东是否存在财产混同且无法区分。在此情形下,一审法院根据国电光伏公司的申请,拟启动司法审计具有合理性及必要性。国发华企公司及其三股东作为财务账册的持有人有责任和义务配合提供,一审法院对该举证责任的分配,并无不当。国发华企公司及其股东在一审法院明确释明法律后果的情况下,仍不同意财务审计并配合提供财务账册,一审法院依据《最高人民法院关于民事诉讼证据的若干规定》第75条以及《最高人民法院关于适用〈中华人民共和国民事诉讼法〉的解释》第112条之规定,认定由国发华企公司及其股东自行承担不利后果,符合法律规定。

再次,现有证据能够证明国发节能公司、国发后勤公司与国发华企公司之间存在财务混同。从一审法院调取的国发华企公司五个银行账户的往来明细分析,能够反映以下事实:

1. 2011年至2018年,国发华企公司与国发节能公司、国发后勤公司之间存在大量资金往来,多数仅标注为转账、汇兑业务或往来款,未注明资金真实用途。

2. 国发华企公司收入即项目回款或与项目有关的财政补贴被频繁、大额转出给国发节能公司、国发后勤公司。

3. 国发节能公司、国发后勤公司向国发华企公司多次转入资金,被用于国发华企公司日常经营支出,转入资金和相关支出基本持平。国发节能公司、国发后勤公司、郭某成拒绝提供财务账册配合进行司法审计,亦未提供其他反驳证据,应承担举证不能的法律后果。

一审法院采信国电光伏公司对银行流水的核查意见符合客观情况,认定三公司财务混同并无不当。

国发节能公司、国发后勤公司、郭某成对银行流水的真实性并无异议,主张反映的系企业正常的经济往来缺乏证据证明,二审中仅以国发华企公司五个账户的银行流水不能完整反映该公司的资金流向为由,据此否定三公司财务混同不能成立。

六、对实控人的适用

认定实际控制人所具备的"实际支配公司行为",一般包括以下情形[①]:其一,对公司的人事、财务、业务掌握控制权。其二,对公司股东会、董事会决策的作出有实质性影响力,甚至直接越过公司法、公司章程规定的决议程序,导致公司机关"傀儡化"。其三,掌控公司印章。其四,虽非公司股东、法定代表人,但长期对外代表公司意志行事。2023 年修订后的《公司法》第 265 条第 3 项,已将原《公司法》对实际控制人的范围进行了修改,删除了"虽不是公司的股东",也就是说,公司的实际控制人可以是公司的直接股东,也可以是公司的间接股东,甚至可以与公司不存在任何投资关系。

我国《公司法》有关公司人格否认的规定,并未将实际控制人纳入公司人格否认规则的适用对象范围,而现行公司法司法解释中,只有《公司法解释三》明确规定实际控制人对债权人承担连带责任。正如本书此前两章内容所介绍的那样,这些规定也只限于公司清算和股东抽逃出资等情形,且与公司人格否认无关。因此,对于人格否认制度适用于公司的实际控制人,事实上存在一定的逻辑障碍,即只有有股东的有限责任,才能有公司人格的否认;非公司直接股东的实控人虽能影响、控制公司行为,却也未能享受法律赋予股东有限责任的制度优惠。

对此,有学者认为,[②]实际控制人并非没有享受有限责任的"制度优惠",其享受的甚至是"超有限责任"的"制度优惠"。公司人格之独立的基础在于拥有独立的意志和责任能力。当公司的意志为他人所左右而丧失独立性时,即不应再承认其独立人格,进而否认其独立责任,由左右其意志的主体共同承担其债务责任。

---

① 参见虞政平、王朝辉、吴飞飞:《论公司人格否认规则对实际控制人的适用》,载《法律适用》2021 年第 2 期。

② 参见虞政平、王朝辉、吴飞飞:《论公司人格否认规则对实际控制人的适用》,载《法律适用》2021 年第 2 期。

公司人格否认规则的根本要义在于否认公司的独立责任能力而非股东的有限责任，公司集团人格否认、关联公司人格否认、反向刺破公司面纱，归根结底均是在否认公司的独立责任，令导致公司人格不独立的主体承担连带清偿责任，而非否认股东的有限责任。因此，公司人格否认规则的基本逻辑应当是谁滥用公司人格，谁对公司债务承担连带清偿责任，实际控制人滥用公司人格亦应如此。

在最高人民法院二审、再审的后述案例中，最高人民法院就是通过“目的扩张解释”的方式，将公司的实际控制人作为2005年修订后的《公司法》第20条（2023年修订后《公司法》第23条）的责任主体，并认定其滥用股东有限责任和公司独立人格而应当对公司的债务承担连带赔偿责任。

【问题175】在股权转让出之前，一直长期直接或者通过其他公司控制本公司，并长期在本公司担任管理职务，且各方均未能提供充分证据证明前述股权转让的真实性；本案发生后，某自然人多次与债权人就还款事宜进行协商交涉，其对本公司的经营管理具有决定性的影响力；收到货款后，案涉资金几乎均直接或者间接流向该自然人个人及其相关关联公司，这也说明该自然人对本公司具有财务控制力。综合前述事实，能否认定该自然人为公司的实际控制人？

【典型案例要旨191】（2019）最高法民申6232号：在能盛公司、能顺公司、杜某洪均未能提供证据证明能盛公司向能源交通公司、能源交通公司向杜某洪转款所依据的基础性法律关系真实存在的情况下，前述转款已然属于滥用能盛公司独立人格，严重损害了中石化江西分公司的债权利益。综合能盛公司的股权控制情况，杜某洪、杜某1与中石化江西分公司就能盛公司还款事宜进行交涉的事实，能盛公司向能源交通公司、能源交通公司向杜某洪转款的事实以及能源交通公司股东与杜某洪之间的关联关系等一系列事实，原审认定杜某洪、杜某1系能盛公司实际控制人，并且滥用能盛公司独立法人格，故意逃废债务，侵害中石化江西分公司的债权利益，并无不当。

杜某洪、杜某1买卖合同纠纷再审审查与审判监督民事裁定书

最高人民法院（2019）最高法民申6232号

最高人民法院经再审认为：

1. 关于杜某洪、杜某1是否为能盛公司的实际控制人的问题。

《公司法》第216条第3项规定：“实际控制人，是指虽不是公司的股东，但通过投资关系、协议或者其他安排,能够实际支配公司行为的人。”杜某洪、杜某1虽然已经不是能盛公司股东,但基于以下事实,可以认定其为实际控制人。

其一,杜某洪、杜某1在能顺公司将股权转让给何某棠之前,一直长期直接或者通过能顺公司控制能盛公司,并长期在能盛公司担任管理职务。

其二,杜某洪、杜某1以及何某棠均未能提供充分证据证明能盛公司案涉股权转让的真实性。一审中,何某棠提供了一份股权转让合同、两份中国农业银行的客户收(付)款入账通知、一份税收缴款书来证明其受让也即杜某洪、杜某1出让能盛公司股权的真实性。尽管相关款项数额一致,但是存在以下不符合商业交易惯例之情形:一是能顺公司与何某棠的股权转让合同签订日期为2012年3月1日,税收缴款书的日期是2014年10月10日,两份中国农业银行的客户收(付)款入账通知的日期是2015年10月19日,三个时间节点明显不对应;二是作为股权转让合同,仅约定股权转让款,却没有约定股权登记变更的时间;三是根据股权转让合同,何某棠应当在合同订立后15日内一次性支付转让款,但实际上何某棠在2015年10月19日,即在能盛公司收到中石化江西分公司支付货款后不久才转账支付了与股权转让款本金一致的款项,且没有证据显示在股权已经变更登记两年多的时间里与能顺公司协商过股权转让款支付事宜。

其三,本案发生后,杜某洪、杜某1多次与中石化江西分公司就还款事宜进行协商交涉,说明杜某洪、杜某1对能盛公司的经营管理具有决定性的影响力。

其四,从案涉资金流向上看,能盛公司收到中石化江西分公司的货款后,案涉资金几乎均直接或者间接流向杜某洪个人及其相关关联公司,这也说明杜某洪对能盛公司具有财务控制力。

最高人民法院(2016)最高法民终755号民事裁定指出的“重审中,能盛公司、能顺公司、能源交通公司、隆泰公司、西江发电厂B厂及西江发电厂应当提交与有关行政主管机关备案会计报表相一致的银行账户流水、财务账册、合同、票据等原始财务资料进行司法审计鉴定”系对当事人举证义务的明确,而非对法院认定案件事实的要求。而且,一审法院要求当事人提供能证明基础交易真实性、相关公司之间财产独立、公司财产与股东财产相互独立的原始财务资料、年度财务会计报告等证据,但仅能盛公司、能顺公司、何某棠提交了部分材料,以致资料不足,未能进入鉴定程序。因此,原审综合多方证据,并根据认定案件事实的民事诉讼证据盖然性规则,认定杜某洪、杜某1是能盛公司的实际控制人,并不缺乏证据证明。

2. 关于杜某洪、杜某1是否应对能盛公司所欠中石化江西分公司债务承担连带清偿责任的问题。

从本案货款支付后的资金流向情况看,能盛公司收到中石化江西分公司支付的货款后,将部分款项转付给能源交通公司、隆泰公司,能源交通公司又将部分款项转付给杜某洪、何某棠等人。付款人为能盛公司、收款人为能源交通公司的回单上并未注明转款用途,并且能盛公司亦未能提供供货合同实际履行所涉的货物交付凭证,因此不能证明该笔款项系用于支付向能源交通公司购买燃料油的货款。能源交通公司向杜某洪转款1537万元,不仅与杜某洪主张的《借款合同》项下借款数额不对应,转账凭证上亦未注明系用于偿还欠款,不能证明借款关系真实存在。

在能盛公司、能顺公司、杜某洪均未能提供证据证明能盛公司向能源交通公司、能源交通公司向杜某洪转款所依据的基础性法律关系真实存在的情况下,前述转款已然属于滥用能盛公司独立人格,严重损害了中石化江西分公司的债权利益。

综合能盛公司的股权控制情况,杜某洪、杜某1与中石化江西分公司就能盛公司还款事宜进行交涉的事实,能盛公司向能源交通公司、能源交通公司向杜某洪转款的事实以及能源交通公司股东与杜某洪之间的关联关系等一系列事实,原审认定杜某洪、杜某1系能盛公司实际控制人,并且滥用能盛公司独立法人人格,故意逃废债务,侵害中石化江西分公司的债权利益,并无不当,亦不缺乏证据证明。

《公司法》第20条第3款规定:"公司股东滥用公司法人独立地位和股东有限责任,逃避债务,严重损害公司债权人利益的,应当对公司债务承担连带责任。"尽管杜某洪、杜某1非能盛公司股东,但《公司法》第20条规制股东滥用公司法人人格之立法目的自应涵盖公司实际控制人滥用公司法人人格之情形,故原审基于此判令杜某洪、杜某1对案涉债务承担连带清偿责任符合《公司法》第20条之立法目的,并不属于适用法律确有错误之情形。

《公司法》第63条规定:"一人有限责任公司的股东不能证明公司财产独立于股东自己的财产的,应当对公司债务承担连带责任。"何某棠基于其一人公司股东身份及不能举证证明其个人财产独立于公司财产之事实,而应当对能盛公司债务承担连带清偿责任,这一责任与杜某洪、杜某1的能盛公司实际控制人身份并不冲突。原审判令杜某洪、杜某1及何某棠就能盛公司欠付中石化江西分公司债务承担连带清偿责任虽基于不同的具体事实与法律依据,但均指向不得滥用公司独立法人人格、损害债权人利益之法理。且何某棠并未对本案申请再审,其在本案再审申请期间提交的书面意见仅是作为原审当事人的答辩意见,不能因此引发本案再审。

【问题 176】作为公司法定代表人的公司门卫和伙房，其工作由某自然人安排，到工商部门签字也是由其指派进行，公司一切事宜均由某自然人决定；近两年期间，某自然人设立的多个银行账户就收到公司汇入款项 2240 多万元，汇入公司款项 194 万元。可见，该自然人对公司不仅有行政事务掌控权，而且对资金有绝对的支配权，能否据此认定该自然人为公司的实际控制人？

【典型案例要旨 192】(2016)豫 07 民终 2888 号：苗某平对昊德公司不仅有行政事务掌控权，而且对资金有绝对的支配权。符合《公司法》规定的公司实际控制人的构成条件，应认定其为实际控制人。苗某平与张某签订借款协议和借据，且在张某毫不知情下加盖了其为经营便利私刻的昊德公司印章，并通过其个人账户收到张某支付的借款，至此，民间借贷关系成立。苗某平行为应视为其代表昊德公司的职务行为，由此产生的法律责任应由昊德公司承担。

新乡市昊德机电有限公司、张某民间借贷纠纷二审民事判决书

河南省新乡市中级人民法院(2016)豫 07 民终 2888 号

一审法院河南省卫辉市人民法院经审理认为：

《公司法》规定，虽不是公司的股东，但通过投资关系、协议或其他安排，能够实际支配公司行为的人，为公司的实际控制人。由此可见，实际控制人在公司的身份虽不明确，但他拥有公司的控制权，他与控股股东在公司享有的权利基本一致，均能控制公司、参与决定公司的经营管理、决定公司关键管理人员的任免，从公司利息中分红或从公司经营中获得好处。实际控制人不是股东，确定其法律地位无须通过股东身份来认定，应通过其对公司是否实施有具体的控制行为确定。

从昊德公司的实际情况看：

1. 2014 年 6 月 13 日之前，昊德公司的法定代表人程某喜自认未向公司出资分文，未参与过对公司的管理，公司成立多时后才知其为公司法定代表人，其在公司从事的门卫和伙房工作由苗某平安排，到工商部门签字也是由苗某平指派进行，公司一切事宜均由苗某平决定。这一点与苗某平面对法院询问时的陈述相一致。

2. 苗某平与昊德公司存在频繁的银行转账交易。自 2012 年 6 月至 2014 年 1 月，苗某平设立的多个银行账户的其中尾号为 7511 农行账户就收到昊德公司汇入款项 2240 多万元，汇入昊德公司款项 194 万元。据此可见，苗某平对昊德公司

不仅有行政事务掌控权，而且对资金有绝对的支配权。符合《公司法》规定的公司实际控制人的构成条件，应认定为实际控制人。苗某平与张某签订借款协议和借据，且在张某毫不知情下加盖了其为经营便利私刻的昊德公司印章，并通过其个人账户收到张某支付的借款，至此，民间借贷关系成立。其行为应视为其代表昊德公司的职务行为，由此产生的法律责任应由昊德公司承担。

张某为借款投资的安全，又与苗某平另设的卫辉市天龙实业有限公司签订买卖合同，以买卖标的物作为借款资金能够返还的保障，这一事实与苗某平陈述一致。双方对买卖合同进行公证，包括后期解除买卖合同的想法，均符合常理。

昊德公司以涉案的400万元款项为支付的货款，否认张某向昊德公司出借款项的辩称理由，不能成立。张某要求昊德公司偿还借款400万元，应予支持。张某与昊德公司约定的月利率为4.5%，超过民间借贷规定的月利率2%。庭审中，张某要求利息按月利率2%，自2014年3月1日起计算，应予支持。

依照《合同法》第60条、第107条、第205条、第206条，《最高人民法院关于审理民间借贷案件适用法律若干问题的规定》第30条，《民法通则》第43条之规定，判决：新乡市昊德机电有限公司应于判决生效后15日内偿还张某借款400万元及利息。

七、对一人公司的适用

（一）基本概况

我国2005年修订的《公司法》第64条规定：一人有限责任公司的股东不能证明公司财产独立于股东自己的财产的，应当对公司债务承担连带责任。2023年修订后《公司法》第23条第3款对其稍作修改后仍规定：只有一个股东的公司，股东不能证明公司财产独立于股东自己的财产的，应当对公司债务承担连带责任。这正是我国一人公司股东对公司债务承担连带责任，即一人公司人格否认的法律依据。

一人有限责任公司使原本普通有限责任公司所拥有的复数股东之间相互制约、相互监督的关系不复存在，也让复数股东之共同意思形成公司意思的机能形同虚设。这是由一人有限责任公司股东的唯一性决定的，既然唯一股东之意思便是公司的意思，则容易造成一人有限责任公司业务与股东其他业务的多方面混同。由此使公司相对人难以分清与之交易的对象是公司还是股东个人，也无法保证公司之财产的完整性，最终导致公司债权人承担较大的交易风险。[①] 我国公司

---

① 参见宋燕妮、赵旭东主编：《中华人民共和国公司法释义》，法律出版社2019年版，第149页。

法基于这种假设,即一人公司与其股东通常会存在人格混同,因此,对一人公司与其股东之间的责任承担作出了特别规定,直接实施人格否认,以便更好地保护公司债权人的利益,降低交易风险,从而强制要求一人有限责任公司的股东必须将公司财产与本人财产严格分离。

(二)构成要件

综上所述,对于一人公司而言,这种法定正向人格否定制度,其责任构成要比一般的人格否认制度简单得多,若该公司是一人股东的公司,且公司不能清偿债务的,只要"股东不能证明公司财产独立于股东自己的财产",就可以实施公司人格否认而要求股东对公司的债务承担连带责任。

首先,股东必须证明其与公司的财产相互独立,也即不存在财产混同。这是一人公司人格否认的行为要件,也是最核心的构成要件。

其次,一人公司的人格否认实施的是举证责任倒置,即由公司股东证明其与公司之间的财产是相互独立的。这主要是基于前述假设,一人公司股东与公司的财产更容易发生混同,而且,相比信息闭塞的债权人而言,股东距离其与公司之间财产相互独立的证据更近,更容易证明彼此财产独立。

根据2005年修订的《公司法》第63条的规定:一人有限责任公司应当在每一会计年度终了时编制财务会计报告,并经会计师事务所审计。因此,若股东能够提供一人公司每年度都依法编制了财务报告并由会计师事务所出具了无保留意见的《审计报告》,法院一般均可认定此二者的财产是相互独立的,因而不实施人格否认。

就证据层面而言,公司每个年度的财务报告与《审计报告》应当符合《会计法》及相关法律法规的规定,且财务报告与《审计报告》、每个年度的财务报告与《审计报告》相互之间能够相互钩稽、形成内部自洽,才属于合格的证据,才能证明二者财产的相互独立性。否则,就容易受到原告的质疑,更容易因该述证据缺乏证明力而不被法院采信,从而因无法完成举证责任而被否定人格、承担连带责任。

(三)特殊的一人公司

第一,夫妻作为股东的公司。

对于股东为夫妻二人的有限责任公司,法院普遍认为其为实质上的一人公司,如最高人民法院熊某平、沈某霞申请执行人执行异议之诉再审民事判决书[(2019)最高法民再372号]所述,《婚姻法》第17条规定,除该法第18条规定的财产及第19条规定的约定财产制外,夫妻在婚姻关系存续期间所得财产归夫妻共同共有。据此可以认定,青曼瑞公司的注册资本来源于熊某平、沈某霞的夫妻共同财产,青曼瑞公司的全部股权属于熊某平、沈某霞婚后取得的财产,应归双方共同共有。青曼瑞公司的全部股权实质来源于同一财产权,并为一个所有权共同享有和支配,该股权主体具有利益的一致性和实质的单一性,即青曼瑞公司为实质上的一人公司。因此,既然该公司为一人公司,若其不能证明彼此财产独立,则自然应该按照《公司法》(2005 年修订)第 64 条有关一人公司人格否认的规定由其股东对公司的债务承担连带责任。

【问题 177】公司的二位股东为夫妻关系的,能否将其直接认定为实质上的一人公司从而实施一人公司的人格否认制度?

【典型案例要旨 193】(2019)最高法民再 372 号:青曼瑞公司系实质意义上的一人有限责任公司,适用《公司法》第 63 条规定,而《最高人民法院关于民事执行中变更、追加当事人若干问题的规定》第 20 条的实体法基础亦为《公司法》第 63 条规定。据此,熊某平、沈某霞应对青曼瑞公司财产独立于双方其他共有财产承担举证责任,在二审法院就此事项要求熊某平、沈某霞限期举证的情况下,熊某平、沈某霞未举证证明其自身财产独立于青曼瑞公司财产,应承担举证不力的法律后果。二审法院支持猫人公司追加熊某平、沈某霞为被执行人的申请,并无不当。

熊某平、沈某霞申请执行人执行异议之诉再审民事判决书

最高人民法院(2019)最高法民再 372 号

最高人民法院经审理认为:

本案猫人公司依据《最高人民法院关于民事执行中变更、追加当事人若干问题的规定》第 20 条"作为被执行人的一人有限责任公司,财产不足以清偿生效法律文书确定的债务,股东不能证明公司财产独立于自己的财产,申请执行人申请变更、追加该股东为被执行人,对公司债务承担连带责任的,人民法院应予支持"的规定,申请追加青曼瑞公司股东熊某平、沈某霞为被执行人。故本案焦点为青曼瑞公司是否属于一人有限责任公司,猫人公司申请追加熊某平、沈某霞为被执行人应否得到支持。

关于青曼瑞公司是否属于一人有限责任公司问题。

《公司法》第 58 条第 2 款规定:"本法所称一人有限责任公司,是指只有一个自然人股东或者一个法人股东的有限责任公司。"本案中,青曼瑞公司虽系熊某平、沈某霞两人出资成立,但熊某平、沈某霞为夫妻,青曼瑞公司设立于双方婚姻关系存续期间,且青曼瑞公司工商登记备案资料中没有熊某平、沈某霞财产分割

的书面证明或协议,熊某平、沈某霞亦未补充提交。

《婚姻法》第17条规定,除该法第18条规定的财产及第19条规定的约定财产制外,夫妻在婚姻关系存续期间所得财产归夫妻共同共有。据此可以认定,青曼瑞公司的注册资本来源于熊某平、沈某霞的夫妻共同财产,青曼瑞公司的全部股权属于熊某平、沈某霞婚后取得的财产,应归双方共同共有。青曼瑞公司的全部股权实质来源于同一财产权,并为一个所有权共同享有和支配,该股权主体具有利益的一致性和实质的单一性。

另外,一人有限责任公司区别于普通有限责任公司的特别规定在于《公司法》第63条,该条规定:"一人有限责任公司的股东不能证明公司财产独立于股东自己的财产的,应当对公司债务承担连带责任。"由此可知,一人有限责任公司的法人人格否认适用举证责任倒置规则。之所以如此规定,原因系一人有限责任公司只有一个股东,缺乏社团性和相应的公司机关,没有分权制衡的内部治理结构,缺乏内部监督。股东既是所有者,又是管理者,个人财产和公司财产极易混同,极易损害公司债权人利益。故通过举证责任倒置,强化一人有限责任公司的财产独立性,从而加强对债权人的保护。

本案中的青曼瑞公司由熊某平、沈某霞夫妻二人在婚姻关系存续期间设立,公司资产归熊某平、沈某霞共同共有,双方利益具有高度一致性,亦难以形成有效的内部监督。熊某平、沈某霞均实际参与公司的管理经营,夫妻其他共同财产与青曼瑞公司财产亦容易混同,从而损害债权人利益。在此情况下,应参照《公司法》第63条规定,将公司财产独立于股东自身财产的举证责任分配给股东熊某平、沈某霞。

综上,青曼瑞公司与一人有限责任公司在主体构成和规范适用上具有高度相似性,二审法院认定青曼瑞公司系实质意义上的一人有限责任公司并无不当。

关于应否支持猫人公司申请追加熊某平、沈某霞为被执行人的问题。如上分析,青曼瑞公司系实质意义上的一人有限责任公司,适用《公司法》第63条规定,而《最高人民法院关于民事执行中变更、追加当事人若干问题的规定》第20条的实体法基础亦为《公司法》第63条规定。据此,熊某平、沈某霞应对青曼瑞公司财产独立于双方其他共有财产承担举证责任,在二审法院就此事项要求熊某平、沈某霞限期举证的情况下,熊某平、沈某霞未举证证明其自身财产独立于青曼瑞公司财产,应承担举证不力的法律后果。二审法院支持猫人公司追加熊某平、沈某霞为被执行人的申请,并无不当。

【问题178】夫妻二人为公司全部股东且已实缴全部出资的，是否属于实质上的一人公司？

【典型案例要旨194】（2018）最高法民终1184号：力腾公司虽系李某和其妻子常某青出资设立，构成所谓“夫妻公司”，但是，夫妻公司与一人公司并不能完全等同。夫妻共同财产制亦不能等同于夫妻公司财产即为夫妻两人共同财产，公司财产与股东财产相互分离，公司财产仅归公司所有，这并不会因为股东为夫妻关系即发生改变。公司在取得投资者财产所有权的同时，用股权作为交换，投资者也凭该股权获得股东身份，在投资之前，股东之间之财产关系如何，是否实际为夫妻共同财产，有无订立财产分割协议，对公司资本构成及资产状况实质并无影响，更不应据此而认定为一人公司。因此，夫妻公司与普通有限责任公司并无人格以及责任独立等方面之差异。

西安天虹电气有限公司、青海力腾新能源投资有限公司建设工程施工合同纠纷二审民事判决书

最高人民法院（2018）最高法民终1184号

一审法院青海省高级人民法院经审理认为：

关于李某应否对天虹公司的上述主张承担连带清偿责任的问题。

天虹公司认为，力腾公司系李某和其妻子成立的夫妻公司，且工商注册没有分割协议，李某作为力腾公司的法定代表人、大股东实质是力腾公司的实际控制人，可以合理怀疑李某与公司存在资产混同。应参照《公司法》关于一人公司的规定，在李某不能证明自身财产独立于公司财产的情况下，对公司债务承担连带责任。

力腾公司认为，其提供的五份验资报告可以证明李某财产独立于公司财产。

李某认为，验资报告可证明李某已履行了出资义务，不存在资产混同；李某在融资文件上签字是履行公司义务，不存在利用职务便利实际控制公司的问题，故其不应对公司债务承担连带清偿责任。

一审法院认为，首先，力腾公司虽系李某和其妻子常某青出资设立，构成所谓“夫妻公司”，但是，夫妻公司与一人公司并不能完全等同。夫妻共同财产制亦不能等同于夫妻公司财产，即夫妻两人共同财产，公司财产与股东财产相互分离，公司财产仅归公司所有，这并不会因为股东为夫妻关系即发生改变。公司在取得投资者财产所有权的同时，用股权作为交换，投资者也凭该股权获得股东身份，在投

资之前,股东之间的财产关系如何,是否实际为夫妻共同财产,有无订立财产分割协议,对公司资本构成及资产状况实质并无影响,更不应据此而认定为一人公司。因此,夫妻公司与普通有限责任公司并无人格以及责任独立等方面之差异,天虹公司依照《公司法》关于一人公司的规定,主张李某对力腾公司债务承担连带清偿责任,缺乏法律和事实依据。

其次,根据《公司法》第20条的规定,股东对公司债务承担连带清偿责任,必须存在股东滥用公司法人独立地位和股东有限责任,逃避债务,严重损害公司债权人利益之行为。本案中,天虹公司所提供的《债务转让协议》《股权质押合同》等证据,并不足以证明力腾公司与李某存在财产混同、李某滥用公司法人独立地位和股东有限责任严重损害其利益的行为。

综上,天虹公司主张力腾公司股东李某对力腾公司债务承担连带清偿责任无事实和法律依据,一审法院不予支持。

第二,变更后为一人股东的公司与变更前为一人股东的公司。

区分该二者是否能够适用一人公司的人格否认制度,主要还要看诉争债务实际发生时或债务已届清偿期时,债务人公司的实际状态,若此时公司为一人公司,不管此后是否变更为非一人有限公司,或者此前不属于一人公司但是在债务发生时已变更为一人公司,我们认为均应按照一人公司确定是否适用人格否认制度。

当然,有人认为应该按照前述两个时点中的某一个时点,确定是否适用一人公司的人格否认制度。就此,我们认为,这种观点不合适。主要原因在于,除公司减资所涉股东退出外,针对公司股东的变更,即公司是否由二人或多数股东变更为一人股东,抑或由一人股东变更为二人或多数股东,以及这种变更中股东是否存在逃避责任的目的,我国公司法并未设置对公司债权人的保护机制,债权人无从判断其未来的债权是否将受到一人公司这种特殊情况下股东可能滥用其一人股东地位所带来的不利影响。因此,应当以债务存在的全部期间作为时点确定该公司是否为一人公司,避免出现选择不同时点将出现不同的认定结果,从而引起争议并给法院如何裁决带来困扰,只有如此,方能更充分地保护一人公司债权人的利益。

第三,他人代持部分股权的一人公司。

此种情况下,某公司的实际控制股东,将本由其自己持有或投资的股权,交由他人代持,代持人仅为名义股东,股东的全部权利和利益均由委托人享有。此时,公司虽然名为二人股东的公司,实际上,乃一人股东的公司。不管其委托他人代持部分股权是不是为了规避一人公司股东可能的连带责任，因代持人并未实际享有股东的权利和利益，公司的全部股东权利与利益仍由该实际控制股东所享有，公司全部股权的实际享有主体实际为一人。因此，该种他人代持部分股权的公司，乃实质上的一人公司，应当适用一人公司的人格否认制度。

（四）一人公司人格否认相关典型司法案例的裁判要旨

【问题 179】公司年度的企业所得税汇算清缴鉴证报告、内部控制鉴证报告、审计报告以及关联交易专项审计报告等证据，能否证明公司与全资控股股东之间的财产相互独立？

【典型案例要旨 195】（2022）最高法民终 69 号：怡化股份公司作为怡化电脑公司的全资控股股东，对怡化电脑公司享有重大决策权和选择管理者的权利。怡化股份公司在认定上述借款属怡化电脑公司法定代表人余某违规放贷后，仅建议怡化电脑公司责令余某追回资金，给予扣发年终奖的处分，余某仍然继续担任怡化电脑公司的法定代表人与总经理。怡化股份公司与怡化电脑公司的上述行为不符合一家正常公司的商业理性。综上所述，怡化股份公司未能充分证明其与怡化电脑公司之间财产独立，具有滥用股东权利使怡化电脑公司财产不足以清偿冲电气公司案涉债权的情形，冲电气公司主张怡化股份公司应当对怡化电脑公司案涉债务承担连带清偿责任。

深圳怡化电脑股份有限公司、深圳怡化金融设备制造有限公司与冲电气金融设备（深圳）有限公司股东损害公司债权人利益责任纠纷二审民事判决书

最高人民法院（2022）最高法民终 69 号

一审法院广东省高级人民法院经审理认为：

关于争议焦点二。

根据《公司法》第 63 条的规定，怡化股份公司不能证明怡化电脑公司财产独立于怡化股份公司财产时，应当对怡化电脑公司债务承担连带责任。但财产独立并非严格的法律概念，在财务会计上也缺乏认定财产独立的明确标准，只能根据个案情况进行综合判断。

本案中，怡化股份公司与怡化电脑公司为证明其两者之间财产独立，主要提交了怡化电脑公司 2014 年度、2015 年度的企业所得税汇算清缴鉴证报告、内部控制鉴证报告、审计报告以及关联交易专项审计报告等证据。

法院认为,上述证据不足以证明怡化股份公司与怡化电脑公司之间财产独立。结合本案查明的事实,怡化股份公司应当对怡化电脑公司的案涉债务承担连带责任。理由如下:

1. 企业所得税汇算清缴鉴证报告的作用是对企业所得税年度纳税申报表反映的纳税信息的真实性、合法性实施鉴证,所依据的是《企业所得税法》及其他税收法律法规,并不对企业财产是否独立发表意见。因此,2014 年度、2015 年度怡化电脑公司企业所得税汇算清缴鉴证报告不能证明该公司与怡化股份公司财产独立。

2. 内部控制鉴证报告的作用是对公司年度报告内部控制的有效性作出认定,所依据的是《企业内部控制基本规范》及相关规定,也不对公司财产是否独立发表意见。因此,2014 年度、2015 年度怡化电脑公司的内部控制鉴证报告不能证明该公司与怡化股份公司财产独立。

3.《公司法》第 62 条规定:"一人有限责任公司应当在每一会计年度终了时编制财务会计报告,并经会计师事务所审计。"司法实践中,一人有限责任公司是否按照上述法律规定编制年度财务会计报告,并经会计师事务所审计通过,是判断该公司人格独立的重要依据。但 2014 年度、2015 年度怡化电脑公司的审计报告及财务会计报告显示,该公司应收账款与应付账款金额均以数亿元计,但上述报告均未披露应收账款的债务人为其全资股东怡化股份公司,也未对该关联交易是否公平进行认定,不符合《中国注册会计师审计准则第 1323 号——关联方》对关联方关系及其交易进行识别、会计处理和披露等要求。怡化电脑公司最主要的经营活动就是将从冲电气公司购买的存取款一体机等设备销售给怡化股份公司,怡化股份公司未及时向怡化电脑公司支付设备款项的行为,必然在相当大的程度上影响怡化电脑公司向冲电气公司清偿债务。

4. 案涉关联交易专项审计报告显示,自 2013 年 1 月 1 日至 2016 年 12 月 31 日,怡化电脑公司销售设备给怡化股份公司的交易金额达 32 亿余元,货款已全部收取。但根据怡化电脑公司年报,该公司在 2015 年年末应收账款仍有 9 亿余元。深圳市中级人民法院于 2015 年 11 月 18 日对怡化股份公司发出协助执行通知书,要求怡化股份公司如需向怡化电脑公司清偿到期债务,应当付至指定账户。但怡化股份公司在 2015 年 11 月 18 日之后向怡化电脑公司上述指定账户之外的银行账户多次支付了大量款项,存在拒不履行案涉协助执行通知书、协助怡化电脑公司逃避保全与执行措施的故意。

5. 怡化电脑公司提交的证据显示,该公司于 2016 年 10 月初向三家严重缺乏商业信用基础的电子商行提供借款共计 8 亿余元,未要求该三家电子商行提供担保物、保证人等任何债权保障措施。截至2021年3月26日,该三家电子商行中仅有蓝雨商行归还了59万余元本金,剩余本金及全部利息均未归还,严重减损了怡化电脑公司的偿债能力。

怡化股份公司作为怡化电脑公司的全资控股股东,对怡化电脑公司享有重大决策权和选择管理者的权利。怡化股份公司在认定上述借款属怡化电脑公司法定代表人余某违规放贷后,仅建议怡化电脑公司责令余某追回资金,给予扣发年终奖的处分,余某仍然继续担任怡化电脑公司的法定代表人与总经理。怡化股份公司与怡化电脑公司的上述行为不符合一家正常公司的商业理性。

综上所述,怡化股份公司未能充分证明其与怡化电脑公司之间财产独立,具有滥用股东权利使怡化电脑公司财产不足以清偿冲电气公司案涉债权的情形,冲电气公司主张怡化股份公司应当对怡化电脑公司案涉债务承担连带清偿责任,具有事实与法律依据,本院予以支持。

【问题180】债务产生于一人股东持股期间,若该股东未能证明其与公司的财产相互独立,应否对该债务承担连带责任?

【典型案例要旨196】(2018)粤民申10718号:黄某宏于2011年10月至2012年5月系一人有限责任公司银思奇公司的股东,且涉案债务系中信国安盟固得公司于2011年2月至2012年3月因连续买卖合同关系而产生,并于2012年3月6日经相关当事人对账而最终确认。黄某宏未能提交证据证明在其经营期间,银思奇公司有独立完整的财务制度和符合财务准则的财务报表以及银思奇公司曾依照《公司法》第62条的规定在每一会计年度终了时编制财务会计报告并经会计师事务所审计,故黄某宏未能证明银思奇公司的财产独立于股东财产。

黄某宏、中信国安盟固利电源技术有限公司股东损害公司债权人利益责任纠纷再审审查与审判监督民事裁定书

广东省高级人民法院(2018)粤民申10718号

广东省高级人民法院经审理认为:

本院经审查认为,本案为股东损害公司债权人利益责任纠纷。本案争议的主要问题为黄某宏应否承担股东责任。

一、二审法院查明,黄某宏于2011年10月至2012年5月系一人有限责任公司银思奇公司的股东,且涉案债务系中信国安盟固得公司于2011年2月至2012年3月因连续买卖合同关系而产生,并于2012年3月6日经相关当事人对账而最

终确认。黄某宏未能提交证据证明在其经营期间，银思奇公司有独立完整的财务制度和符合财务准则的财务报表以及银思奇公司曾依照《公司法》第 62 条的规定在每一会计年度终了时编制财务会计报告并经会计师事务所审计，故黄某宏未能证明银思奇公司的财产独立于股东财产。

同时，根据银思奇公司破产管理人的报告，银思奇公司于 2012 年 4 月底停产关闭，即已不能清偿巨额到期债务，但黄某宏却于 2012 年 5 月以 1 元的价格向曲某强转让全部公司股权，退出公司经营。而涉案曲某强出具的用以证明从黄某宏处接收财务账册等资料的《收条》被鉴定为“笔迹不是标称时间 2012 年 5 月 8 日期间形成”，且无其他证据证明黄某宏已向曲某强交付公司主要财产、账册、重要文件，银思奇公司破产管理人亦未能接管到银思奇公司的财务账册等资料，无法对其进行审计和全面清算。

二审法院结合上述因素，依照《公司法》第 63 条以及《公司法解释二》第 18 条第 2 款的规定，认定黄某宏应当对银思奇公司的涉案债务承担连带清偿责任，并无不当。黄某宏所提理由及请求，理据不足，本院不予采纳。

【问题 181】公司人格混同的责任构成要件有哪些?

【典型案例要旨 197】(2016) 黔民初 160 号：新力公司是泛北公司的股东之一，瓮福国际请求新力公司对泛北公司的债务承担连带责任需符合两个构成要件：一是新力公司须有滥用法人独立地位的行为，即使得泛北公司的核心人格特征如人员、机构、经营业务、财务、财产与新力公司混同。二是新力公司滥用权利的行为与瓮福国际的损失之间存在因果关系，且唯有否认法人人格方能保护债权人的利益。

瓮福国际贸易股份有限公司与北海新力进出口贸易有限公司、北海泛北商贸有限公司股东损害公司债权人利益责任纠纷一审民事判决书

贵州省高级人民法院(2016)黔民初 160 号

贵州省高级人民法院经审理认为：

《公司法》第 20 条第 1 款规定，“公司股东应当遵守法律、行政法规和公司章程，依法行使股东权利，不得滥用股东权利损害公司或者其他股东的利益；不得滥用公司法人独立地位和股东有限责任损害公司债权人的利益”，第 3 款规定，“公司股东滥用公司法人独立地位和股东有限责任，逃避债务，严重损害公司债权人

利益的，应当对公司债务承担连带责任”，第63条规定，“一人有限责任公司的股东不能证明公司财产独立于股东自己的财产的，应当对公司债务承担连带责任”。根据上述法律规定，对于普通公司而言，债权人要求股东对公司债务承担连带责任的，需证明股东滥用公司法人的独立人格和股东有限责任，造成公司法人与股东之间人格混同，且严重侵害债权人利益；对于一人有限责任公司而言，债权人要求股东对公司债务承担连带责任的，股东需证明公司财产与股东财产相互独立，不能证明的，股东即应当对公司债务承担连带责任。

本案中，新力公司是否对泛北公司的债务承担连带责任需要考量的是普通公司股东法人人格否认的构成要件，北部湾港股份公司是否对新力公司、泛北公司的债务承担连带责任需要考量的是一人有限责任公司股东法人人格否认的构成要件。

关于新力公司是否应当对泛北公司的债务承担连带责任的问题，新力公司是泛北公司的股东之一，瓮福国际请求新力公司对泛北公司的债务承担连带责任需符合两个构成要件：一是新力公司须有滥用法人独立地位的行为，即使得泛北公司的核心人格特征如人员、机构、经营业务、财务、财产与新力公司混同。二是新力公司滥用权利的行为与瓮福国际的损失之间存在因果关系，且唯有否认法人人格方能保护债权人的利益。

瓮福国际举证证明两公司的办公场所、董事长、总经理、财务人员及其他高管人员存在混同，符合第一个构成要件。但是，瓮福国际并未举证证明由于新力公司滥用法人人格和股东有限责任对其造成了损失。从双方提供的证据来看，泛北公司并未因新力公司与其在其他方面存在混同而丧失其财产独立性，瓮福国际也未证明泛北公司的财产已经不足以清偿本案债务或者其债权不能获得救济，从而使得否认泛北公司的法人人格成为必要。因此，瓮福国际的请求不能成立，本院不予支持。

关于北部湾港股份公司是否应当对新力公司、泛北公司案涉债务承担连带责任的问题。

新力公司为一人有限责任公司，北部湾港股份公司系其唯一股东，本案审理中，北部湾港股份公司已经提供《专项审计报告》证明新力公司的财产与北部湾港股份公司的财产相互独立，不存在混同，瓮福国际虽然不予认可，但其并未提供相反证据予以证明，故北部湾港股份公司的举证责任已经完成，瓮福国际的请求不能成立，本院不予支持。

综上所述，瓮福国际援引合同约定和法人人格否认制度请求三被告承担连带责任没有事实和法律依据，本院均不予支持。

【问题182】公司审计报告、会计账簿中存在诸多与常理不符、与会计准则等规范性文件相悖的记录，无法合理解释长期待摊费用三年未有任何摊销的事实，库存商品有账目记录但无对应实物，无法予以合理解释说明债权人债权额为负数等，能否证明一人公司股东财产独立于公司财产？

【典型案例要旨198】（2015）一中民（商）终字第6889号：公司审计报告、会计账簿中存在诸多与常理不符、与会计准则等规范性文件相悖的记录，包括银行存款每年度均会产生相应利息，但三年审计报告所载数额未发生任何变化；无法合理解释长期待摊费用三年未有任何摊销的事实；库存商品有账目记录但无对应实物；债权人债权额为负数，但无法予以合理解释说明等，均反映审计报告、财务账簿内容与公司实际经营事实不符，不能客观、真实反映公司经营情况，在此情况下，其不具有证明股东财产独立于公司财产的效力，法院不予采信。

刘某明与北京中天圣丽伟业贸易有限公司股东损害公司债权人利益责任纠纷二审民事判决书

北京市第一中级人民法院（2015）一中民（商）终字第6889号

北京市第一中级人民法院经审理认为：

刘某明作为激情百度公司的唯一股东，是否应对公司债务承担连带责任。

《公司法》第63条规定："一人有限责任公司的股东不能证明公司财产独立于股东自己的财产的，应当对公司债务承担连带责任。"激情百度公司于2011年变更为一人公司，刘某明作为该公司唯一股东，对于其财产与公司财产不存在混同负有举证责任，否则应当按照上述规定对激情百度公司债务承担连带责任。

本案审理过程中，刘某明虽然提交了2011年度至2013年度的审计报告以及激情百度公司2009年4月至2013年的会计账簿，但本院认为，上述证据不足以证明其个人财产独立于公司财产，理由如下：

其一，经二审庭审调查、询问，激情百度公司审计报告、会计账簿中存在诸多与常理不符、与会计准则等规范性文件相悖的记录，包括银行存款每年度均会产生相应利息，但三年审计报告所载数额未发生任何变化；无法合理解释长期待摊费用三年未有任何摊销的事实；库存商品有账目记录但无对应实物；债权人债权额为负数，但无法予以合理解释说明等，均反映审计报告、财务账簿内容与公司实际经营事实不符，不能客观、真实反映公司经营情况，在此情况下，其不具有证明股东财产独立于公司财产的效力，本院不予采信。

其二，刘某明无法提交激情百度公司2009年4月之前的会计账目以及2012年度、2013年度的明细账目，公司账目缺乏完整性，无法真实、完整地反映公司实际经营情况，亦无法依据不完整的公司账目来认定刘某明个人财产与激情百度公司财产是否存在混同的事实，依据《公司法》第63条的规定，刘某明应承担举证不能的不利后果。

另外，激情百度公司2011年度至2013年度审计报告作出时间为2015年8月，不符合《公司法》第62条"一人有限责任公司应当在每一会计年度终了时编制财务会计报告，并经会计师事务所审计"的相关规定。

综合上述事实，一审法院认定刘某明未能提供充分证据证明其个人财产与公司财产不存在混同的事实，并依据《公司法》第63条判决刘某明对激情百度公司对于中天公司所负债务承担连带责任并无不当。

刘某明上诉称，其并未滥用公司法人独立地位和股东有限责任逃避债务，不应对于激情百度公司债务承担连带责任，依据不足，本院不予采信。

【问题183】公司已经按照《公司法》的相关规定提供了财务账册和审计报告，而债权人并未提供有效证据证明一人股东与公司存在财产混同的情况下，能否因公司账目中的部分内容涉及股东的配偶，但记账凭证无相应的原始凭证，公司存在用其他票据冲抵公司支出的情况，即认定公司与股东个人财产存在混同？

【典型案例要旨199】（2014）一中民终字第5382号：一审法院因甲鱼湘公司账目中的部分内容涉及股东侯某枌的配偶王某春，但记账凭证无相应的原始凭证，甲鱼湘公司存在用其他票据冲抵公司支出的情况，即认定甲鱼湘公司与股东侯某枌个人财产存在混同，其该项认定并不符合《公司法》关于财产混同的认定标准。在侯某枌已经按照《公司法》的相关规定提供了甲鱼湘公司的财务账册和审计报告，而交通宾馆并未提供有效证据证明侯某枌与交通宾馆存在财产混同的情况下，不应认定侯某枌对甲鱼湘公司债务承担连带清偿责任。

侯某枌与北京交通宾馆股东损害公司债权人利益责任纠纷二审民事判决书

北京市第一中级人民法院（2014）一中民终字第5382号

北京市第一中级人民法院经审理认为：

有限责任公司的股东以其认缴的出资额为限对公司债务承担有限责任，而公司则以其全部财产对公司的债务承担责任,是公司法律制度的基石。在个案中,要否定公司独立人格,要求股东对公司债务承担连带责任,公司股东需存在滥用公司法人独立地位和股东有限责任、逃避债务、严重损害公司债权人利益的行为。

一人有限责任公司作为有限责任公司的一种,亦不例外。相较于普通有限责任公司,一人有限责任公司只有一个自然人股东或者一个法人股东的有限责任公司,其股东人数仅为一人,不能形成有效的公司治理和监督、约束机制,股东极易利用其控制地位,混淆公司财产和股东个人财产,进而损害债权人的利益,所以,为防止一人有限公司股东利用公司有限责任规避合同义务,我国现行公司法律规范对一人有限责任公司的规制有别于普通有限责任公司,采取了更为严格的制度配置,即《公司法》第 62 条规定:"一人有限责任公司应当在每一会计年度终了时编制财务会计报告,并经会计师事务所审计。"第 63 条规定:"一人有限责任公司的股东不能证明公司财产独立于股东自己的财产的,应当对公司债务承担连带责任。"

但对于一人有限责任公司股东是否应对公司债务承担连带责任的认定,并不因此而有别于普通有限责任公司,仍需考虑股东是否存在滥用公司法人独立地位和股东有限责任、逃避债务、严重损害公司债权人利益的行为。概言之,《公司法》第 62 条、第 63 条更多的是从技术层面和举证责任分配方面设定了一人有限责任公司股东某些特定的义务,而对于股东是否应对公司债务承担连带责任,则仍应以《公司法》第 20 条第 3 款规定为判断依据,即"公司股东滥用公司法人独立地位和股东有限责任,逃避债务,严重损害公司债权人利益的,应当对公司债务承担连带责任"。

具体到本案,认定侯某标是否应对甲鱼湘公司对交通宾馆债务承担连带责任,亦应依该条规定来判断,即审查侯某标与甲鱼湘公司是否存在财产上的混同,侯某标是否存在利用甲鱼湘公司隐匿财产、逃避债务,损害债权人利益的行为。

本案中,甲鱼湘公司拥有独立的账户,侯某标提供了其自 2008 年成为甲鱼湘公司股东以来至 2013 年年末的甲鱼湘公司所有记账凭证和原始凭证,并提供了由北京慧海会计师事务所出具的该公司 2008 年至 2013 年的年度审计报告,其从形式上已经完成了《公司法》第 62 条的要求和第 63 条的举证责任,财务账册、审计报告本身能够证明其个人资产与甲鱼湘公司资产相独立。

虽然,通过审查甲鱼湘公司的账目,甲鱼湘公司存在用其他票据冲抵公司支出以及 20 万元调账处理无对应原始凭证等情况,但上述问题本身属于公司账目规范与否的问题,且在甲鱼湘公司均将上述内容记入公司账簿并予以反映的情况下，则账目本身能够清晰反映甲鱼湘公司的财产状况和支出情况，不存在公司与股东侯某粉财产无法区分的问题，故不能据此认定甲鱼湘公司与侯某粉的财产构成混同，亦不能因此而否认甲鱼湘公司的独立人格，进而要求侯某粉对甲鱼湘公司全部债务承担连带清偿责任。

至于依据上述账目问题能否认定侯某粉存在侵占公司财产，则属于股东损害公司利益的范畴，与本案并非同一法律关系，不属于本案审理的范围。

综上，一审法院因甲鱼湘公司账目中的部分内容涉及股东侯某粉的配偶王某春，但记账凭证无相应的原始凭证，甲鱼湘公司存在用其他票据冲抵公司支出的情况，即认定甲鱼湘公司与股东侯某粉个人财产存在混同，其该项认定并不符合《公司法》关于财产混同的认定标准。在侯某粉已经按照《公司法》的相关规定提供了甲鱼湘公司的财务账册和审计报告，而交通宾馆并未提供有效证据证明侯某粉与交通宾馆存在财产混同的情况下，不应认定侯某粉对甲鱼湘公司债务承担连带清偿责任。

另外，本案一审期间侯某粉由于自身原因未在人民法院指定的举证期限内提供甲鱼湘公司 2008 年至 2012 年审计报告以及北京慧海会计师事务所会计师夏某国的证人证言，由此导致的诉讼费用应由侯某粉负担。

综上，一审法院判决认定事实清楚，但适用法律错误，应予改判。依据《公司法》第 20 条、第 62 条、第 63 条，《民事诉讼法》第 170 条第 1 款第 2 项之规定，判决如下：

(1)撤销北京市海淀区人民法院(2014)海民初字第 933 号民事判决。

(2)驳回原告交通宾馆的全部诉讼请求。

【问题 184】虽无《审计报告》，若公司所提交的账册、银行流水等完整、清晰的证据能够证明公司资产完整、独立，该一人股东能否不适用人格否认进而对公司债务不承担连带责任？

【典型案例要旨 200】(2015)沪二中民二(民)终字第 53 号： 应城市公司、张某洁要求，歌城餐饮公司、歌城娱乐公司进一步提供了 2013 年度的财务账册，包括总账、明细账及现金、银行账。根据其出示的公司财务账册，较为完整地记录了两家公司账目往来情况，并不存在股东与公司资金混同、财务不作清晰区分等财产混同情况。两家公司财务账册记账完整、清晰，且借款大部分均已归还。不存在滥用公司法人人格并严重损害公司债权人利益的行为，亦不能说明两家公司财务混同。

上海城市房地产有限公司、张某洁、上海歌城餐饮娱乐有限公司与上海歌城娱乐管理有限公司房屋租赁合同纠纷上诉案

上海市第二中级人民法院(2015)沪二中民二(民)终字第53号

上海市第二中级人民法院经审理认为:

歌城娱乐公司是否应对歌城餐饮公司的付款义务承担连带责任。公司独立人格和股东有限责任是现代公司法的两项基本原则。作为该原则的补充和例外,公司法人人格否认制度则是指当公司股东滥用公司独立人格和股东有限责任、逃避债务时,否认公司独立人格及股东有限责任的法律制度。其适用必须同时具备以下三项要件:(1)股东实施了滥用公司法人独立地位和股东有限责任的行为;(2)逃避债务;(3)严重损害公司债权人利益。同时,根据《公司法》的规定,一人有限责任公司的股东不能证明公司财产独立于股东自己的财产的,应当对公司债务承担连带责任。该条确定了一人公司股东应对其个人财产独立于公司财产承担举证责任的原则。

二审审理中,应城市公司、张某洁要求,歌城餐饮公司、歌城娱乐公司进一步提供了2013年度的财务账册,包括总账、明细账及现金、银行账。根据其出示的公司财务账册,较为完整地记录了两家公司账目往来情况,并不存在股东与公司资金混同、财务不作清晰区分等财产混同情况。至于两家公司存在部分资金往来,本院赞同歌城餐饮公司、歌城娱乐公司的抗辩理由,两家公司财务账册记账完整、清晰,且借款大部分均已归还。况且,主要是股东歌城娱乐公司向歌城餐饮公司出借款项,并不存在滥用公司法人人格并严重损害公司债权人利益的行为,亦不能说明两家公司财务混同。

综上所述,城市公司、张某洁及歌城餐饮公司的上诉请求,均缺乏事实及法律依据,本院不予支持。

八、人格否认的分类

对于人格否认的类别,通常从以下两个维度分析。

第一个维度是滥用行为的类别,包括两种方式:

首先,即前文"考量因素"部分所列英美法系国家法院根据司法实践总结的19种因素或具体行为类型进行分类,以及根据10种相对比较抽象的概括方式分类。

其次,根据行为类型的不同特征,在抽象后归纳总结所做分类,即人格混同、过度支配与控制、资本显著不足三种典型类型。

第二个维度是人格否认的方向,可分为正向人格否认、逆向(或反向)人格否

认、横向人格否认。正向人格否认，即我们通常所说的人格否认，是否认股东所投资公司（债务人）的法人人格进而要求股东对公司债务承担连带责任；逆向人格否认，即否定债务人作为股东所投资的公司的法人人格进而要求该公司对该股东的债务承担连带责任，当然，逆向人格否认还可以分为内部人逆向人格否认和外部人逆向人格否认；横向人格否认，即双控人的滥用行为破坏了其所控制的多家关联公司的独立人格，因此否认多家关联公司彼此之间的独立人格进而彼此相互承担连带责任。

此外，随着理论与司法实践的不断发展，也有法院在强制执行阶段、破产清算阶段探索人格否认的适用，如关联公司合并破产制度。

【问题 185】关联企业在公司人员、财务、资产、经营场所等法人人格要素方面经常发生高度混同的，何种混同程度足以认定关联企业已丧失了法人意志和法人财产的独立性，进而丧失了各自独立的公司法人人格？

【典型案例要旨 201】（2022）黔 06 破 8 号之二：松桃凯迪公司和贵州格薪源公司存在关联关系，属于关联企业，在公司人员、财务、资产、经营场所等法人人格要素方面具有高度混同情形，两公司已经丧失了各自法人意志和法人财产独立性，进而丧失了各自独立的公司法人人格。且松桃凯迪公司和贵州格薪源公司的资产、债务难以区分。为公平清理两公司的债权债务，维护债权人公平受偿的利益，应当将松桃凯迪公司和贵州格薪源公司合并破产。

（2022）黔 06 破 8 号合并清算裁定书

贵州省铜仁市（地区）中级人民法院（2022）黔 06 破 8 号之二

贵州省铜仁市（地区）中级人民法院经审理认为：

当关联企业成员之间存在法人人格高度混同、区分各关联企业成员财产的成本过高且将严重损害债权人公平清偿利益时，可例外适用关联企业实质性合并破产方式进行审理。本院已召开听证会，至今未有主体对松桃凯迪公司与贵州格薪源公司合并破产提出反对意见。从审理查明的事实来看，松桃凯迪公司和贵州格薪源公司存在关联关系，属于关联企业，在公司人员、财务、资产、经营场所等法人人格要素方面具有高度混同情形，两公司已经丧失了各自法人意志和法人财产独立性，进而丧失了各自独立的公司法人人格。且松桃凯迪公司和贵州格薪源公司的资产、债务难以区分。为公平清理两公司的债权债务，维护债权人公平受偿的利益，应当将松桃凯迪公司和贵州格薪源公司合并破产。

综上，依照《公司法》第 21 条、《企业破产法》第 2 条、第 4 条和《民事诉讼法》第 154 条第 1 款的规定，裁定如下：松桃凯迪绿色能源开发有限公司、贵州格薪源生物质燃料有限公司合并破产清算。

【问题 186】三家公司在人员、经营场所、财务、经营管理、资产等表现公司法人人格要素方面存在高度混同的情形，已丧失独立法人人格，构成人格混同。可否申请三家公司合并破产，以实现破产财产的公平分配，保护所有债权人的合法权益？

【典型案例要旨 202】(2024) 皖 03 破 1 号：旅游发展公司与酒店管理公司、颐养产业公司之间存在法人人格高度混同、区分关联企业成员财产的成本过高、严重损害债权人公平清偿利益的情况，符合关联企业实质合并破产清算的条件，申请人申请将三公司实质合并破产有事实和法律依据，法院予以准许。

(2024) 皖 03 破 1 号合并破产裁定书

安徽省蚌埠市中级人民法院(2024)皖 03 破 1 号

申请人旅游发展公司管理人申请认为：

经查，颐养产业公司欠付众多受让人保底收益，而目前已有受让人向旅游发展公司申报了债权。故颐养产业公司的债务主要是旅游发展公司基于售后返租房屋销售方案所形成的拖欠受让人的保底收益，如不进行合并破产，会损害众多受让人的利益。综上，管理人认为三家公司在人员、经营场所、财务、经营管理、资产等表现公司法人人格要素方面存在高度混同的情形，三公司已丧失独立法人人格，构成人格混同。故申请对旅游发展公司与酒店管理公司、颐养产业公司三家公司合并破产，以实现破产财产的公平分配，保护所有债权人的合法权益。

安徽省蚌埠市中级人民法院经审理认为：

本院认为，法院在审理企业破产案件时，以适用单个破产程序为原则，但当关联企业成员之间存在法人人格高度混同、区分各关联企业成员财产的成本过高、严重损害债权人公平清偿利益时，可例外适用关联企业实质合并破产方式进行审理。

根据管理人的调查和审计机构出具的情况说明，旅游发展公司与酒店管理公司、颐养产业公司存在严重的人事、经营、财务管理混同，主要由旅游发展公司为主导。董事、监事和高管严重混同，经营地点同一，资产难以区分，关联经济往来频繁,金额巨大,经营往来难以逐一核对和区分,已构成公司人格混同。

酒店管理公司、颐养产业公司均具备破产原因,强行区分将会导致破产程序拖延,产生大量时间和资源成本,损害债权人利益最大化和公平清偿利益。

破产程序的目的在于公平清偿债务,在破产程序中将严重混同的关联企业成员间的资产、负债合并计算,消除关联企业成员间的债权债务关系,将合并后的破产财产分配给关联企业的全体债权人,提高破产财产整体处置效益,弥补不当关联关系对各企业债权人的利益损害,实现破产法的公平和效率价值。

综上,旅游发展公司与酒店管理公司、颐养产业公司之间存在法人人格高度混同、区分各关联企业成员财产的成本过高、严重损害债权人公平清偿利益的情况,符合关联企业实质合并破产清算的条件,申请人申请将三公司实质合并破产有事实和法律依据,本院予以准许。关联企业中的核心控制企业旅游发展公司已由本院裁定受理进入破产清算程序,三被申请人的实质合并破产应由本院管辖。依照《公司法》第20条第1款、第21条第1款和《企业破产法》第2条第1款、第3条、第4条的规定,裁定如下:对旅游发展公司、酒店管理公司、颐养产业公司进行实质合并破产清算。

第三节　人格混同

一、法人人格混同

公司与股东人格混同,又称公司人格的形骸化、公司与股东关系不清,意指公司成为股东的另一自我、工具、同一体,因而失去独立存在的价值,应否定其人格,股东对公司债务承担连带责任。认定公司人格与股东人格是否存在混同,最根本的判断标准是公司是否具有独立意思和独立财产。这是因为,公司是企业法人,是独立的民事主体,具有独立于股东的意思和财产。如果公司不具有独立于股东的意思,那么公司人格就形骸化了。①

按照《九民纪要》第10条的规定,在认定是否构成人格混同时,应当综合考虑以下因素:

(1)股东无偿使用公司资金或者财产,不作财务记载的;

(2)股东用公司的资金偿还股东的债务,或者将公司的资金供关联公司无偿

---

① 参见最高人民法院民事审判第二庭编著:《〈全国法院民商事审判工作会议纪要〉理解与适用》,人民法院出版社2019年版,第149页。

使用，不作财务记载的；

（3）公司账簿与股东账簿不分，致使公司财产与股东财产无法区分的；

（4）股东自身收益与公司盈利不加区分，致使双方利益不清的；

（5）公司的财产记载于股东名下，由股东占有、使用的；

（6）人格混同的其他情形。

在出现人格混同的情况下，往往同时出现以下混同：公司业务和股东业务混同；公司员工与股东员工混同，特别是财务人员混同；公司住所与股东住所混同。人民法院在审理案件时，关键要审查是否构成人格混同，而不要求同时具备其他方面的混同，其他方面的混同往往只是人格混同的补强。

对此，我们认为，人格混同重点是人格要素是否构成混同，符合一种或多种要素构成混同的情形，若其行为还具备法人人格否认的其他要件的要求，则可适用公司人格否认。

二、法人人格混同相关案例的裁判要旨

【问题187】经营场所、主要办公场所等方面发生混同的，是否属于人格混同中的财产混同的情形？

【典型案例要旨203】（2013）民二终字第66号：判断公司与其他公司是否构成人格混同，应当从公司之间是否存在财产混同、组织机构混同以及业务混同等方面进行综合分析判断。财产混同是公司人格混同的重要考察要素，其外在表征主要有，公司在经营场所、主要办公、生产设备以及财务等方面混同，其本质则是财产混同情形违背了公司财产与股东财产相分离、公司资本维持和公司资本不变的基本原则，严重影响了公司对外清偿债务的物质基础。

中国长城资产管理公司沈阳办事处与新东北电气（沈阳）高压隔离开关有限公司、沈阳北富机械制造有限公司、沈阳新泰仓储物流有限公司等金融不良债权追偿纠纷二审民事判决书

最高人民法院（2013）民二终字第66号

最高人民法院经审理认为：

关于东北电气公司、高压开关公司、隔离开关公司、北富机械制造公司、新泰仓储物流公司、兆利电气设备公司等是否构成人格混同。

判断公司与其他公司是否构成人格混同，应当从公司之间是否存在财产混同、组织机构混同以及业务混同等方面进行综合分析判断。财产混同是公司人格

混同的重要考察要素，其外在表征主要有，公司在经营场所、主要办公、生产设备以及财务等方面混同，其本质则是财产混同情形违背了公司财产与股东财产相分离、公司资本维持和公司资本不变的基本原则，严重影响了公司对外清偿债务的物质基础。

本案中，长城资产公司从上述公司部分实物资产的实际占用人与权利人不相符以及公司经营场所曾经在同一地址等方面进行了举证说明，但未进一步提供证明上述公司在生产设备、财务、账目等其他方面混同的证据。公司组织机构混同的外在表征主要有，公司的股东、董事、经理、负责人与其他公司的同类人员相混同，其本质则是组织机构混同情形导致公司不能形成独立的完全基于本公司利益而产生的意志，致使公司的独立性丧失，独立承担责任的基础丧失。本案中，根据长城资产公司所举证据，上述公司的部分高管确实存在交叉任职的情况，但该种情形是否足以导致公司丧失独立性则无相应证据予以证明。公司业务混同的外在表征主要有，公司之间的经营业务、经营行为、交易方式、价格确定等持续混同，其本质则是业务混同情形导致公司失去了经营自主权和独立人格。本案中，从上述公司企业法人营业执照记载的经营范围看，高压开关公司与隔离开关公司、兆利电气设备公司的经营范围确实存在部分重合，其他公司的经营范围未有明显交叉；除此之外，长城资产公司未提交证明上述公司业务混同的其他证据。

综合分析以上事实和证据，虽然上述公司在经营场所、经营范围、高管任职等方面确实存在时间或者空间上交叉的情形，存在公司人格混同的若干外在表征，但上述外在表征尚不足以证实上述公司在财产、组织机构、业务等方面存在持续的重叠情形，更不足以证实上述外在表征与长城资产公司所主张的高压开关公司丧失独立承担民事责任资格的后果具有因果关系。因此，长城资产公司关于上述公司人格混同的主张，缺乏事实和法律依据，本院不予支持。

【问题188】公司以备用金、人工费、材料款、运输费、电费等名义向股东转账，但未提交相关证据证明系为公司经营所需的合理性和必要性；股东个人账户有备注为安石粉、石膏粉、石粉等与公司经营范围一致的多笔收入，却未就此予以合理说明。该述情形，是否足以认定公司与股东之间构成人格混同？

【典型案例要旨204】(2023)京01民终6015号：在现有证据不足以证明冯某与正鸿公司财务独立以及正鸿公司向冯某转款的行为在客观上减损了正鸿公司责任财产范围的情况下，一审法院认定冯某应对正鸿公司所负债务承担连带责任正确,本院予以确认。

冯某等与北京安实创业科技发展有限公司股东损害公司债权人利益责任纠纷二审民事判决书

北京市第一中级人民法院(2023)京01民终6015号

北京市第一中级人民法院经审理认为:

除冯某就一审判决第一项内容提起上诉外,各方当事人对一审判决作出的其他处理结果未提出异议,视为认可一审法院的处理结果,本院对此予以确认,二审期间不再作为审查重点。结合当事人的诉辩意见,本案争议焦点在于冯某与正鸿公司是否构成财产混同,冯某是否应对正鸿公司所负债务承担连带责任。

《公司法》第3条规定:"公司是企业法人,有独立的法人财产,享有法人财产权。公司以其全部财产对公司的债务承担责任。有限责任公司的股东以其认缴的出资额为限对公司承担责任;股份有限公司的股东以其认购的股份为限对公司承担责任。"第20条规定:"公司股东应当遵守法律、行政法规和公司章程,依法行使股东权利,不得滥用股东权利损害公司或者其他股东的利益;不得滥用公司法人独立地位和股东有限责任损害公司债权人的利益。公司股东滥用股东权利给公司或者其他股东造成损失的,应当依法承担赔偿责任。公司股东滥用公司法人独立地位和股东有限责任,逃避债务,严重损害公司债权人利益的,应当对公司债务承担连带责任。"《最高人民法院关于适用〈中华人民共和国民事诉讼法〉的解释》第90条规定:"当事人对自己提出的诉讼请求所依据的事实或者反驳对方诉讼请求所依据的事实,应当提供证据加以证明,但法律另有规定的除外。在作出判决前,当事人未能提供证据或者证据不足以证明其事实主张的,由负有举证证明责任的当事人承担不利的后果。"

本案中,首先,从正鸿公司的银行账户流水信息来看,正鸿公司以备用金、人工费、材料款、运输费、电费等名义向冯某转账,冯某主张是正鸿公司为经营需要,由会计向其转账并委托冯某对外支付,但在公司有经营账户的情况下,对外支付需要通过冯某个人账户进行,冯某对此未予以合理说明,亦未提举相关证据证明其上述主张的合理性和必要性。

其次,从冯某的银行账户流水信息来看,冯某个人账户有备注为安石粉、石膏粉、石粉等多笔收入,其虽主张是替他人代买的建筑材料,与正鸿公司无关,但正鸿公司经营范围明确包括销售建筑材料,冯某亦未就此予以合理说明。

最后,冯某主张正鸿公司唯一对公账户被冻结后,公司就没有业务收入。但工商登记信息显示,正鸿公司仍处于开业状态,纳税人状态显示为正常,冯某亦未就正鸿公司唯一对公账户被冻结后如×××持公司存续所进行的支出问题进行相应举证或说明。

在现有证据不足以证明冯某与正鸿公司财务独立以及正鸿公司向冯某转款的行为在客观上减损了正鸿公司责任财产范围的情况下，一审法院认定冯某应对正鸿公司应付债务承担连带责任正确，本院予以确认。

【问题189】公司利用股东及员工的银行账户、微信账户代客户收取非运输业务报酬的买卖交易货款，且利用收、支的时间差赚取货款利息，甚至将代收取的货款挪作他用，未转入公司银行账户导致公司银行账户余额不足；以个人账户收取客户货款，且在公司的财务账册和会计凭证中未作任何记录。该述情形，是否导致公司财产与股东财产混同且无法区分、构成公司人格与股东人格混同？

【典型案例要旨205】（2021）粤20民终5327号：朱某红、朱某伟作为广峰物流公司的股东，以其个人账户收取应由公司代收的客户货款，且未提交充分证据证明已将全部代收款项返还给公司或支付给委托收款的客户，在广峰物流公司存在众多外部债务，以及公司财产无法足够（或实际已经）清偿公司全部债务的情况下，显然已损害了公司债权人的合法利益。故朱某红、朱某伟应对案涉叶美佳门市部基于生效判决确定的对广峰物流公司的债务承担连带清偿责任。

中山市古镇叶美佳照明门市部、朱某伟等股东损害公司债权人利益责任纠纷二审民事判决书

广东省中山市中级人民法院（2021）粤20民终5327号

广东省中山市中级人民法院经审理认为：

本案系股东损害公司债权人利益纠纷，根据《民事诉讼法》第168条及《最高人民法院关于适用〈中华人民共和国民事诉讼法〉的解释》第323条第1款的规定，第二审人民法院应当对上诉请求的有关事实和适用法律进行审查。当事人未上诉的其余部分，除违反法律禁止性规定或者损害国家利益、社会公共利益、他人合法权益外，本院不作审查。故本案争议焦点是朱某伟、朱某红是否存在损害公司债权人利益的行为及应否对叶美佳门市部的案涉债务承担连带清偿责任？具体分析如下：

根据二审查明的事实，以及中国裁判文书网可以查询到的涉广峰物流公司诉讼案件生效裁判文书认定的基本事实。广峰物流公司系道路运输业务公司，但在

经营期间,超出市场监管部门许可的经营范围,利用股东朱某红、朱某伟及员工的银行账户、微信账户代客户收取非运输业务报酬的买卖交易货款,且利用收、支的时间差赚取货款利息,甚至将代收取的货款挪作他用,未转入公司银行账户导致公司银行账户余额不足,签发的银行支票到期后被开户银行拒绝承兑,从而引发诉讼及陷入经营危机。很明显,朱某红、朱某伟在经营广峰物流公司期间存在超出经营范围违规经营的行为。

同时,以个人账户收取客户货款,且在公司的财务账册和会计凭证中未作任何记录,显然存在公司人格与股东人格混同的情形,且严重影响广峰物流公司的独立意思和独立财产,导致公司财产与股东财产混同且无法区分。从经营常识和交易习惯分析,广峰物流公司在提货时以签发支票的方式代客户向卖方支付货款,货物运输收货时买方客户即时付款提货,而客户请求银行承兑支票款的时间往往在所签发的支票有效期内即其收到买方客户支付的货款后,若朱某红、朱某伟及其员工在收回买方客户支付的货款后即时汇入广峰物流公司账户或直接支付给卖方客户,不可能产生公司账户余额不足、支票到期无法承兑的情形。显然,朱某红、朱某伟及员工代收货款后没有及时、足额返还给广峰物流公司,从而引发资金链断裂及诉讼纠纷甚至经营危机。

朱某红、朱某伟在一审期间提交分别于2020年1月1日、3月20日、4月30日、5月5日、5月20日向广峰物流公司转账汇款的记录,仅能反映在代收货款后以单次、单独时间汇转给广峰物流公司的部分款项,不能完整地反映该两人个人银行账户代收取的全部货款已经如数、完整、及时地汇入公司账户或用于支付给委托收款的客户。

本案中,叶美佳门市部对广峰物流公司的债务经生效判决确认,作为合法债权人其债权经法院强制执行尚未得到受偿,该债权受损的事实清楚、明确。就该生效判决及中国裁判文书网所能查阅到的上述生效判决认定的基本案件事实,在广峰物流公司未提交足以推翻的证据的情况下,本院作为证据予以采信。

根据《公司法》第20条第3款"公司股东滥用公司法人独立地位和股东有限责任,逃避债务,严重损害公司债权人利益的,应当对公司债务承担连带责任"的规定,且债权人以股东损害其利益要求承担连带责任并不以股东滥用权利损害债权人的实际利益金额为前提。故朱某红、朱某伟作为广峰物流公司的股东,以其个人账户收取应由公司代收的客户货款,且未提交充分证据证明已将全部代收款项返还给公司或支付给委托收款的客户,在广峰物流公司存在众多外部债务,以及公司财产无法足额(或实际已经)清偿公司全部债务的情况下,显然已损害了公司债权人的合法利益。故朱某红、朱某伟应对案涉叶美佳门市部基于生效判决确定的对广峰物流公司的债务承担连带清偿责任。

鉴于叶美佳门市部的该债权在强制执行阶段，且可能部分受偿，故叶美佳门市部以生效判决确定的金额在本案全额主张连带清偿责任存在表述不当，本院依法以生效判决判项表述为限确定两股东承担连带清偿责任的债权范围。在实际执行时，广峰物流公司已经支付及叶美佳门市部经法院强制执行受偿的部分应予以扣减。

【问题190】股东与公司之间关于借款和合作代销款的资金往来均在银行转账凭证上作了明确记载，股东借用第三人资金未支付利息，或代销款项的分配未经对账，能否据此认定双方存在财产混同？

【典型案例要旨206】（2019）沪02民初37号：被告作为第三人的股东，两者在利益上具有一致性，在双方各自意思和财产独立的情形下，即便被告与第三人在场所、人员、对外宣传方面存在一定程度的关联，亦不能据此认定被告与第三人构成人格混同。

尼德克株式会社与上海马夫网络科技有限公司股东损害公司债权人利益责任纠纷一审民事判决书

上海市第二中级人民法院（2019）沪02民初37号

上海市第二中级人民法院经审理认为：

关于被告与第三人是否存在人格混同的问题。原告主张被告与第三人的决策机构存在人员重合，被告可以随意使用第三人的资金，且两公司在人员、住所和业务方面存在混同；被告和第三人认为，两家公司之间财务管理规范，资金往来记载清晰，不存在财产的混同，且两公司的住所、业务范围和人员也不存在混同。

本院认为，认定公司人格与股东人格是否存在混同，最根本的判断标准是公司是否具有独立意思和独立财产，最主要的表现是公司的财产与股东的财产是否混同且无法区分。在认定是否构成人格混同时，应当综合考虑是否存在以下因素：股东无偿使用公司资金或者财产，不作财务记载的；股东用公司的资金偿还股东的债务，或者将公司的资金供关联公司无偿使用，不作财务记载的；公司账簿与股东账簿不分，致使公司财产与股东财产无法区分的；股东自身收益与公司盈利不加区分，致使双方利益不清的；公司的财产记载于股东名下，由股东占有、使用等。

本案中，首先，根据已查明的事实，被告与第三人之间关于借款和合作代销款的资金往来均在银行转账凭证上作了明确记载,表明双方并未将资金混同使用,即便被告借用第三人资金未支付利息,或代销款项的分配未经对账,亦不能凭此认定双方财产混同。

其次,原告认为第三人对外支付的商标注册费、员工社保费、场地租赁费及货款等多笔费用均系替被告偿还债务,但第三人抗辩其支付相关费用系自身业务经营需要,并提供了多份合同、发票、社会保险费缴纳通知书等证据,原告虽否定第三人证据的真实性,但并未就此提供反驳证据,应承担举证不能的后果。

最后,原告主张被告与第三人之间在场所、人员、业务方面存在混同,被告及第三人已提供了关于被告受让第三人南宁路地址租赁合同权利义务的《三方协议》等证据予以反驳,并对双方部分董事重合和具体业务模式进行了解释。结合被告与第三人的证据和陈述来看,被告使用南宁路地址具有合同依据,其关于与第三人存在董事重合系因作为相同股东的投资机构所委派之解释亦属合理。而且,被告作为第三人的股东,两者在利益上具有一致性,在双方各自意思和财产独立的情形下,即便被告与第三人在场所、人员、对外宣传方面存在一定程度的关联,也不能据此认定被告与第三人构成人格混同。

综上,从各方当事人提供的证据来看,被告与第三人之间并不存在财产混同、无法区分的情形,原告关于被告与第三人之间人格混同的主张,依据不足,本院不予采纳。

【问题191】公司与股东的账户资金往来频繁,数额巨大且资金往来用途不明确,并且公司为股东向银行贷款提供担保的,能否认定公司与股东之间存在财产混同而由股东对公司债务承担连带责任?

【典型案例要旨207】(2022)辽民申315号:公司以自己的土地使用权及在建工程进行抵押,为股东向银行贷款提供担保,虽辩称提供其抵押担保是为了借股东的名义从银行贷款,但却无法提供在贷款后收到上述贷款的证据,且公司与股东的账户资金往来频繁,数额巨大且资金往来用途不明确,基于此认定双方之间存在财产混同的情形,由此导致公司失去独立偿债能力无力偿还欠款,该股东应当对公司债务承担连带责任。

辽宁省东煤地质一〇七队有限责任公司、辽宁中盛门窗制造工程有限公司等股东损害公司债权人利益责任纠纷再审审查民事裁定书

辽宁省高级人民法院(2022)辽民申315号

辽宁省高级人民法院经审理认为：

本院经审查认为，本案第三人辽宁天水谷地热开发有限责任公司因辽宁天水谷度假村“温泉小镇”住宅小区工程建设项目，拖欠被申请人辽宁中盛门窗制造工程有限公司工程款等款项，辽宁省阜新市细河区人民法院已作出(2019)辽0911民初2258号民事判决，辽宁天水谷地热开发有限责任公司应按生效判决履行给付义务，但进入执行程序后却因其暂无财产可供执行而终结本次执行程序，辽宁中盛门窗制造工程有限公司的债权无法实现。

原审查明，辽宁天水谷地热开发有限责任公司系再审申请人辽宁省东煤地质一〇七队有限责任公司投资成立，目的为建设辽宁天水谷度假村“温泉小镇”住宅小区工程建设项目。辽宁天水谷地热开发有限责任公司以自己的土地使用权及在建工程进行抵押，为辽宁省东煤地质一〇七队有限责任公司向阜新银行海兴支行的贷款提供担保。辽宁天水谷地热开发有限责任公司虽辩称提供其抵押担保是为了借辽宁省东煤地质一〇七队有限责任公司的名义从银行贷款，但却无法提供贷款后收到上述贷款的证据，也没有提供同意为辽宁省东煤地质一〇七队有限责任公司提供财产抵押担保的相关证明材料。辽宁天水谷地热开发有限责任公司与辽宁省东煤地质一〇七队有限责任公司的账户资金往来频繁，数额巨大且资金往来用途不明确，基于现有证据结合本案查明的事实，原一、二审认定双方之间存在财产混同的情形，由此导致辽宁天水谷地热开发有限责任公司失去独立偿债能力无力偿还欠款，依据《公司法》第20条第3款“公司股东滥用公司法人独立地位和股东有限责任，逃避债务，严重损害公司债权人利益的，应当对公司债务承担连带责任”的规定，判决辽宁省东煤地质一〇七队有限责任公司对辽宁天水谷地热开发有限责任公司的债务承担连带责任，认定事实和适用法律并无不当。

辽宁省东煤地质一〇七队有限责任公司所提申请再审理由，均在二审期间作为上诉理由提出，二审法院均进行了审理，裁判理由已作详细阐述。再审审查期间，辽宁省东煤地质一〇七队有限责任公司未提供新的证据证明其主张，其申请再审理由，本院亦不予支持。

【问题192】实际控制人控制的三公司之间均在住所地、联系方式、高管人员、业务范围等方面存在混同或交叉的情形，能否据此认定三公司之间存在人格混同？

【典型案例要旨208】（2019）苏民终1528号：三公司经营范围均涉及机械、电器等有关设备的咨询、销售、技术开发，故一审法院认定三公司的住所地、联系方式、高管人员、业务范围等存在混同或交叉的情形，符合客观情况，并无不当。

国发节能环保发展集团有限公司、北京国发机关后勤服务有限公司等与国电光伏有限公司股东损害公司债权人利益责任纠纷二审民事判决书

江苏省高级人民法院（2019）苏民终1528号

江苏省高级人民法院经审理认为：

国发节能公司、国发后勤公司与国发华企公司存在人格混同，应对国发华企公司对国电光伏公司的案涉债务承担连带清偿责任。

首先，国发节能公司、国发后勤公司、国发华企公司（以下简称三公司）的住所地、联系方式、高管人员、业务范围等存在混同或交叉的情形。企业对其公示信息的真实性、及时性负责，如发现其公示的信息不准确，应当及时更正。

国电光伏公司一审中提供的三公司对外公示的相关工商信息、招聘信息、年度报告具有证明效力，可以反映三公司的住所地均位于北京市西城区，联系电话均为010－6605××××，国发后勤公司与国发华企公司的电子邮箱均记载为guo×××@sina.com。

郭某成任国发华企公司经理，国发节能公司董事长、法定代表人，国发后勤公司执行董事、经理及法定代表人；案外人韩某担任国发华企公司执行董事、法定代表人、国发节能公司副董事长、国发后勤公司监事；案外人王某光担任国发华企公司的监事以及国发节能公司的副董事长。

三公司经营范围均涉及机械、电器等有关设备的咨询、销售、技术开发，故一审法院认定三公司的住所地、联系方式、高管人员、业务范围等存在混同或交叉的情形，符合客观情况，并无不当。国发节能公司、国发后勤公司、郭某成虽主张国发节能公司、国发后勤公司实际办公地点与登记的住所地不同，三公司使用的联系电话为分机号码，电子邮箱不同，但未能提供有效证据证明，且与公示信息不同，不能推翻上述认定事实，本院对该上诉主张不予采信。

【问题193】公司实际执行的是股东个人意志，公司成为股东的另一自我、工具、同一体，失去独立存在的价值，此时，公司与股东的人格是否构成混同？

【典型案例要旨209】（2019）湘民终711号：在股东滥用公司法人独立地位及股东有限责任的情形下，公司实际执行的是股东个人意志，公司成为股东的另一自我、工具、同一体，失去独立存在的价值，公司与股东的人格混同，导致公司债权人利益受到严重损害，从而应当否定公司人格以及股东的有限责任，由滥用法人独立地位与股东有限责任的股东对公司债务承担连带责任。

【典型案例要旨210】（2019）湘民终711号：公司与股东的人格是否混同，最根本的判断标准是公司是否具有独立意志和独立利益，最主要的表现是公司的财产与股东的财产是否混同且无法区分。

哈佛里尔工业有限公司、王某股东损害公司债权人利益责任纠纷二审民事判决书

湖南省高级人民法院（2019）湘民终711号

湖南省高级人民法院经审理认为：

关于被上诉人王某、扶某君、扶某辉、吴某佑、潘某是否滥用公司法人独立地位，侵占公司资产，损害公司债权人利益。

根据《公司法》第3条的规定，有限责任公司的股东以其认缴的出资额为限对公司承担责任。同时，第20条规定：“公司股东应当遵守法律、行政法规和公司章程，依法行使股东权利，不得滥用股东权利损害公司或者其他股东的利益；不得滥用公司法人独立地位和股东有限责任损害公司债权人的利益。公司股东滥用股东权利给公司或者其他股东造成损失的，应当依法承担赔偿责任。公司股东滥用公司法人独立地位和股东有限责任，逃避债务，严重损害公司债权人利益的，应当对公司债务承担连带责任。”

公司是企业法人，享有独立的法人财产权，以公司的全部财产对公司的债务承担责任，股东仅在出资范围内对公司债务承担责任。但在股东滥用公司法人独立地位及股东有限责任的情形下，公司实际执行的是股东个人意志，公司成为股东的另一自我、工具、同一体，失去独立存在的价值，公司与股东的人格混同，导致公司债权人利益受到严重损害，从而应当否定公司人格以及股东的有限责任，由

滥用法人独立地位与股东有限责任的股东对公司债务承担连带责任。公司与股东的人格是否混同，最根本的判断标准是公司是否具有独立意志和独立利益，最主要的表现是公司的财产与股东的财产是否混同且无法区分。

上诉人主张被上诉人王某等人向公司借款未归还，侵占公司资产，滥用公司独立法人地位损害公司利益，经审查，王某等人与公司之间的相应款项记入了公司财务账册的其他应收款，并非无偿使用资金、财产且不作财务记载的情形，也没有证据表明该资金用来偿还王某等人的自身债务且不做财务记载的情形，被上诉人王某等人是否归还相关款项，涉及其与楚惟公司之间的借贷或借用关系，但不足以认定为王某等人的股东人格与公司人格混同，侵占公司资产，严重损害公司债权人利益。

上诉人关于公司对案外人彭某丰借款83万余元长期未追回，怠于行使债权，应由被上诉人承担连带责任的主张，涉及案外人彭某丰与楚惟公司之间的债权债务关系，也不足以认定为股东对公司债务承担连带责任的情形，理由同上，不再赘述。

上诉人还依据审计报告认定"楚惟公司财务记账不符合会计要求，存在账外账，不能完整真实反映公司经营情况"的审计结论以及相关审计意见，主张被上诉人通过向案外人转移资产、记账不真实、向子公司投资及借款未收回、核销固定资产等方式，滥用法人独立地位和股东有限责任，损害债权人利益。

本院认为，审计报告就楚惟公司是否存在账外账发表的意见，是从楚惟公司的财务记账是否符合会计要求的角度进行的认定，不涉及股东与公司的财务是否混同的认定，与本案认定股东是否构成滥用公司独立人格、损害债权人利益的民事责任缺乏必然关联性。上诉人未能举证证明楚惟公司人格与股东人格构成混同，楚惟公司被股东所控制，丧失独立意志和独立财产，其依据审计报告提及的楚惟公司的某一项或某些项的款项支出、资产处置或财务记账不合规等事由，主张股东损害公司债权人利益，请求股东对公司债务承担连带责任，缺乏事实和法律依据，本院不予支持。

上诉人如认为楚惟公司涉及怠于行使对被上诉人或案外人的到期债权，放弃到期债权、无偿转让财产或以不合理的低价转让财产等行为，对其债权造成损害，可通过请求以自己的名义代位行使债务人楚惟公司的债权，或请求撤销楚惟公司的相关财务处分行为等方式依法主张救济。

【问题194】控股股东与其所控制的公司之间有多笔银行往来汇款且金额巨大，公司转出金额远超转入金额，虽声称往来转款均有财务记账却不向法院提供核实的，是否构成人格混同？

【典型案例要旨211】（2021）粤0309民初15635号：持股65%的大股东，其个人账户与公司账户有多笔往来流水，转出资金远超转入资金，属于滥用公司法人独立地位和股东有限责任。本案中，彭某当庭自认其有一张个人银行卡供公司对公账户使用，亦认可公司账户与其个人账户之间有资金往来，并述称公司尚欠其个人款项且部分未出具借款凭证；虽其主张公司资金转入其个人账户有作财务记载，但拒绝提供公司账簿等相关材料供法院核对，应当认定其个人财产与公司财产构成混同且无法区分，构成人格混同这一滥用公司法人独立地位和股东有限责任的情形。

深圳市鲁光电子科技有限公司、彭某等股东损害公司债权人利益责任纠纷一审民事判决书

广东省深圳市龙华区人民法院(2021)粤0309民初15635号

广东省深圳市龙华区人民法院经审理认为：

被告彭某是否应当依据《公司法》第20条对公司涉案债务承担连带责任。

《公司法》第20条规定："公司股东应当遵守法律、行政法规和公司章程，依法行使股东权利，不得滥用股东权利损害公司或者其他股东的利益；不得滥用公司法人独立地位和股东有限责任损害公司债权人的利益……公司股东滥用公司法人独立地位和股东有限责任，逃避债务，严重损害公司债权人利益的，应当对公司债务承担连带责任。"

鲁光电子公司主张彭某作为勤凌电子公司持股65%的大股东，其个人账户与公司账户有多笔往来流水，转出资金远超转入资金，属于滥用公司法人独立地位和股东有限责任。本案中，彭某当庭自认其有一张个人银行卡供公司对公账户使用，亦认可公司账户与其个人账户之间有资金往来，并述称公司尚欠其个人款项且部分未出具借款凭证；虽其主张公司资金转入其个人账户有作财务记载，但拒绝提供公司账簿等相关材料供法院核对，应当认定其个人财产与公司财产构成混同且无法区分，构成人格混同这一滥用公司法人独立地位和股东有限责任的情形。

【问题195】股东将公司承包给第三人经营,并按照约定收取承包费的行为,是否属于滥用股东权利?

【典型案例要旨212】(2016)黔民申530号:金鑫公司的人、财、物的管理不可能独立于承包权,承包人享有独立的自主经营权。杨某春作为承包人,将承包费支付给金鑫公司股东的行为,不存在两股东滥用股东权利的情形。而盘江公司和蔡某生收取的其他款项均有证据证明系两股东对金鑫公司存在债权债务关系或资金垫付关系而产生的债权债务冲抵关系,该债权债务冲抵关系本身属于公司账目规范与否的问题,且能够清晰反映金鑫公司的财产状况和支出情况,不存在公司与股东财产无法区分的问题,故不能据此认定金鑫公司与盘江公司和蔡某生的财产构成混同,亦不能因此而否认金鑫公司的独立人格。

胡某与贵州盘江化工(集团)有限公司、蔡某生合同、无因管理、不当得利纠纷申诉、申请民事裁定书

贵州省高级人民法院(2016)黔民申530号

贵州省高级人民法院经审理认为:

有限责任公司的股东以其认缴的出资额为限对公司债务承担有限责任,而公司则以其全部财产对公司的债务承担责任,是公司法律制度的基石。在个案中,要否定公司独立人格,要求股东对公司债务承担连带责任,公司股东需存在滥用公司法人独立地位和股东有限责任、逃避债务、严重损害公司债权人利益的行为。

具体到本案,认定盘江公司、蔡某生是否应对金鑫公司对胡某的债务承担连带责任,应依《公司法》第20条的规定来判断,即审查盘江公司、蔡某生与金鑫公司之间是否存在财产上的混同,盘江公司和蔡某生是否存在利用金鑫公司隐匿财产、逃避债务,损害债权人利益的行为。

本案中,盘江公司及蔡某生作为金鑫公司的股东以及法定代表人,已于2007年将金鑫公司承包给杨某春经营,虽然合同中约定对印章、财物等派专人监管,但在实际履行中,金鑫公司的人、财、物的管理不可能独立于承包权,承包人享有独立的自主经营权。金鑫公司不可能既作为承包的客体,又作为承包的主体存在。杨某春作为承包人,将承包费支付给金鑫公司股东的行为,不存在两股东滥用股东权利的情形。而盘江公司和蔡某生收取的其他款项均有证据证明系两股东对金鑫公司存在债权债务关系或资金垫付关系而产生的债权债务冲抵关系,该债权债务冲抵关系本身属于公司账目规范与否的问题,且能够清晰反映金鑫公司的财

产状况和支出情况,不存在公司与股东财产无法区分的问题,故不能据此认定金鑫公司与盘江公司和蔡某生的财产构成混同,亦不能因此否认金鑫公司的独立人格,进而要求两股东对金鑫公司债务承担连带清偿责任。

【问题 196】双方合作开发房地产,一方未按约将项目权益过户至项目公司并控制项目公司致使其因不年检被吊销营业执照的,该方行为是否构成人格混同?

【典型案例要旨 213】(2013)民一终字第 101 号:2004 年 3 月 18 日,武汉市土地交易中心向徐东公司核发《国有土地使用权成交确认书》,确认徐东公司为九如地块中标人。2006 年 11 月 7 日,经徐东公司申请,武汉市土地交易中心就九如地块重新核发《国有土地使用权成交确认书》,确认九如地块中标人为九如公司,同时废止 2004 年 3 月 18 日核发的《国有土地使用权成交确认书》。由于 010 地块《国有土地使用权成交确认书》已变更至九如公司名下,在双方当事人没有明确约定是将 010 地块的土地使用权证由徐东公司变更至九如公司名下的情况下,一审判决认定"徐东公司在违反合同约定拒不将本案所涉 010 地块国有土地使用权证过户到九如公司名下并为自己利益使用的情况下,通过财务混同等方式实际控制九如公司并刻意阻止九如公司独立法人地位的形成"缺乏充分的证据予以佐证。

武汉徐东房地产开发有限公司、湖北九如房地产开发有限公司与林某友、甘肃大陆桥投资开发有限公司、武汉大陆桥投资开发有限公司、夏某竹、刘某东、王某海、连某珍侵权纠纷二审民事判决书

最高人民法院(2013)民一终字第 101 号

最高人民法院经审理认为:

本案诉争的关键点在于,徐东公司和九如公司是否侵害了林某友的权益。

从林某友在一审时的诉讼请求来看,林某友称徐东公司和九如公司的行为严重侵害了其合法权益,故要求法院判令徐东公司和九如公司共同赔偿其投资本金及利息,并判令徐东公司向九如公司交付与 010 号地块国有土地使用权有关的原始会计凭证及所有项目权属文件。林某友上述诉讼请求成立的基础是徐东公司和九如公司的行为构成侵权。

其一,林某友与徐东公司于 2004 年 3 月 17 日签订的协议中载明:双方联合竞标汉正街 010 地块,本项目竞拍保证金风险及竞得后投资比例林某友占 55%,徐

东公司占45%,享有投资比例的盈利、承担联合开发的风险。由此可知,林某友与徐东公司是共同开发九如项目的合作当事人,作为合作主体双方应当享有投资收益、承担投资风险。

其二,根据2006年11月22日徐东公司与林某友签署《备忘录》的内容,九如公司系林某友与徐东公司合作开发010地块的项目公司,林某友为合作开发九如项目已投入徐东公司资金共计9300万元,这笔投资应转入项目公司,由九如公司作为独立法人对010地块进行开发。

其三,2006年11月22日,徐东公司和时任该公司董事长的胡某余出具的承诺书载明:"本人(公司)承诺2007年5月20日前将汉正街九如片[规划许可证号武规地字(2004)215号]项目土地使用权(项目开发权)变更至九如公司名下,并将相关原始会计凭证及所有该项目权属文件转移至九如公司名下并由双方委派的代表办理交接手续。"从该承诺书的文义理解,"土地使用权(项目开发权)"既可以理解为该项目的土地开发权益,也可以理解为土地使用权证,但徐东公司出具该承诺书时尚未实际取得010地块的土地使用权证。

2004年3月18日,武汉市土地交易中心向徐东公司核发《国有土地使用权成交确认书》,确认徐东公司为九如地块中标人。2006年11月7日,经徐东公司申请,武汉市土地交易中心就九如地块重新核发《国有土地使用权成交确认书》,确认九如地块中标人为九如公司,同时废止2004年3月18日核发的《国有土地使用权成交确认书》。由于010地块《国有土地使用权成交确认书》已变更至九如公司名下,在双方当事人没有明确约定是将010地块的土地使用权证由徐东公司变更至九如公司名下的情况下,一审判决认定"徐东公司在违反合同约定拒不将本案所涉010地块国有土地使用权证过户到九如公司名下并为自己利益使用的情况下,通过财务混同等方式实际控制九如公司并刻意阻止九如公司独立法人地位的形成"缺乏充分的证据予以佐证。

其四,关于因010地块与海堰公司的诉讼一节,2004年3月24日,海堰公司以武汉市国土资源局为被告、徐东公司为第三人向湖北省武汉市中级人民法院提起行政诉讼,请求确认武汉市国土资源局就010地块国有土地使用权确定徐东公司中标的行政行为违法并撤销这一行政行为。一审法院认为:"徐东公司与海堰公司以生效判决之外的协商调解方式结束诉讼,其合法性及是否侵害包括林某友在内他人权益不能确定……且徐东公司主张代为赔偿海堰公司3450万元因无林某友委派财务人员的确认而不能对林某友产生约束力。"从现有证据来看,林某友对徐东公司与海堰公司的诉讼并支付海堰公司3450万元的事实并未否认,该3450万元应认定为徐东公司对010地块项目开发的实际支出,而《备忘录》的签署是在两年后的2006年11月22日，"项目公司一切对外开支均由双方的派出人员双签字才能支出及入账"并不能成为林某友否认该3450万元系徐东公司对010地块项目开发之投入资金的理由。

其五，2006年11月7日《国有土地使用权成交确认书》中载明：010地块的成交价款总额为35800万元，按照林某友与徐东公司协议中的约定，林某友应投资的比例为55%，即19690万元，在林某友本身没有履行足额投资义务的情况下，一审判决认定徐东公司和九如公司侵害了林某友的权益缺乏事实和法律依据。

【问题197】子公司的资金均通过母公司成立的资金结算中心进行结算，且均以子公司为单位单独记账独立核算的，是否构成财产混同？

【典型案例要旨214】（2020）京01民终3005号：中铝宁夏公司成立资金结算中心不违反国家有关金融管理等法律、行政法规规定，且在结算中心的账目中所有的往来款项都是以子公司为单位单独记账独立核算的，相互之间不混同。故现有证据不能证明中铝宁夏公司与北京意科公司的账务处理足以产生二者财产混同的法律后果。

温州昌浩光伏科技有限公司等与中铝宁夏能源集团有限公司股东损害公司债权人利益责任纠纷二审民事判决书

北京市第一中级人民法院（2020）京01民终3005号

北京市第一中级人民法院经审理认为：

中铝宁夏公司与北京意科公司是否存在人格混同。

认定公司人格与股东人格是否存在混同，最根本的判断标准是公司是否具有独立意识和独立财产，最主要的表现是公司的财产与股东的财产是否混同且无法区分，而判断财产混同的核心标准就是相关行为是否进行相应的财务记载。

本案中，关于温州昌浩公司诉称在北京意科公司账户被查封的情况下仍与中铝宁夏公司有资金往来，双方财产存在混同的情况，北京中瑞诚会计师事务所有限公司出具的鉴定报告及中铝宁夏公司、北京意科公司在庭审中的陈述及庭后出具的情况说明已经足以澄清。中铝宁夏公司成立资金结算中心不违反国家有关金融管理等法律、行政法规规定，且在结算中心的账目中所有的往来款项都是以子公司为单位单独记账独立核算的，相互之间不混同。故现有证据不能证明中铝宁夏公司与北京意科公司的账务处理足以产生二者财产混同的法律后果。

当然，在出现人格混同的情况下，往往同时出现公司业务和股东业务混同，公司员工与股东员工混同，特别是财务人员混同，公司住所与股东住所混同。但上述混同往往只是人格混同的补强，否定公司人格的关键还是在于是否存在人格混同。

本案中，北京意科公司与中铝宁夏公司虽存在部分人员交叉任职的情况，但应考虑到中铝宁夏公司系国有控股的集团公司，在集团公司中，尤其是国有控股公司，对下属公司的人员、组织、机构进行统一管理是较为常见的管理方式，上述交叉任职的情况可以认定属于集团公司统一管理的范围。关于温州昌浩公司所称双方经营混同一节，北京意科公司虽系中铝宁夏公司的控股子公司，但其成立日期早于中铝宁夏公司，有自己独立的经营场所，营业执照记载的经营范围与中铝宁夏公司基本没有相同或类似内容。

综上，北京意科公司成立后，有独立的经营场所及组织机构，有自己的财产并建立独立账册，独立经营、独立核算，与中铝宁夏公司不存在财产、财务混同的情况。其与中铝宁夏公司虽有人员交叉任职、经营业务交叉，但都不足以产生人格否认层面混同的法律后果。

三、法律人格及其要素

在词源学上，英语中的“personality”来自拉丁语“persona”，是指演员在演出时为掩饰声音而戴在脸上的面具，在罗马法中，面具只赐予某些人，奴隶被剥夺了人格。法律意义上的“人格”一词，至少有以下两个层次的含义：第一层次意义上的人格为法律上的人格，是指承认一个人的法律上的主体性，也就是说，一个自然人除作为肉体和精神的客观存在外，还需要得到法律上的承认，否则，个人就会被降格为法律客体，而不是一个法律意义上的人。因而，他也会被剥夺一切其他权利，甚至生命权。第二层次意义上的人格为民事权利能力，是指一个人被承认为人（而不是物）之后，所被赋予的在法律面前被承认为一个人的能力，即作为权利的享有者和义务的承担者。这种人格本质上与对法律人格的承认联系密切，是承认法律上的人格（第一层次意义上的人格）的必然结果。因为，对法律人格的承认必然要伴随着对各类广泛的私人权利（民事权利）的承认。① 此外，人格还有第三种含义，是指人格权的客体，即应受法律保护的利益。②

综上分析，我们认为，除第三种作为人格权客体的人格含义比较特殊外，无论是法律上的人格还是作为民事权利能力的人格，都是法律主体作为独立的主体地

① 参见程啸：《人格权研究》，中国人民大学出版社 2022 年版，第 3 ~4 页。

② 参见王利明主编：《人格权法新论》，吉林人民出版社 1994 年版，第 4 ~5 页。

位被法律赋予民事权利能力进而在各种法律关系中享有民事权利、履行民事义务并承担民事责任的前提。若其不具备法律主体的资格，甚至沦为法律关系的客体，遑论享有民事权利、履行民事义务并承担民事责任。

对于自然人而言，人格的要素非常丰富，且不管是理论还是立法层面，均发展出各具特色、丰富多彩的具体人格权，且有一般人格权作为兜底的一般条款。相反，对于法人人格的研究，就相形见绌，不管是理论还是立法上，都相距甚远。

四、法人人格及其要素

对于法人的本质，理论上有拟制说、实体说、有机体说等学说。其中，在法人有机体说基础上发展起来的法人目的人格化说系德国法当下通说。目的人格化说的两个代表者恩内塞鲁斯和尼佩代认为，人的集合构成了特定利益，而这种特定利益必须通过有序、持续的人之集合体共同作用才能被满足。为此，人形成了各种具有共同的团体。在此类团体中，发挥作用的是合一的意志和权利，团体本身被构想为意志主体，能够被人格化。目的人格化说从实在法的角度入手，将法人本质处理为一个为特定共同目的而形成的自然人集合体。集合体自身构成意志主体，成为法律上的人。既然法律人格是法人人格权的出发点，那么自然而然，法人人格权的基本理念首先是人格独立。因为，法人拥有法律人格，正表明了法人人格的独立。它以不依附于自然人的法律地位而与其他类型的团体相区别。在法人这里，意志自由置于人格独立之后，结合人格独立，可以被进一步解释为行为和发展的自由。因为，没有人格独立，也就没有法人。① 法人人格权的前述最新理论，对于公司的法人人格混同也具有很大的借鉴意义。

法人人格作为团体与法律人格结合之产物，是团体享有民商法上的权利与承担义务的资格。这种资格与自然人的主体资格一样是随着社会政治、经济等各方面的发展变化不断发展变化的。我国民商法继承了大陆法系尤其是德国民法中关于法人人格的这种理论，认为团体具有独立人格包含以下几个要素：独立名称、独立意思、独立财产、独立责任。对一个团体而言，意思、财产是否独立是团体是否承担独立责任的依据。②

同时，按照《民法典》第 58 条第 2 款和第 60 条的规定，“法人应当有自己的名称、组织机构、住所、财产或者经费”“法人以其全部财产独立承担民事责任”。

据此而言，我们认为，法人的人格要素，一般包括独立的名称、独立的意思（或意志）、独立的财产以及独立的责任。

---

① 参见边琪：《民法视域下的法人人格权本质论》，载《当代法学》2024 年第 4 期。

② 参见全先银、孙玉芝：《法人人格要素探析》，载《政法论丛》2003 年第 1 期。

(一)独立名称

独立的名称,更准确地说是独立的主体身份,是法人人格独立的前提。若法人无法与他人相互区分、没有自己的名称,甚至不能以自己的身份(名称)独立参与各种社会活动、形成各种法律关系,则法人已失去其人格这一"面具",因此,也就不再具备作为法律主体的基本条件,甚至可能沦为法律关系的客体而被其股东或控制人利用。

公司名称或身份的常见标表性要素包括公司的印章印信、办公地址或生产经营地址、电话号码、传真号码、网址、电子邮箱地址、字号或商号、宣传标语、logo等。

人格混同中经常出现公司的印章印信管理不独立,公司的住所地或经营场所、联系方式、商号或代表公司形象的商业标识或网址、邮箱等不独立等情况,这正是公司名称或身份所涉及的内容。这些人格要素,正是法人身份独立的重要方面。若该述人格要素多数不能独立,则说明该法人人格的独立可能存在缺失。

例如,在本书后述所引案例"兴化市亿超服饰有限公司与科倍企业发展(上海)有限公司、上海翱鸶贸易有限公司加工合同纠纷一审民事判决书"[上海市青浦区人民法院(2019)沪0118民初11670号]中,法院就将公司的对外标识"ASOBIO""asobio""翱鸶"既不是英语中的常见词,也不是中文中的常见词的拟制词,作为公司人格的标表性要素予以考量;而且,法院还考虑到两被告的工作人员对外共同使用了被告科倍公司所有的网站www.asobio.com和邮箱地址@co-best.com,从而将其作为公司名称或身份这一人格要素混同的重要考虑因素。

(二)独立意思或意志

公司法有关"三会一层"等组织机构的设置以及中国公司法上的法定代表人等制度设计,重要目的之一就是让公司具有自己的、独立于股东甚至实际控制人的独立的意思形成机关与意思表达机制,促使公司具有独立的意志,而独立意思正是法人人格独立的基础。若法人已受控于他人、不能依法按章地形成自己的意思(如决议)以及独立地表达自己的意思,则法人已经失去独立的意思能力,其人格要素中的独立意思势必缺失。

公司意志或意思最常见的标表性要素就是人员,尤其是公司董事、监事以及包括财务人员在内的高级管理人员。

在人格混同领域,经常涉及的组织机构及其人员特别是高级管理人员和财务人员的混同,实质上是在关注公司作为独立主体是否具有独立的意思形成与表达能力。若出现前述的意思形成或表达不独立的情况,则说明该法人不具备意思独立,其法人人格的独立可能存在欠缺,甚至可能没有独立的法人人格。组织机构或人员混同情形导致公司不能形成独立的完全基于本公司利益而产生的意志,致使公司的独立性丧失,独立承担责任的基础丧失。

当然,若仅因为投资关系,股东或其所属人员被委派到所投资的公司董事会担任董事,即使其所委派的董事占多数甚至全部,也不能仅仅据此认定股东与公司之间构成人格混同。一方面,要审核董事会的召集与决议程序以及决议或决定的内容是否符合法律或公司章程的规定,若违反法律或公司章程,还要审核该决议或决定的内容是否源于股东的授意,若此,可以认定构成人格混同。另一方面,虽然不足以认定股东所委派的多数或全部董事的行为损害了公司意思的独立性,但执行该董事会的决议或决定之后,实际上造成了公司财产的独立性丧失的,仍可根据财产独立性的要求判断二者之间是否构成财产混同。

法定代表人出现交叉或一个自然人同时担任多家公司的法定代表人的,是否能够认定为人格混同的情形之一?

对此,我们认为,我国的法定代表人作为公司法上的一项特殊内容,其仅为法定的公司表意机关,即在公司通过内部的"三会一层"形成决议或决定之后,由其代表公司对外表达决议或决定所含的意思表示。特别是《公司法》(2023 年修订)取消原来的执行董事制度,公司必须设立董事会,且董事会成员不得少于三人。因此,新法之后,就不会存在一个执行董事兼公司法定代表人这一"一言堂"的特殊情况发生。无论哪位董事担任了法定代表人,从公司内部决策层面而言,该法定代表人也应当在公司董事会或股东会形成相关决议或决定之后,才有权对外代表公司表达该述公司意思,否则就构成了越权代表。按照《民法典》第 61 条第 2 款、第 3 款的规定,法定代表人以法人名义从事的民事活动,其法律后果由法人承受。法人章程或者法人权力机构对法定代表人代表权的限制,不得对抗善意相对人。因此,该越权行为对外部的非善意相对人而言属于无效代理,对内而言,兼任公司法定代表人的董事违反内部决议或决定的行为,因其违反了董事的忠实勤勉义务而应当对其行为所造成的损失承担损害赔偿责任。在该自然人兼任多家公司法定代表人的情况下,其违反各自公司的内部决议或决定或者公司章程的规定所从事的代表行为,若符合公司人格否认所要求的滥用股东有限责任和公司独立人格的情形的,应当据此否定公司的独立人格和股东的有限责任。

也就是说,即使存在交叉的情形,若其代表公司所表达的意思内容是有权机关依法按章形成的,即为合法代表,一般不应构成违法的混同情形;相反,若该意思内容不是有权机关依法按章形成,甚至是该法定代表人按照公司股东或实际控制人的授意擅自做出的,根据其具体情形,若构成人格混同的,则应当否定其合法性而由构成混同的主体承担连带责任。

【问题 198】两公司是“一套人马,两块牌子”,本身是否足以证明两公司在人员上是混同的?

【典型案例要旨 215】(2018)最高法民申 4702 号:鹿业发展公司和海南省鹿场存在一人同时或者前后兼任两公司法定代表人的情况,农牧业总公司、鹿业发展公司和海南省鹿场亦曾在不同时期不同场合均出具《证明》称该两公司是“一套人马,两块牌子”,足以证明两公司在人员上是混同的。综上,鹿业发展公司和海南省鹿场在财产、财务、人员等方面均有混同,足以认定二者人格混同。

海南鹿业发展公司、海南联合资产管理有限公司借款合同纠纷再审审查与审判监督民事裁定书

最高人民法院(2018)最高法民申 4702 号

最高人民法院经审理认为:

本案再审审查的焦点问题是:鹿业发展公司与海南省鹿场是否人格混同,鹿业发展公司是否应对案涉借款承担连带清偿责任。

根据《〈最高人民法院关于案例指导工作的规定〉实施细则》第 9 条的规定,各级人民法院正在审理的案件,在基本案情和法律适用方面,与最高人民法院发布的指导性案例相类似的,应当参照相关指导性案例的裁判要点作出裁判。最高人民法院指导案例第 15 号“徐工集团工程机械股份有限公司诉成都川交工贸有限责任公司等买卖合同纠纷案”的裁判要点为,关联公司的人员、业务、财务等方面交叉或混同,导致各自财产无法区分,丧失独立人格的,构成人格混同;关联公司人格混同,严重损害债权人利益的,关联公司相互之间对外部债务承担连带责任。本案与该指导性案例的基本案情相类似,其裁判要点应作为本案审理的参照。

第一,根据现有证据,本案可以认定鹿业发展公司和海南省鹿场人格混同。

首先,鹿业发展公司与海南省鹿场存在财产混同。原审查明,鹿业发展公司是案涉灵山 143 亩土地所登记的国有土地使用权人,但长期以来实际是海南省鹿场在使用该土地。海南省鹿场在 1997 年以自己的名义将该土地抵押给中国农业银行琼山市支行,自 2002 年以来又以自己的名义与数家公司签订了该土地的租赁协议,还于 2016 年以自己的名义为鹿业发展公司补缴了该土地的相关税款。由此可见,两公司对该土地共同享有权益,二者财产明显混同。

其次,鹿业发展公司和海南省鹿场存在财务混同。海南省鹿场为鹿业发展公

司补缴灵山土地的相关税款,《海南省社会保险费通用缴款书》和两公司向海南省工商行政管理局出具的《证明》可证明两公司为共同的员工共同缴纳一份社保,可见二者在财务上是混同的。

最后,鹿业发展公司和海南省鹿场存在人员混同。

鹿业发展公司和海南省鹿场存在一人同时或者前后兼任两公司法定代表人的情况,农牧业总公司、鹿业发展公司和海南省鹿场亦曾在不同时期不同场合均出具《证明》称该两公司是"一套人马,两块牌子",足以证明两公司在人员上是混同的。

综上,鹿业发展公司和海南省鹿场在财产、财务、人员等方面均有混同,足以认定二者人格混同。

第二,鹿业发展公司和海南省鹿场的人格混同,损害了债权人联合资产公司的合法利益。本案中,农牧业总公司向海南金城国有资产管理公司发出的《关于省鹿场土地合同开发有关遗留问题的请示》载明:"省鹿场原背负的金融机构及其他债务本金近3000万元,都需要盈金公司从合作盘活该资产中予以解决……鹿场其他债务的偿还也将难以兑现。"由此可见,除了鹿业发展公司名下的143亩土地,海南省鹿场已无其他资金来源可供偿还案涉借款。在此情形下,只有认定鹿业发展公司与海南省鹿场人格混同,才能保障债权人联合资产公司的利益得以实现。因此,虽然鹿业发展公司与海南省鹿场表面上是彼此独立的公司,但两公司之间已实际构成了人格混同,其行为违背了法人制度设立的宗旨,违反了诚实信用原则,损害了债权人利益。因此,本案与最高人民法院指导案例第15号的基本案情相类似,原审判令鹿业发展公司对案涉借款承担连带清偿责任,并无不当。

(三)独立财产

独立财产,是法人人格独立的经济保障,更是其独立承担责任的经济基础。这里的财产,应当是广义上的财产,不仅包括法人名下现有的各类有形或无形财产,也包括可能获得财产的各种商业机会,或者正在开展或计划开展的各类业务活动。因为,法人正是通过将其争取到的商业机会发展成经营活动,进而通过这些业务活动获得财产或经济收入的。

法律上的财产,在公司内部可能以多种形式体现,即标表公司财产的要素包括各种资产,以及得以对该述资产进行有效管理的要素或凭证,例如银行账户及其相关管理工具(如密码、印信等)、证券或其账户等。此外,还有应收的各种债权,以及潜在的业务机会或正在经营的业务等。

所以,在人格混同领域,最经常出现的就是财产混同与业务混同。财产混同直接削弱财产的独立性,甚至使其独立性完全丧失,其本质则是财产混同情形违背了公司财产与股东财产相分离、公司资本维持、公司资本不变等基本原则,严重影响了公司对外清偿债务的物质基础;而业务混同,则使公司获得财产的途径丧失独立性或失去获得财产的渠道或来源,进而间接地影响法人财产的独立,其本质则是业务混同情形导致公司失去了经营自主权和独立人格。作为法人人格独立的经济保障的这些财产或业务如果不能独立,则法人就失去了独立承担责任的经济基础。因此,其独立的人格也就不够完整甚至会消失。

这其中有一项特殊情形,即公司财务。从抽象角度而言,财务属于公司的内部管理事务,应属于公司的独立意思范畴;而从具象角度而言,对于财务账册所体现的资产、负债和所有者权益等记载内容,又体现了公司财产的独立性问题。因此,我们认为,是否构成财务混同,应当根据前述不同情况分别论证。

另外,对于公司的银行账户,也要分为不同情形。从形式上,对公司账户的管理、资金汇出与接收的决定,是公司内部的经营管理事项,均属于公司独立意思的范畴。而从账户内所存资金而言,公司的银行账户是一种公司财产的存在形式,属于公司财产范畴,体现的是财产的独立性问题。因此,若公司股东或实控人的银行账户与公司的银行账户在管理上和资金收付方面存在越俎代庖、没有合法依据及合理业务根据的相互划转,则可能破坏二者意思与财产的独立性,进而可能构成人格混同。

此外,对于《九民纪要》第 10 条第 4 项所述“股东自身收益与公司盈利不加区分,致使双方利益不清的”的情形,也要区分具体情况。若股东将本该由公司收取的收益没有正当依据地直接收取或在公司收取之后转出至自己账户并据为己有的,则构成侵占公司资产;若该收益所涉业务本属公司的商业机会或既有业务,被股东通过不当关联交易或直接转为其个人业务的,则构成利用关联交易损害公司利益或篡夺公司商业机会的行为,构成对公司的侵权行为而应当赔偿公司的损失。因此,不管属于哪种情况,均可能构成对公司财产或业务独立性的破坏,进而可能构成人格混同。

(四)独立责任

独立责任,是法人身份、意思与财产独立之后自然而然的结果,是人格独立的应有之义。这也正是有限公司和股份公司或其他盈利法人区别于合伙、其他组织最明显的特征。当然,这种独立,在公司法的特殊理论背景下,特指公司的责任独立于其股东的责任,公司仅以其自己名下的财产对外承担法律责任,而与公司股东无关;即使股东存在未及时、足额出资或存在抽逃出资的违法情形,也只是在未足额缴纳或抽逃的范围内(另加公司合理的利息损失)对公司债权人承担补充责任。

在人格混同时,两家公司可能存在相互代偿债务的情况,因此,可能导致两家公司之间的对外责任不能独立。例如,在本书后述所引案例“兴化市亿超服饰有限公司与科倍企业发展(上海)有限公司、上海翱鸶贸易有限公司加工合同纠纷一审民事判决书”[上海市青浦区人民法院(2019)沪0118民初11670号]中,法院认为:在涉案加工业务中,虽然第三人支付过部分款项,但在涉诉后的金山法院9915号案件审理中,支付款项的却是被告翱鸶公司,在其不能提供任何证据证明第三人拖欠其款项未付的情况下,其主动支付第三人的对外债务,不仅与其所述的二者相互独立的事实相悖,也容易使人作出二者财务关系混乱的判断。并且,被告翱鸶公司在转账记录备注中明确载明款项性质为“货款”,足以令人相信被告翱鸶公司在支付款项时已将相关债务认定为自身债务。因此,可以判断两家公司的对外责任不能独立,或者说存在责任承担方面的混同情形。当然,对此案例,若深而究之,既然存在相互代偿债务的情况,应该据此认定两家公司之间的财产使用与财务管理方面均不能独立,既存在财务管理方面的混同,也存在财产的混同,因此,足以认定二者之间构成人格混同。

在人格否认的语境下,法人不能独立承担责任的通常表现是因其股东或实控人滥用法人独立人格而使其无法向债权人偿还到期债务,严重损害债权人利益的情况。

一个正常的法人,其独立名称、独立意思、独立财产、独立责任均应正常且独立。若其中一项或几项,甚至一项中的某一方面,例如意思形成或表达的人员不够独立且已经构成人格混同的,则有必要否定其独立人格而要求滥用之人承担连带法律责任。

本小节所提及的公司印章印信、经营地址或办公场地、联系方式、组织机构及其工作人员、财务、业务、银行账户等,实际上均为法人人格要素的具体表征因素,其本身并不属于法人的名称、意思、财产或责任等人格要素,不能将人格要素与其表征因素混为一谈,从而影响对是否构成人格混同的合理判断。

综上所述,均为笔者之管见,仅供参考。但需要提醒的是,一方面,中国公司法的理论上,有关人格混同的研究尚不够深入、成熟,对于能够构成混同的具体人格要素,也未形成统一认识。

另一方面,在司法实践中,对于人格混同的认定也非常混乱,如后述相关案例所示:经营管理的混同实际是公司意思的形成与表达不够独立或丧失独立性;公司负债,或者说是公司的民事法律责任是否能够作为人格要素形成混同,值得深入研究,如该案例所述“两公司的债权债务分开清理较为困难且区分成本较高”,债权实为具有期待可能性的资产或财产,其混同可以作为财产混同论证,而债务问题，因该裁定书未体现具体细节，尚无法论证；公司实际控制人，我们认为不应该构成公司的人格要素，也不存在实控人混同的问题，只能是在公司与实控人之间或者实控人所控制的多家公司之间形成了人格混同，从而由实控人对公司债务承担连带责任；公司的章程，是公司的宪法，是公司意志的体现，也是公司独立身份、意思和财产的集中体现，但其本身并不能构成人格要素之一种类型从而构成混同。

总之，在理论比较没有达成一致、司法实践十分混乱且任意性较强的情况下，公司股东或双控人在股东的经营管理过程中应当尽量保持克制，特别是在公司负债率比较高的情况下，一些重大决策最好经过合法性与合规性的论证，从而避免相应的法律风险。

五、法人人格及其要素混同相关案例的裁判要旨

【问题 199】人员、主要经营地、业务、财产等，是否为表征公司人格的因素？

【典型案例要旨 216】(2020)最高法民终 1084 号：银燕公司与百富勤公司虽在工商行政管理部门均登记为独立的法人，但实际上其表征人格的因素(人员、主要经营地、业务、财产等)高度混同，导致双方财产无法区分，构成人格混同，百富勤公司意图逃避公司对外债务，从而丧失人格独立性。故银燕公司与百富勤公司构成人格混同，银燕公司应对百富勤公司债务承担连带责任。

武汉长江博润置业有限公司、武汉市百富勤置业有限公司
合同纠纷二审民事判决书

最高人民法院(2020)最高法民终 1084 号

一审法院湖北省高级人民法院经审理认为：

关于银燕公司与武汉市百富勤置业有限公司(以下简称百富勤公司)是否构成人格混同，应否对百富勤公司的债务承担连带责任的问题。

关联公司之间是否构成人格混同，应当从公司之间是否存在财产混同、人员混同、业务混同等方面进行综合分析判断。财产混同是公司人格混同的重要考察因素，依据《公司法》第 3 条第 1 款的规定，公司独立财产是公司独立承担责任的物质保证，也是公司独立人格的集中体现，财产混同外在表征主要有公司经营场所、主要办公场所以及财务等方面的混同，其本质则是财产混同情形违背了公司财产与股东财产相分离、公司资本维持和公司资本不变的基本原则，严重影响公司对外清偿债务的物质基础。

本案中,首先,武汉长江博润置业有限公司(以下简称博润公司)与百富勤公司合作期间,百富勤公司占银燕公司股份98%,张某占2%,张某在两家公司均担任主要负责人,存在主要管理人员混同的情形。

其次,银燕公司与百富勤公司经营场所、主要办公地点相同,皆为湖北省武汉市东西湖区张柏路2号,存在公司经营场所混同情形。

再次,银燕公司与百富勤公司主要经营范围相似,存在业务混同情形。

最后,2016年12月9日,海鼎公司向百富勤公司支付武珞路项目转让款28300万元,百富勤公司当日将该款项转给银燕公司,两家公司在无正当交易理由的情况下,相互转款,存在财产混同情形。

银燕公司与百富勤公司虽在工商行政管理部门均登记为独立的法人,但实际上其表征人格的因素(人员、主要经营地、业务、财产)等高度混同,导致双方财产无法区分,构成人格混同,百富勤公司意图逃避公司对外债务,从而丧失人格独立性。故银燕公司与百富勤公司构成人格混同,银燕公司应对百富勤公司债务承担连带责任。

【问题200】公司法人的人格要素具体包括哪些?

【典型案例要旨217】(2024)皖1021破1号:颐科公司与颐高商管公司虽形式上登记为彼此独立的企业法人,但两公司在经营管理、资产、财务等表现有公司法人人格要素方面混同情形,两公司之间在资金拆借及债务负担、担保等方面存在交叉重叠,强行区分两公司的财务和资产难度较大。

(2024)皖1021破1号受理债权人的破产清算申请民事裁定书

安徽省歙县人民法院(2024)皖1021破1号

安徽省歙县人民法院经审理认为:

人民法院在审理企业破产案件中,应当尊重企业法人人格的独立性,以对企业适用单个破产程序为原则。

但是当关联企业之间存在法人人格高度混同、区分各关联企业成员财产的成本过高、严重损害债权人公平清偿利益时,可适用实质合并破产方式审理。本案中,颐科公司与颐高商管公司虽形式上登记为彼此独立的企业法人,但两公司在经营管理、资产、财务等表现有公司法人人格要素方面混同情形,两公司之间在资金拆借及债务负担、担保等方面存在交叉重叠,强行区分两公司的财务和资产难度较大。另两公司合并重整产生协同效应,有利于整体提升两公司的财产及重整价值,提高重整效率,切实保障全体债权人公平清偿利益。

综上所述,对颐科公司、颐高商管公司合并重整,有利于整合资源、节约司法成本,从整体上有利于保障全体债权人合法权益。因此,管理人请求两家公司合并破产重整申请,本院予以准许。依照《企业破产法》第1条、第2条之规定,裁定如下:受理颐高商管公司与颐科公司合并重整申请。

【问题201】可以构成法人人格混同的表征人格因素,可否表述为人员、业务、财务?

【典型案例要旨218】(2023)冀民申2408号:再审申请人未能就"股权转让合同系恶意串通"、"股权转让价格非公允价格"和"河北某某公司与某乙公司之间无偿转让土地资产"的情形,提供足以证明其事实主张的证据;亦未证明河北某某公司、某乙公司和三河华盾某某有限公司之间表征人格因素(人员、业务、财务)高度混同,且导致各自财产无法区分,已丧失独立人格,构成人格混同,应承担举证责任不利的后果。

北京某某科贸有限公司、三河华盾某某有限公司等公司关联交易损害责任纠纷再审审查民事裁定书

河北省高级人民法院(2023)冀民申2408号

河北省高级人民法院经审理认为:

民事案由是将诉讼争议所包含的法律关系进行的概括,而非对案件作出实体处理的依据。案由定性并非评价实体裁决结果及法律适用正确与否的直接依据,故不属于法定的再审事由,本院不予审查。

我国并非判例法国家,在先生效判决不直接作为裁判依据援引,但对正在审理的类似案件具有参照效力。本案中,法律事实和适用法律都与再审申请人提供的参考案例存在差异,故原审中所作判定并不违反在先生效案例之裁判要旨,再审申请人"同案不同判"的主张本院不予支持。

《民事诉讼法》第90条第2款规定,在作出判决前,当事人未能提供证据或者证据不足以证明其事实主张的,由负有举证证明责任的当事人承担不利的后果。

本案中,《股权转让协议书》系双方真实意思表示并经公司股东会表决通过,且河北某某公司中国银行账户显示,2018年10月30日、11月2日"用途/摘要"内容分别为"股转款"、"转股款"及"购买股权款"共计12838707.4元,由其支付给某乙公司。再审申请人未能就"股权转让合同系恶意串通"、"股权转让价格非

公允价格”和“河北某某公司与某乙公司之间无偿转让土地资产”的情形,提供足以证明其事实主张的证据;亦未证明河北某某公司、某乙公司和三河华盾某某有限公司之间表征人格因素(人员、业务、财务)高度混同,且导致各自财产无法区分,已丧失独立人格,构成人格混同,应承担举证责任不利的后果。

【问题202】人员、业务、财务等,是否为公司法人的重要表征人格因素(1)?

【典型案例要旨219】(2022)粤06民终511号:由于鸿滔公司、渲滔公司之间在人员、业务、财务等重要表征人格因素方面存在高度混同,导致各自财产无法区分,已丧失独立人格,其行为本质和危害结果与《公司法》第20条第3款规定的情形相当,应当参照前述规定对案涉债务承担连带清偿责任。

佛山市鸿滔电子有限公司、佛山市渲滔光电科技有限公司等买卖合同纠纷二审民事判决书

广东省佛山市中级人民法院(2022)粤06民终511号

一审法院广东省佛山市顺德区人民法院经审理认为:

关于佛山市鸿滔电子有限公司(以下简称鸿滔公司)、佛山市渲滔光电科技有限公司(以下简称渲滔公司)应就案涉货款承担何种责任的问题。

天际公司主张鸿滔公司、渲滔公司属于财产、业务和人事混同的关联企业,应就案涉债务承担共同清偿责任;鸿滔公司、渲滔公司则辩称其属于独立主体,应就各自债务分别承担责任。因此,鸿滔公司、渲滔公司是否构成人格混同是本院应予查明的核心问题。法院具体分析如下:

首先,从鸿滔公司、渲滔公司的关联关系分析,《公司法》第216条第1款第4项规定,关联关系,是指公司控股股东、实际控制人、董事、监事、高级管理人员与其直接或者间接控制的企业之间的关系,以及可能导致公司利益转移的其他关系。本案中,因古某同时担任鸿滔公司、渲滔公司的股东,亦担任鸿滔公司的法定代表人,持有渲滔公司49%的股权,故鸿滔公司、渲滔公司因股东交叉持股而存在关联关系,属于关联公司。

其次,从鸿滔公司、渲滔公司的工商登记情况分析,鸿滔公司、渲滔公司的住所地异常临近,业务范围相互重叠,在其未明示实际交易主体的情形下,确有可能导致债权人产生混淆。

再次,从案涉交易情况分析,快递单和送货单均载明收货人为渲滔公司古某,但古某亦担任鸿滔公司股东和法定代表人,渲滔公司、鸿滔公司员工均在送货单

上签字但未注明其所代表的交易主体,另外谢某为渲滔公司监事,但叶某诗于2020年3月27日的QQ聊天对话显示其亦同时在鸿滔公司办公,上述事实可证实鸿滔公司、渲滔公司的管理人员存在交叉任职的情形;结合天际公司与叶某诗、李某婷QQ聊天对话的情况分析,鸿滔公司工作人员李某婷明确要求天际公司开具名称为渲滔公司的增值税发票并提供了鸿滔公司的税务资料,渲滔公司工作人员李某婷亦参与了鸿滔公司的货款对账,且鸿滔公司、渲滔公司的付款、增值税发票的开具均无法与其签收的送货单一一对应,故上述事实足以证实鸿滔公司、渲滔公司存在业务及财务混同的情形。

最后,由于鸿滔公司、渲滔公司之间在人员、业务、财务等重要表征人格因素方面存在高度混同,导致各自财产无法区分,已丧失独立人格,其行为本质和危害结果与《公司法》第20条第3款规定的情形相当,应当参照《公司法》前述规定对案涉债务承担连带清偿责任。

【问题203】人员、业务、财务等,是否为公司法人的重要表征人格因素(2)?

【典型案例要旨220】(2022)津02民终583号:汇杰公司与汇特公司表征人格的因素(人员、业务、财务)高度混同,导致各自财产无法区分,已丧失独立人格,属于关联公司且构成人格混同。

天津市汇杰电力设备科技有限公司、天津市金日达低压电器有限公司等买卖合同纠纷二审民事判决书

天津市第二中级人民法院(2022)津02民终583号

天津市北辰区人民法院经审理认为:

关于争议焦点二,汇特公司与天津市汇杰电力设备科技有限公司(以下简称汇杰公司)是否为关联公司,是否人格混同,是否应当承担相应的法律责任及法律适用问题。

关联公司是指两个或者两个以上公司主体之间形成的一种组织联盟,它们之间存在控制与被控制或者是组织与协调的关系,在市场经济中他们有统一安排或者共同进退的整体利益。关联公司关系有可能使公司仅具备法律形式上独立人格的外观,但实质上公司已经失去了独立意志,丧失独立的法人人格。

关联公司人格混同的概念。公司人格混同,又被称为"人格形骸化",通常指公司与股东完全混同,使公司成为股东的"另一个自我",或成为其代理机构和工具,从而形成股东即公司、公司即股东的情形。人格混同是对公司与股东间异常

紧密关系的描述,既包括单纯的一家公司与股东完全混同的状态,也包括关联公司之间因控制股东的操纵而完全混同的状态。本案案情涉及关联公司的人格混同。这种股东利用其对公司及关联公司的控制,做出欺诈或者阻却债权人合法诉求的行为,超越了传统意义上"揭开公司面纱"规则顺向否定公司独立人格而直索股东责任的涵盖范围,英美判例法为此创设了"反向刺破面纱"及"三角刺破"规则予以规制,逆向否定关联公司独立人格。在我国,目前法律对这类行为尚缺乏明确规定。关联公司人格混同的表征因素有三点:人员混同、业务混同、财务混同。

对于人员混同一节。人格混同是指关联公司之间在组织机构和人员上存在严重的交叉、重叠。如公司之间董事相互兼任、公司高级管理人员交叉任职,甚至雇员也相同,最典型的情形是"一套人马,多块牌子"。本案中,汇杰公司的股东张某合占股90%,张某真占股10%,汇特公司的股东张某合占股84.5783%,张某真占股9.3976%,张某占股6.0241%,可以看出张某合为两家公司持股超过50%股本的人员,系控股股东,是对两家公司均可产生重大影响的股东,是能够实际支配公司行为的人。在庭审中,汇杰公司、汇特公司陈述,两家公司在一个院内办公,张某合与张某真为夫妻关系。同时,汇杰公司、汇特公司委托了公司员工作为诉讼代理人,且诉讼代理人相同,其提交的授权委托书分别写明工作单位既是汇杰公司,又是汇特公司,在庭审过程中,汇杰公司陈述认可马某元的意思表示,但又提交证据证明马某元系汇特公司员工。故可以认定汇杰公司与汇特公司存在人员混同的情况。

关于业务混同一节。这是指关联公司之间从事相同的业务活动,在经营过程中彼此不分。如同一业务以这家公司名义进行,同时又以另一公司的人员进行实际业务往来,以至于与之交易的对方当事人无法分清与哪家公司进行交易活动。本案中,《电器产品购销合同》中委托代理人处标注"马工",送货单中有刘某、鲍某富签字,在庭审中,汇杰公司陈述认可马某元的意思表示,且马某元、刘某、鲍某富三人均为汇特公司员工,同时经企查查信息显示及汇杰公司、汇特公司的诉讼代理人庭审陈述,汇杰公司与汇特公司的住所地、营业场所相同。故可以认定汇杰公司与汇特公司在业务中存在混同。

关于财务混同一节。这是指关联公司之间账簿、账户混同,或者两者之间不当冲账。本案中,汇特公司向金日达公司支付两笔款项共计3万元。庭审中,汇特公司称其公司财务人员转账错误,但转账的行为与录音文件中张某合陈述"最近这几天要是有钱,能解决个一二万"相互对应。同时,在庭审中,汇杰公司陈述其已经向金日达公司支付了116834元,录音中,张某合陈述"现在共差十几万,也不是太多”，故可以认定汇特公司支付相应款项是明知而为，汇杰公司、汇特公司存在合账的情况，应当认定财务混同。

故一审法院认为，汇杰公司与汇特公司表征人格的因素（人员、业务、财务）高度混同，导致各自财产无法区分，已丧失独立人格，属于关联公司且构成人格混同。

【问题204】公司负债是否属于法人人格的要素？

【典型案例要旨221】(2021)苏0803破49、50号：恒丰置业公司与义乌城市场公司虽形式上为独立法人，但实质上两公司存在高度的人格混同，应为关联企业，两公司在人员、经营场所、财务、经营管理、资产、负债等表现公司法人人格要素方面存在高度混同的情形，两公司的债权债务分开清理较为困难且区分成本较高，故两公司已丧失独立法人人格，构成人格混同，应当进行合并破产处置。

(2021)苏0803破50号恒丰置业公司与恒丰义乌城市场公司合并破产裁定书

江苏省淮安市淮安区人民法院(原江苏省淮安市楚州区人民法院)

(2021)苏0803破49号、50号

江苏省淮安市淮安区人民法院经审理认为：

根据《公司法》第3条的规定，公司是企业法人，有独立的法人财产，享有法人财产权。公司以其全部财产对公司的债务承担责任。公司独立法人人格和独立承担责任以其意志和财产独立为基础。

本案中，恒丰置业公司与恒丰义乌城市场公司虽形式上为独立法人，但实质上两公司存在高度的人格混同，应为关联企业，两公司在人员、经营场所、财务、经营管理、资产、负债等表现公司法人人格要素方面存在高度混同的情形，两公司的债权债务分开清理较为困难且区分成本较高，故两公司已丧失独立法人人格，构成人格混同，应当进行合并破产处置。另因恒丰义乌城市场公司的债务主要是恒丰置业公司基于售后返租房屋销售方案所形成的拖欠业主的租金，且租金均由恒丰置业公司收取，如两企业独立破产将严重损害恒丰义乌城市场公司债权人的利益。两公司合并破产对公平保护全体债权人和债务人的合法权益，纠正关联企业的不当利益输送，维护社会主义市场经济的正常秩序均有重要意义。

综上，对申请人提出的将恒丰置业公司与恒丰义乌城市场公司合并破产清算申请，本院予以支持。依照《公司法》第3条第1款、第21条、第216条第4项，

《企业破产法》第 1 条、第 4 条，《民事诉讼法》第 157 条第 1 款第 11 项之规定，裁定如下：受理恒丰置业公司管理人、恒丰义乌城市场公司管理人对恒丰置业公司、恒丰义乌城市场公司的合并破产清算申请。

【问题 205】公司实际控制人是否属于法人人格的要素？

【典型案例要旨 222】(2021)鲁 02 破监 1 号：地恩地集团、地恩地生物公司、地恩地机械公司、地恩地机电公司在实际控制人、人事、经营场所、业务经营、财务尤其是资金管理等表征公司法人人格要素方面具有高度混同性，导致区分各自资产、债权债务成本巨大。故四家公司已丧失法人独立人格属性，应视为同一法律主体进行合并处理。

(2021)鲁 02 破监 1 号实质合并破产裁定书

山东省青岛市中级人民法院(2021)鲁 02 破监 1 号

一审法院山东省青岛市市北区人民法院经审理认为：

公司作为企业法人，独立法人人格是公司享有权利承担义务的根基。公司享有独立的财产权，并负有以全部财产承担全部债务的责任。关联企业实质合并破产，意味着企业的独立法人人格消弭，将多个关联企业视为一个法人实体，合并清理各关联企业的资产和负债，使得关联企业之间的债权债务关系因合并而消除。关联企业实质合并重整在遵循上述关联企业实质合并破产的条件下，应符合重整的价值，即企业具有再生的特殊性、唯一性，有利于全体债权人整体利益的最大实现。

从本案查明的事实来看，地恩地集团、地恩地生物公司、地恩地机械公司、地恩地机电公司在实际控制人、人事、经营场所、业务经营、财务尤其是资金管理等表征公司法人人格要素方面具有高度混同性，导致区分各自资产、债权债务成本巨大。故四家公司已丧失法人独立人格属性，应视为同一法律主体进行合并处理。四家公司因其在资产、业务运营方面具有混同性，任何一家均难以单独完成市场经营活动。因经营体系的不完整，单独一家运营会导致经济效益低下、经营成本高昂。唯有将四家公司视为同一整体，整合相关资源，优化资产处置，才符合市场经济活动规律。四家公司名下具有青岛市内多处优质土地资源与房产资源，具有良好的重整投资价值，增加了重整可能性，提升了债权人清偿比例，有利于维护债权人整体利益。因此，地恩地集团、地恩地生物公司、地恩地机械公司、地恩地机电公司申请破产重整实质合并处理符合实质合并重整条件，予以准许。依照

《企业破产法》第2条、第4条、第71条之规定,裁定:对地恩地集团、地恩地生物公司、地恩地机械公司、地恩地机电公司进行实质合并重整。

【问题206】公司独立的人格要素是否包括具备体现公司意志的章程?

【典型案例要旨223】(2017)吉02民终1000号:公司独立的人格要素除了具有独立特征的公司资产,还包括具备体现公司意志的章程,具备独立的组织机构、独立的住所、人员等。本案中倪某全是铭山实业公司、神驭机械公司、亿成公司的控股股东及法定代表人,审计报告也反映了亿成公司与铭山实业公司、铭山机械厂(后变更公司名称为神驭机械公司)经济往来繁多,但往来手续不全,凭证后没有原始凭证。

倪某全、吉林市铭山实业有限公司、吉林神驭机械有限公司与福建沙县恒生碳化硅有限公司、吉林市亿成石油焦有限公司与公司有关的纠纷二审民事判决书

吉林省吉林市中级人民法院(2017)吉02民终1000号

一审法院吉林市龙潭区人民法院经审理认为:

关于吉林市铭山实业有限公司(以下简称铭山实业公司)、吉林神驭机械有限公司(以下简称神驭机械公司)与吉林市亿成石油焦有限公司(以下简称亿成公司)之间财产混同,对亿成公司债务承担连带清偿责任的问题。

《公司法》第216条第4款规定:“关联关系,是指公司控股股东、实际控制人、董事、监事、高级管理人员与其直接或者间接控制的企业之间的联系,以及可能导致公司利益转移的其他关系……”因铭山实业公司、神驭机械公司在2011年12月5日前的股东及法定代表人均为倪某全,且其出资额占公司注册资本分别达到了59.9%、58.4%,属于两公司的控股股东,而亿成公司的股东及法定代表也为倪某全,其出资额占公司注册资本达到了65%,也属于控股股东。因此,铭山实业公司、神驭机械公司与亿成公司为关联公司。

关联公司人格混同的原因多是股东滥用了公司法人独立地位和股东有限责任,否认关联公司各自的独立人格,将各个关联公司视为一体。在关联公司人格混同的情形下,依据最相类似的条款、类似情况下类似处理的原则,应当参照《公司法》第20条第3款的规定,由关联公司对债务承担连带清偿责任。

本案中通过福建恒生公司提供的吉林市中级人民法院委托吉林永泰会计师事务所做出的审计报告及吉林市化学工业循环经济示范园区综合室出具的关于

《吉林省吉林市中级人民法院协助调查函》的复函及相关材料反映,在吉林化工园区开发公司作为甲方代表,吉林市化学工业循环经济示范园区管理委员会与乙方亿成公司和铭山实业公司签订关于工程款和交接资产价值补偿款的8309万元中,其中6200万元都是向亿成公司支付的,且其中包括化工园区展览馆项目工程款500万元,工程款200万元,向铭山机械公司(后名称变更为神驭机械公司)支付补偿费用13365485元。亿成公司自成立后并未实际开展生产经营活动,而铭山实业公司在庭审中陈述8309万元中包括的工程款所涉及的工程均是铭山实业公司挂靠其他公司所承建,从而说明亿成公司与铭山实业之间存在财产混同的可能性。同时,由于8309万元的补偿主体不包括神驭机械公司,但龙潭区财政局却将其中13365485元支付给了神驭机械公司,从而说明亿成公司与神驭机械之间存在财产混同的可能性。

公司独立的人格要素除了具有独立特征的公司资产,还包括具备体现公司意志的章程,具备独立的组织机构、独立的住所、人员等。本案中倪某全是铭山实业公司、神驭机械公司、亿成公司的控股股东及法定代表人,审计报告也反映了亿成公司与铭山实业公司、铭山机械厂(后变更公司名称为神驭机械公司)经济往来繁多,但往来手续不全,凭证后没有原始凭证。

以上事实均能盖然性地证明铭山实业公司、神驭机械公司与亿成公司之间存在人格混同。此时,以上两公司应举证证明其与亿成公司之间不存在上述财产混同的情形。然而,在案件审理过程中,以上两公司未提供充分的证据证明不存在上述情形,应承担举证不能的法律责任。故铭山实业公司、神驭机械公司应对亿成公司的债务承担连带清偿责任。

【问题207】公司会计(财务机构负责人)、年检指定代表人、工商登记联络员等对外受托代表人员,是否属于公司人格要素的组成部分?

【典型案例要旨224】(2015)徐商终字第00468号:从投资设立、股东变更、管理人员、业务、财务管理等方面来看,兰娇公司与英兰公司相互之间界限模糊、表征人格因素高度混同,已丧失独立人格,故原审法院认定兰娇公司与英兰公司人格混同,并判令英兰公司对兰娇公司的债务承担连带清偿责任,并无不当。

江苏省天鹏服饰有限责任公司与南通兰娇时装有限公司、南通英兰时装有限公司加工合同纠纷二审民事判决书

江苏省徐州市中级人民法院(2015)徐商终字第00468号

江苏省徐州市中级人民法院经审理认为:

关于南通兰娇时装有限公司(以下简称兰娇公司)与南通英兰时装有限公司

（以下简称英兰公司）是否存在人格混同的问题。

本院认为，认定关联公司是否构成人格混同，应从公司设立、经营管理、业务、财务等各方面综合判断。

首先，从投资设立及股东变更层面来看，兰娇公司、英兰公司均由南通忆兰实业有限公司、西村滋投资设立，后两公司先后将股东变更为南通鼎睿纺织有限公司、西某滋。两公司不仅原始股东一致，变更后的股东亦相同。

其次，从两公司高管层面来看，存在管理人员交叉任职情形。兰娇公司法定代表人孙某荣系英兰公司法定代表人毛某萍的公公；兰娇公司董事兼总经理孙某建系英兰公司法定代表人毛某萍之夫；2013 年 9 月 22 日之前，孙某建一直担任英兰公司的法定代表人；孙某建还是两个公司的原始股东及南通忆兰实业有限公司的出资人。另外，西某滋与顾某建均同时担任兰娇公司、英兰公司的董事。

再次，从两个公司运营方面来看，两个公司工商登记的住所地均位于江苏省南通市通州区平潮镇工业园海平路 8 号；两个公司的经营范围均涉及生产销售服装及绣品。此外，在涉案交易中，两公司均向天鹏公司发送生产通知单，对生产工艺、生产款式、生产数量进行安排指导，兰娇公司总经理孙某建亦在英兰公司发送给天鹏公司的生产通知单上签字确认。

最后，从财务管理方面来看，两个公司的外商投资企业财务会计决算报表中会计（财务机构负责人）、企业年检指定代表人、工商登记联络员均为张某平，张某平同时属于兰娇公司、英兰公司财务部员工，同时担任两公司的主要财务人员。张某平亦同时担任两公司的原始股东南通忆兰实业有限公司、现股东南通鼎睿纺织有限公司的年检指定代表或者委托代理人。

综上，从投资设立、股东变更、管理人员、业务、财务管理等方面来看，兰娇公司与英兰公司相互之间界限模糊、表征人格因素高度混同，已丧失独立人格，故原审法院认定兰娇公司与英兰公司人格混同，判令英兰公司对兰娇公司的债务承担连带清偿责任，并无不当。

【典型案例要旨 225】（2016）鲁民终 2021 号：豪骏公司与绿洲公司之间表征人格的因素（人员、业务、财务等）高度混同，导致各自财产无法区分，已丧失独立人格，构成人格混同。豪骏公司与绿洲公司虽然在工商登记部门登记为两个独立的企业法人，但实际上相互之间界线模糊、人格混同。故参照《公司法》第 20 条第 3 款的规定，豪骏公司对绿洲公司的债务应当承担连带清偿责任。

山东费县农村商业银行股份有限公司、山东郯城农村商业银行股份有限公司金融借款合同纠纷二审民事判决书

山东省高级人民法院（2016）鲁民终2021号

山东省高级人民法院经审理认为：

关于豪骏公司与绿洲公司是否构成法人人格混同的问题。

本院认为应综合以下几点进行分析：

第一，公司人员混同。根据两公司的工商登记信息和公安机关对孙某记、孙某利的询问笔录、费县法院对杨某飞、侯某梅的调查笔录以及巨野县公安局对徐某骏的询问笔录，可以相互印证两公司的法定代表人均为孙某记，两公司均由孙某记担任执行董事。在两公司的工商登记变更过程中，工商手续经办人员均为符某芹。绿洲公司和豪骏公司的实际控制人均为徐某骏。

第二，公司业务混同。豪骏公司与绿洲公司的经营范围基本重合，均有绿化、设计、施工。

第三，公司财务混同。绿洲公司、豪骏公司的财务负责人、报税人员均为赵某娟。徐某骏不是绿洲公司的法定代表人和股东，但在绿洲公司缴纳社保。豪骏公司向徐某骏无偿转款6500万元，在无其他合同约定的情况下，绿洲公司无偿为豪骏公司缴纳土地出让金1.35亿元，银行单据显示，该资金由绿洲公司通过费县农商行的账户直接转入临沂市经济开发区财政局的账户，对其中的资金及支配无法证明已作区分。

综上，豪骏公司与绿洲公司之间表征人格的因素（人员、业务、财务等）高度混同，导致各自财产无法区分，已丧失独立人格，构成人格混同。故上诉人山东费县农村商业银行股份有限公司、山东郯城农村商业银行股份有限公司主张两公司构成法人人格混同的上诉理由成立，本院予以支持。

关于豪骏公司应否对绿洲公司的债务承担连带清偿责任的问题。

《公司法》第3条第1款规定："公司是企业法人，有独立的法人财产，享有法人财产权。公司以其全部财产对公司的债务承担责任。"公司人格独立是其作为法人独立承担责任的前提，当关联公司的财产无法区分，丧失独立人格时，就丧失了独立承担责任的基础。

《公司法》第20条第3款规定："公司股东滥用公司法人独立地位和股东有限责任，逃避债务，严重损害公司债权人利益的，应当对公司债务承担连带责任。"

本案中，豪骏公司与绿洲公司虽然在工商登记部门登记为两个独立的企业法人，但实际上相互之间界限模糊、人格混同。故参照《公司法》第20条第3款的规

定，豪骏公司对绿洲公司的债务应当承担连带清偿责任。

一审法院对此认定错误，本院予以纠正，但本院认定的主要依据是上诉人二审中提交的新证据，因此一审判决不应认定为错案。

第四节　过度支配与控制

一、过度支配与控制

过度支配与控制，是指公司控股股东对公司过度支配与控制，操纵公司的决策过程，使公司完全丧失独立性，沦为控股股东的工具或躯壳。公司一旦被某一股东滥用控制权，就不再具有独立意思和独立财产，其独立人格就会沦为工具，如仍然恪守公司独立人格，就会严重损害公司债权人利益，此时应当否认公司人格。审判实践中，在多个关联公司由同一人、夫妻、母子或者家族控制的场合，如果发生公司债权人利益受到损害的情况，公司债权人提出公司某一股东存在滥用控制权的行为，就应该重点进行审查是否存在滥用控制权的情形。[①] 后一种情形，实为横向人格否认，具体详见后述第六节的介绍。

按照《九民纪要》第11条的规定，过度支配与控制，实践中常见的情形包括：

（1）母子公司之间或者子公司之间进行利益输送的；

（2）母子公司或者子公司之间进行交易，收益归一方，损失却由另一方承担的；

（3）先从原公司抽走资金，然后再成立经营目的相同或者类似的公司，逃避原公司债务的；

（4）先解散公司，再以原公司场所、设备、人员及相同或者相似的经营目的另设公司，逃避原公司债务的；

（5）过度支配与控制的其他情形。

二、理论依据

有学者认为，滥用控制行为主要包括公司的独立人格被作为道具肆意支配（行为要件），以及支配者有违法或不当的目的（目的要件）两方面，具体表现为两种情况。一是间接影响债权人利益的情形，在股东与公司的内部之间，股东对公

---

① 参见最高人民法院民事审判第二庭编著：《〈全国法院民商事审判工作会议纪要〉理解与适用》，人民法院出版社2019年版，第153页。

司进行过度控制，施行不公正管理，使公司丧失独立的意志和利益，公司成为股东谋取法外利益的工具，如子公司向母公司及其其他子公司输送利益；母子公司的交易收益归前者，损失由后者承担。二是直接影响债权人利益的情形，股东违法或者不当地逃避合同义务，大致又分为三种情形：(1)为逃避契约上的特定义务，如竞业禁止义务、商业保密义务等，设立新公司从事相关活动；(2)“脱壳经营”，即抽逃公司资金或解散公司或宣告公司破产，再以原设备、场所、人员及相同经营目的另设新公司，从而逃避原公司债务；(3)利用公司名义转移财产进行欺诈以逃避合同义务。①

过度支配与控制，理论上主要是控股股东与实际控制人滥用对公司的控制权，对公司实施了过度的支配与控制，进行利益输送、侵占公司的财产或收益、逃避债务等行为，从而使公司丧失了独立的意志和利益，此时的公司已经沦为股东或实控人谋取非法利益、逃避责任的躯壳，因此，应当否定该公司的人格进而要求其控股股东或实际控制人对公司的债务承担连带责任。

尽管《九民纪要》第 11 条第 1 款规定的行为主体不包括实际控制人，但是，鉴于实际控制人对公司实际享有控制权，且对公司及其债权人所应负有的信义义务，我们认为，实际控制人也应当作为过度支配与控制的行为主体和责任主体之一。而且，司法实践中，人民法院也支持实际控制人承担过度支配与控制的法律责任，详见后述最高人民法院(2019)最高法民终 20 号判决书。

三、过度支配与控制相关典型司法案例的裁判要旨

【问题 208】在实际控制人控制下的三家公司之间，两家公司负债累累无法偿还，通过虚假诉讼的方式将该两家公司的巨额资产转移至另外一家公司的行为，是否构成过度支配与控制而否定三家公司的法人人格？

【典型案例要旨 226】(2019)最高法民终 20 号：安发达公司、胜龙公司及绿得公司均由陈某根等实际控制，属于同一利益主体。在同一实际控制人控制下，在胜龙公司、绿得公司负债累累的情况下，三公司通过虚假诉讼方式将胜龙公司及绿得公司巨额资产转移至安发达公司。安发达公司、胜龙公司及绿得公司缺乏独立意志，不具有独立人格，其法人人格成为实际控制人恶意转移资产以逃避胜龙公司、绿得公司巨额债务的工具，严重损害了债权人的利益。

---

① 参见李建伟：《公司法学》(第 5 版)，中国人民大学出版社 2022 年版，第 396 页。

江西安发达酒业有限公司、中国农业银行股份有限公司福州鼓楼支行股东损害公司债权人利益责任纠纷二审民事判决书

最高人民法院(2019)最高法民终20号

本院认为,综合各方当事人的诉辩意见,本案二审争议焦点为:江西安发达酒业有限公司(以下简称安发达公司)与绿得公司、胜龙公司之间是否存在法人人格混同,安发达公司应否对绿得公司债务承担连带清偿责任。

(一)安发达公司与绿得公司、胜龙公司之间系关联公司

抚州中院民再3号判决基于安发达公司设立过程、高管交叉任职情况、持股情况等事实认定神龙国际公司、安发达公司及胜龙公司都是由陈某根控制的关联公司。对于该生效判决确认的事实,在安发达公司没有举证予以推翻的情况下,应予确认。故根据该生效判决,可以认定神龙国际公司、安发达公司、胜龙公司系同一实际控制人陈某根控制的关联公司。根据抚州中院民再4号判决查明的事实,胜龙公司收购福州幸运股份有限公司全部国有股将其更名为绿得公司;现在绿得公司主要股东为神龙国际公司、闽越花雕公司、胜龙公司等。而闽越花雕公司对外发布的公告显示,陈某根、陈某恩又系该公司的实际控制人,也即绿得公司主要股东均系陈某根实际控制的公司,故绿得公司亦属于陈某根控制的公司。因此,安发达公司、绿得公司、胜龙公司均属于同一实际控制人陈某根控制的关联公司。

(二)安发达公司、绿得公司、胜龙公司存在利用关联关系通过不当方式将绿得公司、胜龙公司巨额资产转移至安发达公司

1.根据抚州中院民再3号判决及抚州中院民再4号判决查明的事实,安发达公司、胜龙公司、绿得公司以虚假的投资合作法律关系,向人民法院提起诉讼,并在诉讼中自行达成和解协议取得人民法院的民事调解书,通过民事调解书的强制执行以及执行中达成以物抵债协议,将胜龙公司所有的位于福建省福州市工业路512号的工业划拨用地以及绿得公司所有的位于福建省福州市台江区93平方米的房产、位于福建省福州市工业路15340.1平方米、位于福建省福州市工业路的房产等资产转移至安发达公司名下,安发达公司、绿得公司、胜龙公司上述虚假诉讼行为将绿得公司、胜龙公司巨额资产转移至安发达公司,构成关联公司之间的财产混同。

2.2008年2月15日,神龙国际公司作出神龙综字(2008)第006号通知,载明"鉴于福州绿得饮料厂(绿得公司)的设备已长时间闲置,江西南丰(安发达公司)项目饮料生产线要马上投产,经香港董事局研究决定:将福州绿得饮料厂的设备

迁至江西南丰项目使用”。安发达公司二审庭审中亦确认绿得公司曾将生产设备送至该公司无偿使用的事实。陈某根实际控制的神龙国际公司仅以一纸内部文件即可将绿得公司生产线迁移至安发达公司处无偿使用,并未作任何财务账册的记载,亦构成两公司之间财产混同。

根据以上分析,安发达公司、胜龙公司及绿得公司均由陈某根等实际控制,属于同一利益主体。在同一实际控制人控制下,在胜龙公司、绿得公司负债累累的情况下,三公司通过虚假诉讼方式将胜龙公司及绿得公司巨额资产转移至安发达公司。安发达公司、胜龙公司及绿得公司缺乏独立意志,不具有独立人格,其法人人格成为实际控制人恶意转移资产以逃避胜龙公司、绿得公司巨额债务的工具,严重损害了债权人的利益。上述行为违背了法人制度设立的宗旨,违背了诚实信用原则,其行为本质和危害结果与《公司法》第20条第3款规定的情形相当,故应参照《公司法》第20条第3款的规定,安发达公司对胜龙公司及绿得公司债务应当承担连带清偿责任。

【问题209】控股股东实际操纵子公司的经营管理、对外签约及协议履行,并严重损害子公司债权人利益的,是否构成过度支配与控制而应对子公司的债务承担连带责任?

【典型案例要旨227】(2018)鲁民初174号:涉案协议虽然为荣成华泰与比克公司签订的,但实际操作均由华泰集团掌握,荣成华泰在管理经营、对外签约及履行协议、财务管理上均受华泰集团过度控制,且两公司法定代表人与监事存在重合;华泰集团对荣成华泰的过度控制,导致荣成华泰丧失法人独立地位,无法独立承担民事责任,严重损害了比克公司的利益,应对荣成华泰的债务承担连带清偿责任。

深圳市比克动力电池有限公司与荣成华泰汽车有限公司、华泰汽车集团有限公司买卖合同纠纷一审民事判决书

山东省高级人民法院(2018)鲁民初174号

山东省高级人民法院经审理认为:

关于华泰汽车集团有限公司(以下简称华泰集团)、天津华泰、鄂尔多斯华泰应否承担连带清偿责任的问题。

根据查明的事实可知,2016年1月28日至7月25日和2017年2月17日至8月11日,华泰集团系荣成华泰汽车有限公司(以下简称荣成华泰)唯一股东。上

述时间段正是荣成华泰与深圳市比克动力电池有限公司（以下简称比克公司）进行合作履行涉案有关协议的期间，依据《公司法》第63条的规定，一人有限责任公司的股东不能证明公司财产独立于股东自己的财产的，应当对公司债务承担连带责任。如前所述，一人有限公司的股东证明公司财产独立于股东自己的财产，应当就股东与公司之间的款项往来情况进行专项审计，以证明双方财产相互独立。本案中，荣成华泰和华泰集团虽然提交了审计报告用以证明其财产相互独立，但其提交的审计报告均为一般性年度财务报表审计报告，且关键数据被遮盖，无法据此审查双方之间的款项往来情况。此外，依据《公司法》第164条的规定，公司应当在每一会计年度终了时编制财务会计报告，并依法经会计师事务所审计。而华泰集团提交的审计报告均为2019年出具，无法真实反映其2016年度至2018年度的财务状况。故本院认为华泰集团提交的现有证据不足以证明荣成华泰的财产独立于华泰集团自己的财产，其应对荣成华泰的债务承担连带责任。

此外，从本案相关证据来看，首先，在管理模式上，华泰集团实施"总部+事业部"模式，总部作为战略管控中心，事业部为业务运营核心，荣成华泰系华泰集团的业务单位。

其次，在涉案协议磋商、签订及履行上，均是华泰集团采购中心汪某、申某等与比克公司联系，相关合同在比克公司盖章后邮寄到华泰集团。2017年3月27日华泰集团汪某关于三电专用件实物账及来往账款的《回复深圳比克电池有限公司工作函》落款是华泰集团采购中心。荣成华泰提交的2018年11月1日质量问题通知函落款为华泰集团。

再次，在公司相关人员上，苗某龙既是华泰集团法定代表人，也于合同履行期间担任过荣成华泰法定代表人，两公司的监事均为张某。

最后，在财务管理上，荣成华泰提供的2016年财务报表显示其曾根据集团要求调整报表年初数，将对华泰集团的应收账款336050871.08元调整为12635元。说明华泰集团对荣成华泰的财务有控制权，荣成华泰须按集团要求调整账目。该账目调整发生在2016年年底，与本案有直接关联性。

由上述分析可见，涉案协议虽然为荣成华泰与比克公司签订，但实际操作均由华泰集团掌握，荣成华泰在管理经营、对外签订及履行协议、财务上均受华泰集团过度控制，且两公司法定代表人与监事存在重合，荣成华泰实际已丧失法人独立人格，无法独立承担民事责任。《公司法》第20条第3款规定，公司股东滥用公司法人独立地位和股东有限责任，逃避债务，严重损害公司债权人利益的，应当对公司债务承担连带责任。华泰集团对荣成华泰的过度控制，导致荣成华泰丧失法人独立地位，严重损害了比克公司的利益，应对荣成华泰的债务承担连带清偿责任。

综上，华泰集团既不能证明荣成华泰的公司财产独立于其自身的财产，也因对荣成华泰的过度控制导致荣成华泰丧失法人独立人格严重损害比克公司的利益，比克公司要求华泰集团对荣成华泰欠付的货款及利息承担连带清偿责任于法有据，本院予以支持。相应地，比克公司关于调取华泰集团相关证据的申请已无必要，本院不予支持。对于比克公司要求天津华泰和鄂尔多斯华泰承担连带清偿责任的诉求，因未提交相关证据予以证明，也无相应法律依据，本院不予支持。

【问题210】公司以“资金调拨”名义分别向股东支付人民币30万元、40万元，股东向公司汇款人民币70万元，银行转账凭证上明确注明用途为“还款”；公司从2018年3月起陆续向股东支付眼镜代销款项人民币44万余元，且银行付款凭证上均注明用途为“代销款”；该述情形，是否构成股东过度支配与控制？

【典型案例要旨228】（2019）沪02民初37号：作为第三人的股东，有权在合理的范围内行使股东的合法权利，被告与第三人之间存在合理的业务合作、资金往来及共同宣传等行为，并不构成股东控制权的滥用，不能认定为被告对第三人过度支配与控制。

尼德克株式会社与上海马夫网络科技有限公司股东损害公司债权人利益责任纠纷一审民事判决书

上海市第二中级人民法院（2019）沪02民初37号

上海市第二中级人民法院经审理认为：

关于被告是否对第三人过度支配与控制的问题。原告主张被告与第三人之间存在利益输送，并通过解散第三人的方式，再由被告利用第三人原有场所、人员实现相同经营目的，以逃避第三人债务；被告与第三人均认为被告并非第三人的控制股东，双方之间没有利益输送的事实，且两者之间的经营范围和模式并不相同，不存在被告使用第三人经营场所和人员的情形。

本院认为，过度支配与控制是指公司控制股东操纵公司的决策过程，使公司完全丧失独立性，沦为控制股东的工具，判断标准应符合股东行使控制权的行为达到滥用程度、公司债权人利益受损达到严重程度等条件。

本案中,首先,根据企业公示信息资料,被告对第三人的持股比例为12.65%,仅为第三人的第四大股东,现亦无证据表明被告对第三人形成绝对控制权,故被告本身并不构成第三人的控制股东。虽然被告与第三人之间存在多名相同股东,但其中除彭某泽外多为投资机构,此事实仅能表明被告与第三人系关联公司,不能凭此认定被告对第三人存在操纵的事实。

其次,从各方当事人提供的银行流水、转账凭证及发票等证据来看,原告主张被告与第三人存在利益输送的事实不能成立。

其一,第三人于2017年9月14日以"资金调拨"名义分别向被告支付人民币30万元、40万元,被告于2017年10月25日向第三人支付人民币70万元,银行转账凭证上明确注明用途为"还款"。可见,被告使用第三人资金后及时予以归还,且资金往来有清晰的账目记录,不属于关联公司之间财产边界不清的情形。

其二,根据2017年5月1日第三人与被告签订的《合作协议》,第三人从2018年3月起陆续向被告支付眼镜代销款项人民币44万余元,且银行付款凭证上均注明用途为"代销款"。因此,被告与第三人各自的收益存在明确区分,不存在财务混同的情形。

其三,第三人陈述其于2017年1月至2018年7月支付的其他款项均为正常经营支出,并提交了第三人与案外人的多份合同、购买物料或服务的相应发票等证据予以佐证,上述证据与第三人的行为之间能够相互印证,第三人为自身经营需要所作的行为显然不能构成对被告的利益输送。

综合上述证据可见,第三人与被告之间的资金往来及向案外人付款均有合理依据,原告主张被告任意处置第三人资金及第三人系替被告向案外人付款,缺乏证据支撑,本院不予采信。

最后,关于原告主张第三人解散后,被告以第三人场所、人员经营相同业务的问题。本院认为,其一,根据第三人的陈述及其提交的证据,2017年至2018年第三人仍发生经营业务的款项支出和收入,即第三人并未完全停止经营。虽然被告在企业宣传过程中使用了第三人的"SEEU"机器人产品,但引发本案纠纷的原因正是该产品未能有效投入市场,相关业务未能开展,原告亦未提交充分证据证明第三人将其自身业务转移至被告。故原告关于被告系承接第三人的业务,以帮助第三人逃避债务的主张,不能成立。

其二,对于各方争议的南宁路地址,被告提交的2017年10月19日《三方协议》中明确第三人将承租该地址的全部权利义务转让给了被告,故被告在南宁路地址开展经营活动具有合法依据,原告关于被告以第三人的场所、人员进行经营的主张,无充分依据予以佐证,本院亦不予采信。

综上，被告作为第三人的股东，有权在合理的范围内行使股东的合法权利，被告与第三人之间存在合理的业务合作、资金往来及共同宣传等行为，并不构成股东控制权的滥用，不能认定被告对第三人过度支配与控制。

【问题211】控股股东间接收购公司全部股权后不久，未经公司有权机关决议，就将公司的重要客户转为自己的客户，是否构成过度支配与控制？

【典型案例要旨229】(2019)京03民终2577号：德州锦城公司在成为天津日拓公司一人股东的短短几个月内，尤其是在天津日拓公司与斯普乐公司买卖合同纠纷诉讼期间，将作为福田公司供应商的天津日拓公司变更为德州锦城公司。上述重要客户资源转让的决定，并无天津日拓公司的股东书面决议或其他形式能证明系天津日拓公司独立决策的文件。德州锦城公司将自己的意志强加于天津日拓公司之上，使天津日拓公司丧失了自我意志和自我决策能力。德州锦城公司对此明确表示没有对价，且对天津日拓公司是否已经陷入违约危机事实并未提交充分证据证明。而德州锦城公司及其关联公司的文件表明，天津日拓公司的客户资源可以增进生产规模和利润。德州锦城公司对天津日拓公司实施不正当支配和控制的行为，难以认定具有正当目的，且使得天津日拓公司利益受损，符合过度控制的构成要件。

德州锦城电装股份有限公司与北京斯普乐电线电缆有限公司股东损害公司债权人利益责任纠纷二审民事判决书

北京市第三中级人民法院(2019)京03民终2577号

北京市第三中级人民法院经审理认为：

《公司法》第20条第3款规定，公司股东滥用公司法人独立地位和股东有限责任，逃避债务，严重损害公司债权人利益的，应当对公司债务承担连带责任。从上述规定可以看出，法律原则上维护公司的独立人格，阻止公司债权人直接要求公司股东承担责任。但是，法律要求股东不得在享受有限责任特权的同时滥用公司法人人格，谋取不法利益，严重损害公司债权人利益，否则，股东须对公司债务承担连带责任。

本案中，天津日拓公司具有生产自有汽车线束产品所需的资产，德州锦城电装股份有限公司(以下简称德州锦城公司)从其母公司威海泓淋公司处受让天津日拓公司的全部股权，与天津日拓公司汽车线束相关的债权债务随之转移至德州锦城公司。德州锦城公司在成为天津日拓公司一人股东的短短几个月内，尤其是在天津日拓公司与北京斯普乐电线电缆有限公司（以下简称斯普乐公司）买卖合同纠纷诉讼期间，将作为福田公司供应商的天津日拓公司变更为德州锦城公司，上述重要客户资源转让的决定，并无天津日拓公司的股东书面决议或其他形式能证明系天津日拓公司独立决策的文件。德州锦城公司将自己的意志强加于天津日拓公司之上，使天津日拓公司丧失了自我意志和自我决策能力。德州锦城公司对此明确表示没有对价，且对天津日拓公司是否已经陷入违约危机事实并未提交充分证据证明。而德州锦城公司及其关联公司的文件表明，天津日拓公司的客户资源可以增进生产规模和利润。德州锦城公司对天津日拓公司实施不正当支配和控制的行为，难以认定具有正当目的，且使得天津日拓公司利益受损，符合过度控制的构成要件。一审法院对此予以认定，符合法律规定。

综上，德州锦城公司的行为属于滥用公司法人独立地位和股东有限责任，大大降低了天津日拓公司的偿债能力，使得天津日拓公司债权人斯普乐公司经生效判决确认的债权至今未能清偿，严重损害了公司债权人的利益。一审法院判决德州锦城公司对天津日拓公司的债务承担连带清偿责任，并无不当。

【问题212】子公司之间通过清偿协议与债权债务转移协议转移资产或债权的，若认定母公司构成过度支配与控制的，是否需要证明该述协议是在母公司控制下达成的？

【典型案例要旨230】（2020）京01民终3005号：清偿协议签订时间在签订的债权债务转移协议之前，清偿协议中相关款项2471.66万元已实际支付给北京意科公司。三方债权债务转移协议基于明确的合同依据，中铝宁夏公司虽系北京意科公司和宁夏意科公司的大股东，但其并非该债权债务转移协议的签订主体，且亦无证据证明该三方协议违背三方的独立真实意思表示，在中铝宁夏公司控制下形成。故不能认定北京意科公司完全丧失独立性，中铝宁夏公司对其存在过度支配与控制。

温州昌浩光伏科技有限公司等与中铝宁夏能源集团有限公司股东损害公司债权人利益责任纠纷二审民事判决书

北京市第一中级人民法院（2020）京01民终3005号

北京市第一中级人民法院法院经审理认为：

中铝宁夏能源集团有限公司（以下简称中铝宁夏公司）与北京意科公司是否存在过度支配与控制。

本院认为，认定股东的行为是否构成过度支配与控制，最根本的判断标准仍是公司是否具有独立意思和独立财产。

根据庭审查明情况，银星制造公司、北京意科公司与中铝宁夏公司的清偿协议签订时间在宁夏意科公司、北京意科公司、银星制造公司三方签订的债权债务转移协议之前，清偿协议中相关款项 2471.66 万元已实际支付给北京意科公司。三方债权债务转移协议基于明确的合同依据，中铝宁夏公司虽系北京意科公司和宁夏意科公司的大股东，但其并非该债权债务转移协议的签订主体，且亦无证据证明该三方协议违背三方的独立真实意思表示，在中铝宁夏公司控制下形成。故不能认定北京意科公司完全丧失独立性，中铝宁夏公司对其存在过度支配与控制。

【问题 213】实际控制人在其投资或实际控制的多家公司之间随意调拨资金并导致其中一家公司无法偿还到期债务的，该实际控制人的行为是否构成过度支配与控制？

【典型案例要旨 231】(2012)苏商再终字第 0010 号：马某平作为天创公司股东，滥用公司独立地位及股东有限责任，操纵其实际控制的长恒公司、腾创公司、汉信公司等关联公司，滥用其独立人格，随意调拨串用天创公司的资金，使相关公司财产失去独立性，为天创公司逃避债务创造便利条件，严重损害了天创公司债权人的利益，马某平及相关关联公司的行为在本质上违背了诚实信用和公平原则，应当与天创公司共同承担相应的法律责任。

南京长恒实业有限公司与南京熊猫移动通信设备有限公司、江苏天创通讯实业有限公司等借款合同纠纷再审民事判决书

江苏省高级人民法院(2012)苏商再终字第 0010 号

原审法院查明：

江苏天创通讯实业有限公司(以下简称天创公司)成立于 1999 年 4 月 27 日，注册资本为 5000 万元，其中马某平出资 4500 万元、邹某萍出资 500 万元，法定代表人为马某平。2001 年 11 月，天创公司增资至 11000 万元，其中马某平增资 5400 万元、邹某萍增资 600 万元，上述增资款均系国讯公司支付。马某平与邹某萍系夫妻关系。

1999 年 1 月，马某平与邹某萍共同出资设立南京纵横通讯技术有限公司(后更名为国讯公司)，注册资本为 100 万元，其中马某平出资 60 万元、邹某萍出资 40

万元。2001 年国讯公司进行了增资，其中应缴纳增资款的股东及金额包括徐某斌增资 2460 万元、胡某飞增资 2500 万元、袁某萍增资 1000 万元，但实际支付该 5960 万元增资款的是天创公司。2002 年 5 月，国讯公司再次增资，其中应缴纳增资款的股东及金额包括徐某斌增资 6150 万元、袁某萍增资 2500 万元、邹某萍增资 100 万元，但实际支付该 8750 万元增资款的是天创公司。

南京长恒实业有限公司（以下简称长恒公司）成立于 1993 年 11 月 8 日，注册资本为 500 万元，其中马某平出资 225 万元、郝某学出资 225 万元、余某莉出资 50 万元。2001 年 7 月，余某莉将其持有的长恒公司 50 万元出资转让给马某平、郝某学各 25 万元。同月长恒公司注册资本增至 10000 万元，马某平与郝某学各增资 4750 万元，增资款 9500 万元均系江苏中科健通讯产品销售有限公司（以下简称江苏中科健公司）代为缴纳。2001 年 9 月 27 日，郝某学将其持有的长恒公司 5000 万元出资转让给范某。2001 年 11 月，长恒公司注册资本增至 16000 万元，马某平与范某各增资 3000 万元，增资款 6000 万元均系国讯公司代为缴纳。2004 年 8 月，马某平将其持有的长恒公司出资转让给曹某竹，但曹某竹未实际支付出资转让价款。2006 年 6 月，曹某竹将其持有的长恒公司出资转让给钟某。

汉信公司在 2003 年 9 月设立时的注册资本为 3000 万元，应缴纳出资款的股东为马某平 2850 万元、邹某萍 150 万元，但实际支付该 3000 万元出资款的却是长恒公司。

天创公司与长恒公司、腾创公司等之间存在大量资金往来，互相调拨、占用资金频繁，数额巨大。

江苏省高级人民法院经审理认为，再审过程中，双方当事人的争议焦点为：长恒公司与天创公司的法人人格是否混同，长恒公司是否应当对天创公司的债务承担连带偿还责任。

本院认为，自 2001 年至 2004 年 10 月，马某平利用天创公司吸纳南京熊猫移动通信设备有限公司（以下简称熊猫公司）资金后，分别转入被马某平实际控制的长恒、汉信、腾创、国讯等公司，并将上述关联公司作为马某平操控资金的共同平台，导致各公司财产因资金串用关系丧失独立性，构成公司法人人格混同，且造成天创公司无资产清偿欠付熊猫公司的债务。在此情形下，长恒公司应对天创公司所欠熊猫公司的债务承担连带清偿责任。原因如下：

第一，在熊猫公司与天创公司债务发生期间，长恒公司与汉信、腾创、国讯等公司一样，同被马某平实际控制。

马某平于 2004 年 8 月 23 日将股份转让给曹某竹之前，是长恒公司出资额达 51% 的股东，实际控制着长恒公司。其间，长恒公司各股东的股份份额未因增资或资金抽回发生变化,马某平始终是公司控股股东。即便自2002年起,公司法定代表人由马某平变更为陈某发、范某等人,但天创公司与长恒公司于2001～2004年巨额资金频繁往来、调拨随意的事实,足以说明马某平仍有效掌控着长恒公司并将其作为资金运作平台的组成部分。在马某平将股份在名义上转让给曹某竹后,马某平实际成为长恒公司的隐名股东。曹某竹在接受公安机关询问时述称,其于2001年10月到长恒公司负责日常管理,重大事务均要与马某平沟通,也可说明马某平仍能通过曹某竹对长恒公司事务进行干预。

对于长恒公司以公司增资来源于其他公司为由,认为马某平未实际出资,系公司名义股东的主张。本院认为,根据马某平出资获得长恒公司股份的事实,以及曹某竹在接受公安机关询问时关于马某平在长恒公司有实际不到4000万元的投资的陈述,并结合长恒公司的资产状况,能够证明马某平在长恒公司有实际投入。长恒公司的主张缺乏依据。

至于长恒公司提出,上海市第二中级人民法院(2005)沪二中民三(商)初字第297号民事判决能够证明马某平在2004年伪造长恒公司印章和文件为天创公司担保,说明马某平虽为控股股东但不能实际控制长恒公司。经查,上述判决不仅没有确认马某平存在伪造长恒公司印章及股东会决议的行为,而且客观说明不排除长恒公司有使用两枚以上公章的可能,故该判决不足以证明长恒公司主张。另外,长恒公司董事中的曹某竹、王某、胡某进虽系与江苏中科健公司相关联公司的人员,但相关工商资料和公司文件已经表明,上述人员均由长恒公司聘请,并无证据证明系中科健公司及其法定代表人郝某学委派,长恒公司意图以上述人员的身份说明公司的实际控制人是中科健公司而非马某平,依据不足。

第二,在马某平实际控制下,长恒公司、天创公司及其他关联公司之间随意调拨串用巨额资金,导致各公司财产丧失独立性。

一是长恒公司与其他关联公司在设立或增资时,虽然彼此无隶属、投资关系,但互相串用资金。2001年11月,天创公司增资6000万元,串用国讯公司款项;2001年,国讯公司增资5960万元,串用天创公司款项。2002年5月,国讯公司再次增资,继续串用天创公司款项;2001年7月,长恒公司增资9500万元,串用由天创公司控股、马某平担任法定代表人的江苏中科健公司的款项;2001年11月,长恒公司增资6000万元,串用国讯公司款项;2003年9月,马某平夫妇设立汉信公司,串用长恒公司款项支付出资款3000万元。

二是长恒公司与其他关联公司在经营中的资金串用。汉信公司受让国有土地使用权,却由长恒公司支付土地出让金,而出让金收据记载的付款人却为天创公司。

三是长恒公司与天创公司虚构名目，串用资金。2002 年 1 月至 2004 年 10 月 28 日，长恒公司与天创公司之间资金往来频繁，数额巨大，且均以“借款”“货款”“往来款”名义记账，但长恒公司与天创公司既未订立任何借款合同，又因双方经营业务不同，并不发生交易，不存在“货款”“往来”。

因此，根据上述资金串用情形，足以证明长恒公司、天创公司以及其他关联公司的资金被实际控制人马某平统一调拨操控，虽然长恒公司与天创公司账务独立、名目清晰，但是在资金归属、使用上缺乏独立性，存在实质性混同。原审判决关于天创公司与长恒公司构成公司人格混同的认定正确，长恒公司应当为天创公司的借款承担连带清偿责任。

至于长恒公司提出马某平与熊猫公司恶意串通侵害长恒公司的利益的意见，因其未能提供充分证据予以证明，并且，长恒公司与天创公司确有串用资金、财产混同，损害熊猫公司利益的情形，故对其意见不予采纳。

第三，原审适用法律并无不当。

马某平作为天创公司股东，滥用公司独立地位及股东有限责任，操纵其实际控制的长恒公司、腾创公司、汉信公司等关联公司，滥用其独立人格，随意调拨串用天创公司的资金，使相关公司财产失去独立性，为天创公司逃避债务创造便利条件，严重损害了天创公司债权人的利益，马某平及相关关联公司的行为在本质上违背了诚实信用和公平原则，应当与天创公司共同承担相应的法律责任。

由于《公司法》在原审期间尚未正式实施，原审法院依据《民法通则》第 4 条，参照《公司法》第 20 条的规定，认定长恒公司与天创公司构成公司人格混同，判令长恒公司对天创公司债务承担连带责任并不违反法律规定。

第五节　资本显著不足

一、资本显著不足

资本显著不足，是指公司成立后在经营过程中，股东实际投入公司的资本数额与公司经营所隐含的风险相比明显不匹配。首先，不匹配必须达到“明显”的程度。只有发展到一般人都认为是“明显”不匹配的程度，才能否定公司人格。而对于“明显”的程度，只能根据具体案情具体分析。其次，在判断股东实际投入公司的资本数额与公司经营所隐含的风险相比是否“明显”不匹配时，还应当有时间要求，应该是“明显”不匹配达到了一定的时间段，才能认为是公司故意为之。最后，公司主观过错明显。公司在经营过程中资本显著不足，表明股东利用较少资本从事力所不及的经营,没有从事公司经营的诚意,实质是恶意利用公司独立人格和股东有限责任把投资风险转嫁给债权人。①

资本显著不足,实际是为了弥补公司资本制度以及股东有限责任的先天不足,是对公司股东利用公司这个杠杆从事经营活动可能给债权人及社会利益带来的负面影响的一种再平衡,也正因是一种再平衡,所以,具体到理论研究与司法实践中,尚有很多争议无法达成一致,也因此无法在司法裁判领域尽可能达成统一。但是,资本显著不足这一制度,对于弥补公司制度的不足具有重要的作用,且事关社会公共利益,确实值得深入研究。

二、理论基础

早在 1946 年,就有权威评论指出:“作为立法政策,人们越来越认识到股东创业应当诚实地投入足以应付生意损失和风险的充足资本。如果这些资本对于所做的生意和可能的损失只是象征性的和微不足道的,那就构成否认企业独立的主体资格的理由。”②这正是将资本显著不足作为公司人格否认的情形之一进行研究的法理依据。

“资本显著不足”理论面临的争议很多:这里的“资本”是注册资本还是实缴资本,我们认为应该为注册资本;判断“不足”的时间点是公司设立时,还是公司增减资之后,抑或公司商业模式、经营规模发生重大变更以至于需要更多资本支持之时,我们认为,这些情况都存在资本显著不足的适用空间。

正如《〈全国法院民商事审判工作会议纪要〉理解与适用》一书所述,对于资本显著不足的认定标准,不管在理论还是在司法实践中,都比较模糊,没有形成统一的标准。因此,我们赞成学者的建议:一种较为科学的司法实践应是“定性”(抽象标准)与“定量”分析的结合。一方面,法院应当“尽量”使用具化的财务指标就“充足”问题展开理性说服;另一方面,法院应当在缺乏具化指标,或者具化指标于个案可能造成不正义、不效率时,使用定性分析加以纠正。③

此外,在法理上,资本显著不足制度还有个基本矛盾:一方面公司有限责任的基本目标之一就是鼓励投资创业,允许股东们“以小博大”;另一方面,“以小博大”会产生负外部性,有损他人利益或社会公共利益。为调和这两方面的矛盾,应当

---

① 参见最高人民法院民事审判第二庭编著:《〈全国法院民商事审判工作会议纪要〉理解与适用》,人民法院出版社 2019 年版,第 157 页。

② H. Ballantine, Corporations, at 303(rev. ed. 1946). 转引自朱锦清:《公司法学》(修订本),清华大学出版社 2019 年版,第 165 页。

③ 参见楼秋然:《资本显著不足规则的法理基础与司法适用》,载《南大法学》2020 年第 4 期。

为“以小博大”设定一个合理的限度,这项工作对法官而言是极大的挑战,因为法官是法律专家而非商业专家。因此,在处理“资本显著不足”型揭开公司面纱案件时,法院应当区分非自愿之债(如侵权之债)情形和自愿(如合同之债)之债情形。在前者中,“资本显著不足”是揭开公司面纱的重要因素,甚至可以成为唯一要素。而在后者中,“资本显著不足”原则上只能作为辅助性因素而存在;但在例外情况下,即股东欺诈、劳动之债、公司资本不满足监管要求,一人公司无法证明公司与股东财产独立时,自愿之债可以准用非自愿之债的揭开规则。①

三、支持适用资本显著不足的司法案例

【问题 214】案涉交易发生后,公司股东发生变更,案涉债务未能偿还的,原股东是否应当基于资本显著不足而作为人格否认后的股东对公司债务承担连带责任?

【典型案例要旨 232】(2020)粤 01 民终 2454 号:甘某银、甘某腾作为股东仅有认缴资本且其认缴期限至 2036 年,广美公司作为投资性质的公司与对方进行交易时没有实缴资本,实为“空壳公司”,与其经营风险明显不匹配,实质是恶意利用公司独立人格和股东有限责任把投资风险转嫁给债权人,属于滥用公司法人独立地位和股东有限责任情形中的资本显著不足,应适用上述关于公司人格否认的规定认定甘某银、甘某腾应对该涉案债务承担连带责任。

广州市广善美投资有限公司(原广州市广美投资有限公司)、甘某银建设工程施工合同纠纷二审民事判决书

广东省广州市中级人民法院(2020)粤 01 民终 2454 号

查明的事实:

二审法院另查明,甘某银、甘某腾作为股东对于除认缴资本外没有实缴资本的事实未提出异议。广州市广美投资有限公司(以下简称广美公司)于 2019 年 12 月 16 日变更登记名称为广州市广善美投资有限公司,变更企业类型为有限责任公司(自然人独资),变更股东及法定代表人为陈某斌。

广东省广州市中级人民法院经审理认为:

关于甘某银、甘某腾是否应当对本案债务承担补充赔偿责任的问题。

---

① 参见朱慈蕴、梁泽宇:《“资本显著不足”的适用与研判:理论、实证与规则》,载《法学评论》2021 年第 3 期。

根据《公司法》第20条第3款规定，"公司股东滥用公司法人独立地位和股东有限责任，逃避债务，严重损害公司债权人利益的，应当对公司债务承担连带责任"，本案中甘某银、甘某腾作为股东仅有认缴资本且其认缴期限至2036年，广美公司作为投资性质的公司与对方进行交易时没有实缴资本，实为"空壳公司"，与其经营风险明显不匹配，实质是恶意利用公司独立人格和股东有限责任把投资风险转嫁给债权人，属于滥用公司法人独立地位和股东有限责任情形中的资本显著不足，应适用上述关于公司人格否认的规定认定甘某银、甘某腾应对该涉案债务承担连带责任。

亿诚公司在原审中诉请的是广美公司股东甘某银、甘某腾对涉案债务承担补充赔偿责任，并没有加重甘某银、甘某腾的股东责任，原审根据亿诚公司的诉请判决甘某银、甘某腾承担补充赔偿责任并无不当，本院应予维持。

甘某银、甘某腾提出原审判决后已变更股东，其不再是公司股东，故不应再承担责任的主张，不仅缺乏法律依据，而且逃债意图明显，本院不予支持。

【问题215】控股股东实际投入公司的资本仅为15万元，而公司系从事汽车及配件销售等业务的公司，其设立后在经营过程中，从事了多笔汽车销售业务。能否以股东实际投入公司的资本数额与公司经营所隐含的风险相比明显不匹配，构成资本显著不足而要求股东对公司债务承担连带责任？

【典型案例要旨233】(2019)鄂06民终2802号：控股股东实际投入和德汽车贸易公司的资本仅为15万元，而和德汽车贸易公司系从事汽车及配件销售等业务的公司，其设立后在经营过程中，从事了多笔汽车销售业务，故其股东实际投入和德汽车贸易公司的资本数额与和德汽车贸易公司经营所隐含的风险相比明显不匹配，和德汽车贸易公司的资本显著不足，其股东利用较少资本从事力所不及的经营，表明其没有从事和德汽车贸易公司经营的诚意，实质是恶意利用公司独立人格和股东有限责任把投资风险转嫁给债权人，被上诉人也认可和德汽车贸易公司现无资产清偿上诉人高某的债权，故控股股东葛某应当对和德汽车贸易公司对高某所负的债务承担连带责任。

高某、襄阳和德汽车贸易有限公司买卖合同纠纷二审民事判决书

湖北省襄阳(樊)市中级人民法院(2019)鄂06民终2802号

湖北省襄阳(樊)市中级人民法院经审理认为：

综合判断上诉人提交的证据以及被上诉人提交的证据，虽然不足以认定和德

汽车贸易公司的财产与其股东葛某的财产混同且无法区分，但被上诉人认可其控股股东实际投入和德汽车贸易公司的资本仅为15万元，而和德汽车贸易公司系从事汽车及配件销售等业务的公司，其设立后在经营过程中，从事了多笔汽车销售业务，故其股东实际投入和德汽车贸易公司的资本数额与和德汽车贸易公司经营所隐含的风险相比明显不匹配，和德汽车贸易公司的资本显著不足，其股东利用较少资本从事力所不及的经营，表明其没有从事和德汽车贸易公司经营的诚意，实质是恶意利用公司独立人格和股东有限责任把投资风险转嫁给债权人，被上诉人也认可和德汽车贸易公司现无资产清偿上诉人高某的债权，上述情形属于《公司法》第20条第3款规定的“公司股东滥用公司法人独立地位和股东有限责任，逃避债务，严重损害公司债权人利益的”情形。根据该法第20条第3款的规定，和德汽车贸易公司的控股股东葛某应当对和德汽车贸易公司的债务承担连带责任，故葛某应当对和德汽车贸易公司对高某所负的债务承担连带责任。

因和德汽车贸易公司、葛某、葛某1均认可葛某1对和德汽车贸易公司实际出资、葛某1委托葛某出资，葛某1负责和德汽车贸易公司的经营管理，葛某没有参与和德汽车贸易公司的任何事务，据此可以认定葛某1自认其是和德汽车贸易公司的实际控股股东、实际控制人，因此，葛某1应当与葛某对和德汽车贸易公司对高某所负的债务承担连带责任。

【问题216】公司从事案涉交易时，股东未实缴任何出资，是否属于与其经营风险明显不匹配的“空壳公司”，若构成资本显著不足的，股东应否在未实缴注册资本本息范围之外对公司债务承担连带责任？

【典型案例要旨234】(2020)粤01民终7959号：作为昊凌建筑公司的股东实缴出资为0元且将其认缴出资时间定于2036年12月31日，昊凌建筑公司作为一个认缴出资2000万元的建筑行业公司向钟某安承揽工程时却没有实缴资本，实为“空壳公司”，与其经营风险明显不匹配，实质是恶意利用公司独立人格和股东有限责任把投资风险转嫁给债权人，属于滥用公司法人独立地位和股东有限责任情形中的资本显著不足，王某涛、张某依法本应对涉案债务承担连带责任。

广州市昊凌建筑工程有限公司、王某涛装饰装修合同纠纷二审民事判决书

广东省广州市中级人民法院(2020)粤01民终7959号

广东省广州市中级人民法院经审理认为：

关于王某涛、张某是否应在未出资本息范围内对昊凌建筑公司的上述债务不

能清偿部分承担补充赔偿责任的问题。

根据《公司法》第20条第3款规定："公司股东滥用公司法人独立地位和股东有限责任，逃避债务，严重损害公司债权人利益的，应当对公司债务承担连带责任。"本案中，王某涛和张某作为昊凌建筑公司的股东实缴出资为0元且将其认缴出资时间定于2036年12月31日，昊凌建筑公司作为一个认缴出资2000万元的建筑行业公司向钟某安承揽工程时却没有实缴资本，实为"空壳公司"，与其经营风险明显不匹配，实质是恶意利用公司独立人格和股东有限责任把投资风险转嫁给债权人，属于滥用公司法人独立地位和股东有限责任情形中的资本显著不足。根据上述法律规定，王某涛、张某本应对涉案债务承担连带责任。

鉴于钟某安在一审的诉请仅是王某涛、张某在未出资本息范围内对昊凌建筑公司的上述债务不能清偿部分承担补充赔偿责任，并没有加重王某涛、张某的股东责任，一审法院根据钟某安的诉请判决王某涛、张某在未出资本息范围内对涉案债务承担补充赔偿责任并无不当，本院予以维持。

【问题217】国务院关于固定资产投资的资本金比例可否作为认定资本显著不足的有益参考？

【典型案例要旨235】（2017）豫11民终828号：鑫海房地产公司资质证书为四级资质，承担建筑面积为3万平方米以下的房地产开发项目，李某锴、谷某萍、黄某华三股东对鑫海房地产公司背负巨额资金开发有关房地产项目的情况应是明知的。鑫海房地产公司注册资本200万元（虚假注册资本800万元）违反国务院关于固定资产投资，资本金比例2∶8。近百倍的杠杆比例投资，经营资本显著不足。利用公司有限责任的外壳，向社会转嫁投资风险。

谷某萍、黄某华民间借贷纠纷二审民事判决书

河南省漯河市中级人民法院（2017）豫11民终828号

河南省漯河市中级人民法院经审理认为：

吕某一审庭审提供证据证明：2004年12月31日鑫海房地产公司资产负债表显示资本公积金和盈余公积金均为0。2005年12月31日鑫海房地产公司资产负债表显示资本公积金为660万元，2006年3月9日将资本公积金660万元转增注册资本。明显违背《公司法》第166条"公司分配当年税后利润时，应当提取利润的百分之十列入公司法定公积金。公司法定公积金累计额为公司注册资本的百

分之五十以上的，可以不再提取……”的规定。2003 年 2 月 17 日鑫海房地产公司注册资本 200 万元。一年资本公积金增加 3.3 倍，违背日常生活经验法则。吕某已经完成对股东出资义务产生合理怀疑证据举证。李某锴未完成其已履行出资义务的举证责任，一审法院确定李某锴应承担举证不能的法律后果，本院予以支持。

一审法院调取的漯河市召陵区农村信用合作联社保管的漯河市正鼎商贸有限公司 900 万元贷款材料证据显示，2014 年 1 月 25 日李某锴、谷某萍、黄某华三人在鑫海房地产公司股东会决议上，签字捺印，用鑫海房地产公司有关土地使用权为漯河市正鼎商贸有限公司 900 万元贷款提供抵押担保。该证据显示谷某萍、黄某华是鑫海房地产公司股东，一审法院予以采信，本院予以支持。谷某萍、黄某华依据基本的财务知识，应当知道《公司法》第 166 条的规定：“公司分配当年税后利润时，应当提取利润的百分之十列入公司法定公积金。公司法定公积金累计额为公司注册资本的百分之五十以上的，可以不再提取……”依据日常生活经验法则，谷某萍、黄某华应当知道鑫海房地产公司虚假出资的事实。

鑫海房地产公司资质证书为四级资质，承担建筑面积为 3 万平方米以下的房地产开发项目，李某锴、谷某萍、黄某华三股东对鑫海房地产公司背负巨额资金开发有关房地产项目的情况应是明知的。鑫海房地产公司注册资本 200 万元（虚假注册资本 800 万元）违反国务院关于固定资产投资，资本金比例 2∶8。近百倍的杠杆比例投资，经营资本显著不足。利用公司有限责任的外壳，向社会转嫁投资风险；利用关联交易王某借款等虚构债权，严重损害鑫海房地产公司和债权人利益。利用关联交易为谷某萍关联企业漯河市正鼎商贸有限公司贷款融资 900 万元提供担保，严重损害鑫海房地产公司和债权人利益。

依据《公司法》第 20 条第 3 款“公司股东滥用公司法人独立地位和股东有限责任，逃避债务，严重损害公司债权人利益的，应当对公司债务承担连带责任”之规定，一审法院确认李某锴、谷某萍、黄某华三股东应当对吕某主张的 250 万元债务承担连带责任，本院予以支持。

【问题 218】公司仅凭股东出资的 100 万元资金购买涉及资金过亿元的房地产的，是否构成资本显著不足而应对公司债务承担连带责任？

【典型案例要旨 236】（2019）粤 0605 民初 14211 号：被告佛山富艺公司向开发商购买本案涉讼商铺所在的“风度国际西铁时尚广场”时，涉及过亿元资金，而该公司仅由被告广东富艺公司、宝轮公司各出资 50 万元成立，资本显著不足，在存在如此巨额资金出入的情况下，三被告完全有可能也有义务提供被告佛山富艺公司的财务账册用以查核被告广东富艺公司、宝轮公司与被告佛山富艺公司的财产是否混同，以厘清上述两股东的法律责任，但三被告在诉讼中未能提供，三被告对此应承担举证不能的法律责任。

陈某容、谢某兴与佛山市富艺置业有限公司商品房销售合同纠纷一审民事判决书

广东省佛山市南海区人民法院（原广东省南海市人民法院）

（2019）粤0605民初14211号

广东省佛山市南海区人民法院经审理认为：

关于被告佛山市富艺置业有限公司（以下简称佛山富艺公司）的两股东——广东富艺公司、宝轮公司对本案债务应否承担责任的问题。

根据《公司法》第20条第3款“公司股东滥用公司法人独立地位和股东有限责任，逃避债务，严重损害公司债权人利益的，应当对公司债务承担连带责任”的规定，被告佛山富艺公司向开发商购买本案涉讼商铺所在的“风度国际西铁时尚广场”时，涉及过亿元资金，而该公司仅由被告广东富艺公司、宝轮公司各出资50万元成立，资本显著不足，在存在如此巨额资金出入的情况下，三被告完全有可能也有义务提供被告佛山富艺公司的财务账册用以查核被告广东富艺公司、宝轮公司与被告佛山富艺公司的财产是否混同，以厘清上述两股东的法律责任，但三被告在诉讼中未能提供，三被告对此应承担举证不能的法律责任。原告诉请被告广东富艺公司、宝轮公司对本案债务承担连带清偿责任，本院予以支持。

【问题219】适用法人人格否认规则时的公司资本显著不足，并非将公司资本与公司法上对公司最低资本额的要求相比，而达不到法定标准时的情况。它是指公司实有资本与公司营业性质和由此必然导致的风险所需要的必要的资本额相比过低。因此，能否仅因股东出资不实和抽逃出资而适用公司法人人格否认制度来否认公司的法人人格？

【典型案例要旨237】（2010）陕民再字第00013号：对原审认定的不实出资或抽逃出资的数额予以确认，原审认为由于金岭公司股东出资不实和抽逃出资的行为属于滥用公司法人人格，损害了债权人的利益，并适用《公司法》第20条第3款关于公司法人人格否认制度的相关规定，判决上述出资不实和抽逃出资的股东承

担连带责任，属于认定事实和适用法律错误。

东方资产管理公司、希格玛会计师事务所与建设银行高新支行等6公司及刘某军借款纠纷再审民事判决书

陕西省高级人民法院(2010)陕民再字第00013号

陕西省高级人民法院经审理认为：

关于西工大信息公司、星汇公司、新盘古公司、刘某军及复星公司的责任问题。

由于金岭公司在350万元借款的保证人西安大鹏生物科技股份有限公司诉建设银行高新支行保证合同纠纷案中，承认在其设立时，股东西工大信息公司未到位资金420万元、星汇公司未到位资金200万元、新盘古公司未到位资金150万元、刘某军未到位资金200万元、复星公司出资后又抽逃资金200万元；西安市人民检察院(2003)西检计鉴字第148号鉴定书——《关于陕西金岭光固化材料股份公司账务的检验报告》认定金岭公司存在验资不实的情形；西安市中级人民法院(2007)西中法执裁字第047号民事裁定书，认定金岭公司股东出资不实和抽逃出资；西工大信息公司、星汇公司、新盘古公司、刘某军及复星公司对原审认定其出资不实或抽逃出资的数额也未提出上诉。故本院对原审认定的不实出资或抽逃出资的数额予以确认，即西工大信息公司、星汇公司、新盘古公司、刘某军不实出资的数额分别为420万元、200万元、150万元、200万元，复星公司抽逃出资200万元。

原审认为由于金岭公司股东出资不实和抽逃出资的行为属于滥用公司法人人格，损害了债权人的利益，并适用《公司法》第20条第3款关于公司法人人格否认制度的相关规定，判决上述出资不实和抽逃出资的股东承担连带责任，属于认定事实和适用法律错误。

适用法人人格否认规则时的公司资本显著不足，并非指将公司资本与公司法上对公司最低资本额的要求相比，而达不到法定标准时的情况。它是指公司实有资本与公司营业性质和由此必然导致的风险所需要的必要的资本额相比过低。故本案中不能仅因股东出资不实和抽逃出资而适用公司法人人格否认制度来否认金岭公司的法人人格。

根据《最高人民法院关于审理涉及会计师事务所在审计业务活动中民事侵权赔偿案件的若干规定》第10条第1项的规定，不实出资、抽逃出资的股东对公司债权人在不实出资、抽逃出资的范围内承担补充赔偿责任。故西工大信息公司、星汇公司、新盘古公司、刘某军应分别在420万元、200万元、150万元、200万元的

范围内对350万元借款本息债权承担补充赔偿责任。鉴于复星公司在西安市中级人民法院强制执行中，已因抽逃出资而向有关债权人清偿了200万元的债务，故本案中复星公司不再承担责任。

四、不支持适用资本显著不足的司法案例

【问题220】公司注册资本仅为500万元且股东尚未实缴的情况下，若无任何证据证明，公司股东存在恶意滥用该公司法人独立地位和股东有限责任，致使该公司责任财产不当减少，损害公司债权人利益，能否认定为资本显著不足？

【典型案例要旨238】(2019)沪01民终15745号：就注册资本而言，公司采取"以小博大"的方式进行经营并不违法。何况，公司对外承担债务的财产并非以注册资本为唯一来源。程峰公司仅以康扬庄公司注册资本为500万元，低于系争施工合同约定的工程造价，且尚未出资到位为由，主张该康扬庄公司资本显著不足，亦缺乏充分依据。

上海程峰建设工程有限公司等与上海凯瑟薇庭实业有限公司等装饰装修合同纠纷二审民事判决书

上海市第一中级人民法院(2019)沪01民终15745号

上海市第一中级人民法院经审理认为：

关于康扬庄公司、蒋记公司和上海凯瑟薇庭实业有限公司(以下简称凯瑟薇庭公司)是否构成法人格否认的问题。

我国《公司法》第20条第3款规定的公司人格否认，构成要件有二：一是股东故意实施了滥用公司法人独立地位及股东有限责任的行为；二是该行为致使公司财产不足以清偿公司债务，严重损害了债权人利益。上海程峰建设工程有限公司(以下简称程峰公司)于本案中既主张了公司人格否认类型中的纵向否认——人格混同，又主张了横向否认——控制股东的过度支配与控制，还主张康扬庄公司存在资本显著不足的情形。

首先，本案的情形并不满足公司人格否认的形式要件。

其一，齐某作为蒋记公司唯一股东担任该公司执行董事、法定代表人，并曾担任康扬庄公司执行董事、法定代表人，且另行担任凯瑟薇庭公司监事，系蒋记公司、康扬庄公司、凯瑟薇庭公司作为关联公司的正常情况，江某于系争施工合同履

行过程中曾作为蒋记公司、康扬庄公司、凯瑟薇庭公司代表签字,亦不能说明三公司之间存在主要人员混同的情况。至于蒋记公司与凯瑟薇庭公司曾向程峰公司支付部分工程款的事实,亦可能构成代为履行,不能直接说明康扬庄公司、蒋记公司和凯瑟薇庭公司存在财产混同。至于所谓场所混同,亦无相应证据予以证明。此外,三公司登记经营范围存在相当的重合,在缺乏其他证据佐证的情况下,亦不能直接证明三公司实际经营业务混同。

其二,从系争项目名称、实际使用情况、凯瑟薇庭公司具体设立时间等事实可知,系争项目的建设就是为了凯瑟薇庭公司的经营需要。系争施工合同订立时,因凯瑟薇庭公司尚未成立,故由康扬庄公司作为发包人与程峰公司签约。系争施工合同履行过程中,凯瑟薇庭公司作为该项目今后的实际使用人,参与该项目建设事宜,齐某作为康扬庄公司当时的法定代表人主持相关会议,并无不当。同时,依程峰公司于二审中提供的凯瑟薇庭公司被行政处罚信息可见,凯瑟薇庭公司在系争项目内实际开展经营系基于租赁关系。因此,程峰公司主张齐某对蒋记公司、康扬庄公司和凯瑟薇庭公司存在过度支配和控制,依据不足。

其三,就注册资本而言,公司采取"以小博大"的方式进行经营并不违法。何况,公司对外承担债务的财产并非以注册资本为唯一来源。程峰公司仅以康扬庄公司注册资本为500万元,低于系争施工合同约定的工程造价,且尚未出资到位为由,主张该康扬庄公司资本显著不足,亦缺乏充分依据。

其次,本案的情形更不满足公司人格否认的实质要件。程峰公司作为理性的市场主体,于订立系争施工合同时,知道或者应当知道康扬庄公司注册资本的多少、实际缴纳情况、公司信用及责任财产等情况。合同履行过程中,程峰公司通过自己履行或者他人履行的方式已经实际支付康扬庄公司工程款15000000元。此外,并无任何证据证明,康扬庄公司股东存在恶意滥用该公司法人独立地位和股东有限责任,致使该公司责任财产不当减少,损害程峰公司工程款债权的事实。

综合上述两个方面而言,本案不能认定康扬庄公司、蒋记公司和凯瑟薇庭公司构成公司人格否认,程峰公司无权以公司人格否认为由,要求康扬庄公司、蒋记公司和凯瑟薇庭公司对工程款债务承担连带清偿责任。

【问题221】咨询服务类公司业务并非主要依赖于密集资本投入,认定资本显著不足的证明标准是否会更高一些?

【典型案例要旨239】(2020)粤01民终4103号: 金叁盈公司经营范围主要为财务咨询、打字录入、运输代理等,属于咨询服务类活动,并非主要依赖于密集资本投入。仅就其登记的注册资本金额而言,尚不足以证实金叁盈公司存在股东投入资本数额与公司经营隐含风险存在明显不匹配的情形。综上,苗某平、左某影、卓某孔、杜某晖上诉主张王某荣对涉案款项共同承担责任,缺乏充分事实和法律依据,本院不予支持。

苗某平、左某影委托合同纠纷二审民事判决书

广东省广州市中级人民法院(2020)粤01民终4103号

广东省广州市中级人民法院经审理认为:

本案争议焦点一是王某荣是否应对案涉债务承担还款责任。

首先,关于王某荣是否为合同相对方。

《委托代办协议》正文中载明的乙方为金叁盈公司,王某荣作为签约时金叁盈公司的法定代表人,辩称其在协议中签名是代表公司履行法定代表人职责,符合交易常理。至于王某桦在协议中签名、收取涉案款项的行为,并不足以证实王某荣是作为乙方之一单独参与合同履行。故苗某平、左某影、卓某孔、杜某晖上诉主张王某荣应当作为共同乙方承担责任,本院不予支持。本案中,苗某平、左某影、卓某孔、杜某晖并未主张王某桦承担责任,故王某桦个人是否为《委托代表协议》的共同乙方,与本案处理无关,本院不予审查。苗某平、左某影、卓某孔、杜某晖申请鉴定印章形成时间及申请王某桦到庭陈述,亦不影响本案处理,本院不予接纳。

其次,苗某平、左某影、卓某孔、杜某晖主张王某荣与金叁盈公司存在人格混同。对此,苗某平、左某影、卓某孔、杜某晖所支付的涉案款项是付至王某桦名下账户,王某桦与王某荣属独立民事主体,该事实不足以证实王某荣与金叁盈公司财产存在混同的情形。王某荣虽在二审中陈述其个人名下账户存在少量收支公司款项的情形,但亦于庭后提交了相应财务账册,且收支金额有限。据此,苗某平、左某影、卓某孔、杜某晖提交的证据不足以证实王某荣与金叁盈公司存在财产混同无法区分,严重损害债权人利益的情形,其四人据此主张王某荣承担连带责任,缺乏充分事实依据。

最后,苗某平、左某影、卓某孔、杜某晖上诉主张金叁盈公司存在资本显著不足的情形。对此,金叁盈公司经营范围主要为财务咨询、打字录入、运输代理等,属于咨询服务类活动,并非主要依赖于密集资本投入。仅就其登记的注册资本金额而言,尚不足以证实金叁盈公司存在股东投入资本数额与公司经营隐含风险存在明显不匹配的情形。综上,苗某平、左某影、卓某孔、杜某晖上诉主张王某荣对涉案款项共同承担责任,缺乏充分事实和法律依据,本院不予支持。

【典型案例要旨240】(2020)京01民终3005号:北京意科公司成立于2001年,2008年中铝宁夏能源集团有限公司成为北京意科公司的股东,后北京意科公司的注册资本陆续增至6900万元。北京意科公司于2011年签订涉案《买卖合同》,应属北京意科公司正常独立经营行为,不存在中铝宁夏能源集团有限公司利用较少资本以北京意科公司的名义从事力所不及的经营,没有经营诚意等情形,故该院认定中北京意科公司的资本不存在显著不足。

温州昌浩光伏科技有限公司等与中铝宁夏能源集团有限公司股东损害公司债权人利益责任纠纷二审民事判决书

北京市第一中级人民法院(2020)京01民终3005号

一审法院北京市石景山区人民法院经审理认为:

北京意科公司的资本是否显著不足问题。

资本显著不足,一般是指公司设立后在经营过程中股东实际投入公司的资本数额与公司经营所隐含的风险相比明显不匹配,股东恶意利用公司独立人格和股东有限责任把投资风险转嫁给债权人。

本案中,北京意科公司成立于2001年,2008年中铝宁夏能源集团有限公司成为北京意科公司的股东,后北京意科公司的注册资本陆续增至6900万元。北京意科公司于2011年签订涉案《买卖合同》,应属北京意科公司正常独立经营行为,不存在中铝宁夏能源集团有限公司利用较少资本以北京意科公司的名义从事力所不及的经营,没有经营诚意等情形,故该院认定中北京意科公司的资本不存在显著不足。

【问题222】股东虽未投资注册资本,但公司成立后经营良好且采购了相关设备、雇用了相关人员,在未提供确切的证据证实股东恶意利用公司独立人格和股东有限责任转嫁风险之前,能否直接以股东未实际出资为由认定构成资本显著不足?

【典型案例要旨241】(2019)湘0903民初2158号:被告砂石公司的注册资本并非公司在注册后股东的投入资本,从被告砂石公司的经营状况来看,被告砂石公司在成立后经营状况良好,股东也投资采购了相关的设备并雇请了相关人员,且在本案庭审中,原告并未提供确切的证据证实股东恶意利用公司独立人格和股东有限责任转嫁风险,故对原告提出的被告张某、被告陈某三应与被告砂石公司承担连带赔偿责任的诉求,本院依法不予支持。

鲁某光与益阳市赫山区胜阳洲砂石有限公司、陈某三提供劳务者受害责任纠纷一审民事判决书

湖南省益阳市赫山区人民法院(2019)湘0903民初2158号

湖南省益阳市赫山区人民法院经审理认为:

本案系提供劳务者受害人责任纠纷,原告白天负责洗砂工作,晚上居住在船上负责看守船舶,原告在睡觉的过程中一氧化碳中毒,应认定为在提供劳务的过程中受伤。依据《侵权责任法》第35条之规定,原告在劳务施工过程中受伤,被告益阳市赫山区胜阳洲砂石有限公司(以下简称砂石公司)作为劳务接受者依法应当承担赔偿责任。被告砂石公司在寒冷的天气状况下,未给员工提供舒适的工作环境,且在员工用木炭取暖的事宜上未尽到安全管理义务,对事故的发生具有一定的过错;原告作为成年人,在使用木炭取暖的过程中紧闭门窗,未尽基本的安全注意义务,对事故的发生亦具有一定的过错,综合本案的过错程度,以双方各自承担50%的责任为宜。

被告砂石公司在通过验资后即将成立所需的500000元转出,并将开户账号注销,存在股东抽逃出资资本的情形,依据《公司法解释三》第14条之规定,原告作为诉讼权利人可以要求公司股东陈某三、蒋某泉在抽逃出资本息范围内对公司债务不能清偿的部分承担补充赔偿责任,因蒋某泉已将其股份转让给了被告张某,被告张某继承了蒋某泉的权利义务,故被告张某、被告陈某三作为事故发生时的实际股东,应在抽逃出资本息范围内对公司债务承担补充赔偿责任。

关于原告提出的被告砂石公司注册资本显著不足,被告陈某三、被告张某利用公司有限责任逃避债务,应与公司承担连带赔偿责任的诉求,对此本院认为,被告砂石公司的注册资本并非公司在注册后股东的投入资本,从被告砂石公司的经营状况来看,被告砂石公司在成立后经营状况良好,股东也投资采购了相关的设备并雇请了相关人员,且在本案庭审中,原告并未提供确切的证据证实股东恶意利用公司独立人格和股东有限责任转嫁风险,故对原告提出的被告张某、被告陈某三应与被告砂石公司承担连带赔偿责任的诉求,本院依法不予支持。

【问题223】公司已通过企业信息公示平台的方式,如实将其出资状况向债权人披露,债权人仍决定与该公司从事该交易的,能否不适用公示公信的法理而认定资本显著不足?

【典型案例要旨242】(2018)内0105民初3069号:新汇公司已通过企业信息

公示平台的方式,如实将其出资状况向债权人披露,债权人仍决定与该公司从事该交易的,即使存在资本显著不足的情形,亦不能以此为由要求股东对公司债务承担责任。陈某花提供的证据也不足以证明金汇公司存在《公司法》第20条第3款规定的“公司股东滥用公司法人独立地位和股东有限责任,逃避债务,严重损害公司债权人利益”的情形。

陈某花与内蒙古新汇商业管理有限公司、内蒙古维多利商业(集团)有限公司等房屋租赁合同纠纷一审民事判决书

内蒙古自治区呼和浩特市赛罕区人民法院(原内蒙古自治区呼和浩特市郊区人民法院)(2018)内0105民初3069号

内蒙古自治区呼和浩特市赛罕区人民法院经审理认为:

在新汇公司资本显著不足的情况下,出资期限尚未届满的股东是否对公司债务承担责任。

本院认为,公司资本显著不足的情形是指公司章程规定的股东出资期限过长或者公司实有资本与其经营的性质和风险显著不适应等。一般情况下,公司债权人以公司资本显著不足为由,要求出资期限尚未届满的股东对公司债务承担责任的,不予支持,但符合《公司法》第20条第3款规定的除外。

就本案而言,新汇公司已通过企业信息公示平台的方式,如实将其出资状况向债权人披露,债权人仍决定与该公司从事该交易的,即使存在资本显著不足的情形,亦不能以此为由要求股东对公司债务承担责任。陈某花提供的证据也不足以证明金汇公司存在《公司法》第20条第3款规定的“公司股东滥用公司法人独立地位和股东有限责任,逃避债务,严重损害公司债权人利益”的情形。

【问题224】公司成立后股东未出资,并骗取投资的投资款且挪作他用的,公司是否已经沦为欺诈的工具进而应当否认其人格并由股东承担连带责任?

【典型案例要旨243】(2015)江中法民二终字第49号:在公司成立之始即没有正常出资,令公司资本显著不足;邦利公司成立后,除收取投资者的投资款外,亦没有其他经营业务。吴某强、冯某超在明知征地已无法进行的情况下,仍大量挪用邦利公司收取的投资款,利用相对人对公司法人人格的信任,以公司的名义收集土地转让款,挪作他用,骗取利益。公司法人人格成为其欺诈的工具,其行为实际上是利用公司法人人格实施侵权的行为,已构成对公司法人人格的滥用。

柯某池与江门市汇成地产代理有限公司、江门市邦利实业投资有限公司、吴某强、冯某超、林某、蓝某连等合同纠纷二审民事判决书

广东省江门市中级人民法院(2015)江中法民二终字第49号

广东省江门市中级人民法院经审理认为：

吴某强作为公司的股东兼法定代表人，冯某超作为公司的股东兼监事，在公司成立之始即没有正常出资，令公司资本显著不足；邦利公司成立后，除收取投资者的投资款外，亦没有其他经营业务。

吴某强、冯某超在明知征地已无法进行的情况下，仍大量挪用邦利公司收取的投资款，利用相对人对公司法人人格的信任，以公司的名义收集土地转让款，挪作他用，骗取利益。公司法人人格成为其欺诈的工具，其行为实际上是利用公司法人人格实施侵权的行为，已构成对公司法人人格的滥用。

根据《公司法》第20条第3款"公司股东滥用公司法人独立地位和股东有限责任，逃避债务，严重损害公司债权人利益的，应当对公司债务承担连带责任"的规定，吴某强、冯某超应当对邦利公司的涉案债务承担连带清偿责任。蓝某连、罗某超作为公司的原始股东未履行相应的出资义务，根据《公司法解释三》第13条第2款"公司债权人请求未履行或者未全面履行出资义务的股东在未出资本息范围内对公司债务不能清偿的部分承担补充赔偿责任的，人民法院应予支持"的规定，蓝某连、罗某超应当对邦利公司的涉案债务在其未出资本息范围内承担补充赔偿责任。

第六节　人格否认制度的扩张适用之一：横向人格否认

一、横向人格否认

横向人格否认，指的是控制股东控制多个子公司或关联公司，其滥用控制权使多个子公司或关联公司财产边界不清、财务混同，利益相互输送，丧失人格独立性，沦为控制股东逃避债务、非法经营，甚至违法犯罪工具的，可以综合案件事实，相互否认子公司或关联公司法人人格，判令相互承担相应的连带责任。

对于关联企业的债权人而言，企业本应以其各自所有的全部财产对外承担责任，但由于人格的混同，几乎无从辨别关联企业各自所有的财产。法人财产不再泾渭分明，在关联企业之间随意移转，于是很容易导致债权人的权益落空，故而需

要法律予以规制。法律的规制主要有两种模式:一种是在公司法之外为关联企业专门立法,"建立起了一种取代公司法一般原则的法律制度",如德国股份公司法规定的提高法定盈余公积金、限定盈余移转的最高数额、损失的承担、对债权人提供担保、控制公司及其负责人以及子属公司董事、监事的诚信义务,以及不利益影响之禁止与关联报告的编制等;另一种则作为法人有限责任的例外情形,在个案的裁判中揭开公司的面纱,适用法人人格否认原则,如英美国家判例法上的控股股东诚信义务原则、深石原则,以及法人人格否认制度。[①] 有关我国公司法上的关联交易制度,特别是对于关联关系、关联方的认定,可参考本书第四篇的内容,本篇不做赘述。但值得提醒的是,我国公司法上的关联交易制度十分不健全,很难发挥其应有的作用。而本节所述的,正是关联公司之间的横向人格否认制度。

一般认为,我国《公司法》上现有的公司人格否认制度属于正向人格否认,即否认公司的独立人格进而要求其股东对公司债务承担连带责任。与其相对应的是反向人格否认,即否定公司股东的独立人格进而要求公司对该股东的债务承担连带责任。

本节所述横向人格否认则与前述两种均不相同,是基于受同一控股股东或实际控制人控制的多家子公司或者与其不存在股权投资关系的多家关联公司之间,因双控人滥用控制权而导致多家子公司或关联公司之间发生人格混同,并损害其中一家或多家公司的债权人的利益,从而否认多家子公司或关联公司的独立人格并要求其对其他子公司或关联公司的债务承担连带责任。

由此我们可以总结出横向人格否认具有以下特征:

第一,被否认人格的公司与其他公司之间并不要求相互之间存在股权投资关系,这正是其与正向人格否认或反向人格否认之间存在的显著区别。

第二,多家子公司或关联公司同受一个控股股东或实际控制人的控制,且该双控人存在滥用控制权的情形。

第三,不管双控人滥用控制权的目的如何,其结果是导致多家子公司或关联公司之间存在财产混同甚至更多的人格要素的混同,进而使这些公司丧失独立人格。

第四,因为发生了人格混同,若损害了债权人利益的,就有必要否定这些公司的人格并要求其对彼此的债务承担连带责任。

横向人格否认制度,实际上是公司人格否认制度的扩张适用,与反向人格否认一样,是司法实践应对股东或实控人滥用控制权进而损害公司债权人利益现象

① 参见裴莹硕、李晓云:《关联企业人格混同的法人人格否认》,载《人民司法》2009 年第 2 期。

的变通措施，仅适用于不具有直接投资关系的关联公司之间，或者说，只是人格否认制度诸多要件中的主体要件有所不同；当然，相较而言，横向人格否认的行为要件也稍有不同，即关联公司之间的人格混同是双控人滥用控制权所致。因此，在横向人格否认的司法实践中，必须对增加的这一行为要件加以证明，若不能证明关联公司之间的人格混同是双控人滥用控制权所致，则无法适用横向人格否认。因此，鉴于外部债权人所处位置和信息不对称的特殊性，此时原告的举证责任是非常重的，甚至很难举证，所以，败诉的风险会明显增加。

二、理论基础

公司制度的本质要求与关联公司之间关系的复杂性，显示了以下关联公司人格否认的逻辑结构：公司利益是公司独立人格的基础，公司决策自主性是公司利益独立的保障，不当影响决策自主性就可能影响了公司的独立人格，因而需要否认关联公司人格。控制公司设有多个从属公司时，还可能在从属公司之间进行不当利益输送，此时，无论是控制公司受益还是从属公司受益，均是实际控制过程中有不当行为，影响了从属公司或控制公司本身的决策自主性。① 由此可知，正是双控人滥用对关联公司的控制权，使这些公司丧失了独立意志、独立财产，进而也失去了承担独立责任的能力，因此有必要对其人格予以否定。

在英美法系国家，学者和司法实践都在不断地探讨横向人格否认的法理基础与解决路径。以路易斯安那州和得克萨斯州为代表的一些州发展了所谓的“单一商业体”(single business enterprise)理论。这个“单一商业体”用语可以追溯到著名的哥伦比亚大学法学教授伯利，半个世纪前他就撰文指出，如果人为地将一个商业体分拆为不同的公司，导致商业过度分散，那么就应该将这些公司视为一个单一的商业体，而不适用每个公司各自的有限责任保护。根据该理论，公司形式的滥用或欺诈不是“刺破公司面纱”的必要条件，而只要关联公司之间的关系足够紧密，无论是姐妹公司还是母子公司，就可以将它们视为一个商业体，让它们为相互的债务承担责任。在当今社会，公司行为对于社会影响巨大，产品责任问题和环境污染问题日益严重，于是很多公司集团化，利用子公司形式控制法律责任，虽然这种策略并无不当，但其造成的巨大社会损失最终需要有人埋单。“单一商业体”理论绕开公司形式的滥用要件，是解决上述问题的一个有效方式。② “单一商业体”理论不失为一种有益的尝试，但仍不能跳出公司股东有限责任这种常态的约束，更无法面对复杂的商业运作可能出现的多变局面。

---

① 参见石一峰：《关联公司人格否认动态判断体系的构建》，载《环球法律评论》2022 年第 3 期。

② 参见黄辉：《澳大利亚董事义务制度研究》，载《商事法论集》2007 年第 2 期。

三、横向人格否认的请求权基础现状

在我国,2023 年以前,横向人格否认的相关司法案例不断地受到质疑,根本原因在于,目前缺少明文的法律支持。我国的人格否认依据的是《公司法》(2005 年修订)第 20 条第 1 款和第 3 款(2023 年修订后《公司法》第 23 条),而该条适用的行为主体与责任主体均为公司股东,即典型的正向人格否认。虽然,《九民纪要》第 11 条第 2 款增加了控制股东或实际控制人滥用控制权的情形,但该纪要并非正式的司法解释,无法作为法律依据直接予以援引。

因此,司法实践中,法院往往通过参照适用《公司法》(2005 年修订)第 20 条第 1 款和第 3 款(2023 年修订后《公司法》第 23 条)的规定,再参考 2013 年最高人民法院发布的指导案例 15 号"徐工集团工程机械股份有限公司与四川瑞路建设工程有限公司、成都川交工程机械有限责任公司等买卖合同纠纷案",之后,通过相关的论理,最终认定构成横向人格否认。当然,也有部分法院为了增加论理的充分性、夯实法律依据的基础,还要适用《公司法》第 3 条第 1 款"公司是企业法人,有独立的法人财产,享有法人财产权。公司以其全部财产对公司的债务承担责任"的内容,论证人格否认的非法性。甚至还有法院将《民法典》第 7 条的诚信原则也作为论证依据。

值得欣慰的是,2023 年《公司法》的修订,已将横向人格否认纳入修改议程,并在 2023 年修订的《公司法》第 23 条第 2 款增加了横向人格否认的内容:股东利用其控制的两个以上公司实施前款规定行为的,各公司应当对任一公司的债务承担连带责任。这一规定,基本满足横向人格否认的司法裁判需求。

但是,该款规定并未将《九民纪要》第 11 条第 2 款的实际控制人纳入行为主体范围之内。对此,最高人民法院专家认为,2023 年修订的《公司法》第 23 条第 2 款基本予以吸收。① 但是该条款把双控人限于控股股东,是有意为之,还是技术性原因?有观点认为,此为立法中有意限定,排除实际控制人滥用控制权情况下法人人格,因为实控人毕竟不是股东,以实控人滥用控制权否认法人人格对股东不利。但是,从整个公司法关于滥用控制权问题的规定看,基本有实控人的身影,单此处未作规定,似理由不足。一则实践中实控人滥用控制地位损害公司、公司股东、债权人利益的情况屡见不鲜,不能对此熟视无睹;二则实控人虽非名义上的股东,但要么是实际股东(股东乃其替身),要么是股东的利益一致人,否则,何以无缘无故地能够实际控制公司;三则在"横向否认"的情况下,实控人往往是导致人

① 参见刘贵祥:《关于新公司法适用中的若干问题》,载《法律适用》2024 年第 6 期。

格否认的“操盘手”，不让其承担连带责任反而对股东更不利。2023 年修订的《公司法》第 21 条对滥用权利的主体表述与第 23 条是一致的，即都表述为“股东”。由此，可以认为，此处未规定实控人滥用控制权不一定是有意而为，可考虑作扩张性解释。在原公司法司法解释修改时，应深入研究立法本意，并注重实践效果。

因此，结合《九民纪要》的上述规定仍可作为法官裁判的论理基础，而且现有很多案例中法官已将实际控制人作为横向人格否认的行为主体，基于最高人民法院的前述倾向性意见及司法惯例，在《公司法》修订或新的公司法司法解释将实际控制人列为横向人格否认行为主体的明文规定出台之前，可以预见的是，仍有更多法院将会把实际控制人作为其行为主体，继续适用横向人格否认。

四、横向人格否认相关典型司法案例的裁判要旨

【问题 225】实际控制人控制的关联公司之间构成人格混同进而损害其中一家公司债权人利益的，可否参照适用《公司法》第 21 条的规定，否定关联公司之间的独立人格并进而要求对彼此的债务承担连带责任？

【典型案例要旨 244】(2014)民提字第 111 号：本案所涉罗兰德公司和紫云山庄公司之间共同被控制的关系属于前引《公司法》第 216 条第 4 项所定义的关联关系，亦为实际控制人利用以损害罗兰德公司利益，在《公司法》仅以第 21 条规定利用关联关系侵权的责任主体但未包括共同被控制的关联公司的情况下，应参照适用该规定认定共同被控制的关联公司的侵权责任。因此，原审法院依据对案涉不当关联交易的依法认定，参照适用《公司法》第 21 条规定，认定紫云山庄公司应当承担相应侵权赔偿责任并无不妥，本院予以维持。

广州紫云山庄房地产有限公司、中国一拖集团有限公司与广州紫云山庄房地产有限公司、中国一拖集团有限公司等保证合同纠纷申请再审民事判决书

最高人民法院(2014)民提字第 111 号

最高人民法院经审理认为：

关于本案是否涉及不当关联交易或者交易价格过低，以及紫云山庄公司应否承担相应赔偿责任的问题。

关于紫云山庄公司应否承担相应赔偿责任的问题。

根据《侵权责任法》第 8 条“二人以上共同实施侵权行为，造成他人损害的，应

当承担连带责任",以及第13条"法律规定承担连带责任的,被侵权人有权请求部分或者全部连带责任人承担责任"的规定,紫云山庄公司应当在前述其虚构已付但实际并未支付的款项范围内承担连带责任。但对原审法院判决紫云山庄公司承担补充赔偿责任而非承担连带责任,一拖集团公司未提出再审申请,本院予以维持。

原审法院未依据在案证据查明案涉不当关联交易造成的实际损害后果,而判决紫云山庄公司对一拖集团公司对罗兰德公司的全部剩余债权承担赔偿责任事实依据欠充分,本院予以纠正。

紫云山庄公司还主张一审法院适用《公司法》第21条判决其承担赔偿责任属于适用法律错误。对此,本院认为,本案所涉罗兰德公司和紫云山庄公司之间共同被控制的关系属于前引《公司法》第216条第4项所定义的关联关系,亦为实际控制人利用以损害罗兰德公司利益,在《公司法》仅以第21条规定利用关联关系侵权的责任主体但未包括共同被控制的关联公司的情况下,应参照适用该规定认定共同被控制的关联公司的侵权责任。因此,原审法院依据对案涉不当关联交易的依法认定,参照适用《公司法》第21条规定,认定紫云山庄公司应当承担相应侵权赔偿责任并无不妥,本院予以维持。

关于案涉土地使用权及股权交易价格是否过低的问题。

一拖集团公司主张案涉土地使用权交易价格过低,但并无证据证明,本院不予支持。因注册资本与公司股权的市场价值并无直接对应关系,故原审法院仅依据转让价格远低于注册资本即认定罗兰德公司、香港国际公司向于某轩转让紫云山庄公司股权的价格均过低不妥。因紫云山庄公司为该股权交易的目标公司而非股东,故即使此项交易价格过低,也应由相应股东而非紫云山庄公司承担责任。紫云山庄公司的有关主张成立,本院予以支持。

综上,紫云山庄公司与罗兰德公司通过不当关联交易共同损害了罗兰德公司债权人一拖集团公司的合法利益,应当承担相应赔偿责任。原审判决认定事实存在一定错误,本院予以纠正。本院依据《民事诉讼法》第207条、《最高人民法院关于适用〈中华人民共和国民事诉讼法〉的解释》第407条第2款的规定,判决如下:

(1)撤销河南省高级人民法院(2011)豫法民再字第58号民事判决;

(2)维持河南省洛阳市中级人民法院(2007)洛民四初字第46号民事判决第一项,即"罗兰德公司于本判决生效后10日内偿还一拖集团公司9313.832万元,拍卖、变卖抵押物(增城市国土资源和房屋管理局登记证号押15804号),由一拖集团公司优先受偿";

(3)变更河南省洛阳市中级人民法院(2007)洛民四初字第46号民事判决第二项为“紫云山庄公司在61683474.07元范围内对罗兰德公司的上述债务不能清偿部分承担赔偿责任”。

【问题226】两家公司之间,在人员、印章管理、财务、业务、经营范围、经营地址等方面均存在混同,但只有一个共同股东,能否认定其中一家公司已丧失独立人格,与另一家公司构成人格混同?

【典型案例要旨245】(2016)沪0118民初7461号:泖峰塑料与泖峰汽车在人员、印章管理、财务、业务、经营范围、经营地址等方面均存在混同,泖峰塑料已丧失独立人格,与泖峰汽车人格混同,故泖峰汽车应对泖峰塑料的债务承担连带责任。

天津市碧隆电子塑料制品有限公司与上海泖峰塑料有限公司、上海泖峰汽车塑料有限公司承揽合同纠纷一审民事判决书

上海市青浦区人民法院(2016)沪0118民初7461号

一审法院查明:

上海泖峰汽车塑料有限公司(以下简称泖峰汽车)成立于1998年9月2日,股东为毛某峰、王某、黄某、沈某良、马某成,法定代表人为毛某峰,2014年12月4日前许某生曾为其监事。

上海泖峰塑料有限公司(以下简称泖峰塑料)成立于2009年2月27日,股东为泖峰汽车、黄某、许某生,法定代表人为许某生。

泖峰塑料与泖峰汽车实际经营地址均为上海市青浦区练塘镇练新路×××号,并且部分经营范围重合,两公司财务人员均为金某芳。

上海市青浦区人民法院经审理认为:

对于争议焦点三,泖峰塑料与泖峰汽车是否人格混同,泖峰汽车是否应对泖峰塑料的债务承担连带清偿责任。

泖峰汽车系泖峰塑料的股东,现原告主张泖峰汽车对泖峰塑料的债务承担连带清偿责任,必须举证证明泖峰塑料已丧失独立人格,与泖峰汽车人格混同。

首先,现有证据表明泖峰汽车为泖峰塑料的股东,两公司财务人员同一,泖峰塑料股东黄某亦为泖峰汽车股东,泖峰塑料法定代表人暨股东许某生曾为泖峰汽车监事,可见,两公司的管理人员混同。

其次,2016年2月15日原、被告签订《采购合同》,泖峰塑料作为甲方在合同

中盖章，但浉峰汽车却在该合同上加盖骑缝章，足以表明浉峰塑料与浉峰汽车印章管理混同。

最后，从本案系争业务来看，原告与浉峰塑料签订《采购合同》、与浉峰汽车签订《会议纪要》等文件，原告根据指令将货物交付至指定物流中心，发票由原告开具给浉峰塑料，浉峰汽车通过银行承兑汇票背书或直接通过银行转账方式向原告支付承揽价款，浉峰塑料与浉峰汽车的财务人员亦同一，现无证据证明浉峰汽车系受浉峰塑料授权与原告签订协议或支付原告价款，可见，在与原告的业务往来中，浉峰塑料与浉峰汽车在签约、合同履行主体、价款支付等方面均存在混同。

综上，浉峰塑料与浉峰汽车在人员、印章管理、财务、业务、经营范围、经营地址等方面均存在混同，浉峰塑料已丧失独立人格，与浉峰汽车人格混同，故浉峰汽车应对浉峰塑料的债务承担连带责任。

【问题227】三公司虽登记为独立的法人，但实际上人员混同、业务混同、财务混同，已构成人格混同，损害了债权人的利益，违背了法人制度设立的宗旨，其危害性与《公司法》第20条规定的股东滥用公司法人独立地位和股东有限责任的情形相当。为保护债权人的合法利益，规范公司行为，可否参照《公司法》第20条的规定，要求关联公司对彼此的债务承担连带清偿责任？

【典型案例要旨246】（2011）苏商终字第0107号：关联公司的人员、业务、财务等方面交叉或混同，导致各自财产无法区分，丧失独立人格的，构成人格混同。关联公司人格混同，严重损害债权人利益的，关联公司相互之间对外部债务承担连带责任。

徐工集团工程机械股份有限公司与四川瑞路建设工程有限公司、成都川交工程机械有限责任公司等买卖合同纠纷二审民事判决书

2013年最高人民法院发布第四批指导性案例之三（指导性案例15号）

江苏省高级人民法院（2011）苏商终字第0107号

江苏省高级人民法院经审理认为：

本案二审争议焦点为四川瑞路建设工程有限公司（以下简称瑞路公司）、成都川交工程机械有限责任公司（以下简称川交机械公司）应否对川交工贸公司的债务承担连带清偿责任。

本院认为，川交工贸公司与瑞路公司、川交机械公司人格混同，瑞路公司、川交机械公司应对川交工贸公司的债务承担连带清偿责任。

一、川交工贸公司、川交机械公司、瑞路公司人员混同

1. 川交机械公司与瑞路公司的股东相同,均为王某礼等人。川交工贸公司虽股东与之不同,但拥有90%股份的控股股东张某蓉系王某礼之妻。此外,川交工贸公司的其他股东均为川交机械公司的高级管理人员。

2. 川交机械公司从1994年4月成立至2007年10月,法定代表人为王某礼。瑞路公司从2004年9月成立至今,法定代表人亦为王某礼。川交工贸公司的法定代表人吴某是川交机械公司的综合部行政经理。

3. 三公司的财务负责人均为凌某,出纳会计均为卢某,工商手续经办人均为张某。

4. 根据公司章程,三公司行使主持生产经营管理工作等职权的均为经理,且三公司聘任的经理均为王某礼。

5. 根据2008年9月1日《川交机械时讯报》简讯内容,免去过某利川交工贸公司副总经理职务的决定系由川交机械公司作出,且原因是川交机械公司业务板块建设等工作需要。同时,过某利仍有另一身份,即川交机械公司的销售部销售经理。

综上,三公司的股东、法定代表人或相同或具有密切关联,三公司主持生产经营管理的经理均为王某礼,在人事任免上存在统一调配使用的情形,其他高级管理人员存在交叉任职,且重要部门任职人员相同,构成人员混同。

二、川交工贸公司、川交机械公司、瑞路公司业务混同

(一)川交工贸公司、川交机械公司、瑞路公司的经营范围基本重合

在案涉交易发生期间,三公司在工商行政管理部门登记的经营范围均涉及工程机械且基本重合,其中,川交工贸公司的经营范围被川交机械公司的经营范围完全覆盖。此外,在实际经营中,三公司均经营工程机械相关业务,且在仅有瑞路公司的经营范围曾包括公路及市政工程施工等情况下,川交机械公司实际经营着市政工程施工等业务,并将之确定为三大业务板块之一。

(二)川交工贸公司、瑞路公司、川交机械公司在对外进行宣传时信息混同、未作区分

1. 根据重庆市公证处(2008)渝证字第26233号《公证书》,川交工贸公司、瑞路公司在网上共同招聘员工且所留联系方法等招聘信息一致;在网上对企业进行宣传时未进行区分,如以川交工贸公司、瑞路公司名义作出的招聘信息中包括了大量川交机械公司的介绍,在以川交工贸公司名义作出的招聘信息中列明的是瑞路公司的介绍以及川交机械公司的成立时间、企业精神等。

2. 川交机械公司登记的地址为四川省成都市武侯区簇桥镇龙井村6组,川交工贸公司登记的住所地为四川省成都市金牛区蓉都大道天回路817号中储天回二库内。但是,《川交机械时讯报》所载的地址并非川交机械公司的地址,而是川交工贸公司的地址。

3.《川交机械时讯报》将川交工贸公司的人事任免情况作为简讯进行刊登。

(三)川交工贸公司、川交机械公司、瑞路公司在工程机械销售等业务中不分彼此

1. 根据三公司于2005年8月15日共同出具的《说明》以及川交工贸公司、瑞路公司于2006年12月7日共同出具的《申请》,在三公司均与徐工科技公司存在业务往来的前提下,三公司不仅要求将相关业务统计于川交工贸公司名下,还表示今后的业务尽量以川交工贸公司的名义操作。因此,川交工贸公司是三公司相关交易的名义相对人,记载于川交工贸公司名下的交易还包括了川交机械公司与瑞路公司的业务。可见,在案涉交易模式中,三公司将自身视为一体,刻意要求不进行明确区分。

2. 川交工贸公司与瑞路公司共用统一格式的《销售部业务手册》,且封面载有上述两公司的名称,手册中载明两公司的结算开票资料,其中结算账户为两公司共同的财务人员卢某的个人银行账户,而手册中的《徐工样机发货申请单》表明该手册用于徐工工程机械的销售。该事实表明,川交工贸公司、瑞路公司在销售徐工工程机械时对以谁的名义进行销售是不加区分或者视为等同的。

3. 川交机械公司以徐工科技公司四川地区(攀枝花除外)唯一经销商的身份对外宣传并开展相关业务,在制作的《川交机械2007年徐工科技产品二级经销协议》中明确要扩大川交机械公司所销售产品的市场占有率,要求二级经销商在制作广告牌时应突出"川交机械"的品牌,但在该协议上作为合同签约人盖章的是川交工贸公司。以上事实表明,以唯一经销商身份经营相关业务时,川交机械公司与川交工贸公司未区分彼此。

4. 在川交工贸公司向其客户开具的收据中,有的盖有川交工贸公司的财务专用章,有的盖有瑞路公司的财务专用章,而一个公司签订的合同由另一个公司履行是业务混同在实践中的重要表现情形之一。

三、川交工贸公司、川交机械公司、瑞路公司财务混同

1. 川交工贸公司、川交机械公司、瑞路公司使用共同的账户。根据川交工贸公司与瑞路公司共用的《销售部业务手册》,三公司共同的财务管理人员卢某、凌某个人银行账户的往来情况以及卢某、凌某在公安部门向其调查时所作的陈述,三公司均使用卢某、凌某的个人银行账户,往来资金额巨大,其中凌某的个人账户

资金往来达1300余万元,卢某的个人账户资金往来高达8800余万元。

2. 川交工贸公司、川交机械公司、瑞路公司未提供证据证明对共同使用的银行账户中相关资金的支配进行了区分。根据卢某向公安部门进行的陈述,川交工贸公司、川交机械公司、瑞路公司高达8800余万元的款项在进入其个人银行账户后,具体用款的依据仅是三公司经理王某礼的签字,资金走向中包括供瑞路公司使用,亦包括对外支付工程保证金、施工材料款等。在原审法院明确要求瑞路公司、川交工贸公司、川交机械公司进一步举证的情况下,三公司并未提供充分证据证明三公司共同的财务人员对三公司共同使用的账户中的资金进行了必要的区分并有相应的记载。

3. 根据2005年8月15日的《说明》及2006年12月7日的《申请》,三公司与徐工科技公司之间的债权债务、业绩、账务均计算至川交工贸公司名下。

4. 三公司与徐工科技公司之间业务往来的返利均统计在川交工贸公司账户内尚未分配,且对返利的分配未作约定,即对相关业务的收益未加区分。

综上,川交工贸公司、川交机械公司、瑞路公司在经营中无视各自的独立人格,随意混淆业务、财务、资金,相互之间界限模糊,无法严格区分,使得交易相对人难以区分准确的交易对象。在均与徐工科技公司有业务往来的情况下,三公司还刻意安排将业务统计于川交工贸公司的名下,客观上削弱了川交工贸公司的偿债能力,有滥用公司独立人格以逃废债务之嫌。三公司虽在工商登记部门登记为彼此独立的企业法人,但实际上人员混同、业务混同、财务混同,已构成人格混同,损害了债权人的利益,违背了法人制度设立的宗旨,其危害性与《公司法》第20条规定的股东滥用公司法人独立地位和股东有限责任的情形相当。为保护债权人的合法利益,规范公司行为,参照《公司法》第20条的规定,川交机械公司、瑞路公司应当对川交工贸公司的债务承担连带清偿责任。

上诉人川交机械公司、瑞路公司关于川交工贸公司、川交机械公司、瑞路公司为各自独立的法人,应各自承担责任的理由不能成立。原审判决认定的基本事实清楚,处理结果公正,应予维持。

【问题228】关联公司之间相互代缴诉讼费的,能否认定为构成财产混同?

【典型案例要旨247】(2018)最高法民终915号:艾某平同为青海景洲公司和江西景洲公司的法定代表人,分别持有二公司100%和99%的股权,艾某平对江西景洲公司的决策具有绝对控制权,且二公司在青海省高级人民法院审理的(2017)青民初105号民事调解书中,委托诉讼代理人均为二公司的总工程师程某正,上述事实表明,该二公司存在人员混同的情形。

东建建设集团有限公司、青海景洲房地产开发有限公司建设工程施工合同纠纷二审民事判决书

最高人民法院(2018)最高法民终915号

最高人民法院经审理认为:

关于一审判决认定青海景洲房地产开发有限公司(以下简称青海景洲公司)与艾某平及江西景洲公司之间构成人格混同并判由艾某平、江西景洲公司承担连带责任是否正确的问题。

本院认为,《公司法》第63条规定,"一人有限责任公司的股东不能证明公司财产独立于股东自己的财产的,应当对公司债务承担连带责任"。从一审查明的事实看,艾某平持有青海景洲公司100%股权,该公司属上述规定中的一人有限责任公司,由于在本案中艾某平未提交证据证明公司财产独立于其个人财产,一审法院依照上述法律规定判决艾某平对青海景洲公司的本案债务承担连带责任,并无不当。

至于青海景洲公司与江西景洲公司之间,经查,青海景洲公司和江西景洲公司的业务范围相同,均为经营房地产开发;在人员方面,艾某平同为青海景洲公司和江西景洲公司的法定代表人,分别持有二公司100%和99%的股权,艾某平对江西景洲公司的决策具有绝对控制权,且二公司在青海省高级人民法院审理的(2017)青民初105号民事调解书中,委托诉讼代理人均为二公司的总工程师程某正,上述事实表明,该二公司存在人员混同的情形;在财务方面,青海景洲公司在向青海省人力资源和社会保障厅递交的申请书中,将江西景洲公司、青海景洲公司设立的银行账户均称为"我公司银行账户",可见二公司在财务上亦存在混同情形。此外,二审期间,青海景洲公司与艾某平及江西景洲公司系以同一份上诉状共同提起上诉,一并交纳诉讼费用,且未能区分各自份额,该事实亦可证明三者之间存在人员和财产上的混同。

故一审法院认定青海景洲公司与艾某平及江西景洲公司之间人格混同,并判决艾某平、江西景洲公司与青海景洲公司承担支付工程款的连带责任并无不当。

【问题229】关联公司之间的横向人格否认,具体适用情形是否与一般公司间的人格混同情形相同?

【典型案例要旨248】(2021)鲁06民再55号:虽然恒一公司和第二水泥厂在经营场所、经营范围、股东等方面存在时间和空间上交叉的情形,存在公司人格混

同的部分外在表征，但上述外在表征尚不足以证实恒一公司和第二水泥厂在财产、组织、机构、业务等方面存在持续的重叠情形，更不足以证实上述外在表征与恒尔公司所主张的第二水泥厂丧失独立承担民事责任资格的后果具有因果关系。

烟台恒尔投资有限公司、烟台恒一混凝土有限公司等与公司有关的纠纷民事判决书

山东省烟台市中级人民法院(2021)鲁06民再55号

山东省烟台市中级人民法院经审理认为：

本案的争议焦点为第二水泥厂与烟台恒一混凝土有限公司(以下简称恒一公司)是否为关联公司、是否存在人格混同，姜某波、周某君是否存在滥用公司独立法人地位和股东有限责任、利用关联交易逃避债务、损害债权人利益的行为，姜某文应否承担连带清偿责任。

本院认为，判断公司与其他公司是否构成人格混同，应当从公司之间是否存在财产混同、组织机构混同，以及业务混同等方面进行综合分析判断。

1. 财产混同是公司人格混同的重要考察要素，其外在表征主要有公司的经营场所、主要办公地点、生产设备以及财务等方面混同，其本质则是财产混同情形违背了公司财产与股东财产相分离、公司资本维持、公司资本不变基本原则，严重影响了公司对外清偿债务的物质基础。

本案中，恒一公司通过购买债权、签订资产转让合同等正常的商业手段，收购第二水泥厂厂区内全部资产，并不构成对第二水泥厂的控制或可能导致公司利益的转移，烟台恒尔投资有限公司(以下简称恒尔公司)也未进一步提供证据证明恒一公司和第二水泥厂在财务账目等方面存在混同。

2. 公司组织机构混同的外在表征，主要有公司的股东、董事、经理、负责人与其他公司的同类人员相混同，本质则是组织机构混同情形导致公司不能形成独立的完全基于本公司利益而产生的意志，致使公司的独立性丧失，独立承担责任的基础丧失。

本案中，根据恒尔公司提交的证据，恒一公司与第二水泥厂的部分股东确实存在交叉的情况，但该种情形是否足以导致公司丧失独立性则无相应证据予以证明。关于恒一公司注册时的资金来源，恒一公司亦提供证据证实系由烟台正泰财会服务有限公司垫付，恒尔公司虽不认可，但未提供证据予以反驳。

3. 公司业务混同的外在表征主要有，公司之间的经营业务、经营行为、交易方式、价格确定等持续混同，其本质则是业务混同情形导致公司失去了经营自主权和独立人格。

本案中，恒一公司与第二水泥厂所登记的联系电话、邮箱和住所地确实存在部分重合，但各公司成立生产及停业的时间段并不相同，恒尔公司也未提交证明恒一公司与第二水泥厂业务混同的其他证据。

综合分析以上事实和证据，虽然恒一公司和第二水泥厂在经营场所、经营范围、股东等方面存在时间和空间上交叉的情形，存在公司人格混同的部分外在表征，但上述外在表征尚不足以证实恒一公司和第二水泥厂在财产、组织、机构、业务等方面存在持续的重叠情形，更不足以证实上述外在表征与恒尔公司所主张的第二水泥厂丧失独立承担民事责任资格的后果具有因果关系。因此，恒尔公司关于恒一公司和第二水泥厂人格混同，恒一公司应对第二水泥厂的债务承担连带责任的主张，缺乏事实和法律依据，原一、二审不予支持并无不当。恒尔公司主张第二水泥厂与恒一公司存在低价转让全部资产，未支付合理对价，恶意逃避债务侵害债权人利益，要求恒一公司对第二水泥厂债务承担连带责任，没有法律依据，原一、二审不予支持于法有据。

【问题230】关联公司之间的横向人格否认，具体适用情形是否还包括过度支配与控制？

【典型案例要旨249】(2022)津02民终583号：在三角刺破中，责任以一种类似于三角形的路线流动，首先从被控制的公司流向控股股东，接着从该控股股东流向其他受制于该股东的具有关联性的企业。这样一种三角刺破的提法是一种形象的说法，表明责任的承担不是直线流动的，而是通过一定的媒介发生了转向，最终由同一股东控制下的其他公司承担了责任。

天津市汇杰电力设备科技有限公司、天津市金日达低压电器有限公司等买卖合同纠纷民事判决书

天津市第二中级人民法院(2022)津02民终583号

天津市北辰区人民法院经审理认为：

关于争议焦点二，汇特公司与天津市汇杰电力设备科技有限公司(以下简称汇杰公司)是否为关联公司，是否人格混同，是否应当承担相应的法律责任及法律适用问题。

对于汇特公司对汇杰公司的上述债务是否应当承担连带给付责任及法律适用问题。

在司法实务中，公司独立人格被滥用的现象非常普遍，但因关键证据难以获

取,要求提起诉讼的债权人根据“谁主张,谁举证”的规则,证明股东故意实施了滥用公司独立地位和股东有限责任的行为过于严苛。对此,虽然2008年《最高人民法院关于民事诉讼证据的若干规定》第7条规定,“在法律没有具体规定,依本规定及其他司法解释无法确定举证责任承担时,人民法院可以根据公平原则和诚实信用原则,综合当事人举证能力等因素确定举证责任的承担”。关于证明责任倒置的裁量分配,以及第75条关于法律上的推定两种特殊的证明责任分配方式可以适用的法律规定已经废止,但是人民法院在具体的个案中确定当事人的举证责任,这是确保审判公正、提高审判效率和维护当事人合法权益的重要条件。由于举证责任的负担能够直接影响和改变当事人对实体权利与义务的享有和负担,因此人民法院在司法实践中应当依据一定的原则来确定举证责任的负担,以实现司法所担负的使命。

人民法院确定举证责任负担的原则和因素有:(1)诚实信用原则;(2)公平原则;(3)当事人举证能力。对于本案,债权人有责任提供初步证据,证明关联公司之间具有存在人格混同的较大可能性,使法官产生合理怀疑,同时证明自身利益因公司人格混同情形遭受严重损害,而进一步的证明责任应当转移至关联公司,由关联公司举证排除合理怀疑。本案中,天津市金日达低压电器有限公司(以下简称金日达公司)已经提供了初步的证据,足以对汇杰公司与汇特公司存在人格混同产生合理怀疑,同时经过金日达公司的催收,汇杰公司依旧未支付货款,故举证责任应当由汇特公司承担。在诉讼过程中,一审法院向汇特公司释明,是否能提交汇杰公司与汇特公司财产相互独立的证据,两家公司是否进行了财务审计,汇特公司明确表示没有证据提交,放弃举证。

公司人格独立是其作为法人独立承担责任的前提。《公司法》第3条第1款规定:“公司是企业法人,有独立的法人财产,享有法人财产权。公司以其全部财产对公司的债务承担责任。”公司的独立财产是公司独立承担责任的物质保证,公司的独立人格也突出地表现在财产的独立上。当关联公司的财产无法区分,丧失独立人格时,就丧失了独立承担责任的基础。《公司法》第20条第3款规定:“公司股东滥用公司法人独立地位和股东有限责任,逃避债务,严重损害公司债权人利益的,应当对公司债务承担连带责任。”

本案中,两家公司虽在工商登记部门登记为彼此独立的企业法人,但实际上相互之间界限模糊、人格混同,上述行为违背了法人制度设立的宗旨,违背了诚实信用原则,其行为本质和危害结果与《公司法》第20条第3款规定的情形相当,故参照《公司法》第20条第3款的规定,汇特公司对汇杰公司的债务应当承担连带清偿责任。

关于本案的法律适用问题。

公司法人人格否认适用中最为传统、最为典型的情形是股东滥用公司的独立人格和股东有限责任,此时的法律责任是从公司指向股东,由股东来承担公司的责任。随着社会经济生活的发展,法人人格被滥用的手段不断翻新,如母公司将自己的利益转移给子公司,将母公司空壳化,以使母公司逃避债务;又如姐妹公司之间人格混同,资产不当转移等。法人人格否认理论也随之进一步发展,法人人格否认已经突破了传统的适用范围,出现了某些扩张适用的情形,主要包括法人人格否认的反向适用和姐妹公司之间的法人人格否认。反向适用指否认公司独立人格后,由公司替股东承担责任,或母子公司场合下由子公司替母公司承担责任。姐妹公司之间的法人人格否认又称为揭开姐妹公司的面纱或三角刺破。在三角刺破中,责任以一种类似于三角形的路线流动,首先从被控制的公司流向控股股东,接着从该控股股东流向其他受制于该股东的具有关联性的企业。这样一种三角刺破的提法是一种形象的说法,表明责任的承担不是直线流动的,而是通过一定的媒介发生了转向,最终由同一股东控制下的其他公司承担了责任。

关于《公司法》第20条和《民法典》第6条的适用。《公司法》第20条第1款规定:"公司股东应当遵守法律、行政法规和公司章程,依法行使股东权利,不得滥用股东权利损害公司或者其他股东的利益;不得滥用公司法人独立地位和股东有限责任损害公司债权人的利益。"第3款规定:"公司股东滥用公司法人独立地位和股东有限责任,逃避债务,严重损害公司债权人利益的,应当对公司债务承担连带责任。"一审法院认为,本案中关联公司人格混同的行为,可以适用《公司法》第20条予以解决。《公司法》第20条第1款是针对公司法人人格否认法理的总括性规定,只要是股东有滥用法人人格和股东有限责任的情形,无论是传统情形还是扩张情形,均在本款的规制范围之内。

本案的审理不可避免地需要对法律进行解释,在解释中应当遵循解释的基本原则,如忠实于法律文本的原则、忠实于立法目的和立法意图原则等。扩张解释作为一种解释方法,虽然对法律用语作比通常含义更广的解释,但不能超出法律用语可能具有的含义,只能在法律文义的"射程"范围内进行解释。从《公司法》第20条的文义来看,其规制的对象是股东,行为主体和责任主体都是股东,将股东扩张解释至关联公司,并未超出扩张解释的范畴。因为,关联公司人格混同的原因多是股东滥用了公司法人独立地位和股东有限责任,否认关联公司各自的独立人格,将关联公司视为一体,对其中特定公司的债权人的请求承担连带责任,实质就是将滥用关联公司人格的股东责任延伸至完全由其控制的关联公司上,由此来救济利益受损的债权人,《民法典》第6条规定,民事主体从事民事活动,应当遵循公平原则，合理确定各方的权利和义务。该解释符合公平正义原则。因此，本案比照最相似的条款，按照类似情况类似处理的原则，参照适用了《公司法》第20条第3款，应当判决关联公司之间承担连带责任。

关于《民法典》第7条和《公司法》第3条的适用。《民法典》第7条规定，“民事主体从事民事活动，应当遵循诚信原则，秉持诚实，恪守承诺”。该条规定的诚实信用是市场经济活动中形成的道德规则，要求人们在市场经济活动中讲究信用、恪守诺言、诚实不欺，在不损害他人利益和社会公共利益的前提下追求自己的利益。诚实信用原则是民法的基本原则，而关联公司人格混同、逃避债务的行为正是违反了诚实信用原则，因此，该条可以作为否认公司法人人格的法律依据。《公司法》第3条第1款“公司是企业法人，有独立的法人财产，享有法人财产权。公司以其全部财产对公司的债务承担责任”的规定是关于法人财产独立的法律条文。如前所述，公司的独立财产是公司独立承担责任的物质保证，公司的独立人格也突出地表现在财产的独立上。只有在财产分离的情况下，公司才能以自己的财产独立地对其债务负责。当关联公司的财产无法区分，丧失独立人格时，就丧失了独立承担责任的基础。因此，该条款作为否认公司法人人格的适用条款。

综上，对金日达公司主张汇特公司对汇杰公司的付款义务承担连带给付责任的诉讼请求，一审法院予以支持。

【问题231】关联公司人格混同，进而要求关联公司之间对彼此债务相互承担连带责任的请求权基础是什么？

【典型案例要旨250】(2022)粤06民终511号：渲滔公司和鸿滔公司在人员、业务、财务方面存在严重的交叉、混同，导致各自财产无法区分，已丧失公司的独立人格。换言之，渲滔公司和鸿滔公司作为关联公司，其已构成人格混同。关联公司人格混同，严重损害债权人利益，违反诚实信用原则，关联公司应对外部债务承担连带责任。

佛山市鸿滔电子有限公司、佛山市渲滔光电科技有限公司等买卖合同纠纷二审民事判决书

广东省佛山市中级人民法院(2022)粤06民终511号

广东省佛山市中级人民法院经审理认为：

关于第二个争议焦点，佛山市渲滔光电科技有限公司(以下简称渲滔公司)、佛山市鸿滔电子有限公司(以下简称鸿滔公司)是否构成人格混同。

本案中,渲滔公司、鸿滔公司均向天际公司采购数码管等产品,表明两公司的业务存在重合。

同时,根据一审法院查明的事实,载明收货单位为“渲滔”的涉案货物快递单和送货单上的收货人为古某,而古某同时又是鸿滔公司的股东和法定代表人,渲滔公司、鸿滔公司员工均在天际公司提供的送货单上签字确认过,且渲滔公司的监事同时又在鸿滔公司办公。

另外,一审法院查明的事实又显示,鸿滔公司的工作人员曾要求天际公司开具名称为鸿滔公司的发票,渲滔公司的工作人员参与了鸿滔公司的货款对账事宜,而渲滔公司、鸿滔公司的付款情况无法与各自名下的发票金额、送货单签收金额一一对应。

上述事实已充分反映,渲滔公司和鸿滔公司在人员、业务、财务方面存在严重的交叉、混同,导致各自财产无法区分,已丧失公司的独立人格。换言之,渲滔公司和鸿滔公司作为关联公司,其已构成人格混同。关联公司人格混同,严重损害债权人利益,违反诚实信用原则,关联公司应对外部债务承担连带责任。因此,一审法院判令渲滔公司和鸿滔公司对本案讼争货款债务承担连带责任,处理结果并无不当,本院予以维持。

【问题232】实际控制人控制的两家关联公司之间签署了以土地使用权折价清偿债务的《还款协议》后,一方未实际办理土地过户手续至另一方且一方已实际偿还所欠另一方的债务,另一方再依据该协议向一方收取相关款项的,是否属于利益输送而构成人格混同?

【典型案例要旨251】(2021)京民申1543号:2017年3月,卫某征既作为长江公司清算组的组长,同时又作为卫中公司持股比例83.33%的股东,在卫某征的控制下,长江公司与卫中公司进行利益输送。因正值宝贝公司申请执行长江公司期间,上述行为严重侵害了宝贝公司的利益,故卫中公司与长江公司之间构成人格混同,其应对长江公司的债务承担连带清偿责任。

海口卫中实业发展有限公司等与海南宝贝房地产开发有限公司借款合同纠纷再审审查与审判监督民事裁定书

北京市高级人民法院(2021)京民申1543号

北京市高级人民法院经审理认为:

关联公司人格混同,严重损害债权人利益的,关联公司相互之间对外部债务承担连带责任。本案中，海南宝贝房地产开发有限公司（以下简称宝贝公司）作为债权人，主张凯立公司、海口卫中实业发展有限公司（以下简称卫中公司）、世源公司与日月佳公司各方与债务人长江公司之间存在关联公司人格混同的情况，要求凯立公司、卫中公司、世源公司与日月佳公司对债务人长江公司的债务承担连带清偿责任。

经查，长江公司为法人独资公司，股东为香港凯立集团有限公司，卫某征通过海利亚洲有限公司实际控股香港凯立集团有限公司，其为长江公司的实际控制人。此外，卫某征是卫中公司控股股东（持股83.33%，2018年4月12日退出股东）与高级管理人员（2018年4月12日退出）。卫中公司是凯立公司的股东（持股2.619%）。在宝贝公司提起本诉时，卫中公司与长江公司存在关联关系。2017年3月15日，长江公司清算组收到文昌市财政国库支付局汇入的收地补偿款30227320元，次日全额转给卫中公司账户。卫中公司虽主张，依据其与长江公司于2009年4月28日签订的《还款协议书》，其对该土地享有权益，故收地补偿款归其所有。但是，因长江公司未依据《还款协议书》的约定将该土地使用权变更到卫中公司名下，该协议书约定的以土地使用权折价清偿债务的内容并未实际履行；且长江公司通过法院执行已清偿了所欠卫中公司债务。故卫中公司不能依据上述《还款协议书》内容主张对该土地享有相应权益，长江公司向卫中公司转入的收地补偿款无任何合同依据。

2017年3月，卫某征既作为长江公司清算组的组长，同时又作为卫中公司持股比例83.33%的股东，在卫某征的控制下，长江公司与卫中公司进行利益输送。因正值宝贝公司申请执行长江公司期间，上述行为严重侵害了宝贝公司的利益，故卫中公司与长江公司之间构成人格混同，其应对长江公司的债务承担连带清偿责任。二审法院根据查明的事实并结合相应证据所作判决，并无不当。审理程序不违反法律规定。卫中公司的再审申请不符合《民事诉讼法》第200条规定的情形。

【问题233】基于关联公司之间构成人格混同并要求其对彼此公司债务承担连带责任，在《公司法》并无明确规定的情况下，如何确定其请求权基础？

【典型案例要旨252】（2019）沪0118民初11670号：被告翱鹫公司与第三人傲索公司虽在工商登记部门登记为彼此独立的企业法人，但实际上作为毛某泉控制下的关联公司，二者相互之间界限模糊，表征人格的因素（人员、业务、财务等）高度混同,导致各自财产无法区分,已丧失独立人格,构成人格混同。参照我国《公司法》第20条第3款和最高人民法院指导案例第15号的规定,被告翱鹭公司应当对傲索公司的债务承担连带清偿责任。

兴化市亿超服饰有限公司与科倍企业发展(上海)有限公司、上海翱鹭贸易有限公司加工合同纠纷一审民事判决书

上海市青浦区人民法院(2019)沪0118民初11670号

上海市青浦区人民法院经审理认为:

两被告与第三人是否构成人格混同,是否应对第三人的债务承担连带清偿责任?

(一)人格否认的制度价值和法律规定

对此,本院认为,公司法上的人格混同制度,在某种程度上意味着对股东有限责任制度的否定和完善,用以规制公司的股东和实际控制人等主体滥用公司人格独立地位和有限责任原则侵犯债权人合法权利的行为。因此,我国《公司法》第20条第3款规定:"公司股东滥用公司法人独立地位和股东有限责任,逃避债务,严重损害公司债权人利益的,应当对公司债务承担连带责任。"

鉴于上述法律条文主要规定的是纵向否认,即否定公司人格,否定股东以出资为限对公司债务承担有限责任,而判令股东对公司债务承担连带责任,并未对实际控制人控制下的关联公司人格混同,即所谓的横向否认问题作出规定。因此,最高人民法院2013年1月发布的指导案例第15号就关联公司人格混同问题作了明确规定:(1)关联公司的人员、业务、财务等方面交叉或混同,导致各自财产无法区分,丧失独立人格的,构成人格混同;(2)关联公司人格混同,严重损害债权人利益的,关联公司相互之间对外部债务承担连带责任。

根据该指导案例,判定关联公司人格混同的标准,应为公司之间表征人格的因素(人员、业务、财务等)高度混同,导致各自财产无法区分,丧失独立人格。具体表现为控股股东或者实际控制人控制多个关联公司,滥用控制权,使多个关联公司财产边界不清,利益相互输送,丧失人格独立性。这其中,财产混同应作为主要的表现,另结合人员混同、业务混同等要件事实进行补强。

(二)关联公司的法律渊源和事实认定

具体到本案中,鉴于两被告与第三人之间并不存在股权交叉关系和股东重叠,因此,认定两被告与第三人是否构成人格混同,应首先确定三者是否存在关联关系,进而判断其是否构成人格混同。

根据我国《公司法》第216条的规定,公司的实际控制人,是指虽不是公司的

股东，但通过投资关系、协议或者其他安排，能够实际支配公司行为的人。而关联关系，是指公司控股股东、实际控制人、董事、监事、高级管理人员与其直接或者间接控制的企业之间的关系，以及可能导致公司利益转移的其他关系。

本案中：

1. 毛某泉作为被告科倍公司的法定代表人和实际经营人，曾任被告上海翱鸶贸易有限公司（以下简称翱鸶公司）的出资股东、法定代表人、执行董事兼总经理，目前仍担任被告翱鸶公司的诸多分支机构的负责人，还通过其他公司间接持有被告翱鸶公司的绝对控股权，因此，本院有理由相信被告科倍企业发展（上海）有限公司（以下简称科倍公司）和翱鸶公司均系毛某泉实际控制下的关联公司。

2. 虽然目前无证据证明两被告和第三人傲索公司之间存在股权控制关系，但三者在“ASOBIO”、“asobio”及“翱鸶”这几个关键词上存在的紧密联系，足以使人对其之间的关联关系产生合理怀疑。具体表现在：被告科倍公司的官网之一是www. asobio. com，同时其也是“ASOBIO”品牌所属企业。第三人傲索公司的全资母公司爱索公司的全资母公司翱鸶国际的英文名称中包含“ASOBIO”字样，中文名称包含“翱鸶”字样，而被告翱鸶公司中文名称中恰好也包含“翱鸶”字样，且“ASOBIO”“翱鸶”的商标品牌归属被告翱鸶公司，也由其在销售产品中实际使用。考虑到无论是“ASOBIO”、“asobio”还是“翱鸶”，三个单词既不是英语中的常见词，也不是中文中的常见词，而都是拟制词，三家公司在非常见的拟制词延伸使用上存在高度重叠与混用，显非正常。

3. 三家公司的经营范围中均包括服装服饰，两被告实际经营地址相同，两被告的工作人员实际参与了第三人与原告之间的加工关系，两被告的工作人员对外共同使用被告科倍公司所有的网站 www. asobio. com、共同使用被告科倍公司的邮箱地址@ co-best. com 以及三家公司在新沂法院 2090 号案件中并未明确否认其为关联公司等事实，本院有足够理由相信三家公司均为毛某泉实际控制下的关联公司。

（三）本案三家公司人格混同的具体认定

在认定两被告和第三人属于关联公司的基础上，就三家公司是否构成人格混同的问题，本院进一步认定如下：

首先，就人员是否混同的问题，涉案加工合同盖章主体虽为第三人傲索公司，但一方面，所有的采购合同上都没有第三人经办人员的签名，本院难以确认盖章行为系第三人基于独立地位做出的意思表示行为；另一方面，在案证据显示，在涉案服装加工合同的实际履行过程中，与原告邮件沟通加工工艺、交货、验收等问题的均系两被告员工，从未出现第三人傲索公司的员工。甚至在发生欠款纠纷后，实际参与法院诉讼的,也是被告科倍公司的法务张某萍,而非第三人儆索公司的员工。再结合其他诉讼案件中,陈某思、张某萍等人时而以两被告员工身份代理案件,时而以第三人员工的身份参加诉讼,并根据案件需要,制作不同雇主的劳动合同,本院有理由相信两被告和第三人之间在人员上存在混同情况。

其次,就业务是否混同的问题,一方面,如上所述,两被告和第三人在经营范围上存在重叠之处,均包含服装服饰和面辅料,两被告的实际经营地址也相同;另一方面,第三人虽然是涉案合同的盖章主体,但涉案加工业务主要在原告和两被告之间发生,被告科倍公司的工作人员实际参与加工业务,加工货物出货单的抬头均标明为被告翱鸶公司、送货地点也均为翱鸶公司收货地,并由被告翱鸶公司的工作人员质检和签收,原告并不能明确认定其到底与何主体发生业务关系。两被告和第三人之间存在业务主体不清的情形。

对于被告翱鸶公司提出的其与第三人之间存在独立业务关系的主张,本院认为,一方面,被告翱鸶公司作为交易相对方,以具体经办人已离职为由,拒不陈述其与第三人的具体交易经过,本院难以判断其陈述的真实性;另一方面,从被告翱鸶公司提交的证据看,被告翱鸶公司与第三人儆索公司签订的加工合同,不仅在形式上与第三人和原告签署的合同完全一致,就连具体的订单信息如数量、单价、交货日期、签收人等也完全一致,没有任何差别。如第三人真如被告翱鸶公司所述,与其毫无关系,那么第三人在承接被告翱鸶公司业务后,不仅不赚取任何利润就转单给原告,相反还要投入大量人力、物力进行上下家的业务沟通和维护,显然有违常理。根据本案业务经过,更合理的解释是,本案中第三人儆索公司仅是被告翱鸶公司对外下单的平台和外壳,其本身并未实际经营业务。因此,对于被告翱鸶公司提出第三人与其和原告分别独立开展业务的抗辩的意见本院不予采信。

根据上述认定,再结合在其他案件中所反映出的被告翱鸶公司和第三人儆索公司共同对外采购服装辅料、共同确认欠款金额的事实,本院有理由相信两被告和第三人之间存在业务混同的情况。

最后,也是最重要的一点,即两被告和第三人是否存在财务混同的问题。

其一,就被告翱鸶公司和第三人而言,本院认为,在涉案加工业务中,虽然第三人支付过部分款项,但在涉诉后的金山法院9915号案件审理中,支付款项的却是被告翱鸶公司,在其不能提供任何证据证明第三人拖欠其款项未付的情况下,其主动支付第三人的对外债务,不仅与其所述的二者相互独立的事实相悖,也容易使人作出二者财务关系混乱的判断。并且,被告翱鸶公司在转账记录备注中明确载明款项性质为“货款”,足以令人相信被告翱鸶公司在支付款项时已将相关债务认定为自身债务。

此外,浙江省绍兴市柯桥区人民法院审理的(2019)浙0603民初3440号案件与本案审理时间存在重叠之处。第三人傲索公司作为该案被告,同样委托了本案被告翱鸶公司的代理人陈伟峰律师作为其该案代理人参加诉讼。而本案中,第三人傲索公司却始终不委托任何代理人参与诉讼。同时,陈伟峰律师在该案中代表傲索公司做出的"被告傲索公司财务账册显示"等陈述,可说明陈伟峰律师在本案审理时间段内,已实际掌握了傲索公司的具体财务信息。在本院要求陈伟峰律师提供傲索公司财务账册,用以判断傲索公司和翱鸶公司是否存在财务混同时,陈伟峰称其无法提供。考虑到第三人和被告翱鸶公司存在同一实际控制人的事实,本案中本院不能获取傲索公司财务账册,无法具体认定其财务状况的不利后果,应归咎于第三人和被告翱鸶公司。

综合上述种种事实,本院认定两公司存在财务混同。

其二,关于被告科倍公司和被告翱鸶公司、第三人傲索公司之间财务混同的问题,本案中,无论是原告提供的证据,还是本院依职权调取的证据,均无法反映被告科倍公司与被告翱鸶公司、第三人傲索公司之间存在财务混同的情形。同时,亦不能仅凭三公司之间存在关联关系,就反推被告科倍公司和另外两家公司之间存在财务混同的情况。相关财务混同的事实仍需由主张方即原告举证证明。在其不能提供充足证据证明该节事实的情形下,相关不利后果应由其承担。

综合上述三方面的认定,本院认为,被告翱鸶公司与第三人傲索公司虽在工商登记部门登记为彼此独立的企业法人,但实际上作为毛某泉控制下的关联公司,二者相互之间界限模糊,表征人格的因素(人员、业务、财务等)高度混同,导致各自财产无法区分,已丧失独立人格,构成人格混同。参照我国《公司法》第20条第3款和最高人民法院指导案例第15号的规定,被告翱鸶公司应当对傲索公司的债务承担连带清偿责任。原告的相关诉讼请求,于法有据,本院予以支持。

关于被告科倍公司是否与被告翱鸶公司、第三人傲索公司人格混同的问题,鉴于本案中并无任何证据证明被告科倍公司和另外两家公司之间存在财务上的混淆不清,而如上所述人格混同主要表现为财务混同,因此,即使可认定三家公司之间存在人员和业务的混同,亦不能认定其构成人格混同。原告要求被告科倍公司对第三人傲索公司的债务承担连带责任的请求,并无事实依据,本院不予支持。

【问题234】具有一名共同股东且公司经理为同一人的三家公司之间,存在业务、财务、资金、人员等方面的混同,能否作为关联公司从而认定为横向人格否认?

【典型案例要旨253】(2011)苏商终字第0107号:川交工贸公司、川交机械公司、瑞路公司在经营中无视各自的独立人格,随意混淆业务、财务、资金,相互之间界限模糊,无法严格区分,使得交易相对人难以区分准确的交易对象。在均与徐工科技公司有业务往来的情况下,三公司还刻意安排将业务统计于川交工贸公司名下,客观上削弱了川交工贸公司的偿债能力,有滥用公司独立人格以逃废债务之嫌。三公司虽在工商登记部门登记为彼此独立的企业法人,但实际上人员混同、业务混同、财务混同,已构成人格混同,损害了债权人的利益,违背了法人制度设立的宗旨,其危害性与《公司法》第20条规定的股东滥用公司法人独立地位和股东有限责任的情形相当。为保护债权人的合法利益,规范公司行为,参照《公司法》第20条的规定,川交机械公司、瑞路公司应当对川交工贸公司的债务承担连带清偿责任。

徐工集团工程机械股份有限公司与四川瑞路建设工程有限公司、成都川交工程机械有限责任公司等买卖合同纠纷二审民事判决书

江苏省高级人民法院(2011)苏商终字第0107号

就三公司的股权关系,一审法院查明:

成都川交工程机械有限责任公司(以下简称川交机械公司)成立于1999年4月15日,注册资本50万元,住所地在四川省成都市武侯区簇桥镇龙井村6组,股东为王某礼、李某、倪某(2008年3月31日变更为倪某、王某礼),法定代表人于2007年10月31日由王某礼变更为倪某。

四川瑞路建设工程有限公司(以下简称瑞路公司)成立于2004年9月14日,注册资本1000万元,住所地在四川省成都市武侯区簇桥镇新苗村7组,股东为王某礼、李某、倪某(2007年8月14日变更为王某礼、倪某),法定代表人王某礼。

川交工贸公司成立于2005年4月27日,注册资本100万元,住所地在四川省成都市金牛区蓉都大道天回路817号中储天回二库内,股东为吴某、张某蓉、凌某、过某利、汤某明、何某庆、郭某(至2008年10月20日股东变更为吴某、张某蓉),法定代表人为吴某。

三家公司的经营范围重合,经理均是王某礼,财务负责人均是凌某,出纳会计

均是卢某,工商手续的经办人均为张某、卢某,与徐工科技公司签订合同的经办人均为杜某辉。川交工贸公司的股东在瑞路公司及川交机械公司交叉任职或兼职。王某礼与张某蓉系夫妻关系。

江苏省高级人民法院经审理认为:

本案二审争议焦点为瑞路公司、川交机械公司应否对川交工贸公司的债务承担连带清偿责任。

本院认为,川交工贸公司与瑞路公司、川交机械公司人格混同,瑞路公司、川交机械公司应对川交工贸公司的债务承担连带清偿责任。

一、川交工贸公司、川交机械公司、瑞路公司人员混同

1. 川交机械公司与瑞路公司的股东相同,均为王某礼等人。川交工贸公司虽股东与之不同,但拥有90%股份的控股股东张某蓉系王某礼之妻。此外,川交工贸公司的其他股东均为川交机械公司的高级管理人员。

2. 川交机械公司从1994年4月成立至2007年10月,法定代表人为王某礼。瑞路公司从2004年9月成立至今,法定代表人亦为王某礼。川交工贸公司的法定代表人吴某是川交机械公司的综合部行政经理。

3. 三公司的财务负责人均为凌某,出纳会计均为卢某,工商手续经办人均为张某。

4. 根据公司章程,三公司行使主持生产经营管理工作等职权的均为经理,且三公司聘任的经理均为王某礼。

5. 根据2008年9月1日《川交机械时讯报》简讯内容,免去过某利川交工贸公司副总经理职务的决定系由川交机械公司作出,且原因是川交机械公司业务板块建设等工作需要。同时,过某利仍有另一身份,即川交机械公司的销售部销售经理。

综上,三公司的股东、法定代表人或相同或具有密切关联,三公司主持生产经营管理的经理均为王某礼,在人事任免上存在统一调配使用的情形,其他高级管理人员存在交叉任职,且重要部门任职人员相同,构成人员混同。

二、川交工贸公司、川交机械公司、瑞路公司业务混同

(一)川交工贸公司、川交机械公司、瑞路公司的经营范围基本重合

在案涉交易发生期间,三公司在工商行政管理部门登记的经营范围均涉及工程机械且基本重合,其中,川交工贸公司的经营范围被川交机械公司的经营范围完全覆盖。此外,在实际经营中,三公司均经营工程机械相关业务,且在仅有瑞路公司的经营范围曾包括公路及市政工程施工等情况下,川交机械公司实际经营着市政工程施工等业务,并将之确定为三大业务板块之一。

(二)川交工贸公司、瑞路公司、川交机械公司在对外进行宣传时信息混同、未作区分

1. 根据重庆市公证处(2008)渝证字第26233号《公证书》,川交工贸公司、瑞路公司在网上共同招聘员工且所留联系方法等招聘信息一致;在网上对企业进行宣传时未进行区分,如以川交工贸公司、瑞路公司名义发出的招聘信息中包括了大量川交机械公司的介绍,在以川交工贸公司名义发出的招聘信息中列明的是瑞路公司的介绍以及川交机械公司的成立时间、企业精神等。

2. 川交机械公司登记的地址为四川省成都市武侯区簇桥镇龙井村6组,川交工贸公司登记的住所地为四川省成都市金牛区蓉都大道天回路817号中储天回二库内。但是,《川交机械时讯报》所载的地址并非川交机械公司的地址,而是川交工贸公司的地址。

3.《川交机械时讯报》将川交工贸公司的人事任免情况作为简讯进行刊登。

(三)川交工贸公司、川交机械公司、瑞路公司在工程机械销售等业务中不分彼此

1. 根据三公司于2005年8月15日共同出具的《说明》以及川交工贸公司、瑞路公司于2006年12月7日共同出具的《申请》,在三公司均与徐工科技公司存在业务往来的前提下,三公司不仅要求将相关业务统计于川交工贸公司名下,还表示今后的业务尽量以川交工贸公司的名义操作。因此,川交工贸公司是三公司相关交易的名义相对人,记载于川交工贸公司名下的交易还包括了川交机械公司与瑞路公司的业务。可见,在案涉交易模式中,三公司将自身视为一体,刻意要求不进行明确区分。

2. 川交工贸公司与瑞路公司共用统一格式的《销售部业务手册》,且封面载有上述两公司的名称,手册中载明两公司的结算开票资料,其中结算账户为两公司共同的财务人员卢某的个人银行账户,而手册中的《徐工样机发货申请单》表明该手册用于徐工工程机械的销售。该事实表明,川交工贸公司、瑞路公司在销售徐工工程机械时对以谁的名义进行销售是不加区分或者视为等同的。

3. 川交机械公司以徐工科技公司四川地区(攀枝花除外)唯一经销商的身份对外宣传并开展相关业务,在制作的《川交机械2007年徐工科技产品二级经销协议》中明确要扩大川交机械公司所销售产品的市场占有率,要求二级经销商在制作广告牌时应突出“川交机械”的品牌,但在该协议上作为合同签约人盖章的是川交工贸公司。以上事实表明,以唯一经销商身份经营相关业务时,川交机械公司与川交工贸公司未区分彼此。

4. 在川交工贸公司向其客户开具的收据中,有的盖有川交工贸公司的财务专

用章,有的盖有瑞路公司的财务专用章,而一个公司签订的合同由另一个公司履行是业务混同在实践中的重要表现情形之一。

三、川交工贸公司、川交机械公司、瑞路公司财务混同

1. 川交工贸公司、川交机械公司、瑞路公司使用共同的账户。根据川交工贸公司与瑞路公司共用的《销售部业务手册》,三公司共同的财务管理人员卢某、凌某个人银行账户的往来情况以及卢某、凌某在公安部门向其调查时所作的陈述,三公司均使用卢某、凌某的个人银行账户,往来资金额巨大,其中凌某的个人账户资金往来达1300余万元,卢某的个人账户资金往来高达8800余万元。

2. 川交工贸公司、川交机械公司、瑞路公司未提供证据证明对共同使用的银行账户中相关资金的支配进行了区分。根据卢某向公安部门进行的陈述,川交工贸公司、川交机械公司、瑞路公司高达8800余万元的款项在进入其个人银行账户后,具体用款的依据仅是三公司经理王某礼的签字,资金走向中包括瑞路公司,亦包括对外支付工程保证金、施工材料款等。在原审法院明确要求瑞路公司、川交工贸公司、川交机械公司进一步举证的情况下,三公司并未提供充分证据证明三公司共同的财务人员对三公司共同使用的账户中的资金进行了必要的区分并有相应的记载。

3. 根据2005年8月15日的说明及2006年12月7日的申请,三公司与徐工科技公司之间的债权债务、业绩、账务均计算至川交工贸公司名下。

4. 三公司与徐工科技公司之间业务往来的返利均统计在川交工贸公司账户内尚未分配,且对返利的分配未作约定,即对相关业务的收益未加区分。

综上,川交工贸公司、川交机械公司、瑞路公司在经营中无视各自的独立人格,随意混淆业务、财务、资金,相互之间界限模糊,无法严格区分,使得交易相对人难以区分准确的交易对象。在均与徐工科技公司有业务往来的情况下,三公司还刻意安排将业务统计于川交工贸公司的名下,客观上削弱了川交工贸公司的偿债能力,有滥用公司独立人格以逃废债务之嫌。三公司虽在工商登记部门登记为彼此独立的企业法人,但实际上人员混同、业务混同、财务混同,已构成人格混同,损害了债权人的利益,违背了法人制度设立的宗旨,其危害性与《公司法》第20条规定的股东滥用公司法人独立地位和股东有限责任的情形相当。为保护债权人的合法利益,规范公司行为,参照《公司法》第20条的规定,川交机械公司、瑞路公司应当对川交工贸公司的债务承担连带清偿责任。

【问题235】两家公司之间在组织机构、财产与业务上均存在不同程度的重合,且股东均为同一公司,构成关联企业,能否构成人格混同而否定关联公司之间的人格进而要求彼此对公司债务承担连带责任?

【典型案例要旨254】(2014)民申字第419号:嘉维公司、嘉汉公司表面上是彼此独立的公司法人,但在组织机构、公司间财产及业务上均有不同程度的重合,两公司之间已实际成为人格混同的关联企业,符合适用法人人格否认制度的条件。

江西盈森实业有限公司与江西嘉维板业有限公司、嘉汉板业(江西)营林有限公司买卖合同纠纷申请再审民事裁定书

最高人民法院(2014)民申字第419号

最高人民法院经审理认为:

关于嘉汉板业(江西)营林有限公司(以下简称嘉汉公司)是否应对江西嘉维板业有限公司(以下简称嘉维公司)所欠江西盈森实业有限公司(以下简称盈森公司)的剩余购林款承担连带清偿责任的问题。

嘉汉公司申请再审主张其并非本案适格被告,一、二审法院判决认定嘉汉公司与嘉维公司人格混同,进而判令嘉汉公司承担连带责任,没有事实和法律依据,本案也并不具备适用法人人格否认的条件。

本院认为,关联企业是指为达到一定的经济目的,如追求更大的规模效益而形成的控制关系或者统一安排关系,而通过特定的手段所形成的企业之间的联合。

一、二审法院审理查明,嘉汉公司与嘉维公司的股东均为嘉汉板业(中国)投资有限公司,其同为嘉汉板业(中国)投资有限公司的子公司,两公司存在关联关系,系关联企业。

一、二审法院审理查明,嘉汉公司和嘉维公司的董事长、经理等公司高管一致,工作人员也存在相互交叉任职的情形,两公司均不设股东会和董事会,股东、执行董事、监事等公司组织机构亦完全一致。

嘉汉公司与嘉维公司的办公地址和营业场所重合,且嘉汉公司的办公场所系嘉维公司无偿提供,其租赁物业的租金和物业管理费等相关费用均由嘉维公司支付。

嘉汉公司与嘉维公司的经营范围基本重合,且均涉及林木开发利用。

上述事实表明，嘉维公司、嘉汉公司表面上是彼此独立的公司法人，但在组织机构、公司间财产及业务上均有不同程度的重合，两公司之间已实际成为人格混同的关联企业，符合适用法人人格否认制度的条件。

嘉汉公司申请再审亦未提交否定其与嘉维公司人格混同、二者系独立的公司法人的充分证据，故一审法院参照适用《公司法》第20条第3款之规定，判决嘉汉公司对嘉维公司所欠盈森公司的剩余购林款承担连带清偿责任，并无不妥。嘉汉公司关于其非本案适格被告、法人人格否认制度仅仅只能适用于股东与公司之间，一审法院适用法律错误的申请再审主张与法人人格否认制度的立法目的相悖，本院不予支持。

【问题236】电脑公司从2016年开始未进行主营业务，而设备公司成立于2015年10月28日，与电脑公司的经营范围完全相同；2020年12月25日之前，电脑公司与设备公司的全资股东均为A公司，甲任电脑公司的执行董事、总经理、法定代表人；2020年12月25日之后，电脑公司的股东变更为甲与乙，乙同时担任设备公司的监事；设备公司的现有工作人员与电脑公司的原有工作人员存在较大重合。综合上述事实，能否认定A公司对电脑公司与设备公司构成过度支配与控制？

【典型案例要旨255】（2022）最高法民终69号：因冲电气公司作为外部债权人，难以掌握怡化股份公司子公司之间的财务情况，要求其证明怡化金融设备公司与怡化电脑公司之间财产混同，存在较大的举证难度，但综合上述事实可知，怡化金融设备公司与怡化电脑公司之间在成立时间、经营目的、管理人员、工作人员等方面均具有高度的关联性。结合怡化股份公司滥用股东权利的事实，怡化股份公司对怡化电脑公司与怡化金融设备公司构成过度支配与控制具有高度可能性。

深圳怡化电脑股份有限公司、深圳怡化金融设备制造有限公司与冲电气金融设备（深圳）有限公司股东损害公司债权人利益责任纠纷二审民事判决书

最高人民法院（2022）最高法民终69号

一审法院广东省高级人民法院经审理认为：

关于争议焦点三。

冲电气金融设备（深圳）有限公司（以下简称冲电气公司）主张，怡化股份公司

对深圳怡化金融设备制造有限公司(以下简称怡化金融设备公司)与深圳怡化电脑股份有限公司(以下简称怡化电脑公司)构成过度支配与控制,怡化金融设备公司与怡化电脑公司之间构成人格混同,怡化金融设备公司应当对怡化电脑公司案涉债务承担连带清偿责任。

怡化金融设备公司主张,本案没有证据证明其与怡化电脑公司财产混同,怡化金融设备公司与怡化电脑公司曾经存在的某些关联关系不足以认定其两者之间构成人格混同。

该院认为,过度支配与控制,是指公司控制股东对公司过度支配与控制,操纵公司的决策过程,使公司完全丧失独立性,沦为控制股东的工具或躯壳。根据《公司法》第20条第3款的立法精神,控制股东控制多个子公司,滥用控制权使多个子公司财产边界不清、财务混同,利益相互输送,丧失人格独立性,沦为控制股东逃避某个子公司债务的工具,应当综合案件事实,相互否认被控制的子公司法人人格,由被控制的子公司之间相互对欠付债务承担连带清偿责任。

根据本案查明的事实,怡化电脑公司从2016年开始未进行主营业务,而怡化金融设备公司成立于2015年10月28日,与怡化电脑公司的经营范围完全相同;2020年12月25日之前,怡化电脑公司与怡化金融设备公司的全资股东均为怡化股份公司,余某任怡化电脑公司的执行董事、总经理、法定代表人;2020年12月25日之后,怡化电脑公司的股东变更为陈某华与余某,陈某华同时担任怡化金融设备公司的监事;怡化金融设备公司的现有工作人员与怡化电脑公司的原有工作人员存在较大重合。因冲电气公司作为外部债权人,难以掌握怡化股份公司子公司之间的财务情况,要求其证明怡化金融设备公司与怡化电脑公司之间财产混同,存在较大的举证难度,但综合上述事实可知,怡化金融设备公司与怡化电脑公司之间在成立时间、经营目的、管理人员、工作人员等方面均具有高度的关联性。结合怡化股份公司滥用股东权利的事实,怡化股份公司对怡化电脑公司与怡化金融设备公司构成过度支配与控制具有高度可能性。

参照最高人民法院指导案例第15号“徐工集团工程机械股份有限公司诉成都川交工贸有限责任公司等买卖合同纠纷案”,关联公司人格混同,严重损害债权人利益,违反诚实信用原则的,关联公司应对外部债务承担连带责任。因此,冲电气公司主张怡化金融设备公司对怡化电脑公司案涉债务承担连带清偿责任,具有事实与法律依据,该院予以支持。

【问题 237】公司及其主要股东统归实际控制人项目部管理,财务由该项目部直接统一管理,最终由实际控制人统一管理、控制和决定,公司印章均由该项目部统一保管,统一服从实控人资金统一调度的,是否构成人格混同?

【典型案例要旨 256】(2018)最高法民终 913 号:石嘴山青年曼公司、石嘴山乘用车公司、莲花控股公司系青年汽车集团下属公司,与国马公司统归青年汽车集团石嘴山项目部管理。前述三家公司财务由青年汽车集团项目部直接统一管理,最终由青年汽车集团统一管理、控制和决定,即石嘴山项目部的财务尤其是资金调度系根据青年汽车集团资金平衡会议决定,并由该公司集团财务部通过网络授权后最终将资金转出。石嘴山乘用车公司、石嘴山青年曼公司印章均由青年汽车集团石嘴山项目部统一保管,统一服从青年汽车集团资金统一调度。上述三公司财务混同、表决权混同、业务混同,且石嘴山青年曼公司、莲花控股公司实际使用了抽逃的资金,故石嘴山青年曼公司、石嘴山乘用车公司、莲花控股公司人格混同,共同配合完成了抽逃出资行为,应当共同承担返还出资本息的连带责任。

石嘴山青年曼莲花汽车有限公司、石嘴山青年乘用车有限公司股东出资纠纷二审民事判决书

最高人民法院(2018)最高法民终 913 号

最高人民法院经审理认为:

案涉国马公司两笔资本金,无论是用于资金调配还是购买车辆均没有经过合法程序转出,分别属于《公司法解释三》第 12 条第 2 项、第 4 项规定的情形,构成抽逃出资。理由如下:

1. 莲花控股公司所称其将案涉 4900 万元转回国马公司,不足以构成对其抽逃出资事实的有效抗辩。

经质证,莲花控股公司向本院提交的三张凭证均载明“转款”,客户借记通知单对款项定性为“往来款”,未注明为归还出资,未经过法定验资程序,且上述三笔款项在转入国马公司后又于当日转给了石嘴山青年曼莲花汽车有限公司(以下简称石嘴山青年曼公司)或先后分散用于其他公司。因此,该证据不足以推翻原审判决认定的案涉第一期出资 4900 万元未归还国马公司的事实。

2. 莲花控股公司与石嘴山青年曼公司、石嘴山青年乘用车有限公司(以下简称石嘴山乘用车公司)构成人格混同。

石嘴山青年曼公司、莲花控股公司、石嘴山乘用车公司均为国马公司的股东。根据青年汽车集团、庞某年出具的《关于青年汽车与国马科技资金往来的情况说明》以及孙某海、傅某等人在询问笔录中的陈述，石嘴山青年曼公司、石嘴山乘用车公司、莲花控股公司系青年汽车集团下属公司，与国马公司统归青年汽车集团石嘴山项目部管理。前述三家公司财务由青年汽车集团项目部直接统一管理，最终由青年汽车集团统一管理、控制和决定，即石嘴山项目部的财务尤其是资金调度系根据青年汽车集团资金平衡会议决定，并由该公司集团财务部通过网络授权后最终将资金转出。石嘴山乘用车公司、石嘴山青年曼公司印章均由青年汽车集团石嘴山项目部统一保管，统一服从青年汽车集团资金统一调度。

国马公司成立于2010年10月3日，直至2012年1月8日才以董事会决议要求公司凡是向关联企业借款的，要支付利息给关联企业，借款给关联企业的，要向关联企业收取利息。庭审中，石嘴山青年曼公司的事实陈述均由石嘴山乘用车公司、莲花控股公司委托诉讼代理人表达。

上述三公司财务混同、表决权混同、业务混同，且石嘴山青年曼公司、莲花控股公司实际使用了抽逃的资金，故原审法院关于石嘴山青年曼公司、石嘴山乘用车公司、莲花控股公司人格混同，共同配合完成了抽逃出资行为，应当共同承担返还出资本息的连带责任等认定并无不当。

【问题238】公司独立财产是公司独立承担责任的物质保证，也是公司独立人格的集中体现，财产混同外在表征主要有公司经营场所、主要办公场所以及财务等方面的混同，其本质则是财产混同情形违背了公司财产与股东财产相分离、公司资本维持和公司资本不变的基本原则，此种情形，是否严重影响公司对外清偿债务的物质基础？

【典型案例要旨257】（2020）最高法民终1084号：银燕公司与百富勤公司虽在工商行政管理部门均登记为独立的法人，但实际上其表征人格的因素（人员、主要经营地、业务、财产）等高度混同，导致双方财产无法区分，构成人格混同，百富勤公司意图逃避公司对外债务，从而丧失人格独立性。故银燕公司与百富勤公司构成人格混同，银燕公司应对百富勤公司的债务承担连带责任。

武汉长江博润置业有限公司、武汉市百富勤置业有限公司合同纠纷二审民事判决书

最高人民法院（2020）最高法民终1084号

一审法院湖北省高级人民法院经审理认为：

关于银燕公司与武汉市百富勤置业有限公司（以下简称百富勤公司）是否构

成人格混同，应否对百富勤公司的债务承担连带责任的问题。

关联公司之间是否构成人格混同，应当从公司之间是否存在财产混同、人员混同、业务混同等方面进行综合分析判断。财产混同是公司人格混同的重要考察因素，依据《公司法》第3条第1款的规定，公司独立财产是公司独立承担责任的物质保证，也是公司独立人格的集中体现，财产混同外在表征主要有公司经营场所、主要办公场所以及财务等方面的混同，其本质则是财产混同情形违背了公司财产与股东财产相分离、公司资本维持和公司资本不变的基本原则，严重影响公司对外清偿债务的物质基础。

首先，本案中，武汉长江博润置业有限公司（以下简称博润公司）与百富勤公司合作期间，百富勤公司占银燕公司股份98%，张某占2%，张某在两家公司均担任主要负责人，存在主要管理人员混同的情形。

其次，银燕公司与百富勤公司经营场所、主要办公地点相同，皆为湖北省武汉市东西湖区张柏路2号，存在公司经营场所混同情形。

再次，银燕公司与百富勤公司主要经营范围相似，存在业务混同情形。

最后，2016年12月9日，海鼎公司向百富勤公司支付武珞路项目转让款28300万元，百富勤公司当日将该款项转给银燕公司，两家公司在无正当交易理由的情况下相互转款，存在财产混同情形。

银燕公司与百富勤公司虽在工商行政管理部门均登记为独立的法人，但实际上其表征人格的因素（人员、主要经营地、业务、财产）等高度混同，导致双方财产无法区分，构成人格混同，百富勤公司意图逃避公司对外债务，从而丧失人格独立性。故银燕公司与百富勤公司构成人格混同，银燕公司应对百富勤公司债务承担连带责任。

【问题239】存在交叉持股的各关联公司，因受同一实际控制人控制而构成人格混同的，能否否定各关联公司的法人人格而对其中一家公司的债务承担连带责任？

【典型案例要旨258】（2008）民二终字第55号：存在股权关系交叉、均为同一法人出资设立、由同一自然人担任各个公司法定代表人的关联公司，如果该法定代表人利用其对于上述多个公司的控制权，无视各公司的独立人格，随意处置、混淆各个公司的财产及债权债务关系，造成各个公司的人员、财产等无法区分的，该多个公司法人表面上虽然彼此独立，但实质上构成人格混同。因此损害债权人合法权益的，该多个公司法人应承担连带清偿责任。

中国信达资产管理公司成都办事处与四川泰来装饰工程有限公司、四川泰来房屋开发有限公司、四川泰来娱乐有限责任公司金融借款合同纠纷二审民事判决书

最高人民法院(2008)民二终字第55号

最高人民法院经审理认为:

关于四川泰来装饰工程有限公司(以下简称装饰公司)、四川泰来房屋开发有限公司(以下简称房屋公司)、四川泰来娱乐有限责任公司(以下简称娱乐公司)是否存在人格混同的问题。

根据原审查明的本案事实,装饰公司、房屋公司、娱乐公司股权关系交叉,均为关联公司,实际均为沈氏公司出资设立,沈某源作为公司的董事长,同时身兼三公司的法定代表人,其利用对三公司的控制权,将装饰公司贷款大量投入娱乐公司中国酒城项目。

在未办理工商变更登记的情况下,将娱乐公司对装饰公司欠款7392万元和对房屋公司欠款1086万元转为两公司对娱乐公司的投资款,且2003年以后装饰公司对娱乐公司的投资只有2795万元,装饰公司的4597万元投资款去向不明;并将中国酒城项目的经营收益用于支付所谓泰来集团名下所有公司的房租、水电费、员工工资;将沈氏公司对房屋公司的投资用于支付中国酒城项目设计费。

装饰公司、房屋公司、娱乐公司还共同为装饰公司贷款还本付息,装饰公司、房屋公司、娱乐公司均认为对“流金岁月”及“茵梦湖”项目的资产享有处分权,以并不存在的泰来集团名义向贷款人出具函件,致使贷款人也无法区分三者之间的人员及财产。

装饰公司、房屋公司、娱乐公司还存在在同一地址办公、联系电话相同、财务管理人员在一段时期内相同的情况。

上述事实表明,装饰公司、房屋公司、娱乐公司表面上是彼此独立的公司,但各公司之间已实际构成了人格混同。其行为违背了法人制度设立的宗旨,违反了诚实信用和公平原则,损害了债权人利益。因此,原审法院判令装饰公司的债务应由娱乐公司和房屋公司承担连带清偿责任并无不当,本院予以维持。

【问题 240】关联公司的全部印章均由控股股东保管并决定使用，在法院要求其提供财务资料以供司法审计后拒不提供的，能否据此认定控股股东及其关联公司滥用公司法人独立地位和有限责任、逃避债务？

【典型案例要旨 259】(2020)川民终 247 号：关联公司的企业公章、合同章、法定代表人印鉴等全部印章在“华通系”企业债务危机爆发前均由华通投资公司集中保管，并由华通投资公司决策，负责经办企业投融资等工作。这足以使得北汽福田公司有充分的理由相信华锐公司股东及其关联企业存在滥用公司法人独立地位和公司有限责任的事实存在。为进一步证明该诉讼主张，申请对腾中重工公司及其关联公司的往来财务进行审计，但华通投资公司、腾中重工公司及两上诉人均拒绝提供相关财务资料，致使司法审计未能开展，相关事实难以确认，责任在拒绝提交财务资料的腾中重工公司及其关联企业，因此，原审判决认定北汽福田公司主张华锐公司的股东腾中重工公司及其关联企业滥用公司法人独立地位和有限责任，逃避债务的事实存在，并无不当。

新津腾中筑路机械有限公司、双流腾中机械设备有限公司与公司有关的纠纷二审民事判决书

四川省高级人民法院(2020)川民终 247 号

四川省高级人民法院经审理认为：

各方当事人争议的焦点问题是华通投资公司、腾中重工公司、新津腾中筑路机械有限公司(以下简称新津腾中公司)、双流腾中机械设备有限公司(以下简称双流腾中公司)等关联企业间是否存在各关联公司法人独立人格混同，逃避债务，损害债权人利益的情形。

本案系因华锐公司欠付北汽福田公司债务不付，北汽福田公司向华锐公司主张权利未果的情况下，提起的本案诉讼。北汽福田公司认为华锐公司的股东腾中重工公司及包括两上诉人在内的关联企业存在滥用公司法人独立地位和股东有限责任，逃避债务，损害债权人利益，要求华锐公司股东腾中重工公司及其关联企业依照《公司法》第 20 条第 3 款的规定对华锐公司欠付北汽福田公司的债务承担连带责任。

北汽福田公司为支持其主张向原审法院举示了相关证据，原审法院依据该部分证据认定了华通投资公司、腾中重工公司、新津腾中公司、双流腾中公司、华锐公司的关系，即华通投资公司持有腾中重工公司 70.54% 的股份，华锐公司、双流

腾中公司、新津腾中公司是腾中重工公司全资子公司,以及上述五个公司的经理、监事、董事的任职人员有交叉,且华锐公司、双流腾中公司、新津腾中公司的法定代表人均为杨某。两上诉人在二审庭审中明确表示对原审判决认定的该部分事实无异议。

加之,多份生效裁判文书认定,"华通系"企业,包括腾中重工公司、新津腾中公司、双流腾中公司、华锐公司、腾中福田公司的企业公章、合同章、法定代表人印鉴等全部印章在"华通系"企业债务危机爆发前均由华通投资公司集中保管,并由华通投资公司决策,负责经办企业投融资等工作。

北汽福田公司提供的以上证据所证明的事实,足以使得北汽福田公司有充分的理由相信华锐公司股东及其关联企业存在滥用公司法人独立地位和公司有限责任的事实存在。北汽福田公司为进一步证明该诉讼主张,申请对腾中重工公司及其关联公司的往来财务进行审计,但华通投资公司、腾中重工公司及两上诉人均拒绝提供相关财务资料,致使司法审计未能开展,相关事实难以确认,责任在拒绝提交财务资料的腾中重工公司及其关联企业。

二审中,两上诉人称其财务资料交由华通投资公司统一保管,因华通投资公司办公场地被他人抢占,财务资料丢失无法提供。该理由本身缺乏合理性,因有独立意思表示的法人企业无论是从公司业务的开展,还是管理制度的要求,公司的财务资料及印章应由公司自行保管,不可能交由其关联公司统一保管。两上诉人所称的该部分理由只能加重"华通系"企业存在关联公司人格混同的疑点。

二审中,两上诉人申请本院向公安机关调取发生华通投资公司办公场地被抢占的事实存在,因其申请调取的内容只能证明华通投资公司办公场所被抢占,并不能证明两上诉人的财务资料是否丢失及丢失的责任在谁等问题,故对本案事实的认定并无实际意义,对两上诉人的该申请本院不予准许。

退一步讲,即使腾中重工公司及两上诉人的财务资料丢失,也是由于其自身保管不善造成的,其后果仍然应由其自行承担,不能成为其免责的正当理由。因此,根据2008年《最高人民法院关于民事诉讼证据的若干规定》第25条第2款关于"对需要鉴定的事项负有举证责任的当事人,在人民法院指定的期限内无正当理由不提出申请或者不预交鉴定费用或者拒不提交相关材料,致使对案件争议事实无法通过鉴定结论予以认定的,应当对该事实承担举证不能的法律后果"的规定,在腾中重工公司及其关联企业拒绝提供财务资料的情况下,原审判决认定北汽福田公司主张华锐公司的股东腾中重工公司及其关联企业滥用公司法人独立地位和有限责任,逃避债务的事实存在,并无不当。

两上诉人上诉称北汽福田公司未提供证据证明其与腾中重工公司人格混同

与本案事实不符，本院不予采信。其拒不提交司法审计所需的财务资料的理由牵强，两上诉人依法应承担不利的法律后果。

综上，原判认定事实清楚，适用法律正确，审理程序合法，应予维持。两上诉人的上诉理由均不成立，其上诉请求依法应予驳回。

【典型案例要旨 260】（2015）民一终字第 198 号：具有关联关系的公司之间因人员、业务、财务等方面存在混同，导致各自财产无法区分，丧失独立人格，严重损害债权人利益的，违背了法人制度设立的宗旨和诚实信用原则，其本质和危害结果与公司法的上述规定的情形相当，参照该规定，亦可否认公司法人人格，认定各关联公司对公司债务承担连带责任。

上海宏泉集团有限公司与张某弟、上海绿茵置业有限公司等合资、合作开发房地产合同纠纷二审民事判决书

最高人民法院（2015）民一终字第 198 号

最高人民法院经审理认为：

结合本案当事人的诉辩情况，当事人二审中的争议焦点为：张某弟、上海绿茵置业有限公司（以下简称绿茵公司）、宝恒公司、天丰投资建设公司、胥河公司、吴某根、天丰创业投资公司对天丰置业集团所欠上海宏泉集团有限公司（以下简称宏泉公司）的 9541 万元及利息是否应承担连带责任。

《公司法》第 20 条第 3 款规定："公司股东滥用公司法人独立地位和股东有限责任，逃避债务，严重损害公司债权人利益的，应当对公司债务承担连带责任。"由此，公司股东滥用公司法人独立地位和股东有限责任，逃避债务，严重损害公司债权人利益的，可以否认公司法人独立人格，判令公司股东对公司债务承担连带责任。同时，具有关联关系的公司之间因人员、业务、财务等方面存在混同，导致各自财产无法区分，丧失独立人格，严重损害债权人利益的，违背了法人制度设立的宗旨和诚实信用原则，其本质和危害结果与公司法的上述规定的情形相当，参照该规定，亦可否认公司法人人格，认定各关联公司对公司债务承担连带责任。

本案中，宏泉公司与天丰置业公司签订《合作协议》，对位于苏州西山石公山西侧的案涉地块进行合作开发。法院已查明的事实表明，合同履行过程中，天丰置业集团未能按照约定履行合同义务，构成违约。天丰置业集团负有向宏泉公司返还款项本金及利息的责任，即宏泉公司为天丰置业集团的债权人。根据宏泉公司的上诉请求及二审的争议焦点分析，宏泉公司上诉主张否定天丰置业集团、绿茵公司、宝恒公司等法人人格，请求法院判令张某弟等人对天丰置业集团的债务

承担连带责任。结合宏泉公司上诉主张承担责任的主体,本院逐一进行评判。

一、关于天丰置业集团的股东是否应对天丰置业集团的债务承担连带责任的问题

《公司法》第3条规定:“公司是企业法人,有独立的法人财产,享有法人财产权。公司以其全部财产对公司的债务承担责任。有限责任公司的股东以其认缴的出资额为限对公司承担责任;股份有限公司的股东以其认购的股份为限对公司承担责任。”

本案中,根据法院已查明的事实,天丰置业集团于2008年1月24日经工商部门批准设立,股东为绿茵公司、吴某根、张某弟。2011年3月2日,经工商部门核准,股东变更为张某弟、天丰创业投资公司。由此,天丰置业集团为依法设立的公司,有独立的财产,能独立承担民事责任,具有独立的法人人格。根据《公司法》的规定,作为股东的张某弟、天丰创业投资公司如符合下列情形,应对天丰置业集团的债务承担连带责任。一是公司股东滥用公司法人独立地位或股东有限责任逃避债务;二是公司股东的上述行为严重损害了公司债权人利益。实践中,对股东滥用公司法人独立地位,丧失独立人格的判断一般应从人员、业务、财务等方面是否存在混同加以考虑。

从本案的情况看,宏泉公司并未提供相应的证据证明作为公司股东的张某弟、天丰创业投资公司与天丰置业集团在人员、业务、财务方面存在混同。宏泉公司要求张某弟、天丰创业投资公司对天丰置业集团的债务承担连带责任的主张,缺乏事实依据。而吴某根、绿茵公司虽曾为天丰置业集团的股东,但至本案诉讼时,其已不再是天丰置业集团的股东。宏泉公司要求吴某根、绿茵公司对天丰置业集团的债务承担连带责任的主张缺乏法律依据。

此外,张某弟、天丰创业投资公司在担任天丰置业集团股东期间,天丰置业集团将其持有的宝恒公司、天丰投资建设公司的股权转让给张某弟及朱某妹,其中天丰置业集团将其持有的宝恒公司90%的股权及天丰投资建设公司的股权转让给张某弟。张某弟在受让上述股权时,并未实际支付股权转让款,仅是通过冲账的方式对双方的债权债务进行清结。宏泉公司对张某弟受让天丰置业公司股权是否支付股权转让款亦提出异议,认为张某弟并未实际支付相应款项。本院认为,张某弟是否支付股权转让款,不足以认定张某弟的行为性质为股东滥用公司法人独立地位或股东有限责任逃避债务。宏泉公司认为该行为侵害其权益,可根据《合同法》的相关规定行使撤销权,其以此为由要求张某弟对天丰置业集团的债务承担连带责任的主张,缺乏依据。

二、关于宝恒公司、胥河公司、天丰投资建设公司是否应对天丰置业集团所负债务承担连带责任的问题

根据已查明的事实,本案纠纷诉至法院时,天丰置业集团、宝恒公司、胥河公司、天丰投资建设公司的股权构成情况为:天丰置业集团的股东为张某弟、天丰创业投资公司,张某弟占股30%,天丰创业投资公司占股70%;宝恒公司的股东为张某弟、朱某妹,张某弟占股90%,朱某妹占股10%;胥河公司的股东为张某弟、朱某妹,张某弟占股90%,朱某妹占股10%;天丰投资建设公司的股东为张某弟。由此,天丰置业集团、宝恒公司、胥河公司、天丰投资公司之间存在关联关系。但动辄适用公司法人人格否认制度,否定公司与公司股东各自独立的人格及股东的有限责任,有违公司人格独立原则,故对该项制度应慎重适用。

本案中,宝恒公司、胥河公司、天丰投资建设公司虽与天丰置业集团之间具有一定的关联性,但仅当上述公司的人员、业务、财务等方面交叉或混同,导致各自财产无法区分,丧失独立承担责任的基础时,才可认定各公司之间对天丰置业集团所负的债务承担连带责任。而上述公司虽在人员、业务等方面存在一定程度的混同,但宏泉公司并未提供初步的证据证明上述公司之间财务存在混同的情形,一审法院未支持宏泉公司要求对天丰置业集团2009年8月4日至2014年12月31日的全部会计资料进行审计的申请,并无不当。

此外,根据本院二审查明的事实,生效的民事判决对宏泉公司请求撤销天丰公司与张某弟签订的《苏州胥河房地产开发有限公司股权转让协议书》,恢复天丰置业集团在胥河公司的股东工商登记的诉讼请求及撤销张某弟和高某东、晟高公司签订的《苏州胥河房地产开发有限公司股权转让协议书》或确认该协议书无效,恢复天丰置业集团的股东工商登记的诉讼请求并未予以支持。由此,宏泉公司上诉主张一审判决有关张某弟向高某东借款4亿元与天丰置业集团冲账抵销应付股权转让款,且天丰置业集团与张某弟、胥河公司之间的冲账结果不损害公司债权人利益的认定错误,但并未提供足以反驳生效判决所确认的事实的相反证据。故宏泉公司有关宝恒公司、胥河公司、天丰投资建设公司与天丰置业集团存在人格混同,应对天丰置业集团所负债务承担连带责任的主张,不能获得支持。

第七节　人格否认制度的扩张适用之二：反向人格否认

一、反向人格否认

（一）基本概念

"反向刺破公司面纱"（reverse piercing of the corporate veil），也称反向法人人格否认，按照提出请求的主体不同，分为内部反向法人人格否认和外部反向法人人格否认。

内部反向人格否认，是指公司或特定股东主动请求否认公司独立人格，将公司债务或债权变成股东个人债务或债权，从而使公司享有某些自然人才能够享有的豁免权利或保护，得以主张对第三人享有的权利或对抗，以及对公司财产的主张。而外部逆向人格否认，是指当发生滥用公司独立人格的情形时，特定股东的债权人要求否认公司独立人格，该股东与公司视为一体，从而迫使公司对股东债务承担责任。①

内部人反向刺破是一项以社会公共利益维护为根本依据的衡平制度，客观上偏向于照顾公司或其股东的利益，而非保护公司债权人之利益，相反，可能损害公司债权人之利益。它从根本上颠覆了传统刺破制度制约股东滥用公司独立人格和股东有限责任的理念，是刺破公司面纱理论的一项重要创新。内部人反向刺破的行为要件中的过度控制因素或股东与公司人格实质同一的考量应采取客观判断标准，综合一系列事实情况来决定，不涉及当事人主观恶意的考察；结果要件方面，不能仅仅考虑权利主体的特殊利益，还应平衡责任主体乃至其他第三方的利益保护。② 在我国司法实践中，内部人反向人格否认的案例非常罕见，笔者能够查询到的案例，都未被法院所支持。

外部反向人格否认是比较常见的，且在我国现有司法案例中，已有大量的运用，详见本节最后部分所呈现的裁判要旨。因此，这是我们要重点介绍的内容，本书后述反向人格否认均指的是外部反向人格否认。

---

① 参见廖凡：《美国反向刺破公司面纱的理论与实践——基于案例的考察》，载《北大法律评论》2007年第2期。

② 参见林承铎、胡兵：《内部人反向刺破公司面纱的构成要件研究》，载《浙江大学学报（人文社会科学版）》2017年第5期。

（二）正向人格否认与反向人格否认的联系与区别

根据前述对二者的介绍，总结而言，二者的联系与区别主要体现如下：

第一，就主体而言，正向否认与反向否认的行为主体相同，均为公司的股东或控制股东；前者的责任主体是公司股东或实控人，而后者的责任主体则是公司。

第二，就诉讼启动主体或权益受保护主体而言，前者保护的是公司的债权人，而后者保护的则是股东的债权人。

第三，就否认对象而言，反向否认的对象仍然是公司的人格，而不是公司股东的人格，所以二者否认的均是公司的法人人格。

第四，就适用情形而言，正向否认适用的情形比较广泛，包括人格混同、过度支配与控制、资本显著不足等滥用股东权利和公司独立人格的全部情形，而反向否认的适用情形比较少，通常只包括导致公司与股东人格混同的情形，以及过度支配与控制的情形。

第五，就否定必要性而言，与正向否认所不同的是，反向否认时还需要综合平衡公司债权人、公司其他股东及股东债权人的利益，原则上，只有股东债权人的利益严重受损且无其他救济途径的情况下，方能通过反向人格否认对股东债权人的债权予以保护。

第六，就责任范围而言，原则上，均为无限连带责任。然而，对于反向人格否认来说，还要考量公司债权人和公司其他股东的利益平衡问题，因此，特殊情况下，反向人格否认中公司的责任范围有必要受到一定程度的限制。

（三）适用要件

反向人格否认的适用，与正向人格否认的法律要件基本一致，只是以下要件略有不同：

第一，主体要件。反向人格否认的行为主体是公司的股东，通常是对公司具有控制权的控股股东，而其责任主体则是公司，即由公司对股东的债务承担连带责任。

第二，行为要件。通常认为，反向人格否认的行为是人格混同，即公司股东滥用控制权致使公司与股东的各种人格要素特别是财产发生混同，导致股东财产不足以偿还股东债权人的债权，因而要求公司对股东的债务承担连带责任。

对于资本显著不足的情形，因其责任主体只能是公司股东，因而不能适用反向人格否认。而过度支配与控制的情形，能否适用反向人格否认，存在的争议很大。从因果链条的关系而言，如有股东过度支配与控制公司以致发生公司与股东的人格混同的，可依据前述人格混同的情形适用反向人格否认制度。若股东的过度支配与控制并未发生股东与公司的人格混同，能否适用反向人格否认，值得深入研究。笔者认为，此时，公司已完全丧失独立性，沦为控制股东的工具或躯壳，虽未发生人格混同，但很难确定没有利益输送的存在，从而导致股东债权人的利益难以保障，因此，应当要求公司对股东的债务承担连带责任。

除此之外的其他要件，如主观要件、结果要件及因果关系要件，均与正向人格否认基本一致。

当然，正如后文所述，在考量反向人格否认的必要性时，还需要根据具体情况，综合平衡股东债权人、公司债权人及公司其他股东的利益。

二、理论基础

（一）反向否定的必要性

与横向人格否认一样，反向人格否认制度是正向人格否认制度的扩大适用，其实质是对公司运营实践中滥用股东有限责任和公司独立人格的诸多手段中，正向人格否认无法对股东债权人进行公平救济的一种变通措施。若放任股东滥用公司独立人格、任由其通过各种手段破坏公司的独立责任，而不对股东债权人受损的权益予以适当保护，势必损害各类交易主体对公司独立人格与独立责任的合理期待，进而破坏公司制度存在的合理性，最终公平正义与诚实信用的法律宗旨也将无法实现。

债权人依据撤销权之诉、代位权之诉、股权强制执行等，通常无法直接达到维护其合法权益的目的，且在举证责任期间限制等方面存在不便之处，[①]因此，这些制度不足以对反向人格否认所涉特殊情形下股东债权人合法利益的正当保护。而且，正如后述所列案例中法院只能通过引用《公司法》第 3 条等原则性规定适用反向人格否认为股东债权人的权益保护提供司法路径一样，司法实践也迫切需要引入反向人格否认制度。

在反向刺破公司面纱的实践中，美国法院沿袭了传统刺破公司面纱实践中的两段论标准。两段论标准是指：（1）公司和股东利益的一致性已经达到了使公司和股东的各自独立的人格不复存在的程度；（2）如果坚持公司人格独立，将导致“严重不公平结果”的发生。[②]

（二）三类主体的利益平衡

在法人人格否认的三种形态中，正向和横向的否认实质上是在扩大公司可用

---

① 参见杜晓梅：《公司法人格外部逆向否认研究》，中国政法大学 2014 年硕士学位论文，第 32 页。

② See Michael J. Gaertner, *Reverse Piercing the Corporate Veil: Should Corporation Owners Have It Both Ways?*, 30 William and Mary Law Review. 667 (1989), p. 678 –679. 转引自杜麒麟：《反向刺破公司面纱的制度构建与适用》，载《法学评论》2016 年第 6 期。

来清偿的财产范围以保障债权,在特殊情形下还可以避免公司因资不抵债而破产,而反向法人人格否认给公司带来的效果只有财产上的减损,如存在极端情形,其或会直接成为公司破产的原因,产生隐患。① 反向刺破公司面纱不仅可能导致公司债权人的债权无法得到足额清偿,还可能使公司中善意股东的投资利益受到损害。因此,美国法院在审理反向刺破公司面纱案件时,除坚持两段论标准外,还要对善意股东、公司债权人和股东债权人的利益进行平衡。②

此前已经分析了正反人格否认的联系与区别,反向人格否认的行为主体与责任主体并不一致,公司要为受其控制的股东的债务承担连带责任,因此就会涉及如何平衡公司股东、公司债权人与股东债权人的利益的问题。

经过研究考证,有学者认为,反向刺破公司面纱是一种以公司为最终责任承担者的救济措施,而这种责任承担不应以颠覆公司人格独立为代价,维系善意股东和公司债权人对公司人格独立的信赖是这一制度的基本要求。按照公司债权人、善意股东、股东债权人的顺序依次对公司财产受偿有助于厘清反向刺破公司面纱与公司人格独立的关系,在坚持公司人格独立的基础上实现各方利益均衡。③其中,善意股东的认定比较复杂,但仍有规律可循。对于与滥用权利的控制股东存在亲密关系的股东,例如存在婚姻或家庭关系、血缘关系、其他可能增加该控制股东对公司的控制的其他关系等,以及对控制股东滥用控制权置若罔闻甚至放任自流的其他股东,应当说都无法被认定为善意股东。对于善意股东而言,如何对其予以优先保护,仍有待深入研究,例如,有学者提出赋予善意股东此时享有优先赎回投资的权利。④ 而对于公司债权人而言,有学者建议此时增加其要求公司提供担保的权利,以对公司债权人提供高于股东债权人的优先权。

在美国,反向刺破成功的案例中,被刺破面纱的公司除债务人股东外,几乎都不存在其他善意股东和债权人,或者说即使存在,刺破公司面纱也不会侵害其利益。对于只存在一个控制股东,或者股东之间存在夫妻、兄弟姐妹等极为密切的关系的情况,并不存在善意股东,更不会侵害其权益。但如果基于特定公共利益

---

① 参见岳万兵:《反向否认公司人格:价值、功用与制度构建》,载《国家检察官学院学报》2021 年第 6 期。

② 参见杜麒麟:《反向刺破公司面纱的制度构建与适用》,载《法学评论》2016 年第 6 期。

③ 参见杜麒麟:《反向刺破公司面纱的制度构建与适用》,载《法学评论》2016 年第 6 期。

④ 注:赎回投资所涉问题更加复杂,不但涉及公司债权人,还涉及公司的其他股东;更复杂的是,股东的投资投入公司后,已经演变为财务上的"所有者权益",而所有者权益在不同时间会随着公司经营获利情况的变化而不断变化,按照哪个时间点对该股东的投资进行估值才能保障各方的公平,是非易事;更何况,投资的估值方法也是多种多样,采取何种估值方法对该股东的投资进行估值,也会涉及如何公平保障相关各方合法权益的问题。因此,笔者认为,此方式只会增加反向否认公司人格立法与司法实践中的操作难度,不应该采纳该建议。

的保护，有时可能会损害到善意股东的利益。[①] 因此，具体如何平衡三者之间的利益、充分保护三方的合法权益，仍需我们不断地研究、探索。

（三）适用的公司类型：善意股东角度

然而，这并不能阻碍我们做出一些基本的判断和选择，更不会因此导致司法实践固步不前、不适用反向人格否认制度。结合现有研究成果，从善意股东保护角度而言，我们认为，至少包括以下几类公司：

第一类，一人公司以及实质上是一人股东的公司（如夫妻合计持有公司100%股权）。一人或夫妻合计全资的公司，股东的利益为一个共同体，在保护债权人利益方面，夫妻对彼此而言无法构成善意股东。所以，此类公司因不涉及善意股东的保护问题，适用反向人格否认没有任何障碍。

第二类，除滥用权利的控制股东之外的其他股东均与该控制股东存在亲密关系的，例如存在婚姻或家庭关系、血缘关系、其他可能增加该控制股东对公司的控制的其他关系等，因二者之间近似一致行动人或具有一致的经济利益，除非其能够证明确实没有如此的一致利益，否则，应当推定其不属于善意股东，自然应当适用反向人格否认制度。

第三类，若有种种迹象表明公司控制股东对公司滥用控制权，但公司的其他股东对控制股东滥用控制权置若罔闻甚至放任自流的，因该控制股东滥用控制权很可能有利于公司的利益扩大从而有利于公司其他股东，若该述股东并未采取适当的行动或通过法律途径制止或纠正该控制股东的滥用行为的，则可推定该述股东并非善意股东，从而，此类公司也应当适用反向人格否认制度。

三、反向人格否认的请求权基础现状

我国《公司法》及相关司法解释，并未提供明确的反向人格否认的法律依据。然而，正如后述所引案例呈现的状态那样，除部分法院在拒绝支持股东债权人适用反向人格否认的诉讼请求时明确表示，该请求没有法律依据外，多数法院都通过参照或扩大解释《公司法》（2005年修订）第20条第1款和第3款（2023年修订后《公司法》第23条），以及《民法典》中的公平、诚信等民法原则等方式，适用了反向人格否认、对股东债权人的诉讼请求予以支持。

此外，对于一人股东的公司，多数法院都会援引《公司法》（2005年修订）第63条（现为2023年《公司法》第23条）有关一人公司股东对公司债务承担连带责任的规定，反方向适用该法条规定的法律效果，要求一人公司对其股东的债务承担

---

① 参见张彩彩：《论我国反向刺破公司面纱的建构》，载《多层次资本市场研究》2022年第1期。

连带责任。

四、反向人格否认相关典型司法案例的裁判要旨

【问题 241】2005 年修订的《公司法》第 63 条有关一人公司股东对公司债务承担连带责任的规定,能否作为一人公司反向人格否认的法律依据?

【典型案例要旨 261】(2020)最高法民申 2158 号:《公司法》第 63 条的规定虽系股东为公司债务承担连带责任,但目前司法实践中,在股东与公司人格混同的情形下,公司亦可为股东债务承担连带责任。原判决适用上述规定认定中森华投资公司与中森华置业公司构成人格混同,并无不当。

华夏银行股份有限公司武汉洪山支行、北京长富投资基金股权转让纠纷再审审查与审判监督民事裁定书

最高人民法院(2020)最高法民申 2158 号

最高人民法院经审理认为:

原判决认定中森华投资公司与中森华置业公司构成人格混同,是否属法律适用错误。

我国法律在认定公司人格混同时,区分是否为一人有限责任公司规定了不同的举证责任规则。其原因在于一人有限责任公司只有一名股东控制公司而缺乏其他股东的有效制约,极易造成股东对公司法人人格的滥用。《公司法》第 63 条规定:“一人有限责任公司的股东不能证明公司财产独立于股东自己的财产的,应当对公司债务承担连带责任。”原判决适用上述规定认定中森华投资公司与中森华置业公司构成人格混同,并无不当。

首先,从工商登记情况看,中森华置业公司为一人有限责任公司。2013 年 7 月至今,中森华置业公司股东为中森华投资公司,持股比例 100%。

其次,原审中,中森华投资公司、中森华置业公司虽分别提交了工商登记资料、年检报告、纳税凭证等证据,但并不能否定中森华置业公司系中森华投资公司的项目公司以及两公司承诺对涉案项目的欠款承担连带责任的相关事实。原判决认定中森华投资公司作为控股权为 100% 的股东并未举出充分证据证明与中森华置业公司财产相互独立,并无不当。

再次,中森华置业公司系中森华投资公司为开发中森华国际城项目而成立的房地产项目公司。中森华置业公司成立之初即由中森华投资公司及其股东实际控制。从中森华置业公司股东会决议及长富基金、华夏银行与中森华置业公司的

《委托贷款合同》中均可以看出,中森华置业公司和中森华投资公司共同承诺对涉案房地产项目债务清偿承担连带责任。虽然中融国际信托有限公司短期持有中森华置业公司100%股权,但后来又变更登记为中森华投资公司。

最后,《公司法》第63条的规定虽系股东为公司债务承担连带责任,但目前司法实践中,在股东与公司人格混同的情形下,公司亦可为股东债务承担连带责任。

【典型案例要旨262】(2013)民二终字第120号:对一人公司适用法人人格否认,可以发生两种结果:一是导致一人公司股东的无限责任,即由股东承担公司的责任;二是在否认公司拥有独立人格的情况下,将本应作为相互独立的公司及其背后的股东视为同一主体,由公司为其单独股东负担责任,以保护债权人的合法利益。

王某山与刘某安、王某堂、昌吉市晋煤煤矿有限责任公司、平某生股权转让纠纷二审民事判决书

最高人民法院(2013)民二终字第120号

最高人民法院经审理认为:

关于"新晋煤公司"应否承担连带责任的问题。

本院认为,"新晋煤公司"系由王某堂出资设立的一人有限责任公司。根据《公司法》第64条的规定:"一人有限责任公司的股东不能证明公司财产独立于股东自己的财产的,应当对公司债务承担连带责任。"本案中,刘某安所交付的股权转让款由"新晋煤公司"出具收据,王某堂也不能提交证据证明"新晋煤公司"的财产独立于王某堂自己的财产,因此在本案法律关系中适用一人公司法人人格否认的有关规定。对一人公司适用法人人格否认,可以发生两种结果:一是导致一人公司股东的无限责任,即由股东承担公司的责任;二是在否认公司拥有独立人格的情况下,将本应作为相互独立的公司及其背后的股东视为同一主体,由公司为其单独股东负担责任,以保护债权人的合法利益。因此,本院认定"新晋煤公司"应当连带承担王某堂向刘某安返还股权转让款7150万元及垫付费用85.5万元的责任。

本院认为,根据工商部门的登记,"新晋煤公司"是王某堂单独出资设立的一人公司,原审法院根据《公司法》第64条的规定,判决"新晋煤公司"对王某堂承担的返还刘某安股权转让款7150万元、垫付款85.5万元承担连带责任,"新晋煤公司"并未对此提出上诉。原审过程中,上诉人王某山以有独立请求权的第三人身份参加诉讼,但原审法院并未判决其承担民事责任。王某山以"新晋煤公司"不应

承担连带责任为由提出上诉，系对他人民事权利的干预。而且，王某山与老晋煤公司、“新晋煤公司”是否存在股东关系、其权益是否受到损害，并不属于本案的审理范围。故王某山的上诉请求没有事实和法律依据。

综上，本院认为，原审判决认定事实清楚，适用法律正确，上诉人的上诉请求于法无据。

【典型案例要旨263】(2017)京03民初291号：《公司法》第20条第3款规定的承担连带责任的方式系指股东对公司债务承担连带责任，而非公司对股东承担连带责任，吴某安、吴某伟主张“反向适用”缺乏法律依据。

吴某伟等与北京益富股权投资基金管理有限公司股权转让纠纷一审民事判决书

北京市第三中级人民法院(2017)京03民初291号

北京市第三中级人民法院经审理认为：

根据双方当事人的诉辩意见，本案存在以下争议焦点：(1)北京益富股权投资基金管理有限公司(以下简称益富公司)是否享有先履行抗辩权；(2)吴某安、吴某伟是否有权向益富公司主张一次性支付剩余股权转让款；(3)益富公司是否存在违约行为以及对应违约行为的具体违约金数额及计算标准；(4)稚和公司是否应与益富公司对股权转让款、违约金承担连带责任。

争议焦点四，吴某安、吴某伟主张稚和公司与益富公司在人、财、物上存在混同，并提交“华益宝成·庐山颐园”项目材料、稚和公司银行账户清单、委托融资服务协议、资金监管协议等作为证据，以此主张稚和公司应与益富公司就未付股权转让款、逾期付款违约金承担连带责任。

本院认为，第一，《公司法》第20条第3款规定的承担连带责任的方式系指股东对公司债务承担连带责任，而非公司对股东承担连带责任，吴某安、吴某伟主张“反向适用”缺乏法律依据。

第二，吴某安、吴某伟虽举证证明益富公司与稚和公司存在一定关联关系，但并未进一步举证证明两公司之间在主营业务、办公地点、人员等方面构成混同。

第三，根据吴某安、吴某伟诉讼主张和举证内容，吴某安、吴某伟认为存在益富公司利用控股股东地位从稚和公司处不当获取利益的情形，但即便该行为成立，其结果亦有利于增强益富公司偿债能力，而非侵害益富公司偿债能力。

第四，一旦认定稚和公司对益富公司承担连带责任，将否认稚和公司独立法人地位，有损于稚和公司偿债能力，侵害稚和公司其他合法债权人利益。

据此,吴某安、吴某伟的该项诉讼请求缺乏法律与事实基础,本院不予支持。

【典型案例要旨 264】(2019)浙 02 民终 3319 号:陆某祥未能举证证明裕源公司的财产独立于其个人财产,故在本案法律关系中应适用一人公司法人人格否认的有关规定,将本应作为相互独立的裕源公司及其股东陆某祥视为同一主体,由公司为其单独股东负担责任,以保护债权人的合法利益。

连云港裕源房地产开发有限公司、杨某桂股权转让纠纷二审民事判决书

浙江省宁波市中级人民法院(2019)浙 02 民终 3319 号

浙江省宁波市中级人民法院经审理认为:

关于争议焦点三,连云港裕源房地产开发有限公司(以下简称裕源公司)系由陆某祥出资设立的一人有限责任公司。

陆某祥未能举证证明裕源公司的财产独立于其个人财产,故在本案法律关系中应适用一人公司法人人格否认的有关规定,将本应作为相互独立的裕源公司及其股东陆某祥视为同一主体,由公司为其单独股东负担责任,以保护债权人的合法利益。

一审法院认定裕源公司应当连带承担陆某祥向杨某桂、岑某国、劳某杰返还股权转让款 1950 万元及相应利息损失的责任,并无不当。

【问题 242】反向人格否认的法律依据是什么?

【典型案例要旨 265】(2016)鲁民终 1574 号:《公司法》第 20 条是法人人格否认制度的法律依据。但是根据该规定,法人人格否认制度的对象仅限于公司股东。最高人民法院 2013 年 1 月 31 日发布的第四批指导案例第 15 号,认可了对于公司的关联公司亦能认定法人人格混同,并提供了相应的认定标准。

山东建兴铁塔制造有限公司与山东省标志服装股份有限公司、莒县城阳街道办事处等追偿权纠纷二审民事判决书

山东省高级人民法院(2016)鲁民终 1574 号

原告(上诉人)建兴公司向一审法院起诉请求:

1. 标志服厂偿还建兴公司垫付的贷款本金、利息及合理支出共计 2038.51 万元;

2. 标志服公司、城阳办事处承担连带付款责任；

3. 标志服厂、标志服公司、城阳办事处承担本案的诉讼费用。

山东省高级人民法院经审理认为：

关于标志服公司与标志服厂是否混同问题。

建兴公司主张本案应当根据《公司法》第20条的规定和最高人民法院指导案例第15号，否认标志服厂和标志服公司各自独立的法人人格，判令标志服公司对标志服厂的债务承担连带清偿责任。《公司法》第20条规定，公司股东应当遵守法律、行政法规和公司章程，依法行使股东权利，不得滥用股东权利损害公司或者其他股东的利益；不得滥用公司法人独立地位和股东有限责任损害公司债权人的利益。公司股东滥用股东权利给公司或者其他股东造成损失的，应当依法承担赔偿责任。公司股东滥用公司法人独立地位和股东有限责任，逃避债务，严重损害公司债权人利益的，应当对公司债务承担连带责任。

《公司法》第20条是法人人格否认制度的法律依据。但是根据该规定，法人人格否认制度的对象仅限于公司股东。最高人民法院2013年1月31日发布的第四批指导案例第15号，认可了对于公司的关联公司亦能认定法人人格混同，并提供了相应的认定标准。

本案中，1996年9月16日验资机构对标志服公司进行验资的报告载明，标志服公司已收到股东投入的资本1106万元，其中标志服厂经城阳镇人民政府同意用积累交入股本614万元(货币资金146万元、实物资产333万元、无形资产135万元)，原标志服厂内部职工交入股本492万元，系由1180名职工以现金及送红股方式交齐，均为货币出资。1997年9月10日验资机构对标志服公司进行验资的报告载明，标志服厂经城阳镇人民政府同意以积累缴入股本614万元。标志服公司的股东是标志服厂和内部职工。其中，标志服厂出资中的房屋、土地使用权至今没有过户至标志服公司名下，仅由标志服公司实际使用，标志服厂仍拥有自己的主要资产。标志服厂于2009年6月12日向城阳镇人民政府递交的关于厂房使用和职工安置的请示载明，标志服公司与标志服厂签订的租赁合同已到期，因厂房老化，标志服公司不愿继续租赁，双方约定，由标志服公司继续使用并安置标志服厂的456名员工、代为支付标志服厂留守人员工资等。

上述事实证明，标志服公司实际使用标志服厂的实物资产，属于欠付租金或以接受标志服厂下岗职工的方式换取使用权的法律关系。标志服厂与标志服公司也不存在相互交叉持股的情形。建兴公司关于标志服公司与标志服厂财产混同的主张，证据不足，本院不予支持。

建兴公司主张标志服厂与标志服公司人员混同。

建兴公司在二审中提交的刘某芝缴纳社会保险费的查询单,证明标志服厂的法定代表人刘某芝在2002年10月至今由标志服公司代为缴纳社会保险费。对此刘某芝表示,因标志服厂效益不好,本人应邀到标志服公司帮忙,并由标志服公司代缴社会保险费。2006年刘某芝开始担任标志服厂的法定代表人。故可以认定刘某芝存在同时兼职于标志服厂与标志服公司的情形。现有证据证明,标志服公司设立至今法定代表人一直由王某龙担任,王某龙同时担任标志服厂的法定代表人至2006年4月。标志服公司对此主张王某龙任标志服厂法定代表人是由城阳镇人民政府任命的,未能及时变更标志服厂的法定代表人工商登记信息,但王某龙实际已不是标志服厂的法定代表人。对此本院认为,应当根据工商登记内容认定王某龙曾长时间兼任标志服厂与标志服公司的法定代表人。标志服厂于2009年6月12日向城阳镇人民政府递交的关于厂房使用和职工安置的书面请示,证明标志服厂的部分职工在下岗后转至标志服公司任职。

综上,标志服厂与标志服公司的法定代表人曾长时间由同一人兼任,以及刘某芝的兼职情形,证明二者存在关联关系,但不足以认定标志服厂与标志服公司人员混同。

标志服厂与标志服公司在经营业务方面,标志服厂登记的经营范围是主营生产加工、销售各种服装、大沿帽,兼营各执法部门标志、皮鞋。标志服公司登记的经营范围是经营服装制造和皮鞋销售,二者的经营范围存在重合,但不完全相同,并不能得出二者业务混同的认定。

综上,建兴公司关于标志服厂与标志服公司混同的主张,证据不足,本院不予支持。

【问题243】母公司与子公司发生人格混同,且母公司将高价值资产无偿转移给子公司,致使母公司的到期债务无法偿还,损害了母公司债权人的利益的,可否依据《公司法》第20条第3款(现《公司法》第23条第1款)的规定否定母公司的法人人格进而要求子公司对母公司的债务承担连带责任?

【典型案例要旨266】(2016)黔26民终149号:由于两个关联公司存续期间人、财、物的混同,两个公司早已不再泾渭分明。而凯里索力德公司又为贵州索力德公司的子公司,母公司通过分支机构转移其资产及利益到其子公司名下导致两公司人财物混同,各自财产无法区分,已丧失公司独立人格,其行为已经严重损害了债权人的利益,根据《公司法》第20条第3款的规定,理应刺破法人面纱,由贵州索力德公司与凯里索力德公司共同对李某珍债务承担连带清偿责任。

上诉人李某珍与被上诉人索力德混凝土公司因民间借贷纠纷二审民事判决书

贵州省黔东南苗族侗族自治州中级人民法院(2016)
黔26民终149号

原审法院查明：

2013年7月30日，被告贵州索力德混凝土有限公司凯里分公司(以下简称贵州索力德凯里分公司)与原告李某珍就借款事宜签订了一份《借款协议》。协议主要内容为：借款方：贵州索力德凯里分公司(甲方)；被借款方：李某珍(乙方)；甲方借到乙方100万元现金，借款期限为5个月，甲方于5个月后5个工作日内返还本金给乙方；借款时间为2013年7月30日至2013年12月29日；借款汇入陈某建行账户，账号6227007150020238506。同日，原告将100万元交付给被告贵州索力德凯里分公司，其中有94万元通过银行转账汇入被告贵州索力德凯里分公司指定的借款接收人陈某的建设银行账户(账号6227007150020238506)，剩余6万元借款是现金交付，被告贵州索力德凯里分公司向原告出具"今收到李某珍借款现金6万元"的收据一张。

另查明：贵州索力德凯里分公司是贵州索力德混凝土有限公司(以下简称贵州索力德公司)设立的分支机构。贵州凯里索力德混凝土有限公司(以下简称凯里索力德公司)系贵州索力德公司与陈某共同投资设立的企业法人，成立于2013年3月29日。坐落于凯里市至石青公路西侧、石青东北侧的地块(地号为01001001、使用权面积为23310.50平方米)的土地使用权人原为贵州索力德凯里分公司，2013年5月16日变更登记为凯里索力德公司。2014年6月26日，经凯里索力德公司股东会决议通过，贵州索力德公司分别与张某弟、田某以及陈某与田某签订了《股权转让协议》，贵州索力德公司、陈某将在凯里索力德公司持有的股份转让给了张某弟、田某，并办理了股东变更登记。

同时查明：被告贵州索力德公司、贵州索力德凯里分公司认可贵州索力德凯里分公司向原告借款100万元及尚欠原告借款100万元未偿还。借款期限届满后，因被告贵州索力德凯里分公司未能偿还，原告在多次催偿未果的情况下，于2015年7月14日提起诉讼，请求依法判决三被告：(1)连带偿还借款100万元；(2)承担本案诉讼费用。

二审法院另查明：

2012年4月11日，朱某和姜某签订《代持股份协议书》约定，姜某代持贵州索力德公司总股本比例的95%，石某栋占5%。贵州索力德凯里分公司成立于2010年8月11日，名义负责人为姜某，但从2011年至今实际负责人为石某栋。贵州索力德凯里分公司为贵州索力德公司设立的分支机构。

2013年3月29日，贵州索力德公司根据贵州索力德凯里分公司与凯里市人民政府签订的《投资协议书》中"乙方必须提供相关资料完成在凯里市的相关证照办理，同时保证在凯里市缴纳建设和经营过程中应交纳的全部税费"及"乙方在凯里市登记注册新公司后，本协议中乙方所有的权利与义务随之转移给新成立的公司"的约定与陈某共同出资设立子公司即凯里索力德公司，由石某栋担任法定代表人。

2013年5月3日，凯里市人民政府颁发国有土地使用证，证号为凯里市国用(2013)第09493号，载明的土地使用权人为贵州索力德凯里分公司，地号为01001001，使用权面积为23310.50平方米。

同年5月7日，贵州索力德公司、贵州索力德凯里分公司向凯里市国土局申请将上述地块的国有土地使用证无偿变更到凯里索力德公司名下，随后5月16日，凯里市人民政府依申请颁发凯里市国用(2013)第09517号国有土地使用证，将土地使用权人变更为凯里索力德公司。

贵州索力德公司及贵州索力德凯里分公司转入名下土地及大量资金设立子公司凯里索力德公司，从成立之初至2014年6月26日，贵州索力德凯里分公司与凯里索力德公司的工商注册登记地址、实际办公地点均是凯里市桐荫坪村官庄砂石厂，具体综合性事务均由石某栋管理，石某栋既是贵州索力德凯里分公司的负责人，又是凯里索力德公司的法定代表人，贵州索力德凯里分公司会计员刘某祝，同时又负责凯里索力德公司会计事务，陈某在担任贵州索力德凯里分公司的出纳的同时也参与管理凯里索力德公司相关事务。

在公司业务方面，贵州索力德凯里分公司与凯里索力德公司在工商行政管理部门登记的经营范围均涉及商品混凝土加工、销售，其中贵州索力德凯里分公司的经营范围被凯里索力德公司所覆盖，两个公司在同一办公地点挂两块牌子从事相同业务，对外虽然名义上都以贵州索力德分公司实施，但事实是贵州索力德凯里分公司面临拆迁，依据跟政府的约定成立凯里索力德公司获批土地，凯里索力德公司成立之后一直由贵州索力德凯里分公司进行经营，凯里索力德公司直至2015年下半年才开始营业，其间，贵州索力德凯里分公司已把生产业务所得用于筹建凯里索力德公司。

在公司财务方面，贵州索力德凯里分公司往返汇入资金到凯里索力德公司名下，记账人都是刘某祝，凯里索力德公司在购买设备及日常工作开销上，都以借方的名义向贵州索力德凯里分公司报账。凯里索力德公司经营后,贵州索力德凯里分公司便停止经营。

2014 年 6 月 26 日,经凯里索力德公司股东会决议通过,贵州索力德公司分别与张某弟、田某以及陈某与田某签订《股权转让协议》,贵州索力德公司、陈某将其持有的凯里索力德公司股份转让给张某弟、田某,并办理了股东变更登记手续,其中协议第 4 条约定,"甲方转让其股份后,其在贵州凯里索力德混凝土有限公司原享有的权利和应承担的义务,随股份转让而转由乙方享有与承担"。

同年 8 月,贵州索力德凯里分公司将联想电脑一台、贵 HV1535 与贵 HV1502 五菱面包车、贵 HV1527 福田皮卡车移交给凯里索力德公司。

贵州省黔东南苗族侗族自治州中级人民法院经审理认为:

根据上诉人的主张及质证内容,本案的争议焦点为凯里索力德公司应否对贵州索力德凯里分公司的债务承担连带清偿责任。

本案中,根据案外人陈某、刘某祝的证言及财务资料、土地权属证明、营业执照、股权转让协议等证据可说明:

1. 在凯里索力德公司股权未转让即 2014 年 6 月 26 日之前,贵州索力德凯里分公司与凯里索力德公司两公司在人员方面,均有共同的负责人石某栋,公司的运营受到同一个人的控制,管理人员存在交叉任职的情况,任贵州索力德凯里分公司会计的陈某同时又担任凯里索力德公司的会计,陈某在办理贵州索力德凯里分公司业务的同时又参与管理凯里索力德公司相关事务,其他管理人员也一致。

在业务方面,两个公司的经营范围几乎一致,又都在同一地点办公及经营事务,对外从事经营时信息相同,交易行为最终取决于负责人石某栋,相互之间根本不存在自由竞争,外人在与其进行交易时,无从分辨两个公司。

在财产方面,凯里索力德公司在购买材料及进行日常开销时全部向贵州索力德凯里分公司进行报账,经办人都是刘某祝,做账凭证上刘某祝一会儿签名为刘某祝,一会儿写新公司刘某祝进行区分,同时,贵州索力德凯里分公司与凯里索力德公司账户经常往返资金,贵州索力德凯里分公司还把名下土地使用权无偿变更至凯里索力德公司名下,这说明两个公司在财产上出现关联关系。因此,贵州索力德凯里分公司与凯里索力德公司应为关联公司。

由于两个关联公司存续期间人、财、物的混同,两个公司早已不再泾渭分明。虽然贵州索力德凯里分公司为贵州索力德公司的分支机构,其没有独立的法人,但根据《公司法》第 14 条第 1 款,其所从事的民事行为应为贵州索力德公司的行为,而凯里索力德公司又为贵州索力德公司的子公司,母公司通过分支机构转其资产及利益到其子公司名下导致两公司人、财、物混同,各自财产无法区分,已丧失公司独立人格,其行为已经严重损害了债权人的利益,根据《公司法》第20条第3款"公司股东滥用公司法人独立地位和股东有限责任,逃避债务,严重损害公司债权人利益的,应当对公司债务承担连带责任"的规定,理应刺破法人面纱,由贵州索力德公司与凯里索力德公司共同对李某珍债务承担连带清偿责任。

2. 在股权转让即2014年6月26日之后,凯里索力德公司虽然不再是贵州索力德公司的子公司,但根据贵州索力德公司分别与张某弟、田某以及陈某与田某签订《股权转让协议》第4条"甲方转让其股份后,其在贵州凯里索力德混凝土有限公司原享有的权利和应承担的义务,随股份转让而转由乙方享有与承担"的约定,凯里索力德公司在进行股份转让之后应对贵州索力德公司原应承担的义务继续承担偿还义务。故此,上诉人的上诉理由成立。依照《民事诉讼法》第170条第1款第2项、《公司法》第20条第3款的规定,判决如下:

(1)撤销凯里市人民法院(2015)凯民初字第1682号民事判决;

(2)由被上诉人贵州索力德公司在本判决生效之日起10日内支付上诉人李某珍借款100万元。凯里索力德公司承担连带赔偿责任。

【问题244】全民所有制企业改制为有限责任公司前,若与股东发生人格混同并致使股东无法偿还此前的债务的,能否适用《公司法》第20条第3款的规定否定该公司的法人人格进而要求其对股东的债务承担连带责任?

【典型案例要旨267】(2013)中中法民二终字第620号:佳兴公司所主张的公司法人人格否认制度系公司法于2005年修订后所确定的制度,其适用的对象是公司法所规定的公司股东滥用公司法人独立地位与股东有限责任损害公司债权人利益的情形。本案中,中山市海外旅游公司不属于公司法所规定的公司,其与组建单位中山市旅游总公司之间的关系并不属于公司法所规定的公司与股东之间的关系。

广东佳兴投资有限公司、中山市海外旅游有限公司与企业有关的纠纷二审民事判决书

广东省中山市中级人民法院(2013)中中法民二终字第620号

广东省中山市中级人民法院经审理认为:

关于焦点一,中山市海外旅游公司与中山旅游总公司是否存在人格混同,其

应否对中山市旅游总公司的债务承担连带清偿责任。

首先,1993 年 12 月 29 日通过的《公司法》第 2 条规定“本法所称公司是指依照本法在中国境内设立的有限责任公司和股份有限公司”、第 8 条第 1 款规定“设立有限责任公司、股份有限公司,必须符合本法规定的条件。符合本法规定的条件的,登记为有限责任公司或者股份有限公司;不符合本法规定的条件的,不得登记为有限责任公司或者股份有限公司”、第 9 条规定“依照本法设立的有限责任公司,必须在公司名称中标明有限责任公司字样。依照本法设立的股份有限公司,必须在公司名称中标明股份有限公司字样”。中山市海外旅游公司的公司名称中并无标明有限责任公司字样,且其工商登记资料里反映由中山市旅游总公司作为组建单位,经济性质为全民所有制企业,故中山市海外旅游公司并不属于公司法所规定的公司。

其次,广东佳兴投资有限公司(以下简称佳兴公司)所主张的公司法人人格否认制度系《公司法》于 2005 年修订后所确定的制度,其适用的对象是公司法所规定的公司股东滥用公司法人独立地位与股东有限责任损害公司债权人利益的情形。本案中,中山市海外旅游公司不属于公司法所规定的公司,其与组建单位中山市旅游总公司之间的关系并不属于公司法所规定的公司与股东之间的关系。

再次,2005 年修订后的《公司法》第 20 条第 3 款“公司股东滥用公司法人独立地位和股东有限责任,逃避债务,严重损害公司债权人利益的,应当对公司债务承担连带责任”的规定,系规定公司股东对公司债务承担连带责任的情形,并未规定公司对公司股东债务应如何承担责任。本案中,经债权转让,中山市旅游总公司对佳兴公司负有债务,即使如佳兴公司所称中山市旅游总公司系中山市海外旅游公司的股东,现有法律亦没有规定公司对公司股东债务应如何承担责任。

最后,原审法院关于中山市海外旅游公司与旅游总公司不构成人格混同的论述并无不当,本院予以维持。

综上,佳兴公司以此为由主张中山市海外旅游公司应对中山市旅游总公司的债务承担连带清偿责任,理据不足,本院不予支持。

【问题 245】人格混同,能否作为反向人格否认的行为要件?

【典型案例要旨 268】(2015)胶商初字第 28 号:原告主张鑫环冶金公司与鑫环机械公司构成人格混同,要求鑫环冶金公司对鑫环机械公司的债务承担连带责任,则应当证明两公司之间存在财产混同、业务混同、人事混同、住所混同等情形,对此,原告提交的主要证据是(2012)北刑重字第 3 号刑事判决书及两公司的工商

登记信息,但该两份证据不足以认定两公司构成人格混同。

青岛欧联达钢结构有限公司与青岛鑫环机械有限公司、青岛鑫环冶金设备有限公司承揽合同纠纷一审民事判决书

山东省胶州市人民法院(2015)胶商初字第28号

法院查明:

青岛鑫环机械有限公司(以下简称鑫环机械公司)成立于2006年,股东为李某波、王某礼、孙某明、张某、张某光,法定代表人为王某礼。2007年12月,股东会决议变更法定代表人为李某波。

青岛鑫环冶金设备有限公司(以下简称鑫环冶金公司)成立于2008年,股东为鑫环机械公司、宗某宏,法定代表人为李某波,2009年5月6日,股东变更为李某波、宗某宏;2009年10月,股东变更为王某亮、董某文,法定代表人变更为王某亮。

山东省胶州市人民法院经审理认为:

本案争议的焦点是被告鑫环冶金公司与鑫环机械公司是否构成人格混同,前者对后者的债务是否应当承担连带清偿责任。

公司作为法人,具有独立的人格,这是公司法人制度最基本的特征,公司的独立人格体现在公司有独立的权利能力和行为能力,有独立的财产,能独立承担民事责任。法人人格混同,是指在形式上具有法人资格的公司与其他公司之间在经营、财产、人员等方面出现实质上的混同,以达到实现转移公司财产及利润、规避公司债务的非法目的,从而在本质上导致丧失独立承担民事责任资格的情形。当公司与其关联公司在财产上、利益分配上、组织管理上、业务上出现混同时,公司丧失了作为法人的独立性,应否认公司的法人人格,让股东或者关联公司对公司的债务承担清偿责任,即公司人格否认。法人人格独立是原则,法人人格否认是例外。我国《公司法》第20条第3款规定,公司股东滥用公司法人独立地位和股东有限责任,逃避债务,严重损害公司债权人利益的,应当对公司债务承担连带责任。

本案中,原告主张鑫环冶金公司与鑫环机械公司构成人格混同,要求鑫环冶金公司对鑫环机械公司的债务承担连带责任,则应当证明两公司之间存在财产混同、业务混同、人事混同、住所混同等情形,对此,原告提交的主要证据是(2012)北刑重字第3号刑事判决书及两公司的工商登记信息,但该两份证据不足以认定两公司构成人格混同,理由如下:

1.两公司的工商登记信息只能证明两公司业务范围相同,李某波曾同时担任

两公司法定代表人，但两公司股东、其他管理人员、住所、银行账号等均不相同。

2. 刑事判决书证明鑫环机械公司的部分财产被登记在鑫环冶金公司名下，法院因此认定李某波构成职务侵占，并最终判决将上述财产发还鑫环机械公司，从判决书的上述内容来看，李某波将鑫环机械公司的部分财产登记在鑫环冶金公司名下主要是达到侵占的目的，并非为了逃避鑫环机械公司债务，况且该判决书已经判决将涉案财产发还鑫环机械公司，客观上也不会损害原告的债权。

3. 虽然原告与鑫环机械公司的部分业务系向鑫环冶金公司出具发票并由鑫环冶金公司付款，但不能因此认定两公司存在财产混同的情况，因为代开发票和代付款在商事交易中也较为常见，只要两公司之间账目是独立的、清楚的就不能认定两公司存在财产混同的情况。

综上，原告要求依据法人人格否认制度判令被告鑫环冶金公司对鑫环机械公司的债务承担连带责任证据不足，本院不予支持。

【问题246】《公司法》第20条第3款的规定，能否作为反向人格否认的法律依据？

【典型案例要旨269】（2016）粤0391民初753号：上述法律规定的是否认公司独立人格，由股东对公司的债务承担连带责任。本案中，被告博×公司是被告国×公司、连×公司的唯一股东。按照上述法律规定，原告应请求被告博×公司对被告国×公司、连×公司的债务承担连带责任，而不是反过来，请求被告国×公司、连×公司对被告博×公司的债务承担连带责任，即上述法律规定适用的情形是股东对公司的债务承担连带责任，而不是公司对股东的债务承担连带责任。因此，上述法律规定不能作为支持原告该项诉请的直接依据。

深圳聚某优材塑料有限公司与博铿有限公司国泰绝缘塑胶（深圳）有限公司、连平长荣塑胶有限公司买卖合同纠纷一审民事判决书

深圳前海合作区人民法院（2016）粤0391民初753号

深圳前海合作区人民法院查明如下事实：

有关三被告工商登记信息方面的事实。

被告博×公司，于1989年4月18日依据香港特别行政区《公司条例》注册成为有限公司，注册时公司名称为博×有限公司（GIANTCOMELIMITED）；于2005年9月30日依据香港特别行政区《公司条例》更改公司名称为博×有限公司（GCLimited）。被告博×公司的现任董事为卢某恒、卢某某。被告博×公司的现

任股东为珍威集团有限公司(Pearlway Group Limited),持股量32000000股,以及True Honest Enterprises Limited,持股量8000001股。被告博×公司的业务性质为生产电子产品。

被告国×公司设立于1992年6月6日,市场主体类型为台港澳法人独资,唯一股东为被告博×公司。被告国×公司的法定代表人为卢某某,住所是深圳市龙岗区布吉镇甘坑村秀峰工业城厂房C栋,经营范围为生产经营塑胶包装制品、塑胶印刷制品、绝缘纤维材料、五金电子配件,销售自产产品、普通货运。

被告连×公司设立于2006年8月14日,市场主体类型为台港澳法人独资,唯一股东为被告博×公司。被告连×公司的法定代表人为源某某,住所是广东省河源市连平县三角镇生态工业园,经营范围为研发生产、加工和销售塑料制品及电子配件产品。产品20%外销,80%内销。

深圳前海合作区人民法院经审理认为:

关于三被告是否构成人格混同的问题。

1.原告是否可依据《公司法》第20条要求被告国×公司、连×公司对被告博×公司在本案的债务承担连带清偿责任。

《公司法》第20条规定:"公司股东应当遵守法律、行政法规和公司章程,依法行使股东权利,不得滥用股东权利损害公司或者其他股东的利益;不得滥用公司法人独立地位和股东有限责任损害公司债权人的利益。公司股东滥用股东权利给公司或者其他股东造成损失的,应当依法承担赔偿责任,公司股东滥用公司法人独立地位和股东有限责任,逃避债务,严重损害公司债权人利益的,应当对公司债务承担连带责任。"

上述法律规定的是否认公司独立人格,由股东对公司的债务承担连带责任。本案中,被告博×公司是被告国×公司、连×公司的唯一股东。按照上述法律规定,原告应请求被告博×公司对被告国×公司、连×公司的债务承担连带责任,而不是反过来,请求被告国×公司、连×公司对被告博×公司的债务承担连带责任,即上述法律规定适用的情形是股东对公司的债务承担连带责任,而不是公司对股东的债务承担连带责任。因此,上述法律规定不能作为支持原告该项诉请的直接依据。

2.原告是否证明了最高人民法院发布的指导案例第15号的构成要件。

最高人民法院发布的指导案例第15号"徐工集团工程机械股份有限公司诉成都川交工贸有限责任公司等买卖合同纠纷案"的裁判要旨:(1)关联公司的人员、业务、财务等方面交叉或混同,导致各自财产无法区分,丧失独立人格的,构成人格混同。(2)管理公司人格混同,严重损害债权人利益的,关联公司相互之间对外部债务承担连带责任。

关联公司人格混同的表征因素。第一,人员混同。这是指管理公司之间在组织机构和人员上存在严重的交叉、重叠。如公司之间董事相互兼任、公司管理人员交叉任职,甚至雇员也相同,最典型的情形是“一套人马,多块牌子”。第二,业务混同。这是指关联公司之间从事相同的业务活动,在经营过程中彼此不分。如同一业务有时以这家公司名义进行,有时又以另一公司名义进行,以至于与之交易的对方当事人无法分清与哪家公司进行交易活动。第三,财务混同。这是指关联公司之间账簿、账户混同,或者两者之间不当冲账。

关联公司人格混同的实质因素是财产混同。财产混同是指关联公司之间的财产归属不明,难以区分各自的财产。如关联公司的住所地、营业场所相同,共同使用同一办公设施、机器设备,公司之间的资金混同,各自的收益不加区分,公司之间的财产随意调用等。财产混同违背了公司财产与股东财产相分离、公司资本维持和公司资本不变等基本原则,潜伏着公司财产被隐匿、非法转移或者被私吞、挪用的重大隐患,严重影响公司对外清偿债务的能力。关联公司人格混同的结果因素是指人格混同的程度必须达到严重损害债权人利益的后果时,法院才否认关联公司的法人人格,让关联公司之间承担连带责任。

本案中,原告提交的证据不足以证明被告博×公司、国×公司和连×公司之间存在人格混同、业务混同或财产混同的情形,且因财产混同导致被告博×公司不能清偿应付货款。相反,可以证明以下情形:(1)采购订单、送货单、对账单记载买方为被告博×公司;(2)对账单分别记载原告与三被告之间的往来款项;(3)国×公司、连×公司分别起诉聚×优材公司,表明被告博×公司、国×公司和连×公司是相互独立的。原告仅凭被告国×公司的员工替被告博×公司私下订单、收货和对账,主张三被告人格混同,依据不足。

因此,原告诉请被告国×公司、连×公司对被告博×公司在本案中的债务承担连带责任,本院不予支持。

【问题247】反向人格否认实质上是否定公司股东的法人人格并要求公司对该股东的债务承担连带责任,但是,若该股东并非《公司法》上的公司,或者属于民办非企业单位的,能否适用或参照适用《公司法》第20条第3款的规定否定该股东的法人人格?

【典型案例要旨270】(2016)粤0902民初558号:被告茂名石化医院有限公司是由唯一法人股东茂名石化医院以实物出资方式,出资额为3525.78万元,而投资设立的,两者表面上是彼此独立的法人,但实际上相互之间界限模糊、人格混同,若被告茂名石化医院承担所有关联的债务无力清偿,则有使被告茂名石化医院有限公司逃避巨额债务之嫌,会严重损害其他债权人的利益。上述行为违背了法人制度设立的宗旨,违背了诚实信用原则,其行为本质和危害结果与《公司法》第20条第3款规定的情形相当,故参照《公司法》第20条第3款的规定,被告茂名石化医院有限公司对被告茂名石化医院的债务应当承担连带清偿责任。

吉安市欣荣医疗器械有限公司与茂名石化医院（茂名石化医院广东医学院第三附属医院）、茂名石化医院有限公司买卖合同纠纷一审民事判决书

广东省茂名市茂南区人民法院(2016)粤0902民初558号

法院查明:

茂名石化医院有限公司是由唯一法人股东茂名石化医院(广东医学院第三附属医院)(该医院为茂名市卫生局批准的民办非企业单位。——笔者注)于2014年12月10日以实物出资方式,出资额为3525.78万元成立的一人有限责任公司。

在庭审中,茂名石化医院有限公司与茂名石化医院(广东医学院第三附属医院)的委托代理人均确认两者属同一套人马,并对原告要求茂名石化医院有限公司对茂名石化医院的债务承担连带责任没有意见。

广东省茂名市茂南区人民法院经审理认为:

原告与被告茂名石化医院之间存在的买卖合同关系及被告茂名石化医院尚欠原告货款4052969元,有原告与被告茂名石化医院盖章确认的《对账函》为凭,事实清楚,且在庭上被告亦对原告诉讼请求的欠款本金4052969元及欠款事实均无异议,故此对原告请求被告茂名石化医院偿付拖欠货款本金4052969元,予以支持。

至于利息的问题,由于双方在《对账函》上未明确约定付款日期及利息的计算方法,根据《最高人民法院关于审理买卖合同纠纷案件适用法律问题的解释》第24条第4款的规定:“买卖合同没有约定逾期付款违约金或者该违约金的计算方法,出卖人以买受人违约为由主张赔偿逾期付款损失的,人民法院可以中国人民银行同期同类人民币贷款基准利率为基础,参照逾期罚息利率标准计算。”因此原告诉请利息应自起诉之日即从2016年3月7日起按中国人民银行同期同类贷款利率计算至货款本金4052969元偿还完毕之日止,符合法律规定,本院亦予以支持。

被告茂名石化医院有限公司是由唯一法人股东茂名石化医院以实物出资方式,出资额为3525.78万元,而投资设立的,且在该公司登记中也注明由茂名石化医院法人股东独资,并在公司营业执照中载明,故此应认定被告茂名石化医院有

限公司为一人有限责任公司。

茂名石化医院(广东医学院第三附属医院)作为被告茂名石化医院有限公司的股东,却未能向本院提供被告茂名石化医院有限公司的财产独立于公司股东财产的相关证据,其又在庭审中,确认茂名石化医院有限公司与茂名石化医院(广东医学院第三附属医院)属同一套人马,显然属于公司财产与股东财产混同。

公司人格独立是其作为法人独立承担责任的前提。《公司法》第3条第1款规定:"公司是企业法人,有独立的法人财产,享有法人财产权。公司以其全部财产对公司的债务承担责任。"公司的独立财产是公司独立承担责任的物质保证,公司的独立人格也突出地表现在财产的独立上。当关联公司的财产无法区分,丧失独立人格时,就丧失了独立承担责任的基础。《公司法》第20条第3款规定:"公司股东滥用公司法人独立地位和股东有限责任,逃避债务,严重损害公司债权人利益的,应当对公司债务承担连带责任。"

本案中,被告茂名石化医院有限公司是由唯一法人股东茂名石化医院以实物出资方式,出资额为3525.78万元,而投资设立的,两者表面上是彼此独立的法人,但实际上相互之间界限模糊、人格混同,若被告茂名石化医院承担所有关联的债务无力清偿,则有使被告茂名石化医院有限公司逃避巨额债务之嫌,会严重损害其他债权人的利益。上述行为违背了法人制度设立的宗旨,违背了诚实信用原则,其行为本质和危害结果与《公司法》第20条第3款规定的情形相当,故参照《公司法》第20条第3款的规定,被告茂名石化医院有限公司对被告茂名石化医院的债务应当承担连带清偿责任。

综上所述,依照《民法通则》第84条、第108条,《合同法》第8条、第44条、第60条第1款、第109条、第130条、第159条,《最高人民法院关于审理买卖合同纠纷案件适用法律问题的解释》第1条、第24条第4款,《公司法》第3条第1款、第20条第3款、第63条的规定,判决如下:

(1)限被告茂名石化医院于本判决生效之日起10日内向原告吉安市欣荣医疗器械有限公司支付货款4052969元。

(2)限被告茂名石化医院于本判决生效之日起10日内向原告吉安市欣荣医疗器械有限公司支付货款4052969元的逾期利息(按中国人民银行同期同类贷款利率自2016年3月7日起计算至货款本金4052969元偿还完毕之日止)。

(3)由被告茂名石化医院有限公司对上述判决的第一项、第二项所确定的被告茂名石化医院应给付原告的债务承担连带清偿责任。

【问题 248】公司与股东发生人格混同致使股东债权人的债权无法实现的，能否以其行为本质和危害结果与《公司法》第 20 条第 3 款规定的情形相当，进而参照《公司法》第 20 条第 3 款的规定否定其法人人格并要求公司对股东的债务承担连带责任？

【典型案例要旨 271】(2018)粤 09 民终 1289 号：涉案工程均为对茂名石化医院所有的建筑物进行改造、维修等建设，在茂名石化医院有限公司成立之前，涉案工程均以茂名石化医院的名义进行，而在茂名石化医院有限公司成立之后，涉案工程均以茂名石化医院有限公司的名义进行，可见茂名石化医院有限公司与茂名石化医院存在高度的同一性，茂名石化医院有限公司的工程实际也属于茂名石化医院的工程。综上，若茂名石化医院对所有关联的债务无力清偿，则有使茂名石化医院有限公司逃避巨额债务之嫌，会严重损害其他债权人的利益，上述行为违背了法人制度设立的宗旨，违背了诚实信用原则，其行为本质和危害结果与《公司法》第 20 条第 3 款规定的情形相当，故茂名石化医院有限公司与茂名石化医院应对涉案的工程款承担连带清偿责任。

茂名石化医院有限公司、广东宾洋建筑工程公司建设工程施工合同纠纷二审民事判决书①

广东省茂名市中级人民法院(2018)粤 09 民终 1289 号

一审法院广东省茂名市茂南区人民法院经审理认为：

关于焦点一茂名石化医院有限公司与茂名石化医院是否应承担连带责任的问题。

---

① 针对诉茂名石化医院与茂名石化医院有限公司的很多案例，茂名市法院及茂南区法院的相关案例都与本案的裁判思路与法律适用基本一致，近似案例如：

1. 新乡市众信医疗器械有限公司与茂名石化医院、茂名石化医院有限公司买卖合同纠纷一审民事判决书[广东省茂名市茂南区人民法院(2016)粤 0902 民初 713 号，2016 年 6 月 22 日裁判]。

2. 广州营舜机电设备安装工程有限公司与茂名石化医院、茂名石化医院有限公司建设工程合同纠纷一审民事判决书[广东省茂名市茂南区人民法院(2018)粤 0902 民初 2684 号，2019 年 1 月 11 日裁判]。

3. 广东龙天建设有限公司茂名分公司(原江门市龙天消防装饰工程有限公司茂名分公司)与茂名石化医院有限公司、茂名石化医院合同纠纷一审民事判决书[广东省茂名市茂南区人民法院(2018)粤 0902 民初 3348 号，2018 年 12 月 21 日裁判]。

4. 茂名市方盛物业服务有限公司与茂名石化医院有限公司、茂名石化医院买卖合同纠纷一审民事判决书[广东省茂名市茂南区人民法院(2018)粤 0902 民初 3349 号，2018 年 11 月 1 日裁判]。

5. 广州国佳医疗设备有限公司与茂名石化医院有限公司、茂名石化医院买卖合同纠纷一审民事判决书[广东省茂名市茂南区人民法院(2018)粤 0902 民初 2510 号，2018 年 10 月 10 日裁判]。

首先，茂名石化医院有限公司是由唯一法人股东茂名石化医院出资设立的一人有限责任公司，两者的经营范围、住所（地址）、法定代表人均相同，表面上两者是彼此独立的法人，但实际上相互之间界限模糊、人格混同。

其次，两被告均未能提供证据证实茂名石化医院有限公司的财产独立于公司股东财产，显然属于公司财产与股东财产混同的情形。

最后，涉案工程均为对茂名石化医院所有的建筑物进行改造、维修等建设，在茂名石化医院有限公司成立之前，涉案工程均以茂名石化医院的名义进行，而在茂名石化医院有限公司成立之后，涉案工程均以茂名石化医院有限公司的名义进行，可见茂名石化医院有限公司与茂名石化医院存在高度的同一性，茂名石化医院有限公司的工程实际也属于茂名石化医院的工程。

综上，若茂名石化医院对所有关联的债务无力清偿，则有使茂名石化医院有限公司逃避巨额债务之嫌，会严重损害其他债权人的利益，上述行为违背了法人制度设立的宗旨，违背了诚实信用原则，其行为本质和危害结果与《公司法》第20条第3款规定的情形相当，故茂名石化医院有限公司与茂名石化医院应对涉案的工程款承担连带清偿责任。

【问题249】股东与公司的人格混同致使其股东债务无法偿还、损害其债权人利益的，可否参照《公司法》第20条第3款的规定认定构成反向人格否认？

【典型案例要旨272】（2014）江宁汤民初字第151号：两个公司虽在工商登记部门登记为彼此独立的企业法人，但实际上相互之间界限模糊、人格混同，违背了法人制度设立的宗旨，违背了诚实信用原则，其行为本质和危害结果与《公司法》第20条第3款规定的情形相当，故参照《公司法》第20条第3款的规定，洋兰公司与洋兰销售公司应相互承担连带清偿责任，对本案所涉借款应由洋兰销售公司和洋兰公司共同偿还。

凌某武与南京汤泉洋兰销售有限公司、南京汤泉洋兰有限公司民间借贷纠纷民事判决书

江苏省南京市江宁区人民法院（2014）江宁汤民初字第151号

原告凌某武诉称：

2012年3月16日及3月20日，被告洋兰销售公司因经营需要两次向唐某举借款，金额分别为100万元和60万元，借款期限均为1年，年利率为36%。

2013 年 1 月 30 日,洋兰销售公司向唐某举借款 50 万元,借款期限为 6 个月,月利率为 3%。2013 年 3 月 15 日及 3 月 19 日,双方对前两笔借款进行了结算,洋兰销售公司出具了借条,确认借款为 118 万元和 81.6 万元,并商定借款期限为 3 个月,月利率为 3%。

2012 年 3 月 20 日,洋兰销售公司向蒋某借款 20 万元,借款期限为 1 年,年利率为 36%,借款到期后,洋兰销售公司未能还款,2013 年 3 月 19 日重新出具了金额为 27.2 万元的借条。

2012 年 3 月 20 日,洋兰销售公司向徐某波借款 50 万元,借款期限为 1 年,年利率为 36%,借款到期后,洋兰销售公司未能还款,2013 年 3 月 19 日重新出具了金额为 68 万元的借条。

2013 年 8 月 23 日,洋兰销售公司向王某借款 40 万元,借款期限为 6 个月,月利率为 5%。

2014 年 2 月 14 日,唐某举、王某、蒋某、徐某波将上述债权转让给其,并通知了洋兰销售公司。

法院查明:

洋兰公司的股东为洋兰销售公司和林某銮。洋兰公司与洋兰销售公司工商登记的住所地、法定代表人均相同,两个公司的业务均涉及兰花的生产、销售,两个公司的工商手续经办人相同,两个公司均使用向南京汤山经济开发有限公司租赁的土地、房屋作为经营场所。

2012 年 5 月 28 日、2013 年 5 月 2 日,洋兰销售公司分别向工商行政管理机关出具情况说明。2012 年 5 月 28 日情况说明的内容为:洋兰销售公司所有生产和销售业务由洋兰公司完成,所以本年度洋兰销售公司无业务发生,无收入。2013 年 5 月 2 日情况说明的内容为:洋兰销售公司依照成立时的国家中外合资企业的规定,必须有中方的法人作为股东,所以注册了洋兰销售公司,成立后又因为国家规定纯销售性的公司不享受国家对于农业的免税政策,故兰花的销售均通过合资公司进行,洋兰销售公司本身就没有销售行为,只发生一些股东义务的活动,此情况每年年审都发生。

江苏省南京市江宁区人民法院经审理认为:

洋兰销售公司与洋兰公司的法定代表人、工商手续经办人、经营地点均相同,业务范围均涉及兰花的生产、销售,且洋兰销售公司所有的经营业务均由洋兰公司完成,故可认定洋兰销售公司与洋兰公司表征人格的因素(人员、业务、财务等)高度混同,导致各自财产无法区分,已丧失独立人格,构成人格混同。

公司人格独立是其作为法人独立承担责任的前提。《公司法》第 3 条第 1 款规定:“公司是企业法人,有独立的法人财产,享有法人财产权。公司以其全部财产对公司的债务承担责任。”公司的独立财产是公司独立承担责任的物质保证,公司的独立人格也突出地表现在财产的独立上。当关联公司的财产无法区分,丧失独立人格时,就丧失了独立承担责任的基础。《公司法》第20条第3款规定:“公司股东滥用公司法人独立地位和股东有限责任,逃避债务,严重损害公司债权人利益的,应当对公司债务承担连带责任。”

本案中,两个公司虽在工商登记部门登记为彼此独立的企业法人,但实际上相互之间界限模糊、人格混同,违背了法人制度设立的宗旨,违背了诚实信用原则,其行为本质和危害结果与《公司法》第20条第3款规定的情形相当,故参照《公司法》第20条第3款的规定,洋兰公司与洋兰销售公司应相互承担连带清偿责任,对本案所涉借款应由洋兰销售公司和洋兰公司共同偿还。

【问题250】股东与公司之间存在人格混同的,公司也须为股东债务承担责任,这是《公司法》第20条有关法人人格否认规定的应有之义?

【典型案例要旨273】(2010)沈民二终字第264号:基于上述两点,可以推定,本案在合同的订立、履行以及结算方面,反映不出新东方公司的独立意思表示,该公司的经营活动已处于一种不正常状态,其与惠天公司之间出现人员、经营管理、资金方面的混同,说明新东方公司法人人格已形骸化,实际是惠天公司的另一个自我。公司法人独立地位和有限责任是现代公司两大基石,若存在股东滥用法人人格和股东有限责任,导致股东与公司人格混同的,则令滥用独立人格的股东对公司债务承担民事责任,此为《公司法》第20条所明确规定。由于存在股东与公司间人格混同,股东须对公司债务承担责任,自不待言,而公司也须为股东债务承担责任,也应是《公司法》第20条有关法人人格否认规定的应有之义。

沈阳惠天热电股份有限公司与沈阳市第二市政建设工程有限公司建筑施工合同纠纷二审民事判决书

辽宁省沈阳市中级人民法院(2010)沈民二终字第264号

辽宁省沈阳市中级人民法院经审理认为:

关于新东方公司应否对沈阳惠天热电股份有限公司(以下简称惠天公司)的债务承担连带责任的问题。

惠天公司持有新东方公司51%的股份,在本案纠纷中,二者在人员、业务管理、资金方面存在人格混同情形,具体表现在:

新东方公司董事长杨某生同时又是惠天公司的董事，就涉诉工程对外发包时无论是在新东方公司成立之前或成立之后，惠天公司代理人文某均在合同发包方处署名，表明在人员、业务管理方面，惠天公司与新东方公司已无法区分。

在合同履行方面，无论新东方公司成立前或成立后，惠天公司均存在支付工程款的事实（自惠天公司与市二建公司订立合同最初时间2003年7月至惠天公司最后一笔付款时间2008年1月，前后长达4年之久），而且对于市二建公司以惠天公司为付款人所开具的发票及收据，惠天公司照收不误，未提出任何异议。

上述事实表明惠天公司与新东方公司较长时间内在经营与资金方面难分彼此。

基于上述两点，可以推定，本案在合同的订立、履行以及结算方面，反映不出新东方公司的独立意思表示，该公司的经营活动已处于一种不正常状态，其与惠天公司之间出现人员、经营管理、资金方面的混同，说明新东方公司法人人格已形骸化，实际是惠天公司的另一个自我。

公司法人独立地位和有限责任是现代公司的两大基石，若存在股东滥用法人人格和股东有限责任，导致股东与公司人格混同的，则令滥用独立人格的股东对公司债务承担民事责任，此为《公司法》第20条所明确规定。由于存在股东与公司间人格混同，股东须对公司债务承担责任，自不待言，而公司也须为股东债务承担责任，也应是《公司法》第20条有关法人人格否认规定的应有之义。另外，新东方公司通过询证函形式业已确认上述所欠债务。结合本案事实，新东方公司应对其股东惠天公司的债务承担连带责任。当然，公司法人人格否认规则仅适用于本案，其效力不得扩张适用于未参加诉讼的债权人或公司股东。

综上所述，原审判决认定事实清楚，判令惠天公司与新东方公司共同给付市二建公司工程款及利息并无不当。

【问题251】全资子公司使用股东的资金进行项目开发的，若双方并未发生人格混同或股东支配与控制情形的，该子公司是否应当为其一人股东的债务承担连带责任？

【典型案例要旨274】（2008）武民商初字第133号：房县三里坪公司作为湖北三里坪公司的有法人资格的全资子公司，具体进行项目开发和贷款资金的使用，亦应依法承担偿还借款本息的连带责任。

上海浦东发展银行武汉分行与湖北三里坪水利水电发展有限责任公司、房县三里坪水利水电发展有限公司、湖北钢城电力投资有限公司、房县恒源水电国有资产经营有限公司、牛某斗借款合同纠纷案

湖北省武汉市中级人民法院(2008)武民商初字第133号

湖北省武汉市中级人民法院经审理认为：

上海浦东发展银行武汉分行(以下简称上海浦发武汉分行)与湖北三里坪水利水电发展有限责任公司(以下简称湖北三里坪公司)、湖北钢城电力投资有限公司(以下简称钢城电力公司)签订的《短期借款合同》《短期贷款最高额保证合同》系各方的真实意思表示，其约定符合法律法规，应为有效合同。上海浦发武汉分行依约发放了合同项下的贷款3000万元，履行了合同约定的放款义务。

而湖北三里坪公司未按合同约定归还贷款本息，钢城电力公司也未履行担保义务，应依法承担偿还借款本息的民事责任。

房县三里坪水利水电发展有限公司作为湖北三里坪公司的有法人资格的全资子公司，具体进行项目开发和贷款资金的使用，亦应依法承担偿还借款本息的连带责任。

4

PART

第四篇

关联交易中两类人的履职尽责法律风险防范

（双控人、董监高利用关联交易损害公司、股东或债权人利益）

第十七章

2023 年修订的《公司法》关联交易概述

一、2023 年修订的《公司法》初步建立了关联交易规制制度

2023 年修订的《公司法》新增了关联交易制度，主要是两条内容：

"第一百八十二条　董事、监事、高级管理人员，直接或者间接与本公司订立合同或者进行交易，应当就与订立合同或者进行交易有关的事项向董事会或者股东会报告，并按照公司章程的规定经董事会或者股东会决议通过。

董事、监事、高级管理人员的近亲属，董事、监事、高级管理人员或者其近亲属直接或者间接控制的企业，以及与董事、监事、高级管理人员有其他关联关系的关联人，与公司订立合同或者进行交易，适用前款规定。"

"第一百八十五条　董事会对本法第一百八十二条至第一百八十四条规定的事项决议时，关联董事不得参与表决，其表决权不计入表决权总数。出席董事会会议的无关联关系董事人数不足三人的，应当将该事项提交股东会审议。"

我国《公司法》在 2023 年修订之后，总体上形成了相对系统的关联交易法律规范群：先由第 265 条明确关联关系的内涵，后在第 22 条规定控股股东、实际控制人、董监高不得利用关联关系损害公司利益，并新增一款明确了违反前款的赔偿责任。不过，还是延续了《公司法》(2005 年修订)以关联关系界定关联交易的表述方式，积极贯彻之前的立法体例。《公司法》第 182 条是在董监高的忠实勤勉义务之后，将关联方的范围扩大到与董监高存在婚姻家庭关系或控制影响关系的其他主体，并且明确了前述主体就关联交易的报告与决议制度，与第 186 条归入权、第 188 条赔偿责任，与第 265 条、第 22 条关联交易规范群，分立各章又并身而立。另外，第 139 条规定了上市公司中董事与董事会决议有关联关系的，作为关联人董事的报告制度与决议方式；第 15 条和第 163 条规定了公司对外担保、财务资助等不同类型关联交易的报告与决议制度。①

① 参见陈克：《新公司法下关联交易的一体化规制》，载微信公众号"审判研究"2024 年 6 月 18 日，https://mp.weixin.qq.com/s/YD4XM1Xe4u3GJ646WzvZSw。

二、关联交易规制

亚洲企业特殊的简单控制的所有权和金字塔式的所有权结构，使得这种高度集权的股权结构与欧洲分散的股权结构相比，更容易滋生关联交易。关联交易在亚洲更为盛行，滥用关联交易现象较为普遍亦不足奇。①

关联交易利弊兼备，宜秉持中立的态度应对。但是，因为高度集中的股权结构、不完善的公司治理结构、控股股东与实际控制人或董监高的机会主义、交易信息不对称、立法不完善、执法不严厉、内外规制不能协同发挥作用等诸多原因，我国不当关联交易已经泛滥，严重突破了法人的独立人格与股东的有限责任，破坏了各司其职、相互制衡的三会一层的法人治理结构。

正当的关联交易应符合程序公正与实质公正的标准，但更应重视程序公正；关联交易有效规制的程序路径一般包括利益冲突事先申报制度（包括申报义务人，申报的对象、方式、时间、范围、豁免，以及合格、善意、持续申报，未申报的法律责任等方面内容）、关联交易的审议批准及回避制度、财务报告中的事后披露制度、上市公司或民办学校的公开披露制度、非营利性民办学校关联交易的监管和年审制度等。

需要重视的是，关联交易有效规制的源头是控股股东或实际控制人、董监高对法人负有的忠实义务，有效规制的逻辑起点是申报义务人善意合格地向决策机关成员事先申报利益冲突。

但是，前述内容，在2023年修订的《公司法》新增的关联交易规制条款中，均未能体现。在一套完整的关联交易规制规则正式建立之前，司法实践中的具体适用势必要经历一个逐渐探索与发展的过程。这个过程中，需要立法、司法和律师等相关专业人士的良性互动，以争取早日形成符合中国特色的关联交易规制规则。

三、关联交易的现有主要法律规定汇总

2023年修订的《公司法》中，与关联交易直接相关的条款汇总如下：

第二十二条　公司的控股股东、实际控制人、董事、监事、高级管理人员不得利用关联关系损害公司利益。

违反前款规定，给公司造成损失的，应当承担赔偿责任。

第一百三十九条　上市公司董事与董事会会议决议事项所涉及的企业或者

---

① See Company Directors Regulating Conflicts of Interests and Formulating a Statement of Duties—A Joint Consultation Paper(1998).

个人有关联关系的,该董事应当及时向董事会书面报告。有关联关系的董事不得对该项决议行使表决权,也不得代理其他董事行使表决权。该董事会会议由过半数的无关联关系董事出席即可举行,董事会会议所作决议须经无关联关系董事过半数通过。出席董事会会议的无关联关系董事人数不足三人的,应当将该事项提交上市公司股东会审议。

第一百八十二条　董事、监事、高级管理人员,直接或者间接与本公司订立合同或者进行交易,应当就与订立合同或者进行交易有关的事项向董事会或者股东会报告,并按照公司章程的规定经董事会或者股东会决议通过。

董事、监事、高级管理人员的近亲属,董事、监事、高级管理人员或者其近亲属直接或者间接控制的企业,以及与董事、监事、高级管理人员有其他关联关系的关联人,与公司订立合同或者进行交易,适用前款规定。

第一百八十五条　董事会对本法第一百八十二条至第一百八十四条规定的事项决议时,关联董事不得参与表决,其表决权不计入表决权总数。出席董事会会议的无关联关系董事人数不足三人的,应当将该事项提交股东会审议。

第二百六十五条　本法下列用语的含义:

(一)高级管理人员,是指公司的经理、副经理、财务负责人,上市公司董事会秘书和公司章程规定的其他人员。

(二)控股股东,是指其出资额占有限责任公司资本总额超过百分之五十或者其持有的股份占股份有限公司股本总额超过百分之五十的股东;出资额或者持有股份的比例虽然低于百分之五十,但依其出资额或者持有的股份所享有的表决权已足以对股东会的决议产生重大影响的股东。

(三)实际控制人,是指通过投资关系、协议或者其他安排,能够实际支配公司行为的人。

(四)关联关系,是指公司控股股东、实际控制人、董事、监事、高级管理人员与其直接或者间接控制的企业之间的关系,以及可能导致公司利益转移的其他关系。但是,国家控股的企业之间不仅因为同受国家控股而具有关联关系。

第十八章

关联交易的基本法理

第一节　理　　论

一、关联交易的含义

关联交易，是关联方交易的简称，是指具有关联关系的关联方之间转移资源、劳务或义务的行为，而不论是否收取价款。

关联交易，事实上包括3个要素，首先是关联关系，其次是具有关联关系的主体，即关联方，最后才是关联交易。

因此，关联交易的识别，首先要分别识别以上3个要素。

二、关联关系的识别认定

综合《公司法》第265条"关联关系，是指公司控股股东、实际控制人、董事、监事、高级管理人员与其直接或者间接控制的企业之间的关系，以及可能导致公司利益转移的其他关系。但是，国家控股的企业之间不仅因为同受国家控股而具有关联关系"以及《企业会计准则第36号——关联方披露》(财会〔2006〕3号)第3条对关联方的定义，我们认为，关联关系，是指具有控制、共同控制、能够产生重大影响，或者同受控制、共同控制、重大影响的关系，以及可能导致公司利益转移的其他关系。

通过以上关联关系的定义以及后续有关关联方的认定，我们发现，关联关系实质上包括以下3种关系，即控制影响关系、监督管理关系、婚姻家庭关系。其中，监督管理关系，特别是婚姻家庭关系，完全符合《公司法》所述的"可能导致公司利益转移的其他关系"的核心特征。

这3种关系，具有以下特性：一方对另一方的决议或决策具有控制、影响或监督管理的作用，或者各方之间的关系非常紧密且往往具有共同利益。这些特性，均有可能导致公司的利益在各关联方之间不当转移，最终很有可能导致关联交易的目的不合理、价格不公允、程序不合法、披露不充分以及实质不公平等对公司不利的结果发生。

(一)控制影响关系

控制影响关系,是指通过投资或相关的安排,一方对另一方或同受一方控制、共同控制或重大影响的关系。具体包括控制、共同控制及重大影响3种类型。

1. 控制

控制,包括直接控制、间接控制,是指股东单独持股或与其一致行动人合计持股超过50%(美国也有认为包括实际支配公司表决权超过30%且为最高比例的情形),或者能够决定董事会半数以上成员任免,或者能够实际支配或者决定公司的财务与经营决策、重要人事任免等事项,并能据此从该企业的经营活动中获取利益的状态。

也就是说,控制,是在持股比例、表决权、董事会成员任免、财务与经营决策,以及重要人事任免等方面,一方对另一方具有很大程度的支配或决定作用的客观状态。

2. 共同控制

共同控制,是指按照合同约定对某项经济活动所共有的控制,仅在与该项经济活动相关的重要财务和经营决策需要分享控制权的其他投资方一致同意时存在。

共同控制的实质,是指在持股比例、表决权、董事会成员任免、财务与经营决策,以及重要人事任免等方面,一方与他人合作之后,可以对另一方具有相当程度的支配或决定作用的客观状态。

3. 重大影响

重大影响,是指对一个企业股东会或董事会的决议、财务和经营政策、重要人事任命有参与决策的权力,但并不能够控制或者与其他方共同控制这些决议的通过、政策的制定。

重大影响的实质,是指在持股比例、表决权、董事会成员任免、财务与经营决策,以及重要人事任免等方面,虽不具有支配或决定作用,但仍具有重大影响的客观状态。

(二)监督管理关系

监督管理关系,是指基于其任职公司董监高的身份可以决定或共同决定公司的经营与财务政策及重要人事任免的关系。

公司的董监高或关键管理人员,处于这一类关系之中。而处于控制或重大影响地位的法人或非法人组织的董监高,也应当属于这一类关联关系之列。

(三)婚姻家庭关系

婚姻家庭关系,是指基于婚姻或者血缘而形成的具有共同利益的特殊关系。

与公司董监高具有婚姻家庭关系的人,以及与第一类处于控制或重大影响地位的自然人具有婚姻家庭关系的人,也应当属于这一类关联关系之中。

通过上述3种关系的分析,我们发现,实质上,关联关系是通过处于特殊地位或具有特殊身份的两类人作为纽带而发生的,正是这两类纽带的存在,各方之间才存在一种可能导致公司利益发生转移的关系。这两类纽带,即处于控制地位或重大影响地位的人,以及具有监督管理身份或婚姻家庭身份的人。

处于控制地位或重大影响地位的人,可以是自然人,也可以是法人或非法人组织,而其控制或影响的对象是法人或非法人组织。

具有监督管理身份的人,是指自然人,一般是法人或非法人组织的董监高,以及处于关键管理职位的管理人员。

具有婚姻家庭身份的人,也是指自然人,通常是前两类人中的自然人的近亲属或可能导致公司利益转移的关系密切的家庭成员。

通过处于特殊地位的人以及具有特殊身份的人这两类纽带,我们可以将具有关联关系的关联方进行系统的梳理,并分类介绍如下。

三、关联方的识别认定

根据前述有关关联关系的讨论,综合《公司法》与《企业会计准则第36号——关联方披露》的相关规定,我们认为,关联方,是关联关系的两方或多方关联关系的主体,也就是指具有控制、共同控制,或能够产生重大影响的各方主体,或者两方或两方以上同受一方控制、共同控制或重大影响,以及具有可能导致公司利益转移关系的自然人、法人或非法人组织。

虽然2023年修订的《公司法》第182条新增的关联交易条款和《企业会计准则第36号——关联方披露》均未将控股股东和实际控制人列入关联方清单之中,但综合有关关联关系与关联方、控股股东与实际控制人的规定,以及从事关联交易属于具有关联关系的关联方之间发生的交易这一实质内涵来看,公司的控股股东和实际控制人,应当属于关联方之列。

根据《公司法》、《企业会计准则第36号——关联方披露》、《上市公司信息披露管理办法》(2021年修订)、《银行保险机构关联交易管理办法》(2022年3月1日起施行)、《金融控股公司关联交易管理办法》(中国人民银行令〔2023〕第1号)等相关法律法规与规章的规定,笔者将关联方分类整理介绍如下。

(一)普通公司的关联方

为与后续的上市公司或金融机构相区别,根据《公司法》和《企业会计准则第36号——关联方披露》的规定整理出的关联方,属于一般的普通公司,因此,统一以普通公司归类。

1. 具有监督管理身份的人

(1)公司的董监高(含该企业的关键管理人员)

对于董监高的范围,存在认知角度的问题。在立法层面,公司的董监高是指按照公司法的规定经过选举、委派或任命而担任董监高职位的人,这实质上是应然层面的,是实际操作与法律规定完全吻合的时候所应呈现的情况。

然而,在实际操作层面上,经常会出现实际与法律规定不一致的情况。因此,在司法实践层面,司法机关会按照实质重于形式的原则,根据具体情况认定相关人员是否属于董监高;该人并未依法登记,或虽然登记为监事而实质上行使董事或高管的职权,据此原则,应当按照其实际上行使的职权情况认定其董事或高管的身份。因此,司法实践中,身份的认定往往是首先要解决的问题(具体介绍,详见本篇后续章节“关联交易诉公司法裁判的基本思路与审查要点”)。

按照《公司法》第 192 条的规定,指示人首先要是公司的控股股东或实际控制人,因此,该条规定的“指示人”若指示公司董高与其从事关联交易且损害公司或股东利益,该指示人应当构成关联交易的关联方。但是,此时,该指示人是作为控股股东或实际控制人以处于控制地位而构成关联交易的纽带的。考虑到《公司法》的该条规定并未赋予指示人以影子董事的身份,其对公司不负有忠实勤勉义务,因此,我们认为该指示人不能以监督管理身份构成该关联交易的纽带。

此外,按照《公司法》的规定,高管,是指公司的经理、副经理、财务负责人,上市公司董事会秘书和公司章程规定的其他人员。我们认为,该条的规定范围过小。因为,在大公司以及上市公司或集团公司中,公司中某一部门的负责人就可能对某项交易具有直接的决定权,若该交易的对方与其存在可能导致公司利益转移的关系,如婚姻家庭关系或控制影响关系,则该交易很可能损害公司的利益。所以,《企业会计准则第 36 号——关联方披露》规定关键管理人员,即那些有权力并负责计划、指挥和控制企业活动的人员,就是对公司董监高的有益补充,并将其纳入关联方的规制范围之中。

(2)公司母公司的关键管理人员(及其控制、共同控制或施加重大影响的其他企业)

公司的母公司的关键管理人员,因其可以通过母公司对公司进行一定的控制或施加重大影响,因此,也有必要作为关联方予以规制。

这里的关键管理人员,应当做扩大的解释,即还应当包括母公司的董监高。

(3)公司子公司的关键管理人员(及其控制、共同控制或施加重大影响的其他企业)

对于子公司的关键管理人员,目前我国法律规章并无明文规定。但是,与母公司的关键管理人员类似,基于母公司对子公司的控制或重大影响,子公司的关键管理人员的任免也势必受到影响,若该述人员与公司发生交易,也可能导致公司利益发生对公司不利的转移。因此,应当纳入关联方的规制范围。

2. 具有婚姻家庭身份的人

(1)公司董监高的近亲属(与该企业关键管理人员关系密切的家庭成员)

按照《民法典》第 1045 条的规定,配偶、父母、子女、兄弟姐妹、祖父母、外祖父母、孙子女、外孙子女为近亲属。

另外,该条还规定,配偶、父母、子女和其他共同生活的近亲属为家庭成员。根据《企业会计准则第 36 号——关联方披露》的规定,只有关系密切的家庭成员,才能构成关联方。

配偶、父母、子女属于近亲属,当然属于关联方。但是,兄弟姐妹、祖父母、外祖父母、孙子女、外孙子女,则需要同时具备共同生活和关系密切两项条件,才能构成关联方。

被《金融控股公司关联交易管理办法》列入"其他关系密切的家庭成员"中的配偶的父母、子女的配偶、兄弟姐妹的配偶、配偶的兄弟姐妹,是否包括在本类关联方之中,是存在争议的。对此,我们认为,这些人若存在可能导致公司利益转移的关系,还是应当纳入此类关联方之中予以规制。

(2)与公司的母公司的关键管理人员关系密切的家庭成员(及其控制、共同控制或施加重大影响的其他企业)

按照《企业会计准则第 36 号——关联方披露》的规定,与关键管理人员关系密切的家庭成员,是指在处理与企业的交易时可能影响该个人或受该个人影响的家庭成员。因此,该"关系密切",就是指在处理与企业的交易时可能受到影响的情形。

配偶、父母、子女作为近亲属,属于家庭成员,自然不需要共同居住的条件,但是否还需要满足关系密切的条件,存在一定的争议。鉴于此类基于婚姻或最近血缘的特殊性,只要不存在极端的关系不睦的情况,应当不需要关系密切的条件。

兄弟姐妹、祖父母、外祖父母、孙子女、外孙子女,则需要同时具备共同生活和关系密切两项条件,才能构成关联方。

(3)与公司子公司的关键管理人员关系密切的家庭成员(及其控制、共同控制或施加重大影响的其他企业)

对此类人员,目前我国法律规章并无明文规定。但是,与子公司的关键管理人员类似,基于母公司对子公司的控制或重大影响,子公司的关键管理人员的任免也势必受到影响,若该述人员与公司发生交易,也可能导致公司利益发生对公司不利的转移。因此,应当纳入关联方的规制范围。

(4)与公司的主要投资者个人关系密切的家庭成员

按照《企业会计准则第 36 号——关联方披露》的规定,与主要投资者个人关系密切的家庭成员,是指在处理与企业的交易时可能影响该个人或受该个人影响的家庭成员。本项关联方的范围,与前述与关键管理人员关系密切的家庭成员的范围是一致的。

3. 处于控制地位或重大影响地位的人

(1)公司的实际控制人

按照《公司法》的规定,实际控制人,是指通过投资关系、协议或者其他安排,能够实际支配公司行为的人。

2023 年修订的《公司法》将之前《公司法》中实际控制人"虽不是股东"的门槛性条件删除,此后,实际控制人的身份将扩大到股东范围,即不管其是否为公司的直接股东,都有可能成为公司的实际控制人。从而,避免了原有定义的如下尴尬情况:虽然实际控制公司但并不构成控股,却因其是公司直接股东而无法认定其实际控制人的身份。

【问题 252】作为持股 40%的大股东之一,虽仅担任公司监事却多次代表公司参加诉讼、签署合同,是否构成实际控制?

【典型案例要旨 275】(2019)最高法民终 123 号:虽持有海方公司 40%股份,但仅是大股东之一,朱某成不是海方公司工商登记记载的法定代表人,其即便代表海方公司参加诉讼、对外签署合同,亦是根据海方公司授权或被海方公司追认,不能据此认定海方公司由朱某成实际控制。

重庆文融投资有限公司、海南鑫泽投资有限公司
确认合同无效纠纷二审民事判决书

最高人民法院(2019)最高法民终 123 号

最高人民法院经审理认为:

关于海方公司是否属于关联方的问题。根据上述条文规定,关联方的范围主要包括 3 类:一是国家出资企业的董监高,二是国家出资企业的董监高的近亲属,三是国家出资企业的董监高及其近亲属所有或实际控制的企业。对于第三类又存在两种情形:一种是国家出资企业的董监高及其近亲属作为股东的企业,一般应当是控股股东;另一种是国家出资企业的董监高及其近亲属虽然不是股东,但是通过投资关系、协议或者其他安排,能够实际支配该企业行为的企业。

本案中,根据原审法院查明,海方公司的股东为张某豪(持股20%)、方某君(持股40%)、朱某成(持股40%)。朱某成虽持有海方公司40%股份,但仅是大股东之一,文融公司、鑫泽公司没有提交证据证明朱某成是海方公司控股股东,不能据此认定海方公司符合上述关联方的情形。文融公司、鑫泽公司主张朱某成在多次诉讼中作为海方公司法定代表人、总经理参加诉讼,朱某成代表海方公司对外签署各种工程合同、设计合同、合作开发合同等,并申请原审法院调取该些材料作为证据。

朱某成不是海方公司工商登记记载的法定代表人,其即便代表海方公司参加诉讼、对外签署合同,亦是根据海方公司授权或被海方公司追认,不能据此认定海方公司由朱某成实际控制。从海方公司向文融公司致函的事实看,海方公司并非由朱某成控制,海方公司亦仅认可朱某成为海方公司的股东之一,并未认可朱某成系其实际控制人。文融公司、鑫泽公司申请调查的证据不属于当事人及其诉讼代理人因客观原因不能自行收集的证据,且该证据对于证明案件事实无实际意义,故对该申请不予准许。其主张海方公司系鑫泽公司关联方,理据不足,本院不予采信。

【问题253】实际控制人的认定,从证据证明角度而言,需要达到何种程度?

【典型案例要旨276】(2016)最高法执监371号:从本案陆侨物资公司、陆侨房地产公司(新宝岛公司)与被执行人陆侨实业公司之间的投资关系,陆侨物资公司与陆侨房地产公司(新宝岛公司)之间的投资关系,以及洪某炉担任被执行人陆侨实业公司两个股东的法定代表人的相关事实看,五矿海南公司主张洪某炉控制或者能够影响被执行人陆侨实业公司的事实存在高度可能性,海南省海口市中级人民法院在执行实施过程中认定洪某炉为被执行人陆侨实业公司的实际控制人并无不妥。

五矿海南有限责任公司与海口陆侨实业有限公司
买卖合同纠纷执行裁定书

最高人民法院(2016)最高法执监371号

最高人民法院经审理认为:

本案的焦点问题是,案外人洪某炉是否为执行人陆侨实业公司的实际控制人,或者影响其履行债务的直接责任人员。

《最高人民法院关于适用〈中华人民共和国民事诉讼法〉的解释》第 108 条第 1 款规定:"对负有举证证明责任的当事人提供的证据,人民法院经审查并结合相关事实,确信待证事实的存在具有高度可能性的,应当认定该事实存在。"

从本案陆侨物资公司、陆侨房地产公司(新宝岛公司)与被执行人陆侨实业公司之间的投资关系,陆侨物资公司与陆侨房地产公司(新宝岛公司)之间的投资关系,以及洪某炉担任被执行人陆侨实业公司两个股东的法定代表人的相关事实看,五矿海南公司主张洪某炉控制或者能够影响被执行人陆侨实业公司的事实存在高度可能性,海南省海口市中级人民法院在执行实施过程中认定洪某炉为被执行人陆侨实业公司的实际控制人并无不妥。洪某炉提出异议,主张自己并非实际控制人或者影响履行债务的直接责任人员,其负有举证反驳的责任,但在异议和复议程序中并未提交充分的证据证明。

海南省高级人民法院在复议程序中没有查明被执行人的股东陆侨物资公司受哪个国有资产管理机构管理,以及公司运营机制的情况下,认定陆侨物资公司为国有独资企业不妥。海南省高级人民法院对"陆侨房地产公司在工商登记中已经被删除"和"鉴于两个公司作为股东,股权均未超过 50%"的认定也缺乏当事人提交的证据支持。海南省海口市中级人民法院在异议程序中亦未查明被执行人陆侨实业公司的实际控制人或者影响其履行债务的直接责任人员。故海南省海口市中级人民法院及海南省高级人民法院对被执行人陆侨实业公司的实际控制人或者影响其履行债务的直接责任人员为哪个主体的问题审查不清。

(2)公司的控股股东

按照《公司法》的规定,控股股东,是指其出资额占有限责任公司资本总额超过 50% 或者其持有的股份占股份有限公司股本总额超过 50% 的股东;出资额或者持有股份的比例虽然低于 50%,但依其出资额或者持有的股份所享有的表决权已足以对股东会的决议产生重大影响的股东。

控股股东的内涵,主要是从其持股比例和表决权,特别是基于该表决权可能对公司决议产生影响的程度的角度,予以概括的。鉴于控股股东足以控制公司的决议,并因此可以控制公司的财务与经营政策、重要人事任免,基于控股股东这一关联纽带而发生的关联交易,当然应当纳入关联交易的规制范围。

(3)公司的母公司

母公司,是指因拥有其他公司一定比例股份或者根据协议可以直接或间接控制或支配其他公司的公司。①

母公司与前述的控股股东,实际内涵上是基本相同的,只是外延上,控股股东可能是自然人或其他非法人组织,而母公司只能是公司。

母公司与后述的子公司一样,是在集团公司语境下的相对称谓。集团公司,本身未必是一家独立存在的实体公司,可以是由多家具有投资或控制关系的公司组建的,一家公司处于核心地位(母公司)、其他公司虽然具有独立法人人格但从投资或控制关系上依附于母公司的多家子公司、孙公司乃至重孙公司,以及兄弟姐妹公司等组成的集团。就像自然人通过血缘这一纽带而凝聚成一个大家庭一样,通过投资或控制关系而形成的多家公司、多级公司组成了集团公司,在集团公司内部,母公司就像一个家庭中地位至高无上的母亲一样,经营掌管着集团公司这个大家庭。因此,母公司应当归入关联方之列。

(4)与公司受同一母公司控制的其他企业

在集团公司的架构中,母公司可能控制多家子公司,因此,母公司控制的多家子公司之间,也相互构成关联方。

需要研究的是,在集团公司内部,一家子公司与母公司下其他子公司所投资或控制的孙公司或重孙公司之间的交易,是否应当纳入关联交易的规制范围。

按照公司法对关联关系"可能导致公司利益转移的其他关系"的实质定义,只要这些交易可能导致利益转移,就应当属于关联交易,不管是否发生在集团公司内的任何公司之间。当然,对此,目前并无明文的规范性文件作出明确规定。

(5)公司的子公司

子公司是母公司的对称,是指全部股份或达到控股程度的股份被另一个公司控制,或者依照协议被另一公司实际控制的公司。全部股份被另一公司控制的子公司,又称全资子公司。②

作为集团公司的一员,一家公司的子公司与其母公司一样,天然地存在前述控制关系,因此,若其与公司发生交易,就属于关联交易的范围。因此,从交易的公平合理以及公允等角度而言,这样的关联交易也有通过法律规制的必要性。

(6)公司的主要投资者个人(直接或者间接持有上市公司5%以上股份的自然人)

按照《企业会计准则第36号——关联方披露》的规定,"公司的主要投资者个人",是指能够控制、共同控制一个企业或者对一个企业施加重大影响的个人投

---

① 参见范健、王建文:《公司法》(第5版),法律出版社2018年版,第72页。

② 参见范健、王建文:《公司法》(第5版),法律出版社2018年版,第72页。

资者。

控制或施加重大影响的人,应该可以包括在前述的公司控股股东的范围。若该投资人可以与他人一起共同控制公司,则其也应当作为关联方纳入规制范围。

(7)对公司实施共同控制的投资方[持有上市公司5%以上股份的法人(或者其他组织)及其一致行动人]

同为共同控制的关系,本类关联方中的自然人投资人,已经包括在前项的公司的主要投资者个人之中。所不同的是,本类关联方还包括能够对公司实施共同控制的法人和非法人组织。

(8)对公司施加重大影响的投资方[持有上市公司5%以上股份的法人(或者其他组织)及其一致行动人]

同为施加重大影响的关系,本类关联方中的自然人投资人,已经包括在前项的公司的主要投资者个人之中。所不同的是,本类关联方还包括能够对公司施加重大影响的法人和非法人组织。

4. 多重地位或身份相互交叉后的人

(1)公司董监高直接或者间接控制的企业

按照《公司法》第182条的规定,关联方的范围包括此类公司董监高控制的企业。

(2)公司董监高近亲属直接或者间接控制的企业

按照《公司法》第182条的规定,关联方的范围包括此类公司董监高近亲属控制的企业。

(3)公司主要投资者个人控制、共同控制或施加重大影响的其他企业

按照《企业会计准则第36号——关联方披露》的规定,在本公司之外,公司主要投资者个人控制、共同控制或施加重大影响的其他企业,也属于关联方的范围。

(4)与公司主要投资者个人关系密切的家庭成员控制、共同控制或施加重大影响的其他企业

按照《企业会计准则第36号——关联方披露》的规定,在本公司之外,与公司主要投资者个人关系密切的家庭成员控制、共同控制或施加重大影响的其他企业,也属于关联方的范围。

(5)公司关键管理人员控制、共同控制或施加重大影响的其他企业

按照《企业会计准则第36号——关联方披露》的规定,在本公司之外,公司关键管理人员控制、共同控制或施加重大影响的其他企业,我们认为也属于关联方的范围。

(6)与公司关键管理人员关系密切的家庭成员控制、共同控制或施加重大影响的其他企业

按照《企业会计准则第 36 号——关联方披露》的规定,在本公司之外,与公司关键管理人员关系密切的家庭成员控制、共同控制或施加重大影响的其他企业,我们认为也属于关联方的范围。

(7)与企业董监高具有可能导致公司利益转移的其他关系的其他自然人、法人(或者其他组织)

根据《公司法》规定的兜底条款,关联交易的关联方,还应当包括前述已列明的关联方之外的其他自然人、法人或非法人组织,只要其具有可能导致公司利益转移的其他关系即可。

(二)上市公司的关联方

《上市公司信息披露管理办法》规定的关联方,适用于上市公司,不仅要根据该办法的规定承担相应的信息披露义务,在其信息披露构成虚假陈述时,还可能按照《证券法》(2019 年修订)第 85 条的规定承担证券虚假陈述的责任。

1. 关联自然人

这是从关联方的生物属性出发而做出的分类,应当是自然人身份。

2. 关联法人或其他组织

这是从关联方的生物属性出发而做出的分类,应当是法人或非法人组织的身份。

(1)在过去 12 个月内或者根据相关协议安排在未来 12 个月内,存在上述情形之一的。

(2)根据实质重于形式原则认定的其他与上市公司有特殊关系、可能或者已经造成上市公司对其利益倾斜的,或者与企业董监高具有可能导致公司利益转移的其他关系的其他自然人、法人(或者其他组织)。

作为兜底条款,关联交易的关联方,还应当包括《企业会计准则第 36 号——关联方披露》后述所列人员之外的其他人,只要具有可能导致公司利益转移的其他关系即可。

(三)不构成关联方的情形

根据《公司法》与《企业会计准则第 36 号——关联方披露》的规定,仅与企业存在下列关系的各方,不构成企业的关联方:

(1)与该企业发生日常往来的资金提供者、公用事业部门、政府部门和机构。

(2)与该企业发生大量交易而存在经济依存关系的单个客户、供应商、特许商、经销商或代理商。

(3)与该企业共同控制合营企业的合营者。

(4)仅仅同受国家控制而不存在其他关联方关系的企业。

四、关联交易的识别认定

在准确识别关联关系与关联方之后,关联交易的识别就水到渠成了。只要是与公司有关联关系的关联方与公司发生的交易,不管该交易是任何形式、是否收取对价,均构成关联交易。

《企业会计准则第36号——关联方披露》罗列了以下几种常见的关联交易类型,可供参考:

(1)购买或销售商品。

(2)购买或销售商品以外的其他资产。

(3)提供或接受劳务。

(4)担保。

(5)提供资金(贷款或股权投资)。

(6)租赁。

(7)代理。

(8)研究与开发项目的转移。

(9)许可协议。

(10)代表企业或由企业代表另一方进行债务结算。

(11)关键管理人员薪酬。

第二节　关联交易的立法与执法现状

一、关联交易立法概况

在我国,对于公司从事的关联交易,《公司法》、《公司法解释五》、《财政部关于印发〈企业会计准则——关联方关系及其交易的披露〉的通知》(财会字〔1997〕21号,已失效)等法律文件,对其基本概念、主体范围、交易类型等进行了相应规定。

而对于上市公司从事的关联交易,《证券法》以及上海和深圳两地的证券交易所发布的《股票上市规则》等法律和规范性文件中,也对其主体范围、审批和披露、特别关联交易的注意事项等内容有详细规定。

此外,对于银行保险类金融机构,原银行保险监督管理委员会发布的《银行保险机构关联交易管理办法》也对该领域特殊的关联交易的主体范围、交易类型、禁止性行为、内部管理、报告和披露以及监管等事项作出了详细的规定。

同时,对于民办学校以及其他的民间非营利组织所从事的关联交易,《民办教育促进法实施条例》(2021 年修订)、《财政部关于印发〈民间非营利组织会计制度〉的通知》(财会〔2004〕7 号)、《财政部关于印发〈《民间非营利组织会计制度》若干问题的解释〉的通知》(财会〔2020〕9 号)等法规文件,对其主体范围、披露与监管、禁止性行为、违法处罚等内容作出了详细规定。

二、关联交易的执法现状

应当说,有关关联交易立法的文件数量还是很大的,也起到了一定的规制效果,对不当关联交易的发生频率发挥了一定的抑制作用。

然而,令人遗憾的是,我国公司法对关联交易的规定依然仅是提供了一个粗犷而残缺的版本,没有遵守法律的科学性,违反了公司法的内在逻辑,在法律体系意义上表现为结构性紊乱,在法律制度构造意义上表现为规则不完善并不尽合理。①

实践中,普遍存在公司股东或实际控制人利用其控制权或对公司及其董事会的影响力,特别是民办学校的举办者或实际控制人,因为国家法律对该类特殊行业"公益性属性"的界定而禁止非营利性民办学校的举办者分配办学结余,要求营利性民办学校在分配利润之前要先提取一定比例的发展基金,而不尊重公司或民办学校(方便起见,若非特别指明,本书公司和民办学校统称为法人)作为独立法人对其资产所享有的所有权,未经决策机构决议或有权岗位按照内部相关审核流程审批,就直接将法人的财产转移给自己或其利益关联方,或将应由其自己承担的相关费用转移给法人承担,或者通过不正当的关联交易损害公司或学校的权益,或者将应由法人享有的财产或权利占为己有或转移给其利益关联方享有,变相违法分配利润。

因此,关联交易所引起的民事诉讼,例如公司债权人诉公司股东或高管损害债权人利益、公司诉其股东或高管损害公司利益等纠纷,每年都在大量发生。上市公司在关联交易中存在的违法行为,也时常发生被证监会处罚的案例。

关联交易每日都在大量发生,其中的不当关联交易正在损害着法人及其股东的权益、相关债权人以及教职工和学生的合法权益,此类现象屡禁不止,甚至达到泛滥的程度,不得不引起有关国家立法及行政监管部门的重视。

---

① 参见施天涛:《公司法应该如何规训关联交易?》,载《法律适用》2021 年第 4 期。

但是,在对关联交易进行监管的实务中,普遍存在无从着手、界定困难、监管不到位、处罚后仍然反复发生等难题。而相关的民事诉讼中,也普遍存在关联交易、关联主体特别是实际控制人以及赔偿责任主体的认定、损害范围及赔偿金额的确定等困难。多种因素,最终导致不当关联交易泛滥成灾,已成难以抑制之势。

如前所述,目前,我国的关联交易立法成果虽多,但并未达到很好的实践效果。究其原因,应当说是多方面的。对关联交易进行规制的主要途径,就是建立正当关联交易的公平标准,这个公平标准"包括形式意义上的公平和实质意义上的公平"①,即程序公平和实质公平。而公正的关联交易需要一个"既注重交易的程序公正又注重交易的实质公正的伟大的司法审查标准(美国特拉华州将其描述为完全公正)"②。

三、立法与执法中存在的问题

对于实质公平标准,我国目前的立法鲜有涉及;程序公平标准,各类规范性文件中均有所涉及,但如前所述,均不够完善、没有条理,更缺乏法律逻辑。

笔者认为,不当关联交易泛滥以及执法司法中的难题频现,最根本的原因,是未理顺关联交易要被有效规制的法律依据、逻辑起点以及程序路径。

因此,本书试图通过对关联交易的利弊、不当关联交易的泛滥原因、应对态度等相关背景的简要分析,结合国内外的立法实践,重点对关联交易有效规制的法律依据、逻辑起点以及程序路径进行详细阐述,以期有益于公司法的完善与执法实践。

第三节　关联交易的背景分析

一、关联交易的利弊分析

正当的关联交易将会降低交易成本、提高交易效率、分散经营风险,也会减少交易的不确定性、促进规模经营、实现集团公司的战略目标。

然而,不当的关联交易存在利益冲突的潜在风险,容易沦为控制股东侵害中小股东利益的工具,也会损害公平竞争,损害法人的权益,转移公司利益,进而损

---

① 施天涛:《公司法应该如何规训关联交易?》,载《法律适用》2021 年第 4 期。

② Arthur Pinto, *Understanding Corporate Law*, FIFTH EDITION, CAROLINA ACADEMIC PRESS, 2018, p. 352: "there is greater judicial scrutiny of both the fairness of the process and the substance of the transaction (described as entire fairness in Delaware)."

害法人的其他股东或举办者、债权人、内部职工、学校的教师或学生等利益相关方的合法权益。

对于法人而言，既要保持一定的高效率、高质量的发展，又要保持自身意志（通过法人治理结构的独立规范运作）与财产权的独立性。而关联交易，如前所述，利弊兼具，是一把“双刃剑”。

二、不当关联交易泛滥的原因

不当关联交易泛滥的原因，包括高度集中的股权结构、不完善的公司治理结构、控股股东或实际控制人及高管的机会主义、交易信息不对称、内外规制不能协同发挥作用、立法不完善与执法不严厉6个方面。

三、关联交易的应对态度

鉴于关联交易的利弊共存，因此，在普遍意义上，“对待关联交易的态度是一种中立的立场”[①]，也就是要普遍认可，并鼓励合法、正当的关联交易，但是，对于违法、不当的关联交易也应该明令禁止、认定为违法行为，进而应由相关主体承担相应的民事赔偿、行政处罚乃至刑事惩罚等法律责任。毫无疑问，这应该是对关联交易进行有效法律规制的应有态度。

此外，我们知道，公司的法人人格应该是独立的，不受包括股东在内的他人随意控制；公司的财产应该是独立的，包括股东在内的任何人均不能随意侵害。若前述不当的关联交易任由其发生而损害公司利益，则公司的独立人格与财产独立势必丧失，公司也就随之变成了他人滥用以牟利的工具，公司及其债权人的利益也将得不到合法保障，最终，公司制度的存在价值也将不复存在。这也是关联交易规制必要性的重要方面。

---

① 施天涛：《公司法应该如何规训关联交易？》，载《法律适用》2021年第4期。

第十九章

关联交易有效规制的依据与起点[①]

第一节　关联交易有效规制的法理依据

一、关联交易容易突破法人的独立人格与股东的有限责任

法人人格不等于法人责任的必然独立，法人责任的独立乃源于并依托于股东有限责任的形成与支撑，“股东与债权人成为公司必须双重维护的利益主体，管理人则不再只是如传统一般地只对股东负责，而是对公司这一独立的主体负责，并通过其负责，让公司这一主体真正成为实现股东及债权人利益双重平衡的舞台”[②]。

一般认为，法人的独立人格与股东的有限责任，以及资本三原则，构成了公司法的三大基石。若无此三大制度基石，则公司法必将失去其制度优势，进而无从发挥其促进经济发展、技术进步的重要作用，而公司也势必失去其最重要的商事主体的主导地位。但是，笔者认为，公司董监高的忠实勤勉义务以及各司其职、相互制衡的公司法人治理结构，应该是公司的“两条腿”，制度基石坚固，但是这“两条腿”出现残缺、不能正常运转，则建立在基石之上的公司必将步履维艰甚至寸步难行。

1. 关联交易容易突破法人的独立人格

法人的独立人格重点体现在名义独立、意志独立、财产独立以及责任独立等几个方面。

财产独立是责任独立的前提，财产独立与责任独立二者构成了法人人格独立的完整物质性基础。名义独立是指法人的人格与其成员的人格相互独立，对外以自己的名义向他人独立地展示法人意志、表达意思表示而从事法律行为。而组织

---

① 本节“利益冲突申报制度”部分为上海市教委民办教育“民智计划”《营利性民办学校法律实务问题与对策专题研讨论坛》项目的阶段性研究成果。

② 虞政平：《论股东有限责任——现代公司法律之基石》，中国政法大学 2001 年博士学位论文，第 3 页。

机构独立,是指法人内部根据三会一层等法定内设机构的职权划分而依法按章独立形成法人的意思表示却不受部分股东意志的非法干预(一人公司为其特殊情况);名义独立与组织机构独立二者构成了法人意志形成与表达的完整精神性基础。

关联交易,往往是按照控股股东或实际控制人的单方意志而未经法人组织机构依法按章形成合法决议的情况下做出的,因此,关联交易容易破坏法人的精神性基础,无法体现法人自身的独立意志和意愿,进而,损害了法人独立承担责任的物质基础,其正当性理应受到法律的有效规制。

2. 关联交易更容易突破股东的有限责任

法人股东的有限责任,是指“对公司的债务,公司应以其全部资产负责,每个股东以其所认缴的出资额对公司负责,而在股东滥用公司的人格、从事有害于债权人的行为时,应对公司的债权人负赔偿责任”①。法人责任的独立源于股东有限责任的形成,“股东有限责任原则在主导股东责任与公司责任相分离因而形成法人独立责任的同时,亦必然要求股东承担或真实地履行其出资之义务”②。

笔者认为,根据责任权利对等的基本原则,法人股东在享受有限责任的权利、获得投资收益乃至控制权利益之时,理应承担必要的义务,这个义务当然不能仅限于出资义务,特别是在明显存在利益冲突的关联交易达成过程中,还应向法人履行信义义务,因而不得利用关联交易谋取不正当的利益。

同时,根据权利不得滥用的基本原则,法人股东在享受有限责任的权利之时,也不得在委派管理者、参与股东会对重大事项的表决、获得投资收益之外,违法违章滥用其股东权利,突破法人的独立人格,越权决定三会一层等内设机构的职权内事项,利用关联交易谋取不正当的利益,进而损害法人的财产权。

二、关联交易容易破坏各司其职、相互制衡的三会一层的法人治理结构

股东会由公司全体股东组成,是公司的最高权力机关,有权对公司的所有事项作出决策并制定公司规章制度,是公司的非常设性机关。股东会的权力源于投资者集体权利的让渡。公司法一般都对股东会的种类、会议召集、运行方式、议事规则、股东权利的行使、审议事项、股东会的决议等作了详尽规定。股东会是议会制机构,股东会决议是按照资本多数决的原则形成的,是多数股东或享有多数表决权的股东按照法律和法人章程规定的程序,经协商后达成的,而非单一股东自

---

① 王利明:《公司的有限责任制度的若干问题》,载中国民商法律网 2002 年 4 月 15 日。

② 虞政平:《论股东有限责任——现代公司法律之基石》,中国政法大学 2001 年博士学位论文,第 104 页。

己意志单独决定的。

董事会是法人的执行机关,对股东会负责,通常由多名董事组成,而董事是由股东委派或股东会选举产生和更换的。董事会按照法律和章程规定的职权范围以及召集、议事和决议方式行使职权。在其职权范围内的决议,除因违反法律法规和章程对董事会决议程序的规定或违反法律的规定而被撤销或被认定为不成立、无效之外,均具有法律约束力,包括股东在内的任何人均无权干涉。

大陆法系国家通常专门设置常设性的监事会,而英美法系国家通常在董事会下设审计或监察委员会等机构,对董事、经理执行职务的行为和法人财务运作实施监督,以维护法人和股东的利益,是法人的矫正器。

上述三会,再加上由总经理与诸多副总经理、财务负责人等组成的管理层,构成了一个法人通常设立的三会一层这样一个各司其职、分权制衡的法人治理结构。

如前所述,名义独立与组织机构独立二者构成了法人意志形成与表达的完整精神性基础,即交易的意思表示形成与表达均应是法人自己意志的独立体现。在关联交易过程中,若作为关联方的股东、实际控制人以及高管(为行文方便,本书将法人的董事、监事、财务负责人以及民办学校的校长、理事等,统称为管理层)未能将其与拟议交易之间存在的利益冲突提前向股东会或董事会等决策机关成员完整地披露,或者股东滥用其权利,直接决定或违反程序性规定而达成了股东会或董事会职权范围内的决议事项,这势必造成不了解该述利益冲突情况的决策机关成员无法理性、审慎地作出对法人有利的决策,或者破坏了股东会或董事会作为法人内设权力机关或执行机关的独立地位,实质上导致股东会或董事会形同虚设或沦为傀儡,最终突破了法人的独立人格与股东的有限责任。因此,关联交易尤其是不当关联交易,理应受到法律的有效规制。

三、独立意志缺失导致关联交易的意思表示一致性缺失进而影响其正当性

“不公平关联交易的根本含义是:交易表面上发生在两个或者两个以上的当事人之间,实际上却是由一方决定的。因此,不公平关联交易合同在本质上违反了真实自愿原则,控制权方的意志和利益完全取代了被控制方的意愿,被控制方的意思无从表示,更说不上‘意思表示的一致’。”因此,不当关联交易或合同“实际上不是法律意义上的合同,而仅仅是控制权方的单方法律行为”①。

不当关联交易,往往会突破名义独立与组织机构独立而欠缺法人的独立意

① 董安生、陈洁:《不公平关联交易合同的可撤销性问题研究》,载《法学杂志》2009 年第 2 期。

志,因此违背了民法的平等、自愿、公平等基本原则,更缺乏民事法律行为的意思表示一致性要件和意思表示真实性要件,因此,理论上可归属于不成立、无效或可撤销的法律行为。所以,关联交易理应受到法律的有效规制。

四、不当关联交易多因控股股东或实际控制人、管理层怠于履行忠实义务而发生

法人管理层对法人负有忠实勤勉义务,已被公司法等法律文件所明文确认;作为民办非企业单位的非营利性民办学校管理层,更应负有忠实勤勉义务。①

控股股东和实际控制人对法人是否负有信义义务,理论上存在一定的争议,实践中,《公司法》第21条和证监会的相关规章和证券交易所的相关规范性文件,已经要求控股股东和实际控制人对法人负有一定的忠实义务。② 而英美法系的普通法早已规定其在特定情况下的忠实义务[如英国2006年《公司法》第187条第(2)、(4)款对影子董事的规定,相当于我国的实际控制人]。对于双控人的信义义务,可参考第三篇的相关介绍。

早在1939年,美国联邦最高法院在Pepper v. Litton判例中,认为“在他们为获得个人私利且不能公正对待小股东而利用其对董事会的控制权支配其与法人之间的交易”时,“控制股东的信义义务就发生了”,并明确指出“占支配控制地位的股东享有被托付的权力,且其与法人之间的交易,在证据方面,应当适用更严格的审查标准以证明他们在交易中的善意和实质的公正”③。

尽量避免利益冲突是忠实义务的原本含义,而促使法人利益最大化、不得利用其特殊的身份与地位为自身牟取不当利益,才是信义义务的重中之重,俗话说,就是不能“吃里爬外”。尽管控股股东和实际控制人对法人的信义义务,在理论上还存在一定的争议,但是,本书认为,根据责任权利对等的基本原则,至少在其作为交易一方或关联方的关联交易中,因其与所控制的法人之间存在明显且直接的利益冲突,控股股东和实际控制人理应对法人负有前述信义义务。

---

① 如民政部2016年5月26日发布的《社会服务机构登记管理条例》(《民办非企业单位登记管理暂行条例》修订草案征求意见稿)第33条第1款第5项规定:“社会服务机构的负责人、理事、监事”不得有“其他违反忠实和勤勉义务,损害本单位利益的行为”。

② 如《上海证券交易所上市公司自律监管指引第1号——规范运作》(上证发〔2022〕2号,已失效)第4.2.10条和第4.3.1条。

③ Pepper v. Litton, 308 U. S. 295, 306 (1939). 转引自 Arthur Pinto, *Understanding Corporate Law*, FIFTH EDITION, CAROLINA ACADEMIC PRESS, 2018, p. 402。

第二节 关联交易有效规制的逻辑起点

一、关联交易应符合程序公正与实质公正的标准，但更应重视程序公正

如前所述，正当关联交易要符合“包括形式意义上的公平和实质意义上的公平”的公平标准，即程序公平和实质公平。

实质公平，通常是在关联交易被利益相关方提起诉讼之时，法院“对交易的实质内容即合同约定、合同履行是否符合正常的商业交易原则以及交易价格是否合理等进行审查”[①]。因此，实质公平，往往是在有争议的关联交易已被诉诸司法裁判时，法院对不当关联交易所侵害的相关主体的一种事后司法救济的审查标准，也是一种比较抽象的原则性的标准。

但是，随着监管及相关诉讼的发展，关联交易也呈现出新的趋势，即交易形式不断翻新、关联交易变得更加隐蔽、关联交易非关联化。这就导致了关联交易形成诉讼或被侵害的相关主体的权利被司法救济所保护的概率或程度，以及不当关联交易被司法纠正、不当关联交易责任主体被法律追责的可能性，都在大打折扣。

迟到的正义已是非正义！正当的关联交易需要公正的程序予以保障！

程序公平提供了事先和事中的保障，也为事后司法救济时将要进行的实质性审查提供更扎实的证据和事实的保障，因此，程序公平应该受到更高程度的重视。

“关联交易作为一种典型的利益冲突交易属于公司法上受信义务之忠实义务的规制范畴，我国公司法应将关联交易统合在忠实义务制度内予以系统的规范；完善的关联交易制度规则应包括关联交易的信息披露、事前程序审查和事后司法救济。”[②]

关联交易的程序公正标准，内含于关联交易达成的全过程。从关联交易被筹划、发起，到正式提交相应的决策机关审议、表决、决议，再到关联交易的履行及终止，都需要符合一定的程序性要求。

因此，只有充分的程序性保障，才能促使作为关联方的控股股东或实际控制人、高管事先充分披露利益冲突，才能保证决策机关在审议表决时充分了解交易的背景信息，特别是存在利益冲突的相关信息，才能保障受关联交易影响的利益

---

① 耿某某、刘某联公司关联交易损害责任纠纷案，最高人民法院(2019)最高法民终496号民事判决书。

② 施天涛：《公司法应该如何规训关联交易?》，载《法律适用》2021年第4期。

关联方能够充分了解关联交易的来龙去脉,在其权益受损时有足够的证据维护其合法权益,才能确保关联交易在阳光下更公正地进行,才能充分发挥关联交易这把双刃剑的正面功能,抑制其负面作用。

二、关联交易有效规制的源头:控股股东或实际控制人的信义义务与管理层对法人负有的忠实义务

(一)忠实勤勉义务是关联交易有效规制的源头

“关联交易就是一种典型的利益冲突交易,历来各国的公司法都将其作为忠实义务制度最为重要的内容加以规制。几乎可以说,公司法上的忠实义务制度主要就是调整关联交易的规则,其在比较法上已经形成了一套较为成熟的制度体系和制度规则。直言之,基于关联交易的利益冲突性本质,它本来就是忠实义务制度所涵盖的内容,是公司法上的一种具体制度。”①

“忠实义务要求董事以法人的最大利益行事。”“通常,当董事与法人之间存在利益冲突,特别是受到利益相关方控制且这种冲突将导致个人利益凌驾于法人利益之上时,董事的忠实义务就产生了。”②

关联交易,本就源于作为关联方的控股股东或实际控制人利用其对法人的控制关系、管理层利用其对法人的经营管理关系,要么基于促进法人快速发展的动机,要么基于谋取不当私利的动机,或兼而有之,而积极促成的。如前所述,这些控股股东或实际控制人、管理层本就对法人负有忠实义务,本就不得利用其控制或管理关系谋取不当私利。

因此,只有抓住信义义务与忠实义务这个关联交易的“牛鼻子”,才能把关联交易有效规制的程序性公正标准和实质性公正标准理顺,才能将不当关联交易的责任落实到负有法定义务的“恶人”一方,而不至于将“板子”打到本就被其侵害的“受害人”——法人——身上,放纵了真正的责任人,甚至纵容了责任人连续“作恶”,最终使得有效规制关联交易的一系列法律制度设计、利益相关方及监管机关的努力、期望促使关联交易正当化的目的,统统落空。

(二)忠实勤勉义务的立法建议

具体到立法或建章立制层面,就要追根溯源,抓住关联交易有效规制的源头,

---

① 施天涛:《公司法应该如何规训关联交易?》,载《法律适用》2021 年第 4 期。

② Arthur Pinto, *Understanding Corporate Law*, FIFTH EDITION, CAROLINA ACADEMIC PRESS, 2018, p. 352: “The duty of loyalty requires a fiduciary to act in the best interests of the corporation. Traditionally, the duty of loyalty was raised when the fiduciary (or those associated with him or her) had a conflict of interest with the corporation, suggesting that personal interests may be advanced over corporate interests i. e., self interested.”

可借鉴《公司法》第180条以及民政部2016年的《社会服务机构登记管理条例》(《民办非企业单位登记管理暂行条例》修订草案征求意见稿),并参考英美法对公司董事的忠实勤勉义务立法,对非营利性法人的董高义务的条款具体化。具体条款建议如下:

"【忠实义务】民办学校的校长、董事、理事、监事、财务负责人等高级管理人员应当遵守法律、行政法规和法人章程,对法人负有忠实义务,不得利用职权谋取不正当利益。

【勤勉义务、善意履职义务】董事、理事、校长、监事、财务负责人等高级管理人员对法人负有勤勉义务,执行职务应当秉持善意为法人的最大利益尽到一般管理者通常应有的合理注意。"

三、关联交易有效规制的逻辑起点:向决策机关成员事先申报利益冲突

(一)事先申报利益冲突才是有效规制关联交易的逻辑起点

所谓"利益冲突",是指两个以上相互对立且合法的利益,在同时并存的情况下,行为主体基于优先利益的考量,将选择其中一方的利益,而回避他方的利益,更甚者乃是为谋取其所图一方的利益,牺牲他方的利益。[①] 利益冲突,通常是指行为人基于法律规定或合同约定的职务或委托而代表组织或他人的利益与其自身的私人利益之间的冲突,且该"冲突双方各自的利益处于一种此消彼长的状态"[②]。这里的利益,不仅是经济利益,还包括专业利益、个人声誉或情感利益等。"利益冲突很可能促使其为个人利益而滥用职权,以获取本属于法人的利益,或者与法人之间从事自我交易,而在这种自我交易中,董事是交易的双方并能获得其他股东无法获得的利益。"因此,"通常,董事在利益冲突时对法人负有忠诚义务,也就负有完全坦诚地披露信息的义务"[③]。

抓住忠实义务这个关联交易的"牛鼻子",其逻辑起点就是要夯实控股股东或实际控制人(法理依据如前所述)、管理层在关联交易中事先向决策机关成员申报利益冲突的义务。

---

① 参见刘倩妏:《关系人交易之利益冲突及规范面向》,载《法令月刊》2014年第12期。

② 孙威:《公司与其管理者利益冲突及法律规制研究》,对外经济贸易大学2006年博士学位论文,第14页。

③ Arthur Pinto, *Understanding Corporate Law*(*FIFTH EDITION*), CAROLINA ACADEMIC PRESS, 2018, p. 352: "Conflicts of interest may involve a use of position for personal gain, taking something that belongs to the corporation, or some form of self-dealing with the corporation where the fiduciary is on both sides of a transaction and in a position to receive a benefit unavailable to other shareholders. Generally, when the duty of loyalty in a conflict of interest applies, there is a duty of complete candor."

基于信义义务与忠实义务的本意，若关联交易确有必要，或关联交易已经不可避免地将要发生，作为关联方的控股股东或实际控制人、管理层，不得利用其控制法人或管理法人事务的特殊身份与地位为自身牟取不当利益；同时，也正因其特殊的身份或地位，在其作为关联方的关联交易提交审议之前，理应向决策机关披露其与拟议交易之间存在的利益冲突的性质与范围、与拟议交易之间的关系、与关联方之间关联关系的具体情况等详细信息，以便法人的决策机关在审议关联交易时能够充分考虑这种利益冲突对交易的利弊、履行、可能的结果以及交易对法人经营的影响、对债权人利益的影响等诸多因素，并最终作出是否同意该项交易的审慎决策。

"披露总是与非利害关系决策者的'批准'或'许可'紧密联系在一起，'披露'是决策者'批准'或'许可'的前提条件。"①因此，在关联交易提交审议或决策之前，作为关联方的控股股东或实际控制人、管理层应当按照相应的标准，在规定的时间之前，向决策机关成员申报利益冲突的具体信息（详细内容，请见后述"关联交易有效规制的程序路径"之"利益冲突事先申报制度"章节）。

（二）我国还没有真正意义上的利益冲突申报制度

对于利益冲突申报，我国现有法律文件仅有的部分规定，没有对利益冲突申报制度的完整规定，该制度的预期效果受到影响。

例如，2023 年修订的《公司法》第 182 条仅规定了报告义务，但对于报告的具体内容只字未提。首先，报告的主体未能将公司的控股股东和实际控制人纳入，而这才是不当关联交易发生频率最高的发动主体。其次，对于报告的范围没有明确规定，更没有明确应报告事项的核心是存在的利益冲突；对报告时间、报告形式、持续报告及公司是否可以通过章程规定豁免的具体情形，都没有规定。很明显，这样的简略规定，完全达不到利益冲突申报制度的应有效果。

再如，《公司法解释五》第 1 条第 1 款规定，"关联交易损害公司利益，原告公司依据民法典第八十四条、公司法第二十一条规定请求控股股东、实际控制人、董事、监事、高级管理人员赔偿所造成的损失，被告仅以该交易已经履行了信息披露、经股东会或者股东大会同意等法律、行政法规或者公司章程规定的程序为由抗辩的，人民法院不予支持"。因为没有相关法律文件规定利益冲突的事先申报制度，此处的"该交易已经履行了信息披露"通常只能理解成《企业会计准则第 36 号——关联方披露》第 2 条规定的"企业财务报表中应当披露所有关联方关系及其交易的相关信息"，即对关联交易的事后披露，该披露也仅涉及财务信息的披

① 施天涛、杜晶：《我国公司法上关联交易的皈依及其法律规制——一个利益冲突交易法则的中国版本》，载《中国法学》2007 年第 6 期。

露，这只是完整的利益冲突申报制度的一小部分，完全无法实现本书前述关联交易“程序正义”的制度价值。

此外，在上海和深圳两地证券交易所的规范性文件中，都有“上市公司董事、监事、高级管理人员、持有公司5%以上股份的股东及其一致行动人、实际控制人应当及时向上市公司董事会报送上市公司关联方名单及关联关系的说明，由公司做好登记管理工作”[①]的规定。从字面理解可知，该述“关联关系的说明”只是一般常态下的关联关系，与本书所述的利益冲突申报制度所要申报的关联方与关联交易存在的利益冲突范围，相距甚远。

（三）英美法系国家的利益冲突申报制度

对于利益冲突的申报制度，英美法系国家的公司法或非营利法人法等均作出了详细的规定，关联交易的规制制度相对更完善成熟。

在普通法的判例中，1998年，美国特拉华州最高法院的判例就明确指出“董事对全体股东负有诚实沟通全面信息的信义义务”，因此“故意向单个股东散布导致公司受损害的虚假信息的董事，违背了他们的信义义务，可能被要求根据实际情况承担相应的责任”[②]。

对营利性公司从事关联交易时的利益冲突申报，英国2006年《公司法》、澳大利亚2001年《公司法》以及美国《示范商业公司法》等均有详细规定，在后续的关联交易有效规制的程序路径中详细介绍。

对非营利性的法人从事关联交易时的利益冲突申报，纽约州在其2013年发布的《纽约州非营利组织振兴法案》第715节关联交易部分的（a）条款[③]中规定，“非营利组织从事关联交易应当按照公平、合理且在交易决议时符合法人最大利益的原则，由董事会或其授权的委员会批准；同时，与关联交易存在利害关系的董事、高管及关键人员，应当善意地向董事会或其授权的委员会披露与该利害关系

---

① 参见《上海证券交易所股票上市规则》（2022年1月修订）（上证发〔2022〕1号，已失效）和《深圳证券交易所股票上市规则》（2022年修订）（深证上〔2022〕12号，已失效）第6.3.5条。

② Malone v. Brincat, 722 A. 2d 5 (Del. 1998). 转引自 Arthur Pinto, *Understanding Corporate Law*, FIFTH EDITION, CAROLINA ACADEMIC PRESS, 2018, p. 304："directors who knowingly disseminate false information that results in corporate injury or damage to an individual stockholder violate their fiduciary duty, and may be held accountable in a manner appropriate to the circumstances."

③ § 715. Related party transactions.

(a) No corporation shall enter into any related party transaction unless the transaction is determined by the board, or an authorized committee thereof, to be fair, reasonable and in the corporation's best interest at the time of such determination. Any director, officer or key person who has an interest in a related party transaction shall disclose in good faith to the board, or an authorized committee thereof, the material facts concerning such interest.

有关的重大事实”。

另外，加拿大安大略省2010年通过的《非营利组织法》第41条①规定，作为关联交易一方当事人，或作为一方当事人的董事或高管，或存在重大利害关系的法人的董事或高管，应当向法人披露其利益的性质及范围，或要求将其利益情况记入董事会议记录。

从纽约州和安大略省的规制思路可以看出，非营利性组织所从事的关联交易的规制方式与营利性法人的关联交易的规制方式基本相同，并无实质性差别。这一点值得我国参考。甚至针对特殊的主体，如民办学校，鉴于《民办教育促进法》已将其属性界定为“公益性事业”，理论上，对民办学校从事的关联交易施行更严厉的规制原则和标准，也是符合该法的立法宗旨的。

(四)利益冲突申报制度的立法建议

在后述详细介绍基础上，我们认为，在我国，具体到立法或建章立制层面，要理顺逻辑关系，把握关联交易有效规制的逻辑起点，参考境外现有立法例，建立完善的利益冲突申报制度，利益冲突申报条款建议如下：

“【申报义务】公司的控股股东或实际控制人以及董事、监事、财务负责人等高级管理人员，作为关联交易的关联方或关联关系纽带时，负有利益冲突申报义务。

【利益冲突申报】申报义务人在关联交易提交决策机关审议之前，应基于其对公司所负有的信义义务或忠实义务，通过邮寄、电子邮件等电子数据传输方式以及当面提交或在决策机关会议上现场提交等方式向决策机关成员善意地披露其与拟议交易存在的利害关系及其性质与程度，以及其所了解的一个普通审慎之人合理认为判断该交易是否继续所必需的与交易有关的全部重大事实，以保障决策机关成员能够据此按照公平、合理且在决议时符合法人最大利益的原则审议批准该关联交易；申报义务人的利益冲突申报应当真实、准确、完整，不得有虚假记载、误导性陈述或者重大遗漏。

【持续申报】若已申报的内容不真实、准确、完整，或者存在虚假记载、误导性陈述或者重大遗漏等情形，或者在关联交易达成之后，又发生了申报义务人申报

① Disclosure：conflict of interest

41 (1) A director or officer of a corporation who,

(a) is a party to a material contract or transaction or proposed material contract or transaction with the corporation；or

(b) is a director or an officer of, or has a material interest in, any person who is a party to a material contract or transaction or proposed material contract or transaction with the corporation,

shall disclose to the corporation or request to have entered in the minutes of meetings of the directors the nature and extent of his or her interest. 2010, c. 15, s. 41 (1).

内容之外、对判断交易是否继续或对其履行存在重大影响的利益冲突有关事实,申报义务人应当在被揭露存在申报不合格或新事实发生后,及时按前款规定的申报方式向决策机关成员补充申报真实的或被遗漏的事实、纠正误导陈述的事实、申报新的事实。

【不申报或申报不合格的法律责任】申报义务人不申报或申报不合格的,应当按照本条及其他相关法律的规定承担相应的法律责任。”

第二十章

关联交易有效规制的程序路径[①]

关联交易的规制方式,程序路径上一般包括以下几项制度:利益冲突事先申报制度、关联交易的审议批准及回避制度、财务报告中的事后披露制度、上市公司或民办学校的公开披露制度、非营利性民办学校关联交易的监管和年审制度等。

第一节 利益冲突事先申报制度

利益冲突事先申报制度,是指申报义务人在关联交易提交决策机关审议之前,应基于其对法人所负有的信义义务或忠实义务,通过规定的方式向决策机关成员善意地披露其与拟议交易存在的利害关系及其性质与程度,以及其所了解的一个普通审慎之人合理认为判断该交易是否继续所必需的与交易有关的全部重大事实,以保障决策机关成员能够据此按照公平、合理且在决议时符合法人最大利益的原则审议批准该关联交易,否则,应当承担相应法律责任的制度。

商业环境的复杂性决定交易链条的考察不能局限在法律行为限定的狭隘视野之内,因为"提取公因式"的建构方法本就意味着法律行为逻辑只能适应对"共性"交易元素的解读,而无力为交易的诸多"个性"元素,尤其是为特定决策背景提供契合商业逻辑的认知与评价指引。价格公平与否显然只代表着交易公平性考察的"共性"路径,设定程序性规则的意义与国内学界熟知的经营判断法则一脉相承,展现的都是一种承认法官认知能力局限的谦抑精神,强调"商业的归商业、司法的归司法",也就是通过弥补交易"个性"因素考察不足的途径,实现决策背景的"复原"。[②] 因此,利益冲突申报这一程序性制度,对于实现公平正当的关联交易、保护公司的合法权益,无疑是十分重要的。

---

① 本章"利益冲突申报制度"部分为上海市教委民办教育"民智计划"《营利性民办学校法律实务问题与对策专题研讨论坛》项目的阶段性研究成果。

② 参见靳羽:《美国控制股东信义义务:本原厘定与移植回应》,载《比较法研究》2021 年第 1 期。

我国并无利益冲突事先申报制度的相关立法。因此,本章基于对该制度的法理理解并参照国外的立法例,对利益冲突事先申报制度的具体内容分别阐述如下。

一、申报义务人

申报义务人即在关联交易提交审议之前依法负有申报相关利害冲突义务之人,其范围应该以其对法人负有的信义义务或忠实义务为基础予以确定,一般包括与拟议交易存在利益冲突的、作为交易一方的法人的控股股东或实际控制人、管理层等。

需要注意的是,对于关联方的范围,我国及国外相关法例,一般都会将其扩大到法人的控股股东或实际控制人、管理层之外与其存在共同利益或利害关系的自然人或非自然人的组织。而对于该述自然人或组织而言,他们对法人不一定存在控制关系或职务关系,若存在,当视为其对法人负有忠实义务,自然应当承担关联交易的利益冲突申报义务;若不存在,当然对法人不负有忠实义务,因此,该述自然人或组织就没有前述利益冲突申报义务,当然不能成为申报义务人。但是,拟议关联交易的前述关联方确实又与法人之间存在利益冲突,这一利益冲突亦应当被法人的决策机关所充分了解。所以,此时,申报义务人应当是作为关联关系利益纽带的、对法人负有忠实义务的控股股东或实际控制人、管理层。

对于关联关系的纽带,若是具有监督管理身份的人以及与其具有婚姻家庭身份的人,基于其忠实勤勉义务,应当由该具有监督管理身份的人作为申报人、承担申报义务,自然没有争议。

但是,若关联方是处于控制地位或重大影响地位的人以及与其具有监督管理身份或婚姻家庭身份的人,处于控制地位或重大影响地位本身并不当然对公司负有忠实勤勉义务,与处于控制地位或重大影响地位的人具有监督管理身份的人,因其并非公司的董监高也并不当然对公司负有忠实勤勉义务。因此,该种情况下,申报的义务人就无法落实了。此时,要向该申报人员落实申报义务,就应当由法律法规作出明确规定。明确该种情况下申报人是十分必要的,只有如此,才能由人向公司揭开拟议交易属于关联交易、存在损害公司利益的可能,并在公司决议机构充分了解其披露的关联关系情况后,根据实际情况作出对公司最有利的决策。否则,这样的关联交易就会无阻碍地通过并实施,公司的利益就无从保障。

对申报义务人,英美法系立法例的相关条款,可参见英国 2006 年《公司法》第

177 条第(1)项[①]、第 187 条第(1)(4)项[②]对影子董事(基本相当于我国的实际控制人)的规定以及澳大利亚 2001 年《公司法》第 191 条第(1)项[③]的规定。

二、申报对象

利益冲突的申报对象,是法人决策机关的全体成员。具体而言,要根据相关法律和法人章程对拟议关联交易属于股东会还是董事会或理事会的决议事项的规定而定。

在特殊情况下,如因执行回避制度的要求,董事会成员人数或无利益冲突的董事不足 3 人,无法达成多数决时,需要将决策机关由董事会提升为股东会。此时,申报的对象就应该是股东会的全体成员。

根据我国《公司法》(2023 年修订)第 182 条的规定,申报对象包括公司的董事会和股东会。考虑到执行回避之后可能将拟议交易提级由股东会决议的情况,此时,申报对象应该是股东会。

对申报对象,英美法系立法例的相关条款,可参见英国 2006 年《公司法》第 182 条第(1)项[④]、澳大利亚 2001 年《公司法》第 191 条第(1)项。

三、申报方式

利益冲突的申报,一般应通过邮寄、电子邮件等电子数据传输方式以及当面提交或在决策机关会议上现场提交等方式进行。

对申报方式,英美法系立法例的相关条款,可参见英国 2006 年《公司法》第

---

① 177 Duty to declare interest in proposed transaction or arrangement

(1) If a director of a company is in any way, directly or indirectly, interested in a proposed transaction or arrangement with the company, he must declare the nature and extent of that interest to the other directors.

② 187 Declaration of interest in existing transaction by shadow director

(1) The provisions of this Chapter relating to the duty under section 182 (duty to declare interest in existing transaction or arrangement) apply to a shadow director as to a director, but with the following adaptations.

(4) General notice by a shadow director is not effective unless given by notice in writing in accordance with section 184.

③ 191 Material personal interest—director's duty to disclose

Director's duty to notify other directors of material personal interest when conflict arises

(1) A director of a company who has a material personal interest in a matter that relates to the affairs of the company must give the other directors notice of the interest unless subsection. (2) says otherwise.

④ 182 Declaration of interest in existing transaction or arrangement

(1) Where a director of a company is in any way, directly or indirectly, interested in a transaction or arrangement that has been entered into by the company, he must declare the nature and extent of the interest to the other directors in accordance with this section.

177 条第(2)项[1]、第 184 条[2]、第 185 条第(4)项[3]。

四、申报时间

利益冲突的申报,一般应该在决策机关开会审议之前提交,以便决策机关成员能够有充分的时间对利益冲突的具体情况及其对交易的影响进行审慎的了解和判断;若交易或利益冲突比较简单、交易的需求比较紧急,最迟也要在其对关联交易进行审议之时提交。

在关联交易已经决议通过之后,事后补充申报已经没有实质性意义。即使在决议通过、正式签署交易合同之前申报,也还是需要决策机关重新审议表决,这也是违背效率原则的,不应予以提倡。

对申报时间,英美法系立法例的相关条款,可参见英国 2006 年《公司法》第 177 条第(4)项[4]。

五、申报范围

利益冲突的申报范围,一般包括两个方面:"(1)与利益冲突有关的重大事实;

---

① (2) The declaration may (but need not) be made—

(a) at a meeting of the directors, or

(b) by notice to the directors in accordance with—

(i) section 184 (notice in writing), or

(ii) section 185 (general notice).

② 184 Declaration made by notice in writing

(1) This section applies to a declaration of interest made by notice in writing.

(2) The director must send the notice to the other directors.

(3) The notice may be sent in hard copy form or, if the recipient has agreed to receive it in electronic form, in an agreed electronic form.

(4) The notice may be sent—

(a) by hand or by post, or

(b) if the recipient has agreed to receive it by electronic means, by agreed electronic means.

(5) Where a director declares an interest by notice in writing in accordance with this section—

(a) the making of the declaration is deemed to form part of the proceedings at the next meeting of the directors after the notice is given, and

(b) the provisions of section 248 (minutes of meetings of directors) apply as if the declaration had been made at that meeting.

③ 185 General notice treated as sufficient declaration

(4) General notice is not effective unless—

(a) it is given at a meeting of the directors, or

(b) the director takes reasonable steps to secure that it is brought up and read at the next meeting of the directors after it is given.

④ (4) Any declaration required by this section must be made before the company enters into the transaction or arrangement.

以及(2)与交易有关的重大事实。两方面的重大事实缺一不可。”①究其原因，正如埃森伯格教授所阐述的那样：“即使与利益冲突有关的重大事实得到了披露，但作为交易双方的公司和管理者在信息方面仍然是不对称的，因此为保证双方交易地位一致，公司有权知晓董事和高级执行人员知晓的每一件重大事实。”②

与利益冲突有关的重大事实，应当包括申报义务人与拟议交易存在的利害关系及其性质与程度。

与交易有关的重大事实，应当包括申报义务人所了解的一个普通审慎之人合理认为判断交易是否继续所必需的与交易有关的全部重大事实。很明显，对后者的具体范围只是一个原则性的界定，具体内容还是需要根据拟议交易的不同情况具体确定。需要注意的是，对这一原则性界定的理解与判断，势必涉及控股股东或实际控制人、管理层对法人所负有的信义义务或勤勉义务的实际履行情况。

对申报范围，英美法系立法例的相关条款，可参见英国2006年《公司法》第182条第(1)项、美国2006年《示范商业公司法》第8.60节第(4)款③、澳大利亚2001年《公司法》第191条第(3)项④。

六、合格申报

利益冲突的申报，应当满足一定的标准，才能使决策机关成员充分了解交易的必要信息，才能使其审慎地判断交易的必要性、可行性以及对法人的利弊，因此才能作出公平、合理且符合法人最大利益的决议。

---

① 孙威：《公司与其管理者利益冲突及法律规制研究》，对外经济贸易大学2006年博士学位论文，第14页。

② M. A. Eisenberg, *Self-Interested Transactions in Corporate Law*, 13 J. Corp. L. 997 (1988), p. 1000.

③ § 8.60. Subchapter Definitions.

(4) Required disclosure means disclosure by the director who has a conflicting interest of

(i) the existence and nature of his conflicting interest, and

(ii) all facts known to him respecting the subject matter of the transaction that an ordinarily prudent person would reasonably believe to be material to a judgment about whether or not to proceed with the transaction.

④ 191 Material personal interest—director's duty to disclose Director's duty to notify other directors of material personal interest when conflict arises

(3) The notice required by subsection (1) must:

(a) give details of:

(i) the nature and extent of the interest; and

(ii) the relation of the interest to the affairs of the company; and

(b) be given at a directors' meeting as soon as practicable after the director becomes aware of their interest in the matter.

The details must be recorded in the minutes of the meeting.

这一标准,可以参考证券法关于信息披露的相关要求,如真实、准确、完整地申报,申报文件不得有虚假记载、误导性陈述或者重大遗漏。

七、善意申报

笔者认为,善意履职应独立于忠实和勤勉义务之外,单独作为高管的一项基本义务。[①] 高管基于忠实义务,在拟议关联交易审议之前负有利益冲突申报义务,申报义务的具体履行应当秉持坦诚与善意、出于正当目的或动机,不得误导决策机关成员,不得怀有非物质的不良动机,诸如恶意、敌意、歹意、憎恶、仇恨、报复、贪婪、奢侈、嫉妒等。如此,才能保障关联交易的正当性、保护法人的合法权益。

对高管的善意履职义务,英美法系立法例的相关条款,可参见英国2006年《公司法》第172条第(1)项[②]、美国特拉华州《普通公司法》第102节第(b)款第(7)项[③]、

---

① 相关论述可参考本书第一篇中的"善意履职应独立作为董监高的基本义务"的章节。

② 172 Duty to promote the success of the company

(1) A director of a company must act in the way he considers, in good faith, would be most likely to promote the success of the company for the benefit of its members as a whole, and in doing so have regard (amongst other matters) to—

(a) the likely consequences of any decision in the long term,

(b) the interests of the company's employees,

(c) the need to foster the company's business relationships with suppliers, customers and others,

(d) the impact of the company's operations on the community and the environment,

(e) the desirability of the company maintaining a reputation for high standards of business conduct, and

(f) the need to act fairly as between members of the company.

③ § 102. Contents of certificate of incorporation.

(b) In addition to the matters required to be set forth in the certificate of incorporation by subsection (a) of this section, the certificate of incorporation may also contain any or all of the following matters:

(7) A provision eliminating or limiting the personal liability of a director to the corporation or its stockholders for monetary damages for breach of fiduciary duty as a director, provided that such provision shall not eliminate or limit the liability of a director: (i) For any breach of the director's duty of loyalty to the corporation or its stockholders; (ii) for acts or omissions not in good faith or which involve intentional misconduct or a knowing violation of law; (iii) under § 174 of this title; or (iv) for any transaction from which the director derived an improper personal benefit. No such provision shall eliminate or limit the liability of a director for any act or omission occurring prior to the date when such provision becomes effective. An amendment, repeal or elimination of such a provision shall not affect its application with respect to an act or omission by a director occurring before such amendment, repeal or elimination unless the provision provides otherwise at the time of such act or omission. All references in this paragraph to a director shall also be deemed to refer to such other person or persons, if any, who, pursuant to a provision of the certificate of incorporation in accordance with § 141(a) of this title, exercise or perform any of the powers or duties otherwise conferred or imposed upon the board of directors by this title.

美国2006年《示范商业公司法》第8.30节第(a)款[①]、澳大利亚2001年《公司法》第181条第(1)项[②]。

八、持续申报

持续申报,是指已申报的内容被发现不真实、准确、完整,或者存在虚假记载、误导性陈述或者重大遗漏的,以及在关联交易达成之后,又发生了申报义务人申报内容之外、对判断交易是否继续或对其履行存在重大影响的利益冲突有关事实,申报义务人应当在被揭露存在申报不合格或新事实发生后,及时向决策机关成员补充申报真实的或被遗漏的事实、纠正误导陈述的事实、申报新的事实。

对持续申报,英美法系立法例的相关条款,可参见英国2006年《公司法》第177条第(3)项和第182条第(3)项[③]、加拿大安大略省2010年的《非营利组织法》第41条第(8)款[④]。

九、申报豁免

申报的豁免,一般属于法人在关联交易中单纯受益而无须承担义务或责任的情况,如作为关联方的控股股东或实际控制人、高管向法人提供贷款,或为法人向第三方借款而向该第三方提供担保等法人纯收益的交易。

---

① § 8.30. Standards of Conduct for Directors.

(a) Each member of the board of directors, when discharging the duties of a director, shall act:

(1) in good faith, and

(2) in a manner the director reasonably believes to be in the best interests of the corporation.

② 181 Good faith—civil obligations

Good faith—directors and other officers

(1) A director or other officer of a corporation must exercise their powers and discharge their duties:

(a) in good faith in the best interests of the corporation; and

(b) for a proper purpose.

③ If a declaration of interest under this section proves to be, or becomes, inaccurate or incomplete, a further declaration must be made.

④ Continuing disclosure

(8) A general notice to the directors by a director or officer disclosing that he or she is a director or officer of or has a material interest in a person, or that there has been a material change in the director's or officer's interest in the person, and is to be regarded as interested in any contract made or any transaction entered into with that person is sufficient disclosure of interest in relation to any such contract or transaction for the purposes of this section. 2010, c. 15, s. 41 (8).

另外,关联交易所涉关系被合理地认为不会产生利益冲突、交易所涉利益冲突已被其他决策机关成员所知悉等情形,也属于可以豁免申报的事项。

对申报豁免,英美法系立法例的相关条款,可参见英国 2006 年《公司法》第 177 条第(6)项①、澳大利亚 2001 年《公司法》第 191 条第(2)项②。

---

① (6) A director need not declare an interest—

(a) if it cannot reasonably be regarded as likely to give rise to a conflict of interest;

(b) if, or to the extent that, the other directors are already aware of it (and for this purpose the other directors are treated as aware of anything of which they ought reasonably to be aware); or

(c) if, or to the extent that, it concerns terms of his service contract that have been or are to be considered—

(i) by a meeting of the directors, or

(ii) by a committee of the directors appointed for the purpose under the company's constitution.

② (2) The director does not need to give notice of an interest under subsection (1) if:

(a) the interest:

(i) arises because the director is a member of the company and is held in common with the other members of the company; or

(ii) arises in relation to the director's remuneration as a director of the company; or

(iii) relates to a contract the company is proposing to enter into that is subject to approval by the members and will not impose any obligation on the company if it is not approved by the members; or

(iv) arises merely because the director is a guarantor or has given an indemnity or security for all or part of a loan (or proposed loan) to the company; or

(v) arises merely because the director has a right of subrogation in relation to a guarantee or indemnity referred to in subparagraph (iv); or

(vi) relates to a contract that insures, or would insure, the director against liabilities the director incurs as an officer of the company (but only if the contract does not make the company or a related body corporate the insurer); or

(vii) relates to any payment by the company or a related body corporate in respect of an indemnity permitted under section 199A or any contract relating to such an indemnity; or

(viii) is in a contract, or proposed contract, with, or for the benefit of, or on behalf of, a related body corporate and arises merely because the director is a director of the related body corporate; or

(b) the company is a proprietary company and the other directors are aware of the nature and extent of the interest and its relation to the affairs of the company; or

(c) all the following conditions are satisfied:

(i) the director has already given notice of the nature and extent of the interest and its relation to the affairs of the company under subsection (1);

(ii) if a person who was not a director of the company at the time when the notice under subsection (1) was given is appointed as a director of the company—the notice is given to that person;

(iii) the nature or extent of the interest has not materially increased above that disclosed in the notice; or

(d) the director has given a standing notice of the nature and extent of the interest under section 192 and the notice is still effective in relation to the interest.

十、未申报的法律责任

没有责任的义务，只能沦落为一张空头支票，毫无法律意义。

若未履行或未合格履行申报义务，申报义务人应当承担相应的法律责任。比如，应当在其未申报事项所导致法人遭受的损失范围内向法人承担一定的赔偿责任，若因此损害了法人的股东或债权人利益，也应在该损失范围内向其承担相应的赔偿责任；情形严重或破坏经济秩序、损害公共利益的，应当按照相关法律的规定，受到相应的行政处罚乃至刑事惩罚。

在民事责任方面，我国目前的司法实践中，通常以《公司法》第 22 条为依据，由董事或监事代表公司或股东通过代表诉讼对利用关联交易损害公司利益的控股股东、实际控制人、董监高提起“损害公司利益责任纠纷”之诉；或者由公司债权人对控股股东、实际控制人提起“损害公司债权人利益责任纠纷”之诉。但是，因没有利益冲突事先申报的法律依据，该述诉讼均无法以关联交易申报义务人未申报或未合格申报利益冲突的不履行义务行为要求其承担更高的过错责任和更多的赔偿责任。

对于未申报的法律责任，英美法系立法例的相关条款，可参见英国 2006 年《公司法》第 183 条①。

第二节　关联交易的事中审议批准及表决回避

关联交易因其存在利益冲突，可能损害法人合法权益，除明文规定可以豁免批准的事项外，均应按照法律或法人章程的规定由董事会、理事会或股东会等决策机关审议批准，方能有效实施。

---

① 183 Offence of failure to declare interest

(1) A director who fails to comply with the requirements of section 182 (declaration of interest in existing transaction or arrangement) commits an offence.

(2) A person guilty of an offence under this section is liable—

(a) on conviction on indictment, to a fine;

(b) on summary conviction, to a fine not exceeding the statutory maximum.

一、申报文件作为批准前提

申报义务人提交的申报材料,应当作为决策机关审慎判断交易必要性、可行性及其利弊分析的前提和重要依据。

审议过程中,决策机关成员应当履行勤勉尽责的义务对交易进行审议,应当合理地认为拟议交易符合公平、合理的原则,且在审议之时符合法人的最大利益。否则,投票赞成关联交易的决策机关成员应当对不当关联交易对法人所造成的损失依法承担损害赔偿责任。

二、审批机关的审批

法人可以按照法律规定及授权,在其章程中规定各个不同种类的关联交易需要通过其董事会、理事会审批,或者需要通过更高层级的股东会审批。在特殊情况下,如因执行回避制度而无法参与表决的董事不参加会议,董事会成员可能不足 3 人,因此无法达成多数决,此时,需要将决策机关由董事会提升为股东会。

在一些事项中,法人的利益会明显地与管理层的利益存在冲突,因此,有必要对该述事项直接由法律规定必须取得法人股东会的批准。例如,英国 2006 年《公司法》规定,对董事的长期服务合同、大额非现金资产交易、向董事借款、向董事提供担保或保证等信用交易、向法人的董事或法人控股股东的董事作出对失去职务的赔付、向因转让法人自己或其子公司的财产或事业而失去职务的法人自己或其子公司的董事作出对失去职务的赔付、向因源于收购竞价而发生的法人自己或其子公司的股份转让而失去职务的法人自己或其子公司的董事作出对失去职务的赔付等特别事项,均应获得股东会的批准。

同时,对于决策机关表决的方式,一般会要求取得因回避而不参与表决成员之外的其他全体成员的 2/3 以上多数或者表决权的 2/3 以上多数同意通过,方能形成有效的决议,即无利害关系的少数中的多数原则。

需要注意的是,在判断是否构成关联交易以及某项关联交易应属于哪个决策机关审批、是否属于可豁免审批的事项之时,应当按照实质重于形式的原则以及穿透审查的原则予以认定。

对于需要股东会批准的关联交易事项,英美法系立法例的相关条款,可参见英国2006年《公司法》第190条[①]、第191条[②]、第197条第(1)项[③]。

三、表决回避

表决回避制度，旨在通过因利害关系而被要求回避之后，无利害关系的决策机关成员对拟议事项进行表决，并由无利害关系成员中的多数达成决议，即少数中的多数原则，以此抑制关联交易的负面作用、保护法人的合法权益。

决策机关审议、表决拟议关联交易时，与该交易存在利益关联的决策机关成员，包括董事会或理事会的成员、股东会的股东及控股股东，均应当回避，不参与该关联交易的审议表决。

实际控制人，按照我国《公司法》的规定与公司之间不存在直接持股或任职的关系，通常不会是股东会的成员或已登记备案的董事会成员，不存在回避的问题。

---

① 190 Substantial property transactions: requirement of members' approval

(1) A company may not enter into an arrangement under which—

(a) a director of the company or of its holding company, or a person connected with such a director, acquires or is to acquire from the company (directly or indirectly) a substantial non-cash asset, or

(b) the company acquires or is to acquire a substantial non-cash asset (directly or indirectly) from such a director or a person so connected, unless the arrangement has been approved by a resolution of the members of the company or is conditional on such approval being obtained.

② 191 Meaning of "substantial"

(1) This section explains what is meant in section 190 (requirement of approval for substantial property transactions) by a "substantial" non-cash asset.

(2) An asset is a substantial asset in relation to a company if its value—

(a) exceeds 10% of the company's asset value and is more than £ 5,000, or

(b) exceeds £ 100,000.

(3) For this purpose a company's "asset value" at any time is—

(a) the value of the company's net assets determined by reference to its most recent statutory accounts, or

(b) if no statutory accounts have been prepared, the amount of the company's called-up share capital.

(4) A company's "statutory accounts" means its annual accounts prepared in accordance with Part 15, and its "most recent" statutory accounts means those in relation to which the time for sending them out to members (see section 424) is most recent.

(5) Whether an asset is a substantial asset shall be determined as at the time the arrangement is entered into.

③ 197 Loans to directors: requirement of members' approval

(1) A company may not—

(a) make a loan to a director of the company or of its holding company, or

(b) give a guarantee or provide security in connection with a loan made by any person to such a director,

unless the transaction has been approved by a resolution of the members of the company.

若其实际参与股东会或担任董事，可以直接适用前述原则，直接执行回避制度，不参与审议表决。

需要讨论的是，控股股东或实际控制人委派或控制的董事或理事，是否需要回避。按照我国《公司法》的规定，有限公司和股份公司除职工董事外，其他董事的产生一般由公司章程规定；上市公司的董事一般由股东按照一定的规则提名，由股东大会选举产生。实践中，公司的董事可以委派或提名后选举等方式产生，董事的委派人或提名人也是公开的信息。委派或提名的基础，很可能存在特殊的利益、信任、控制关系，被委派或提名的董事在参与委派人或提名人所涉关联交易的审议表决时，很难摆脱这种特殊关系的束缚，也间接地在拟议关联交易问题上与公司产生了一定的利益冲突。所以，考虑到董事对公司的忠实义务及其在拟议交易中存在的利益冲突，控股股东或实际控制人委派或控制的董事或理事，应当在决策机关审议表决控股股东或实际控制人作为关联方的拟议交易时，执行回避制度。

在拟议交易由控股股东、对公司有共同控制、能施加重大影响的股东或主要投资者作为关联纽带时，如何执行回避制度？

首先，对于此类交易，不能再由董事会决议，而应提级交由股东会决议，否则，因为前述控制、共同控制或重大影响关系的存在，公司董事会成员对关联交易进行表决时，难保不会受到不当干预，董事的自主判断很容易受到牵制。因此，应当提级交由股东会决议。

其次，该述交易提交股东会决议时，前述关联股东也应当回避，决议应当由无关联关系股东所持表决权的过半数通过，方能生效。

在公司与其受同一母公司控制的其他企业之间，即兄弟公司之间进行交易时，是否需要执行回避制度？如何执行回避制度？

首先，同前一类关联交易类似，此类交易也应当执行回避制度，而且，关联交易也应当提级交由公司股东会决议。

其次，该述交易提交股东会决议时，母公司作为关联股东也应当回避，决议应当由无关联关系股东所持表决权的过半数通过，方能生效。

最后，若公司是母公司的全资子公司，没有其他股东，就无法回避。此种特殊情况，如何保障公司的利益，进而保障公司债权人的利益，需要深入研究。特殊情况下，若母公司滥用公司法人独立人格和股东有限责任，公司债权人可以通过公司人格否认制度保护自身利益。

根据我国《公司法》(2023 年修订)第 185 条的规定，董事会对关联交易事项决议时，关联董事不得参与表决，其表决权不计入表决权总数。出席董事会会议的无关联关系董事人数不足3人的,应当将该事项提交股东会审议。

对于表决回避,英美法系立法例的相关条款,可参见加拿大安大略省2010年的《非营利组织法》第41条第(5)款①。

四、审批豁免

关联交易的规制制度,主要目的是保障法人自身及法人内外各利益相关方的合法权益不被不当关联交易侵害。但是,作为一个经营主体,效率也是其追求的一个重要目标。因此,那些对法人财产权益或可得利益的负面影响可能比较小、所涉金额不大、法人为纯受益方的关联交易,有必要作为审批的豁免事项,免于特别程序批准。

其中,法人为纯受益方的事项包括作为关联方的控股股东或实际控制人、管理层向法人提供无偿贷款,或为法人向第三方借款而向该第三方提供无偿担保等交易事项。

对于所涉金额不大的项目,可以参考英国的立法例。英国2006年《公司法》第190条和第191条规定之外的非重大非现金资产交易,即不超过公司资产价值的10%且金额不超过5000英镑,或者不超过100000英镑的非现金资产交易,可以由公司章程规定是否需要董事会决议,或者将更低金额或比例的非现金资产交易,直接规定为可豁免决策机关审批的事项。

第三节 财务报告中的事后披露制度

按照《企业会计准则第36号——关联方披露》的相关规定,"企业财务报表中应当披露所有关联方关系及其交易的相关信息。对外提供合并财务报表的,对于已经包括在合并范围内各企业之间的交易不予披露,但应当披露与合并范围外各关联方的关系及其交易"。"企业与关联方发生关联方交易的,应当在附注中披露该关联方关系的性质、交易类型及交易要素。交易要素至少应当包

---

① Director not to attend meeting and not to vote

(5) A director referred to in subsection (1) shall not attend any part of a meeting of the directors during which the contract or transaction is discussed and shall not vote on any resolution to approve the contract or transaction unless the contract or transaction is,

(a) one relating primarily to his or her remuneration as a director of the corporation or an affiliate;

(b) one for indemnity or insurance under section 46; or (c) one with an affiliate. 2010, c. 15, s. 41 (5).

括:(一)交易的金额。(二)未结算项目的金额、条款和条件,以及有关提供或取得担保的信息。(三)未结算应收项目的坏账准备金额。(四)定价政策。"

上述披露,是国家基于财务会计及税务管理的需要,为保障法人财务数据的真实性而作出的要求,也是一种事后披露,而且其披露的外部对象仅限于国家财政和税务部门。这种过于简单的几个要素的披露,仅仅具有财务与税务管理上的意义,对于不当关联交易的抑制及其受害方维护权利、惩罚侵权人等,作用有限,当然,也可算作对关联交易有效规制制度的补充。

第四节　上市公司或民办学校的公开披露制度

我国《证券法》第80条特别规定,发生"公司订立重要合同、提供重大担保或者从事关联交易,可能对公司的资产、负债、权益和经营成果产生重要影响"等可能对其"股票交易价格产生较大影响的重大事件,投资者尚未得知时,公司应当立即将有关该重大事件的情况向国务院证券监督管理机构和证券交易场所报送临时报告,并予公告,说明事件的起因、目前的状态和可能产生的法律后果"。这是对上市公司从事关联交易需要公开披露的制度性要求,是为了保障上市公司信息的公开透明、保护中小股东的合法权益。但是,如前所述,在作为关联交易有效规制制度最核心的利益冲突事先申报制度缺失的情况下,这种事后披露制度的作用也是非常有限的,很难达到抑制不当关联交易的发生、维护法人及其利益相关方的合法权益的目的。

另外,国务院2021年修订的《民办教育促进法实施条例》第45条第2款规定,"民办学校应当建立利益关联方交易的信息披露制度"。据此,民办学校必须建立关联交易的信息披露制度。该制度的设立,除帮助教育主管机关及时了解民办学校所从事关联交易的有关信息外,主要目的还是希望达到抑制不当关联交易的发生、维护法人及其利益相关方的合法权益的目的。

鉴于该规定过于原则,民办学校关联交易的信息披露制度的建立和完善,可以参考证监会对上市公司的信息披露的相关规章制定与民办学校相匹配的有效信息披露制度。当然,这还需要各级各地教育主管机关的多方不懈努力,才能发挥出比前述财务报告中的信息披露制度更好的作用。

第五节　非营利性民办学校关联交易的监管和年审制度

国务院2021年修订的《民办教育促进法实施条例》第45条第2款规定,“教育、人力资源社会保障以及财政等有关部门应当加强对非营利性民办学校与利益关联方签订协议的监管,并按年度对关联交易进行审查”。同时,按照《民办教育促进法》第39条第1款的规定,“民办学校资产的使用和财务管理受审批机关和其他有关部门的监督”。

据此,对民办学校关联交易的监管,特别是对关联交易所涉及的有形与无形资产、现金与非现金类资产的使用以及与关联交易有关的财务管理进行监督,对关联交易进行年度检验,正是国家赋予教育主管机关的权力,也是其应尽的职责。

对民办学校关联交易的监管,应当建章立制,积极有效地推行,这样才能取得抑制不当关联交易、保护学校利益和师生权益的良好效果。

另外,在年度检验时,应当将关联交易与民办学校的党建与思想政治工作情况、办学条件、法人治理、办学行为、财务管理、师生权益保障等事项并列,作为重要的年检项目,并细化年检指标与评价标准,以提高民办学校年检的科学性,保障民办教育的健康发展。

第二十一章

正当关联交易的判断标准

关联交易是否正当、合法，应当有一定的评判标准，否则，无法对关联方从事关联交易予以事前的指导，无法形成合理的预期，从而无法发挥关联交易对公司有利的作用。此外，有了合理的评判标准，在对关联交易进行事后评判确定其正当性与合法性时，才能做到有理有据，才不至于让关联方提到关联交易就如“谈虎色变”，更能让从事不当关联交易的相关方承担相关法律责任时心服口服。

正当的关联交易，一般应当符合以下几个要件。

第一节　目的合理

关联交易的目的和动机应当正当、合理，具备真实的交易背景，不是为了转移或侵占公司利润或财产、虚假报表、操纵市场、逃避税收等不正当的目的，而从事关联交易。

关联交易涉及各关联方的利益。关联方进行关联交易时可能为牟取私利而损害公司利益，也有可能利用其掌握公司信息的便利、便捷促成公司的交易，达到关联方与公司利益的双赢。因此，关联交易的目的与动机的正当、合理，就是评判关联交易正当与否的首要指标。

【问题254】在公司原有供应链条中增加一个交易环节，并将其交给关联方参与且毫不费力地获得巨额利润的，该关联交易的目的与动机是否正当、合理？

【典型案例要旨277】(2014)鄂黄冈中民二初字第00033号：其关联交易系通过与南京威斯康公司恶意串通来实现。武穴迅达医化公司并非必须通过南京威斯康公司、湖北迅达药业公司才能销售INT，南京威斯康公司、湖北迅达药业公司亦没有对INT进行深加工,使产品增加价值,仅进行转手交易即获得巨额利润,而上述利益,完全可以由武穴迅达医化公司通过自行对外出售获得。故关联交易损害了武穴迅达医化公司的合法利益。

武穴市迅达医化有限公司与湖北迅达药业股份有限公司、李某公司关联交易损害责任纠纷一审民事判决书

湖北省黄冈市中级人民法院(2014)鄂黄冈中民二初字第00033号

湖北省黄冈市中级人民法院经审理认为:

关于湖北迅达药业公司与武穴迅达医化公司在涉案期间的关联交易是否损害了武穴迅达医化公司的合法利益的问题。

《公司法》第21条第1款规定,"公司的控股股东、实际控制人、董事、监事、高级管理人员不得利用其关联关系损害公司利益"。

(1)李某系湖北迅达药业公司董事长李某健之子,在担任湖北迅达药业公司董事长助理、总经理期间(李某健系公司大股东,李某自2011年2月28日成为公司股东)同时负责武穴迅达医化公司销售工作,且李某系武穴迅达医化公司章程载明的股东,李某同时代表武穴迅达医化公司、湖北迅达药业公司与南京威斯康公司协商交易情况,且在公安机关的讯问笔录中已承认两家公司是关联公司,为了避免直接进行交易才决定找一家中间人。故湖北迅达药业公司与武穴迅达医化公司涉案期间构成关联关系,其交易构成关联交易。

(2)其关联交易系通过与南京威斯康公司恶意串通来实现。

(3)武穴迅达医化公司并非必须通过南京威斯康公司、湖北迅达药业公司才能销售INT,南京威斯康公司、湖北迅达药业公司亦没有对INT进行深加工,使产品增加价值,仅进行转手交易即获得巨额利润,而上述利益,完全可以由武穴迅达医化公司通过自行对外出售获得。故关联交易损害了武穴迅达医化公司的合法利益。《公司法》第21条规定系法律禁止性规定,无论武穴迅达医化公司是否参与,实际控制人均不能实施利用其关联交易损害公司利益的行为,武穴迅达医化公司虽然参与了上述交易行为,但该公司当时的销售工作是由李某负责,李某的上述行为没有股东会的授权,其个人的行为损害了公司的利益。

综上,李某在担任武穴迅达医化公司董事、监事、高级管理人员并实际控制武穴迅达医化公司销售工作期间,与南京威斯康公司恶意串通,通过虚假交易的方式,由南京威斯康公司低价购买武穴迅达医化公司INT,按比例收取费用后,出卖给由李某担任高级管理人员并占有股份的湖北迅达药业公司,由湖北迅达药业公

司高价对外出售,湖北迅达药业公司从中取得巨额利润,其行为违反了法律规定。法律并不禁止所有的关联交易行为,但禁止不公平的、损害公司利益的关联交易。湖北迅达药业公司与武穴迅达医化公司在涉案期间的关联交易行为因违反法律规定而无效,湖北迅达药业公司对其利用关联交易给武穴迅达医化公司造成损失而取得的利益应当承担返还责任,武穴迅达医化公司主张湖北迅达药业公司应返还武穴迅达医化公司销售货款的诉讼请求符合法律规定,依法予以支持。李某虽然违反《公司法》第21条的规定,但因取得的销售货款由湖北迅达药业公司占有,故李某不应当承担返还责任。武穴迅达医化公司主张李某应返还销售货款的诉讼请求不符合法律规定,不予支持。

第二节 价格公允

符合市场公允价格,不会给公司带来现实的或明显可能发生的损失。有市场价格的,参考按照市场价格协商确定交易价格;没有市场价格,或有其他特殊情况的,可采用实际成本加合理利润的方法确定交易价格;两种方法均难以适用的,可以参考政策文件指导定价,或者请中介机构按照适当程序进行市场调研后协助定价。

公允性还有一个方面,即交易的条件,如付款和交付的时间、批次,应当合理、公允,而不能对公司明显不利,如公司是否收款明显延后或交付过于提前,售后服务的期限或费用与范围是否明显不合理,违约责任对公司金额是否畸高或过于严苛等,都是交易是否公允应当考虑的范围。

【问题255】合法有效关联交易的实质要件是交易对价公允,对于对价公允,应当从哪些方面予以审核?

【典型案例要旨278】(2021)最高法民再181号:公司法保护合法有效的关联交易,并未禁止关联交易,合法有效关联交易的实质要件是交易对价公允。应当从交易的实质内容即合同约定、合同履行是否符合正常的商业交易规则以及交易价格是否合理等方面进行审查。

西安陕鼓汽轮机有限公司、高某华等公司关联交易损害责任纠纷再审民事判决书

最高人民法院(2021)最高法民再181号

最高人民法院经审理认为：

本案争议焦点如下：

案涉关联交易是否损害陕鼓汽轮机公司利益的问题。

案涉关联交易价格是否符合市场公允价格。

公司法保护合法有效的关联交易，并未禁止关联交易，合法有效关联交易的实质要件是交易对价公允。参照《公司法解释五》第1条关于“关联交易损害公司利益，原告公司依据民法典第八十四条、公司法第二十一条规定请求控股股东、实际控制人、董事、监事、高级管理人员赔偿所造成的损失，被告仅以该交易已经履行了信息披露、经股东会或者股东大会同意等法律、行政法规或者公司章程规定的程序为由抗辩的，人民法院不予支持”的规定，应当从交易的实质内容即合同约定、合同履行是否符合正常的商业交易规则以及交易价格是否合理等方面进行审查。

高某华、程某亦未能进一步提供证据证明其主张降低陕鼓汽轮机公司采购成本的抗辩事实成立。

综上，陕鼓汽轮机公司关于高某华、程某将本可以通过市场采购的方式购买的相关产品转由向钱塘公司进行采购而增加购买成本，陕鼓汽轮机公司所多付出的成本，损害了陕鼓汽轮机公司权益的主张，有事实和法律依据。对陕鼓汽轮机公司关于案涉交易对价高于市场价且不具备公允性的上诉主张，予以采信。

【问题256】未经股东会同意，公司实际控制人将公司的探矿权以远低于前期勘查投入费用的低价转让给其自己设立的公司的，其行为如何定性？

【典型案例要旨279】(2014)青民再终字第5号：梁某瀞作为青海森源的实际控制人，违反对公司负有的忠实义务，利用作为青海森源和内蒙小红山源森法定代表人的便利及关联关系，将青海森源所有的探矿权以实际支付8790345元的价款转让给内蒙小红山源森，转让价款明显低于涉案探矿权前期完成的勘查投入，损害了青海森源唯一股东香港森源的利益。青海森源和内蒙小红山源森签订的《探矿权变更协议》违反了《合同法》第52条第2项关于“恶意串通，损害国家、集

体或者第三人利益”的合同无效的规定，应属无效。

香港森源与青海森源、内蒙小红山源森、梁某瀚探矿权转让合同纠纷再审民事判决书

青海省高级人民法院(2014)青民再终字第5号

青海省高级人民法院经审理认为：

香港水晶会、香港森源签订《股权转让协议》后，青海森源投资主体即由香港水晶会变更为香港森源，香港森源成为青海森源的唯一股东和出资人。梁某瀚作为青海森源的实际控制人，与自己投资设立且经营范围基本一致的内蒙小红山源森签订《探矿权变更协议》，将青海森源已完成勘查投入3200万元的探矿权转让给内蒙小红山源森，青海森源、内蒙小红山源森未提供证据证实内蒙小红山源森已向青海森源支付了该项目相关勘查、实验、技术咨询费用及在此期间相应的公司运营费和项目管理费(内蒙小红山源森将全额承担协议标的发生过程中4750多万元的全部费用，并另行支付现金800万元)，内蒙小红山源森实际向青海森源支付涉案探矿权转让价款8790345元。

根据《公司法》第21条第1款“公司的控股股东、实际控制人、董事、监事、高级管理人员不得利用其关联关系损害公司利益”、第147条第1款“董事、监事、高级管理人员应当遵守法律、行政法规和公司章程，对公司负有忠实义务和勤勉义务”之规定，梁某瀚作为青海森源的实际控制人，违反对公司负有的忠实义务，利用作为青海森源和内蒙小红山源森法定代表人的便利及关联关系，将青海森源所有的探矿权以实际支付8790345元的价款转让给内蒙小红山源森，转让价款明显低于涉案探矿权前期完成的勘查投入，损害了青海森源唯一股东香港森源的利益。

《公司法》第152条规定：“董事、高级管理人员违反法律、行政法规或者公司章程的规定，损害股东利益的，股东可以向人民法院提起诉讼。”香港森源对损害其利益的行为有权提起诉讼。青海森源和内蒙小红山源森签订的《探矿权变更协议》违反了《合同法》第52条第2项关于“恶意串通，损害国家、集体或者第三人利益”的合同无效的规定，应属无效。香港森源再审请求成立，应予支持。

青海森源、内蒙小红山源森、梁某瀚抗辩理由无法律根据，不予支持。原二审判决适用法律错误，应予撤销。原一审判决法律适用虽有瑕疵，但处理结果正确，应予维持。本案经审判委员会讨论决定，依照《最高人民法院关于适用〈中华人民共和国民事诉讼法〉的解释》第407条第2款之规定，判决如下：

(1)撤销青海省高级人民法院(2013)青民三终字第4号民事判决。

(2)维持青海省西宁市中级人民法院(2012)宁民三初字第5号民事判决。

第三节　程序合法

对于关联交易,应当按照法律、法规、公司章程规定的程序要求进行决策;程序公正保障实质公平。

首先,关联交易应当在提交审议决策之前,由作为关联交易纽带的申报义务人向决策机构报告关联交易的有关情况。

其次,交易应当按照法律和章程的规定由公司股东会或董事会决议通过,且交易应当执行表决回避制度:拟议交易事项由董事会决议的,关联董事应当回避,不能参与会议、参与表决;由股东会决议时,关联股东也应当回避,不能参与会议、参与表决。在董事会人数不足3人时,应当提级交由股东会决议。

再次,公司应当建立健全有效的关联交易管理制度,并按照该制度的规定对拟议关联交易进行有效识别、合理审查、理性决策。

最后,交易完成后,还应当在财务报告中披露有关事项,上市公司还要按照要求公开披露。

按照2023年修订的《公司法》第185条的规定,董事会对本法第182条至第184条规定的事项决议时,关联董事不得参与表决,其表决权不计入表决权总数。出席董事会会议的无关联关系董事人数不足3人的,应当将该事项提交股东会审议。

【问题257】将公司本可直接出口销售的产品先销售给国内公司,再由该公司出口销售,且未经公司有权机构决议同意的,是否违反程序合法原则?

【典型案例要旨280】(2017)兵07民初12号:中基蕃茄公司在没有经过天山番茄公司董事会审议决定的情况下,利用其在天山番茄公司的控股股东地位,将天山番茄公司2006年至2009年生产的全部番茄酱产品与其进行开票结算(关联交易),将天山番茄公司可以独立完成的自营产品出口销售业务,变更成了内销业务。

奎屯农工商总场与新疆中基蕃茄制品有限责任公司损害公司利益责任纠纷一审民事判决书

新疆生产建设兵团第七师中级人民法院(2017)兵07民初12号

新疆生产建设兵团第(农)七师中级人民法院经审理认为:

《公司法》第21条规定:"公司的控股股东、实际控制人、董事、监事、高级管理人员不得利用其关联关系损害公司利益。违反前款规定,给公司造成损失的,应当承担赔偿责任。"天山番茄公司是依法设立的独立法人企业,享有自营进出口贸易经营权,能够独立完成其自营出口产品的收汇和结算业务,并享受国家给予出口产品生产企业的退税优惠政策。

通过本案查明的事实可以证实,2006~2009年,中基蕃茄公司在没有经过天山番茄公司董事会审议决定的情况下,利用其在天山番茄公司的控股股东地位,将天山番茄公司2006~2009年生产的全部番茄酱产品与其进行开票结算(关联交易),将天山番茄公司可以独立完成的自营产品出口销售业务,变更成了内销业务。因中基蕃茄公司与天山番茄公司开票结算的价格,明显低于中基蕃茄公司的正常销售价格,内销开票结算行为实质上截留了应属天山番茄公司的部分产品价款。根据鉴定结论1,天山番茄公司的产品销售给中基蕃茄公司的实际含税销售金额285122292.74元与正常含税销售金额389534764.54元存在差异,该差异额为104412471.80元。因此,中基蕃茄公司应返还天山番茄公司2006~2009年关联交易产品销售差价损失104412471.80元。根据鉴定结论4,天山番茄公司发生的财务费用中有17823415.74元不应由其承担。因此,中基蕃茄公司应返还天山番茄公司2006~2009年虚增财务费用17823415.74元。

【问题258】作为公司控股股东本就依法享有参与公司重大决策、经营管理以及利润分配等权利,但在没有合同以及其他合法依据,且其他股东已明确对其收取管理费提出异议的情况下,控股股东以管理费名义向子公司收取高额费用之关联交易行为,是否损害了子公司的利益?

【典型案例要旨281】(2020)桂民终332号:关联交易情形下,往往是公司大股东、实际控制人或管理层利用与公司的关联关系和控制地位,迫使公司与自己或其他关联方从事不利益的交易,同时又以该交易行为已经履行合法程序,即经过公司股东会或董事会决议进行抗辩。

广西国旭林业发展集团股份有限公司与邓某祺、一审第三人广西高林林业股份有限公司损害公司利益责任纠纷二审民事判决书

广西壮族自治区高级人民法院(2020)桂民终332号

广西壮族自治区高级人民法院经审理认为:

关于国旭集团是否损害高林公司利益的问题。

国旭集团是持有高林公司75%股份的控股股东,还是包括高林公司在内多家子公司的股东或控股股东,两者之间是母子公司关系,但都具有法律上独立法人地位,母公司为其子公司提供各种服务而发生的费用,亦应按照独立企业之间公平交易原则签订服务合同或协议,明确约定提供服务的内容、收费标准及金额,母公司应将所收的服务费作为营业收入。

本案中,国旭集团向高林公司收取管理费没有签订合同,对于管理费的性质用途亦存在多种说法:一是管理费实质是销售团队的工资,2017年之前国旭集团的部分员工派出到高林公司作为销售团队由高林公司支付工资,2017年后该部分员工回到国旭集团,高林公司不再支付工资,向国旭集团支付管理服务费,国旭集团用作工资及推广费用;二是管理费实质应为服务费。国旭集团主张通过制定经营管理办法或产品销售管理办法明确收取管理费,其对高林公司提供的管理服务包括大宗物资的集中采购、产品的统一销售、对外事务的协调、企业形象的提升、产品推广宣传、人力资源的培养等方面,高林公司的股东大会也一致通过国旭集团收取管理费的预算和支出决算,不属于滥用股东权利。

首先,国旭集团对于其主张的管理费性质和用途并未提供相应的证据证实。

国旭集团提交的《广西华峰林业集团股份有限公司2015年经营管理办法》中,并没有关于国旭集团向高林公司收取管理费的条文规定,国旭集团在庭审中也承认管理办法中没有明确的"集团管理费"字眼,因此,其主张管理规定第3条生产经营主要指标中的"净利润"即为集团销售费用以及第46条销售管理规定可以推定集团的销售管理应收取费用的上诉事由理据不足,不予支持。

国旭集团作为高林公司控股股东本就依法享有参与公司重大决策、经营管理以及利润分配等权利,但在没有合同以及其他合法依据前提下,其以管理费名义向子公司收取高额费用之关联交易行为显然损害了子公司的利益,根据《公司法》第21条第1款"公司的控股股东、实际控制人、董事、监事、高级管理人员不得利用其关联关系损害公司利益。违反前款规定,给公司造成损失的,应当承担赔偿责任"的规定,国旭集团应承担相应的赔偿责任。

其次，关联交易情形下，往往是公司大股东、实际控制人或管理层利用与公司的关联关系和控制地位，迫使公司与自己或其他关联方从事不利益的交易，同时又以该交易行为已经履行合法程序，即经过公司股东会或董事会决议进行抗辩。前文已述及，关联交易并非不被允许，而是须以公平为其评价核心标准。根据《公司法》第21条以及《公司法解释五》第1条第1款“关联交易损害公司利益，原告公司依据公司法第二十一条规定请求控股股东、实际控制人、董事、监事、高级管理人员赔偿所造成的损失，被告仅以该交易已经履行了信息披露、经股东会或者股东大会同意等法律、行政法规或者公司章程规定的程序为由抗辩的，人民法院不予支持”的规定，在邓某祺已明确对国旭集团收取管理费提出异议的情况下，国旭集团以收取管理费已经股东大会通过属于合法有效的上诉理由不能成立，不予支持。

综上，一审判决认定国旭集团收取管理费的行为损害高林公司的利益正确，同时根据邓某祺的诉讼请求判令国旭集团停止向高林公司收取管理费并返还2017年和2018年收取的管理费有事实和法律依据，予以确认。

第四节　披露充分

首先，审议决策之前，申报义务人应当向决策机构报告关联交易的详细情况，特别是关联关系的具体内容，以及关联交易对公司可能存在的不良影响等。关于申报的具体内容，与利益冲突有关的重大事实以及与交易有关的重大事实两个方面，都应当如实、全面地披露。

其次，公司应当严格执行关联交易管理制度，决策机构应当在对拟议关联交易信息重复了解、有效识别、合理审查的基础上，理性决策。

最后，关联交易做出并执行后，应当严格按照财务会计制度记录并形成财务报告，披露交易的金额与定价政策，未结算项目的金额、条款和条件，有关提供或取得担保的信息，未结算应收项目的坏账准备金额。上市公司，还应当按照相关法律的规定公开披露关联交易事项；民办学校等特殊的组织，除公开披露外，还应当接受行业监管部门的特别监管与年度审查。

需要说明的是，《公司法》对于事先披露的内容，仅规定了“与订立合同或者进行交易有关的事项”，而没有规定“与利益冲突有关的重大事实”，这是不全面、不够严谨的。关联交易之所以要进行一系列的规制，就是要避免存在的利益冲突而导致公司利益受损的情况发生。因此，决策机构在决策时，对利益冲突的情况的了解就变得十分重要。只有对利益冲突的详细情况有了充分的了解之后,才能有针对性地分析关联交易是否对公司有利,从而作出实现公司利益最大化的理性决策。

对此,在司法实践中,可以通过能动执法,对“有关的事项”进行扩大解释,将“与利益冲突有关的重大事项”涵盖进来,从而弥补前述缺陷,以保障事先申报制度得以有效执行,有效规制关联交易。

【问题259】关联交易未经充分披露的,是否属于合法的关联交易?

【典型案例要旨282】(2019)粤01民终11290号:刘某锋的举证不足以证实其已履行交易信息充分披露义务、涉案交易程序合法、交易对价公允,故刘某锋、西克公司上诉认为涉案交易程序合法、未造成公司财产损害,缺乏理据,不予采纳。

周某梅、刘某锋公司关联交易损害责任纠纷二审民事判决书

广东省广州市中级人民法院(2019)粤01民终11290号

广东省广州市中级人民法院经审理认为:

《公司法》第21条规定:“公司的控股股东、实际控制人、董事、监事、高级管理人员不得利用其关联关系损害公司利益。违反前款规定,给公司造成损失的,应当承担赔偿责任。”可见,《公司法》对“利用关联关系损害公司利益”的行为进行了规范。

本案中,西克公司与柯麦特公司之间的买卖合同关系,刘某锋主张已向周某梅或公司充分披露,但其二审期间提供的2017年第二次股东会议记录虽载明会议向股东汇报2017年2月1日至6月2日公账和公司财务经营情况等,但该会议记录并未明确记载西克公司与柯麦特公司涉案买卖交易的信息,周某梅主张刘某锋并未告知涉案交易的情况,而刘某锋未能提供其他证据证实其已向周某梅履行充分披露义务,其应承担举证不能的不利后果。至于刘某锋主张涉案关联交易并未造成公司财产损失,西克公司与柯麦特公司涉案买卖交易,并未签订书面合同,相关的增值税发票部分的品名为加工费,亦非买卖货款,且增值税发票亦是在交易后事后开具的,可见刘某锋提供的增值税发票时间、品名无法与涉案关联交易完全吻合。

综上,刘某锋的举证不足以证实其已履行交易信息充分披露义务、涉案交易程序合法、交易对价公允,故刘某锋、西克公司上诉认为涉案交易程序合法、未造成公司财产损害,缺乏理据,不予采纳。

至于周某梅上诉主张涉案关联交易造成公司直接损失257043.26元,但其提

供的证据仅能证实因涉案关联交易柯麦特公司向西克公司转账支付257043.26元，并不能直接证实该笔款项即为柯麦特公司的损失，作为持股50%的股东，周某梅可通过查阅公司账册等方式进一步举证证实涉案关联交易给柯麦特公司造成的实际损失大小，故周某梅亦应承担举证不足的不利后果。

综合上述，在涉案的关联交易中，刘某锋明知涉案交易为关联交易，未履行充分披露义务，其提供的涉案交易手续亦缺乏完整性，但周某梅亦未充分举证证明涉案关联交易造成柯麦特公司实际损失的大小。一审法院综合周某梅、刘某锋、西克公司的举证情况，酌情认定刘某锋、西克公司需向柯麦特公司赔偿损失100000元，符合公平合理原则，本院予以维持。

第五节　实质公平

一项关联交易，对于公司来讲，应当具有必要性，符合常理，这是公司正常经营所必需的，而不是可有可无或对公司无任何实际意义的，交易的实质内容及其履行，应当不违反商业交易习惯、符合正常的商业交易原则。

对于交易的实质公平，应当按照实质重于形式的原则来把握，不管交易的形式如何复杂、多变、求新，甚至是罕见的类型或模式，只有其商业实质对于公司来讲是公平的，才能符合实质公平的条件。

【问题260】实质公平的具体标准如何把握？

【典型案例要旨283】(2020)京03民终7060号：董事、高管实施的关联交易需满足“公平标准”，而“公平标准”具体又包含：(1)程序公平标准；(2)实质公平标准。程序公平标准主要指根据法律和公司章程的规定，关联交易需经股东会、股东大会同意，并且履行了信息披露义务。在此前提下，关联交易还需满足实质公平标准，它是指公司所得与公司所失相等，公司是否愿意以同等条件与第三人进行交易。

韩某江与孙某照损害公司利益责任纠纷二审民事判决书

北京市第三中级人民法院(2020)京03民终7060号

北京市第三中级人民法院经审理认为：

由上述规定可知，董事、高管实施的关联交易需满足“公平标准”，而“公平标准”具体又包含:(1)程序公平标准;(2)实质公平标准。程序公平标准主要指根据法律和公司章程的规定,关联交易需经股东会、股东大会同意,并且履行了信息披露义务。在此前提下,关联交易还需满足实质公平标准,它是指公司所得与公司所失相等,公司是否愿意以同等条件与第三人进行交易。

……

而在卓伟工作室与大风行公司的交易中,韩某江未提交证据证明与韩某江领取的制作费对价相当的合同履行结果。因此,该关联交易不符合实质性公平标准,损害了大风行公司的合法利益。根据《公司法》第148条第2款“董事、高级管理人员违反前款规定所得的收入应当归公司所有”的规定,韩某江基于上述不公平的关联交易所得的收入应该归大风行公司所有。一审判决韩某江归还大风行公司制作费和股权转让款并无不当。

【问题261】公司控股股东的全资子公司,利用关联交易,向公司高价销售产品,给公司造成损失的,是否应当承担赔偿责任?

【典型案例要旨284】(2020)豫民终799号:上海中科公司作为郑州电缆公司控股股东的全资子公司,郑州电缆公司与上海中科公司案涉交易系关联交易,且存在上海中科公司利用关联关系侵害郑州电缆公司利益的事实,根据鉴定机构出具的司法会计鉴定报告书的结论,2007年至2015年,双方发生交易往来共386笔,涉及金额为753600953.56元,其中83笔存在高买情况,由此给郑州电缆公司造成的损失金额为6231194.70元。

上海中科英华科技发展有限公司、郑州投资控股有限公司等公司关联交易损害责任纠纷二审民事判决书

河南省高级人民法院(2020)豫民终799号

一审法院河南省郑州市中级人民法院经审理认为(二审认可一审判决):

郑州投资公司系第三人郑州电缆公司的股东之一,持股比例24.7%。上海中科公司与郑州电缆公司同受诺德股份控股。2007年9月5日郑州投资公司和郑州电缆公司与中润公司签署了《股权托管协议》,由郑州投资公司和郑州电缆公司共同将持有的郑州电缆公司24.7%的股权托管给了中润公司。受托人中润公司向委托人郑州投资公司和郑州电缆公司支付4000万元,作为股权托管保证金,中润公司作为受托人履行《股权托管协议》下受托人各项义务的担保。

2008年2月21日中润公司与上海中科公司签订了《权利义务转让协议》,该

协议第 1 条第 1.1 项约定:中润公司同意将《股权托管协议》项下的全部权利义务(包括已经交付给委托方的4000 万元保证金)按照现状转让给上海中科公司,上海中科公司同意根据本协议约定的条款与条件受让;第 1.2 项约定:转让完成后,上海中科公司根据《股权托管协议》的约定享有原中润公司作为《股权托管协议》的受托人的全部权利(包括已经支付的 4000 万元保证金所对应的全部权利),履行中润公司作为《股权托管协议》受托人的全部义务。郑州投资公司和郑州电缆公司共同签署了同意转让的确认函。

至此,上海中科公司成为郑州电缆公司股权托管的受托人。

我国公司法并未禁止关联交易,仅对“利用关联关系损害公司利益”的行为进行规范。合法的交易应当同时满足以下 3 个条件:交易信息披露充分、交易程序合法、交易对价公允。

从这 3 个条件看,现有证据显示上海中科公司作为郑州电缆公司控股股东的全资子公司,郑州电缆公司与上海中科公司案涉交易系关联交易,且存在上海中科公司利用关联关系侵害郑州电缆公司利益的事实,根据鉴定机构出具的司法会计鉴定报告书的结论,2007 年至 2015 年,双方发生交易往来共 386 笔,涉及金额为 753600953.56 元,其中 83 笔存在高买情况,由此给郑州电缆公司造成的损失金额为 6231194.70 元。

《公司法》第 21 条规定:“公司的控股股东、实际控制人、董事、监事、高级管理人员不得利用其关联关系损害公司利益。违反前款规定,给公司造成损失的,应当承担赔偿责任。”故上海中科公司应对因关联交易给郑州电缆公司造成的损失承担相应赔偿责任,相应利息的计算应当自本案起诉之日起按照年 6% 计付。

第二十二章
不当关联交易的成因、类型与判断原则

第一节　不当关联交易及其成因

不当关联交易,就是交易的目的不合理、价格不公允、程序不合法、披露不充分或者实质上不公平的关联交易,其核心是公司利益发生不正当的转移或者损害公司的正当利益。不当关联交易发生的常见目的是利益输送,即将本属于公司的利益通过各种隐蔽不正当的方式转移给利益相关方。

不当关联交易的成因,主要是以下 6 个方面。

一、高度集中的股权结构

根据经济合作与发展组织的研究①,在有关关联方交易的讨论中,一个反复出现的主题是许多亚洲公司的所有权结构。在亚洲,常见的两种控制结构:一是简单多数所有权;二是复杂的网络所有权。第一种所有权结构通常涉及(1)家族,或(2)国家(或国有企业)组建控股公司,进而拥有上市公司的大部分股份。在第二种所有权结构中,一系列股东协议或相互关联的董事会将对上市公司的有效控制权授予了创始家族。简单的大股东结构和复杂的网络股权结构都意味着决策可能是单方面的,董事会就相关事宜可能会缺乏强有力的讨论。

前述特殊股权结构可能会导致关联交易频发;加之如果缺乏有效的规制措施与制度保障,接受反向刺激不当关联交易多发,损害公司利益的关联交易得不到及时纠正或救济。

二、不完善的公司治理结构

鉴于公司拟制人的身份,三会一层就是公司的大脑,尤其是通过法定的程序、

---

① OECD,Corporate Governance Series:Guide on Fighting Abusive Related Party Transactions in Asia,2009 年 9 月发布,第 14 ~15 页。

按照法定的职权形成公司的意志并对外表达从事商业活动的各种意思表示。

但是,实践中,控股股东与实际控制人虽然并未获得授权或登记为公司的董事高管,却超越三会一层的设置,越俎代庖、僭越法定权利直接行使三会一层相关职权的事例已经司空见惯,股东会、董事会、监事会乃至管理层,形同虚设。更有甚者,虽然被授权成为公司董事会成员或管理层成员,却唯控股股东或实际控制人马首是瞻,毫不履行董监高的忠实勤勉义务,没有自己的商业判断而唯命是从;还有挂名董事、傀儡董事,更是丝毫不顾及其所负的忠实勤勉义务,甘心受摆布。

如此的公司治理现状,直接导致了关联交易频发却得不到有效的规制,公司及其债权人的利益得不到丝毫的制度性保障。

三、控股股东或实际控制人以及董监高的机会主义

不管是控股股东或实际控制人为谋取私利而掏空公司,还是董监高巧设名目以中饱私囊,都是机会主义在作祟。这种机会主义与有效的规制制度缺乏是息息相关、相辅相生的。机会主义无处不在,在没有任何制度性约束以及责任追究的情况下就更加肆无忌惮。

关联交易,在英美法系国家也称利益冲突交易。基于这种机会主义,若无相关的有效规制,在发生利益冲突交易之时,损害公司利益而谋取个人利益,也是再正常不过的结果。

在股权分散的公司如英美公司中,非公允关联交易主要发生在董事自我交易领域。但我国的情形有所不同,实践中的非公允关联交易,主要是公司多数股东、实际控制人和管理层利用与公司的关联关系和控制地位,迫使公司与自己或其关联方从事不利益的交易,以达到挪用公司资金、转移利润的目的。究其原因,是普遍集中的公司股权结构决定了不正当关联交易多发生在控制股东自我交易领域,不正当的管理层自我交易虽然存在,但不是主要问题所在。我国公司控制股东自我交易的形式多样,存在于产品销售、担保、资产收购、资金占用等公司经营的每一个环节。在过去的十几年里,许多上市公司的控制股东通过关联交易将公司的巨额利益“输送”(tunnel)给自己及其关联人,可谓触目惊心,成为上市公司以及资本市场健康发展的一大毒瘤。控制股东忠实义务的主要适用场合就是关联交易,法律加强对控制股东自我交易的规制,就是对控制股东忠实义务的最好落实。①

四、交易信息的不对称性

如前所述,关联交易的审议,首先要进行利益冲突的关联关系以及关联交易

---

① 参见李建伟:《公司法学》(第5版),中国人民大学出版社2022年版,第361页。

相关重要事项的事先申报,以使决议机构成员充分了解信息、权衡利弊,最终作出对公司最有利的理性决策。

但是,鉴于亚洲公司的特殊股权结构以及公司治理不规范的现状,很显然,若无有效的制度约束及严格执行,尤其是回避制度,这样的信息事先披露,是完全做不到的。没有充分的信息,任何商业决策,尤其是关联交易,都无法做到审慎、理性及实现公司利益最大化。

五、立法不完善与执法不严厉

目前,公司法上的关联交易规制制度供给仍存在不足,即使是2023年修订的《公司法》新增的关联交易报告与表决回避制度,也与本书论及的事先申报、事中回避与审批、事后披露等程序性规制路径存在差异。

另外,对关联交易予以救济的相关诉讼实践也未完全达到规制甚至吓阻的效果,未能完全实现违法必究的救济目的。

六、内外规制不能协同发挥作用

首先,如前所述,外部规制制度存在不足,事后的司法救济也未能充分发挥效果。

其次,鉴于亚洲公司的特殊股权结构,一些公司内部的关联交易管理制度严重缺失,即使是有这个制度的公司,其制度的严密与健全程度也存在不足。

最后,内外规制的双重不足,直接导致了关联交易的泛滥、得不到有效控制,就更谈不上内外规制协同发挥作用。

第二节　不当关联交易的常见类型与争议裁判要旨

一、不当关联交易的常见类型

不当关联交易的类型是多样化的,甚至是十分隐蔽的。其交易模式的设计初衷,就有可能是以规避审查,隐藏其真实的利益输出为目的,即所谓的"关联交易非关联化"。

虽然如此,但也不妨归纳出一些常见的不当关联交易的类型:

1. 资产转让:公司将优良资产低价转让给关联方,或者以高价收购关联方劣质资产等。

2. 资产租赁：公司与关联方违背对价而建立租赁关系，公司低价将优质的部分资产租赁给关联方，或者以高价租赁关联方的不良资产。

3. 产品买卖：在经营中，母公司或其他关联方与公司实际控制人串通，高价向公司供应原材料或以低价购买公司产品，在交易中获得超额利润，并使公司利益受损。

4. 费用承担：大股东、董事、高管为关联公司的生存和发展，让公司承担其各种费用。

5. 资产重组：将公司的优良资产与其他关联公司的劣质资产置换，以高价购买濒临破产的关联公司。

6. 无形资产：关联方高价收取商标、著作等无形资产使用或转让费，无偿或低价使用公司无形资产。

7. 管理服务：关联方向公司收取过高的咨询费、管理费、服务费等费用，损害公司权益。

8. 资金占用：关联方往往无偿或通过支付少量利息而占用公司资金，损害公司权益。

9. 资源抢占：关联方抢占公司经营中所积累的客户信息与经营数据、数据资产等资源资产，挪用于关联方其他公司的商业经营。

二、董监高利用关联交易损害公司、股东或债权人利益纠纷的常见裁判要旨

【典型案例要旨 285】(2016) 闽民终 1521 号：吴某良代表德太公司与飞燕公司签订《经销商合同书》和《补充协议》及履行过程中，德太公司不仅以货款抵扣方式给予飞燕公司市场投入费用支持，还承担飞燕公司进行市场销售所支出的全部经营费用(包括飞燕公司员工工资)，造成德太公司的损失。关联交易，违反了其应对公司负有的忠实义务，损害了德太公司的利益并给公司造成了损失，应对该损失承担赔偿责任。

昆明云南红酒业发展有限公司、吴某良公司关联交易损害责任纠纷二审民事判决书

福建省高级人民法院(2016)闽民终 1521 号

福建省高级人民法院经审理认为：

1. 关于本案案由应定为“公司关联交易损害责任纠纷”还是“损害公司利益责任纠纷”的问题。

吴某良兼具德太公司法定代表人、执行董事、总经理以及飞燕公司监事的双

重身份,其代表德太公司与飞燕公司签订《经销商合同书》的行为符合关联交易的法律特征。鉴于本案云南红公司所诉称的公司高级职员违背忠实义务损害公司利益的行为主要是通过关联交易形式来体现,故一审法院将本案定性为公司关联交易损害责任纠纷,并无不当。

2. 关于吴某良代表德太公司与飞燕公司签订及履行讼争合同过程中是否损害德太公司的利益问题。

德太公司与云南红公司签订的《产品经销合同》约定,德太公司保证在福建销售区域内按云南红公司规定的产品价格表执行。还约定,云南红公司按比例给予德太公司市场投入费用支持,该费用支持以货款抵扣。如果德太公司在两年内未实现约定的销售额,则开拓市场产生的经营费用由德太公司自行承担。

但2008年9月8日,德太公司与飞燕公司签订《经销商合同书》,授权飞燕公司为云南红系列产品在福建省福州市部分渠道、福州八县、宁德地区及全省超市、大卖场的经销商。《经销商合同书》约定,德太公司既要以货款抵扣方式按照约定比例给予飞燕公司市场投入费用支持,同时,德太公司又要无条件再承担飞燕公司进行市场销售所需要支出的全部经营费用,包括飞燕公司员工工资。该约定已经超出了云南红公司给予作为省级经销商的德太公司的费用支持的待遇。

此外,吴某良代表德太公司与飞燕公司签订的《经销商合同书》之补充协议中,给予了飞燕公司等同于"省级总经销商结算价"的待遇,即按照德太公司从云南红公司进货的省级总经销商价格销售给飞燕公司,违背了云南红公司与德太公司签订的《产品经销合同》关于德太公司应保证在福建销售区域内按云南红公司规定的产品价格表执行的约定。吴某良系德太公司的法定代表人,其代表德太公司与飞燕公司签订及履行讼争合同过程中损害了德太公司的利益,不仅导致德太公司未能按约完成销售任务,也导致德太公司的损失。

德太公司与云南红公司签订的《产品经销合同(福建)》以及附件二市场投入及奖励约定,市场投入只能作为市场开拓和维护的费用,不得作为低价销售的费用。市场投入进入经销商台账,经销商可以在下次进货时作为货款使用,即市场投入费用由上级经销商以货款抵扣方式支付给下级经销商,下级经销商开拓市场所产生的经营费用应由下级经销商自行承担。但吴某良代表德太公司与飞燕公司签订《经销商合同书》和《补充协议》及履行过程中,德太公司不仅以货款抵扣方式给予飞燕公司市场投入费用支持,还承担飞燕公司进行市场销售所支出的全部经营费用(包括飞燕公司员工工资),造成德太公司的损失。

关于损失数额的认定问题。本案一审法院委托福建华成会计师事务所有限公司对德太公司的财务账簿进行专项审计。福建华成会计师事务所有限公司出具的闽华成专审字(2016)第2058号专项审计报告表明,德太公司2009年1月至2011年4月财务账簿列支的飞燕公司费用共计3496460.18元,且德太公司在这期间亏损严重,未继续进货进行货款抵扣,故上述经审计的费用应认定为德太公司的损失。此外,云南红公司还主张德太公司销售额的损失,但未证明该损失的具体数额,不予支持。

《公司法》第147条第1款规定,董监高应当遵守法律、行政法规和公司章程,对公司负有忠实义务和勤勉义务。第149条规定,董监高执行公司职务时违反法律、行政法规或者公司章程的规定,给公司造成损失的,应当承担赔偿责任。吴某良作为德太公司法定代表人、执行董事、总经理,代表德太公司与其作为监事的飞燕公司进行关联交易,违反了其应对公司负有的忠实义务,损害了德太公司的利益并给公司造成了损失,应对该损失承担赔偿责任。但云南红公司主张吴某良与飞燕公司存在恶意串通,缺乏证据证明。故云南红公司诉请飞燕公司对吴某良上述损失赔偿承担连带责任,依据不足,不予支持。

【典型案例要旨286】(2020)京03民终7060号:韩某江在担任大风行公司的执行董事期间,未经股东会同意向大风行公司转让其持有的江风科行公司股权,且在法庭辩论终结前该行为尚未经大风行公司股东会追认,该行为属于韩某江本人与本公司进行交易的直接自我交易行为,韩某江因该交易行为取得的股权转让对价款应当收归大风行公司所有。

【典型案例要旨287】(2020)京03民终7060号:韩某江在担任大风行公司执行董事期间,其个人独资企业卓伟工作室与大风行公司签订协议,实际收取12.6万元,韩某江的上述行为属于自我交易行为,开始交易及终止交易均未经股东会同意,且在客观上给大风行公司的利益造成了一定的损害,违反了公司高级管理人员对公司应有的忠实义务,根据法律规定,其所得的收入应当归大风行公司所有。

【典型案例要旨288】(2020)京03民终7060号:韩某江作为执行董事,未经股东会同意向其本人发放奖金,既违反了公司章程关于董事报酬由股东会决议的规定,又有悖于《公司法》的规定,侵害了大风行公司的财产利益和其他股东的合法权益,故韩某江收取奖金无根据,应向大风行公司予以返还。

韩某江与孙某照损害公司利益责任纠纷二审民事判决书

北京市第三中级人民法院(2020)京03民终7060号

北京市第三中级人民法院经审理认为:

董监高应当遵守法律、行政法规和公司章程,对公司负有忠实义务和勤勉义务。董监高如违反上述义务给公司利益造成损害,应承担相应的法律责任。本案中,双方就韩某江是否违反了忠实义务、实施了损害公司利益的行为存在争议。此外,韩某江亦主张大风行公司的现行法定代表人无法代表大风行公司的真实意思表示,并提出本案应中止审理。对此,分析如下。

第一,关于韩某江与大风行公司之间的关联交易问题。具体包括韩某江与大风行公司之间的股权转让以及韩某江个人独资企业卓伟工作室与大风行公司签订协议。

关联交易是指公司与其关联人之间发生的可能导致转移资源或者义务的行为。正常的关联交易可以稳定公司业务、分散交易风险,有利于公司发展。但其危险在于,公司在交易中可能会受到不公平的对待。实践中,公司的控股股东、实际控制人、董监高等,利用与公司的关联关系,使公司与自己或者其他关联方从事不利益的交易,直接或间接损害公司的利益。法律有必要对这种不正当的关联交易予以特别规制,矫正控股股东、实际控制人、董监高与公司之间关联交易导致的利益失衡。我国《公司法》第148条第1款第4项规定,董监高不得有下列行为:……(4)违反公司章程的规定或者未经股东会、股东大会同意,与本公司订立合同或者进行交易。《公司法解释五》第1条第1款规定,关联交易损害公司利益,原告公司依据《公司法》第21条规定请求控股股东、实际控制人、董监高赔偿所造成的损失,被告仅以该交易已经履行了信息披露、经股东会或者股东大会同意等法律、行政法规或者公司章程规定的程序为由抗辩的,人民法院不予支持。由上述规定可知,董事、高级管理人员实施的关联交易需满足“公平标准”,而“公平标准”具体又包含:(1)程序公平标准;(2)实质公平标准。程序公平标准主要指根据法律和公司章程的规定,关联交易需经股东会、股东大会同意,并且履行了信息披露义务。在此前提下,关联交易还需满足实质公平标准,它是指公司所得与公司所失相等,公司是否愿意以同等条件与第三人进行交易。对上述要求,主要应由董事、高级管理人员负担举证责任,否则其要承担举证不能的法律后果,关联交易便不具有正当性。

本案中,韩某江与大风行公司之间的股权转让以及韩某江个人独资企业卓伟工作室与大风行公司签订的协议,均系韩某江与大风行公司之间的关联交易。韩某江需举证证明该关联交易的公平性。韩某江承认上述两项交易均未经过股东会决议，也未举证证明曾就该交易履行了信息披露义务。其主张曾跟公司股东进行了沟通，但并未提交相关证据予以证明，不符合《公司法》以及司法解释规定的程序性公平标准，不予采信。

具体在韩某江与大风行公司之间的股权转让关系中，韩某江提交了《视频合作协议》、《超能大星探》独家投资协议、爱奇艺公司出具的付款证明、江风科行公司账务明细清单以及2014年和2015年的资产负债表、利润表等，拟证明江风科行公司在股权变更时处于经营状态并有实际收入，但国家税务总局天津市税务局稽查局曾对江风科行公司因"2014年、2015年，没有真实业务且没有支付款项"等涉税问题作出处罚，该处罚与韩某江主张的江风科行公司良好的经营状况相矛盾。韩某江亦未进一步提交对江风科行公司的资产状况、发展前景和预期利润等的尽职调查和评估报告，无法证明该交易的具体作价，导致的举证不能后果应当由韩某江自行承担。而在卓伟工作室与大风行公司的交易中，韩某江未提交证据证明与韩某江领取的制作费对价相当的合同履行结果。因此，该关联交易不符合实质性公平标准，损害了大风行公司的合法利益。根据《公司法》第148条第2款"董事、高级管理人员违反前款规定所得的收入应当归公司所有"的规定，韩某江基于上述不公平的关联交易所得的收入应该归大风行公司所有。一审判决韩某江归还大风行公司制作费和股权转让款并无不当。

此外，经审查，江风科行公司的工商登记信息显示，其现行股东为大风行公司，法定代表人为方某曦。可见，韩某江与大风行公司之间的股权转让交易已经交割完毕并完成工商变更登记。值得注意的是，本案中韩某江归还大风行公司股权转让款并不影响韩某江再行主张返还江风科行公司的股权，双方之间的股权变更事宜可另行解决。

第二，关于韩某江收取奖金的问题。

根据《公司法》第149条规定，董监高执行公司职务时违反法律、行政法规或者公司章程的规定，给公司造成损失的，应当承担赔偿责任。本案中，大风行公司章程第8条载明，股东会作为公司的权力机构，其中的一项职权为决定有关执行董事、监事的报酬事项。同时，《公司法》第37条第1款第2项亦有此规定。本案中，韩某江作为执行董事，未经股东会同意向其本人发放奖金，既违反了公司章程关于董事报酬由股东会决议的规定，又有悖于《公司法》的规定，侵害了大风行公司的财产利益和其他股东的合法权益，故韩某江收取奖金无根据，应向大风行公司予以返还。韩某江主张其系作为执行董事并为大风行公司创造了业绩而应该获取奖金，但即便其系因履职行为而获取奖金，亦应由公司相关的决议审议通过。

其未经公司和其他股东同意自行领取奖金不符合《公司法》以及大风行公司的章程规定,无法律依据,不予采信。

第三,关于本案的程序问题。

韩某江主张大风行公司变更法定代表人的决议系伪造的,现行法定代表人无法代表公司意志,其已经向公安机关报案并立案,且向法院提起了公司决议效力确认纠纷之诉。韩某江以此为由主张本案应中止审理。对此,商事交易遵循外观主义,现行工商登记信息显示的大风行公司的法定代表人为方某曦,若韩某江认为大风行公司的法定代表人身份系基于非法行为取得,可以通过诉讼方式主张,并变更工商登记。在现行工商登记信息未变更的前提下,不影响本案的继续审理。此外,本案系损害公司利益责任纠纷,系股东代表公司对韩某江侵害公司的行为提起的诉讼,诉讼利益归入大风行公司。根据现有诉讼情况,大风行公司不存在放弃其合法利益的情况,故可认定其意思表示真实。综上,对韩某江要求本案中止审理的主张,不予支持。

【典型案例要旨289】(2019)粤06民终6580号:关于案涉交易是否构成关联交易,股东及董事是否利用其关联关系损害千叶渡假酒店利益的问题,"利用其关联关系"和"损害公司利益"是判定赔偿责任的两个根本标准,具体体现为交易主体、交易动机、交易行为和交易结果4个要件。

三水市千叶渡假酒店有限公司与广州东方饮食娱乐有限公司、佛山市三水千叶花园房地产有限公司、佛山市三水枫叶渡假村有限公司等公司关联交易损害责任纠纷二审民事判决书

广东省佛山市中级人民法院(2019)粤06民终6580号

广东省佛山市中级人民法院经审理认为:

关于本案案由问题,千叶渡假酒店在一审中以案涉资产处置事项属于损害千叶渡假酒店公司利益的关联交易,东方公司、千叶花园公司、枫叶渡假村以及董事会成员叶某松、植某莹、李某辉、何某燕的行为严重侵害千叶渡假酒店权益为由,主张东方公司、千叶花园公司、枫叶渡假村、叶某松、植某莹、李某辉、何某燕赔偿千叶渡假酒店损失,一审法院亦对诉求进行了审理并作出判决,故本案案由应为与公司有关的纠纷。

因叶某松、植某莹是香港特别行政区居民,本案具有涉港因素,属于涉港商事纠纷。依照《涉外民事关系法律适用法》第14条第1款规定:"法人及其分支机构的民事权利能力、民事行为能力、组织机构、股东权利义务等事项,适用登记地法

律。”千叶渡假酒店提起本案诉讼,其诉求涉及千叶渡假酒店与其控股股东、董事之间的权利义务事项。因此,本案应适用千叶渡假酒店登记地法律。千叶渡假酒店是在内地登记设立的法人,故本案应当适用内地法律。东方公司、千叶花园公司、枫叶渡假村、叶某松、植某莹、李某辉、何某燕对一审法院适用内地法律审理本案无异议,千叶渡假酒店对此也没有提出异议,予以确认。

根据双方的诉辩意见,本案的争议焦点是:(1)案涉交易是否构成关联交易,如果构成关联交易,东方公司、千叶花园公司、枫叶渡假村以及叶某松等4位董事是否利用其关联关系损害千叶渡假酒店利益;(2)叶某松、植某莹、李某辉、何某燕执行公司职务时是否违反法律、行政法规或者公司章程规定对千叶渡假酒店造成损失。对本案的争议焦点作如下分析认定。

关于案涉交易是否构成关联交易,东方公司、千叶花园公司、枫叶渡假村以及叶某松等4位董事是否利用其关联关系损害千叶渡假酒店利益的问题。依照《公司法》第21条规定:“公司的控股股东、实际控制人、董事、监事、高级管理人员不得利用其关联关系损害公司利益。违反前款规定,给公司造成损失的,应当承担赔偿责任。”其中,“利用其关联关系”和“损害公司利益”是判定赔偿责任的两个根本标准,具体体现为交易主体、交易动机、交易行为和交易结果4个要件。

1. 对于交易主体问题,《公司法》第216条第2项和第4项规定:“本法下列用语的含义:……(二)控股股东,是指其出资额占有限责任公司资本总额百分之五十以上或者其持有的股份占股份有限公司股本总额百分之五十以上的股东;出资额或者持有股份的比例虽然不足百分之五十,但依其出资额或者持有的股份所享有的表决权已足以对股东会、股东大会的决议产生重大影响的股东。……(四)关联关系,是指公司控股股东、实际控制人、董事、监事、高级管理人员与其直接或者间接控制的企业之间的关系,以及可能导致公司利益转移的其他关系。”经查明,千叶渡假酒店的股东分别为某公司、千叶花园公司、某投资有限公司,东方公司是千叶花园公司、枫叶渡假村的股东,而东方公司由某投资有限公司投资,法定代表人是叶某松。由于东方公司、千叶花园公司、枫叶渡假村不符合上述法律规定的控股股东条件,并非千叶渡假酒店的控股股东,不具有关联关系;叶某松、植某莹、李某辉、何某燕是千叶渡假酒店的董事,存在上述法律所规定的关联关系。

2. 对于交易动机问题,关联交易涉及关联人的利益。关联人进行关联交易之时可能为牟取私利而损害公司利益,也有可能利用其掌握公司信息的便利、便捷促成公司的交易,达成交易双方利益双赢。本案中,佛山市三水区国土资源局向千叶渡假酒店和千叶花园公司发出关于更正房地产登记通知,指出案涉房地产登记权属人应由千叶渡假酒店变更登记为千叶花园公司,而该变更登记,相当于是将千叶渡假酒店名下财产给付千叶花园公司,而当时千叶渡假酒店尚欠千叶花园公司债务,故应以案涉资产抵销相应债务,属于交易行为,而该交易既是基于应国土房产登记管理部门要求的产权变更登记所需,又是基于关联关系所产生,属于关联交易。但该变更登记并非千叶渡假酒店或者千叶花园公司及叶某松等董事主动谋划及发起的,也不存在故意或者其他不纯目的,千叶渡假酒店没有举证证明案涉交易存在不纯目的,故认定叶某松、植某莹、李某辉、何某燕在关联交易中不存在不正当目的。

3. 对于交易行为,在进行案涉关联交易前,权属人委托了具有相应评估资质的评估机构对案涉资产中部分装修及设备进行了价值评估,评估机构作出两份资产评估报告书确定了评估价。其后,千叶渡假酒店召开董事会,出席董事会的董事叶某松、植某莹、李某辉、何某燕一致表决,因房产权属人变更登记需要,同意以2004年11月30日止的账面资产原值将千叶渡假酒店主体工程转回千叶花园公司,并将千叶渡假酒店已取得发票等合法凭证入账的装修、附属设施等资产进行评估再转让给千叶花园公司。上述董事会决议符合千叶渡假酒店公司章程第28条规定的"除第二十七条以外的其他事项,须经董事会三分之二以上(或超过半数)董事通过"的情形。某公司认为上述董事会召开没有通知卢某参加。《公司法》第22条第2款规定:"股东会或者股东大会、董事会的会议召集程序、表决方式违反法律、行政法规或者公司章程,或者决议内容违反公司章程的,股东可以自决议作出之日起六十日内,请求人民法院撤销。"某公司亦没有提供证据证明其已请求人民法院撤销上述董事会决议,故上述董事会决议程序合法,依法应予认可,应认定为千叶渡假酒店的真实意思表示。千叶渡假酒店继而在董事会决议范围内与千叶花园公司签订两份资产处置协议书,协商一致根据国土资源局的通知,将案涉固定资产分别按净值和评估价共28069017.62元回售给千叶花园公司,抵销千叶渡假酒店欠千叶花园公司的债务27364018.8元,千叶花园公司尚应支付千叶渡假酒店704998.82元。其后,亦完成了案涉资产变更登记至千叶花园公司名下的相关手续。可见,上述资产处置协议是千叶渡假酒店及千叶花园公司双方的真实意思表示,并已履行完毕,且案涉资产交易价格符合当时的评估价格,千叶渡假酒店未能举证证明交易存在不公正、不合理之处。

4. 对于交易结果问题,根据上文分析,案涉资产的关联交易既完成了国土房地产登记管理部门的变更要求,又以评估价值抵销了千叶渡假酒店所欠付的债务,保障了千叶渡假酒店的利益。由于资产价格在不同时期会存在波动的情形,在资产作价没有大幅偏离市场价值的前提下,应当允许案涉土地购买时的价格与作价抵扣债务的价格存在轻微的差异。因此,千叶渡假酒店主张案涉土地购买时为 4012800 元，作价抵扣债务时为 400 万元，其遭受损失 12800 元理据不足，不予支持。

综上四点分析，千叶渡假酒店未能举证证明东方公司、千叶花园公司、枫叶渡假村及叶某松、植某莹、李某辉、何某燕 4 位董事存在利用其关联关系损害千叶渡假酒店利益的情形，千叶渡假酒店应当承担举证不能的不利后果。

关于叶某松、植某莹、李某辉、何某燕执行公司职务时是否违反法律、行政法规或者公司章程规定对千叶渡假酒店造成损失的问题。根据上文分析，千叶渡假酒店根据国土房地产登记管理部门要求变更案涉资产权属登记，在交易前委托了有相应资质的机构进行了价格评估，通过召开董事会作出董事会决策，将案涉资产以原值及评估价转让给千叶花园公司，该处分没有违反法律、行政法规及公司章程规定，交易价格也符合当时的市场价格，并抵销了千叶渡假酒店欠千叶花园公司的相应债务。千叶渡假酒店也没有提供证据证明叶某松、植某莹、李某辉、何某燕 4 位董事存在违反法律、行政法规或者公司章程规定，对千叶渡假酒店造成损失的情形，故千叶渡假酒店应依法承担举证不能的不利后果。

【典型案例要旨 290】（2021）京 01 民终 1690 号：张某宏、侯某斌作为中首智慧公司管理层人员，在明知公司章程对公司对外提供借款需要履行相应内部程序有规定的情况下，违反章程规定，擅自审批对外借款，违反了高管对公司负有的忠实义务。张某宏、侯某斌的上述行为，导致案涉借款自 2017 年 7 月 21 日至今未能收回，且截至二审诉讼，中海重工公司仍表示目前不具备偿还能力，故应认定张某宏、侯某斌擅自批准对外借款的行为给中首智慧公司造成了损失，对案涉债务共同承担偿还责任。

侯某斌等与北京中首智慧停车管理有限公司公司关联交易损害责任纠纷二审民事判决书

北京市第一中级人民法院（2021）京 01 民终 1690 号

北京市第一中级人民法院经审理认为：

本案诉争款项系由中首智慧公司向中海重工公司提供借款 180 万元，侯某斌虽主张款项发生系中海重工集团有限公司内部正常的资金拆借，但未能提供中海重工集团有限公司相关文件等证据予以证明，故不予采信。

通过查明事实可知，案涉借款发生时，张某宏为中海重工公司法定代表人、董事、总经理及中首智慧公司法定代表人、董事长；侯某斌任中首智慧公司董事兼总经理，亦担任中海重工公司董事，中海重工公司出具的借条中载明了不计利息及借款期限，通用审批单载明：侯某斌和张某宏已同意，同时仅有侯某斌签名。根据中首智慧公司章程的规定，董事会行使下列职权：任何单笔未超过300万元且累计未超过1000万元的借款或贷款，需要经全体董事中的2/3以上审议通过。

张某宏、侯某斌作为中首智慧公司的高管，在明知公司章程对公司对外提供借款需要履行相应内部程序有规定的情况下，违反章程规定，擅自审批对外借款，违反了高管对公司负有的忠实义务。张某宏、侯某斌的上述行为，导致案涉借款自2017年7月21日至今未能收回，且截至二审诉讼，中海重工公司仍表示目前不具备偿还能力，故应认定张某宏、侯某斌擅自批准对外借款的行为给中首智慧公司造成了损失，一审法院判决侯某斌、张某宏与中海重工公司对案涉债务共同承担偿还责任并无不当。

【典型案例要旨291】（2021）京01民终341号：宋某萍作为中智公司的大股东，在中智公司对外履行业务合同时，又以关联公司泰融公司委派人员的身份，派出到中智公司进行服务工作，泰融公司收取每月12万元的服务费（半年收取72万元）。泰融公司派出的服务人员仅限于宋某萍一人，服务内容为对中智公司的项目进行管理。中智公司的项目合同到期后，项目相对方又与泰融公司签订了合同。宋某萍的上述行为，明显脱离了正常商业运作范畴，有违股东、高管的忠实义务，损害了公司及小股东的合法权益。

宋某萍等与符某纯公司关联交易损害责任纠纷二审民事判决书

北京市第一中级人民法院（2021）京01民终341号

北京市第一中级人民法院经审理认为：

根据上述法律规定，结合在案事实及证据，可认定宋某萍利用关联关系，签署《技术商务咨询服务合同》，造成中智公司72万元的损失，就该部分损失，宋某萍应承担赔偿责任。具体分析如下。

首先，中智公司与泰融公司签署《技术商务咨询服务合同》，构成关联交易。上述合同签订之时，宋某萍持有中智公司60%的股权，持有泰融公司99%的股权，且在两公司均担任监事职务，宋某萍上诉称其在中智公司的股权系代冯某建持有，但冯某建与宋某萍系夫妻关系，故即使存在代持事实，上述合同的签署仍系在冯某建、宋某萍主导下进行的关联交易行为。

其次，冯某建、宋某萍签署上述协议，未经中智公司股东会决议，该行为具有违法性。《公司法》第148条规定了公司董事、高级管理人员关联交易应经股东会决议通过。本案中，宋某萍虽仅担任监事职务，但根据查明的事实，2012年12月

26日之后,公司公章已经移交给了冯某建,即冯某建、宋某萍夫妇已然实际控制中智公司的经营,在此情况下,中智公司未经股东会决议,在《技术商务咨询服务合同》上盖章,通过公司账户向泰融公司支付款项,与高管的关联交易性质具有同一性,其二人在未经法定决议程序的情况下,自行作出上述交易行为,违反了上述法律规定。

再次,宋某萍关于《技术商务咨询服务合同》的约定内容公平合理的主张,明显不能成立。宋某萍作为中智公司的大股东,在中智公司对外履行业务合同时,又以关联公司泰融公司委派人员的身份,派出到中智公司进行服务工作,泰融公司收取每月12万元的服务费(半年收取72万元)。泰融公司派出的服务人员仅限于宋某萍一人,服务内容为对中智公司的项目进行管理。中智公司的项目合同到期后,项目相对方又与泰融公司签订了合同。宋某萍的上述行为,明显脱离了正常商业运作范畴,有违股东、高管的忠实义务,损害了公司及小股东的合法权益,其相关行为不应得到法律的肯定性评价。

最后,宋某萍因上述关联交易行为,造成中智公司72万元款项的转出,对上述损失,作为关联交易行为的实施方,应承担全额赔偿的责任。

【典型案例要旨292】(2014)民提字第59号:封某祥、罗某关于麻园社区居委会从始至终均主导并知悉封某祥集资行为的主张,不能补正封某祥作为公司董事、经理,又兼具上述特殊身份而必须要有公司章程规定或者股东会同意作为依据,方能与鸿翔公司进行集资交易、签订《分割协议》缺乏公司章程规定或者股东会同意作为依据的重大瑕疵。二审法院依据《合同法》第52条第5项之规定,支持鸿翔公司请求,判决(1998年签署的)《分割协议》中关于一楼营业用房(建筑面积652.68平方米,使用面积592平方米)产权属封某祥所有的内容无效,并无不当。

封某祥、罗某等与封某祥、毕节市鸿翔实业有限责任公司损害公司利益责任纠纷再审民事判决书

最高人民法院(2014)民提字第59号

最高人民法院经审理认为:

《分割协议》中关于一层商场产权属于封某祥所有的内容是否无效的问题。

1998年8月,鸿翔公司作出集资决议,决定麻园商场中属于鸿翔公司的营业用房、住房由公司内部职工集资,如有剩余,外部的单位或个人也可集资,并对各层营业用房、住房的集资价格、办证税费的承担进行了约定。2004年5月18日,

封某祥与鸿翔公司签订《分割协议》,载明“根据甲方(鸿翔公司)1998年8月6日(关于麻园商场营业用房及住房集资的决议)该商场一楼建筑面积652.68平方米(使用面积592平方米)属乙方(封某祥)集资……需把该一、二楼的产权分割清楚”。据此,应将集资决议、《分割协议》作为整体来梳理本案法律关系。

案涉集资行为实质上是集资人同鸿翔公司之间的交易。封某祥作为鸿翔公司的董事、董事长、经理,是公司的高管,在与鸿翔公司进行集资交易时,理应受到《公司法》的约束。封某祥、罗某关于一、二审法院在本案中适用《公司法》属于适用法律错误的主张不能成立。在鸿翔公司作出集资决议时,应适用1993年12月29日第八届全国人民代表大会常务委员会第五次会议通过的《公司法》;在封某祥与鸿翔公司签订《分割协议》时,应适用1993年12月29日第八届全国人民代表大会常务委员会第五次会议通过、根据1999年12月25日第九届全国人民代表大会常务委员会第十三次会议《关于修改〈中华人民共和国公司法〉的决定》修正的《公司法》。该两部《公司法》第61条第2款均明确规定,“董事、经理除公司章程规定或者股东会同意外,不得同本公司订立合同或者进行交易”,即董事、经理必须要有公司章程规定或者股东会同意作为依据,方能与公司进行交易。该规定是为了保障董事、经理对公司的忠实义务的有效履行,属于法律的强制性规定,必须严格遵守。由于鸿翔公司章程中没有允许董事、经理同本公司订立合同或者进行交易的明确规定,且封某祥与鸿翔公司进行集资交易、签订《分割协议》时均未得到股东会这一公司权力机构以股东会名义作出的同意,同时,尽管集资决议允许公司内部职工集资,但集资决议上仅载有鸿翔公司的公章,并无公司股东麻园社区居委会或封某祥的签章,即亦不能就此推断封某祥与鸿翔公司进行集资交易、签订《分割协议》的交易行为得到了股东会成员的同意。

之所以在本案中对“公司章程规定或者股东会同意”进行强调,一是当时的《公司法》对此有明确强制性规定,二是封某祥与鸿翔公司进行交易时,既是公司的董事、法定代表人,又是公司仅有的两个股东中的一个股东本人和另一个股东的主要负责人,且另一个股东作为群众性自治组织,对涉及全体居/村民重大利益的问题作出表意行为时,还须提请居/村民会议讨论决定。因此,封某祥、罗某关于麻园社区居委会从始至终均主导并知悉封某祥集资行为的主张,不能补正封某祥作为公司董事、经理,又兼具上述特殊身份而必须要有公司章程规定或者股东会同意作为依据,方能与鸿翔公司进行集资交易、签订《分割协议》缺乏公司章程规定或者股东会同意作为依据的重大瑕疵。二审法院依据《合同法》第52条第5项之规定,支持鸿翔公司请求,判决《分割协议》中关于一楼营业用房(建筑面积652.68平方米,使用面积592平方米)产权属封某祥所有的内容无效,并无不当。

【典型案例要旨 293】(2014)鄂黄冈中民二初字第 00033 号:李某在担任武穴迅达医化公司董监高并实际控制武穴迅达医化公司销售工作期间,与南京威斯康公司恶意串通,通过虚假交易的方式,由南京威斯康公司低价购买武穴迅达医化公司 INT,按比例收取费用后,出卖给由李某担任高管并占有股份的湖北迅达药业公司,由湖北迅达药业公司高价对外出售,湖北迅达药业公司从中取得巨额利润,其行为违反了法律规定。

武穴市迅达医化有限公司与湖北迅达药业股份有限公司、李某公司关联交易损害责任纠纷一审民事判决书

湖北省黄冈市中级人民法院(2014)鄂黄冈中民二初字第 00033 号

原告武穴市迅达医化有限公司。

被告湖北迅达药业股份有限公司。

第三人骆某,男,1962 年 1 月 1 日出生,汉族,住江苏省苏州市。

第三人李某章,男,1965 年 9 月 5 日出生,汉族,住武穴市。

第三人陈某良,男,1964 年 2 月 2 日出生,汉族,住江苏省昆山市。系武穴市迅达医化有限公司经理。

原告武穴市迅达医化有限公司(以下简称武穴迅达医化公司)诉被告湖北迅达药业股份有限公司(以下简称湖北迅达药业公司)、李某公司关联交易损害责任纠纷一案,本院于 2014 年 5 月 22 日立案受理后,依法组成由审判员胡某琴担任审判长,审判员周某洲,人民陪审员张某文参加的合议庭,于 2014 年 7 月 7 日公开开庭进行了审理,原告武穴迅达医化公司的法定代表人陈某良、委托代理人熊某,二被告的委托代理人国某建、廖某寨到庭参加了诉讼。诉讼中,本院依原告武穴迅达医化公司申请,追加骆某、李某章、陈某良为本案第三人,本案于 2014 年 10 月 9 日第二次开庭审理,原告武穴迅达医化公司委托代理人熊某,二被告的委托代理人国某建、廖某寨,第三人骆某的委托代理人曹某刚,第三人李某章的委托代理人黄某华,第三人陈某良均到庭参加了诉讼,本案现已审理终结。

为维护武穴迅达医化公司的合法权益,具状法院,请依法判决:解除原、被告签订的《武穴市迅达医化有限公司股权转让协议书》,判令被告返还武穴迅达医化公司销售金额 2886 万元(销售货款 3848 万元暂减去所得税 962 万元),并承担本案一切诉讼费用。

后武穴迅达医化公司变更诉讼请求为:(1)判令两被告共同返还武穴迅达医化公司销售货款 33700934.43 元及利息(从侵占之日至还清之日,按照银行的同

期贷款利率分段计算)；(2)要求两被告承担本案的一切诉讼费用。

湖北省黄冈市中级人民法院经审理认为：

1. 关于湖北迅达药业公司与武穴迅达医化公司在涉案期间的关联交易是否损害了武穴迅达医化公司的合法利益的问题。

《公司法》第21条第1款规定，“公司的控股股东、实际控制人、董事、监事、高级管理人员不得利用其关联交易损害公司利益”。

(1)李某系湖北迅达药业公司董事长李某健之子，在担任湖北迅达药业公司董事长助理、总经理期间(李某健系公司大股东，李某自2011年2月28日成为公司股东)同时负责武穴迅达医化公司销售工作，且李某系武穴迅达医化公司章程载明的股东，李某同时代表武穴迅达医化公司、湖北迅达药业公司与南京威斯康公司协商交易情况，且在公安机关的讯问笔录中已承认两家公司是关联公司，为了避免直接进行交易才决定找一家中间人。故湖北迅达药业公司与武穴迅达医化公司涉案期间构成关联关系，其交易构成关联交易。

(2)其关联交易系通过与南京威斯康公司恶意串通来实现。

(3)武穴迅达医化公司并非必须通过南京威斯康公司、湖北迅达药业公司才能销售INT，南京威斯康公司、湖北迅达药业公司亦没有对INT进行深加工，使产品增加价值，仅仅进行转手交易即获得巨额利润，而上述利益，完全可以由武穴迅达医化公司通过自行对外出售而获得。故关联交易损害了武穴迅达医化公司的合法利益。《公司法》第21条规定系法律禁止性规定，无论武穴迅达医化公司是否参与，实际控制人均不能实施利用其关联交易损害公司利益的行为，武穴迅达医化公司虽然参与了上述交易行为，但该公司当时的销售工作是由李某负责，李某的上述行为没有股东会的授权，其个人的行为损害了公司的利益。

综上，李某在担任武穴迅达医化公司董监高并实际控制武穴迅达医化公司销售工作期间，与南京威斯康公司恶意串通，通过虚假交易的方式，由南京威斯康公司低价购买武穴迅达医化公司INT，按比例收取费用后，出卖给由李某担任高管并占有股份的湖北迅达药业公司，由湖北迅达药业公司高价对外出售，湖北迅达药业公司从中取得巨额利润，其行为违反了法律规定。法律并不禁止所有的关联交易行为，但禁止不公平的、损害公司利益的关联交易。湖北迅达药业公司与武穴迅达医化公司在涉案期间的关联交易行为因违反法律规定而无效，湖北迅达药业公司对其利用关联交易给武穴迅达医化公司造成损失而取得的利益应当承担返还责任，武穴迅达医化公司主张湖北迅达药业公司应返还武穴迅达医化公司销售货款的诉讼请求符合法律规定，依法予以支持。李某虽然违反《公司法》第21条的规定，但因取得的销售货款由湖北迅达药业公司占有，故李某不应当承担返还责任。武穴迅达医化公司主张李某应返还销售货款的诉讼请求不符合法律规定，不予支持。

2. 关于湖北迅达药业公司应返还武穴迅达医化公司货款的具体数额的问题。

本案已查明的事实可以认定湖北迅达药业公司通过南京威斯康公司向武穴迅达医化公司购买氨基吡唑、N－单甲基哌啶86吨，但湖北迅达药业公司不提供其从上述产品中获得的所有收益。对其相关数据，将根据本案已有证据材料予以确定。根据武穴市国家税务局档案资料，湖北迅达药业公司出口至日本的双唑草腈PYRACLONIL、吡唑腈PYRACLONIL的出口时间、重量、总价与其在中国银行的日元进账的时间、金额及湖北迅达药业公司、南京威斯康公司、武穴迅达医化公司三方签订的买、卖氨基吡唑、N－单甲基哌啶的时间、重量，与朱某在公安机关作的询问笔录陈述的交易的时间、重量高度一致，相互之间可以印证，且湖北迅达药业公司未证实其销售的双唑草腈PYRACLONIL、吡唑腈PYRACLONIL的合法来源，故湖北迅达药业公司出口至日本的双唑草腈PYRACLONIL、吡唑腈PYRACLONIL即其通过南京威斯康公司向武穴迅达医化公司购买的氨基吡唑、N－单甲基哌啶。按照武穴市国家税务局档案资料数据结合中国银行进账单数据，湖北迅达药业公司对外销售86吨双唑草腈PYRACLONIL、吡唑腈PYRACLONIL共获得日元折合人民币为77736306.94元、出口退税6805467.63元。湖北迅达药业公司通过南京威斯康公司支付武穴迅达医化公司5312万元。浠水县公安局没收南京威斯康公司92.1万元。湖北迅达药业公司销售产品的纳税事务由该公司办理，相关材料由该公司保管，对其纳税情况最了解，且提供该纳税情况可作为该公司的抗辩，故湖北迅达药业公司对其销售双唑草腈、吡唑腈所缴纳税款的相关情况负有举证责任。诉讼中，湖北迅达药业公司应当提供上述证据，但其未提供，依法应承担举证不能的法律责任。武穴迅达医化公司同意扣减湖北迅达药业公司销售上述产品纳税4028537.51元，系其自行处分其民事权利，依法予以准许。

武穴迅达医化公司另主张2011年12月湖北迅达药业公司直接将武穴迅达医化公司生产的INT16.5吨从武穴迅达医化公司仓库拉走出口，每吨侵占利润48万元。其提交的证据不足以充分证实其主张的事实，对其相应的诉讼请求，不予支持。

综上，湖北迅达药业公司应返还武穴迅达医化公司货款26472237.06元（销售收入77736306.94元＋出口退税6805467.63元－已支付武穴迅达医化公司5312万元－没收南京威斯康公司92.1万元－税款4028537.51元）。湖北迅达药业公司占用武穴迅达医化公司货款应按中国人民银行同期贷款利率支付利息。

诉讼中,武穴迅达医化公司主张利息自2012年5月1日起开始计算,因该日期在湖北迅达药业公司收到全部销售款和出口退税之后,故对其主张,予以支持。

3. 关于2012年3月8日《武穴市迅达医化有限公司股权转让协议书》的效力问题。

《武穴市迅达医化有限公司股权转让协议书》仅有李某、陈某良签字,湖北迅达药业公司作为协议一方未盖章,陈某良明知李某并非湖北迅达药业公司法定代表人,无权代表公司处分财产,故李某签字不构成表见代理,属无权处分,该协议亦未被湖北迅达药业公司追认,不能体现出系湖北迅达药业公司真实意思表示。故从形式上来看,该协议无效。《公司法》第20条第1款规定:"公司股东应当遵守法律、行政法规和公司章程,依法行使股东权利,不得滥用股东权利损害公司或者其他股东的利益;不得滥用公司法人独立地位和股东有限责任损害公司债权人的利益。"第37条第1款第6项规定,"股东会行使下列职权:……(六)审议批准公司的利润分配方案和弥补亏损方案"。尽管李某、湖北迅达药业公司、陈某良在武穴迅达医化公司章程规定中占有2/3以上股份,但是李某、湖北迅达药业公司在经营武穴迅达医化公司中的收益属于武穴迅达医化公司所有,公司资产属于公司所有,应当由武穴迅达医化公司股东会审议批准处分该收益,李某、湖北迅达药业公司及陈某良作为股东无权私自处分武穴迅达医化公司的收益,其未召开股东会,在形式上亦不合法。从本案审理的情况来看,李某、湖北迅达药业公司在经营中的收益金额较高,私自处分的行为极有可能严重损害公司其他股东及债权人的利益。诉讼中,李某章作为武穴迅达医化公司股东对该协议亦不认可。故从内容上来看,该协议无效。协议中关于甲方李某、湖北迅达药业公司在经营中的收益归甲方所有、甲方与武穴迅达医化公司的债权、债务清零的约定自始无效。湖北迅达药业公司仍应承担返还武穴迅达医化公司销售货款的民事责任。

据此,依照《公司法》第20条第1款、第21条、第37条第1款第6项、第216条第1款第4项,《合同法》第52条第5项,《民法通则》第58条第1款第4项、第61条,《民事诉讼法》第64条之规定,判决如下:

(1)限被告湖北迅达药业公司于本判决生效之日起30日内返还原告武穴迅达医化公司销售货款26472237.06元及利息(利息计算方式:自2012年5月1日起按中国人民银行同期贷款利率开始计算至实际返还之日止)。

(2)驳回原告武穴迅达医化公司的其他诉讼请求。

【典型案例要旨294】(2016)鄂民终967号:武穴迅达医化公司的财务资料显示,2010年9月至2011年9月,该公司的经营情况良好,每月有相对稳定的利润产生。故湖北迅达药业公司关于交易行为没有损害武穴迅达医化公司合法利益的上诉理由成立。

武穴市迅达医化有限公司与湖北迅达药业股份有限公司、李某二审民事判决书

湖北省高级人民法院(2016)鄂民终967号

湖北省高级人民法院经审理认为：

湖北迅达药业公司以及李某的行为构成关联交易。《公司法》第21条第1款规定："公司的控股股东、实际控制人、董事、监事、高级管理人员不得利用其关联关系损害公司利益。"李某在担任湖北迅达药业公司董事长助理、总经理期间同时负责武穴迅达医化公司销售工作，且李某系武穴迅达医化公司章程载明的股东，同时代表武穴迅达医化公司、湖北迅达药业公司与南京威斯康公司协商交易情况。在公安机关对李某、朱某的讯问笔录中，李某已承认两家公司是关联公司，故湖北迅达药业公司与武穴迅达医化公司涉案期间构成关联关系，其交易构成关联交易。

关于湖北迅达药业公司以及李某关联交易的行为是否损害武穴迅达医化公司的利益，自武穴迅达医化公司成立以来，十倍速(上海)贸易有限公司从未向武穴迅达医化公司直接采购INT产品，而是向浦和国际贸易(香港)有限公司或者湖北迅达药业公司采购INT产品。浦和国际贸易(香港)有限公司或者湖北迅达药业公司在取得产品订单之后，再逐级向上游企业进行采购，最终由武穴迅达医化公司完成供货。在每级转手交易之间，也一直存在差价。故判断交易是否损害武穴迅达医化公司的利益，关键要看武穴迅达医化公司的产品出厂价格本身是否公正和合理。

现已查明，武穴迅达医化公司向南京威斯康公司销售86吨货物，其中，2010年9月27日至2011年4月14日销售的46吨INT产品的出厂价格为720元/千克，2011年5月23日至2011年9月23日销售的40吨N－单甲基哌啶的出厂价格为500元/千克，湖北迅达药业公司之后将其加工成INT产品后再出售。2010年1月至2010年8月，在陈某良负责武穴迅达医化公司销售期间，INT产品武穴迅达医化公司的出厂价格为795元/千克至865元/千克。在2012年2月陈某良负责武穴迅达医化公司销售时，INT产品武穴迅达医化公司的出厂价格为890元/千克。2012年4月由陈某良负责武穴迅达医化公司销售时，INT产品武穴迅达医化公司的出厂价格为450元/千克。本案诉讼中，当事人各方对武穴迅达医化公司相关产品的出厂价格均无异议。比较前述出厂价格，同时考虑市场供求、汇率

等因素的影响,2010 年 9 月 27 日至 2011 年 4 月 14 日 INT 产品的出厂价格 720 元/千克和 2011 年 5 月 23 日至 2011 年 9 月 23 日 N-单甲基哌啶的出厂价格 500 元/千克,应当是公正和合理的。并且,对于武穴迅达医化公司向南京威斯康公司销售的 86 吨货物,武穴迅达医化公司均按照双方采购合同约定的出厂价格,向南京威斯康公司收取了全部款项。

另外,武穴迅达医化公司的财务资料显示,2010 年 9 月至 2011 年 9 月,该公司的经营情况良好,每月有相对稳定的利润产生。故湖北迅达药业公司关于交易行为没有损害武穴迅达医化公司合法利益的上诉理由成立。

此外,2012 年 3 月 8 日签订的《武穴市迅达医化有限公司股权转让协议书》,仅有李某、陈某良签字,湖北迅达药业公司、李某章作为协议方没有签字盖章,且在本案诉讼中对协议书的效力提出异议,故《武穴市迅达医化有限公司股权转让协议书》无效。湖北迅达药业公司上诉称武穴迅达医化公司一审变更诉讼请求超过举证期限,未追加南京威斯康公司属于遗漏当事人,因武穴迅达医化公司一审变更诉讼请求系在举证期限内提出,南京威斯康公司不属于法律规定的必须参加诉讼的当事人,故湖北迅达药业公司的该项上诉理由不能成立。

综上所述,湖北迅达药业公司的上诉请求成立,予以支持。

依照《民事诉讼法》第 170 条第 1 款第 2 项规定,判决如下:

(1)撤销湖北省黄冈市中级人民法院(2014)鄂黄冈中民二初字第 00033 号民事判决;

(2)驳回武穴迅达医化公司的诉讼请求。

【典型案例要旨 295】(2018)鄂民再 61 号:李某为武穴迅达医化公司的股东、监事,在本案诉争交易发生期间负责武穴迅达医化公司销售工作;李某同时也是湖北迅达药业公司的股东、董事长助理、总经理,且与湖北迅达药业公司的控股股东李某健是父子关系,李某同时代表武穴迅达医化公司、湖北迅达药业公司,特意找来南京威斯康公司作为中间方进行交易,这种关系极有可能导致当事人利用相关交易转移公司利益。

武穴市迅达医化有限公司、湖北迅达药业股份有限公司公司关联交易损害责任纠纷再审民事判决书

湖北省高级人民法院(2018)鄂民再 61 号

湖北省高级人民法院经审理认为:

综合当事人再审请求及各方主张,本案再审争议焦点为:(1)湖北迅达药业公

司是否存在对INT半成品进行加工的事实;(2)湖北迅达药业公司通过南京威斯康公司向武穴迅达医化公司购买INT产品是否属于关联交易;(3)涉案交易是否损害了武穴迅达医化公司的利益。

1. 关于湖北迅达药业公司是否存在对INT半成品进行加工的事实的问题。

湖北迅达药业公司再审中主张,该公司通过南京威斯康公司从武穴迅达医化公司购买INT半成品N–单甲基哌啶,而后又委托武穴迅达医化公司进行深加工。湖北迅达药业公司还举证其向李某章账户支付了相应款项,以证明该公司向武穴迅达医化公司支付了委托加工款项。但武穴迅达医化公司的账册显示,湖北迅达药业公司并未实际支付委托加工的相关费用。湖北迅达药业公司与李某章之间存在众多款项往来,其向李某章个人账户付款不足以证明与本案有关。武穴迅达医化公司拥有完整的INT产品生产流程,湖北迅达药业公司主张通过南京威斯康公司购买武穴迅达医化公司生产流程上的中间品或半成品,再委托武穴迅达医化公司继续深加工走完生产流程,不符合基本生产经营规律,缺乏必要性与合理性。另外,湖北迅达药业公司对于INT半成品与成品生产比例关系也不能作出合理说明,其主张N–单甲基哌啶是INT半成品、其通过南京威斯康公司从武穴迅达医化公司购买INT半成品后又委托武穴迅达医化公司进行深加工的事实不能成立,再审不予支持。武穴迅达医化公司主张湖北迅达药业公司与其之间并不存在真实的委托加工关系,湖北迅达药业公司不存在对INT半成品进行深加工的事实,再审予以支持。二审关于N–单甲基哌啶是INT的半成品,湖北迅达药业公司对其有加工行为的事实认定有误,再审予以纠正。

2. 关于湖北迅达药业公司通过南京威斯康公司向武穴迅达医化公司购买INT产品是否属于关联交易的问题。

本案湖北迅达药业公司虽然是通过南京威斯康公司向武穴迅达医化公司购买INT产品,但南京威斯康公司在李某的安排下仅做签署买卖合同、转付款、开具发票等形式上的转手,实际的货物交付发生在武穴迅达医化公司与湖北迅达药业公司之间,参与其中的当事人均明确知道本案INT产品的买卖实质上属于湖北迅达药业公司与武穴迅达医化公司之间的交易关系。因此,涉案交易是否属于关联交易关键在于考察李某、湖北迅达药业公司之间是否存在关联关系。《公司法》第216条第4项规定:"关联关系,是指公司控股股东、实际控制人、董事、监事、高级管理人员与其直接或者间接控制的企业之间的关系,以及可能导致公司利益转移的其他关系。"李某为武穴迅达医化公司的股东、监事,在本案诉争交易发生期间负责武穴迅达医化公司销售工作;李某同时也是湖北迅达药业公司的股东、董事长助理、总经理,且与湖北迅达药业公司的控股股东李某健是父子关系,李某同时代表武穴迅达医化公司、湖北迅达药业公司,特意找来南京威斯康公司作为中间方进行交易,这种关系极有可能导致当事人利用相关交易转移公司利益。一审法院及二审认定李某与湖北迅达药业公司之间构成关联关系,在李某的安排下,湖北迅达药业公司通过南京威斯康公司从武穴迅达医化公司购买INT产品为关联交易正确,再审予以确认。

3.关于涉案关联交易是否损害了武穴迅达医化公司利益的问题。

关联交易本身并不为法律所禁止,但利用关联交易损害公司利益则构成侵权。《公司法》第21条规定:"公司的控股股东、实际控制人、董事、监事、高级管理人员不得利用其关联关系损害公司利益。违反前款规定,给公司造成损失的,应当承担赔偿责任。"武穴迅达医化公司主张李某、湖北迅达药业公司通过关联交易,侵占了本属于武穴迅达医化公司的INT产品销售利润,损害了其公司利益。因此,涉案交易中INT产品是否以不合理低价从武穴迅达医化公司出厂,李某是否借此将武穴迅达医化公司的利益转移输送给了湖北迅达药业公司,是判断李某、湖北迅达药业公司是否存在损害武穴迅达医化公司利益及是否构成侵权行为的关键。一般而言,判断交易价格是否公允,是否存在恶意低价出售的情况,应当综合产品市场价格、历史价格、材料成本、终端采购价格等各方面因素进行考察分析。但国内公开市场并无本案INT产品价格,各方当事人认可同时期国内市场并无同类产品交易。因此,武穴迅达医化公司INT产品的历史出厂价格以及此后湖北相和化学公司INT产品的出厂价格应作为判断涉案关联交易价格是否合理的重要参考依据。

为便于比较,分以下几个阶段梳理武穴迅达医化公司INT产品的历史出厂价格:

(1)2010年1月至2010年8月,在陈某良负责武穴迅达医化公司销售期间,INT产品武穴迅达医化公司的出厂价格为795元/千克至865元/千克,十倍速(上海)贸易有限公司所购买的INT产品的终端采购价格为12700日元/千克至14200日元/千克;

(2)2010年9月至2011年4月,在李某的操作下,湖北迅达药业公司通过南京威斯康公司从武穴迅达医化公司购买共计46吨INT产品,该产品武穴迅达医化公司出厂价格为720元/千克,十倍速(上海)贸易有限公司所购买的INT产品的终端采购价格为11350日元/千克至12700日元/千克;

(3)2011年5月至2011年9月,在李某的操作下,湖北迅达药业公司通过南京威斯康公司从武穴迅达医化公司购买共计40吨INT产品(以N-单甲基哌啶的品名),该产品武穴迅达医化公司出厂价格为500元/千克,十倍速(上海)贸易

有限公司所购买的 INT 产品的终端采购价格为 11350 日元/千克;

(4)2012 年 2 月,陈某良负责武穴迅达医化公司销售时,INT 产品武穴迅达医化公司的出厂价格为 890 元/千克,销售量 1.5 吨,十倍速(上海)贸易有限公司所购买的 INT 产品的终端采购价格为 11000 日元/千克;

(5)2012 年 4 月,陈某良负责武穴迅达医化公司销售时,INT 产品武穴迅达医化公司的出厂价格为 450 元/千克,销售量 6 吨,十倍速(上海)贸易有限公司所购买的 INT 产品的终端采购价格为 11000 日元/千克。

另外,湖北相和化学公司建成投产后,该公司 2013 年 5 月至 2014 年 1 月 INT 产品的出厂价为 693 元/千克至 709 元/千克。

比较前述出厂价格,同时考虑市场供求、汇率等因素的影响,前述第 2 阶段即 2010 年 9 月至 2011 年 4 月,湖北迅达药业公司通过南京威斯康公司以 720 元/千克的出厂价从武穴迅达医化公司购买共计 46 吨 INT 产品,该出厂价格处于市场价格的合理波动范围。李某在该阶段并未以不合理的低价出售武穴迅达医化公司的 INT 产品,武穴迅达医化公司主张李某在该阶段将本属于武穴迅达医化公司的利益转移输送给湖北迅达药业公司的理由不能成立,再审不予支持。

但前述第 3 阶段,在 INT 产品终端采购价格并未明显降低的情况下,湖北迅达药业公司通过南京威斯康公司以 500 元/千克的出厂价从武穴迅达医化公司购买共计 40 吨 INT 产品,明显低于此前武穴迅达医化公司的历史出厂价格,与此后湖北相和化学公司的出厂价格相比也有较大差距。李某、湖北迅达药业公司主张该阶段以 500 元/千克的出厂价买卖的是 INT 半成品及对其另做深加工后销售,但如前所述,该种解释不具有合理性,不予支持。武穴迅达医化公司主张李某在该阶段通过此种关联交易将本属于武穴迅达医化公司的利益转移输送给湖北迅达药业公司的理由成立,再审予以支持。另外,公司在经营期间是否盈利与关联交易是否损害公司利益之间不存在对应因果关系,二审将武穴迅达医化公司在涉案关联交易发生期间仍有利润产生作为认定涉案关联交易未损害该公司利益的理由之一不当,再审予以纠正。

在前述第 5 阶段陈某良负责武穴迅达医化公司销售时,曾有 6 吨 INT 产品以 450 元/千克的出厂价出售,但交易数量很少,且为该公司停产后的最后两次清仓交易。综合武穴迅达医化公司全部的销售历史及此后湖北相和化学公司的出厂价格来看,该阶段的出厂价格属于武穴迅达医化公司在歇业前特殊时期的偶发交易,不足以作为认定 INT 产品合理出厂价格的依据。

如前所述,李某作为武穴迅达医化公司的监事,在其直接操作下,将武穴迅达医化公司的 40 吨 INT 产品以明显低于合理范围的出厂价格通过南京威斯康公司出售给与其有关联关系的湖北迅达药业公司,损害了武穴迅达医化公司的利益,构成侵权,应对武穴迅达医化公司承担相应法律责任。湖北迅达药业公司作为共同侵权人,应与李某共同对武穴迅达医化公司承担法律责任。武穴迅达医化公司虽将李某、湖北迅达药业公司作为共同被告提起诉讼,但本案再审期间,武穴迅达医化公司明确不再要求李某承担责任,仅要求实际占有侵权所得的湖北迅达药业公司承担法律责任,武穴迅达医化公司对其民事权利的处分,不损害国家、集体或他人的合法权益,予以确认。在具体责任承担上,鉴于前述第2阶段的关联交易中46吨INT产品720元/千克的出厂价格处于合理范围,第3阶段40吨INT产品关联交易与前一阶段市场环境基本相同,交易流程基本相同,以第2阶段的INT产品出厂价格作为合理价格标准确定湖北迅达药业公司侵占武穴迅达医化公司INT产品销售利润的具体数额,即李某通过涉案关联交易向湖北迅达药业公司输送的利益为880万元[(720元/千克－500元/千克)×40吨]。对于该部分侵占的款项及利息,湖北迅达药业公司应予返还。武穴迅达医化公司主张利息自2012年5月1日起开始计算,因该日期在湖北迅达药业公司收到全部销售款和出口退税之后,再审予以支持。

综上,武穴迅达医化公司的再审请求部分成立,再审予以支持。一审判决适用法律有误,二审判决部分事实认定有误,致实体处理不当,再审予以纠正。经合议庭评议并经审判委员会讨论决定,依照《民事诉讼法》第207条第1款、第170条第1款第2项之规定,判决如下:

(1)撤销(2016)鄂民终967号民事判决及湖北省黄冈市中级人民法院(2014)鄂黄冈中民二初字第00033号民事判决;

(2)湖北迅达药业公司于本判决生效之日起10日内返还武穴迅达医化公司销售款880万元及利息(利息计算以880万元为基数,按中国人民银行金融机构同期同类贷款基准利率,自2012年5月1日起计算至实际返还之日止)。

如果未按本判决指定的期间履行给付金钱义务,应当依照《民事诉讼法》第253条之规定,加倍支付迟延履行期间的债务利息。

一审案件受理费186100元,由湖北迅达药业公司负担12万元,武穴迅达医化公司负担66100元。二审案件受理费186100元,由湖北迅达药业公司负担12万元,武穴迅达医化公司负担66100元。

注:

前述武穴迅达医化公司的3个案例,为一个案件经历的三次审判:一审支持被告赔偿原告损失2000多万元;二审湖北省高级人民法院判决撤销一审判决,驳回原告的诉讼请求;湖北省高级人民法院再审后撤销一审和二审判决,判决被告赔偿原告800多万元损失。

三次审判,法院对案件事实认定、法律关系的定性的差异较大,值得法律从业人员仔细研究。

第三节 不当关联交易的判断原则:形式与实质双重审查

对于不当关联交易的判断,除前述5项标准外,司法实践中还有一项判断原则,即形式与实质双重审查原则。

按照《公司法解释五》第1条第1款的规定,“关联交易损害公司利益,原告公司依据民法典第八十四条、公司法第二十一条规定请求控股股东、实际控制人、董事、监事、高级管理人员赔偿所造成的损失,被告仅以该交易已经履行了信息披露、经股东会或者股东大会同意等法律、行政法规或者公司章程规定的程序为由抗辩的,人民法院不予支持”。

也就是说,关联交易既要符合程序合法、披露充分等形式要件的要求,又要符合目的合理、价格公允及实质公平的要求。法院在审查关联交易的合法性时,要对其形式合法性与实质上的正当性一并审查,即双重审查。

【问题262】关联交易符合形式合法的外观要件后,是否还应当符合实质公平?

【典型案例要旨296】(2019)最高法民终496号: 在晨东公司与东驰公司之间的关联交易符合形式合法的外观要件的情况下,应当对交易的实质内容即合同约定、合同履行是否符合正常的商业交易原则以及交易价格是否合理等进行审查。

耿某某、刘某某公司关联交易损害责任纠纷二审民事判决书

最高人民法院(2019)最高法民终496号

最高人民法院经审理认为:

本案中,在晨东公司与东驰公司之间的关联交易符合形式合法的外观要件的情况下,应当对交易的实质内容即合同约定、合同履行是否符合正常的商业交易原则以及交易价格是否合理等进行审查。

首先,从案涉交易的背景来看。晨东公司与东驰公司签订《资产转让协议》,

在耿某某、刘某某与振东医药公司开展合作之后。按照合作备忘录的约定，耿某某、刘某某与振东医药公司共同出资设立振东医药物流公司后，应由耿某某促成其控制的晨东公司及其关联企业（含东驰公司）的业务（资产盘点明细表中的所有资产）无偿转移至新公司（振东医药物流公司）名下。可见，耿某某、刘某某与振东医药公司合作建立在新公司收购包括东驰公司在内的耿某某所控制的所有关联企业的基础之上，并最终达到实际控制所有关联企业的目的。合作备忘录第4项关于"与晨东药业公司有关的一切负债均由晨东药业及耿某某、刘某某承担，该债务与新公司无关"的约定，确定了耿某某将资产转让后对晨东公司相关负债的处理原则，即晨东公司的负债应当由晨东公司、耿某某、刘某某实际承担。但耿某某、刘某某在其将持有的东驰公司股份转让、东驰公司已纳入振东医药物流公司经营体系的情况下，以关联交易的方式，将本应由其自行承担的晨东公司债务转由东驰公司承担，与合作备忘录约定的晨东公司债务承担方式不符，有明显的摆脱债务嫌疑。

其次，从案涉交易的履行情况来看。本案关联交易发生时，晨东公司与东驰公司均由耿某某、刘某某实际控制。晨东公司与东驰公司先后签订《业务转接协议》和《资产转让协议》，但两份协议仅约定了晨东公司进行资产转让的时间及"转让后东驰公司按资产、债权、债务转让明细记账"，对于具体的交接事宜未予明确，也未再另行协商确定。东驰公司依据晨东公司移交的上述汇总表及相应明细，已代晨东公司清偿绝大部分债务，但向所涉多家单位发出应收账款询证函，收到回复却多为"无此账款"或"货款已结清"，对此，晨东公司未能作出合理解释，也未能进一步提交证明债权存在的凭证或者采取措施进行补救。由此可见，在东驰公司已代晨东公司清偿绝大部分债务的情况下，晨东公司未能提供有效证据证明其向东驰公司转让的债权真实有效，从而导致东驰公司未能收回两份协议中约定的债权，损害了东驰公司的利益。

综上，一审法院判定耿某某、刘某某将晨东公司债务转入东驰公司，由东驰公司偿还，损害了东驰公司作为独立法人对其财产享有的权益以及其他东驰公司债权人的利益，有事实和法律依据。耿某某、刘某某、晨东公司关于其未损害东驰公司利益的上诉主张不能成立，本院不予支持。

第二十三章

关联交易相关诉讼的涉诉案由

【问题 263】股东或实际控制人以及董监高从事关联关系，可能涉及的诉讼案由有哪些？

【典型案例要旨 297】(2013) 民二终字第 58 号：开元房产公司是宁波置业公司的股东，开元旅业公司是该公司的实际控制人，孔某良、陈某林、王某初分别是该公司的董事长、董事和总经理，依照《公司法》第 20 条、第 21 条、第 150 条规定，分别属于股东滥用股东权利、实际控制人利用其关联关系及董监高执行职务时违反法律、法规或公司章程规定，给公司造成损失的 3 类不同情形，因上述 3 项事由与各项侵权行为可能构成不同的诉讼标的，上诉人在一审起诉时没有将侵权事实与各一审被告的关系加以明确，人民法院无法判定其诉讼标的是共同的，还是同一种类。

华城地产集团有限公司与杭州开元房地产集团有限公司、开元旅业集团有限公司、孔某良、陈某林、王某初损害公司利益责任纠纷二审民事裁定书

最高人民法院(2013)民二终字第 58 号

最高人民法院经审理认为：

华城地产公司起诉开元房产公司、开元旅业公司、孔某良、陈某林、王某初，认为五一审被告采用不经招标即以不合理高价发包工程、低价转让商品房、进行关联交易等手段，实施虚增建设成本、减少销售收入、增加不合理支出等行为，损害宁波置业公司利益，但其诉状中针对上述每项侵权事实，并未明确列明五一审被告实施的具体侵权行为，以及五一审被告是共同实施还是分别实施了各项侵权行为。

《民事诉讼法》第 119 条第 3 项规定，起诉要有具体的诉讼请求和事实、理由，华城地产公司起诉不符合上述法律规定，不符合起诉的条件。

本案五一审被告分别为：开元房产公司是宁波置业公司的股东，开元旅业公司是该公司的实际控制人，孔某良、陈某林、王某初分别是该公司的董事长、董事和总经理。依照《公司法》第20条、第21条、第150条规定，分别属于股东滥用股东权利、实际控制人利用其关联关系及董监高执行职务时违反法律、法规或公司章程规定，给公司造成损失的3类不同情形，因上述3项事由与各项侵权行为可能构成不同的诉讼标的，上诉人在一审起诉时没有将侵权事实与各一审被告的关系加以明确，人民法院无法判定其诉讼标的是共同的，还是同一种类。如果诉讼标的为同一种类，则依据《民事诉讼法》第52条第1款规定，人民法院认为可以合并审理并经当事人同意的，可以合并审理。

上诉人将上述五方当事人一并列为被告，向一审法院起诉，不构成《民事诉讼法》第52条规定的共同诉讼。上诉人上诉理由不能成立，对其上诉请求，不予支持。

第一节　工具类诉讼

提起关联交易相关的诉讼，需要具备一定的身份，如股东或者董事和监事，因此，在特殊情况下，需要提起股东资格确认诉讼、股东名册记载诉讼或请求变更公司登记诉讼，以解决诉讼的主体资格问题。

公司股东，特别是不经常参与公司经营或股东会议的中小股东，对于公司的关联交易知之甚少，若茫然提起关联交易相关诉讼，很可能因为信息及证据不充分而败诉，劳民伤财却无功而返。此时，可以通过知情权诉讼了解关联交易的相关情况，做到有备而来，增加胜诉的概率。

在作为关联方或关联关系纽带的公司董监高违法从事关联交易时，单纯指望董事会或监事会提起相关诉讼维护公司权益，无异于与虎谋皮，概率太小，因此，可以考虑通过股东代表诉讼，由股东代表公司提起相关诉讼，以挽回公司因关联交易所遭受的损失。

所以，我们将几项具备工具性或手段性特征的诉讼制度简单介绍如下。

一、股东资格确认诉讼

股东资格确认纠纷，是指股东与股东之间或者股东与公司之间就股东资格是否存在，或者具体的股权持有数额、比例等发生争议而引起的纠纷。[①]

股东通常因为股权代持、登记不规范、股权受让未登记等原因，股东资格尚无明确的公示，因此，在其行使股东权利的时候，其股东资格会受到质疑，影响后续的行权。因此，股东资格确认之诉，就是要首先发起的诉讼，以便为后续的行权铺平道路。尤其是股东代表诉讼中，首先要解决其是否属于股东、是否有权代表公司提起衍生诉讼的问题。

根据《公司法解释四》的规定，当事人向人民法院起诉请求确认其股东资格的，应当以公司为被告，与案件争议股权有利害关系的人作为第三人参加诉讼。同时，就其股权归属发生争议时，应当证明其已经依法向公司出资或者认缴出资，且不违反法律法规强制性规定，或者已经受让或者以其他形式继受公司股权，且不违反法律法规强制性规定，才能请求人民法院确认其享有诉争的股权。

【问题264】被解除股东资格后未依法提起申请撤销股东会决议诉讼或申请确认股东会决议无效诉讼，股东是否有权提起股东代表诉讼？

【典型案例要旨298】（2014）民一终字第295号：有限责任公司的股东会有权以股东会决议形式解除股东资格。华东有色公司股东会年度会议关于解除上诉人股东资格的决议已经生效。截至一审裁定作出时，上诉人并没有依法提起申请撤销股东会决议诉讼或申请确认股东会决议无效诉讼。因此，一审裁定以上诉人在本案中丧失了股东资格，无权提起股东代表诉讼为由裁定驳回起诉。

上海高金股权投资合伙企业与许某荣、谢某楠损害公司利益责任纠纷二审民事裁定书

最高人民法院（2014）民一终字第295号

最高人民法院经审理认为：

关于上诉人股东资格的问题。

上诉人上海高金合伙企业向一审法院起诉时依据增资协议和有关工商登记，证明其具有华东有色公司股东资格，因此，一审法院受理本案并无不当。在案件审理过程中，华东有色公司股东会根据增资协议约定，在上诉人上海高金合伙企业未按增资协议约定缴纳第三期增资款，经过两次函告仍未缴纳的情况下，于2014年5月28日召开股东会年度会议并作出决议，以减少注册资本的形式解除

---

① 参见人民法院出版社编著：《最高人民法院民事案件案由适用要点与请求权规范指引》（第2版），人民法院出版社2020年版，第718页。

了上海高金合伙企业的股东资格。根据《公司法》及相关司法解释规定，有限责任公司的股东会有权以股东会决议形式解除股东资格。华东有色公司股东会年度会议关于解除上诉人股东资格的决议已经生效。《公司法》第22条规定，如果股东认为“股东会或者股东大会、董事会的会议召集程序、表决方式违反法律、行政法规或者公司章程，或者决议内容违反公司章程的，股东可以自决议作出之日起六十日内，请求人民法院撤销”；或者认为“公司股东会或者股东大会、董事会的决议内容违反法律、行政法规的”，股东可以提起确认股东会决议无效之诉。然而，截至一审裁定作出时，上诉人并没有依法提起申请撤销股东会决议诉讼或申请确认股东会决议无效诉讼。因此，一审裁定以上诉人在本案中丧失了股东资格，无权提起股东代表诉讼为由裁定驳回起诉，并无不当。

二、股东名册记载诉讼

股东名册是有限责任公司和股份有限公司必须具备的文件，是指公司依法置备的记载股东及其持股情况的簿册。对于有限责任公司以及发行记名股票的股份有限公司而言，股东名册必须记载股东的姓名或名称、持股数盘等内容；当股东转让股权或者发生其他应当变更股东名册记载事项的情况时，公司应当予以变更，否则，即可能产生股东名册记载纠纷。由于股东名册记载纠纷直接关系到股东资格的确认与股权的行使，与股东利益密切相关，实践中存在大量的此类纠纷。①

从关联交易角度而言，股东名册记载纠纷的目的，主要也是解决股东行权的资格问题。

按照2023年修订的《公司法》第56条的规定，“有限责任公司应当置备股东名册，记载下列事项：(一)股东的姓名或者名称及住所；(二)股东认缴和实缴的出资额、出资方式和出资日期；(三)出资证明书编号；(四)取得和丧失股东资格的日期。记载于股东名册的股东，可以依股东名册主张行使股东权利”。据此，股东名册具有股东权利的证权性质，可以通过该名册直接行使股东权利。若公司因故未变更名册的记载，股东可以通过诉讼的形式要求公司变更记载，为其后续行权奠定资格基础。

三、请求变更公司登记诉讼

请求变更公司登记诉讼，就是股东对于公司登记中记载的事项请求予以变更

---

① 参见人民法院出版社编著：《最高人民法院民事案件案由适用要点与请求权规范指引》(第2版)，人民法院出版社2020年版，第720页。

而提起的诉讼。

根据《公司法解释三》的规定,"当事人依法履行出资义务或者依法继受取得股权后,公司未根据公司法第三十一条、第三十二条的规定签发出资证明书、记载于股东名册并办理公司登记机关登记,当事人请求公司履行上述义务的,人民法院应予支持"。

本诉讼与前两项诉讼的目的类似,均为解决股东资格的确认与公示问题。特别是对于通过收购或继承等继受方式取得股权的股东,在股权的变更登记完成之前,继受人还无法体现在登记文档之中,无法直接彰显其股东身份。所以,若有需要,可以考虑提起本诉讼。

四、知情权诉讼

股东知情权是指法律赋予公司股东了解公司信息的权利。股东知情权包括股东了解公司的经营状况、财务状况以及其他与股东利益存在密切关系的公司情况的权利。从形式上看,股东知情权主要表现为股东查阅公司财务会计报告、会计账簿等相关档案材料的权利。更实质地看,股东知情权不仅指单纯地了解公司有关信息,而且包含对公司进行检查监督的权利,如对公司提出建议或者质询。[①]

2023 年《公司法》修订后,扩大了股东知情权的范围,将股东名册列入查阅、复制的资料清单之中,并可以借助会计师或律师行使该权利;同时,股东有权查阅、复制公司全资子公司的相关材料。

对于不经常参与公司管理的股东,特别是小股东而言,行使知情权、发起知情权诉讼,并借此充分了解公司的账务与实际经营情况,对于其了解公司所涉关联交易的具体情况、判断关联交易的合理性与合法性、决定是否要追究关联交易所涉当事人的法律责任,毫无疑问,都是非常重要的,发挥着基础性的作用。

当然,对于那些经营着具有业务竞争关系公司的股东而言,按照《公司法》第 57 条和《公司法解释四》的规定,该股东就要特别证明其行使知情权不是出于"不正当目的",否则,公司有权拒绝其查阅、复制相关资料,因此,前述质疑关联交易合法性的目的也就很难实现。

---

① 参见人民法院出版社编著:《最高人民法院民事案件案由适用要点与请求权规范指引》(第 2 版),人民法院出版社 2020 年版,第 731 页。

【问题265】是否以关联关系为由主张股东具有不正当目的,从而限制合资一方查阅会计账簿的权利?

【典型案例要旨299】(2020)最高法民再170号:河北阿特拉斯公司主张阿特拉斯公司系通过其控股的AtlasLLC从事与河北阿特拉斯公司相同的销售业务,亦缺乏事实依据。河北阿特拉斯公司没有证据证明阿特拉斯公司与AtlasLLC存在主体混同的情形,其以公司关联关系为由限制合资一方查阅会计账簿的权利,没有法律依据。

阿特拉斯设备有限公司、河北阿特拉斯设备制造有限公司股东知情权纠纷再审民事判决书

最高人民法院(2020)最高法民再170号

最高人民法院经审理认为:

阿特拉斯公司查阅合资公司会计账簿不具有不正当目的。

《公司法解释四》第8条规定:"有限责任公司有证据证明股东存在下列情形之一的,人民法院应当认定股东有公司法第三十三条第二款规定的'不正当目的':(一)股东自营或者为他人经营与公司主营业务有实质性竞争关系业务的,但公司章程另有规定或者全体股东另有约定的除外;(二)股东为了向他人通报有关信息查阅公司会计账簿,可能损害公司合法利益的;(三)股东在向公司提出查阅请求之日前的三年内,曾通过查阅公司会计账簿,向他人通报有关信息损害公司合法利益的;(四)股东有不正当目的的其他情形。"

河北阿特拉斯公司以股东自营或者为他人经营与公司主营业务有实质性竞争关系业务为由主张阿特拉斯公司具有不正当目的,对此负有证明义务。在认定主营业务时应当主要考虑该项业务对公司稳定利润的贡献,兼顾在营业收入中的比重,河北阿特拉斯公司作为渣浆泵生产企业,渣浆泵的生产应当为其主营业务。实质性竞争关系则是指股东和公司之间存在利益冲突,其情形需要根据案件事实综合认定。

河北阿特拉斯公司的经营范围为研究、设计、生产渣浆泵、脱硫泵、疏浚泵、其他工业水泵及泵系统,生产耐磨机械部件、销售自产产品并提供咨询、维修等配套服务。阿特拉斯公司的经营范围为泵件销售,在生产环节二者不存在竞争关系。在销售环节,合作初期,AtlasLLC采购河北阿特拉斯公司的产品在北美地区销售,二者存在分工合作的关系。合资公司股东双方产生争议后,根据一审法院从海关

调取的证据,AtlasLLC 从其他公司购买过同类产品,但阿特拉斯公司与 AtlasLLC 均为鲁克夫出资设立的公司,两公司之间不存在控股关系,以此认定阿特拉斯公司的查阅要求具有不正当目的,理据不足。

河北阿特拉斯公司主张阿特拉斯公司系通过其控股的 AtlasLLC 从事与河北阿特拉斯公司相同的销售业务,亦缺乏事实依据。河北阿特拉斯公司没有证据证明阿特拉斯公司与 AtlasLLC 存在主体混同的情形,其以公司关联关系为由限制合资一方查阅会计账簿的权利,没有法律依据。

综上,河北阿特拉斯公司并未提供有效证据证明阿特拉斯公司查阅合资公司会计账簿具有不正当目的。二审判决认定阿特拉斯公司查阅合资公司会计账簿具有不正当目的,认定事实错误,予以纠正。阿特拉斯公司请求查阅公司会计账簿的主张成立,予以支持。

五、股东代表诉讼

股东代表诉讼①,又称股东代位诉讼、派生诉讼或衍生诉讼,指公司的利益受到侵害而公司不能或怠于起诉时,股东为了公司的利益以自己的名义代表公司提起的诉讼。股东代表诉讼的本质,是为被滥用控制权的控股股东、实际控制人、管理层所控制的公司主持公道而设计的司法救济措施,救济对象是公司及其少数股东。因而,股东代表诉讼对公司的各类控制人具有威慑作用,并有利于保护公司及少数股东的利益,同时也是包括管理层在内的控制人对公司的违信责任得以执行的法律设计。

在不正当的关联交易损害公司利益时,作为关联方的控股股东或实际控制人以及公司的董监高,很难对自己发动诉讼。因此,作为非关联方的其他股东,就可以利用股东派生诉讼对不当关联交易发动诉讼,要求相关关联方赔偿公司所遭受的损失,从而保障公司的合法利益,进而对前述关联方产生威慑,避免此后再发生或尽量少发生类似的不当关联交易。

按照《公司法解释五》第 2 条的规定,“关联交易合同存在无效、可撤销或者对公司不发生效力的情形,公司没有起诉合同相对方的,符合公司法第一百五十一条第一款规定条件的股东,可以依据公司法第一百五十一条第二款、第三款规定向人民法院提起诉讼”。(该第 151 条在 2023 年修订的《公司法》中的对应条款是第 189 条)

有关股东代表诉讼及双重代表诉讼的内容,可参考本书第二篇的相关章节。

① 参见李建伟:《公司法学》(第 5 版),中国人民大学出版社 2022 年版,第 382 ~383 页。

【问题266】公司签订了债权转让合同且受让人已经据此行使债权提起仲裁的,是否构成股东代表诉讼的情况紧急?

【典型案例要旨300】(2019)最高法民再35号:袁某伟于2016年12月23日向丁某顺出具授权委托书;丁某顺于2016年12月27日取得物资储备公司公章;2017年1月18日,丁某顺持物资储备公司的公章,与物资集团公司签订了《债权转让合同》;2017年4月8日,物资集团公司根据该合同提起仲裁,向鑫悦煤炭公司主张其根据《债权转让合同》受让的债权。上述情形应属《公司法》条文规定的"情况紧急、不立即提起诉讼将会使公司利益受到难以弥补的损害"之情形,金某岳公司作为物资储备公司的股东,有权为了物资储备公司的利益以自己的名义提起本案诉讼。

广西金某岳能源集团有限公司、广西物资储备有限公司确认合同无效纠纷再审民事判决书

最高人民法院(2019)最高法民再35号

最高人民法院经审理认为:

本案的争议焦点为:(1)案涉《债权转让合同》及债权转让通知书是否合法有效;(2)金某岳公司提起本案股东代表诉讼是否符合法定条件。

关于金某岳公司提起本案股东代表诉讼是否符合法定条件的问题。

根据《公司法》第151条第2款的规定,有限责任公司的股东有权为了公司的利益以自己的名义直接向人民法院提起诉讼,但应先履行书面请求监事会、不设监事会的有限责任公司的监事,或者董事会、执行董事提起诉讼的前置程序,在情况紧急、不立即提起诉讼将会使公司利益受到难以弥补的损害时,有限责任公司的股东可不履行上述前置程序,直接提起股东代表诉讼。

根据本案查明的事实,袁某伟于2016年12月23日向丁某顺出具授权委托书;丁某顺于2016年12月27日取得物资储备公司公章;2017年1月18日,丁某顺持物资储备公司的公章,与物资集团公司签订了《债权转让合同》;2017年4月8日,物资集团公司根据该合同提起仲裁,向鑫悦煤炭公司主张其根据《债权转让合同》受让的债权。上述情形应属上述《公司法》条文规定的"情况紧急、不立即提起诉讼将会使公司利益受到难以弥补的损害"之情形,金某岳公司作为物资储备公司的股东,有权为了物资储备公司的利益以自己的名义提起本案诉讼。二审法

院认为金某岳公司不是本案的适格主体,属于适用法律错误,予以纠正。

【问题 267】确认股东资格诉讼和损害公司利益责任诉讼,是否可以合并审理?

【典型案例要旨 301】(2014)民一终字第 295 号:在申请撤销或确认股东会决议解除股东资格无效之诉中,股东为原告,公司为被告;而在损害公司利益责任纠纷的股东代表诉讼中,虽然股东也是原告,但其是代表公司进行诉讼,诉讼利益完全归于公司,在该诉讼中,损害公司利益的法人或者个人为被告,公司只能以第三人的身份出现。因此,确认股东资格诉讼和损害公司利益责任诉讼是两个完全独立的诉讼,前一诉讼是前提,是基础,两类诉讼不符合诉的合并的条件。

上海高金股权投资合伙企业与许某荣、谢某楠损害公司利益责任纠纷二审民事裁定书

最高人民法院(2014)民一终字第 295 号

最高人民法院经审理认为:

关于上诉人提出的应在本案中一并审理华东有色公司股东会决议效力的问题。

确认股东资格问题,不仅是股东代表诉讼中面临的一个事实审查认定问题,同时也涉及诉的合并问题。股东资格诉讼与股东代表诉讼虽然都是与公司有关的诉讼,但两类诉讼的诉讼请求不同、法律关系不同,诉讼中当事人的诉讼地位也不同。在申请撤销或确认股东会决议解除股东资格无效之诉中,股东为原告,公司为被告;而在损害公司利益责任纠纷的股东代表诉讼中,虽然股东也是原告,但其是代表公司进行诉讼,诉讼利益完全归于公司,在该诉讼中,损害公司利益的法人或者个人为被告,公司只能以第三人的身份出现。因此,确认股东资格诉讼和损害公司利益责任诉讼是两个完全独立的诉讼,前一诉讼是前提,是基础,两类诉讼不符合诉的合并的条件。如果在股东代表诉讼中对于股东资格发生争议,人民法院应当向当事人释明,告知当事人可以通过提起撤销股东会决议诉讼或者确认股东会决议无效诉讼来解决。因此,上诉人认为华东有色公司股东会决议解除其股东资格无效,可以另行向有管辖权的人民法院提起申请确认股东会决议无效之诉。

综上所述,上诉人上海高金合伙企业的上诉理由不能成立,对其要求撤销一审裁定,指令江苏省高级人民法院继续审理本案的主张,不予支持。一审裁定驳回起诉正确,应予维持。

第二节 决议行为类诉讼

决议行为[①]，是指法人、非法人组织基于共同的意思表示而意图实现一定法律效果的民事法律行为，以公司决议最为典型。虽然公司作决议时，是通过股东或者董事进行的，但该决议行为是公司行为，而非单个的股东或者董事的行为。决议行为属于共同行为，具有以下特征：决议是按多数决的方式形成法人或者非法人组织的意思，这是决议行为的本质特征；决议行为必须依照法律或者公司章程规定的议事方式和表决程序进行；决议行为是法人或者非法人组织内部的决议事项，原则上仅对法人或者非法人组织发生效力。

关联交易作为特别事项，按照公司法的规定应当提交公司董事会或股东会决议，决议依法按章通过后，即在公司内部发生法律效力。因此，当不当关联交易被质疑违法时，在公司内部发动决议不成立诉讼、决议无效诉讼、决议撤销诉讼，是很好的解决问题的方式。因为一旦达成关联交易的前置决议行为被认定为不成立、无效或被撤销，关联交易程序合法的基础就不在了，再解决关联交易的违法性及其责任承担问题，就是水到渠成的事了。

根据2023年修订的《公司法》第28条第2款的规定，"股东会、董事会决议被人民法院宣告无效、撤销或者确认不成立的，公司根据该决议与善意相对人形成的民事法律关系不受影响"。但是，在关联交易的场合，若关联方未向决议机构申报利益冲突与关联交易的重大事项，导致决议机构在没有重复知情的情况下作出通过关联交易的决议，则作为关联交易对方的关联方自然不能作为善意相对人，因此，根据决议被认定为不成立、无效或被撤销的结论，就可以要求宣告关联交易无效或被撤销，关联交易对方就应当返还被转移的公司利益，从而弥补公司的损失。

当然，在关联交易所涉决议被质疑时，关联方也可以通过适当方式发动决议效力的确认之诉，从而平复关联交易被质疑的声音，进而消除这种质疑在公司内外所造成的不良影响，使关联交易得以继续履行。

需要注意的是，公司的股东、董事、监事均有权请求确认股东会或董事会决议无效或者不成立，而撤销决议诉讼只有股东才有资格提起。

---

① 参见最高人民法院民法典贯彻实施工作领导小组主编：《中华人民共和国民法典总则编理解与适用》，人民法院出版社2020年版，第690页。

一、决议不成立诉讼

决议不成立诉讼，是指公司的股东会或董事会决议不具备成立要件，或者欠缺一个或者数个成立要件时，公司的股东、董事、监事提起请求人民法院确认该股东会或董事会决议不成立的诉讼。

按照2023年修订的《公司法》第27条的规定，有下列情形之一的，公司股东会、董事会的决议不成立：

(1)未召开股东会、董事会会议作出决议；

(2)股东会、董事会会议未对决议事项进行表决；

(3)出席会议的人数或者所持表决权数未达到本法或者公司章程规定的人数或者所持表决权数；

(4)同意决议事项的人数或者所持表决权数未达到本法或者公司章程规定的人数或者所持表决权数。

此外，一般认为，部分股东签名被伪造的"决议"也属于决议不成立的事由。

【问题268】三个股东的公司中，需要对其中两个股东予以除名时，拟被除名的两个股东均未参会的股东会除名决议是否成立？

【典型案例要旨302】(2018)最高法民再328号：原审在李某国未参加股东会决议，亦未查明李某国是否存在抽逃出资且公司是否履行了法定的催收及通知程序的情况下，直接排除了李某国的表决权，认定股东会决议仅有代表30%表决权的股东通过仍属合法有效，确有错误。在此情形下，关于解除张某萍股东资格的股东会决议仅有代表30%表决权的股东通过，未达到法定表决权比例，根据《公司法解释四》第5条之规定，案涉股东会决议不成立。

张某萍、臧某存公司决议纠纷再审民事判决书

最高人民法院(2018)最高法民再328号

最高人民法院经审理认为：

关于案涉股东会决议是否符合公司法以及公司章程规定的问题。

公司以股东会决议方式解除股东资格，除需要具备《公司法解释三》第17条规定的特别条件外，还需要符合公司法以及公司章程有关股东会决议程序的要求。案涉股东会决议除了解除张某萍、李某国的股东资格外，还有增资的内容，根据凯发公司的章程以及《公司法》第43条第2款的规定,该决议只有经代表2/3以上表决权的股东通过才合法有效,而这又涉及被除名的股东是否享有表决权这一问题。被除名的股东不享有表决权,主要理由为:

一是股权来自出资,在拟被除名股东没有任何出资或者抽逃全部出资的情况下,其不应享有股权,自然也不享有表决权。

二是除名权是形成权,在符合一定条件下,公司即享有单方面解除未履行出资义务或抽逃全部出资股东的股东资格的权利。如果认为被除名的大股东仍然享有表决权,那么《公司法解释三》第17条的规定将会被虚置,失去其意义。

故张某萍不享有表决权。

本案中,凯发公司股东会决议的第一项内容就是解除张某萍的股东资格。鉴于被除名股东张某萍不享有表决权,该项决议应由剩余65%表决权的2/3以上表决权多数通过才合法有效。而在决议解除张某萍的股东资格时,李某国尚未被除名,属于有表决权的股东。但李某国既未参加此次股东会并行使表决权,又未委托他人代为行使所持的35%表决权。原审在李某国未参加股东会决议,又未查明李某国是否存在抽逃出资且公司是否履行了法定的催收及通知程序的情况下,直接排除了李某国的表决权,认定股东会决议仅有代表30%表决权的股东通过仍属合法有效,确有错误。在此情形下,关于解除张某萍股东资格的股东会决议仅有代表30%表决权的股东通过,未达到法定表决权比例,根据《公司法解释四》第5条之规定,案涉股东会决议不成立。

二、决议效力确认诉讼

公司决议效力确认诉讼,是指公司股东会或董事会决议的内容违反法律、法规时,公司股东及利害关系人要求人民法院确认该决议效力而提起的诉讼,包括确认决议无效和确认决议有效。

按照2023年修订《公司法》第25条的规定,“公司股东会、董事会的决议内容违反法律、行政法规的无效”。这是公司决议效力的抽象性规定,具体而言,哪些情形属于违反法律、行政法规,理论和实务中还存在一定的争议。

例如,《公司法解释四》(征求意见稿)中曾规定,“股东会或者股东大会、董事会决议存在下列情形之一的,应当认定无效:(一)股东滥用股东权利通过决议损害公司或者其他股东的利益;(二)决议过度分配利润、进行重大不当关联交易等导致公司债权人的利益受到损害;(三)决议内容违反法律、行政法规强制性规定的其他情形”。但是,最终发布的生效司法解释,并未包括该内容。

“过度分配利润”以及“进行重大不当关联交易”确实会损害公司及其债权人

的利益，但当时的公司法并未对关联交易予以严格的限制或禁止，而且，公司只要确有利润进行分配也是公司法允许之列，是否过度分配实难认定。

【问题 269】对于收购关联公司股权事宜，董事会中关联董事未回避表决的，董事会决议是否无效？

【典型案例要旨 303】(2017) 最高法民终 416 号：涉及关联交易的决议无效，还需要违反《公司法》第 20 条第 1 款“公司股东应当遵守法律、行政法规和公司章程，依法行使股东权利，不得滥用股东权利损害公司或者其他股东的利益”和第 21 条第 1 款“公司的控股股东、实际控制人、董事、监事、高级管理人员不得利用其关联关系损害公司利益”之规定，也即须判定公司决议是否系股东滥用股东权利，以及是否损害公司或其他股东利益，而不能仅因涉及关联交易，就认定股东会、董事会决议当然无效。

贵州东圣恒泰矿业投资管理有限公司、兖矿贵州能化有限公司公司关联交易损害责任纠纷二审民事判决书

最高人民法院(2017)最高法民终 416 号

贵州省高级人民法院在其一审的(2015)黔高民商初字第 14 号民事判决中认为：

本案一审诉讼的争议焦点系东圣公司第一届第二次董事会决议第 3 项、第 6 项内容及东圣公司临时股东会议决议内容的效力。

公司对外投资，如果属于公司正常经营行为，司法不宜干预。但是本案中，金最公司既是东圣公司股东，又是东圣公司拟收购的海隆公司的控股股东；而海隆公司另一股东东陶公司，其法定代表人 × × 是东圣公司法定代表人、董事；金最公司法定代表人潘某、海隆公司董事长、法定代表人贾某涛、海隆公司财务总监李某涛同时是东圣公司董事，故东圣公司董事会、股东会决议中关于收购海隆公司并授权 × × 组织收购工作的内容，属于公司关联交易，参与表决的董事及股东代表与决议事项有关联关系。

最高人民法院经审理认为：

本案争议焦点为东圣公司第一届第二次董事会决议第 3 项、第 6 项及临时股东会议决议的效力。

根据《公司法》第 22 条第 1 款“公司股东会或者股东大会、董事会的决议内容

违反法律、行政法规的无效”之规定，公司决议无效情形是指决议内容违反法律、行政法规的规定。

故本案审查的重点是，东圣公司第一届第二次董事会决议第3项、第6项及临时股东会议决议内容是否存在违反法律、行政法规的情形。东圣公司董事会、股东会作出关于收购海隆公司并授权××组织收购工作的决议，参与表决的董事及股东代表与决议事项有关联关系，确属于公司关联交易。但涉及关联交易的决议无效，还需要违反《公司法》第20条第1款“公司股东应当遵守法律、行政法规和公司章程，依法行使股东权利，不得滥用股东权利损害公司或者其他股东的利益”和第21条第1款“公司的控股股东、实际控制人、董事、监事、高级管理人员不得利用其关联关系损害公司利益”之规定，也即须判定公司决议是否系股东滥用股东权利，以及是否损害公司或其他股东利益，而不能仅因涉及关联交易，就认定股东会、董事会决议当然无效。

本案中，东圣公司董事会及股东会决议作出时，各方董事及股东代表均参加会议并一致同意表决通过，对决议内容未提出异议。参与表决的董事及股东代表与决议事项虽具有关联关系，但法律并未对其行使表决权作出限制，并不能因此认定其行为构成滥用股东权利。至于董事会或股东会的召开是否违反公司章程关于会议召集程序的相关规定，应为董事会或股东会决议撤销的事由，不属于对相关决议效力认定的依据。

另就案涉决议内容而言，其中关于收购海隆公司并授权××组织收购工作的内容并未涉及具体的交易条件等事项，现有证据不能证明该决议内容损害了公司或其他股东的利益。至于东圣公司基于董事会及股东会决议，与金最公司、东陶公司和海隆公司签订《股权转让协议》是否构成恶意串通、抽逃出资的问题，属于股权转让合同应否以及能否继续履行的问题，不构成案涉董事会及股东会决议对公司或其他股东利益的损害，不影响本案对东圣公司董事会及股东会决议效力的认定。故案涉董事会及股东会决议并不具备违反法律、行政法规的情形，一审判决关于东圣公司董事及股东恶意串通，利用关联交易损害公司及股东利益，违反法律规定的认定不当，予以纠正。

【问题270】是否可以提起确认股东会决议有效的诉讼？

【典型案例要旨304】（2018）最高法民再328号：《公司法》及《民事诉讼法》并未将确认股东会决议有效排除在人民法院受理范围之外，如股东未能按照股东会决议内容办理相应的手续，损害了其他股东利益，其他股东有权提起诉讼。臧某存在本案中提起确认股东会决议有效的诉讼并无不当。

张某萍、臧某存公司决议纠纷再审民事判决书

最高人民法院(2018)最高法民再328号

一审法院山东省青岛市中级人民法院经审理认为:

臧某存要求确认公司股东会决议第1项有效,我国现行《公司法》及《民事诉讼法》并未将确认股东会决议有效排除在人民法院受理范围之外,如股东未能按照股东会决议内容办理相应的手续,损害了其他股东利益,其他股东有权提起诉讼。臧某存在本案中提起确认股东会决议有效的诉讼并无不当。

《公司法》第22条第1款、第2款规定:"公司股东会或者股东大会、董事会的决议内容违法法律、行政法规的无效。股东会或者股东大会、董事会的会议召集程序、表决方式违反法律、行政法规或者公司章程,或者决议内容违反公司章程的,股东可以自决议作出之日起六十日内,请求人民法院撤销。"《公司法解释三》第17条第1款规定:"有限责任公司的股东未履行出资义务或者抽逃全部出资,经公司催告缴纳或者返还,其在合理期间内仍未缴纳或者返还出资,公司以股东会决议解除该股东的股东资格,该股东请求确认该解除行为无效的,人民法院不予支持。"①

【问题271】母公司董事长及一名董事均为爷公司高管的董事会,作出母公司为子公司所欠爷公司债务提供担保的董事会决议,是否有效?

【典型案例要旨305】(2020)浙民终395号:大通公司为宝富公司既存且明显无清偿能力的债务提供担保,将使大通公司承担巨额的担保责任,除作为债权人的盾安公司因此获益外,作为担保人的大通公司及其小股东的利益都将受损,因此,该董事会决议损害大通公司小股东利益。案涉董事会决议的内容存在违反法律、行政法规的情形,一审判决支持张某新等8人提出的确认案涉董事会决议无效之诉请,适用法律并无不当。

---

① 需要说明的是,本案二审法院以及负责再审的最高人民法院,虽然均明确支持了股东有权提起确认股东会决议有效的诉讼,但是,本案再审法院以该决议"未达到法定表决权比例"为由,认定"案涉股东会决议不成立"。因此,最终再审法院撤销了山东省高级人民法院(2017)鲁民终183号民事判决和山东省青岛市中级人民法院(2016)鲁02民初132号民事判决;也正是因为案涉决议未成立,进而驳回了臧某存关于请求确认青岛凯发置业有限公司于2015年11月27日股东会决议中关于解除张某萍公司股东身份决议有效的诉讼请求。

江苏大通风机股份有限公司、南通大通宝富风机有限公司公司决议效力确认纠纷二审民事判决书

浙江省高级人民法院(2020)浙民终395号

浙江省高级人民法院经审理认为：

本案二审争议焦点为案涉董事会决议应否确认无效。

大通公司、宝富公司及盾安公司的相应上诉理由不能成立，一审判决确认案涉董事会决议无效，并无不当。

案涉大通公司董事会为宝富公司提供担保的议案内容反映，宝富公司对盾安公司的负债超过5.4亿元，财务状况持续恶化，明显缺乏偿债能力。在此情况下，大通公司为宝富公司提供担保，案涉宝富公司对盾安公司的债务显然将由大通公司承担。案涉宝富公司对盾安公司的债务系多年累积形成已存在的债务，虽然宝富公司系大通公司的控股子公司，但是鉴于宝富公司的经营状况以及案涉宝富公司对盾安公司债务的形成历史，大通公司此时为宝富公司债务提供担保，难谓合理的商业安排。大通公司为宝富公司既存且明显无清偿能力的债务提供担保，将使大通公司承担巨额的担保责任，除了作为债权人的盾安公司因此获益外，作为担保人的大通公司及其小股东的利益都将受损，因此，该董事会决议损害大通公司小股东利益。

大通公司、宝富公司及盾安公司为关联公司，大通公司为宝富公司对盾安公司的债务提供担保属于关联交易。盾安公司为宝富公司的债权人，同时又系大通公司的控股股东。大通公司董事长冯某波和董事江某候同时又系盾安公司高管。一审判决认定案涉董事会决议系盾安公司滥用其控股股东权利，利用关联交易损害公司及公司小股东利益的行为，具有事实依据。大通公司虽为宝富公司的控股股东，但二者为独立法人，利益并非完全等同。宝富公司的经营状况与大通公司自身存亡没有必然联系。大通公司、宝富公司及盾安公司所谓大通公司为宝富公司提供担保，系为大通公司利益且能惠及小股东利益之主张，无法采信。

《公司法》第20条第1款规定，公司股东应当遵守法律、行政法规和公司章程，依法行使股东权利，不得滥用股东权利损害公司或者其他股东的利益。第21条第1款规定，公司的控股股东、实际控制人、董监高不得利用其关联关系损害公司利益。第22条第1款规定，公司股东会或者股东大会、董事会的决议内容违反法律、行政法规的无效。案涉董事会决议的内容存在违反法律、行政法规的情形，一审判决支持张某新等8人提出的确认案涉董事会决议无效之诉请，适用法律并无不当。大通公司、宝富公司及盾安公司主张，《公司法》第21条适用的前提必须是公司利

益已经实际受损,缺乏依据,不予采信。

综上所述,大通公司、宝富公司及盾安公司的上诉请求不能成立,应予驳回。一审判决认定事实清楚,适用法律正确,应予维持。依照《民事诉讼法》第 170 条第 1 款第 1 项规定,判决:驳回上诉,维持原判。

三、决议撤销诉讼

公司决议撤销诉讼,是指公司股东会、董事会的会议召集程序、表决方式违反法律、行政法规或者公司章程,或者决议内容违反公司章程的,股东在决议作出之日起 60 日内,请求人民法院撤销该决议而提起的诉讼。因此,撤销决议的法定理由是两类,即会议召集程序、表决方式违反法律、行政法规或者公司章程,以及决议内容违反公司章程。

2023 年修订的《公司法》在吸收《公司法解释四》的基础上,规定了"裁量驳回"制度。该法第 26 条第 1 款规定,"股东会、董事会的会议召集程序或者表决方式仅有轻微瑕疵,对决议未产生实质影响的除外"。如果决议满足"会议召集程序或者表决方式仅有轻微瑕疵"且"对决议未产生实质影响"两个条件,法院将不会支持撤销决议的诉讼请求。

但是,如下情形是否不属于"会议召集程序或者表决方式仅有轻微瑕疵"且"对决议未产生实质影响"的情形,或者是否构成决议不成立的事由,理论上还有争议,而司法实践中不同法院的判决结果大相径庭:

(1)召集权人未依法作出召集决定;

(2)无召集权人召集;

(3)在会议召集与通知时蓄意遗漏了股东;

(4)未列入会议通知事项而作出的"决议";

(5)显然欠缺合法的召集权人召集会议作出的"决议"。

因此,从法律风险防范的角度,建议公司在召集会议过程中,还是要尽量规范地依法召集会议,避免不必要的决议面临被确认不成立或被撤销的法律风险。

另外,2023 年修订的《公司法》对关联交易的报告、审议机构、回避等均作了程序性的相关规定,若通过该关联交易的股东会或董事会决议违反该述规定,属于决议不成立、无效或可撤销还是有效中的何种情况?

鉴于该述瑕疵不属于决议内容违法,因此很难归入决议无效之诉。我们认为,鉴于前述报告、审议机构及回避等规定,多为程序性内容,若无明显的决议不成立情形,应当作为可撤销的情形予以规制。至于该种情形是否使用裁量驳回制度,还要视该"会议召集程序或者表决方式"瑕疵是否轻微、对决议是否"产生实质影响”而定。

例如在后引案例中，会议拟对上海宝银公司、上海兆赢公司是否构成关联关系的议案6进行表决。但在议案6表决通过前，银川新华百货即要求上海宝银公司、上海兆赢公司对所有议案回避表决，这是否属于程序瑕疵轻微呢？

【问题272】股东是否构成关联关系的议案与其他待决议案在一次股东会中表决的，在关联关系议案表决通过前，是否可以要求该股东对所有议案回避表决？

【典型案例要旨306】（2016）最高法民终582号：关于公司2015年非公开发行A股股票方案的议案的发行对象由物美控股集团有限公司以及上海宝银公司、上海兆赢公司调整为物美控股集团有限公司，所以上海宝银公司、上海兆赢公司并非银川新华百货董事会决议已确定为本次发行对象的股东及其关联人，与议案1～4、议案7不存在关联关系，不属于应当回避表决的“特定的股东及其关联人”。故银川新华百货依据《上市公司股东大会规则》第31条认为上海宝银公司、上海兆赢公司与待审议事项存在规定的应当回避的关联关系的主张不能成立。前述决议应予撤销。

上海宝银创赢投资管理有限公司、上海兆赢股权投资基金管理有限公司公司决议撤销纠纷二审民事判决书

最高人民法院（2016）最高法民终582号

最高人民法院经审理认为：

本案二审的争议焦点在于：

（1）上海宝银公司、上海兆赢公司与非公开发行股票的议案是否存在关联关系，是否应回避相关议案的表决；

（2）银川新华百货董事会对议案6的修改，是否违反公司章程；

（3）银川新华百货是否应对上海宝银公司、上海兆赢公司主张的股价损失予以赔偿。

关于上海宝银公司、上海兆赢公司与非公开发行股票的议案是否存在关联关系，是否应回避相关议案表决的问题。

首先，《上市公司非公开发行股票实施细则》第16条第2款规定，“《管理办法》所称应当回避表决的‘特定的股东及其关联人’，是指董事会决议已确定为本次发行对象的股东及其关联人”。银川新华百货2016年第一次临时股东大会议

案1中,将银川新华百货董事会第十三次会议审议通过的关于公司2015年非公开发行A股股票方案的议案的发行对象由物美控股集团有限公司以及上海宝银公司、上海兆赢公司调整为物美控股集团有限公司,所以上海宝银公司、上海兆赢公司并非银川新华百货董事会决议已确定为本次发行对象的股东及其关联人,与议案1~4、议案7不存在关联关系,不属于应当回避表决的"特定的股东及其关联人"。《上市公司股东大会规则》第31条系针对股东大会回避规则的一般规定,而《上市公司证券发行管理办法》《上市公司非公开发行股票实施细则》针对证券发行事项表决中关联关系的认定作出了特别规定。根据特别规定优先于一般规定的原则,应当优先适用《上市公司证券发行管理办法》《上市公司非公开发行股票实施细则》。故银川新华百货依据《上市公司股东大会规则》第31条认为上海宝银公司、上海兆赢公司与待审议事项存在规定的应当回避的关联关系的主张不能成立。

其次,因上海宝银公司、上海兆赢公司2016年2月5日向银川新华百货董事会发送的关于新华百货2016年第一次临时股东大会回避表决问题的函中认可其对议案5存在关联关系,因此上海宝银公司、上海兆赢公司应回避对议案5的表决。

再次,在上海宝银公司、上海兆赢公司对银川新华百货2016年第一次临时股东大会议案1~4、议案6、议案7均提出异议时,应根据章程第79条第2款"是否回避发生争议时,应当由出席股东大会的股东(包括)股东代理人所持表决权的二分之一以上通过"的规定,就上海宝银公司、上海兆赢公司是否构成关联关系、是否应回避表决进行决议,并根据章程第83条"除累积投票制外,股东大会将对所有提案进行逐项表决,对同一事项有不同提案的,将按提案提出的时间顺序进行表决"的规定,对上海宝银公司、上海兆赢公司是否构成关联关系的议案6进行表决。但在议案6表决通过前,银川新华百货即要求上海宝银公司、上海兆赢公司对所有议案回避表决,违反了章程的规定,损害了上海宝银公司、上海兆赢公司作为银川新华百货股东固有的表决权利。

最后,庭审中,银川新华百货以及上海宝银公司、上海兆赢公司一致认可,宁夏证监局已于临时股东大会召开前答复上海宝银公司、上海兆赢公司可以参与表决。因此,上海宝银公司被责令改正的事实与上海宝银公司、上海兆赢公司是否回避表决没有因果关系。

综上,原审法院认定上海宝银公司、上海兆赢公司对银川新华百货2016年第一次临时股东大会议案1~4以及议案7构成关联关系、应当回避表决,认定事实、适用法律均有错误。银川新华百货2016年第一次临时股东大会决议通过的第1~4项以及第7项决议,应予撤销。

【问题273】股东会的多项决议事项中包括关联交易事项，且对该关联交易事项的决议因违反公司章程应被撤销的，股东会的其他决议是否也应当予以撤销？

【典型案例要旨307】(2021)京民再160号：公司决议内容违反公司章程属于对公司股东之间合意的违背，《公司法》赋予股东对公司决议提起撤销之诉的权利，旨在通过司法救济维护正当的公司治理，矫正因决议存在瑕疵而损及公司整体利益，进而影响股东利益。

中科招商投资管理集团股份有限公司与北京中融鼎新投资管理有限公司公司决议撤销纠纷再审民事判决书

北京市高级人民法院(2021)京民再160号

北京市高级人民法院经审理认为：

《公司法》第22条第2款规定："股东会或者股东大会、董事会的召集程序、表决方式违反法律、行政法规或者公司章程，或者决议内容违反公司章程的，股东可以自决议作出之日起六十日内，请求人民法院撤销。"公司决议内容违反公司章程属于对公司股东之间合意的违背，《公司法》赋予股东对公司决议提起撤销之诉的权利，旨在通过司法救济维护正当的公司治理，矫正因决议存在瑕疵而损及公司整体利益，进而影响股东利益。结合当事人的再审诉辩意见及再审查明事实，本案再审的焦点为议案8是否应被撤销。

本案中，中融公司主张议案8违反中科公司章程第36条第3项之规定，进而要求撤销股东大会决议，其实质系认为议案8所涉关联交易之一的中科保理公司向云融公司购买理财产品和委托投资占用了中科公司的资金。中科公司对此予以否认。

首先，依据《最高人民法院关于适用〈中华人民共和国民事诉讼法〉的解释》第90条"当事人对自己提出的诉讼请求所依据的事实或者反驳对方诉讼请求所依据的事实，应当提供证据加以证明，但法律另有规定的除外。在作出判决前，当事人未能提供证据或者证据不足以证明其事实主张的，由负有举证证明责任的当事人承担不利的后果"的规定，中科公司应对其主张承担举证责任。

其次，《公司法》第57条第2款规定："本法所称一人有限责任公司，是指只有一个自然人股东或者一个法人股东的有限责任公司。"中科公司2018年年度股东大会决议作出时，中科保理公司系中科公司的全资子公司，其全部资本均由中科公司出资形成，属于典型的“一人公司”。中科公司作为中科保理公司的单一股东，不但享有有限责任的利益，而且拥有对中科保理公司经营及财产支配的绝对权利，中科公司股东的决策对中科保理公司具有重要影响。因此，本案中中科公司亦负有提交有效证据证明其与中科保理公司的财产相对独立的义务。但在本案历经的一审、二审直至再审诉讼程序中，中科公司始终未提交有效证据证明上述关联交易的资金来源，且相关陈述前后不一，故中科公司应承担举证不能的法律后果。在中科公司未提供有效证据证明上述关联交易并未占用其公司资金的情况下，原审法院对议案8的内容违反中科公司章程第36条第3项的规定依法应予撤销的认定，并无不当。

同时，中科公司2018年年度股东大会审议通过8项议案，除议案8系关于追认关联交易的议案外，其他7项议案分别涉及中科公司年度报告、内设机构工作报告、财务决算、利润分配、聘请会计师事务所以及公司章程的修订。鉴于中科公司2018年年度股东大会决议的8项议案相对独立，对议案8内容违反公司章程的规定应予撤销的认定不应及于其他议案的效力，且其他议案亦不存在足以被撤销的法定事由，故本院对原审法院有关撤销中科公司于2019年6月30日作出的股东大会决议的判决予以纠正。

注：

与本案类似的判决，可参考北京市高级人民法院（2021）京民再159号中科招商投资管理集团股份有限公司与前海开源资产管理有限公司公司决议撤销纠纷再审案（2022年8月5日裁判）。

第三节　交易行为类诉讼

关联交易通常是采取双方的合同、单方赠与或免除等形式进行的，其实质还是一项民事法律行为。《民法典》对合同的效力与可撤销等情况作了详细规定，而且《公司法》也对关联交易设置了报告、审批及回避等相关制度性规定。

因此，在关联交易所涉合同或单方行为涉及无效或可撤销情形时，公司可以直接起诉、其股东可以通过代表诉讼起诉，请求人民法院确认关联交易无效或撤销该交易，进而要求财产返还、折价补偿或赔偿损失，以维护公司利益。

对于此类诉讼，简述如下。

一、确认关联交易无效诉讼

无效民事法律行为①，是指虽然已经成立，但因其在内容上违反了法律、行政法规的强制性规定或公序良俗而应当被宣告无效的民事法律行为。无效的民事法律行为，具体包括：虚假的民事法律行为，即行为人与相对人共同实施了虚假的民事法律行为；违反法律、行政法规的强制性规定的民事法律行为以及违反公序良俗的民事法律行为；还包括恶意串通的民事法律行为，即双方当事人非法串通在一起，进行某种民事法律行为，造成国家、集体或第三人利益损害的行为。

按照《民法典》第 157 条的规定，“民事法律行为无效、被撤销或者确定不发生效力后，行为人因该行为取得的财产，应当予以返还；不能返还或者没有必要返还的，应当折价补偿。有过错的一方应当赔偿对方由此所受到的损失”。据此，关联交易所涉合同若被认定为无效，则交易对方应当将其从公司取得的财产返还给公司，返还不了的应当折价补偿；鉴于关联方有申报的义务，若未申报则视为有过错，其还应当赔偿公司因此所遭受的损失。

但是，需要注意的是，正如后引案例的判决所示，“公司的控股股东、实际控制人、董事、监事、高级管理人员不得利用其关联关系损害公司利益”，其所从事的关联交易的结果是赔偿公司的损失，但其关联交易的效力，并不因其属于关联交易而当然无效。

对于特别行业的公司而言，按照《民办教育促进法实施条例》第 45 条第 1 款的规定，“实施义务教育的民办学校不得与利益关联方进行交易。其他民办学校与利益关联方进行交易的，应当遵循公开、公平、公允的原则，合理定价、规范决策，不得损害国家利益、学校利益和师生权益”。据此，在民办学校领域，若实施义务教育的民办学校与关联方实施了关联交易，则该交易因违反行政法规而归于无效；其他民办学校与关联方之间开展关联交易，若违反公开、公平、公允的原则，未能合理定价、规范决策，从而损害国家利益、学校利益和师生权益，也将因其违反行政法规的强制性规定而属于无效合同。

【问题 274】公司控股股东、实际控制人、董监高违法所达成的关联交易，是否因其属于关联交易而当然无效？

【典型案例要旨 308】（2016）最高法民申 724 号：当公司的控股股东、实际控

① 参见王利明：《民法总则》（第 3 版），中国人民大学出版社 2022 年版，第 338～344 页。

制人、董监高利用其关联关系且损害了公司利益时，其法律后果是承担赔偿责任，而不是关联交易行为无效，因此玉清公司主张的事实并不能成为本案《股权转让协议书》无效的依据。

济南玉清制水有限公司、山东尚志投资咨询有限公司与济南玉清制水有限公司、山东尚志投资咨询有限公司股权转让纠纷再审民事裁定书

最高人民法院(2016)最高法民申724号

最高人民法院经审理认为：

玉清公司申请再审的焦点集中在以下3个方面，一是原审判决认定本案《股权转让协议书》有效是否正确，二是原审判决认定本案未超过诉讼时效是否正确，三是原审法院未追加远耀公司为第三人是否正确。

关于原审判决认定本案《股权转让协议书》有效是否正确。首先，本案中，玉清公司主张本案《股权转让协议书》系关联交易应为无效，并提交证据，欲证明本案《股权转让协议书》签订时玉清公司的法定代表人王某是远耀公司的实际控制人、远耀公司与玉清公司具有关联关系、本案股权转让损害了玉清公司利益等事实。但是，《公司法》第21条规定，“公司的控股股东、实际控制人、董事、监事、高级管理人员不得利用其关联关系损害公司利益。违反前款规定，给公司造成损失的，应当承担赔偿责任”。根据该规定，当公司的控股股东、实际控制人、董监高利用其关联关系且损害了公司利益时，其法律后果是承担赔偿责任，而不是关联交易行为无效，因此玉清公司主张的事实并不能成为本案《股权转让协议书》无效的依据，玉清公司举证的证明目的与《股权转让协议书》效力的认定并无关联性。原审判决认为本案《股权转让协议书》的效力应当依据《合同法》第52条的规定予以认定，并无不当。其次，根据原审判决查明的事实，本案《股权转让协议书》已经过政府主管部门审批同意，其内容不违反法律和法规的强制性规定，原审判决据此认定该协议合法有效具有充分的事实依据。玉清公司主张远耀公司高价转让本案股权导致其公司利益受损，但是在本案《股权转让协议书》签订之前的2009年7月2日玉清公司即召开董事会议并形成董事会决议，该决议载明，鉴于商丘市水务市场发展潜力具有良好投资价值，玉清公司各股东委派的董事一致同意以5200万元收购本案股权并签字确认。玉清公司提交张某青和陈某贵关于其在董事会决议中的签字不真实的书面说明，用以证明董事会决议无效，但是由于这两份书面说明出具于2016年4月14日和4月25日，系原审判决生效之后形成的证言类证据，在没有其他证据予以佐证的情况下，不予采信。据此可见，本案股权转让事

宜及价格系经玉清公司董事会讨论予以确定,在没有证据证明玉清公司受到胁迫和欺诈的情况下,原审判决认定本案股权转让价格是玉清公司与远耀公司双方协商一致的结果,并不影响本案股权转让协议效力,事实依据充分,并无不当。由于玉清公司提交的证据不足以推翻原审判决关于本案《股权转让协议书》有效的认定,玉清公司关于该股权转让协议无效的主张,缺乏事实和法律依据,不能予以支持。

【问题 275】未通过法定程序让渡权力或者进行改选,而仅通过个人总体概括授权的方式让渡董事长职权,受权人代表公司签署的合同是否成立、是否有效?

【典型案例要旨 309】(2019)最高法民再 35 号:物资储备公司的注册资本为25000 万元,其对鑫悦煤炭公司的 27410.57 万元债权应属公司重大资产,丁某顺在未经物资储备公司内部程序表决的情况下,从事关联交易,处置公司重大资产,代表物资储备公司与物资集团公司签订对价明显不合理的《债权转让合同》,严重损害了物资储备公司及其除物资集团公司之外的其他股东的利益,其效力实难以认定。

广西金某岳能源集团有限公司、广西物资储备有限公司
确认合同无效纠纷再审民事判决书

最高人民法院(2019)最高法民再 35 号

最高人民法院经审理认为:

本案的争议焦点为:(1)案涉《债权转让合同》及债权转让通知书是否合法有效;(2)金某岳公司提起本案股东代表诉讼是否符合法定条件。

关于案涉《债权转让合同》及债权转让通知书是否合法有效。

《公司法》第 40 条第 1 款规定,“有限责任公司设立董事会的,股东会会议由董事会召集,董事长主持;董事长不能履行职务或者不履行职务的,由副董事长主持;副董事长不能履行职务或者不履行职务的,由半数以上董事共同推举一名董事主持”;第 44 条第 3 款规定,“董事会设董事长一人,可以设副董事长。董事长、副董事长的产生办法由公司章程规定”;第 47 条规定:“董事会会议由董事长召集和主持;董事长不能履行职务或者不履行职务的,由副董事长召集和主持;副董事长不能履行或者不履行职务的,由半数以上董事共同推举一名董事召集和主持。”

董事长作为董事会的负责人，对于公司的总体发展、生产经营等承担着重要的职责，因此，参照《公司法》上述条文的规定，董事长因故不能履职时，理应通过法定程序让渡权力或者进行改选，而不能通过个人总体概括授权的方式让渡董事长职权。

本案中，袁某伟因被采取监视居住而不能正常履行其董事长及法定代表人职务，其在未经公司股东会或董事会决议的情况下，向丁某顺出具授权委托书，委托其“代为行使物资储备公司董事长和法定代表人职权、保管公司公章印鉴并依法开展公司经营活动”，系将其公司董事长、法定代表人的职权概括授权给丁某顺，违背了《公司法》上述条文规定，丁某顺不能因此获得物资储备公司法定代表人及董事长的权限，其代表物资储备公司与物资集团公司签订《债权转让合同》的行为属无权代表，而非物资储备公司的真实意思表示。而根据本案查明的事实，物资集团公司作为物资储备公司的股东及选派袁某伟、丁某顺至物资储备公司担任董事的派出单位，对于上述情形应属明知，其并非《债权转让合同》的善意相对方，无权主张《民法总则》第61条第3款规定的善意相对人的权利。判断合同是否有效应以合同成立为前提，在无权代表的情况下，如果不构成表见代表，被代表方亦不予追认，则合同未在被代表方和相对人之间成立，不存在合同产生效力的前提。概言之，本案丁某顺无权代表物资储备公司履行董事长职权，其签订的《债权转让合同》不能代表物资储备公司的真实意思，应认定为无效。

从实体上看，《债权转让合同》第2条约定，物资储备公司将其对鑫悦煤炭公司27410.57万元的债权权利转让给物资集团公司，物资集团公司主张上述债权后的实际回款数额扣除债权实现费用，作为该合同转让对价，直接抵减物资储备公司欠物资集团公司的债务以及物资集团公司因承担保证责任后对物资储备公司享有的追偿权。物资集团公司主张其取得物资储备公司对鑫悦煤炭公司27410.57万元债权的“对价”，为其作为保证人已经替物资储备公司支付以及今后因承担担保责任可能支付的银行借款。然而，根据本案查明的事实，物资集团公司未提供证据表明其已支付及尚待支付的银行借款金额，况且，物资集团公司或将支付的银行借款尚未发生、尚未形成确定性财产权益。加之，物资储备公司的注册资本为25000万元，其对鑫悦煤炭公司27410.57万元的债权应属公司重大资产，丁某顺在未经物资储备公司内部程序表决的情况下，从事关联交易，处置公司重大资产，代表物资储备公司与物资集团公司签订对价明显不合理的《债权转让合同》，严重损害了物资储备公司及其除物资集团公司之外的其他股东的利益，其效力实难以认定。

根据上述，丁某顺无权代表物资储备公司签订《债权转让合同》，该合同严重损害了物资储备公司及其除物资集团公司之外的其他股东的利益，而物资集团公司作为物资储备公司的股东及选派袁某伟、丁某顺至物资储备公司担任董事的派出单位，对于上述情形均系明知，其并非《债权转让合同》的善意相对方。因此，对于金某岳公司关于《债权转让合同》以及根据该合同作出的债权转让通知书无效的主张，应予支持。原审法院认定《债权转让合同》系物资储备公司与物资集团公司的真实意思表示，为有效合同，属认定事实不清，适用法律错误，应予纠正。

【问题276】案涉交易是否仅因其属于关联交易就应认定为恶意串通（1）？

【典型案例要旨310】（2019）最高法民终123号：签订涉案系列协议，是经过其开办单位文资公司的研究决定的，主要合同目的已经实现，支付的权益转让款不因签订《合作协议一》而损失，文融公司、鑫泽公司以款项由文融公司实际支付为由主张海方公司损害了国有资产权益，没有法律依据。而且，该转让款已经包含在项目前期投资预算总额进入项目成本，属于项目的正常投资，文融公司、鑫泽公司以此主张海方公司与鑫泽公司恶意串通损害其利益，没有事实依据。

重庆文融投资有限公司、海南鑫泽投资有限公司
确认合同无效纠纷二审民事判决书

最高人民法院（2019）最高法民终123号

最高人民法院经审理认为：

本案的争议焦点为：文融公司、鑫泽公司与海方公司于2012年9月7日签订的《合作协议一》是否有效。

《合作协议一》是否存在国家出资企业的关联方恶意串通使国有资产严重受损的情况。

朱某成不是海方公司工商登记记载的法定代表人，其即便代表海方公司参加诉讼、对外签署合同，亦是根据海方公司授权或被海方公司追认，不能据此认定海方公司由朱某成实际控制。从海方公司向文融公司致函的事实看，海方公司并非由朱某成控制，海方公司亦仅认可朱某成为海方公司的股东之一，并未认可朱某成系其实际控制人。

关于海方公司是否与鑫泽公司恶意串通、损害国有资产权益的问题。

首先，文融公司签订涉案系列协议，是经过其开办单位文资公司的研究决定的。根据查明的事实，文资公司对于文融公司投资山钦湾项目问题召开总裁办公会议进行研究，并形成会议纪要，同意文融公司推进合资合作。同时，文资公司时

任总裁陈某是鑫泽公司法定代表人,《合作协议一》亦由其代表文融公司、鑫泽公司签订。在没有证据证明陈某等文资公司职员与海方公司恶意串通的情况下,文融公司签订涉案《合作协议一》不能认定为系鑫泽公司与海方公司恶意串通所为。

其次,涉案《合作协议一》主要合同目的已经实现。根据原审法院查明,《合作协议一》4.1约定海方公司的主要义务为协助文融公司、鑫泽公司与中信国安公司签订二期项目合作协议。2012年9月7日,中信国安公司与文融公司、鑫泽公司签订了《山钦湾项目合作开发协议书》,取得二期项目合作开发权。至此,海方公司已经履行了《合作协议一》约定的主要义务,合同目的已基本实现。至于最终《合作协议一》被解除,是因为文融公司、鑫泽公司未向中信国安公司支付合作权益款项,不能归责于海方公司。

最后,文融公司、鑫泽公司支付的权益转让款不因签订《合作协议一》而损失。根据《合作协议二》约定的内容,文融公司虽向海方公司支付了权益转让款,但该款项作为文融公司对鑫泽公司的出资,代鑫泽公司支付,因此权益转让款应视为鑫泽公司支付。文融公司、鑫泽公司的诉讼请求也是要求海方公司向鑫泽公司返还。至于该资金的来源和性质,与认定本案《合作协议一》是否有效无关,即便资金全由文融公司支付,亦属文融公司与鑫泽公司、股东与项目公司的内部关系,与海方公司无涉。文融公司、鑫泽公司以款项由文融公司实际支付为由主张海方公司损害了国有资产权益,没有法律依据。而且,该转让款已经包含在项目前期投资预算总额进入项目成本,属于项目的正常投资,文融公司、鑫泽公司以此主张海方公司与鑫泽公司恶意串通损害其利益,没有事实依据,不予支持。

【问题277】案涉交易是否仅因其属于关联交易就应认定为恶意串通(2)?

【典型案例要旨311】(2019)最高法民终123号:法律并不禁止关联方与之交易,文融公司、鑫泽公司以关联交易为由主张海方公司与鑫泽公司恶意串通,没有法律依据。

重庆文融投资有限公司、海南鑫泽投资有限公司
确认合同无效纠纷二审民事判决书

最高人民法院(2019)最高法民终123号

最高人民法院经审理认为:

本案的争议焦点为文融公司、鑫泽公司与海方公司于2012年9月7日签订的《合作协议一》是否有效。

《合作协议一》是否存在《合同法》第52条第1、2项规定的情形。

《合同法》第52条规定，有下列情形之一的，合同无效：(1)一方以欺诈、胁迫的手段订立合同，损害国家利益；(2)恶意串通，损害国家、集体或者第三人利益；(3)以合法形式掩盖非法目的；(4)损害社会公共利益；(5)违反法律、行政法规的强制性规定。

根据原审法院查明，《合作协议一》载明：鉴于甲方(海方公司)为中信国安公司山钦湾一期项目的唯一合作方，甲乙双方本着平等、自愿、诚实、信用的原则，就合作开发山钦湾二期项目的相关事宜达成协议如下。由此可知，双方在签署《合作协议一》时，对于海方公司拥有的权益明确为"山钦湾一期项目"，文融公司、鑫泽公司现主张海方公司虚构其享有山钦湾二期合作权益，以欺诈手段骗取文融公司签订《合作协议一》，进而导致国有资产权益受到严重损失，理据不足，不予采信。

原审法院在证据交换程序中要求文融公司、鑫泽公司明确哪些证据证明恶意串通。文融公司、鑫泽公司认为是第四组证据，即重庆市国有文化资产经营管理有限责任公司2012年第18次总裁办公会议纪要和《山钦湾项目合作开发协议》《解除协议书》。认为主要是关联交易，鑫泽公司的控股股东合信公司的大股东王某玲与海方公司大股东朱某成系夫妻关系。同时，文融公司内部有不正常行为，说明内部有人在操作这件事。

如上所述，法律并不禁止关联方与之交易，文融公司、鑫泽公司以关联交易为由主张海方公司与鑫泽公司恶意串通，没有法律依据。经审查，重庆市国有文化资产经营管理有限责任公司2012年第18次总裁办公会议纪要显示的内容与《合作协议一》《山钦湾项目合作开发协议》《合作协议二》内容相符。文融公司、鑫泽公司据此主张海方公司与鑫泽公司恶意串通，理据不足，不予采信。至于文融公司内部有人操作的问题，文融公司、鑫泽公司未提供相关证据，依法不予采信。

关于文融公司、鑫泽公司上诉称原审审理过程中当事人未就本案是否存在《合同法》第52条规定情形提出主张、展开举证及辩论，但原审法院径自认定《合作协议一》不违反《合同法》第52条第1～4项的问题，经核查原审庭审记录，原审法院已就涉案合同是否有效的问题组织了充分质证和辩论。其时文融公司、鑫泽公司只明确主张《合作协议一》违反《合同法》第52条第5项，原审法院结合查明的事实，认定《合作协议一》不违反《合同法》第52条第1～4项，并无不当。文融公司、鑫泽公司的该项主张没有事实和法律依据，不予采信。

【问题278】名为买卖，实际将标的用于贷款的行为，是否属于基于虚假意思表示所从事的民事法律行为而应当被认定为无效？

【典型案例要旨312】（2020）鄂13民终759号：从御景公司、百盛公司在涉案商品房买卖合同签订后的经济往来看，双方没有实际履行合同义务，而是御景公司为规避公司债务，将案涉房屋转移至关联方百盛公司用于获取银行贷款，双方进行的商品房买卖行为为假，御景公司借用百盛公司名义贷款为真，两公司基于虚假的意思表示实施的商品房买卖行为，依法应认定为无效合同。

湖北广水御景房地产开发有限公司、殷某学损害公司利益责任纠纷二审民事判决书

湖北省随州市中级人民法院（2020）鄂13民终759号

湖北省随州市中级人民法院经审理认为：

在当事人之间存在关联关系的情况下，为防止虚假交易，损害他人合法权益，人民法院对其是否存在真实的房屋买卖关系，必须严格审查。御景公司上诉主张案涉《商品房买卖合同》合法有效，虽然提供了商品房买卖合同及转款凭证，但其自述及提交的证据和其他在案证据之间存在无法消除的矛盾，交易行为违背常理。主要表现为以下几点。

第一，从合同约定的内容看，房屋交易价格不符合市场行情。御景公司、百盛公司签订的三份《商品房买卖合同》约定的案涉三层商铺交易价格20104487元，上述交易价格与同期评估的价格41145120元差距较大，商品房价款的约定不符合常理。

第二，从合同履行的过程看，百盛公司于2013年8月22日登记成立，于2013年8月20日签订商品房买卖合同，于2013年8月26日办理不动产所有权证，但百盛公司并未支付购房款20104487元。

第三，从资金往来情况看，御景公司、百盛公司存在单向统计账户流出资金而不统计流入资金的问题。案涉商品房买卖合同签订以后，御景公司、百盛公司的记账凭证反映的资金往来，既有百盛公司账户款项转入御景公司的情况，又有涂某秋两个账户款项相互转账的情况，但百盛公司只计算己方账户转出的借方金额。从御景公司、百盛公司的银行转账凭证、涂某秋、湖北滢丰装饰有限公司等银行账户往来明细等证据看，百盛公司于2013年10月17日将案涉房屋在湖北省广水市农村商业银行股份有限公司广水支行抵押贷款2300万元，于2013年12月

12日至2014年11月11日通过第三方湖北滢丰装饰有限公司尾号为6883的账户向涂某秋尾号为1996的账户转出1345万元，上述资金的用途备注为货款、材料款或工程款。周某尾号为8096的账户向涂某秋尾号为3258的账户转出的620万元也不能反映为购房款，而且上述款项的数额与购房款的数额并无对应关系，交易过程也不符合市场规律。

第四，从两公司之间的转款情况看，存在双方或多方账户循环转款问题。如上所述，将两公司之间的账户对照检查，存在百盛公司将案涉房屋贷款转入湖北滢丰装饰有限公司账户过桥涂某秋账户后，又转回涂某秋的账户，再转入殷某斌等人账户，造成资金空转的现象。对上述矛盾和违反常理之处，御景公司、百盛公司均未作出合理解释。

由此可见，御景公司、百盛公司提供的有关证据虽然能够证明双方之间存在形式上的房屋买卖关系，但从御景公司、百盛公司在案涉商品房买卖合同签订后的经济往来看，双方没有实际履行合同义务，而是御景公司为规避公司债务，将案涉房屋转移至关联方百盛公司用于获取银行贷款，双方进行的商品房买卖行为为假，御景公司借用百盛公司名义贷款为真，两公司基于虚假的意思表示实施的商品房买卖行为，依法应认定为无效合同。

二、撤销关联交易诉讼

可撤销的民事法律行为①，是指当事人在从事民事法律行为时，因意思表示不真实，法律允许撤销权人通过行使撤销权而使该已经生效的民事法律行为归于无效。可撤销的民事法律行为，主要包括：重大误解的民事法律行为，即一方因自己的过错而对民事法律行为的内容等发生误解而从事的某种民事法律行为；因欺诈实施的民事法律行为，即一方当事人故意告知对方虚假情况，或者故意隐瞒真实情况，诱使对方当事人作出错误意思表示的行为；因受胁迫而作出的民事法律行为，即以将来要发生的损害或以直接施加损害相威胁，使对方产生恐惧并因此而作出的行为；显失公平的民事法律行为，即一方在从事某种民事法律行为时因情况紧迫或缺乏经验而作出了明显对自己有重大不利的行为。

与无效合同相同，按照《民法典》第157条的规定，关联交易所涉合同若被撤销，则交易对方应当将其从公司取得的财产返还给公司，返还不了的应当折价补偿；关联方有过错的，还应当赔偿公司因此所遭受的损失。

---

① 参见王利明：《民法总则》（第3版），中国人民大学出版社2022年版，第347~355页。

三、债权人撤销权诉讼

债权人撤销权，是指当债务人无偿处分或以不合理的对价交易导致其财产权益减少或责任财产负担不当加重，对债权人的债权实现有影响时，债权人可以请求人民法院撤销债务人所实施行为的一项民事权利。① 债权人据此提起的诉讼就是债权人撤销权诉讼。

根据《民法典》第 538 条和第 539 条的规定，债务人以放弃其债权、放弃债权担保、无偿转让财产等方式无偿处分财产权益，或者恶意延长其到期债权的履行期限，影响债权人的债权实现的；债务人以明显不合理的低价转让财产、以明显不合理的高价受让他人财产或者为他人的债务提供担保，影响债权人的债权实现，债务人的相对人知道或者应当知道该情形的，债权人可以行使撤销权。

另外，债务人以明显不合理的价格，实施互易财产、以物抵债、出租或者承租财产、知识产权许可使用等行为，影响债权人的债权实现，债务人的相对人知道或者应当知道该情形，债权人也可以请求撤销债务人的行为。

前述"明显不合理的低价"是指转让价格未达到交易时交易地的市场交易价或者指导价的 70%；"明显不合理的高价"是指受让价格高于交易时交易地的市场交易价或者指导价的 30%。

实践中，债务人为逃避债务，欺诈债权人而减少其责任财产的行为，除前述 7 种情形外，还有以下表现形式，民法理论上通常认为也可以成为债权人撤销权的对象②：

（1）以法律行为而论，有单独行为，如免除债务、遗赠等；有契约行为，如债权让与、债务承担或加入等；有经营行为，如设立公司、合伙企业等。

（2）准法律行为，如催告、为中断时效而作的债务承认，债权让与的通知等导致债务人责任财产减少的准法律行为。

（3）诉讼中的法律行为，如诉讼上的和解、抵销以及请求的放弃、承认等。

虽然前述可撤销行为的撤销权是赋予公司债权人的，但是，若这些行为发生在公司与关联方之间，则其程序合法、披露充分、目的合理、价格公允及实质公平等要件的符合程度势必有所缺失，构成不当关联交易的可能性更大。因此，公司股东可以将此类行为作为重点审查对象，并按照《公司法》第 22 条"公司的控股股

---

① 参见最高人民法院民法典贯彻实施工作领导小组主编：《中华人民共和国民法典合同编理解与适用》，人民法院出版社 2020 年版，第 523 页。

② 参见最高人民法院民法典贯彻实施工作领导小组主编：《中华人民共和国民法典合同编理解与适用》，人民法院出版社 2020 年版，第 526 页。

东、实际控制人、董事、监事、高级管理人员不得利用关联关系损害公司利益。违反前款规定,给公司造成损失的,应当承担赔偿责任”的规定,要求关联方赔偿公司损失。

当然,从公司的控股股东、实际控制人以及董监高的角度而言,若拟从事的交易属于关联交易,且有上述情形,就更应在关联交易的前述5个合法要件上做好工作,以免被追诉、担责。

【问题279】明知全资子公司已经资不抵债,且子公司已有生效判决确定了付款义务的情况下,以不符合交易习惯的方式向子公司收取所谓的担保费,导致子公司债权人的债权无法实现的,是否符合债权人撤销权制度指向的应予撤销事项?

【典型案例要旨313】(2019)京01民初267号:昊华能源公司和诚和贸易公司在2013年至2015年没有举出任何有关双方约定过担保费或者支付过担保费的证据,加之诚和贸易公司曾否定约定过担保费的表述,致无法认定双方曾在2012年12月31日形成过收取担保费的合意。2016年,昊华能源公司在明知诚和贸易公司资产和负债的情况下,实际收取涉案3480万元已经对中铁能源公司的债权造成了损害,并且这种损害一直持续到本案诉讼之时。

中铁物总能源有限公司与北京昊华能源股份有限公司等债权人撤销权纠纷一审民事判决书

北京市第一中级人民法院(2019)京01民初267号

2016年,诚和贸易公司向昊华能源公司支付涉案争议的3480万元款项。昊华能源公司及诚和贸易公司均称3480万元并非一笔支付。昊华能源公司陈述称,3480万元包含在2016年1月至6月诚和贸易公司偿还所欠债务165173439.04元中。诚和贸易公司无法说明3480万元的具体支出过程和组成,仅在2016年公司财务费用明细账中显示,2016年1月28日转昊华能源公司“担保费3480万元”。诚和贸易公司建设银行流水中显示,2016年诚和贸易公司与昊华能源公司有多笔大额转账,其备注包括往来款、补充养老保险、经营者工资等、医保筹款、贷款、拨款,未显示有“担保费”,没有一笔转账金额为3480万元。

北京市第一中级人民法院经审理认为:

诚和贸易公司和昊华能源公司没有在2012年形成收取担保费的合意。

2017年前,诚和贸易公司仅有昊华能源公司一个法人股东,属于《公司法》第

57 条规定的一人有限责任公司。昊华能源公司作为诚和贸易公司的母公司,实际控制着该公司的经营决策。本案中昊华能源公司陈述其收取涉案 3480 万元,系基于其为诚和贸易公司提供的 8.7 亿元银行担保,该费用实质为收取融资服务费,属于昊华能源公司和诚和贸易公司在融资方面的交易。本案三方当事人对昊华能源公司在 2013 年至 2015 年实际为诚和贸易公司提供了 8.7 亿元银行贷款担保这一事实并无异议,且有借款合同、保证合同、昊华能源公司董事会决议等证据在案佐证,对这一事实亦予以确认。

现各方就事实争议的焦点在于昊华能源公司与诚和贸易公司是否早在 2012 年 12 月 31 日即形成了收取担保费用的合意。

《公司法》第 216 条第 4 项规定,关联关系是指公司控股股东、实际控制人、董监高与其直接或者间接控制的企业之间的关系,以及可能导致公司利益转移的其他关系。《企业会计准则第 36 条——关联方披露》第 3 条第 1 款规定,一方控制、共同控制另一方或对另一方施加重大影响,以及两方或两方以上同受一方控制、共同控制或重大影响的,构成关联方。第 4 条第 1 项规定,下列各方构成企业的关联方:(1)该企业的母公司……第 7 条规定,关联方交易是指关联方之间转移资源、劳务或义务的行为,而不论是否收取价款。据此,昊华能源公司所述收取的涉案担保费 3480 万元属于母子公司之间的关联交易。昊华能源公司在 2016 年 1 月至 6 月实际收取了 3480 万元,而截至该年度 6 月,诚和贸易公司已丧失了偿债能力。《公司法》第 20 条第 1 款规定,公司股东应当遵守法律、行政法规和公司章程,依法行使股东权利,不得滥用公司法人独立地位和股东有限责任损害公司债权人的利益。因此,昊华能源公司和诚和贸易公司应当就收取担保费合意的真实性和正当性进行说明举证。

综合诚和贸易公司和昊华能源公司签订的《担保协议书》、协议履行情况、双方公司的财务决策制度等方面的证据,诚和贸易公司和昊华能源公司没有在 2012 年形成收取担保费的合意。认定依据如下。

1. 从母子公司内部决策财务税务记录来看,无法判断双方存在支付担保收费的事项。

《公司法》第 62 条规定,一人有限责任公司应当在每一会计年度终了时编制财务会计报告,并经会计师事务所审计。诚和贸易公司 2015 年度及 2016 年度的审计报告审计意见认为,诚和贸易公司财务报表在所有重大方面按照企业会计准则的规定编制,公允反映了诚和贸易公司的财务状况、经营成果和现金流量。涉案审计报告所附的财务报表是按照企业会计准则的相关规定编制,该公司的会计核算以"权责发生制"为基础。权责发生制基础要求,凡是当期已经实现的收入和已经发生或者应当负担的费用，无论款项是否收付，都应当作为当期的收入和费用，计入利润表；凡是不属于当期的收入和费用，即使款项已在当期收付，也不应作为当期的收入和费用。

诚和贸易公司2015年度及2016年度审计报告中的财务报表均是以“权责发生制”进行编制和列报。诚和贸易公司2015年度财务报表中未列报当年度及上年度的“担保费”，2016年度财务报表中列明昊华能源公司担保费，“本期发生额为3480万元”，“上年发生额”一栏为空白。如果2012年年底昊华能源公司与诚和贸易公司签订了《担保协议书》，则不论诚和贸易公司是否在该会计年度内实际支付担保费用，都应在财务报表中列报该笔担保费金额，进而反映在审计报告中。现仅有2016年度的审计报告中记载了涉案的3480万元，故无法认定双方2016年之前存在支付担保费的事项。

本案中，昊华能源公司以双方签订的《担保协议书》来证明收取涉案3480万元的依据，且庭审中明确双方仅在该协议签订之日，即2012年12月31日达成了收费合意，未在其他时间约定过收费事宜。根据昊华能源公司的章程规定，其对外提供担保事项，除了应当经过股东大会决议以外都应当经董事会决议，但《担保协议书》中决定为诚和贸易公司提供担保、担保年度、担保金额、担保费用等担保事项均未经过董事会决议，且此后四次董事会决议为诚和贸易公司提供担保时均未提及2012年签订的《担保协议书》，故在昊华能源公司内部的决策中没有记录涉案《担保协议书》的签订事宜，尤其是没有体现收取担保费的相关证据。

2. 从诚和贸易公司的单方陈述来看，2012年未形成付费合意。

2014年6月，由瑞智税务师事务所出具的关联交易同期数据明确记载，截至2013年年末，昊华能源公司为诚和贸易公司提供担保未收取任何费用，也未要求诚和贸易公司支付任何费用。首先，关联交易同期数据具有真实性、合法性和关联性。关联交易同期数据系由第三方瑞智税务师事务所作出，且由诚和贸易公司时任法定代表人范某涛本人签字、公司盖章确认，故认可该证据的真实性、关联性和合法性。昊华能源公司提出的数据记载错误、漏页的问题并不影响其中关于“昊华能源公司提供担保是否收费”的表述，“是否收费”的表述亦非建立在错漏信息基础上得出，故对昊华能源公司不认可该证据的理由，不予采纳。其次，关联交易同期数据具有作为诚和贸易公司自述的证明力。关联交易同期数据系依据诚和贸易公司提供的材料以及公开材料作出，该报告中关于2013年昊华能源公司为诚和贸易公司提供担保未收取担保费的表述，可作为诚和贸易公司的单方陈述意见，可以确认诚和贸易公司作为合意一方否认了在2013年以前与昊华能源公司达成过收取担保费的合意。

3. 昊华能源公司仅收取2013年度至2015年度的担保费不符合交易习惯。

昊华能源公司章程第110条规定,董事会应当对对外投资、收购出售资产、资产抵押、对外担保事项、委托理财、关联交易,建立严格的审查和决策程序;重大投资项目应当组织有关专家、专业人员进行评审,并报股东大会批准。昊华能源公司作为上市公司,特别是在其声称为诚和贸易公司提供担保存在风险的情况下,应在董事会决策是否提供担保时披露存在的风险及风险防范的措施,但从本案现有证据来看,昊华能源公司未向董事会披露,该公司独立董事述职报告中也未提及担保风险事宜。

加之,昊华能源公司在实际收取涉案款项时,其约定的担保义务已经履行完毕,昊华能源公司以存在风险为由在2016年收取担保费,不符合公司章程关于对外担保事项的决策要求,亦不符合商业风险防范的常理。

此外,2016年昊华能源公司仍向诚和贸易公司的950万元银行贷款提供了担保,如果按照存在风险收取担保费的原因和逻辑,2016年诚和贸易公司已经从盈转亏,更应该收取担保费以防范风险,但是昊华能源公司并未收取上述贷款担保的费用,其所述收取诚和贸易公司担保费的逻辑亦无法自洽。

因此,昊华能源公司仅收取诚和贸易公司2013年度至2015年度的担保费不符合交易习惯。

4. 昊华能源公司与诚和贸易公司均无法说明3480万元款项性质及明细。

按照《担保协议书》的约定,昊华能源公司和诚和贸易公司在结算担保费时需将结算明细及担保费总额另行签订确认书,现双方均未向法院提交担保费总额确认书,且双方所称的3480万元担保费,并非一笔转账数额,而是隐含在2016年母子公司之间多笔银行大额转账中,这些款项均标明为“往来款”,没有一笔标注为“担保费”。昊华能源公司和诚和贸易公司无法说明3480万元是由几笔转款构成或者包含在哪几笔款项中,无法说明3480万元的款项性质,进而无法判断涉案3480万元系履行涉案《担保协议书》的行为。此外,现有证据无法证明昊华能源公司就其所称的该笔正常的收费行为进行了纳税和开具发票。

《最高人民法院关于适用〈中华人民共和国民事诉讼法〉的解释》第105条规定,人民法院应当按照法定程序,全面、客观地审核证据,依照法律规定,运用逻辑推理和日常生活经验法则,对证据有无证明力和证明力大小进行判断,并公开判断的理由和结果。

从诚和贸易公司财务记账、昊华能源公司内部决策流程等无法反映支付和收取担保费的事项,诚和贸易公司曾否认与昊华能源公司在2012年达成过收取担保费的合意,昊华能源公司仅收取2013年度至2015年度的担保费不符合交易习惯，无法明确3480万元款项性质及明细，而昊华能源公司作为诚和贸易公司的唯一股东，对诚和贸易公司聘用审计、税务等中介机构均具有决定权，其应当知晓中介机构进行审计等行为。

综合上述4个方面证据的证明力，昊华能源公司和诚和贸易公司在2013年到2015年没有举出任何有关双方约定过担保费或者支付过担保费的证据，加之诚和贸易公司曾否定约定过担保费的表述，致无法认定双方曾在2012年12月31日形成过收取担保费的合意，对双方提交的《担保协议书》中关于担保费的相关约定不予采信，并且此不利后果由昊华能源公司和诚和贸易公司承担。

诚和贸易公司支付的3480万元属于应予撤销的无偿转让财产类型。

《合同法》第74条第1款规定，因债务人放弃其到期债权或者无偿转让财产，对债权人造成损害的，债权人可以请求人民法院撤销债务人的行为。债务人以明显不合理的低价转让财产，对债权人造成损害，并且受让人知道该情形的，债权人也可以请求人民法院撤销债务人的行为。该条债权人撤销制度属于债的保全制度，该制度的立法原意在于使债务人的责任财产维持在适当状态，以达到保障债权人实现债权的目的。民商事行为纷繁复杂，实践中债务人实施诈害债权的形式呈现多样化，法律不可能周延地规定出所有应予撤销的情形。因此，司法实践中，法院应在考察债务人具体损害债权行为的基础上，强化诚实信用原则，以实现《合同法》第74条保护债权人权益的立法原意和价值取向。

2015年8月20日，作出(2014)一中民初字第2760号民事判决，判决诚和贸易公司于判决生效之日起10日内返还中铁能源公司预付货款175434689.5元，并自2013年10月20日起至诚和贸易公司返还剩余预付货款之日止，按照中国人民银行同期同类贷款利率的3倍计算支付违约金。涉案款项的支付发生在2016年，2016年度诚和贸易公司审计报告附有的资产负债表明确，公司年初所有者权益为202327257.32元，年末数为-8933198.75元。2016年，昊华能源公司在明知诚和贸易公司资产和负债的情况下，实际收取涉案3480万元已经对中铁能源公司的债权造成了损害，并且这种损害一直持续到本案诉讼之时。

综合现有证据，无法认定昊华能源公司和诚和贸易公司在2012年12月31日达成了收取担保费的合意，故诚和贸易公司支付给昊华能源公司的涉案3480万元属于无法律依据的支付行为，可以认定属于“无偿转让财产”的类型，且给债权人造成了损害，符合《合同法》第74条第1款第1句的法律要件，应当予以撤销。

第四节 关联交易损害赔偿类诉讼

不当关联交易很可能损害公司、股东及债权人的利益。因此,对不当关联交易可以通过诉讼程序维护公司或公司债权人的合法权益。

一般的不当关联交易损害的是公司的利益,此时,公司可以直接提起关联交易损害赔偿责任诉讼,若公司未能形成决议提起前述诉讼,股东可以按照代表诉讼的程序代表公司提起前述诉讼。

若不当关联交易表现为股东抽逃出资,则公司或其股东均可以起诉要求其向公司返还出资本息;公司债权人也有权据此请求抽逃出资的股东在抽逃出资本息范围内对公司债务不能清偿的部分承担补充赔偿责任。

若公司的不当关联交易过于频繁且表现为股东滥用公司法人人格和股东有限责任损害债权人利益,公司的债权人有权提起人格否认之诉,要求穿透公司人格直接让公司股东对公司债务承担连带责任。

为方便理解相关诉讼,简单介绍如下。

一、公司关联交易损害责任诉讼

公司关联交易损害责任诉讼,是指公司对其控股股东、实际控制人、董监高利用关联关系损害公司利益的行为要求人民法院判决该述关联方承担赔偿责任的诉讼。这里的关联交易,从其实质内涵而言,是指不当关联交易,也就是那些交易的目的不合理、价格不公允、程序不合法、披露不充分或者实质上不公平的关联交易,其核心是公司利益发生不正当的转移或者损害公司的正当利益。

对于公司关联交易损害责任诉讼,要紧紧围绕"通过关联关系"和"损害公司利益"这两个判断标准,来判断是否存在违法关联交易。

对两个标准的把握,可通过交易主体、交易动机、交易行为、交易结果4个要件来具体判断[①]:(1)交易主体。关联交易主体包括关联自然人和关联法人两类,前者以公司的董事、高管为代表,后者以母公司或控股公司为代表。(2)交易动机。人民法院应当审查关联交易的目的是否正当,交易动机是否出于诸如操纵市场、转移利润或财产、虚假报表、逃避税收等恶意,这对于判断关联交易的效力十分重要。(3)交易行为。《公司法》所规制的关联行为主要是指关联交易中的非常规交

① 参见杨万明主编、最高人民法院研究室编著:《最高人民法院新民事案件案由规定理解与适用》(下),人民法院出版社2021年版,第771页。

易行为，即关联交易主体滥用集中管理、股权分散或者事实上对公司的控制力，从事损害公司利益的关联交易行为。该行为通常表现为关联公司之间就收益、成本、费用与损益的摊计不合理或不公正。(4)交易结果。关联交易人的交易行为应当给公司带来现实的或者明显可能发生的损失。

【问题280】关联交易损害公司利益纠纷的构成要件？

【典型案例要旨314】(2021)最高法民再181号：案涉交易模式为钱塘公司在市场上采购加工定制产品后，转售给钱塘公司的唯一客户陕鼓汽轮机公司。在这种交易模式中，陕鼓汽轮机公司本可以在市场上采购相关产品，而通过钱塘公司采购产品则增设不必要的环节和增加了采购成本，由钱塘公司享有增设环节的利益，损害了陕鼓汽轮机公司的利益。

西安陕鼓汽轮机有限公司、高某华等公司关联交易损害责任纠纷再审民事判决书

最高人民法院(2021)最高法民再181号

最高人民法院经审理认为：

本案争议焦点如下：

案涉关联交易是否损害陕鼓汽轮机公司利益的问题。

1. 高某华、程某是否履行了披露义务。

披露关联交易有赖于董事、高管积极履行忠诚及勤勉义务，将其所进行的关联交易情况向公司进行披露及报告。根据陕鼓汽轮机公司章程第36条关于“董事及公司经营层人员不得自营或者为他人经营与本公司同类的业务或者从事损害本公司利益的活动。从事上述业务或者活动的，所有收入应当归公司所有。董事及公司经营层人员除公司章程规定或者股东会同意外，不得同本公司订立合同或者进行交易。董事及公司经营层人员执行公司职务时违反法律、行政法规或者公司章程的规定，给公司造成损害的，应当依法承担赔偿责任”的规定，本案高某华、程某作为董事及高管，未履行披露义务，违反了董事、高管的忠诚义务。根据《公司法》第21条第1款关于“公司的控股股东、实际控制人、董事、监事、高级管理人员不得利用其关联关系损害公司利益”的规定，高某华、程某的行为不仅违反陕鼓汽轮机公司章程的规定，亦违反上述法律规定。

2. 案涉关联交易价格是否符合市场公允价格。

公司法保护合法有效的关联交易，并未禁止关联交易，合法有效关联交易的实质要件是交易对价公允。参照《公司法解释五》第1条第1款关于“关联交易损害公司利益，原告公司依据民法典第八十四条、公司法第二十一条规定请求控股股东、实际控制人、董事、监事、高级管理人员赔偿所造成的损失，被告仅以该交易已经履行了信息披露、经股东会或者股东大会同意等法律、行政法规或者公司章程规定的程序为由抗辩的，人民法院不予支持”的规定，应当从交易的实质内容即合同约定、合同履行是否符合正常的商业交易规则以及交易价格是否合理等方面进行审查。

第一，高某华、程某设立钱塘公司后，利用关联交易关系和实际控制陕鼓汽轮机公司经营管理的便利条件，主导陕鼓汽轮机公司与钱塘公司签订若干采购合同。案涉诉讼双方均认可交易模式为钱塘公司在市场上采购加工定制产品后，转售给钱塘公司的唯一客户陕鼓汽轮机公司。陕鼓汽轮机公司提交第三组证据虽不能直接证明关联交易给陕鼓汽轮机公司造成了损失，但证据3送货单能够证明生产加工单位可直接向陕鼓汽轮机公司发货，进一步证明能够从市场上直接采购到生产所需的零部件，对该证据予以采信。在这种交易模式中，陕鼓汽轮机公司本可以在市场上采购相关产品，而通过钱塘公司采购产品则增设不必要的环节和增加了采购成本，由钱塘公司享有增设环节的利益。

第二，关于高某华、程某所提交的黄某和仁友公司出具的情况说明。鉴于黄某系钱塘公司的前股东和前法定代表人，故黄某与本案具有利害关系，且黄某作为证人未出庭作证。此外，虽然仁友公司出具情况说明，但仁友公司的股东包某明亦为钱塘公司股东，与本案仍有利害关系。依据《最高人民法院关于民事诉讼证据的若干规定》第90条第3项关于“下列证据不能单独作为认定案件事实的根据：……（三）与一方当事人或者其代理人有利害关系的证人陈述的证言”的规定，仅凭两份情况说明无法认定本案存在大型汽轮机公司对外协加工单位限制的情形。故上述两份证据不足以证明高某华、程某所称设立钱塘公司是为了避开同业公司对外协厂家限制的主张。此外，在取消与钱塘公司关联交易后，陕鼓汽轮机公司亦通过市场直接采购的方式购买了相关产品，高某华、程某未能对此作出合理解释。

第三，高某华、程某亦未能进一步提供证据证明其主张降低陕鼓汽轮机公司采购成本的抗辩事实成立。

综上，陕鼓汽轮机公司关于高某华、程某将本可以通过市场采购的方式购买相关产品转由向钱塘公司进行采购而增加购买成本，陕鼓汽轮机公司所多付出的成本,损害了陕鼓汽轮机公司权益的主张,有事实和法律依据。陕鼓汽轮机公司关于案涉交易对价高于市场价且不具备公允性的上诉主张,予以采信。

3. 高某华、程某的行为与陕鼓汽轮机公司损害结果的发生有因果关系。

关联交易发生在高某华、程某任职董事期间,高某华于2011年7月8日任副董事长、总经理。公司章程中明确规定了总经理职责为主持生产经营工作,陕鼓汽轮机公司亦提交了审批单等证据证明高某华实际履行了总经理的职权。而程某作为董事,并兼任其他公司职务,参与并影响陕鼓汽轮机公司的运营。在高某华任总经理主持生产经营工作期间,关联交易额所占陕鼓汽轮机公司采购总额的比例大幅上升,在高某华、程某被解除相应职务后,关联交易急速减少并消失。关联交易的发生及变化与高某华、程某任职期间及职务变化存在同步性。根据《公司法》第21条关于"公司的控股股东、实际控制人、董事、监事、高级管理人员不得利用其关联关系损害公司利益。违反前款规定,给公司造成损失的,应当承担赔偿责任"的规定,高某华、程某共同实施的关联交易行为,损害了陕鼓汽轮机公司利益。

陕鼓汽轮机公司的损失数额的问题。

高某华、程某作为钱塘公司合计控股60%的股东以及清算组成员,拒不提供钱塘公司财务报告等证据,未能提供足以反驳的证据。结合陕鼓汽轮机公司提交的第四组证据,对陕鼓汽轮机公司认为因钱塘公司遭受损失数额为7064480.35元的主张,予以采信。故高某华、程某应连带赔偿陕鼓汽轮机公司损失共计7064480.35元。

综上所述,陕鼓汽轮机公司的再审请求成立。

【问题281】公司已基于关联交易无效提起损害赔偿之诉,若再起诉时任董事长赔偿因实施关联交易给公司所造成的损失,是否构成重复起诉?

【典型案例要旨315】(2015)皖民二终字第00560号:前诉判决,系西园公司在关联交易协议被确认无效后基于无效协议本身起诉新街公司返还非法财产所得及赔偿损失一案的判决。但本案中,西园公司提起的是公司关联交易损害赔偿责任之诉,主张公司时任董事长、董事、监事因实施关联交易行为给公司造成损失而应承担的损害赔偿责任,本案诉讼的被告主体、依据的事实理由及诉讼请求与前一案件均有不同,故一审判决认定西园公司的起诉不违背"一事不再理"原则,不构成重复起诉。

黄山西园置业有限公司与朱某洪、王某峰、方某书、杭州久大置业有限公司公司关联交易损害责任纠纷二审民事判决书

安徽省高级人民法院(2015)皖民二终字第00560号

安徽省高级人民法院经审理认为：

关于本案是否违背“一事不再理”原则。

根据《最高人民法院关于适用〈中华人民共和国民事诉讼法〉的解释》第247条规定，当事人在前诉过程中或者判决生效后又提起诉讼，后诉的诉讼主体、诉讼标的和诉讼请求均与前诉相同的，违反“一事不再理”原则，构成重复起诉。

根据查明的事实，黄山市中级人民法院作出的(2013)黄中法民二再初字第00001号民事判决，系西园公司在关联交易协议被确认无效后基于无效协议本身起诉新街公司返还非法财产所得及赔偿损失一案的判决。

但本案中，西园公司提起的是公司关联交易损害赔偿责任之诉，主张公司时任董事长、董事、监事因实施关联交易行为给公司造成损失而应承担的损害赔偿责任，本案诉讼的被告主体、依据的事实理由及诉讼请求与前一案件均有不同，故一审判决认定西园公司的起诉不违背“一事不再理”原则，不构成重复起诉，并无不当。

【问题282】公司股东委派的副总经理在关联交易的订单和备货单上的签字行为，是否代表实施不当关联交易的控股股东的意志，是否可以免除控股股东利用关联交易损害公司利益的民事责任?

【典型案例要旨316】(2012)苏商外终字第0049号：宣某云是泰州魏德曼公司的副总经理，其在订单上签字系履行职务，其职务行为体现的是公司董事会的意志，而董事会由瑞士魏克公司控制，因此宣某云签字实际执行的是瑞士魏克公司的意志，而不是浩普公司的意志。故不能据此认定浩普公司亦同意以低于国内市场的价格向香港魏德曼公司销售产品。

泰州浩普投资有限公司与瑞士魏克控股有限公司公司关联交易损害责任纠纷二审民事判决书

江苏省高级人民法院(2012)苏商外终字第0049号

江苏省高级人民法院经审理认为：

浩普公司委派人员在订单和备货单上的签字行为是否可以免除瑞士魏克公司利用关联交易损害公司利益的民事责任。

瑞士魏克公司还主张，浩普公司委派到泰州魏德曼公司担任副总经理的宣某云对香港魏德曼公司的订单予以签字确认，表明浩普公司亦同意以低于国内市场的价格向香港魏德曼公司销售产品。因此，瑞士魏克公司不应承担利用关联交易损害公司利益的民事责任。

宣某云是泰州魏德曼公司的副总经理，其在订单上签字系履行职务，其职务行为体现的是公司董事会的意志，而董事会由瑞士魏克公司控制，因此宣某云签字实际执行的是瑞士魏克公司的意志，而不是浩普公司的意志。故不能据此认定浩普公司亦同意以低于国内市场的价格向香港魏德曼公司销售产品。实际上，自2005年4月28日起，浩普公司多次致函泰州魏德曼公司、瑞士魏克公司，对涉案关联交易提出异议。这表明浩普公司反对以低于国内市场的价格向香港魏德曼公司销售产品。

因此，瑞士魏克公司和泰州魏德曼公司简单地以宣某云系浩普公司委派的副总经理为由，主张宣某云在订单上签字就意味着浩普公司同意泰州魏德曼公司向香港魏德曼公司低价销售产品，依据不足，本院不予支持。一审法院判令瑞士魏克公司对其利用关联交易给公司造成的损失承担赔偿责任，并无不当。

二、损害公司利益责任诉讼(抽逃出资)

损害公司利益责任诉讼①，是指公司股东滥用股东权利或者董监高违反法定义务，损害公司利益而引发的诉讼。股东滥用股东权利损害公司利益责任纠纷，是指股东滥用股东权利给公司造成损害的，应当承担损害责任的民事纠纷。公司股东依照法律和公司章程正当行使权利，是股东的基本义务。公司董监高损害公司利益责任纠纷，是指董监高执行公司职务时违反法律、行政法规或者公司章程的规定，给公司造成损失而发生的纠纷。

按照《公司法解释三》第12条的规定，股东制作虚假财务会计报表虚增利润进行分配、通过虚构债权债务关系将其出资转出、利用关联交易将出资转出、其他未经法定程序将出资抽回等行为，均构成抽逃出资。股东抽逃出资的，公司及其他股东有权诉请人民法院判令该股东返还出资本息，还可以要求协助抽逃出资的其他股东、董事、高管或者实际控制人对此承担连带责任。

当然，此时，公司债权人有权请求抽逃出资的股东在抽逃出资本息范围内对公司债务不能清偿的部分承担补充赔偿责任，并要求协助抽逃出资的其他股东、董事、高管或者实际控制人对此承担连带责任。

---

① 参见人民法院出版社编著：《最高人民法院民事案件案由适用要点与请求权规范指引》(第2版)，人民法院出版社2020年版，第749~750页。

【问题283】以借款名义抽逃出资的行为，一般有哪些特征？

【典型案例要旨317】（2018）最高法民再328号：张某萍的出资额与其转走的数额完全一致，均为3500万元；该笔款项尽管在公司账簿表现为“应收款”，但根据《合同法》第197条之规定，除自然人借贷外，借款合同一般采书面形式，而张某萍并未提供书面的借款合同；借款合同一般都会约定还款期限，本案中张某萍于2008年1月7日将款项转走后，在长达十几年的时间内仍未归还；借款合同通常都会约定利息，但本案中未见任何有关利息的约定；一笔数额如此巨大的款项从公司账户中被转走，如果是正常借贷，一般应该由董事会或者股东会决议，而本案中并无任何针对借款行为的相关决议。

张某萍、臧某存公司决议纠纷再审民事判决书

最高人民法院（2018）最高法民再328号

最高人民法院经审理认为：

本案主要争议焦点为案涉股东会决议效力如何，具体又涉及以下两个问题：一是解除张某萍的股东资格是否符合《公司法解释三》第17条的规定；二是案涉股东会决议是否符合公司法以及凯发公司章程的规定。

关于解除张某萍的股东资格是否符合《公司法解释三》第17条之规定的问题。

根据《公司法解释三》第17条之规定，以股东会决议方式解除股东资格需要具备以下要件：一是股东未履行出资义务或者抽逃全部出资；二是经公司催告缴纳或者返还，在合理期间内仍未缴纳或者返还出资。

关于张某萍是否抽逃全部出资的问题。

本案中，各方当事人对张某萍完成验资后将全部资金转走这一事实并无争议，有争议的是如何认定该资金转移行为的性质，即其是否为张某萍对凯发公司的借款。本案中，张某萍的出资额与其转走的数额完全一致，均为3500万元；该笔款项尽管在公司账簿表现为“应收款”，但根据《合同法》第197条之规定，除自然人借贷外，借款合同一般采书面形式，而张某萍并未提供书面的借款合同；借款合同一般都会约定还款期限，本案中张某萍于2008年1月7日将款项转走后，在长达十几年的时间内仍未归还；借款合同通常都会约定利息，但本案中未见任何有关利息的约定；一笔数额如此巨大的款项从公司账户中被转走，如果是正常借贷，一般应该由董事会或者股东会决议，而本案中并无任何针对借款行为的相关决议。

综合前述事实,张某萍有关该笔款项系其对凯发公司的负债的主张缺乏事实依据,不予支持。张某萍在无任何正当事由的情况下,将其认缴的全部出资经验资后又全部转出的行为,属于《公司法解释三》第12条第4项规定的"其他未经法定程序将出资抽回的行为"。就此而言,原审判决认定其抽逃全部出资并无不当。

三、公司人格否认诉讼

公司人格否认诉讼,诉讼案由属于股东损害公司债权人利益纠纷,是指公司股东滥用公司法人独立地位和股东有限责任,逃避债务,严重损害公司债权人利益时,应当否认该公司的人格并由其股东对公司债务承担连带责任的诉讼。

从功能与价值角度而言,公司人格否认制度是股东有限责任价值缺陷的填补器,是"分配正义"畸形后的矫正器,也是法益衡平的调节阀,更是实现"个案衡平"的"例外"。一家公司即使在一个案例中被否认了法人人格,也不当然地适用于另外一个类似案例,更不会因此就彻底否定其法人人格。

以上是纵向人格否认的一般法理。2023年修订的《公司法》增加横向人格否认,即股东利用其控制的两个以上公司实施前述行为的,各公司应当对任一公司的债务承担连带责任。

另外,只有一个股东的公司,若股东不能证明公司财产独立于股东自己的财产,也应当对公司债务承担连带责任,即否认一人股东公司的法人人格。

有关法人人格否认诉讼的更详细介绍,请参考本书第三篇相关章节的内容。

【问题284】关联公司的人员、业务、财务等方面交叉或混同,导致各自财产无法区分,丧失独立人格的,是否构成人格混同?

【典型案例要旨318】(2021)最高法民申7224号:关联公司的人员、业务、财务等方面交叉或混同,导致各自财产无法区分,丧失独立人格的,构成人格混同;关联公司人格混同,严重损害债权人利益的,关联公司相互之间对外部债务承担连带责任。

昆明邦兆商贸有限公司、云南吉泰投资有限责任公司等股东损害公司债权人利益责任纠纷再审审查民事裁定书

最高人民法院(2021)最高法民申7224号

最高人民法院经审理认为:

邦兆公司的申请再审事由不成立。理由如下:

指导案例第15号的裁判要点为，关联公司的人员、业务、财务等方面交叉或混同，导致各自财产无法区分，丧失独立人格的，构成人格混同；关联公司人格混同，严重损害债权人利益的，关联公司相互之间对外部债务承担连带责任。邦兆公司以吉泰公司与祥泰公司作为关联公司构成人格混同为由提起本案诉讼。

首先，在人员方面，吉泰公司与祥泰公司企业信用信息公示报告显示，两公司之间股东并不一致，公司董监高也未出现严重交叉任职情形，财务、出纳工作人员也不一致，也无法证明两者存在相互持股或均被同一主体实际控制的情形。

其次，吉泰公司与祥泰公司的经营范围中均有项目投资，但两公司的经营地址分属两地，故在业务受众上可作区分，邦兆公司提供的证据尚不足以证明两公司在经营过程中已经达到了彼此不分的程度。

最后，在财务或者财产方面，吉泰公司与祥泰公司的债权转让行为先于邦兆公司受让取得本案债权，且经两公司的股东会决议通过并足额支付了约定对价，转账凭证中两公司的账号也属于各自独立的账户，并不存在两公司账簿、账户混同或财产混同的现象。

综合考虑上述因素，参照指导案例第15号的裁判要点，原审法院关于邦兆公司提交的证据不足以证明两公司存在人格混同的认定并无不当。

第二十四章

关联交易诉公司法裁判的基本思路与审查要点(十步审查)

如前文所述,关联交易所涉诉讼种类比较多,各类诉讼的程序与法庭审查侧重点也各有不同,因此,还难以形成比较固定的思路及要点。

但是,从宏观角度看,关联交易的诉讼还是可以归纳一些基本思路、常见的审查要点,这样可以促进大家对关联交易诉讼的整体脉络有一个大致了解,有利于充分准备或应对相关诉讼活动。

所以,在汇集整理数千个相关案例基础上,我们总结出如下比较常见的基本思路和审查要点,与大家分享如下。

第一节　审查原告与被告是否适格

以公司发起的诉讼,原告资格一般不会有争议。而股东代表诉讼程序,法院会首先审查代表股东是否具有代表资格。这也正是我们前面介绍关联交易所涉案由时,把股东资格确认诉讼等工具类案由放在第一位的原因。

另外,作为被告的控股股东、实际控制人,是否属于控股股东或者实际控制人身份,也是需要审查的重点。

【问题285】公司注销后的股东,是否有权提起股东代表诉讼?

【典型案例要旨319】(2021)京03民终8907号:于某、洪某某作为凯亚特公司股东,在公司已经注销的情况下,对提起股东代表诉讼仍具有诉的利益,有权以自己的名义直接向人民法院起诉合同相对方。

洪某某等与北京世纪宝丰房地产开发有限公司公司关联交易损害责任纠纷二审民事判决书

北京市第三中级人民法院(2021)京 03 民终 8907 号

北京市第三中级人民法院经审理认为：

关联交易合同存在无效或者可撤销情形,公司没有起诉合同相对方的,符合《公司法》第 151 条第 1 款规定条件的股东,可以依据《公司法》第 151 条第 2 款、第 3 款规定向人民法院提起诉讼。于某、洪某某作为凯亚特公司股东,在公司已经注销的情况下,对提起股东代表诉讼仍具有诉的利益,有权以自己的名义直接向人民法院起诉合同相对方。

于某、洪某某上诉称凯亚特公司实际控制人常某与其关联股东自行决议与宝丰公司签订《转让协议》,损害了于某、洪某某的权益,对此,公司的控股股东、实际控制人、董监高不得利用其关联关系损害公司利益,于某、洪某某并未就《转让协议》存在控股股东、实际控制人等利用关联关系损害公司利益的情形提交充分证据,亦未举证证明《转让协议》存在法律规定的可撤销事由,故对于某、洪某某的上述主张不予采信,于某、洪某某以此为由主张撤销《转让协议》,依据不足,不予支持。对于于某、洪某某认为《转让协议》可能给凯亚特公司的原股东造成损失及凯亚特公司恶意注销事宜,于某、洪某某可另行诉讼主张权益。

【问题 286】股东在二审诉讼过程丧失了股东资格,是否相应地丧失股东代表诉讼的主体资格?

【问题 287】二审中,股东丧失股东代表诉讼的主体资格后,应否裁定驳回其起诉?

【典型案例要旨 320】(2013)民申字第 1173 号：具备公司股东身份是有限责任公司股东提起股东代表诉讼的身份要件。东驰公司在丧失徐工汽车公司股东身份时,相应地丧失了股东代表诉讼的诉讼主体资格。

南京东驰汽车工业（集团）有限公司与江苏春兰自动车有限公司、春兰（集团）公司及一审第三人南京徐工汽车制造有限公司公司控股股东、实际控制人损害公司利益赔偿纠纷申请再审民事裁定书

最高人民法院（2013）民申字第1173号

最高人民法院经审理认为：

本案系公司控股股东、实际控制人损害公司利益赔偿纠纷，主要涉及东驰公司在二审诉讼过程中丧失股东资格后，二审法院裁定驳回其起诉，适用法律是否错误的问题。

1. 关于东驰公司在二审诉讼过程丧失了股东资格，是否也相应地丧失股东代表诉讼的主体资格问题。

股东代表诉讼是指当公司的正当利益受到控股股东、董事、高管或者其他人的侵害，而公司怠于通过诉讼追究侵害人的责任以及实现其他民事权利时，具备法定资格的股东为了公司的利益，依据法定程序以自己的名义提起的诉讼。根据《公司法》第152条的规定，公司董事、高管或公司控股股东侵犯公司合法权益，给公司造成损失的，有限责任公司的其他股东可以书面请求监事会或者不设监事会的有限责任公司的监事向人民法院提起诉讼，监事会、不设监事会的有限责任公司的监事，或者董事会、执行董事收到股东书面请求后拒绝提起诉讼，或者自收到请求之日起30日内未提起诉讼，或者情况紧急、不立即提起诉讼将会使公司利益受到难以弥补的损害的，股东有权为了公司的利益以自己的名义直接向人民法院提起诉讼。根据上述规定，具备公司股东身份是有限责任公司股东提起股东代表诉讼的身份要件。

本案中，虽然东驰公司提起诉讼时持有徐工汽车公司40%的股份，具备徐工汽车公司股东的身份，符合法律关于股东代表诉讼原告资格的要求，但是，在二审法院审理过程中，东驰公司将其所持股份全部转让给徐工机械公司，并办理了工商变更登记，由此，东驰公司已丧失了徐工汽车公司股东的身份，不符合股东代表诉讼的主体资格要求，丧失了在本案中继续以徐工汽车公司股东身份进行股东代表诉讼的资格。因此，二审法院认定东驰公司在丧失徐工汽车公司股东身份时，相应地丧失了股东代表诉讼的诉讼主体资格，有事实和法律依据。

2. 关于东驰公司丧失股东代表诉讼的主体资格后应否裁定驳回其起诉的问题。

根据《公司法》第152条的规定，公司高管或控股股东等以不当行为侵害公司利益，公司在不当行为控制之下不能或怠于以自己名义主张权利，公司股东为了

公司利益,以自己的名义对不当行为人提起诉讼的,人民法院应予受理。提起诉讼的原告应是公司现任股东,被告应为有不当行为的董事、监事、经理等高管、控股股东以及相关交易相对人,公司应作为第三人参加诉讼。

本案中,东驰公司在二审诉讼过程中已丧失了徐工汽车公司股东的身份,不符合股东代表诉讼原告的要求,相应地丧失了股东代表诉讼的诉讼主体资格。因此,二审判决认为"东驰公司在丧失徐工汽车公司股东身份之后,再以自己的名义要求春兰自动车公司、春兰(集团)公司向徐工汽车公司进行赔偿,无相应的法律依据",并无不当。二审法院在东驰公司已不再具备诉讼主体资格的情形下,依据《公司法》第152条及2007年《民事诉讼法》第108条、第153条第3项的规定,裁定驳回东驰公司的起诉,适用法律并无不当。

【问题288】公司强制清算未终结前,清算组是否有权代表公司提起诉讼?

【典型案例要旨321】(2021)京02民终734号:该强制清算案件尚未审理终结。因此,在模思特公司尚未办理注销登记前,清算组以模思特公司名义提起本案诉讼,符合上述规定。

王某刚等与北京模思特技术开发有限责任公司损害公司利益责任纠纷二审民事判决书

北京市第二中级人民法院(2021)京02民终734号

北京市第二中级人民法院经审理认为:

根据《公司法解释二》第10条的规定,公司依法清算结束并办理注销登记前,有关公司的民事诉讼,应当以公司的名义进行。公司成立清算组的,由清算组负责人代表公司参加诉讼;尚未成立清算组的,由原法定代表人代表公司参加诉讼。

虽然2018年6月,模思特公司清算组向一审法院提交清算报告,一审法院裁定予以确认,但是目前该强制清算案件尚未审理终结。因此,在模思特公司尚未办理注销登记前,清算组以模思特公司名义提起本案诉讼,符合上述规定。

【问题289】股东资格需要具备哪些形式要件与实质要件?

【典型案例要旨322】(2020)鄂13民终759号:御景公司虽称殷某学未实际出资,但现有证据不足以证明殷某学的股东权益并非御景公司的真实意思表示。另外,在御景公司实际经营期间,殷某学参与股东会议并担任监事职务。御景公司主张殷某学不是公司股东，缺乏事实依据。

湖北广水御景房地产开发有限公司、殷某学损害公司利益责任纠纷二审民事判决书

湖北省随州市中级人民法院(2020)鄂13民终759号

湖北省随州市中级人民法院经审理认为：

关于焦点一，殷某学的股东及诉讼主体是否适格。

《公司法》第26条第1款规定，有限责任公司的注册资本为在公司登记机关登记的全体股东认缴的出资额。第73条规定，依照本法第71条、第72条转让股权后，公司应当注销原股东的出资证明书，向新股东签发出资证明书，并相应修改公司章程和股东名册中有关股东及其出资额的记载。对公司章程的该项修改不需再由股东会表决。

第一，从形式要件上看，投资人成为公司股东应被记载于公司章程、股东名册等，并且办理工商登记手续。本案中，2012年11月13日的章程中明确记载，殷某学为御景公司股东，并占公司出资比例的51%；同年12月13日御景公司的股东会决议第十一号中也记载殷某学受让殷某霞股权510万元，占出资比例51%；工商局的登记备案材料也显示殷某学出资510万元，其出资比例及数额与章程及股东会决议内容一致。在二审庭审中，御景公司对工商局登记备案的章程、股东会决议等材料中殷某学成为御景公司股东的事实均无异议。

第二，从实质要件上看，股东须依法履行出资义务或依法继受取得股权。《公司法解释三》第22条规定："当事人之间对股权归属发生争议，一方请求人民法院确认其享有股权的，应当证明以下事实之一：(一)已经依法向公司出资或者认缴出资，且不违反法律法规强制性规定；(二)已经受让或者以其他形式继受公司股权，且不违反法律法规强制性规定。"

本案中，殷某学主张系继受取得公司股权，从其提交的相关证据看，殷某学、殷某霞于2012年11月13日签订书面的股权转让协议，殷某斌、殷某学、殷某霞于2012年11月21日签订的股权变更情况说明中记载殷某霞决定向殷某学、殷某斌转让股权，约定股权转让无资金交易及殷某学为名义股东，股东实际出资额及比例按照已确认的"股本金清算明细表"结算。御景公司于2014年3月10日向朱某华出具的情况说明，对朱某华为御景公司的实际出资人予以确认。

综上，御景公司虽称殷某学未实际出资，但现有证据不足以证明殷某学的股东权益并非御景公司的真实意思表示。另外，在御景公司实际经营期间，殷某学参与股东会议并担任监事职务。御景公司主张殷某学不是公司股东，缺乏事实依

据,不予支持。

【问题290】在两个子公司实施关联交易时,公司董事同时兼任母公司的股东的董事长,是否属于公司的实际控制人?

【典型案例要旨323】(2013)苏商外终字第0008号:涉案交易发生时,太仓迪美斯公司及其交易相对方奥地利迪美斯公司的股东均为德国迪美斯公司。虽然,MDB公司作为德国迪美斯公司的股东,与奥地利迪美斯公司及太仓迪美斯公司之间存在关联关系,但彼得担任MDB公司董事长并不意味着其个人系太仓迪美斯公司的实际控制人。

迪美斯(太仓)窗型材有限公司,皮特·容根费尔德公司关联交易损害责任纠纷二审民事判决书

江苏省高级人民法院(2013)苏商外终字第0008号

江苏省高级人民法院经审理认为:

现有证据不足以认定彼得利用关联关系损害公司利益。

太仓迪美斯公司主张彼得构成实际控制人、董事利用关联关系损害公司利益不能成立。

首先,现有证据不足以证明彼得系太仓迪美斯公司的实际控制人。

涉案交易发生时,太仓迪美斯公司及其交易相对方奥地利迪美斯公司的股东均为德国迪美斯公司。虽然,MDB公司作为德国迪美斯公司的股东,与奥地利迪美斯公司及太仓迪美斯公司之间存在关联关系,但彼得担任MDB公司董事长并不意味着其个人系太仓迪美斯公司的实际控制人。

太仓迪美斯公司主张彼得是太仓迪美斯公司实际控制人的直接证据是证人赫克、毕恩的证人证言,但是上述证人正是在董事会决议中同意涉案交易的4位董事中的其中两位成员,且赫克在涉案交易时系太仓迪美斯公司的法定代表人,而且该两位证人持有太仓迪美斯公司现股东香港迪美斯公司的股权,与太仓迪美斯公司存在利害关系,上述证言不足以认定彼得系太仓迪美斯公司的实际控制人及涉案交易系在彼得恶意操纵下完成。

其次,太仓迪美斯公司二审中还主张彼得构成董事利用关联交易损害公司利益。

其一,涉案交易经太仓迪美斯公司董事会决议一致同意,并非彼得个人未经董事会同意之行为,并不违反公司的相关规定。

其二,彼得在任职太仓迪美斯公司董事期间,其在公司董事会作出涉案交易决议中发表意见和进行表决,是履行董事职责,并未超越公司章程或者董事会授权的权利范围。

其三,如果存在董事利用关联交易损害公司利益的情况,也应当由作出涉案交易决定的全体董事承担责任,而不是仅由其中的某一位董事承担全部责任,故太仓迪美斯公司仅要求董事彼得承担全部可能的侵权责任,于法无据,不予支持。

第二节　审查原告的起诉是否已穷尽内部救济

2023 年修订的《公司法》第 189 条规定的股东代表诉讼前置程序,是要求公司内部纠纷出现后,须先行穷尽内部救济。若内部救济无法启动,方能提请司法介入、发动代表诉讼。

【问题 291】公司未设监事会或监事,且董事会其他成员均为争议对方委派,是否还必须启动前置程序?

【典型案例要旨 324】(2019)最高法民终 1679 号:该项前置程序针对的是公司治理的一般情况,即在股东向公司有关机关提出书面申请之时,存在公司有关机关提起诉讼的可能性。如果不存在这种可能性,则不应当以原告未履行前置程序为由驳回起诉。

周某春、庄士中国投资有限公司损害公司利益责任纠纷
二审民事裁定书

最高人民法院(2019)最高法民终 1679 号

最高人民法院经审理认为:

结合上诉人的上诉事由和被上诉人的答辩意见,本案的争议焦点为一审裁定驳回周某春的起诉是否正确。

根据《公司法》第 151 条规定:“董事、高级管理人员有本法第一百四十九条规定的情形的,有限责任公司的股东、股份有限公司连续一百八十日以上单独或者合计持有公司百分之一以上股份的股东,可以书面请求监事会或者不设监事会的有限责任公司的监事向人民法院提起诉讼;监事有本法第一百四十九条规定的情形的,前述股东可以书面请求董事会或者不设董事会的有限责任公司的执行董事向人民法院提起诉讼。监事会、不设监事会的有限责任公司的监事,或者董事会、执行董事收到前款规定的股东书面请求后拒绝提起诉讼,或者自收到请求之日起三十日内未提起诉讼,或者情况紧急、不立即提起诉讼将会使公司利益受到难以弥补的损害的,前款规定的股东有权为了公司的利益以自己的名义直接向人民法院提起诉讼。他人侵犯公司合法权益,给公司造成损失的,本条第一款规定的股东可以依照前两款的规定向人民法院提起诉讼。"

股东先书面请求公司有关机关向人民法院提起诉讼,是股东提起代表诉讼的的前置程序。一般情况下,股东没有履行前置程序的,应当驳回起诉。但是,该项前置程序针对的是公司治理的一般情况,即在股东向公司有关机关提出书面申请之时,存在公司有关机关提起诉讼的可能性。如果不存在这种可能性,则不应当以原告未履行前置程序为由驳回起诉。具体到本案中,分析如下。

其一,根据《公司法》第151条的规定,董事、高管有《公司法》第149条规定的情形的,有限责任公司的股东可以书面请求监事会或者不设监事会的有限责任公司的监事提起诉讼。本案中,李某慰、彭某傑为湖南汉业公司董事,周某春以李某慰、彭某傑为被告提起股东代表诉讼,应当先书面请求湖南汉业公司监事会或者监事提起诉讼。但是,在二审询问中,湖南汉业公司明确表示该公司没有工商登记的监事和监事会。周某春虽然主张周某科为湖南汉业公司监事,但这一事实已为另案人民法院生效民事判决否定,湖南汉业公司明确否认周某科为公司监事,周某春二审中提交的证据也不足以否定另案生效民事判决认定的事实。从以上事实来看,本案证据无法证明湖南汉业公司设立了监事会或监事,周某春对该公司董事李某慰、彭某傑提起股东代表诉讼的前置程序客观上无法完成。

其二,《公司法》第151条第3款规定:"他人侵犯公司合法权益,给公司造成损失的,本条第一款规定的股东可以依照前两款的规定向人民法院提起诉讼。"庄士中国公司不属于湖南汉业公司董事、监事或者高管,因湖南汉业公司未设监事会或者监事,周某春针对庄士中国公司提起代表诉讼的前置程序应当向湖南汉业公司董事会提出,但是,根据查明的事实,湖南汉业公司董事会由李某慰(董事长)、彭某傑、庄某农、李某心、周某春组成。除周某春外,湖南汉业公司其他4名董事会成员均为庄士中国公司董事或高层管理人员,与庄士中国公司具有利害关系,基本不存在湖南汉业公司董事会对庄士中国公司提起诉讼的可能性,再要求周某春完成对庄士中国公司提起股东代表诉讼的前置程序已无必要。

本案系湖南汉业公司股东周某春以庄士中国公司和李某慰、彭某傑为被告代表公司提起的损害公司利益责任纠纷诉讼,诉请三原审被告承担共同赔偿责任。综合以上情况,周某春主张可以不经股东代表诉讼前置程序直接提起本案诉讼的上诉理由成立。一审裁定驳回起诉不当,应予纠正。

【问题292】追缴出资纠纷中,已出资股东可否发起股东代表诉讼而不是股东直接诉讼?

【典型案例要旨325】(2014)民提字第170号:股东代表诉讼制度的设置基础在于股东本没有诉权而公司又怠于行使诉权或者因情况紧急可能损害公司利益时,赋予股东代表公司提起诉讼的权利。当股东能够通过自身起诉的途径获得救济时,则不应提起代表诉讼,否则将有悖股东代表诉讼制度的设置意图。

(株)圃木园控股与上海福生豆制食品有限公司、上海市张某宝绿色食品发展有限公司股东出资纠纷审判监督民事裁定书

最高人民法院(2014)民提字第170号

最高人民法院经审理认为:

本案系出资纠纷。对于股东未按期缴纳出资的问题,我国公司法规定了股东有义务向公司足额缴纳,公司解散的,欠缴出资作为公司清算财产,并不免除股东的出资义务。《公司法解释三》第13条第1款规定:"股东未履行或者未全面履行出资义务,公司或者其他股东请求其向公司依法全面履行出资义务的,人民法院应予支持。"因此,(株)圃木园控股主张合资合同已被香港仲裁裁决解除,其履行最后一期出资义务已无实质意义的申请再审理由不能成立。

福生公司、张某宝公司是以自己名义提起本案股东代表诉讼的。本案纠纷应适用我国《公司法》(2005年修订)第152条规定的股东代表诉讼的情形和条件,即有限责任公司的股东,可以书面请求监事会或者不设监事会的有限责任公司的监事向人民法院提起诉讼;还可以书面请求董事会或者不设董事会的有限责任公司的执行董事向人民法院提起诉讼;监事会、不设监事会的有限责任公司的监事,或者董事会、执行董事收到前款规定的股东书面请求后拒绝提起诉讼,或者自收到请求之日起30日内未提起诉讼,或者情况紧急、不立即提起诉讼将会使公司利益受到难以弥补的损害的,股东有权为了公司的利益以自己的名义直接向人民法院提起诉讼。第3款规定,"他人侵犯公司合法权益,给公司造成损失的,本条第一款规定的股东可以依照前两款的规定向人民法院提起诉讼"。

本案股东代表诉讼属于该条第3款规定的情形,但对于"他人"应当作狭义解释,即只有在不能通过其他途径获得救济的情况下,才能适用股东代表诉讼获得救济。股东代表诉讼制度的设置基础在于股东本没有诉权而公司又怠于行使诉

权或者因情况紧急可能损害公司利益时,赋予股东代表公司提起诉讼的权利。当股东能够通过自身起诉的途径获得救济时,则不应提起代表诉讼,否则将有悖股东代表诉讼制度的设置意图。根据《公司法解释三》第13条第1款的规定,福生公司、张某宝公司作为股东本身即享有诉权,而通过股东代表诉讼起诉的后果,则剥夺了另一方股东(株)圃木园控股反诉福生公司、张某宝公司履行出资义务的诉讼权利,因为其无法针对合资公司提起反诉,由此造成股东之间诉讼权利的不平等。因此,福生公司、张某宝公司无权提起本案股东代表诉讼,其起诉应予驳回。

【问题293】担任监事职务的人员不明确且无法证明公司监事会在实际运行,股东是否还必须启动提请监事会提起诉讼的前置程序?

【典型案例要旨326】(2019)最高法民终496号:股东发现公司董事、高管侵害公司利益时,应先穷尽公司内部救济途径,可以书面请求监事会或者不设监事会的有限责任公司的监事向人民法院提起诉讼。该款意旨首先利用公司内部监督制度保护公司利益,以避免股东滥诉影响公司日常运营。但若内部机制无法正常启动,赋予了股东以自己的名义为公司利益提起诉讼的权利。

耿某某、刘某某公司关联交易损害责任纠纷二审民事判决书

最高人民法院(2019)最高法民终496号

最高人民法院经审理认为:

根据《公司法》第151条第1款的规定,股东发现公司董事、高管侵害公司利益时,应先穷尽公司内部救济途径,可以书面请求监事会或者不设监事会的有限责任公司的监事向人民法院提起诉讼。该款意旨首先利用公司内部监督制度保护公司利益,以避免股东滥诉影响公司日常运营。但若内部机制无法正常启动,该条第2款赋予了股东以自己的名义为公司利益提起诉讼的权利。

本案中,中储粮金三角公司股东会选举的监事与该公司工商登记的监事不一致,担任监事职务的人员不明确。三再审申请人亦未能提交证据证明该公司的监事会在实际运行。青海金三角公司事实上已无法通过监事会提起诉讼。在此种情形下,青海金三角公司以自己的名义提起诉讼,具有法律依据。原判决认定青海金三角公司享有诉权,并无不当。

三再审申请人提交了中储粮金三角公司2011年度第一届监事会第一次决议、关于中储粮金三角公司董事违反公司法及公司章程侵犯公司利益的行为提起诉讼的请求、中储粮金三角公司企业信用信息公示报告、加工企业改革会议纪要、

中储粮金三角公司会议纪要，拟证明青海金三角公司不享有诉权。上述证据或是原审证据，或是在原审庭审结束前已经存在但三再审申请人未能说明逾期提交理由的证据，不构成申请再审新证据，亦达不到推翻原判决的证明标准。三再审申请人主张原判决错误认定青海金三角公司享有诉权的理由不成立，不予支持。

【问题 294】公司不设董事会和监事会，只有两名股东，分别担任该公司的监事和执行董事，而其中一名股东起诉所指向的被告恰是另一股东及其关联公司，且在其起诉前，双方已就诉争的事实产生争议，此时，股东是否还有穷尽内部救济的途径？

【典型案例要旨 327】（2020）鄂 13 民终 759 号：《公司法》规定的“前置程序”所针对的是公司治理形态的一般情况，即在股东向公司的有关机构或人员提出书面申请之时，后者是否会依股东的请求而提起诉讼尚处于不确定状态，抑或存在监事会、监事或者董事会、执行董事依股东申请而提起诉讼的可能性；对于股东申请无益即客观事实足以表明不存在前述可能性的情况或他人侵犯公司合法权益的，应当适用《公司法》第 151 条第 3 款的规定。

湖北广水御景房地产开发有限公司、殷某学损害公司利益责任纠纷二审民事判决书

湖北省随州市中级人民法院（2020）鄂 13 民终 759 号

湖北省随州市中级人民法院经审理认为：

关于殷某学的诉讼主体是否适格。根据《公司法》第 151 条的文字内容和生活常理，应当认为《公司法》规定的该项“前置程序”所针对的是公司治理形态的一般情况，即在股东向公司的有关机构或人员提出书面申请之时，后者是否会依股东的请求而提起诉讼尚处于不确定状态，抑或存在监事会、监事或者董事会、执行董事依股东申请而提起诉讼的可能性；对于股东申请无益即客观事实足以表明不存在前述可能性的情况或他人侵犯公司合法权益的，应当适用《公司法》第 151 条第 3 款的规定。

本案中，御景公司仅有殷某学和殷某斌两名股东，公司不设董事会和监事会，殷某学和殷某斌分别担任该公司的监事和执行董事，而殷某学公司提起诉讼所指向的被告恰是殷某斌、百盛公司，且在殷某学提出起诉前，双方已就诉争的事实产生争议。由此表明，即使殷某学就相关事实请求公司执行董事殷某斌提起诉讼，其也必然拒绝。故本案中不存在公司的执行董事或监事接受股东申请对股东所

主张的被告提起诉讼的可能性,亦可谓公司内部的救济途径已经穷尽,且无论百盛公司与御景公司转移房屋所有权的情况是否属于《公司法》第151条第2款规定的"情况紧急、不立即提起诉讼将会使公司利益受到难以弥补的损害"的情形,殷某学都可以基于百盛公司侵犯公司利益提起本案之诉,据此应当认为殷某学提起本案诉讼并不违反《公司法》第151条第3款的规定。因此,御景公司关于殷某学未履行前置程序,其提起本案诉讼违法及主体不适格的上诉主张无事实和法律依据,不予支持。

第三节　识别认定被告是否属于关联方、涉案交易是否属于关联交易

如前述章节所述,判断一项交易是否构成关联交易,最核心的是判断交易相关方是否构成关联方;对于是否构成关联方,主要从各主体之间是否存在控制影响关系、监督管理关系以及婚姻家庭关系3个方面予以判断,并按照实质重于形式原则予以认定。

对于关联方及关联交易的识别与认定,详见本篇前述相关章节的介绍。

【问题295】在一家公司中担任董事或高管,同时是另外一家公司的股东,若两家公司发生交易,是否属于关联交易?

【典型案例要旨328】(2021)最高法民再181号:鉴于高某华、程某的双重身份和陕鼓汽轮机公司和钱塘公司之间的交易行为,陕鼓汽轮机公司和钱塘公司之间构成关联关系,其交易构成关联交易。

西安陕鼓汽轮机有限公司、高某华等公司关联交易损害责任纠纷再审民事判决书

最高人民法院(2021)最高法民再181号

最高人民法院认可二公司之间构成关联交易。一审法院认为,本案属于公司关联交易损害责任纠纷。争议焦点是陕鼓汽轮机公司与钱塘公司之间的采购行为是否属于关联交易;若属于关联交易,则案涉关联交易是否损害了陕鼓汽轮机公司的利益。

高某华、程某同时担任陕鼓汽轮机公司董事、高管和钱塘公司的股东以及陕

鼓汽轮机公司与钱塘公司之间存在采购合同关系的事实,陕鼓汽轮机公司与高某华、程某均无异议。《公司法》第216条第4项规定:“关联关系,是指公司控股股东、实际控制人、董事、监事、高级管理人员与其直接或者间接控制的企业之间的关系,以及可能导致公司利益转移的其他关系。但是,国家控股的企业之间不仅因为同受国家控股而具有关联关系。”

本案中2010年至2015年5月,高某华、程某同时任职的陕鼓汽轮机公司与钱塘公司之间签订了大量采购合同。鉴于高某华、程某的双重身份和陕鼓汽轮机公司和钱塘公司之间的交易行为,陕鼓汽轮机公司和钱塘公司之间构成关联关系,其交易构成关联交易。

【问题296】持有公司20%股权的第三大股东,是否属于对公司施加重大影响的投资方,即关联方?

【典型案例要旨329】(2021)桂03民终1539号:上诉人认为被上诉人2020年第二次临时股东大会决议应该被撤销的依据是旅游发展总公司与桂航集团构成关联方,故在表决时应当回避而没有回避。可见,本案的核心问题在于旅游发展总公司与桂航集团是否构成关联方。

舒某、桂林旅游股份有限公司公司决议撤销纠纷二审民事判决书

广西壮族自治区桂林市中级人民法院(2021)

桂03民终1539号

一审法院认定事实:被告旅游股份公司为深圳证券交易所上市公司。巨潮资讯网信息显示,2020年9月30日,该公司“十大股东”包括旅游发展总公司(持股比例18.36%)、桂航集团(持股比例16%)、原告舒某(持股比例1.02%)等。……2020年10月30日,被告召开2020年第二次临时股东大会,采取现场投票与网络投票相结合的方式,通过了旅游股份公司2020年第二次临时股东大会决议……该临时股东大会审议议案涉及的关联交易事项为:被告向其控股股东旅游发展总公司特定对象以非公开方式发行股票等。……被告股东桂航集团参与了表决。桂航集团的股东情况为:旅游发展总公司,持股19.67%;桂林新城投资开发集团有限公司,持股7.665%;桂林市经济建设投资总公司,持股7.665%;海航旅游集团,持股33%;首都航空,持股32%。

一审法院认为,该案被告旅游股份公司2020年第二次临时股东大会涉及的

关联交易事项为:被告向其控股股东旅游发展总公司特定对象以非公开方式发行股票等。在表决程序中,关联股东旅游发展总公司回避表决,而被告股东桂航集团参与了表决。该案涉及关联方的认定,即桂航集团是不是旅游发展总公司的关联方。

广西壮族自治区桂林市中级人民法院经审理认为:

上诉人认为被上诉人2020年第二次临时股东大会决议应该被撤销的依据是旅游发展总公司与桂航集团构成关联方故在表决时应当回避而没有回避。可见,本案的核心问题在于旅游发展总公司与桂航集团是否构成关联方。

上诉人认为《出资协议》《补充协议》等证明了海航旅游集团与旅游发展总公司之间在被上诉人经营决策层面存在一致行动人关系,且海航旅游集团放弃其对桂航集团以及被上诉人的控股地位与旅游发展总公司保持一致的关键承诺,故二者构成关联方。

首先,《出资协议》中对公司的治理结构等进行了约定,董事会由股东推荐经股东会选举产生并依据公司章程履行职责。旅游发展总公司虽然作为桂航集团的股东之一但并不直接管理公司。

其次,根据一审查明事实,召开2020年第二次临时股东大会时没有旅游发展总公司的董监高在桂航集团任职,反之亦然。

最后,《补充协议》和《补充协议三》就出资额进行补充协商,无法体现上诉人的主张。《补充协议二》第4条涉及上诉人所称的"关键承诺",该条约定海航旅游集团"不单方谋求通过二级市场增持、关联交易、一致行动人协议、定向增发等任何方式成为桂林旅游股份有限公司第一大股东或者实际控制人"。由"单方谋求""通过二级市场增持""定向增发""成为"等前后构成的语境可知,这一承诺并不是针对现有的状态,而是对未来发展的承诺。这一承诺并不能说明旅游发展总公司与桂航集团构成关联方。

虽然不能单纯以持股比例来认定公司之间是否属于关联方,但是对《公司法》或《企业会计准则》中关联方的认定应该以充分的证据为依据,否则不利于我国商业的蓬勃发展。

本案中,证监会就被上诉人本次非公开发行股票进行审查,其中包含"桂林航旅、海航旅游集团有限公司与公司控股股东桂林旅游发展总公司是否存在关联关系"的内容,最终核准了被上诉人本次非公开发行股票。

综上分析,在没有充分证据证实桂航集团与旅游发展总公司构成关联方且专业监督管理机构已进行过审查的情况下,根据《民事诉讼法》第64条第1款、《最高人民法院关于适用〈中华人民共和国民事诉讼法〉的解释》第90条的规定,上诉人关于旅游发展总公司与桂航集团构成关联方的主张不成立，其请求撤销被上诉人2020年第二次临时股东大会决议没有事实和法律依据，不予支持。

【问题297】实际控制人控制的公司与其为股东的另一家公司发生交易，是否属于关联交易？

【典型案例要旨330】（2019）粤04民终2495号：凯东公司未直接从案涉款项流转中获取直接经济利益，只是起到协助资金流转的作用。案涉款项流转发生时，王某宁为和盛公司的实际控制人，王某是和盛公司的监事且在和盛公司任职，王某宁和王某皆为鑫锋公司的股东。该笔由和盛公司经由凯东公司最终流向鑫锋公司的款项实际构成了关联交易。

珠海市鑫锋发展有限公司、王某宁公司关联交易损害责任纠纷
二审民事判决书

广东省珠海市中级人民法院（2019）粤04民终2495号

广东省珠海市中级人民法院经审理认为：

本案中，和盛公司依据其与凯东公司之间的4份合同，向凯东公司支付货款合计484万元，凯东公司随后又根据和盛公司的委托将上述款项转付鑫锋公司。

根据凯东公司向广东连越律师事务所出具的回复函，凯东公司只是根据和盛公司的要求进行代收代付，凯东公司已经按和盛公司的要求将款项全部支付给鑫锋公司。至于鑫锋公司的打款目的，凯东公司并不清楚。由于凯东公司未收到和盛公司的货款，凯东公司未按合同投入制造。

据此，凯东公司未直接从案涉款项流转中获取直接经济利益，只是起到协助资金流转的作用。案涉款项流转发生时，王某宁为和盛公司的实际控制人，王某是和盛公司的监事且在和盛公司任职，王某宁和王某皆为鑫锋公司的股东。该笔由和盛公司经由凯东公司最终流向鑫锋公司的款项实际构成了关联交易。根据和盛公司一审庭审中明确的法条依据，本案的案由应当为公司关联交易损害责任纠纷。一审法院确定的案由有误，予以纠正。

第四节　审查交易的决策程序与信息披露是否合法

如前文所述，正当的关联交易必须具备程序合法和披露充分的要件。因此，法院在审理关联交易相关纠纷时,就需要对案涉关联交易的这两个重要的程序性要件进行审查,进而评判关联交易的合法性,即是否符合公司法等法律法规以及公司章程的强制性规定。

【问题298】根据章程的职权划分以及表决规则,公司在开发建设外滩中心项目过程中发生的合同签订行为以及工程款结算行为属于公司日常经营管理行为,若公司内部就前述行为履行合法的决策程序,是否构成程序合法?

【典型案例要旨331】(2019)最高法民申4691号:在海港城公司内部就前述行为履行合法的决策程序的情形下,结合资本多数决原则的内涵分析,即使该行为结果体现了控股股东绿洲公司的意志,该行为本身亦不能直接认定为构成损害海港城公司利益之情形。

海南国升投资有限公司、海口世纪海港城置业有限公司
损害公司利益责任纠纷再审审查与审判监督民事裁定书

最高人民法院(2019)最高法民申4691号

最高人民法院经审理认为:

关于绿洲公司是否存在侵害海港城公司利益的侵权行为的问题。

首先,根据海港城公司章程,海港城公司董事会由9名董事组成,绿洲公司委派7名,国升公司委派2名,董事长系公司法定代表人由绿洲公司委派的董事担任,公司经理及副经理、财务负责人均由董事会聘任或解聘,公司的生产经营管理工作由经理主持,并由经理组织实施董事会决议和公司年度经营计划和投资方案;股东会会议由股东按照出资比例行使表决权,公司增资、减资、股权转让、合并、分立、解散或变更公司形式、审议批准公司利润分配方案等决议须经代表2/3,即67%以上表决权的股东表决通过。至于其他股东会决议事项以及董事会决议事项有效通过的表决权比例,公司章程未作出特别规定。

而从海港城公司的股权结构来看,绿洲公司持有海港城公司80%的股权,国升公司持有海港城公司20%的股权,并且,绿洲公司委派的董事亦占据海港城公司董事会多数席位,因此,根据海港城公司章程有关公司权力机构、决策机构、执行机构的职权划分以及表决规则,海港城公司在开发建设外滩中心项目过程中发生的合同签订行为以及工程款结算行为属于公司日常经营管理行为。故在海港城公司内部就前述行为履行合法的决策程序的情形下,结合资本多数决原则的内涵分析，即使该行为结果体现了控股股东绿洲公司的意志，该行为本身亦不能直接认定为构成损害海港城公司利益之情形。

其次，就公司日常经营管理的决策机制而言，若公司股东或公司董事无法就决策内容形成一致意见，则需按照一定的决策规则以确定最终的决策内容，避免公司经营管理陷入停滞状态。

【问题 299】股东出资后不久，就将资金转出至其关联公司，且未经公司的任何正当决策程序的，是否构成不当关联交易？

【典型案例要旨 332】(2018)最高法民申 790 号：生物港公司成立不足一个月，即先后两次共转出公司总资产 1 亿元中 96.6% 的资金，且收款方系与新富公司具有高度关联关系的太光电信公司，资金转出亦未经过生物港公司的任何正当决策程序。

北京新富投资有限公司、北京北大未名生物工程集团有限公司与公司有关的纠纷再审审查与审判监督民事裁定书

最高人民法院(2018)最高法民申 790 号

最高人民法院经审理认为：

关于 5160 万元往来款基础法律关系的证明责任及法律认定的问题。

新富公司主张，5160 万元系生物港公司出借给太光电信公司的款项，财务列支科目为往来款即可证明双方属于借贷关系，北大未名公司主张该行为系新富公司抽逃出资应当承担相应的举证责任。北大未名公司主张，对于 5160 万元转账是否存在其他基础法律关系的举证责任，应由生物港公司、神州数码公司以及新富公司承担。

当事人对反驳对方诉讼请求所依据的事实，应当提供证据加以证明。对负有举证证明责任的当事人提供的证据，人民法院经审查并结合相关事实，确信待证事实的存在具有高度可能性的，应当认定该事实存在。生物港公司成立不足一个月，即先后两次共转出公司总资产 1 亿元中 96.6% 的资金，且收款方系与新富公司具有高度关联关系的太光电信公司，资金转出亦未经过生物港公司的任何正当决策程序。现新富公司仅以财务列支科目备注 5160 万元系往来款即证明该款项系借款，并未提供其他证据证明借贷的合意、期限、利率及其还款情况等，新富公司的举证显然未达到法定的证明标准，并不能证明双方存在借贷法律关系。

因此，新富公司应当承担举证不能的法律后果，5160 万元资金的流转并非基

于正当的关联交易。原审法院对借贷关系不予确认的认定并无不当,新富公司此项再审事由,不能成立。

【问题300】未按照公司法或公司章程规定的决策程序,将出资多次转进转出,但未能证明是合法借款的,是否构成抽逃出资?

【典型案例要旨333】(2022)津03民终5967号:株洲易力达公司未经内部决策程序,以往来款的名义在短时间内将增资款转出,且未支付合理对价,属于未经法定程序将注册资金抽回。株洲易力达公司抽回注册资本未经法定程序,未支付相应对价,又无证据证明抽回后补足了出资,是对公司资本的损害,降低了公司偿债能力。株洲易力达公司2016年11月22日抽回1000万元的行为,应被认定为抽逃出资。

株洲易力达机电有限公司、天津津丰汽车底盘部件有限公司等与公司有关的纠纷二审民事判决书

天津市第三中级人民法院(2022)津03民终5967号

天津市第三中级人民法院经审理认为:

本案的争议焦点为:株洲易力达公司的行为是否构成抽逃出资。

就案涉诉争款项,从审批程序上看,根据天津易力达公司的章程规定,公司与公司股东之间的关联交易事项,应由董事会审议提请股东会批准;超过300万元的经营性资金或投资计划以外的超过50万元的投资性资产资金的支付,应当提请董事会审批,就天津易力达公司分别于2016年11月3日和11月22日支付给株洲易力达公司的1000万元,本案尚无证据证明经过内部决策程序。

从款项流转时间上看,株洲易力达公司于2016年10月20日实缴增资款后,于2016年11月3日收回,虽于11月21日补回出资,但最终于2016年11月22日又抽回了天津易力达公司支付的1000万元,其增资在一个月左右已经转出。

从款项用途上看,株洲易力达公司抗辩称该1000万元系正常企业往来,但其未提交证据证明其抽回1000万元的确系业务往来款抑或用于天津易力达公司的正常经营,也未提交证据证明其支付了合理对价。

综合上述情形,株洲易力达公司未经内部决策程序,以往来款的名义在短时间内将增资款转出,且未支付合理对价,属于未经法定程序将注册资金抽回。株洲易力达公司抗辩称案涉诉争款项如实记录在会计科目内,属于株洲易力达公司对天津易力达公司的负债,但未举证证明双方之间存在借款关系,难以认定天津易力达公司2016年11月22日支付给株洲易力达公司的款项为其负债。

根据《公司法》原理，公司资本不等同于公司资产，公司资产包括公司资本、公司对外负债、公司的资产收益和经营收益，公司资本仅是公司资产中的股东出资部分。株洲易力达公司提交的审计报告依据株洲易力达公司提供的往来核算科目而作出，未载明至2019年12月31日天津易力达公司应付株洲易力达公司的款项性质。即使天津易力达公司确实欠付株洲易力达公司23515849.40元，上述审计报告也只能证明天津易力达公司的资产负债情况，不能证明株洲易力达公司在抽回注册资金后又向天津易力达公司支付资金的性质，也不能当然证明天津易力达公司的注册资本情况，更不能证明株洲易力达公司在抽回注册资本后又补足了出资。如株洲易力达公司与天津易力达公司存在其他债权债务关系，可另循法律途径解决。

株洲易力达公司抗辩称2016年株洲易力达公司的股东为央企，案涉诉争款项的支付是在央企股东控制下完成，是对国有资金统一管理、统一调配而进行的调账，符合当时我国关于国企内部资金调拨的相关政策，但未提交证据证明存在真实、合法的调账依据，对该抗辩主张，不予支持。株洲易力达公司抽回注册资本未经法定程序，未支付相应对价，又无证据证明抽回后补足了出资，是对公司资本的损害，降低了公司偿债能力。株洲易力达公司2016年11月22日抽回1000万元的行为，应被认定为抽逃出资。

【问题301】公司从事关联交易过程中，已经向股东披露了相关信息，且该股东已在相关交易的内部审批单据上签字确认，是否满足信息披露的要求？

【典型案例要旨334】（2021）苏民申2874号：现有证据可以证明案涉交易经过海安万和公司经营管理层讨论决定，双楼投资公司就该关联交易事项向张某君进行了披露。张某君作为海安万和公司的股东以及监事，实际参与公司的经营管理，应对其签字行为持审慎态度，而其在案涉交易过程中一直未提出异议，却在数年后以其单方委托审计的结果提起本案诉讼，意图推翻其早已认可的工程造价金额，显然缺乏正当性。

张某君、海安县天源纺织有限公司等损害公司利益责任纠纷再审审查民事裁定书

江苏省高级人民法院（2021）苏民申2874号

江苏省高级人民法院经审理认为：

一、二审法院认定张某君、天源公司所举证据不足以证明双楼投资公司存在

利用关联交易损害海安万和公司利益的情形,而未支持张某君、天源公司的诉讼请求,并无不当。

首先,虽然案涉金海国际花园项目四期工程系由双楼投资公司的关联企业双楼建设集团进行施工,但不能得出该交易必然导致海安天和公司利益受损的结论,作为原告方的张某君、天源公司应就其主张的双楼投资公司对海安万和公司存在侵权行为、主观过错等事实承担举证责任。

其次,本案现有证据可以证明案涉交易经过海安万和公司经营管理层讨论决定,双楼投资公司就该关联交易事项向张某君进行了披露。

海安万和公司的上述工程从工程的招标、建设施工合同的签订到工程结算价款的审定以及工程款的支付,均经过公司的内部审批流程,相关审批单上(包括2008年11月18日的招标文件审批单、2009年6月1日的合同审批单、2011年9月23日的外审结算审计报告内部会签单、财务票据领用申请单等)均有经办部门人员、董事长等经营管理人员以及执行监事(张某君)的审批意见,并无人员曾提出过异议。而上述审批流程体现了公司的经营决策过程,显然不同于《公司法解释五》第1条第1款中规定的简单的信息披露程序。

最后,尽管相较海安万和公司于2009年1月6日形成的金海国际花园四期工程土建施工总承包招标文件,海安万和公司于2009年5月20日和双楼建设集团签订的《建设工程施工合同协议书》中对固定价格条款进行了部分变更,即改变了招标文件中关于材料市场风险等包含在合同价中、结算时不作调整的规定,而是约定将钢材、水泥、砂石、商品砼等材料的价格根据2009年第3期信息价调整幅度的超出比例予以相应调整,但从2009年6月1日的合同审批单可知,该合同的签订经过海安万和公司的内部决策,张某君亦在该审批单上签名确认。就该工程的造价,经海安万和公司委托通城公司于2011年9月16日出具的工程造价咨询报告书,核定金额为38547989.97元,该金额亦经海安万和公司于2011年9月23日形成外审结算审计报告内部会签单予以审核通过,张某君也在其上签名确认。张某君现以其单方委托科兴公司进行复审而于2019年6月28日出具的工程造价咨询报告书,主张该工程的造价仅为28680441.52元。

张某君作为海安万和公司的股东以及监事,实际参与公司的经营管理,应对其签字行为持审慎态度,而其在案涉交易过程中一直未提出异议,却在数年后以其单方委托审计的结果提起本案诉讼,意图推翻其早已认可的工程造价金额,显然缺乏正当性。一、二审法院未予准许张某君、天源公司提出由法院组织司法鉴定并依据鉴定结果由双楼投资公司进行赔偿的请求,亦无不当。

【问题302】在涉及公司重大交易时,实际控制人未经董事会表决通过或董事长同意,应当回避却未予回避,还直接批准了涉案交易用款,以与市场价格严重不符的高价购买关联公司供应的设备,关联交易的决策程序与交易内容是否合法?

【典型案例要旨335】(2013)鄂民二终字第00084号:余某之作为富连江公司2009年至2010年的实际控制人,在涉及公司重大交易时,未经董事会表决通过或董事长同意,应当回避却未予回避,还直接批准了涉案交易用款,以与市场价格严重不符的高价购买弘健公司供应的设备,直接导致富连江公司利益转移至弘健公司,客观上造成了富连江公司的损失。

弘健公司、余某之与富连江公司公司关联交易损害责任纠纷民事判决书

湖北省高级人民法院(2013)鄂民二终字第00084号

湖北省高级人民法院经审理认为:

关于余某之与弘健公司是否形成关联关系以及余某之是否利用该关联关系损害了富连江公司利益的问题。

合同报批单及用款审批单均加盖了"余某之"字样印章,虽然为传真件,但传真件存档时留存的为复印件符合惯例,与富连江公司提供的其2009年度及2010年度的所有财务审批原始凭证(含本案诉争4笔合同的审批凭证)相互印证,弘健公司未能在诉讼中提供异于前述凭证的审批凭证或其他相关证据;同时,前述凭证载明的主要内容与富连江公司提供的其他证据(与弘健公司签订的买卖合同、货款发票原件)等也可以形成对应关系。故可以认定富连江公司2009年度及2010年度所有重大支出,最后均需余某之审查批准。

工商登记中虽未显示余某之曾于2009年至2010年担任弘健公司职务,但从查明的事实反映出余某之对弘健公司的财务及经营政策具有重大影响力,且弘健公司未能提供涉案4笔交易完整的内部审批单,以证明余某之完全未参与过弘健公司的经营决策的事实。因此,原审法院认定余某之与弘健公司之间构成关联关系正确。

余某之作为富连江公司2009年至2010年的实际控制人,在涉及公司重大交易时,未经董事会表决通过或董事长同意,应当回避却未予回避,还直接批准了涉案交易用款,以与市场价格严重不符的高价购买弘健公司供应的设备,直接导致

富连江公司利益转移至弘健公司,客观上造成了富连江公司的损失。

第五节　审查交易目的与动机是否合理、正当

如前文所述,正当的关联交易必须具备目的与动机合理正当的要件。因此,法院在审理关联交易相关纠纷时,就需要对案涉关联交易的目的或动机是否合理、正当进行审查,进而评判关联交易的合法性。

【问题303】控股股东未经公司董事会审议决定,就将公司产品进行外销,其销售所得价款未全部返还给公司,而是通过建立"内销"账目结算的方式,截留了公司部分出口产品销售价款,并向公司转嫁了部分财务费用,该关联交易是否合理?

【典型案例要旨336】(2018)兵民终32号:中基蕃茄公司利用控股股东地位与天山番茄公司进行关联交易,并以非正常结算方式,侵占第三人天山番茄公司的合法收益,获取非法经济利益,数额较大,损害了第三人公司及其他股东利益,应当返还不当利益、承担相应责任;不存在"明显不合理低价"的进行交易、交易价格虚假的抗辩理由,与本案事实不符,不能掩盖其实际侵占第三人合法利益的客观事实。

新疆中基蕃茄制品有限责任公司与奎屯农工商总场公司
关联交易损害责任纠纷二审民事判决书

新疆维吾尔自治区高级人民法院生产建设兵团分院

(2018)兵民终32号

新疆维吾尔自治区高级人民法院生产建设兵团分院经审理认为:

双方当事人的争议焦点为:是否应对中基蕃茄公司与天山番茄公司2006年至2009年关联交易的事实进行重新鉴定;中基蕃茄公司是否应当返还天山番茄公司关联交易产品销售差价款及虚增财务费用;中基蕃茄公司是否应当支付奎屯农工商总场鉴定费892965.07元。

关于公司关联交易损害责任问题。

关联交易是企业关联方之间在市场经济条件下存在的非公开竞争交易关系,以及可能导致企业利益转移的其他关系。本案当事人确认,中基蕃茄公司与天山

番茄公司之间存在关联交易关系。本案中，天山番茄公司作为独立法人企业，虽然享有自营进出口贸易经营权，但在2006年至2009年，其自产番茄酱产品出口业务是通过与中基蕃茄公司之间的关联关系全部出口销售，并按照“内销”开票结算。中基蕃茄公司与天山番茄公司之间并不存在买卖合同（内销合同）法律关系，双方之间实际形成的是代理销售关系，中基蕃茄公司代理销售所得价款及相应利益应当归天山番茄公司所有。经过审计鉴定，天山番茄公司的产品销售给中基蕃茄公司的实际含税销售金额与正常含税销售金额存在104412471.80元差异额，该差异额应由中基蕃茄公司返还天山番茄公司；天山番茄公司发生的财务费用中有17823415.74元应由中基蕃茄公司承担。以上鉴定结论清楚地表明，2006年至2009年，中基蕃茄公司在未经过天山番茄公司董事会审议决定的情况下，将天山番茄公司番茄产品进行外销，其销售所得价款未全部返还天山番茄公司，而是通过建立“内销”账目结算的方式，截留了天山番茄公司部分出口产品销售价款，并向天山番茄公司转嫁了部分财务费用。

《公司法》第21条规定：“公司的控股股东、实际控制人、董事、监事、高级管理人员不得利用其关联关系损害公司利益。违反前款规定，给公司造成损失的，应当承担赔偿责任。”中基蕃茄公司利用控股股东地位与天山番茄公司进行关联交易，并以非正常结算方式，侵占第三人天山番茄公司的合法收益，获取非法经济利益，数额较大，损害了第三人公司及其他股东利益，应当返还不当利益、承担相应责任。中基蕃茄公司以其与天山番茄公司之间不存在“明显不合理低价”的进行交易、交易价格虚假的抗辩理由，与本案事实不符，不能掩盖其实际侵占第三人合法利益的客观事实，其上诉理由不能成立，不予支持。

【问题304】关联交易是基于国土房产登记管理部门要求的产权变更登记所从事的，是否属于不当关联交易？

【典型案例要旨337】（2019）粤06民终6580号：该变更登记并非千叶渡假酒店或者千叶花园公司及叶某松等董事主动谋划及发起的，也不存在故意或者其他不纯目的，千叶渡假酒店没有举证证明案涉交易存在不纯目的，故认定叶某松、植某莹、李某辉、何某燕在关联交易中不存在不正当目的。

三水市千叶渡假酒店有限公司与广州东方饮食娱乐有限公司、佛山市三水千叶花园房地产有限公司、佛山市三水枫叶渡假村有限公司等公司关联交易损害责任纠纷二审民事判决书

广东省佛山市中级人民法院(2019)粤06民终6580号

广东省佛山市中级人民法院经审理认为：

对于交易动机问题，关联交易涉及关联人的利益。

关联人进行关联交易之时可能为牟取私利而损害公司利益，也有可能利用其掌握公司信息的便利、便捷促成公司的交易，达成交易双方利益双赢。本案中，佛山市三水区国土资源局向千叶渡假酒店和千叶花园公司发出关于更正房地产登记通知，指出案涉房地产登记权属人应由千叶渡假酒店变更为千叶花园公司，而该变更登记，相当于将千叶渡假酒店名下财产给付千叶花园公司，而其时千叶渡假酒店尚欠千叶花园公司债务，故应以案涉资产抵销相应债务，属于交易行为，而该交易既是基于应国土房产登记管理部门要求的产权变更登记所需，又是基于关联关系所产生，属于关联交易。但该变更登记并非千叶渡假酒店或者千叶花园公司及叶某松等董事主动谋划及发起的，也不存在故意或者其他不纯目的，千叶渡假酒店没有举证证明案涉交易存在不纯目的，故认定叶某松、植某莹、李某辉、何某燕在关联交易中不存在不正当目的。

【问题305】公司股东未经董事会决议就与其控制的另一子公司约定将公司赢得利润部分直接与该子公司进行分配的，该关联交易的动机是否合理、正当？

【典型案例要旨338】(2020)青25民终132号：北控环境服务公司并未经过董事会表决同意，进而与其控股的子公司滨南生态环境公司达成青海贵德项目运营管理目标责任书，且该责任书中对北控贵德公司应得利润部分直接与滨南生态环境公司进行约定，此举程序上违背了《合资经营协议》和章程，显属程序违法。滨南生态环境公司主张青海贵德项目运营管理目标责任书签订于公司成立之前，其成立时制定的章程不能约束之前所签署的协议，不能作为认定双方恶意串通、损害公司利益的依据，无事实和法律依据，不予采信。

北控城市环境服务集团有限公司与滨南生态环境集团股份有限公司、青海森凯环保设备有限公司公司关联交易损害责任纠纷二审民事判决书

青海省海南藏族自治州中级人民法院(2020)青25民终132号

青海省海南藏族自治州中级人民法院经审理认为:

根据各方当事人的诉辩意见,本案二审的争议焦点为:(1)北控环境服务公司与滨南生态环境公司签订青海贵德项目运营管理目标责任书的行为是否存在利用公司关联交易损害第三人情形。(2)滨南生态环境公司应否承担返还责任。(3)律师费应否承担。

"利用其关联关系"和"损害公司利益"是判定赔偿责任的两个根本标准。该根本标准具体体现为交易主体、交易动机、交易行为和交易结果4个条件。

关联交易涉及关联人的利益。关联人进行关联交易之时可能为牟取私利而损害公司利益,也有可能利用其掌握公司信息的便利、便捷促成公司的交易,达到关联人与公司利益的双赢。关联交易的目的并非当然不正当。该要素是评判关联交易的重要指标。

本案中,从北控贵德公司的企业名称以及经营范围可以得知,该公司从事公共厕所维护管理,环卫清洁服务,城市生活垃圾(含粪便)清扫、收集、运输服务,绿化养护,河道清理,物业管理,家政服务,垃圾分类,餐厨垃圾收集处置,生态环境治理方案策划及咨询服务,市政工程开发建设,养老服务等业务。滨南生态环境公司作为北控环境服务公司的控股子公司,其营业范围与北控贵德公司相似,成立时间较早,且自2017年北控城市服务投资(中国)有限公司成为贵德县环卫服务市场化项目最终成交供应商后,滨南生态环境公司即受北控城市服务投资(中国)有限公司(北控环境服务公司)委派,在北控贵德公司成立前介入贵德县环卫服务市场化项目的具体运作。在此情形下,北控环境服务公司出于对项目的实际运营的考虑,与滨南生态环境公司于2018年4月3日达成青海贵德项目运营管理目标责任书,约定由滨南生态环境公司委派项目管理团队负责北控环境服务公司青海项目公司的日常经营管理,并负责青海贵德项目的整体运营,并约定了合作期限、双方的权利义务、项目绩效管理责任经济指标等内容。但是该行为在北控环境服务公司与森凯环保公司分别于2018年3月21日达成案涉项目《合资经营协议》、2018年3月21日签署中外合资经营北某章程之后,也即北控环境服务公司与森凯环保公司此前已就案涉项目的运营达成一致意见,并就共同出资设立合

资的北控贵德公司相关事宜达成一致意见,《合资经营协议》约定了经营宗旨和目标、范围、投资总额、注册资金、股权比例、各方权利义务、董事会和监事、经营管理机构等内容,在章程中对公司成立后合资当事人、合资公司的名称及组织形式、经营目的和范围、投资总额及注册资本、董事会、经营管理机构、监事、税务、财务及审计、利润分配等事项进行明确。

北控环境服务公司作为北控贵德公司股东,在签订《合资经营协议》和章程后,应充分履行约定的内容,故应对合资有关具体运营中的重大事项与其他股东进行协商,进而提交合资公司董事会会议形成董事会决议后方可进行。但实际上,北控环境服务公司并未经过董事会表决同意,进而与其控股的子公司滨南生态环境公司达成青海贵德项目运营管理目标责任书,且该责任书中对北控贵德公司应得利润部分直接与滨南生态环境公司进行约定,此举程序上违背了《合资经营协议》和章程,显属程序违法。

滨南生态环境公司主张青海贵德项目运营管理目标责任书签订于公司成立之前,其成立时制定的章程不能约束之前所签署的协议,不能作为认定双方恶意串通、损害公司利益的依据,无事实和法律依据,不予采信。

【问题306】公司控股股东与公司的经营范围相同,且在酒店经营方面比公司其他股东更有经验,但未与其他股东协商就将公司名下宾馆委托给其母公司管理,该关联交易的目的和动机是否合理、正当?

【典型案例要旨339】(2017)粤06民终643号:关于东方公司、叶某松在上述关联交易中是否存在动机不纯、目的是否正当,宏通公司仅主张千叶酒店引入他方管理的非必要性,并没有提供证据证明上述两当事人在关联交易中具有牟取私利、损害公司利益等主观恶意。所以,认定东方公司、叶某松在关联交易中目的并非不正当。

佛山市三水宏通土石方工程有限公司、广州东方饮食娱乐有限公司公司关联交易损害责任纠纷二审民事判决书

广东省佛山市中级人民法院(2017)粤06民终643号

广东省佛山市中级人民法院经审理认为:

根据宏通公司与东方公司、叶某松、千叶酒店的诉辩意见,本案二审期间的争议焦点是东方公司、叶某松应否向千叶酒店赔偿损失116万元。

关联交易涉及关联人的利益。关联人进行关联交易之时可能为牟取私利而

损害公司利益,也有可能利用其掌握公司信息的便利、便捷促成公司的交易,达到关联人与公司利益的双赢。关联交易的目的并非当然不正当。该要素是评判关联交易的重要指标。

本案中,从千叶酒店的企业名称以及经营范围可以得知,该公司从事餐饮、客房等酒店业务。东方公司的营业范围与千叶酒店相似。叶某松是东方公司的法定代表人。无论是东方公司还是叶某松本人,相对于千叶酒店的其他股东、董事而言更具有酒店经营方面的便捷和优势。从当代企业经营理念来说,在企业中引入全面负责经营管理,承担企业财产的保值、增值责任,对公司财产拥有绝对经营权和管理权的职业经理人团队是必要的,从而实现所有权与管理权相分离。职业经理人团队不能等同于公司普通劳动者,两者的定位、功能均有不同,产出与报酬也当然不同。因此,东方公司与千叶酒店签订委托管理协议,对千叶酒店自身的经营发展是必要的,也是符合经济规律的。至于东方公司、叶某松在上述关联交易中是否存在动机不纯、目的是否正当,宏通公司仅主张千叶酒店引入他方管理的非必要性,并没有提供证据证明上述两当事人在关联交易中具有牟取私利、损害公司利益等主观恶意。所以,认定东方公司、叶某松在关联交易中目的并非不正当。

第六节　审查关联交易是否存在不公允价格或因关联交易而损害公司利益的问题

价格公允性问题,除价格自身的合理性外,还有交易条件的合理性问题,应当一并审查。审查的重点,是该交易是否损害公司利益。

【问题307】公司采购INT半成品后,委托关联公司对半成品进行深加工无法核实其真实性、必要性、可行性的,该关联交易的动机是否有失公允?

【典型案例要旨340】(2017)最高法民申2409号:因国内无同类产品生产商,是否存在恶意低价出售及产品价格合理性的认定可参考交易先后的出厂价格、材料成本以及终端采购价格等因素进行综合判断。企业在经营期间是否有固定利润收入与关联交易是否对公司造成损失之间并不存在对应的因果关系。

武穴市迅达医化有限公司、湖北迅达药业股份有限公司公司关联交易损害责任纠纷再审审查与审判监督民事裁定书

最高人民法院(2017)最高法民申2409号

最高人民法院经审理认为:

本案争议焦点是案涉关联交易是否损害了武穴迅达医化公司的利益。

根据一、二审查明的事实,武穴迅达医化公司与湖北迅达药业公司之间构成关联交易,李某在担任湖北迅达药业公司董事长助理、总经理,同时负责武穴迅达医化公司的销售工作期间,采用由南京威斯康国际贸易有限公司作为中间商进行无货无实物交易的方式,共出售武穴迅达医化公司生产的货物86吨,即2010年9月27日至2011年4月14日销售INT产品46吨,出厂价格为720元/千克;2011年5月23日至2011年9月23日销售N-单甲基哌啶产品40吨,出厂价格为500元/千克。因国内无同类产品生产商,是否存在恶意低价出售及产品价格合理性的认定可参考交易先后的出厂价格、材料成本以及终端采购价格等因素进行综合判断。

1.关于交易价格是否合理、公允。

关联交易前后陈某良负责武穴迅达医化公司销售工作期间,2010年1月至8月INT产品的出厂价格为795元/千克至865元/千克,日方终端采购价格为12700日元/千克至14200日元/千克;2012年2月出厂价格为890元/千克,日方终端采购价格为11000日元/千克。双方争议的2010年9月至2011年2月出售的产品,日方终端采购价格为12319日元/千克至12700日元/千克;2011年2月至4月日方终端采购价格为11350日元/千克至12575日元/千克;2011年5月至12月日方终端采购价格为11350日元/千克。可见,十倍速(上海)贸易有限公司INT产品的终端采购价格始终维持在极小波动的价格区间内,未发生大幅降价的情形,但案涉关联交易期间产品出厂价格却存在较大的下降,尤其是2011年5月23日至2011年9月23日销售N-单甲基哌啶产品40吨,出厂价格为500元/千克。湖北迅达药业公司、李某主张N-单甲基哌啶为INT产品的半成品,湖北迅达药业公司购买后对该产品进行了深加工。但INT产品为经授权才可生产的产品,湖北迅达药业公司既未提供N-单甲基哌啶产品的出库单、化验单等证明其购买的产品为半成品,又未对其有权生产或加工进一步举证,且其对加工的程序、化学变化、加工形态等也未作出合理解释或说明。二审法院在未查明湖北迅达药业公司主张的其采购INT半成品后对半成品进行深加工是否具有真实性、必要性、可行性的情况下,仅依据湖北迅达药业公司二审提供的厂房租赁合同、电气

费、原材料发票等证据认定湖北迅达药业公司存在加工行为，事实不清。

2. 企业在经营期间是否有固定利润收入与关联交易是否对公司造成损失之间并不存在对应的因果关系。武穴迅达医化公司除 INT 产品外，还生产销售 NOTB 产品，故即使其财务资料显示有利润，也并不能得出 INT 产品利润未受损失的结果，二审判决以武穴迅达医化公司在案涉关联交易期间公司每月有固定的利润产生为由认定湖北迅达药业公司关联交易行为未对武穴迅达医化公司造成损失，依据不足。

【问题 308】控股股东与公司关联交易开票结算的价格，明显低于公司的正常销售价格，内销开票结算行为实质上截留了应属公司的部分产品价款的，该关联交易是否有失公允？

【典型案例要旨 341】（2017）兵 07 民初 12 号：因中基蕃茄公司与天山番茄公司开票结算的价格，明显低于中基蕃茄公司的正常销售价格，内销开票结算行为实质上截留了应属天山番茄公司的部分产品价款。中基蕃茄公司利用控股经营天山番茄公司的便利条件，违反法律规定，以明显低于公开市场的非公允价格，将天山番茄公司生产的全部番茄酱产品关联交易，造成天山番茄公司重大经济损失，依法应当承担赔偿责任。

奎屯农工商总场与新疆中基蕃茄制品有限责任公司损害公司利益责任纠纷一审民事判决书

新疆生产建设兵团第七师中级人民法院（2017）
兵 07 民初 12 号

新疆生产建设兵团第七师中级人民法院经审理认为：

《公司法》第 21 条规定："公司的控股股东、实际控制人、董事、监事、高级管理人员不得利用其关联关系损害公司利益。违反前款规定，给公司造成损失的，应当承担赔偿责任。"天山番茄公司是依法设立的独立法人企业，享有自营进出口贸易经营权，能够独立完成其自营出口产品的收汇和结算业务，并享受国家给予出口产品生产企业的退税优惠政策。

通过本案查明的事实可以证实，2006～2009 年，中基蕃茄公司在没有经过天山番茄公司董事会审议决定的条件下，利用其在天山番茄公司的控股股东地位，将天山番茄公司 2006 年至 2009 年生产的全部番茄酱产品与其进行开票结算（关联交易），将天山番茄公司可以独立完成的自营产品出口销售业务，变更成了内销业务。因中基蕃茄公司与天山番茄公司开票结算的价格,明显低于中基蕃茄公司的正常销售价格,内销开票结算行为实质上截留了应属天山番茄公司的部分产品价款。根据鉴定结论1,天山番茄公司的产品销售给中基蕃茄公司的实际含税销售金额285122292.74元与正常含税销售金额389534764.54元存在差异,该差异额为104412471.80元。因此,中基蕃茄公司应返还天山番茄公司2006~2009年关联交易产品销售差价损失104412471.80元。根据鉴定结论4,天山番茄公司发生的财务费用中有17823415.74元不应由其承担。因此,中基蕃茄公司应返还天山番茄公司2006~2009年虚增财务费用17823415.74元。

综上,中基蕃茄公司利用控股经营天山番茄公司的便利条件,违反法律规定,以明显低于公开市场的非公允价格,将天山番茄公司生产的全部番茄酱产品关联交易,造成天山番茄公司重大经济损失,依法应当承担赔偿责任。

【问题309】公司董事、高管利用关联交易将公司本可从市场上采购的产品交由其控制的关联公司采购并加价销售给公司,且公司是其唯一客户的,该关联交易是否公允?

【典型案例要旨342】(2021)最高法民再181号:生产加工单位可直接向陕鼓汽轮机公司发货,进一步证明能够从市场上直接采购到生产所需的零部件。在这种交易模式中,陕鼓汽轮机公司本可以在市场上采购相关产品,而通过钱塘公司采购产品则增设不必要的环节和增加了采购成本,由钱塘公司享有增设环节的利益。

西安陕鼓汽轮机有限公司、高某华等公司关联交易损害责任纠纷再审民事判决书

最高人民法院(2021)最高法民再181号

最高人民法院经审理认为:

关于案涉关联交易是否损害陕鼓汽轮机公司利益的问题。

案涉关联交易价格是否符合市场公允价格。

高某华、程某设立钱塘公司后,利用关联交易关系和实际控制陕鼓汽轮机公司经营管理的便利条件,主导陕鼓汽轮机公司与钱塘公司签订若干采购合同。

案涉诉讼双方均认可交易模式为钱塘公司在市场上采购加工定制产品后,转售给钱塘公司的唯一客户陕鼓汽轮机公司。陕鼓汽轮机公司提交第三组证据虽不能直接证明关联交易给陕鼓汽轮机公司造成了损失,但证据3送货单够证明生

产加工单位可以直接向陕鼓汽轮机公司发货,进一步证明能够从市场上直接采购到生产所需的零部件,本院对该证据予以采信。

在这种交易模式中,陕鼓汽轮机公司本可以在市场上采购相关产品,而通过钱塘公司采购产品则增设不必要的环节和增加了采购成本,由钱塘公司享有增设环节的利益。

【问题310】公司控股股东,未与其他股东协商就将公司名下宾馆委托给其母公司管理,每月收取5万元管理费,收取管理费的关联交易是否公允?

【典型案例要旨343】(2017)粤06民终643号:合同约定的首年管理费“50”万元是笔误,应当是首年管理费每月5万元,从次年起每月6万元。东方公司是委托管理书的当事人,其对合同条款作出不利于己方的解释,而且,千叶酒店实际支付给东方公司的管理费每月约为5万元(116万元/23个月)。对该笔费用是否有失公允,宏通公司并未举证证明。按照日常生活经验判断,每月5万元、6万元的管理费是支付给管理人团队,其标准尚不能认定为明显高于市场正常合理价格。

佛山市三水宏通土石方工程有限公司、广州东方饮食娱乐有限公司公司关联交易损害责任纠纷二审民事判决书

广东省佛山市中级人民法院(2017)粤06民终643号

广东省佛山市中级人民法院经审理认为:

根据宏通公司与东方公司、叶某松、千叶酒店的诉辩意见,本案二审期间的争议焦点是东方公司、叶某松应否向千叶酒店赔偿损失116万元。

《公司法》所规制的关联行为主要是指关联交易中的非常规交易行为,即关联交易主体滥用集中管理、股权分散或者事实上对公司的控制力,从事损害公司利益的关联交易行为。该行为通常表现为关联公司之间就收益、成本、费用与损益的摊计不合理或不公正。在本案中,东方公司、叶某松通过委托管理合同、聘用合同与千叶酒店发生关联交易。对上述交易行为的评判,分析如下。

落款日期是2003年2月1日的委托管理书由东方公司与千叶酒店签订,约定千叶酒店在经营管理方面欠缺资源,需要委托东方公司作为咨询顾问,全面负责酒店各项管理工作并在广州、香港提供宣传、咨询等服务。双方在管理费方面约定首年每月管理费“50”万元,次年起每月管理费6万元。该费用包括东方公司派出管理人员的费用。

宏通公司对该合同提出质疑。对于合同的订立,宏通公司认为合同并非届时形成,但宏通公司仅有陈述,未有反驳证据推翻合同的真实性。对于合同的内容,东方公司解释称合同约定的首年管理费“50”万元是笔误,应当是首年管理费每月5万元,从次年起每月6万元。东方公司是委托管理书的当事人,其对合同条款作出不利于己方的解释,而且,千叶酒店实际支付给东方公司的管理费每月约为5万元(116万元/23个月)。依据合同当事人的解释以及履行,采信东方公司的主张,认定合同约定的首年管理费为5万元/月。对该笔费用是否有失公允,宏通公司并未举证证明。按照日常生活经验判断,每月5万元、6万元的管理费是支付给管理人团队,其标准尚不能认定为明显高于市场正常合理价格。因此,宏通公司对委托管理合同提出的质疑,不予采纳。

第七节　审查关联交易的实质内容是否存在不公平、不必要的情形,以及是否违反常理、商业交易习惯

【问题311】公司将产品交由其董事长控制的公司代理销售,代理价格按照低于实际市场售价的控制价格作为结算基数,且有别于公司与其他代理商按照实际售价为结算基数的交易惯例的,该关联交易是否实质上违反常理、违反正常的交易惯例?

【典型案例要旨344】(2020)沪0110民初3740号:代理销售收入应归委托人所有,代理商则获取佣金。然而,案涉《合作协议书》约定的协议代理价是按照市场控制价为基数结算,有悖于代理模式下按实际销售价为基数进行结算的市场交易惯例。以低于实际售价的市场控制价作为结算基数,有违交易惯例,即使按照市场控制价结算,在此基础上再予以打折结算,显然也与正常商业逻辑相悖,有失公允。

陈某宇与上海数林软件有限公司、朱某公司关联交易损害责任纠纷一审民事判决书

上海市杨浦区人民法院(2020)沪0110民初3740号

上海市杨浦区人民法院经审理认为:

关于被告朱某和被告数林公司是否因案涉关联交易侵害了宇龙公司的利益

的问题。

判断案涉关联交易是否侵害了宇龙公司的利益，不能简单地以宇龙公司是否因案涉关联交易获得收益进行评判，还应从关联交易价格是否公允等方面进行综合审查判断。

案涉《合作协议书》约定，数林公司为宇龙公司进行销售代理。根据销售代理法律关系和交易模式，销售代理人在代理权限内替委托人销售商品，其商品所有权不属于代理商，因此销售收入应归委托人所有，代理商则获取佣金。然而，案涉《合作协议书》约定的协议代理价是按照市场控制价为基数结算，有悖于代理模式下按实际销售价为基数进行结算的市场交易惯例。从宇龙公司自身的经营惯例来看，被告朱某在原审案件中当庭已自认宇龙公司与其他销售代理商之间是按照合同签订价为基数结算费用。以低于实际售价的市场控制价作为结算基数，有违交易惯例，即使按照市场控制价结算，在此基础上再予以打折结算，显然也与正常商业逻辑相悖，有失公允。

关于2016年1月1日起数林公司按50%的代理折扣率结算费用给宇龙公司是否合理的问题。原告认为，宇龙公司与代理商之间的结算惯例是代理商获取实际销售金额的30%，也即宇龙公司获得70%的销售收益。两被告抗辩，数林公司不是通常意义的代理商，其在宇龙公司无法正常经营后，承接了向最终用户提供安装调试、现场培训、升级维护、技术支持等合同义务，且宇龙公司无须向数林公司支付任何费用，故数林公司因承担了更多的售后服务义务，理应获得更多的销售收入，结算比例递减是合理的。两被告在审理中并未提供相应证据，证明2016年起软件行业和市场销售环境与2015年相比出现了重大变化，导致数林公司代理成本显著增加，而有必要改变折扣率。同时，根据宇龙公司和数林公司签订的《合作补充协议书》的约定，宇龙公司应自2016年1月1日起按月向数林公司支付50000元，作为数林公司为宇龙公司软件产品的维护服务费用。因此，数林公司在实际已就其承担的售后服务另行向宇龙公司主张了对价的情况下，仅按50%的比例结算给宇龙公司，显然也侵害了宇龙公司的利益。

综上，案涉关联交易在客观上侵害了宇龙公司的利益。被告朱某作为宇龙公司的董事长，在主导案涉关联交易时未能尽到对宇龙公司的忠实和勤勉义务，负有过错，应对宇龙公司的损失承担赔偿责任。作为与被告朱某具有关联关系的数林公司是共同侵权人，应当对宇龙公司的损失承担连带赔偿责任。

【问题312】公司员工离职后到其董事长控制的公司继续工作，员工并未被解除劳动合同，公司却需要向员工新就职的该公司预付足额经济补偿金的，该述操作对公司是否不公平？

【典型案例要旨345】(2020)沪0110民初3740号：在是否应支付经济补偿金不确定的情况下，要求宇龙公司将员工今后只是有可能获得的经济补偿，按照员工对应宇龙公司的工作年限，预先足额支付给数林公司并没有法律依据和事实依据，数林公司据此占用宇龙公司资金，侵害了宇龙公司的利益。

陈某宇与上海数林软件有限公司、朱某公司关联交易损害责任纠纷一审民事判决书

上海市杨浦区人民法院(2020)沪0110民初3740号

上海市杨浦区人民法院经审理认为：

关于被告朱某和被告数林公司是否因案涉关联交易侵害了宇龙公司的利益的问题。

判断案涉关联交易是否侵害了宇龙公司的利益，不能简单地以宇龙公司是否因案涉关联交易获得收益进行评判，还应从关联交易价格是否公允等方面进行综合审查判断。

关于案涉《合作协议书》约定，数林公司在接收宇龙公司离职员工后，宇龙公司"应将员工在宇龙公司工作期间应获得的经济补偿预先足额支付给数林公司"，是否正当合理的问题。宇龙公司原员工与数林公司建立了新的劳动关系后，嗣后是否一定发生经济补偿问题，还应看双方履行劳动合同的具体情况。因此，在是否应支付经济补偿金不确定的情况下，要求宇龙公司将员工今后只是有可能获得的经济补偿，按照员工对应宇龙公司的工作年限，预先足额支付给数林公司并没有法律依据和事实依据，数林公司据此占用宇龙公司资金，侵害了宇龙公司的利益。

综上，案涉关联交易在客观上侵害了宇龙公司的利益。被告朱某作为宇龙公司的董事长，在主导案涉关联交易时未能尽到对宇龙公司的忠实和勤勉义务，负有过错，应对宇龙公司的损失承担赔偿责任。作为与被告朱某具有关联关系的数林公司是共同侵权人，应当对宇龙公司的损失承担连带赔偿责任。

【问题313】公司将其本来从供应商处直接采购的原材料，交由其董事、总经理的配偶担任股东和法定代表人的公司采购，之后再加价销售给公司的，该关联交易对公司是否不公平？

【典型案例要旨346】(2015)苏中商终字第01069号：王某雨的配偶吴某蓉从凡恩公司设立时一直是凡恩公司股东，且先后担任法定代表人、总经理等职务。而王某雨在担任泰实公司董事、总经理期间，泰实公司与凡恩公司之间发生业务往来，主要交易模式为凡恩公司从包括泰实公司原供应商在内的案外人处购买原材料后加价出售给泰实公司。

泰实精密金属(苏州)有限公司与王某雨劳动合同纠纷二审民事判决书

江苏省苏州市中级人民法院(2015)苏中商终字第01069号

江苏省苏州市中级人民法院经审理认为：

根据《公司法》第21条规定，公司控股股东、实际控制人、董监高不得利用其关联关系损害公司利益。违反前款规定，给公司造成损失的，应当承担赔偿责任。本案中，王某雨的配偶吴某蓉从凡恩公司设立时一直是凡恩公司股东，且先后担任法定代表人、总经理等职务。而王某雨在担任泰实公司董事、总经理期间，泰实公司与凡恩公司之间发生业务往来，主要交易模式为凡恩公司从包括泰实公司原供应商在内的案外人处购买原材料后加价出售给泰实公司。并且，王某雨在发给泰实公司原法定代表人的邮件中亦认可，对于差价利润，扣除相应成本后，作为利润在凡恩公司股东之间分配，故包括吴某蓉在内的凡恩公司股东存在因上述交易实际获利的基础。

因此，泰实公司与凡恩公司之间的交易符合王某雨利用关联关系进行交易损害泰实公司利益的要件，且王某雨在交易中获利，故原审法院认定王某雨应对泰实公司承担赔偿责任并无不当。

【问题314】未经公司股东会决议且无公司章程授权，总经理就将公司的3套住宅、8套商铺及80个车位以明显低于评估价的价格销售给其关联方的，该关联交易对公司是否不公平？

【典型案例要旨347】(2021)浙0122民初2671号：关联交易损害公司利益的，

履行法定程序不能豁免关联交易赔偿责任。而本案的关联交易未征得股东会同意,即使双强公司的股东会对关联交易知情并同意也不能作为豁免关联交易赔偿责任的理由和依据,即关联交易的核心是实质公平,如果相关人员违反公平原则,损害公司利益,应当予以否定性评价。

浙江双强房地产开发有限公司、陈某公司关联交易损害责任纠纷一审民事判决书

浙江省桐庐县人民法院(2021)浙0122民初2671号

浙江省桐庐县人民法院经审理认为:

陈某系双强公司的总经理,且实际持有双强公司45%的股份,故案涉房屋及车位买卖行为符合关联交易的相关特征。

《公司法解释五》第1条第1款规定:关联交易损害公司利益,原告公司依据《民法典》第84条、《公司法》第21条规定请求控股股东、实际控制人、董监高赔偿所造成的损失,被告仅以该交易已经履行了信息披露、经股东会或者股东大会同意等法律、行政法规或者公司章程规定的程序为由抗辩的,人民法院不予支持。该条规定了关联交易损害公司利益的,履行法定程序不能豁免关联交易赔偿责任。而本案的关联交易未征得股东会同意,即使双强公司的股东会对关联交易知情并同意也不能作为豁免关联交易赔偿责任的理由和依据,即关联交易的核心是实质公平,如果相关人员违反公平原则,损害公司利益,应当予以否定性评价。

案涉关联交易在未经双强公司股东会决议,且无公司章程授权的情况下,3套住宅、8套商铺及80个车位的成交价明显低于评估确定的价值,不符合正常的商业交易原则及交易价格,直接损害了双强公司作为独立法人对其财产享有的合法权益,也间接损害了双强公司无过错股东及相关债权人的合法权益,陈某应当对双强公司承担赔偿责任。

双强公司因案涉合同所受损失为11030668元(29652700元－18622032元)(其中住宅差价1014877元,商铺差价4041291元,车位差价5974500元)。对于原告主张的利息损失,结合资产交易时间,确定如下:1014877元部分,自2019年10月24日起至实际付清之日止,按全国银行间同业拆借中心公布的同期贷款市场报价利率计算;4041291元部分,自2019年11月6日起至实际付清之日止,按全国银行间同业拆借中心公布的同期贷款市场报价利率计算;5974500元部分,自2019年11月13日起至实际付清之日止,按全国银行间同业拆借中心公布的同期贷款市场报价利率计算。

【问题315】关联交易是在两家相隔2000多公里的关联公司之间发生,且数百万元货款是以现金形式支付的,该关联交易是否符合常理?

【典型案例要旨348】(2019)粤04民终2495号:即便上述收据能够显示,大泽公司收到鑫锋公司现金484万元,这也不符合交易惯例,更违反相关公司会计制度。此外,鑫锋公司与大泽公司在地理位置上相距2000余公里,两公司以现金484万元进行交易极不符合常理,难以令人信服。

珠海市鑫锋发展有限公司、王某宁公司关联交易损害责任纠纷二审民事判决书

广东省珠海市中级人民法院(2019)粤04民终2495号

关于鑫锋公司、王某宁、王某是否侵占和盛公司资产。经审查,一审法院认为,鑫锋公司、王某宁、王某的行为构成侵占,理由如下。

关于鑫锋公司、王某宁、王某合同权利义务概括转移以及鑫锋公司代和盛公司支付货款的主张。鑫锋公司、王某宁、王某虽然主张凯东公司在上述4份合同中权利义务已经全部转移给大泽公司,但其提交的和盛公司及大泽公司的函件并不能证明凯东公司有转移上述4份合同权利义务的意思表示。鑫锋公司、王某宁、王某还主张鑫锋公司以现金代和盛公司支付货款484万元,但其提供的8份收据原件模糊不清,看不出收据金额,不具有证据的证明力。退一步讲,即便上述收据能够显示,大泽公司收到鑫锋公司现金484万元,这也不符合交易惯例,更违反相关公司会计制度。此外,鑫锋公司与大泽公司在地理位置上相距2000余公里,两公司以现金484万元进行交易极不符合常理,难以令人信服。因此,一审法院对鑫锋公司、王某宁、王某上述主张均不予采信。

【问题316】上市公司为全资子公司提供担保并收取担保费的,若并未就此进行信息披露、担保义务已经履行完毕后再收费,是否符合交易习惯?

【典型案例要旨349】(2019)京01民初267号:昊华能源公司作为上市公司,特别是在其声称为诚和贸易公司提供担保存在风险的情况下,应在董事会决策是否提供担保时披露存在的风险及风险防范措施。实际收取涉案款项时,其约定的担保义务已经履行完毕,昊华能源公司以存在风险为由在2016年收取担保费,不

符合公司章程关于对外担保事项的决策要求,亦不符合商业风险防范的常理。此后,昊华能源公司仍向诚和贸易公司的950万元银行贷款提供了担保,如果按照存在风险收取担保费的原因和逻辑,2016年诚和贸易公司已经从盈转亏,更应该收取担保费以防范风险,但是昊华能源公司并未收取上述贷款担保的费用。

中铁物总能源有限公司与北京昊华能源股份有限公司等
债权人撤销权纠纷一审民事判决书

北京市第一中级人民法院(2019)京01民初267号

北京市第一中级人民法院经审理认为:

诚和贸易公司和昊华能源公司没有在2012年形成收取担保费的合意。认定依据如下。

昊华能源公司仅收取2013年度至2015年度的担保费不符合交易习惯。

昊华能源公司章程第110条规定,董事会应当对对外投资、收购出售资产、资产抵押、对外担保事项、委托理财、关联交易,建立严格的审查和决策程序;重大投资项目应当组织有关专家、专业人员进行评审,并报股东大会批准。昊华能源公司作为上市公司,特别是在其声称为诚和贸易公司提供担保存在风险的情况下,应在董事会决策是否提供担保时披露存在的风险及风险防范措施,但从本案现有证据来看,昊华能源公司未向董事会披露,该公司独立董事述职报告中也未提及担保风险事宜。

加之,昊华能源公司在实际收取涉案款项时,其约定的担保义务已经履行完毕,昊华能源公司以存在风险为由在2016年收取担保费,不符合公司章程关于对外担保事项的决策要求,亦不符合商业风险防范的常理。

此外,2016年昊华能源公司仍向诚和贸易公司的950万元银行贷款提供了担保,如果按照存在风险收取担保费的原因和逻辑,2016年诚和贸易公司已经从盈转亏,更应该收取担保费以防范风险,但是昊华能源公司并未收取上述贷款担保的费用,其所述收取诚和贸易公司担保费的逻辑亦无法自洽。

因此,昊华能源公司仅收取诚和贸易公司2013年度至2015年度的担保费不符合交易习惯。

第八节　判断是否构成人格混同、是否需要否定法人人格

公司法人人格否认,并不是关联交易审查的必然事项,需要根据原告的诉讼

请求情况判断。若原告根据《公司法》人格否认的规定（2018 年修正《公司法》第 20 条、2023 年修订《公司法》第 23 条），对既利用关联交易损害公司利益，又涉及滥用公司法人独立地位和股东有限责任逃避债务，严重损害公司债权人利益的控股股东或实际控制人提起诉讼，要求其对债权人的损害承担连带赔偿责任，就需要另外审查该述情形是否构成人格混同等公司法人人格否认的条件，进而判断控股股东或实际控制人是否需要对债权人的损失承担连带赔偿责任。

当然，这一审查内容通常仅发生在人格否认诉讼程序之中。

【问题 317】实际控制人控制的公司之间，通过关联公司的内部文件就将公司的生产线迁移至关联公司处无偿使用，且关联公司之间存在利用虚假诉讼转移财产的，是否构成人格混同、是否应当进而否定其法人人格？

【典型案例要旨 350】（2021）最高法民申 228 号：陈某根实际控制的神龙国际公司仅以一纸内部文件即将绿得公司生产线迁移至安发达公司处无偿使用，并未作任何财务账册的记载，原判决据此认定两公司之间存在财产混同，有事实依据，并不缺乏证据证明。在认定神龙国际公司、安发达公司、胜龙公司系同一实际控制人陈某根控制的关联公司，安发达公司、胜龙公司、绿得公司通过虚假诉讼转移财产，绿得公司将生产线迁移至安发达公司处无偿使用等事实的基础上，判定安发达公司与绿得公司存在人格混同，适用法律并无不当。

江西安发达酒业有限公司、中国农业银行股份有限公司福州鼓楼支行等股东损害公司债权人利益责任纠纷民事裁定书

最高人民法院（2021）最高法民申 228 号

最高人民法院经审理认为：

1. 江西省抚州市中级人民法院（2016）赣 10 民再 3 号民事判决基于安发达公司设立过程、高管交叉任职情况、持股情况等事实认定神龙国际投资有限公司（以下简称神龙国际公司）、安发达公司及胜龙公司都是由陈某根控制的关联公司。对于该生效判决确认的事实，在安发达公司没有举证予以推翻的情况下，应予确认。根据该生效判决，可以认定神龙国际公司、安发达公司、胜龙公司系同一实际控制人陈某根控制的关联公司。

根据江西省抚州市中级人民法院（2016）赣 10 民 4 号民事判决查明的事实，

胜龙公司收购福州幸运股份有限公司全部国有股后将其更名为绿得公司;现在绿得公司主要股东为神龙国际公司、闽越花雕公司、胜龙公司等。而闽越花雕公司对外发布的公告显示,陈某根、陈某恩又系该公司的实际控制人,也即绿得公司主要股东均系陈某根实际控制的公司,故绿得公司亦属于陈某根控制的公司。因此,原判决认定安发达公司、绿得公司、胜龙公司均属于同一实际控制人陈某根控制的关联公司,有事实依据,并不缺乏证据证明。

2. 根据江西省抚州市中级人民法院(2016)赣10民再3号、4号民事判决查明的事实,安发达公司、胜龙公司、绿得公司以虚假的投资合作法律关系,向人民法院提起诉讼,并在诉讼中自行达成和解协议取得人民法院的民事调解书,通过民事调解书的强制执行以及执行中达成以物抵债协议,将胜龙公司和绿得公司所有的位于福建省福州市工业路和福州市台江区的工业用地使用权及房产等资产转移至安发达公司名下。原判决认定安发达公司、绿得公司、胜龙公司通过上述虚假诉讼行为将绿得公司、胜龙公司巨额资产转移至安发达公司,构成关联公司之间的财产混同,亦有事实依据,并不缺乏证据证明。

3. 2008年2月15日,神龙国际公司作出神龙综字(2008)第006号通知,载明"鉴于绿得公司的设备已长时间闲置,安发达公司项目饮料生产线要马上投产,经香港董事局研究决定:将福州绿得饮料厂的设备迁至江西南丰项目使用"。安发达公司二审庭审中亦确认绿得公司曾将生产设备送至该公司无偿使用的事实。陈某根实际控制的神龙国际公司仅以一纸内部文件即将绿得公司生产线迁移至安发达公司处无偿使用,并未作任何财务账册的记载,原判决据此认定两公司之间存在财产混同,有事实依据,并不缺乏证据证明。虽然安发达公司的成立时间晚于胜龙公司、绿得公司和闽越花雕公司,并且案涉债务均发生于安发达公司成立之前,但该数家公司通过虚假诉讼或无偿使用的方式转移财产的行为皆是在胜龙公司、绿得公司不能清偿案涉债务的情况下实施的。安发达公司申请再审主张令其承担成立之前其他主体的债务没有事实依据,理由不能成立。

4. 原判决在认定神龙国际公司、安发达公司、胜龙公司系同一实际控制人陈某根控制的关联公司,安发达公司、胜龙公司、绿得公司通过虚假诉讼转移财产,绿得公司将生产线迁移至安发达公司处无偿使用等事实的基础上,判定安发达公司与绿得公司存在人格混同,适用法律并无不当。安发达公司申请再审主张上述公司各自具备独立意思和独立财产、不存在人格混同,理由不能成立。

【问题318】两家关联公司均借用公司财务经理的账户拆借资金，关联股东均为该两家关联公司提供借款用于公司经营，该两家关联公司的人员、财物并未严格区分，是否足以证明两家关联公司之间存在财产混同、账目混同、人员混同？

【典型案例要旨351】(2020)鄂13民终759号：殷某斌担任御景公司的执行董事，百盛公司于2013年8月22日由殷某胜、殷某安、殷某出资设立，殷某胜是法定代表人。殷某斌与殷某胜、殷某安是兄弟关系，殷某胜与殷某是父子关系。而殷某安同时担任御景公司、百盛公司的会计，二公司均借用御景公司财务经理涂某秋的账户拆借资金，殷某斌与殷某胜为二公司借款用于御景公司经营，二公司的人员、财物并未严格区分，上述事实足以证实二公司在经营活动中，存在财产混同、账目混同、人员混同。

湖北广水御景房地产开发有限公司、殷某学损害公司利益责任纠纷二审民事判决书

湖北省随州市中级人民法院(2020)鄂13民终759号

湖北省随州市中级人民法院经审理认为：

关于焦点二，《公司法》第216条第4项规定，关联关系是指公司控股股东、实际控制人、董监高与其直接或者间接控制的企业之间的关系，以及可能导致公司利益转移的其他关系。从上述定义来看，判断公司之间是否存在关联关系应从公司人员组成方面是否存在关联、公司之间的经营是否存在控制关系、股东之间相互持股状况等方面来判断。

根据查明的事实，殷某斌担任御景公司的执行董事，百盛公司于2013年8月22日由殷某胜、殷某安、殷某出资设立，殷某胜是法定代表人。殷某斌与殷某胜、殷某安是兄弟关系，殷某胜与殷某是父子关系。而殷某安同时担任御景公司、百盛公司的会计，二公司均借用御景公司财务经理涂某秋的账户拆借资金，殷某斌与殷某胜为二公司借款用于御景公司经营，二公司的人员、财物并未严格区分，上述事实足以证实二公司在经营活动中，存在财产混同、账目混同、人员混同。

因此，御景公司、百盛公司之间存在关联关系，殷某斌应为百盛公司的实际控制人。一审法院关于御景公司和百盛公司系由殷某斌控制之关联公司的认定，依据充分。

第九节　认定关联交易是否造成公司损失、损失的范围与金额

关联交易相关的诉讼,其基础责任仍然是侵权责任,应当符合侵权责任的构成要件。因此,不当关联交易对公司或股东所造成的损失及其具体范围与金额,就是该类诉讼必不可少的要件,也是法院审查的重点以及判决最终要落实的关键点。

同样,这也是此类诉讼中原告需要重点准备的内容,尤其是能够证明损失范围与金额的相关证据。

【问题319】公司控股股东兼执行董事将公司的宾馆委托给儿子经营,却在宾馆实际运营5年多时间中未促成《承包协议》约定"手续完毕之日起,开始计算承包期限"的计费条件成就的,该父子应赔偿公司的损失如何计算?

【典型案例要旨352】(2021)最高法民终656号:既然神木宾馆已经实际投入经营,《承包协议》关于宾馆承包的目的已经达到,高某华应依据合同约定向宾馆公司支付承包费。高某华一直未就承包神木宾馆支付承包费,损害了宾馆公司对于其资产的合法收益。

高某信、高某华等损害公司利益责任纠纷二审民事判决书

最高人民法院(2021)最高法民终656号

最高人民法院经审理认为:

1. 案涉宾馆的承包是否构成关联交易,该交易是否侵害了宾馆公司的利益。

案涉《承包协议》系高某华与高某信利用关联关系签订的关联交易合同。依据《公司法》第216条第4项的规定:"关联关系,是指公司控股股东、实际控制人、董事、监事、高级管理人员与其直接或者间接控制的企业之间的关系,以及可能导致公司利益转移的其他关系。"高某华系高某信之子,高某信系宾馆公司的控股股东,基于高某信、高某华之间存在亲属关系,宾馆公司与高某华签订的《承包协议》系高某信利用关联关系为高某华提供的交易机会。结合一审法院查明的事实,腾龙煤电公司曾在2013年7月的宾馆公司临时股东会提案中称高某华系宾馆公司

的“隐形股东”,并要求高某华列席股东会议,宾馆公司复函中未否认高某华身份,且表明高某华同意列席股东会议,因此高某华对于宾馆公司股东会的决策亦存在一定的影响力。综上,一审法院认定案涉宾馆的承包构成关联交易并无不当。

神木宾馆于2013年交由高某华承包经营,2014年该宾馆已经开始正常经营。《承包协议》约定:“手续完毕之日起,开始计算承包期限。”该条款中手续完毕之日的确定存在被高某信、高某华双方操纵的可能,高某信作为宾馆公司的执行董事、控股股东有义务督促相关手续的办理,但在较长一段时间,高某华并未就促成《承包协议》中起算承包期限的条件做出努力,使得高某华支付承包费的条件迟迟不能成就。腾龙煤电公司作为宾馆公司的股东,出于维护自己权益,没有理由阻碍手续的办理,并且高某华、高某信亦没有证据证明腾龙煤电公司做出影响手续办理的行为。既然神木宾馆已经实际投入经营,《承包协议》关于宾馆承包的目的已经达到,高某华应依据合同约定向宾馆公司支付承包费。高某华一直未就承包神木宾馆支付承包费,损害了宾馆公司对于其资产的合法收益。一审法院认定案涉交易侵害了宾馆公司利益并无不当。

2. 一审法院对于宾馆公司损失数额的认定是否有误,是否存在超出诉讼请求进行判决的情形。

首先,腾龙煤电公司起诉的第二项诉讼请求为:判令高某华向宾馆公司支付占有使用期间的折旧费8630万元。对于该项诉讼请求,其在2020年6月23日向一审法院提交的材料说明中明确该诉讼请求系基于《承包协议》的合同关系向高某信、高某华主张的承包费,折旧费系计算承包费的一种方式。因此,腾龙煤电公司起诉请求支付折旧费用的目的在于请求高某华、高某信赔偿因案涉关联交易给宾馆公司造成的损失,折旧费系该损失的计算方式。鉴于神木宾馆的折旧费应属于高某华承包经营期间的合理支出,不能用来计算宾馆公司损失,而真正的损失应为高某华未支付的承包费,故一审法院以合同约定的高某华应当支付的承包费作为计算宾馆公司损失的依据并无不当,并不存在超出诉讼请求进行判决的情形。

其次,虽然《承包协议》约定承包费起算以宾馆手续齐备为成就条件,但高某华和高某信利用关联关系,故意使协议约定的支付承包费条件不成就,因案涉宾馆于2014年开始正常经营,故一审法院酌情认定高某华应从2014年1月1日开始交纳承包费并无不当。

最后,根据高某华和宾馆公司均认可的事实,2017年7月1日,高某华再次向宾馆公司发出名为“要求解除《神木县宾馆承包协议》”的函,该函称:高某华于2015年1月8日向宾馆公司送达关于解除《神木县宾馆承包协议》并要求返还垫付款赔偿损失的通知书,宾馆公司对于该函件一直未予理睬。故2015年1月8

日,宾馆公司并未就解除合同与高某华达成一致,不符合协议解除合同的条件。一审法院未认定《承包协议》于2015年1月8日解除并无不当。高某华、高某信主张宾馆公司已于2015年将案涉宾馆收回,不应计算该日期之后的承包费缺乏事实依据。另高某华、高某信主张按照合同约定计算承包费显失公平,但未提交证据予以证明,对其该项主张不予支持。

3. 一审法院判决高某华、高某信共同承担支付承包费损失及利息的责任是否有误。

《公司法》第21条规定:"公司的控股股东、实际控制人、董事、监事、高级管理人员不得利用其关联关系损害公司利益。违反前款规定,给公司造成损失的,应当承担赔偿责任。"第151条第3款规定:"他人侵犯公司合法权益,给公司造成损失的,本条第一款规定的股东可以依照前两款的规定向人民法院提起诉讼。"

本案中,高某信作为公司控股股东,与其子高某华之间进行关联交易给宾馆公司造成了损失,一审法院据此判决高某华、高某信就其侵权行为共同承担支付承包费及利息的责任并无明显不当。

【问题320】在公司控股股东兼清算组成员拒不提供公司财务报告等证据,也未能提供足以反驳的证据时,根据在案的关联交易损害公司利益的调查报告及附件和公司历年报表及清算报告,法院是否可以直接认定公司的损失金额?

【典型案例要旨353】(2021)最高法民再181号:高某华、程某作为钱塘公司合计控股60%的股东以及清算组成员,拒不提供钱塘公司财务报告等证据,未能提供足以反驳的证据。结合陕鼓汽轮机公司提交的第四组证据,对陕鼓汽轮机公司认为因钱塘公司遭受损失数额为7064480.35元的主张,予以采信。

西安陕鼓汽轮机有限公司、高某华等公司关联交易损害责任纠纷再审民事判决书

最高人民法院(2021)最高法民再181号

最高人民法院经审理认为:

本案争议焦点为陕鼓汽轮机公司的损失数额的问题。

一审法院查明钱塘公司存续期间合计利润为7578851.41元。根据《最高人民法院关于适用〈中华人民共和国民事诉讼法〉的解释》第323条关于"第二审人民法院应当围绕当事人的上诉请求进行审理。当事人没有提出请求的,不予审

理,但一审判决违反法律禁止性规定,或者损害国家利益、社会公共利益、他人合法权益的除外"的规定,诉讼双方均未对"合计利润7578851.41元"的事实进行上诉。二审法院在未查明一审判决存在损害国家利益、社会公共利益、他人合法权益的情形下,对一审法院查明钱塘公司"合计利润7578851.41元"予以纠正不当。

陕鼓汽轮机公司在一审中向法院提交申请书,申请调取钱塘公司2009年5月成立后至2016年11月注销前的全部采购合同、总账、明细账、年度会计报告、清算报告等证据。一审法院责令高某华、程某一周内向法院提交清算报告、财务报告等证据,逾期承担法律责任。高某华、程某回答"听清了"。但高某华、程某仅提交了2010年至2015年的利润表等证据,并未提交完整的清算报告、财务报告等证据。根据《最高人民法院关于民事诉讼证据的若干规定》第95条关于"一方当事人控制证据无正当理由拒不提交,对待证事实负有举证责任的当事人主张该证据的内容不利于控制人的,人民法院可以认定该主张成立"的规定,高某华、程某作为钱塘公司合计控股60%的股东以及清算组成员,拒不提供钱塘公司财务报告等证据,未能提供足以反驳的证据。结合陕鼓汽轮机公司提交的第四组证据,对陕鼓汽轮机公司认为因钱塘公司遭受损失数额为7064480.35元的主张,予以采信。故高某华、程某应连带赔偿陕鼓汽轮机公司损失共计7064480.35元。

此外,陕鼓汽轮机公司向一审法院起诉请求由高某华、程某向陕鼓汽轮机公司连带赔偿33310000元。陕鼓汽轮机公司在上诉时明确请求高某华、程某向陕鼓汽轮机公司赔偿损失7578854.41元。在本案再审审理过程中,又明确高某华、程某应赔偿损失7064480.35元。根据《民事诉讼法》第13条第2款关于"当事人有权在法律规定的范围内处分自己的民事权利和诉讼权利"的规定,陕鼓汽轮机公司减少其诉讼请求,是处分自身诉讼权利的行为,故应以陕鼓汽轮机公司最后请求的7064480.35元为准进行审理。

【问题321】关联交易是否只有给公司带来现实的或明显可能发生的损失时,公司或相关权利人才能要求关联交易人承担赔偿责任?

【典型案例要旨354】(2017)粤民申9354号:东方公司确实为千叶公司提供了管理服务,委派了高管,所涉管理费并未明显高于市场价格,且千叶公司在东方公司的管理下获得了一定的经营业绩,没有证据显示千叶公司因该关联交易而遭受不合理的损失。

佛山市三水宏通土石方工程有限公司、广州东方饮食娱乐有限公司公司关联交易损害责任纠纷再审审查与审判监督民事裁定书

广东省高级人民法院(2017)粤民申9354号

广东省高级人民法院经审理认为:

本案为公司关联交易损害责任纠纷。

根据《公司法》第21条"公司的控股股东、实际控制人、董事、监事、高级管理人员不得利用其关联关系损害公司利益。违反前款规定,给公司造成损失的,应当承担赔偿责任"的规定,公司关联交易并不绝对为法律所禁止,法律禁止的是公司的控股股东、实际控制人、董监高为谋取私利,利用关联交易损害公司利益。

本案中,千叶公司与东方公司签订委托管理书,约定由东方公司作为千叶公司的咨询顾问,对酒店提供管理业务。

从本案查明的事实看,东方公司确实为千叶公司提供了管理服务,委派了高管,所涉管理费并未明显高于市场价格,且千叶公司在东方公司的管理下获得了一定的经营业绩,没有证据显示千叶公司因该关联交易而遭受不合理的损失。委托管理书的真正形成时间是否在2003年2月1日,对本案上述事实没有影响。因此,原审判决认定宏通公司主张的损害赔偿责任不能成立并无不当。

第十节　确定赔偿责任的主体及其责任性质

关联交易审查的最后一步,就是确定责任主体及其责任性质与范围。

对于责任主体,要结合关联交易损害赔偿的责任要件综合判断,即责任主体应当是在关联交易中起到实际控制或具有重大影响的作用,或者作出关联交易决策的公司控股股东、实际控制人或者董事、高管,且其主观上对关联交易所致公司损害负有过错。

对于侵权的责任性质没有异议,作为交易对方的关联方承担赔偿责任也几乎没有争议,但各主体之间是否承担连带赔偿责任,是无限连带还是按份连带,抑或作为关联关系纽带的公司控股股东、实际控制人或者董事、高管是否仅需承担补充赔偿责任,实务中争议很大,也很复杂,需要根据具体案情综合判断。

【问题322】关联公司之间从事不当关联交易损害公司利益的,公司的实际控制人、监事、股东,是否应当承担连带赔偿责任?

【典型案例要旨355】(2019)粤04民终2495号:鑫锋公司无正当理由,通过4份未实际履行的合同占用了和盛公司的484万元款项,侵犯了和盛公司的合法财产权益。王某宁、王某、鑫锋公司作为和盛公司的实际控制人、监事、股东,利用关联交易损害了和盛公司的利益,应当承担连带赔偿责任。

珠海市鑫锋发展有限公司、王某宁公司关联交易损害责任纠纷二审民事判决书

广东省珠海市中级人民法院(2019)粤04民终2495号

广东省珠海市中级人民法院经审理后认为:

关于鑫锋公司、王某宁、王某是否侵占和盛公司资产。经审查,一审法院认为,鑫锋公司、王某宁、王某的行为构成侵占,理由如下。

王某宁、王某作为和盛公司的董事、高管违背对和盛公司的忠实义务,利用职权侵占和盛公司的财产。王某行使董事、高管的职权,审批同意和盛公司以支付合同货款的名义支付凯东公司484万元。但对外来讲,该笔484万元实际上并非支付货款,而仅是借支付货款的名义转账给凯东公司。王某宁又操纵和盛公司出具代收款证明要求凯东公司将该笔484万元转账鑫锋公司。最终由王某宁、王某控股的鑫锋公司收取了本属于和盛公司的484万元。王某宁、王某的行为相互配合,利用职权共同完成侵占和盛公司财产的行为。从上述层面讲,鑫锋公司仅是王某宁、王某实现共同侵权的工具。但王某宁、王某同时又在鑫锋公司担任职务,鑫锋公司必然与王某宁、王某有意思联络。因此,王某宁、王某、鑫锋公司就侵占和盛公司484万元财产的行为构成共同侵权,应承担连带赔偿责任。

据此,凯东公司未直接从案涉款项流转中获取直接经济利益,只是起到协助资金流转的作用。案涉款项流转发生时,王某宁为和盛公司的实际控制人,王某是和盛公司的监事且在和盛公司任职,王某宁和王某皆为鑫锋公司的股东。该笔由和盛公司经由凯东公司最终流向鑫锋公司的款项实际构成了关联交易。根据和盛公司一审庭审中明确的法条依据,本案的案由应当为公司关联交易损害责任纠纷。一审法院确定的案由有误,予以纠正。

王某宁等三上诉人主张案涉款项流转未损害和盛公司的利益,应当举证证明鑫锋公司就该笔款项向和盛公司支付了合理对价或者存在其他合理理由。

王某宁等三上诉人对本案部分关键事实的主张极不合常理;对部分关键事实的陈述混乱、前后矛盾,而且缺乏证据佐证。王某宁等三上诉人的陈述可信度极低,不予采纳。鑫锋公司无正当理由,通过4份未实际履行的合同占用了和盛公司的484万元款项,侵犯了和盛公司的合法财产权益。王某宁、王某、鑫锋公司作为和盛公司的实际控制人、监事、股东,利用关联交易损害了和盛公司的利益,应当承担连带赔偿责任。王某宁等三上诉人的上诉理由不成立,不予采纳。

【问题323】作为公司管理层,明知公司章程规定公司对外提供借款需要履行相应内部程序,仍擅自审批对外借款,虽主张属于集团公司内部正常的资金拆借,但未能提交相关文件等证据予以证明的,该高管是否应对案涉债务共同承担偿还责任?

【典型案例要旨356】(2021)京01民终1686号:侯某斌的上述行为,导致案涉借款自2017年6月1日至今未能收回,且截至二审诉讼,安联尚公司仍表示目前不具备偿还能力,故应认定侯某斌擅自批准对外借款的行为给中首智慧公司造成了损失,一审法院判决侯某斌与安联尚公司对案涉债务共同承担偿还责任并无不当。

侯某斌等与北京中首智慧停车管理有限公司公司关联交易损害责任纠纷二审民事判决书

北京市第一中级人民法院(2021)京01民终1686号

北京市第一中级人民法院经审理认为:

本案诉争款项系由中首智慧公司向安联尚公司提供借款200万元,侯某斌虽主张款项发生系中海重工集团有限公司内部正常的资金拆借,但未能提供中海重工集团有限公司相关文件等证据予以证明,故不予采信。

通过查明事实可知,案涉借款发生时,侯某斌系中首智慧公司总经理,亦担任安联尚公司董事,安联尚公司出具的借条中并未约定利息及还款期限,仅有侯某斌签署"同意借款"。根据中首智慧公司章程的规定,董事会行使下列职权:任何单笔未超过300万元且累计未超过1000万元的借款或贷款,需要经全体董事中的2/3以上审议通过。

侯某斌作为中首智慧公司的高管,在明知公司章程对公司对外提供借款需要履行相应内部程序有规定的情况下,违反章程规定,擅自审批对外借款,违反了高管对公司负有的忠实义务。侯某斌的上述行为,导致案涉借款自2017年6月1日至今未能收回，且截至二审诉讼，安联尚公司仍表示目前不具备偿还能力，故应认定侯某斌擅自批准对外借款的行为给中首智慧公司造成了损失，一审法院判决侯某斌与安联尚公司对案涉债务共同承担偿还责任并无不当。

【问题324】无证据证明关联公司甲给公司造成损失，且其已将关联交易所得股权出让后的债权转让给关联公司乙的，是否必须追加关联公司甲为第三人？

【典型案例要旨357】（2016）最高法民申724号：由于玉清公司没有提交充分证据证明王某对远耀公司的实际控制给玉清公司造成损害，且远耀公司也已将本案股权转让款的债权转让给尚志公司，远耀公司对于玉清公司与尚志公司之间的债权债务并无直接利害关系，无须再追加远耀公司为本案第三人。

济南玉清制水有限公司、山东尚志投资咨询有限公司股权转让纠纷申请再审民事裁定书

最高人民法院（2016）最高法民申724号

远耀公司执行董事王某波为王某的胞弟，并受王某控制。根据尚志公司工商登记注册的股东，尚志公司亦为王某、王某波实际控制的公司。

最高人民法院经审理认为：

玉清公司申请再审的焦点集中在以下3个方面，一是原审判决认定本案《股权转让协议书》有效是否正确，二是原审判决认定本案未超过诉讼时效是否正确，三是原审法院未追加远耀公司为第三人是否正确。

关于原审法院未追加远耀公司为第三人是否正确。

本案中，由于玉清公司没有提交充分证据证明王某对远耀公司的实际控制给玉清公司造成损害，且远耀公司也已将本案股权转让款的债权转让给尚志公司，远耀公司对于玉清公司与尚志公司之间的债权债务并无直接利害关系，原审法院关于现有在卷证据足以查清和认定案件事实，无须再追加远耀公司为本案第三人的认定，并无不当。

【问题 325】控股股东与其儿子之间的关联交易给公司造成损失的,该父子二人是否应当共同承担支付案涉费用及利息的责任?

【典型案例要旨 358】(2021)最高法民终 656 号:高某信作为公司控股股东,与其子高某华之间进行关联交易给宾馆公司造成了损失,一审法院据此判决高某华、高某信就其侵权行为共同承担支付承包费及利息的责任并无明显不当。

高某信、高某华等损害公司利益责任纠纷二审民事判决书

最高人民法院(2021)最高法民终 656 号

最高人民法院经审理认为:

关于一审法院判决高某华、高某信共同承担支付承包费损失及利息的责任是否有误的问题。

《公司法》第 21 条规定:"公司的控股股东、实际控制人、董事、监事、高级管理人员不得利用其关联关系损害公司利益。违反前款规定,给公司造成损失的,应当承担赔偿责任。"第 151 条第 3 款规定:"他人侵犯公司合法权益,给公司造成损失的,本条第一款规定的股东可以依照前两款的规定向人民法院提起诉讼。"

本案中,高某信作为公司控股股东,与其子高某华之间进行关联交易给宾馆公司造成了损失,一审法院据此判决高某华、高某信就其侵权行为共同承担支付承包费及利息的责任并无明显不当。

【问题 326】公司起诉实际控制人实施关联交易损害公司利益的诉讼中,是否可以要求追加公司时任法定代表人、董事长作为被告共同参加诉讼?

【典型案例要旨 359】(2013)鄂民二终字第 00084 号:弘健公司提交证据意欲证明马某作为富连江公司法定代表人、董事长参与涉案交易,且马某与其他涉及货物买卖的公司之间具有关联关系,但弘健公司对马某是否知晓并同意前述涉案合同交易未能提交充分的证据予以证明,不能确定马某是否与弘健公司之间具有关联关系,即使马某知晓上述交易,也并不能认定马某就必然参与了损害富连江公司利益的行为。故马某并非必须参与本案诉讼的当事人。

弘健公司、余某之与富连江公司公司关联交易损害责任纠纷民事判决书

湖北省高级人民法院(2013)鄂民二终字第00084号

一审湖北省宜昌市中级人民法院经审理认为:

关于责任主体问题。

余某之作为富连江公司的董事及2009年至2010年的实际控制人,利用和自己具有关联关系的弘健公司与富连江公司签订合同,虚高交易价款以牟取不当利益,损害了富连江公司的利益,其应依《公司法》第21条"公司的控股股东、实际控制人、董事、监事、高级管理人员不得利用其关联关系损害公司利益。违反前款规定,给公司造成损失的,应当承担赔偿责任"之规定,承担3455.2万元损失的赔偿责任。

在余某之实施前述侵害富连江公司利益的行为的过程中,作为与余某之具有关联关系的弘健公司,其与余某之具有意思表示一致性及利益取得的共同性,故为共同侵权人。依照《民法通则》第130条之规定,弘健公司应当对富连江公司的损失与余某之承担连带责任。

虽然余某之与弘健公司均辩称"马某作为富连江公司的法定代表人,其对前述交易知晓并同意,故应由马某对本案债务承担责任",并申请追加马某作为被告参加本案诉讼。但由于余某之、弘健公司既未提交证据证实马某与弘健公司具有关联关系,又未提交证据证实马某知晓并同意了前述交易,对余某之、弘健公司的该抗辩不予支持,对其请求追加马某为当事人的申请不予准许。

湖北省高级人民法院经审理认为:

关于本案应否追加马某为当事人共同参与诉讼的问题。

弘健公司提交证据意欲证明马某作为富连江公司法定代表人、董事长参与涉案交易,且马某与其他涉及货物买卖的公司之间具有关联关系,但弘健公司对马某是否知晓并同意前述涉案合同交易未能提交充分的证据予以证明,不能确定马某是否与弘健公司之间具有关联关系,即使马某知晓上述交易,也并不能认定马某就必然参与了损害富连江公司利益的行为。故马某并非必须参与本案诉讼的当事人。

马某是否参与本案诉讼,并不影响余某之及弘健公司的责任承担。原审法院虽未书面裁定驳回弘健公司要求追加马某为当事人参与诉讼的申请,但在判决书中已经说明了理由,该程序上的瑕疵并不影响本案的公正审理。

【问题 327】关联公司通过"一揽子"接收公司资产和负债的关联交易取得约定全部项目资产,却仅履行了部分债务的,是否应在其承接资产范围内对公司的债务承担连带责任?

【典型案例要旨 360】(2022)最高法民再 89 号:金鹏龙房地产公司在接收全部案涉项目的同时,仅履行了鑫空间公司第一项债务即其对受让案涉商铺的 226 户商户的债务,并未履行鑫空间公司的第二项债务即所欠各项借款及工程款债务。其实际后果是,在《承接项目协议书》项下本应承接鑫空间公司 7000 万元债务的金鹏龙置业公司,经由其全资子公司与其绝对控股的金鹏龙房地产公司之间的关联交易,使金鹏龙房地产公司仅在承接部分债务的情况下就取得了案涉全部项目资产。

吴某春、肇某江等股东损害公司债权人利益责任纠纷再审民事判决书

最高人民法院(2022)最高法民再 89 号

最高人民法院经审理认为:

关于金鹏龙房地产公司应否在承接资产范围内对鑫空间公司的债务承担连带责任问题。

案涉项目转让前,鑫空间公司对外的负债包括两部分:一是已卖商铺款和利息及罚款,二是公司所欠各项借款及工程款。其中第一部分债务即"已卖商铺款"部分,包括鑫空间公司已经收取了转让款但并未实际交付的 83 户以及要求解除合同并由鑫空间公司返还转让款的 143 户两部分。

鑫空间公司将案涉项目转让给金鹏龙房地产公司,理应是包括债权债务在内的权利义务概括转让,即受让人金鹏龙房地产公司应在承接鑫空间公司资产的同时承接其全部债务。但本案中,金鹏龙房地产公司在接收全部案涉项目的同时,仅履行了鑫空间公司第一项债务即其对受让案涉商铺的 226 户商户的债务,并未履行鑫空间公司的第二项债务即所欠各项借款及工程款债务,导致第二项债务的债权人吴某春等人的合法权益得不到有效保障,这也是本案纠纷久拖不决的另一个重要原因。其实际后果是,在《承接项目协议书》项下本应承接鑫空间公司 7000 万元债务的金鹏龙置业公司,经由其全资子公司与其绝对控股的金鹏龙房地产公司之间的关联交易,使金鹏龙房地产公司仅在承接部分债务的情况下就取得了案涉全部项目资产。

参照《最高人民法院关于审理与企业改制相关的民事纠纷案件若干问题的规定》第7条有关"企业以其优质财产与他人组建新公司,而将债务留在原企业,债权人以新设公司和原企业作为共同被告提起诉讼主张债权的,新设公司应当在所接收的财产范围内与原企业共同承担连带责任"之规定精神,金鹏龙房地产公司应在受让案涉项目资产时鑫空间公司尚未清偿的债务范围(7000万元-41206068.52元=28793931.48元)内,以其承接的资产价值为限与金鹏龙置业公司一起对鑫空间公司的债务承担连带责任。原审判决金鹏龙房地产公司不承担责任属适用法律错误,本院予以纠正。

丛书总主编简介

李　华

盈科律师事务所创始合伙人、副主任、盈科全国业务指导委员会主任。

李华律师作为盈科全国业务指导委员会主任，负责盈科体系内的专业化建设，带领盈科律师，构建出完整的专业化法律服务体系，包括研究院、律师学院、专业委员会及专业化建设法律中心，推动盈科律师专业化的法律服务，以适应法律服务市场不断细分的需要。在此基础上，通过集成各专业委员会纵深化的法律服务能力为客户提供综合性的法律服务。

全国律师行业优秀党员律师、北京市优秀律师、北京市律师行业优秀党务工作者，最高人民检察院第六和第七检察厅民事行政检察专家咨询网专家，中国人民大学法学院法律硕士专业学位研究生实务导师，《钱伯斯大中华区指南2023/2024》TMT：数据保护&隐私领域上榜律师，2024 The Legal 500亚太地区中国法域榜单金融科技领域推荐律师。

YINGKE® 盈科

本书作者简介

秦文宇

复旦大学法学院法律硕士，北京盈科（上海）律师事务所律师、盈科上海资产管理法律事务部副主任、盈科上海青年律师工作委员会委员、盈科第五届全国环境资源与能源法律专业委员会副主任、盈科第四届全国教育与校园安全法律专业委员会副秘书长、盈科全国数字经济法律专业委员会成员。同时，秦律师还担任上海市律师协会ESG专业委员会委员、华东师范大学法学院实训教师。

秦文宇律师，自2000年起开始从事公司法律顾问工作，2001年取得全国律师资格证书，历经多家公司和律所，2013年加入北京盈科（上海）律师事务所。2021年起，参与起草《上海市民办学校关联交易管理办法（试行）》，并主笔起草《上海市民办学校关联交易管理办法（试行）》。

秦文宇律师，是盈青绿律师团队负责人，团队专注公司与商事、投融资并购、数据与资管、合规与ESG、环资与能源等领域的诉讼与非诉法律业务；经办的过度支配与控制类公司人格否认典型案例深获好评。